清代达斡尔族档案辑录

黑龙江将军衙门达斡尔族满文档案选编

乾隆朝

9

中国第一历史档案馆
内蒙古自治区少数民族古籍征集研究室
呼伦贝尔市民族事务委员会
莫力达瓦达斡尔族自治旗人民政府
编

辽宁民族出版社

目　录

八二九　黑龙江副都统衙门为黑龙江各处满洲达斡尔佐领骁骑校等出缺拣员报送事咨黑龙江将军衙门文
乾隆二十年八月十七日 ……1
八三〇　墨尔根副都统衙门为黑龙江各处满洲达斡尔佐领骁骑校等出缺拣员报送事咨黑龙江将军衙门文
乾隆二十年八月十七日 ……10
八三一　署布特哈索伦达斡尔总管佛济保等为布特哈索伦达斡尔等本年因故未能贡貂明年一并交纳事呈黑龙江将军衙门文
乾隆二十年八月二十日 ……15
八三二　黑龙江将军衙门为布特哈索伦达斡尔鄂伦春等分散居住捕貂难以按期了结比丁事项事咨理藩院文
乾隆二十年八月二十日 ……22
八三三　黑龙江将军衙门为陈明布特哈索伦达斡尔鄂伦春等因故未能进贡貂皮等情事咨理藩院文
乾隆二十年八月二十日 ……28
八三四　黑龙江将军衙门为齐齐哈尔镶白旗达斡尔佐领奔多尔阔病故出缺拟选骁骑校们图引见事咨兵部文
乾隆二十年九月初一日 ……33
八三五　黑龙江将军衙门为墨尔根镶白旗达斡尔佐领阿什尔病故出缺拟

定镶黄旗骁骑校锡济勒图引见事咨兵部文
乾隆二十年九月初一日 ……36
八三六　内务府为布特哈索伦达斡尔等本年因故暂停贡貂明年一并贡纳事咨黑龙江将军衙门文（附抄折一件）
乾隆二十年九月初七日 ……39
八三七　黑龙江将军衙门为俟命下再行移会布特哈索伦达斡尔等因故本年暂停貂贡明年一并交纳事咨内务府文
乾隆二十年九月十一日 ……45
八三八　署黑龙江将军印务荆州将军绰尔多题遵旨核议布特哈索伦达斡尔等因故本年暂停貂贡明年一并交纳事宜本
乾隆二十年九月十一日 ……50
八三九　署布特哈索伦达斡尔总管佛济保等为造送布特哈八旗索伦达斡尔等比丁册事呈黑龙江将军衙门文
乾隆二十年十月初二日 ……59
八四〇　内务府为咨复布特哈索伦达斡尔等因故本年暂停貂贡明年一并交纳情形事咨黑龙江将军衙门文（附抄折一件）
乾隆二十年十月初十日 ……61
八四一　黑龙江将军衙门为奏准布特哈索伦达斡尔等因故本年暂停貂贡明年会盟时一并交纳事咨内务府文
乾隆二十年十月二十一日 ……66
八四二　黑龙江将军衙门为奏准布特哈索伦达斡尔等因故本年暂停貂贡明年会盟时一并交纳事札署布特哈索伦达斡尔总管佛济保等文
乾隆二十年十月二十一日 ……69
八四三　黑龙江将军衙门为令委员领回布特哈索伦达斡尔等去年购买黑龙江仓米等项银两事咨黑龙江副都统衙门文
乾隆二十年十一月初三日 ……78
八四四　黑龙江将军衙门为索伦达斡尔禾苗受灾预备黑龙江仓粮支拨口

食等情事咨黑龙江副都统衙门文
乾隆二十年十一月初三日 ……80
八四五　署黑龙江将军印务荆州将军绰尔多题布特哈索伦达斡尔禾苗受灾请照蒙古人例酌情赈济本
乾隆二十年十一月初八日 ……95
八四六　黑龙江将军衙门为造送遭参自北路军营撤回索伦达斡尔等带兵官员花名册事咨兵部文
乾隆二十年十二月初十日 ……99
八四七　兵部为镶白旗达斡尔佐领奔多尔阔出缺奉旨由骁骑校们图补授事咨黑龙江将军文
乾隆二十年十二月十八日 ……115
八四八　兵部为墨尔根镶白旗达斡尔佐领阿什尔出缺奉旨由骁骑校锡济勒图补授事咨黑龙江将军文
乾隆二十一年正月初四日 ……116
八四九　黑龙江将军衙门为黑龙江各处满洲达斡尔佐领骁骑校等出缺拣员报送事咨黑龙江副都统文（附名单一件）
乾隆二十一年二月初一日 ……118
八五〇　黑龙江将军衙门为令报已故镶黄旗达斡尔护军遗孀携夫骸骨回籍是否抵达事札布特哈索伦达斡尔总管鄂尔衮察等文
乾隆二十一年二月初九日 ……124
八五一　黑龙江将军衙门为请拨给出征布特哈索伦达斡尔等官兵家眷赡养银两事咨军机大臣等文
乾隆二十一年二月十三日 ……129
八五二　黑龙江将军衙门为查报布特哈索伦达斡尔鄂伦春丁数及贡貂数目事咨理藩院文
乾隆二十一年二月十三日 ……134
八五三　署布特哈索伦达斡尔总管佛济保等为报镶黄旗达斡尔护军遗孀

携夫棺椁回籍抵达日期事呈黑龙江将军衙门文
乾隆二十一年三月十二日 ……141
八五四　黑龙江将军衙门为赈济禾苗受灾索伦达斡尔人等银两事札署布特哈索伦达斡尔总管佛济保等文
乾隆二十一年三月十三日 ……146
八五五　黑龙江将军衙门为齐齐哈尔镶黄旗达斡尔佐领克图克依病故其所遗缺拣员引见补放事咨兵部文
乾隆二十一年三月十五日 ……153
八五六　黑龙江将军衙门为令严加查收未出征索伦达斡尔等捕获貂皮等情事札署布特哈索伦达斡尔总管佛济保文
乾隆二十一年四月初七日 ……158
八五七　黑龙江副都统衙门为黑龙江正蓝旗另户达斡尔披甲等病残年老无子嗣照例赏银事咨黑龙江将军衙门文
乾隆二十一年四月十四日 ……160
八五八　署布特哈索伦达斡尔总管佛济保等为请推迟索伦达斡尔等选送贡貂日期事呈黑龙江将军衙门文
乾隆二十一年四月十五日 ……163
八五九　署布特哈索伦达斡尔总管佛济保等为造报禾苗受灾断粮索伦达斡尔人等旗佐花名册事呈黑龙江将军衙门文
乾隆二十一年四月二十日 ……166
八六〇　黑龙江将军衙门为咨复推迟索伦达斡尔等送选贡貂日期并令足数交送貂皮事札署布特哈索伦达斡尔总管佛济保等文
乾隆二十一年四月二十日 ……174
八六一　署黑龙江将军印务凉州将军绰尔多等题查办从军营撤回布特哈索伦达斡尔等官兵马驼军器本
乾隆二十一年四月二十八日 ……177
八六二　黑龙江将军衙门为造送遣参自北路军营撤回布特哈索伦达斡尔

带兵官员花名册事咨兵部文
乾隆二十一年四月二十八日 ……185
八六三　黑龙江将军衙门为遵旨赏给出征布特哈索伦达斡尔银两并照蒙古人例减半赈济事咨呈军机处文
乾隆二十一年四月二十八日 ……194
八六四　署布特哈索伦达斡尔总管佛济保等为造送贡貂布特哈八旗索伦达斡尔等丁及贡貂数目册事呈黑龙江将军衙门文
乾隆二十一年六月初九日 ……197
八六五　黑龙江将军衙门为镶红旗巴彦保佐领下达斡尔披甲塞赫讷逃逸照例报部事咨兵部文
乾隆二十一年六月十一日 ……200
八六六　黑龙江将军衙门为报选派随进木兰围新满洲达斡尔前锋等官兵职名及启程日期事咨兵部文
乾隆二十一年六月十三日 ……202
八六七　署黑龙江将军印务凉州将军绰尔多等题布特哈索伦达斡尔等受灾酌情赈济事宜本（附清单一件）
乾隆二十一年六月十五日 ……210
八六八　黑龙江将军衙门为造送随进木兰围善猎索伦达斡尔等花名册事咨理藩院文
乾隆二十一年六月十八日 ……218
八六九　署黑龙江将军印务凉州将军绰尔多等题布特哈索伦达斡尔等受灾赏银赈济叩谢天恩本
乾隆二十一年六月十八日 ……222
八七〇　黑龙江将军衙门为造送黑龙江各处驻防满洲索伦达斡尔等官兵数目册事咨兵部文（附清册一件）
乾隆二十一年七月初四日 ……226
八七一　兵部为遵旨议奏自军营撤回布特哈索伦达斡尔等官兵赔补马驼

事项事咨黑龙江将军文
乾隆二十一年七月二十一日 ……237
八七二　黑龙江将军衙门为查报布特哈索伦达斡尔等官员职衔有无俸禄加级纪录情形事咨理藩院文
乾隆二十一年七月二十二日 ……251
八七三　黑龙江将军衙门为黑龙江各处满洲达斡尔佐领骁骑校等出缺拣员报送事咨黑龙江副都统文（附名单一件）
乾隆二十一年七月三十日 ……254
八七四　黑龙江将军衙门为令查报自军营撤回布特哈索伦达斡尔等官兵应赔补马驼数目事札署布特哈索伦达斡尔总管佛济保等文
乾隆二十一年七月三十日 ……259
八七五　墨尔根副都统衙门为造送达斡尔等官学生书写文字册事咨黑龙江将军衙门文
乾隆二十一年八月初五日 ……275
八七六　镶黄满洲旗为齐齐哈尔镶黄旗达斡尔佐领克图克依病故其所遗缺照例拣员补授事咨黑龙江将军衙门文
乾隆二十一年八月初九日 ……277
八七七　署布特哈索伦达斡尔总管佛济保等为委员解送布特哈索伦达斡尔等交纳貂皮事呈黑龙江将军衙门文
乾隆二十一年八月十六日 ……282
八七八　呼兰城守尉哲灵额为黑龙江各处满洲达斡尔佐领骁骑校等出缺拣员报送事呈黑龙江将军衙门文
乾隆二十一年八月十九日 ……286
八七九　理藩院为遵旨施恩自军营撤回布特哈索伦达斡尔等官兵宽免或展限赔补马驼事咨黑龙江将军衙门文
乾隆二十一年八月二十二日 ……297
八八〇　署布特哈索伦达斡尔总管佛济保等为布特哈正白旗佐领锡雅朗

济护理本旗达斡尔副总管事呈黑龙江将军衙门文
乾隆二十一年八月二十二日 ……311
八八一　墨尔根副都统衙门为黑龙江各处满洲达斡尔佐领骁骑校等出缺拣员报送事咨黑龙江将军衙门文
乾隆二十一年八月二十二日 ……312
八八二　黑龙江副都统衙门为黑龙江各处满洲达斡尔佐领骁骑校等出缺拣员报送事咨黑龙江将军衙门文
乾隆二十一年八月二十二日 ……318
八八三　黑龙江将军衙门为齐齐哈尔镶红旗达斡尔佐领尼默勒图休致出缺拟定骁骑校克依赫引见事咨兵部文
乾隆二十一年闰九月初七日 ……323
八八四　黑龙江将军绰尔多题请自军营撤回布特哈索伦达斡尔等官兵马驼赔补及变卖价银充军饷本
乾隆二十一年十二月初二日 ……325
八八五　黑龙江将军衙门为查报自军营撤回索伦达斡尔巴尔虎等兵缴还马驼等情事咨兵部文（附名单一件）
乾隆二十一年十二月初六日 ……344
八八六　黑龙江将军衙门为造送黑龙江各处满洲达斡尔等官兵匠役拜唐阿数目册事咨兵部文
乾隆二十一年十二月初十日 ……350
八八七　兵部为齐齐哈尔镶红旗达斡尔佐领尼默勒图出缺奉旨由骁骑校克依赫补授事咨黑龙江将军文
乾隆二十一年十二月十三日 ……366
八八八　理藩院为管索伦达斡尔布特哈镶红旗满洲副总管出缺奉旨由镶黄旗佐领巴格补授事咨黑龙江将军等文
乾隆二十一年十二月十三日 ……367
八八九　黑龙江将军衙门为布特哈受灾索伦达斡尔等人内未领口粮者赏

给银两事札署布特哈索伦达斡尔总管佛济保等文
乾隆二十二年正月初十日 ……370
八九〇 户部为本年布特哈索伦达斡尔等所贡貂皮足数不及等第仍照例赏赐事咨黑龙江将军文（附来文一件）
乾隆二十二年二月二十二日 ……373
八九一 墨尔根副都统衙门为本城达斡尔公中佐领出缺拣选拟补骁骑校事咨黑龙江将军衙门文
乾隆二十二年二月二十六日 ……384
八九二 黑龙江将军衙门为呼兰右翼副总管巴尔赛升迁出缺拟选齐齐哈尔正黄旗达斡尔佐领华山引见事咨兵部文
乾隆二十二年三月十五日 ……386
八九三 黑龙江将军衙门为墨尔根城镶红旗达斡尔佐领章锡保病故出缺拟选正黄旗骁骑校攸勒乐图引见事咨兵部文
乾隆二十二年三月十五日 ……388
八九四 黑龙江将军衙门为墨尔根城正黄旗达斡尔佐领萨济图阵亡出缺查明源流拟选人员引见事咨兵部文（附名单一件）
乾隆二十二年三月十五日 ……390
八九五 黑龙江将军绰尔多等题报销拨给布特哈索伦达斡尔等赈济银两本（附清册一件）
乾隆二十二年三月十九日 ……395
八九六 署布特哈索伦达斡尔总管佛济保等为报布特哈索伦达斡尔春季捕貂数目事呈黑龙江将军衙门文
乾隆二十二年三月二十九日 ……404
八九七 署布特哈索伦达斡尔总管佛济保等为请定会盟地点日期以便索伦达斡尔等预先备办事呈黑龙江将军衙门文
乾隆二十二年三月二十九日 ……405
八九八 黑龙江将军衙门为确定布特哈索伦达斡尔等会盟日期地点事札

署布特哈索伦达斡尔总管佛济保等文
乾隆二十二年三月三十日 ……407
八九九 户部为奏准办理布特哈索伦达斡尔等应还倒毙马驼价银事咨黑龙江将军文
乾隆二十二年四月初二日 ……410
九〇〇 理藩院为本年索伦达斡尔等所贡貂皮足数不及等第仍照例赏赐事咨黑龙江将军文（附来文一件）
乾隆二十二年四月初二日 ……421
九〇一 黑龙江将军衙门为查报布特哈索伦达斡尔等应还倒毙马驼价银事咨户部文
乾隆二十二年四月十二日 ……432
九〇二 黑龙江副都统衙门为请每月拨给年老残疾不能当差达斡尔另户人等银两事咨黑龙江将军衙门文
乾隆二十二年四月二十八日 ……444
九〇三 署布特哈索伦达斡尔总管佛济保等为造送布特哈索伦达斡尔等丁及捕貂数目册事呈黑龙江将军衙门文
乾隆二十二年五月二十六日 ……446
九〇四 黑龙江副都统衙门为报随进木兰围索伦达斡尔等兵丁旗佐花名事咨黑龙江将军衙门文
乾隆二十二年六月初一日 ……449
九〇五 黑龙江将军衙门为咨送随进木兰围索伦达斡尔等兵丁花名册事咨理藩院文
乾隆二十二年六月初三日 ……451
九〇六 黑龙江将军衙门为报照例派往木兰行围索伦达斡尔等官兵数目花名事咨兵部文
乾隆二十二年六月初七日 ……455
九〇七 署布特哈索伦达斡尔总管佛济保等为派员解送布特哈八旗索伦

达斡尔等交纳貂皮事呈黑龙江将军衙门文
乾隆二十二年七月初九日 ……462
九〇八 黑龙江将军衙门为令报拟补佐领骁骑校等缺满洲达斡尔等官员履历考语事咨黑龙江副都统衙门文（附名单一件）
乾隆二十二年七月二十八日 ……465
九〇九 署布特哈索伦达斡尔总管佛济保等为查报达斡尔前锋遗孀绥赫图来年前往京城事呈黑龙江将军衙门文
乾隆二十二年八月初二日 ……470
九一〇 黑龙江副都统衙门为报拟补佐领骁骑校等缺满洲达斡尔等官员履历考语事咨黑龙江将军衙门文
乾隆二十二年八月二十九日 ……473
九一一 墨尔根副都统衙门为报拟补佐领骁骑校等缺满洲达斡尔等官员履历考语事咨黑龙江将军衙门文
乾隆二十二年八月二十九日 ……479
九一二 呼兰城守尉哲灵额为报拟补协领骁骑校等缺满洲达斡尔等官员履历考语事呈黑龙江将军衙门文
乾隆二十二年八月二十九日 ……488
九一三 署布特哈索伦达斡尔总管佛济保等为达斡尔云骑尉图尔凡因罪革退选送应袭职人员事呈黑龙江将军衙门文
乾隆二十二年八月二十九日 ……497
九一四 署布特哈索伦达斡尔总管佛济保等为出征效力未获赏索伦达斡尔官兵可否赏给牲畜事呈黑龙江将军衙门文
乾隆二十二年八月三十日 ……507
九一五 署布特哈索伦达斡尔总管佛济保等为查报索伦达斡尔所种田禾遭灾及断粮人口事呈黑龙江将军衙门文
乾隆二十二年八月三十日 ……509
九一六 黑龙江将军衙门为报布特哈索伦达斡尔等捕貂丁数并派员解送

貂皮事咨理藩院文
乾隆二十二年八月三十日 ……511
九一七　黑龙江将军衙门为未出征效力索伦达斡尔等交纳所欠貂皮事咨内务府文
乾隆二十二年八月三十日 ……516
九一八　户部为令查报出征返回布特哈索伦达斡尔官兵应还马驼价银事咨黑龙江将军衙门文
乾隆二十二年九月初四日 ……520
九一九　黑龙江将军绰尔多等题请拨给未获接济粮石布特哈索伦达斡尔等银两赈济本
乾隆二十二年九月十九日 ……528
九二〇　黑龙江将军衙门为查报出征返回布特哈索伦达斡尔官兵应还马驼价银事咨户部文
乾隆二十二年九月二十二日 ……532
九二一　黑龙江将军衙门为令偿还布特哈索伦达斡尔等马驼价银事札署布特哈索伦达斡尔总管佛济保等文
乾隆二十二年九月二十二日 ……542
九二二　署布特哈索伦达斡尔总管佛济保等为布特哈镶黄旗驻京前锋护军达斡尔图尔苏三代效力情形请转告本旗事呈黑龙江将军衙门文
乾隆二十二年十月十四日 ……549
九二三　墨尔根副都统衙门为京师正白旗护军达斡尔噶达凯迁移家眷请颁给路照口粮事咨黑龙江将军衙门文（附名单一件）
乾隆二十二年十月十四日 ……551
九二四　黑龙江将军衙门为拨给未获接济布特哈索伦达斡尔等赈济银两事札署布特哈索伦达斡尔总管佛济保等文
乾隆二十二年十月二十九日 ……553
九二五　黑龙江将军衙门为核查颁给功牌索伦达斡尔等官兵旗佐姓名并

派员领取事札署呼伦贝尔副都统衔总管关防总管阿毕锡克等文（附名单一件）
乾隆二十二年十一月初八日 ……559
九二六 镶白满洲旗为齐齐哈尔城镶白旗达斡尔佐领门图病故其所遗缺准以额尔西奇补授事咨黑龙江将军衙门文
乾隆二十三年正月初四日 ……566
九二七 兵部为知会照例布特哈达斡尔敏塔穆保等人留驻京城事咨黑龙江将军文（附名单一件）
乾隆二十三年正月十一日 ……569
九二八 理藩院为布特哈正白旗达斡尔世管佐领托多尔海出缺准以苏清阿承袭事咨黑龙江将军文
乾隆二十三年正月十一日 ……572
九二九 黑龙江将军衙门为布特哈达斡尔甘多等留驻京城事札署布特哈索伦达斡尔总管佛济保等文（附名单一件）
乾隆二十三年正月十五日 ……574
九三〇 黑龙江将军衙门为办理布特哈达斡尔敏塔穆保等留驻京城事札署布特哈索伦达斡尔总管佛济保等文（附名单一件）
乾隆二十三年正月十五日 ……578
九三一 署布特哈索伦达斡尔总管佛济保等为请展限偿还索伦达斡尔应交马驼价银事呈黑龙江将军衙门文
乾隆二十三年正月二十九日 ……582
九三二 黑龙江将军衙门为令报拟补佐领骁骑校等缺满洲达斡尔等官员履历考语事咨黑龙江副都统衙门文（附名单一件）
乾隆二十三年二月初一日 ……591
九三三 户部为本年布特哈索伦达斡尔等所贡貂皮足数不及等第仍照例赏赐事咨黑龙江将军文（附来文一件）
乾隆二十三年二月二十二日 ……596

九三四　黑龙江副都统衙门为报拟补佐领骁骑校等缺满洲达斡尔等官员履历考语事咨黑龙江将军衙门文
乾隆二十三年二月二十六日 ……606
九三五　墨尔根副都统衙门为报拟补佐领骁骑校等缺达斡尔汉军等官员履历考语事咨黑龙江将军衙门文
乾隆二十三年二月二十八日 ……610
九三六　呼兰城守尉哲灵额为报拟补协领骁骑校等缺满洲达斡尔等官员履历考语事呈黑龙江将军衙门文
乾隆二十三年二月二十八日 ……621
九三七　呼兰城守尉哲灵额为墨尔根城镶黄旗达斡尔佐领出缺拟选骁骑校额璘徹事呈黑龙江将军衙门文
乾隆二十三年二月二十八日 ……631
九三八　呼兰城守尉哲灵额为墨尔根城镶黄旗达斡尔佐领出缺拟选骁骑校额璘徹启程前往事呈黑龙江将军衙门文
乾隆二十三年三月初二日 ……633
九三九　呼兰城守尉哲灵额为报本城并无应补达斡尔公中佐领等缺人员事呈黑龙江将军衙门文
乾隆二十三年三月初五日 ……635
九四〇　黑龙江副都统衙门为报拟补佐领骁骑校等缺满洲达斡尔等官员履历考语事咨黑龙江将军衙门文
乾隆二十三年三月初六日 ……638
九四一　墨尔根副都统衙门为催促承袭本城正黄旗达斡尔公中佐领达巴等缺人员启程事咨黑龙江将军衙门文
乾隆二十三年三月初六日 ……640
九四二　黑龙江将军衙门为墨尔根正红旗达斡尔佐领乌奇内阵亡出缺拟定补放人员引见事咨兵部文
乾隆二十三年三月十三日 ……643

九四三　黑龙江将军衙门为墨尔根镶黄旗达斡尔佐领散锡图病故其所遗缺拟定补放人员引见事咨兵部文
乾隆二十三年三月十三日 ……645
九四四　黑龙江将军衙门为墨尔根正红旗达斡尔佐领达巴参革出缺拟定补放官员引见事咨兵部文
乾隆二十三年三月十三日 ……648
九四五　黑龙江将军衙门为黑龙江镶蓝旗罗郭尔甘佐领下达斡尔骁骑校敏德库阵亡出缺拟定正陪人员引见事咨兵部文
乾隆二十三年三月十三日 ……653
九四六　黑龙江将军衙门为齐齐哈尔正蓝旗喀勒扎佐领下达斡尔骁骑校倍多苏阵亡出缺拟定正陪人员引见事咨兵部文
乾隆二十三年三月十三日 ……657
九四七　署布特哈索伦达斡尔总管佛济保等为报布特哈索伦达斡尔等本年捕貂数目事呈黑龙江将军衙门文
乾隆二十三年三月二十五日 ……661
九四八　署布特哈索伦达斡尔总管佛济保等为请定会盟地点日期以便索伦达斡尔等备办事呈黑龙江将军衙门文
乾隆二十三年三月二十五日 ……662
九四九　黑龙江将军绰尔多等题报销拨给布特哈索伦达斡尔等救灾赈济银两本（附清册一件）
乾隆二十三年三月二十六日 ……664
九五〇　黑龙江将军衙门为确定会盟地点时间令布特哈索伦达斡尔备好选貂事宜事札署布特哈索伦达斡尔总管佛济保等文
乾隆二十三年三月二十六日 ……671
九五一　黑龙江将军衙门为领取布特哈索伦达斡尔等官兵功牌事咨兵部文（附名单一件）
乾隆二十三年四月初四日 ……673

九五二　署布特哈索伦达斡尔总管佛济保等为挑选索伦达斡尔官兵换防乌鲁木齐等处事呈黑龙江将军衙门文
乾隆二十三年四月初五日 ……679

九五三　户部为毋庸支给出征效力三等侍卫达斡尔章济布等员俸饷事咨黑龙江将军文
乾隆二十三年四月十一日 ……687

九五四　户部为议准出征途中出痘致残索伦达斡尔等官兵所领整装银两宽免交还事咨黑龙江将军文
乾隆二十三年四月十一日 ……692

九五五　理藩院为本年索伦达斡尔等所贡貂皮足数不及等第仍照例赏赐事咨黑龙江将军文（附来文一件）
乾隆二十三年四月十六日 ……700

九五六　黑龙江将军衙门为造送选取技艺娴熟布特哈索伦达斡尔等官兵花名册事咨理藩院文
乾隆二十三年五月初一日 ……711

九五七　署布特哈索伦达斡尔总管佛济保等为造送索伦达斡尔等捕貂丁数册事呈黑龙江将军衙门文
乾隆二十三年五月初七日 ……715

九五八　黑龙江将军衙门为造送选取技艺娴熟索伦达斡尔鄂伦春官兵花名册事咨理藩院文
乾隆二十三年五月十一日 ……717

八二九 黑龙江副都统衙门为黑龙江各处满洲达斡尔佐领骁骑校等出缺拣员报送事咨黑龙江将军衙门文

乾隆二十年八月十七日

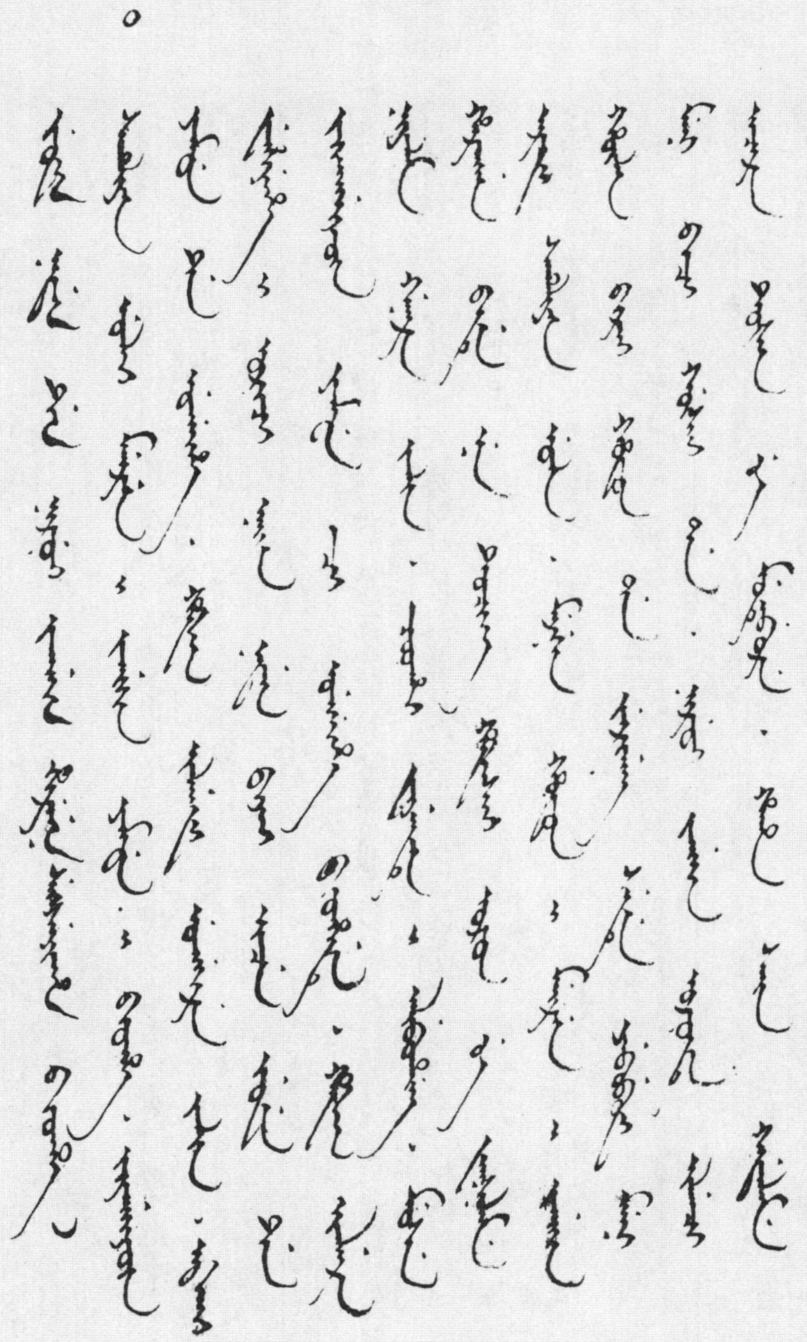

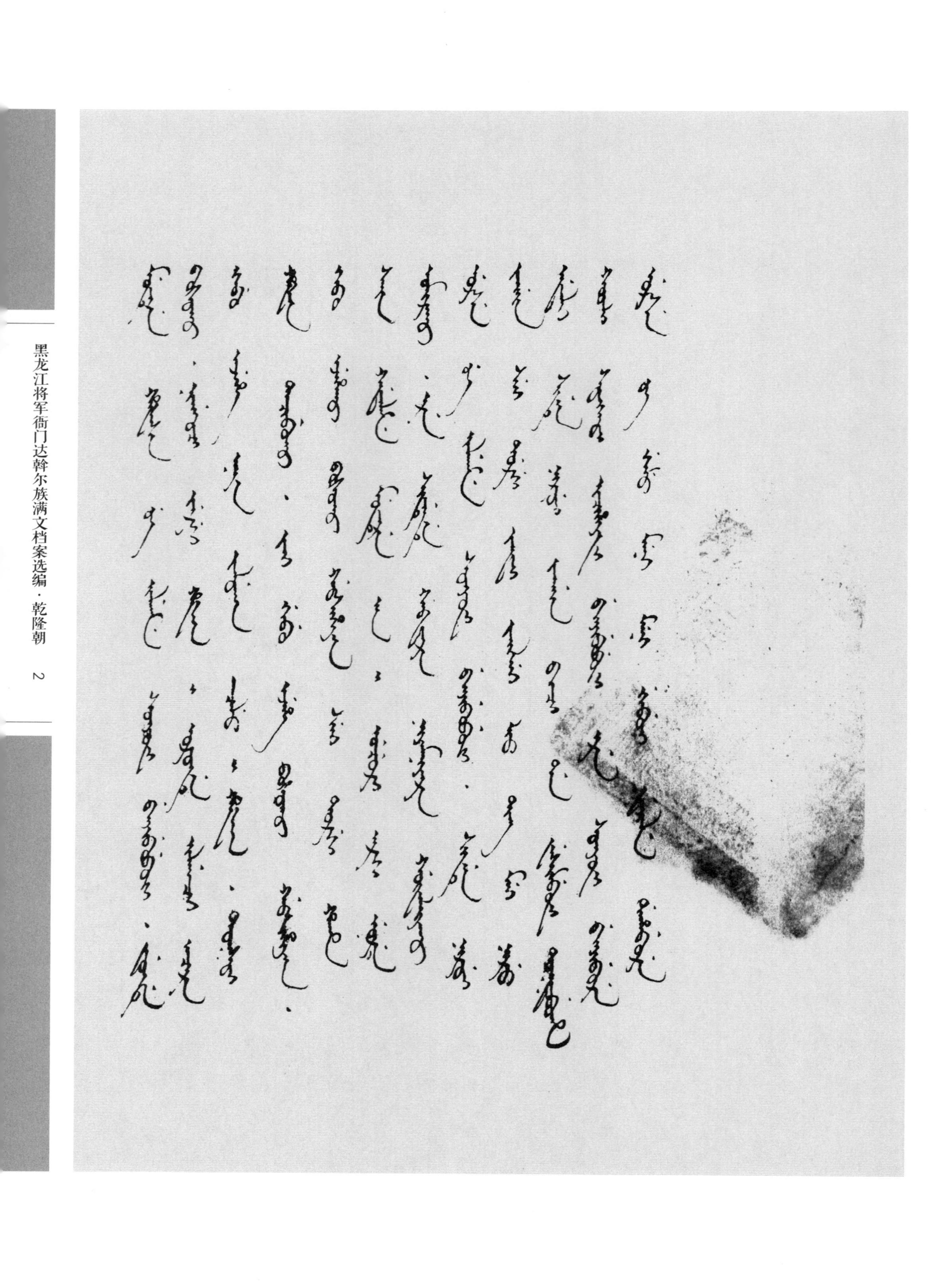

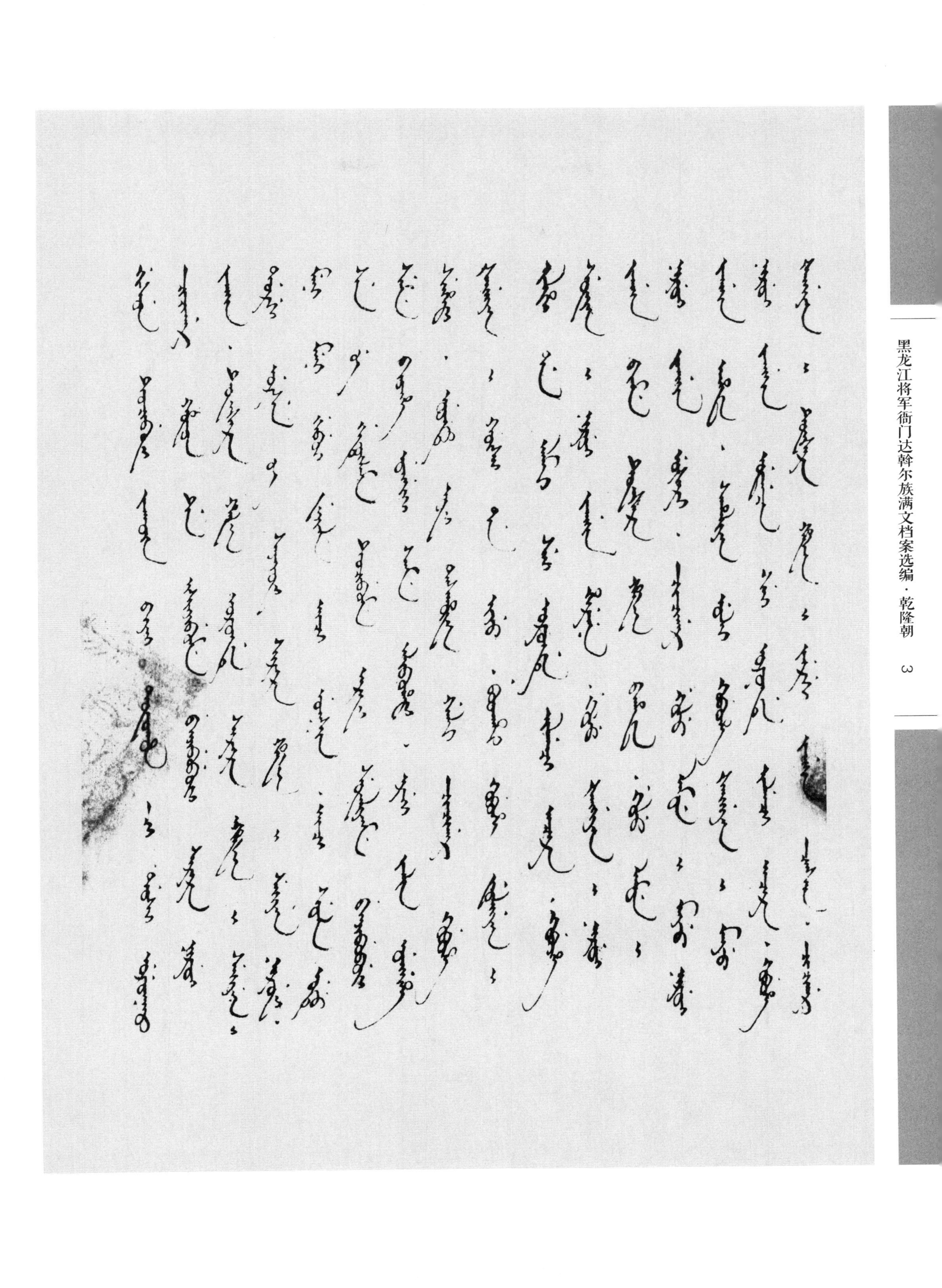

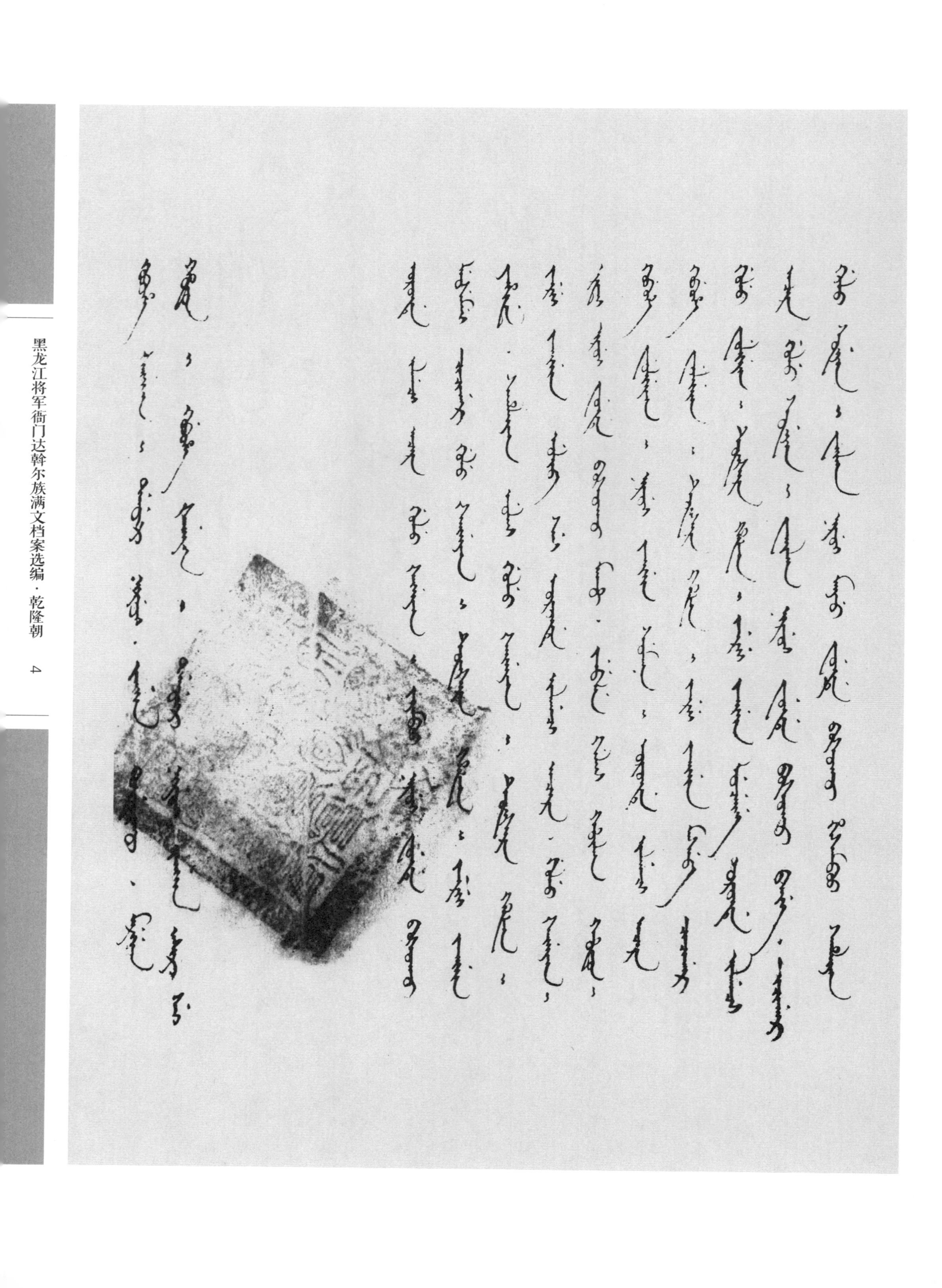

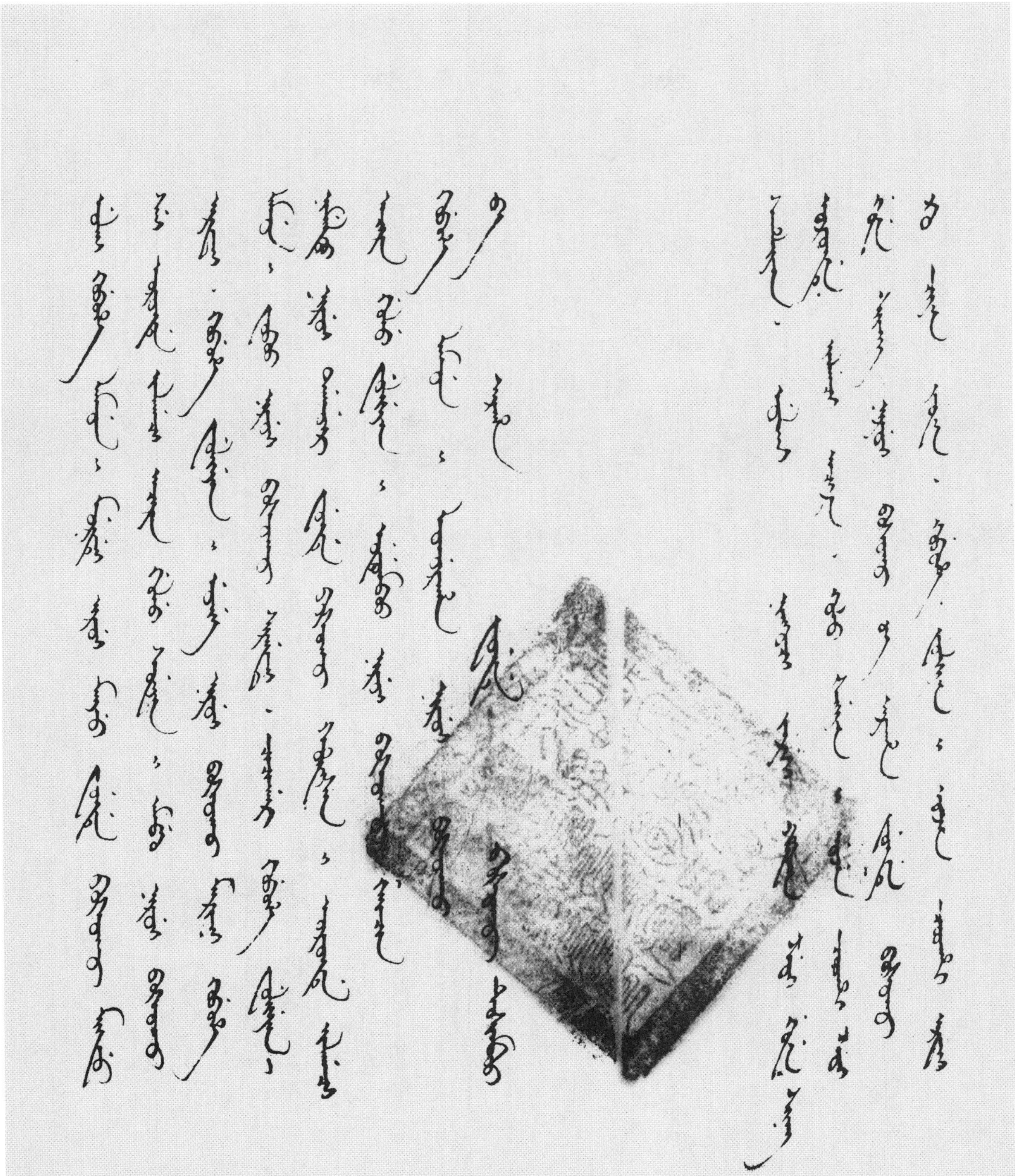

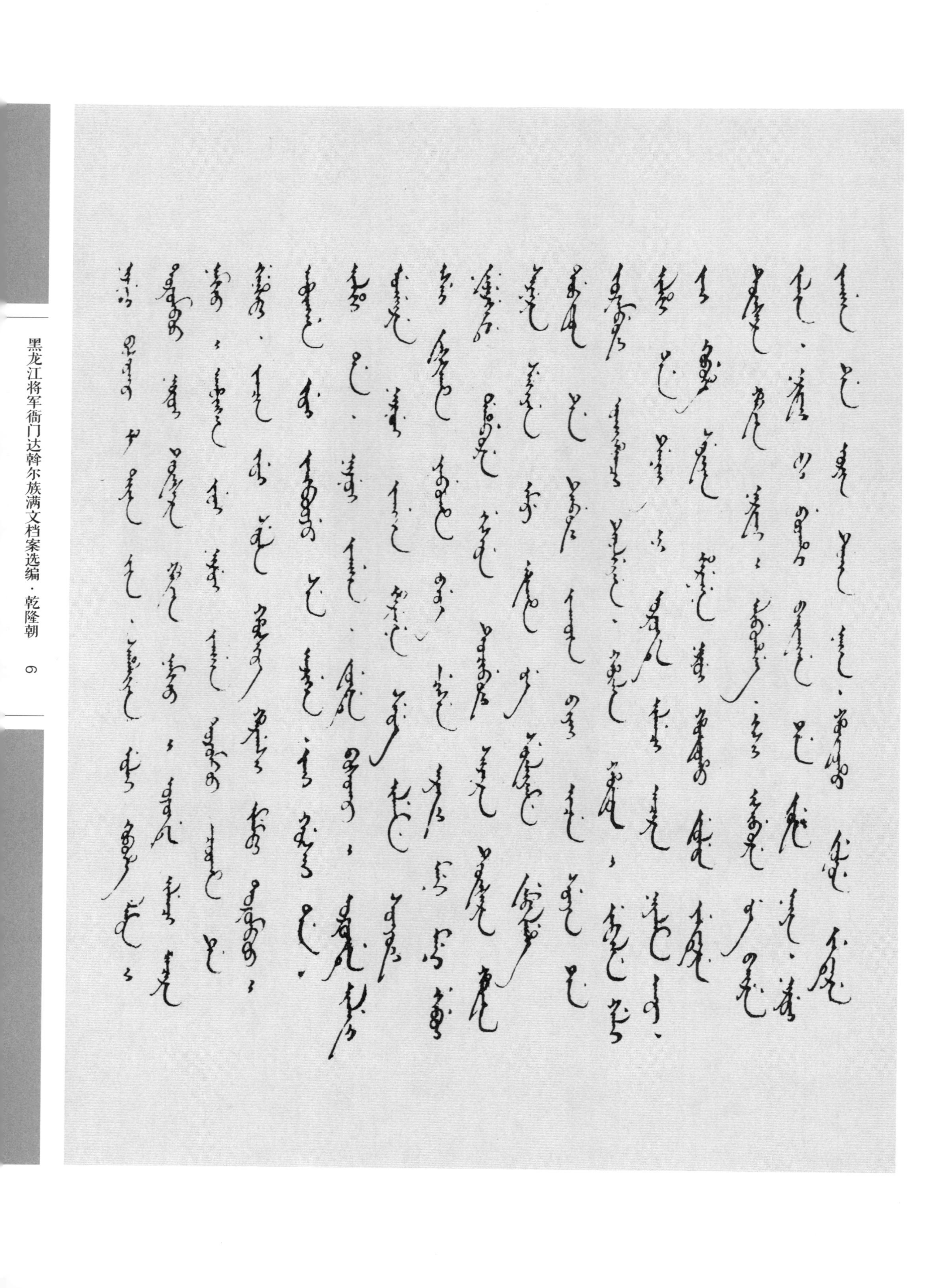

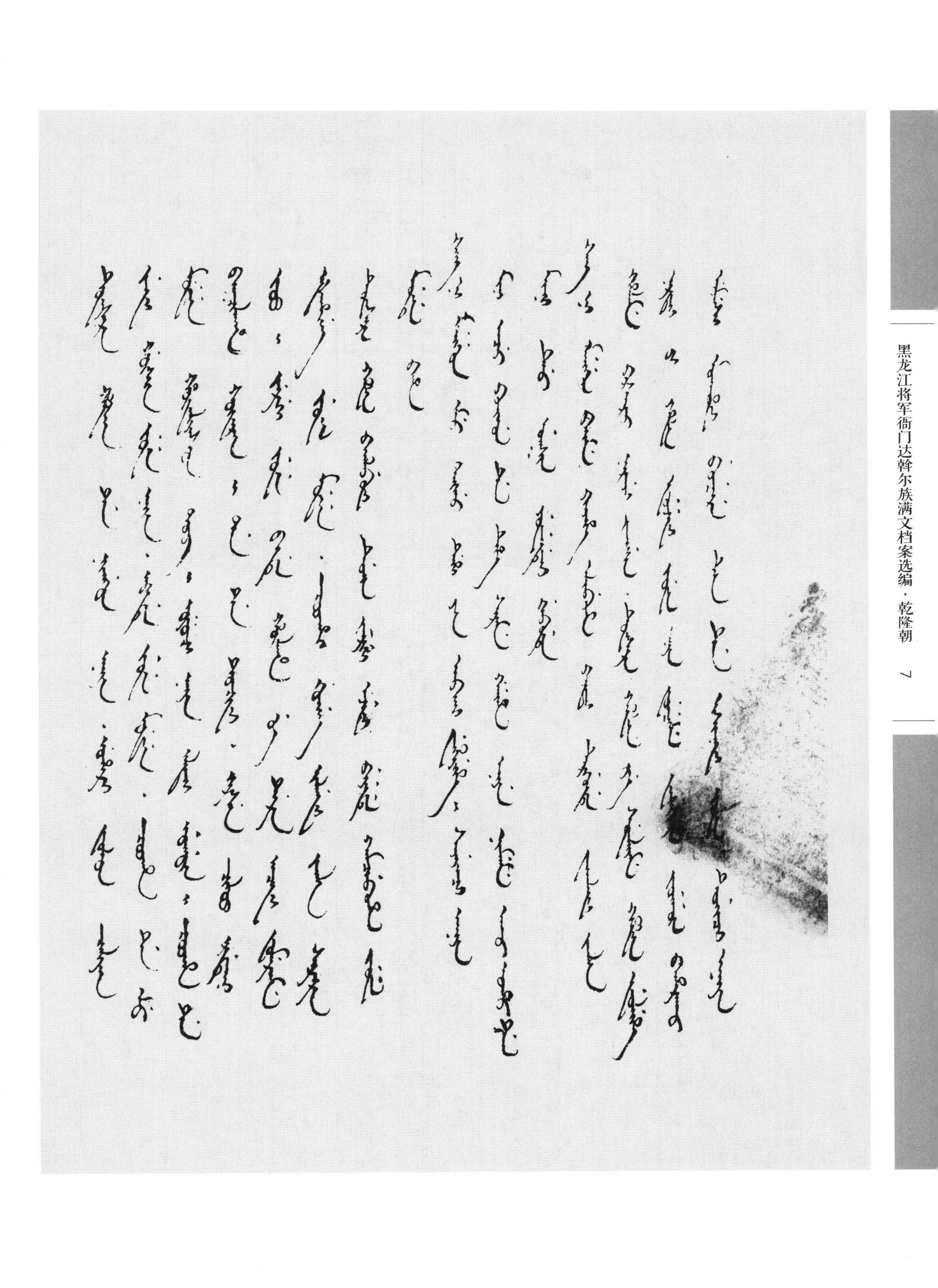

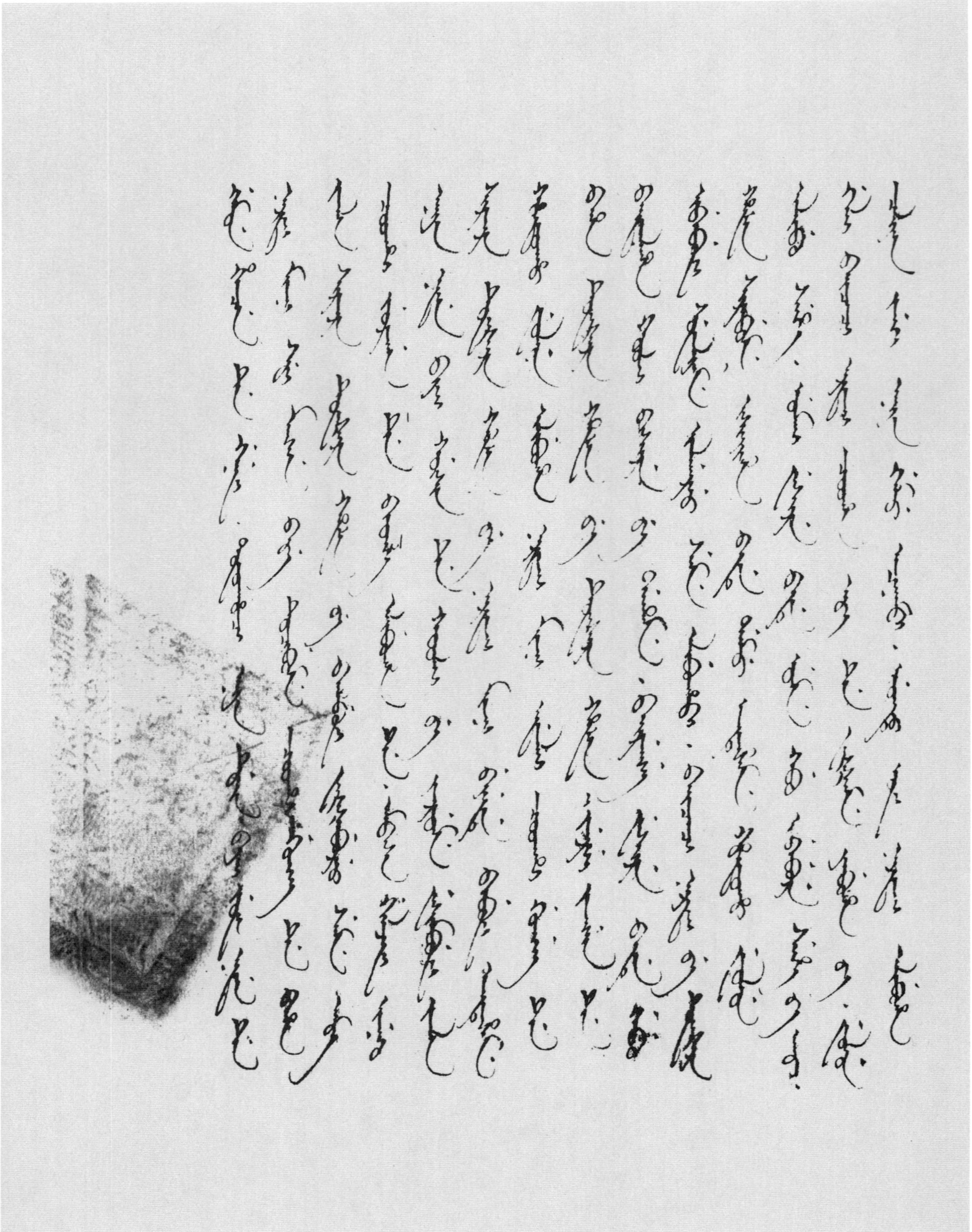

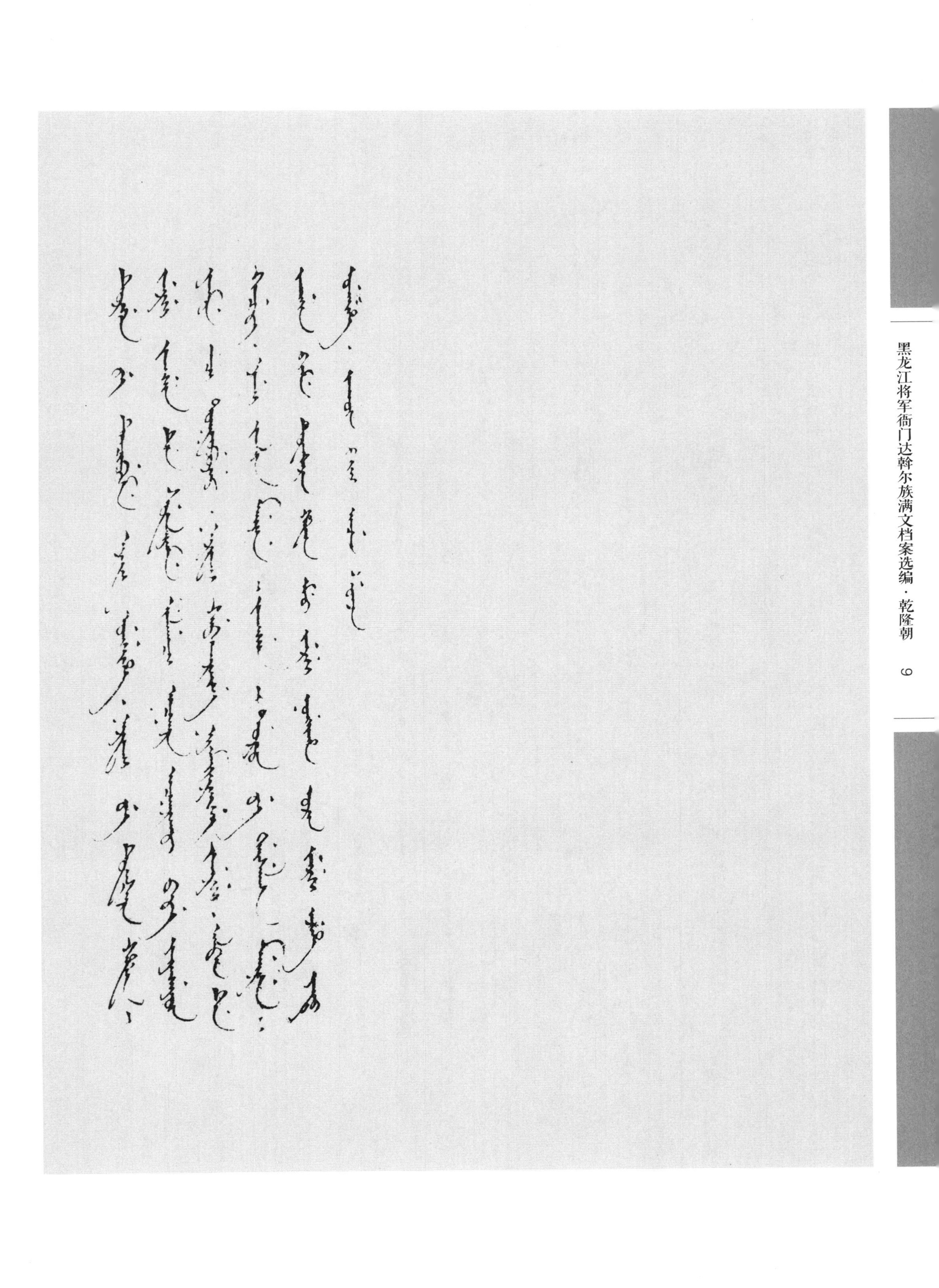

[illegible]

八三〇 墨尔根副都统衙门为黑龙江各处满洲达斡尔佐领骁骑校等出缺拣员报送事咨黑龙江将军衙门文

乾隆二十年八月十七日

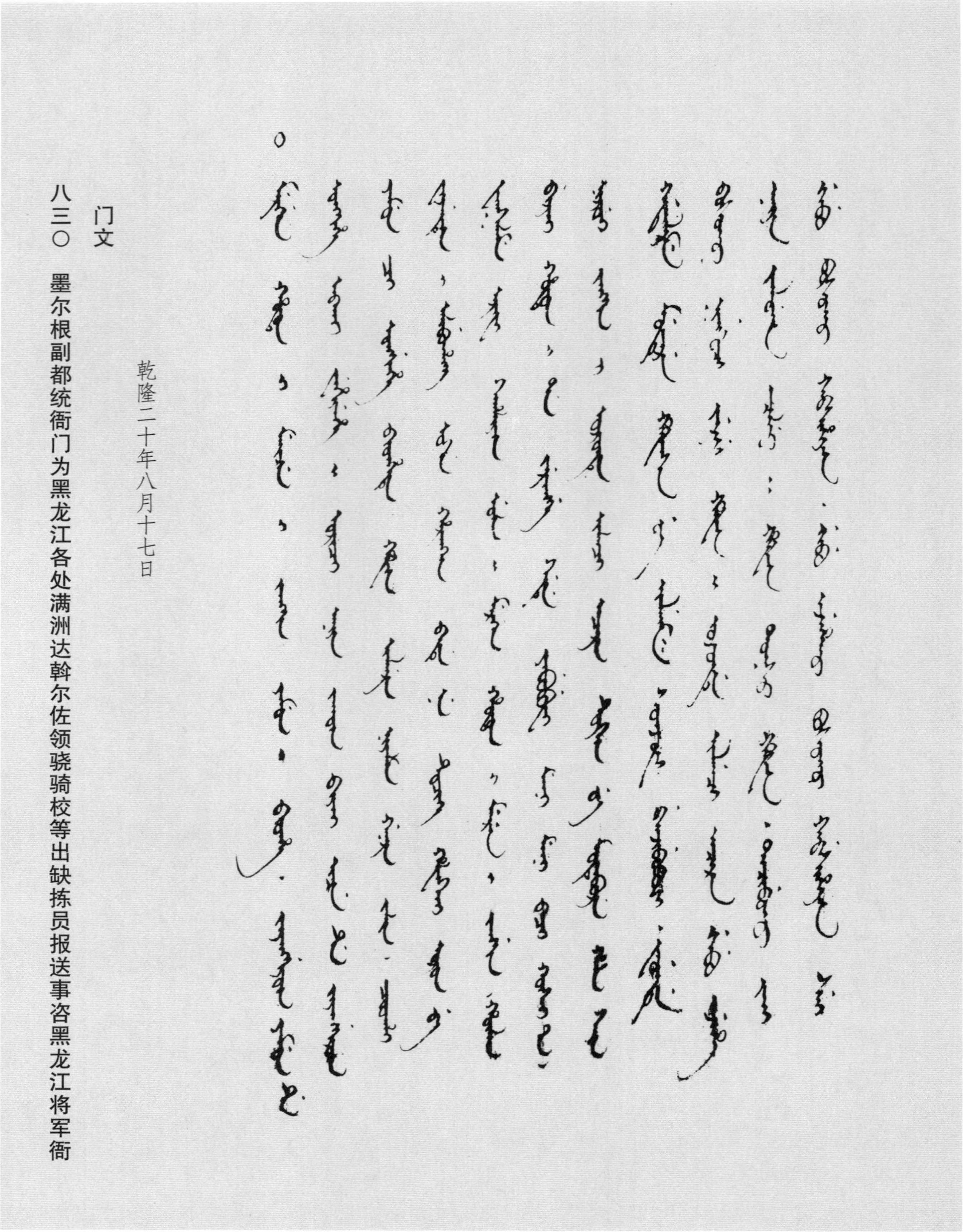

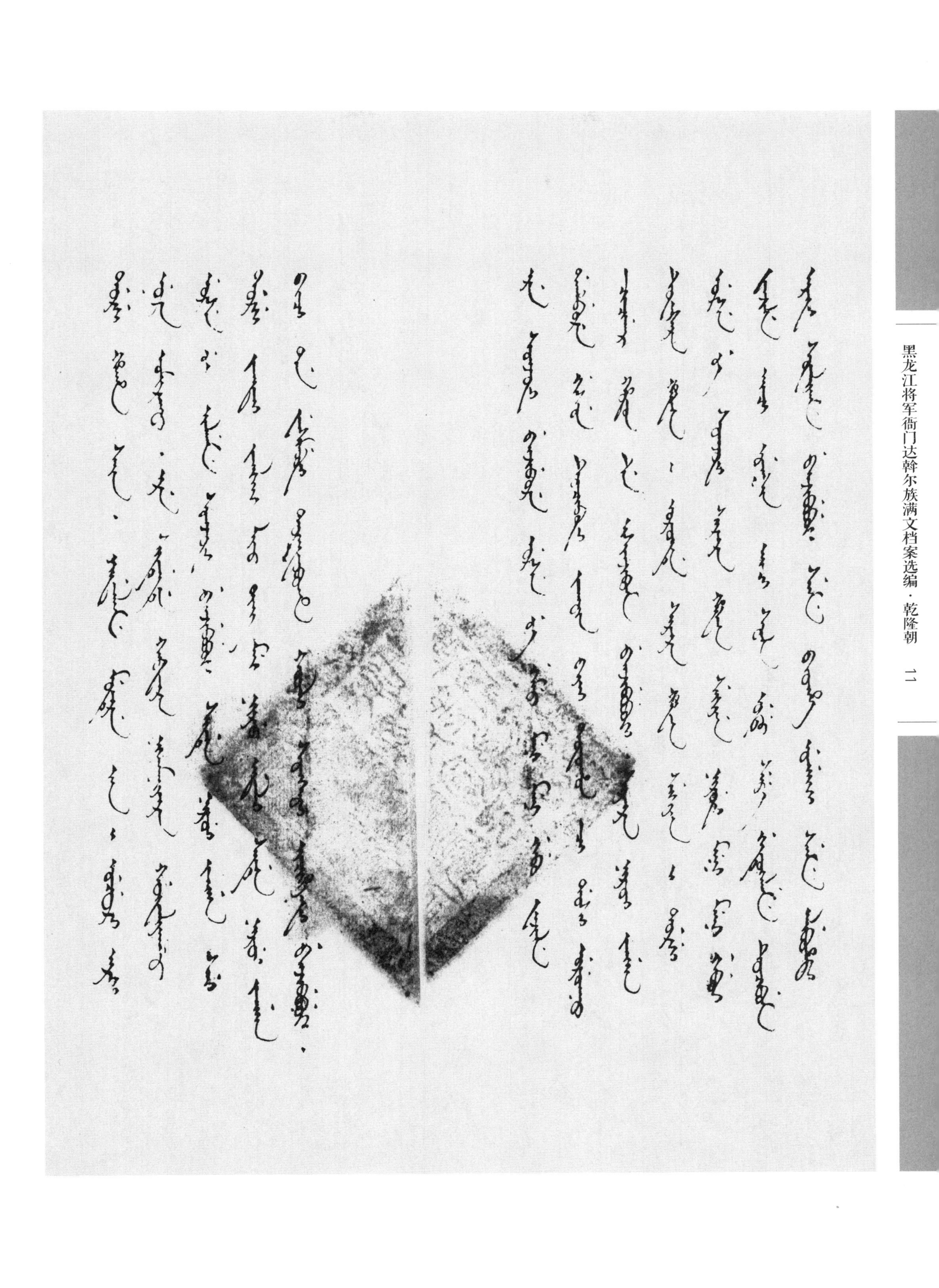

[illegible]

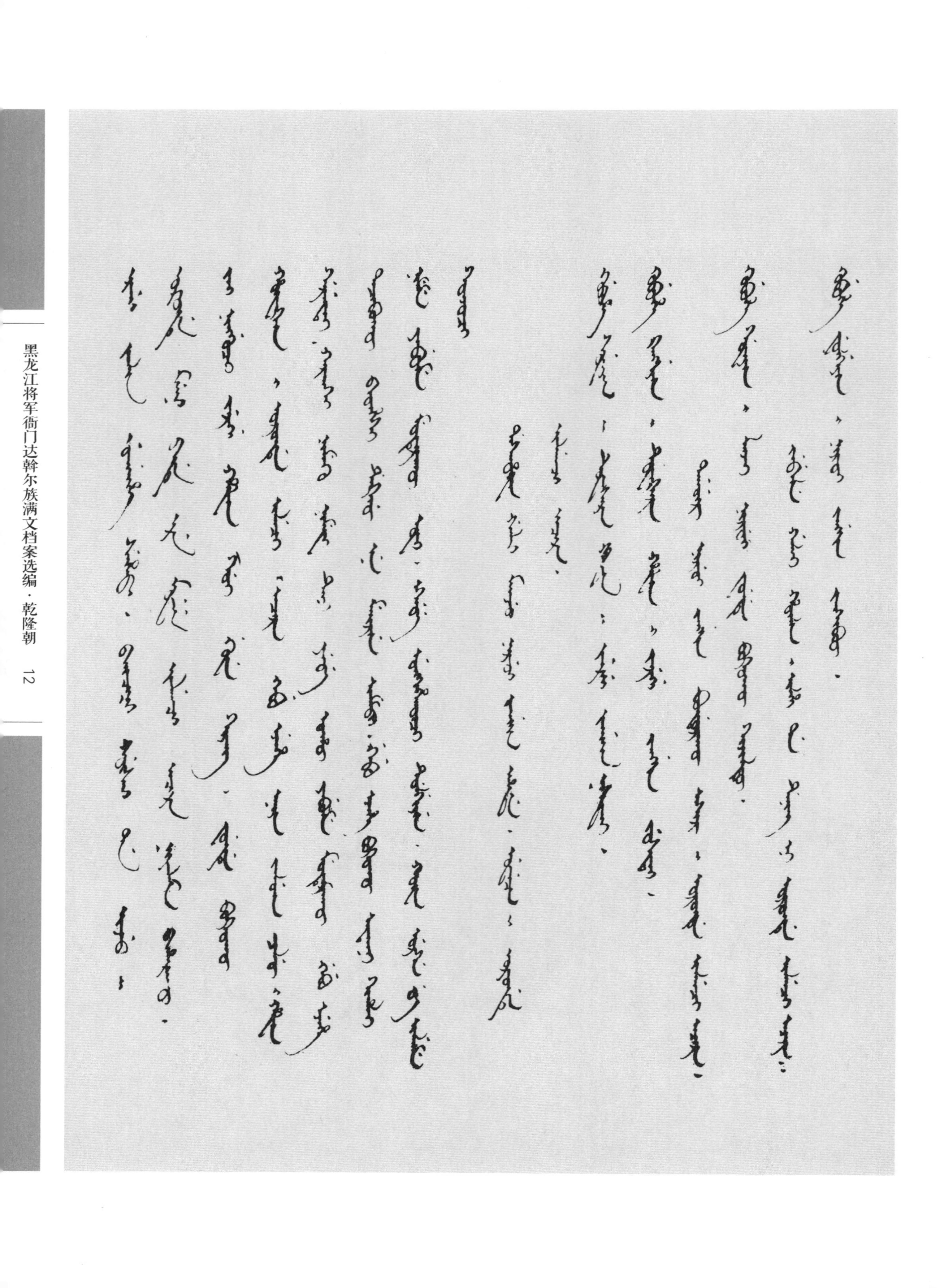

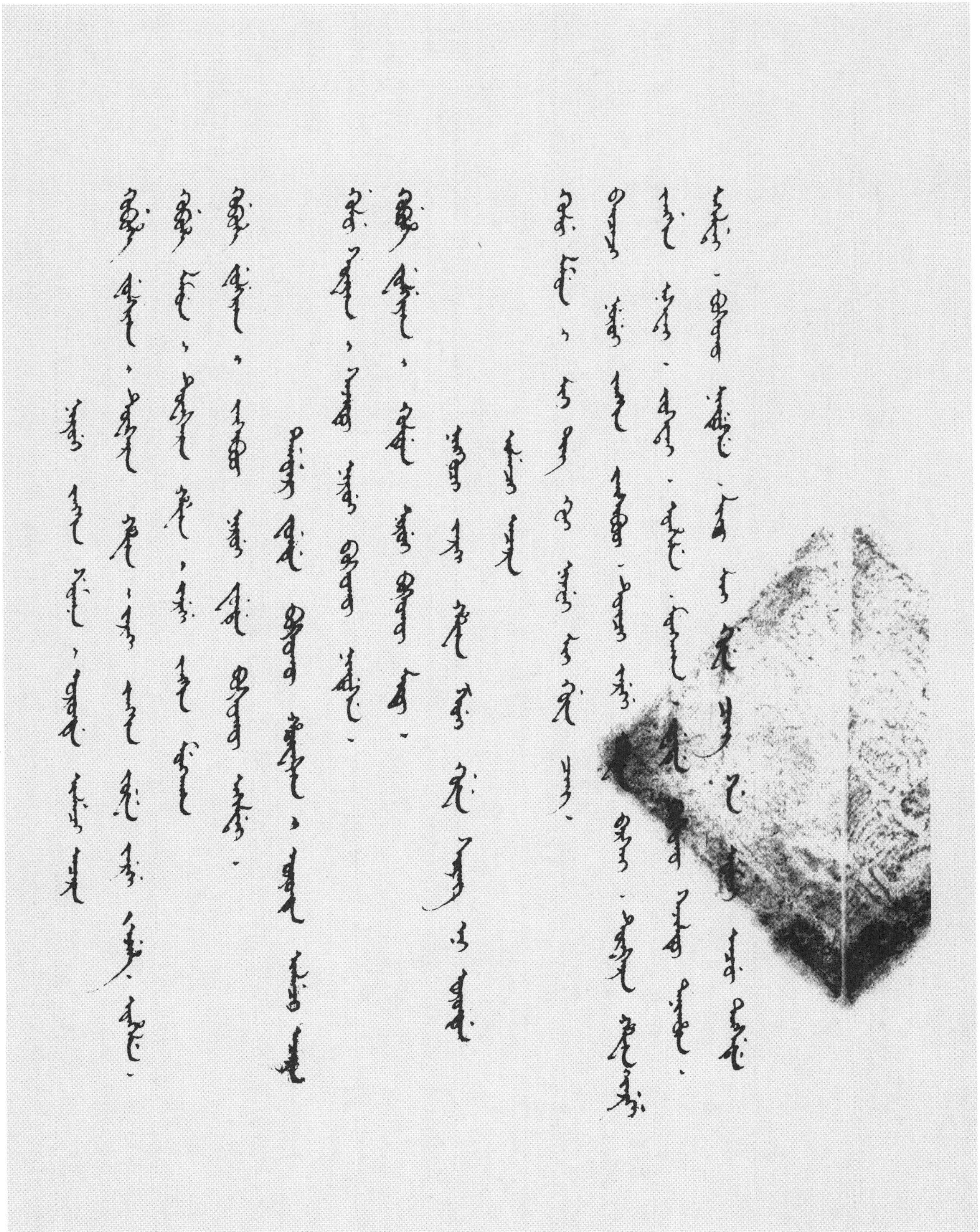

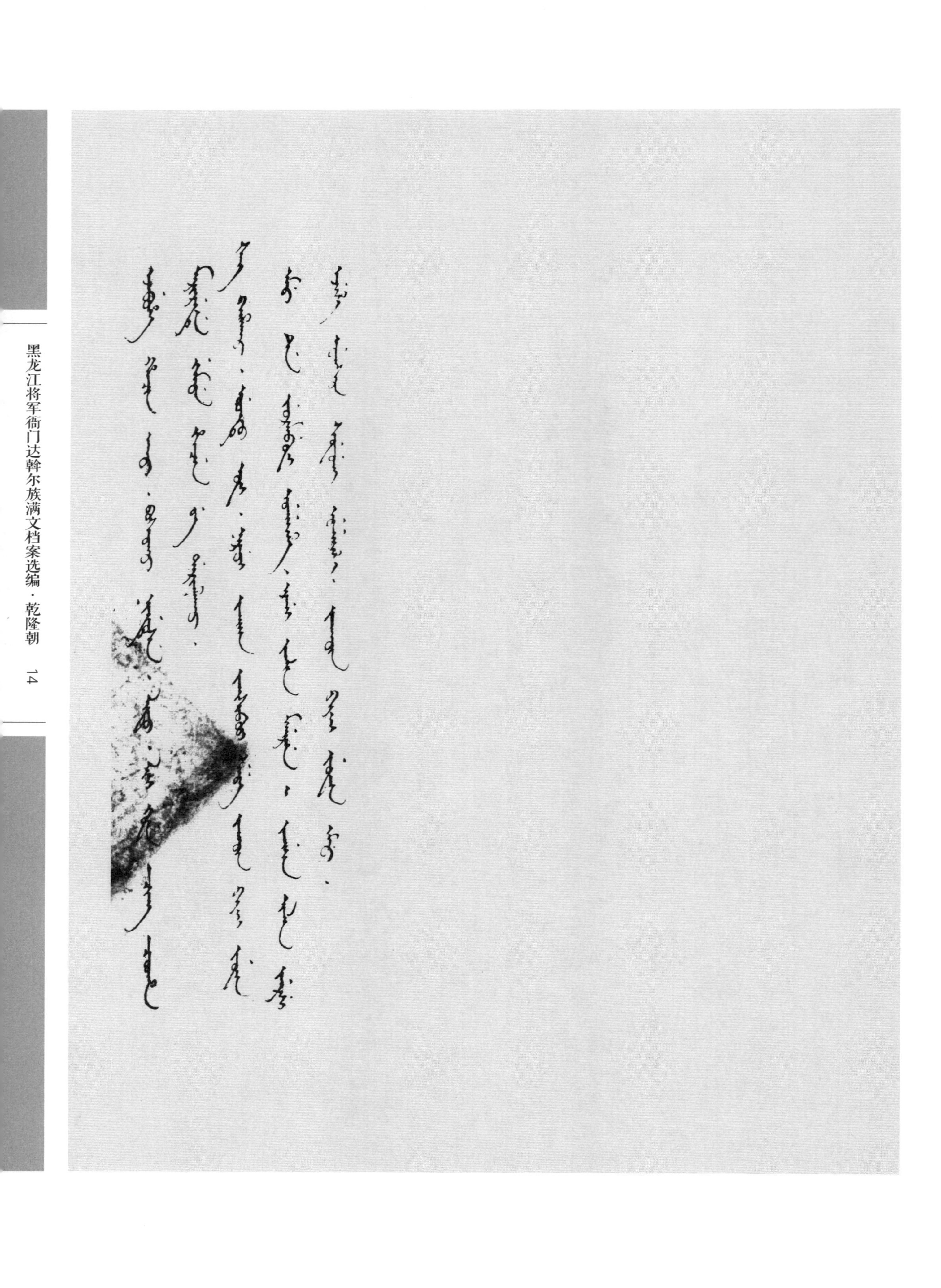

[illegible]

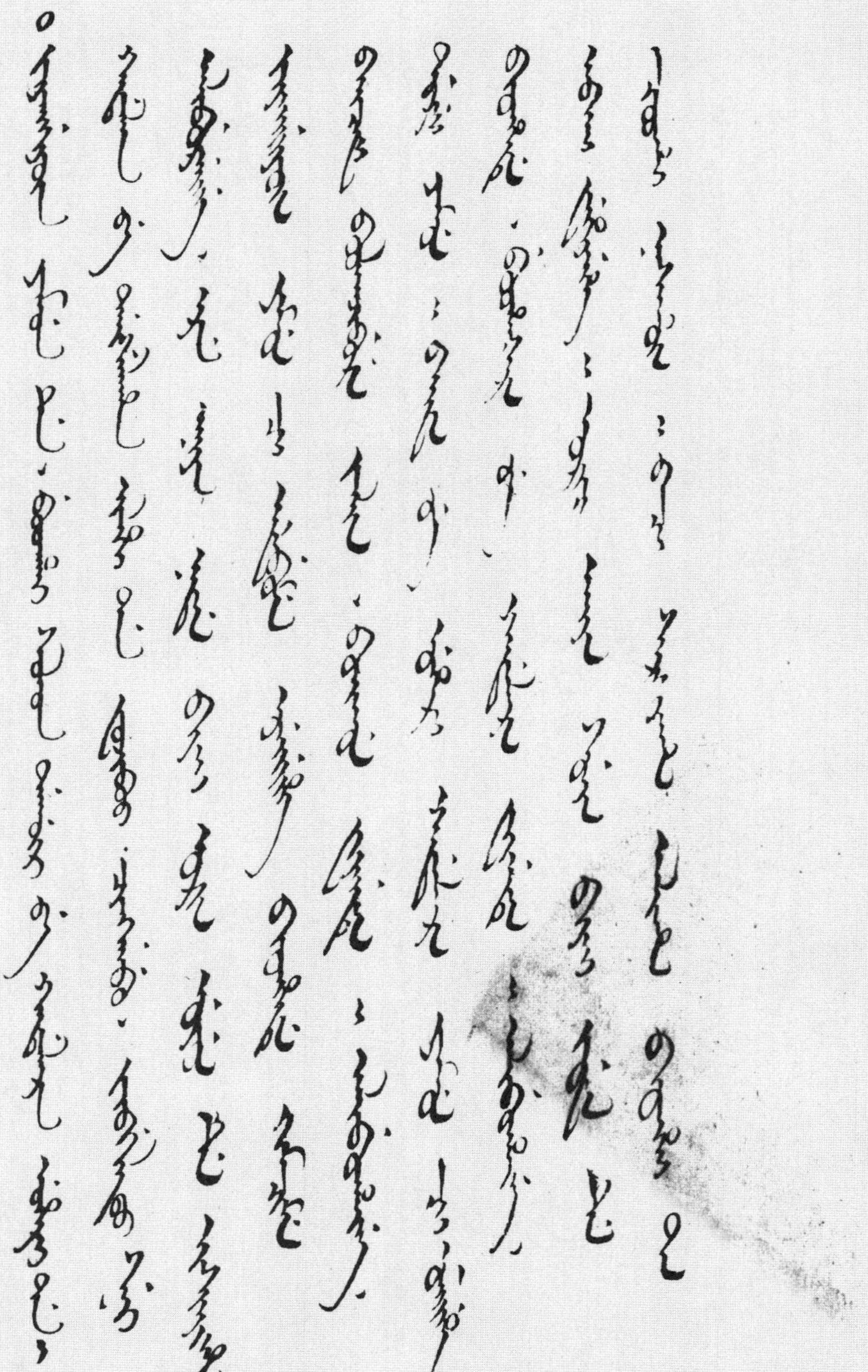

乾隆二十年八月二十日

八三一　署布特哈索伦达斡尔总管佛济保等为布特哈索伦达斡尔等本年因故未能贡貂明年一并交纳事

呈黑龙江将军衙门文

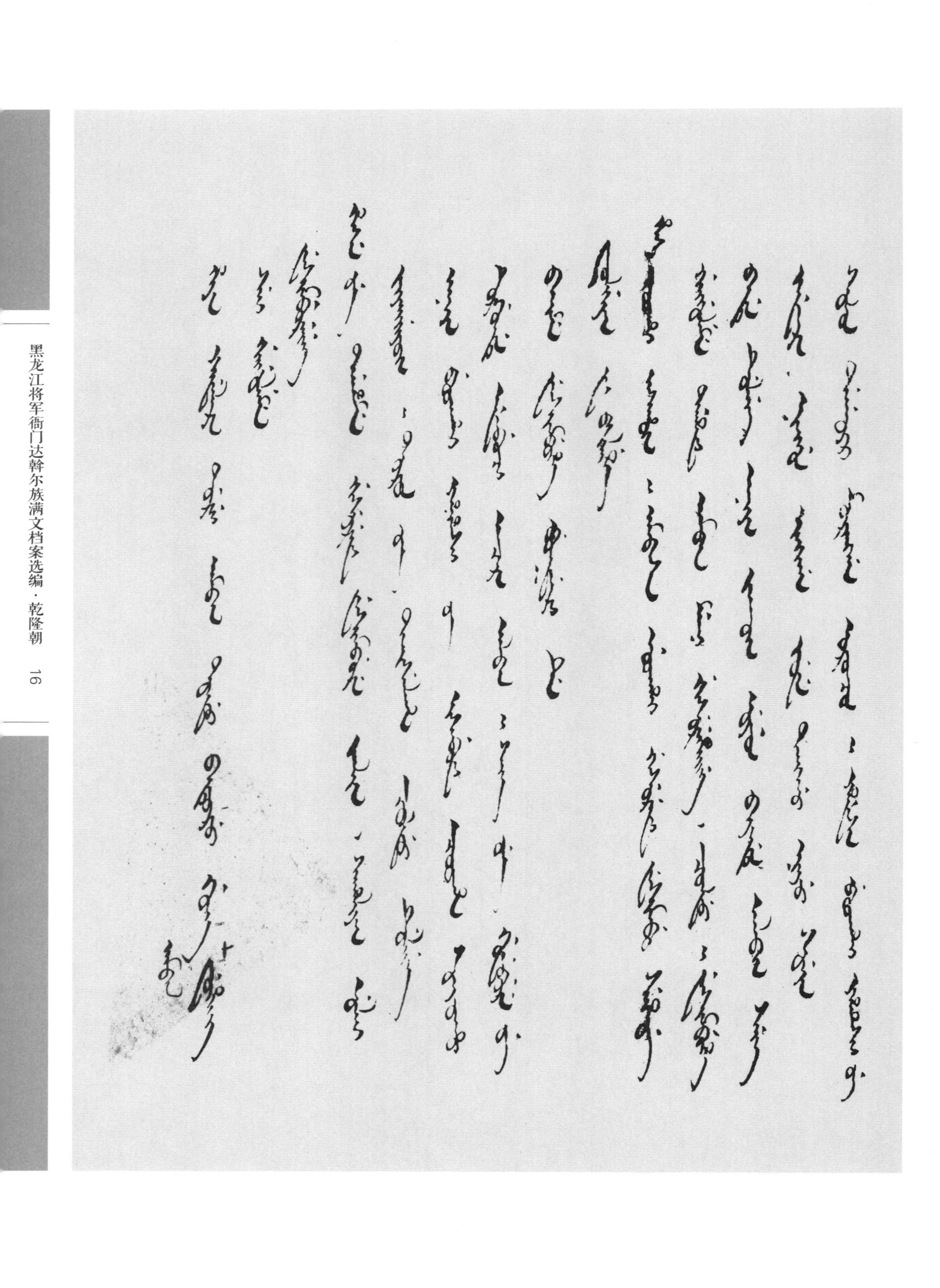

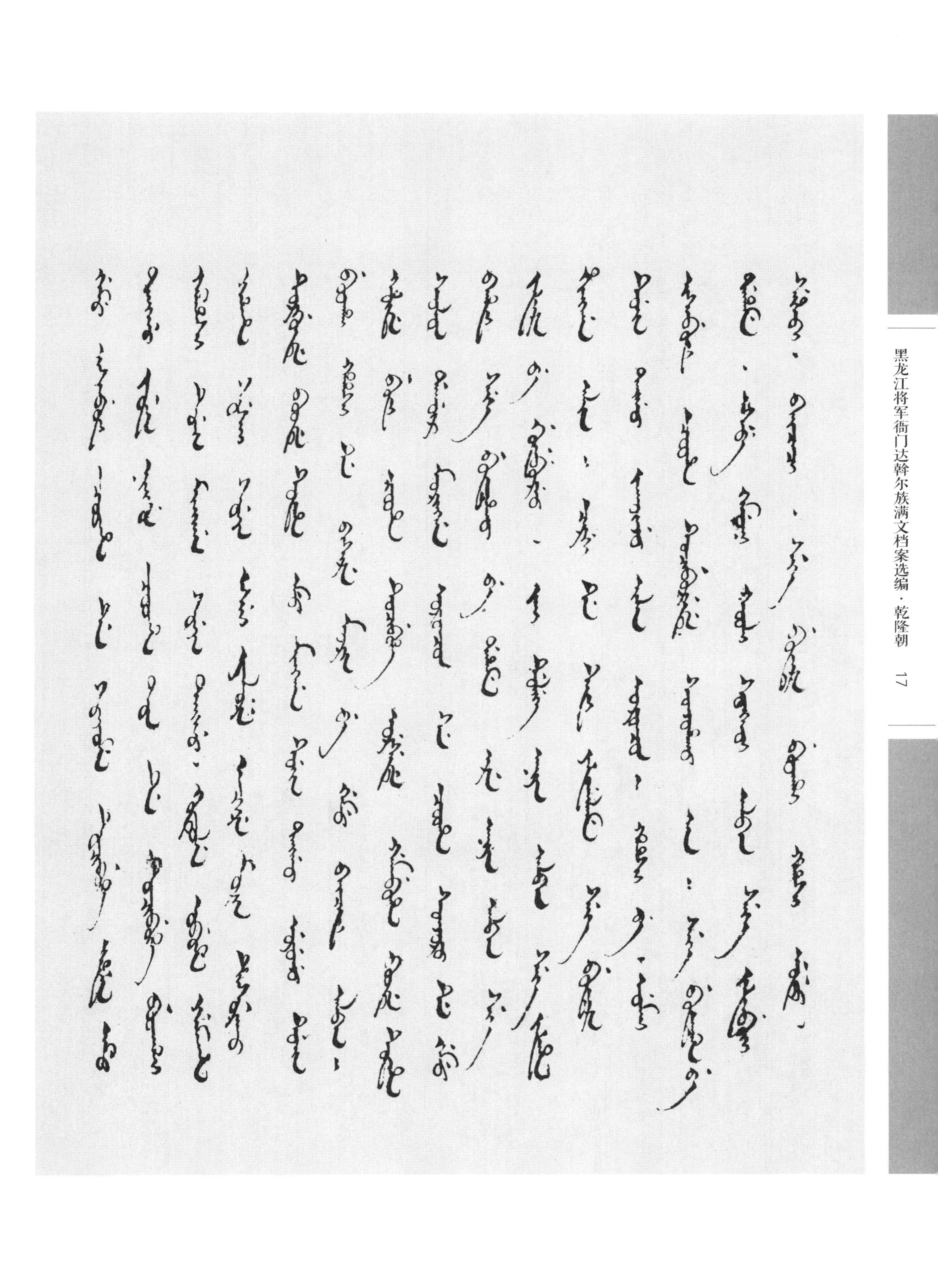

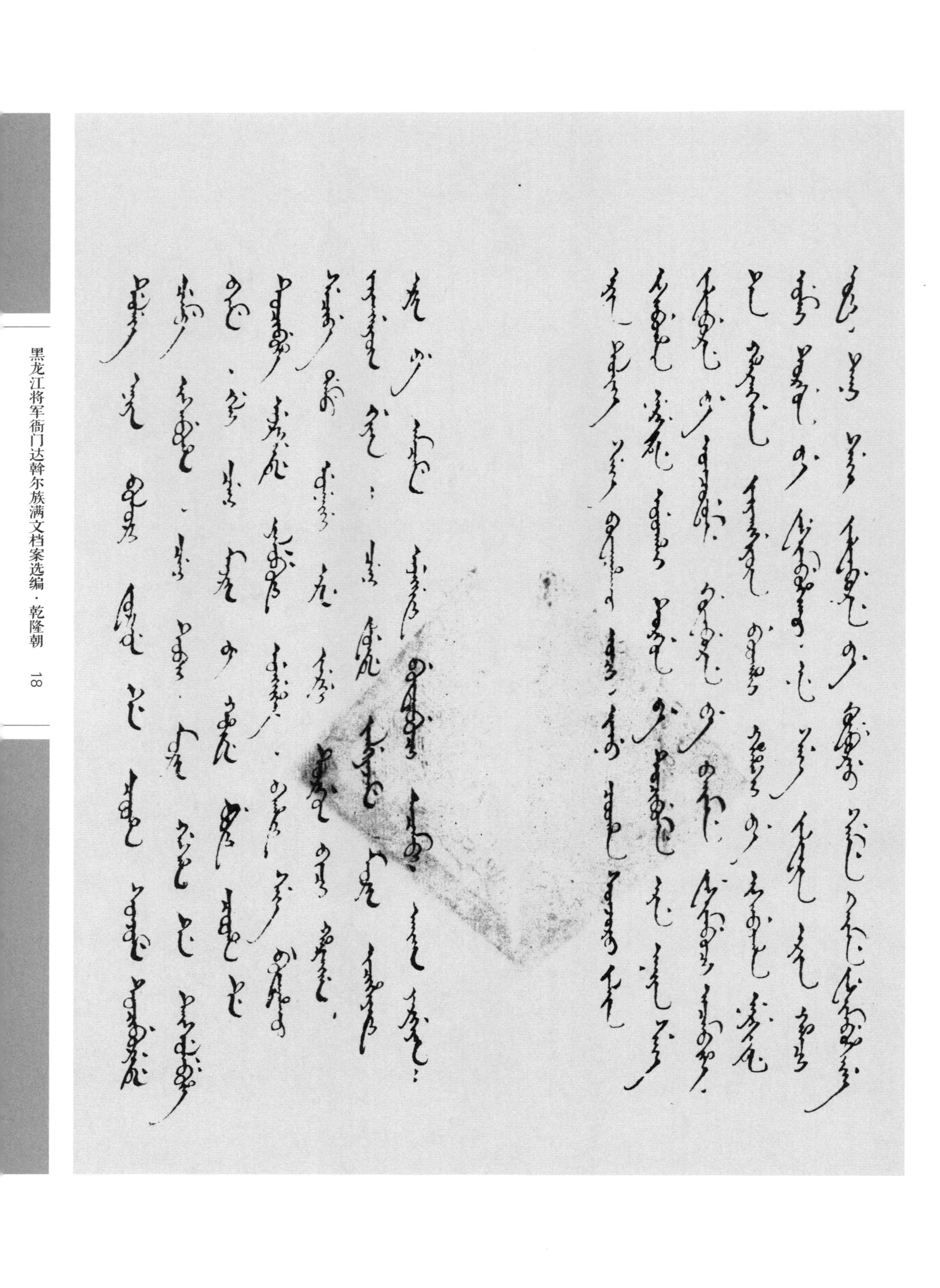

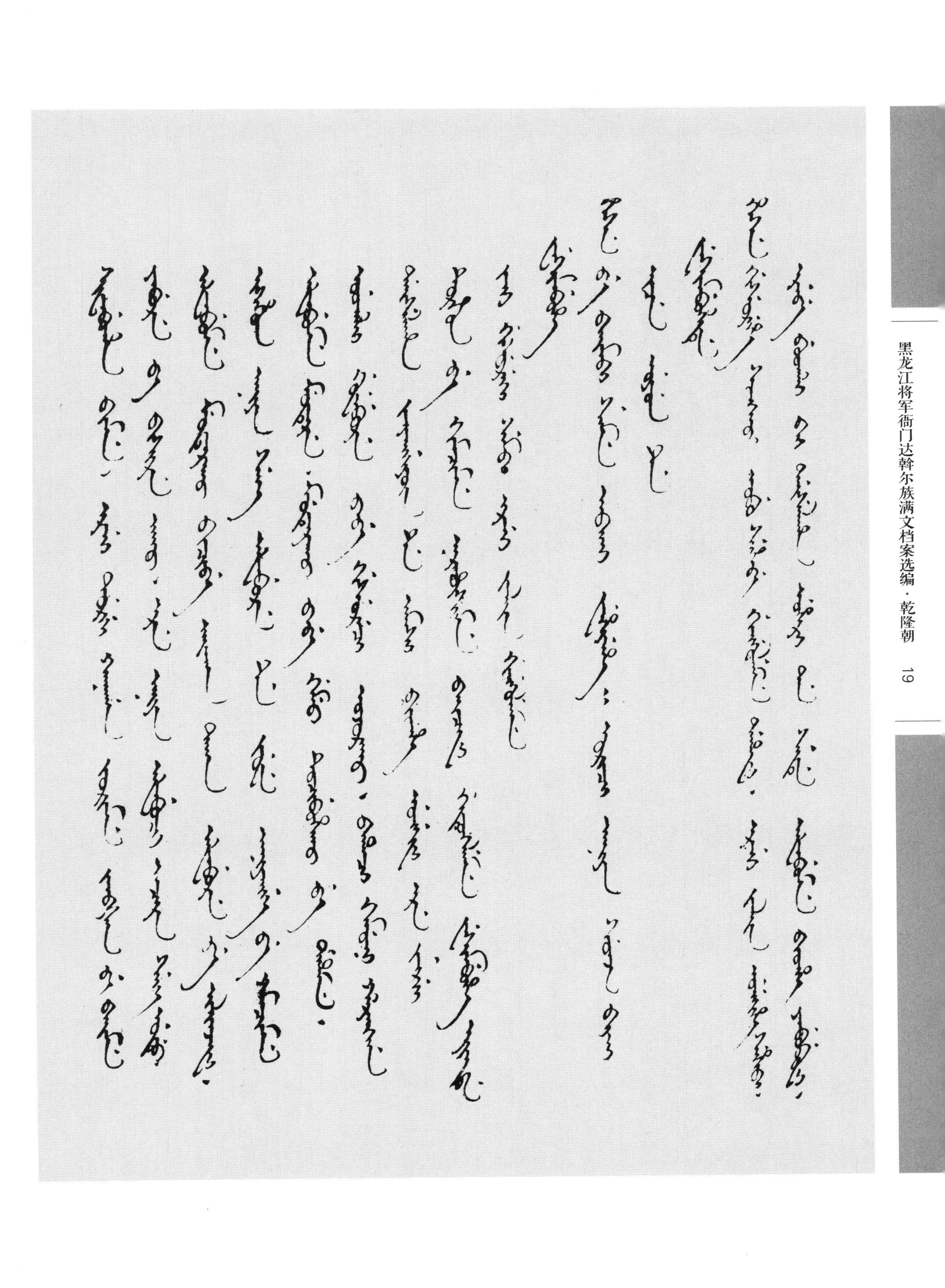

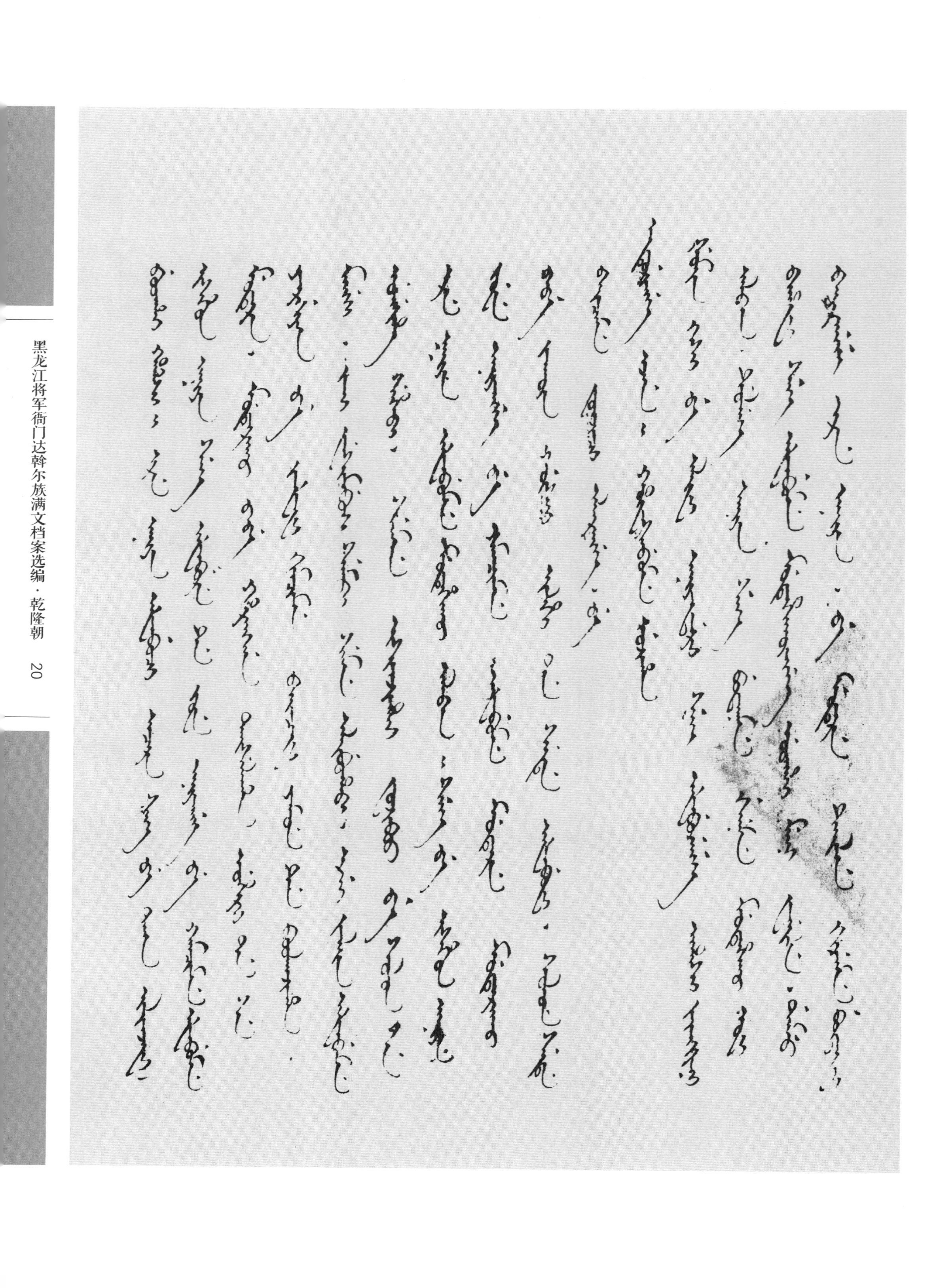

八三二 黑龙江将军衙门为布特哈索伦达斡尔鄂伦春等分散居住捕貂难以按期了结比丁事项事咨理藩院文

乾隆二十年八月二十日

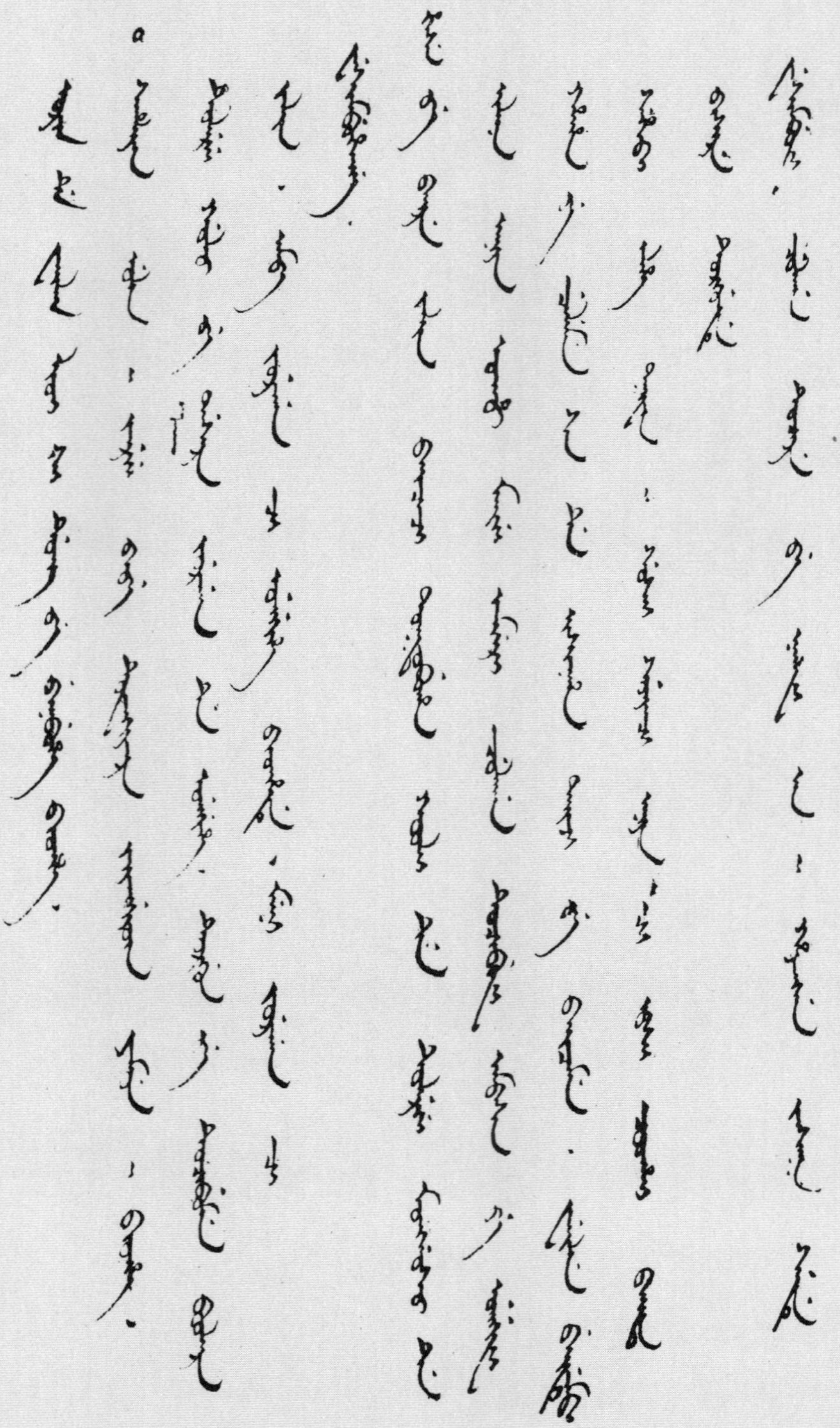

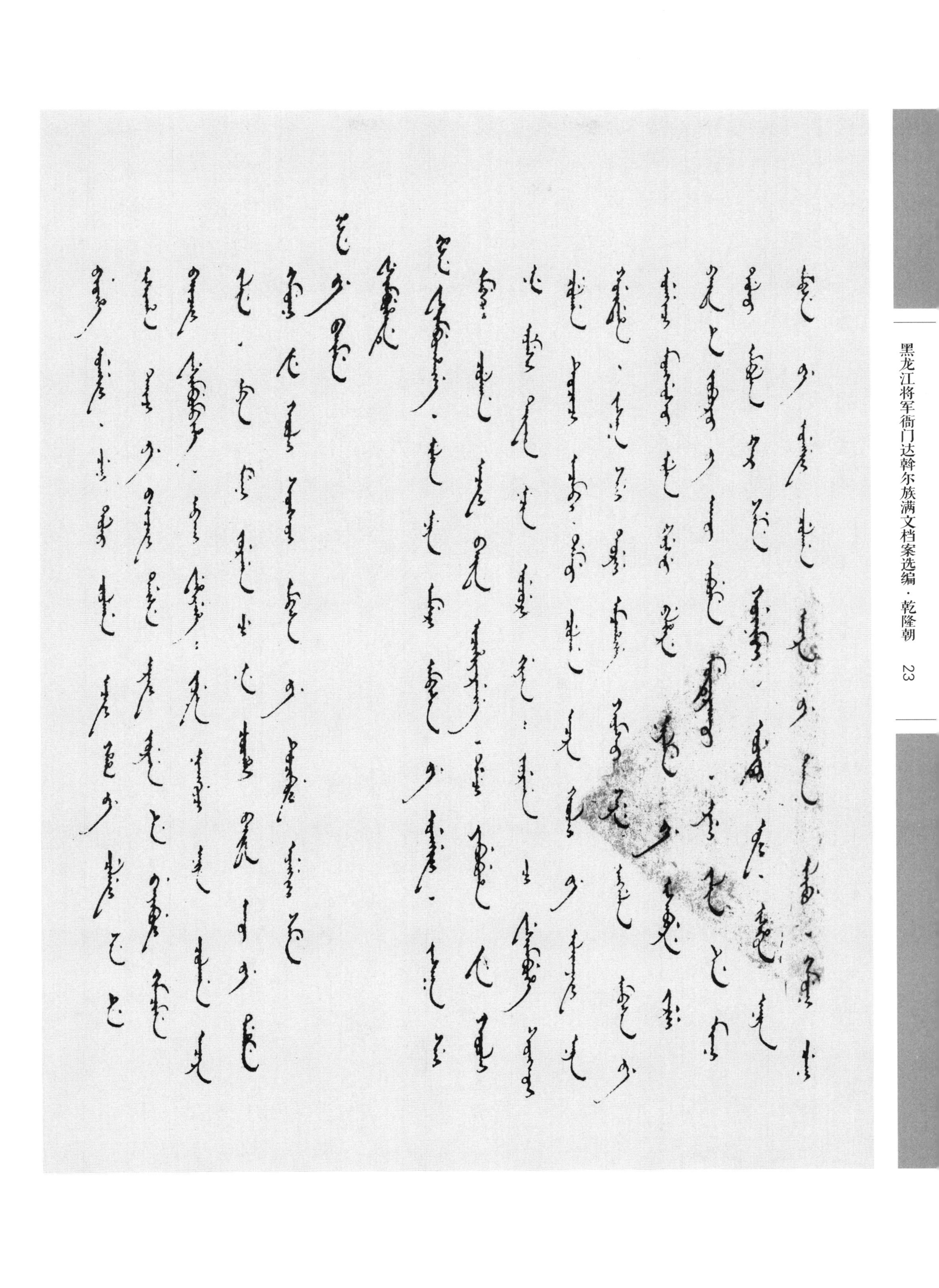

[illegible]

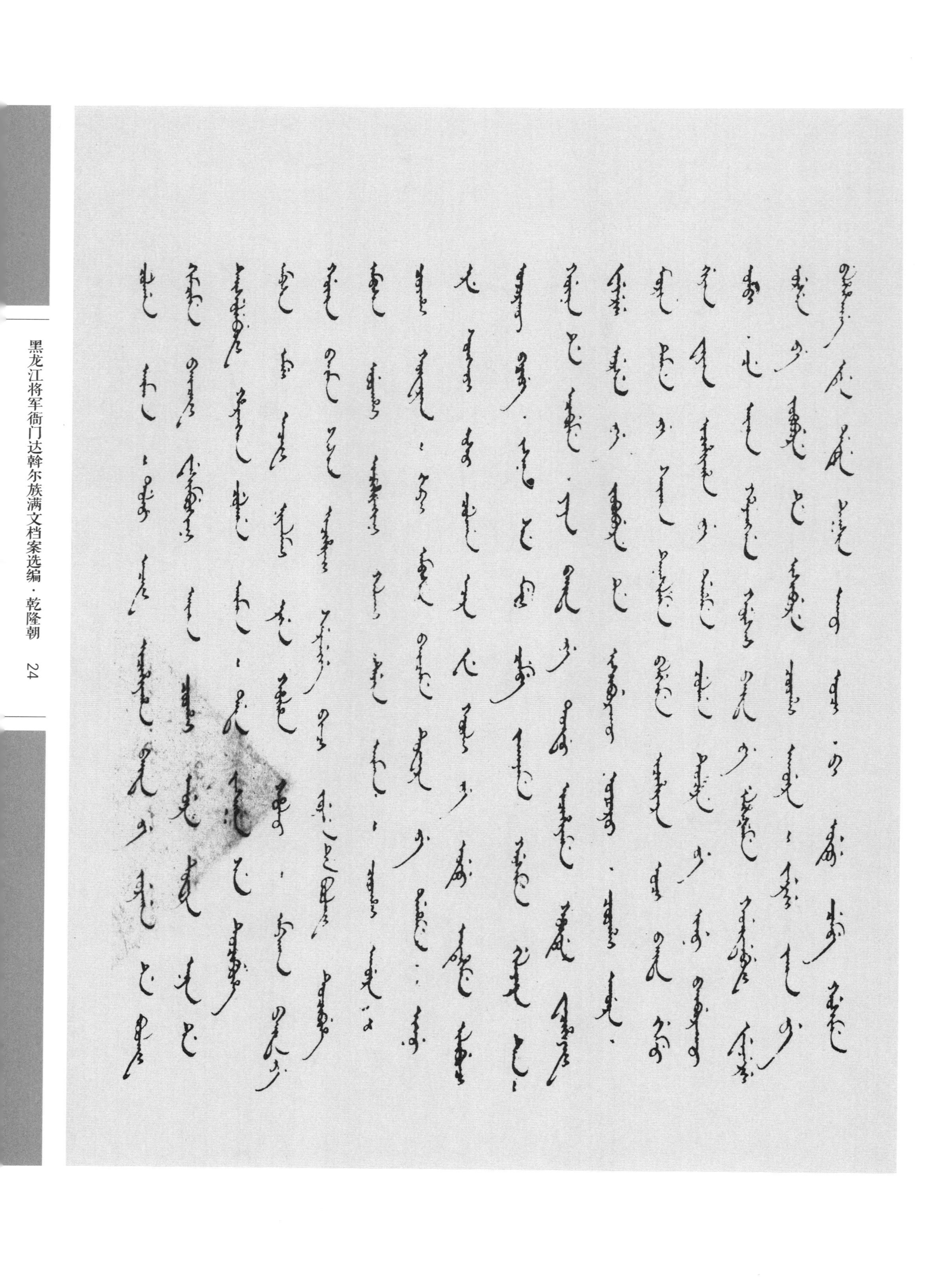

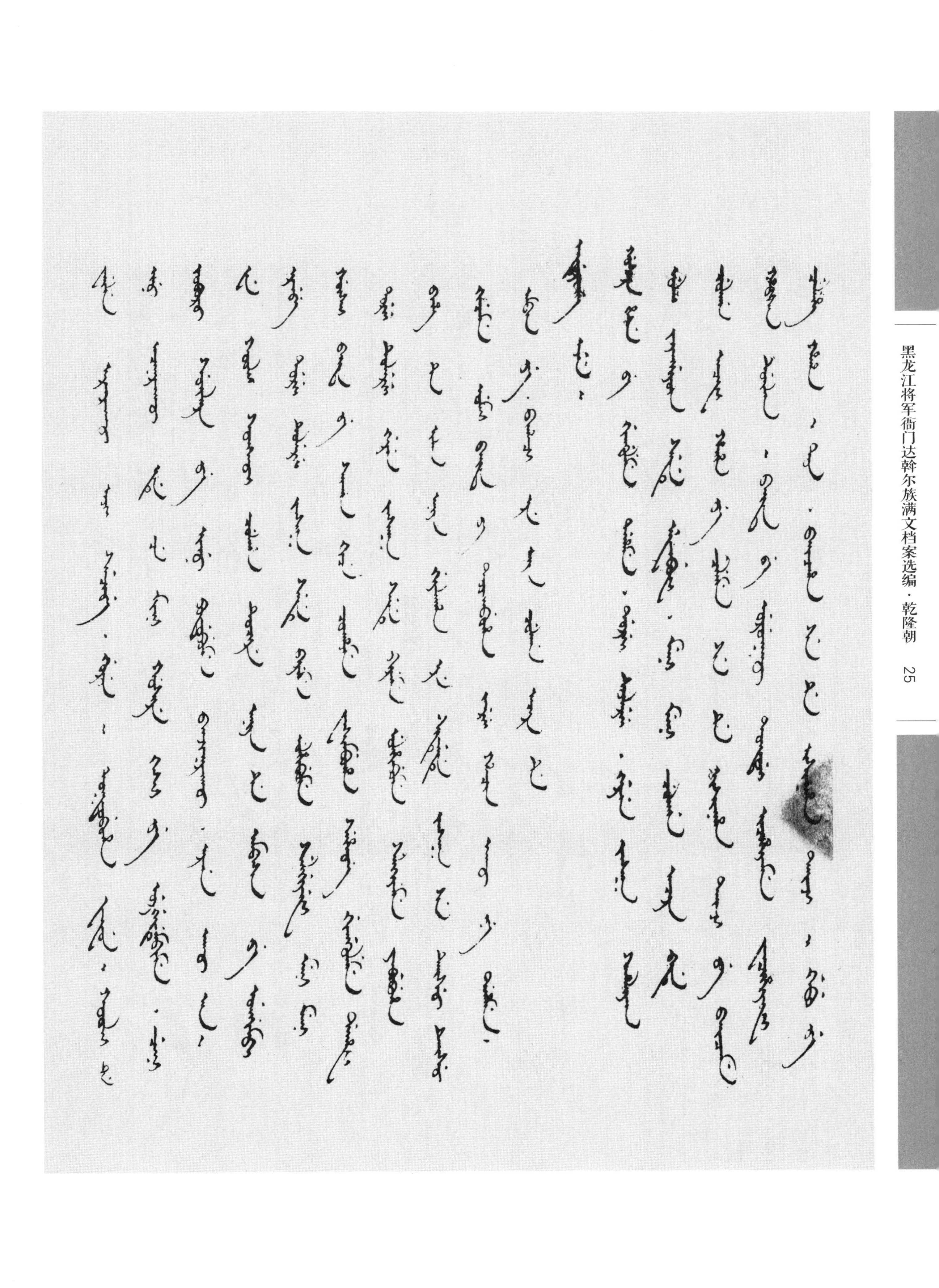

[illegible]

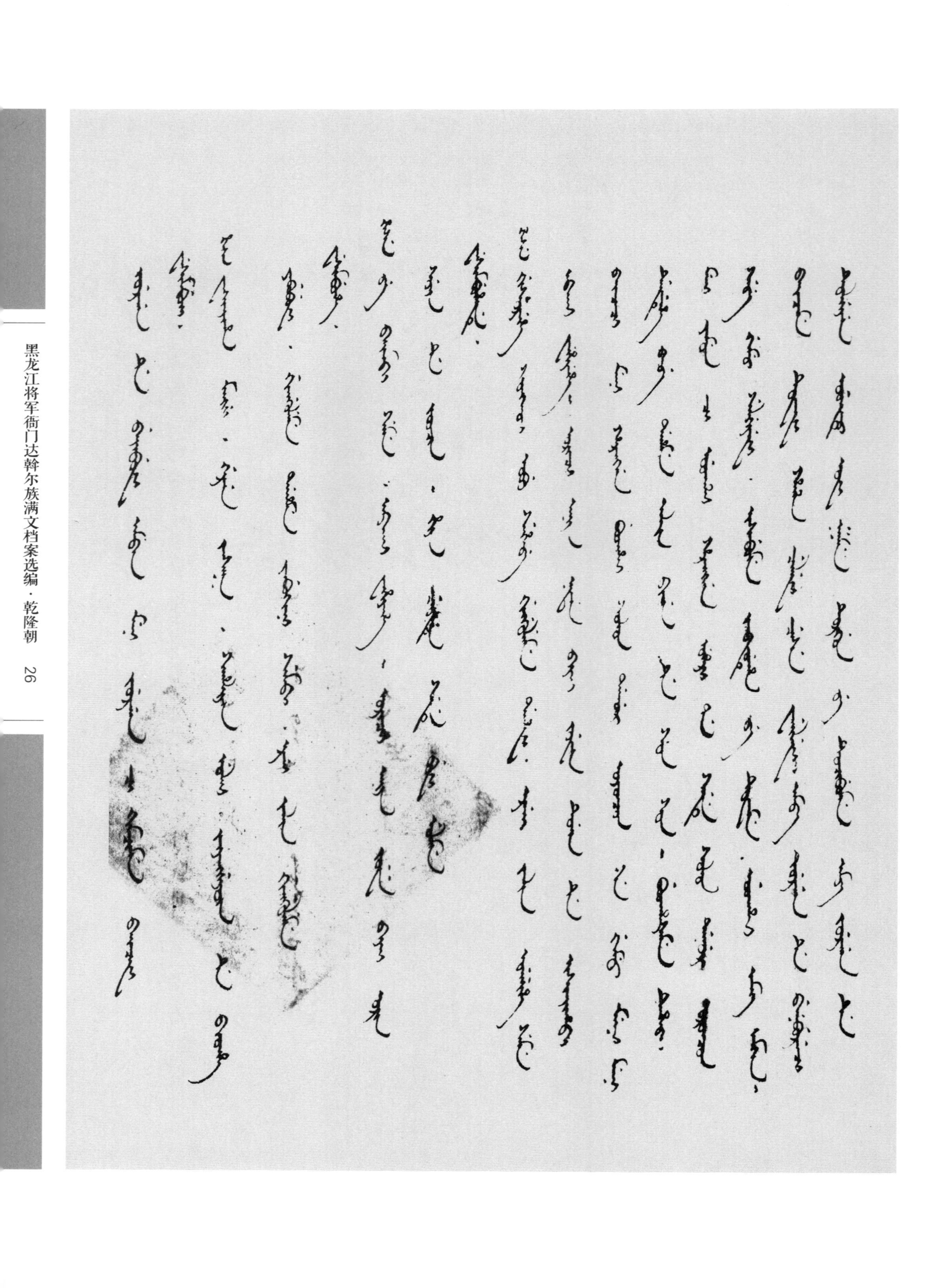

八三三 黑龙江将军衙门为陈明布特哈索伦达斡尔鄂伦春等因故未能进贡貂皮等情事咨理藩院文

乾隆二十年八月二十日

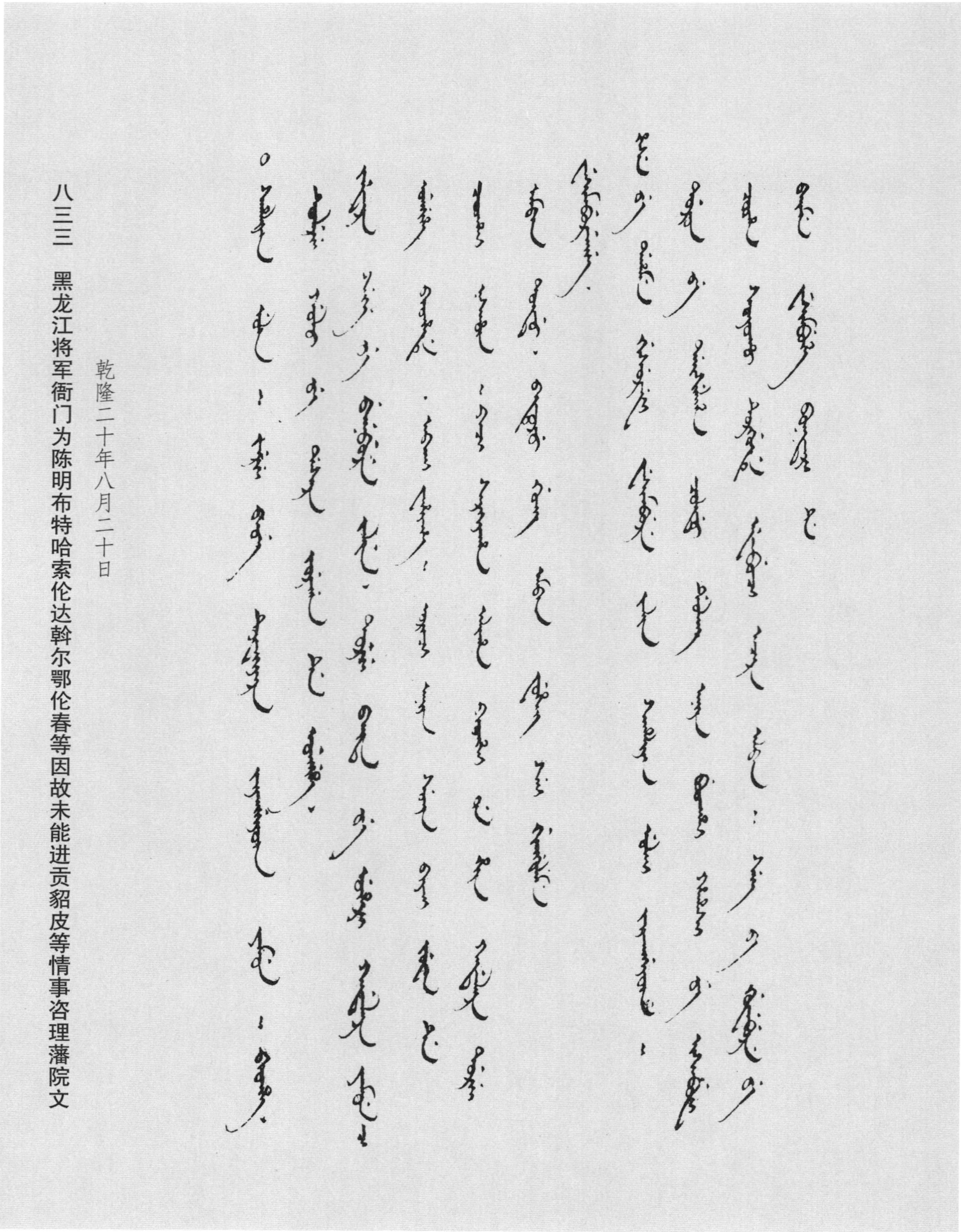

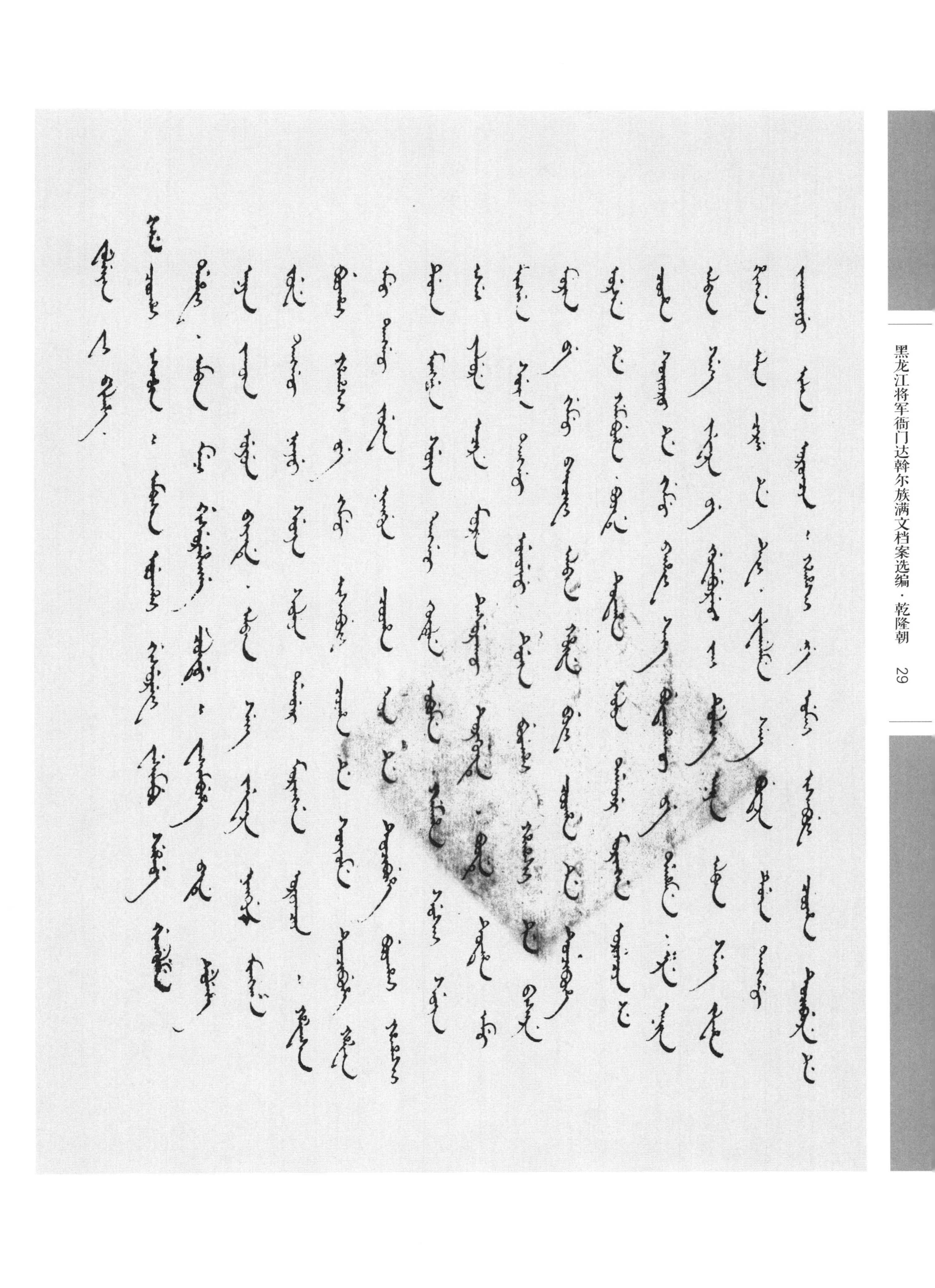

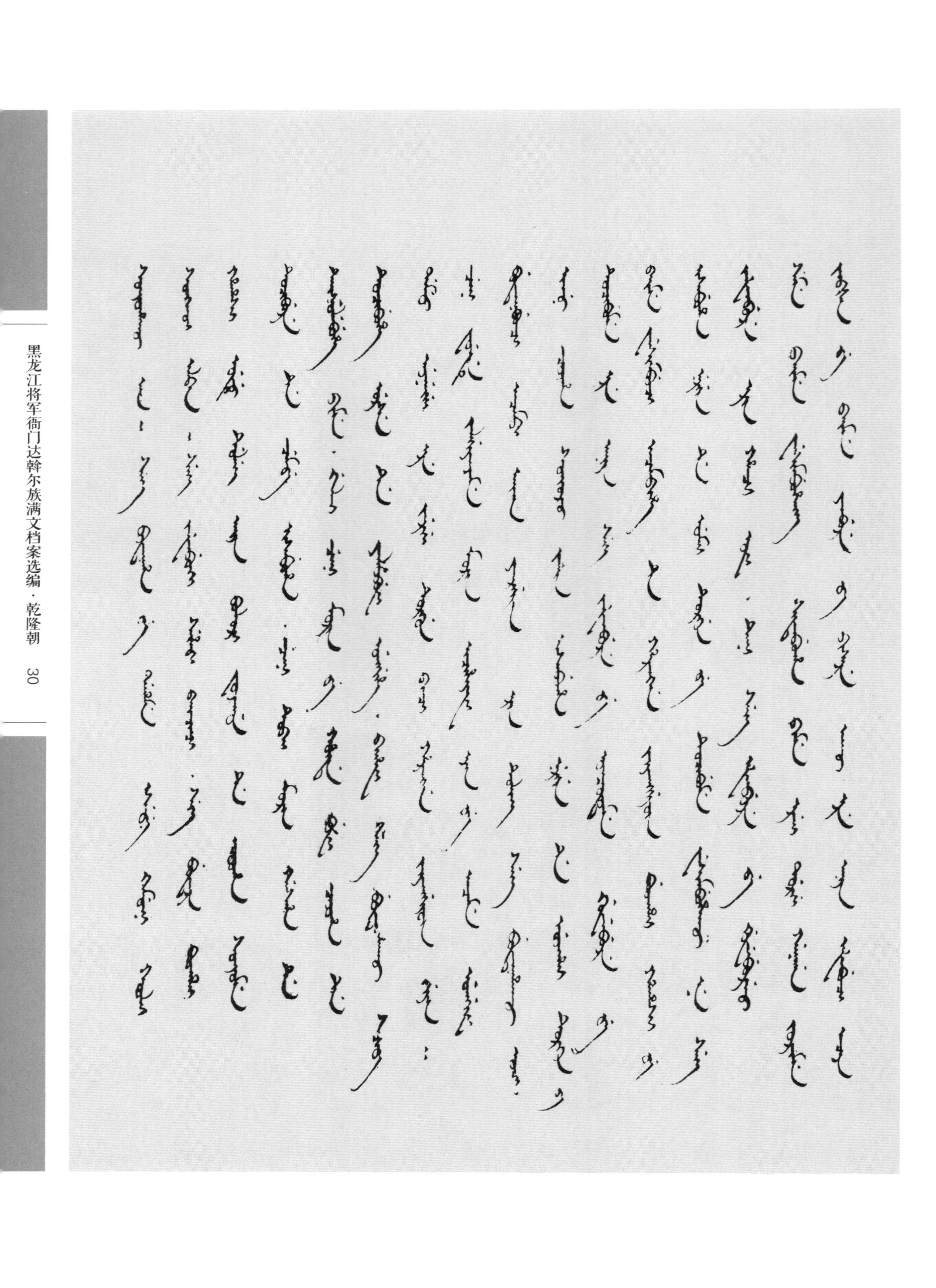

[illegible]

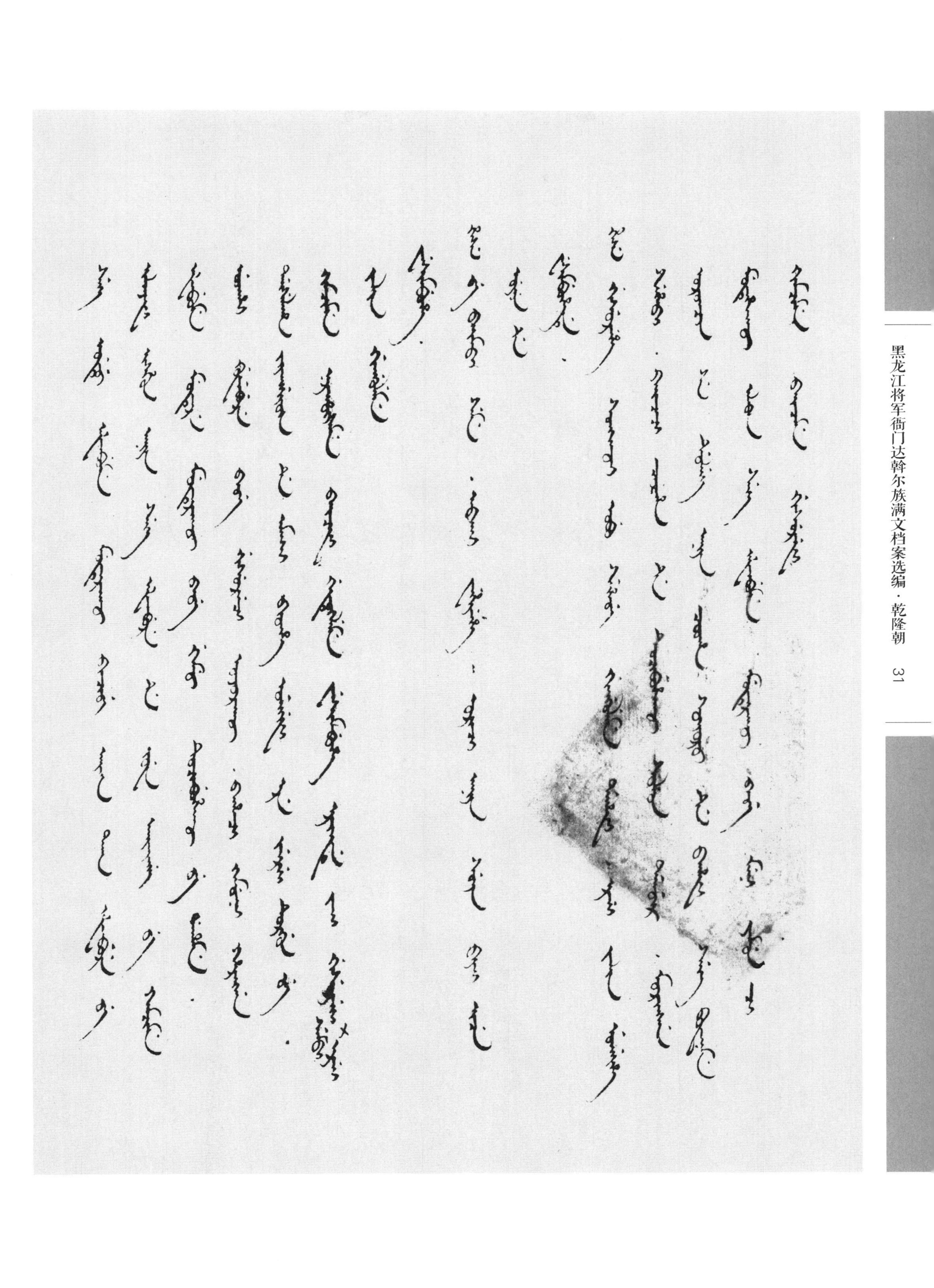

[illegible]

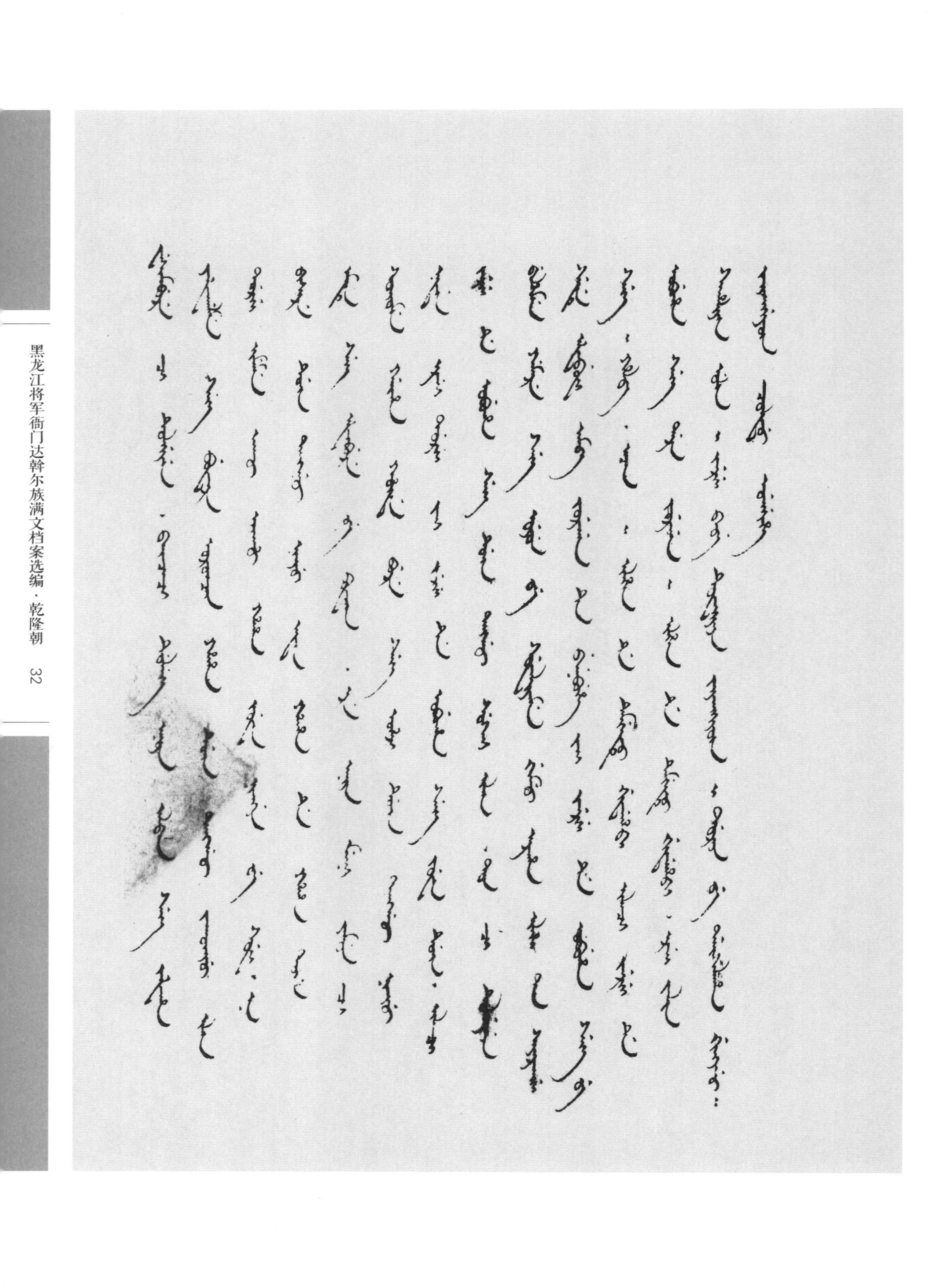

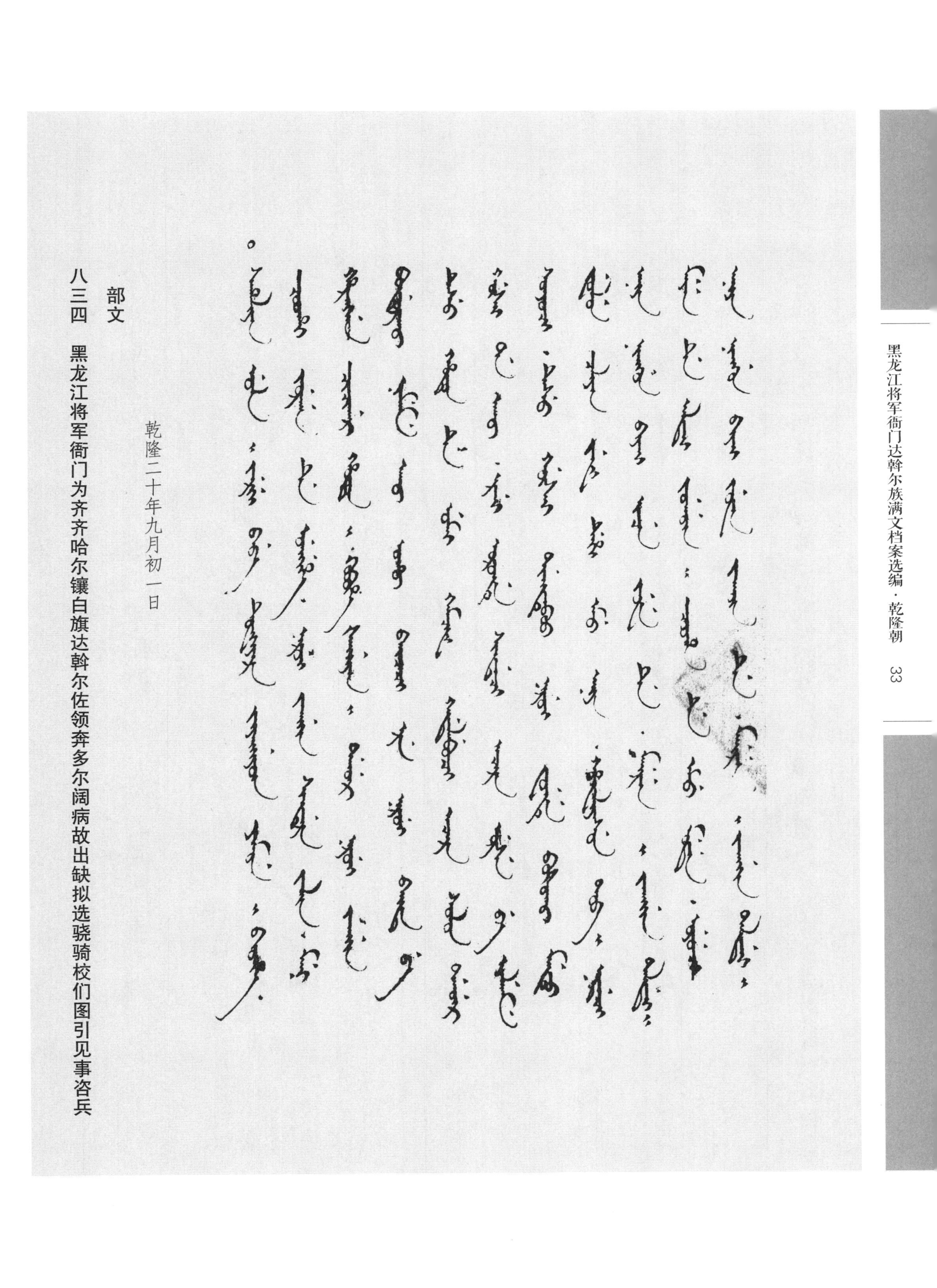

八三四 黑龙江将军衙门为齐齐哈尔镶白旗达斡尔佐领奔多尔阔病故出缺拟选骁骑校们图引见事咨兵部文

乾隆二十年九月初一日

[illegible]

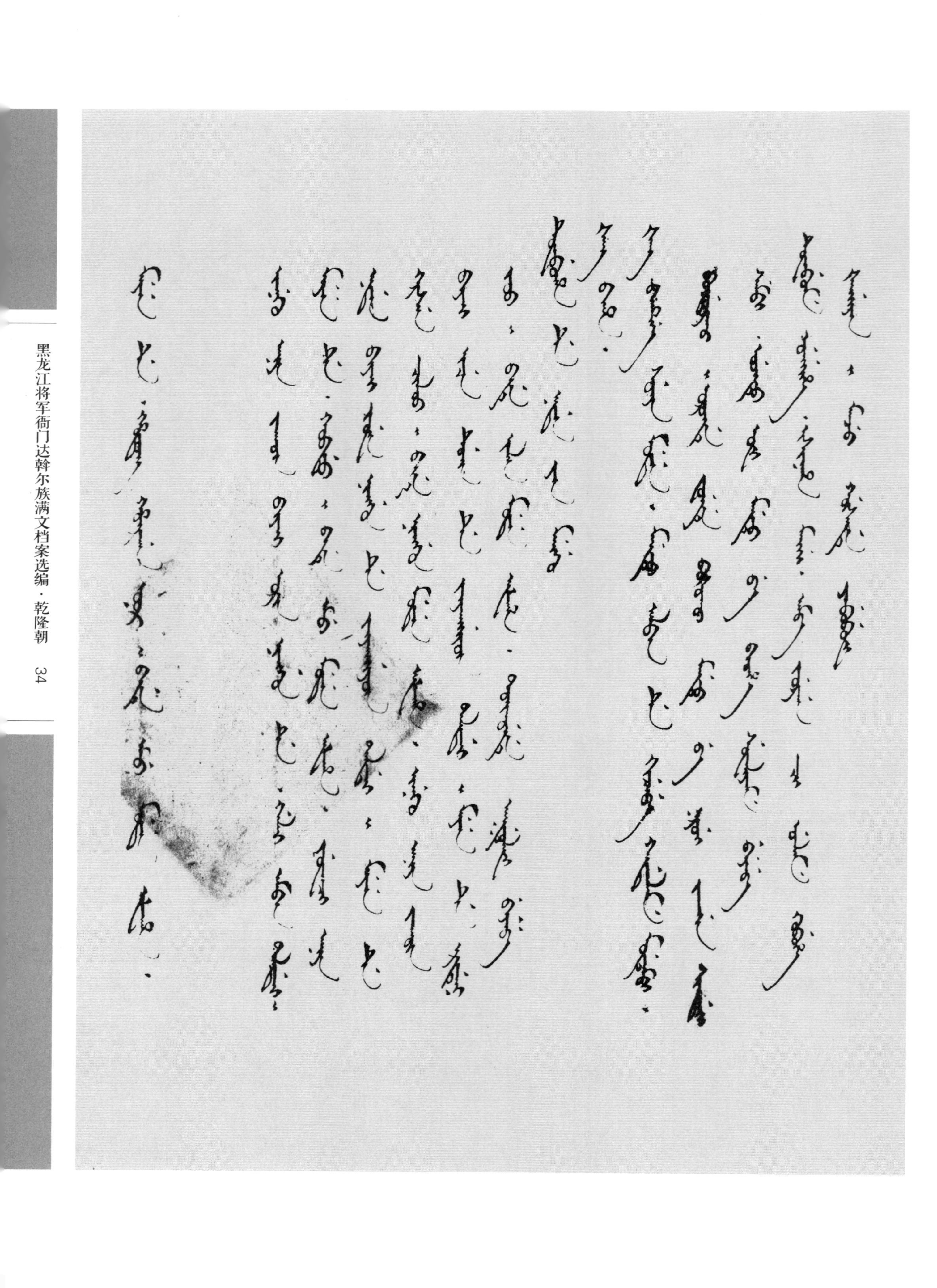

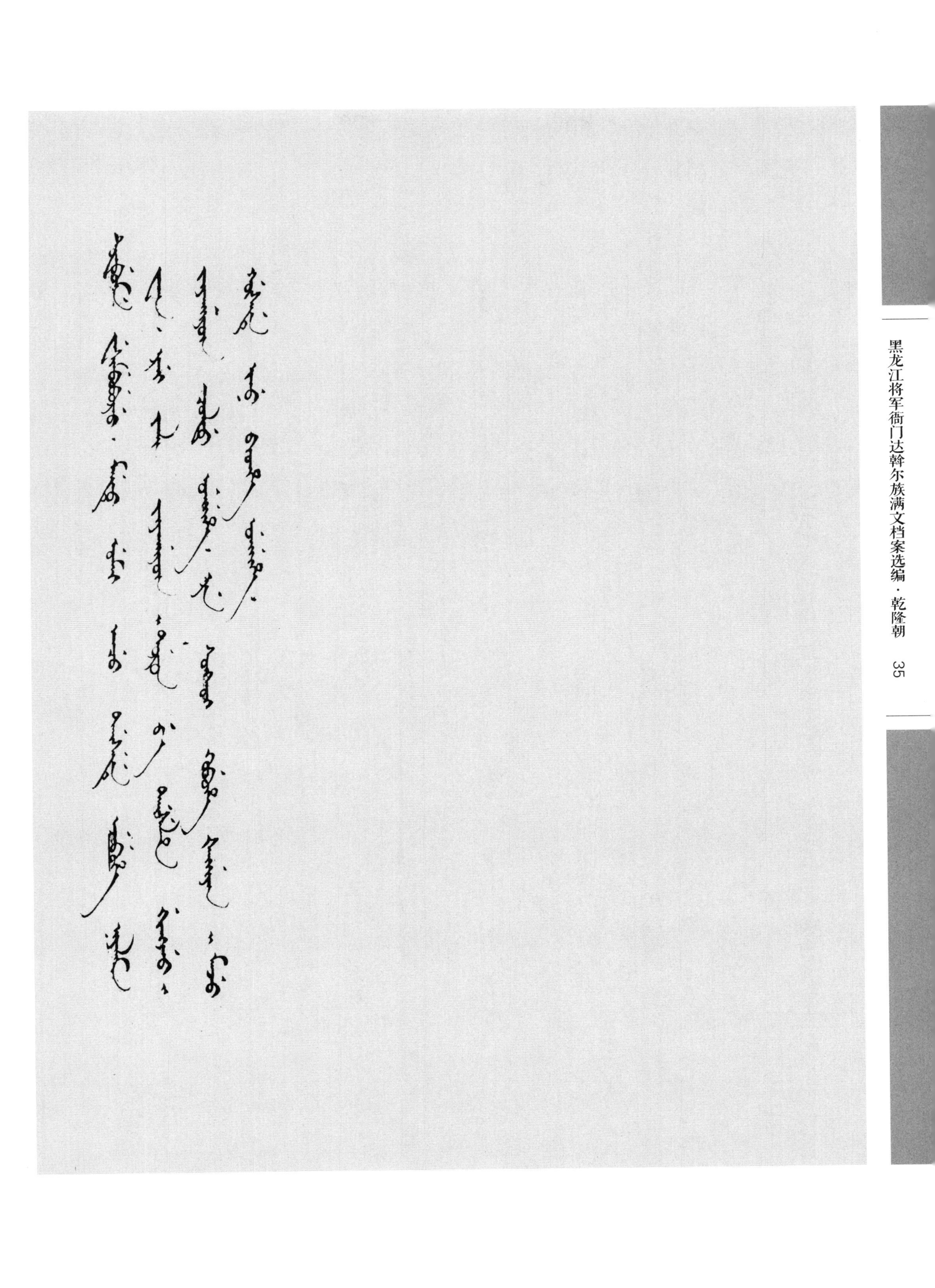

[illegible]

[illegible]

[illegible]

[illegible]

八三五 黑龙江将军衙门为墨尔根镶白旗达斡尔佐领阿什尔病故出缺拟定镶黄旗骁骑校锡济勒图引见事咨兵部文

乾隆二十年九月初一日

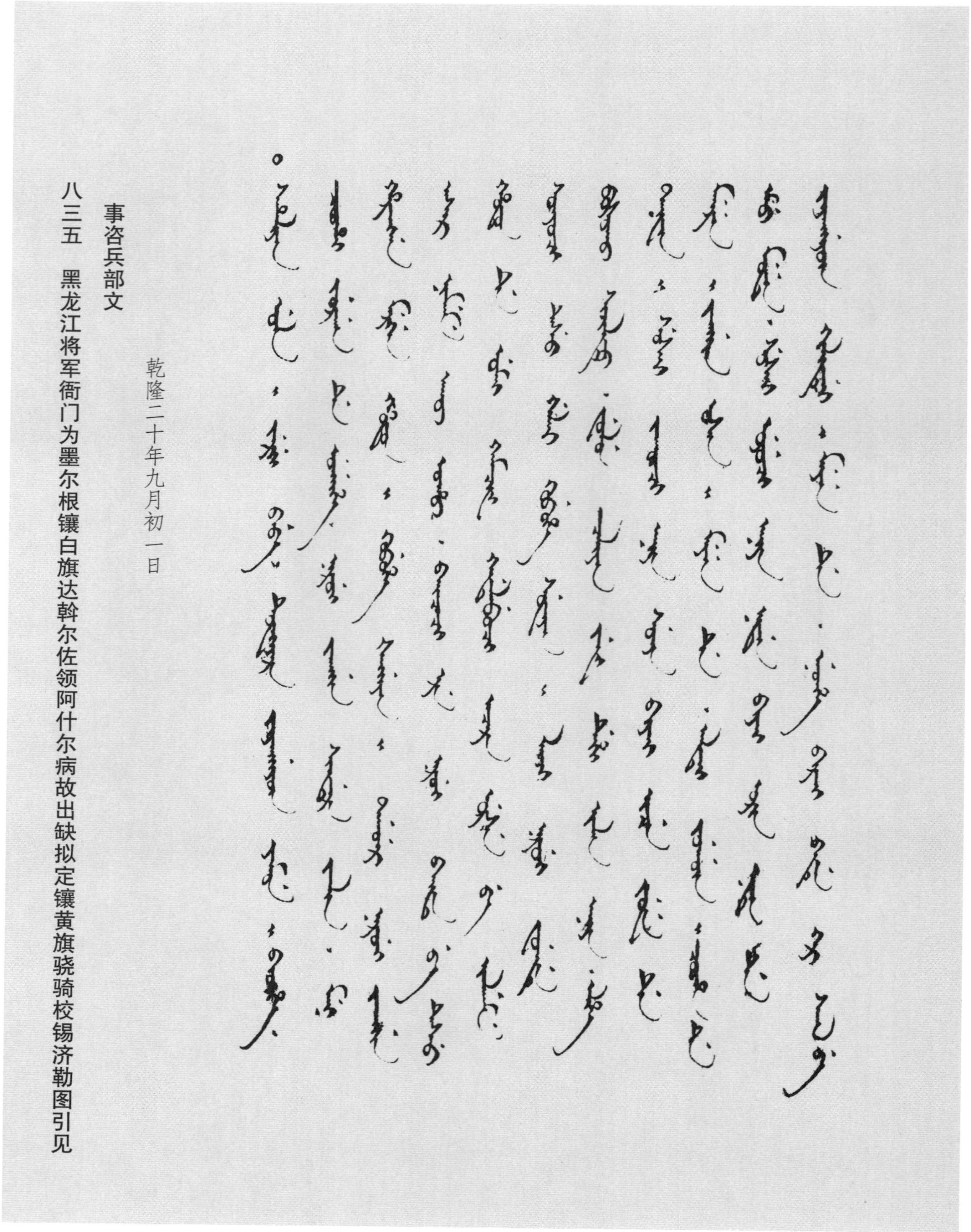

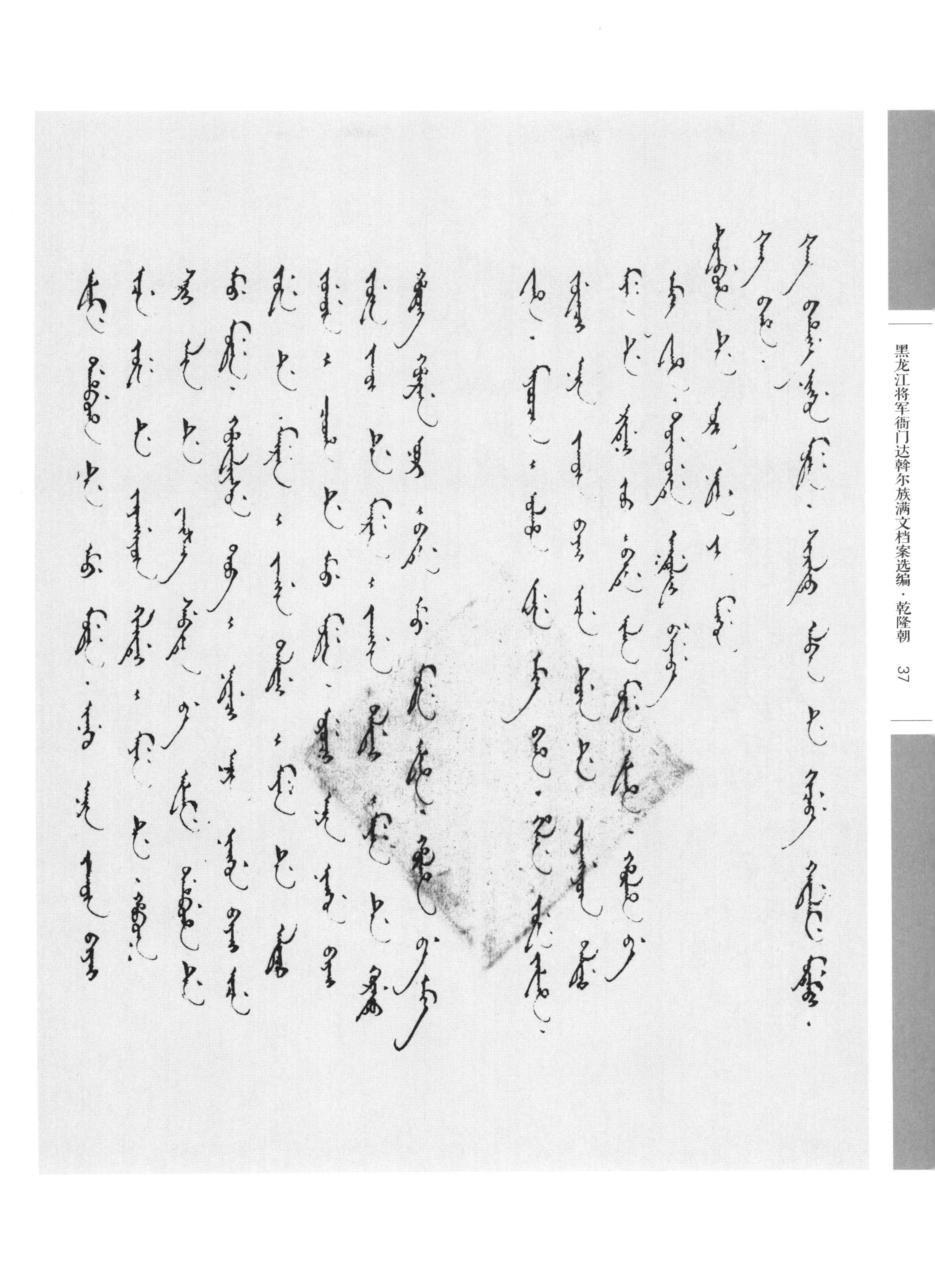

[illegible]

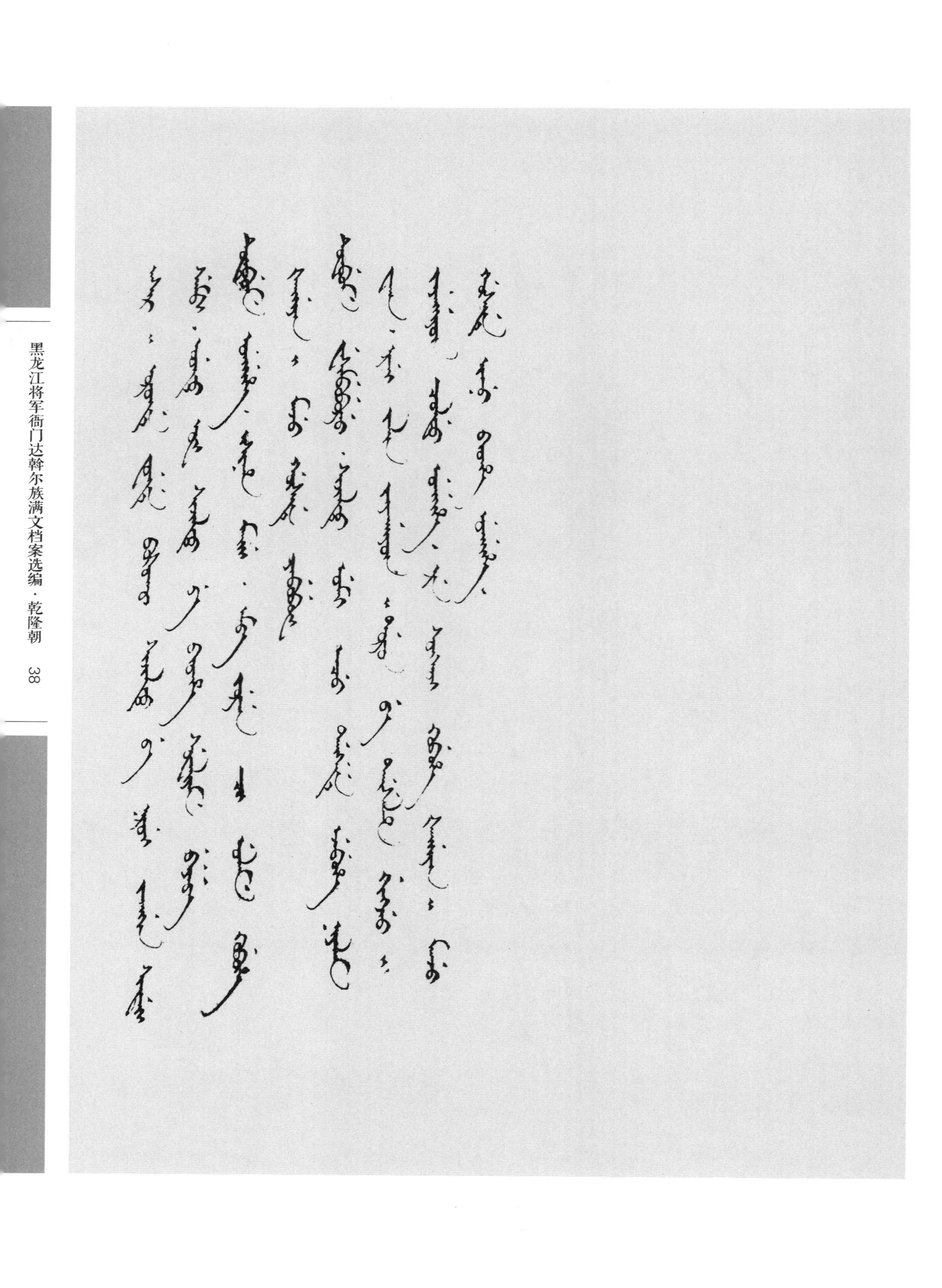

八三六　内务府为布特哈索伦达斡尔等本年因故暂停贡貂明年一并贡纳事咨黑龙江将军衙门文（附抄折一件）

乾隆二十年九月初七日

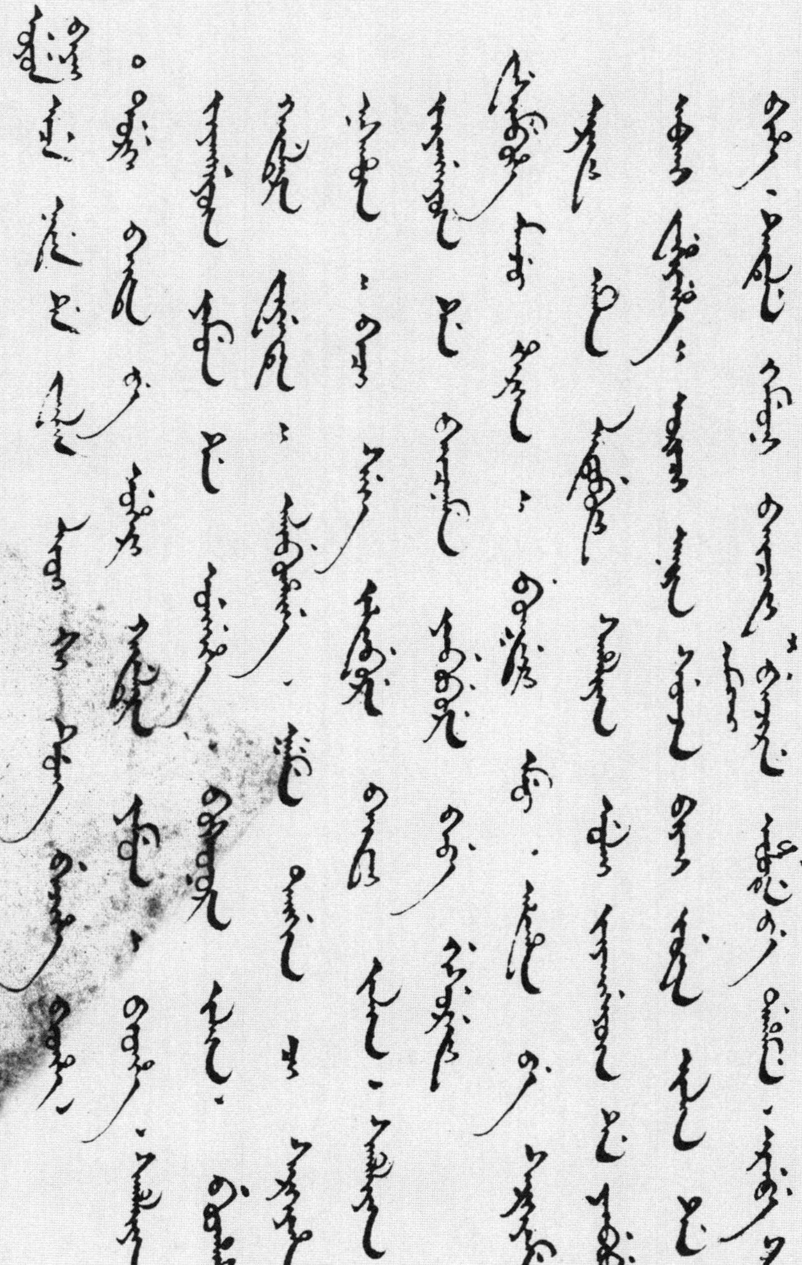

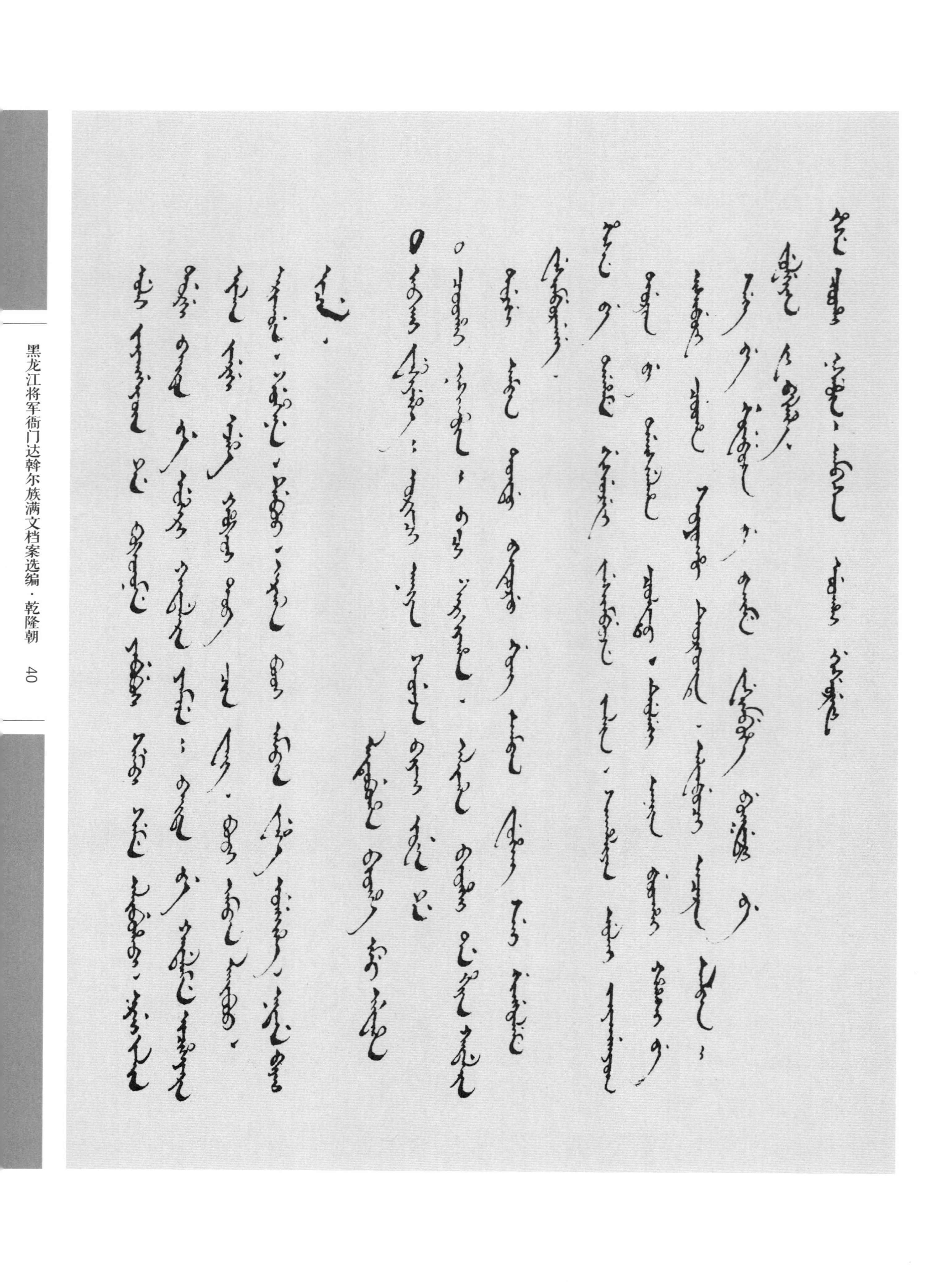

[illegible]

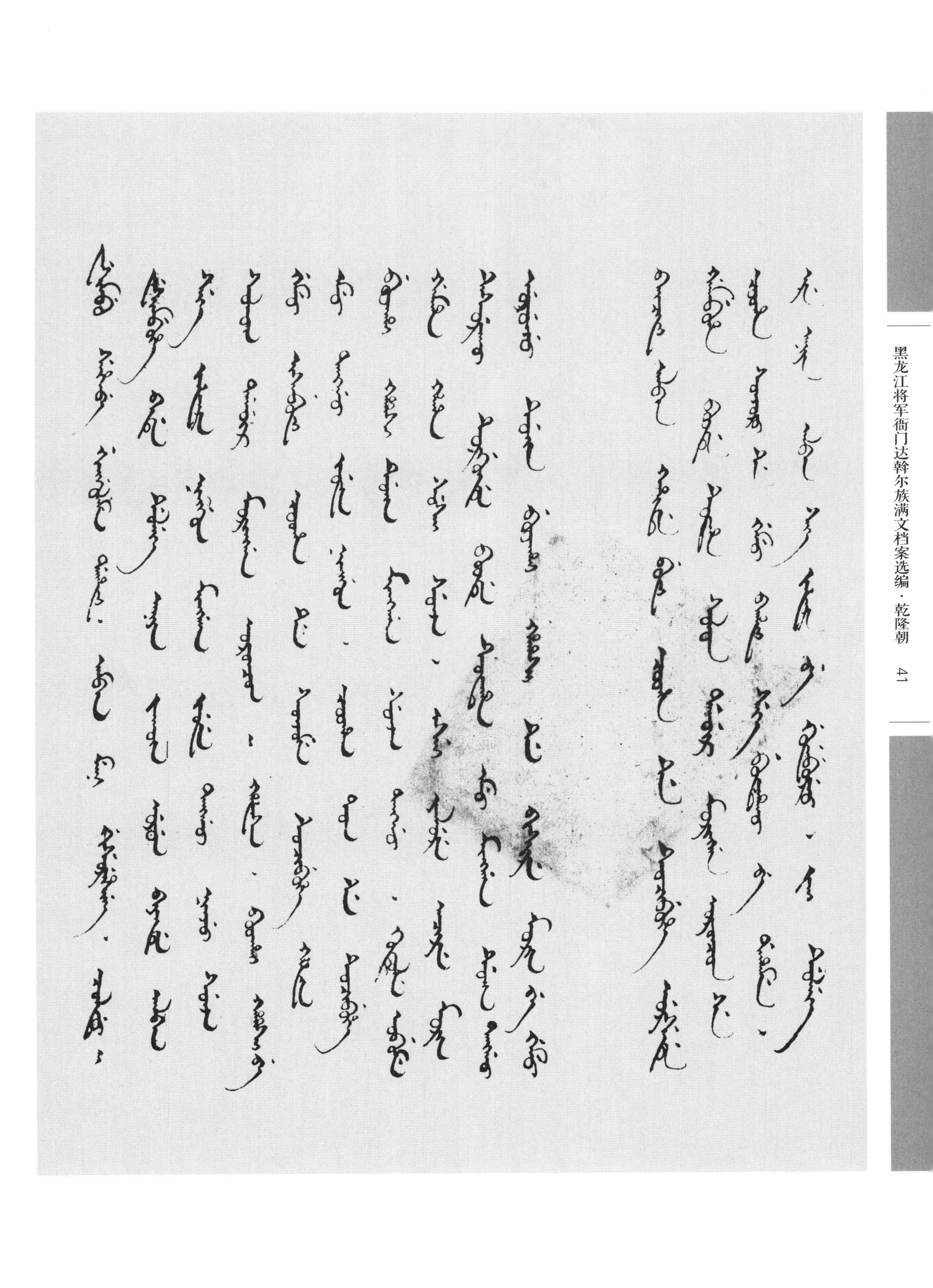

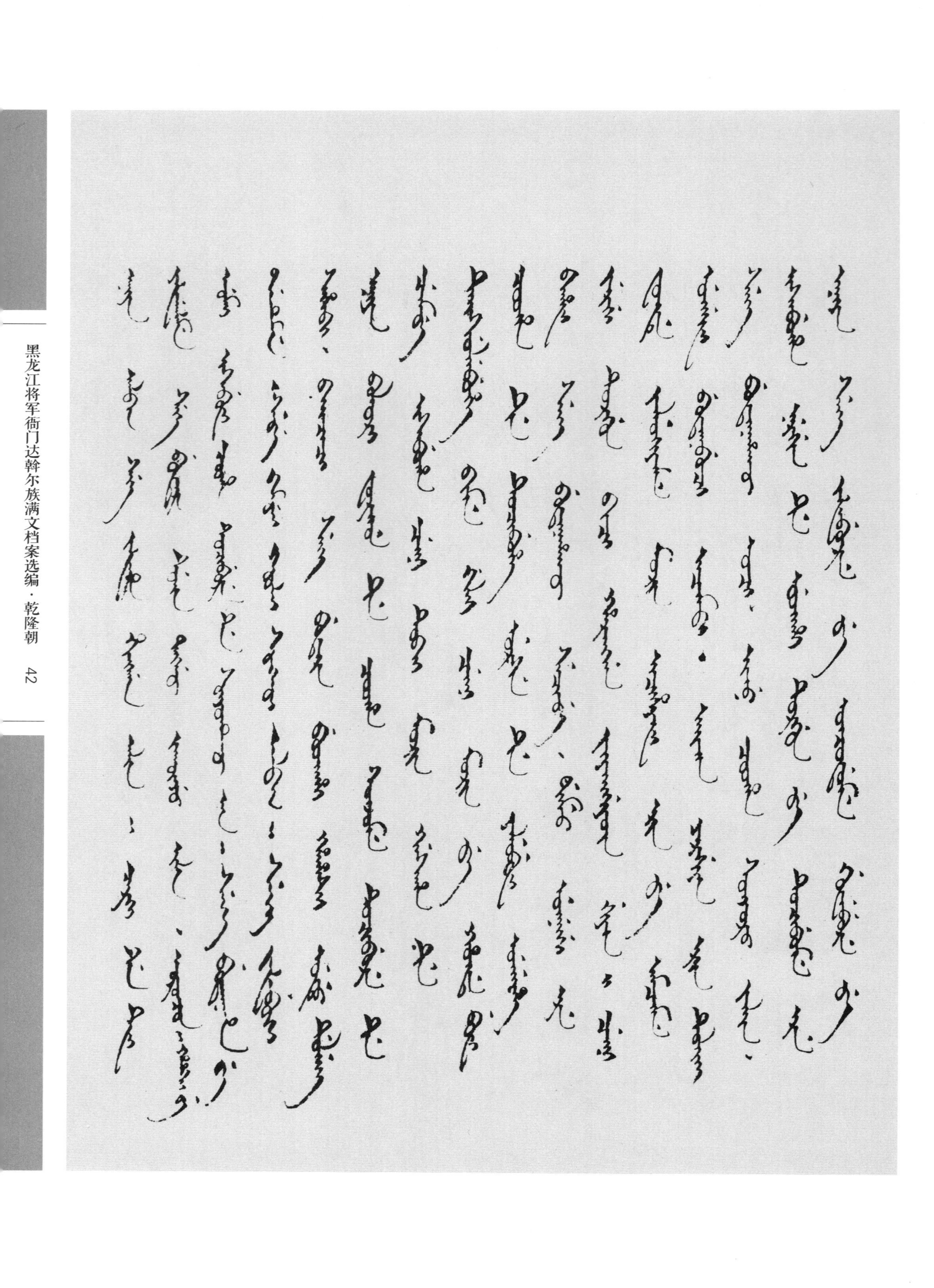

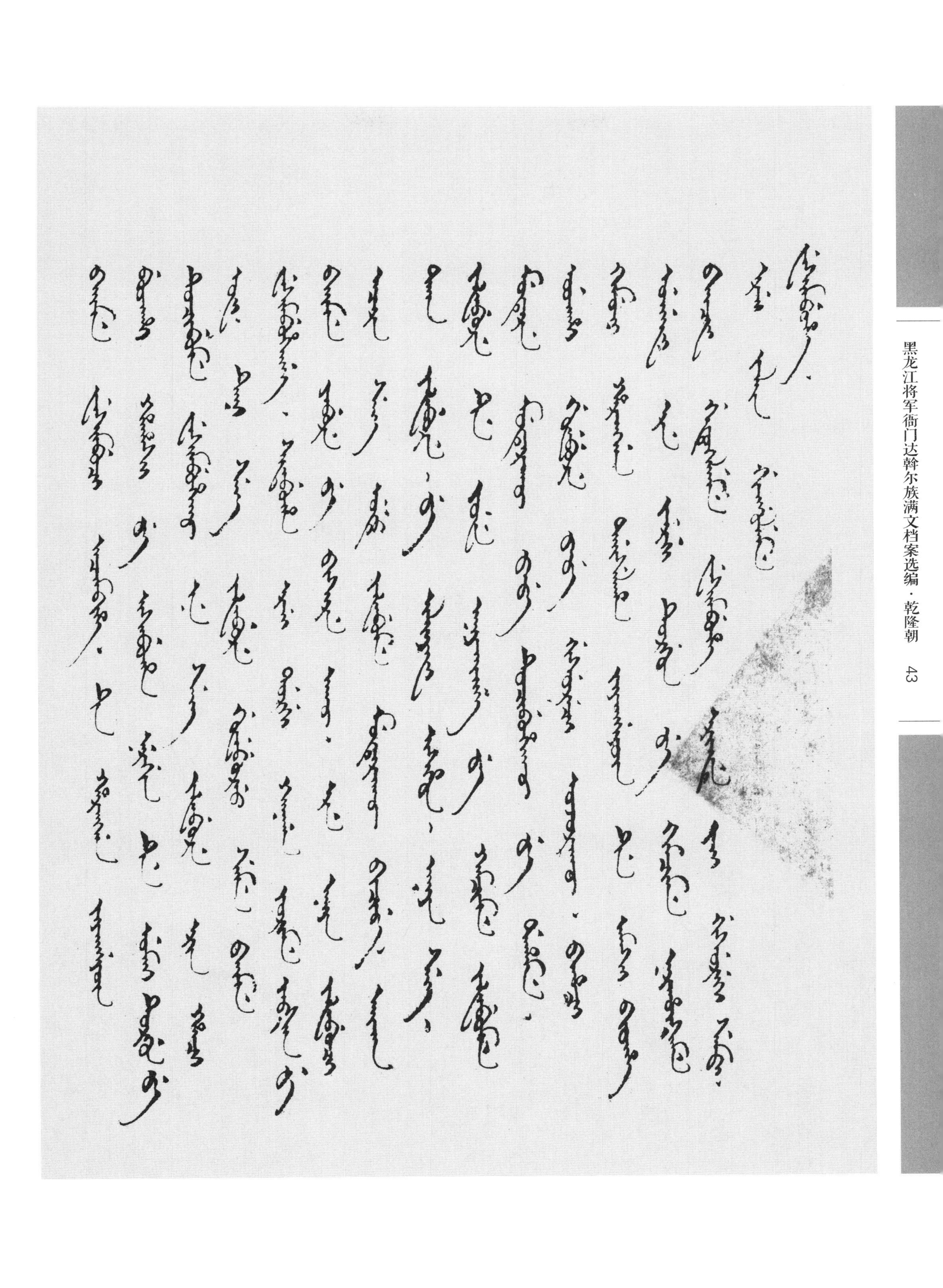

[illegible]

[illegible]

[illegible]

八三七 黑龙江将军衙门为俟命下再行移会布特哈索伦达斡尔等因故本年暂停貂贡明年一并交纳事咨

内务府文

乾隆二十年九月十一日

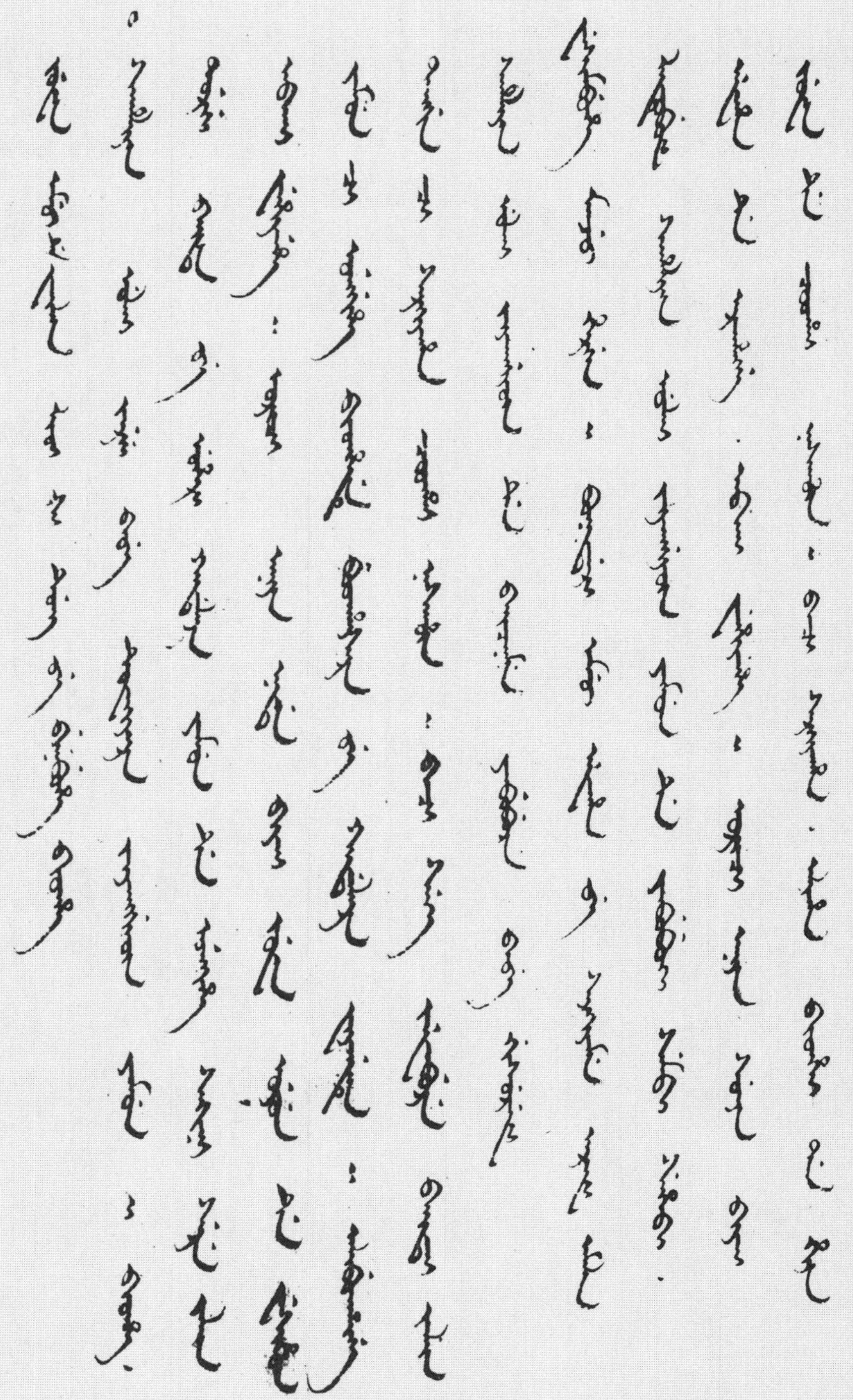

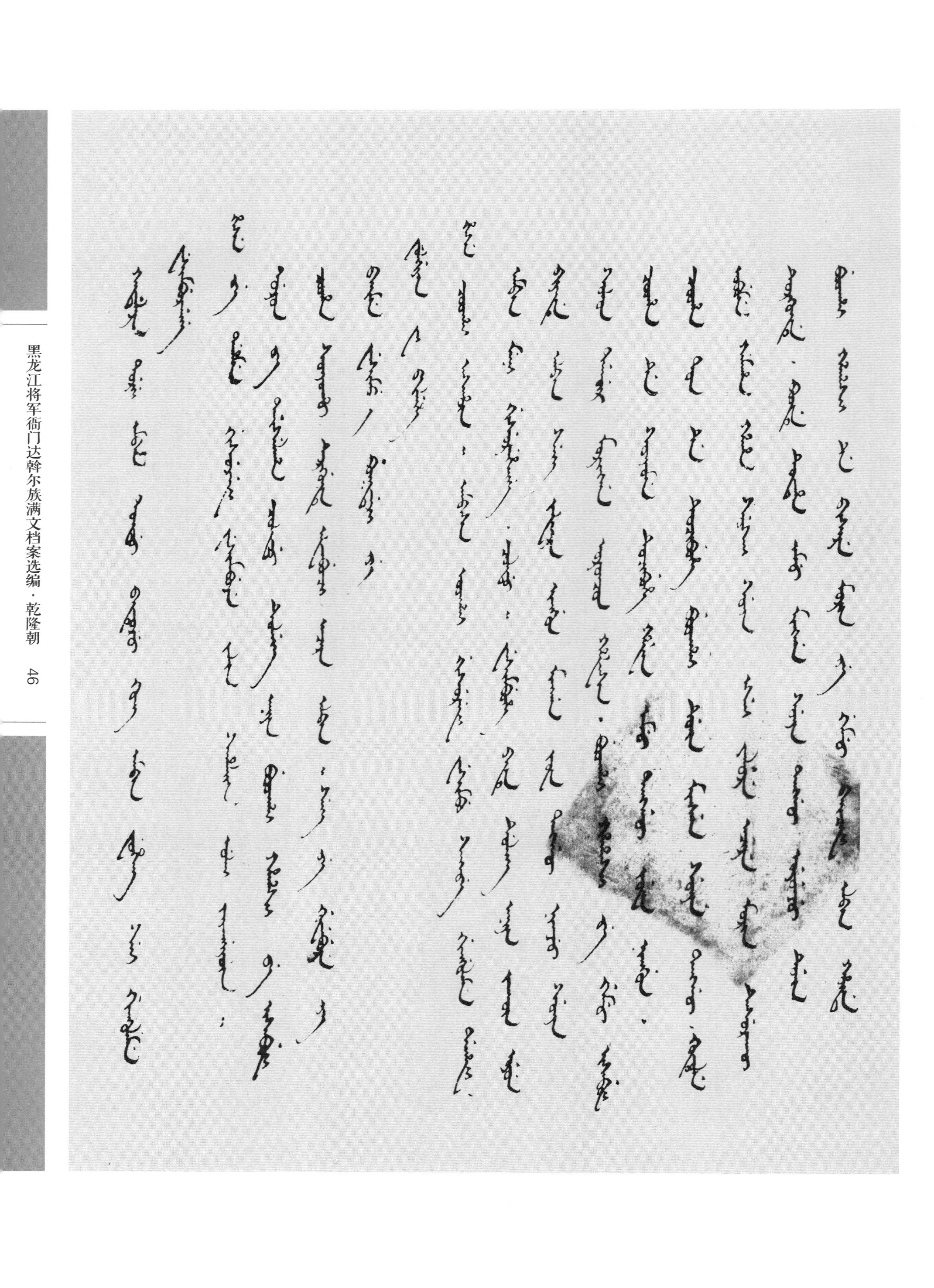

[illegible]

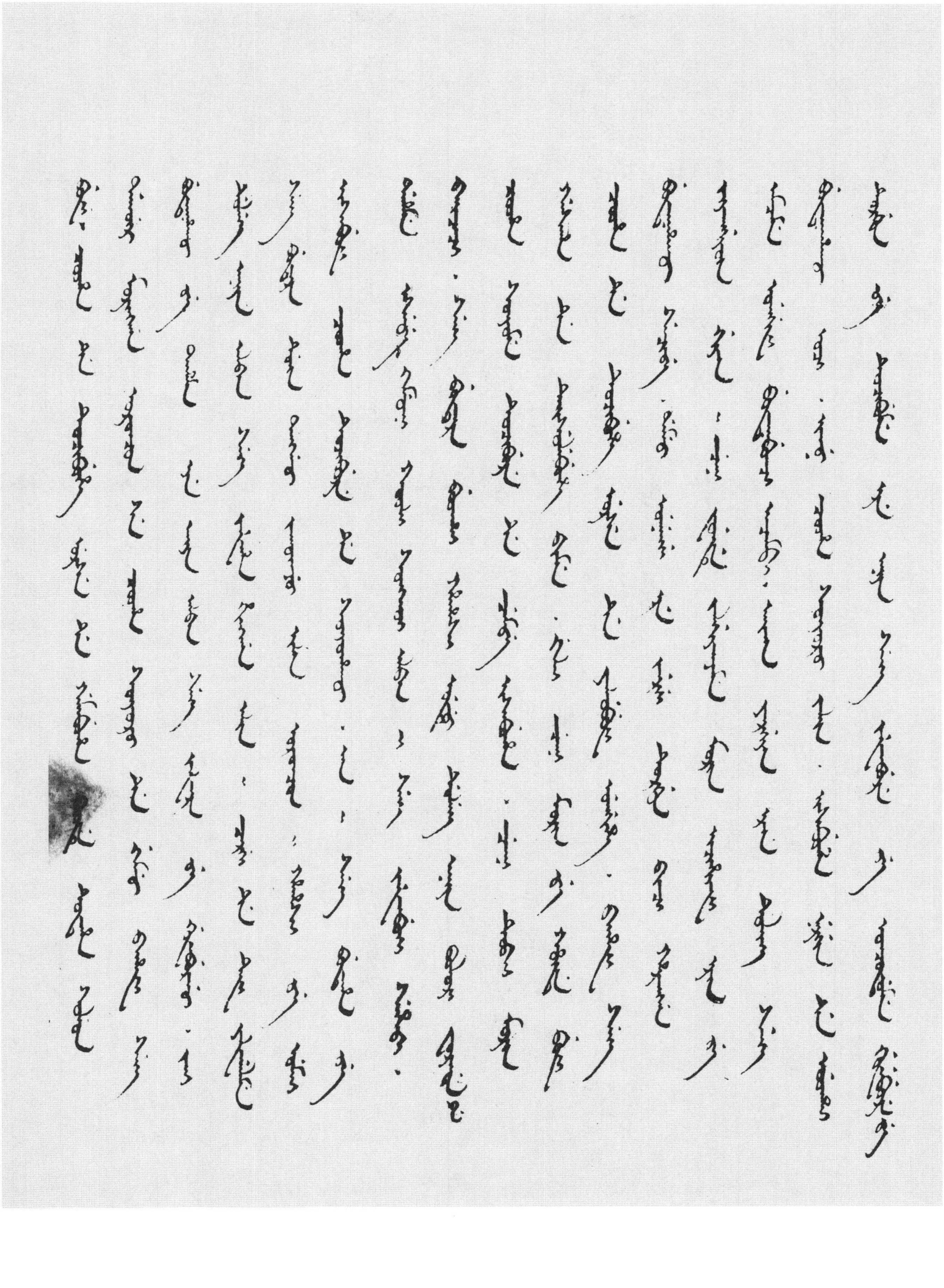

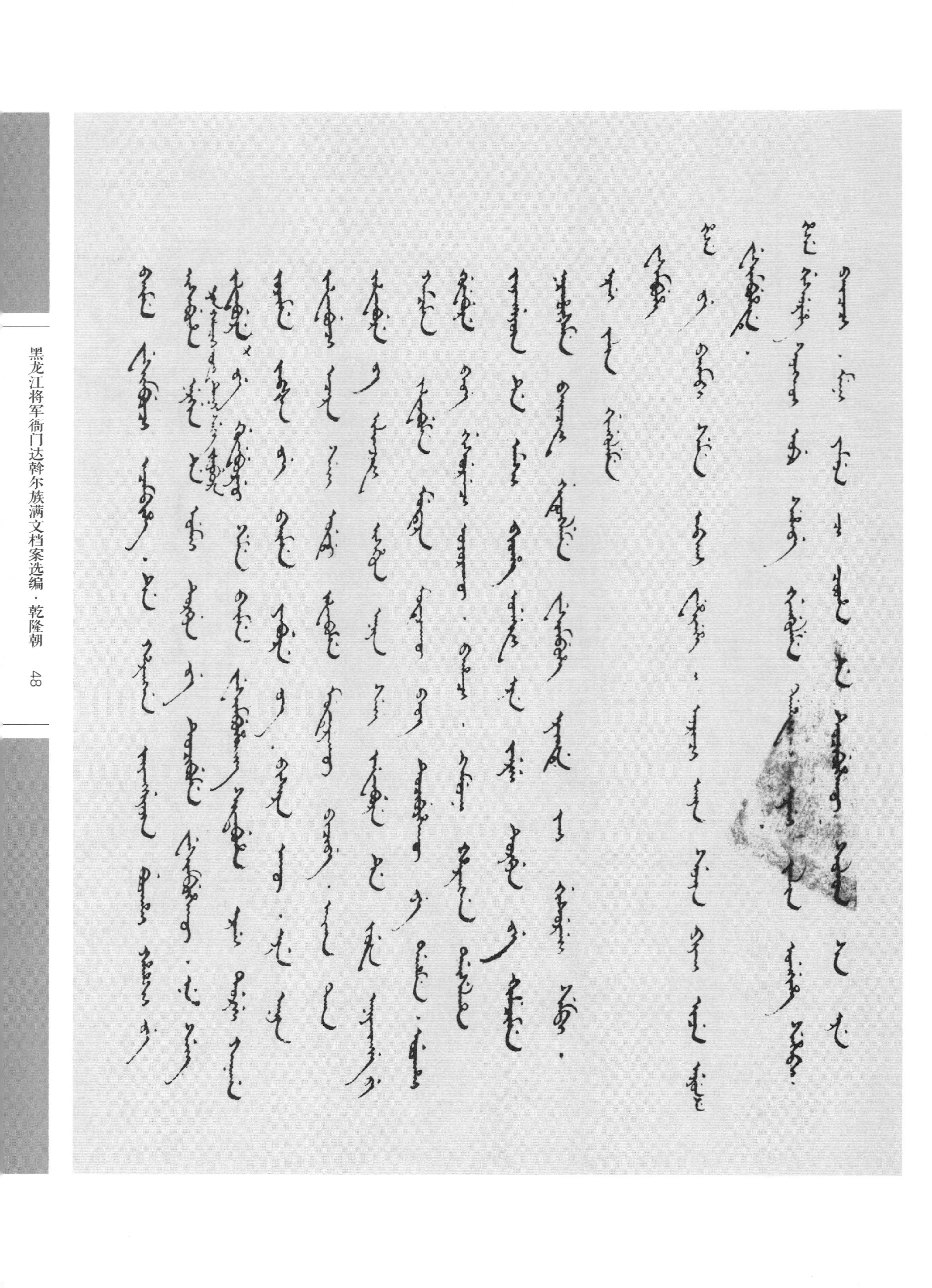

[illegible]

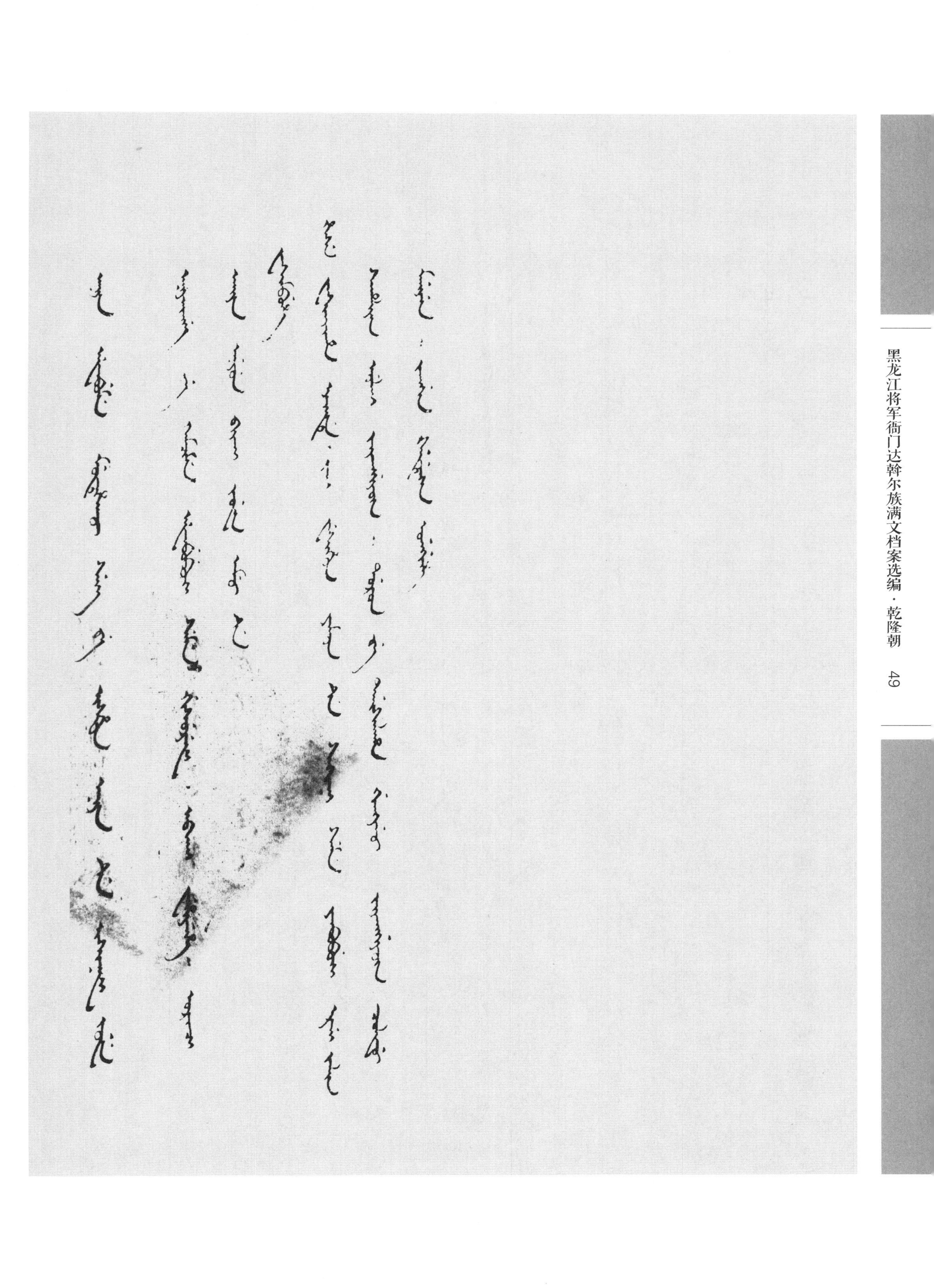

八三八　署黑龙江将军印务荆州将军绰尔多题遵旨核议布特哈索伦达斡尔等因故本年暂停貂贡明年一并交纳事宜本

乾隆二十年九月十一日

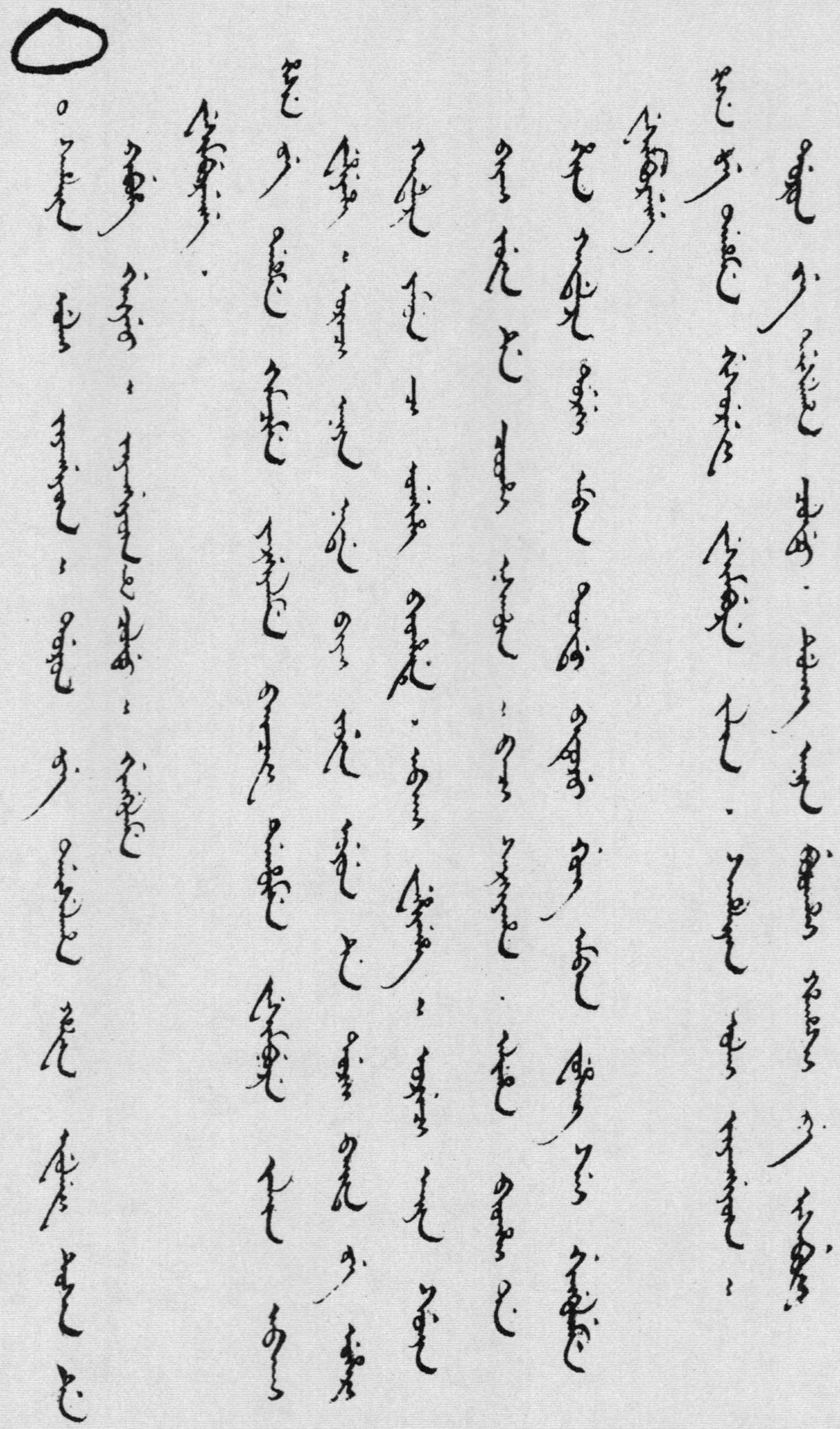

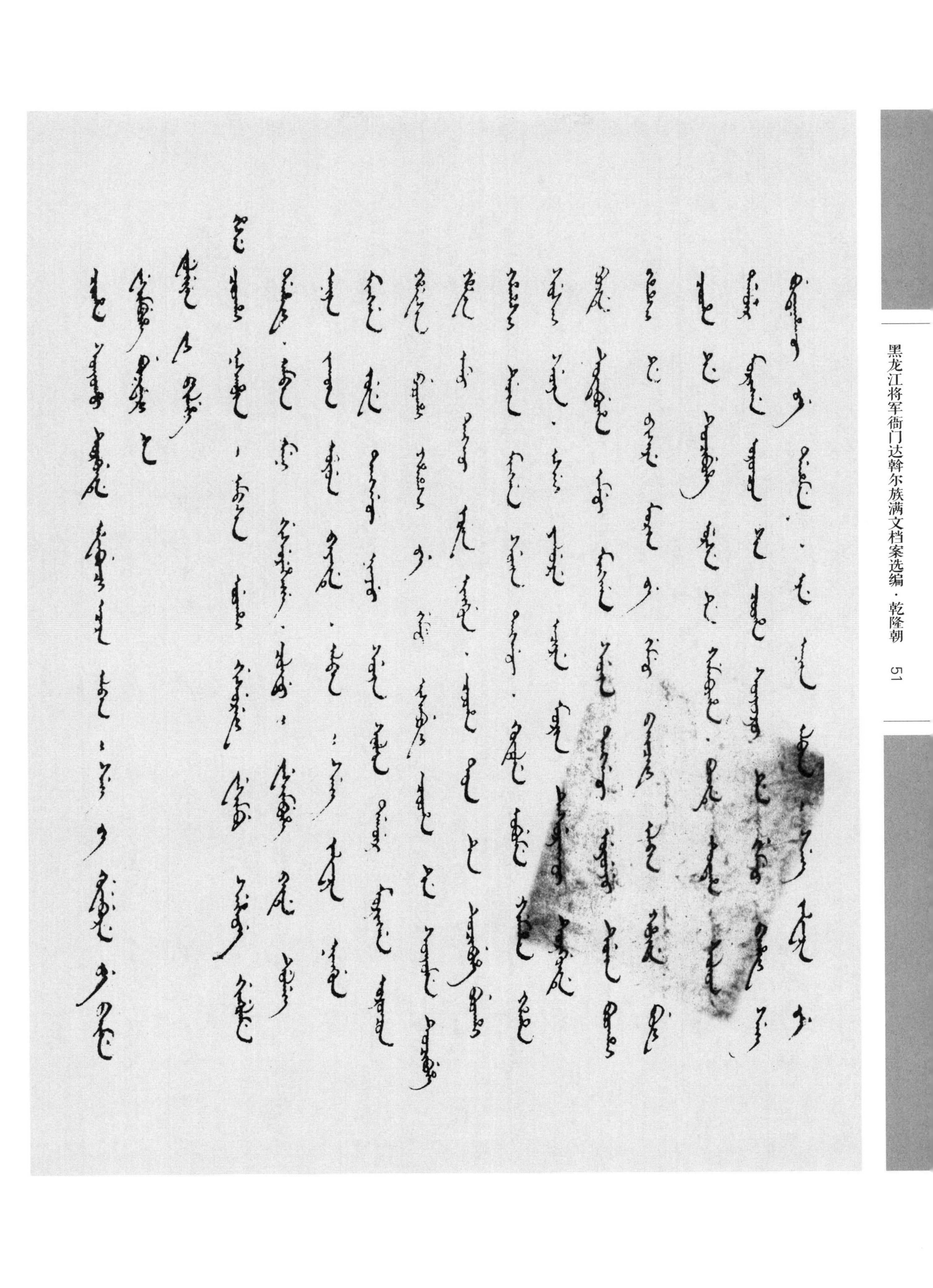

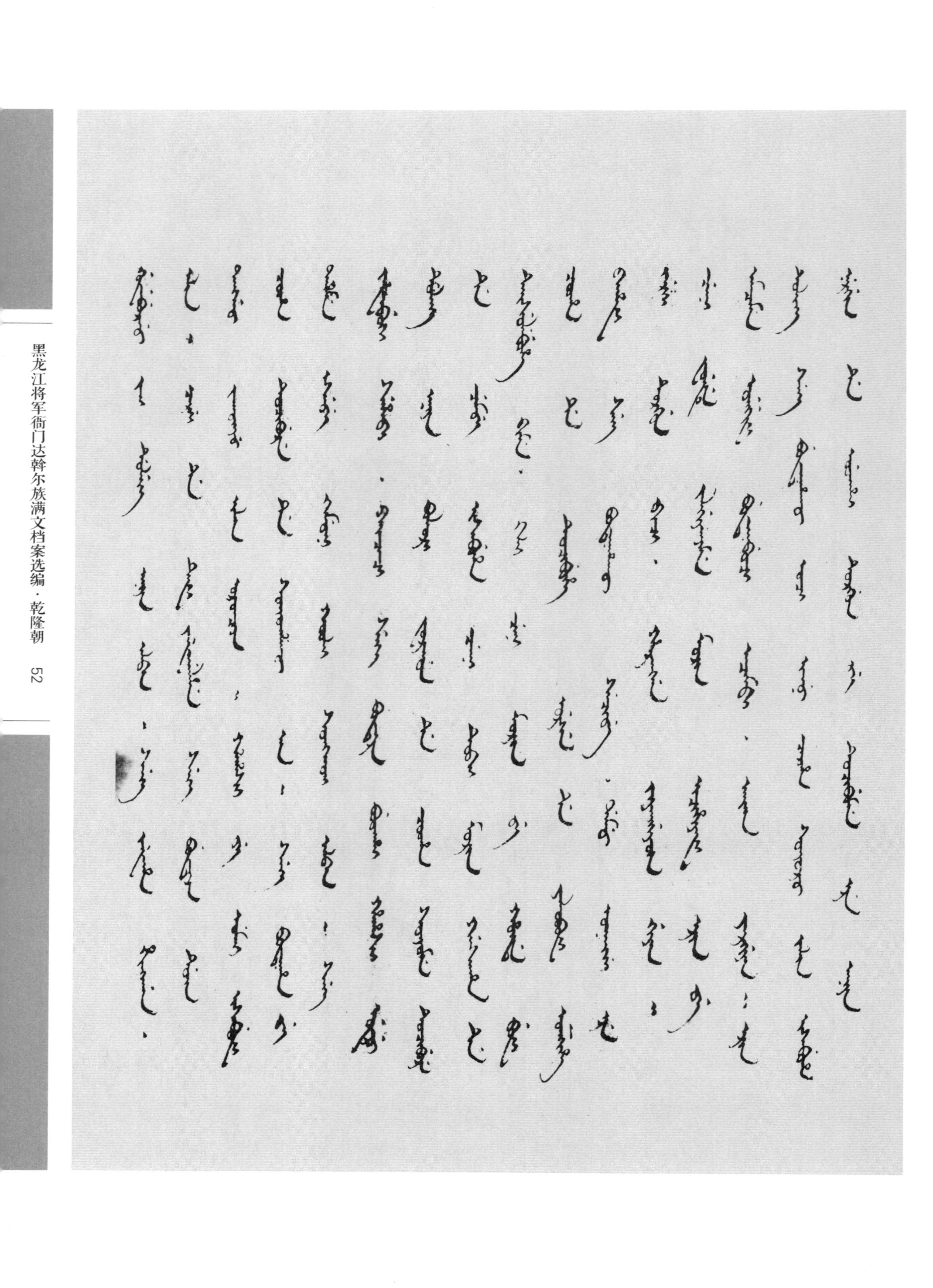

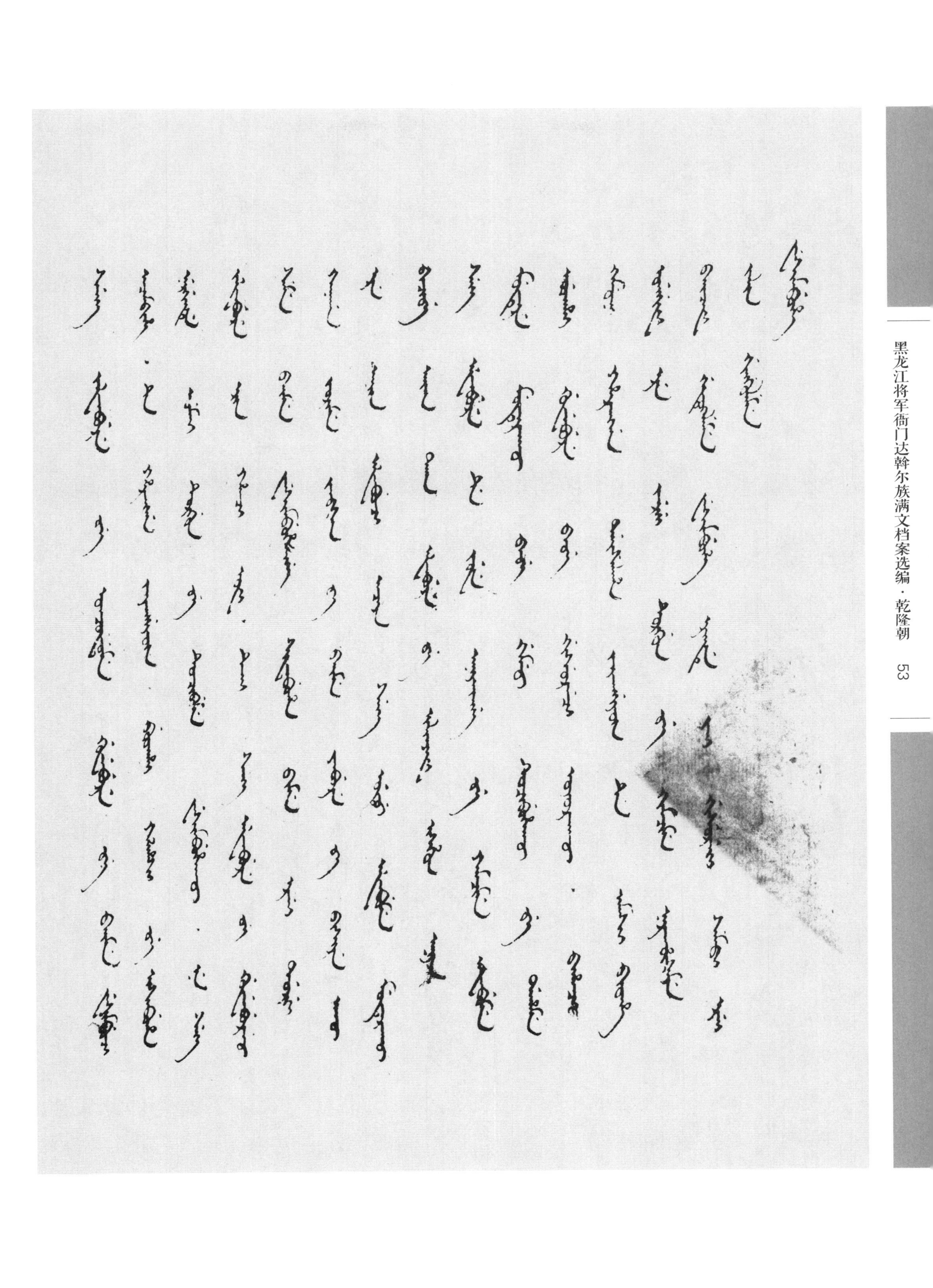

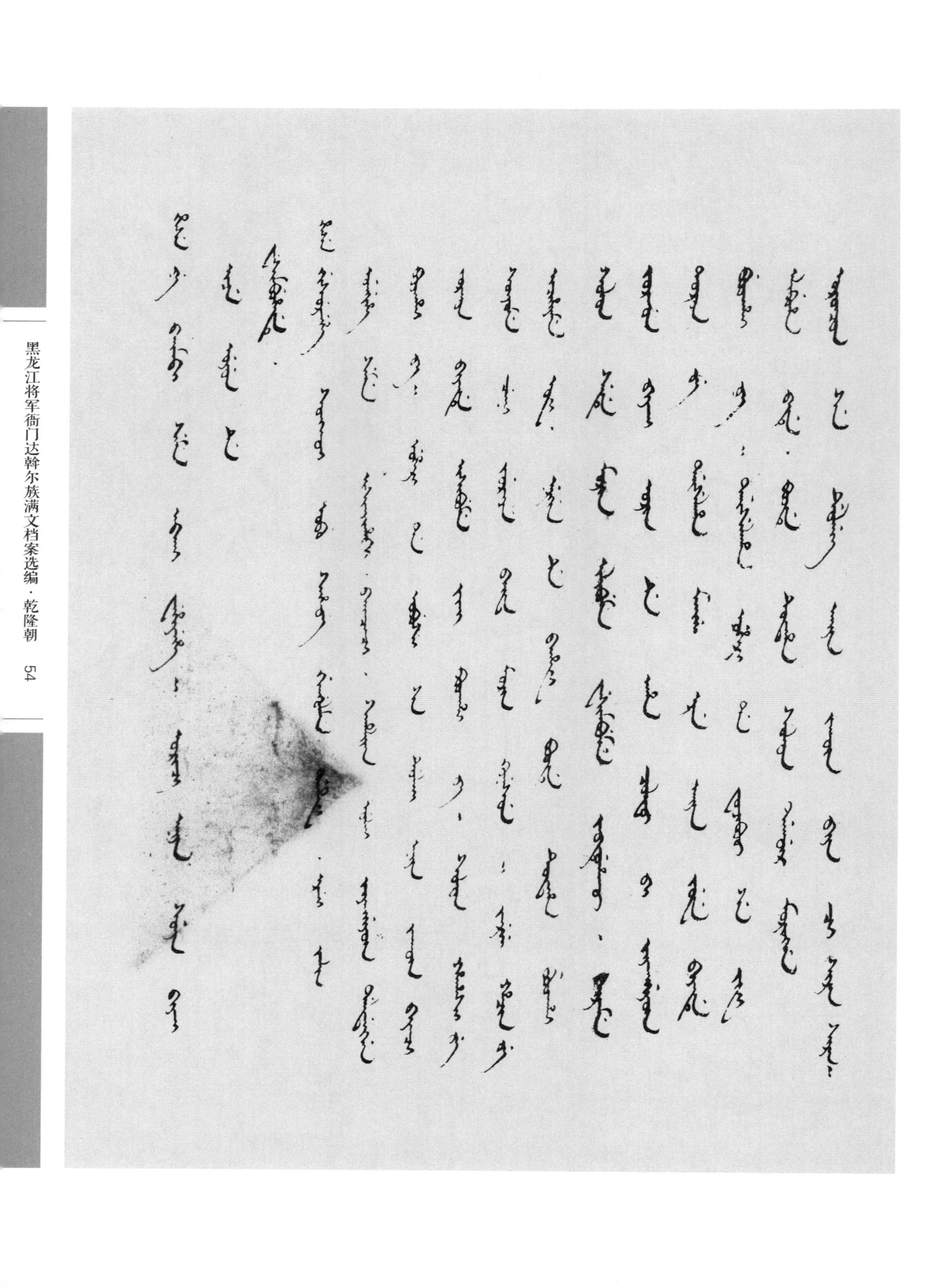

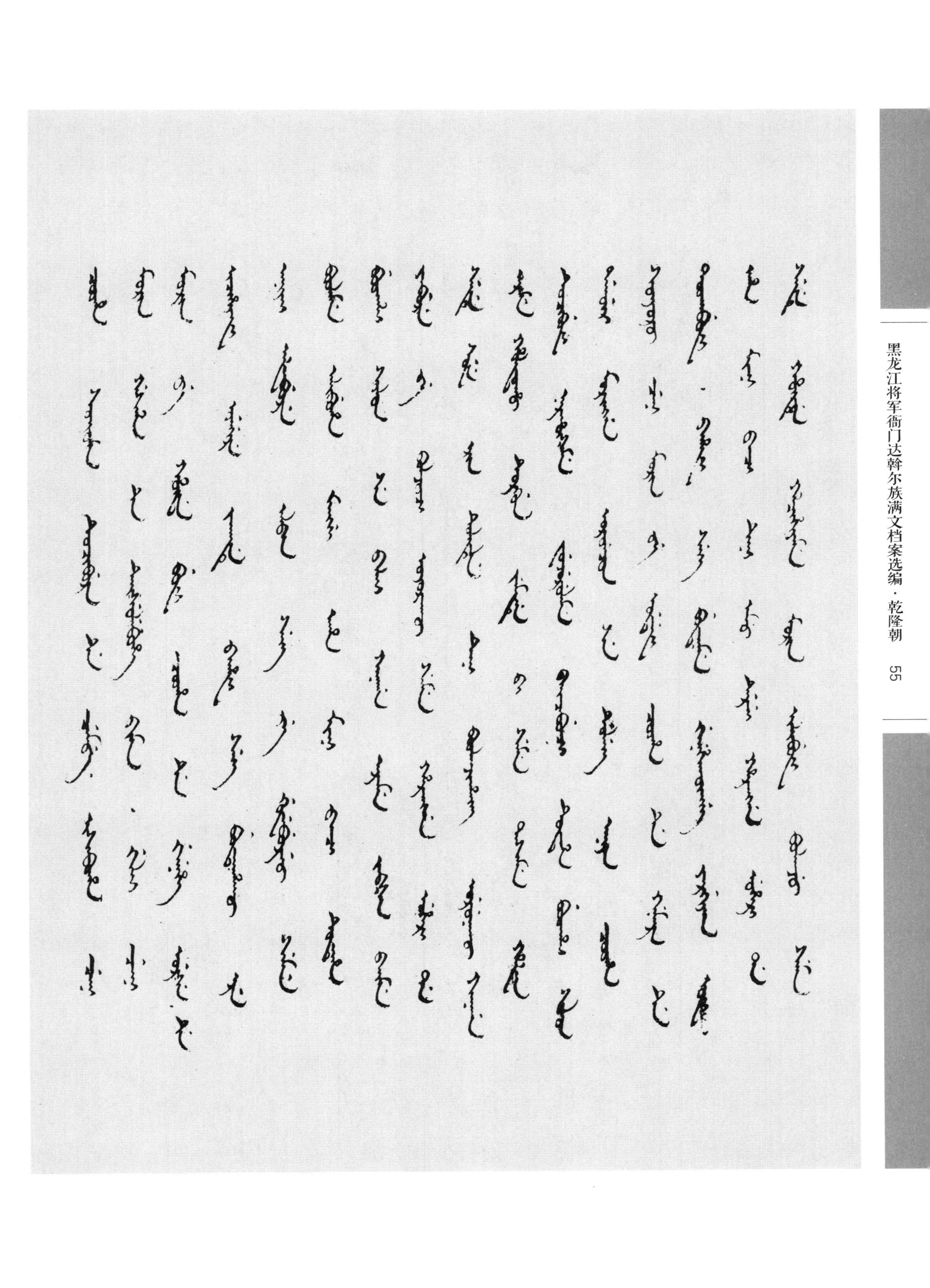

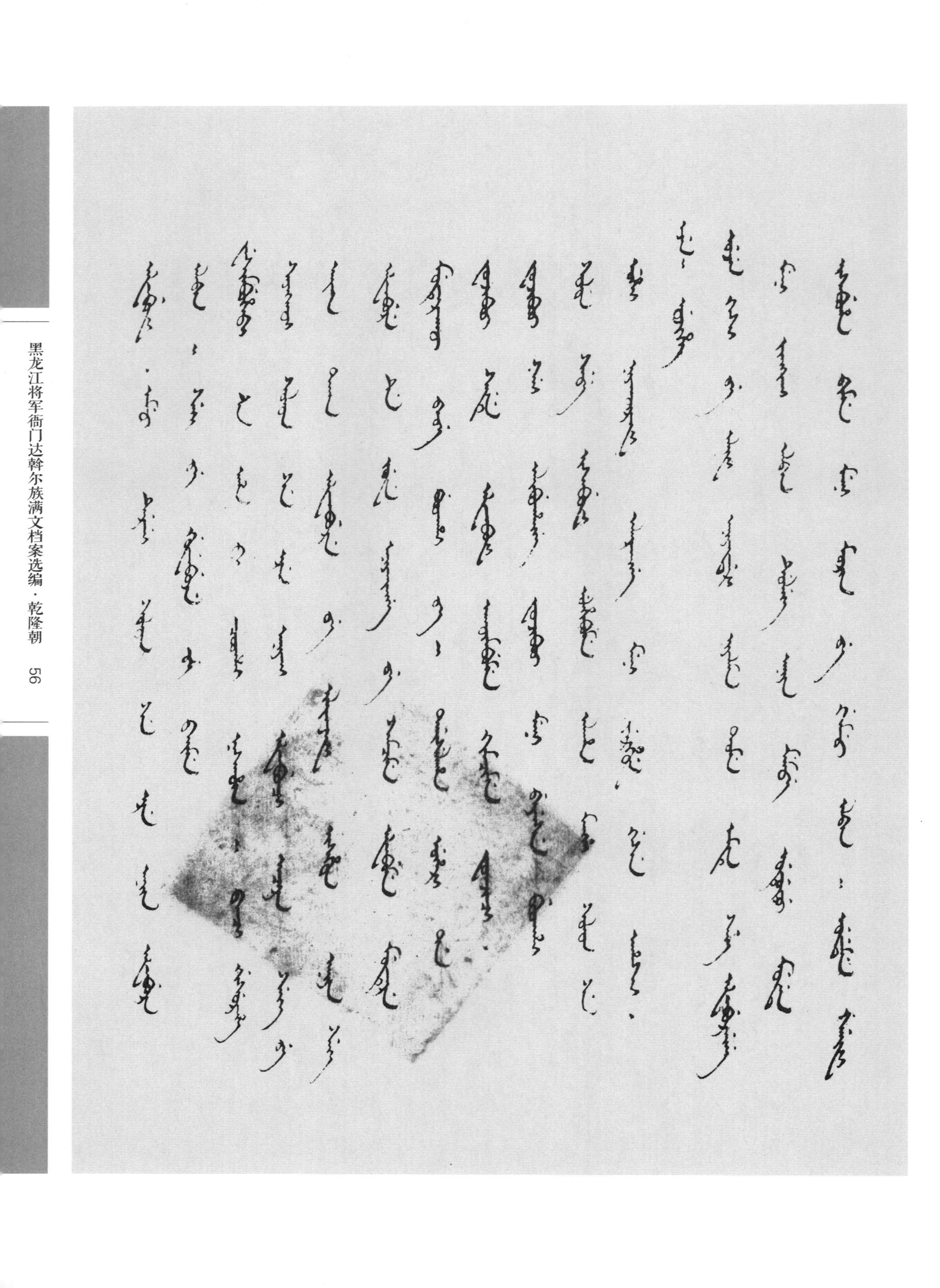

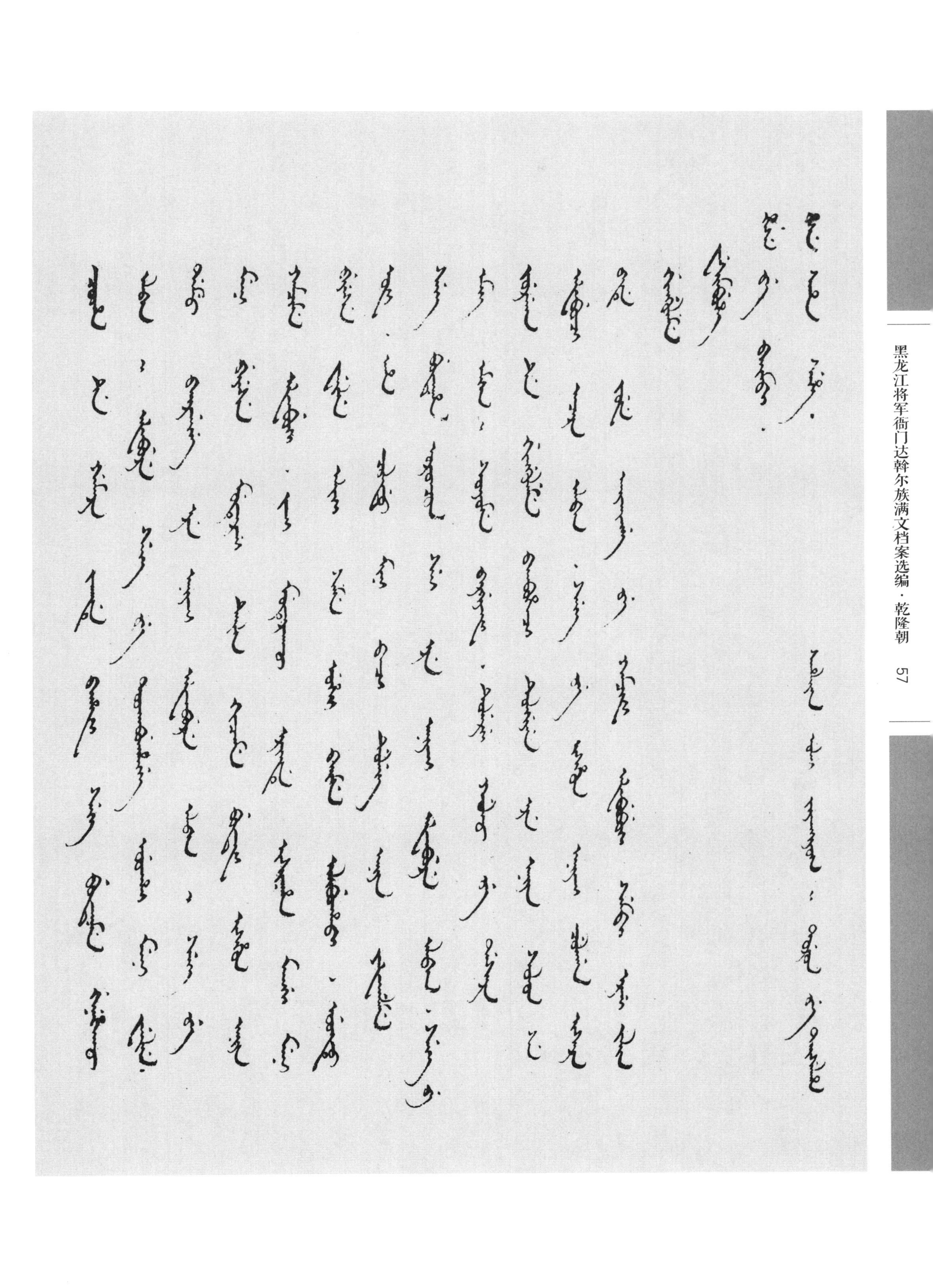

[illegible]

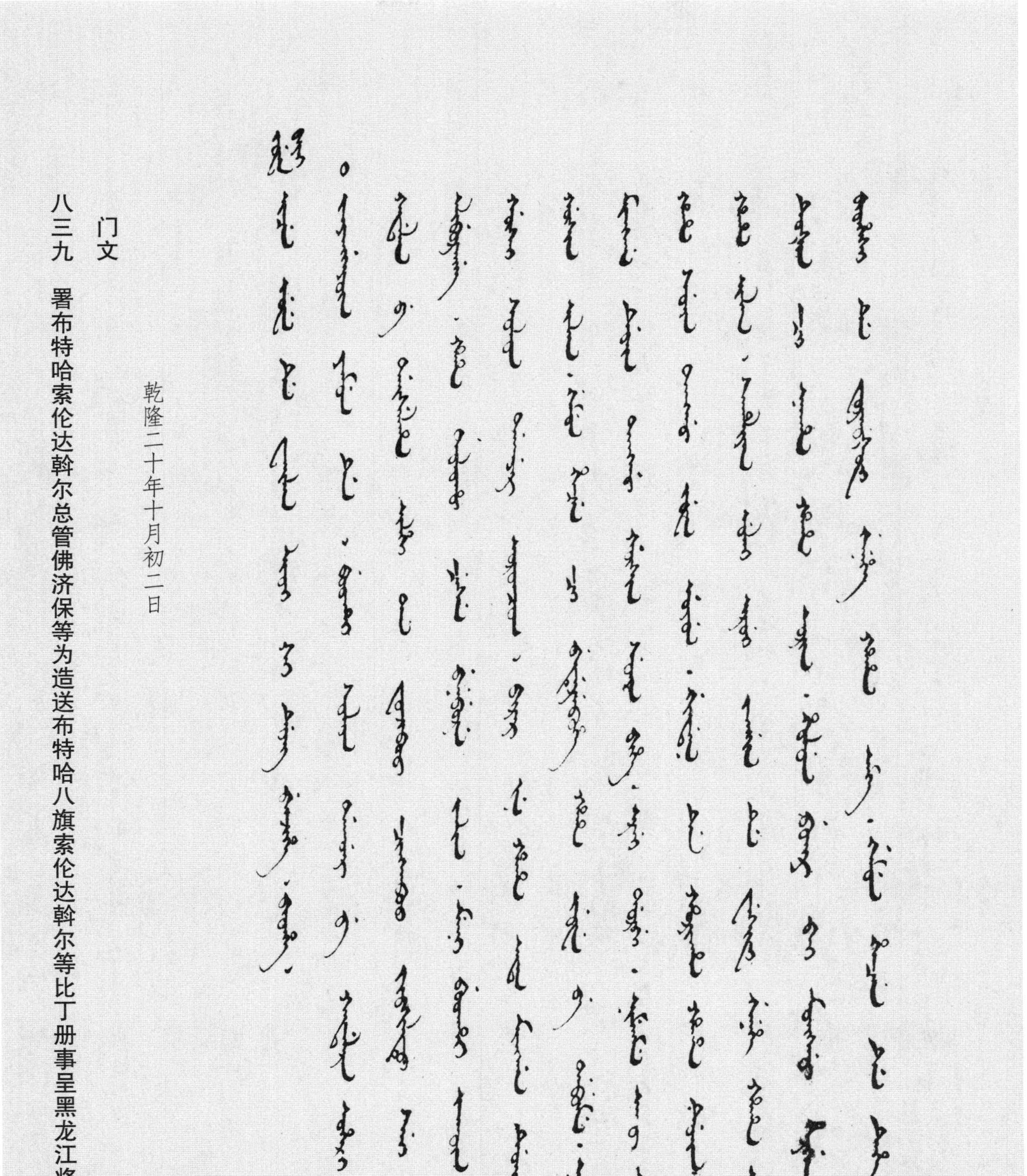

乾隆二十年十月初二日

八三九　署布特哈索伦达斡尔总管佛济保等为造送布特哈八旗索伦达斡尔等比丁册事呈黑龙江将军衙门文

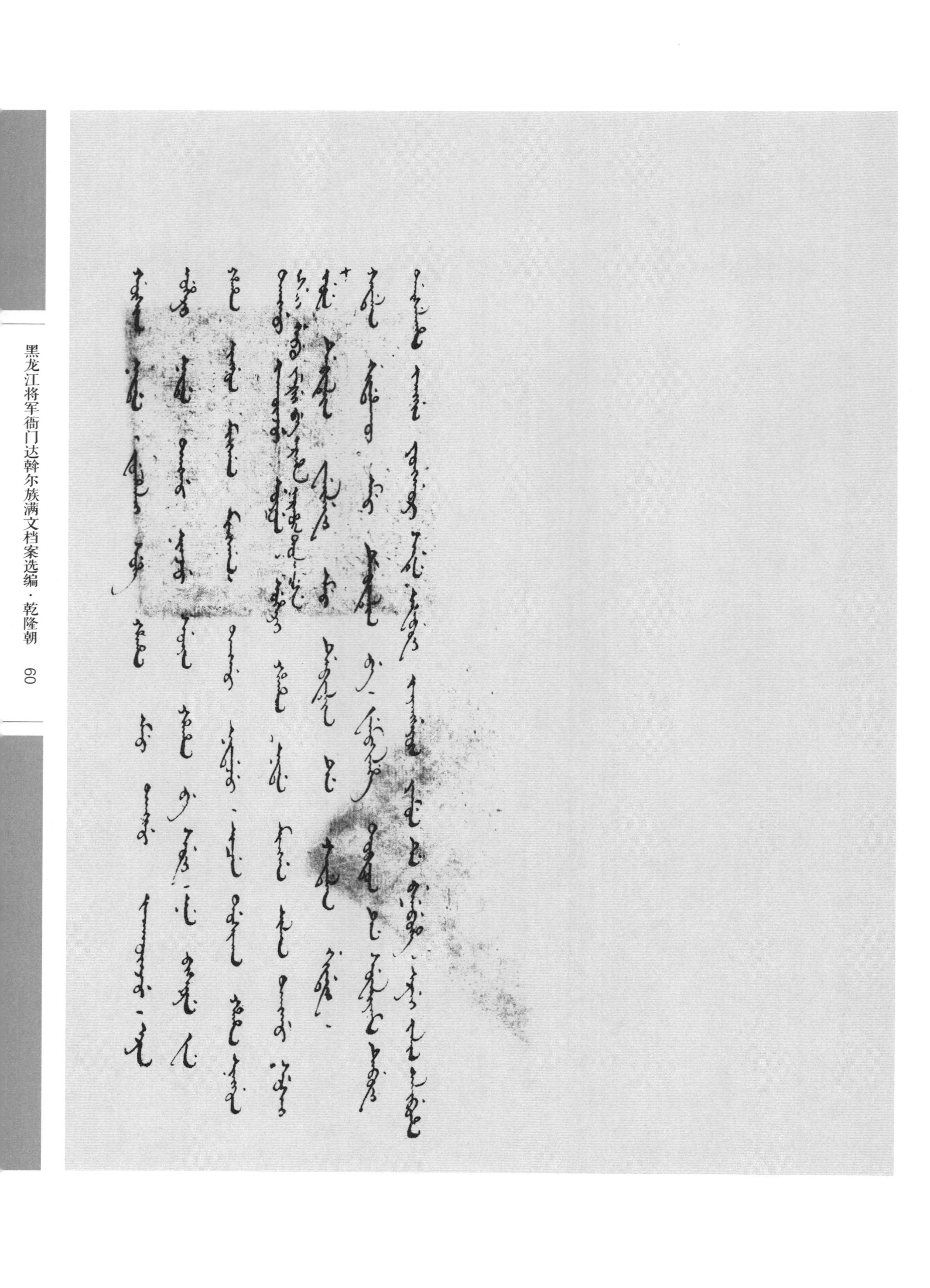

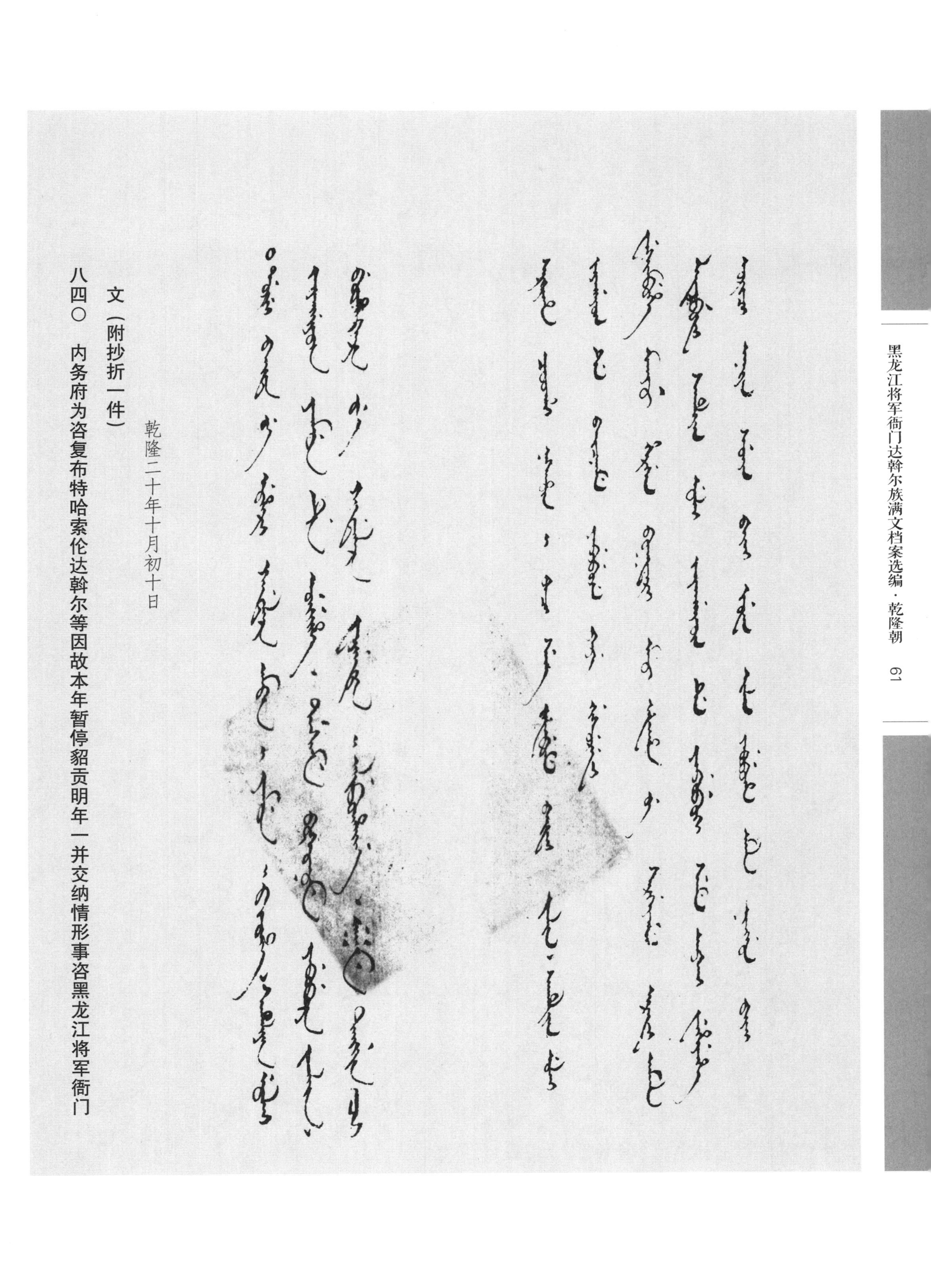

八四〇 内务府为咨复布特哈索伦达斡尔等因故本年暂停貂贡明年一并交纳情形事咨黑龙江将军衙门文（附抄折一件）

乾隆二十年十月初十日

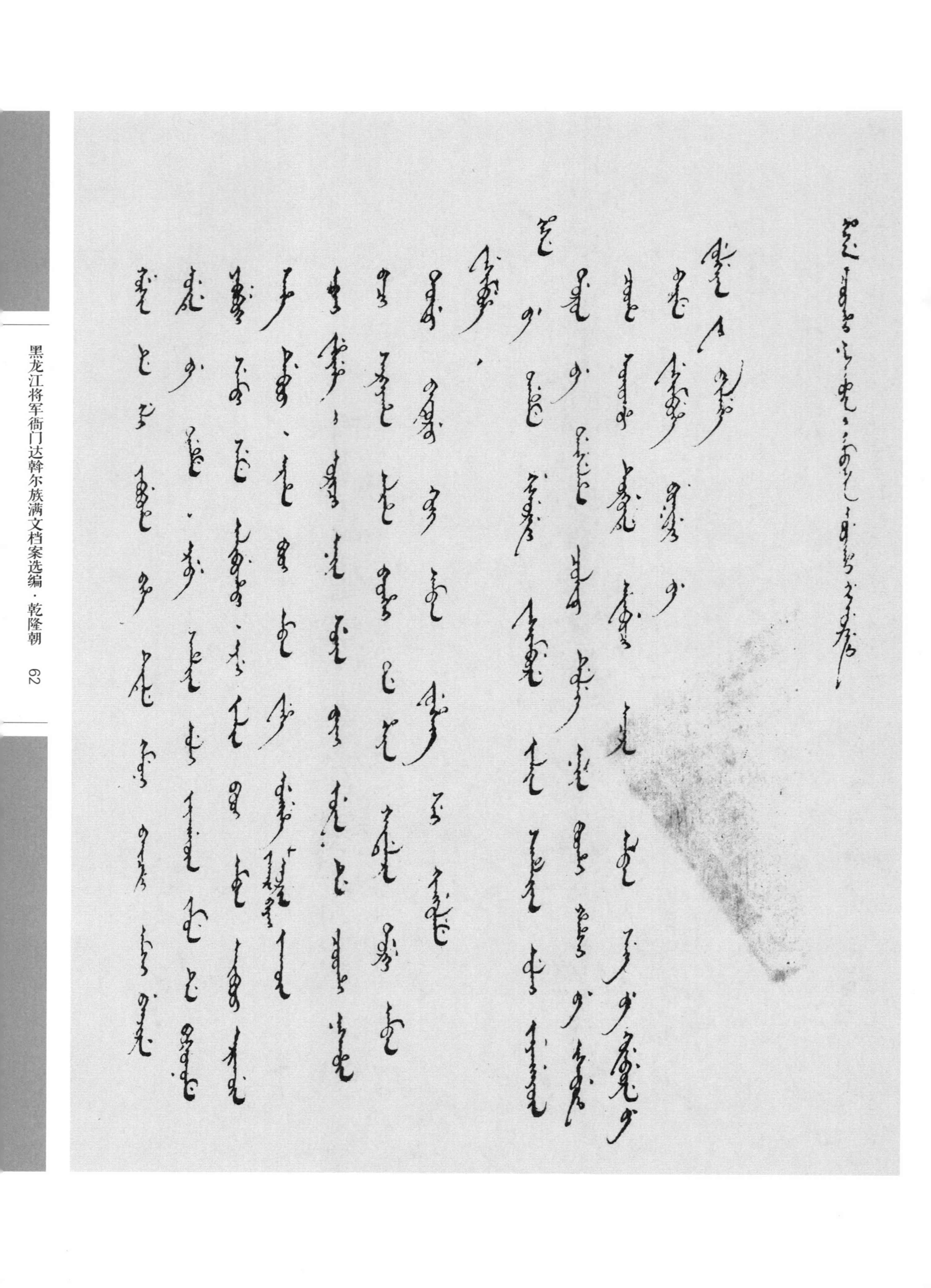

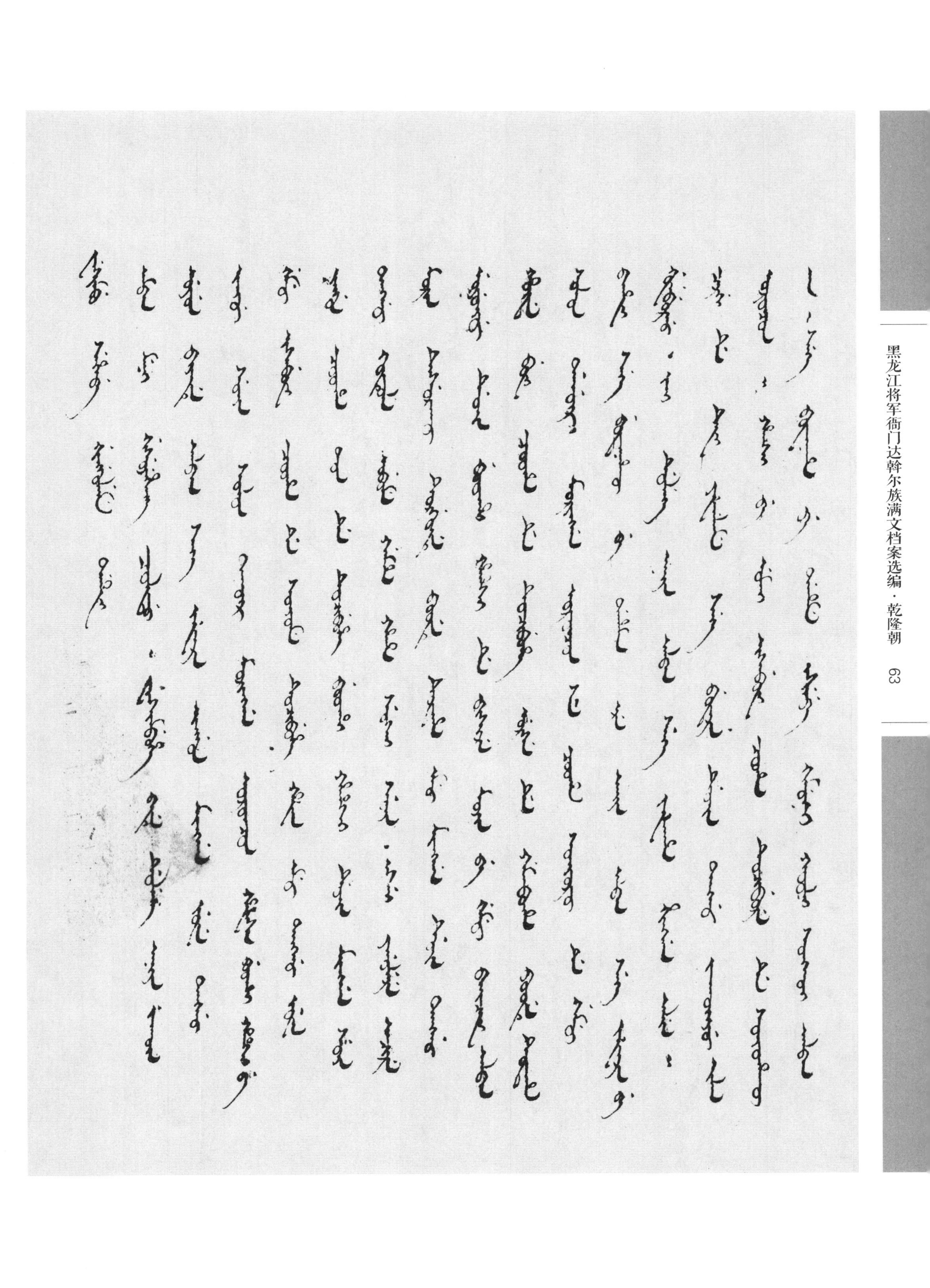

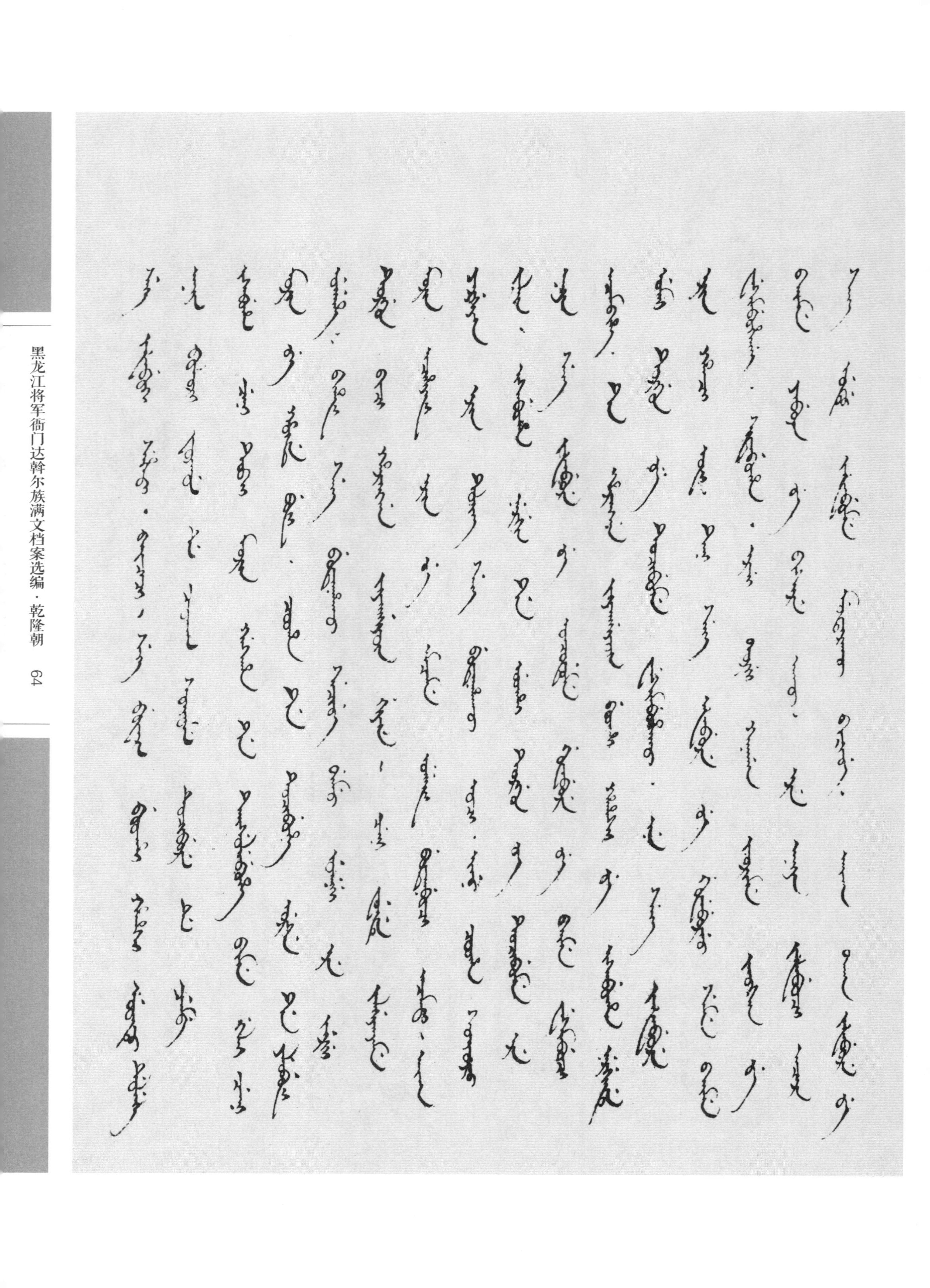

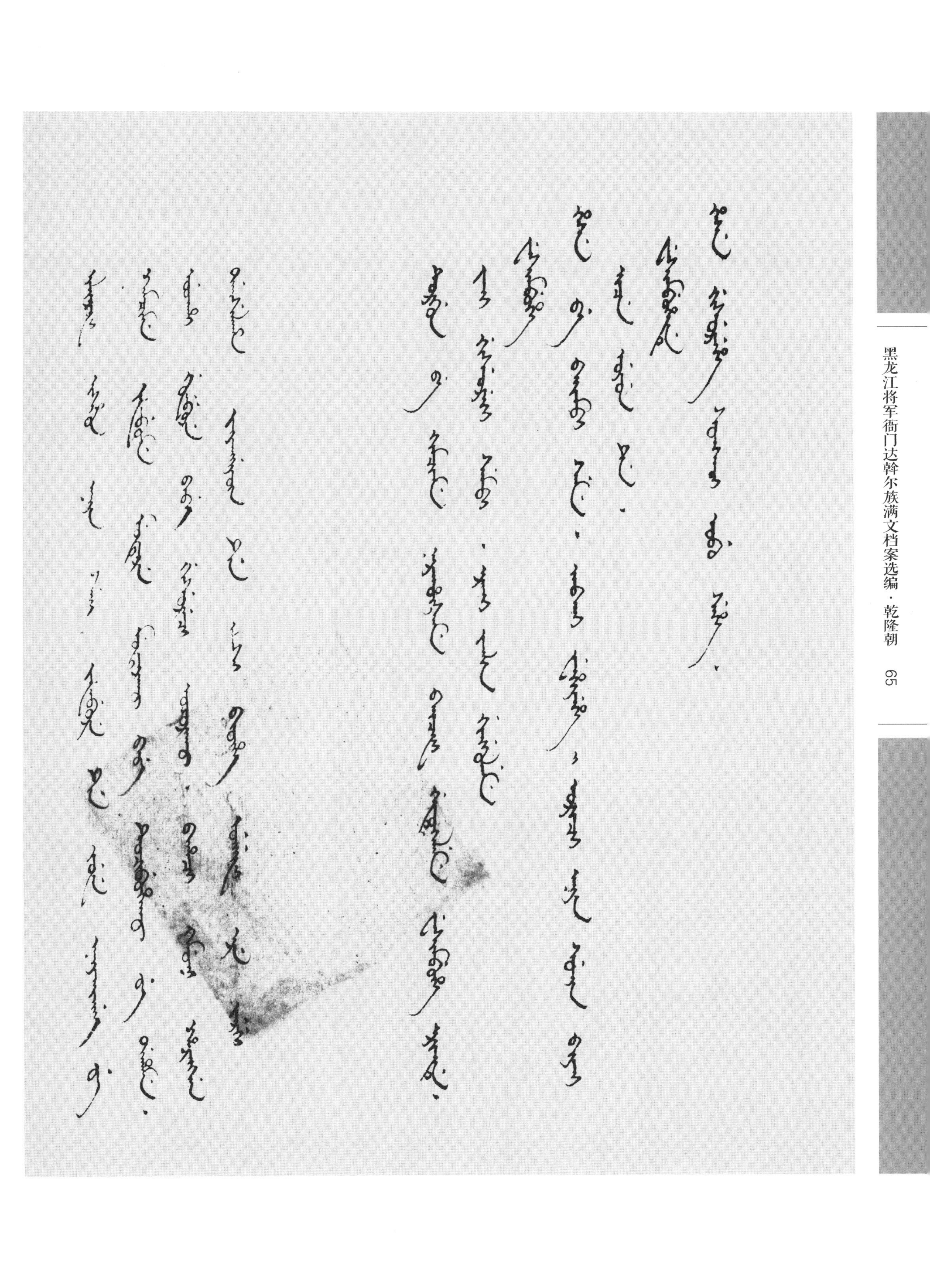

八四一 黑龙江将军衙门为奏准布特哈索伦达斡尔等因故本年暂停貂贡明年会盟时一并交纳事咨内务府文

乾隆二十年十月二十一日

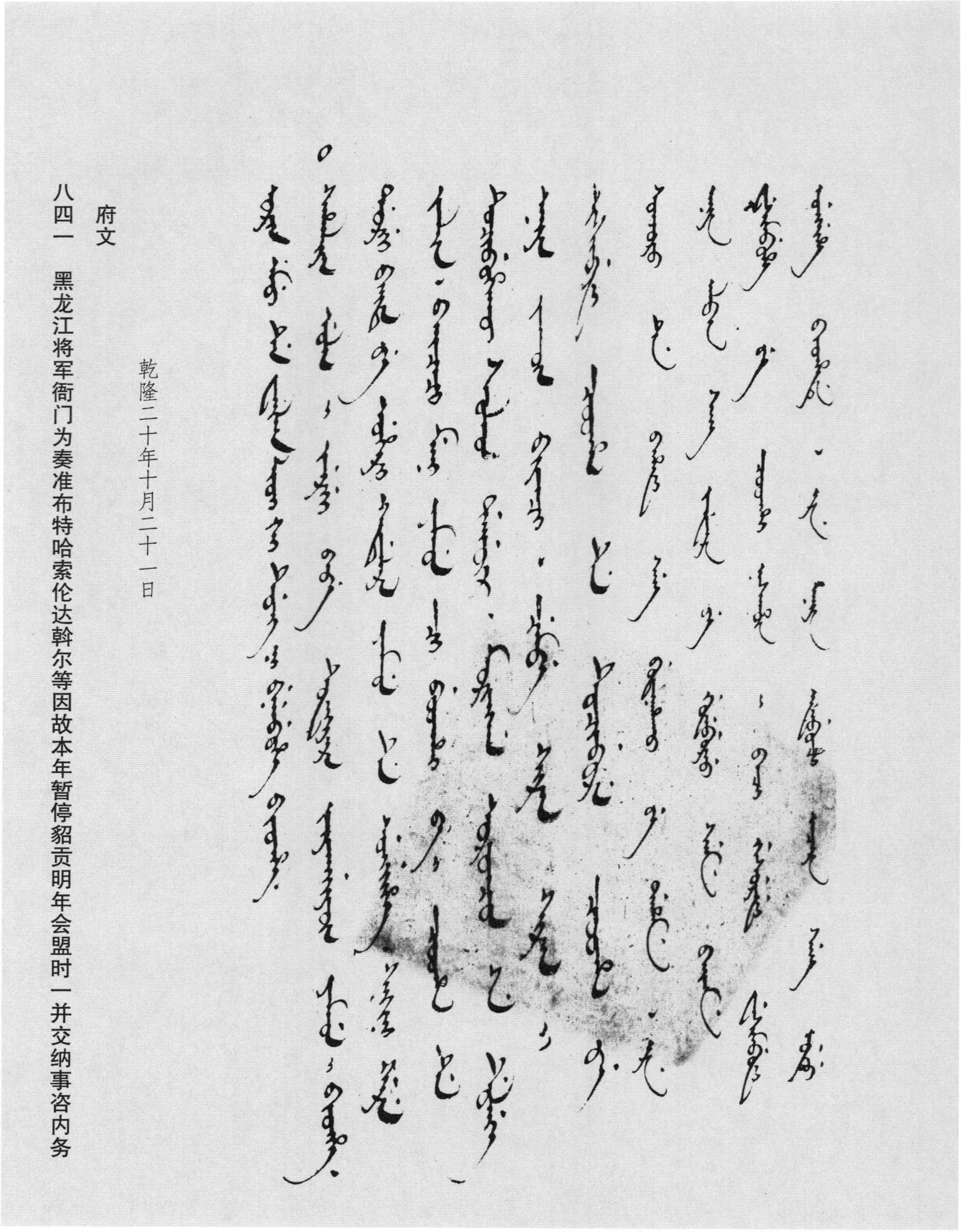

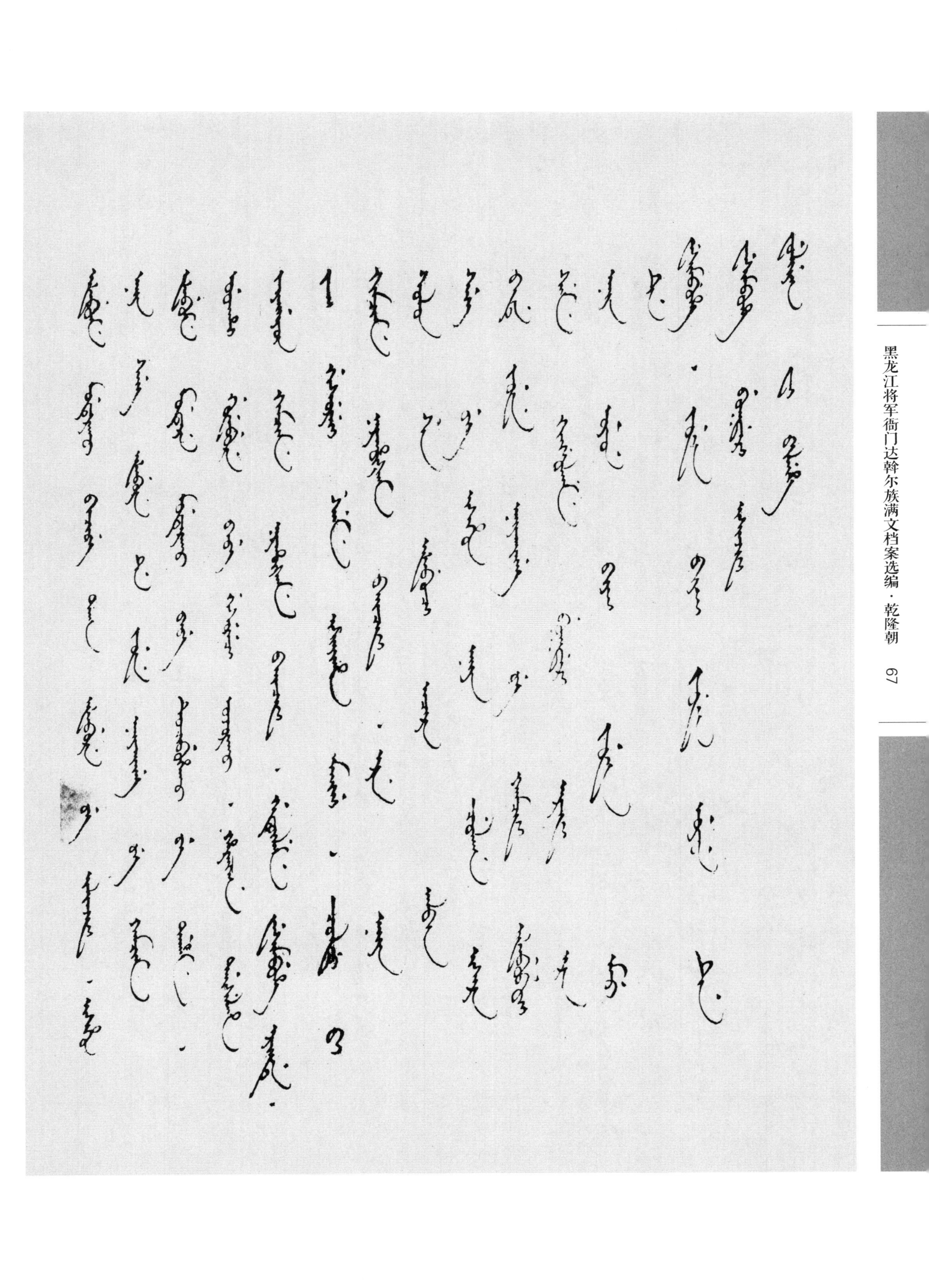

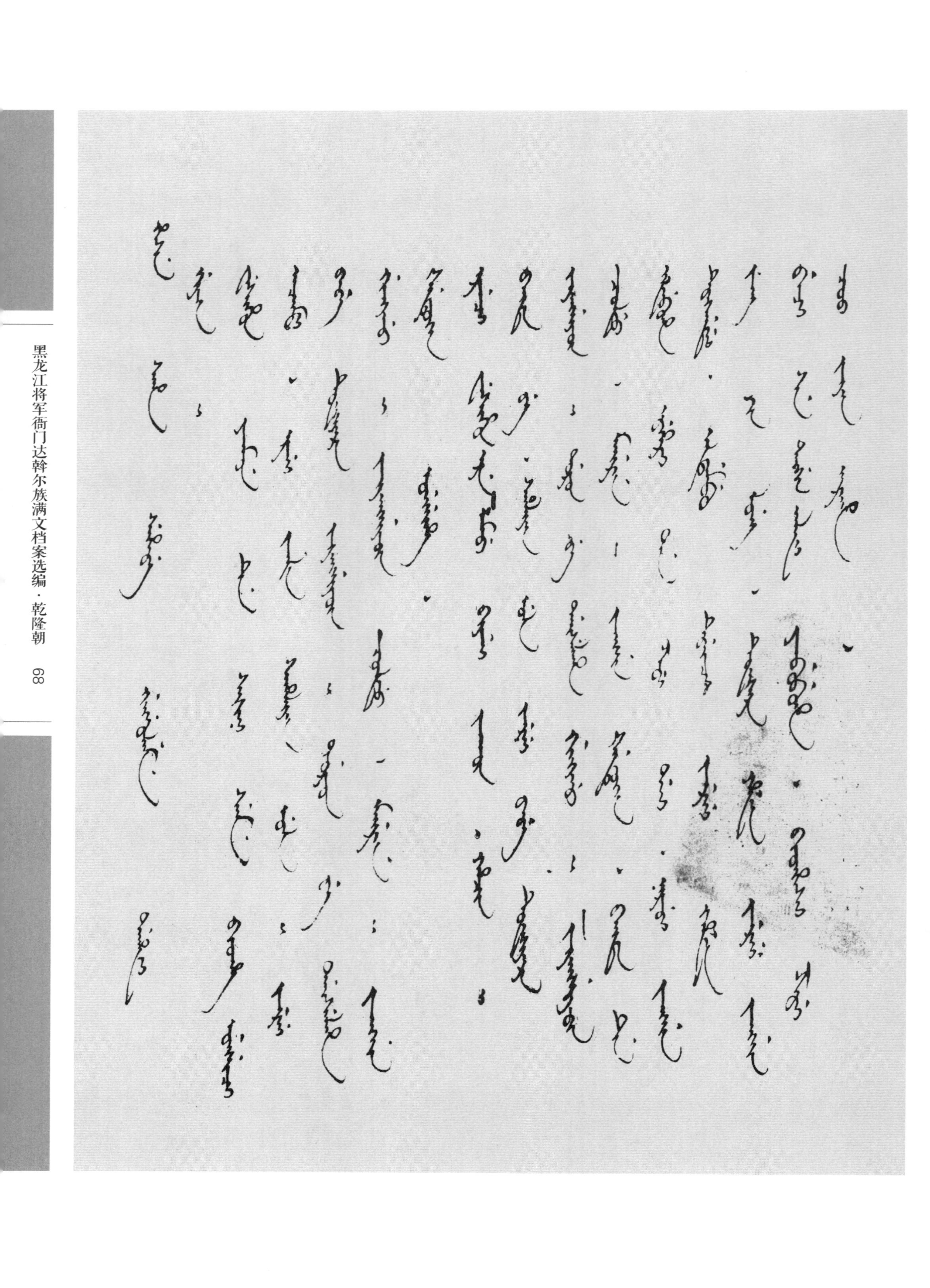

[illegible]

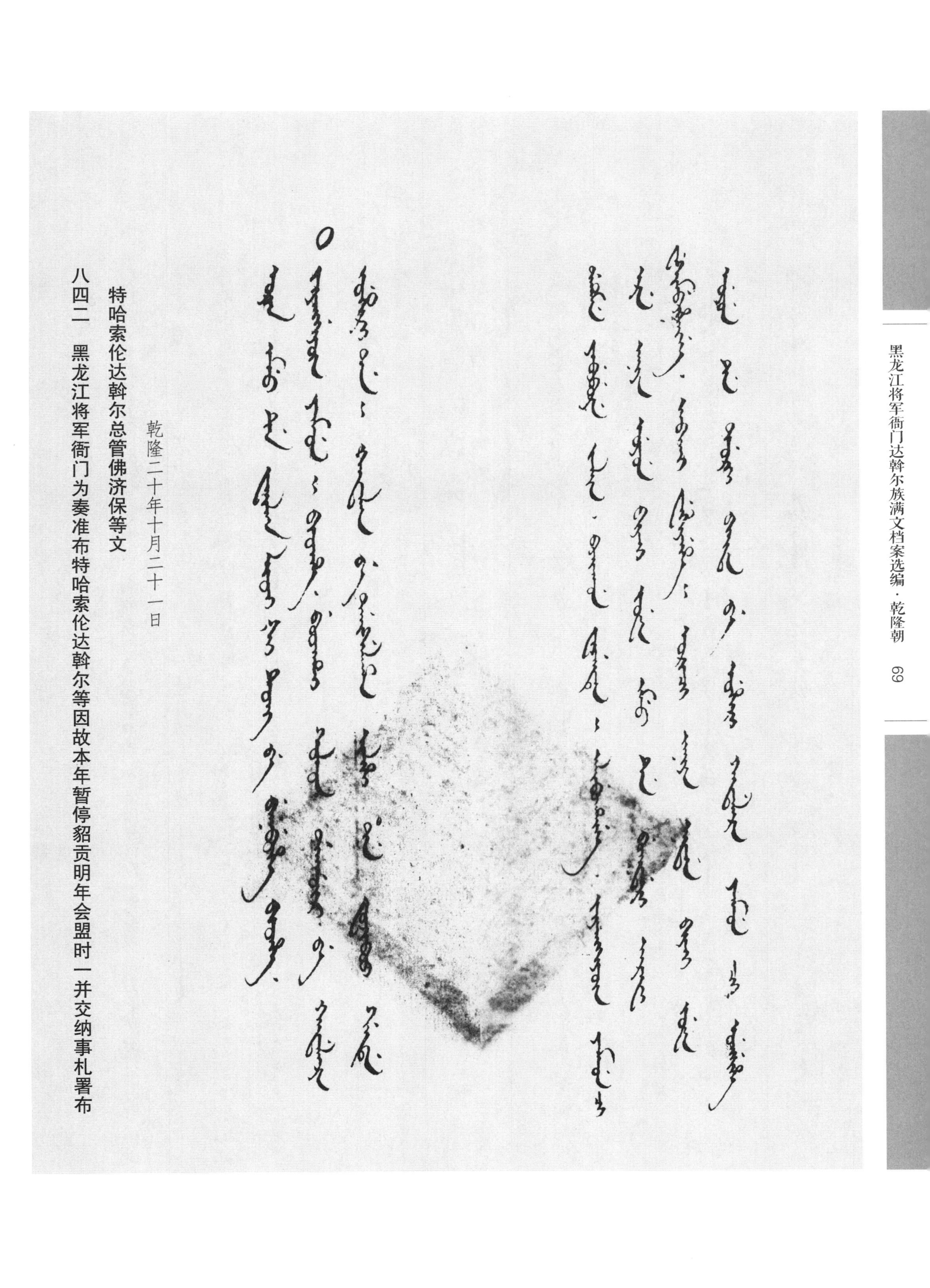

乾隆二十年十月二十一日

八四二 黑龙江将军衙门为奏准布特哈索伦达斡尔等因故本年暂停貂贡明年会盟时一并交纳事札署布特哈索伦达斡尔总管佛济保等文

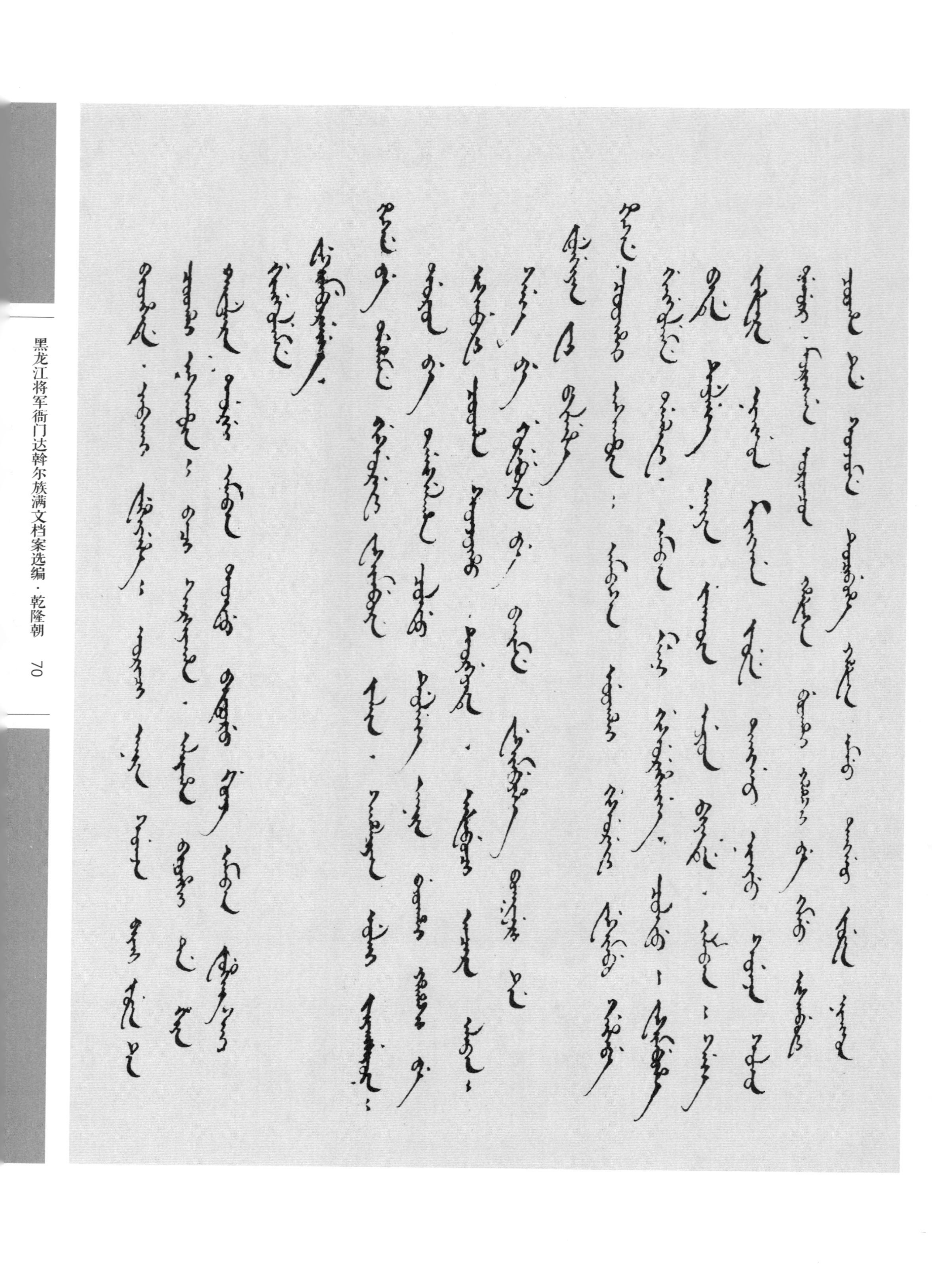

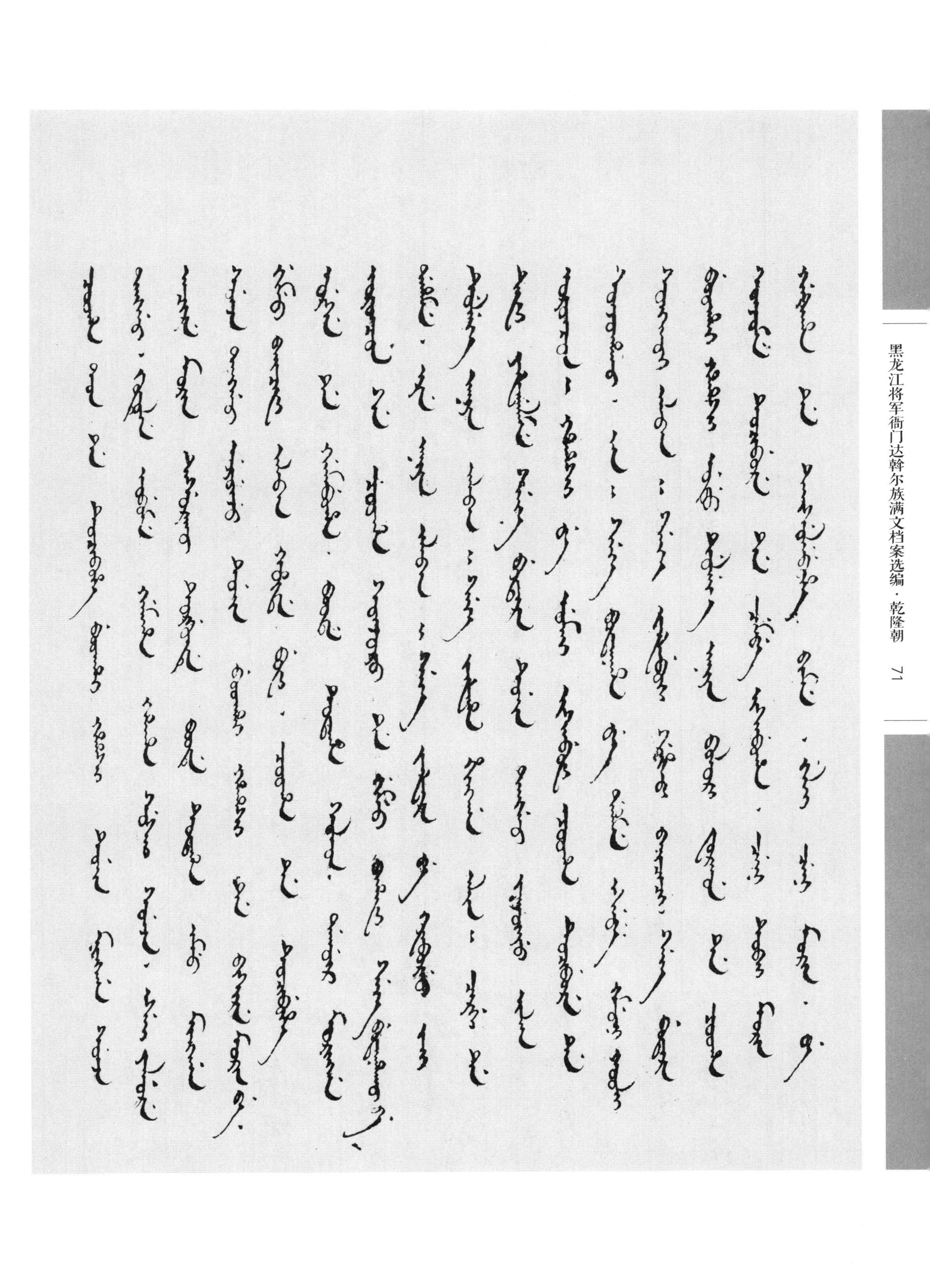

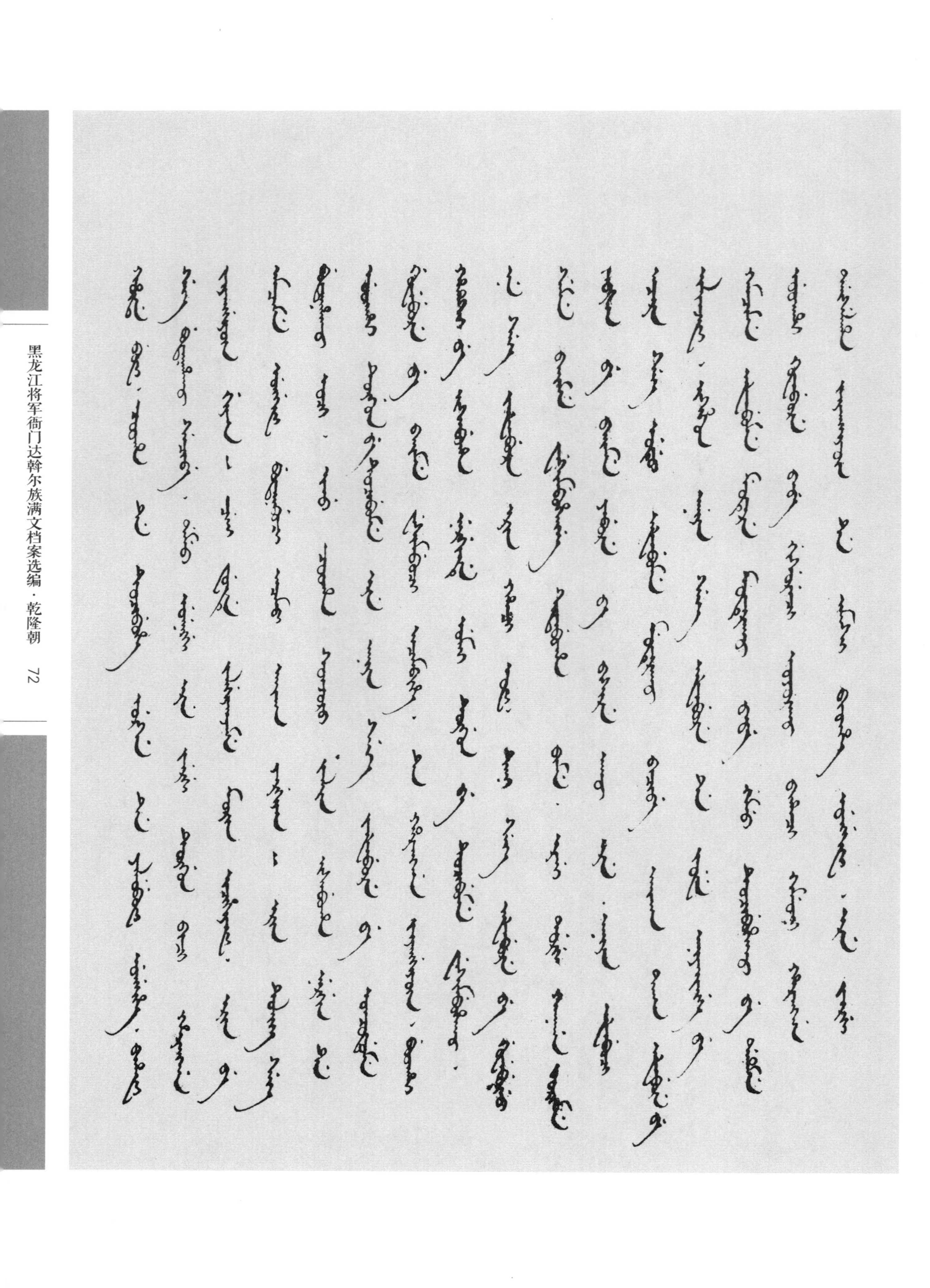

[illegible]

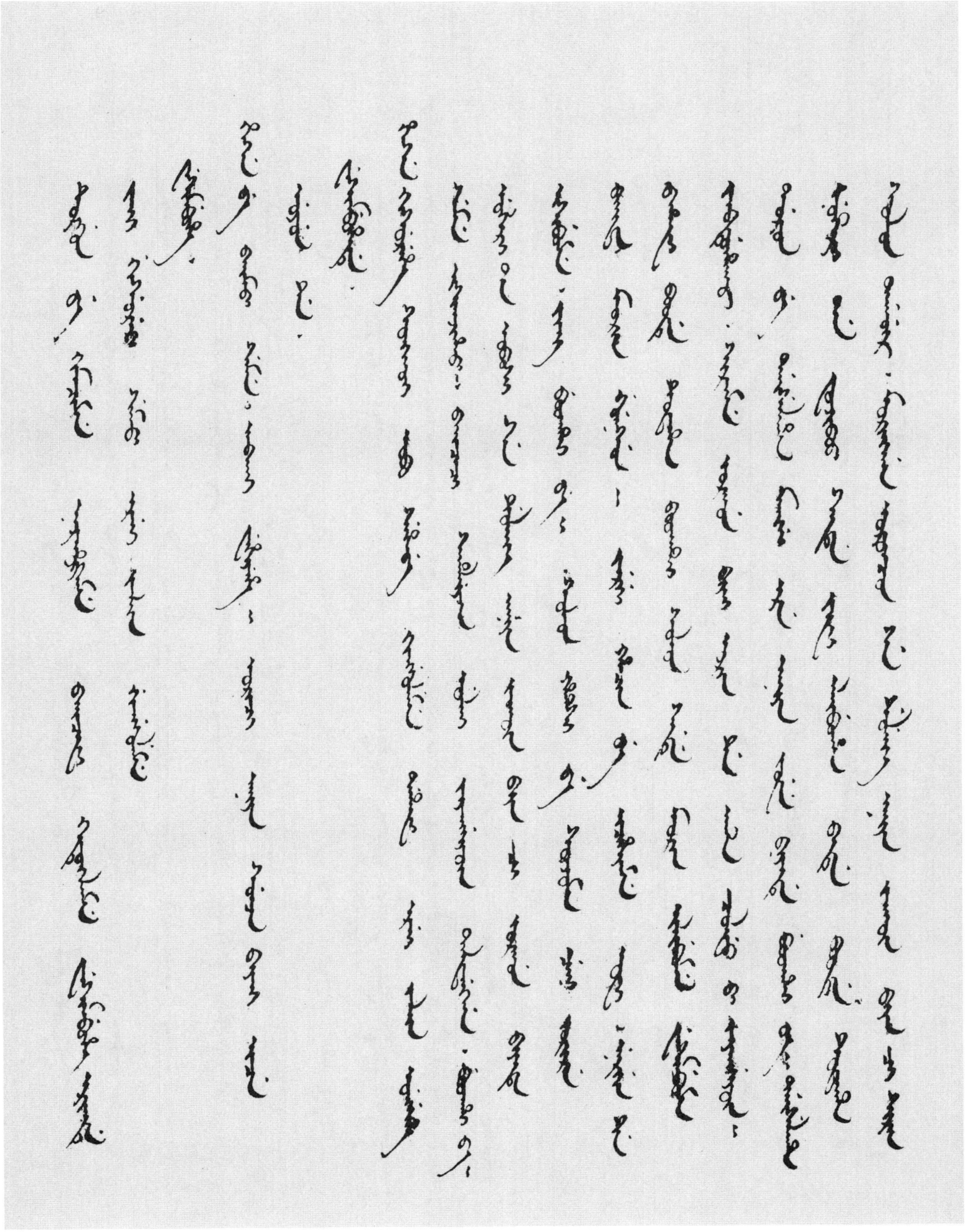

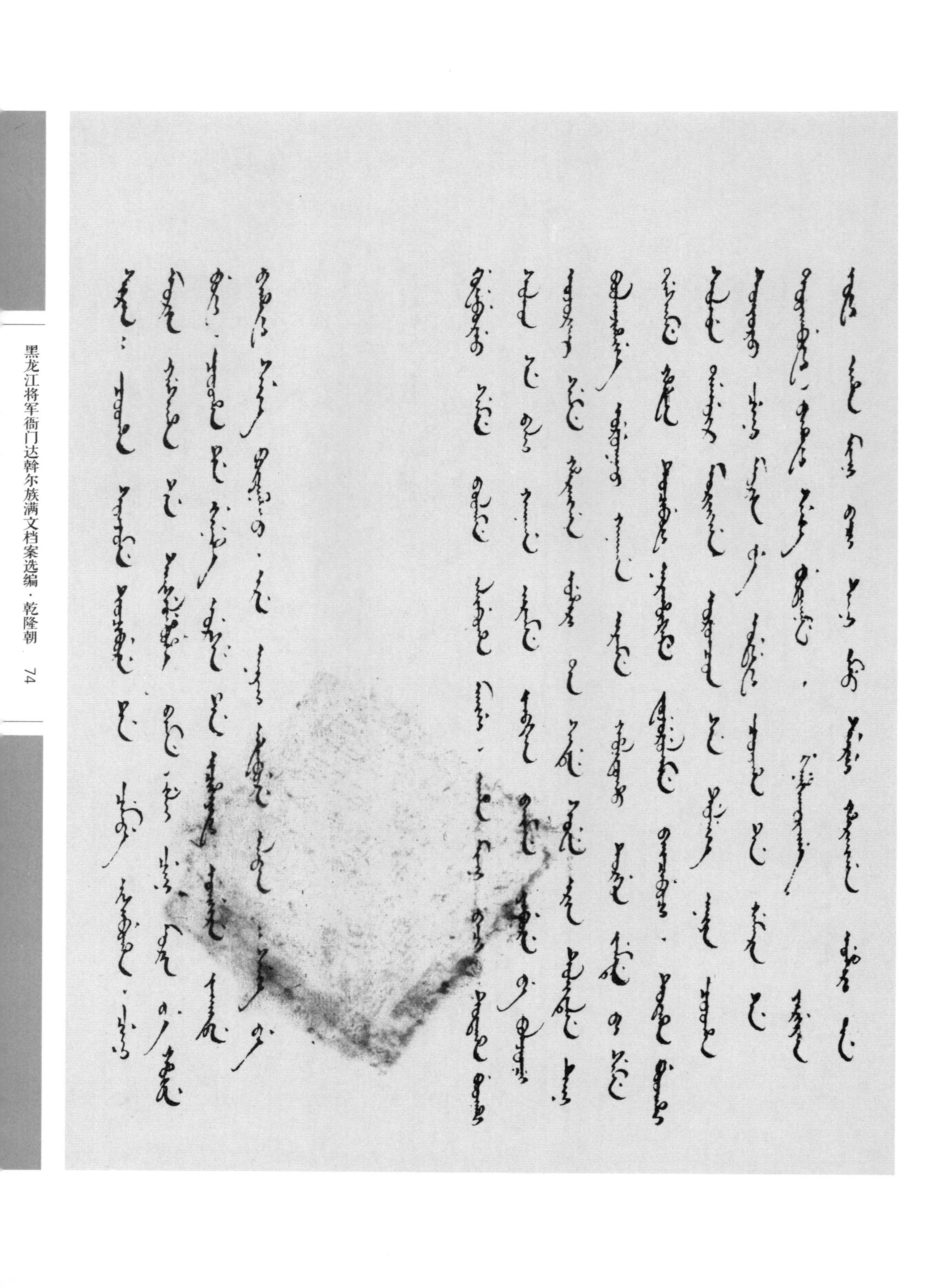

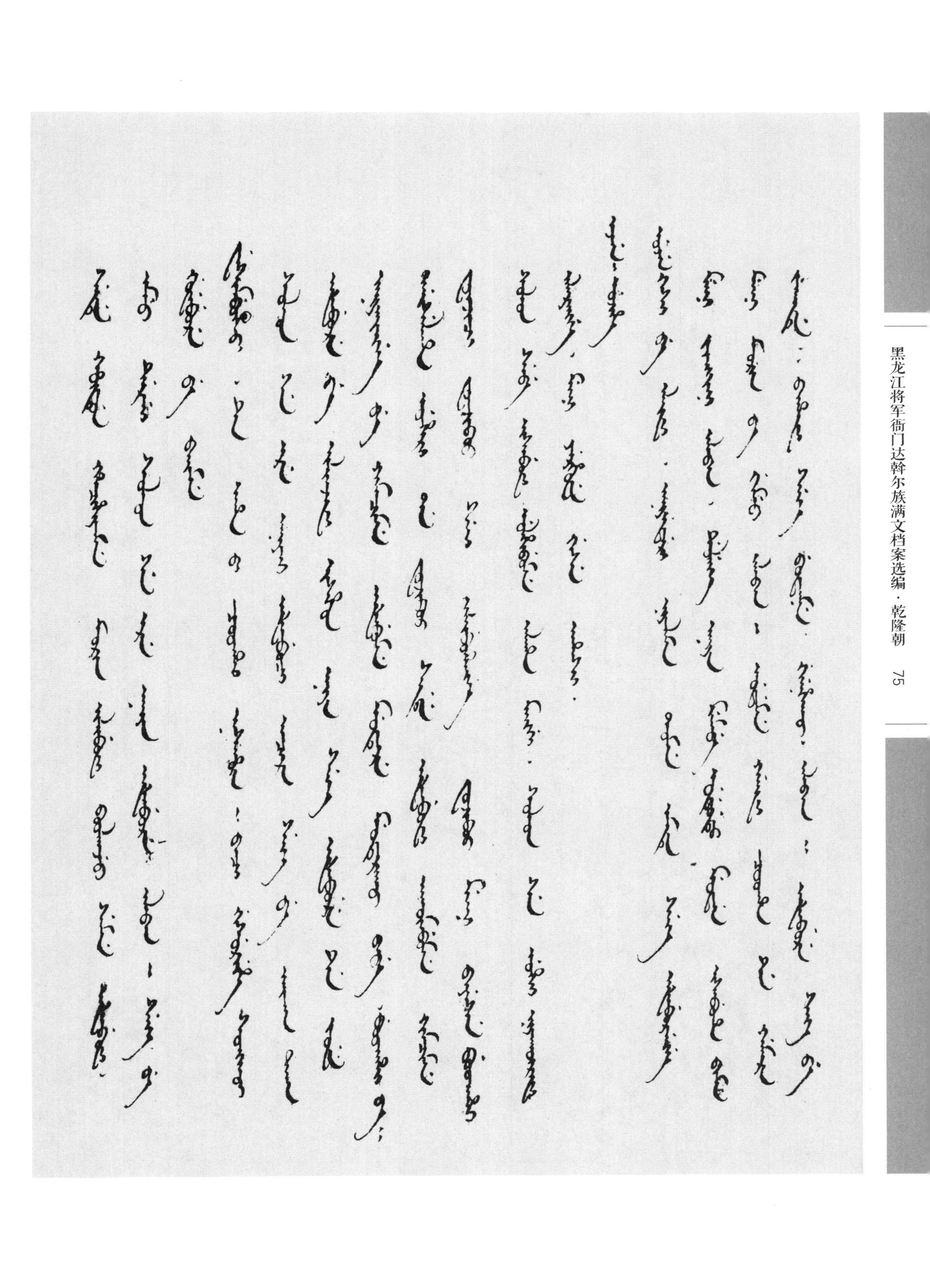

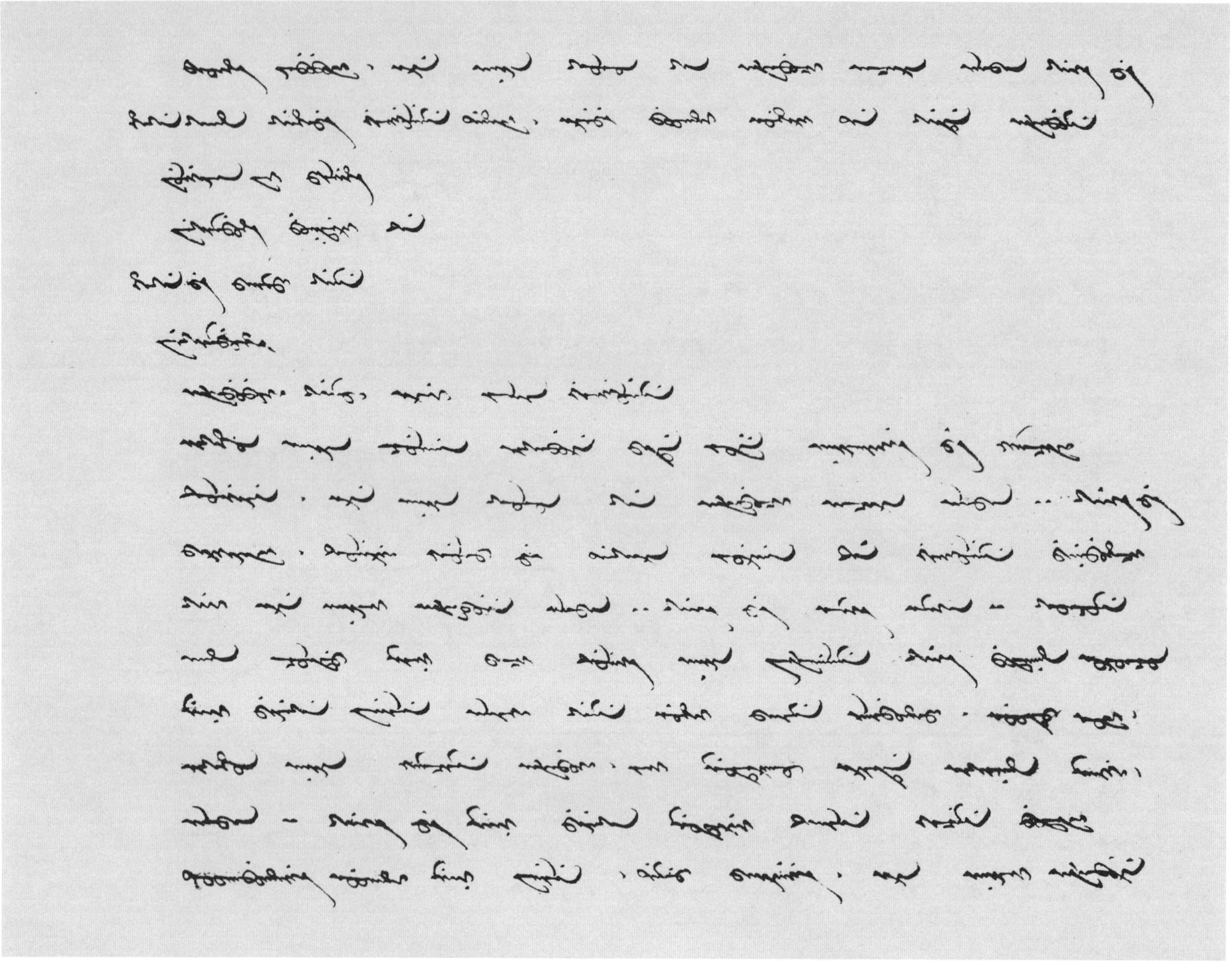

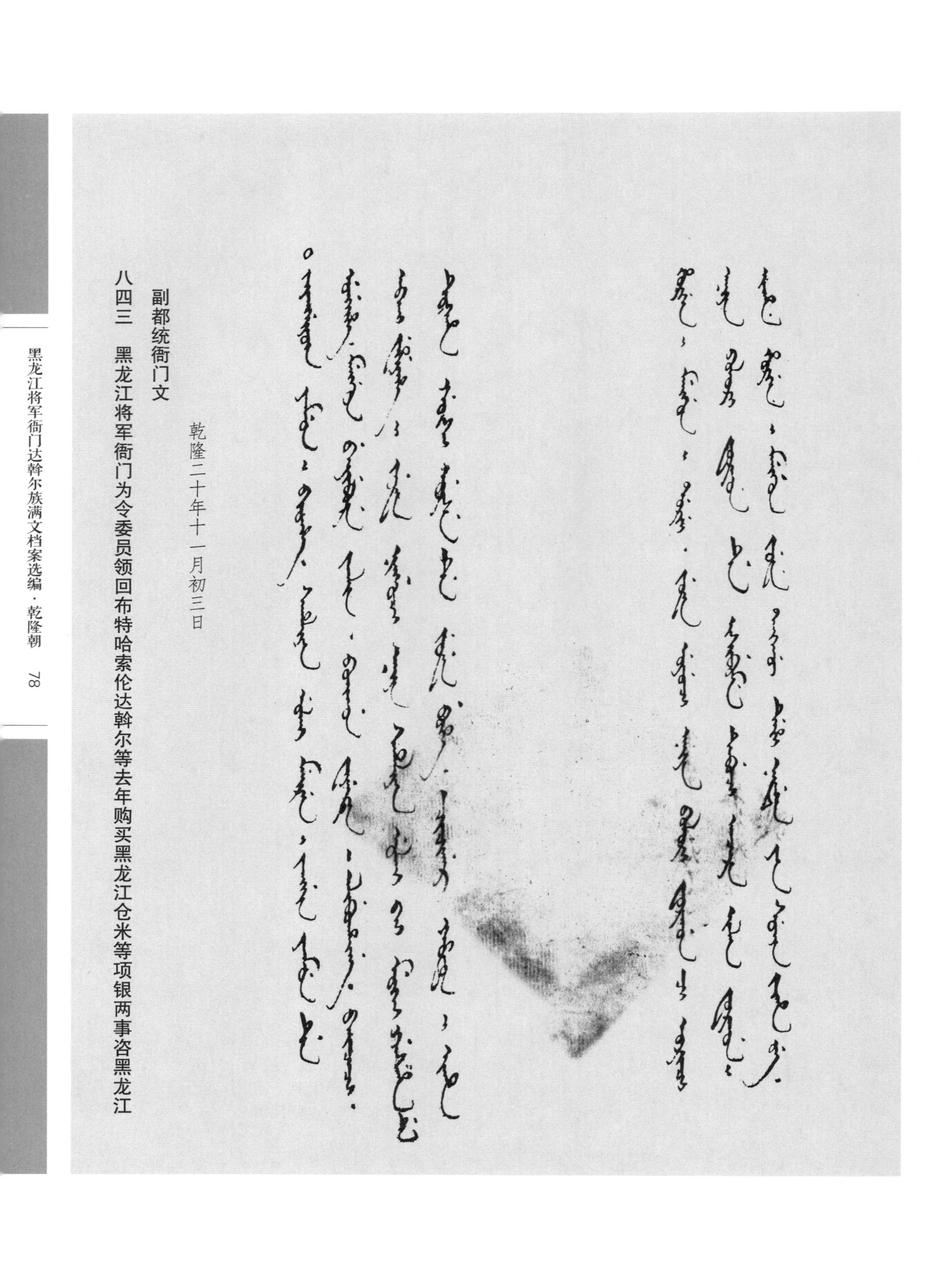

八四三 黑龙江将军衙门为令委员领回布特哈索伦达斡尔等去年购买黑龙江仓米等项银两事咨黑龙江副都统衙门文

乾隆二十年十一月初三日

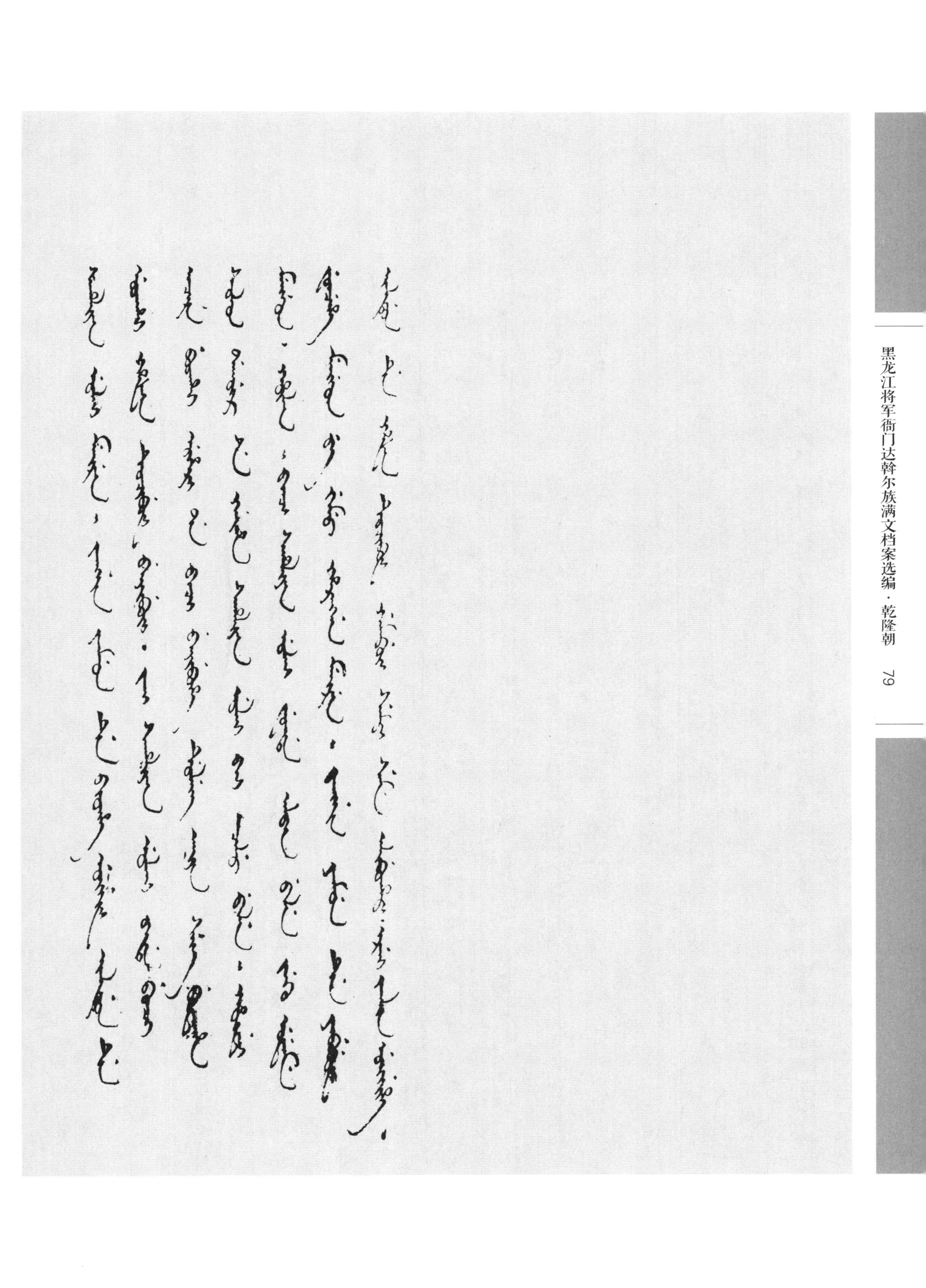

[illegible]

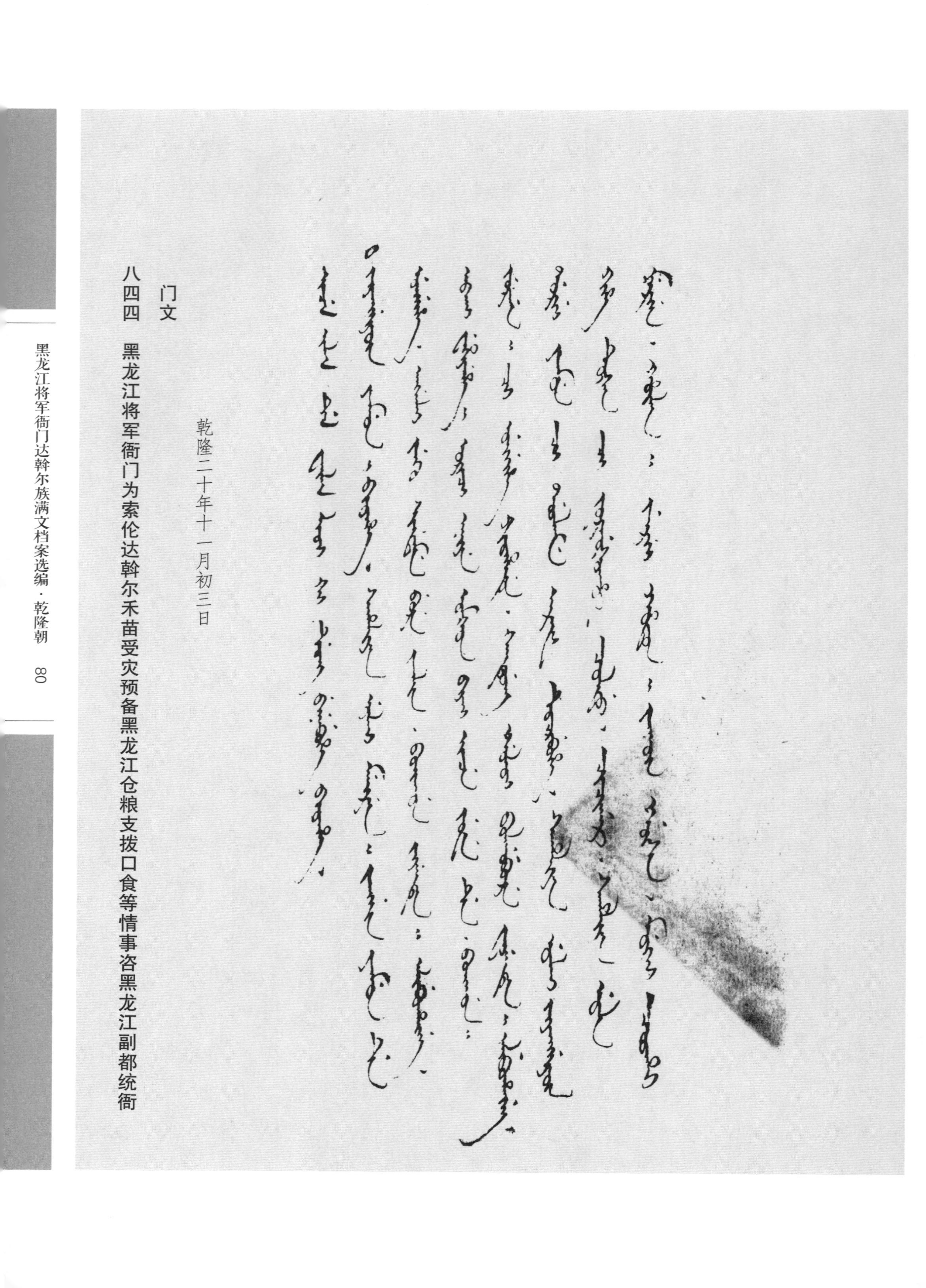

门文

八四四 黑龙江将军衙门为索伦达斡尔禾苗受灾预备黑龙江仓粮支拨口食等情事咨黑龙江副都统衙

乾隆二十年十一月初三日

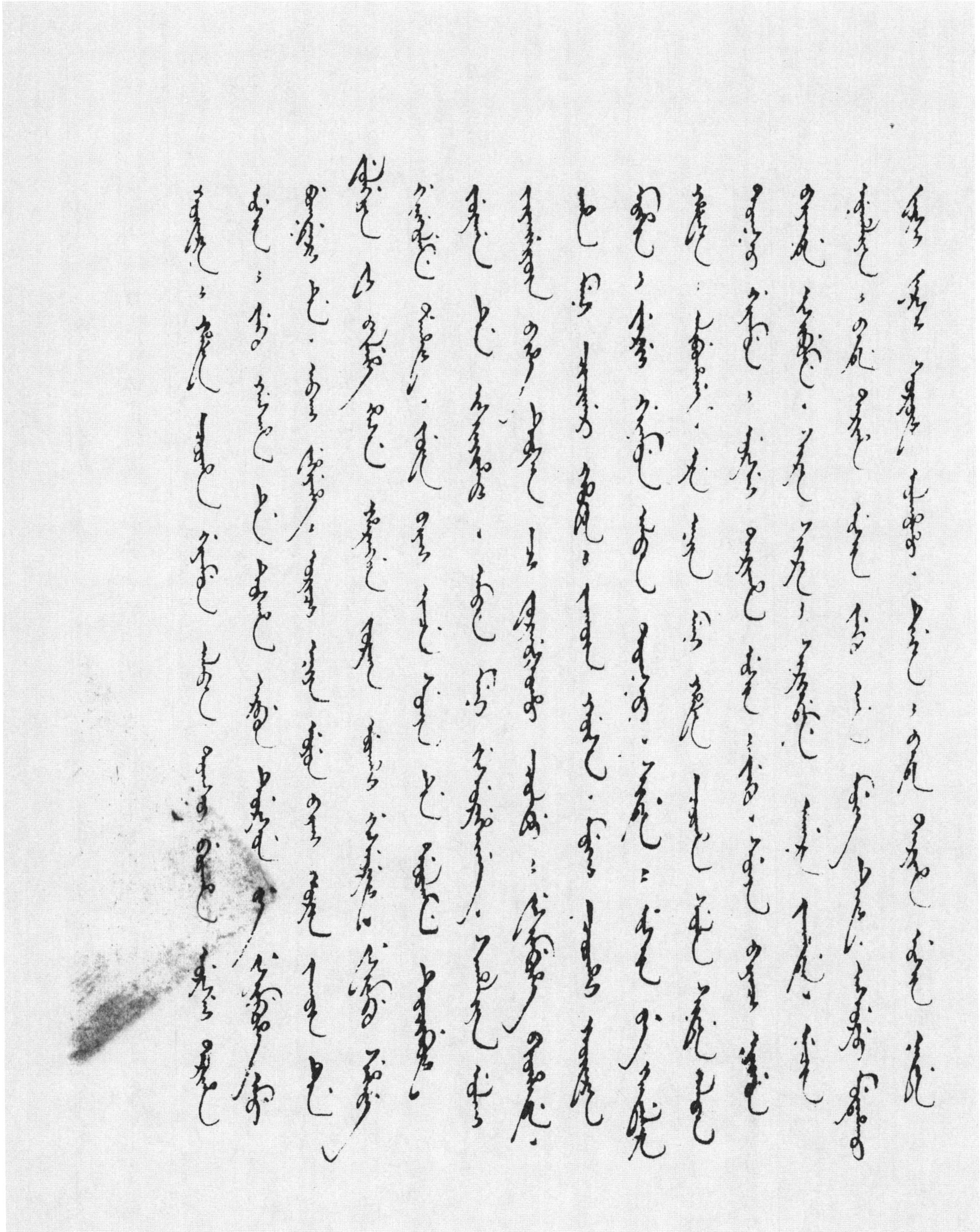

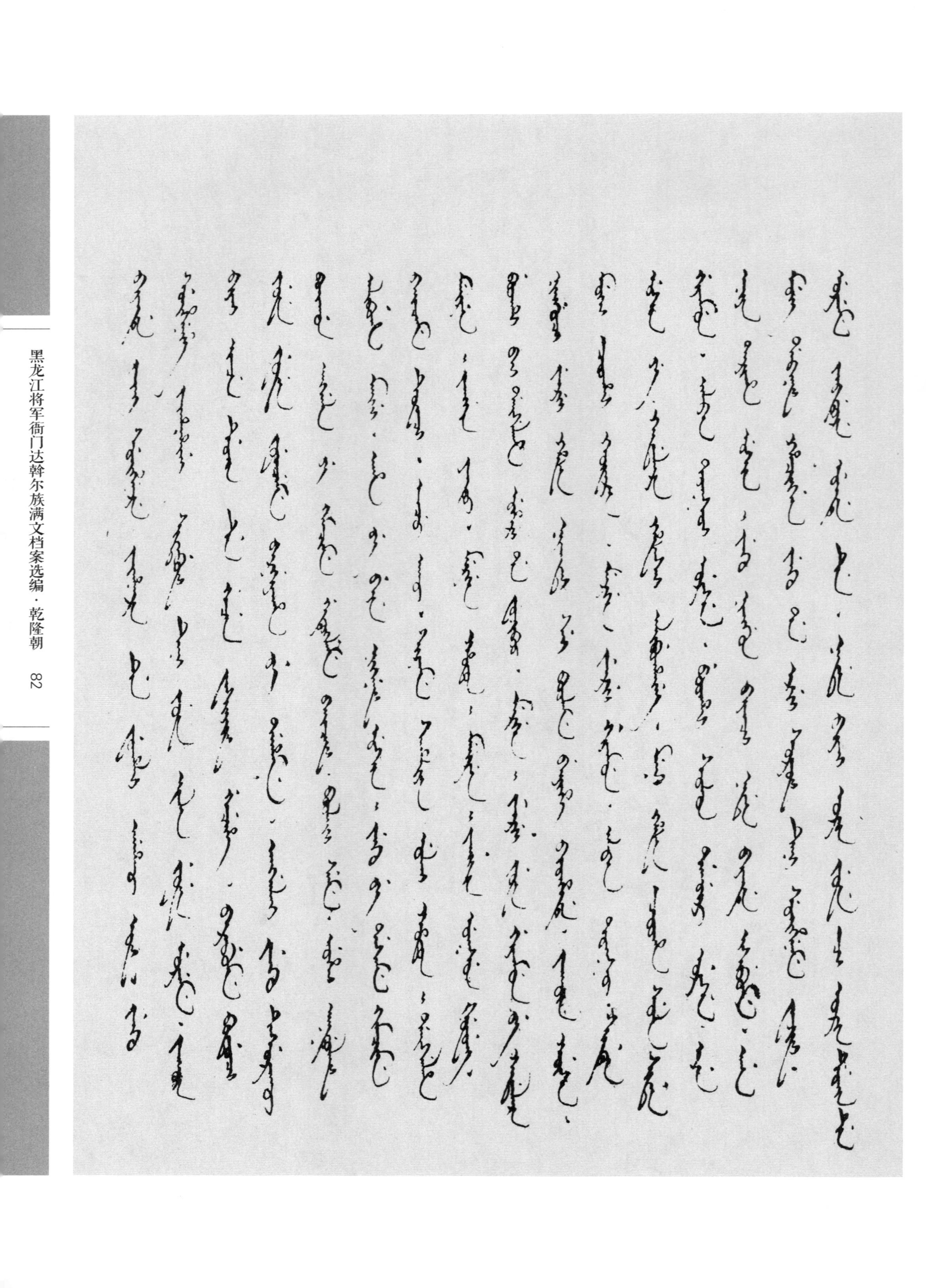

[illegible]

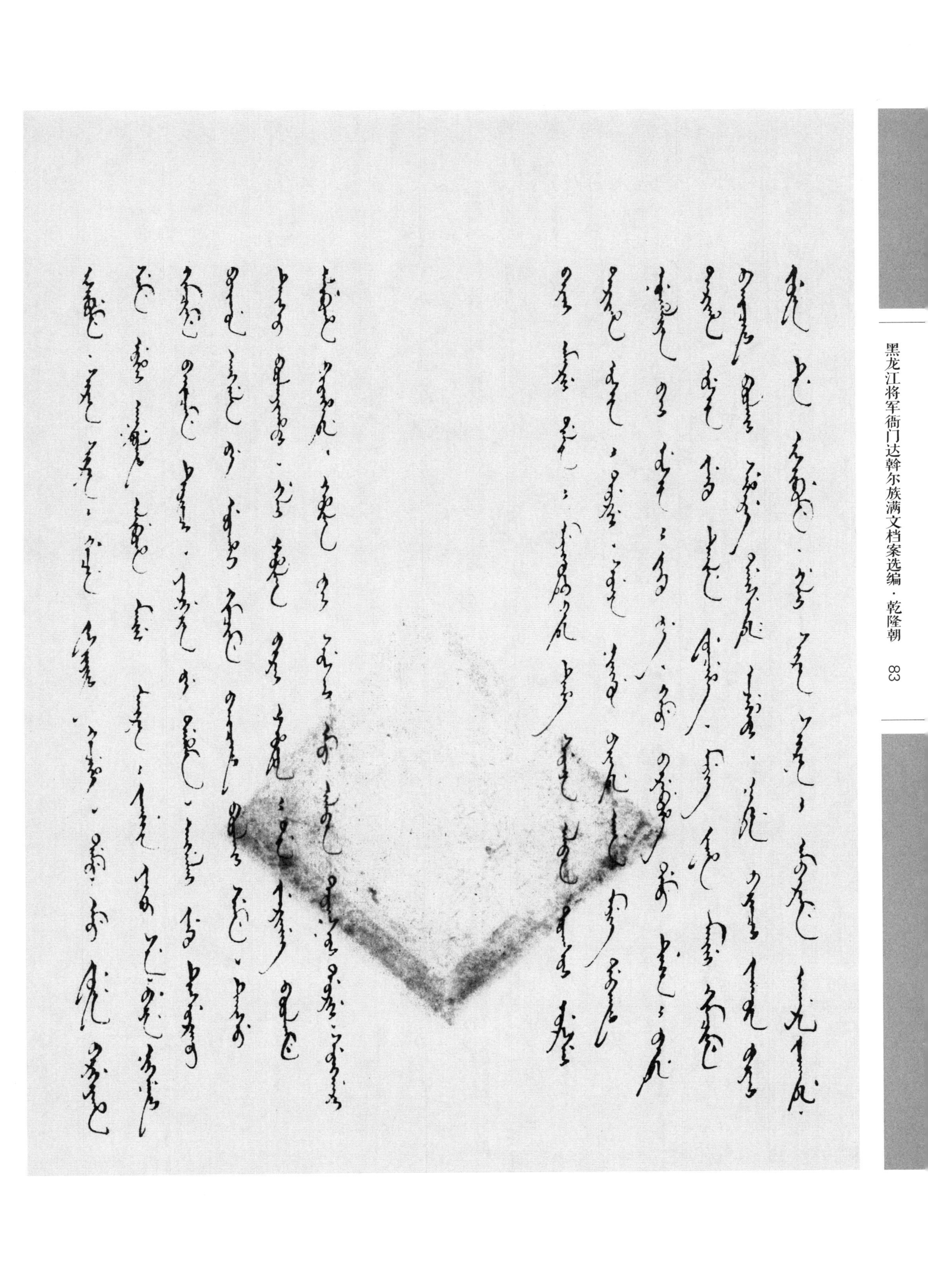

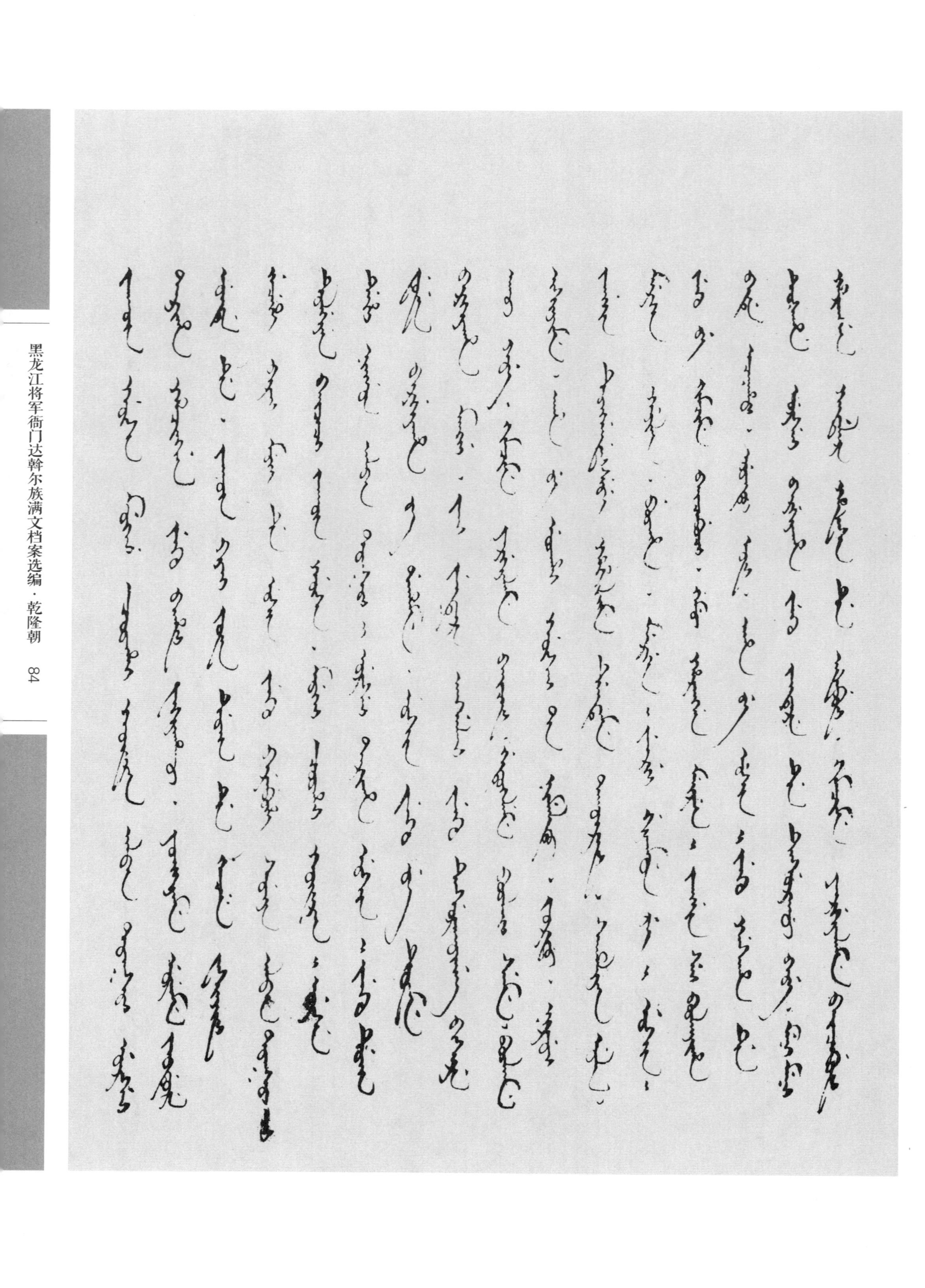

[illegible]

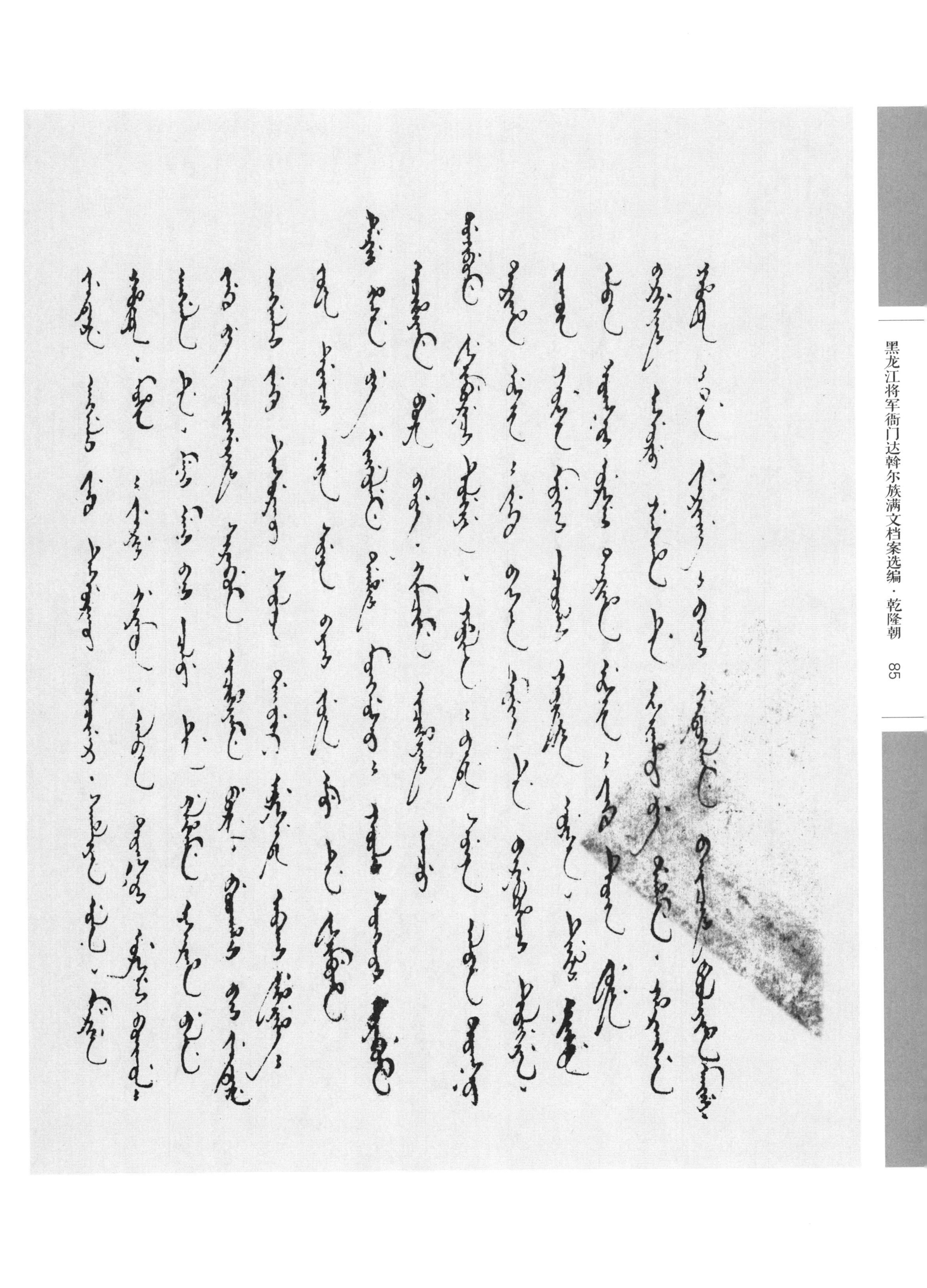

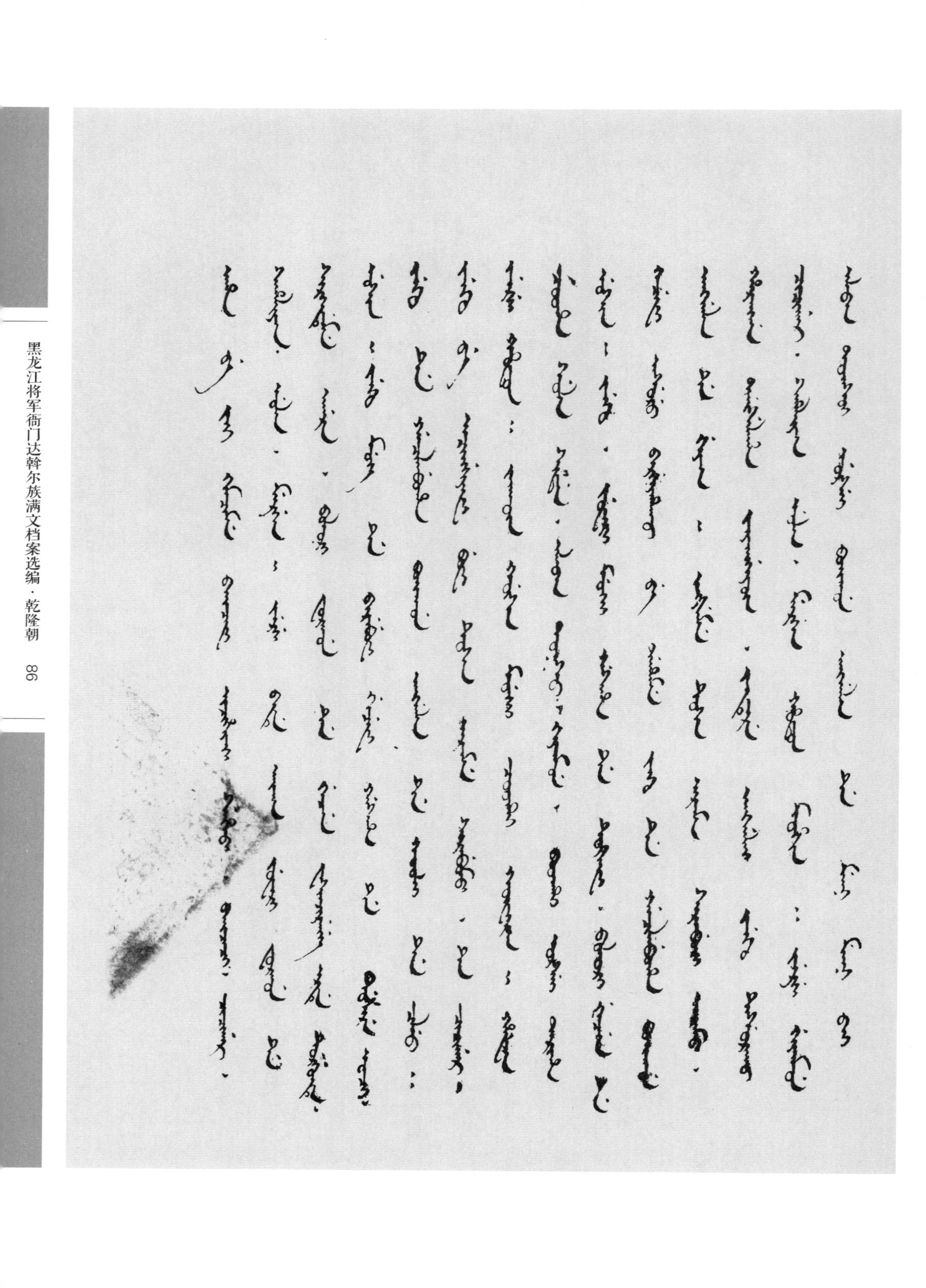

[illegible]

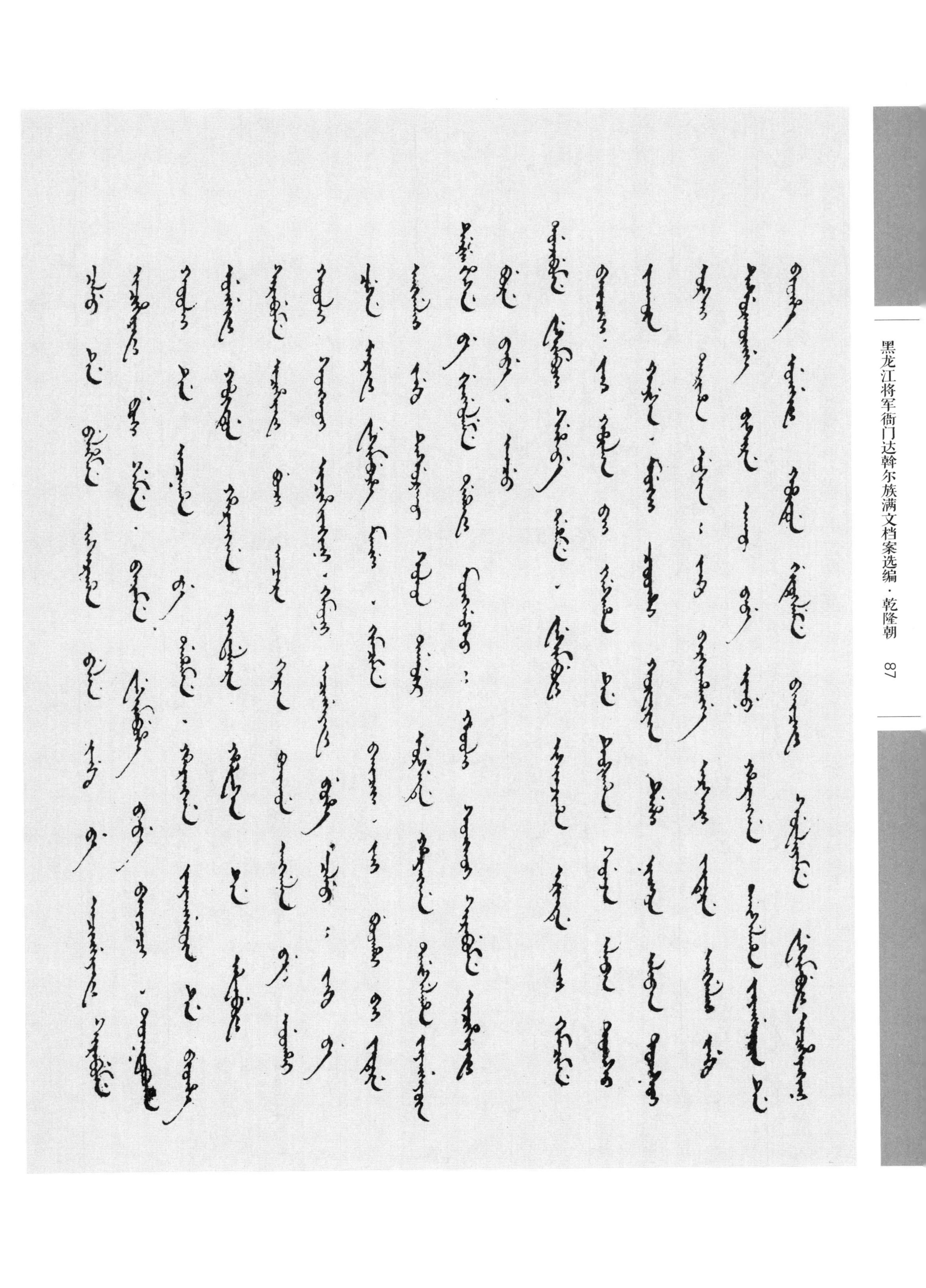

[illegible]

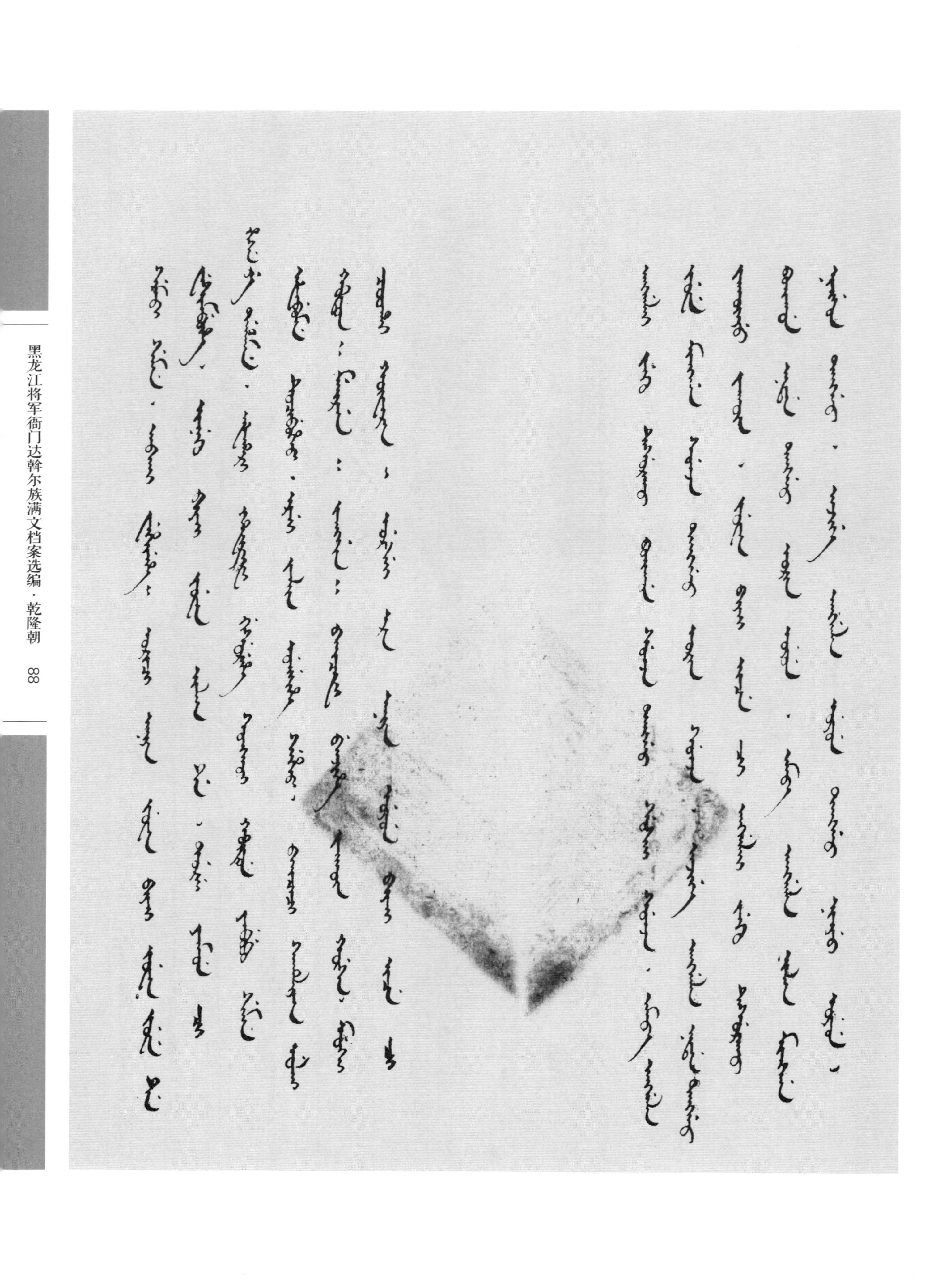

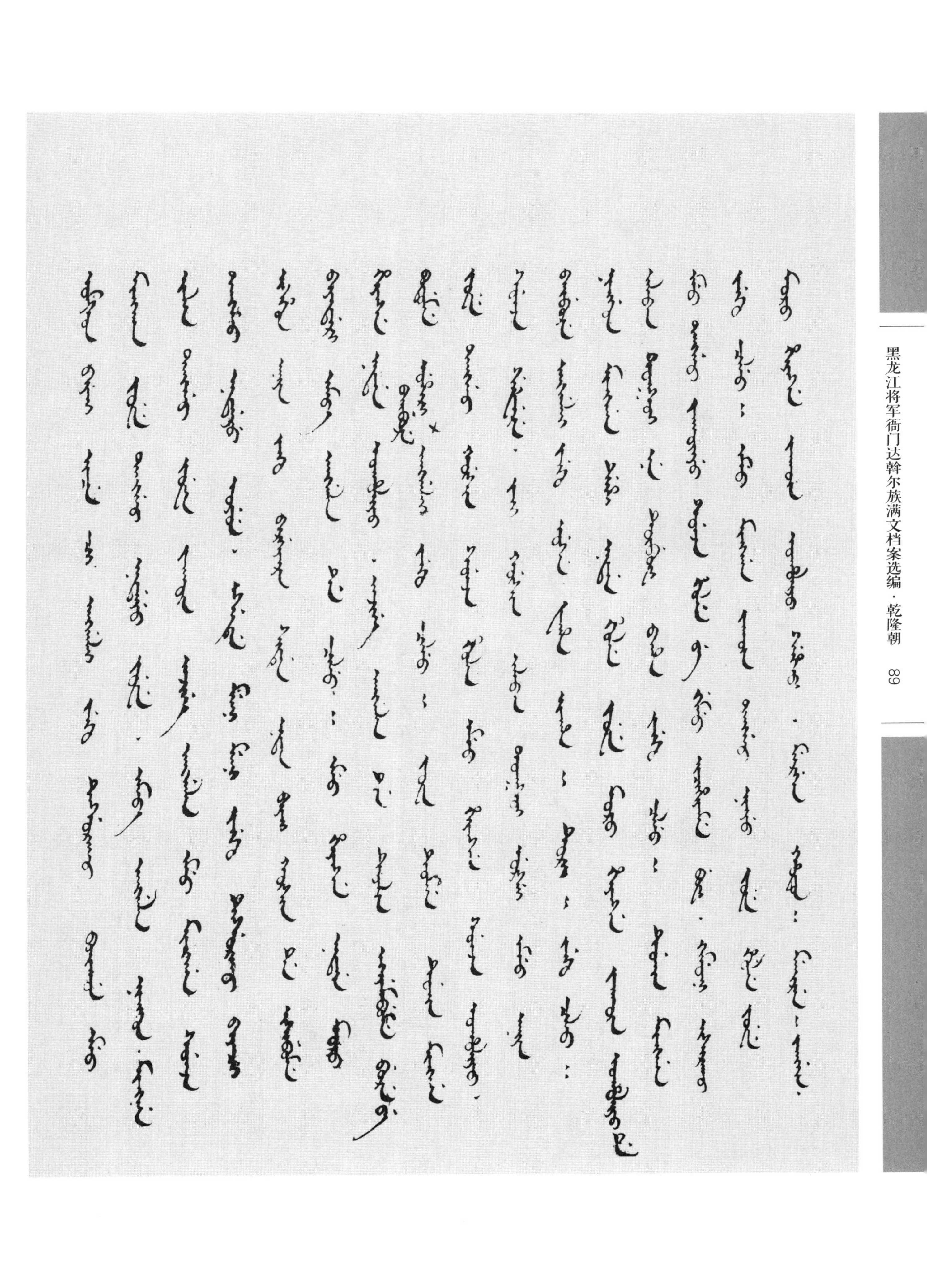

[illegible]

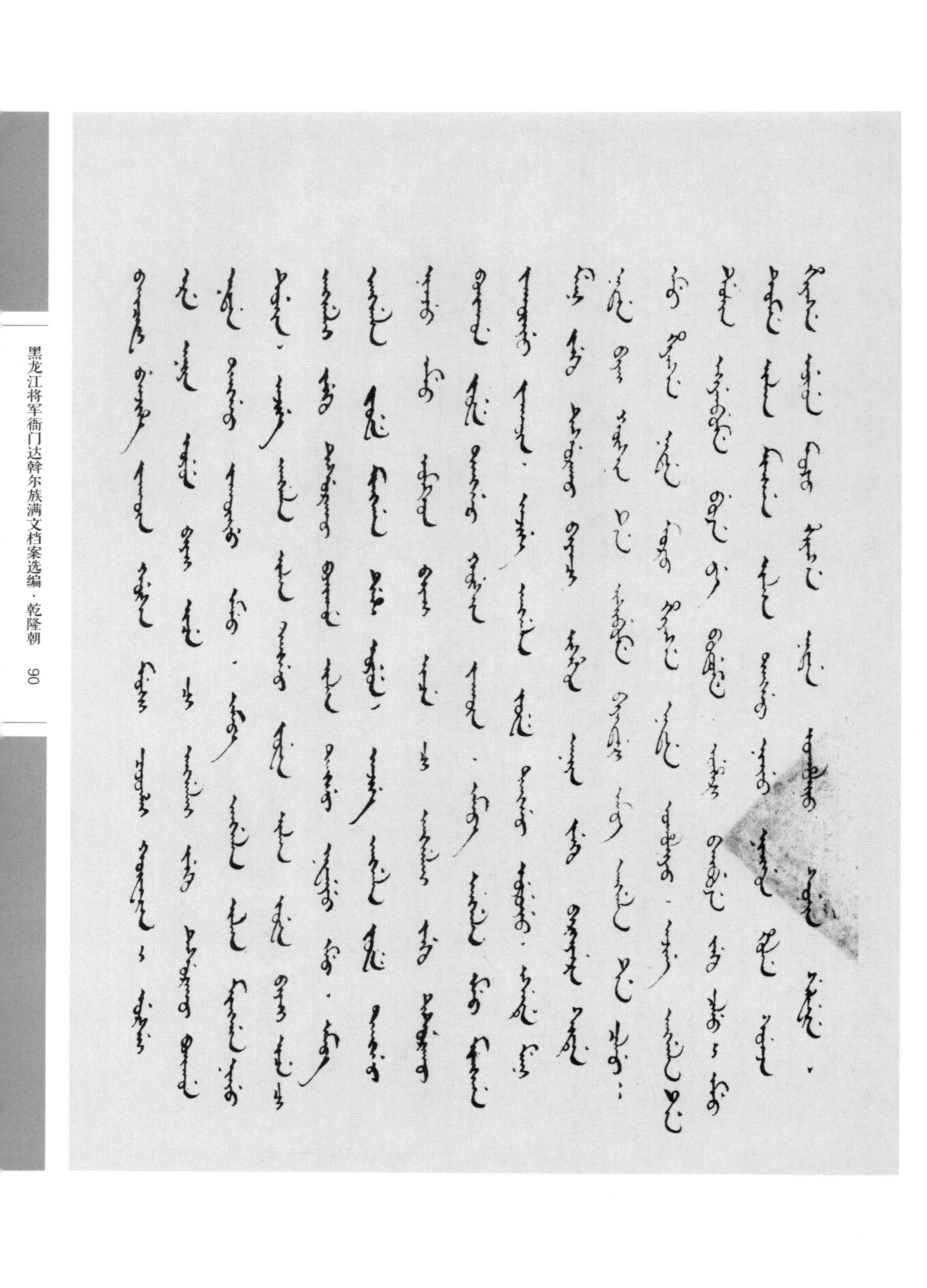

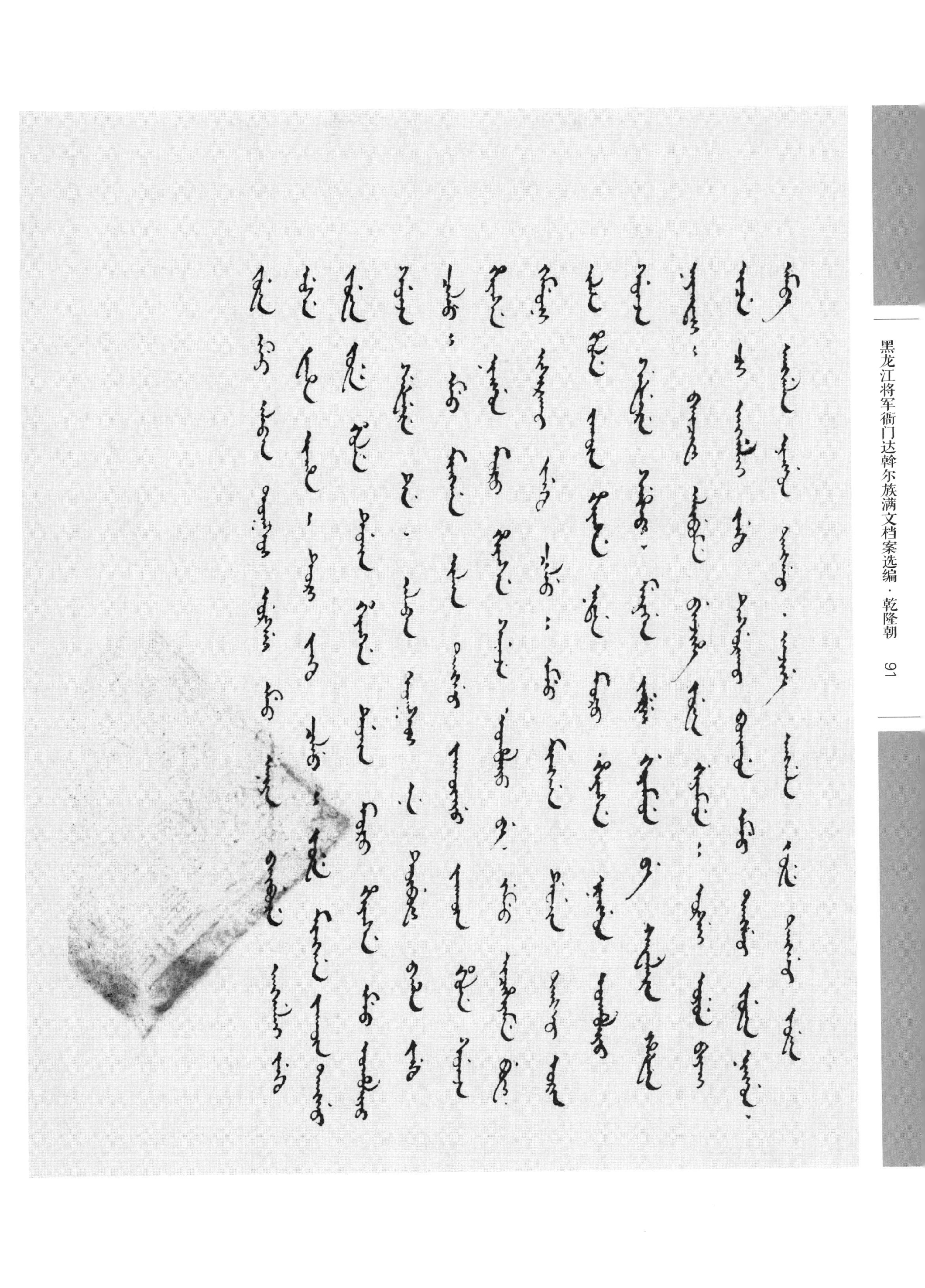

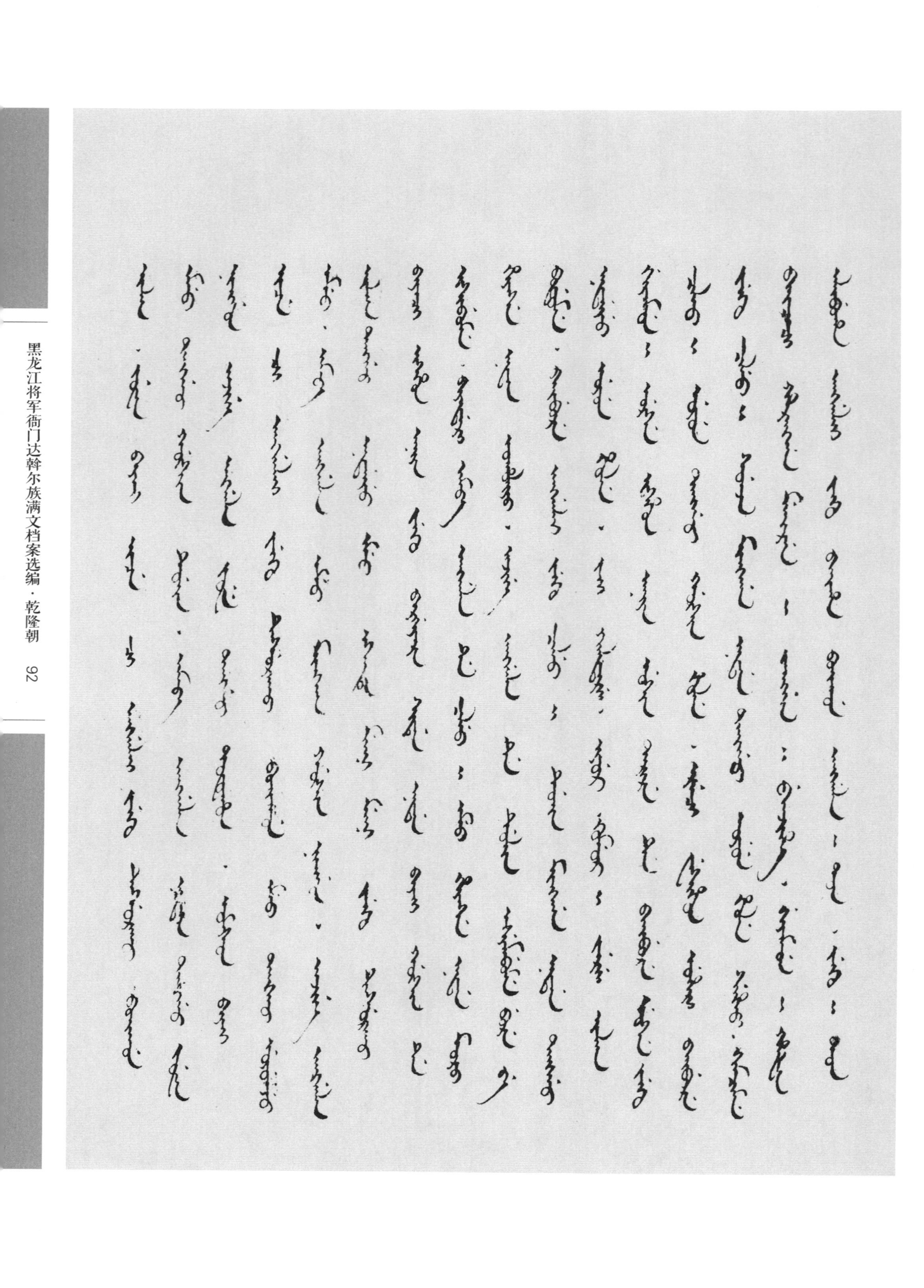

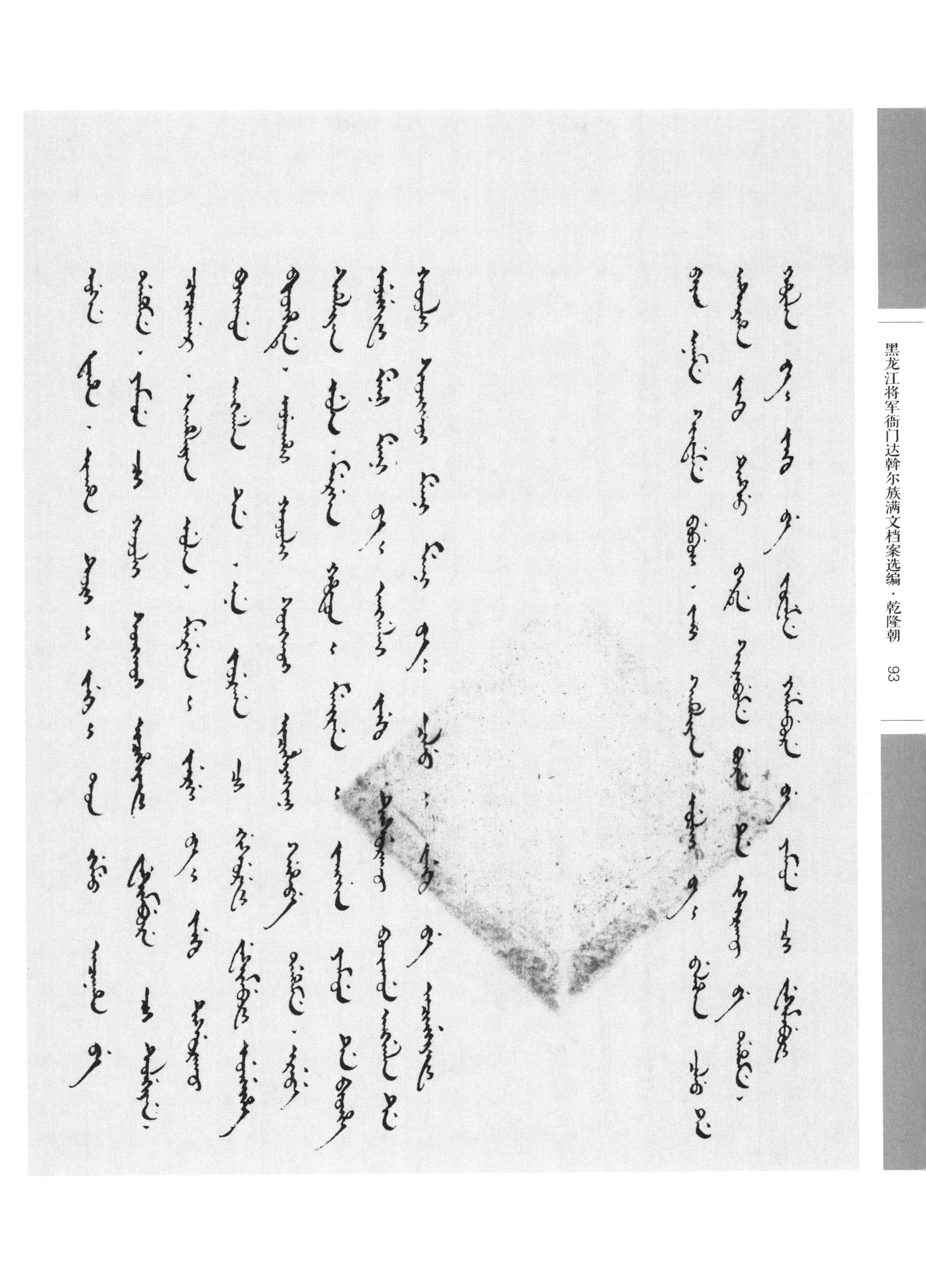

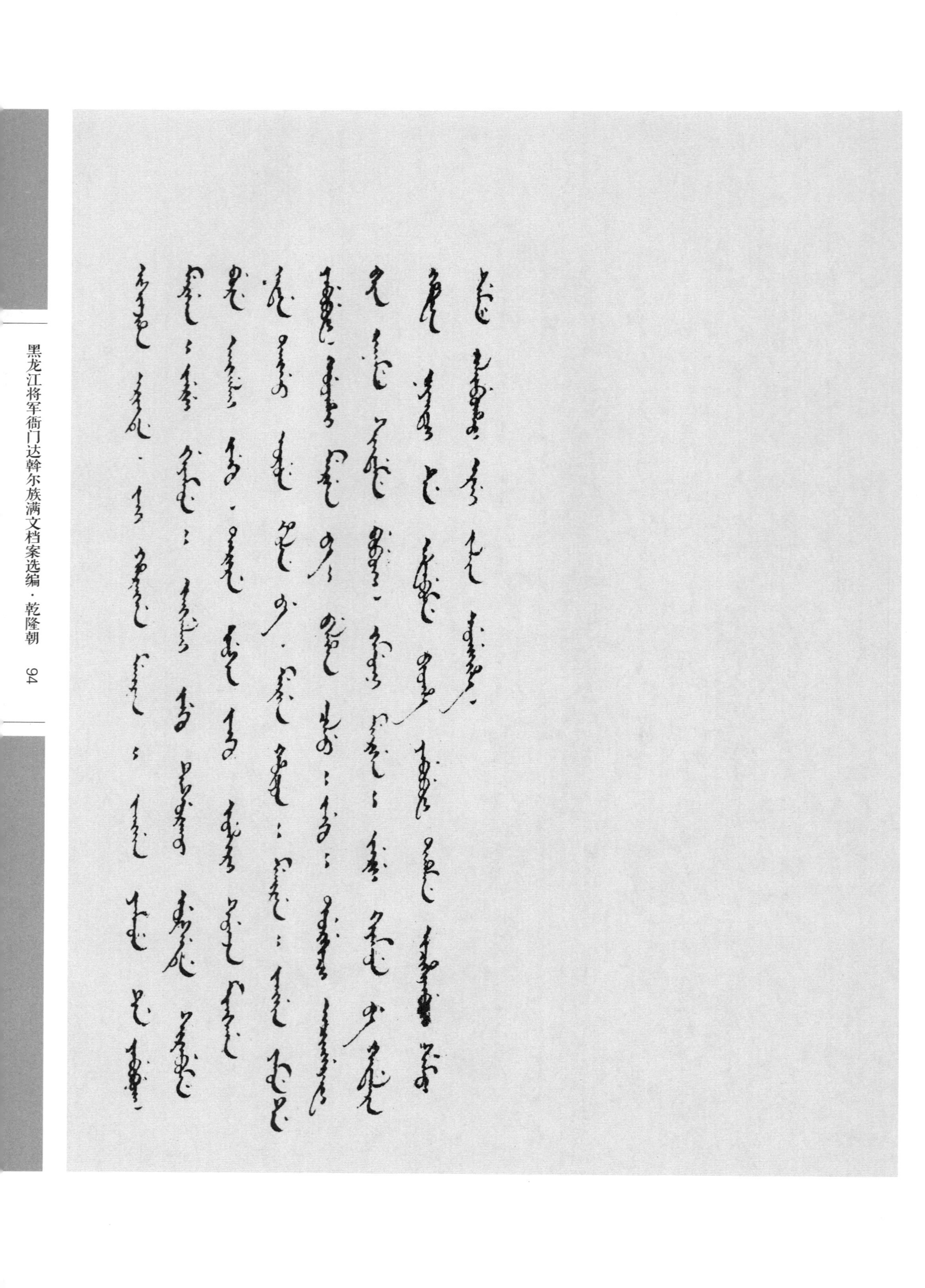

八四五　署黑龙江将军印务荆州将军绰尔多题布特哈索伦达斡尔禾苗受灾请照蒙古人例酌情赈济本

乾隆二十年十一月初八日

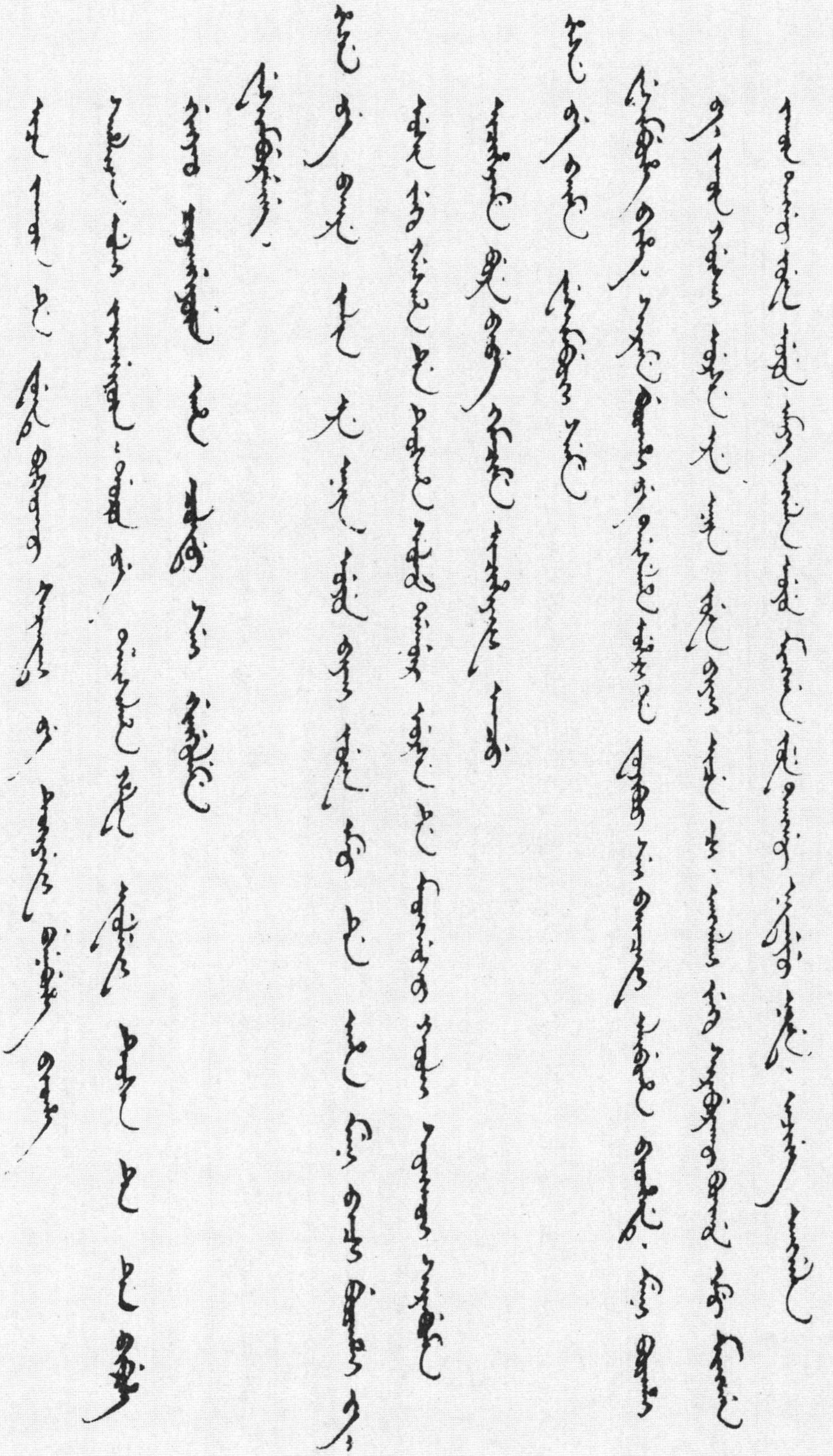

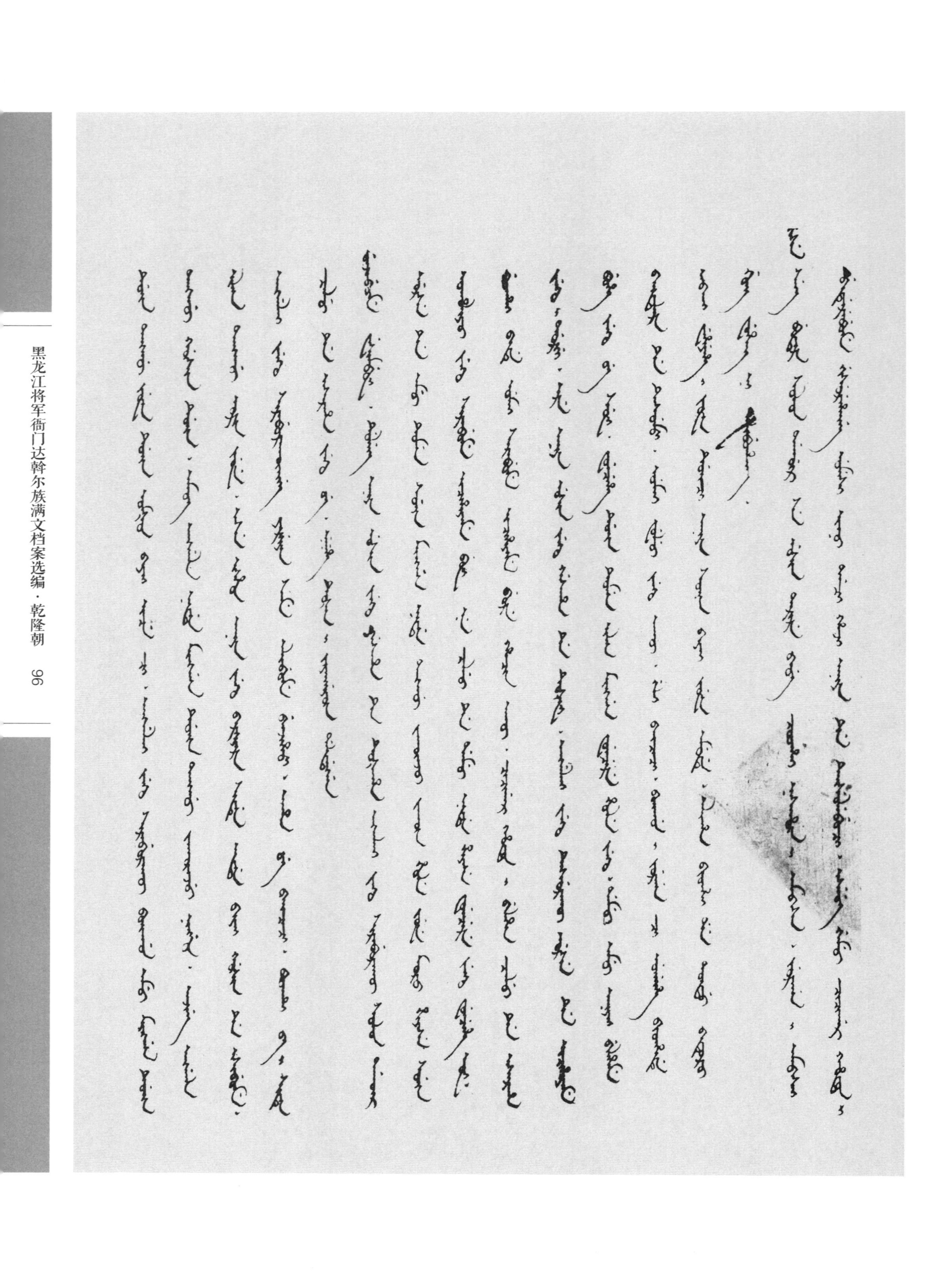

[illegible]

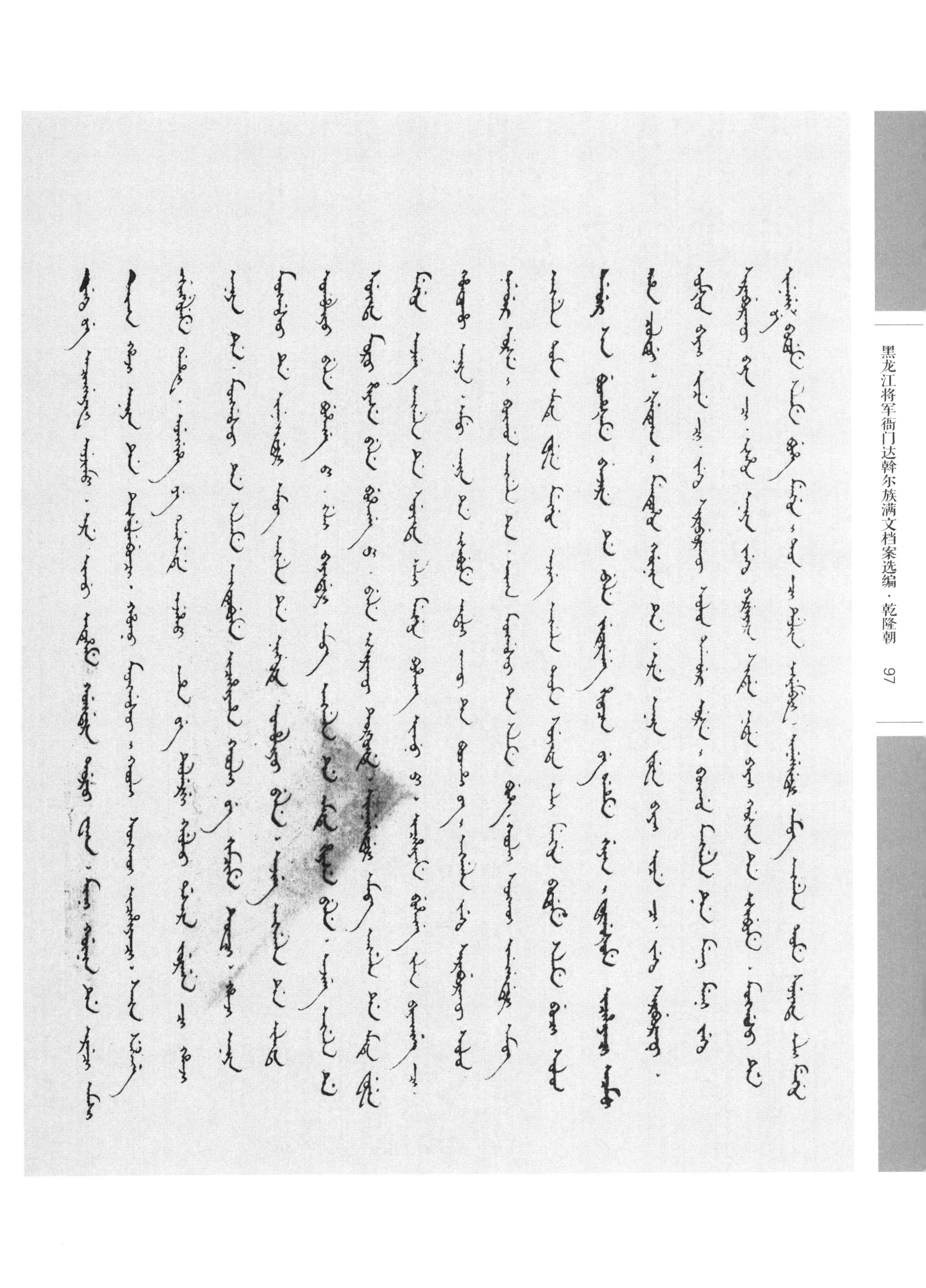

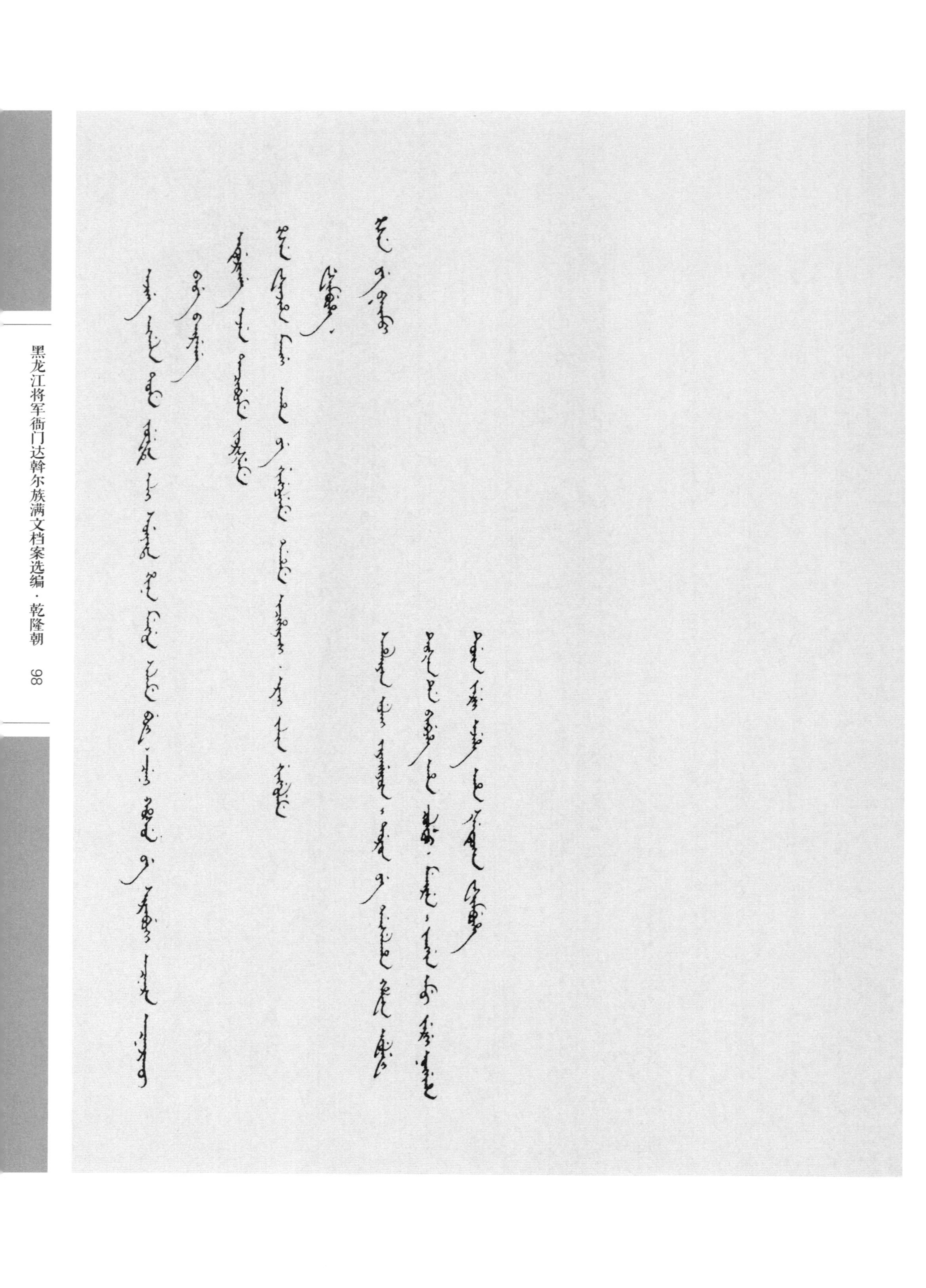

[illegible]

[illegible]

[illegible]

[illegible]

[illegible]

[illegible]

[illegible]

[illegible]

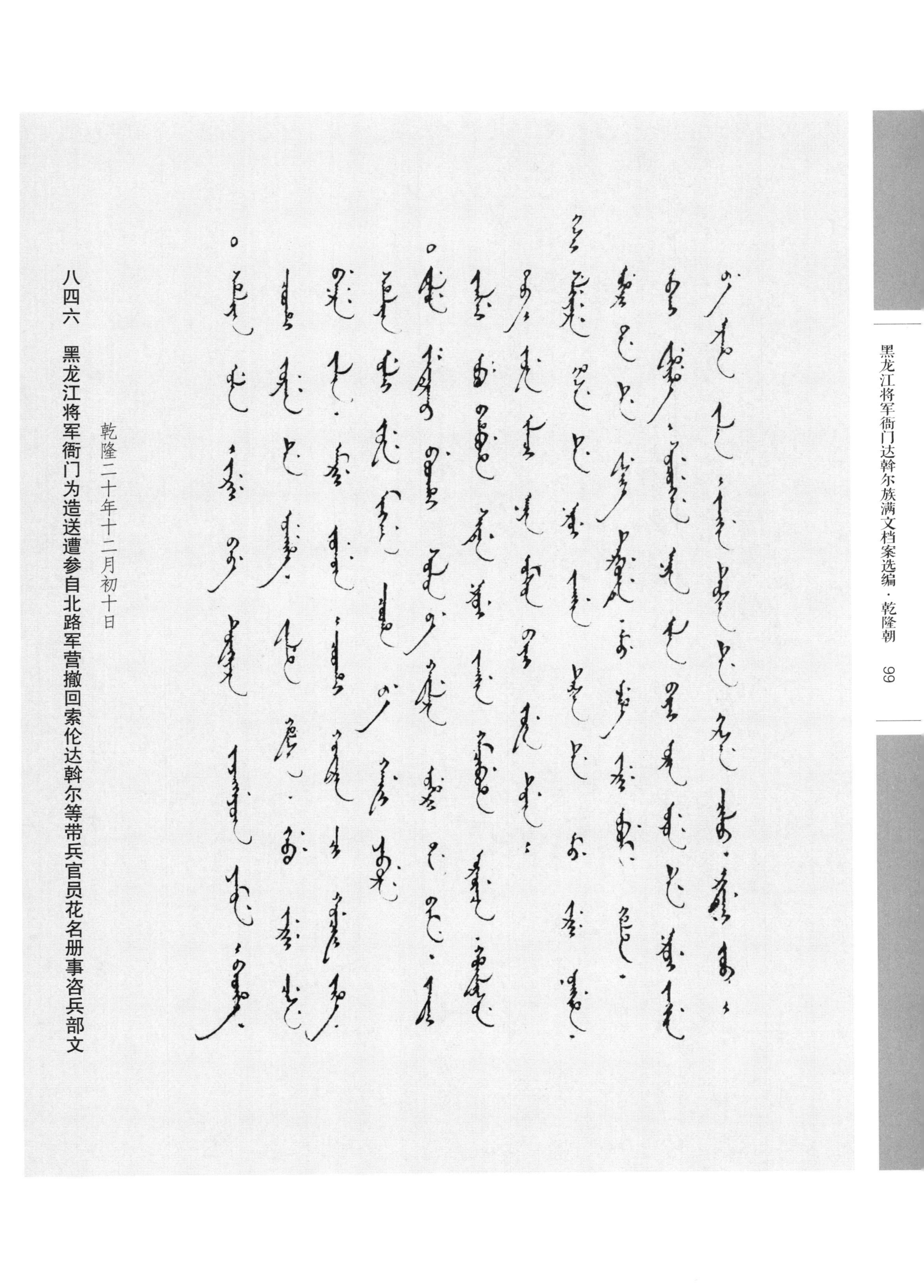

八四六 黑龙江将军衙门为造送遭参自北路军营撤回索伦达斡尔等带兵官员花名册事咨兵部文

乾隆二十年十二月初十日

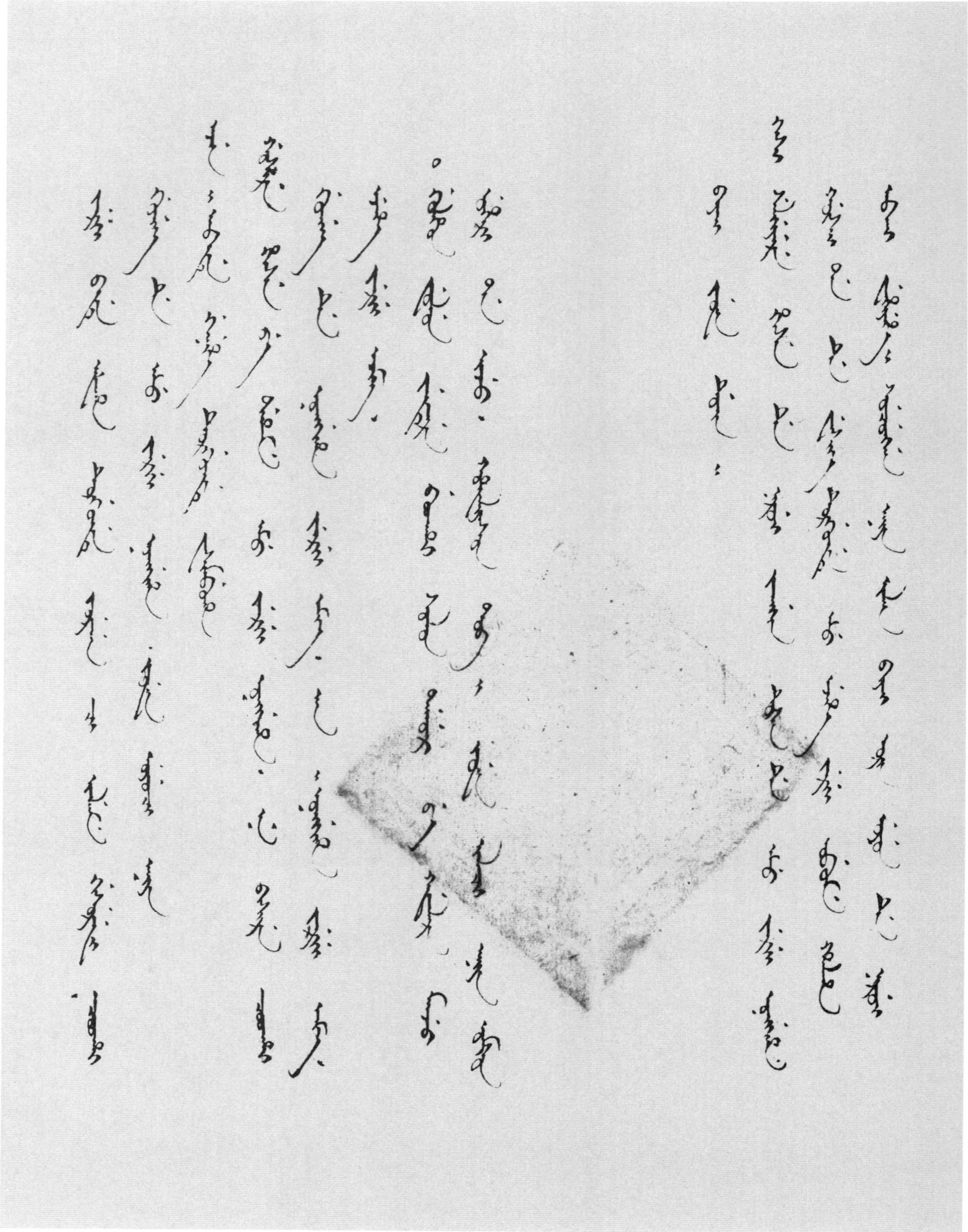

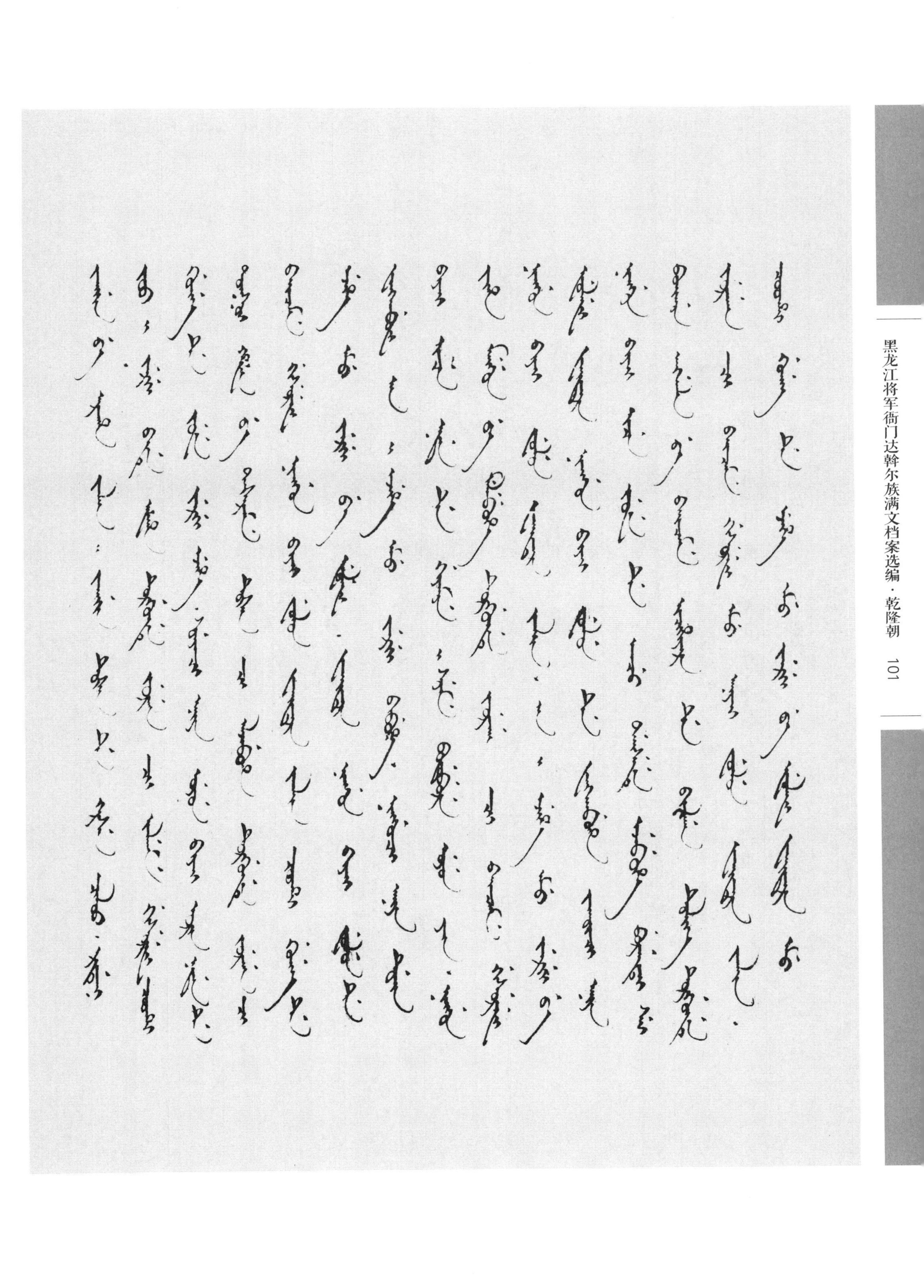

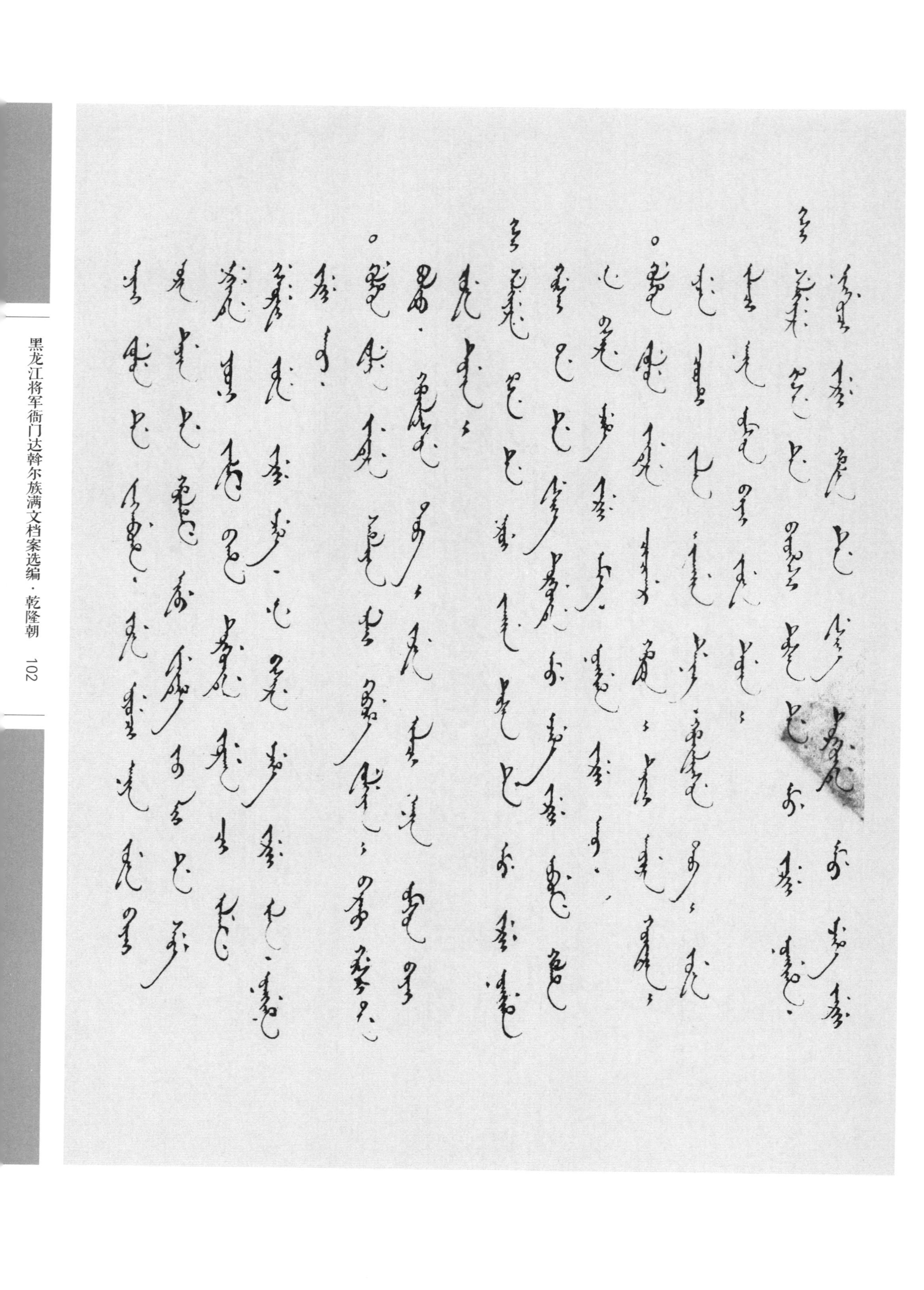

[illegible]

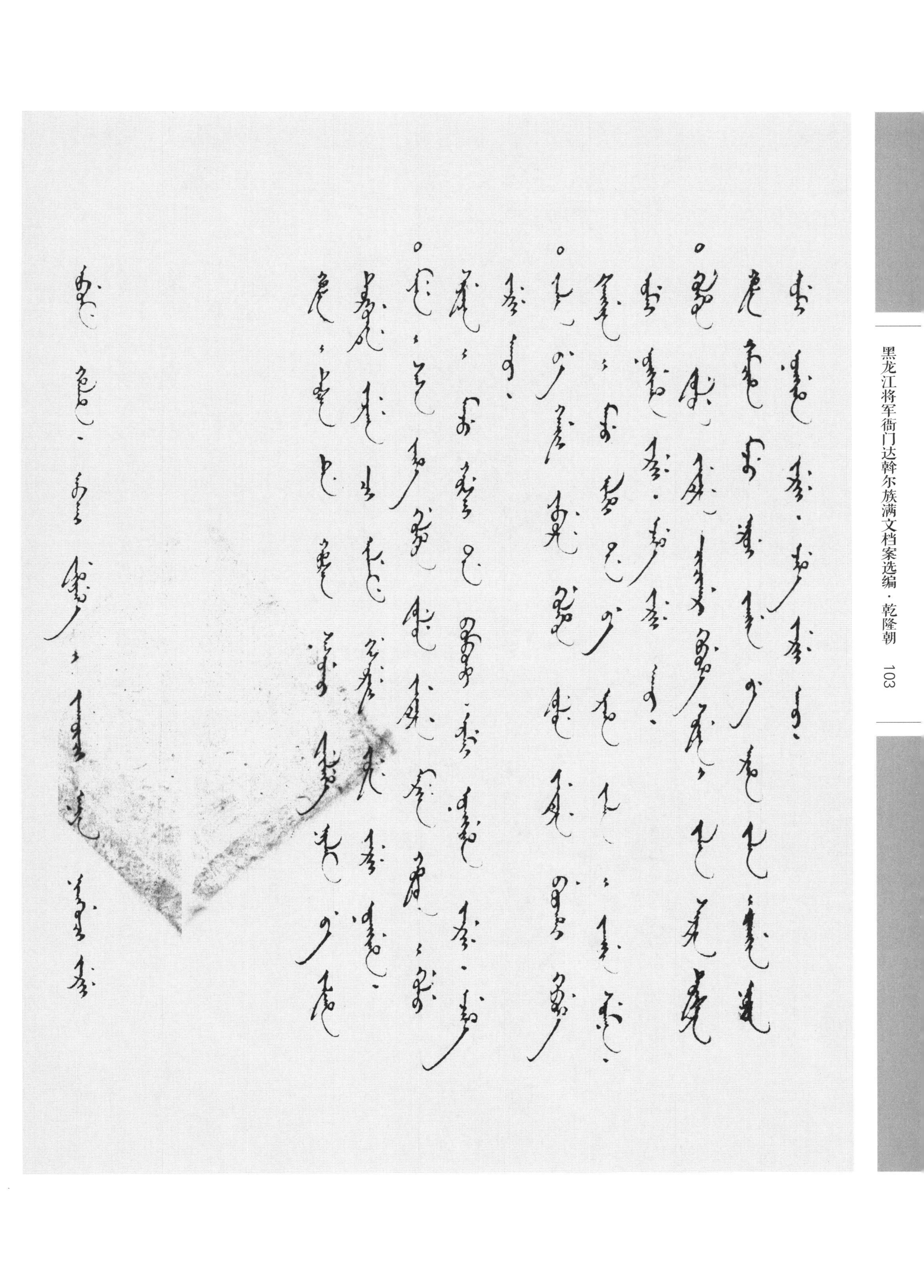

[illegible]

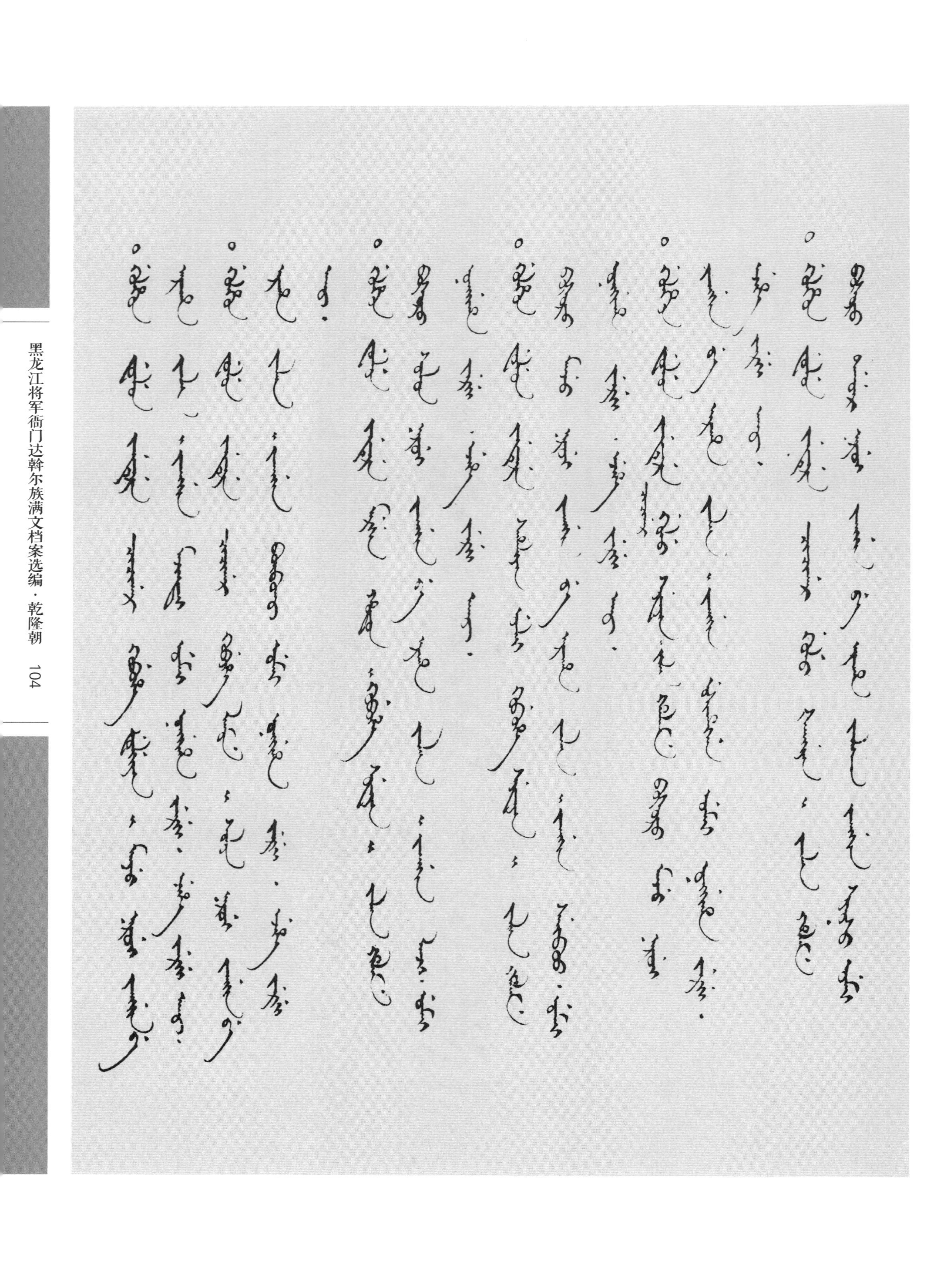

[illegible]

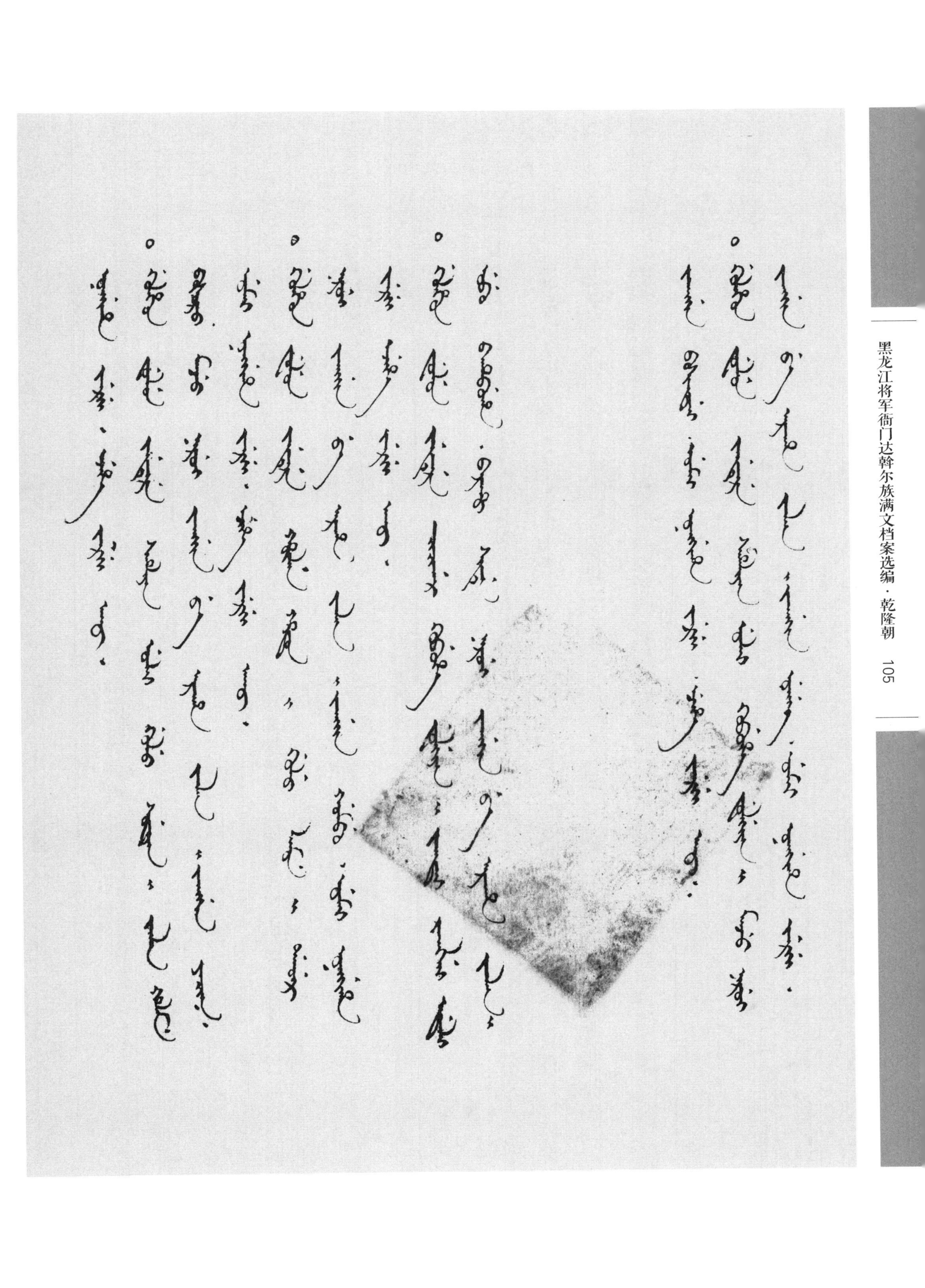

[illegible]

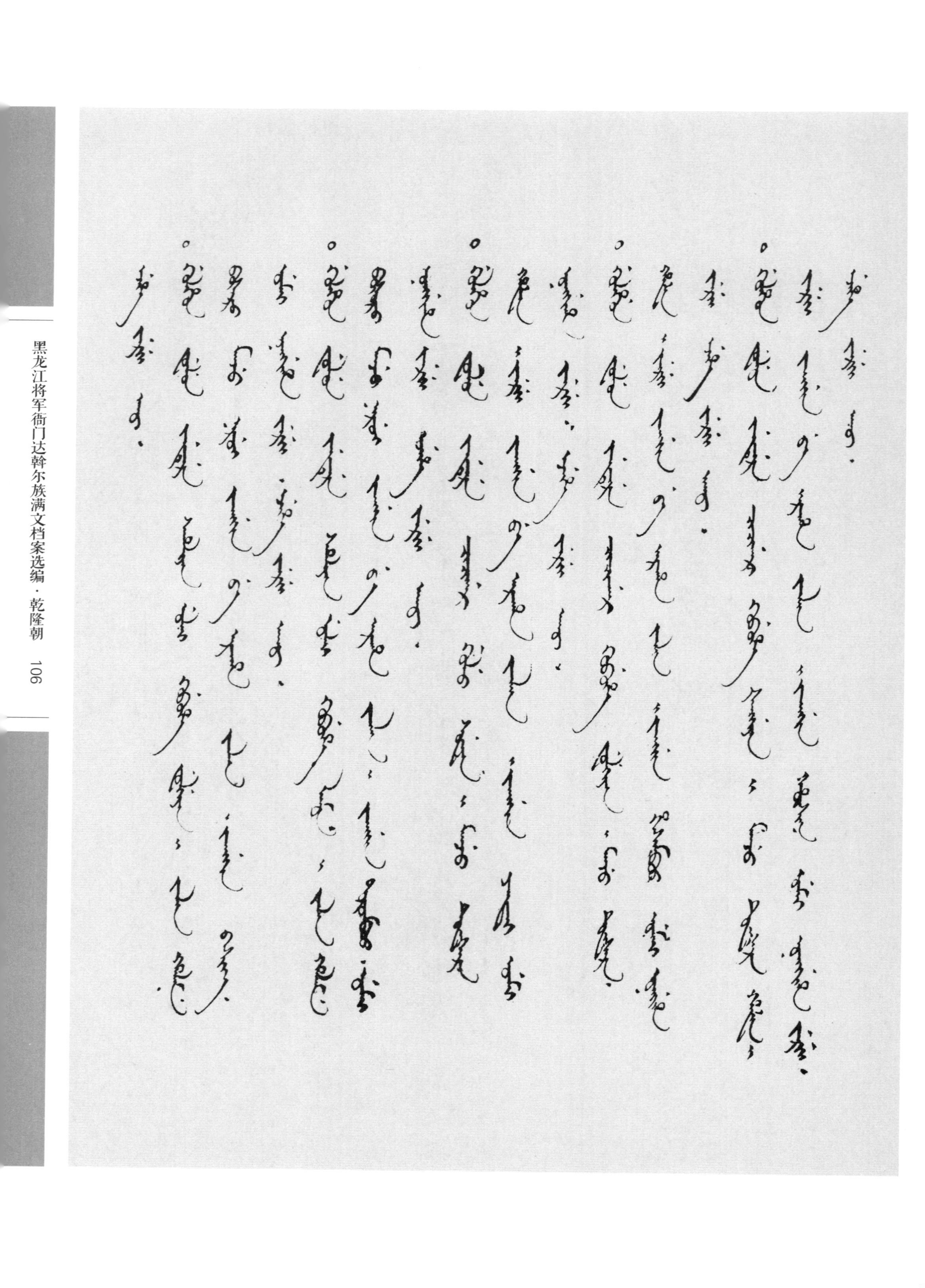

[illegible]

[illegible]

[illegible]

[illegible]

[illegible]

[illegible]

[illegible]

[illegible]

[illegible]

[illegible]

[illegible]

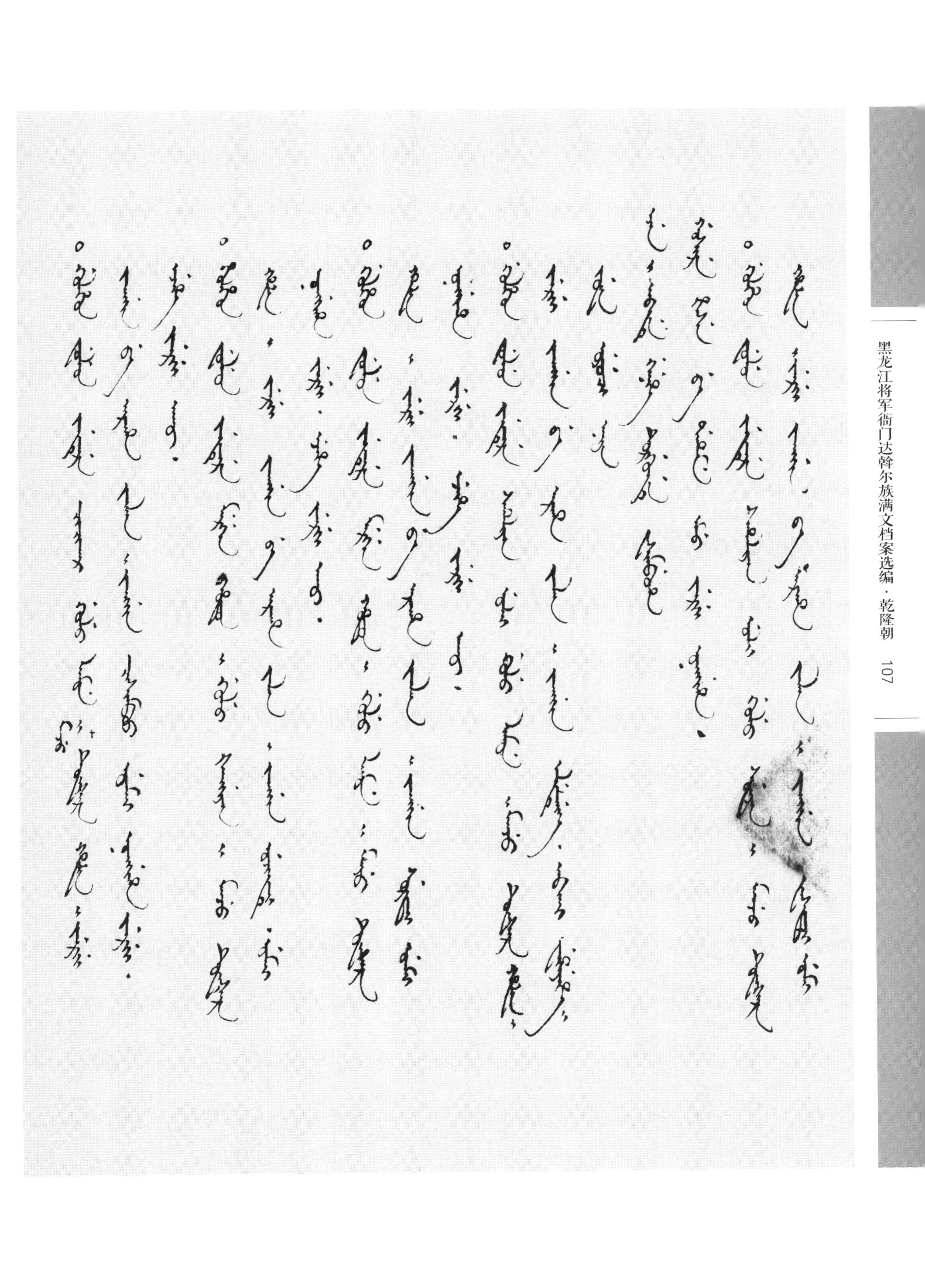

[illegible]

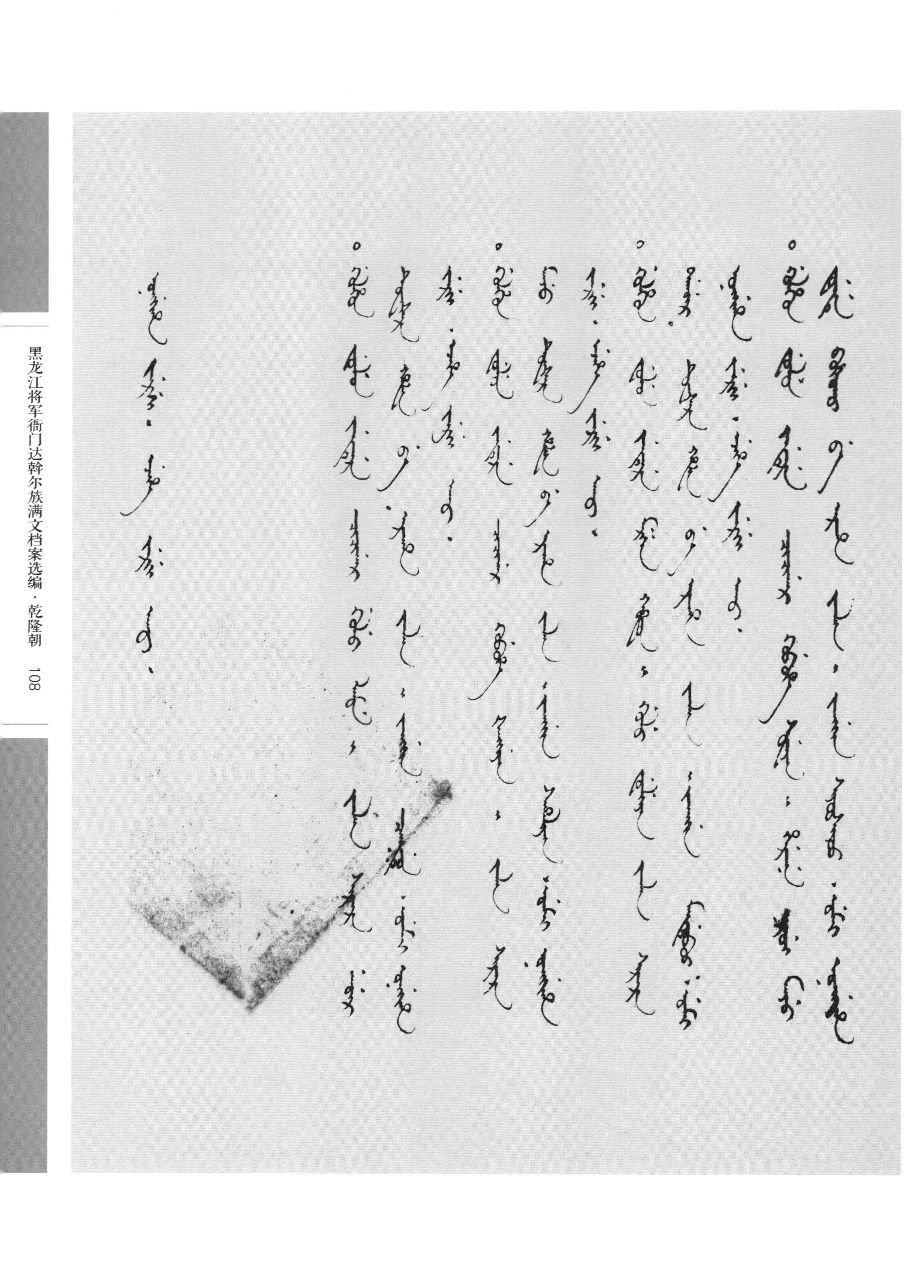

[illegible]

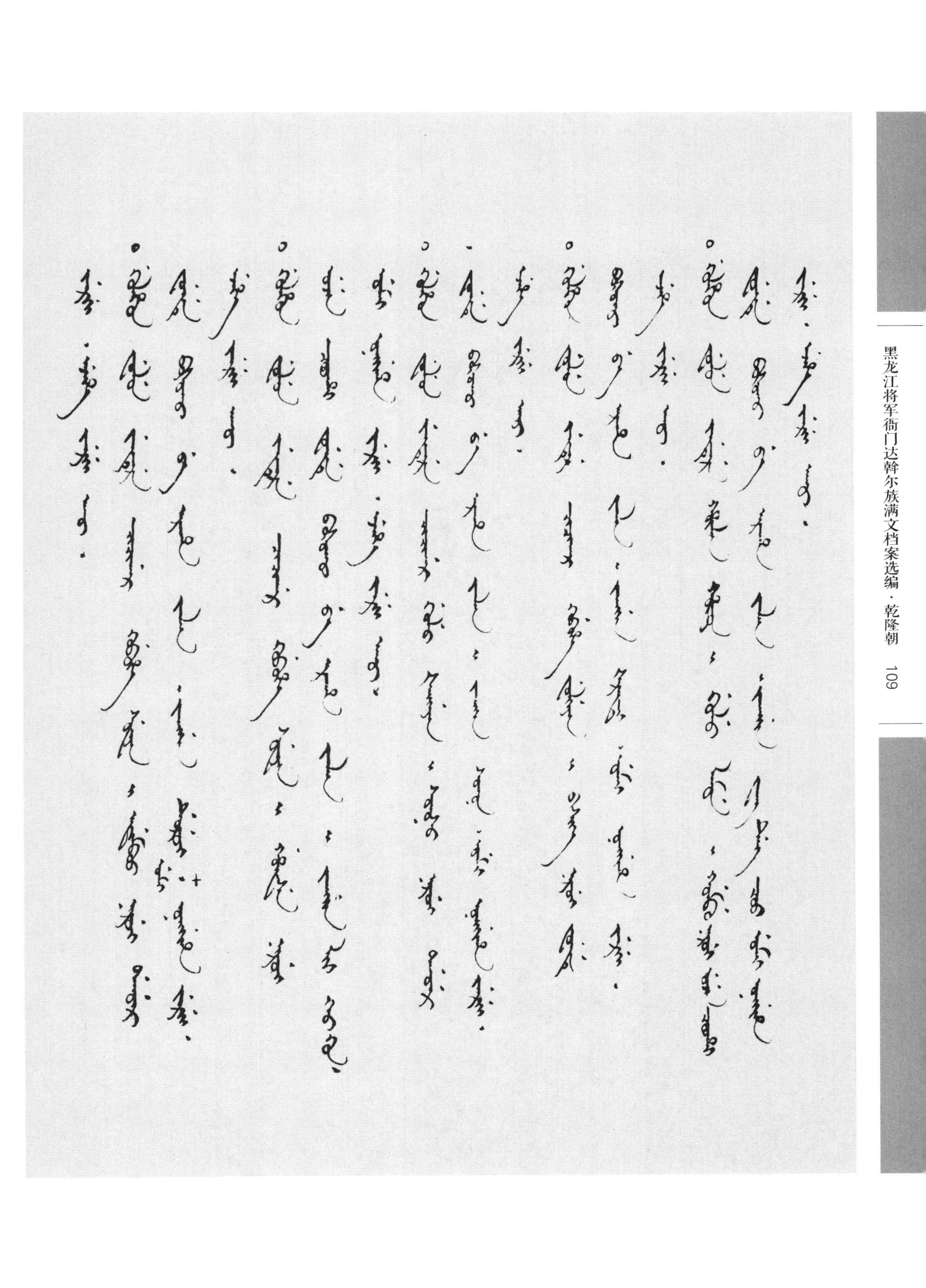

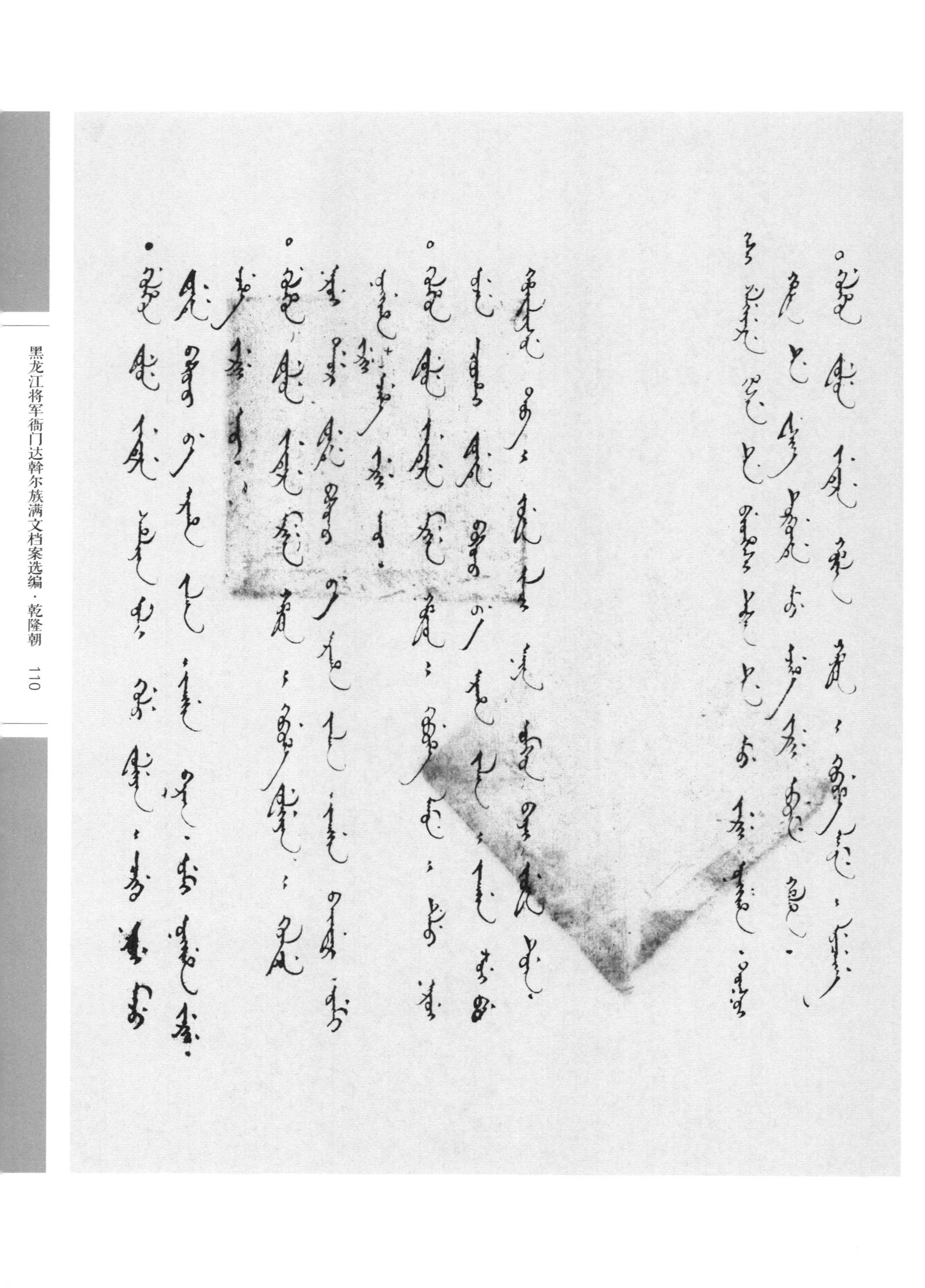

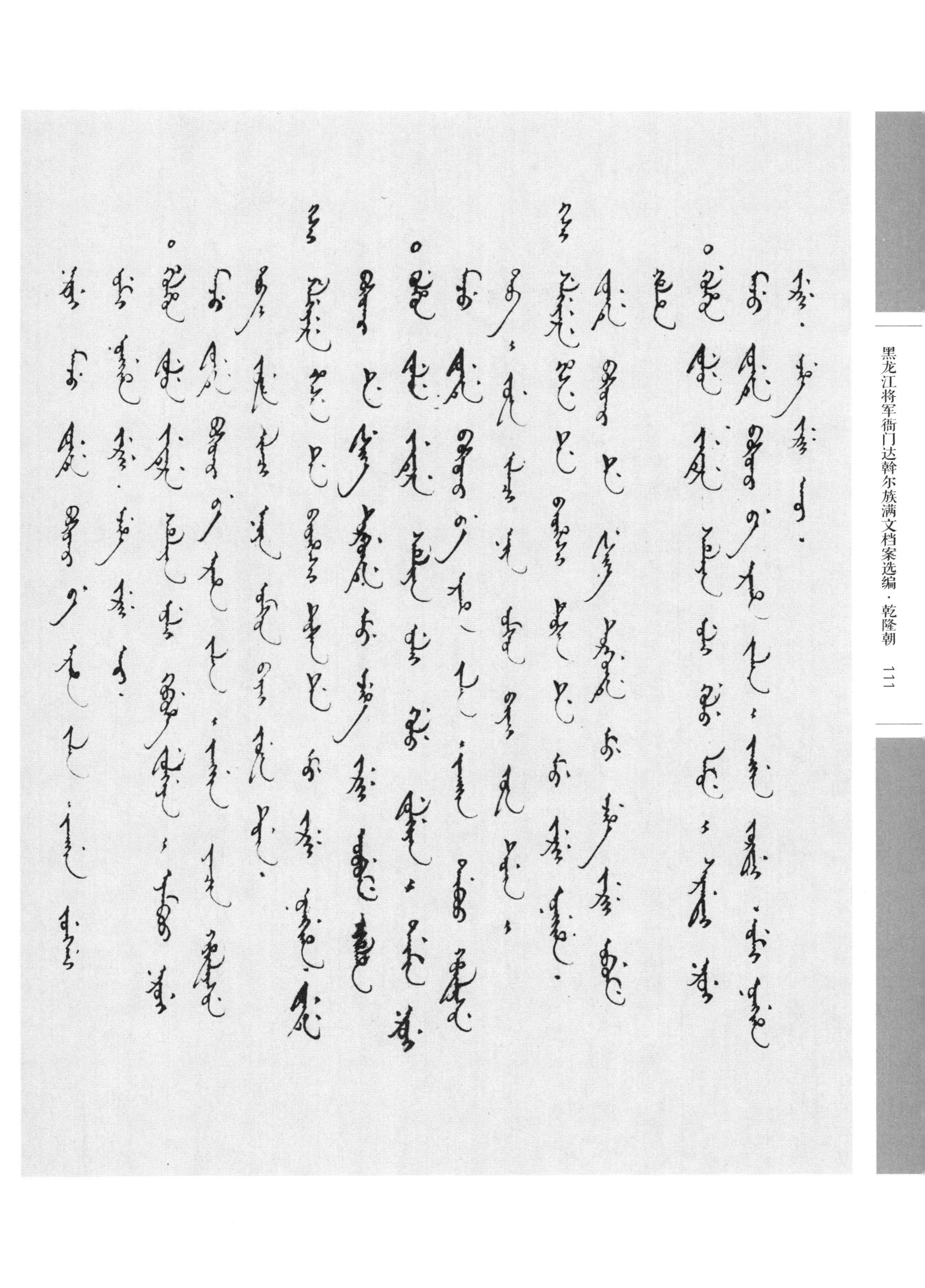

[illegible]

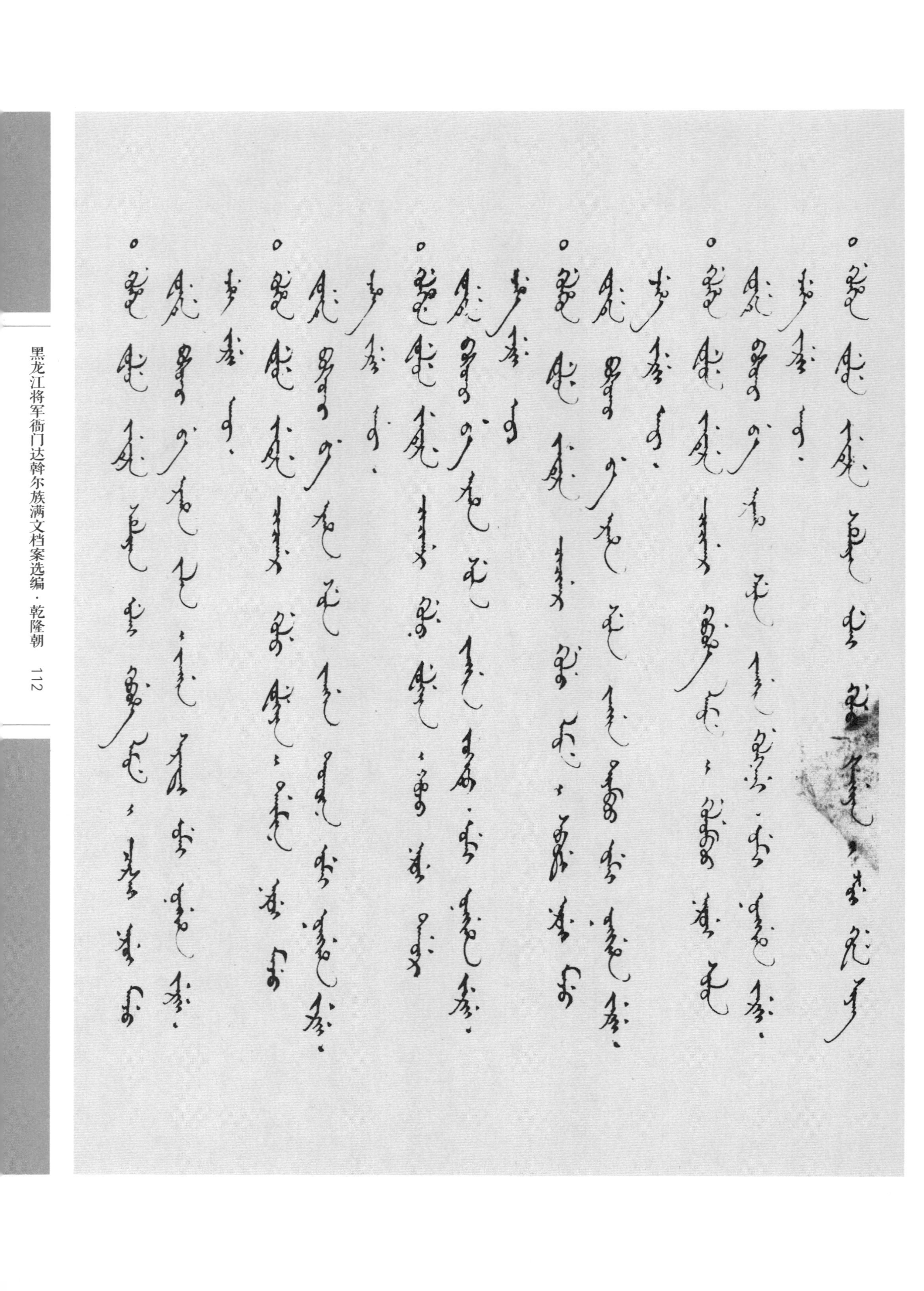

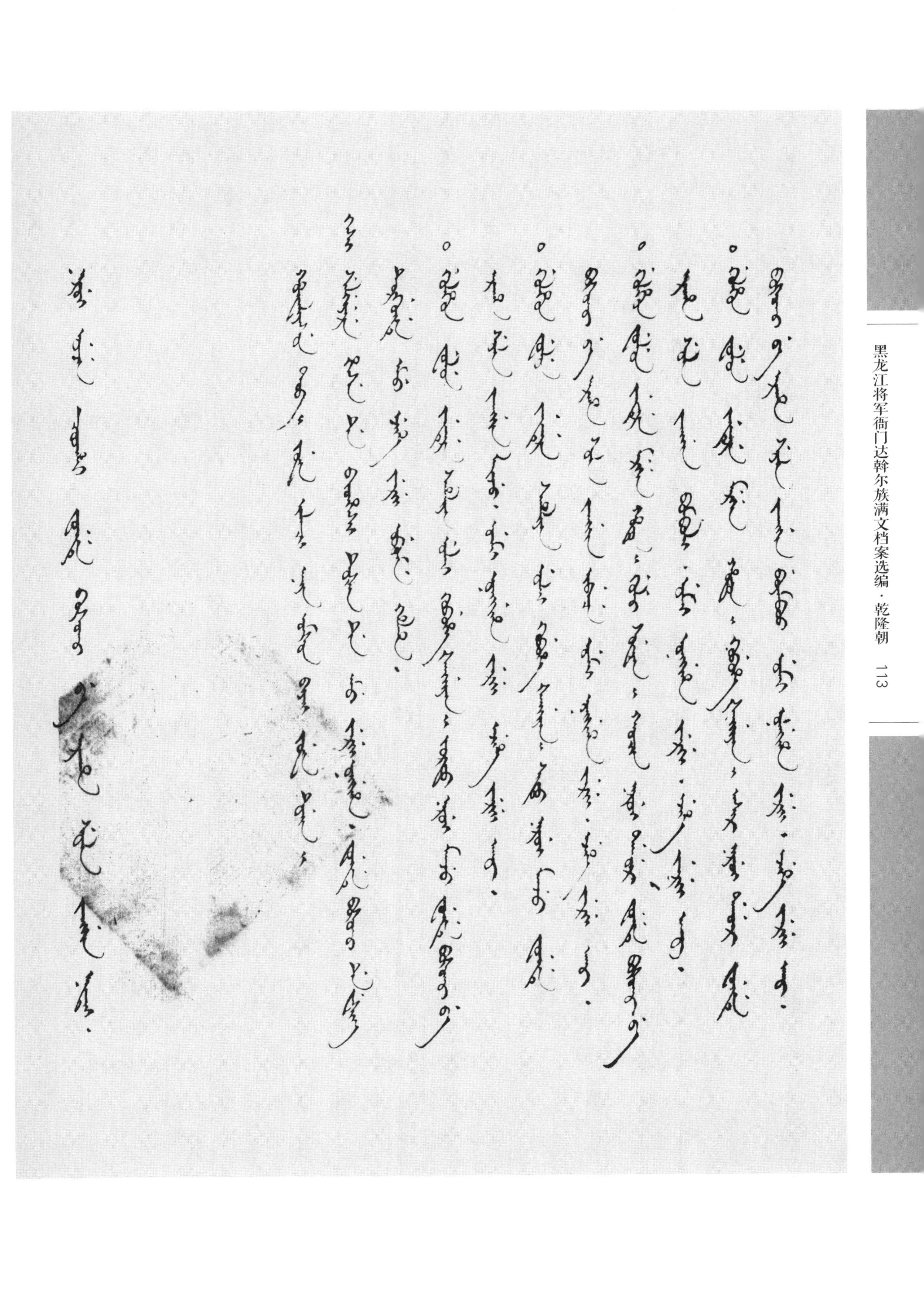

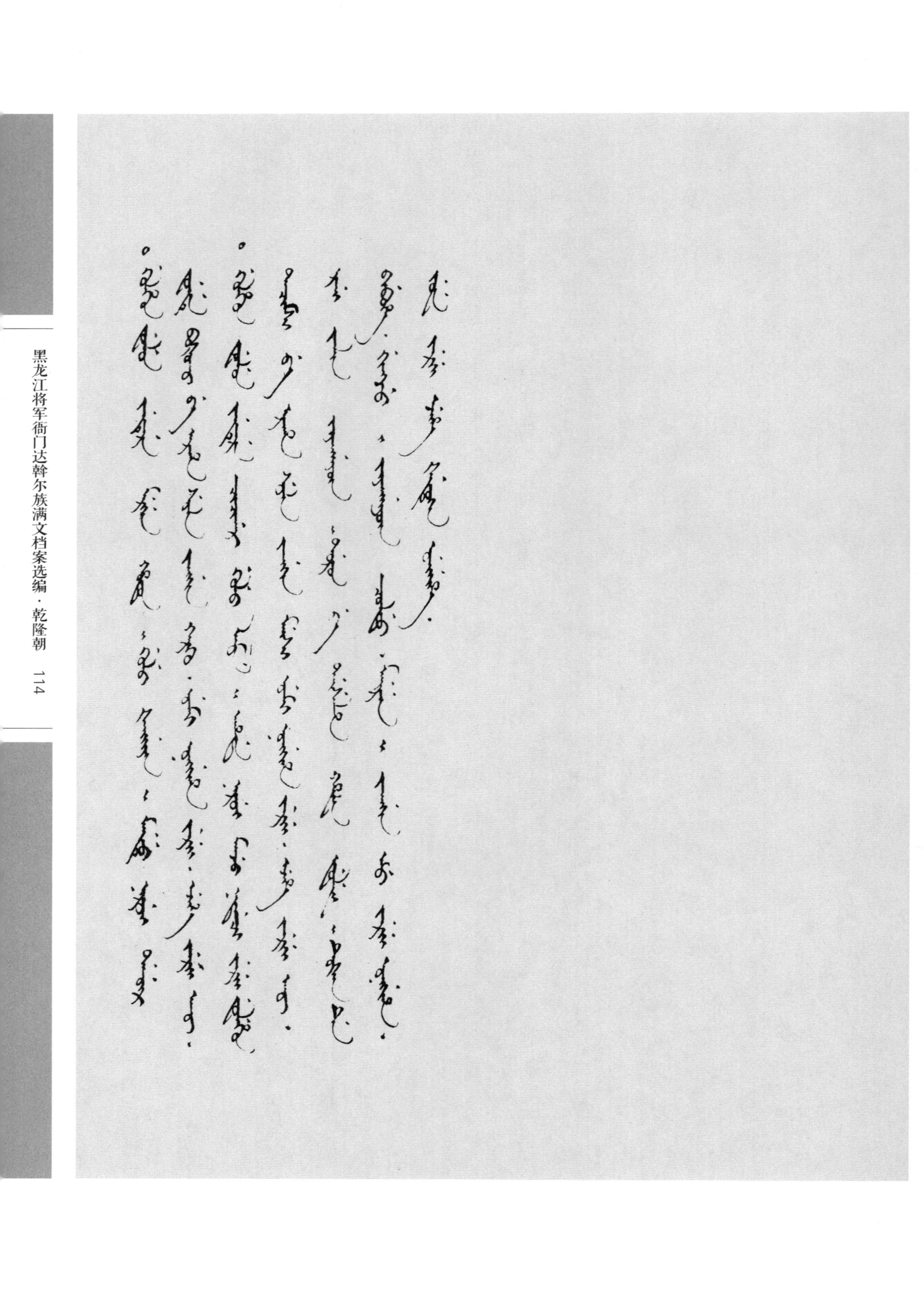

八四七 兵部为镶白旗达斡尔佐领奔多尔阔出缺奉旨由骁骑校们图补授事咨黑龙江将军文

乾隆二十年十二月十八日

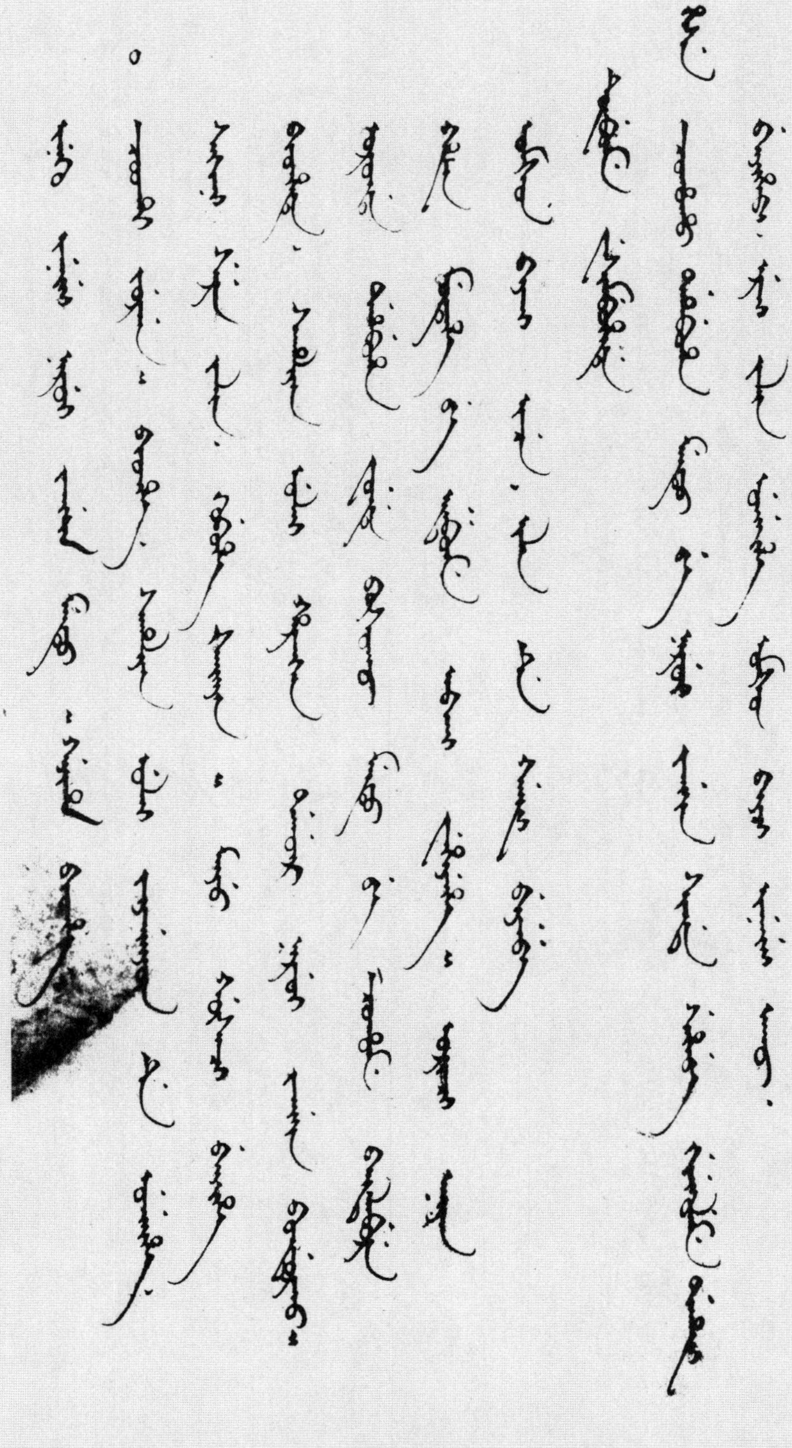

八四八 兵部为墨尔根镶白旗达斡尔佐领阿什尔出缺奉旨由骁骑校锡济勒图补授事咨黑龙江将军文

乾隆二十一年正月初四日

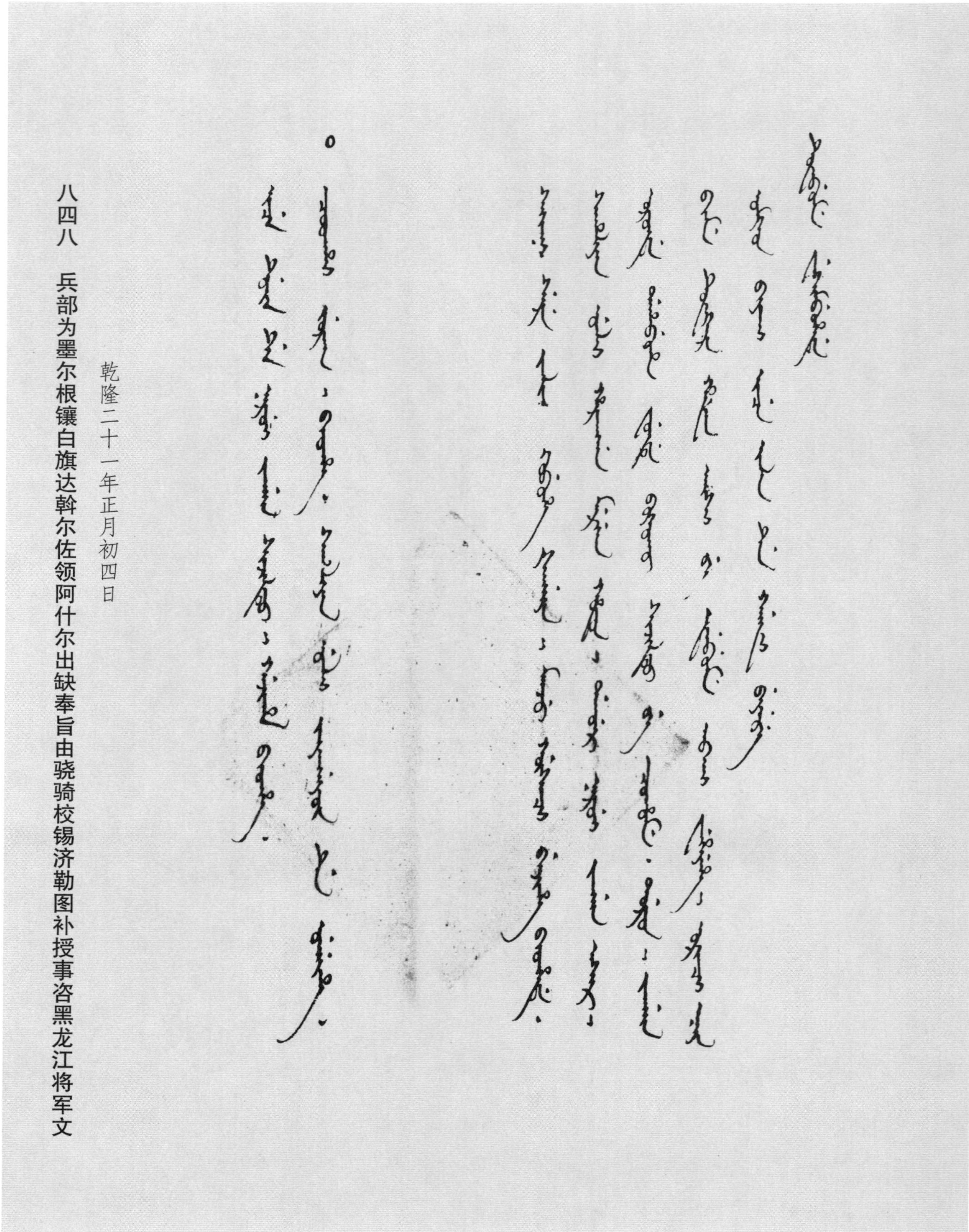

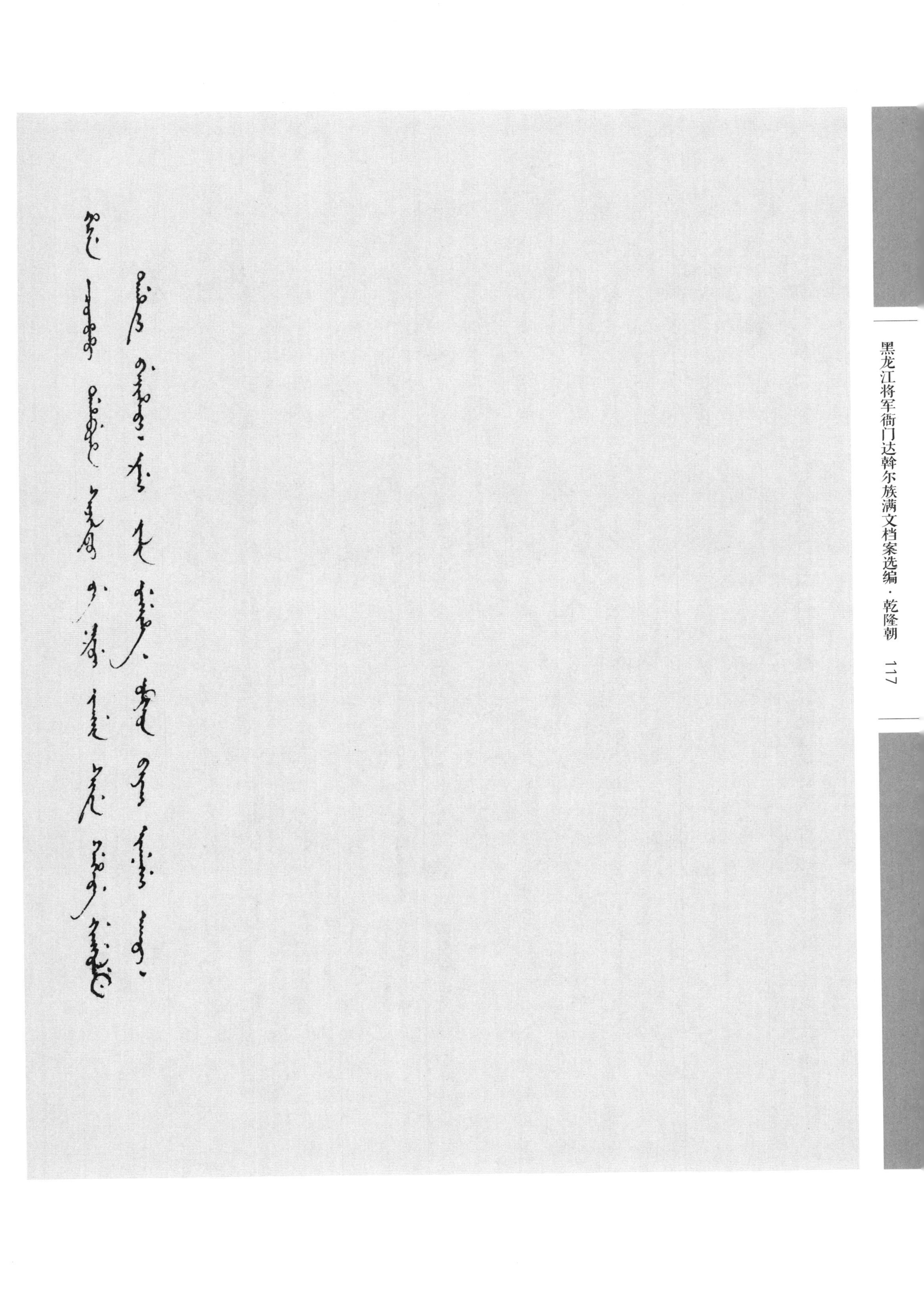

[illegible]

[illegible]

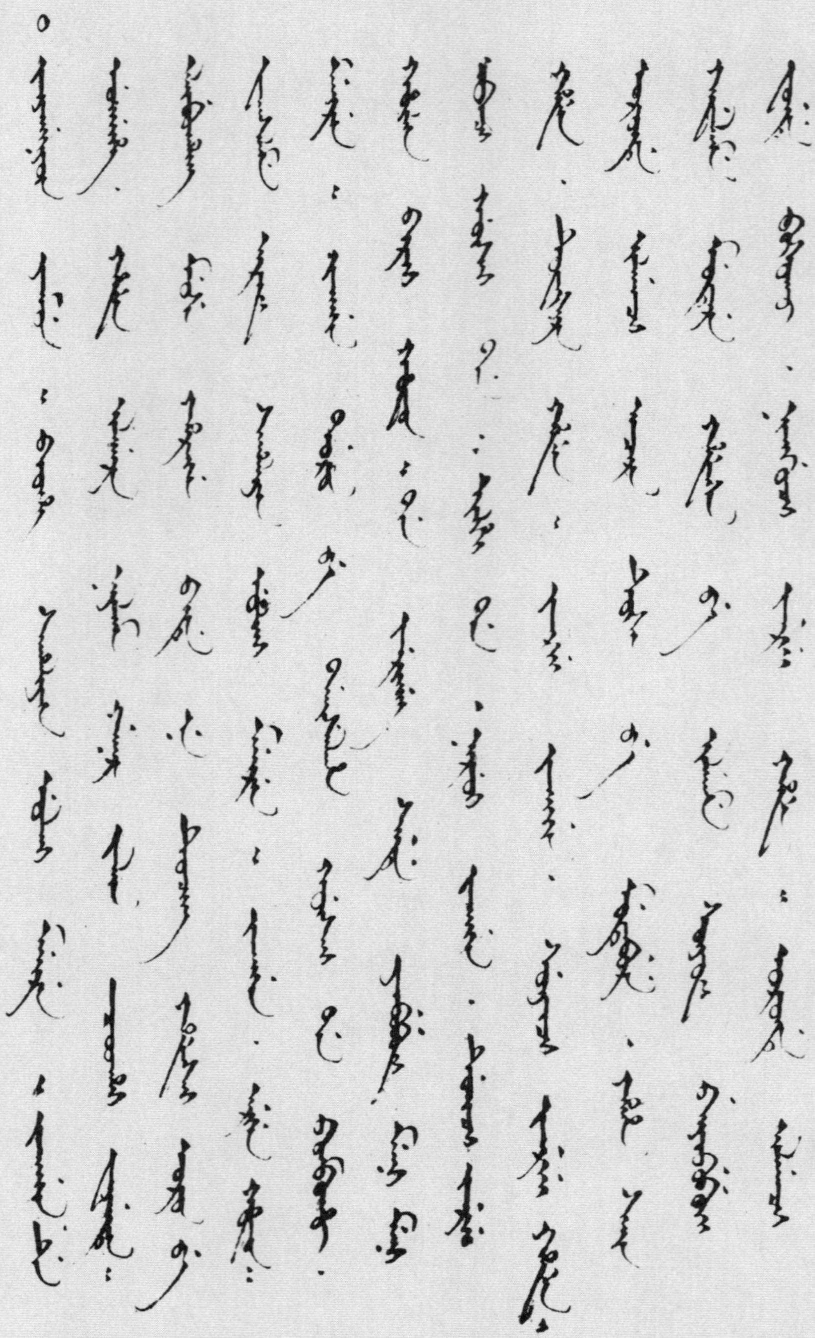

乾隆二十一年二月初一日

（附名单一件）

八四九　黑龙江将军衙门为黑龙江各处满洲达斡尔佐领骁骑校等出缺拣员报送事咨黑龙江副都统文

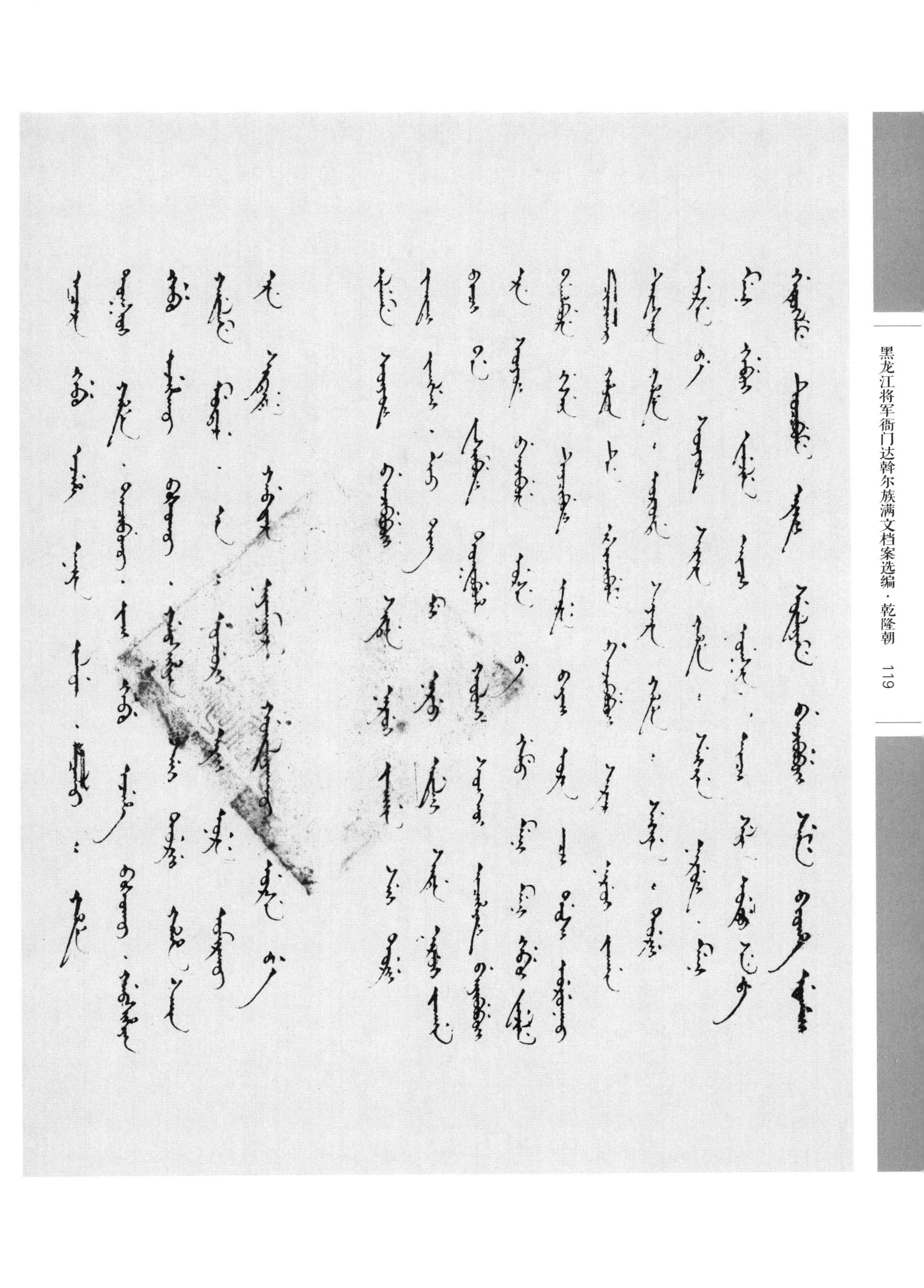

ᡨᡝᡵᡝ ᡤᡳᠰᡠᠨ ᡳ ᠠᠯᡳᡥᠠ ᠠᠮᠪᠠᠰᠠ ᠰᡝᠮᠪᡳ᠉
ᡳᠯᠠᠴᡳ ᠠᠨᡳᠶᠠ ᠵᡠᠸᡝ ᠪᡳᠶᠠ ᡳ ᠣᡵᡳᠨ ᠵᡠᠸᡝ ᠪᡳ
ᠠᠪᡴᠠᡳ ᠸᡝᡥᡳᠶᡝᡥᡝ᠉
ᡳᠨᡝᠩᡤᡳ ᠪᠠᡳᡨᠠᡴᡡ ᠪᡝᡵᡤᡝ
ᠣ ᠪᠣᡧᠣᡴᡡ ᡤᡳᠶᠠᠨ᠈ ᠮᠣᡵᡳᠨ ᠪᠠᡳᠮᡝ ᡠᡵᡠ ᠪᡠᡥᡝ ᠵᡳᡥᡝ ᡨᡝ
ᠮᡝᠨᡳ ᠪᠠᡳᡨᠠ ᠵᠠᡴᡡᠨ
ᠣ ᠪᠣᡧᠣᡴᡡ ᡤᡳᠶᠠᠨ᠉ ᠮᡝᠨᡳ ᠵᡠᠪᡝᠯᡝᠮᡝ ᡤᡳᠶᠠᠨ ᠪᡠᡥᡝ ᡠᡵᡠ ᠰᡝᠮᠪᡳ ᡨᡝᡵᡝ
ᠰᡠᠸᡝᠨ ᠪᡝ ᠠᠯᡳᡥᠠ ᠵᡠᠯᡝᠰᡳ ᠪᡳᡥᡝ ᠮᡝᠨᡳ ᡤᡳᠶᠠᠨ ᡤᡳᠰᡠᠨ ᠪᡝ
ᠣ ᠪᠣᡧᠣᡴᡡ ᡤᡳᠶᠠᠨ᠈ ᠮᡝᠨᡳ ᡨᡝ ᠪᡝ ᠪᠠᡳᠮᡝ ᡠᡵᡠ ᡨᡝᡵᡝ ᠰᡝᡵᡝ
ᠰᡝᡵᡝ ᡝᡵᡝ ᠪᠠᡳᡨᠠ ᡩᡝ ᡨᡝ ᡠᡵᡠ᠈ ᡤᡳᠶᠠᠨ ᠰᡝᠮᠪᡳ
ᠣ ᠪᠣᡧᠣᡴᡡ ᠮᡝᠨᡳ᠈ ᠰᡝᡵᡝ ᡝᡵᡝ ᠮᡝᠨᡳ ᡳᠯᡳᡥᠠ ᡤᡳᠶᠠᠨ ᠪᡳᡥᡝ ᡨᡝᡵᡝ
ᠰᡝᡵᡝ ᡳ ᠰᡝ ᠪᠠᡳᡨᠠ ᡤᡳᠶᠠᠨ ᠰᡝᡵᡝ
ᡤᡳᠶᠠᠨ ᠮᡝᠨᡳ᠈ ᠰᡝᡵᡝ ᡨᡝ ᠪᡝ ᠮᡝᠨᡳ ᡤᡳᠰᡠᠨ ᠰᡝᡵᡝ ᠪᡳᡥᡝ
ᠣ ᠪᠣᡧᠣᡴᡡ ᠵᡠᠯᡝᠰᡳ᠈ ᡠᡵᡠ ᡤᡳᠶᠠᠨ ᠰᡝᡵᡝ ᡨᡝ ᠮᡝᠨᡳ ᠪᠠᡳᡨᠠ
ᡨᡝᡵᡝ ᡤᡳᠶᠠᠨ᠈ ᡳᠯᡳᡥᠠ ᠰᡝᡵᡝ ᡠᡵᡠ ᡨᡝ ᡤᡳᠰᡠᠨ ᠮᡝᠨᡳ ᠪᡳᡥᡝ

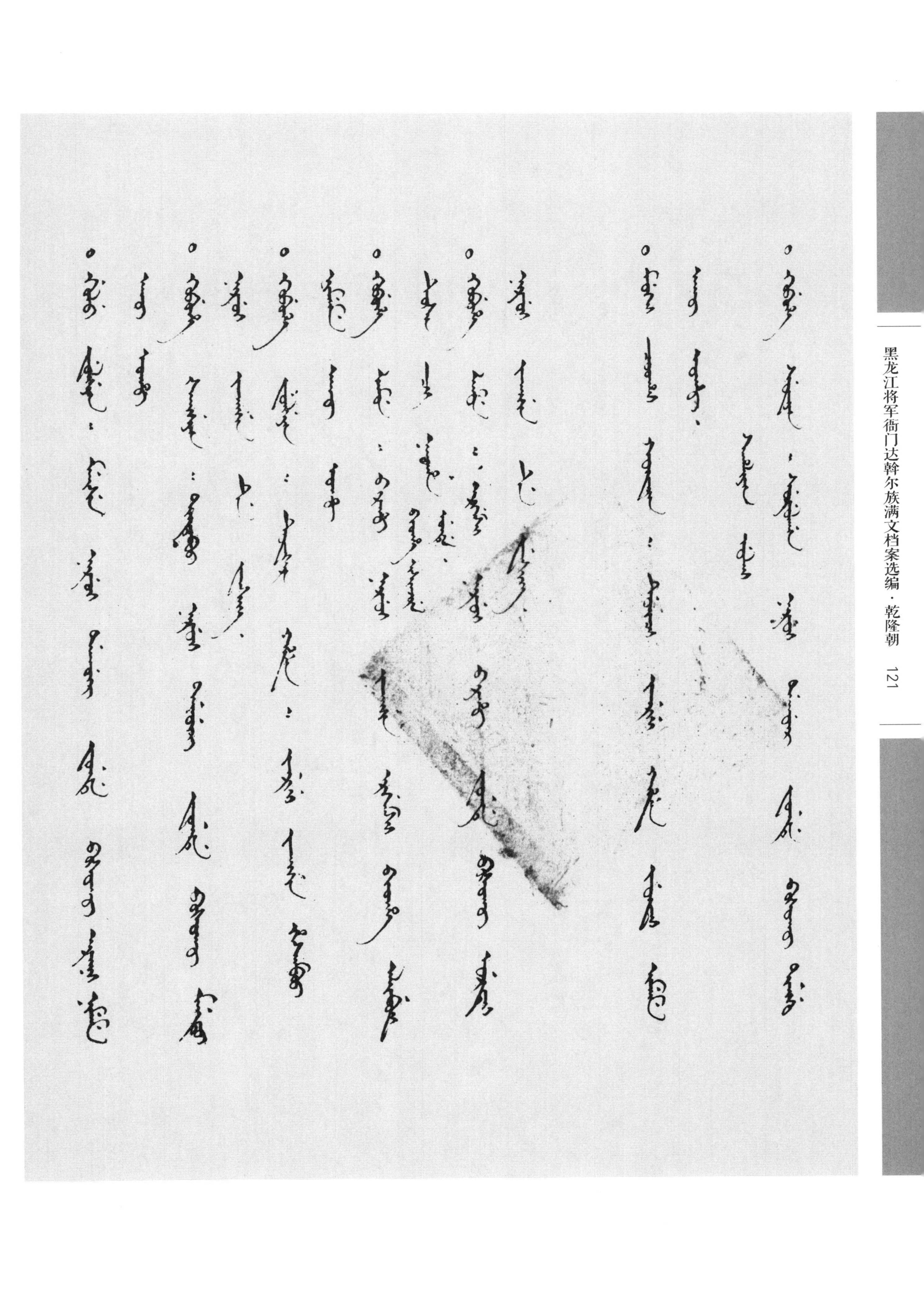

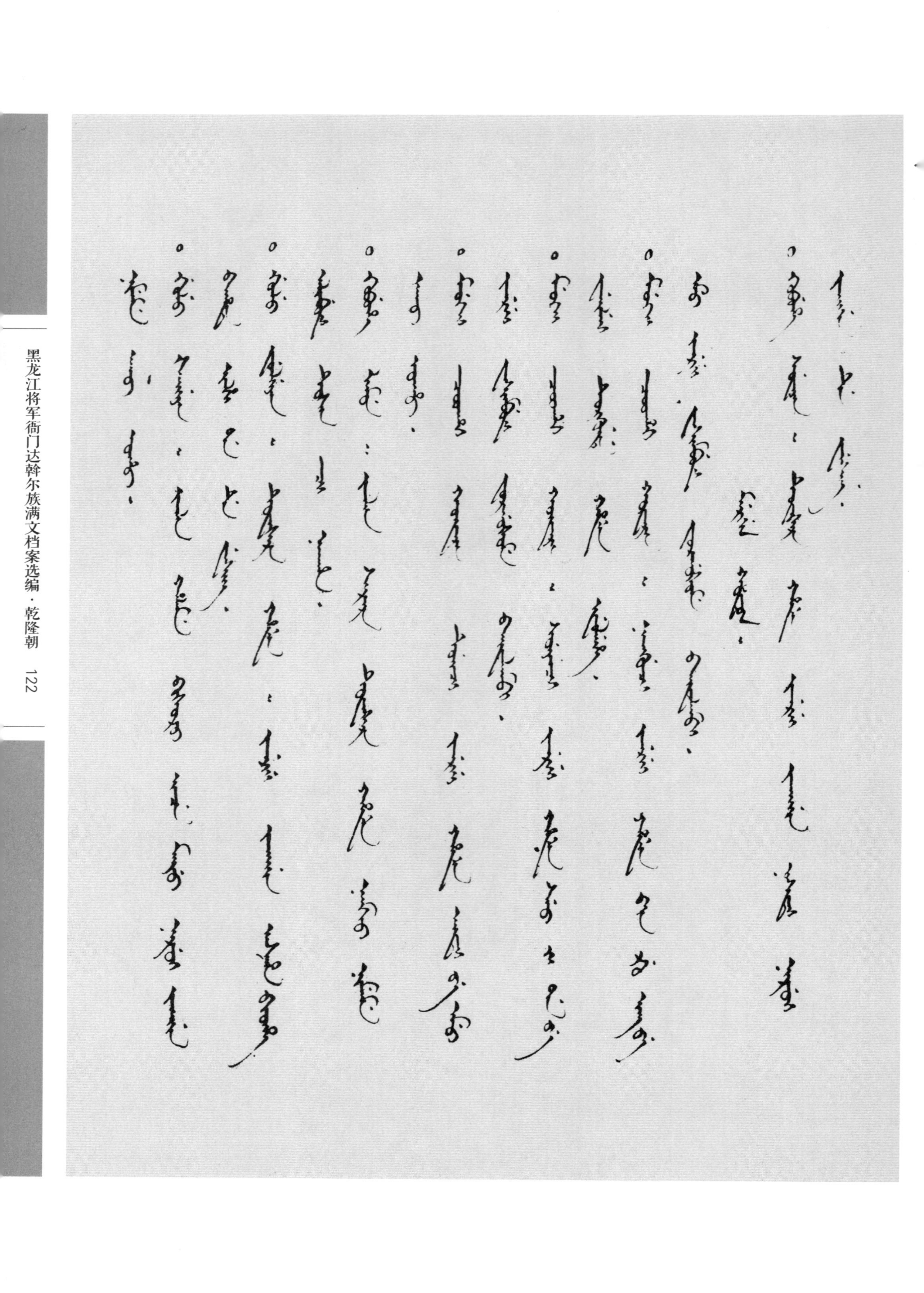

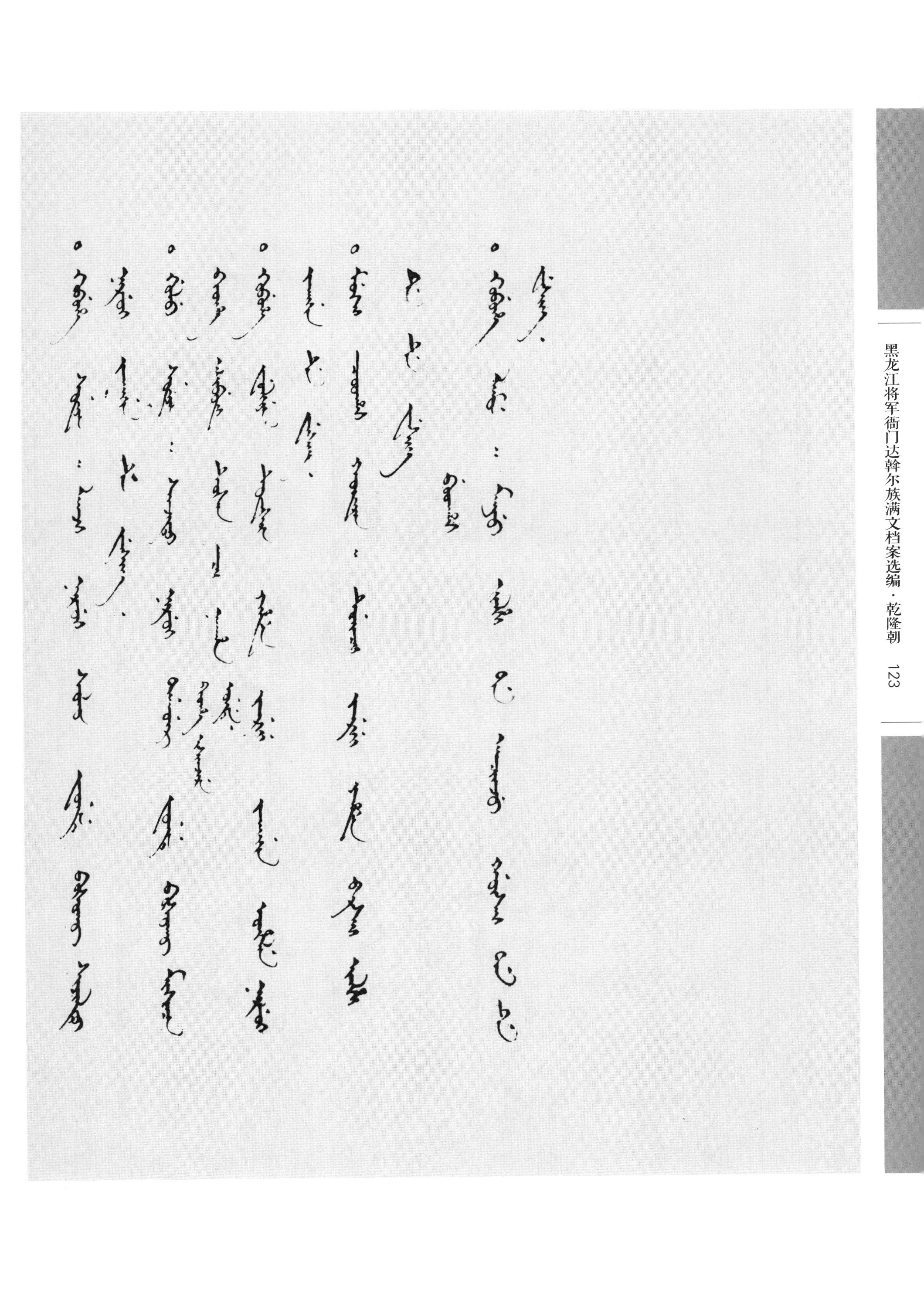

[illegible]

八五〇 黑龙江将军衙门为令报已故镶黄旗达斡尔护军遗孀携夫骸骨回籍是否抵达事札布特哈索伦达斡尔总管鄂尔衮察等文

乾隆二十一年二月初九日

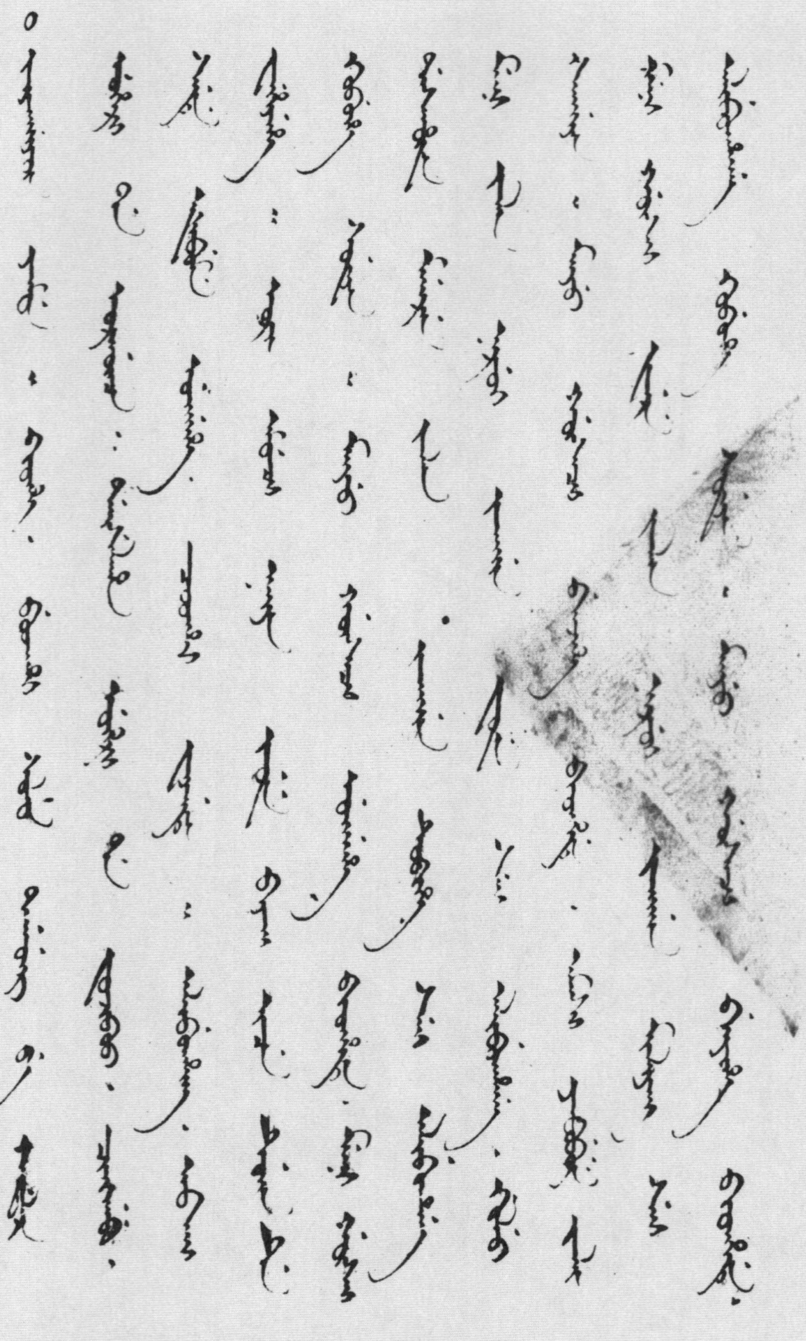

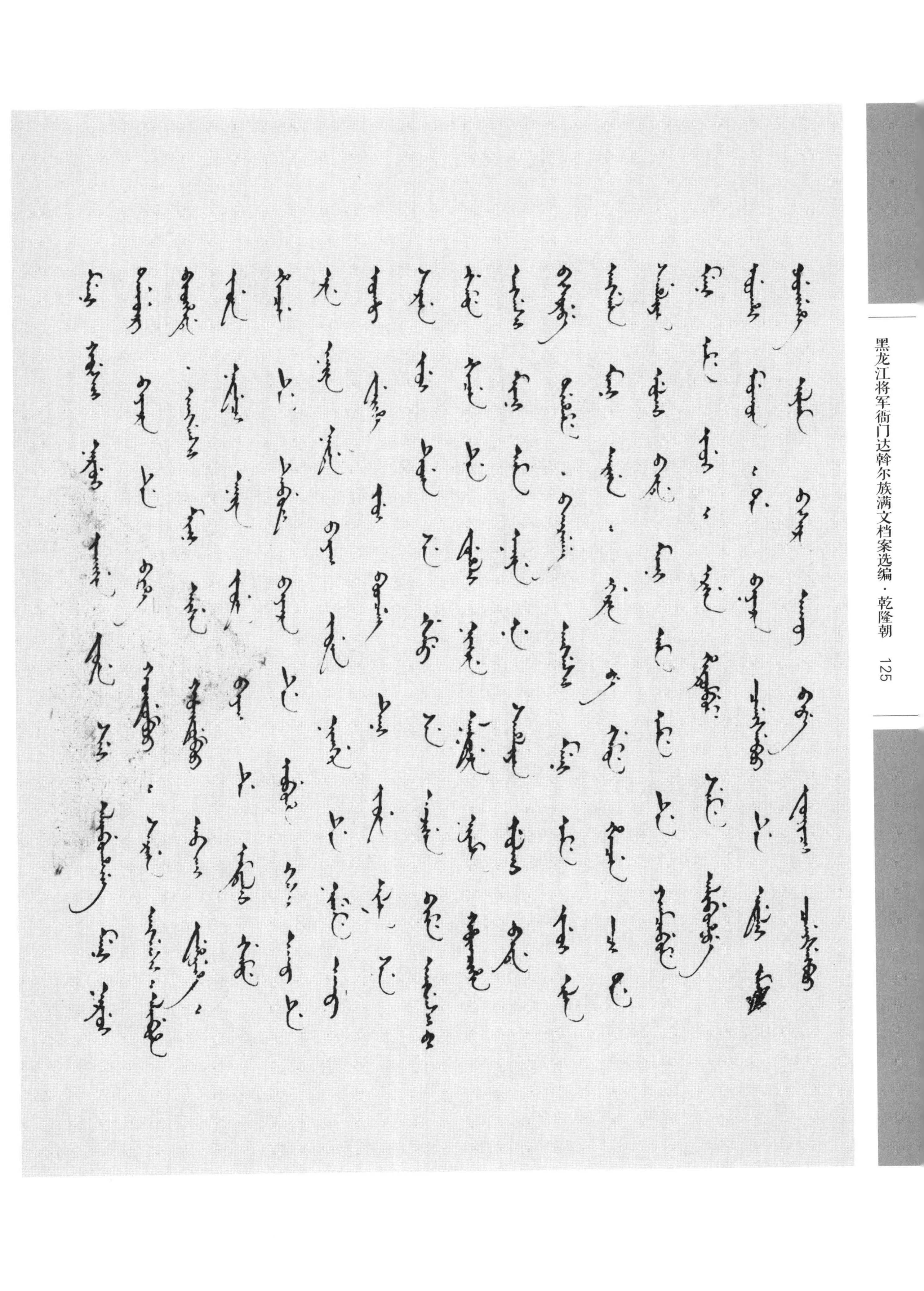

[illegible]

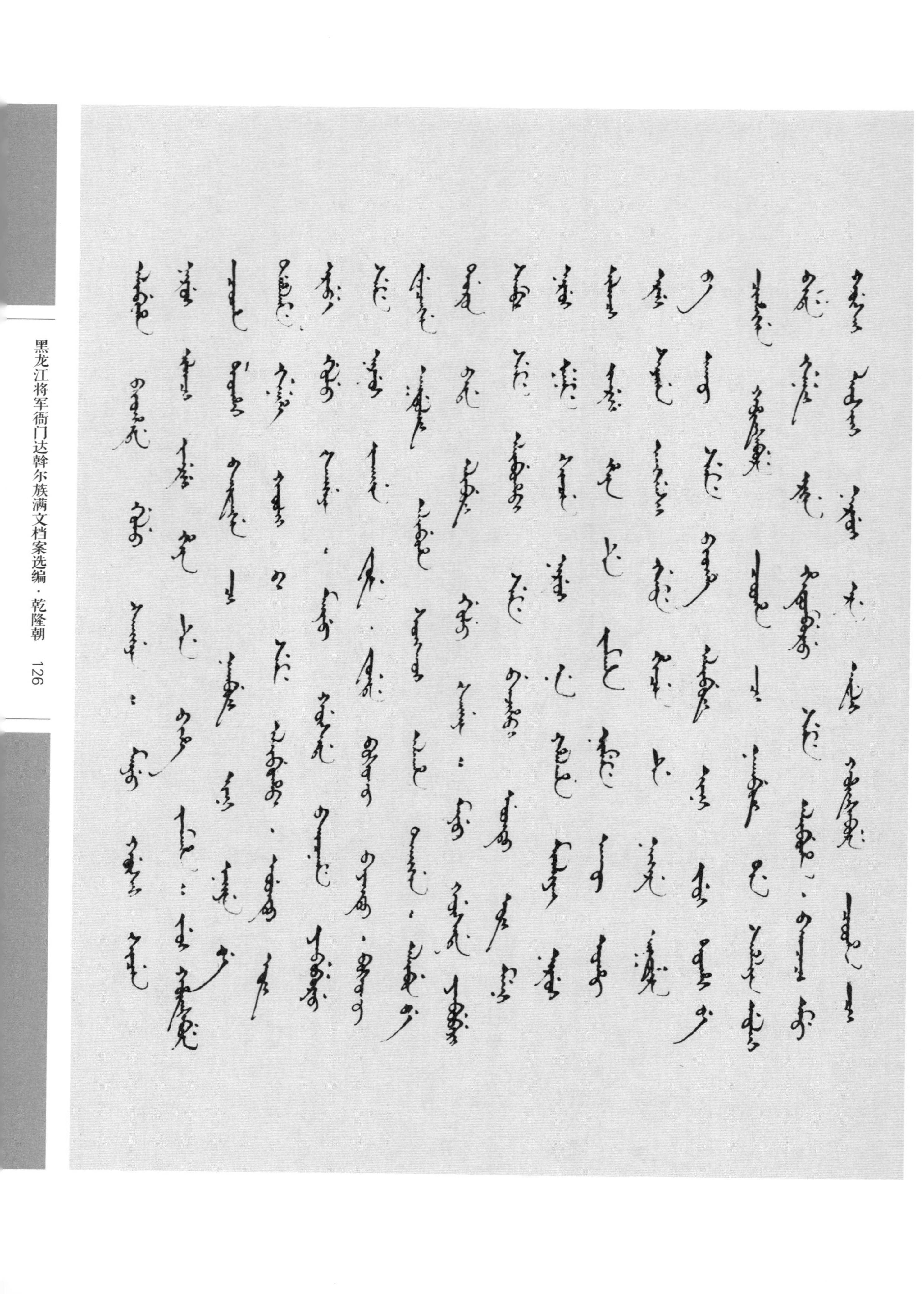

[illegible]

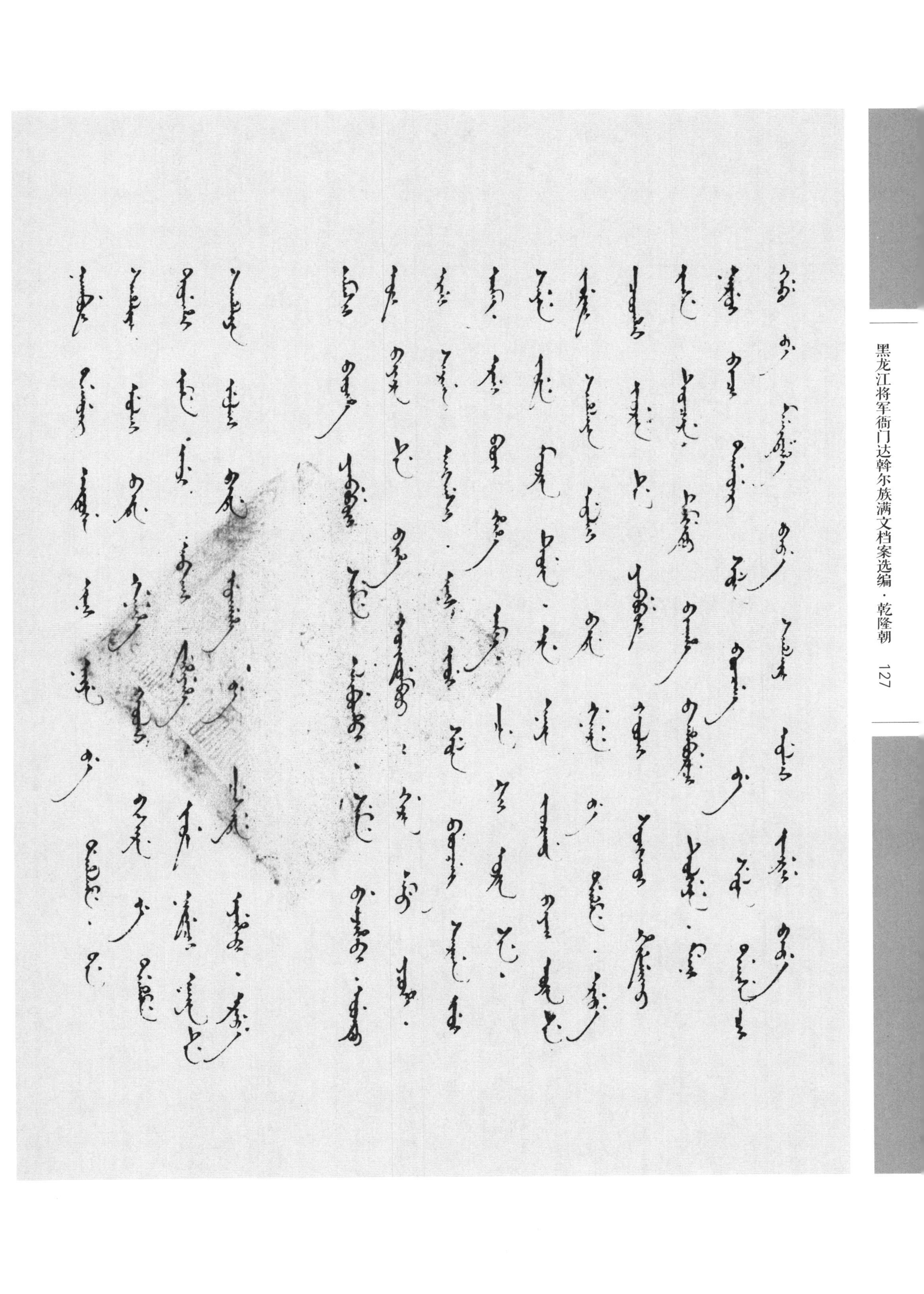

[illegible]

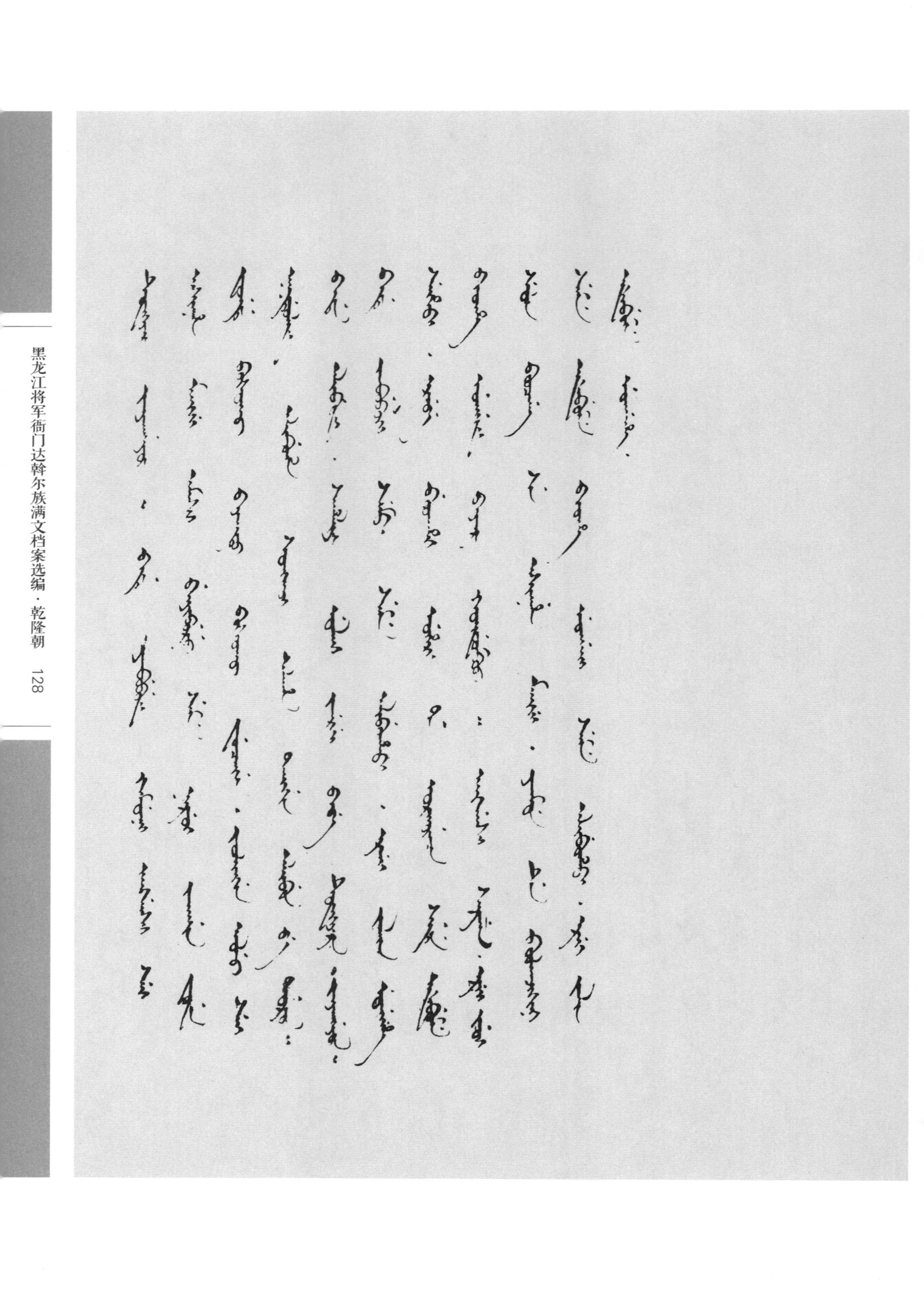

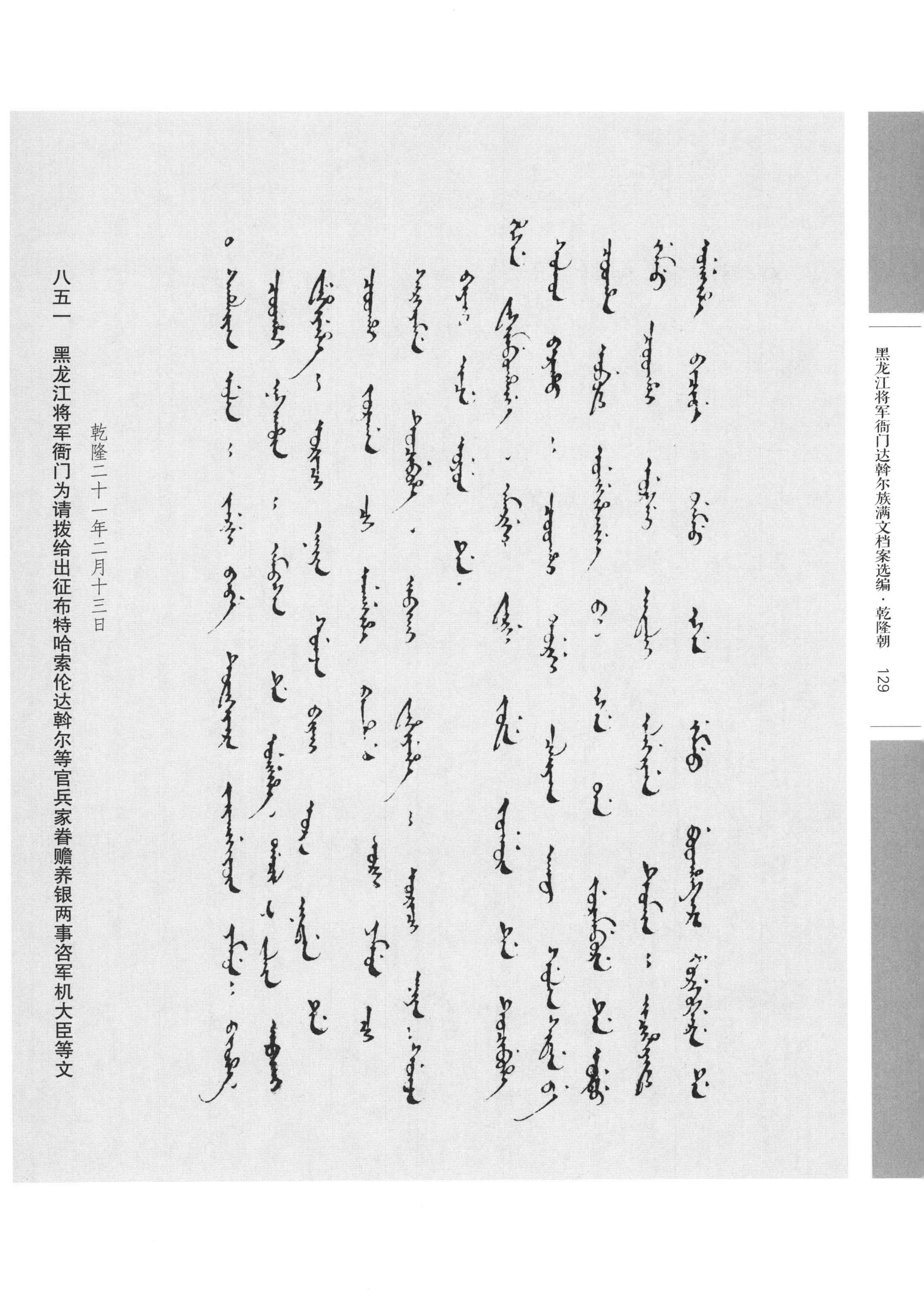

八五一 黑龙江将军衙门为请拨给出征布特哈索伦达斡尔等官兵家眷赡养银两事咨军机大臣等文

乾隆二十一年二月十三日

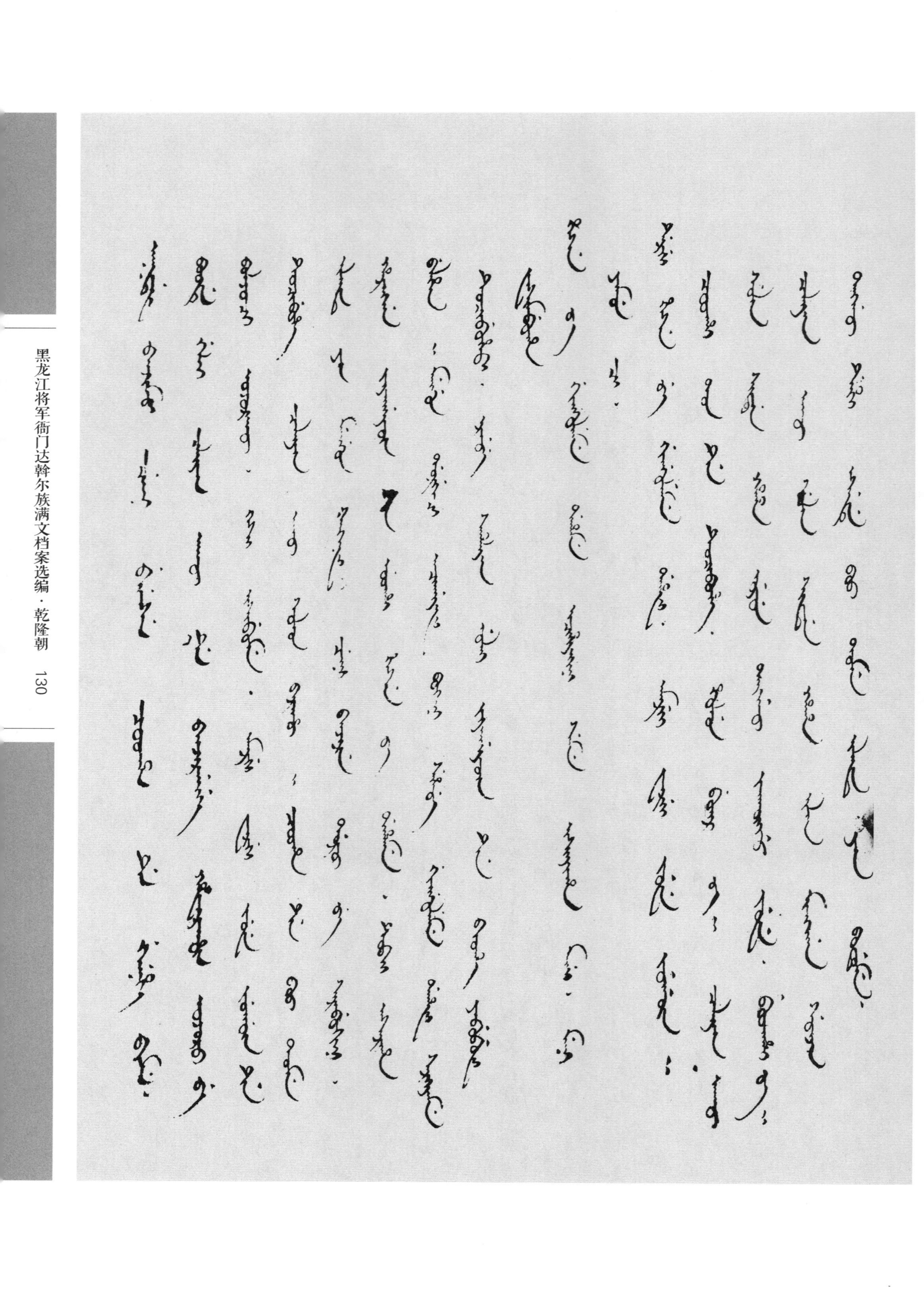

[illegible]

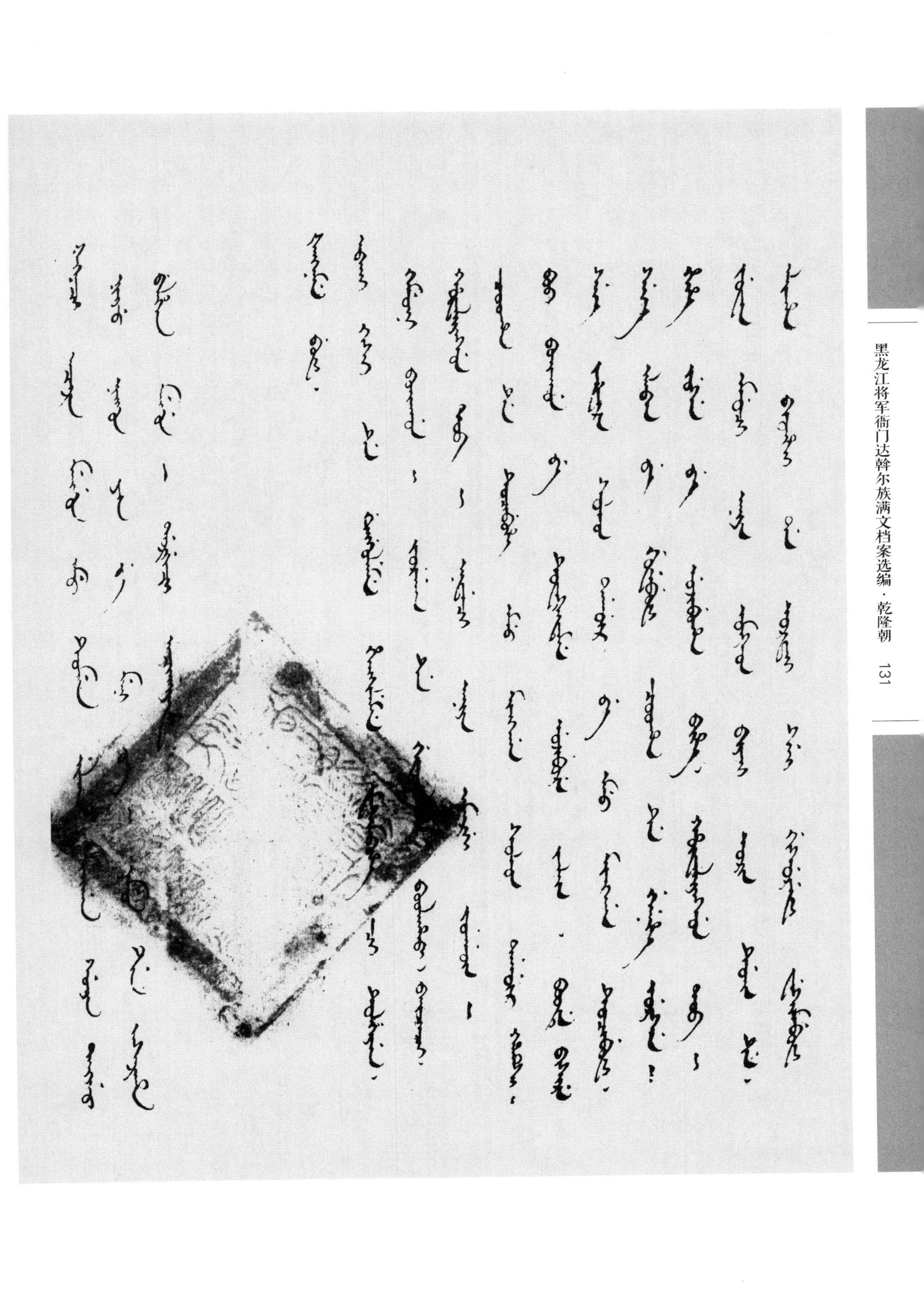

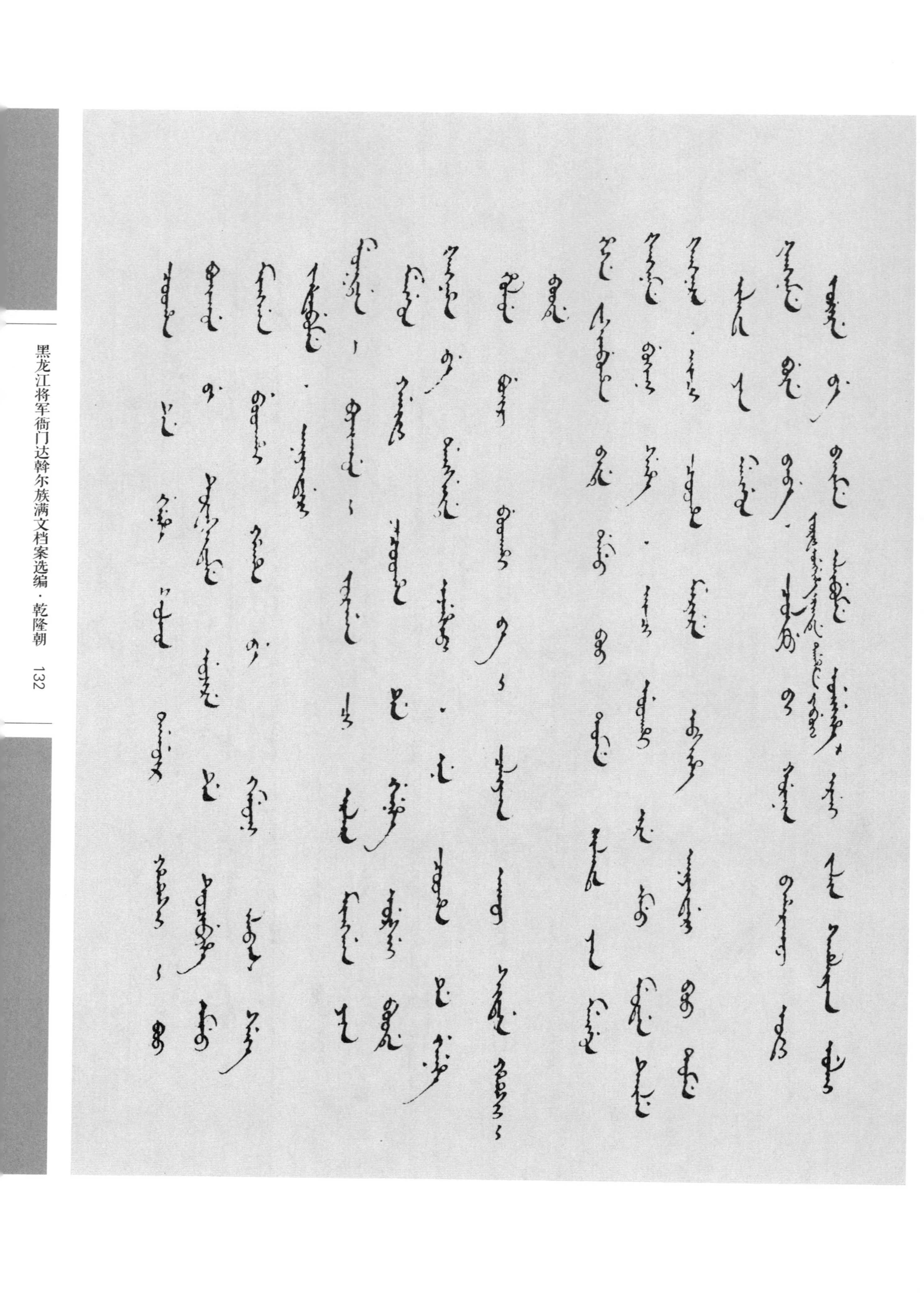

[illegible]

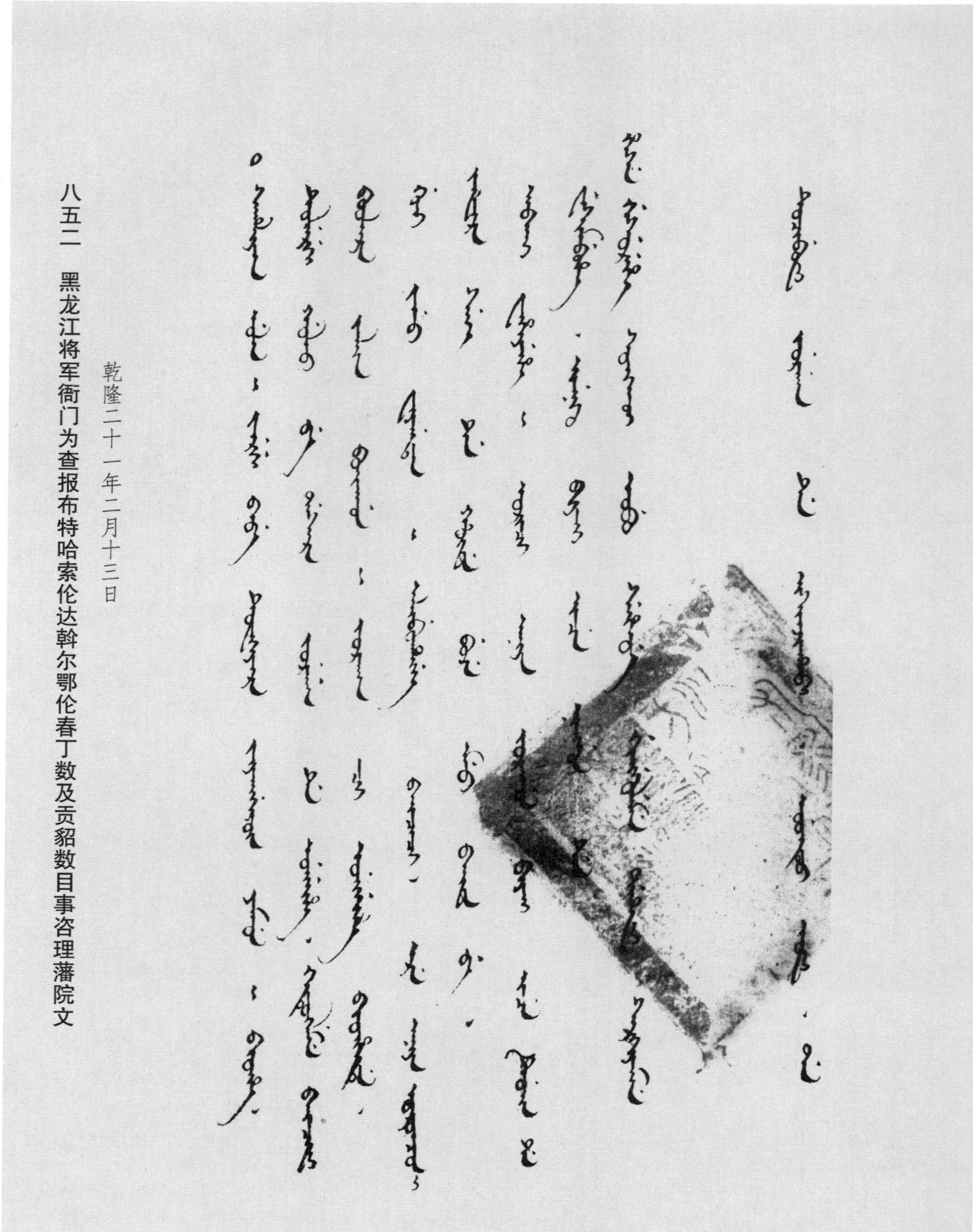

八五二　黑龙江将军衙门为查报布特哈索伦达斡尔鄂伦春丁数及贡貂数目事咨理藩院文

乾隆二十一年二月十三日

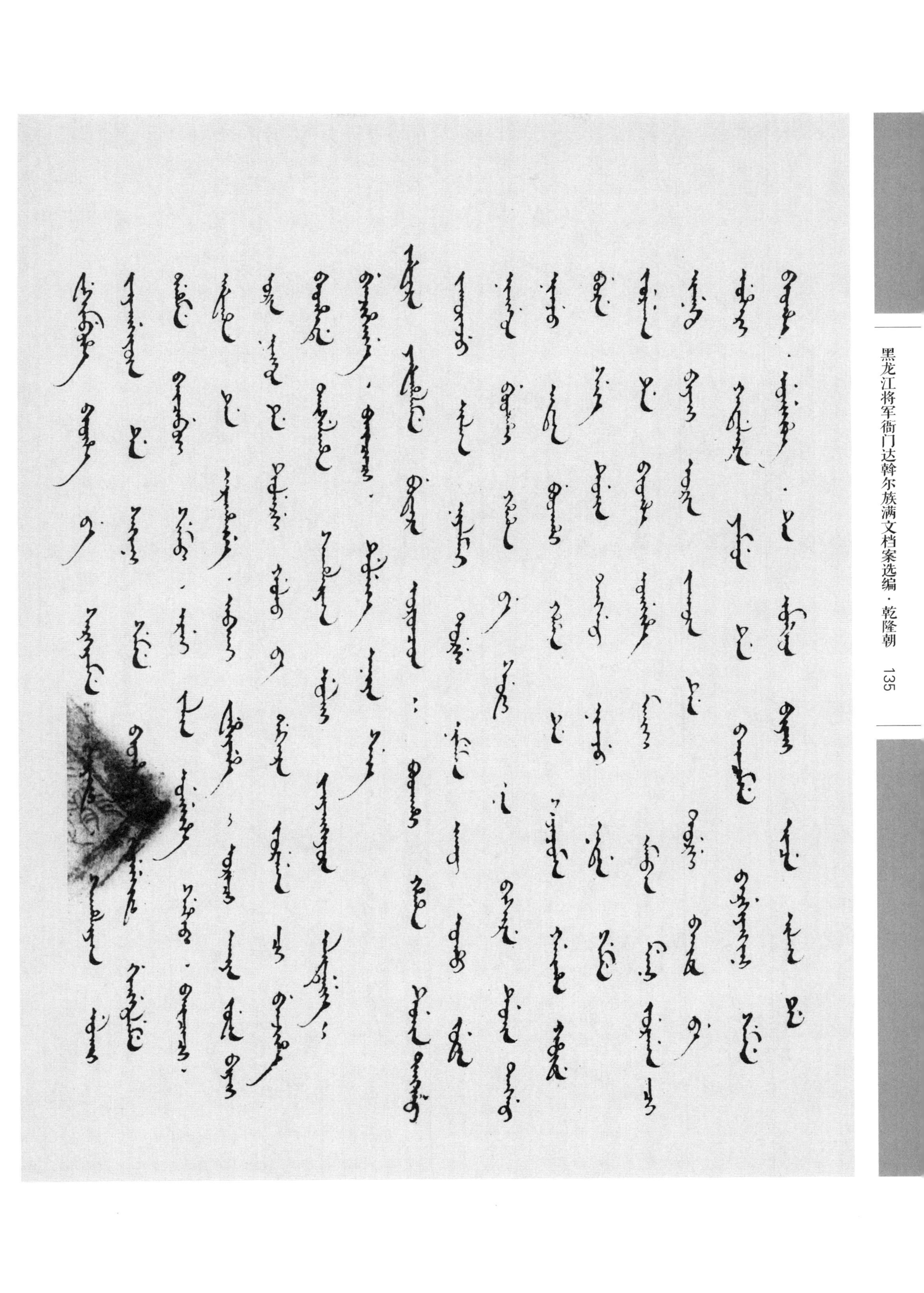

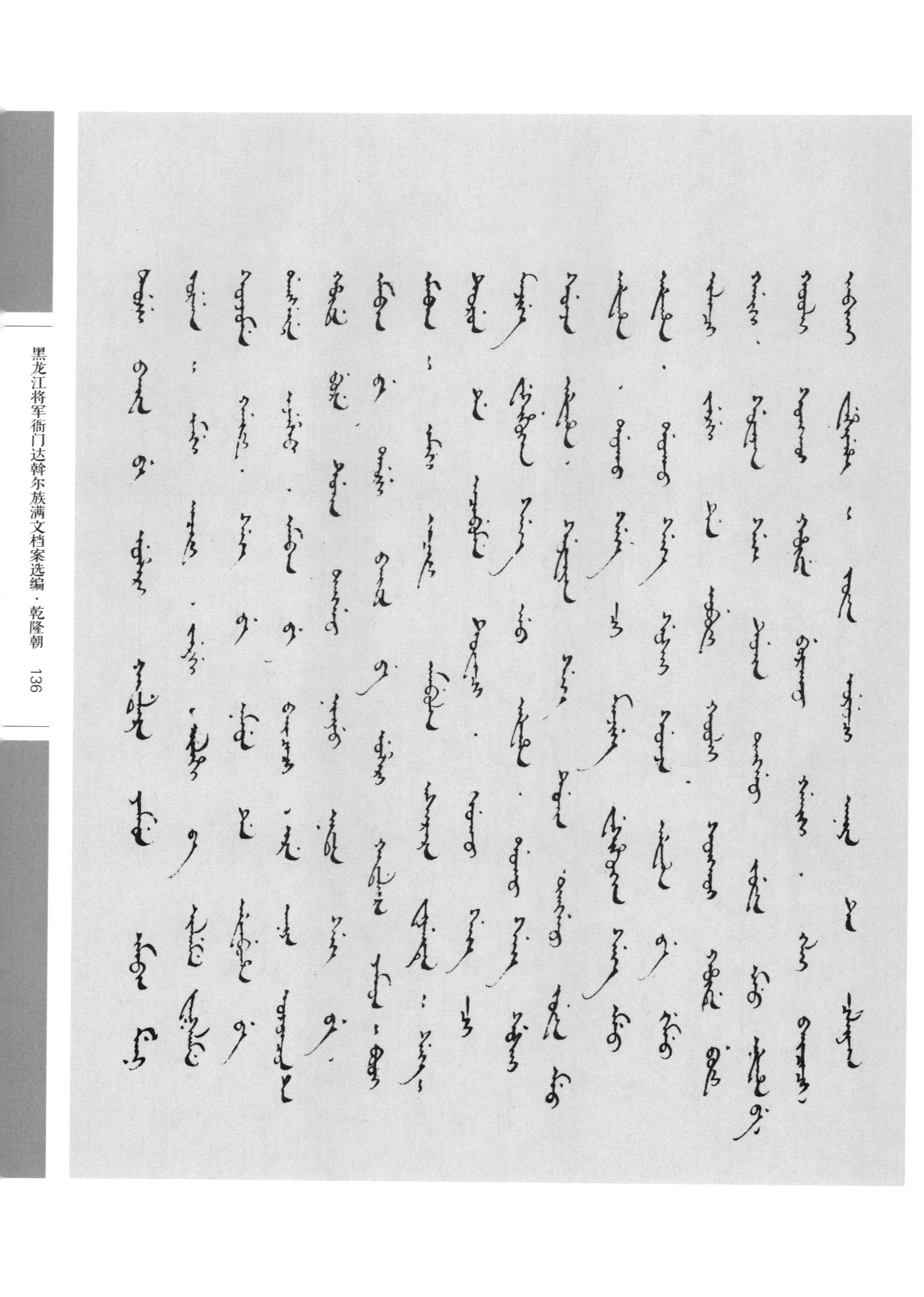

[illegible]

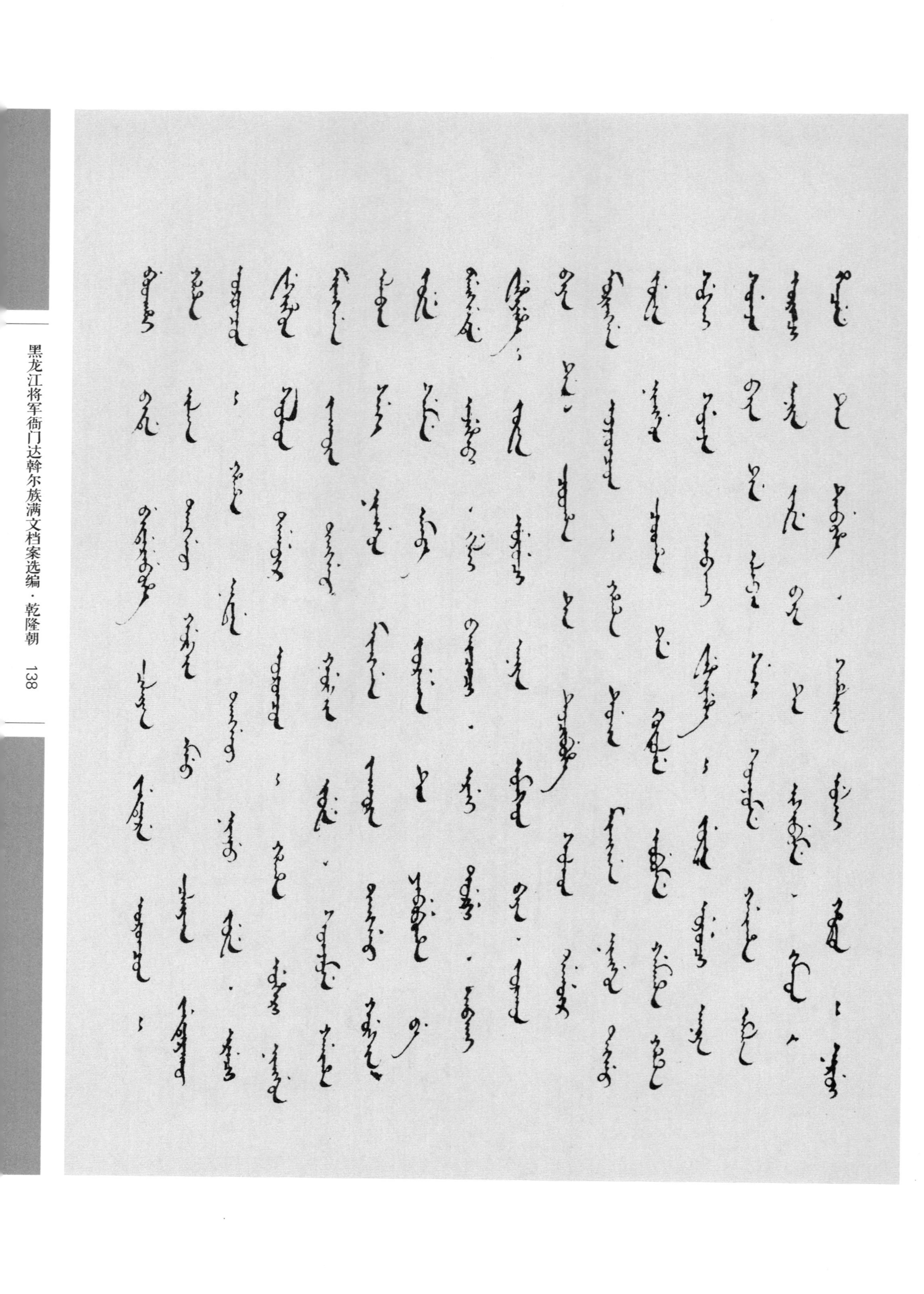

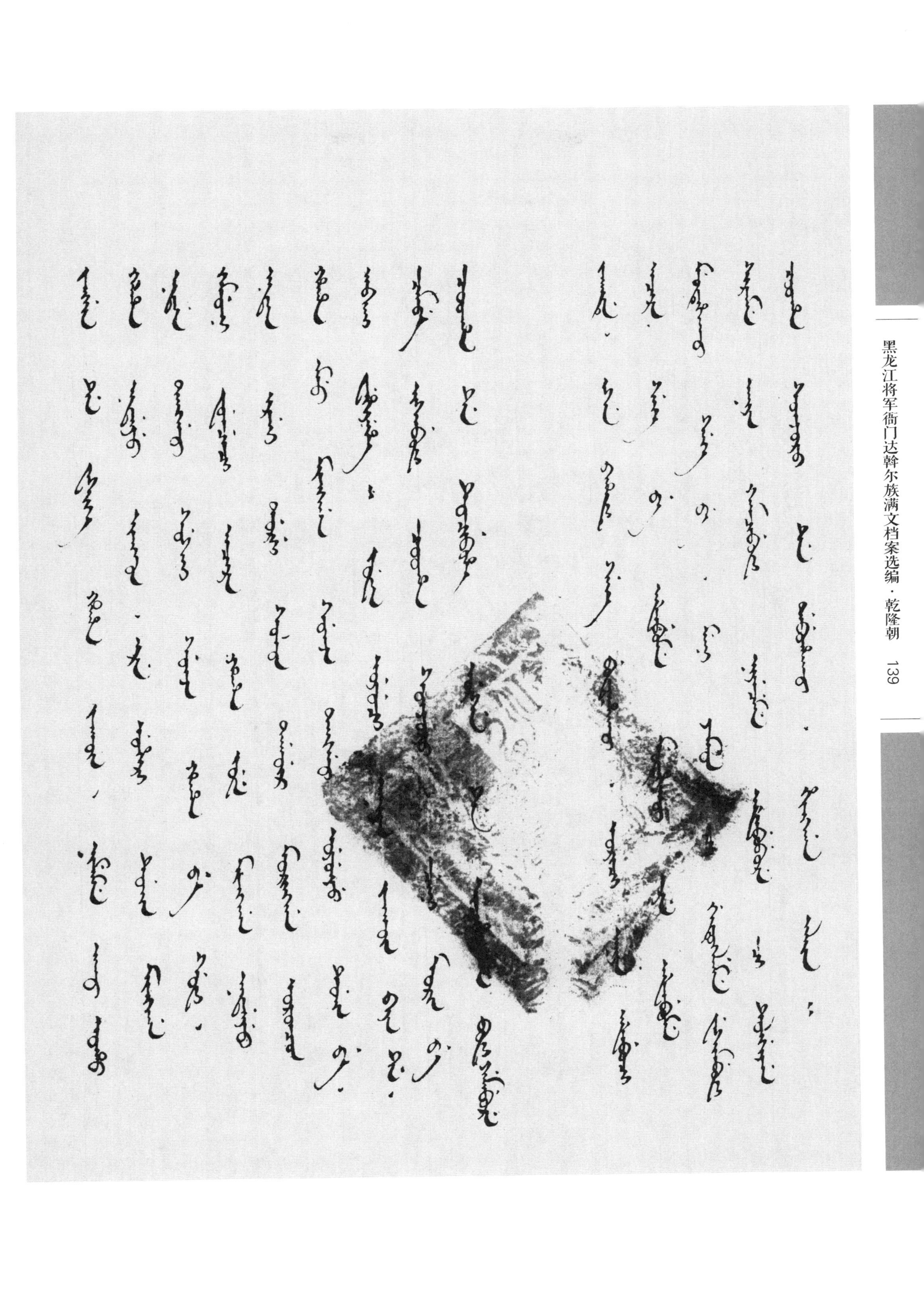

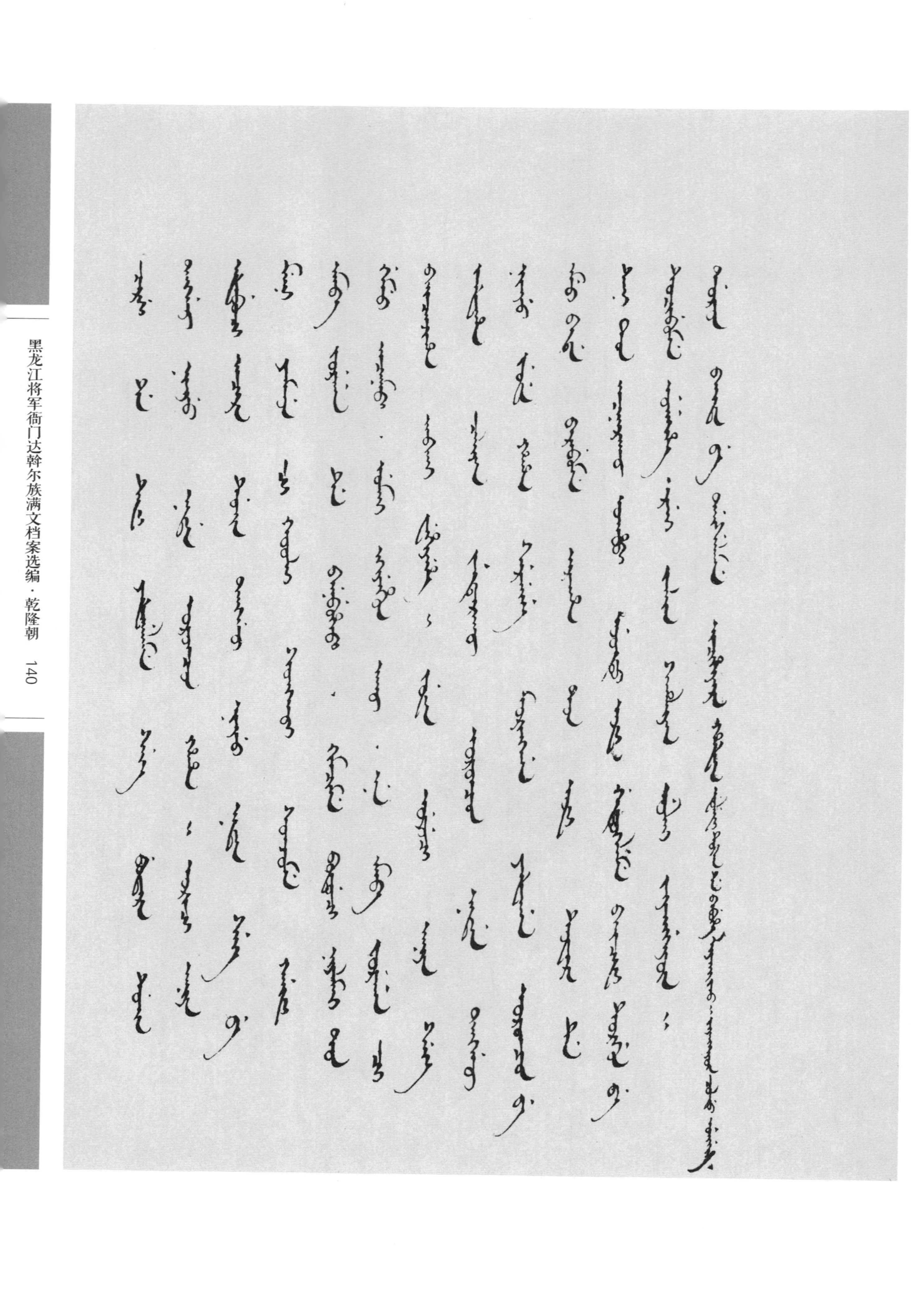

[illegible]

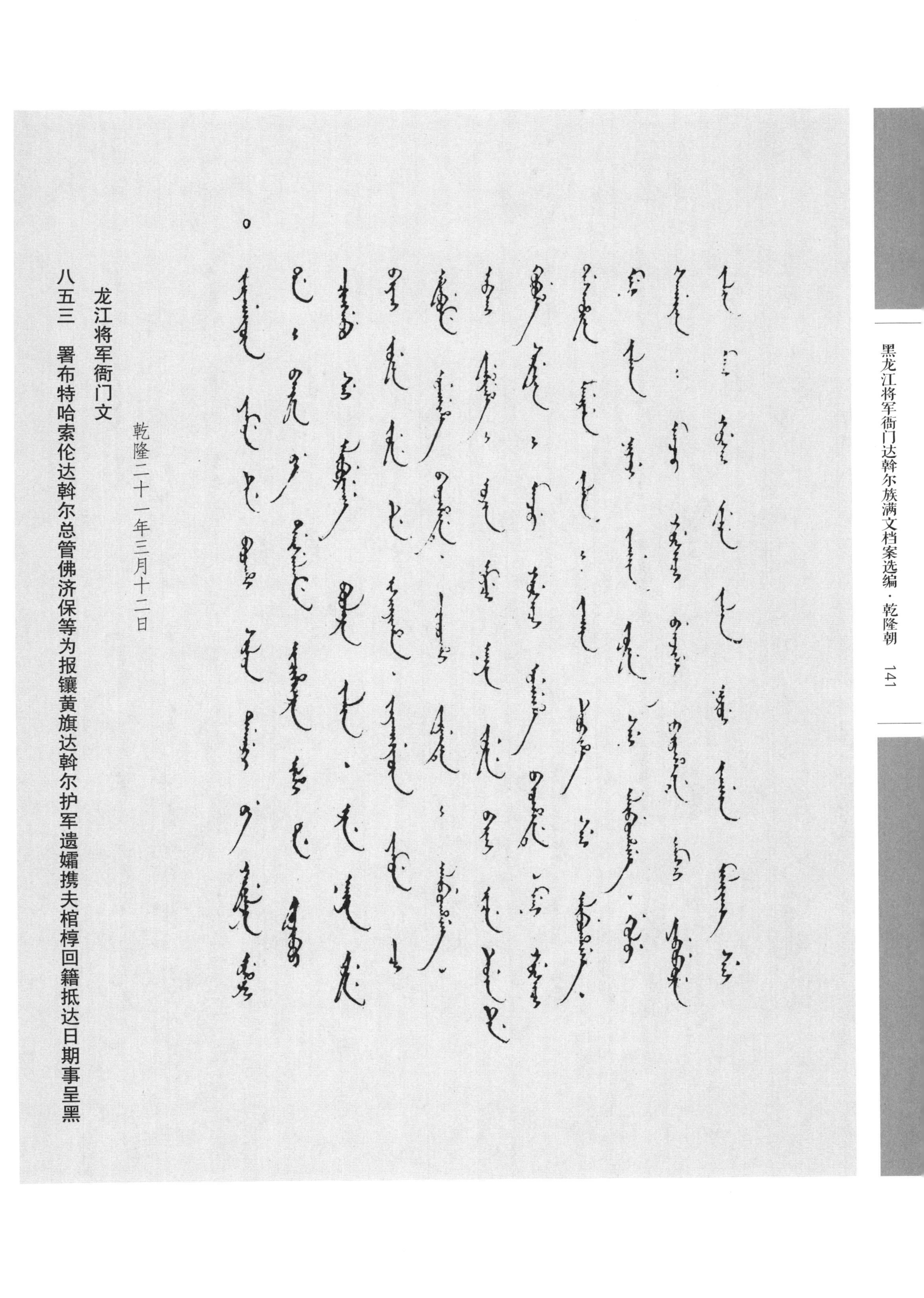

乾隆二十一年三月十二日

八五三 署布特哈索伦达斡尔总管佛济保等为报镶黄旗达斡尔护军遗孀携夫棺椁回籍抵达日期事呈黑龙江将军衙门文

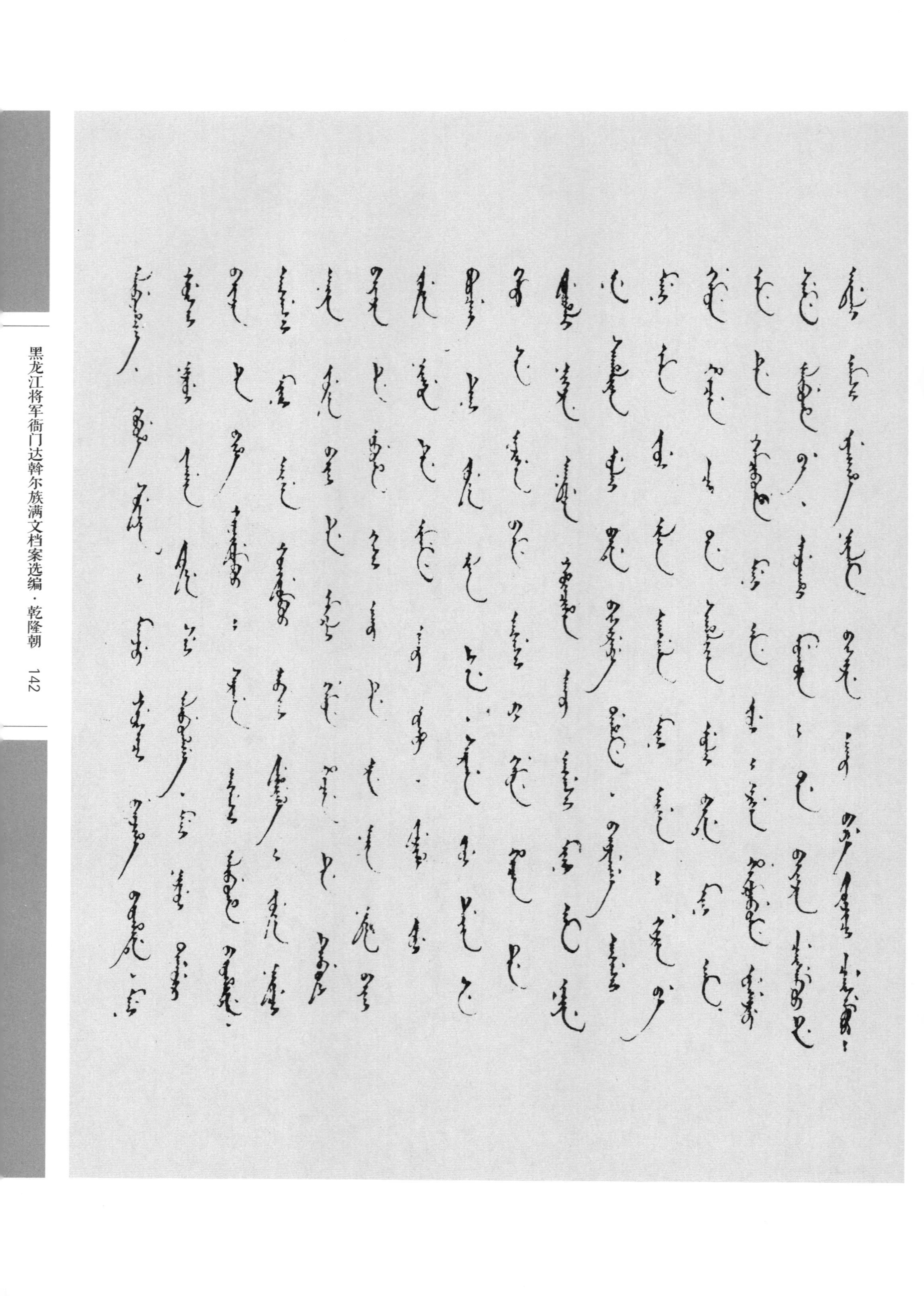

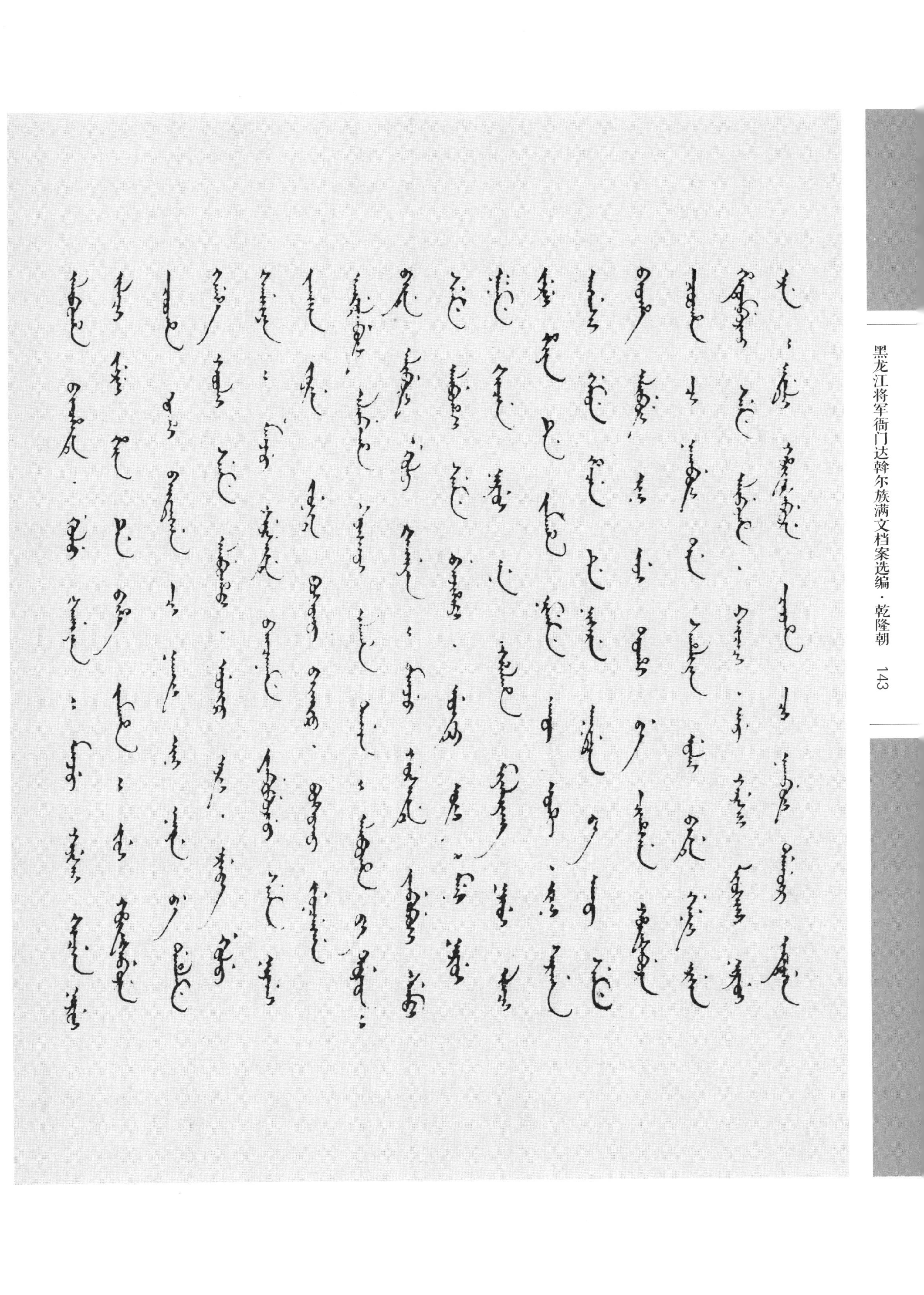

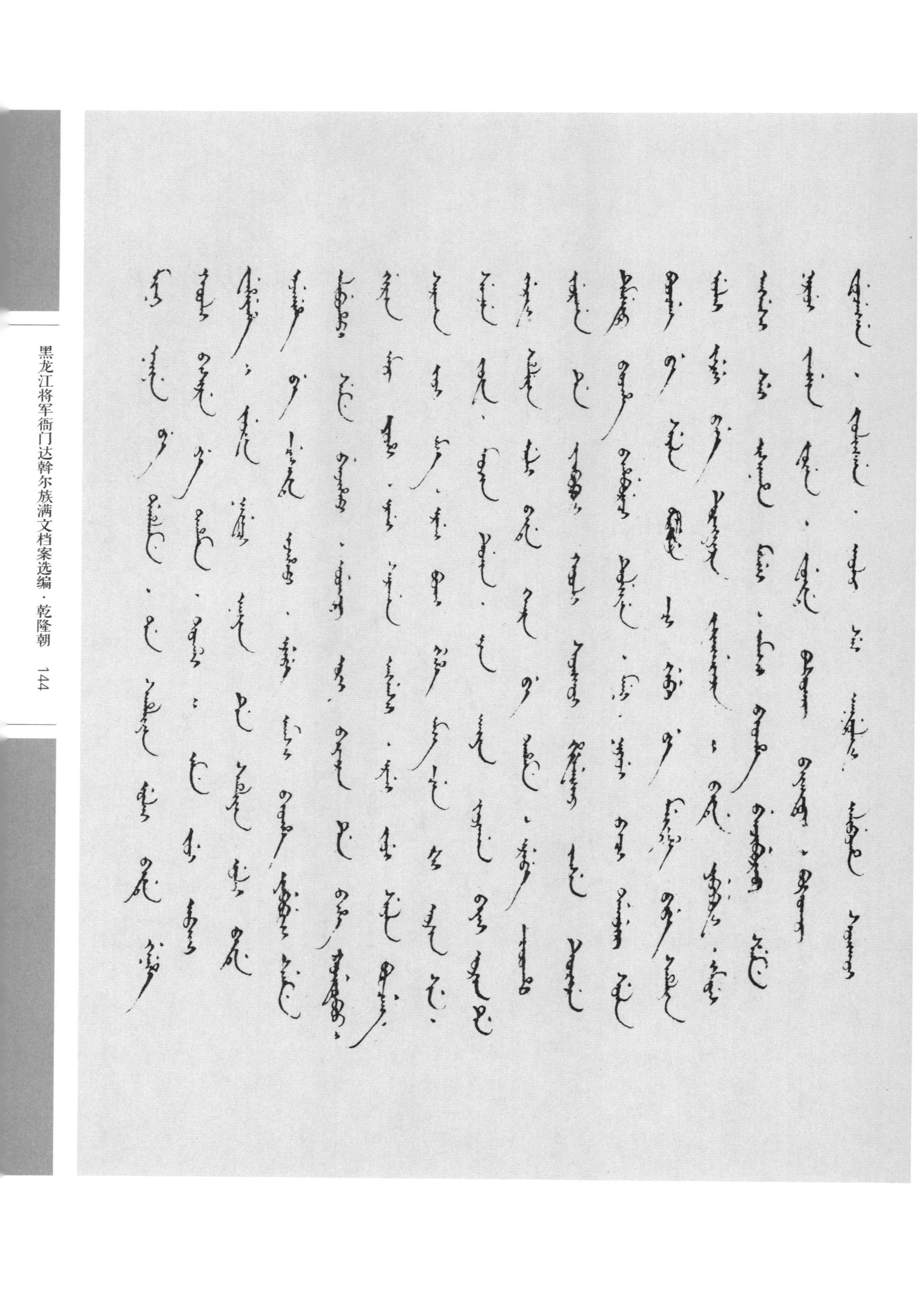

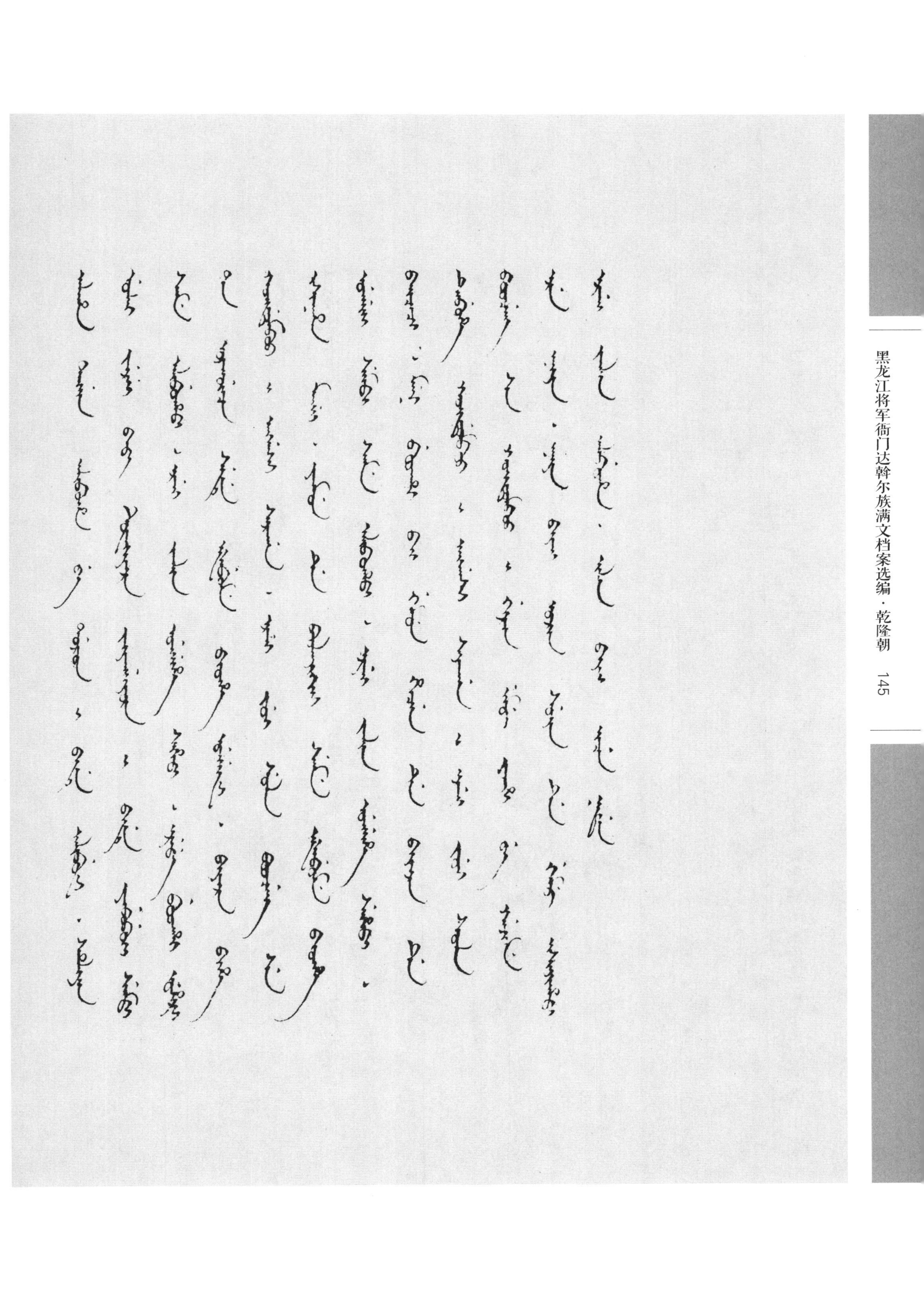

[illegible]

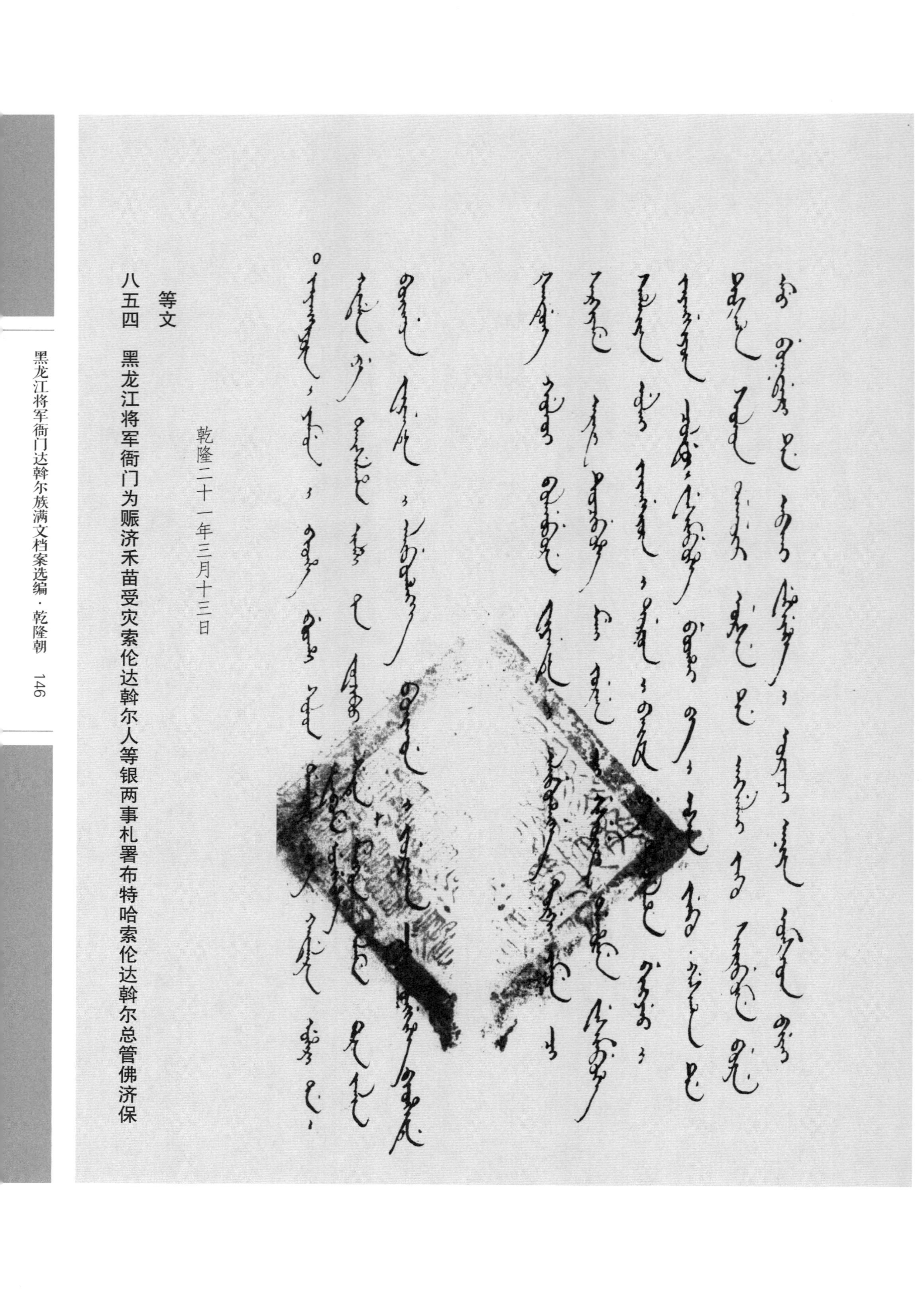

乾隆二十一年三月十三日

等文

八五四 黑龙江将军衙门为赈济禾苗受灾索伦达斡尔人等银两事札署布特哈索伦达斡尔总管佛济保

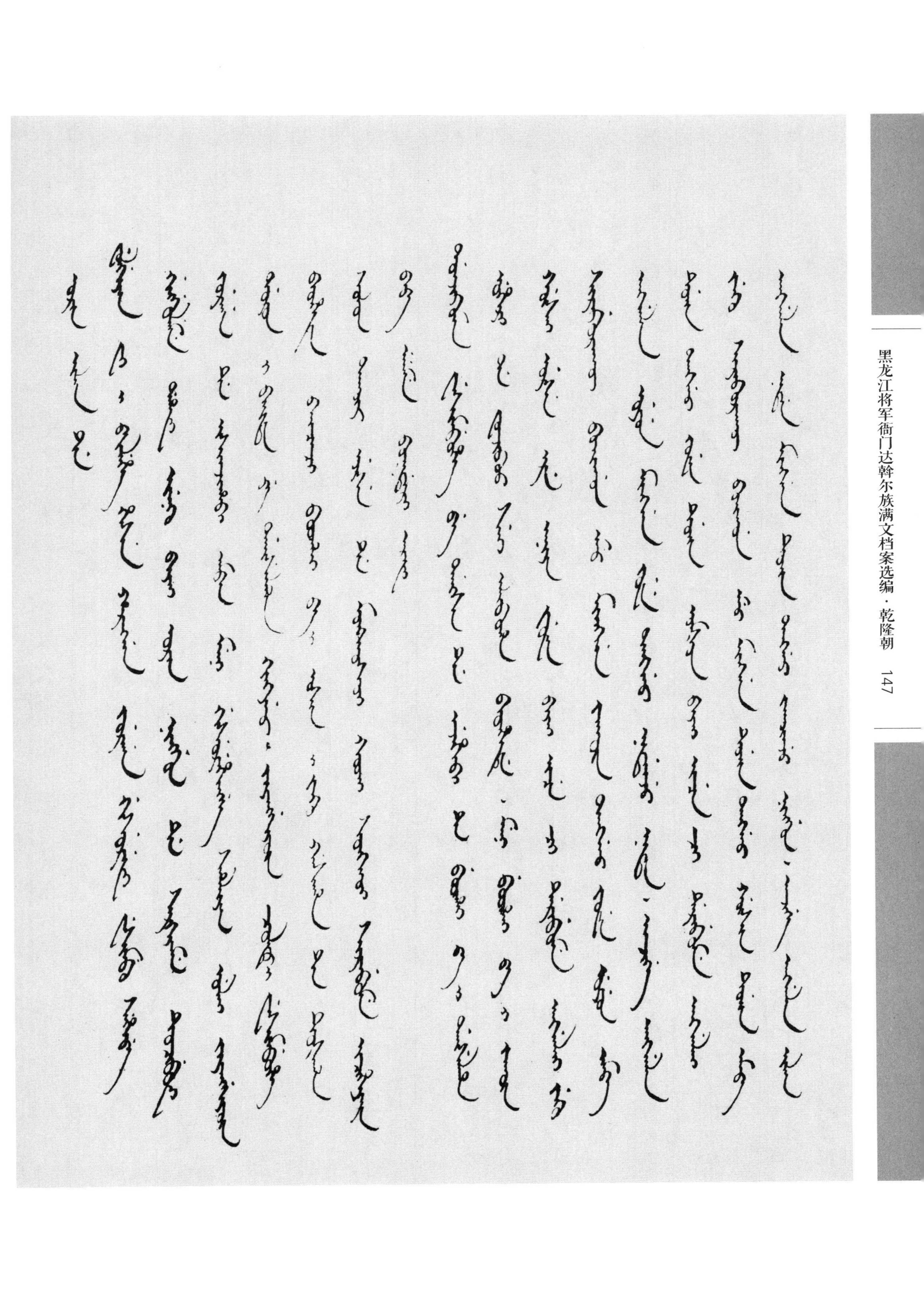

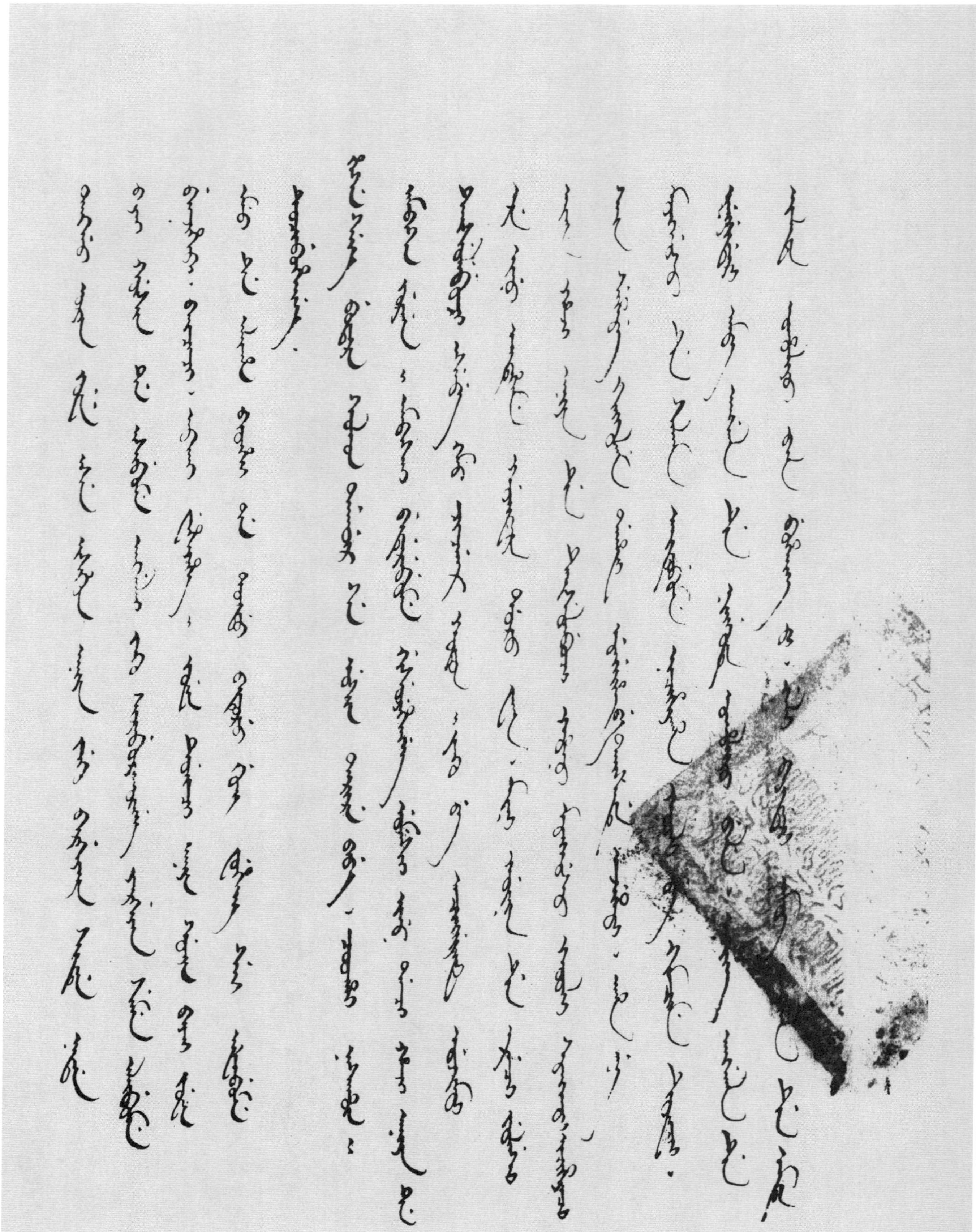

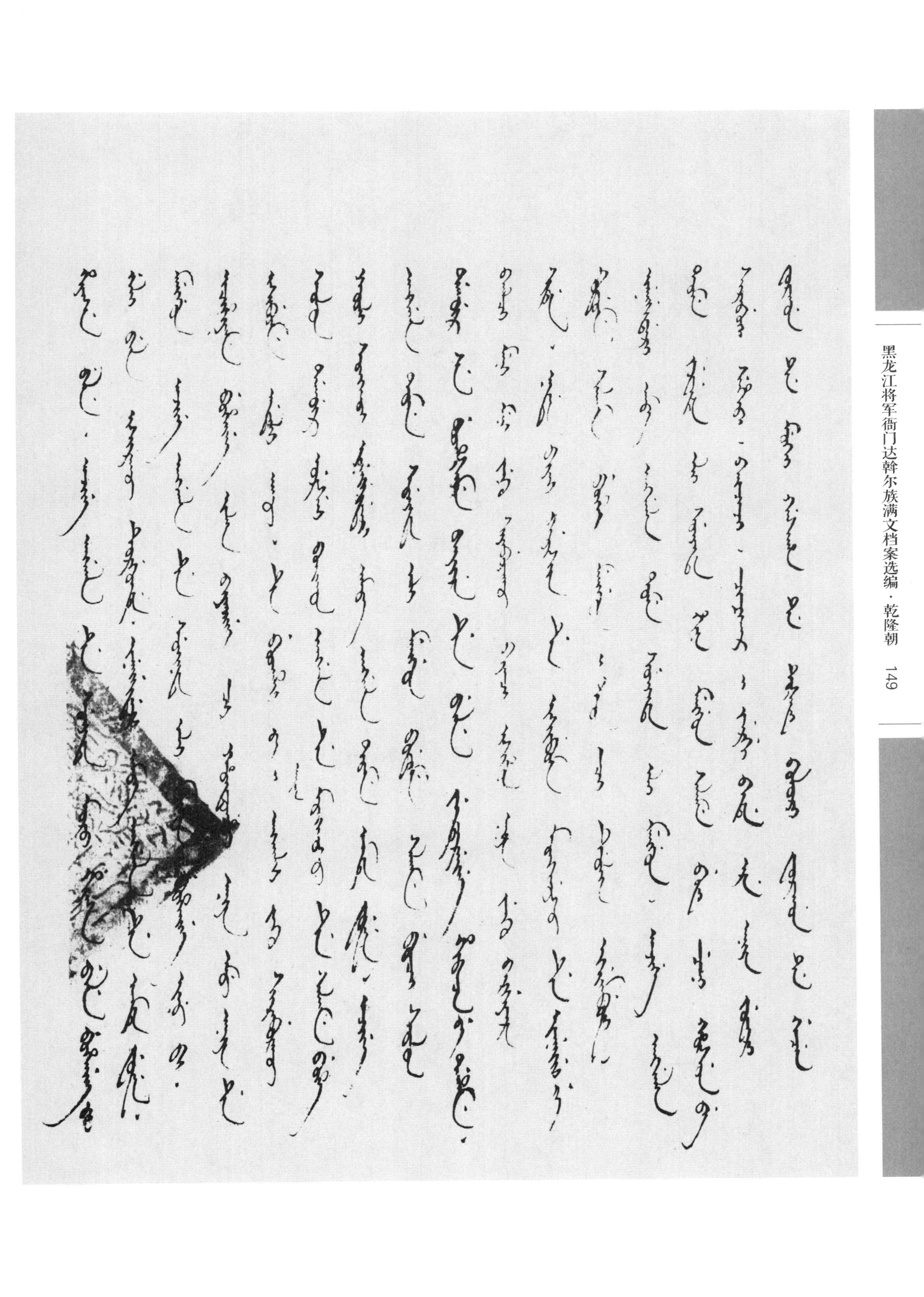

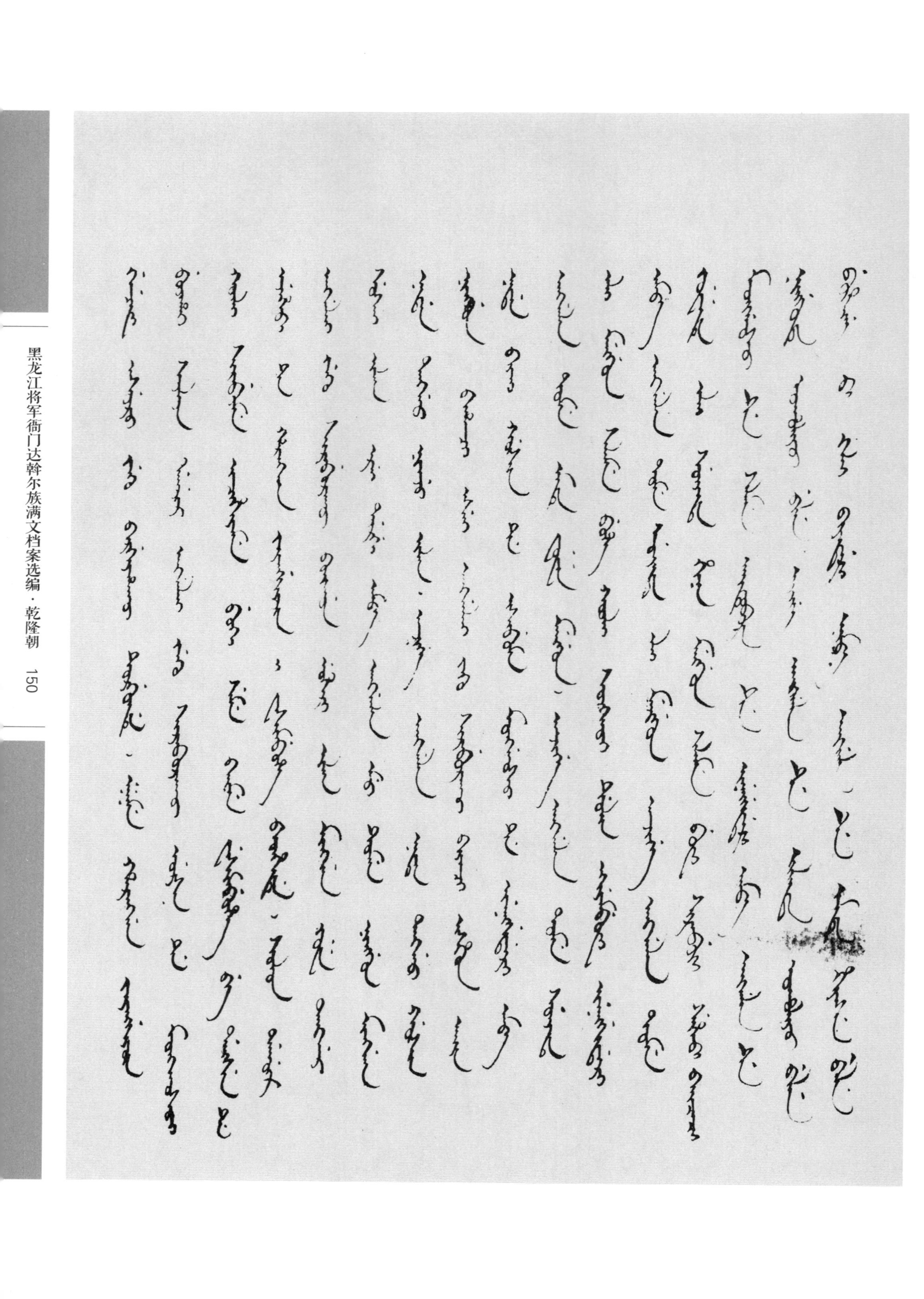

[illegible]

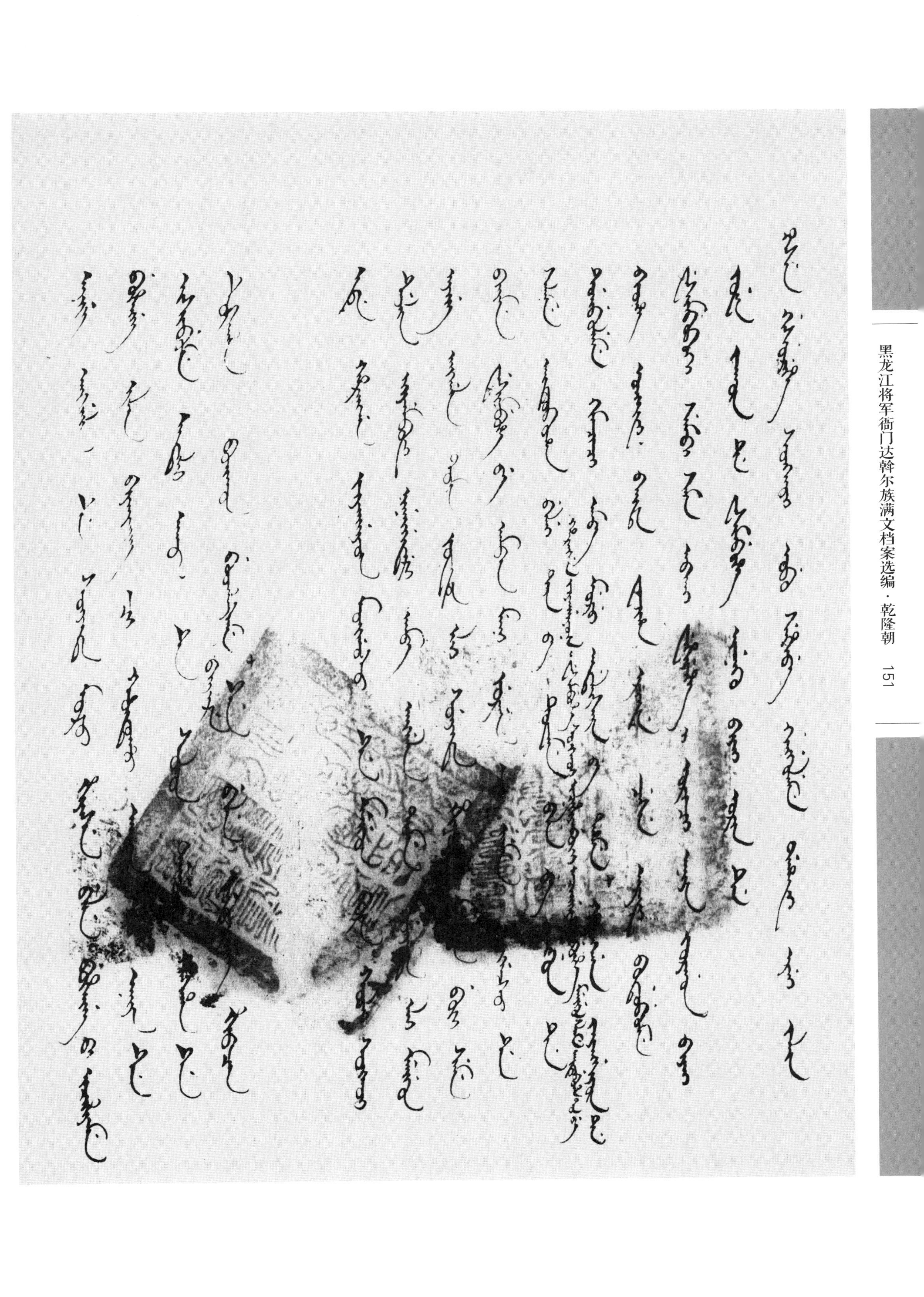

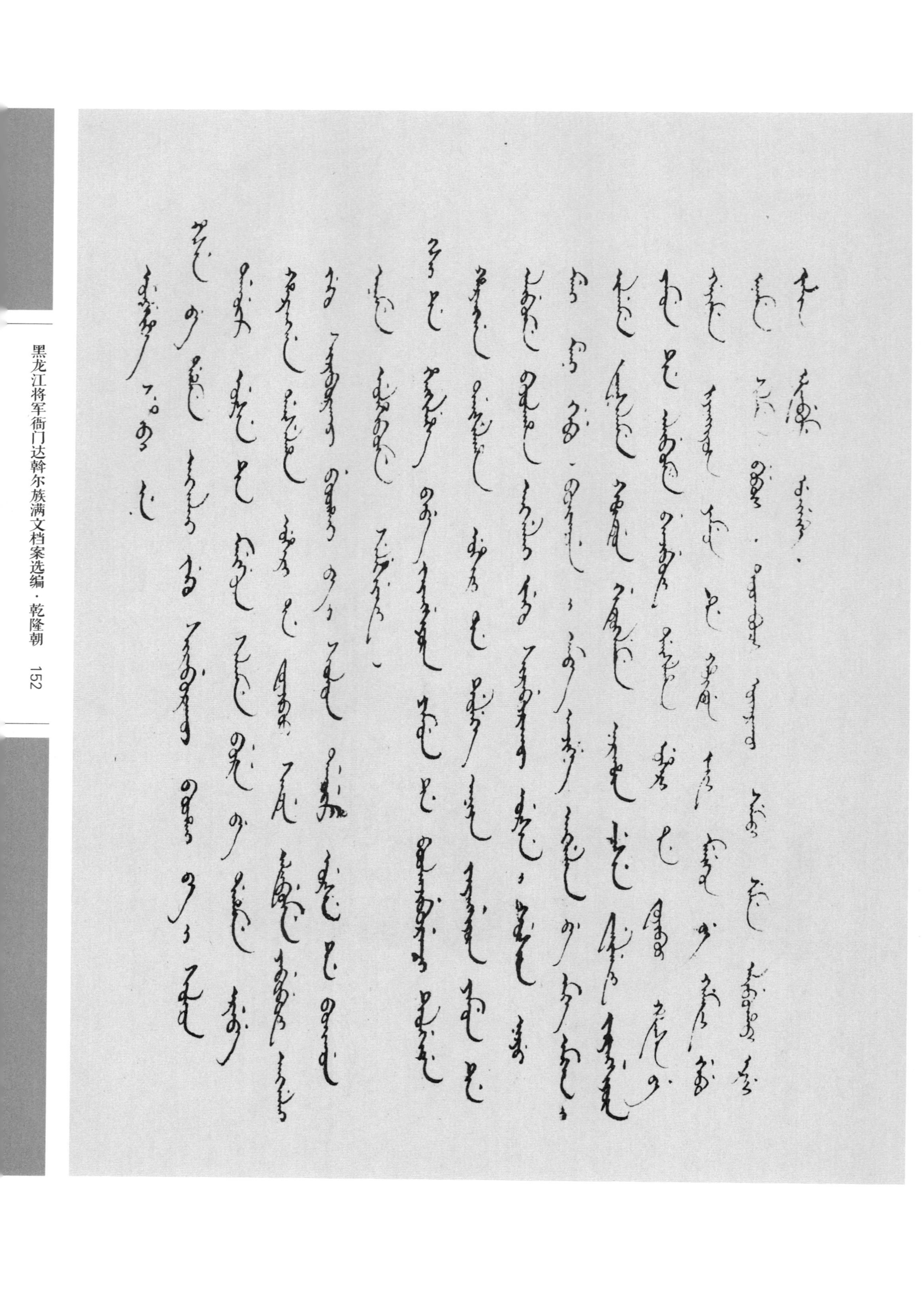

八五五 黑龙江将军衙门为齐齐哈尔镶黄旗达斡尔佐领克图克依病故其所遗缺拣员引见补放事咨兵部文

乾隆二十一年三月十五日

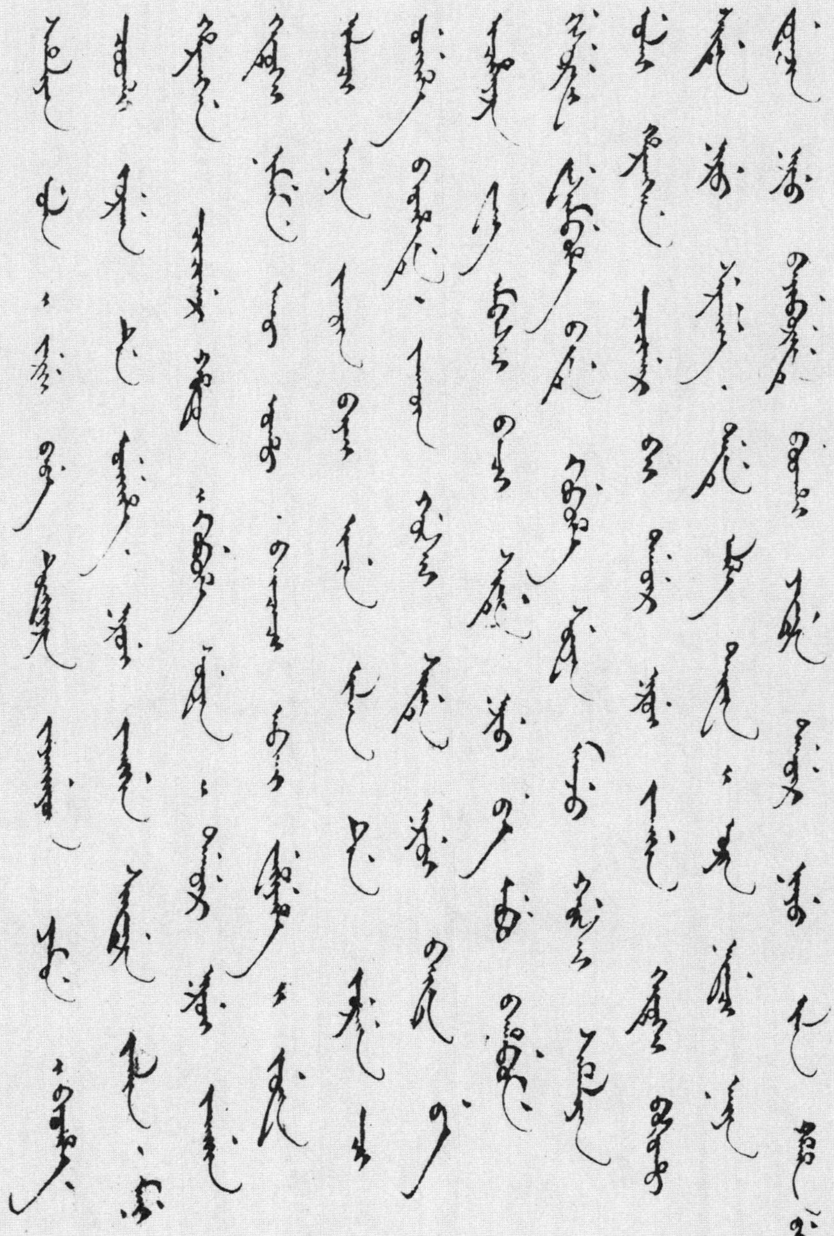

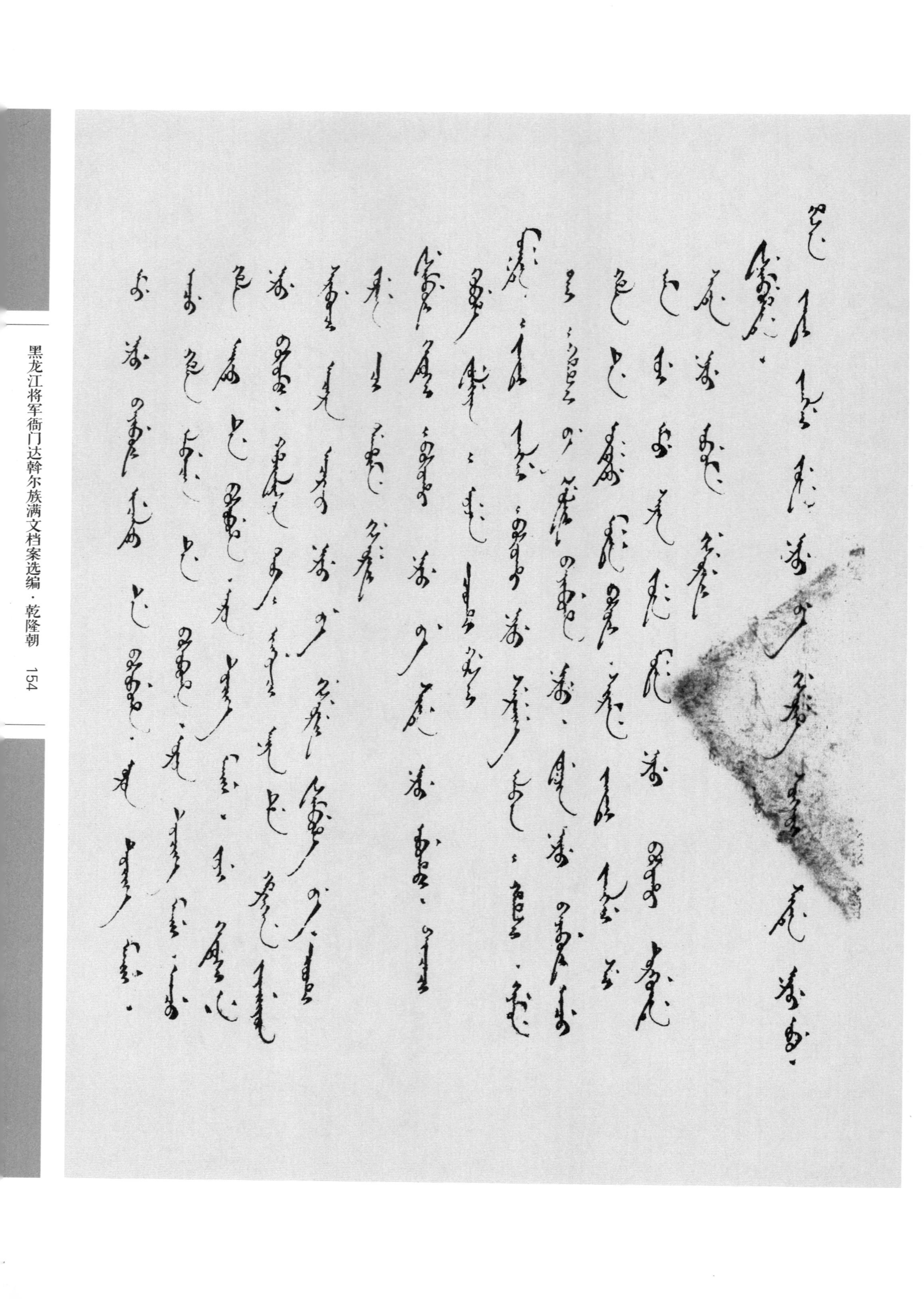

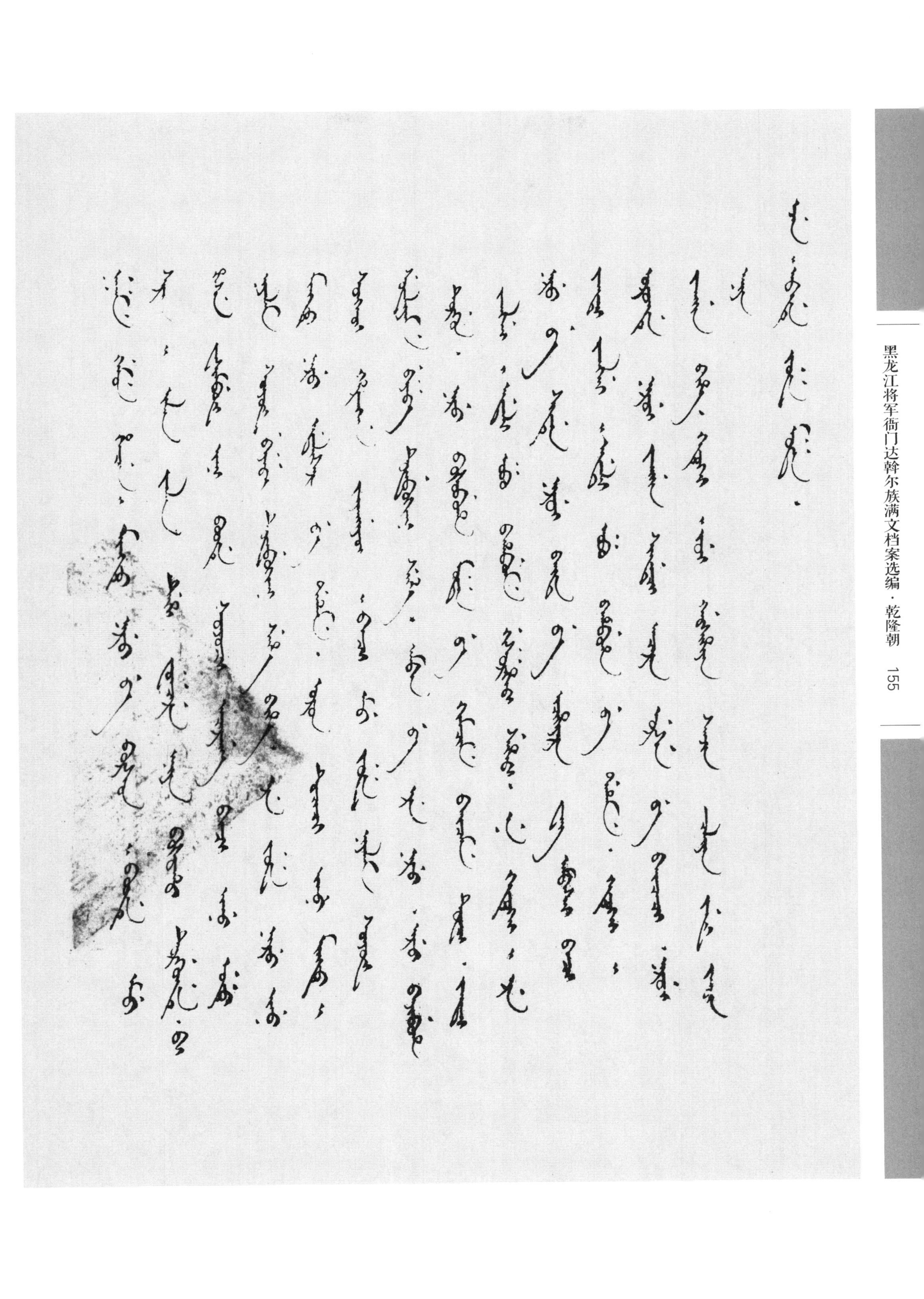

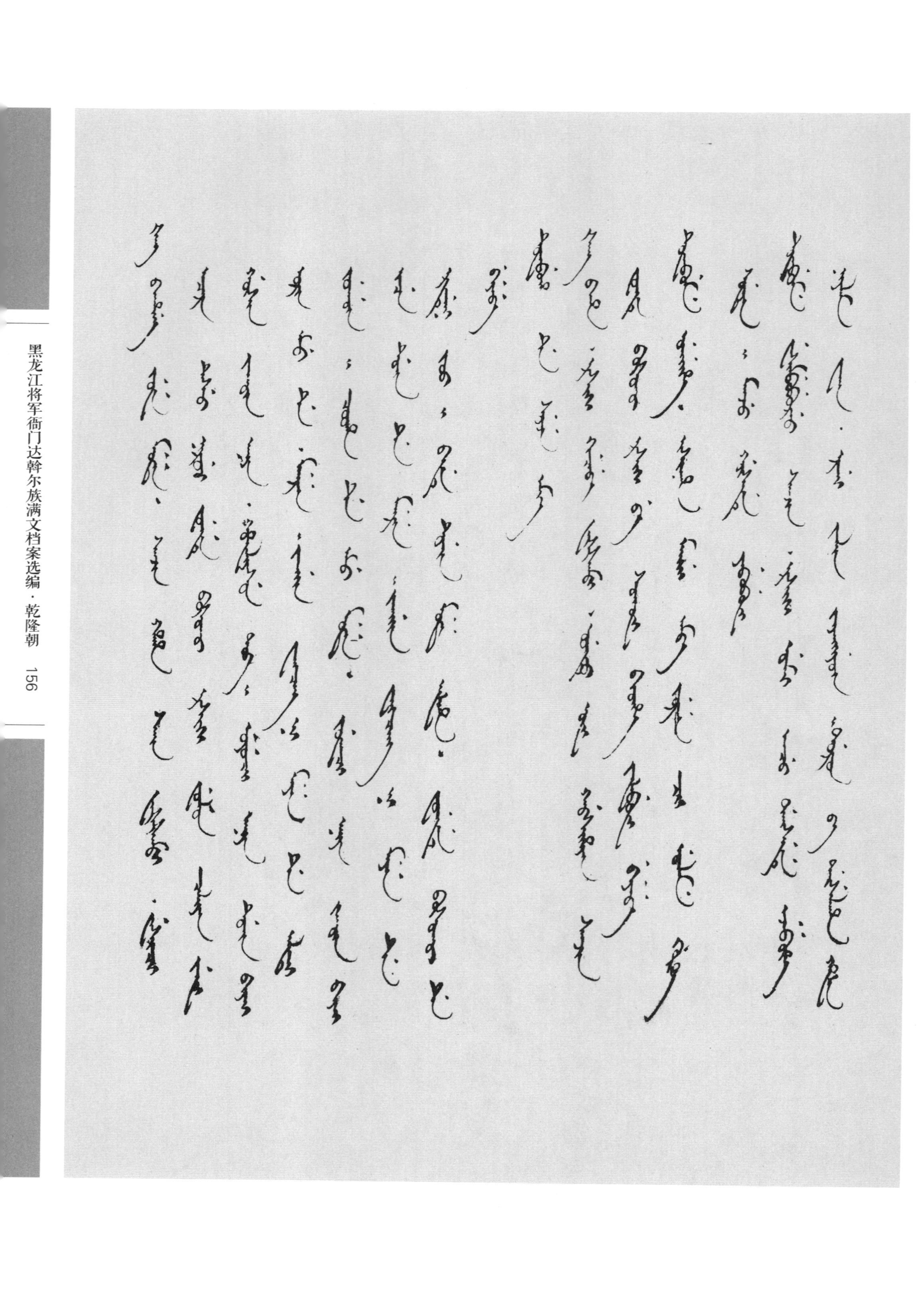

[illegible]

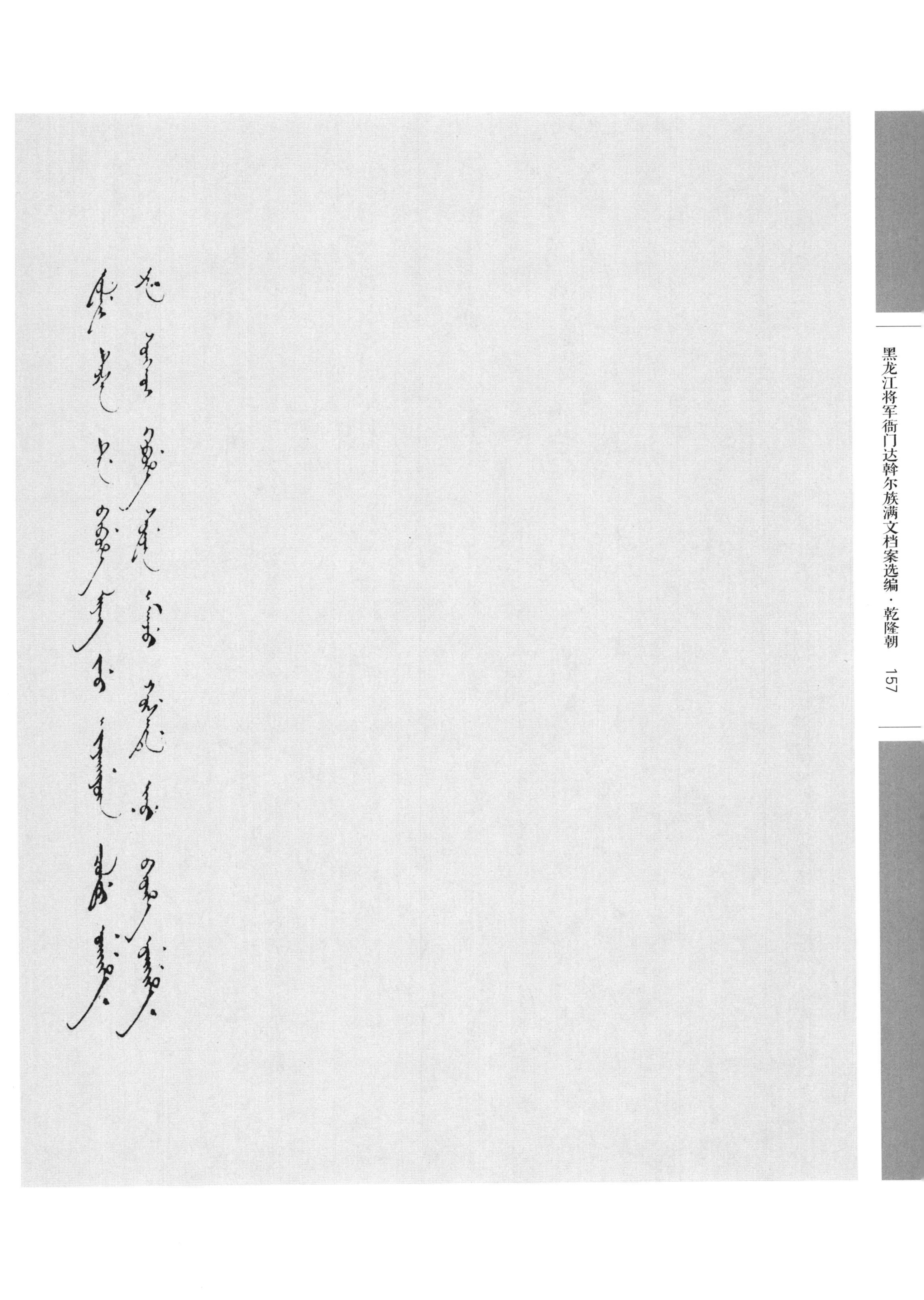

八五六　黑龙江将军衙门为令严加查收未出征索伦达斡尔等捕获貂皮等情事札署布特哈索伦达斡尔总管佛济保文

乾隆二十一年四月初七日

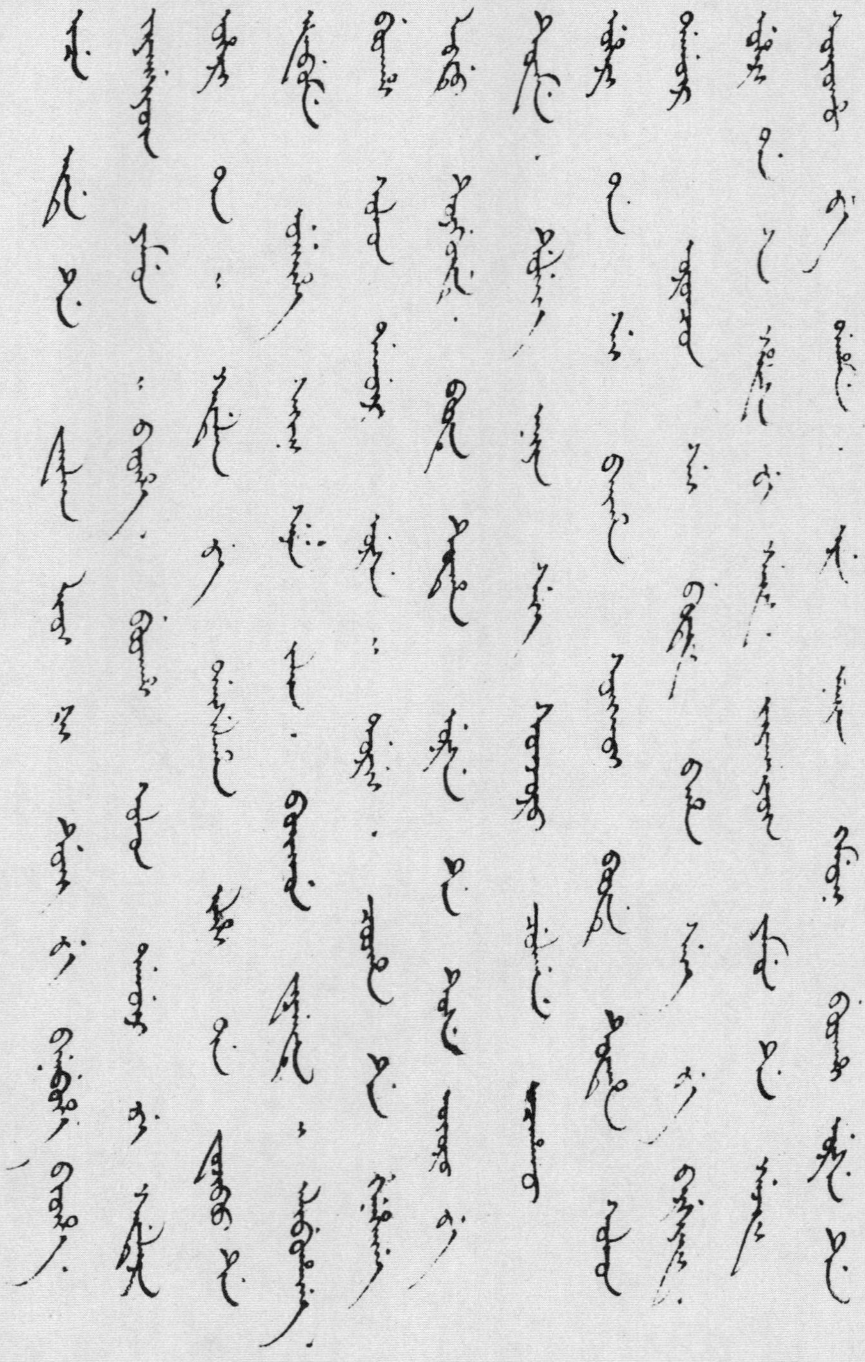

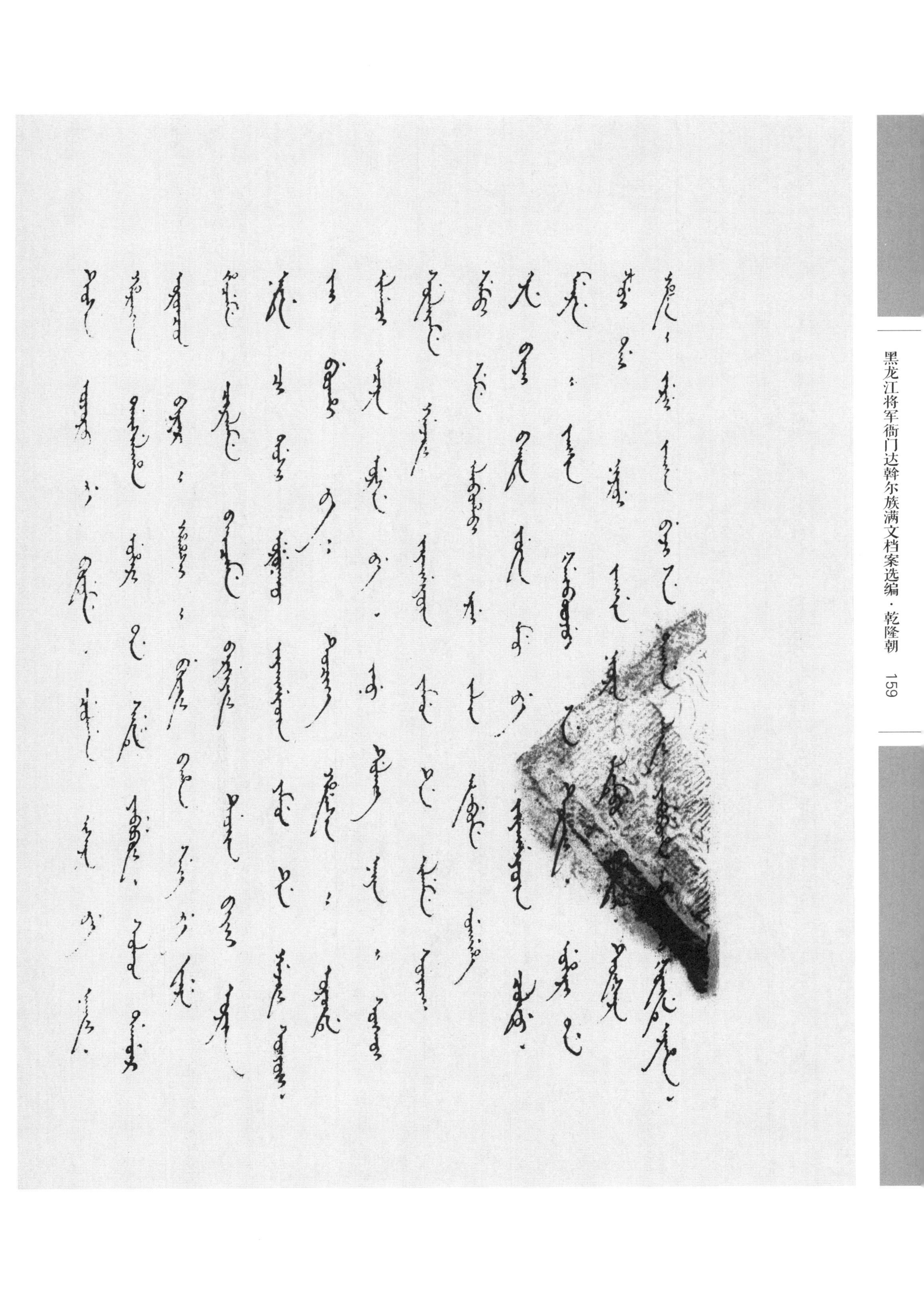

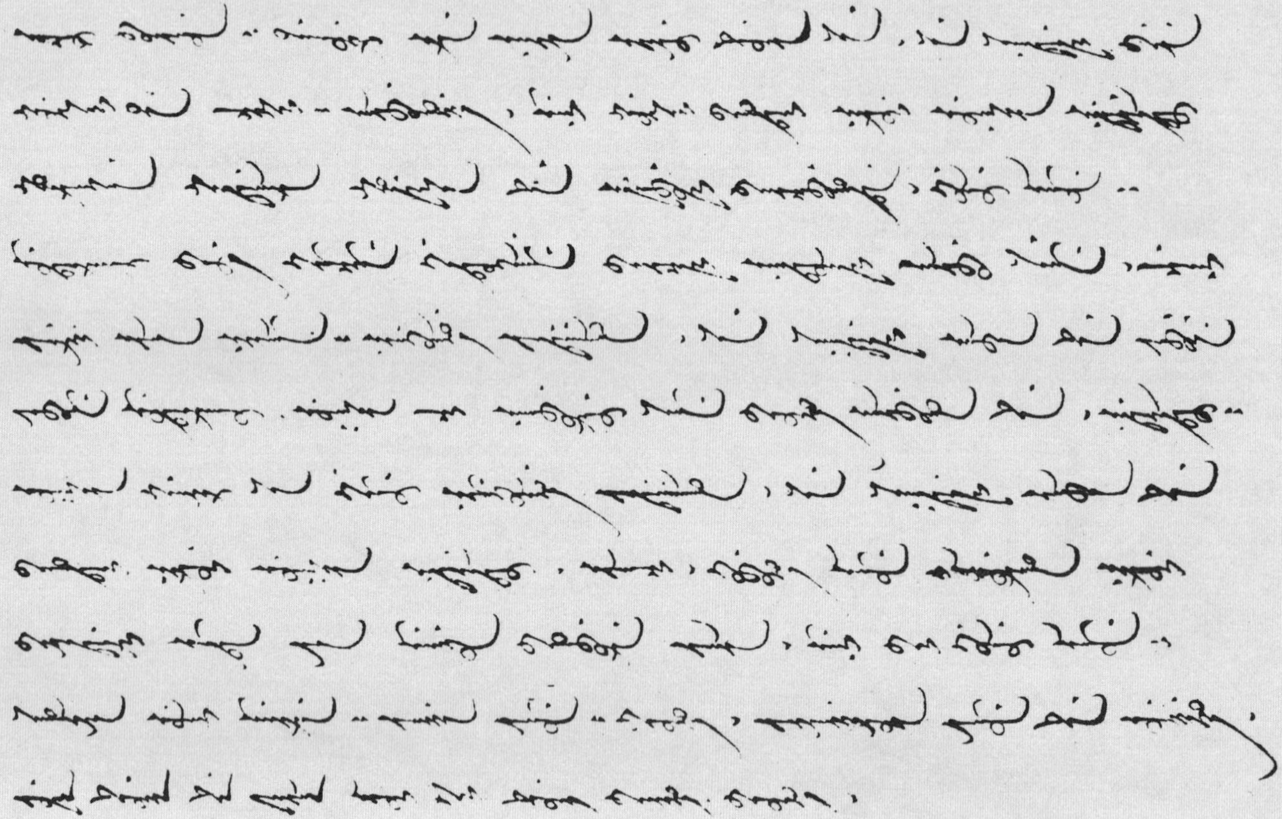

乾隆二十一年四月十四日

军衙门文

八五七　黑龙江副都统衙门为黑龙江正蓝旗另户达斡尔披甲等病残年老无子嗣照例赏银事咨黑龙江将

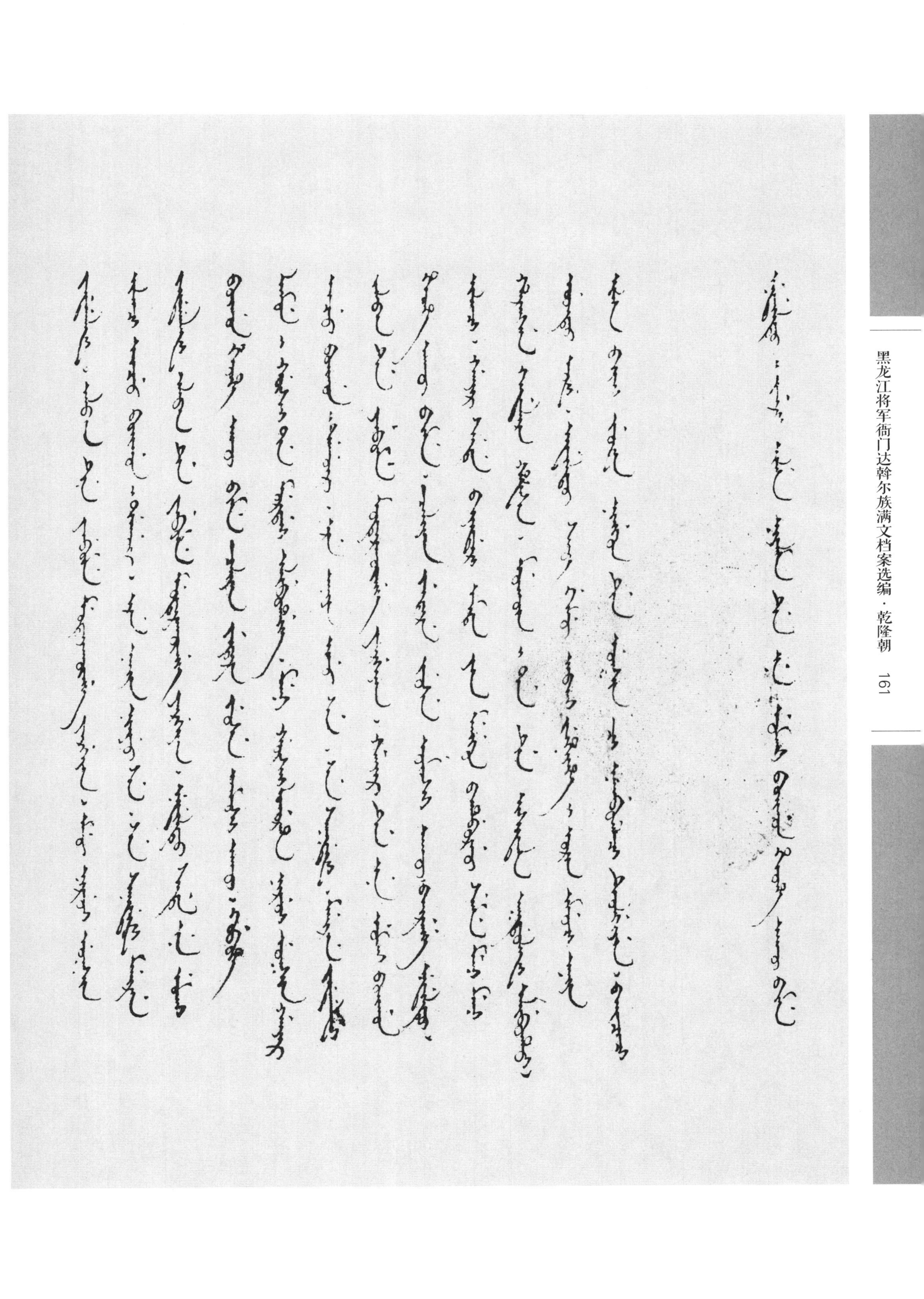

[illegible]

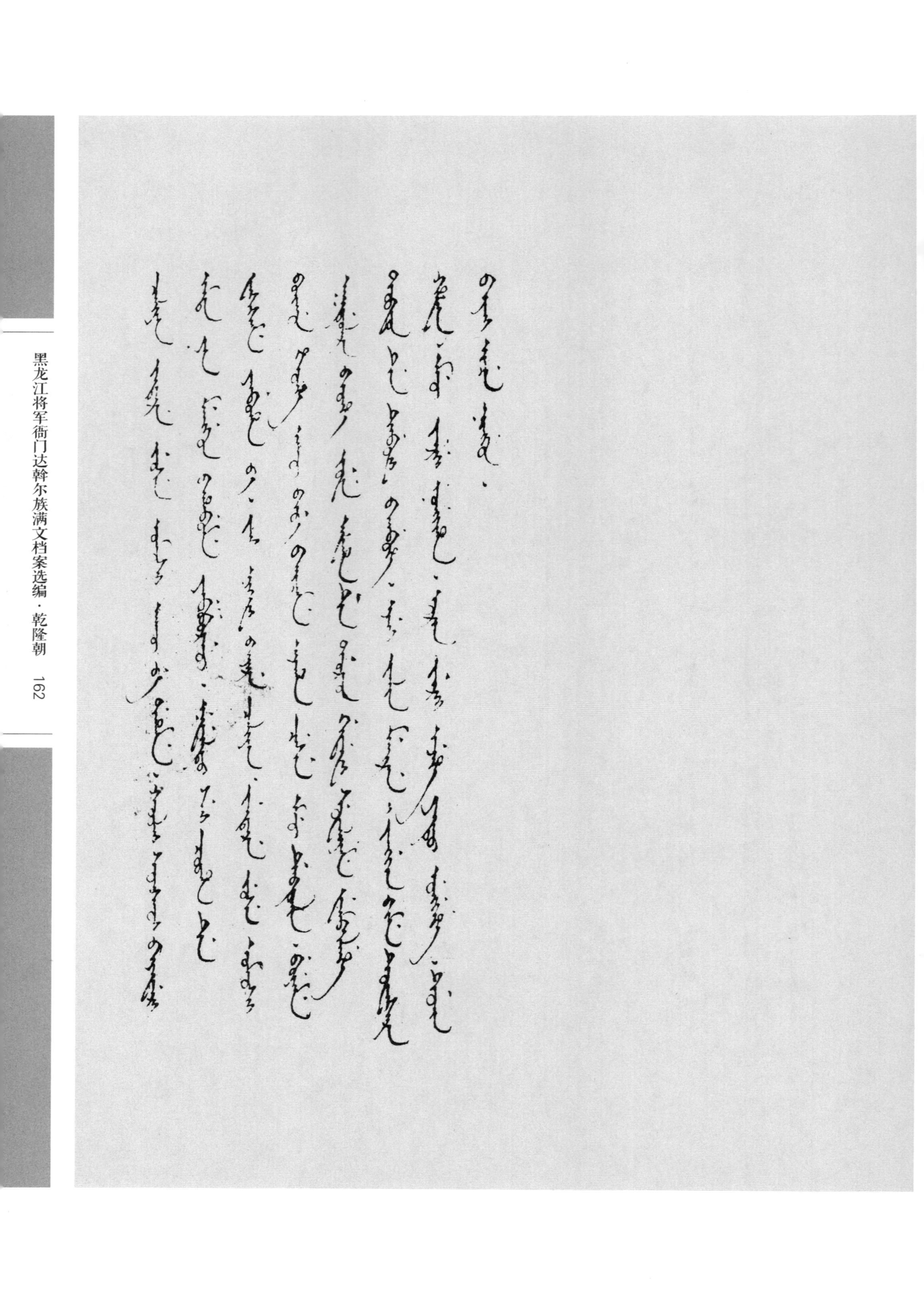

[illegible]

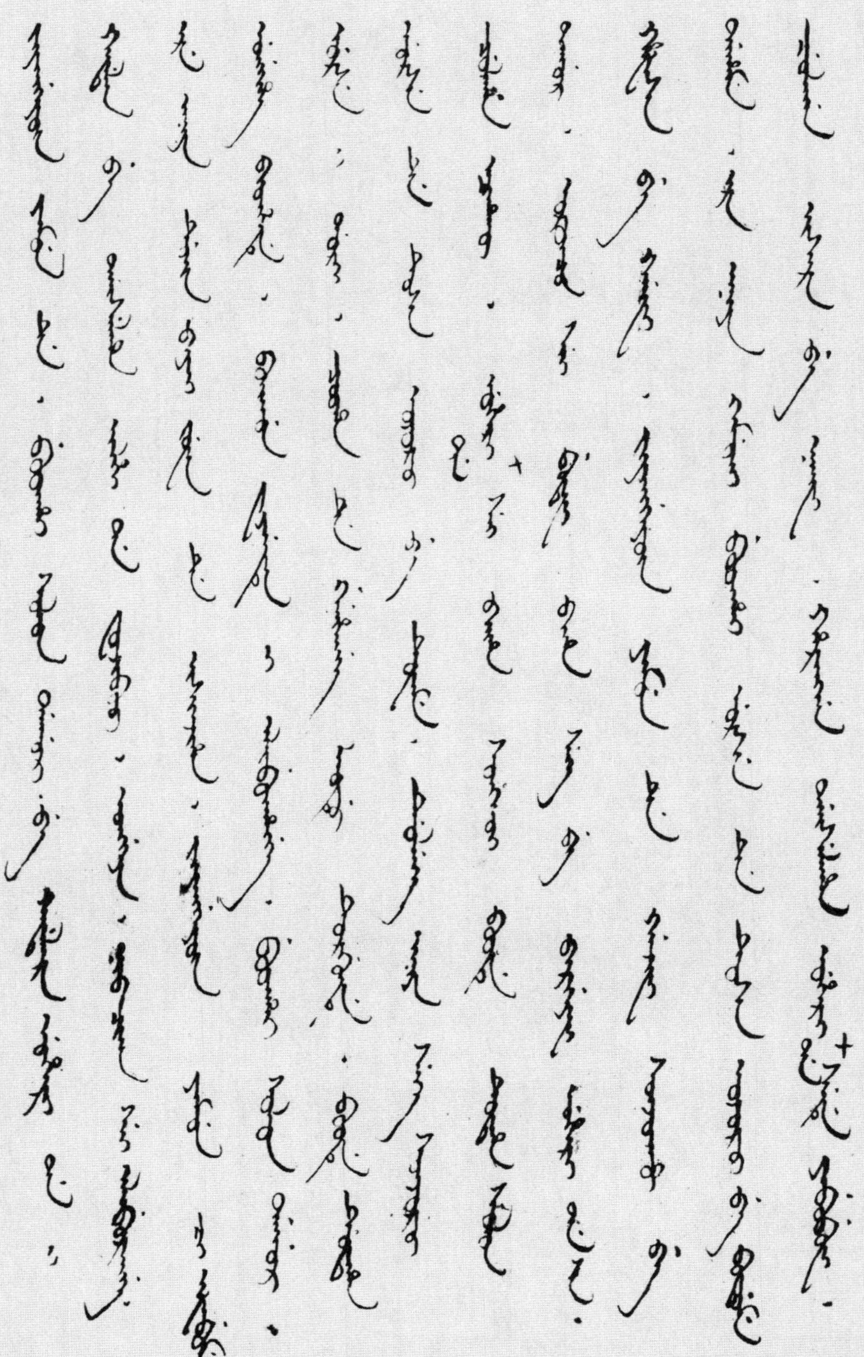

八五八　署布特哈索伦达斡尔总管佛济保等为请推迟索伦达斡尔等选送贡貂日期事呈黑龙江将军衙门文

乾隆二十一年四月十五日

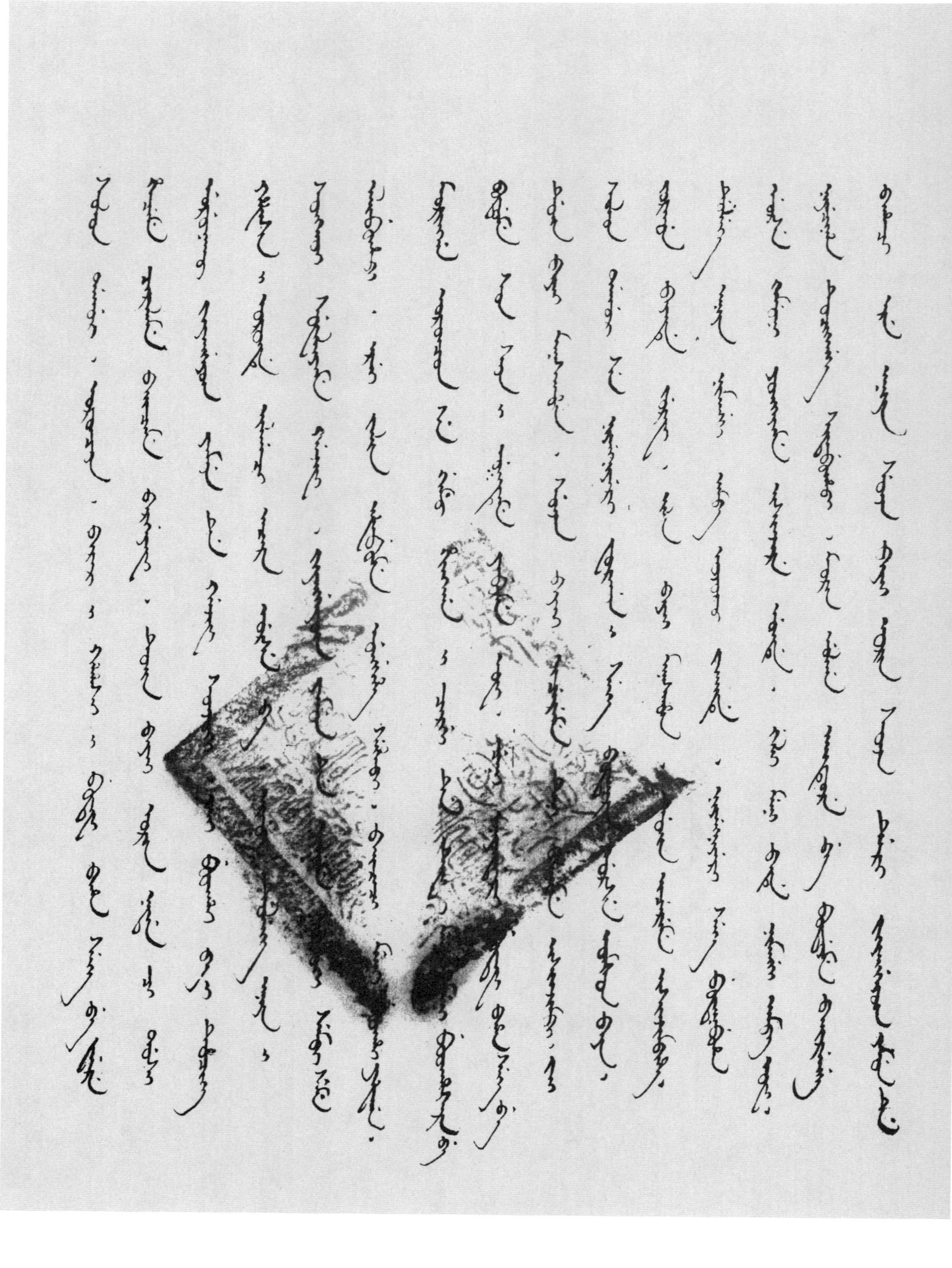

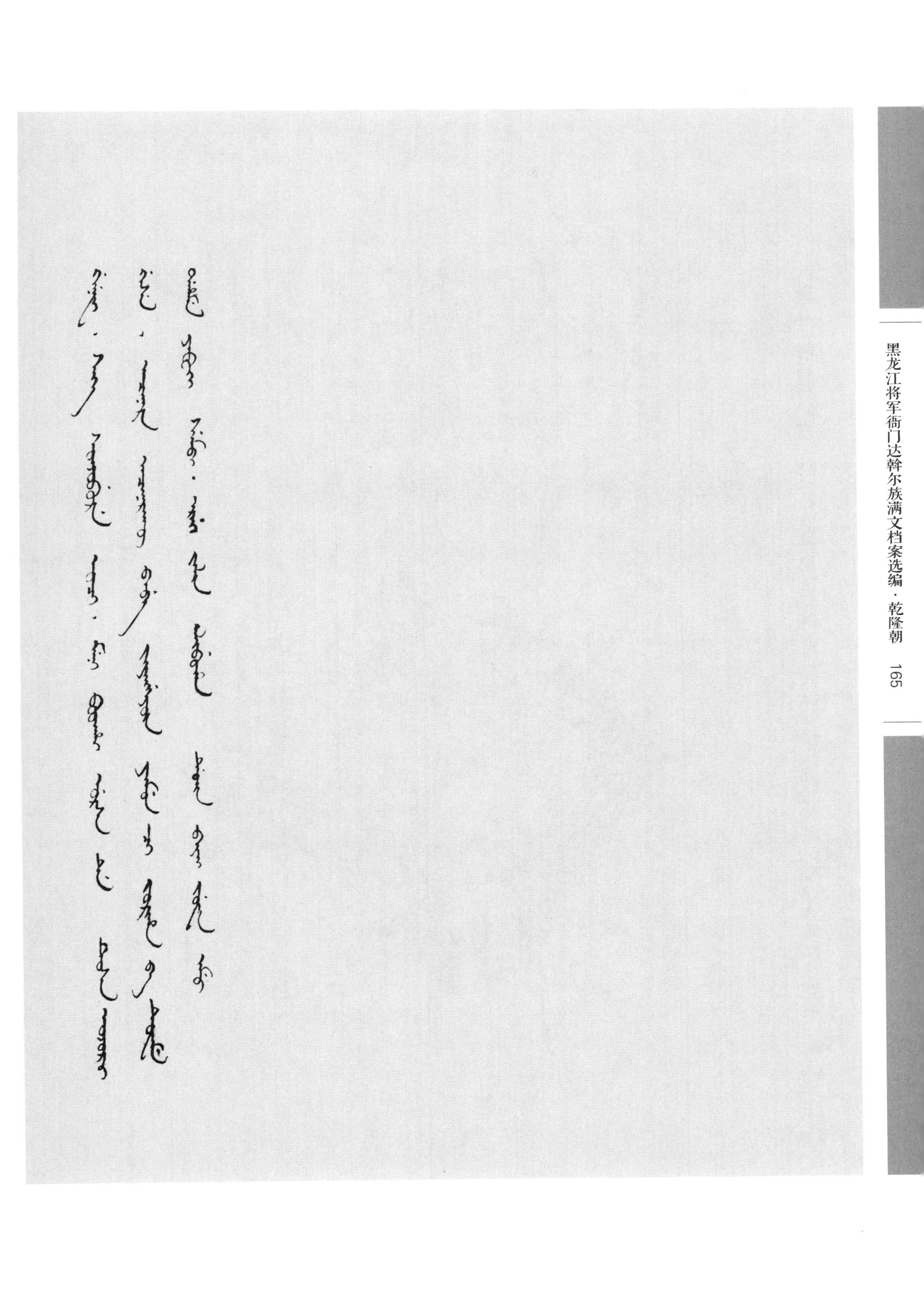

[illegible]

[illegible]

[illegible]

八五九 署布特哈索伦达斡尔总管佛济保等为造报禾苗受灾断粮索伦达斡尔人等旗佐花名册事呈黑龙江将军衙门文

乾隆二十一年四月二十日

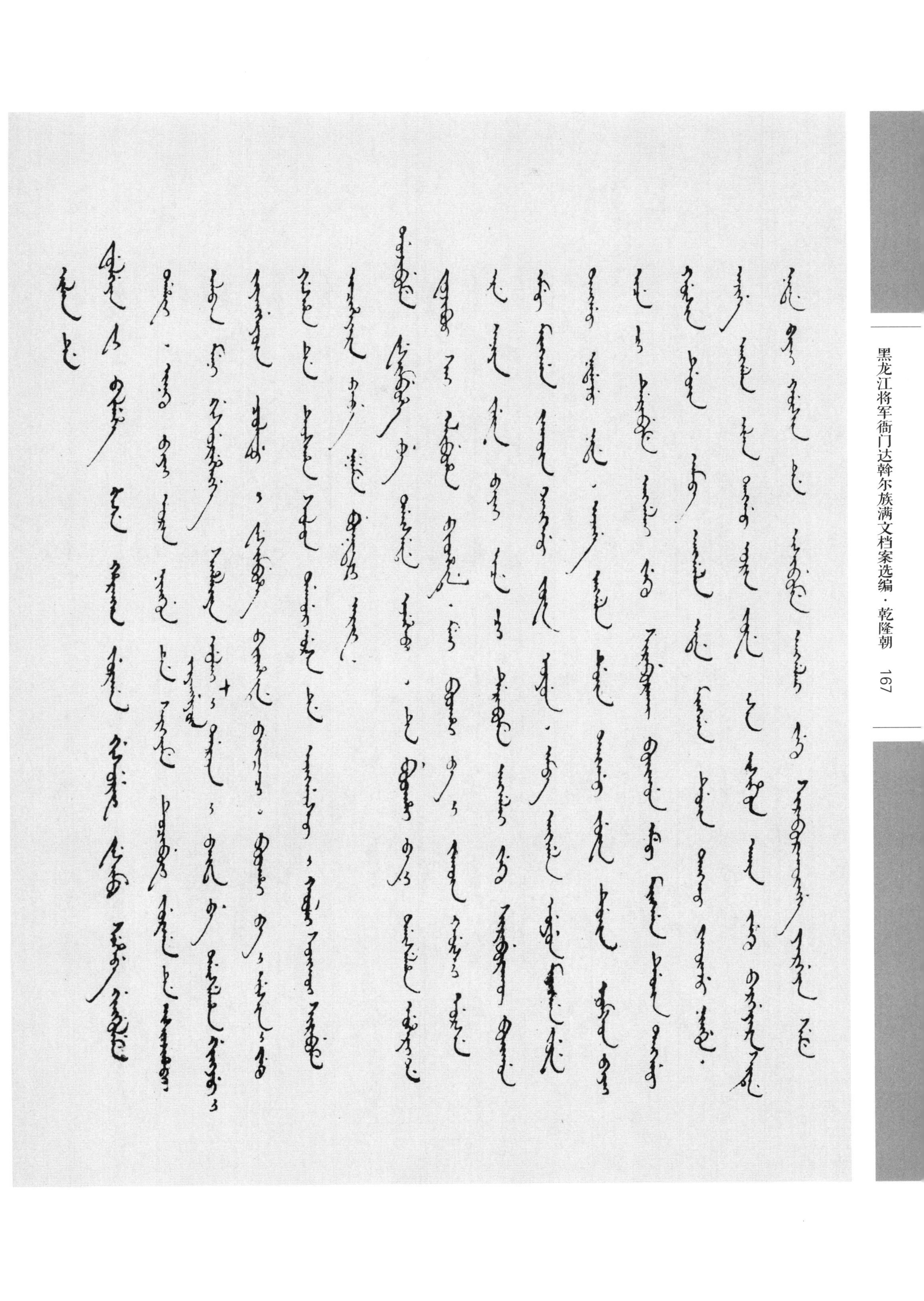

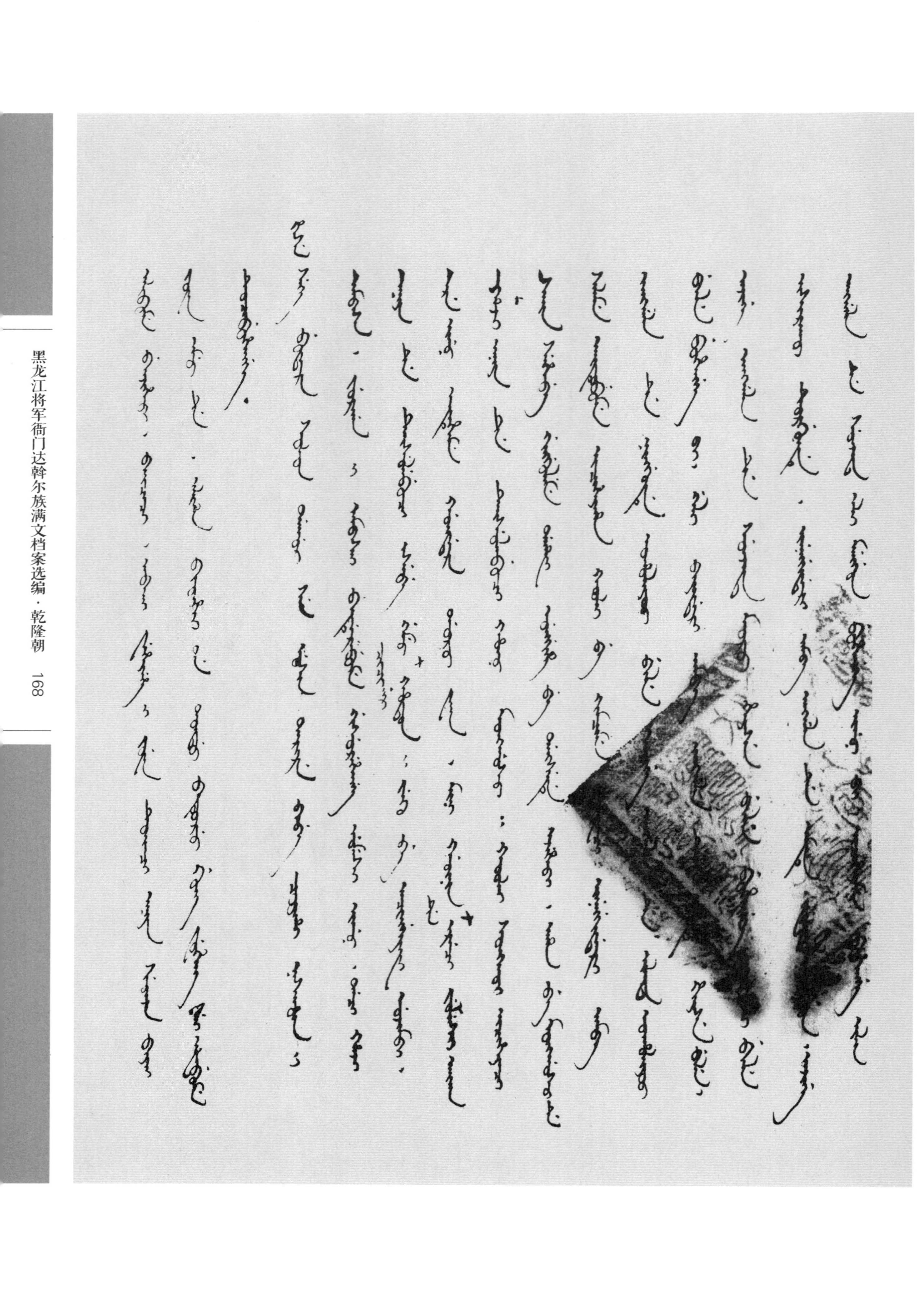

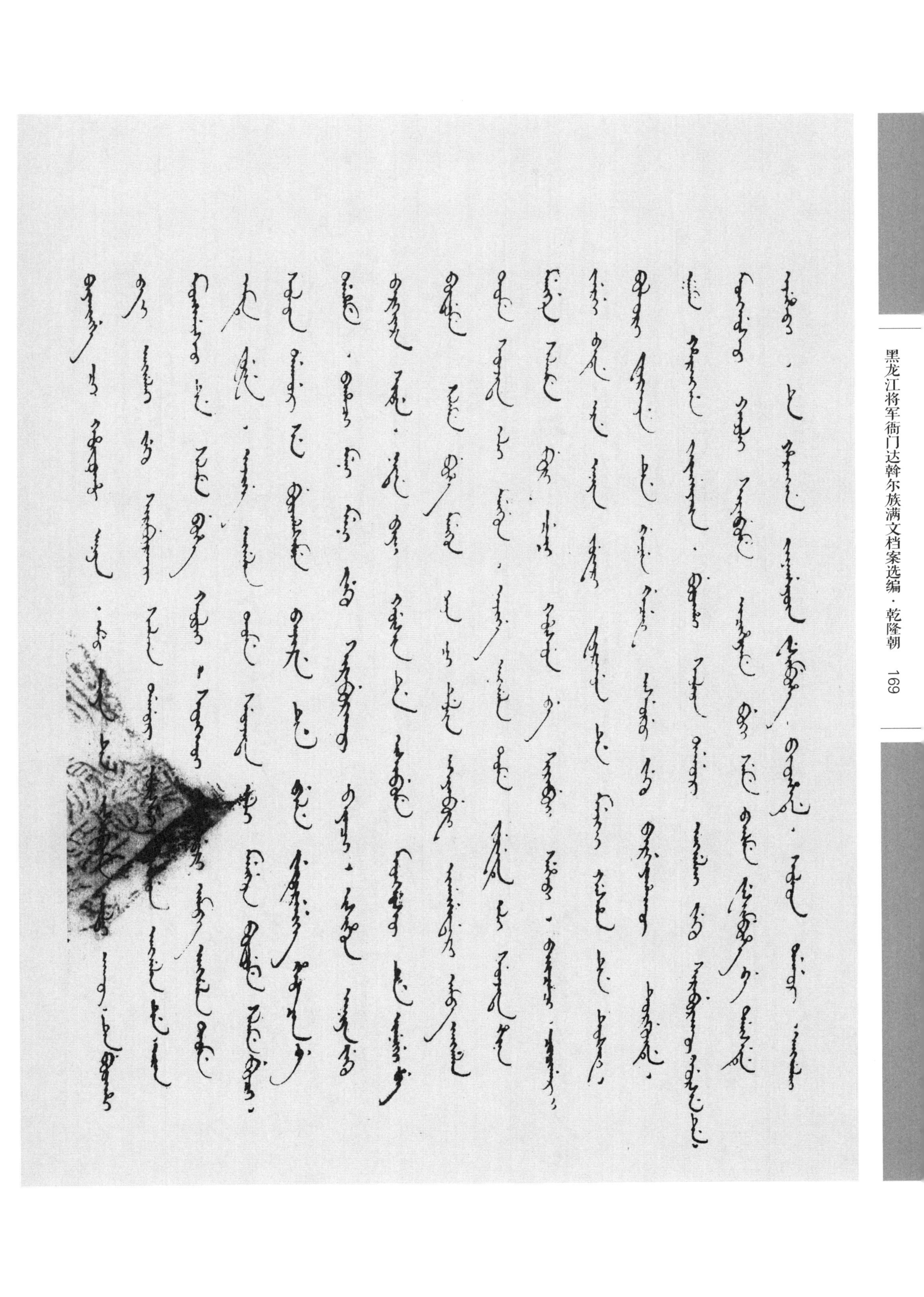

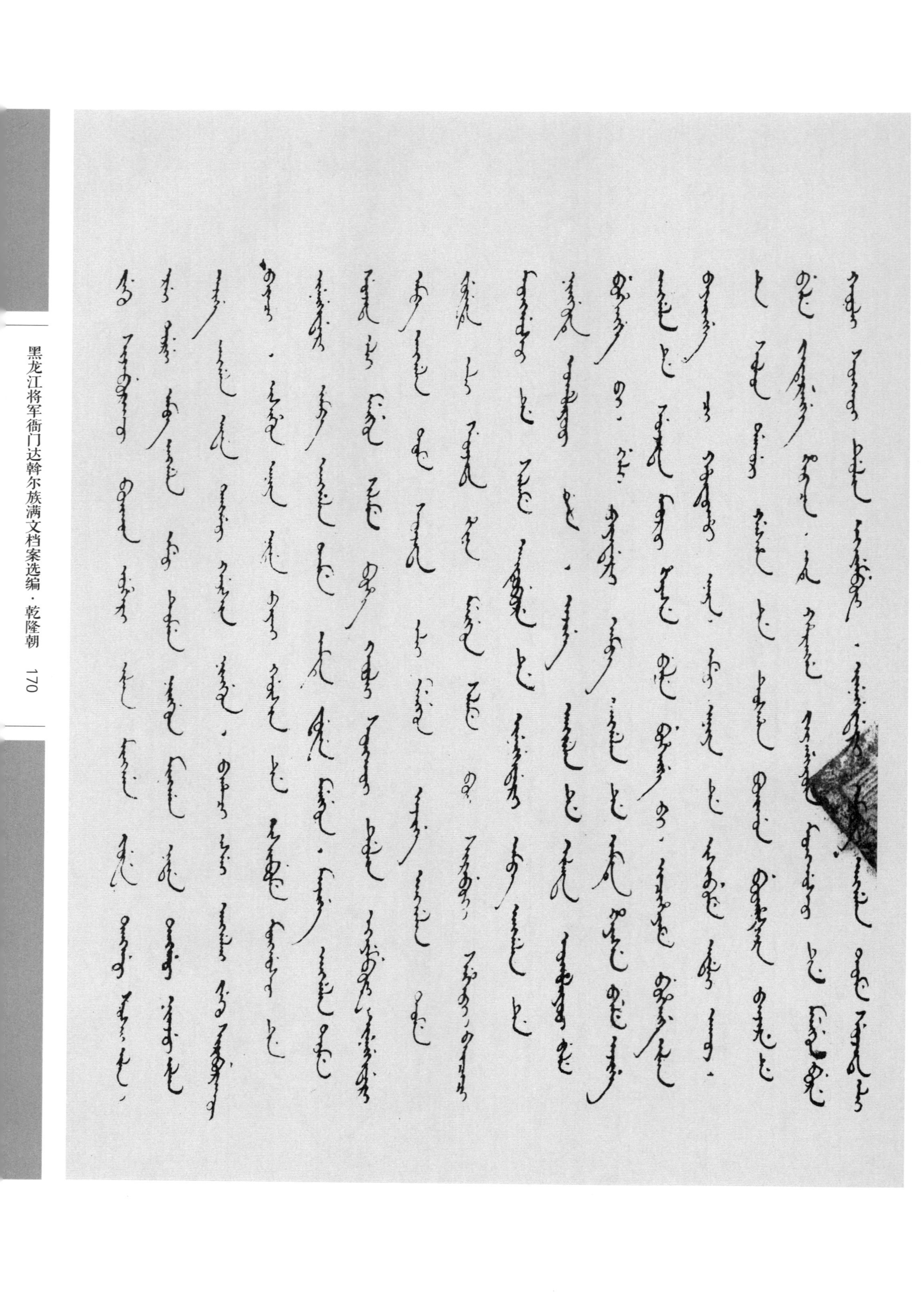

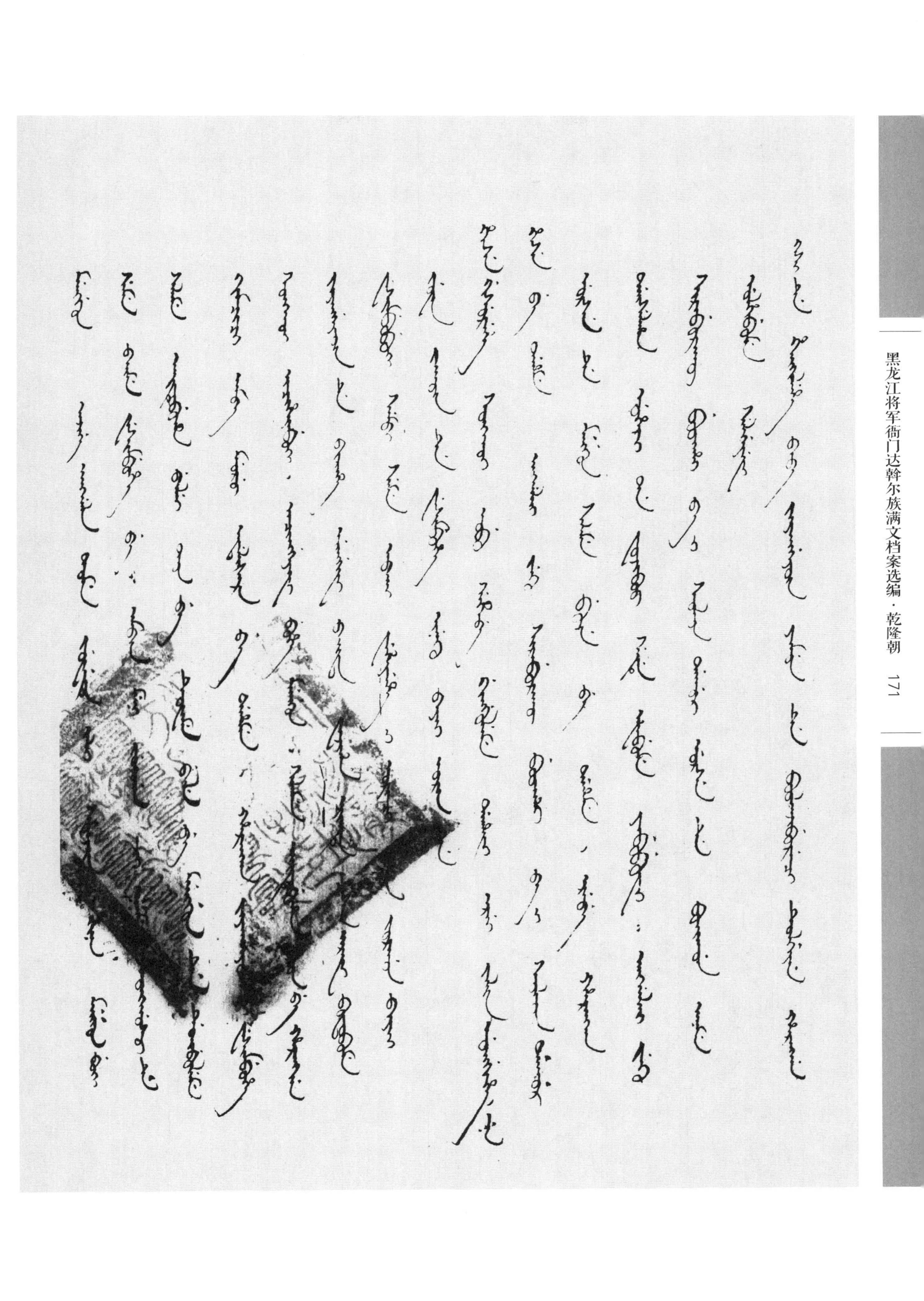

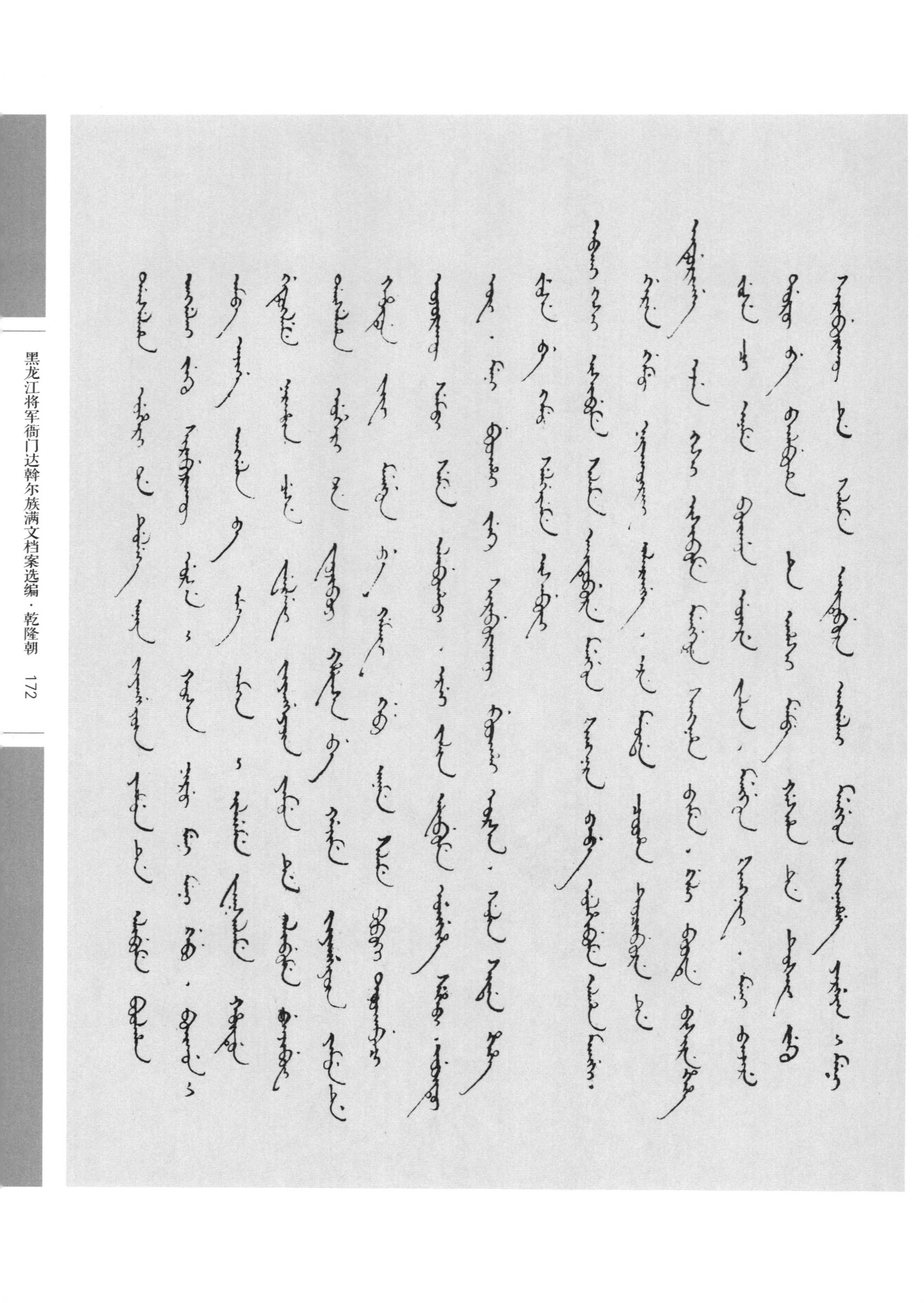

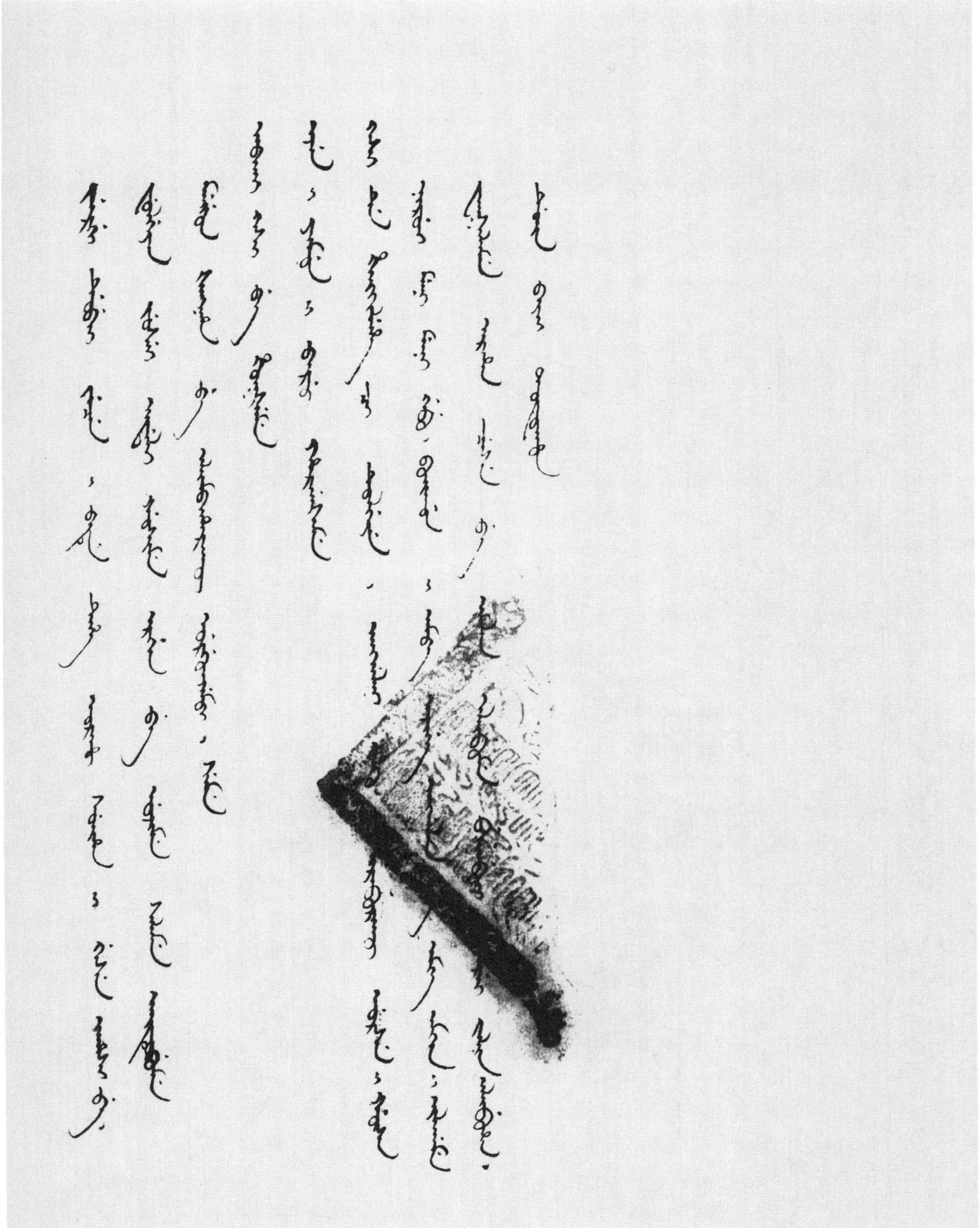

八六〇　黑龙江将军衙门为咨复推迟索伦达斡尔等送选贡貂日期并令足数交送貂皮事札署布特哈索伦达斡尔总管佛济保等文

乾隆二十一年四月二十日

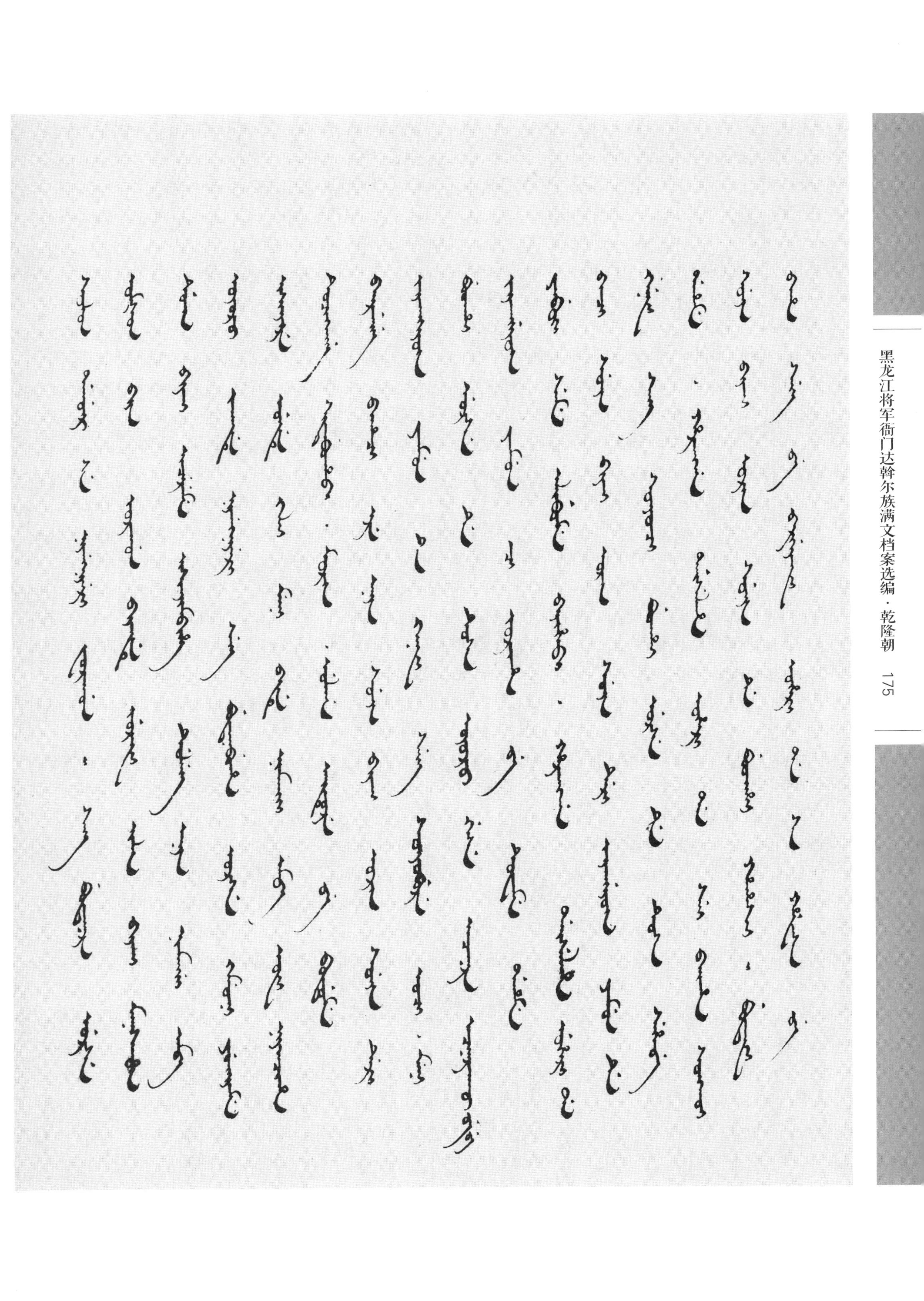

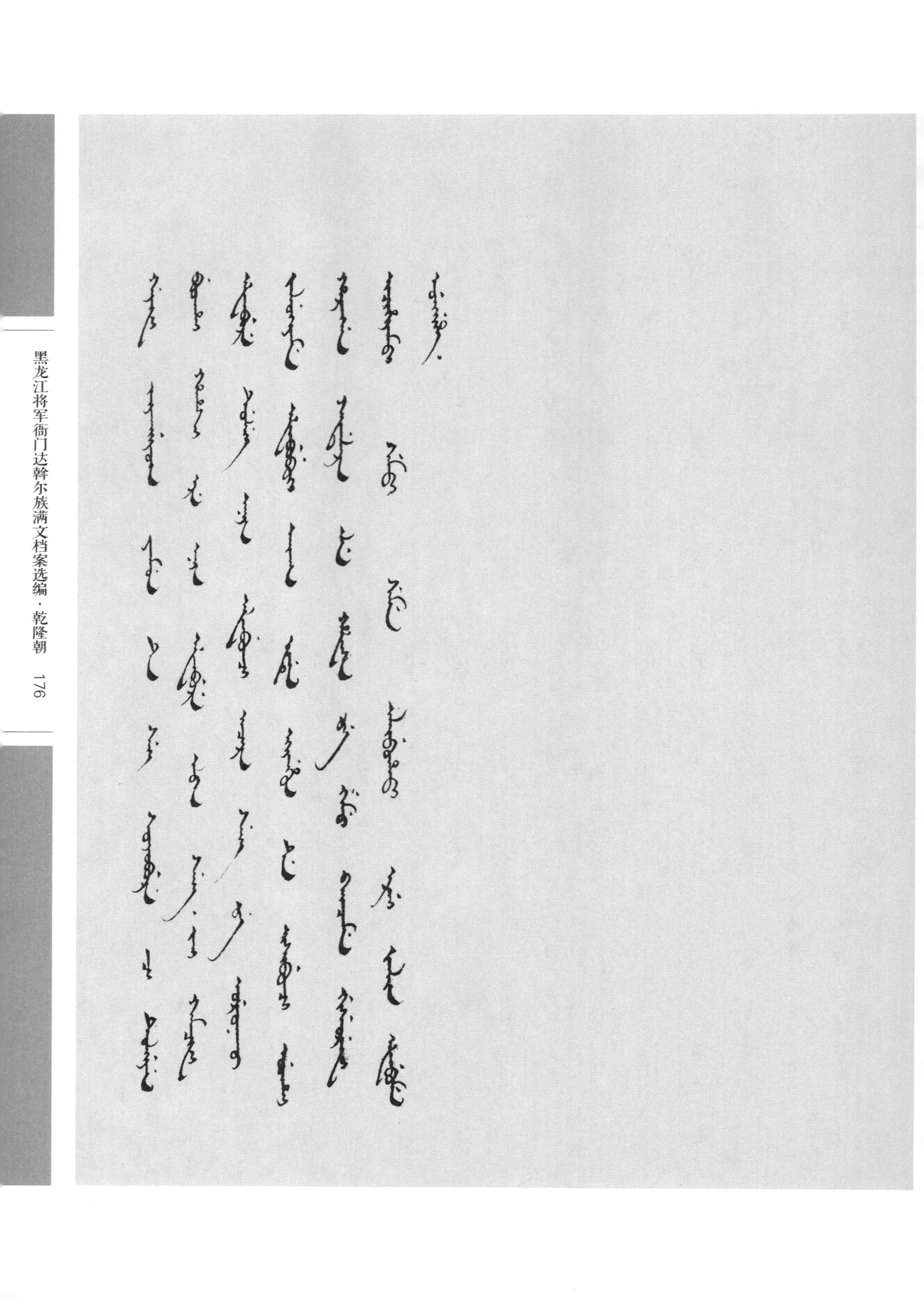

八六一 署黑龙江将军印务凉州将军绰尔多等题查办从军营撤回布特哈索伦达斡尔等官兵马驼军器本

乾隆二十一年四月二十八日

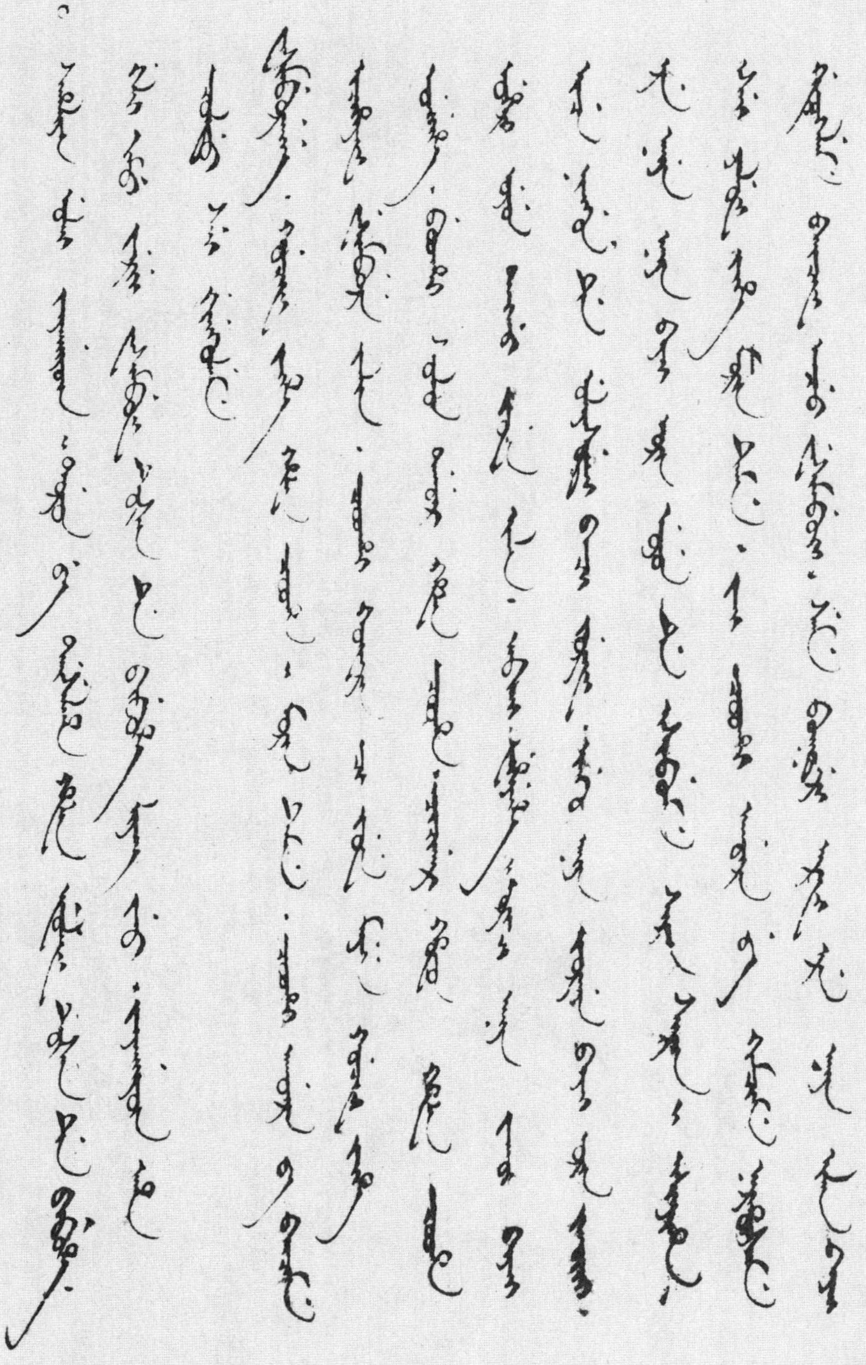

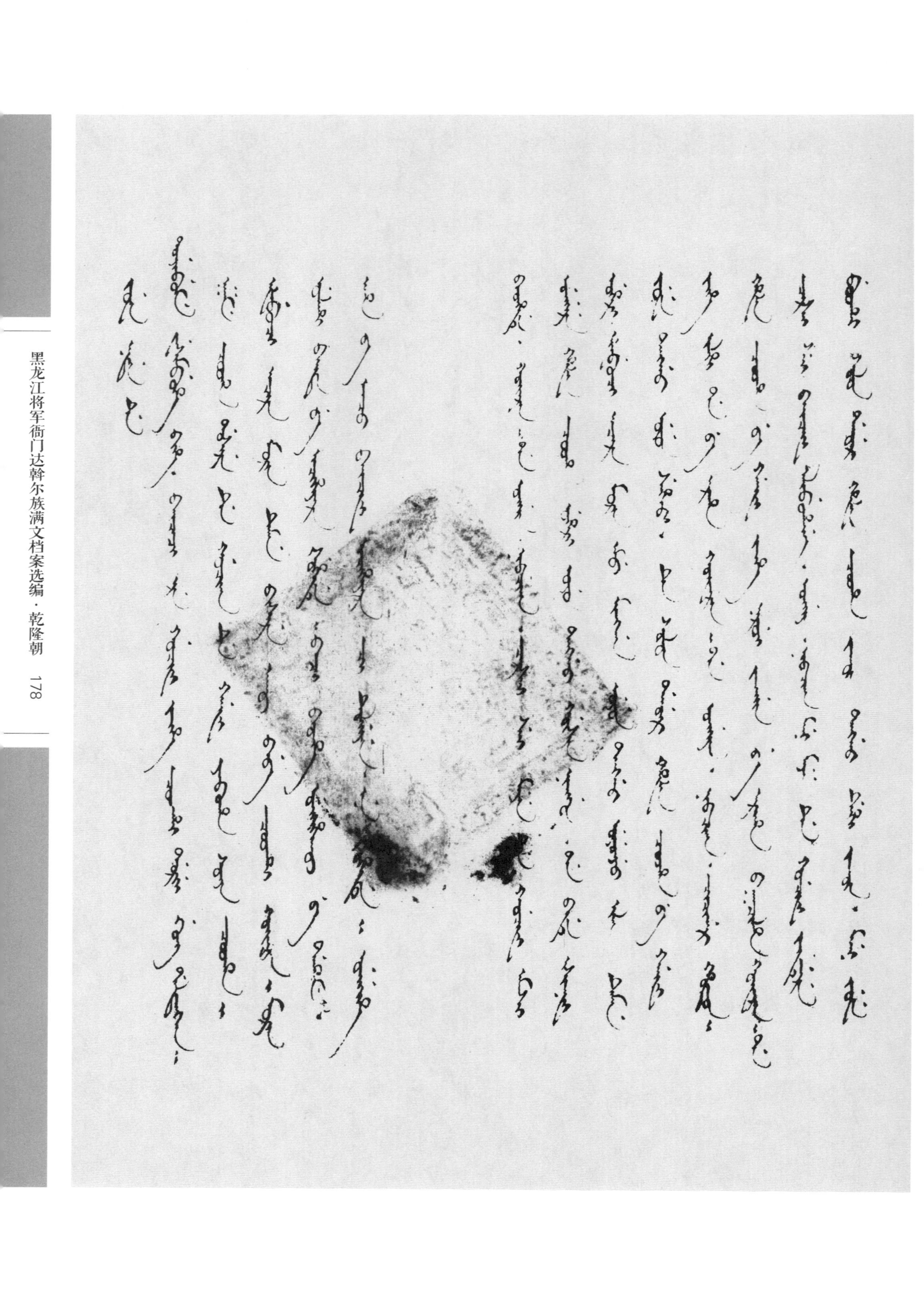

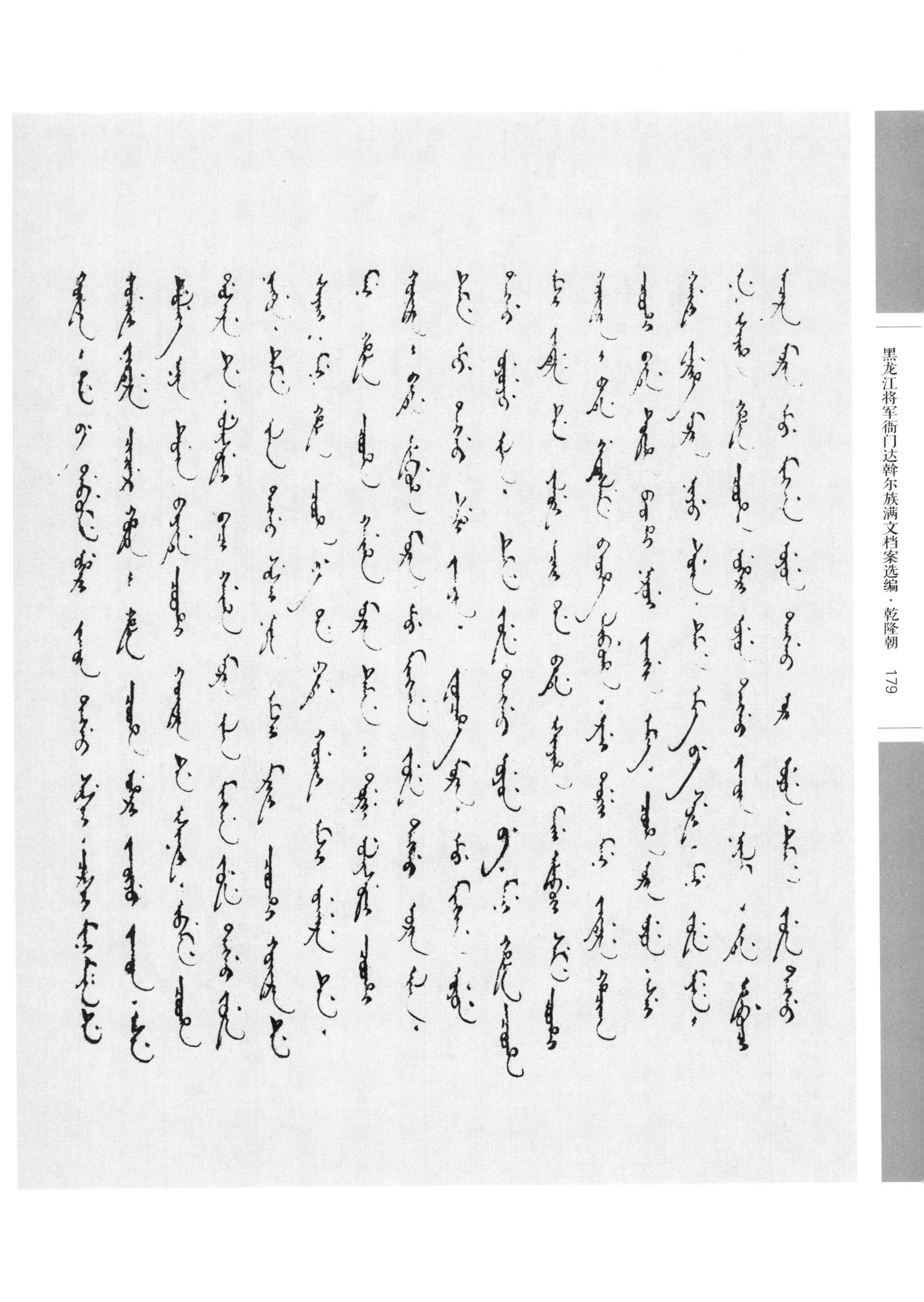

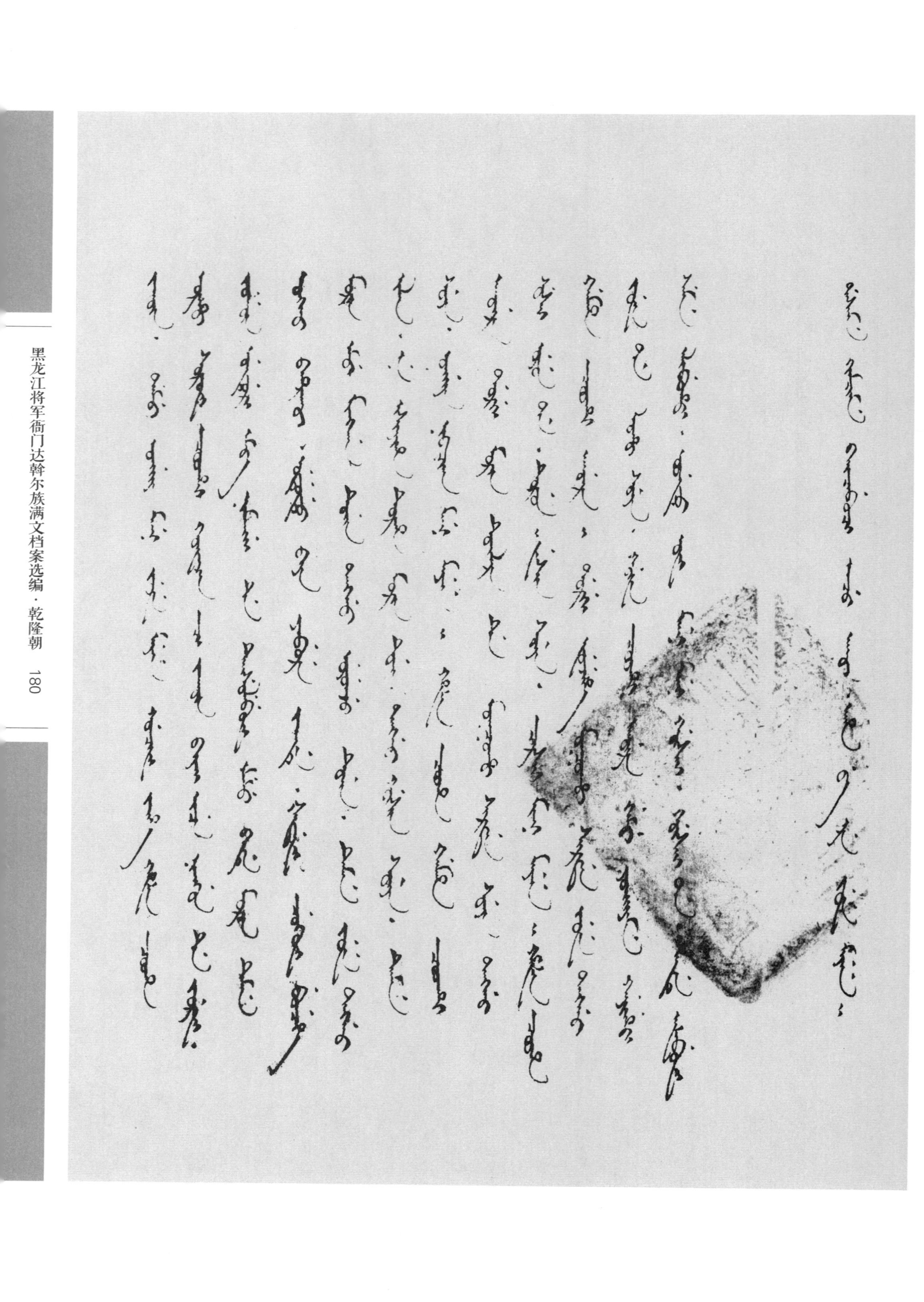

[illegible]

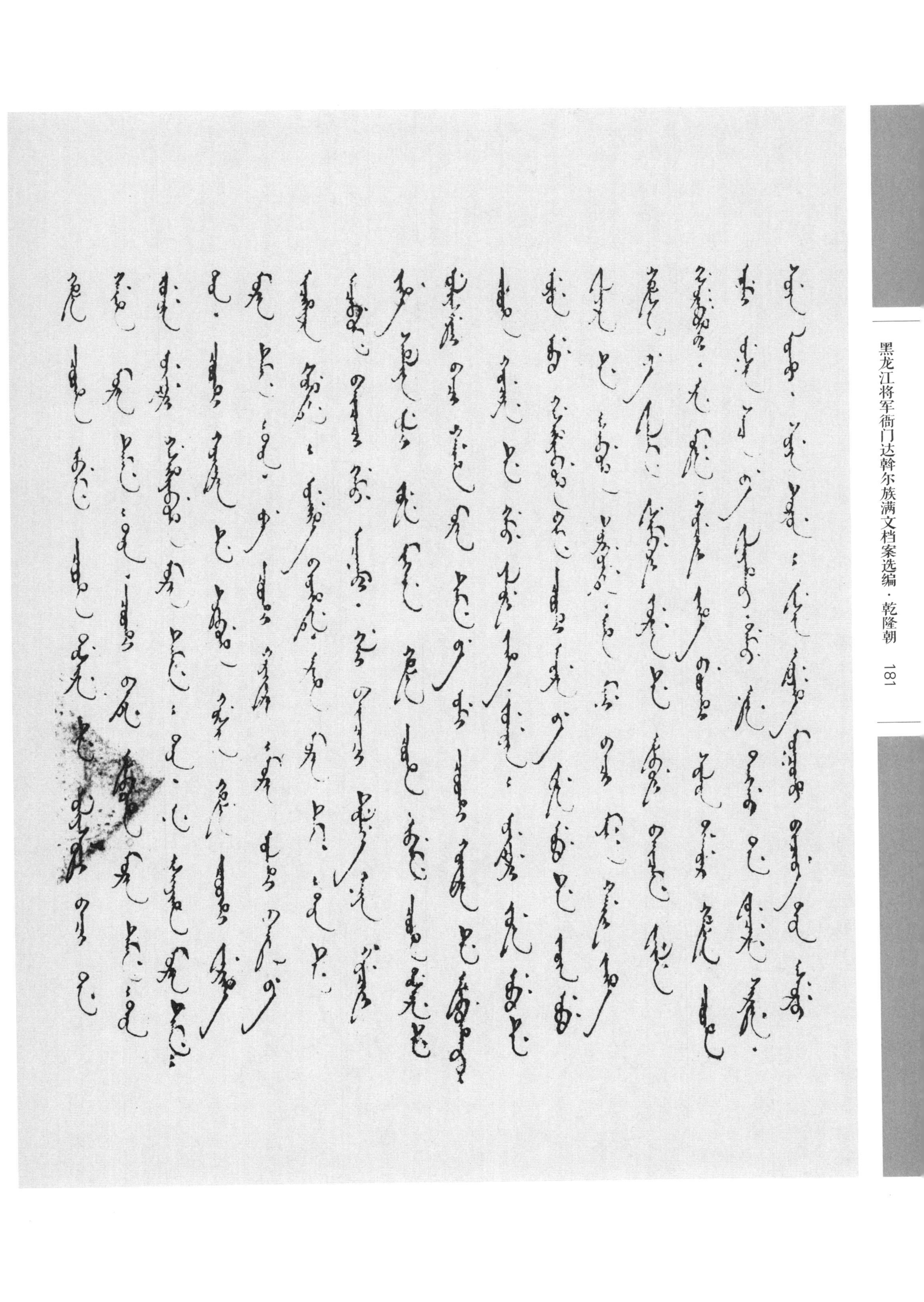

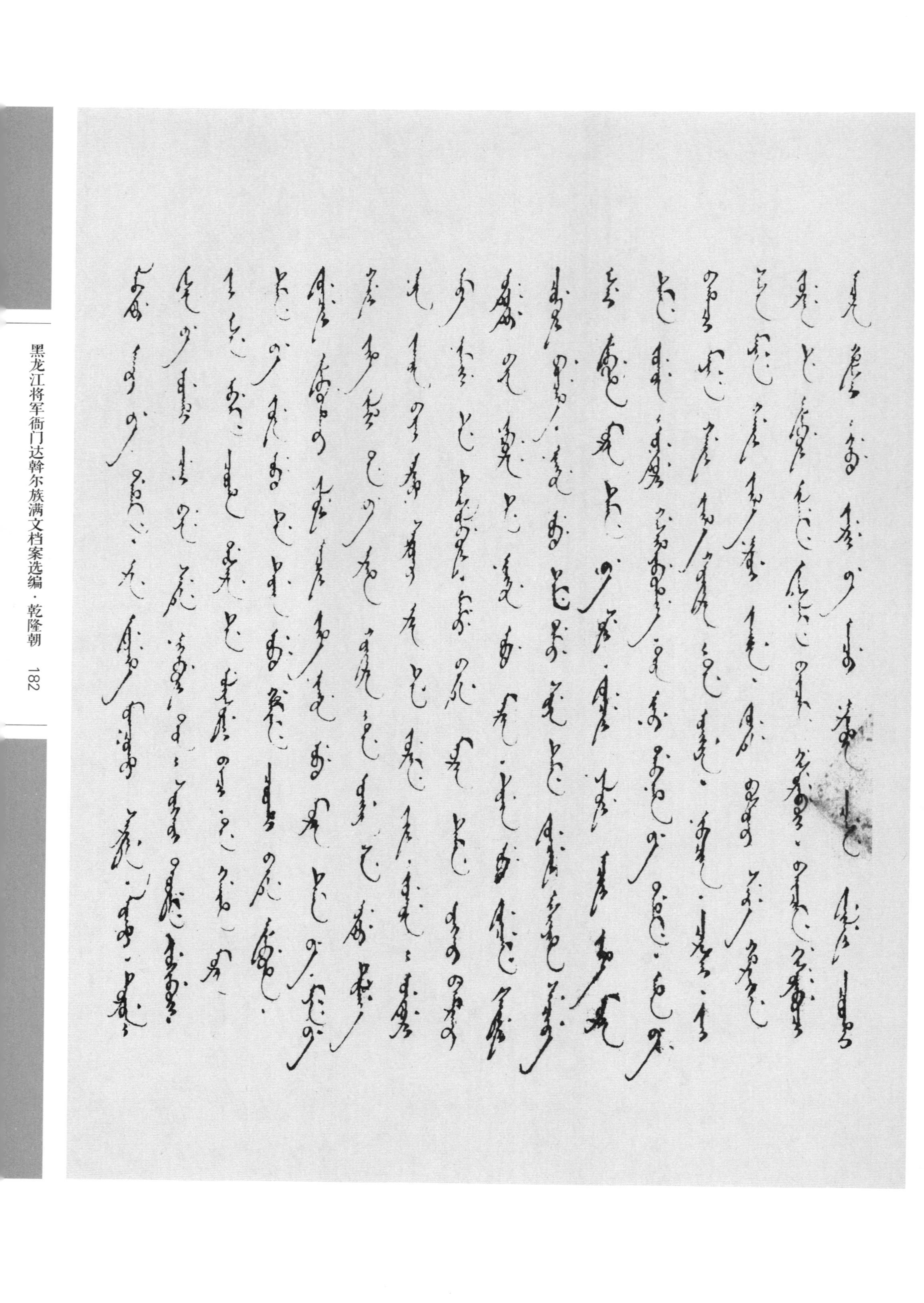

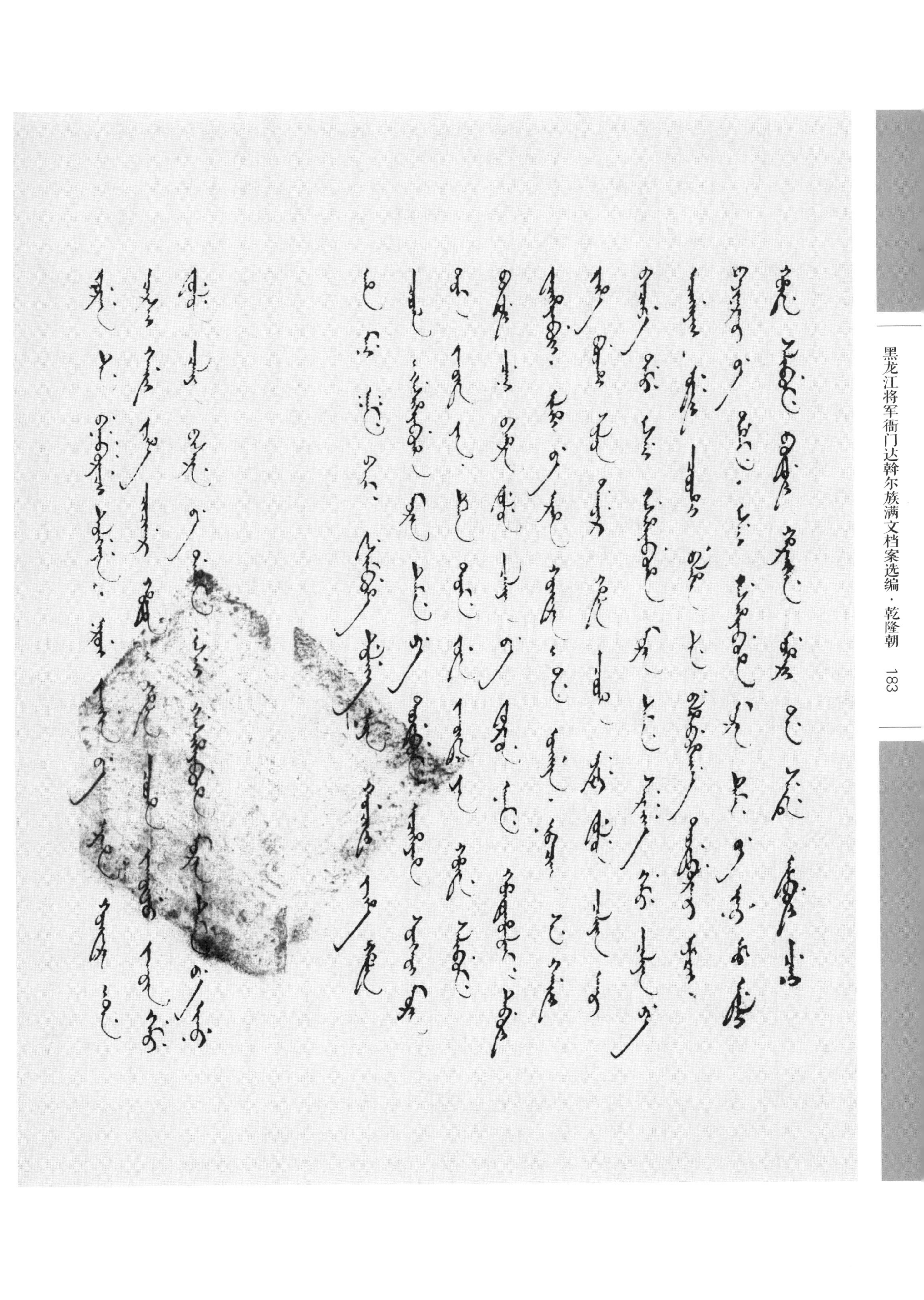

[illegible]

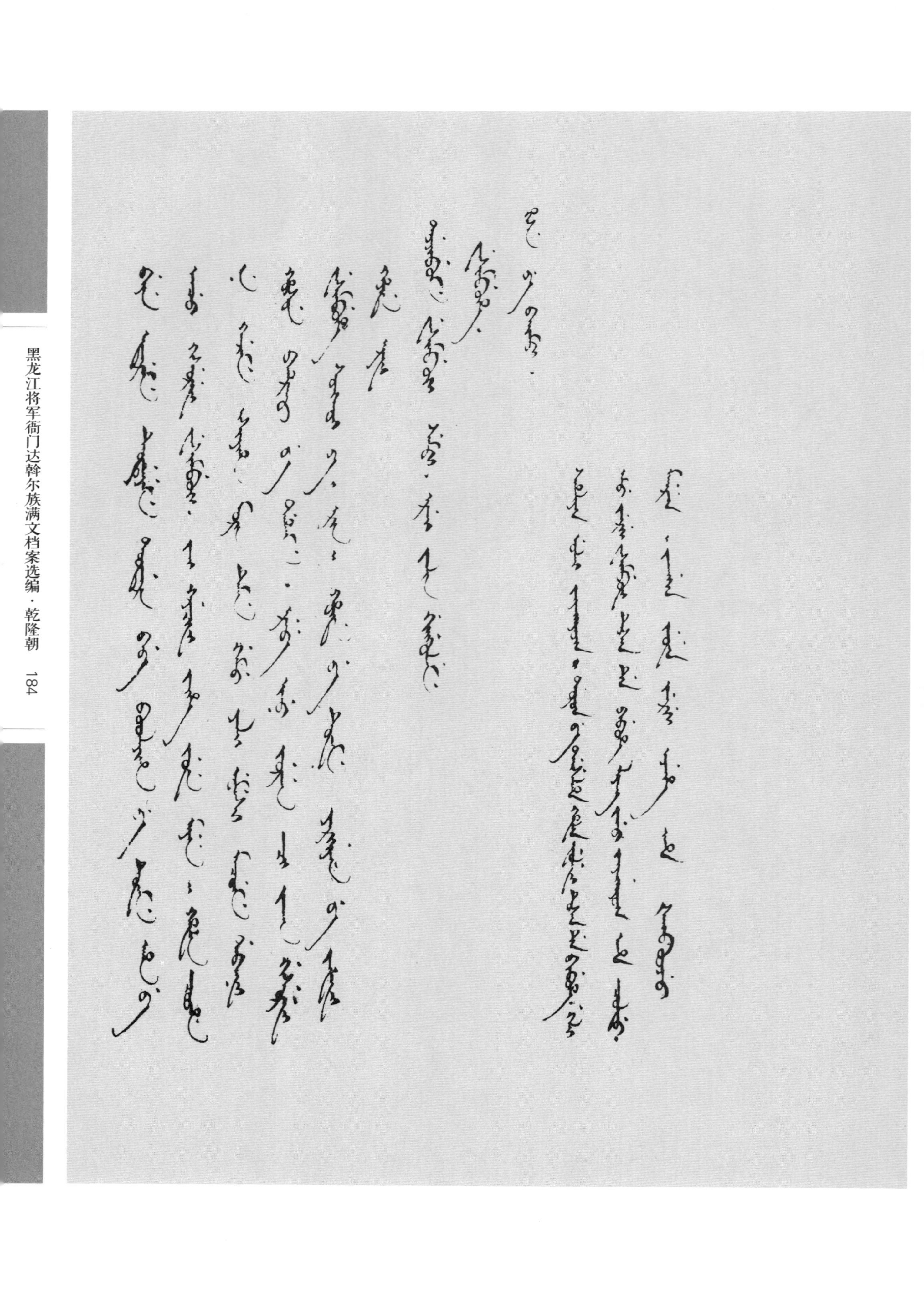

[illegible]

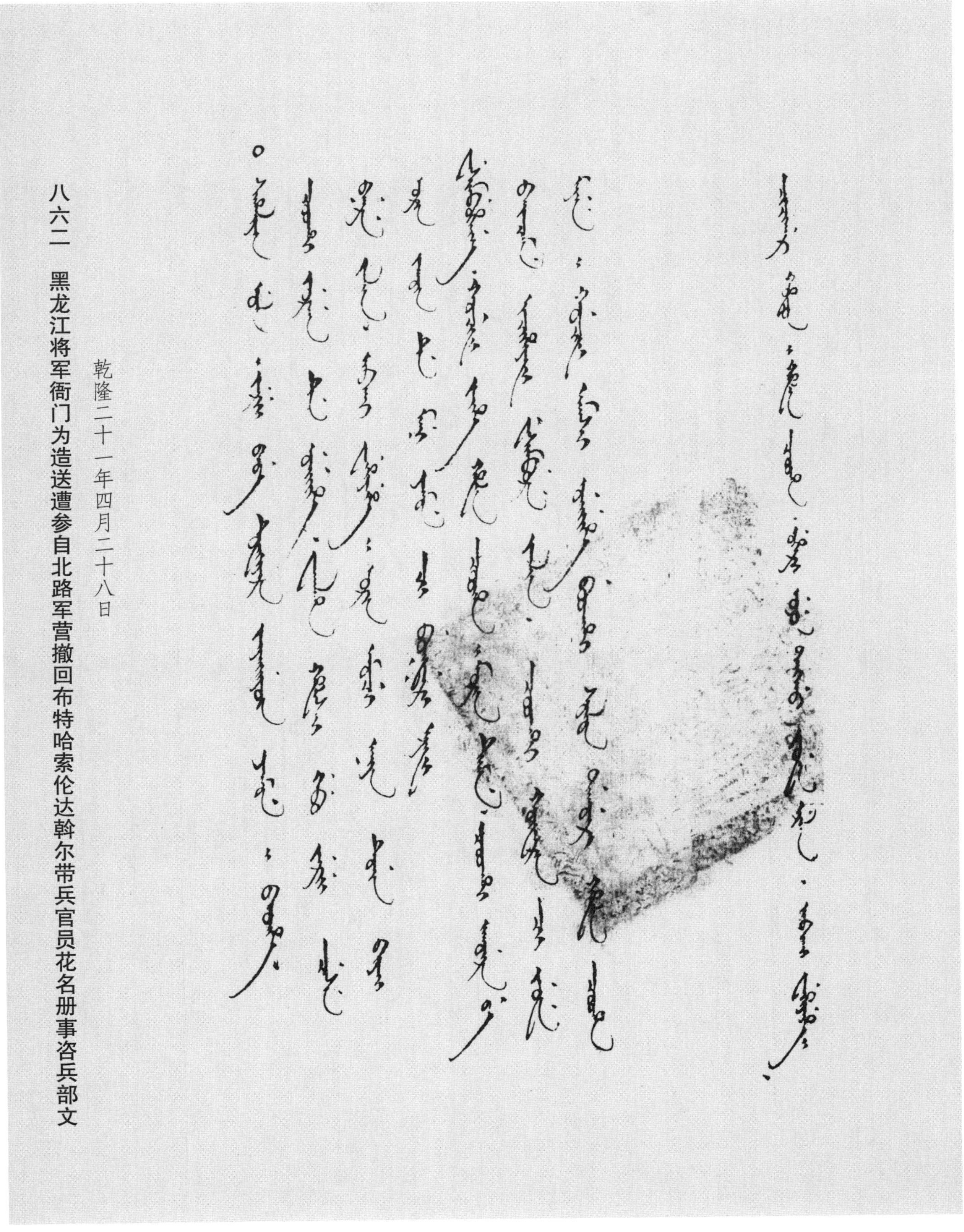

八六二 黑龙江将军衙门为造送遭参自北路军营撤回布特哈索伦达斡尔带兵官员花名册事咨兵部文

乾隆二十一年四月二十八日

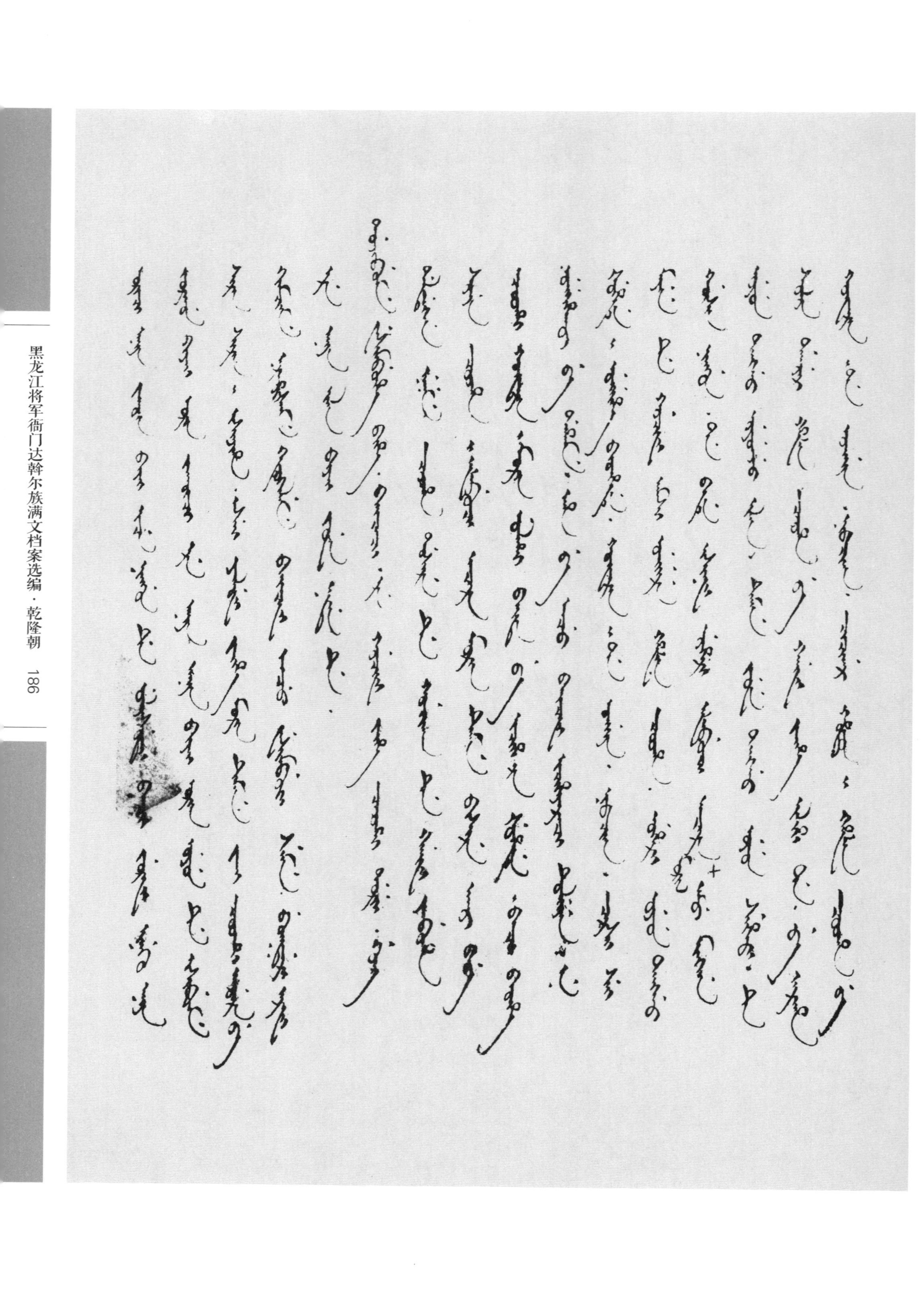

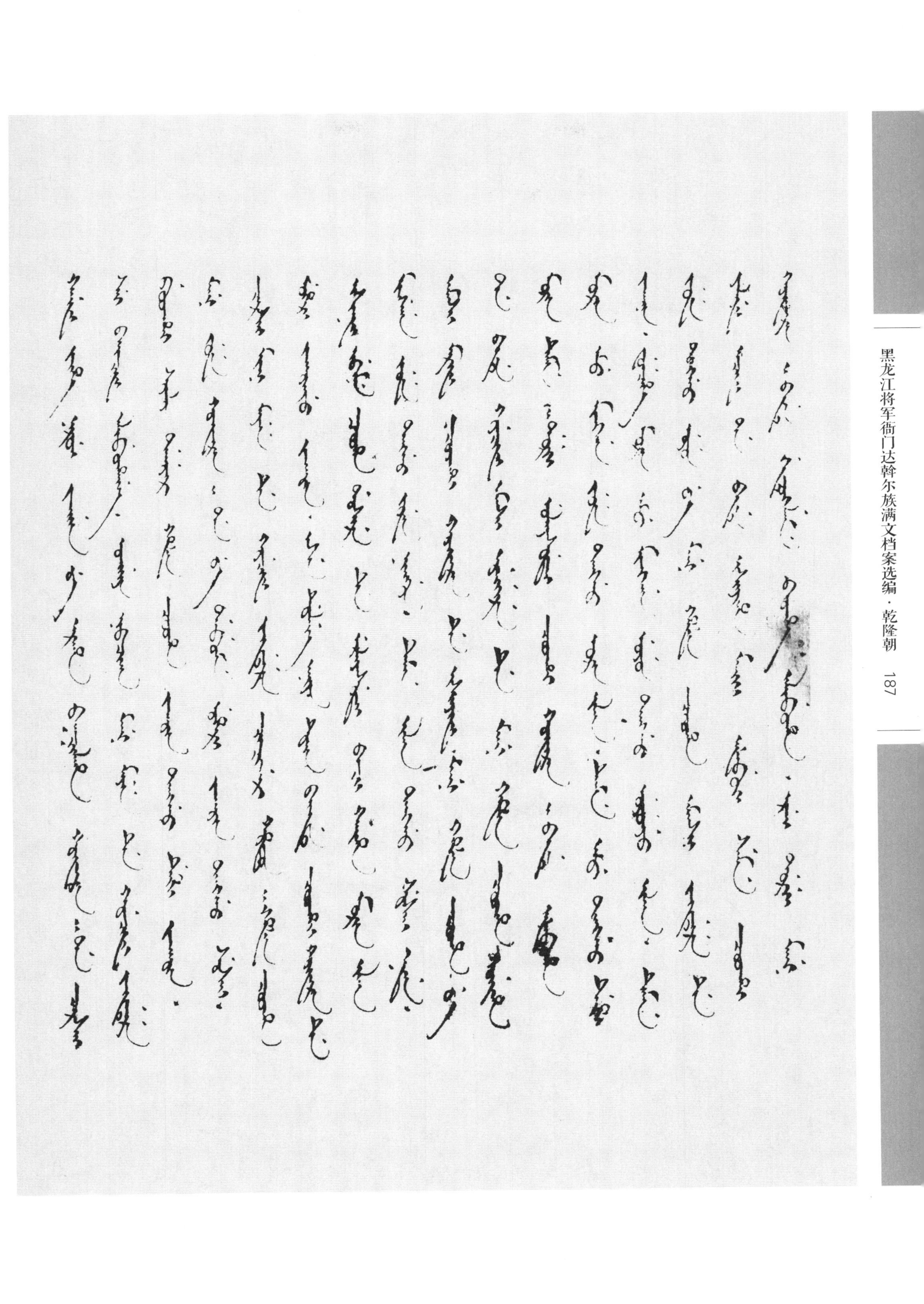

[illegible]

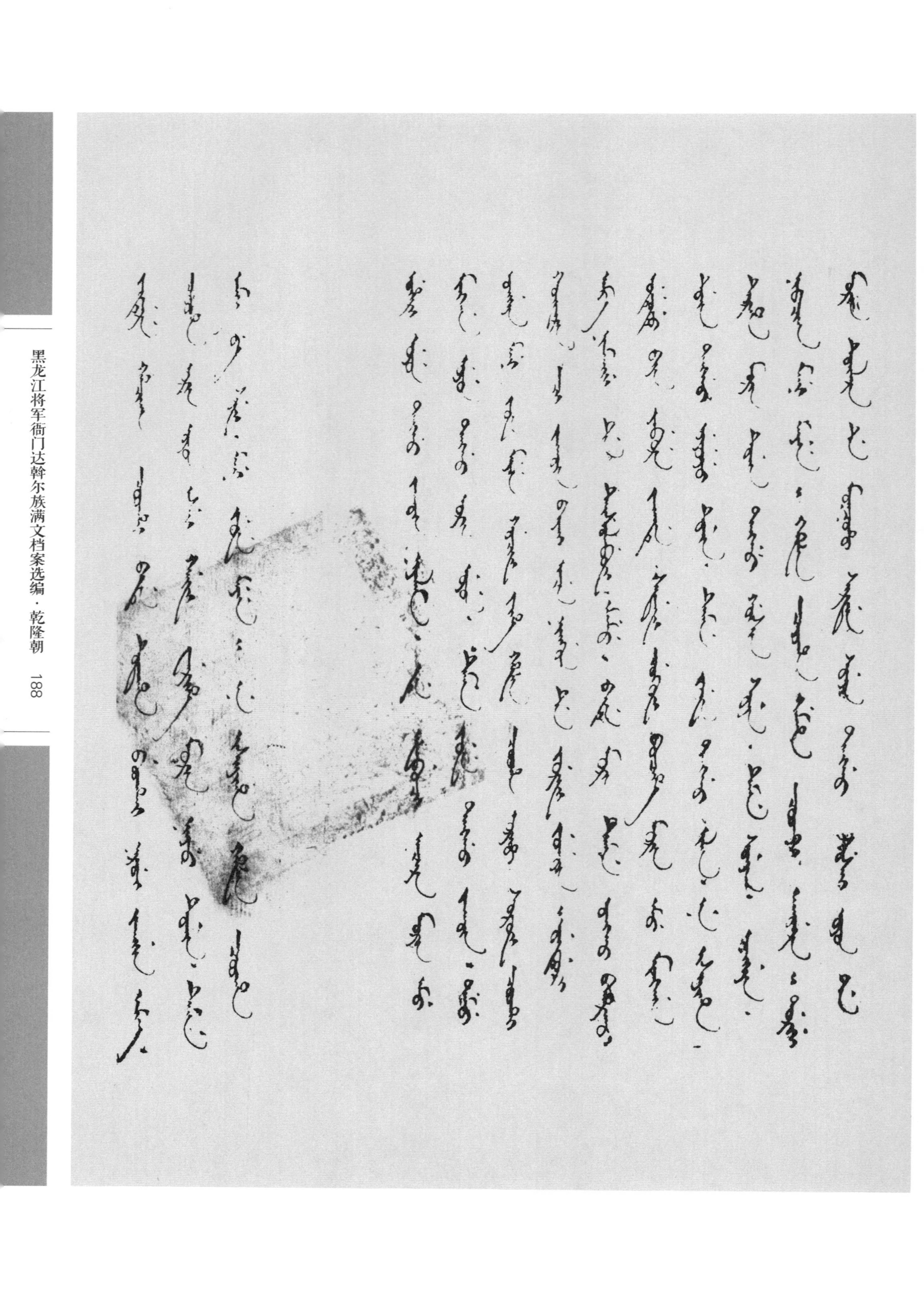

[illegible]

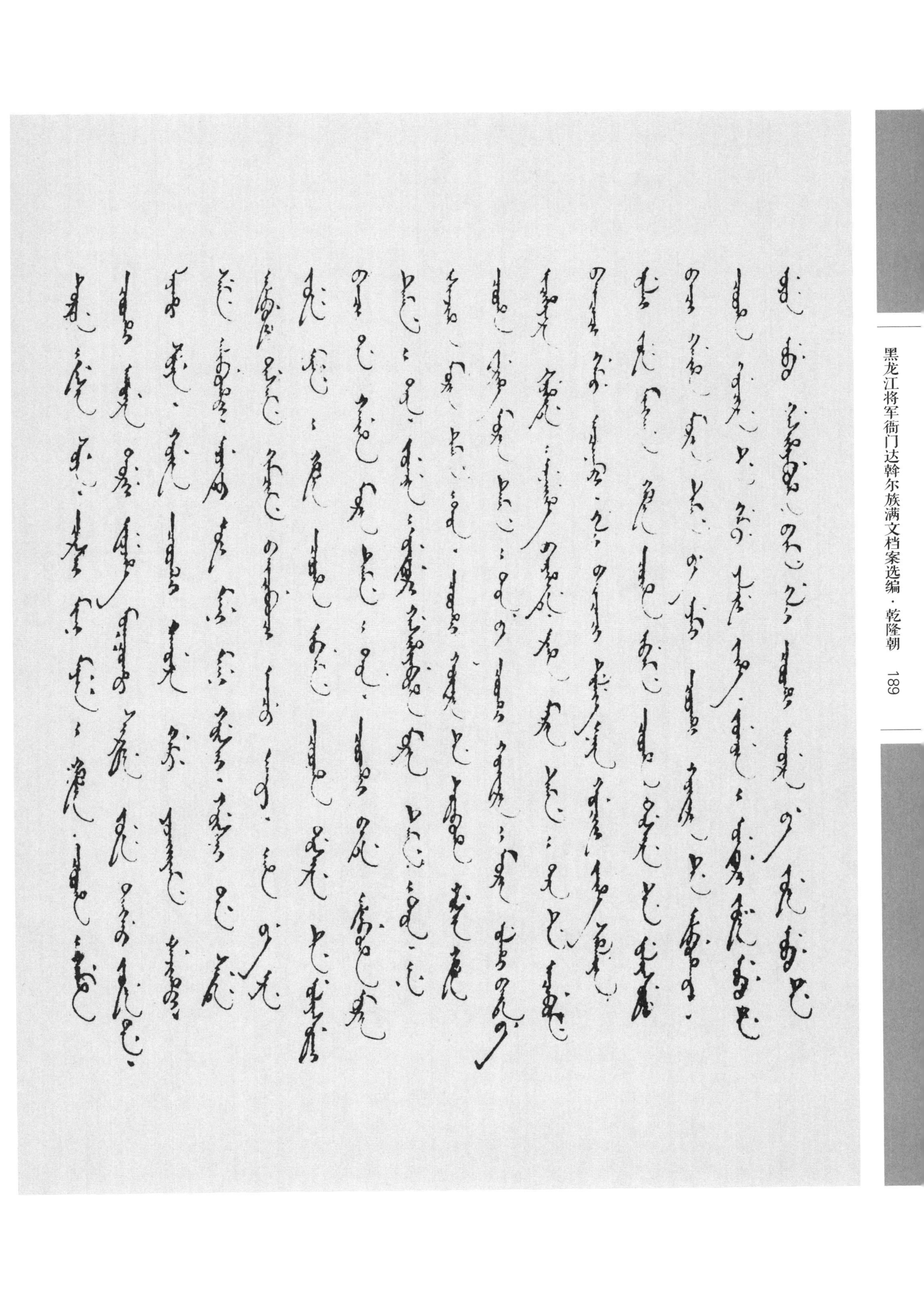

[illegible]

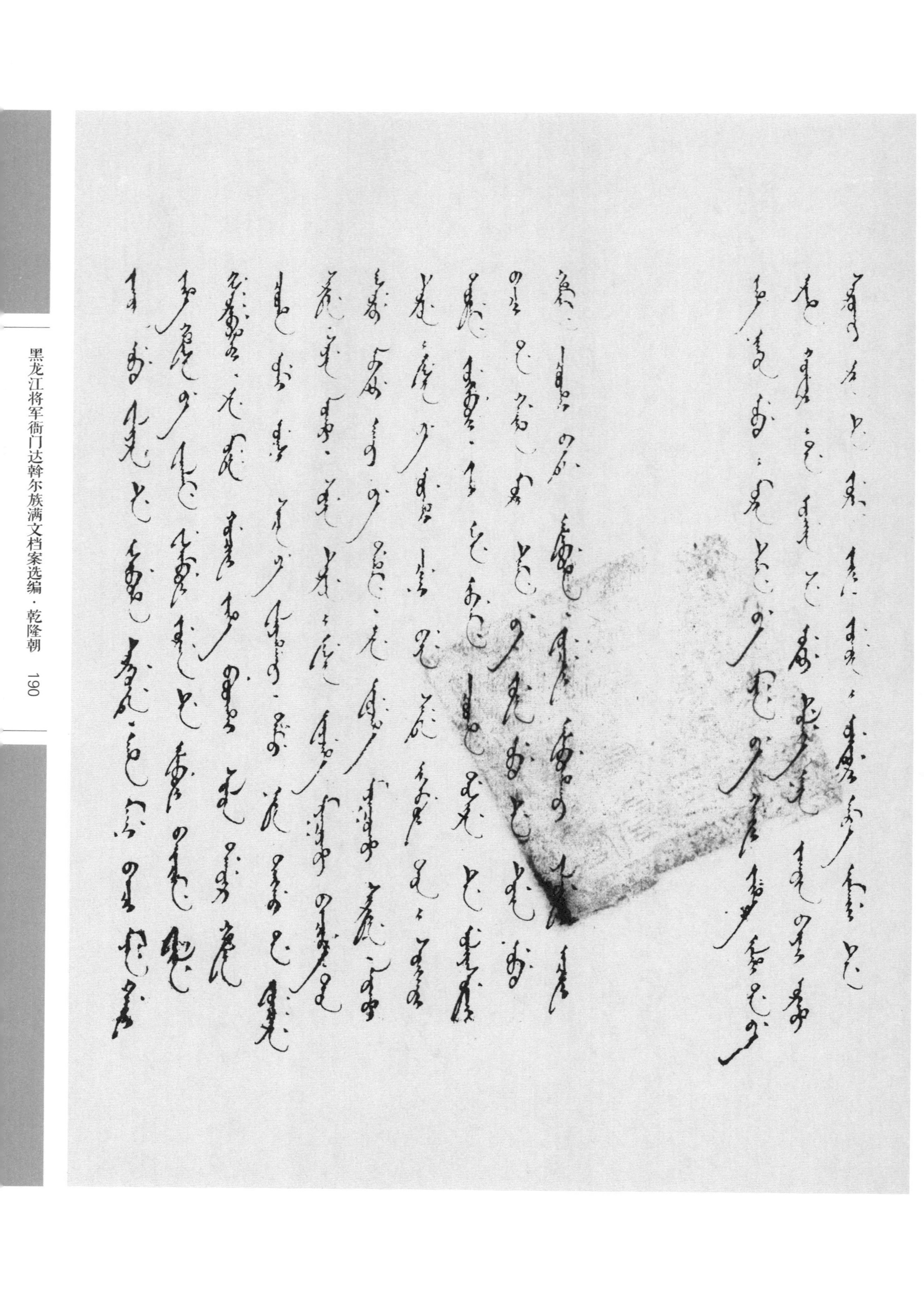

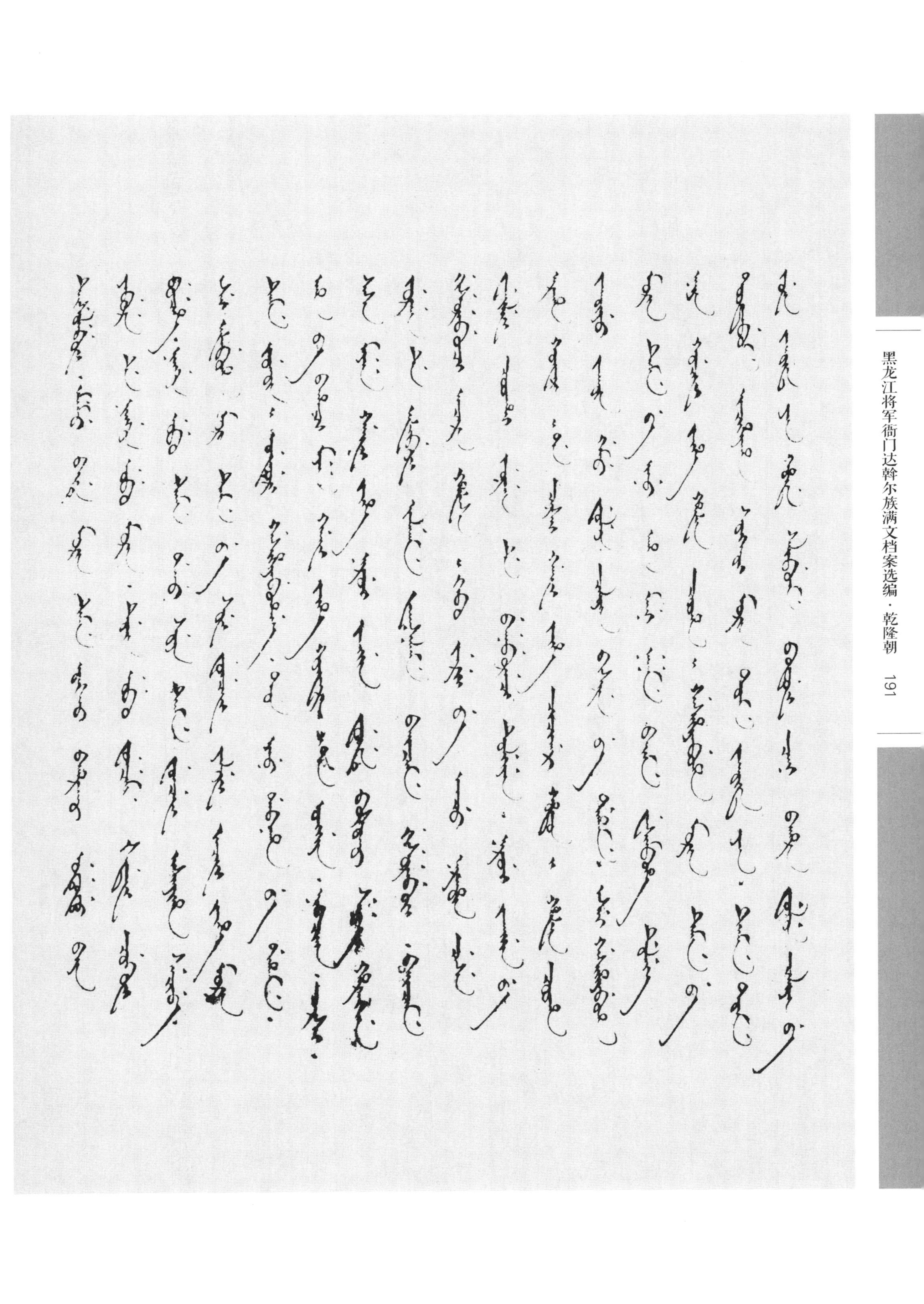

[illegible]

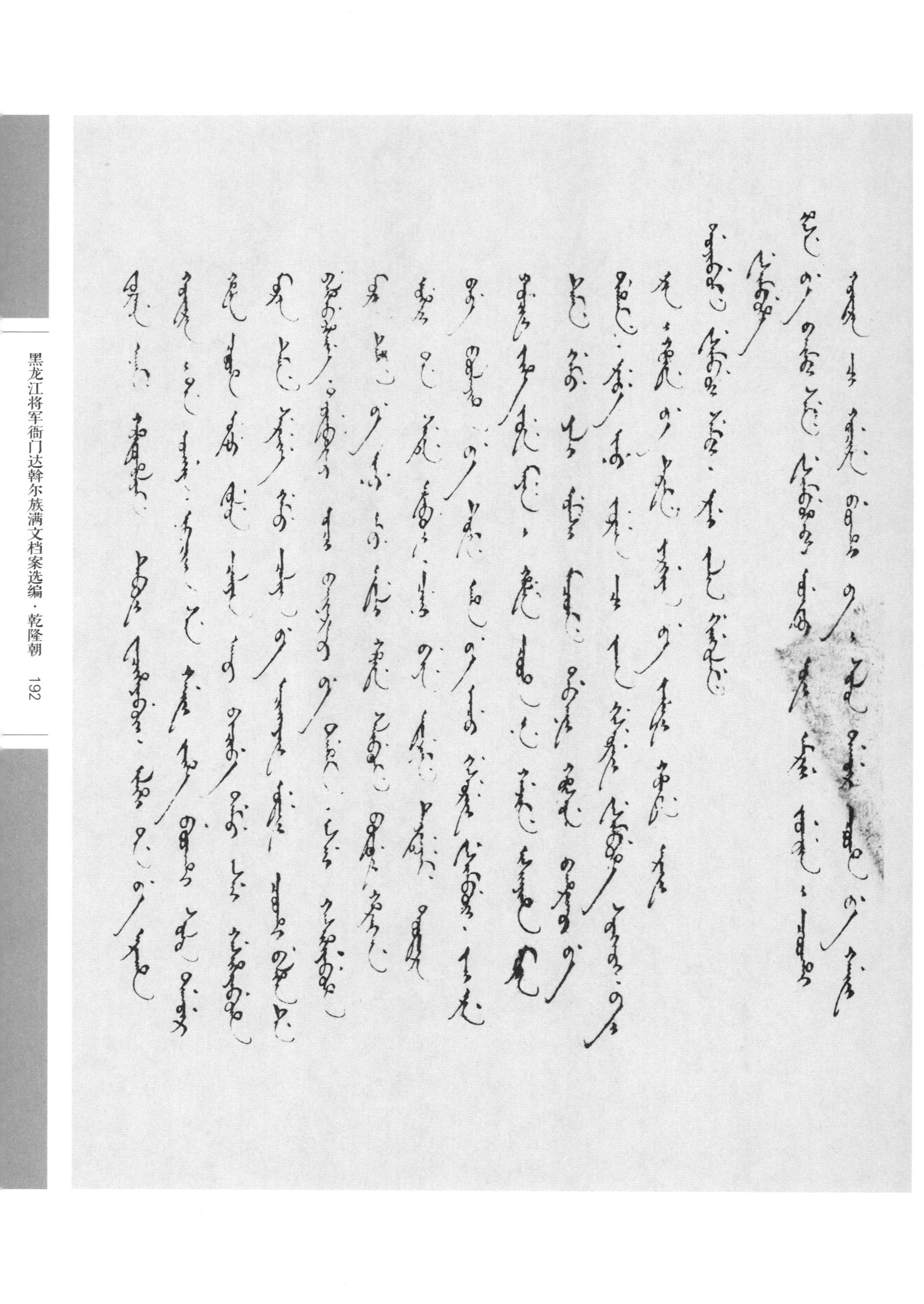

[illegible]

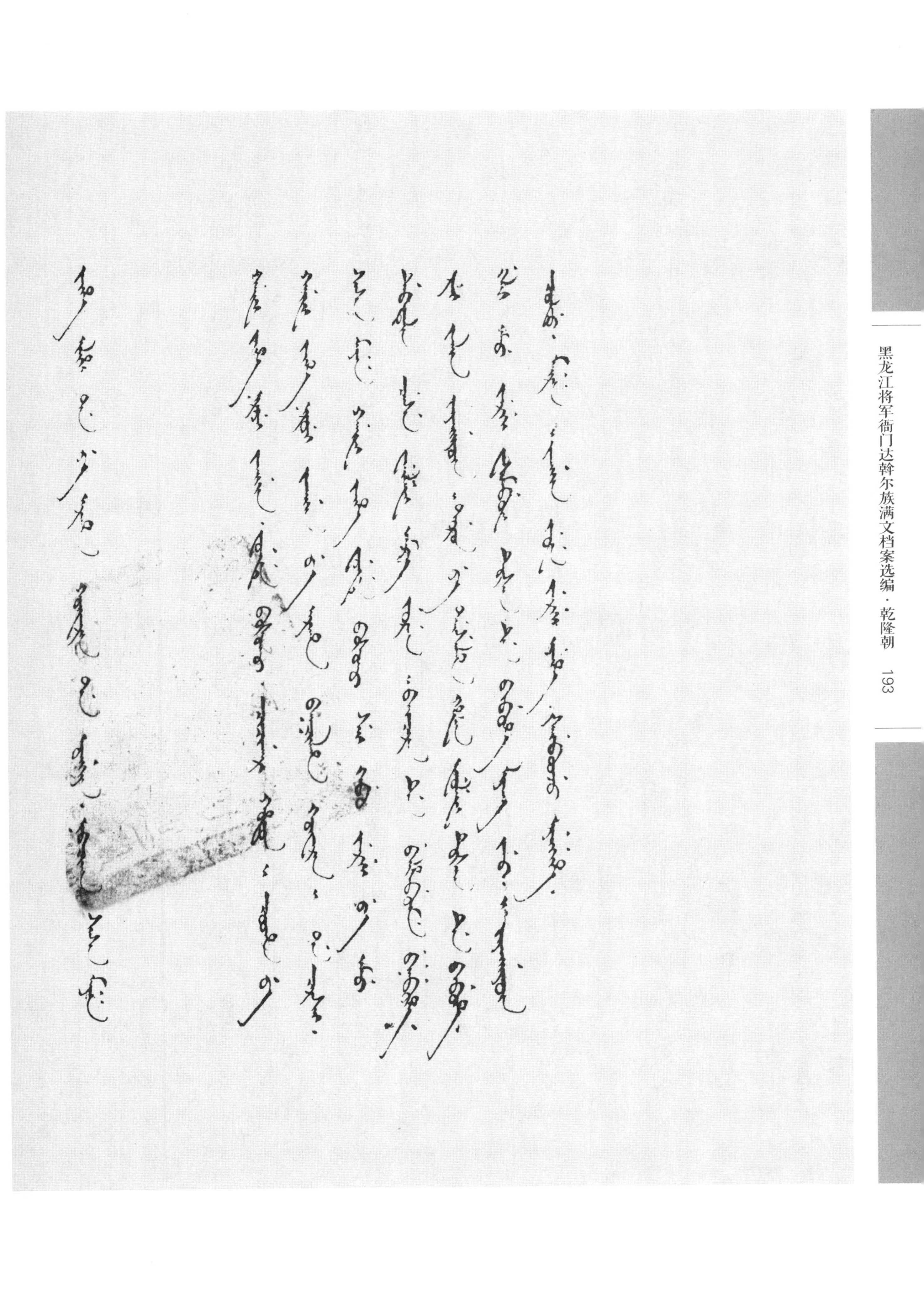

[illegible]

八六三 黑龙江将军衙门为遵旨赏给出征布特哈索伦达斡尔银两并照蒙古人例减半赈济事咨呈军机处文

乾隆二十一年四月二十八日

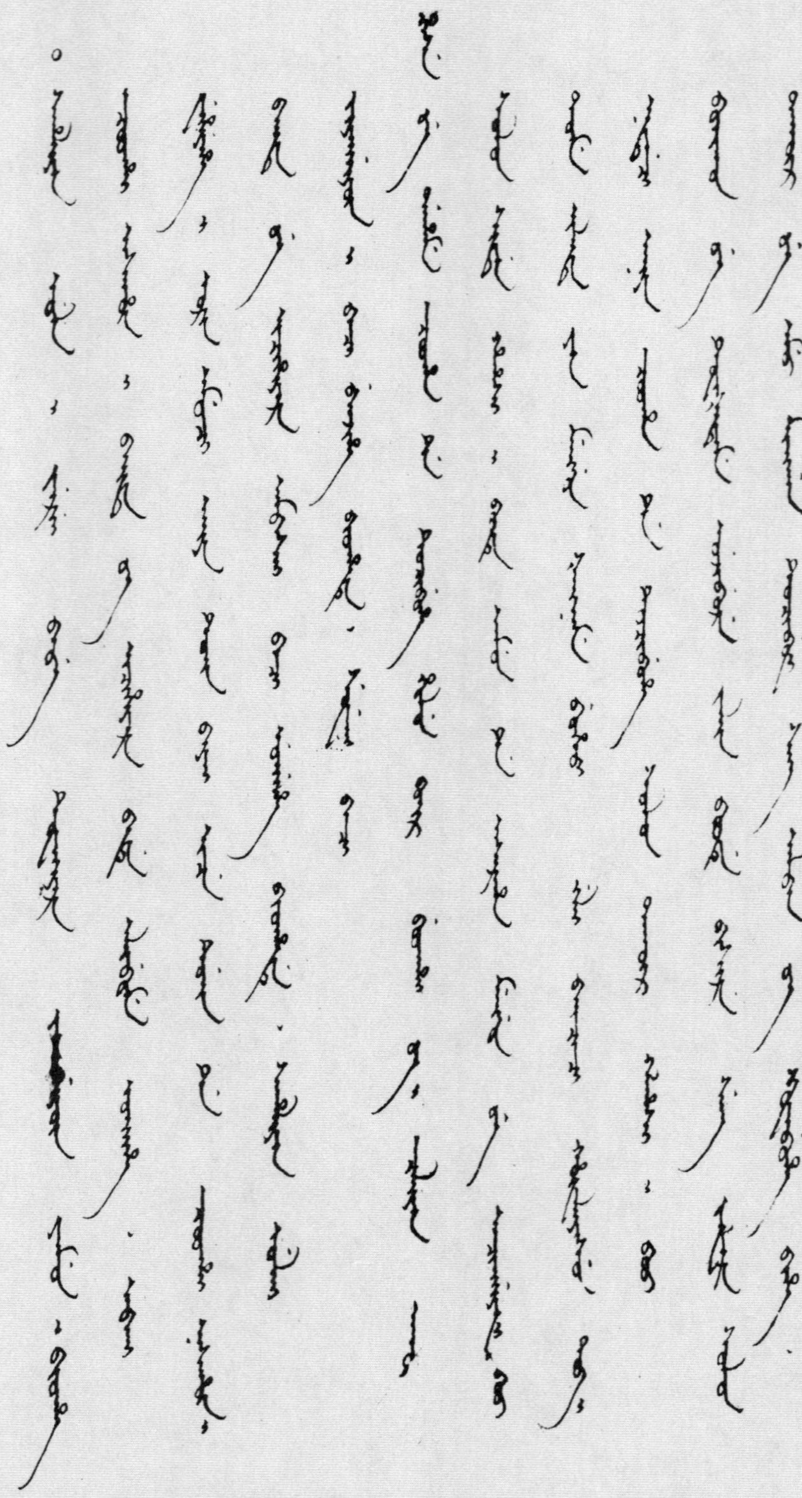

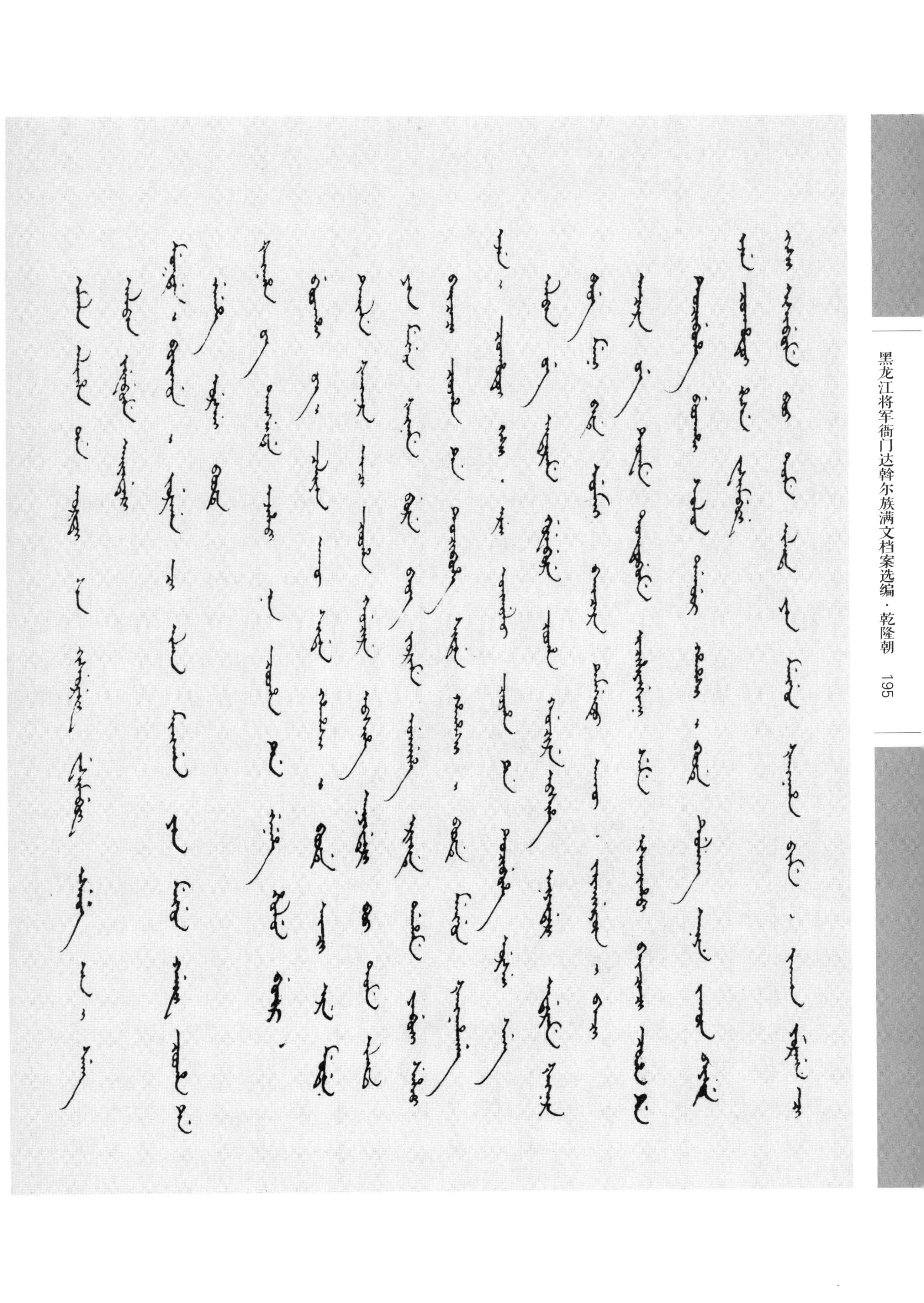

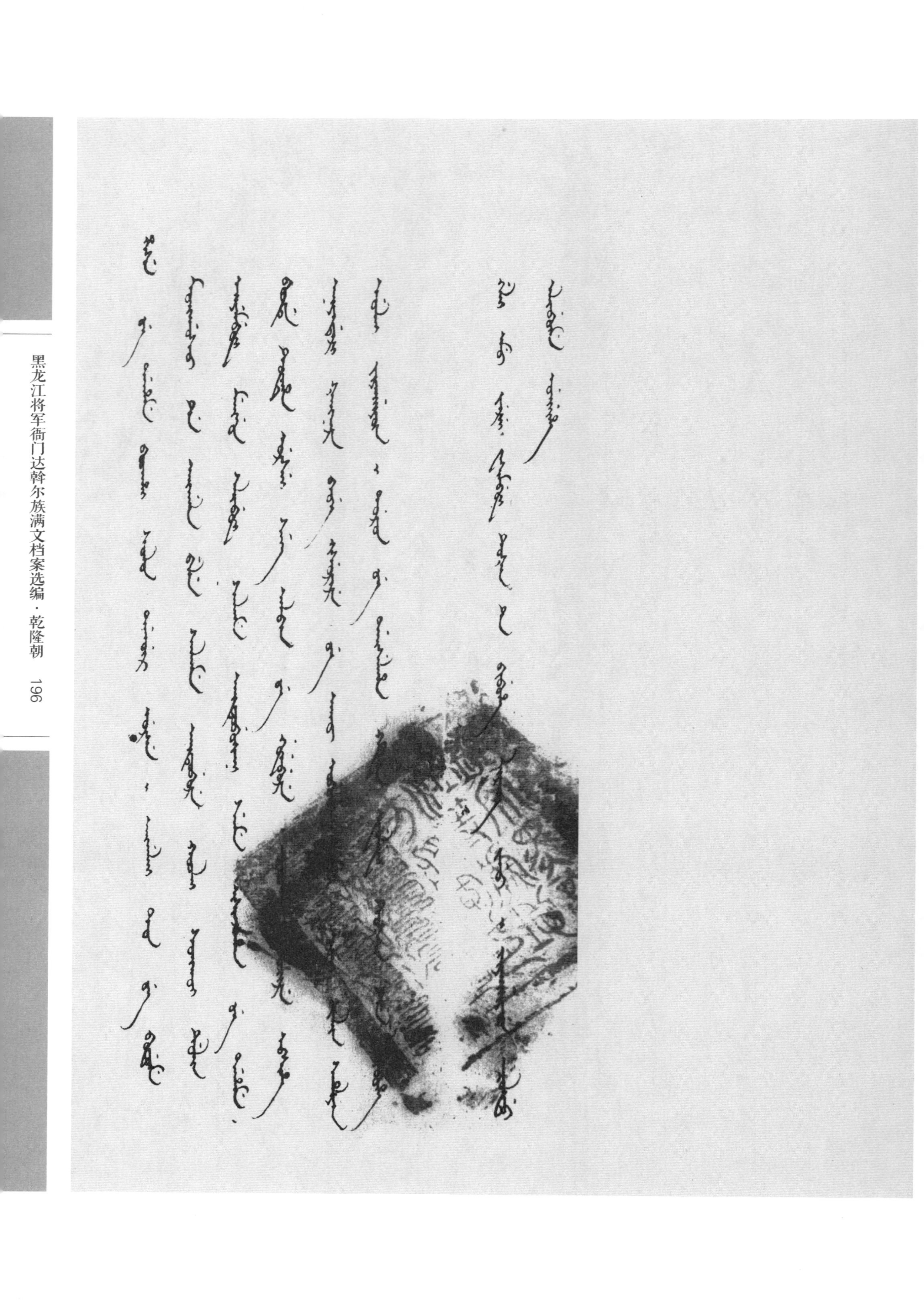

八六四　署布特哈索伦达斡尔总管佛济保等为造送贡貂布特哈八旗索伦达斡尔等丁及贡貂数目册事呈黑龙江将军衙门文

乾隆二十一年六月初九日

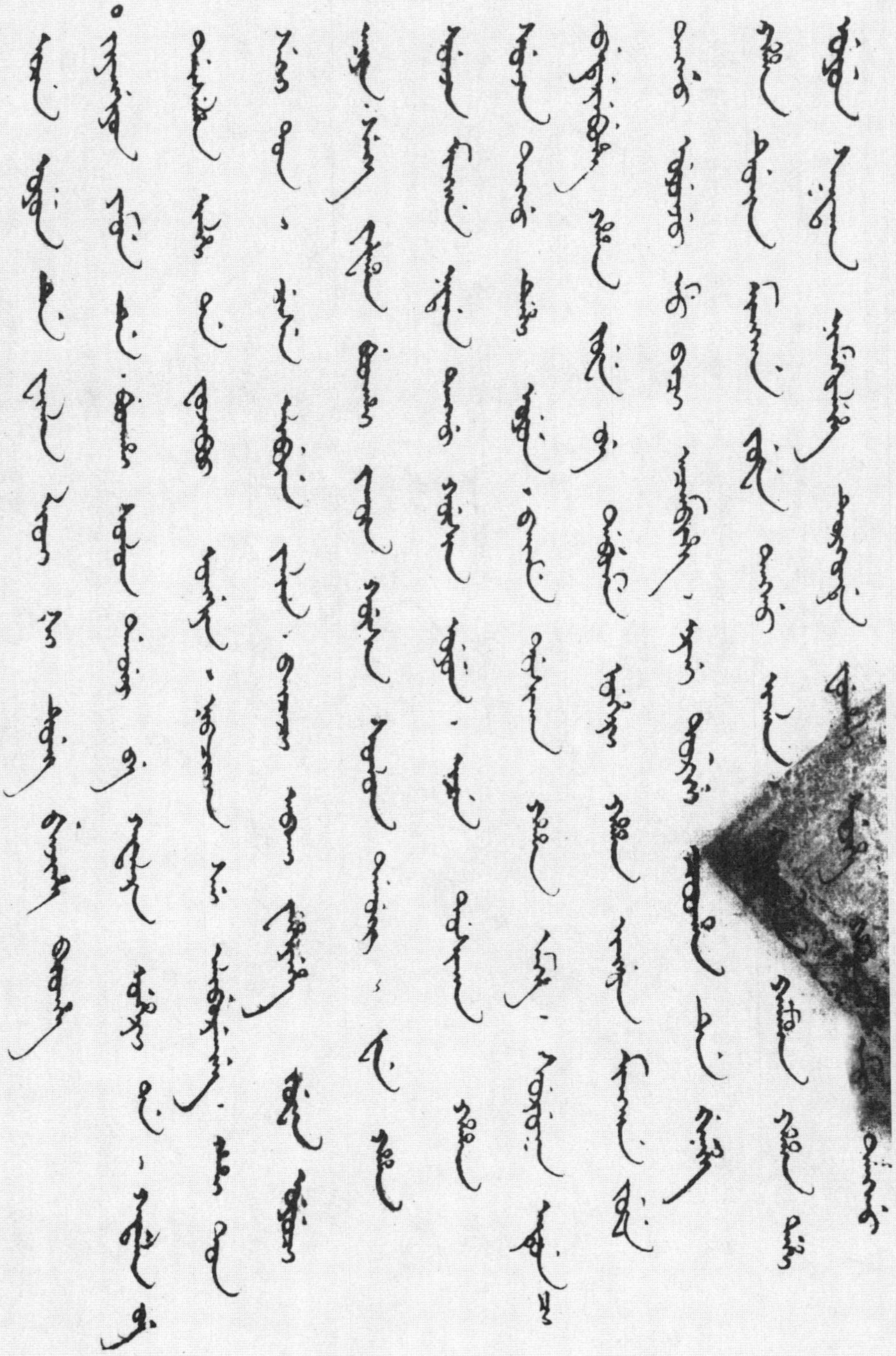

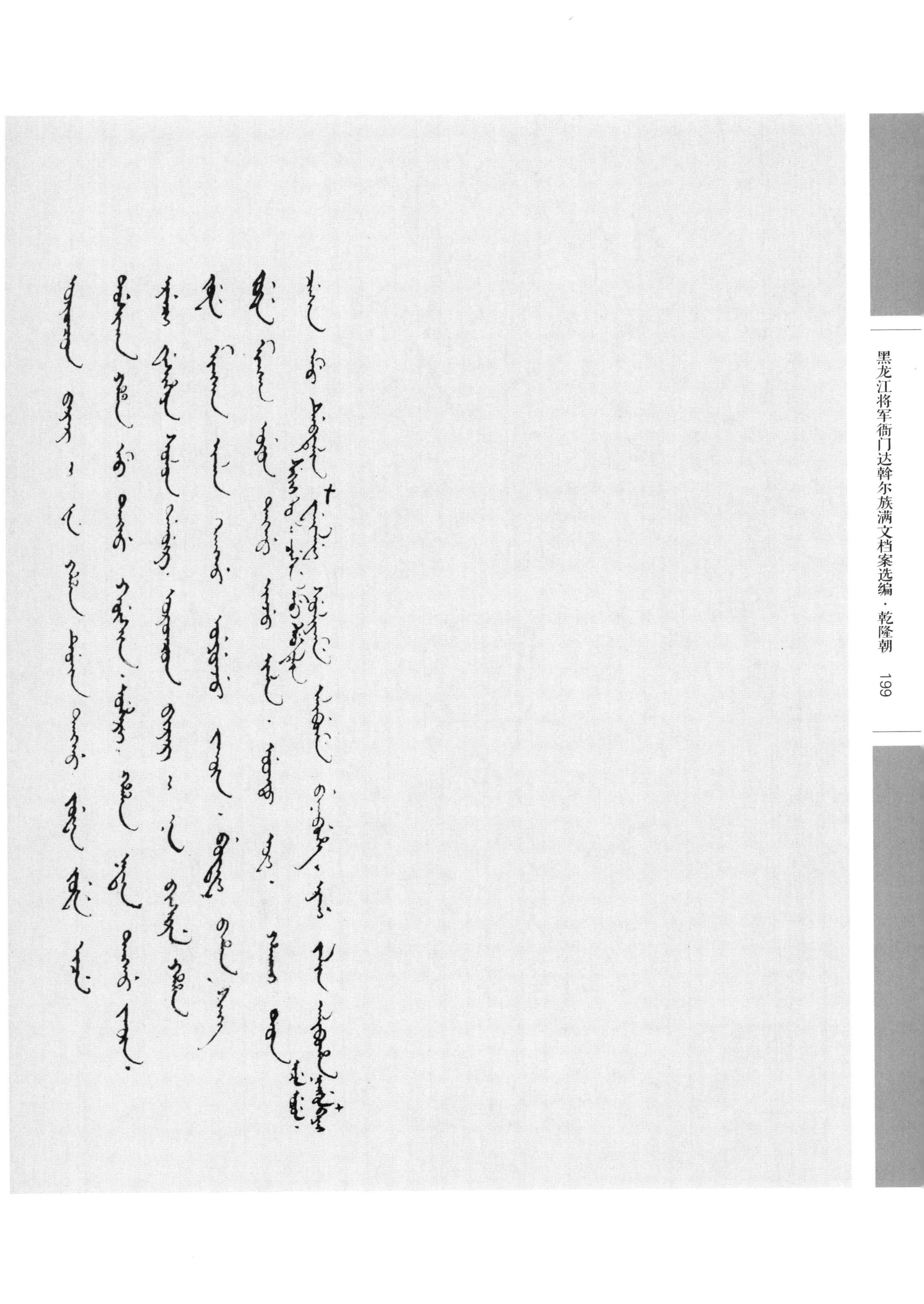

[illegible]

八六五　黑龙江将军衙门为镶红旗巴彦保佐领下达斡尔披甲塞赫讷逃逸照例报部事咨兵部文

乾隆二十一年六月十一日

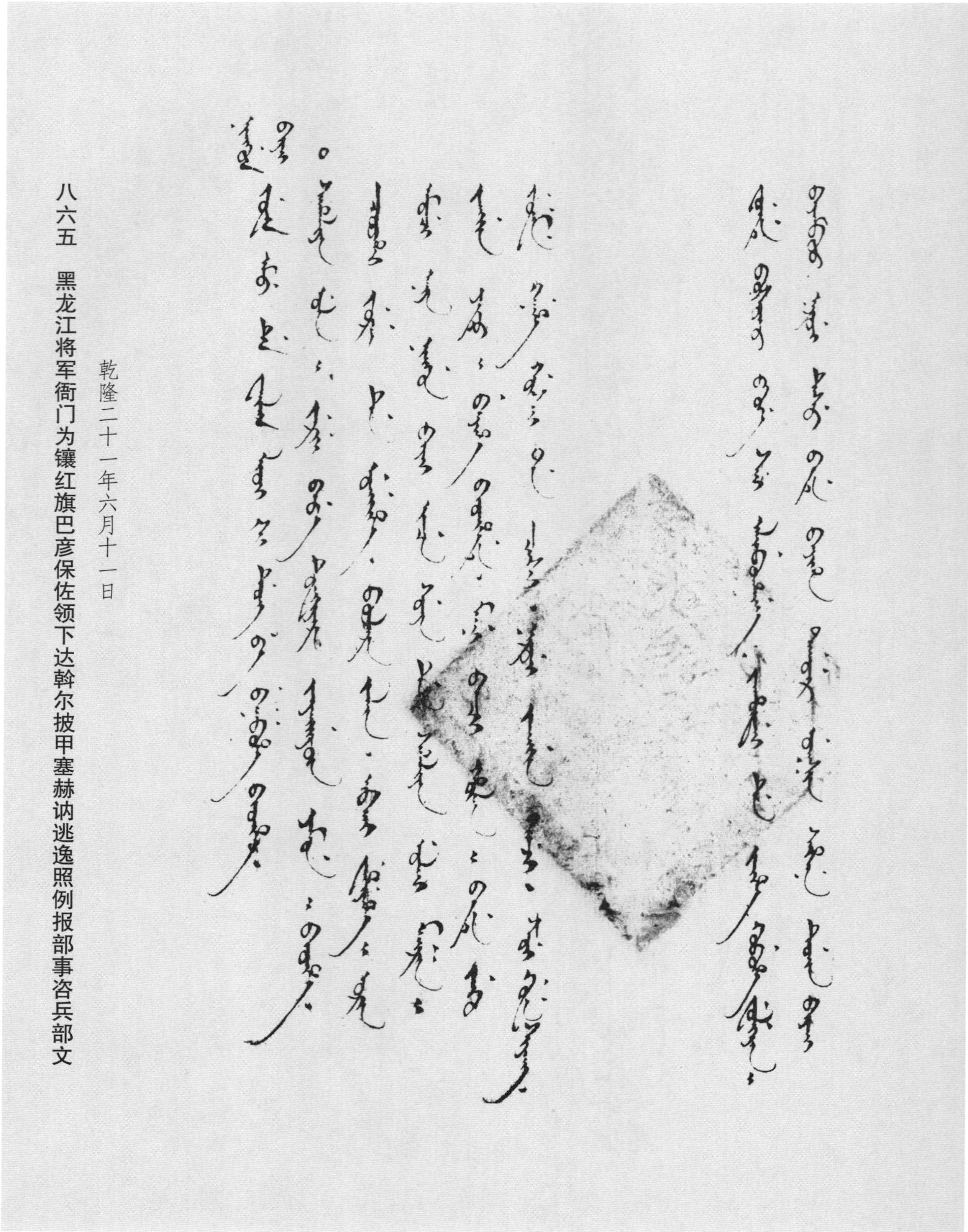

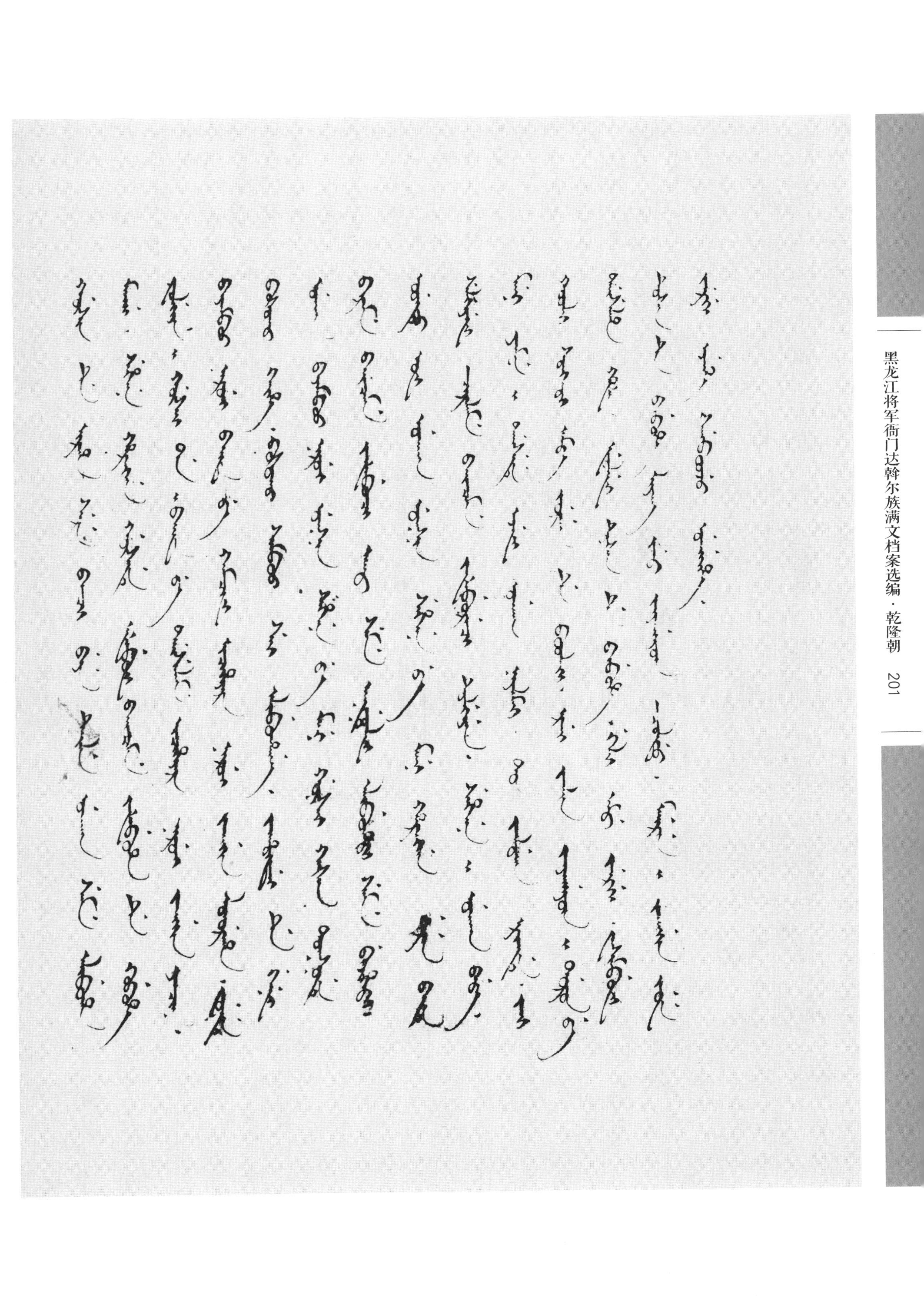

[illegible]

八六六 黑龙江将军衙门为报选派随进木兰围新满洲达斡尔前锋等官兵职名及启程日期事咨兵部文

乾隆二十一年六月十三日

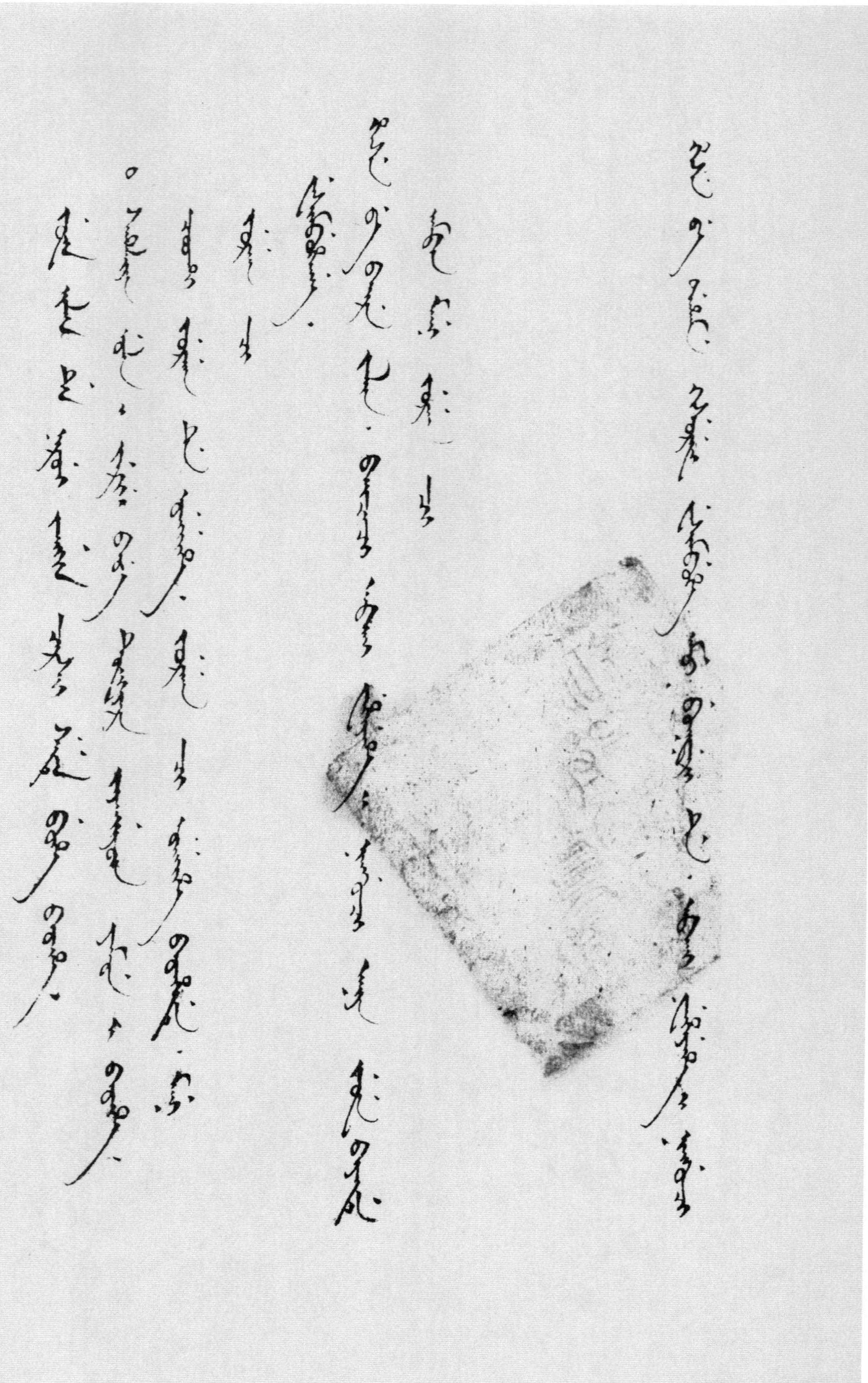

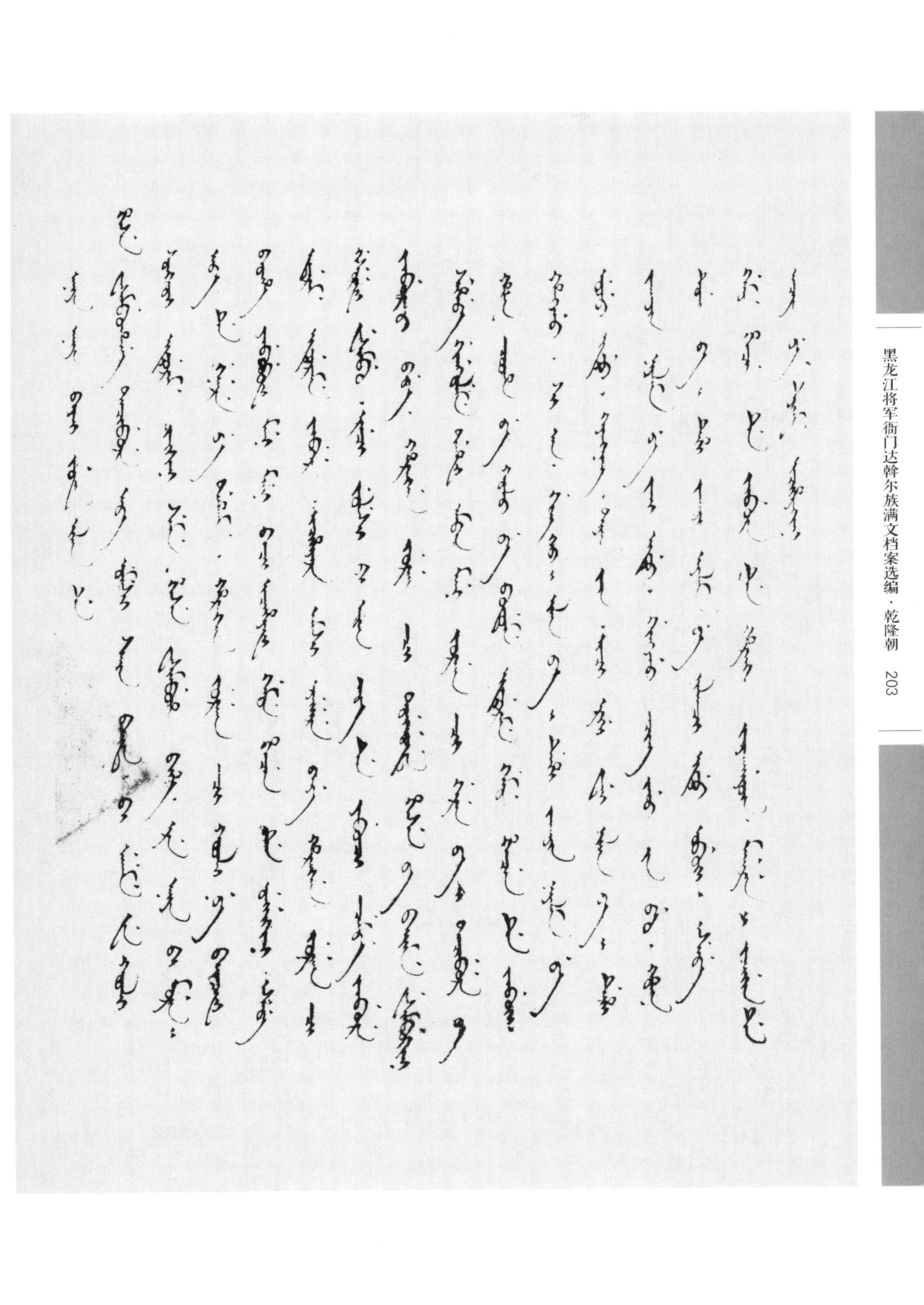

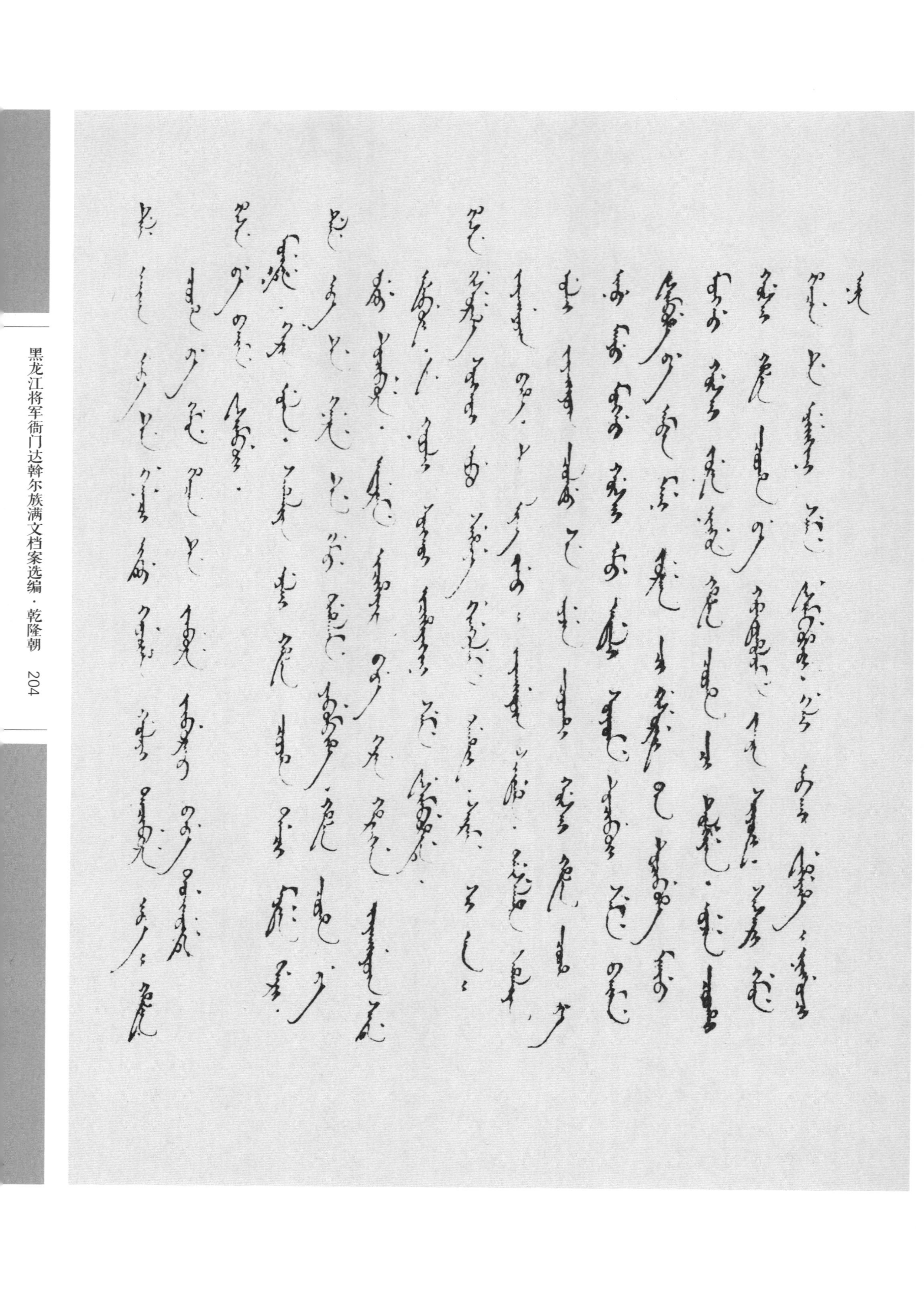

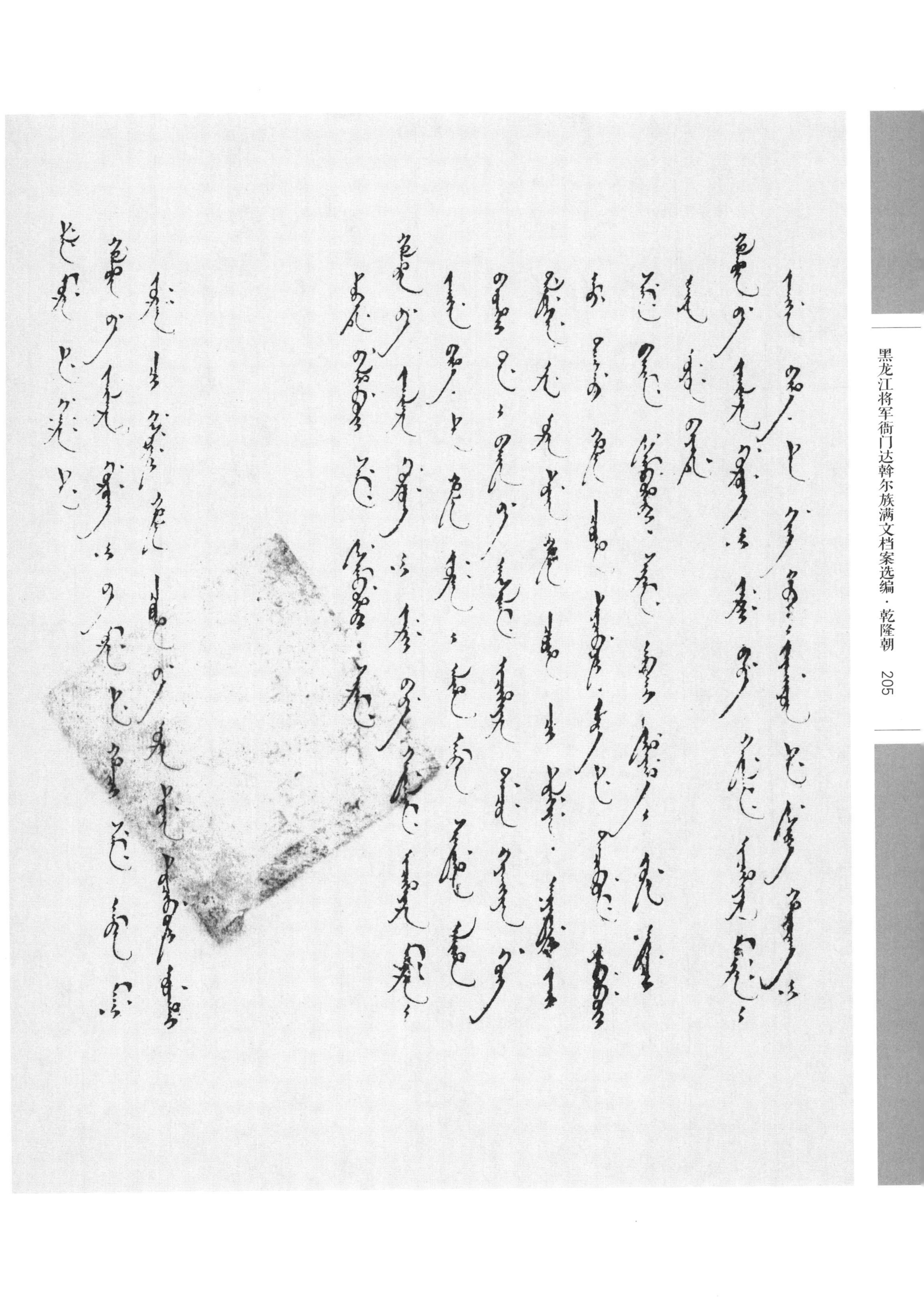

[illegible]

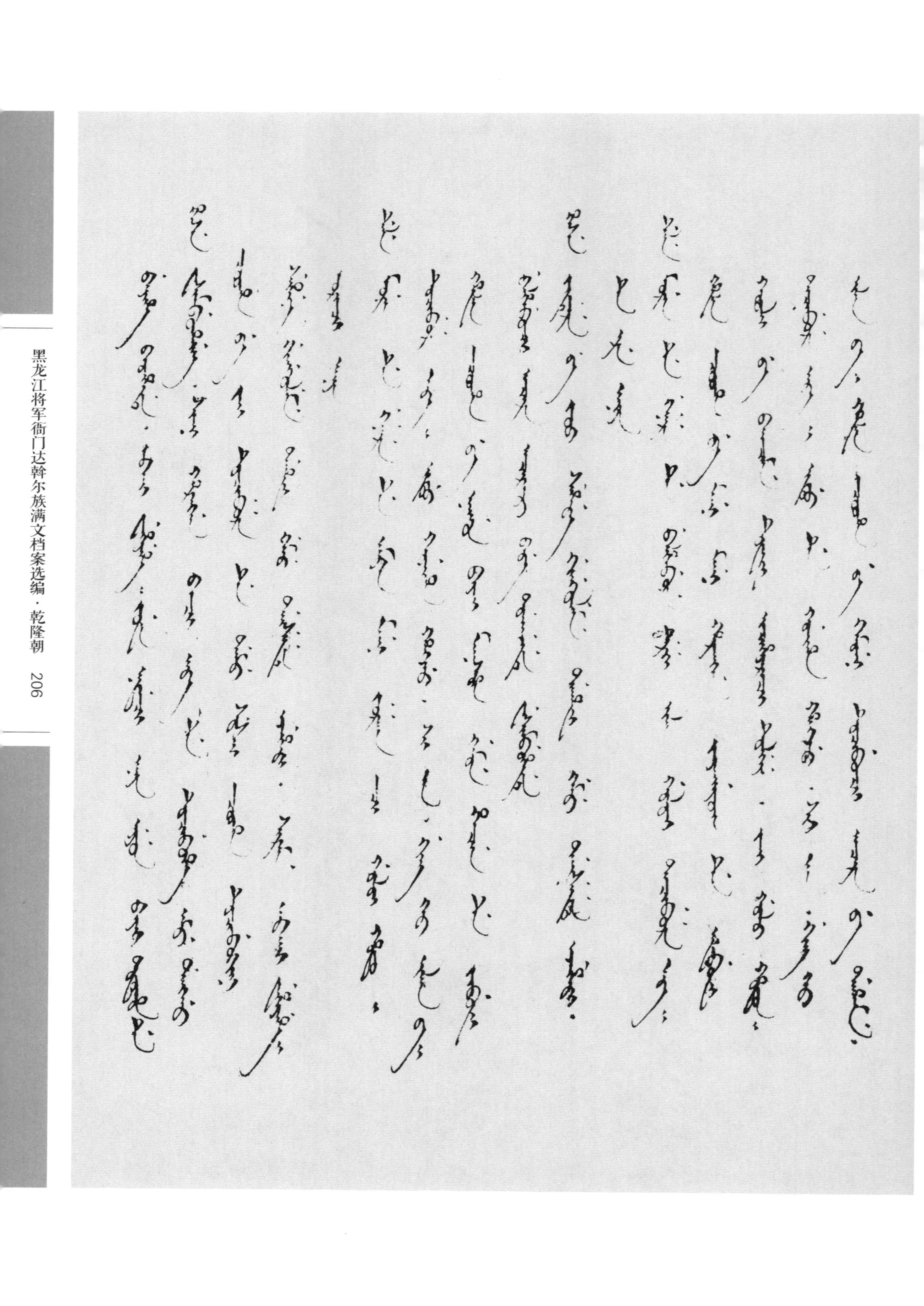

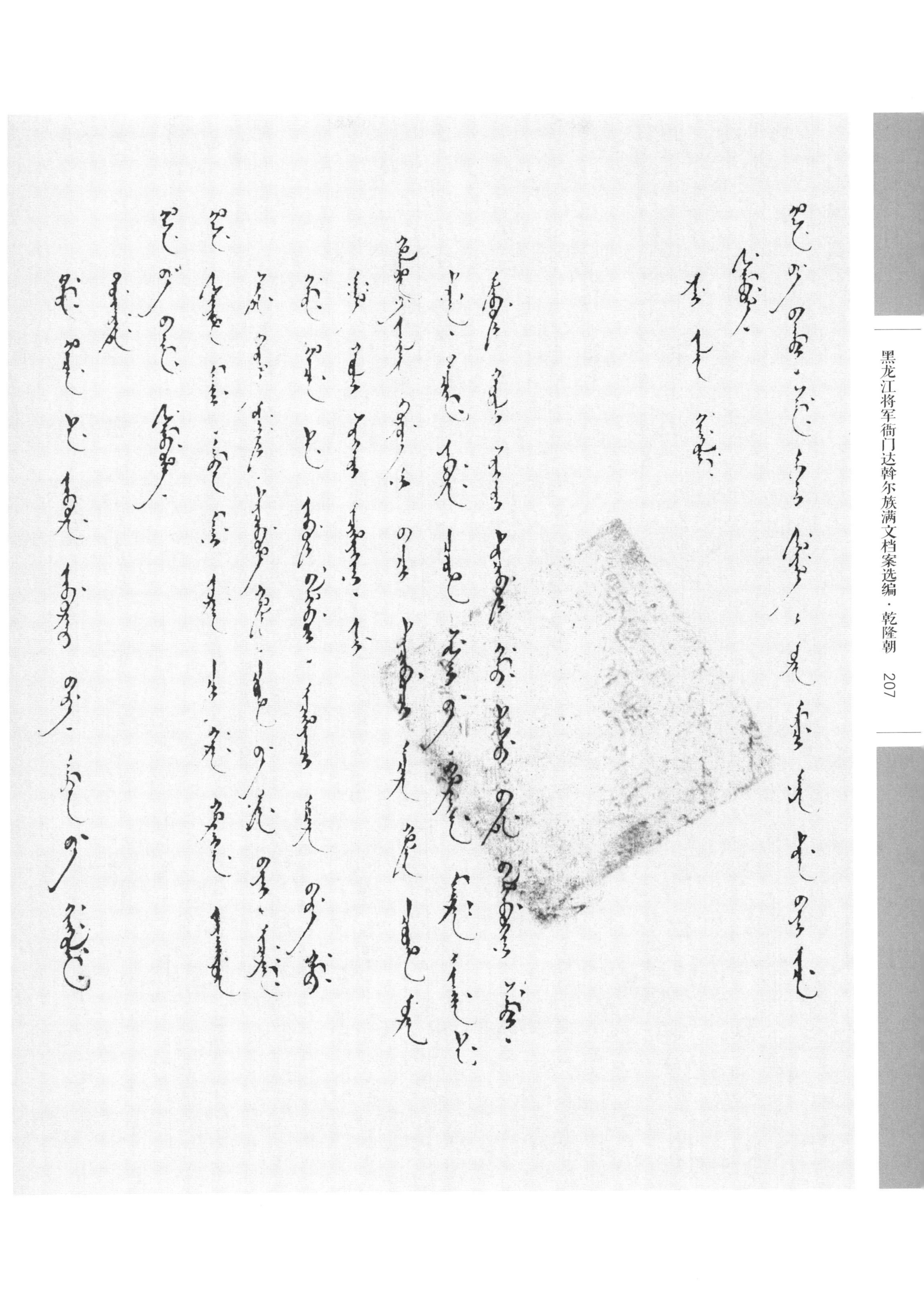

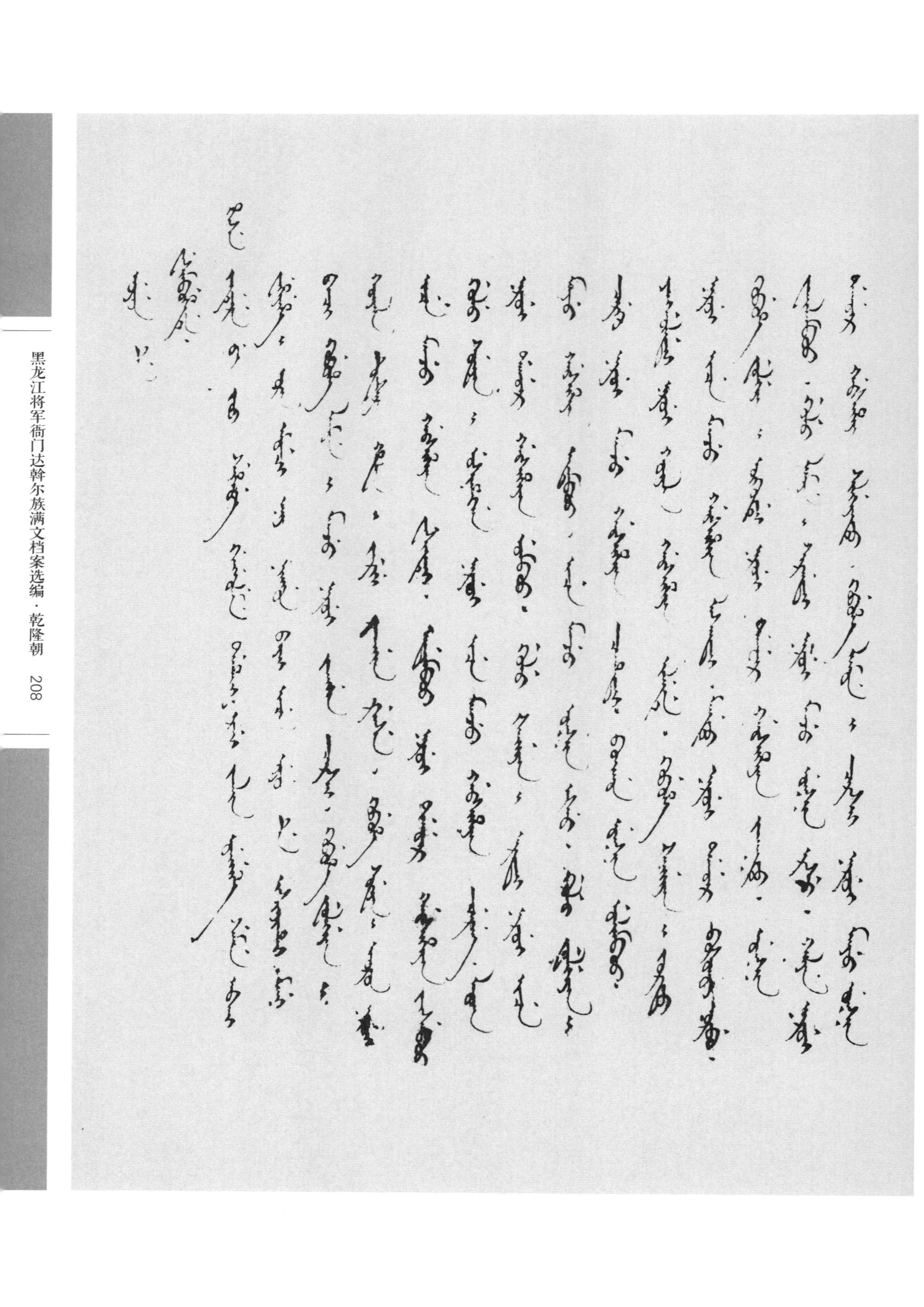

[illegible]

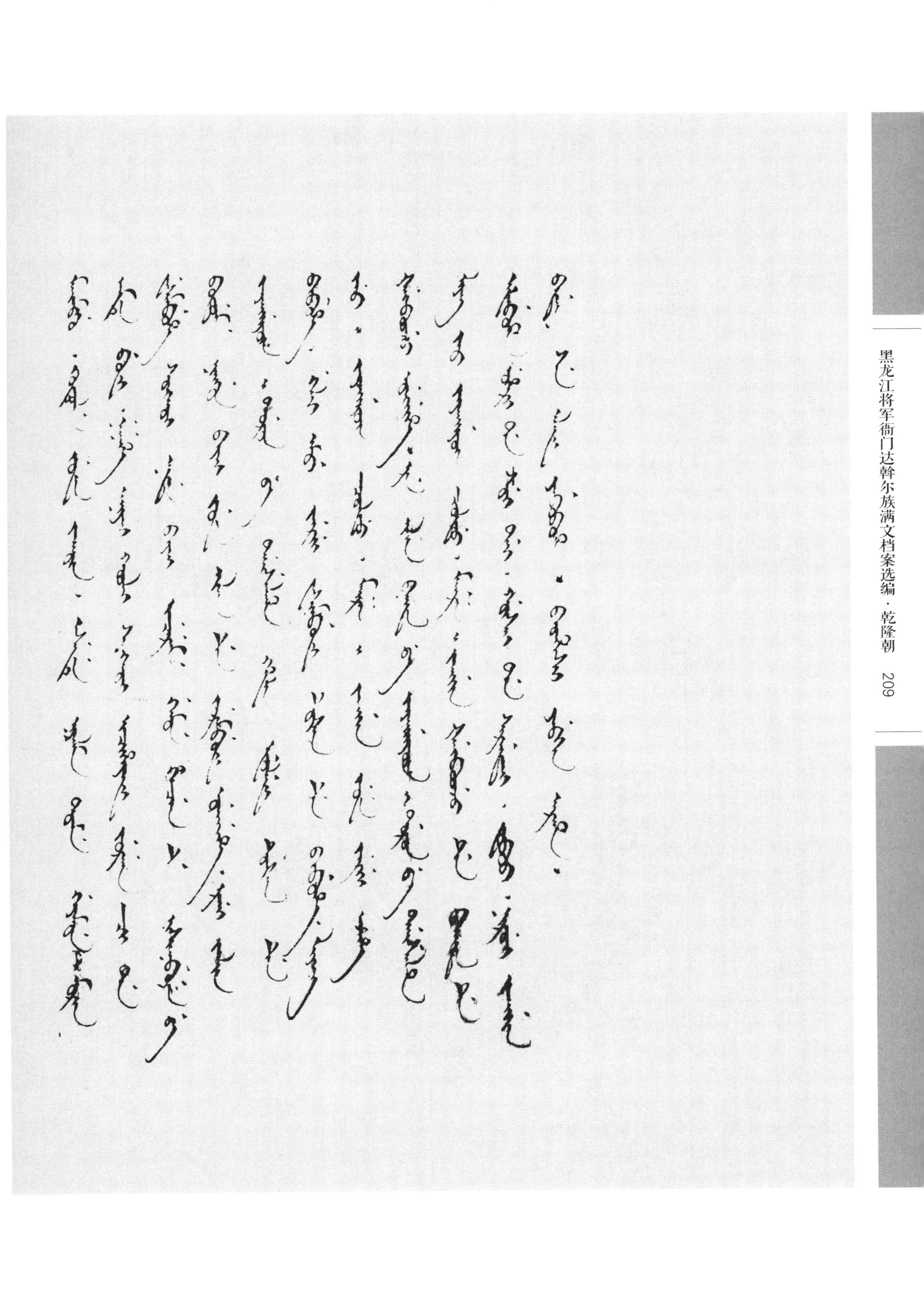

[illegible]

八六七 署黑龙江将军印务凉州将军绰尔多等题布特哈索伦达斡尔等受灾酌情赈济事宜本（附清单一件）

乾隆二十一年六月十五日

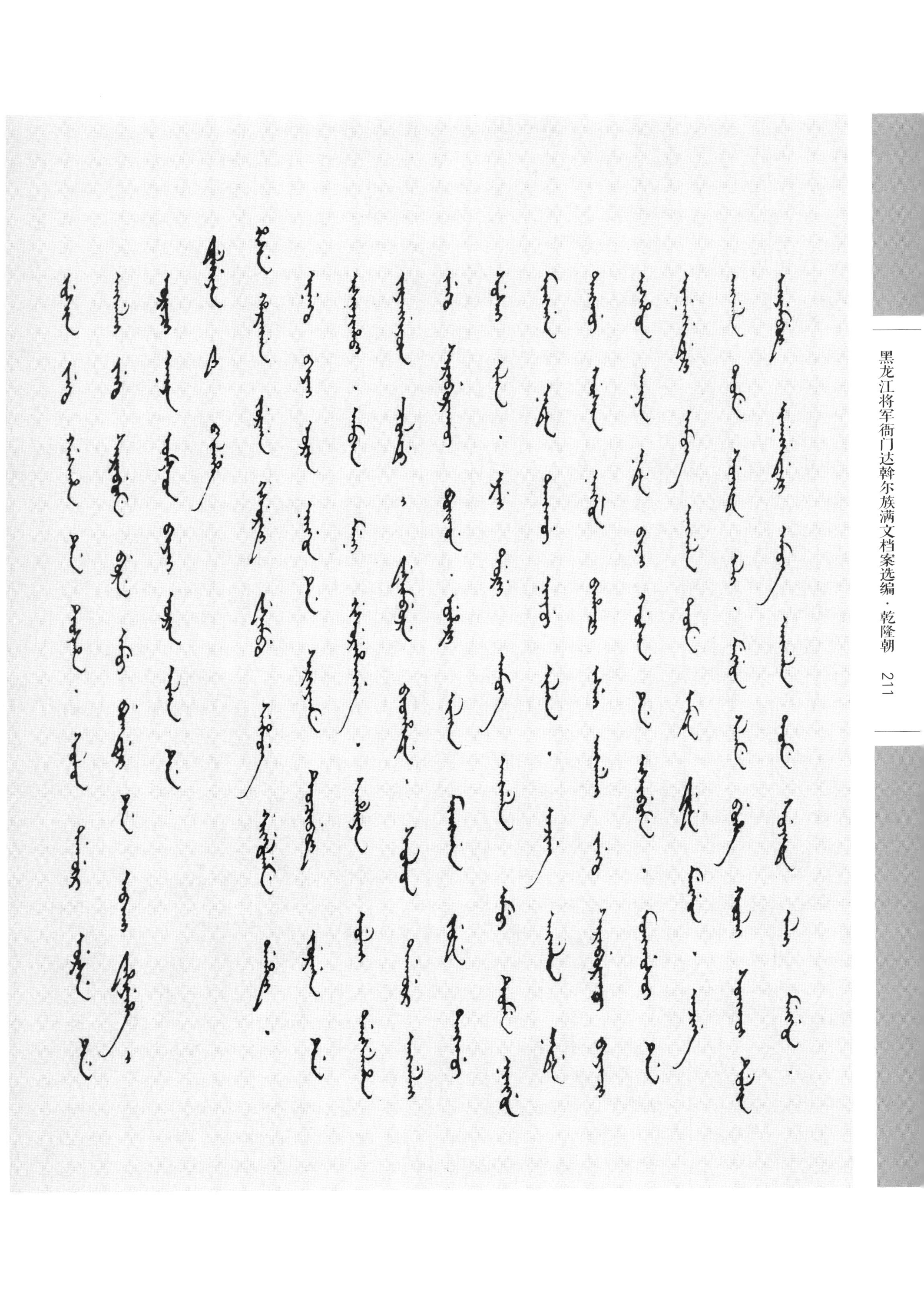

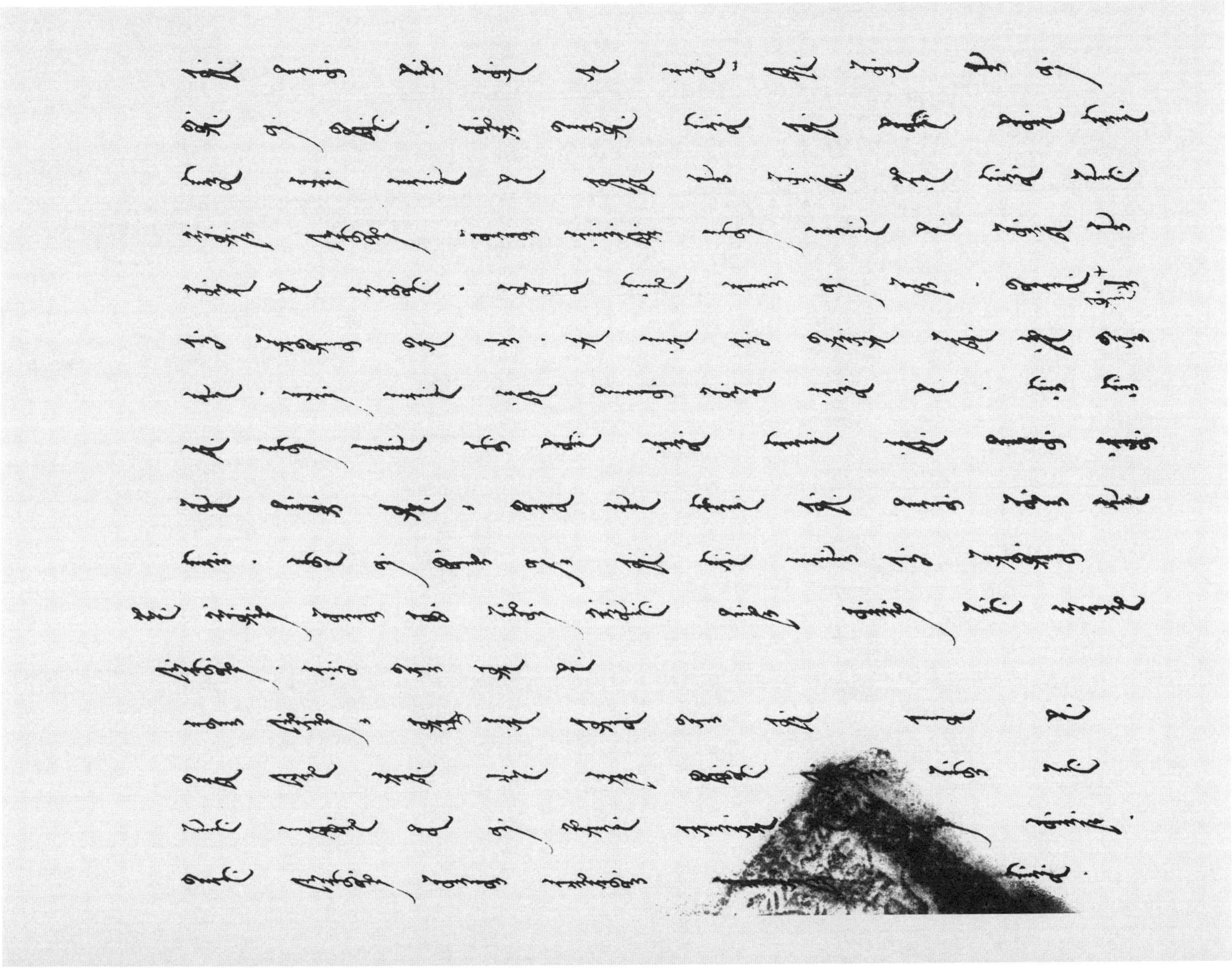

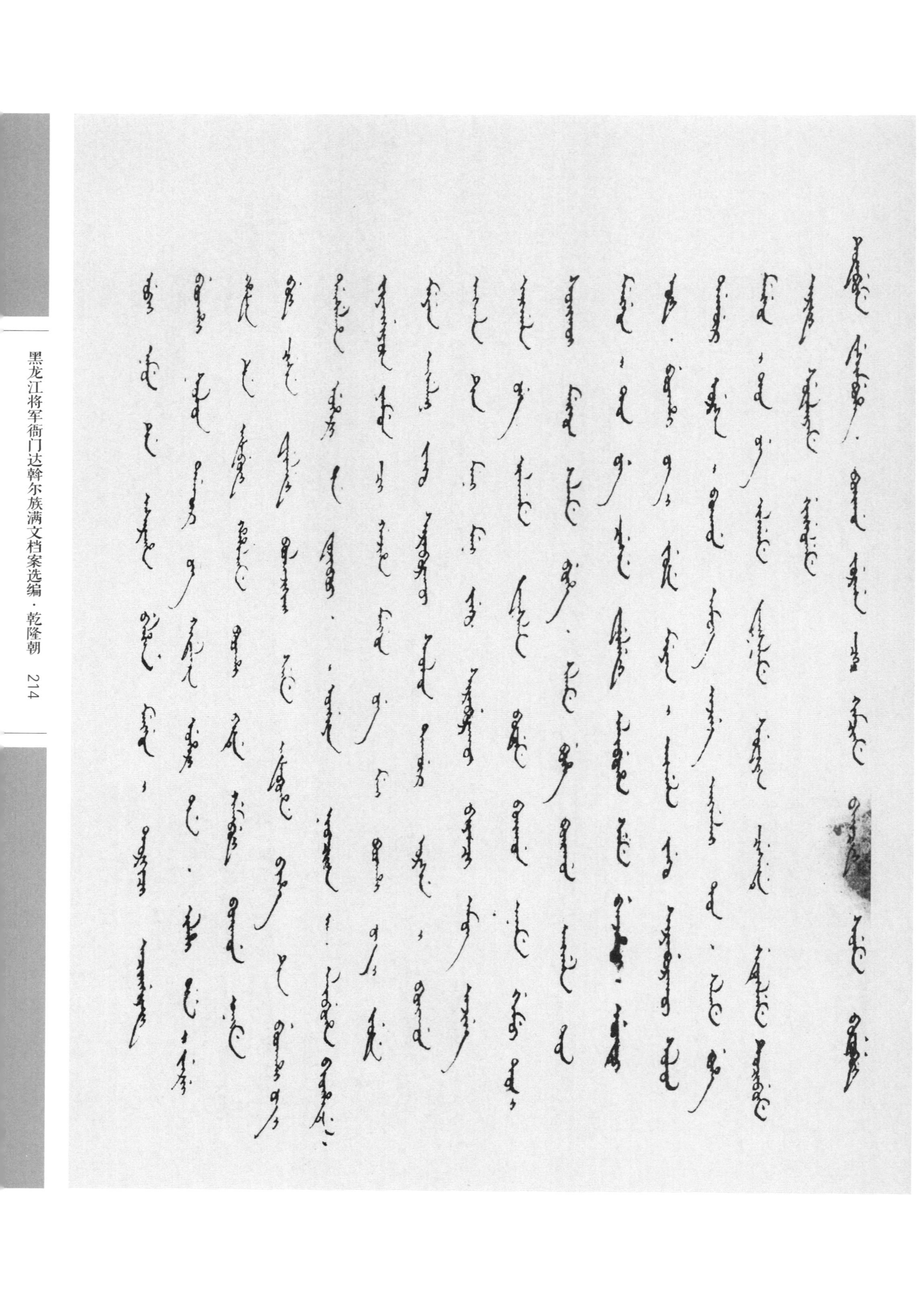

[illegible]

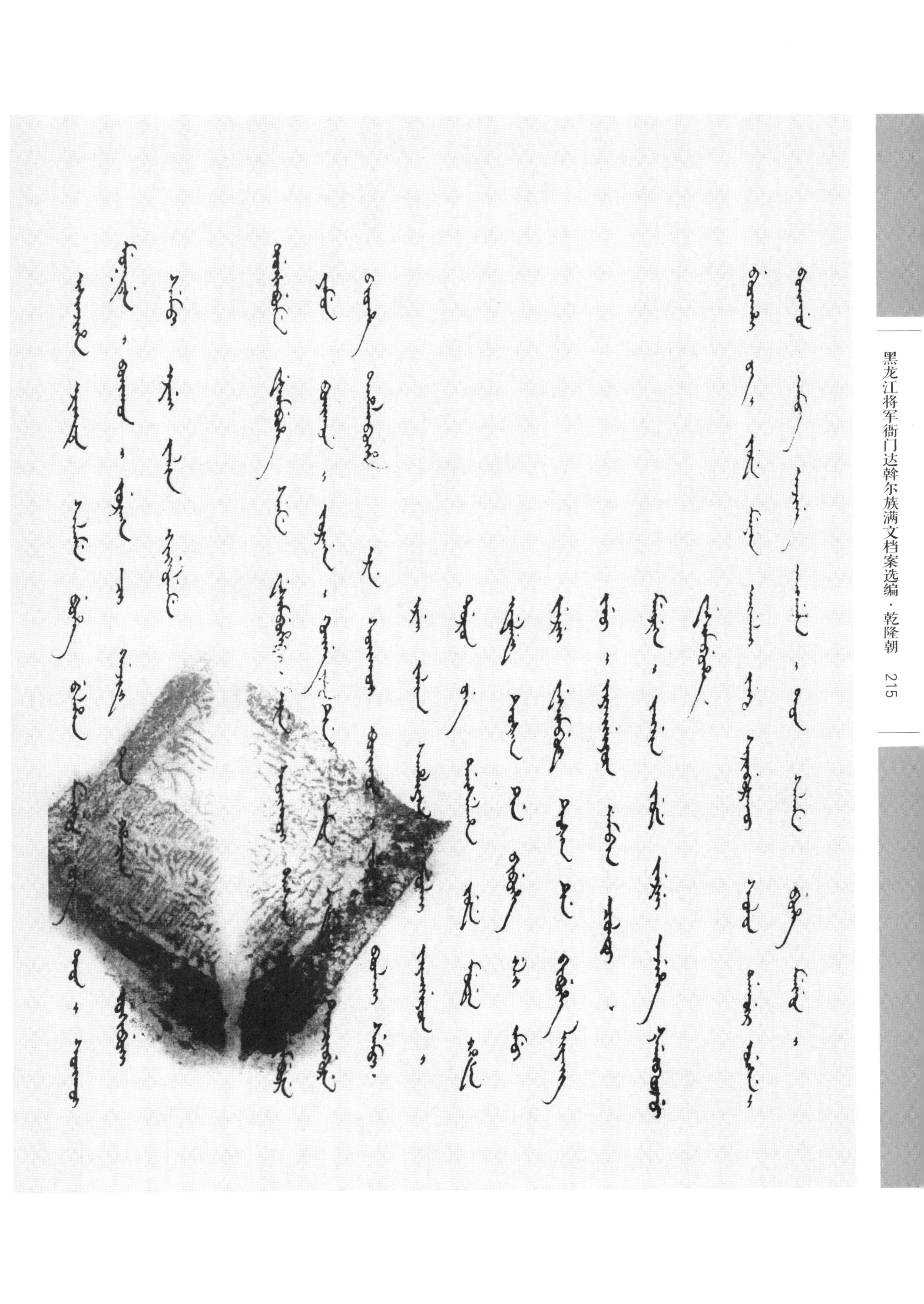

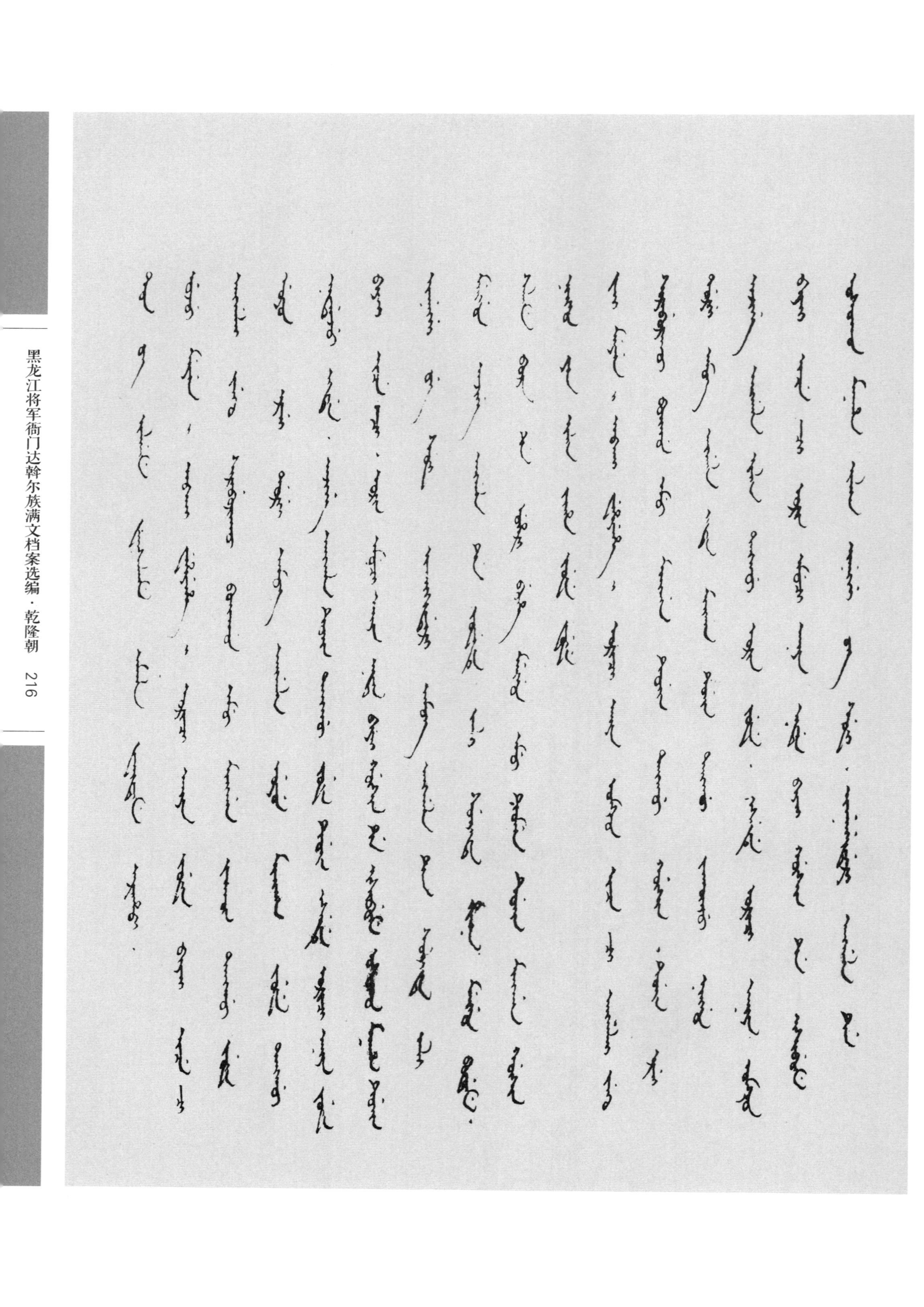

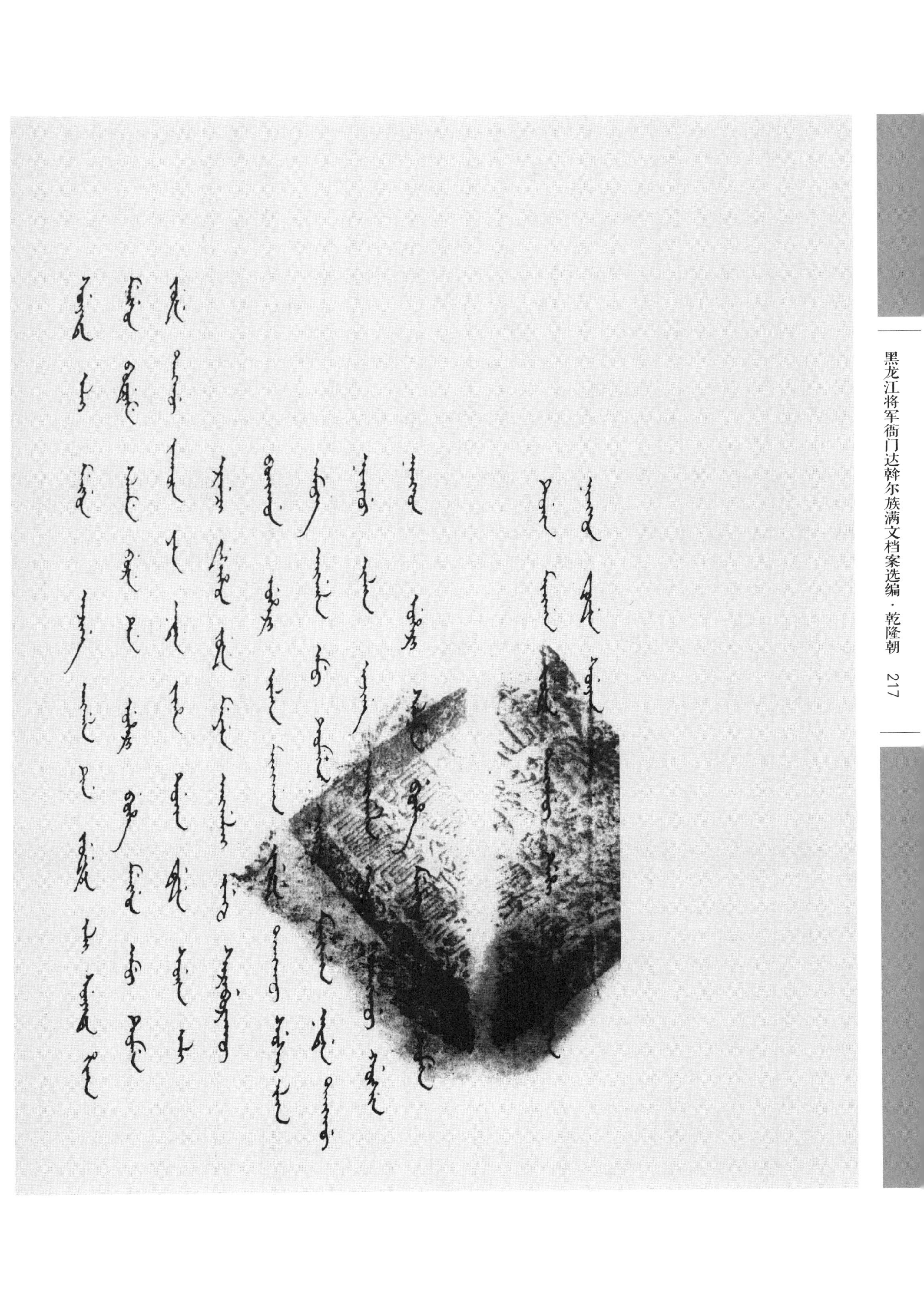

[illegible]

[illegible]

[illegible]

[illegible]

[illegible]

[illegible]

[illegible]

[illegible]

[illegible]

[illegible]

八六八 黑龙江将军衙门为造送随进木兰围善猎索伦达斡尔等花名册事咨理藩院文

乾隆二十一年六月十八日

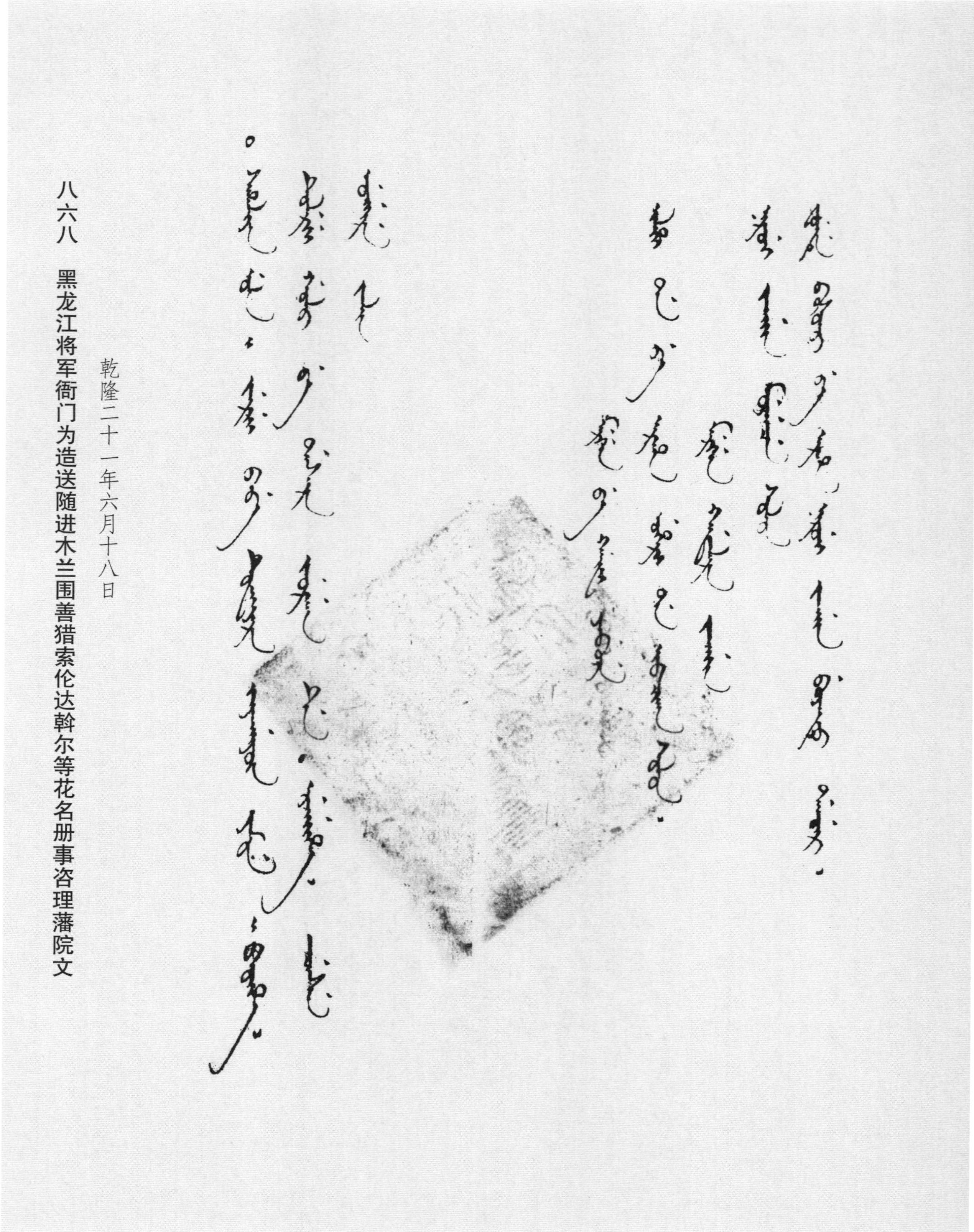

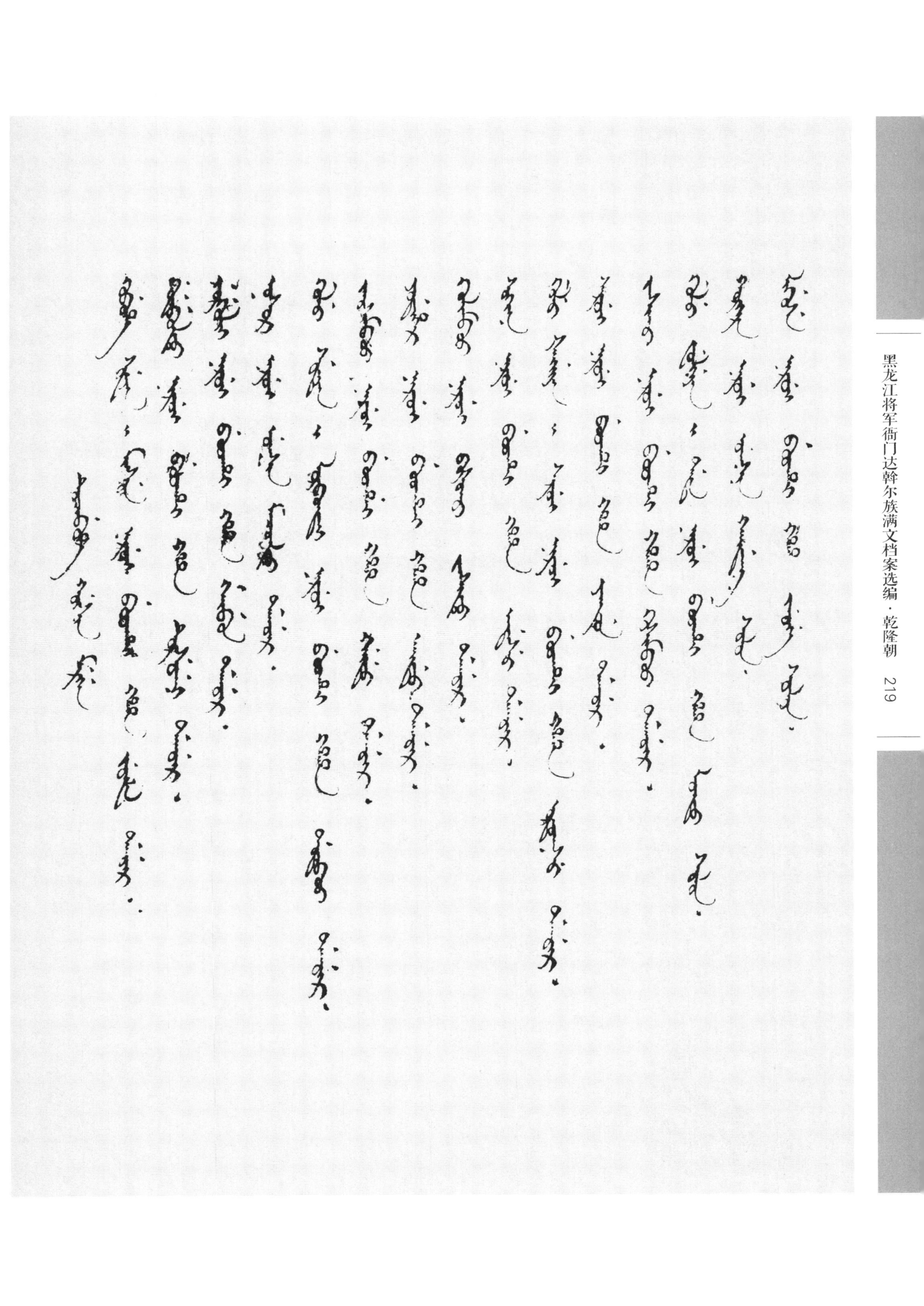

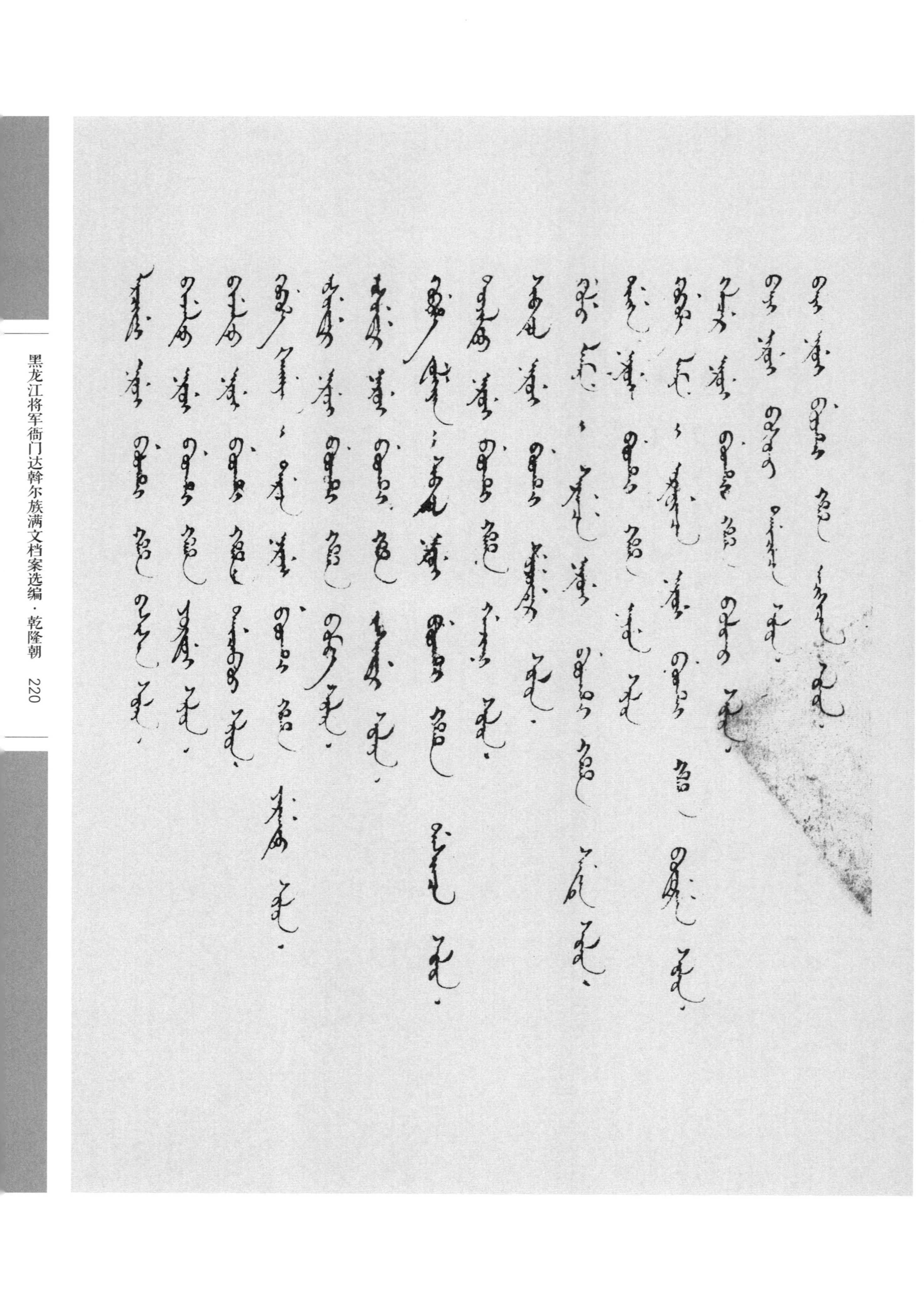

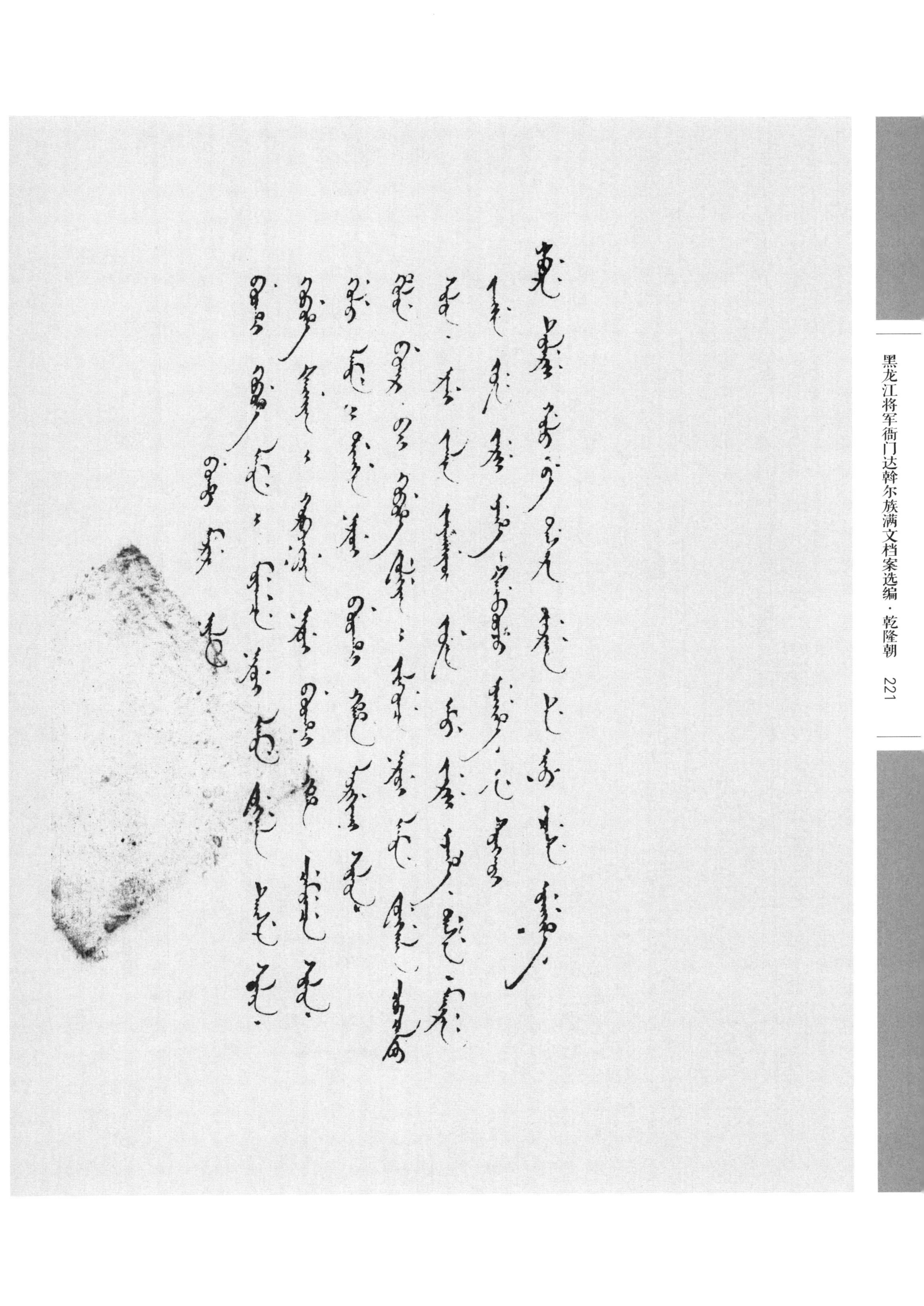

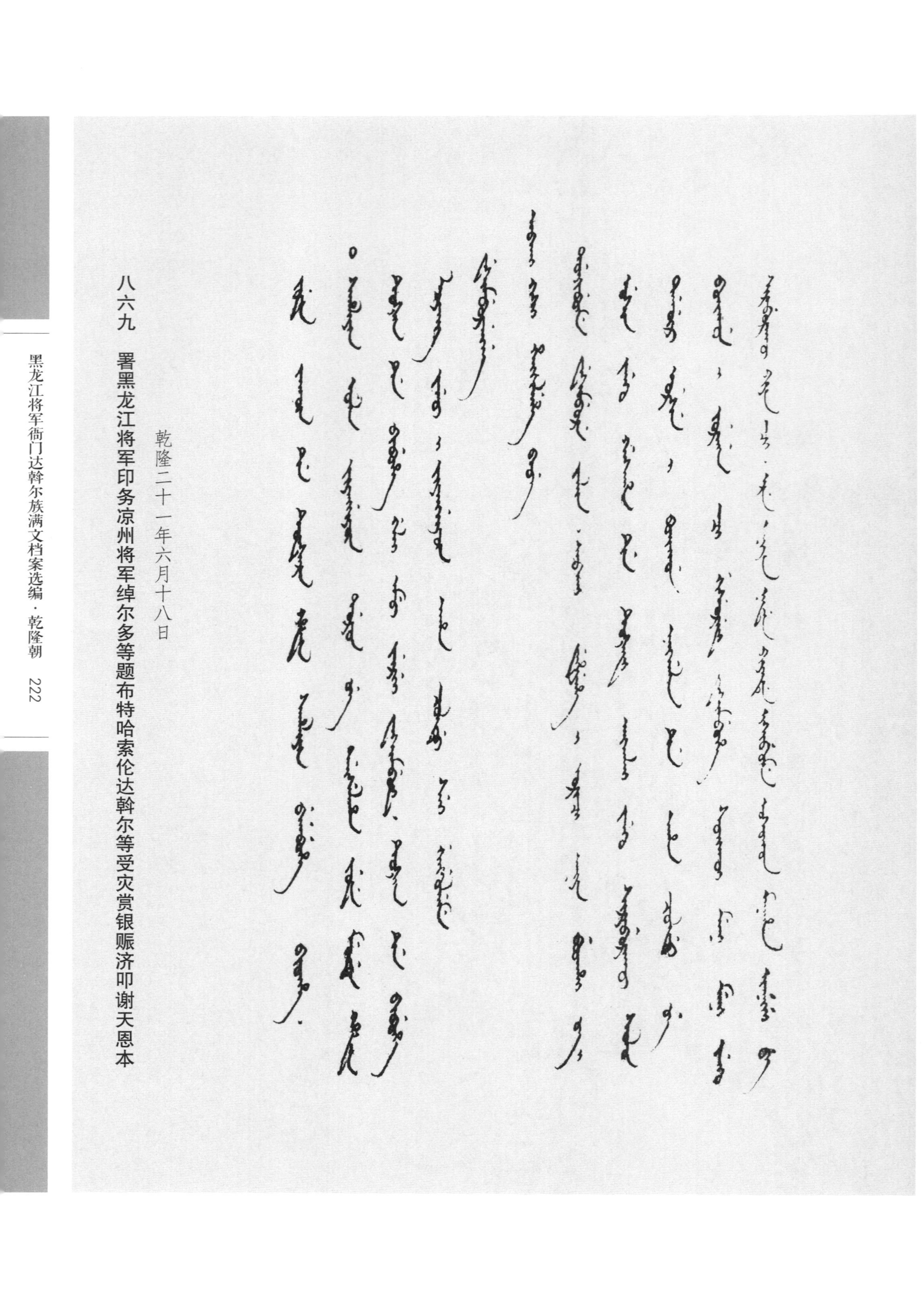

八六九　署黑龙江将军印务凉州将军绰尔多等题布特哈索伦达斡尔等受灾赏银赈济叩谢天恩本

乾隆二十一年六月十八日

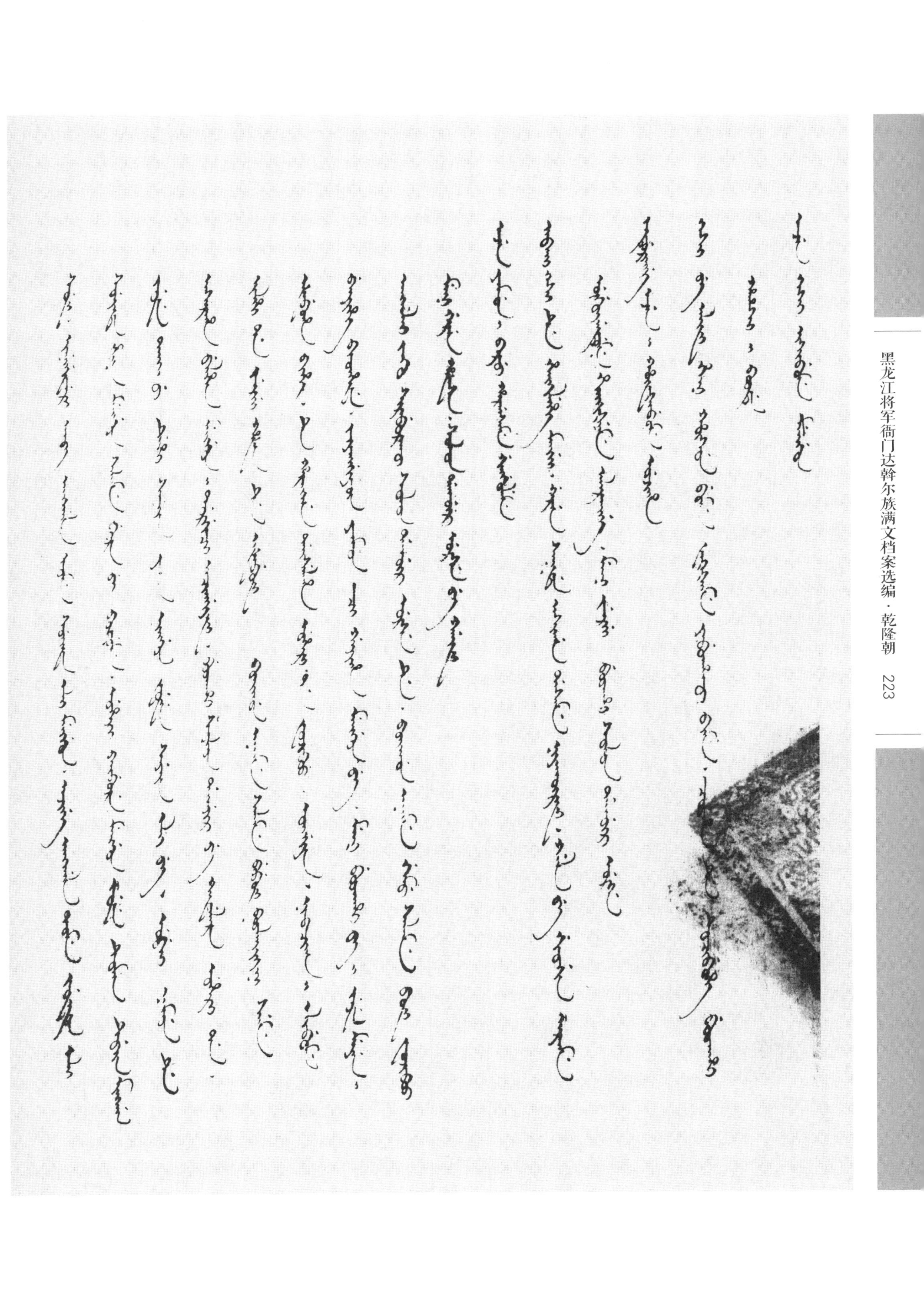

[illegible]

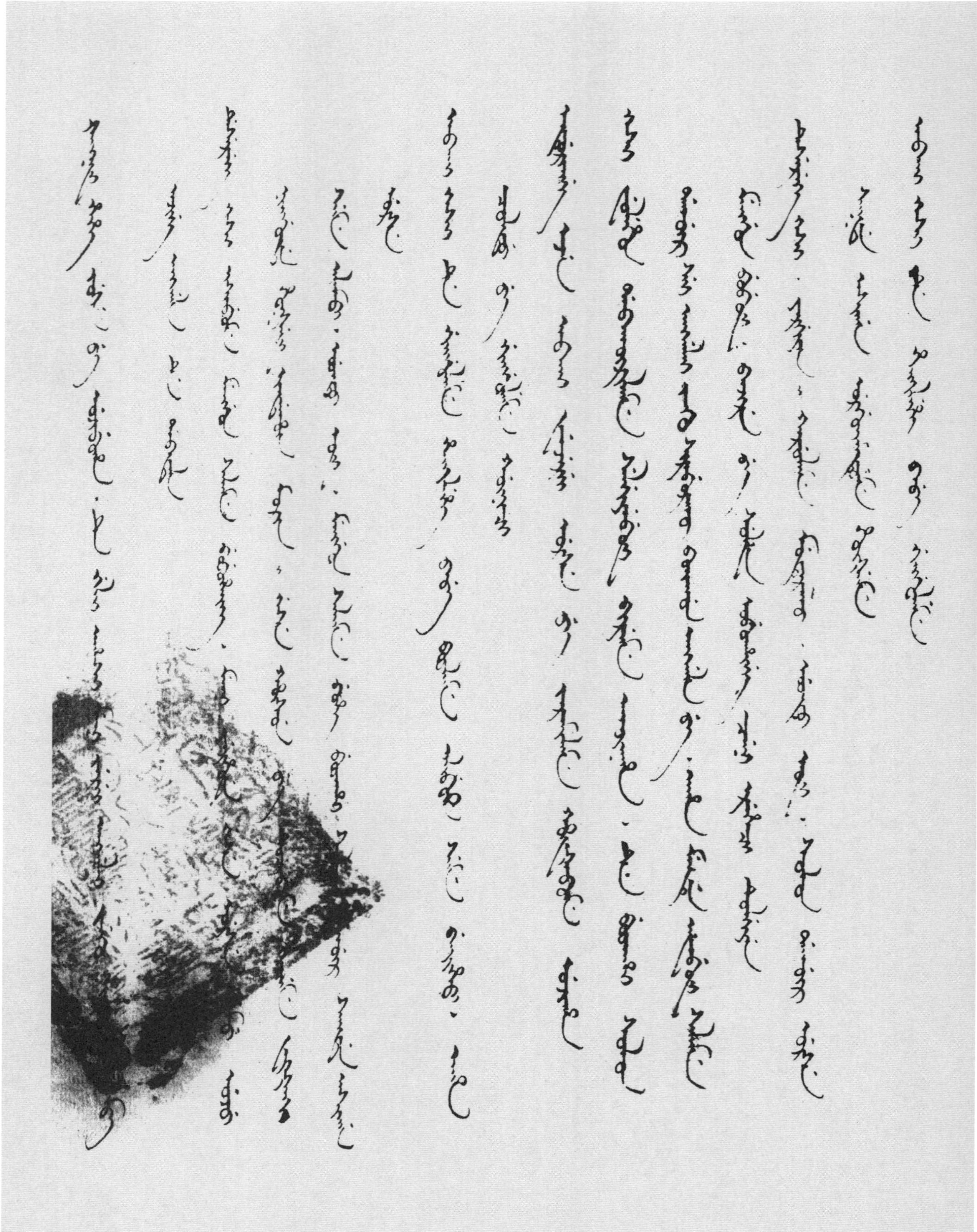

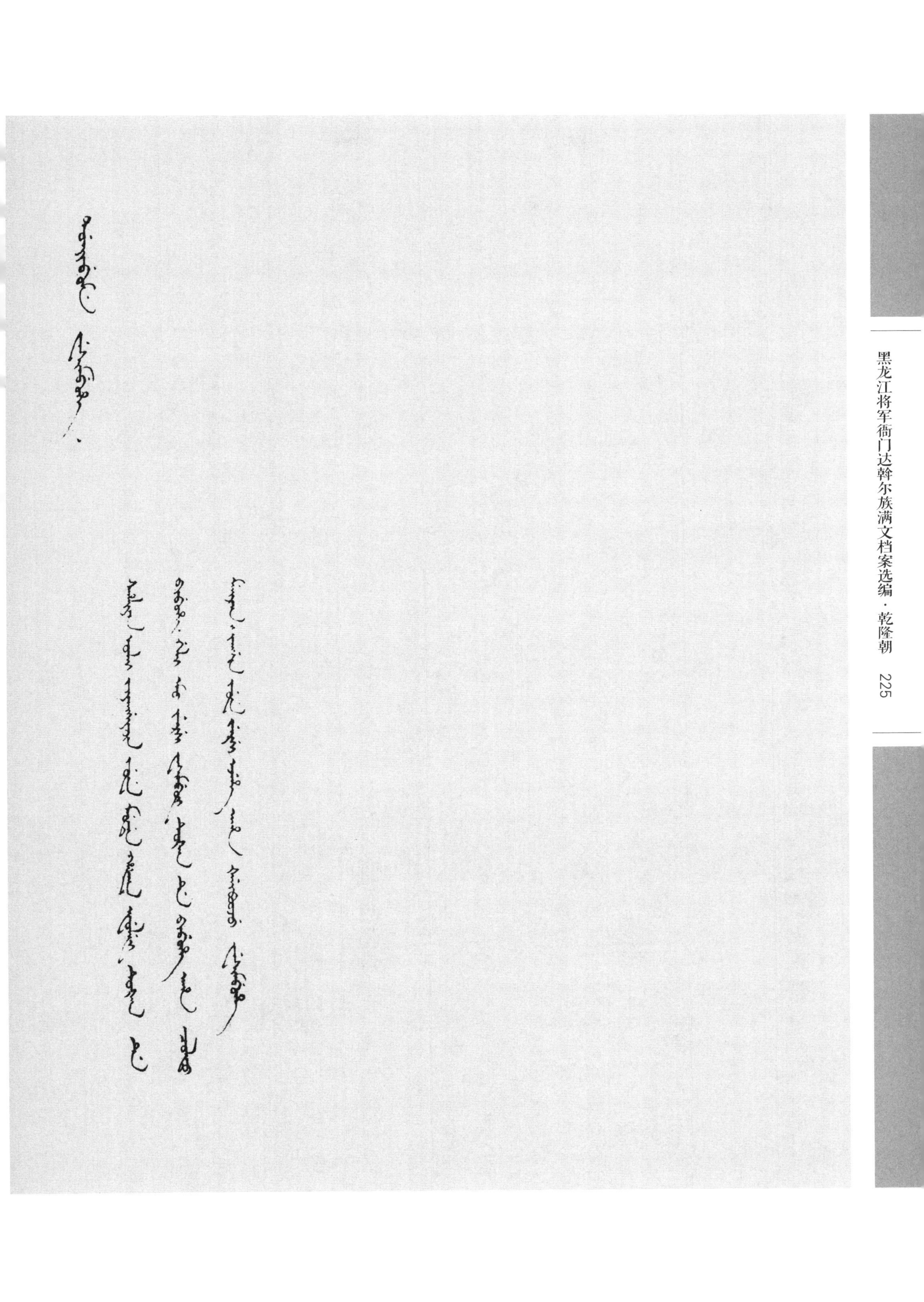

[illegible]

[illegible]

[illegible]

[illegible]

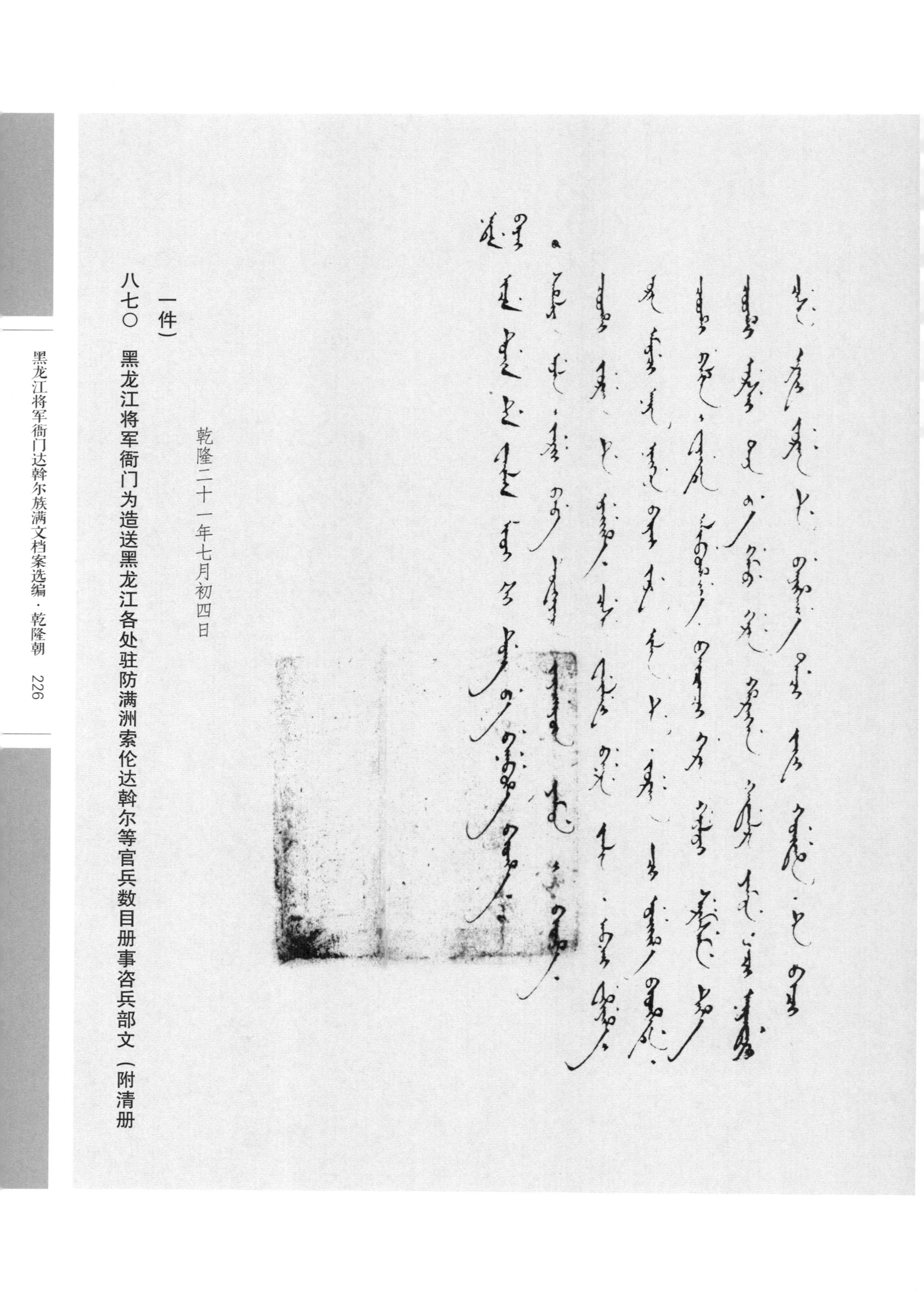

八七〇 黑龙江将军衙门为造送黑龙江各处驻防满洲索伦达斡尔等官兵数目册事咨兵部文（附清册一件）

乾隆二十一年七月初四日

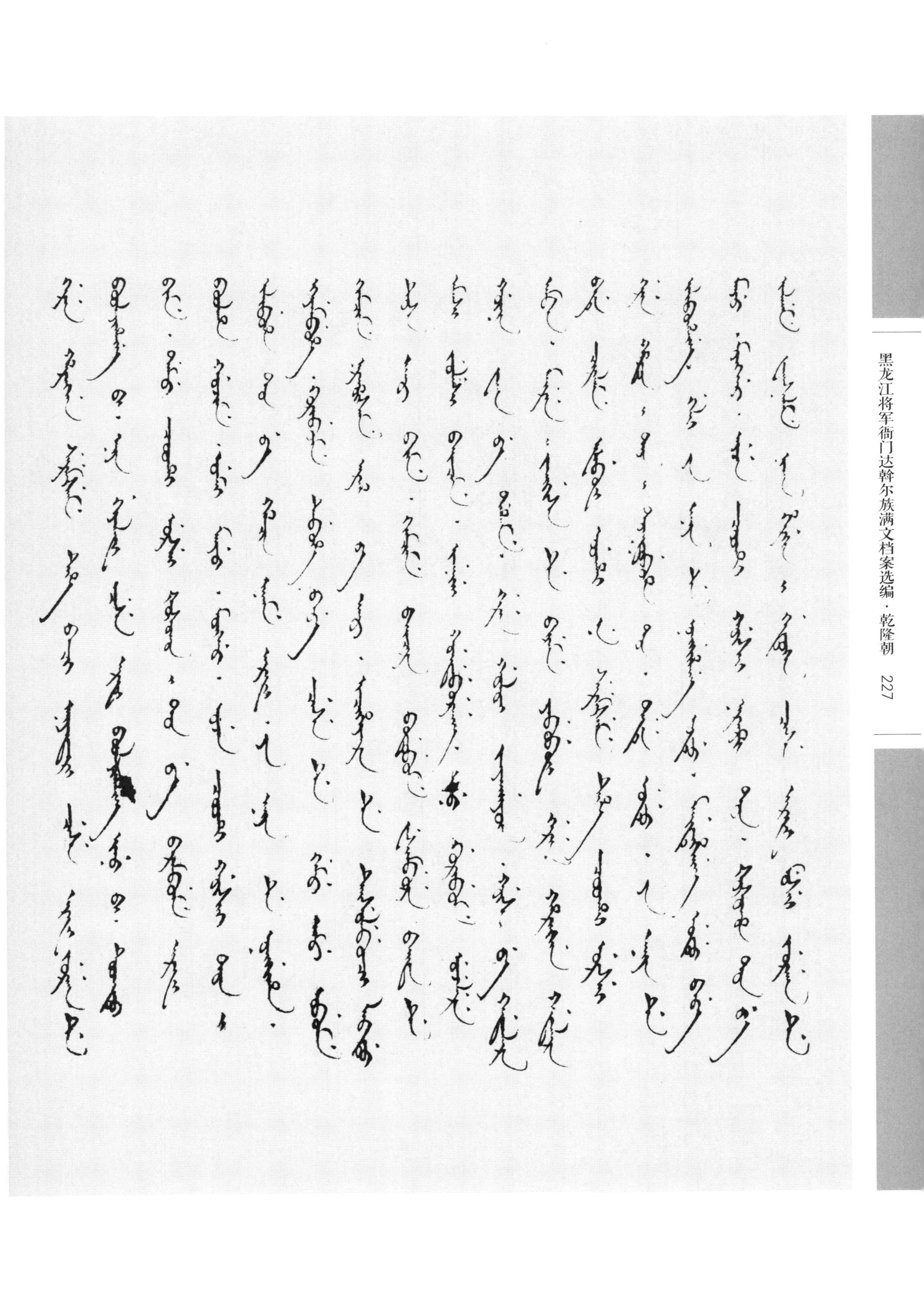

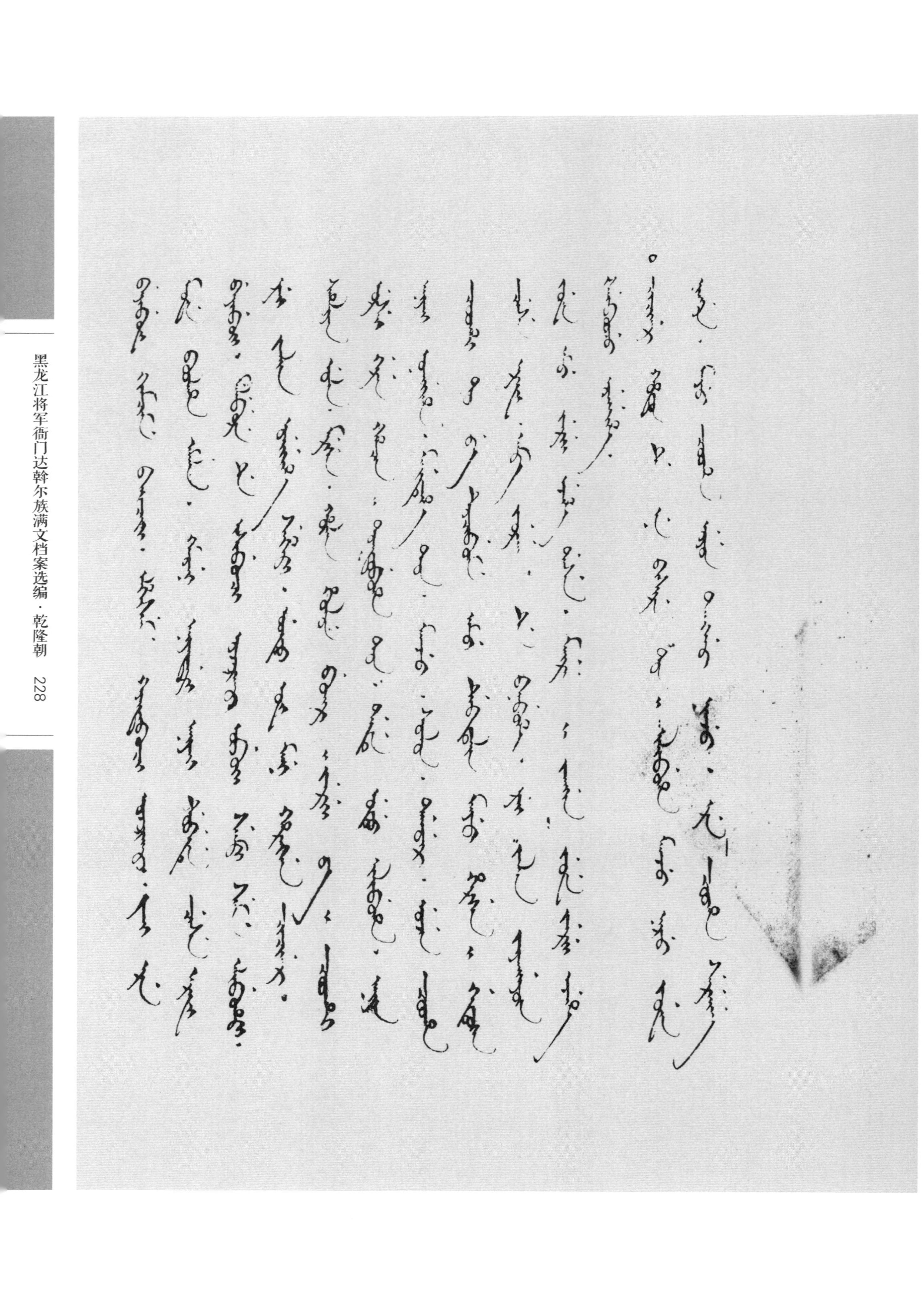

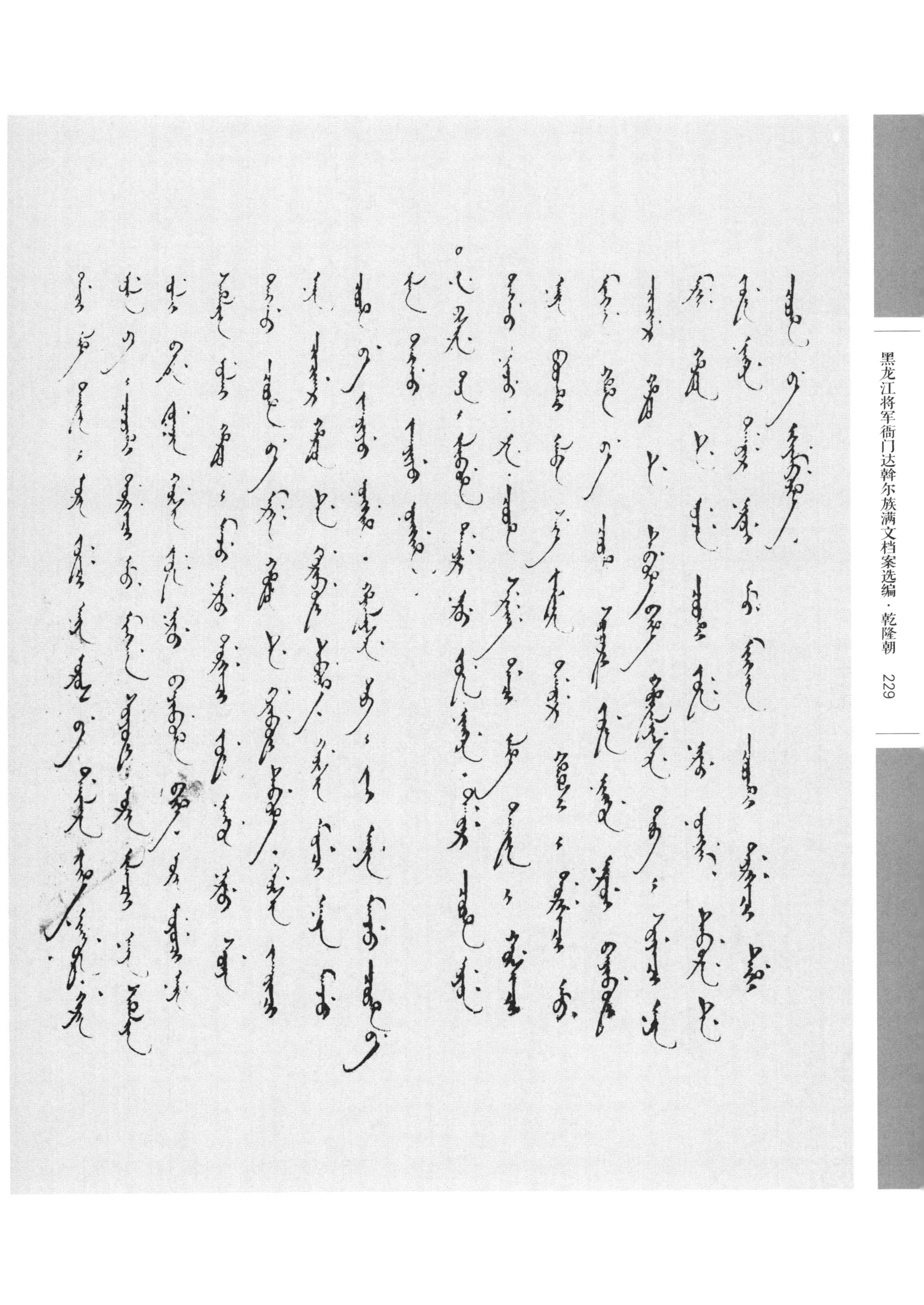

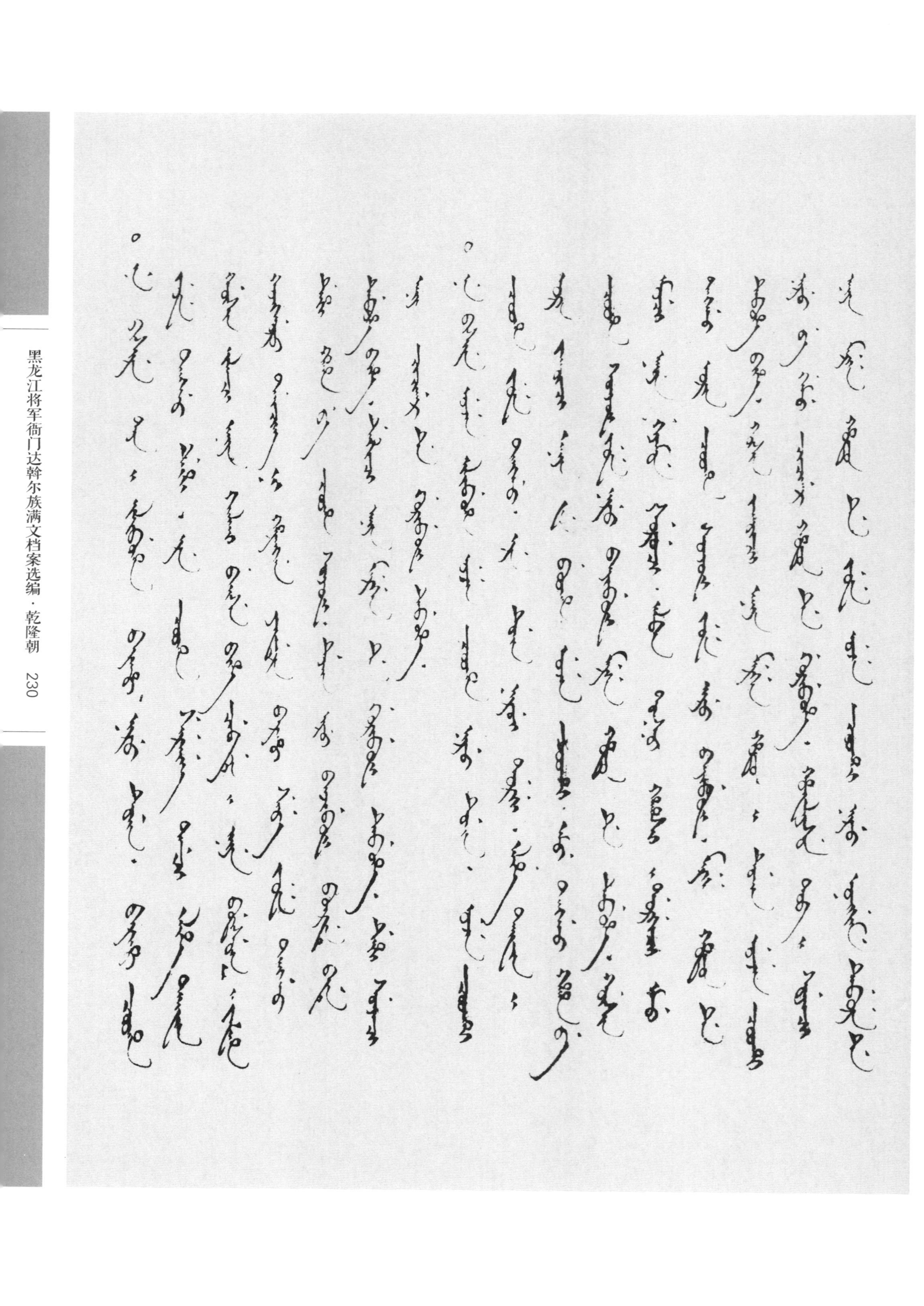

[illegible]

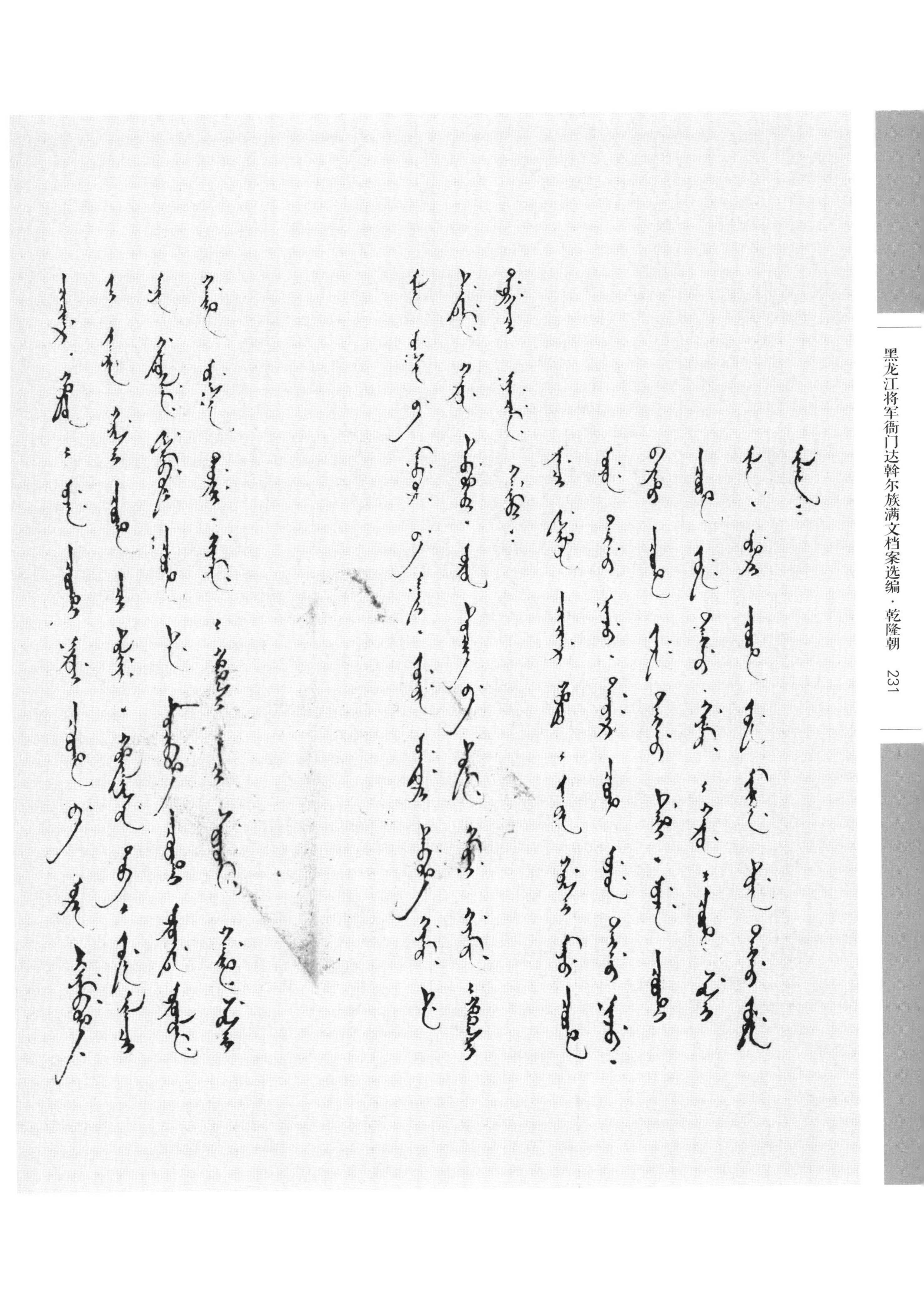

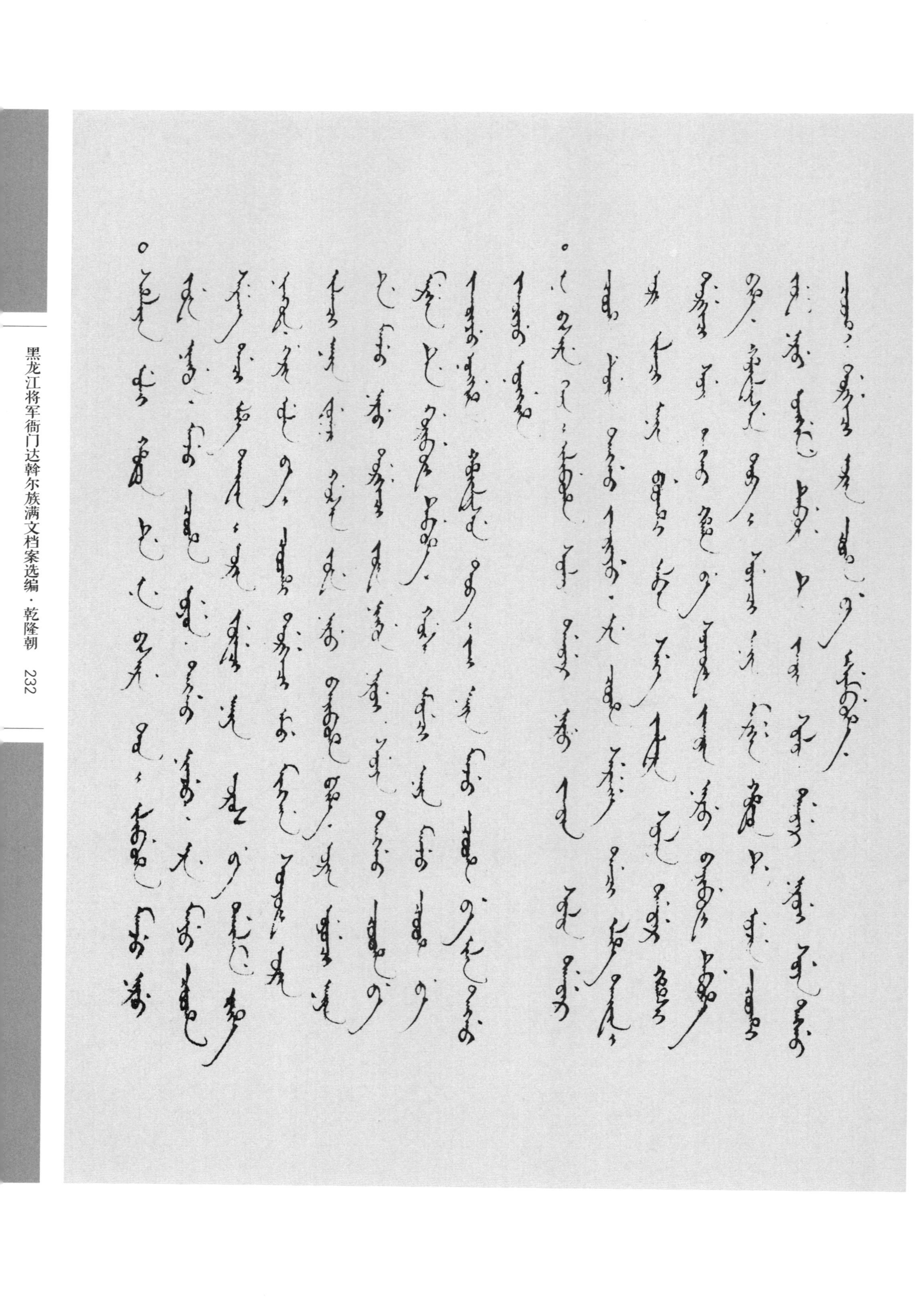

[illegible]

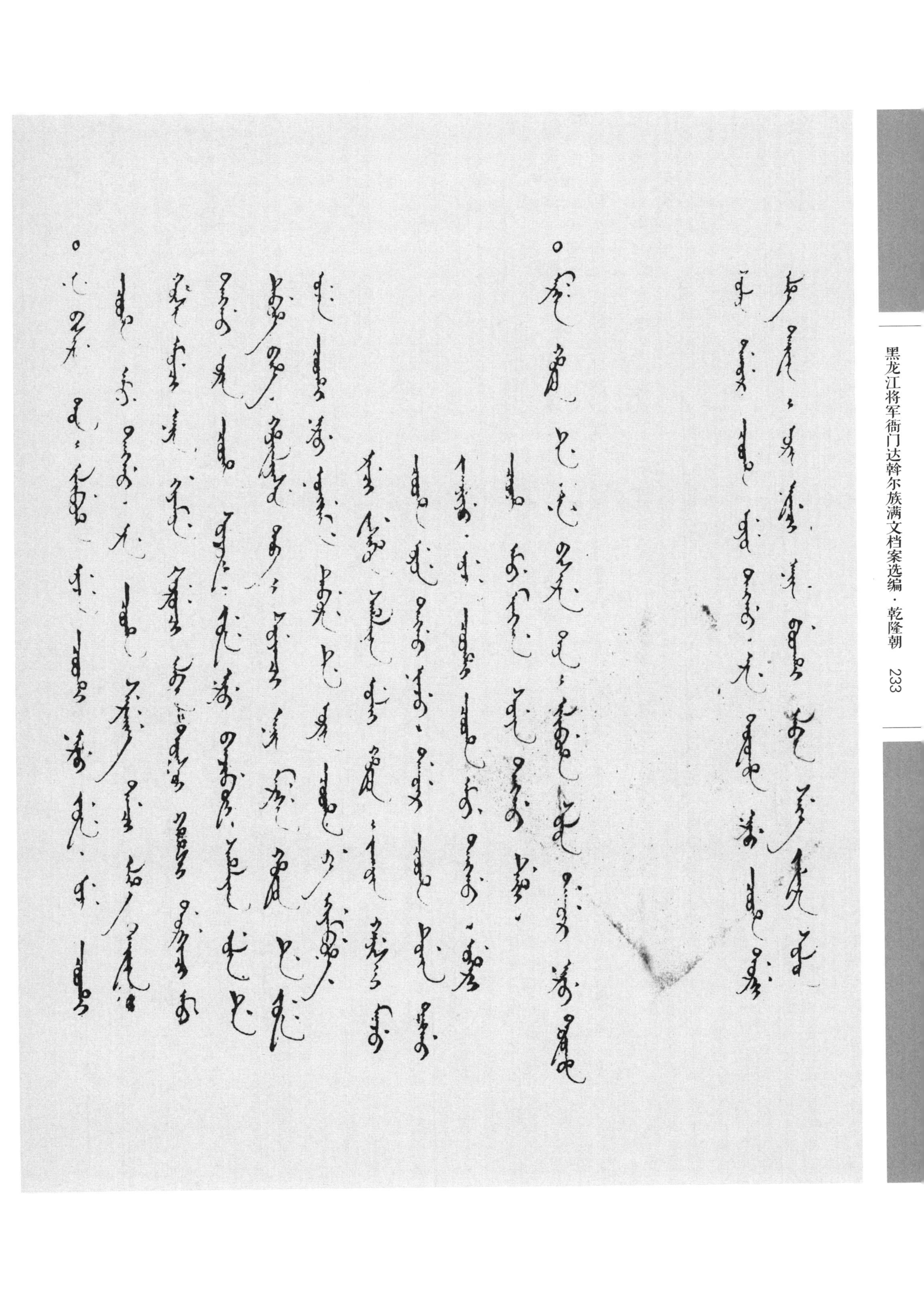

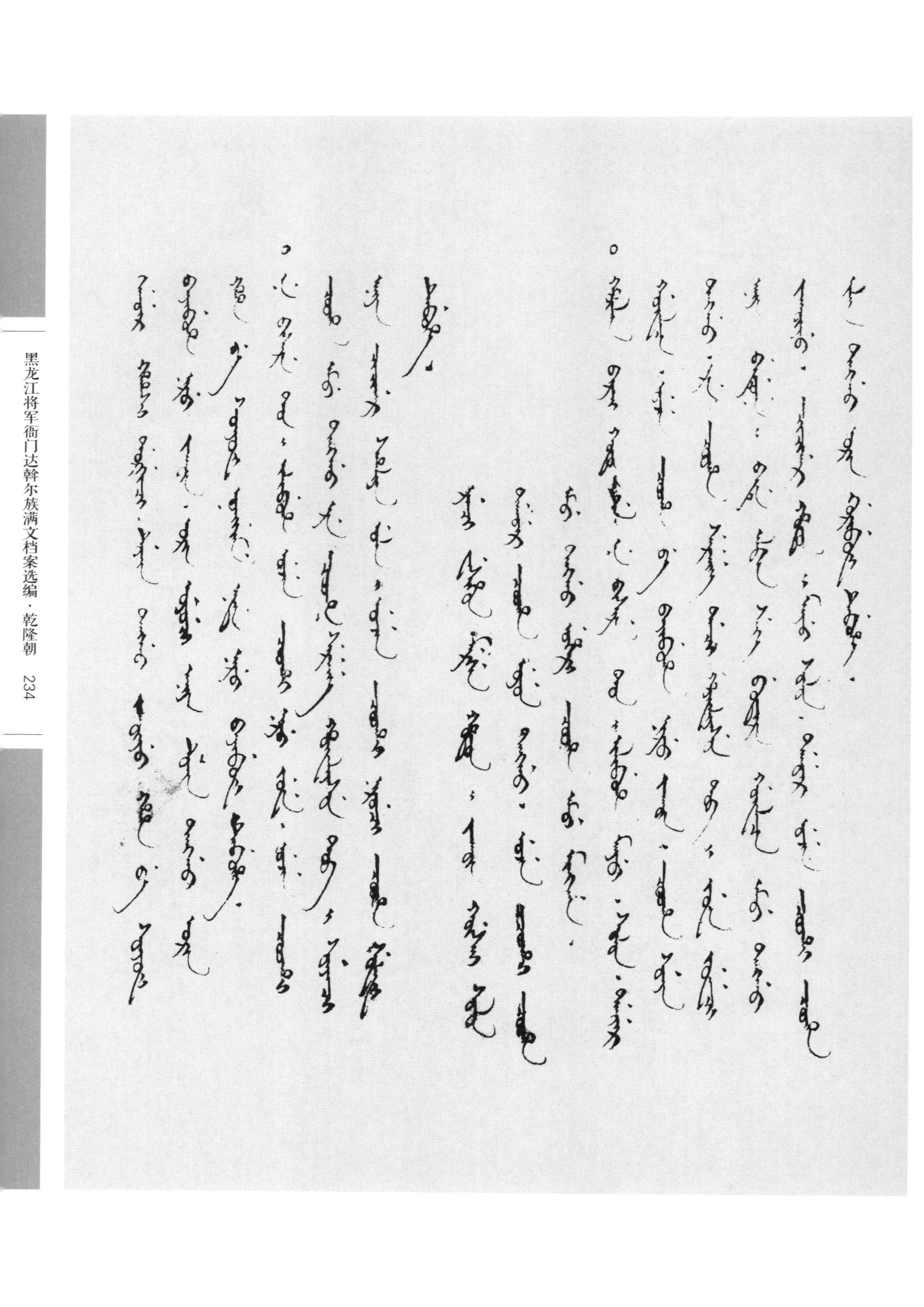

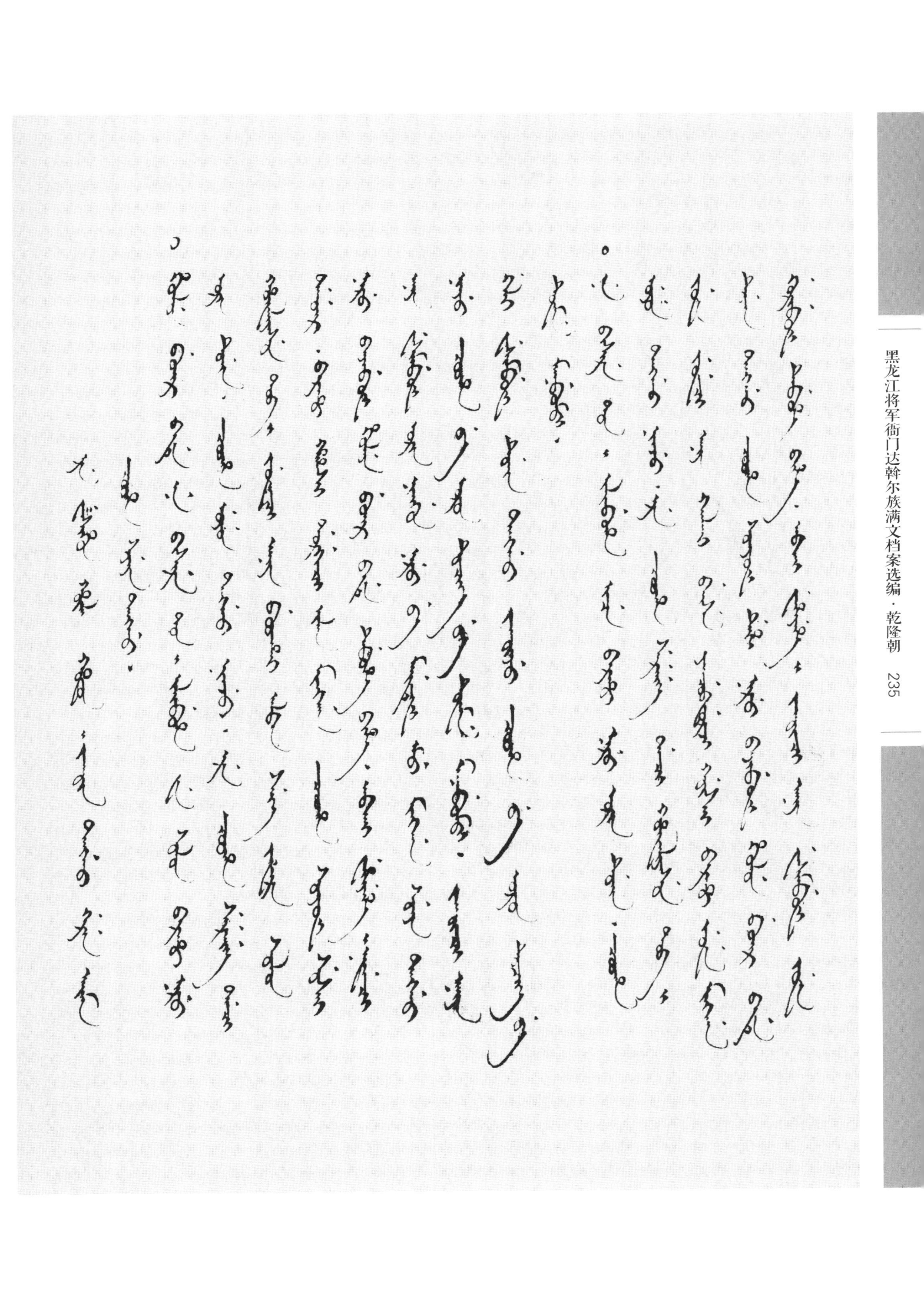

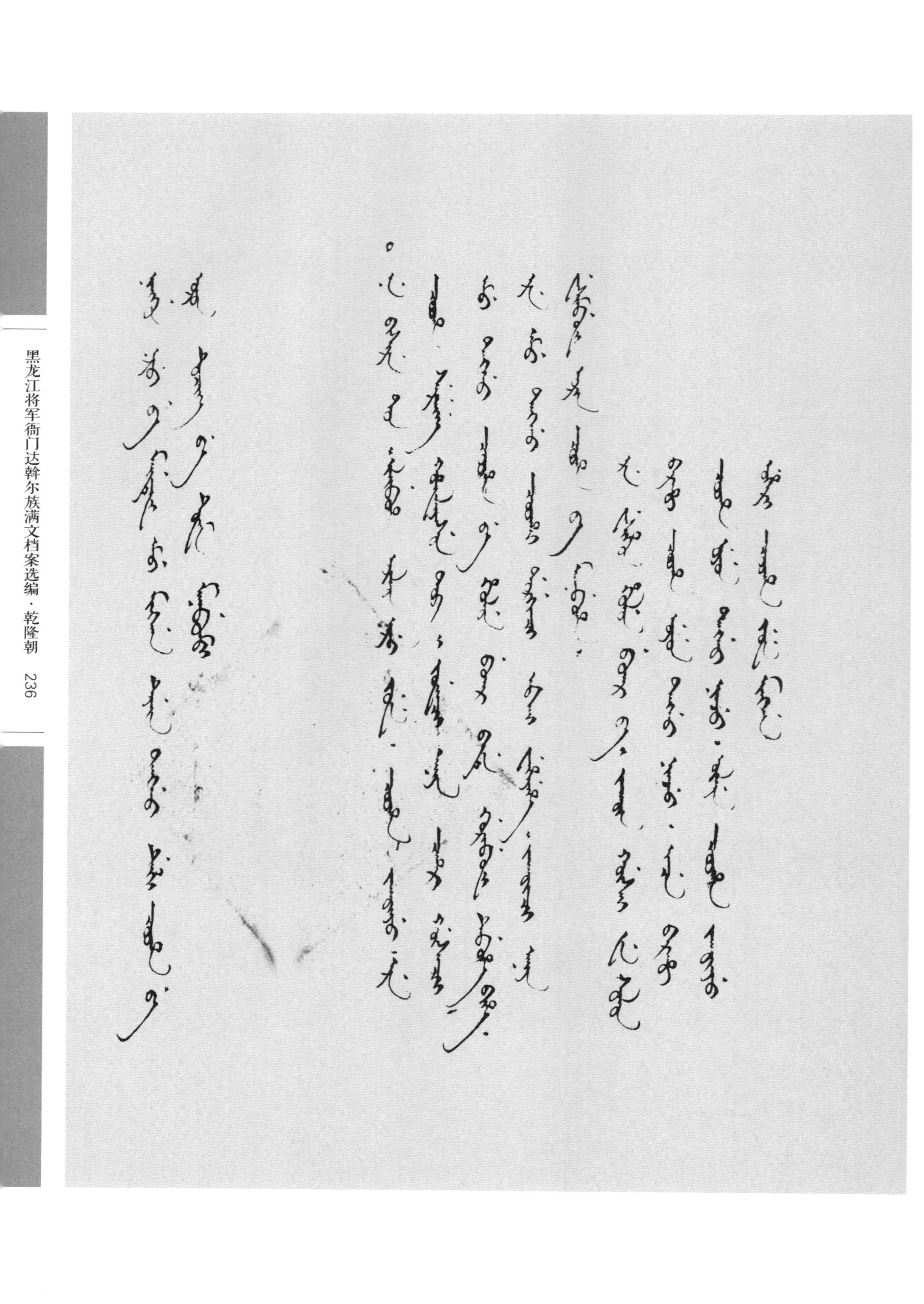

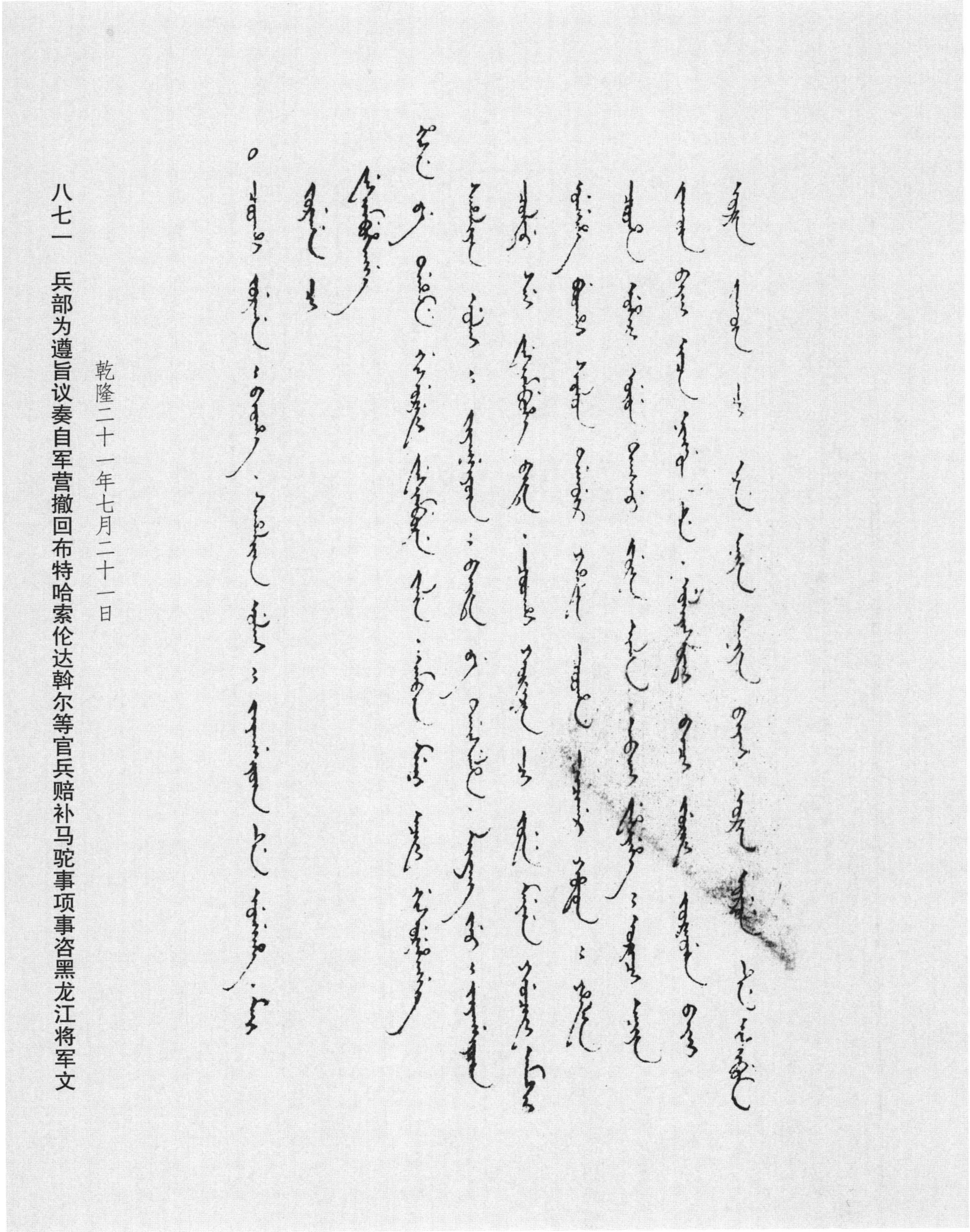

八七一 兵部为遵旨议奏自军营撤回布特哈索伦达斡尔等官兵赔补马驼事项事咨黑龙江将军文

乾隆二十一年七月二十一日

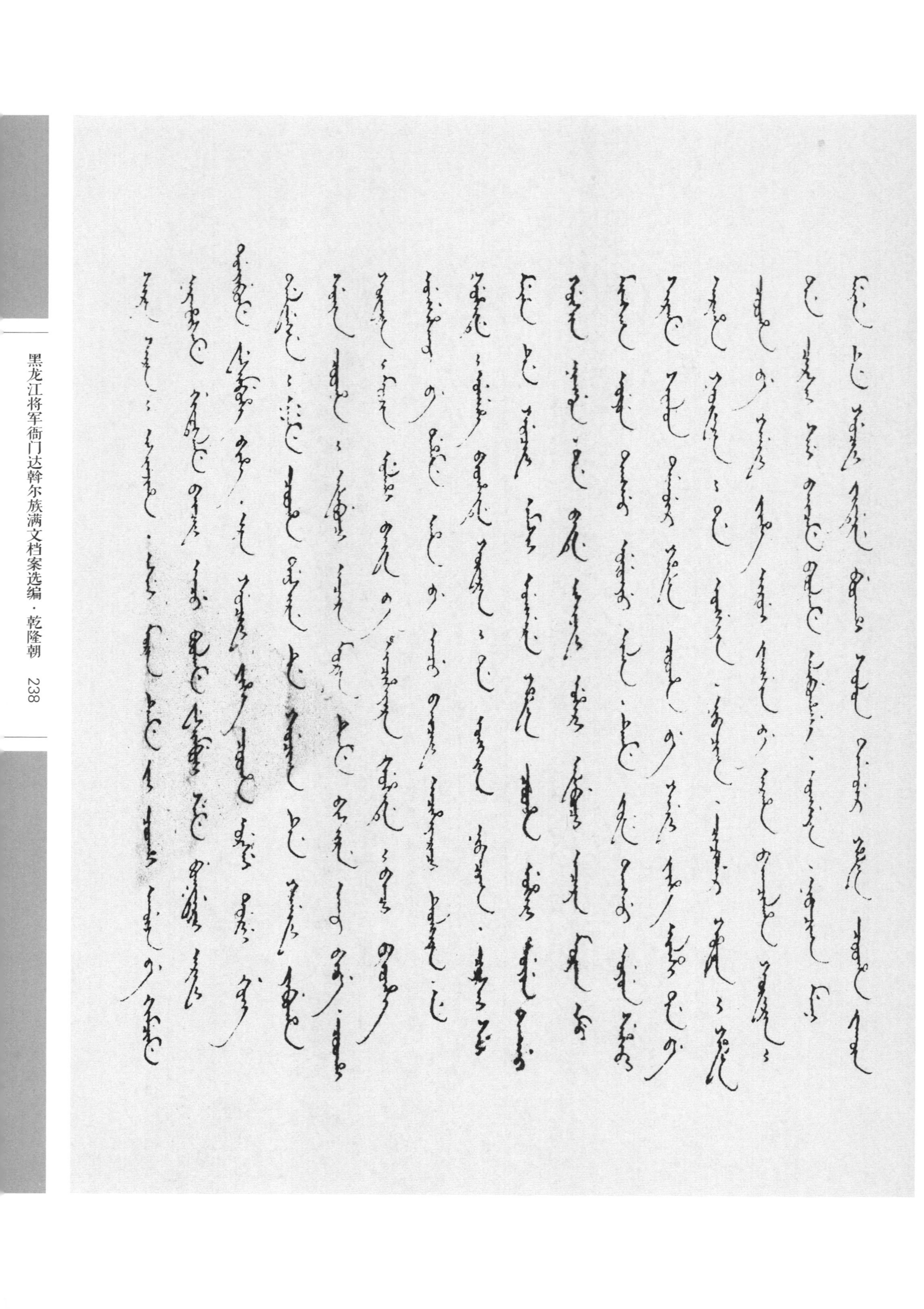

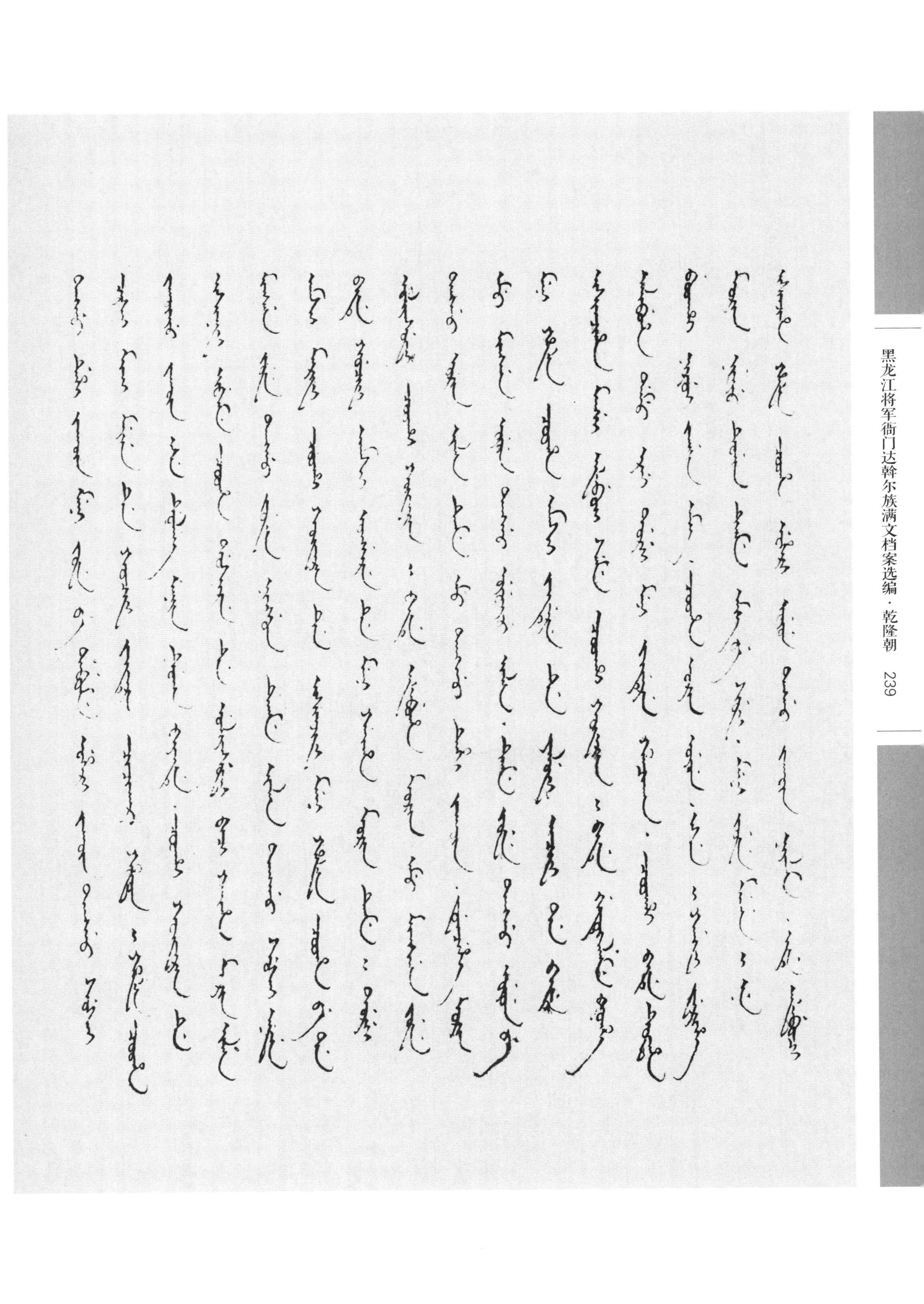

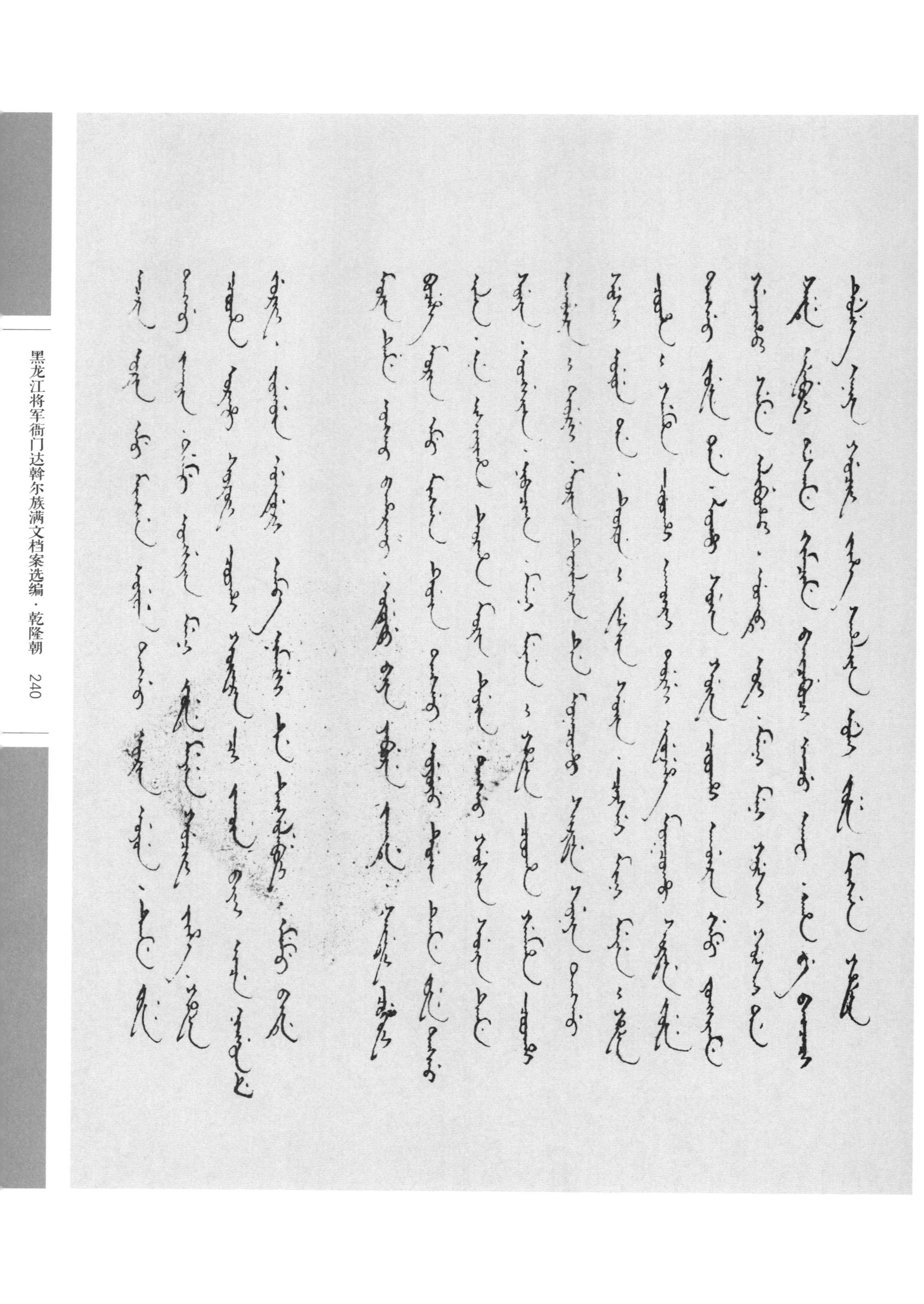

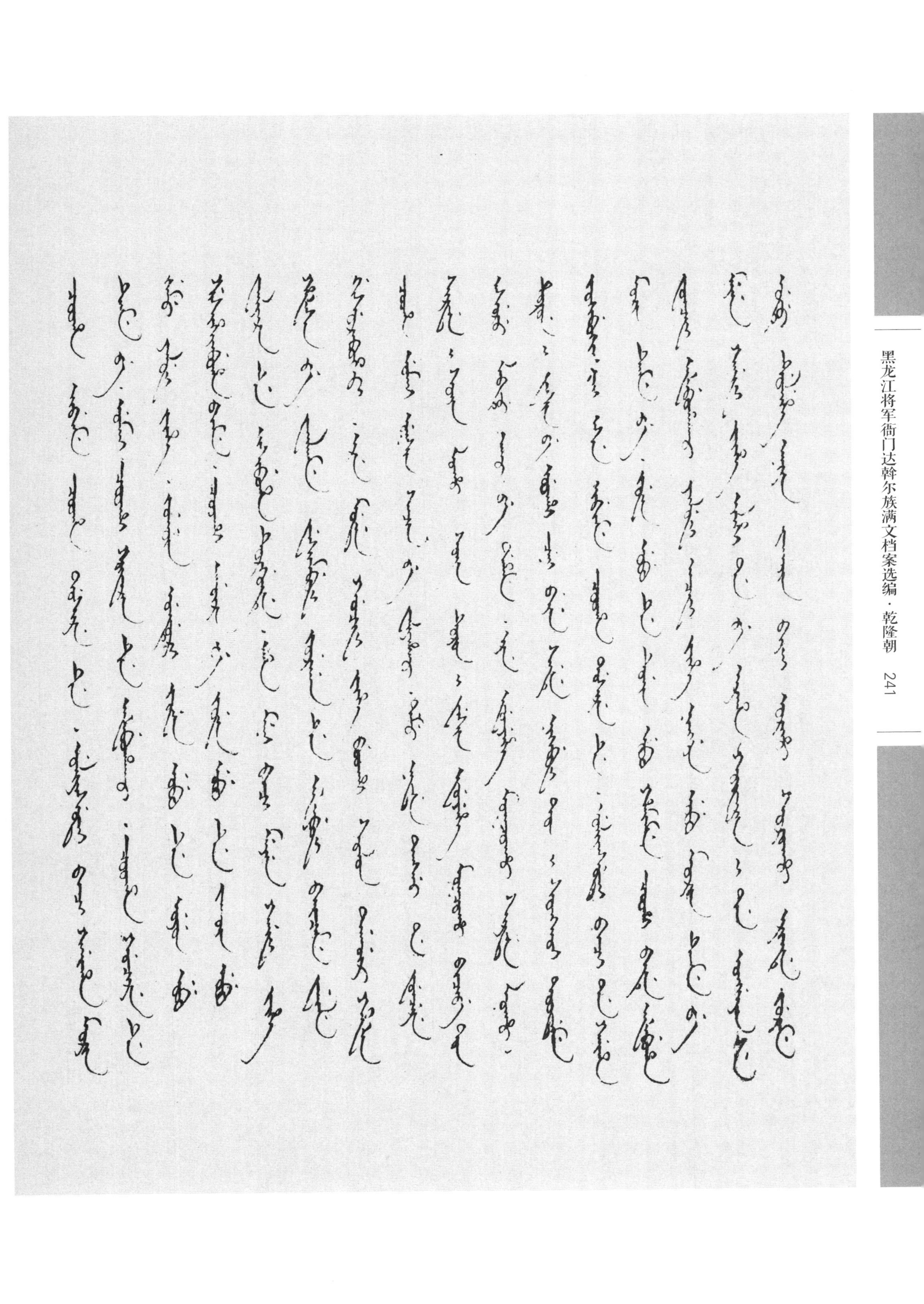

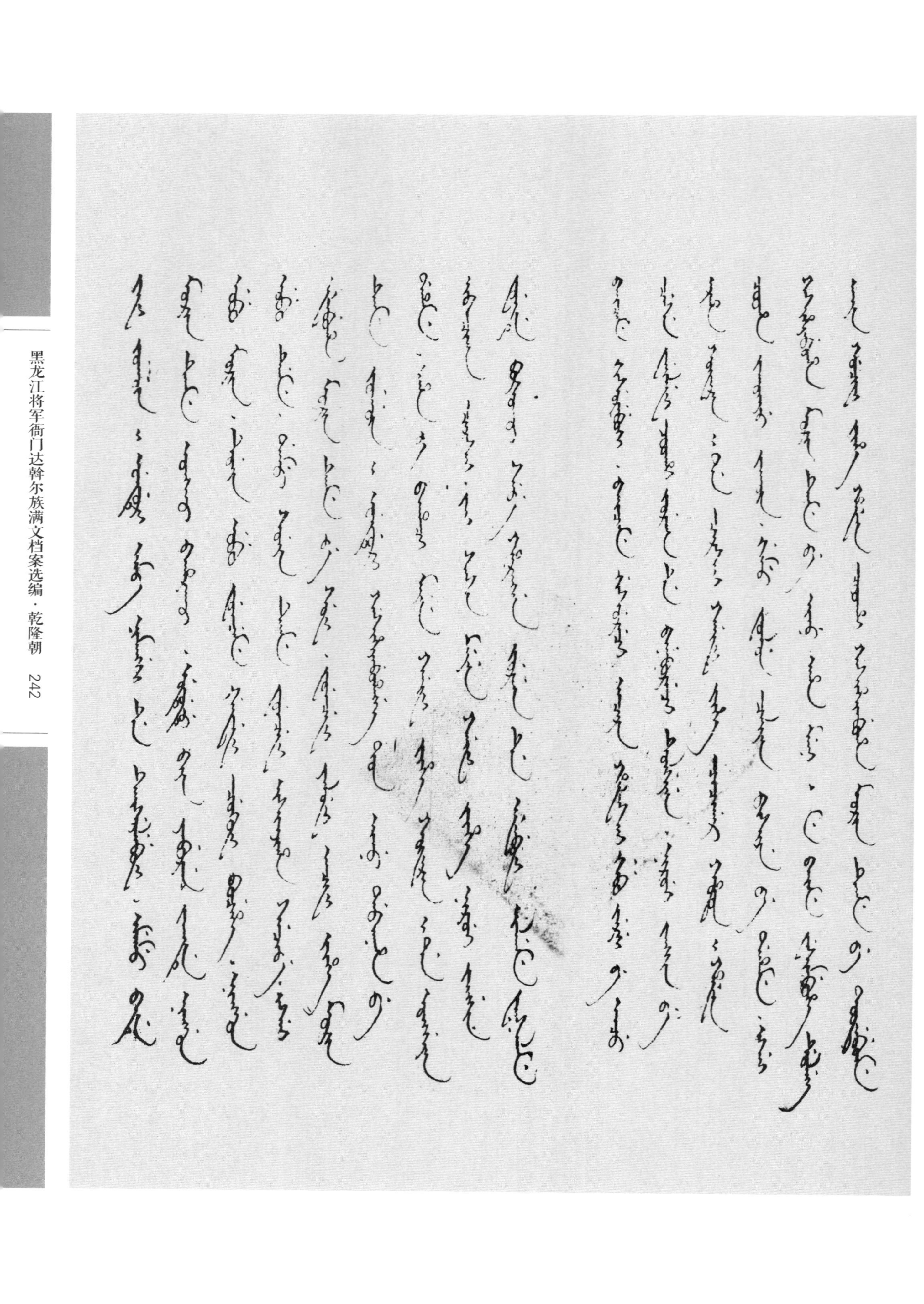

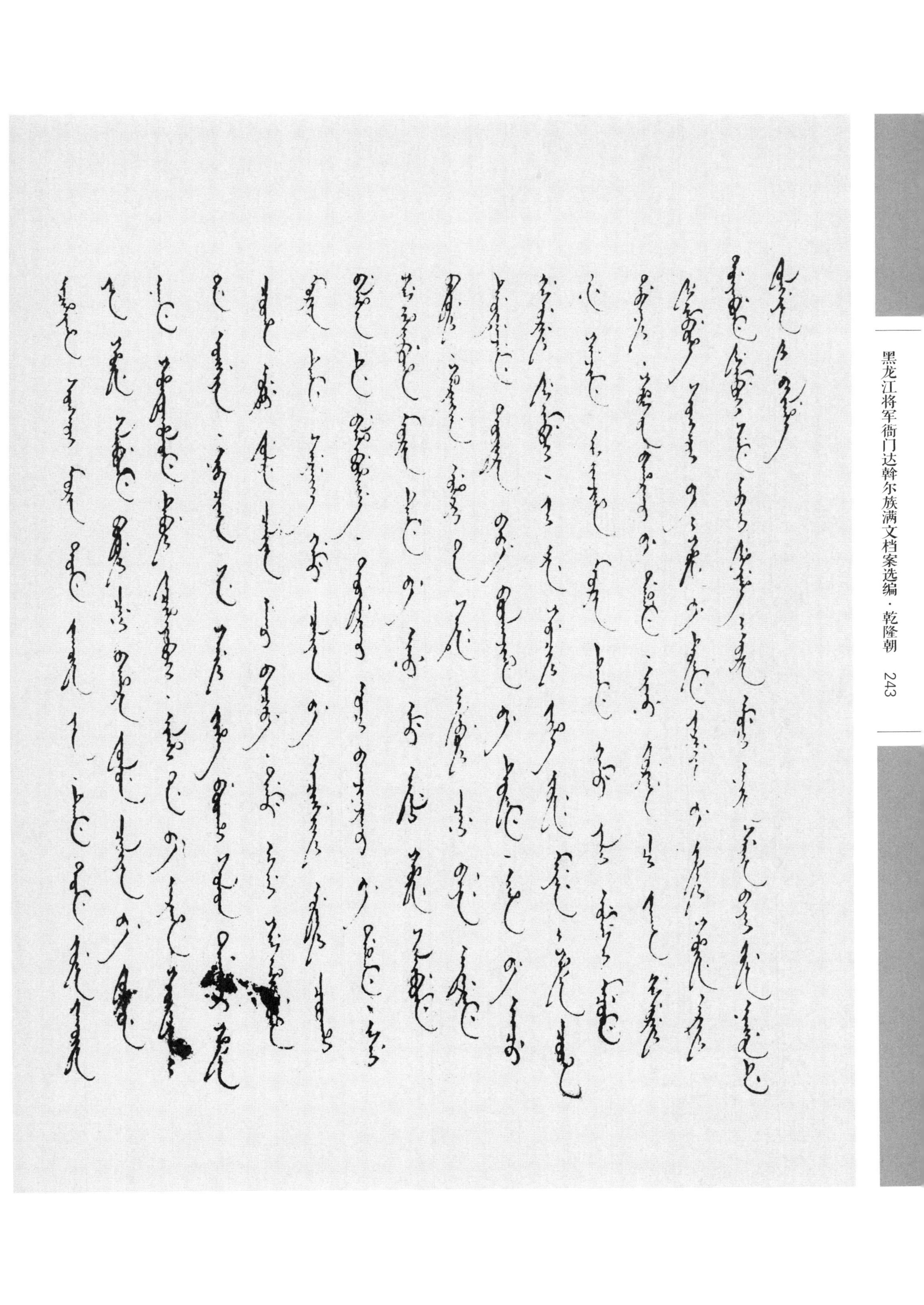

[illegible]

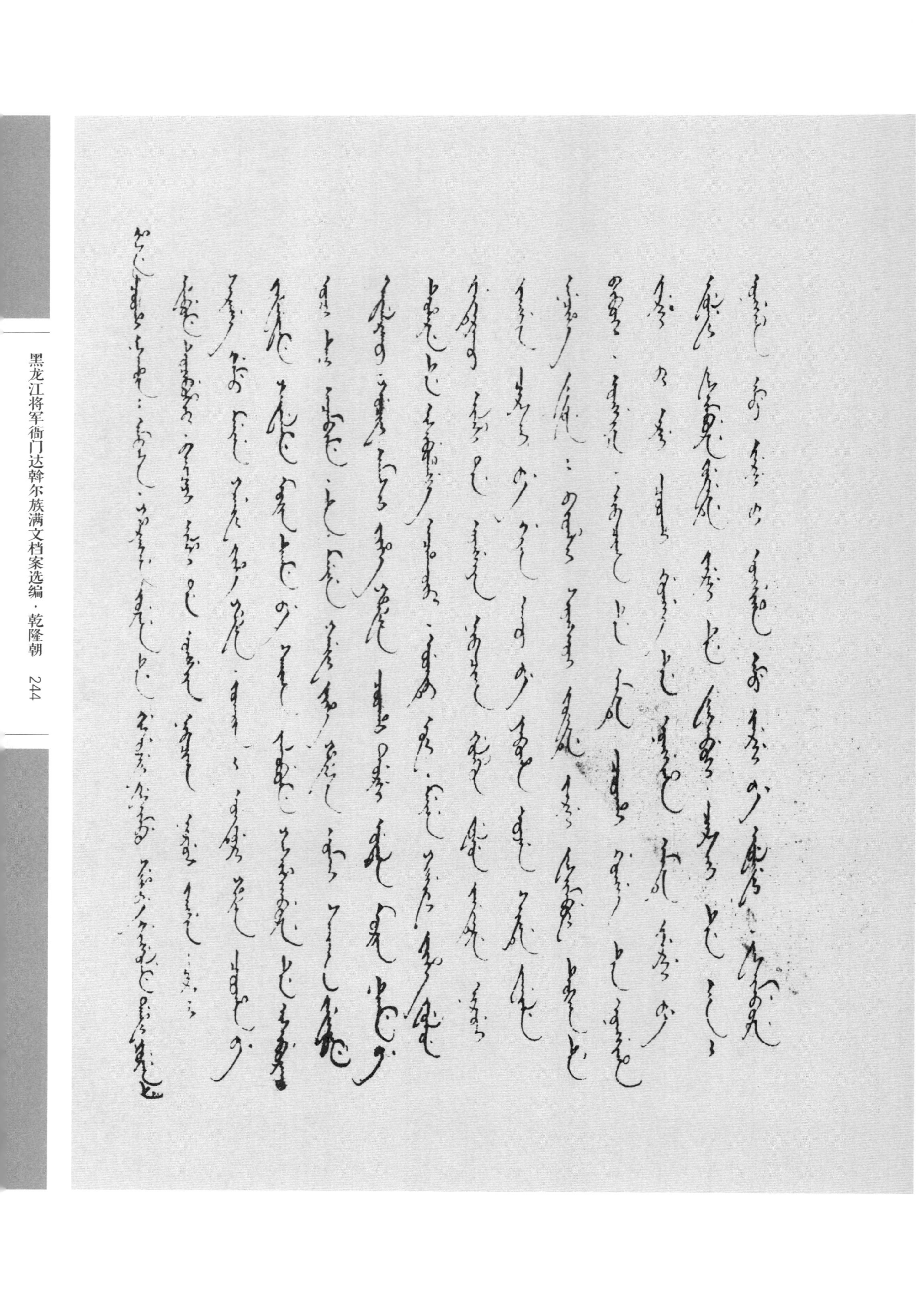

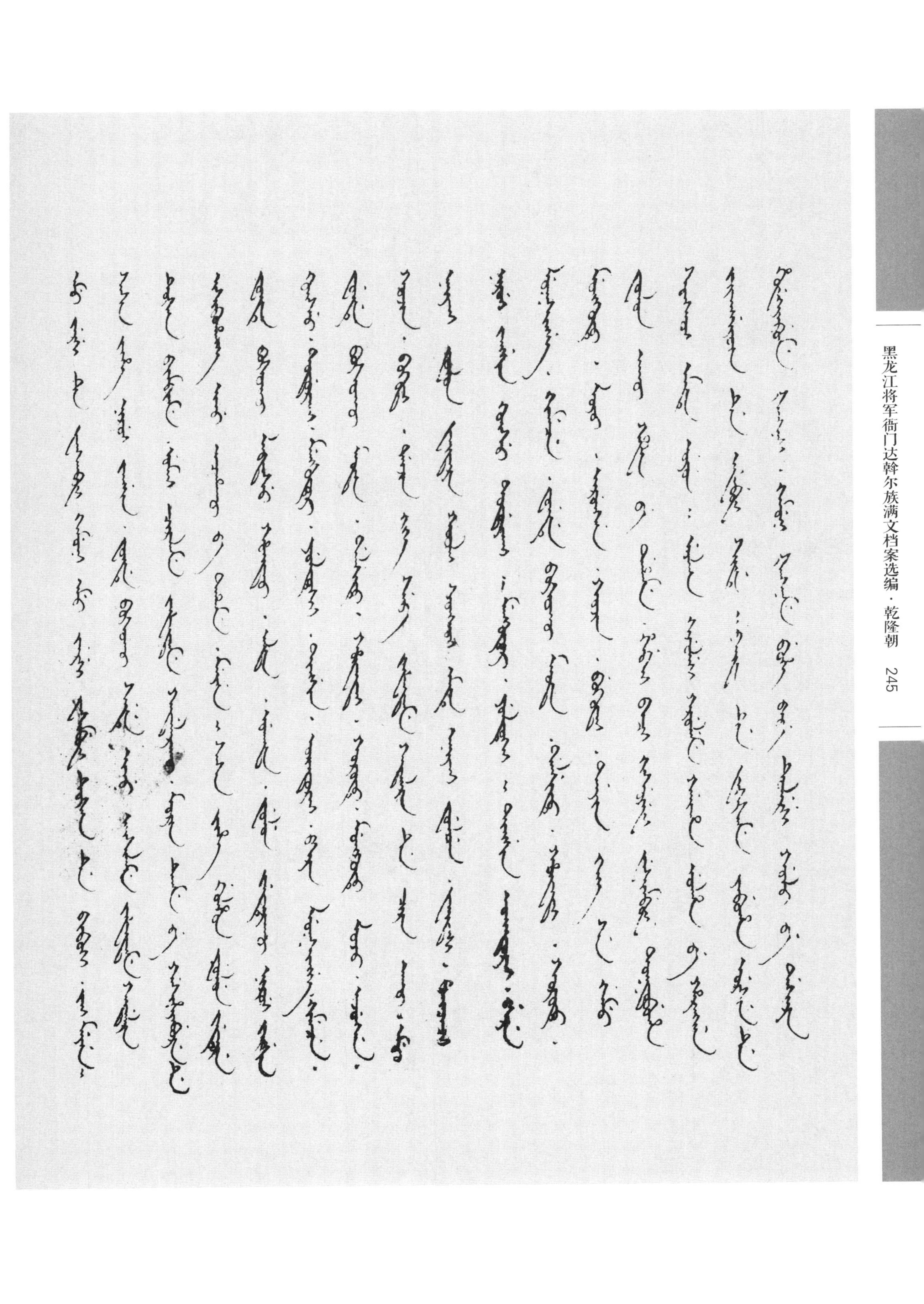

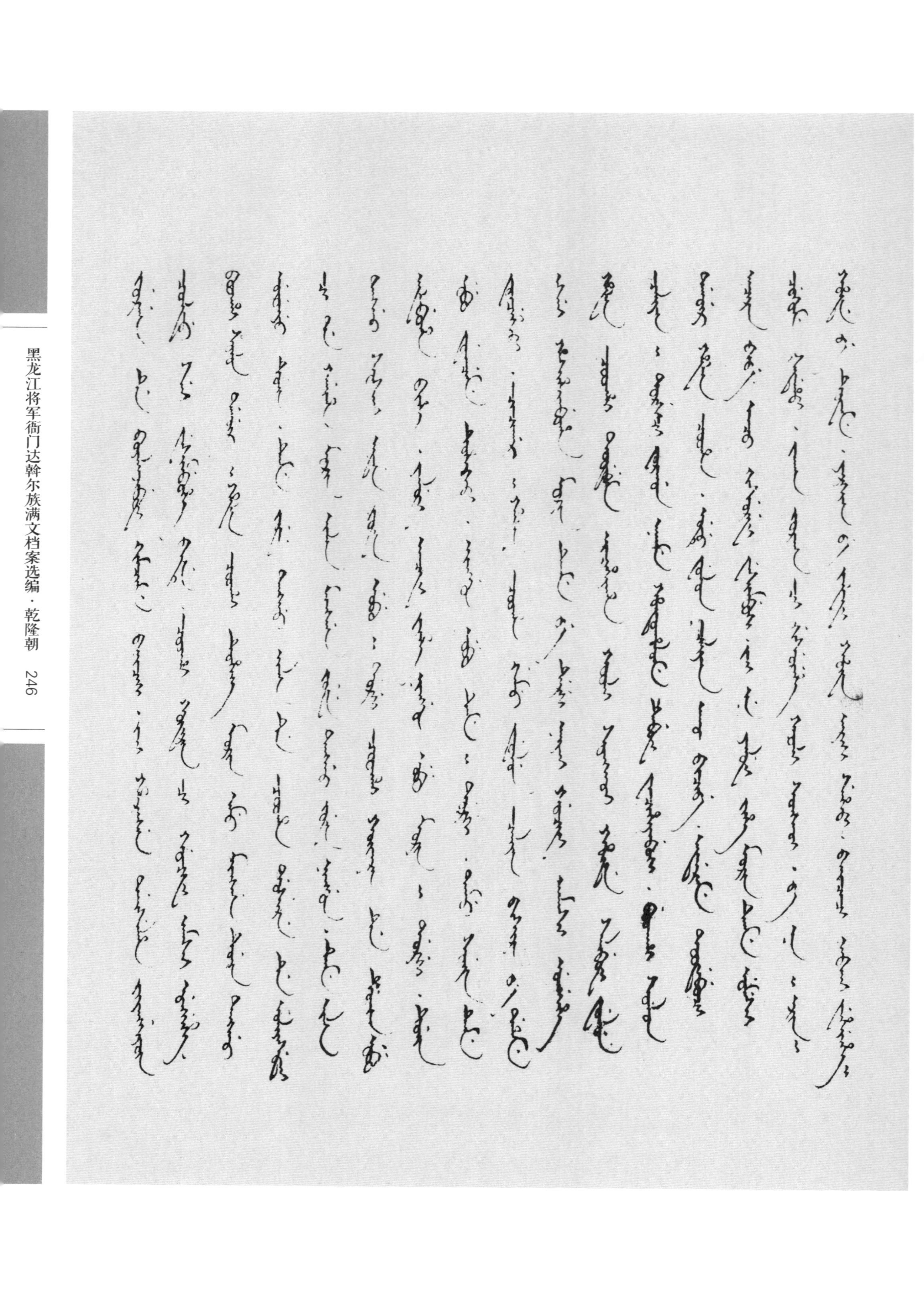

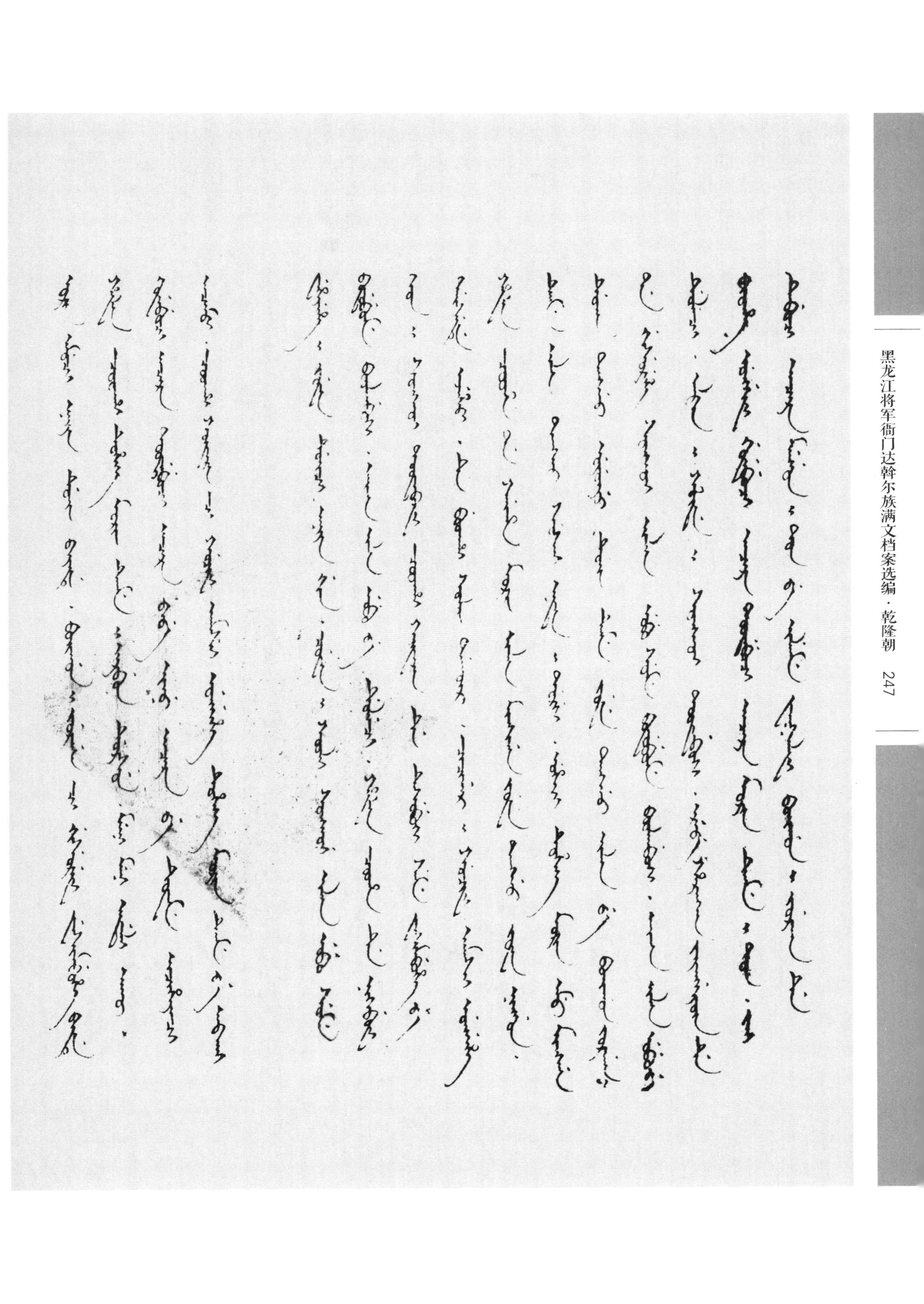

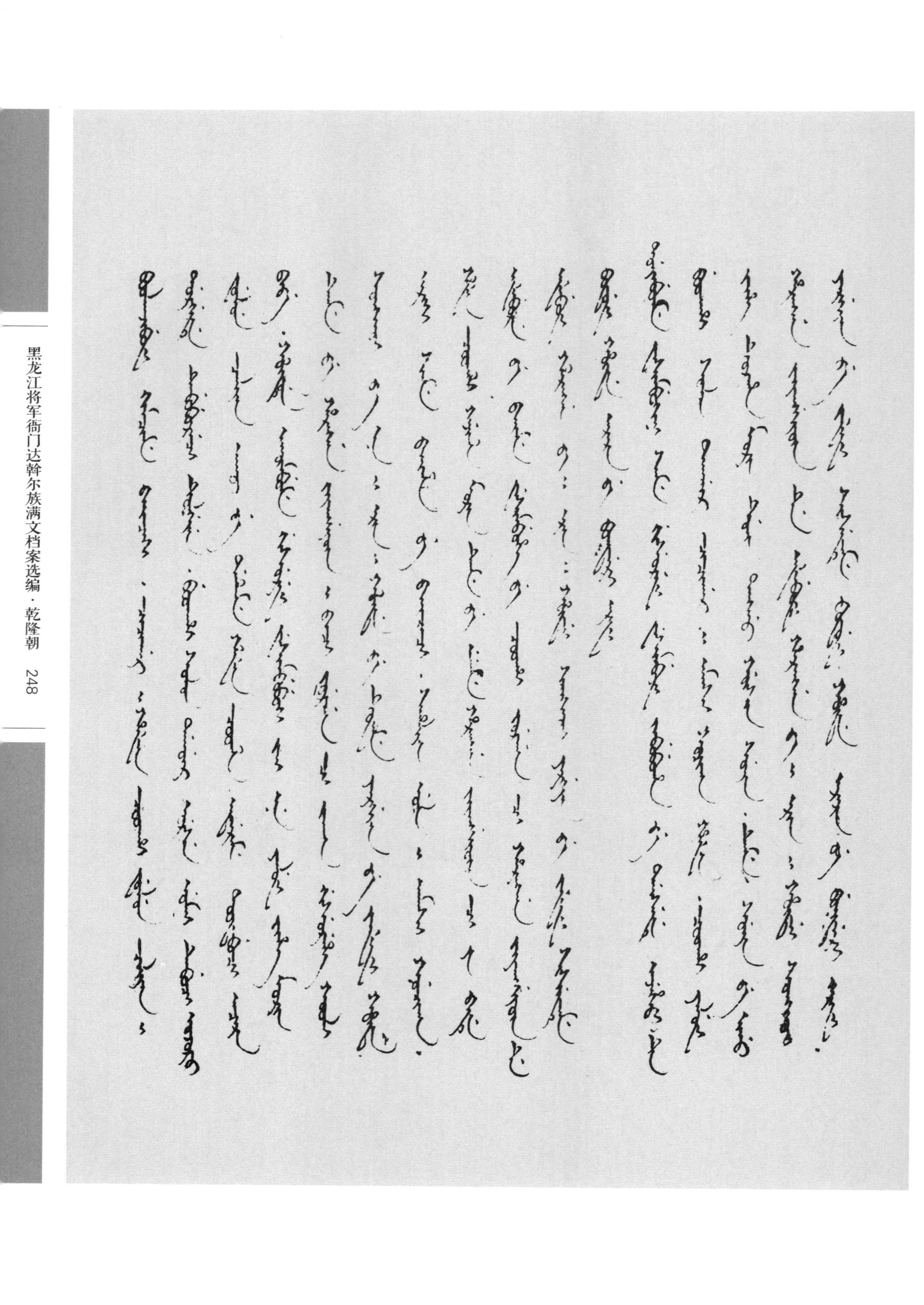

[illegible]

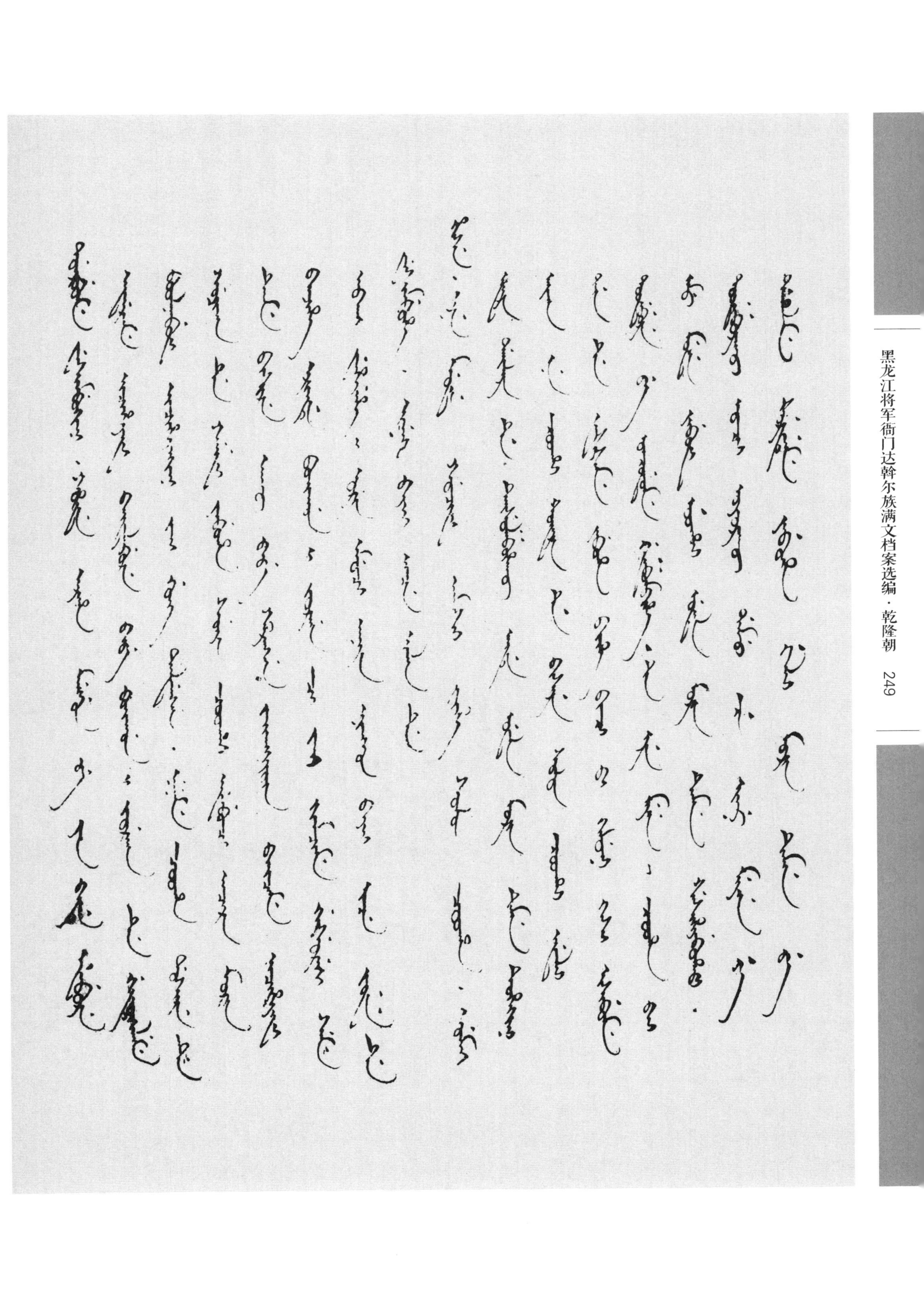

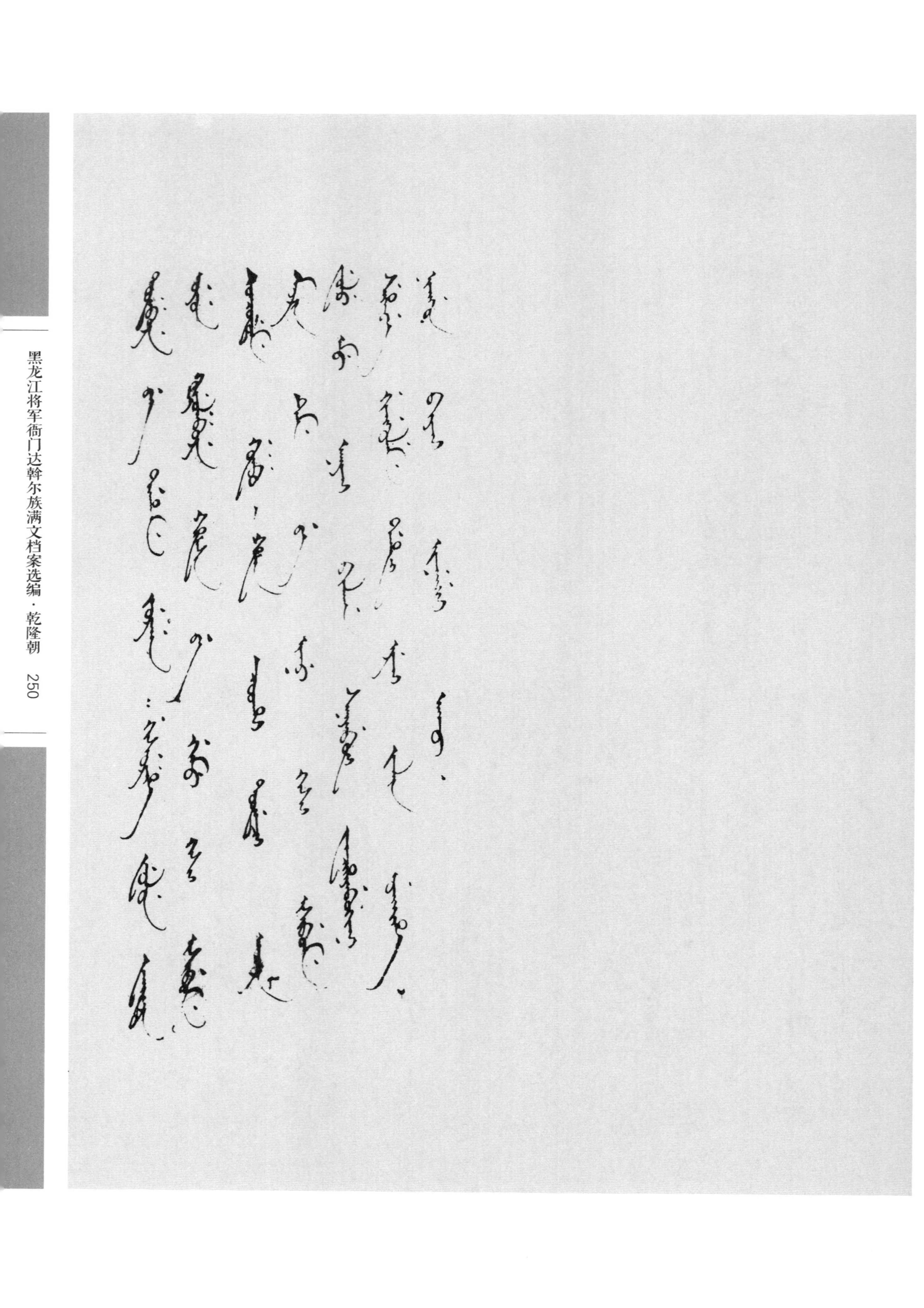

[illegible]

八七二 黑龙江将军衙门为查报布特哈索伦达斡尔等官员职衔有无俸禄加级纪录情形事咨理藩院文

乾隆二十一年七月二十二日

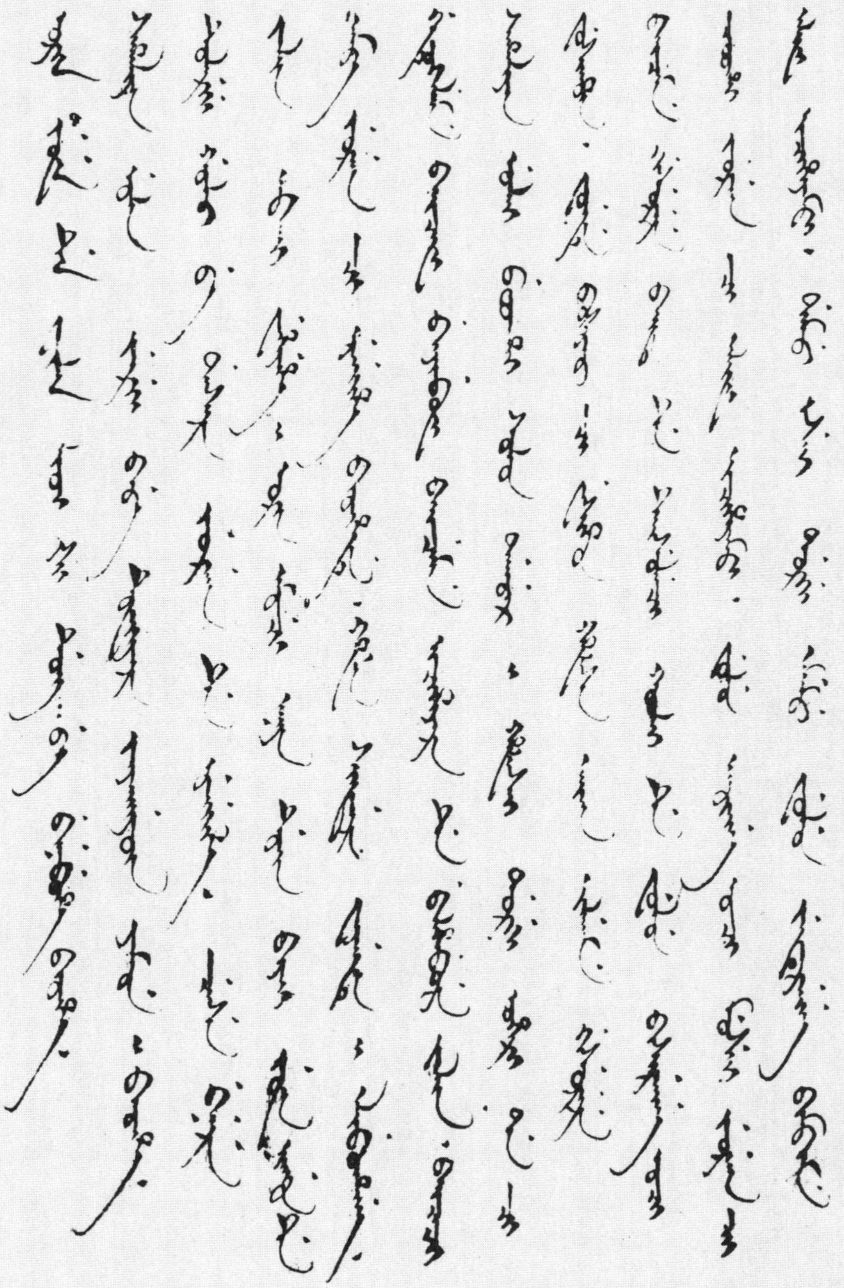

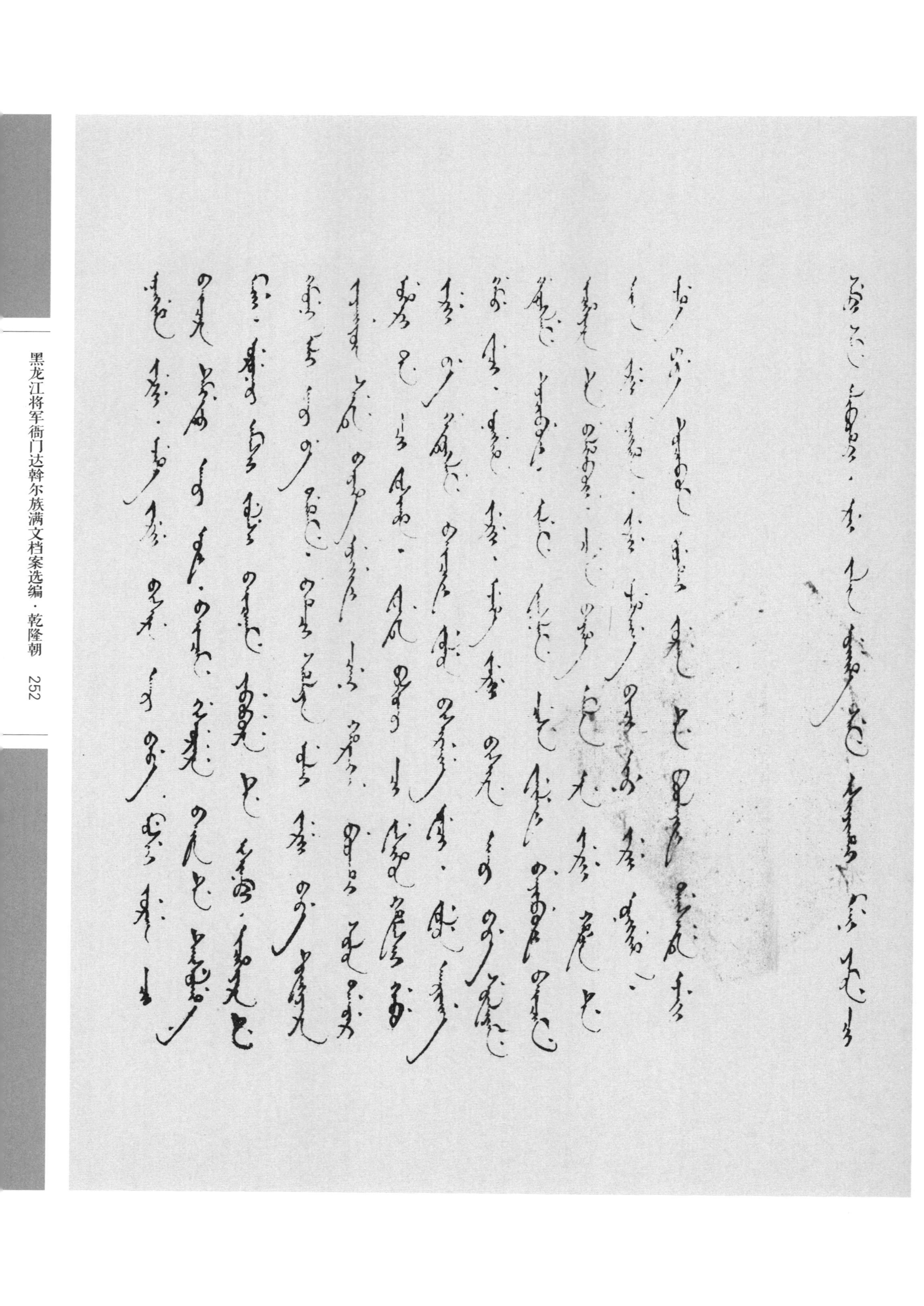

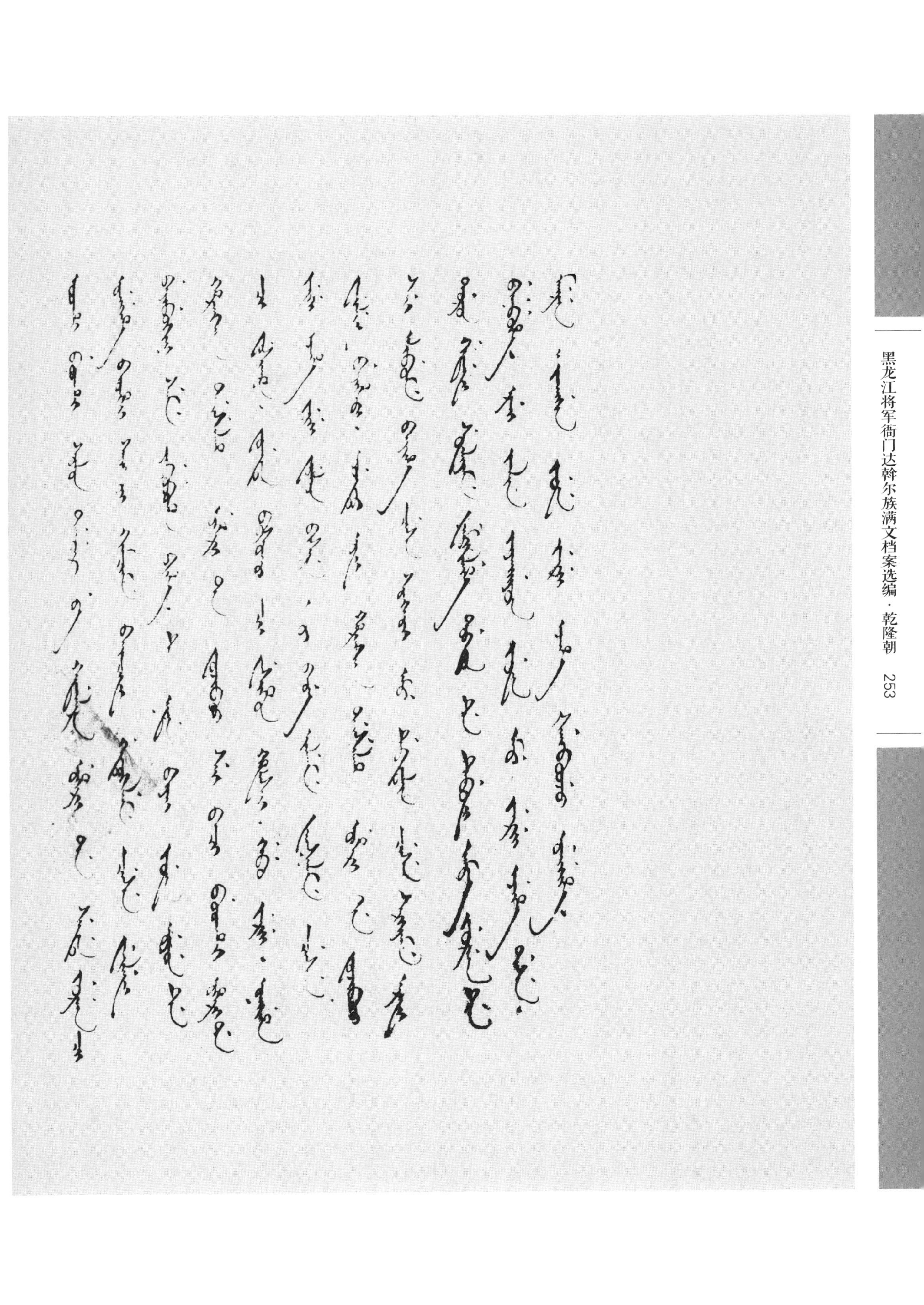

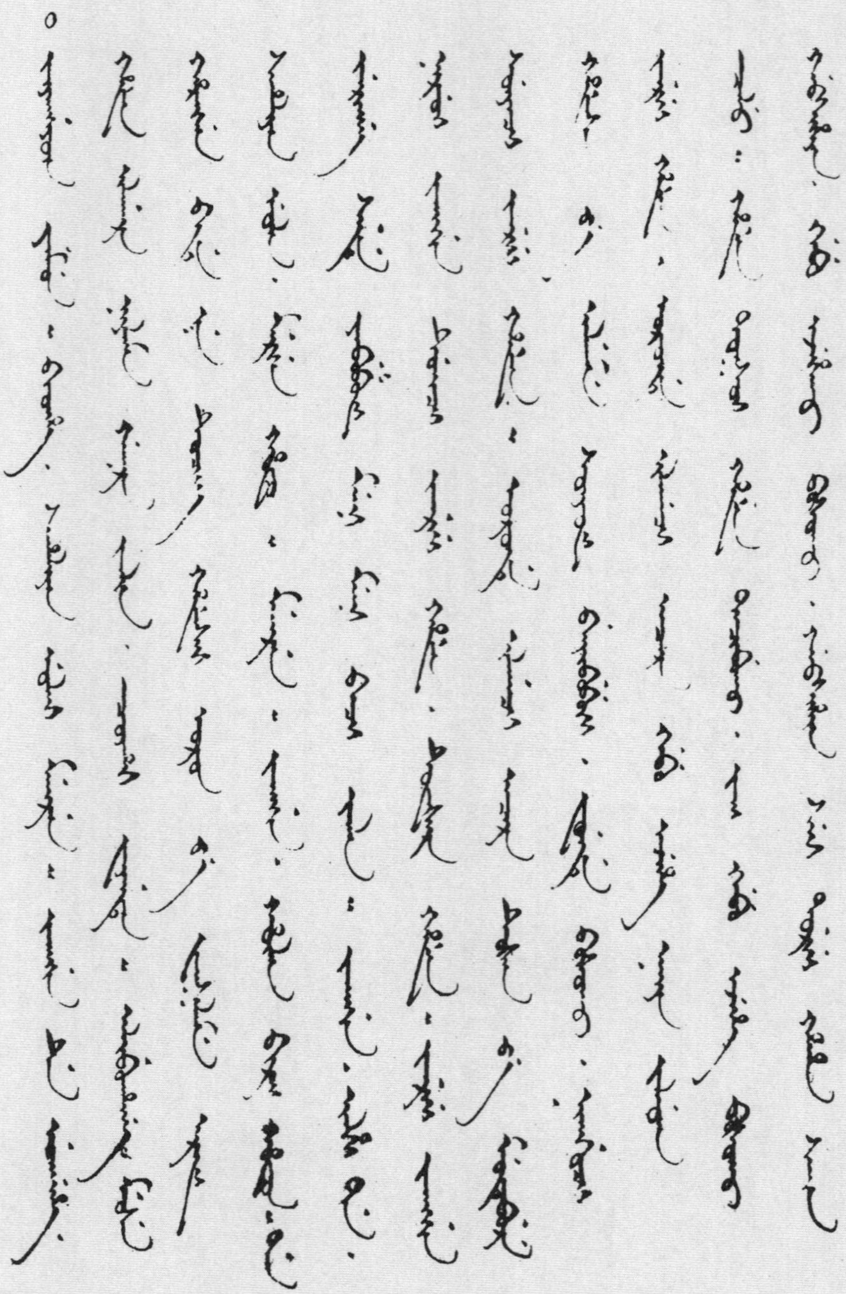

乾隆二十一年七月三十日

（附名单一件）

八七三 黑龙江将军衙门为黑龙江各处满洲达斡尔佐领骁骑校等出缺拣员报送事咨黑龙江副都统文

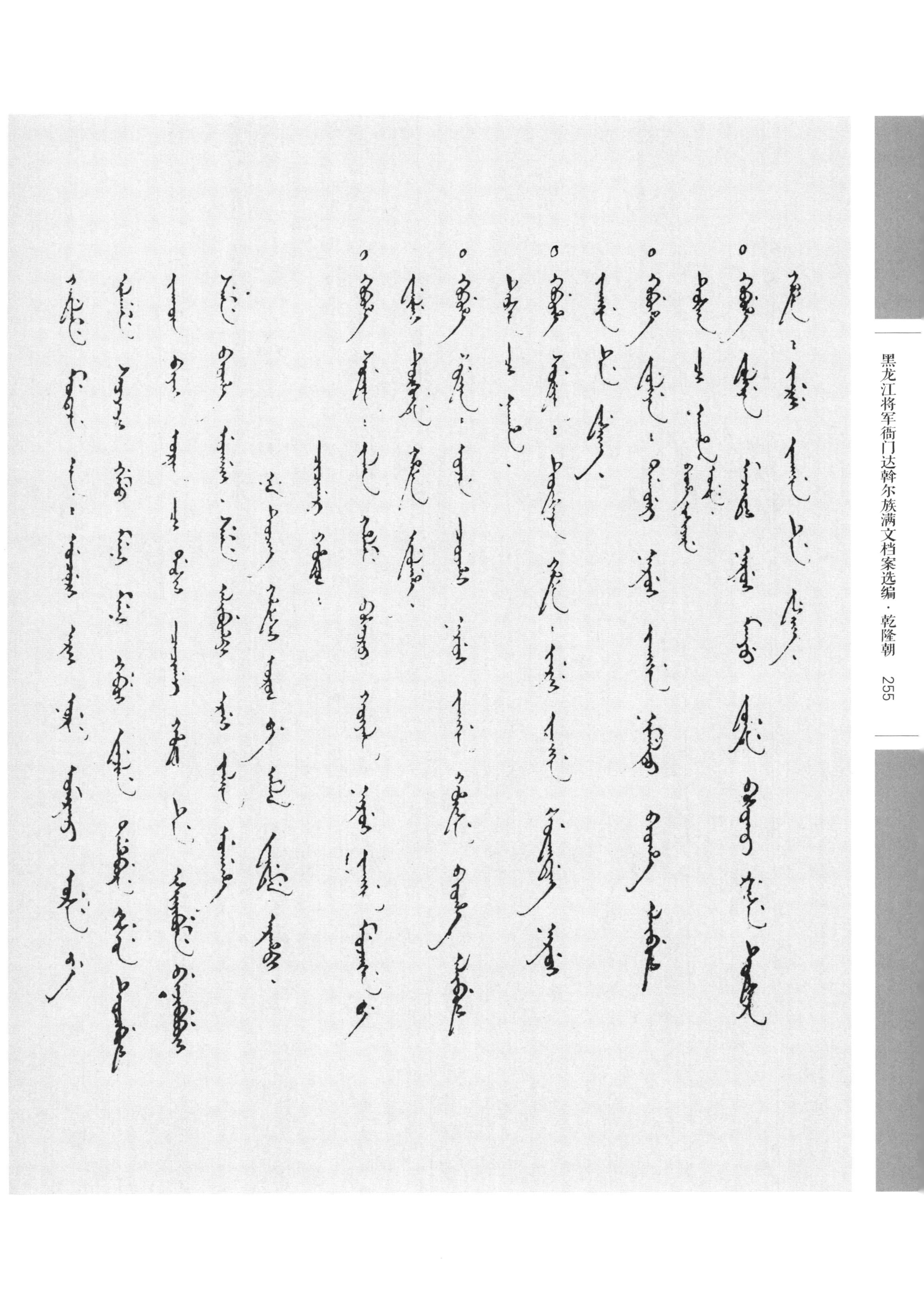

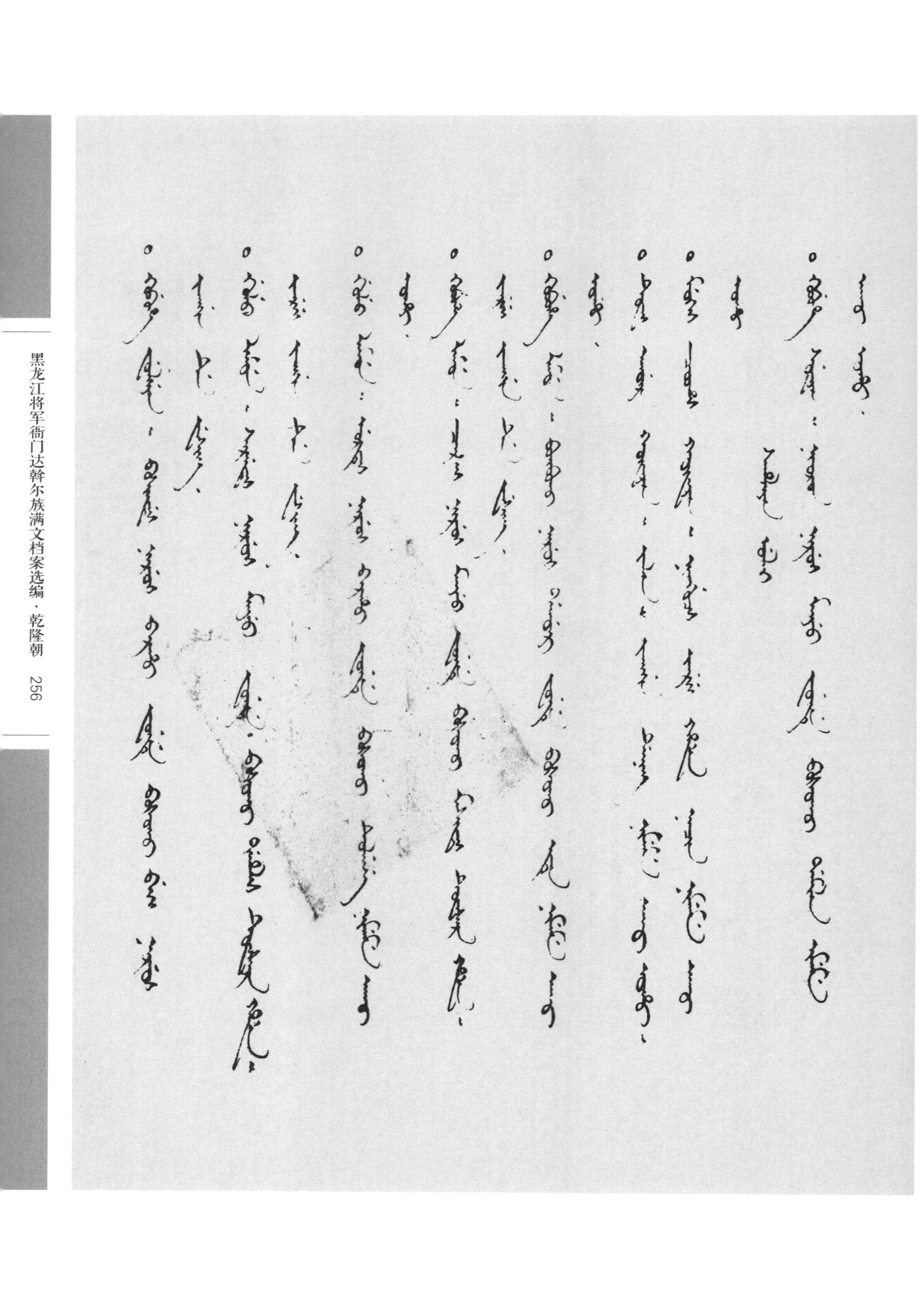

[illegible]

[illegible]

[illegible]

[illegible]

[illegible]

[illegible]

[illegible]

[illegible]

[illegible]

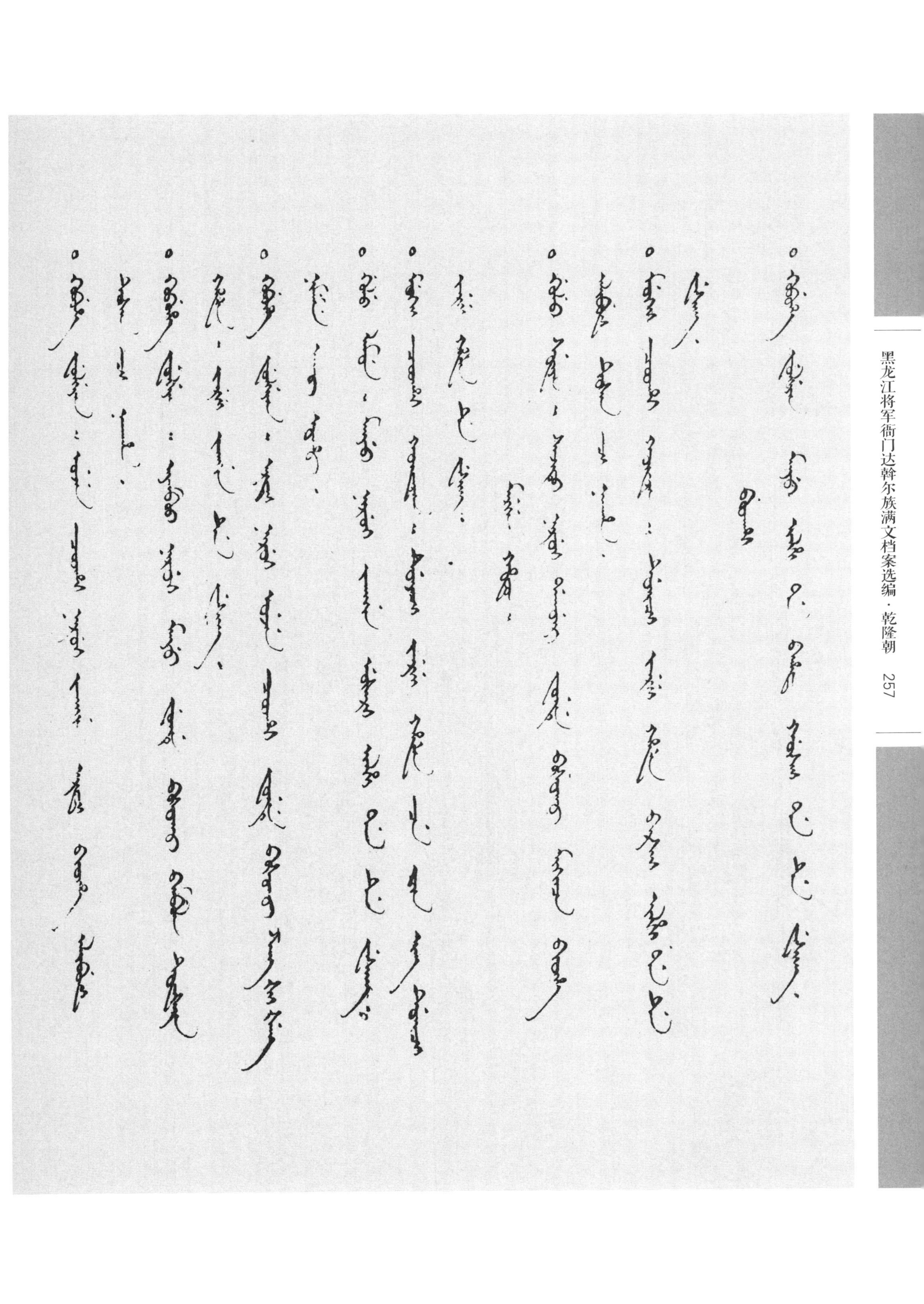

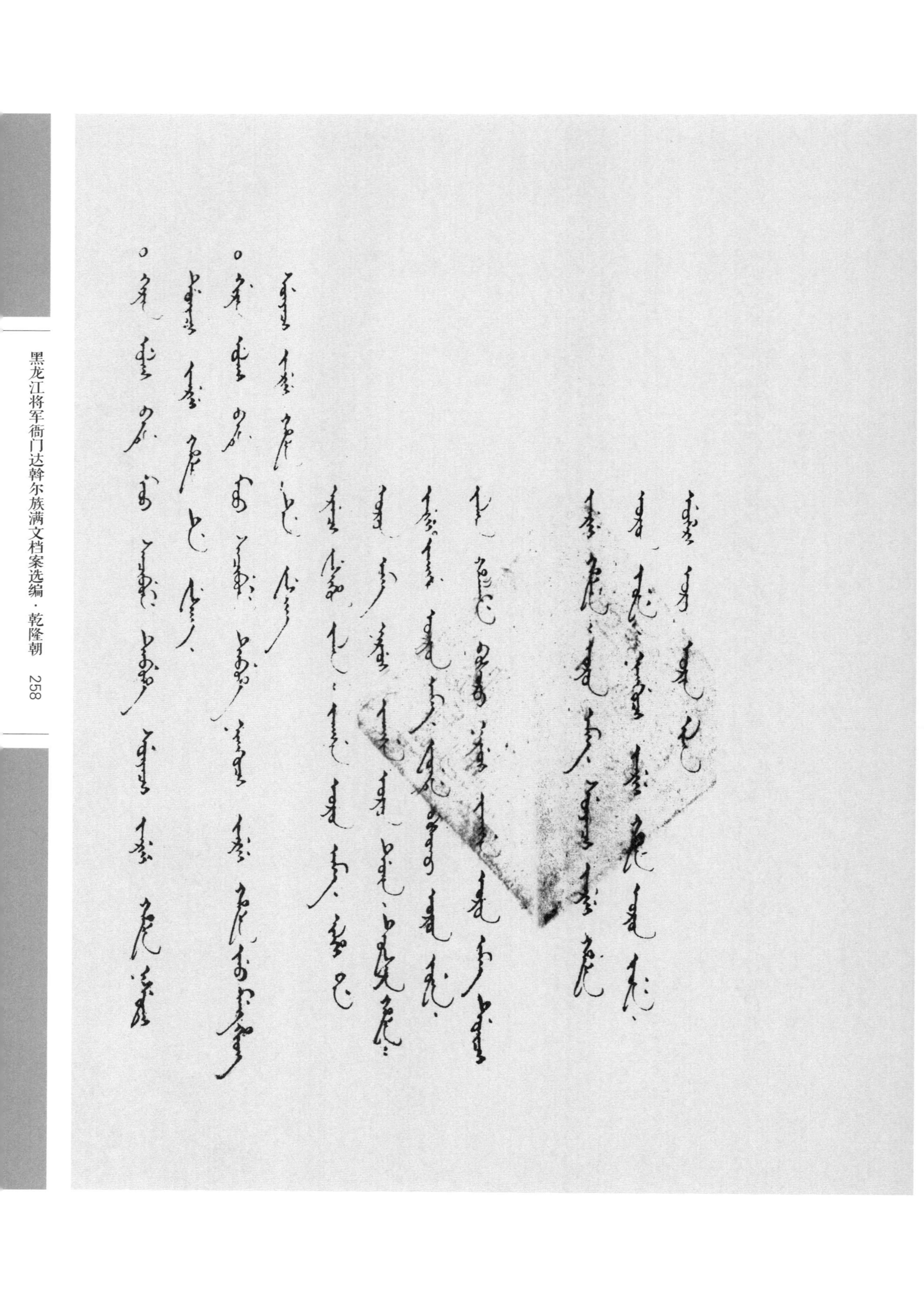

八七四 黑龙江将军衙门为令查报自军营撤回布特哈索伦达斡尔等官兵应赔补马驼数目事札署布特哈索伦达斡尔总管佛济保等文

乾隆二十一年七月三十日

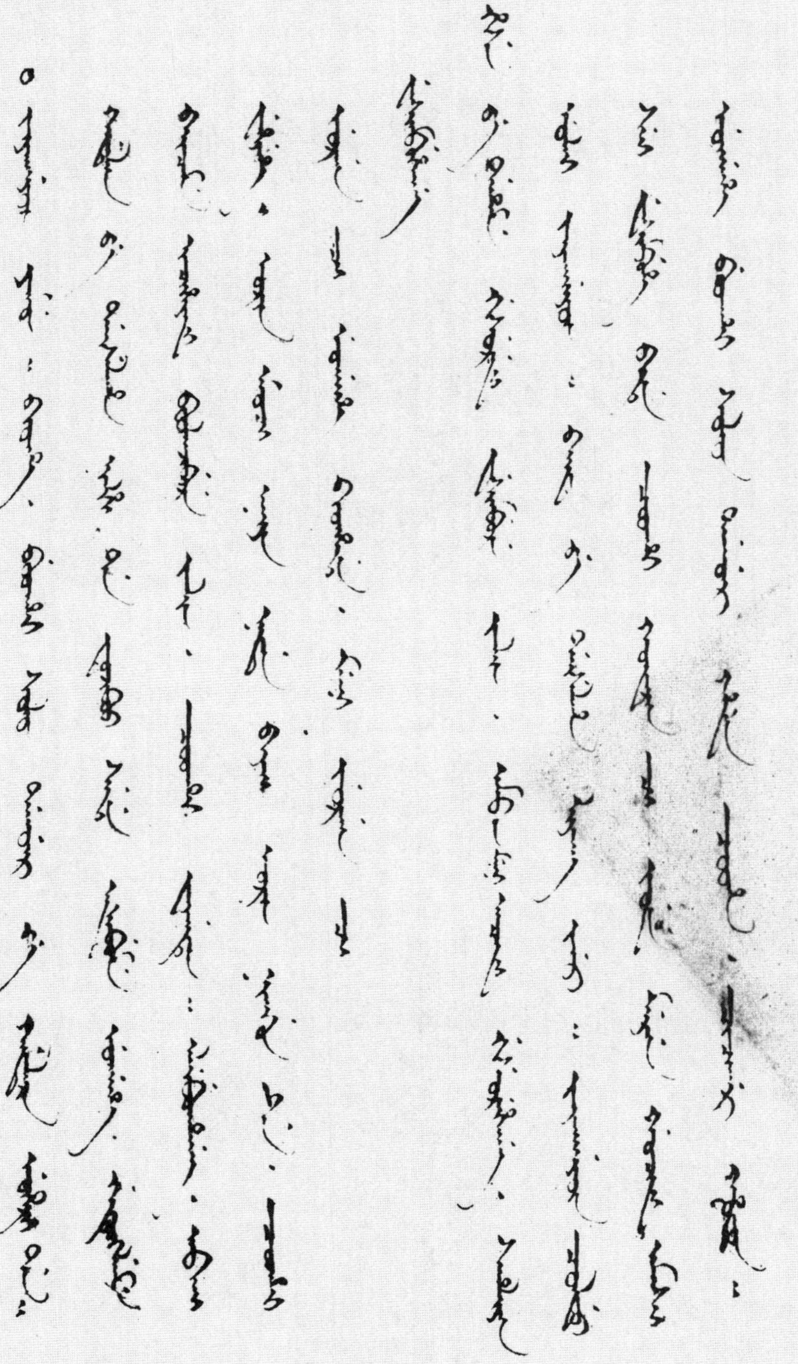

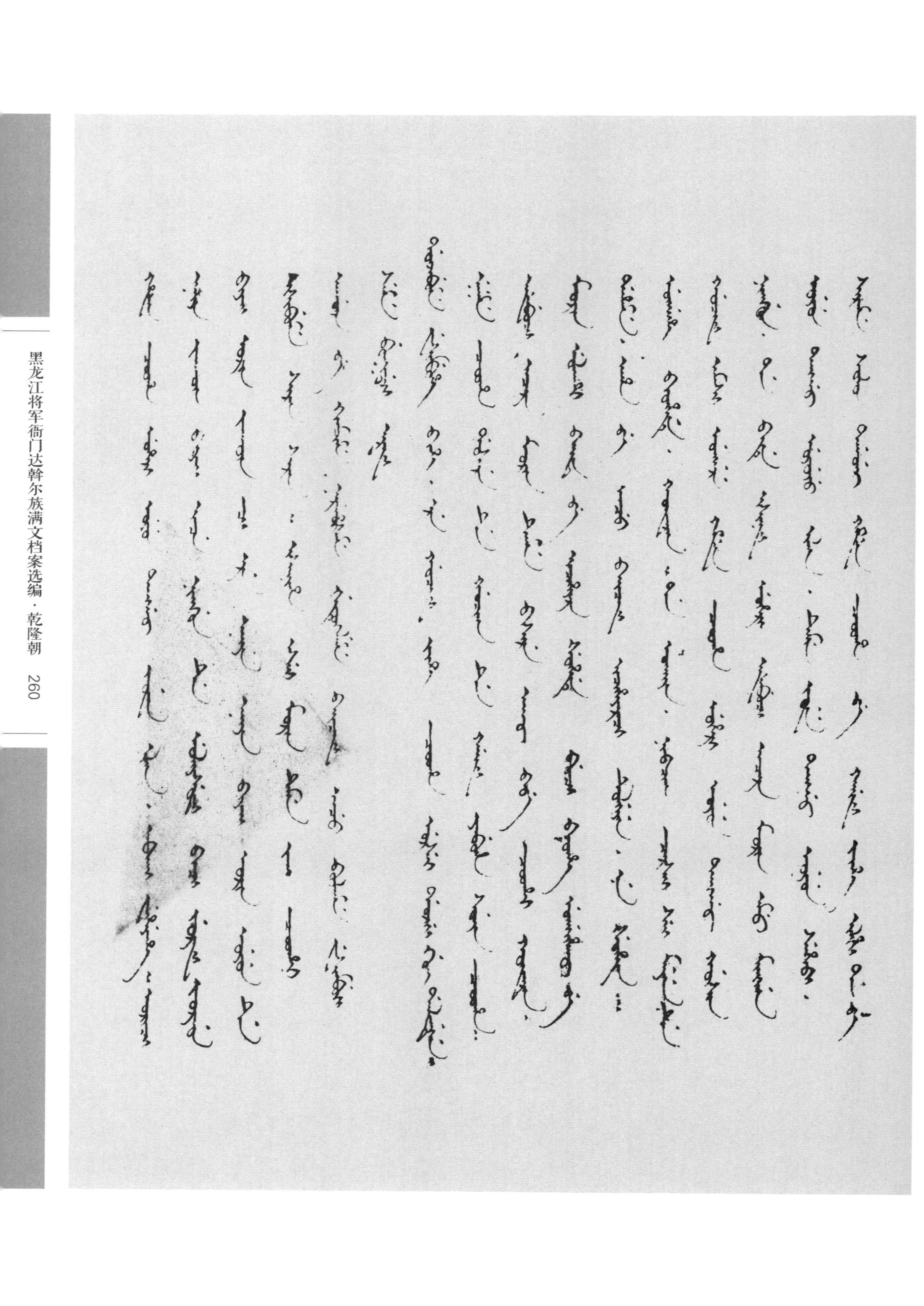

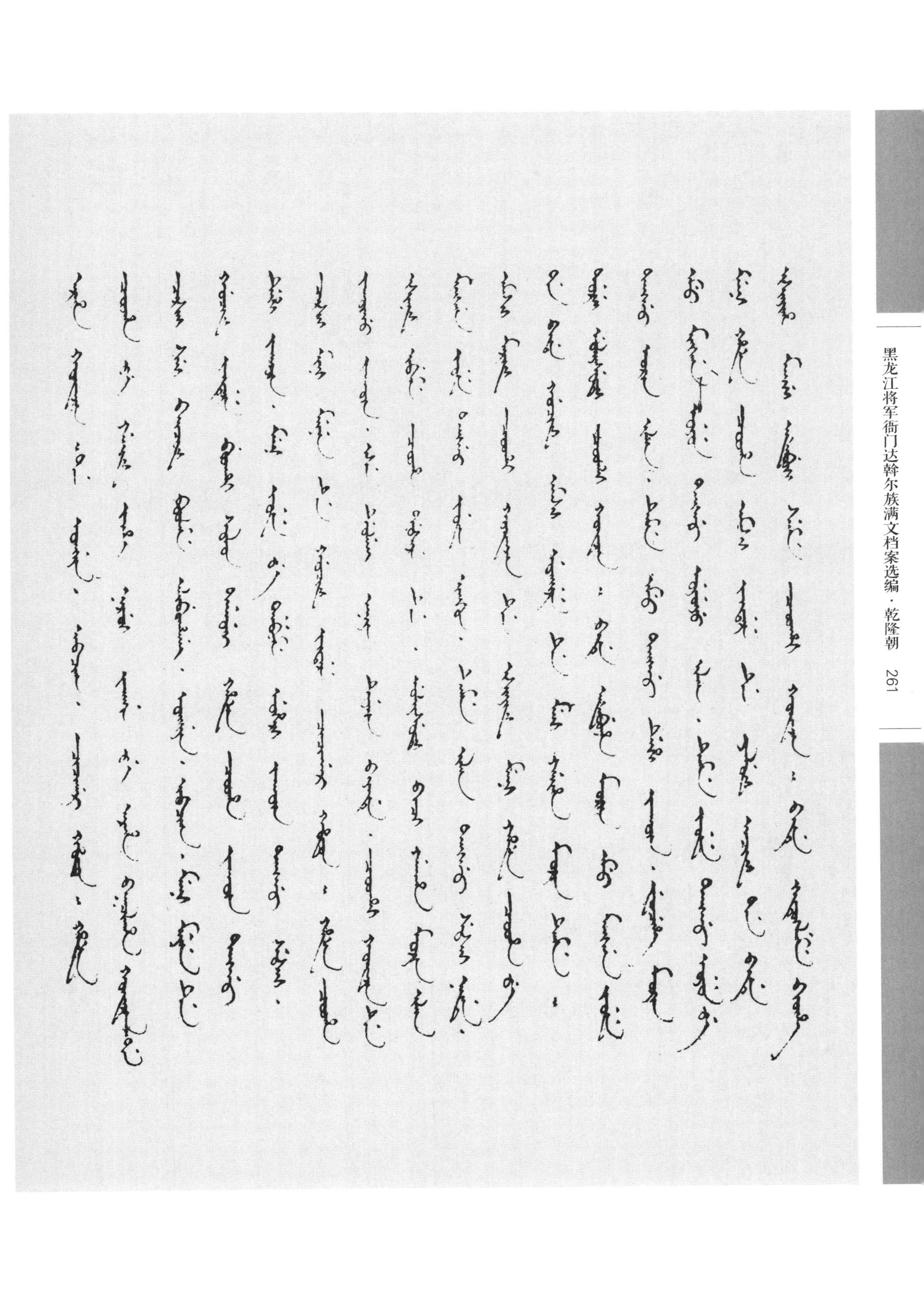

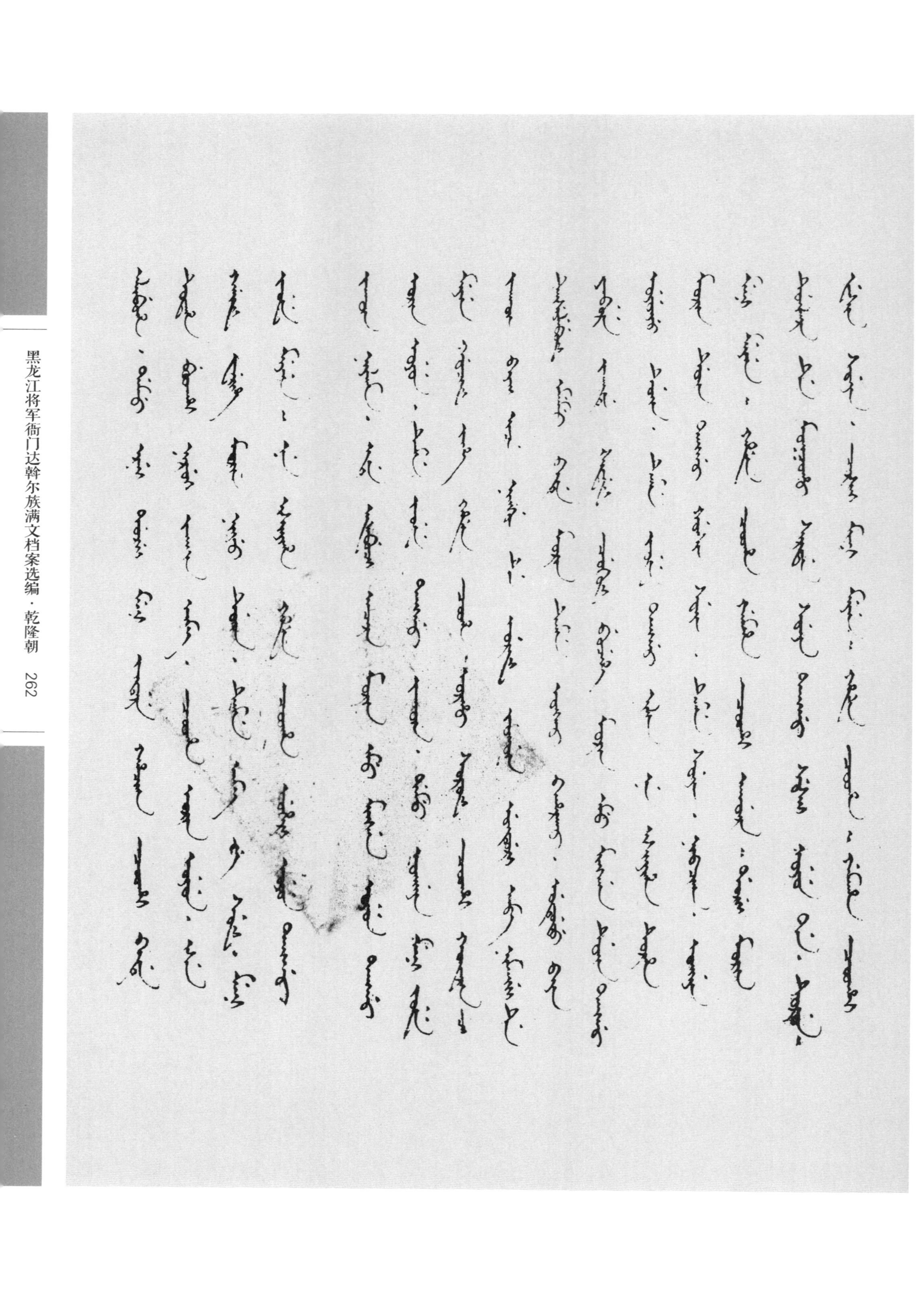

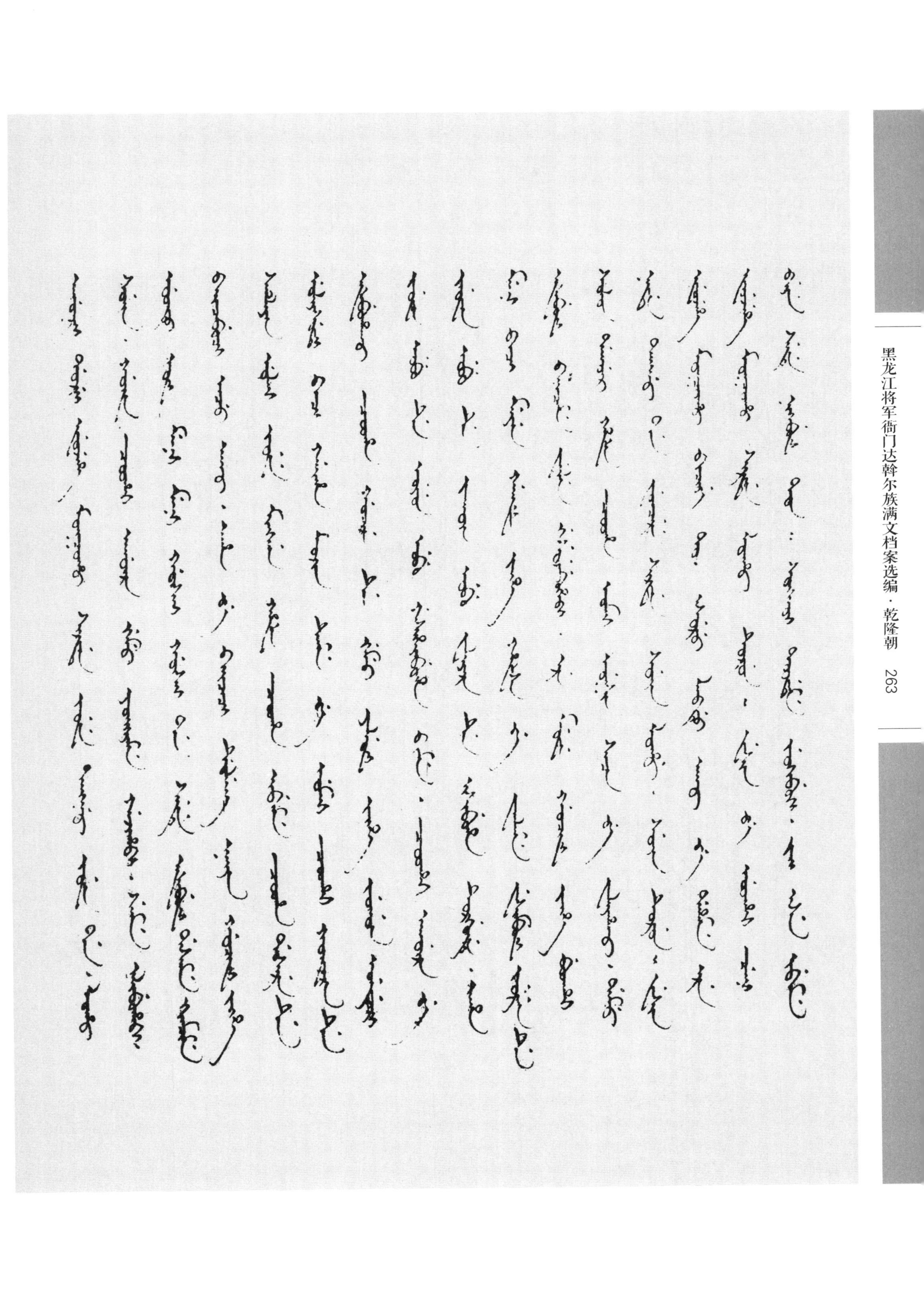

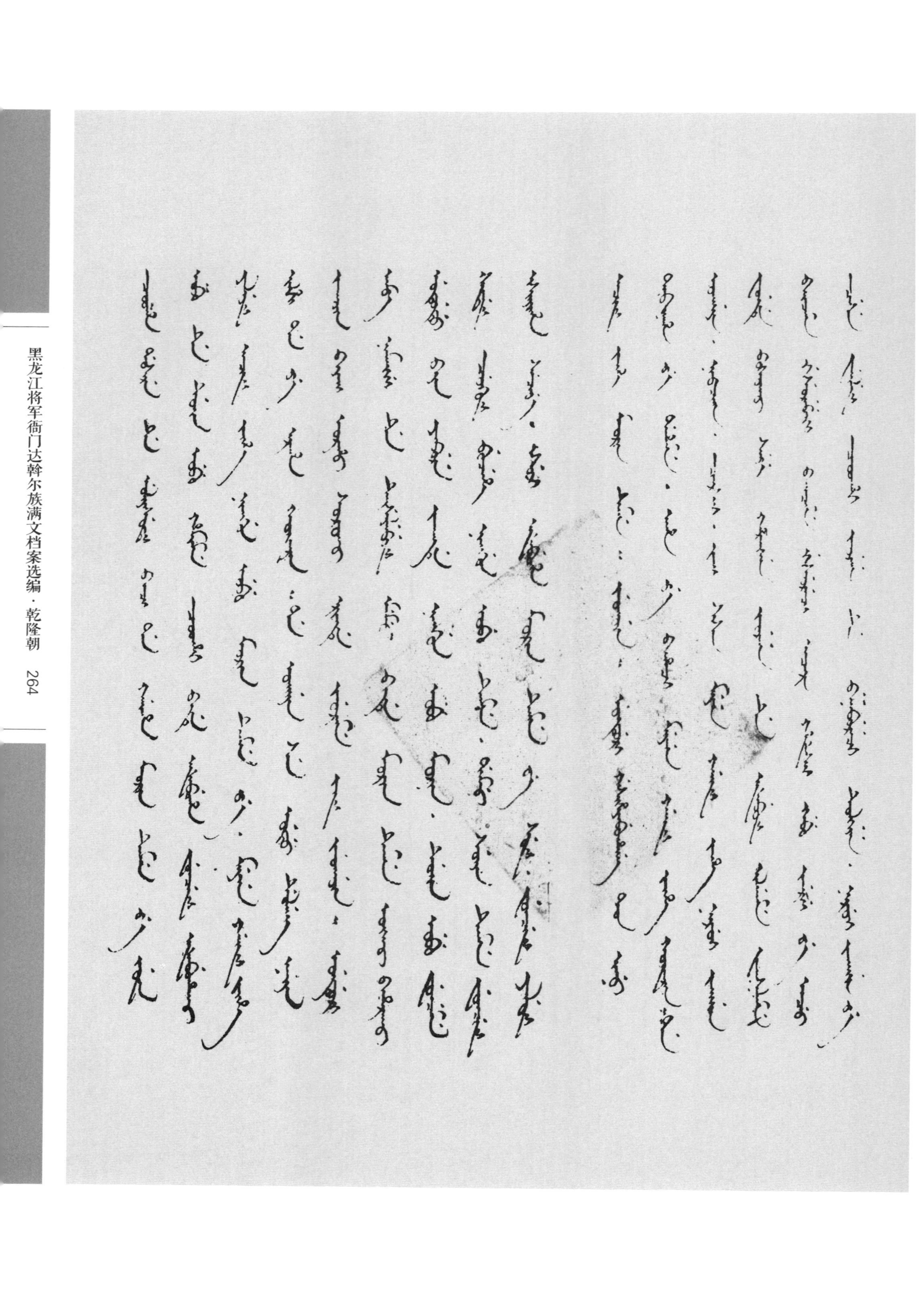

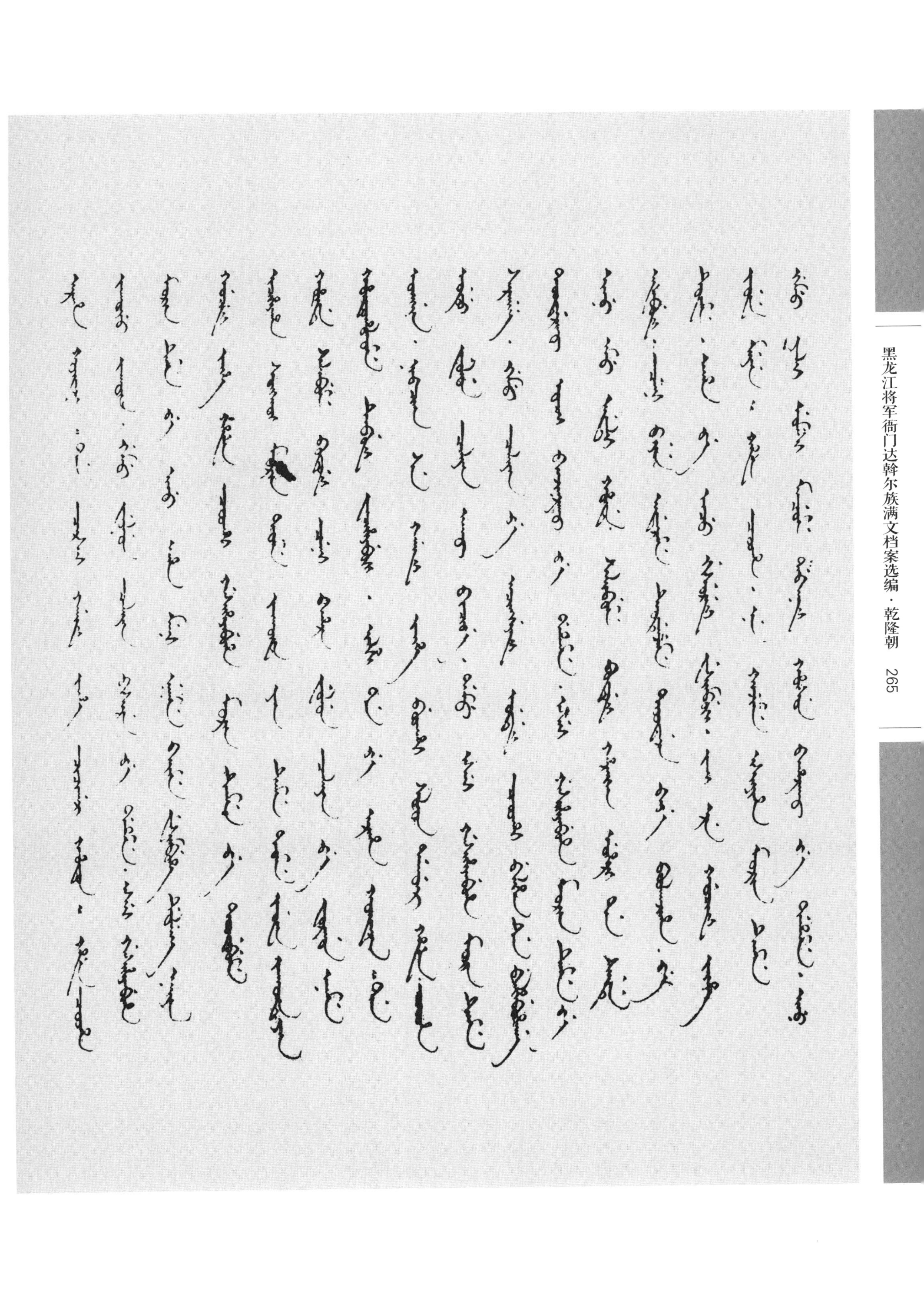

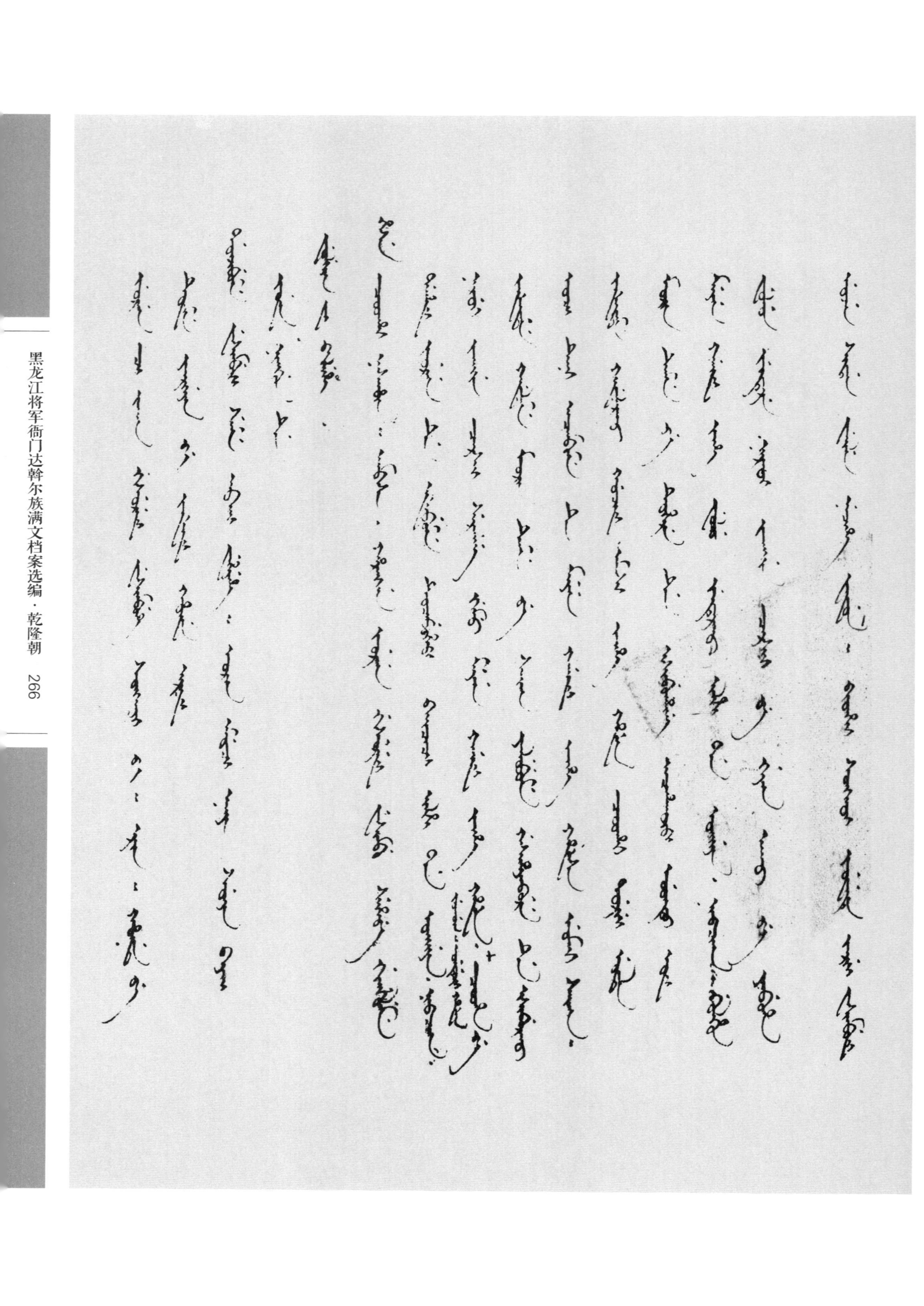

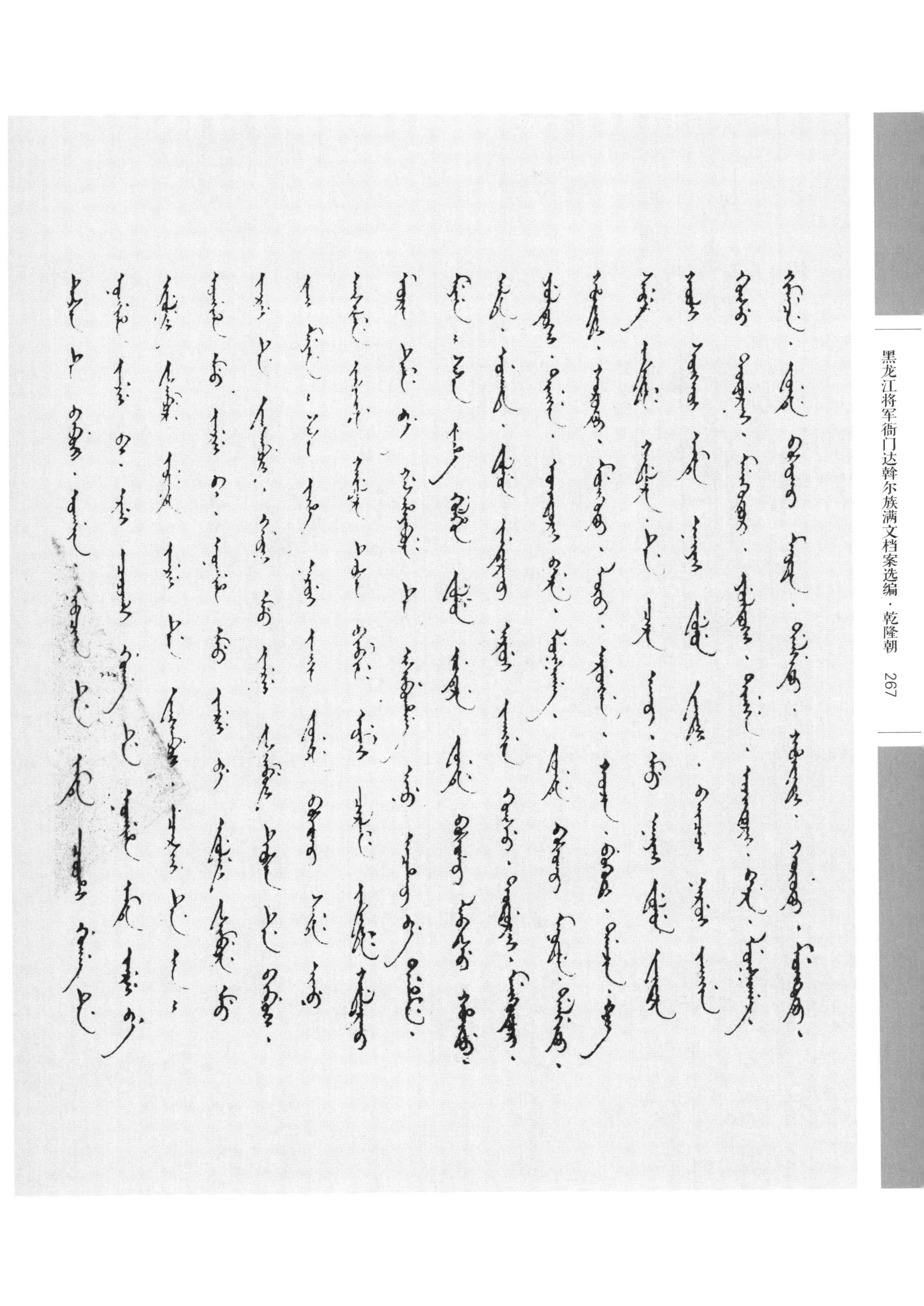

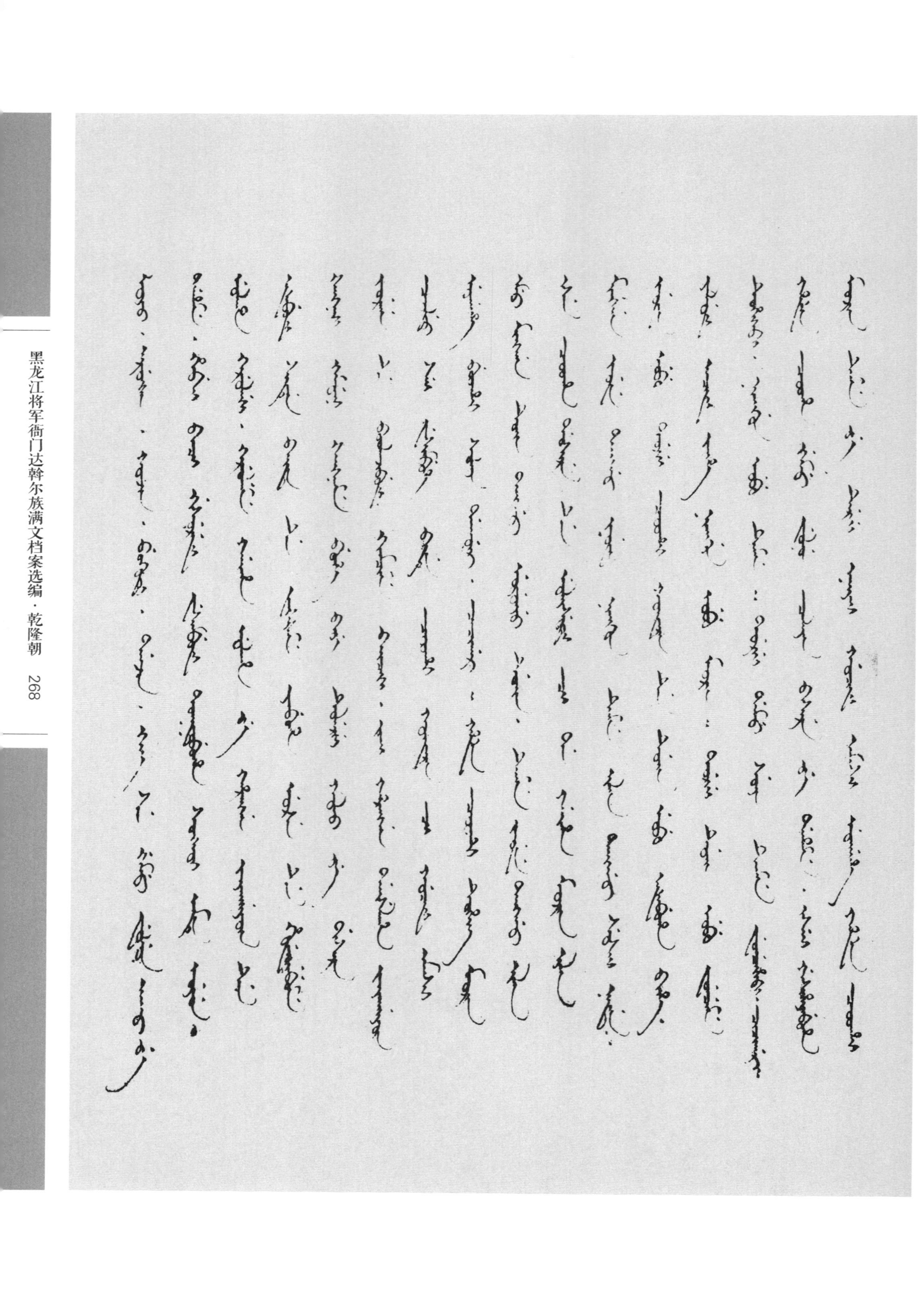

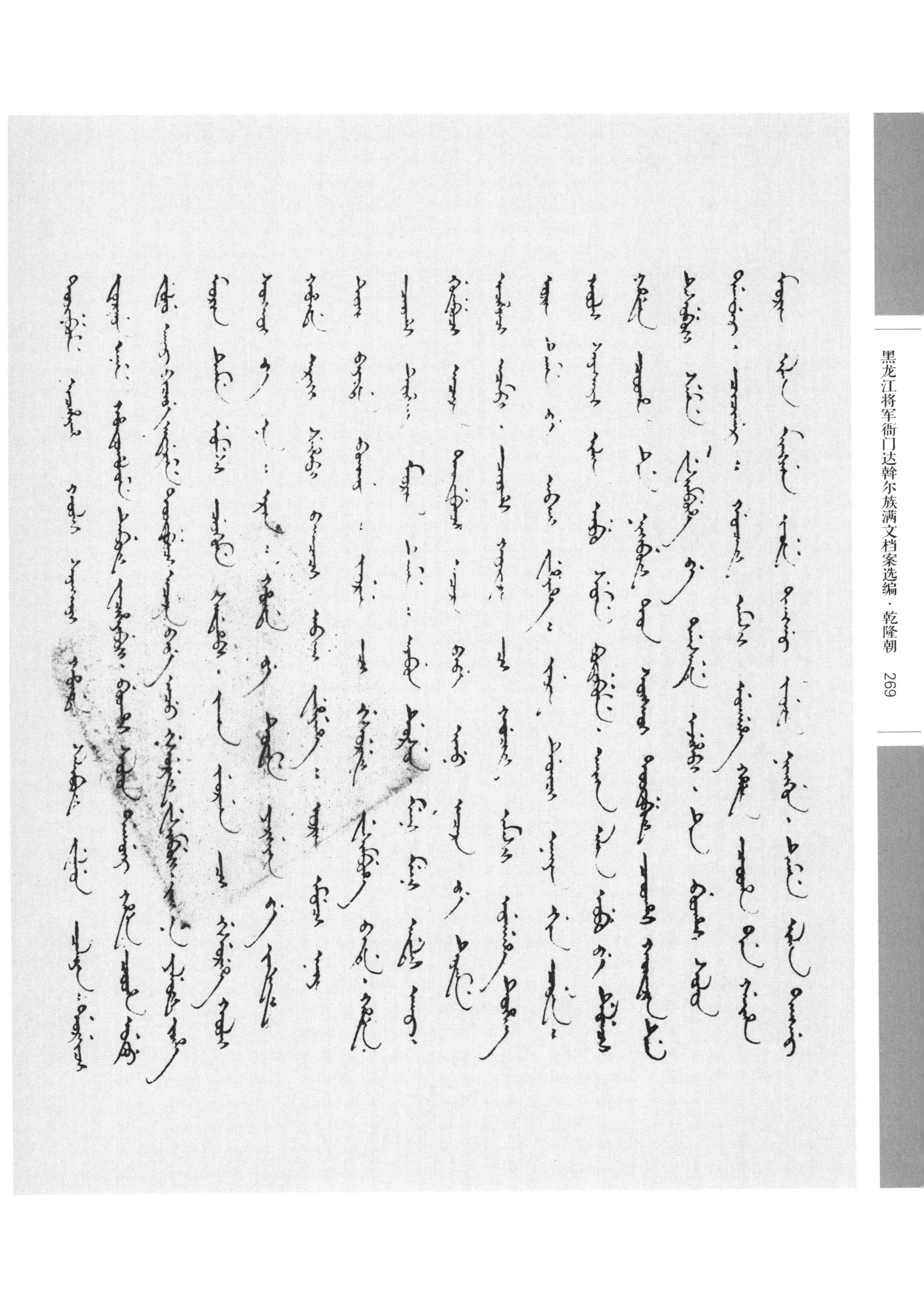

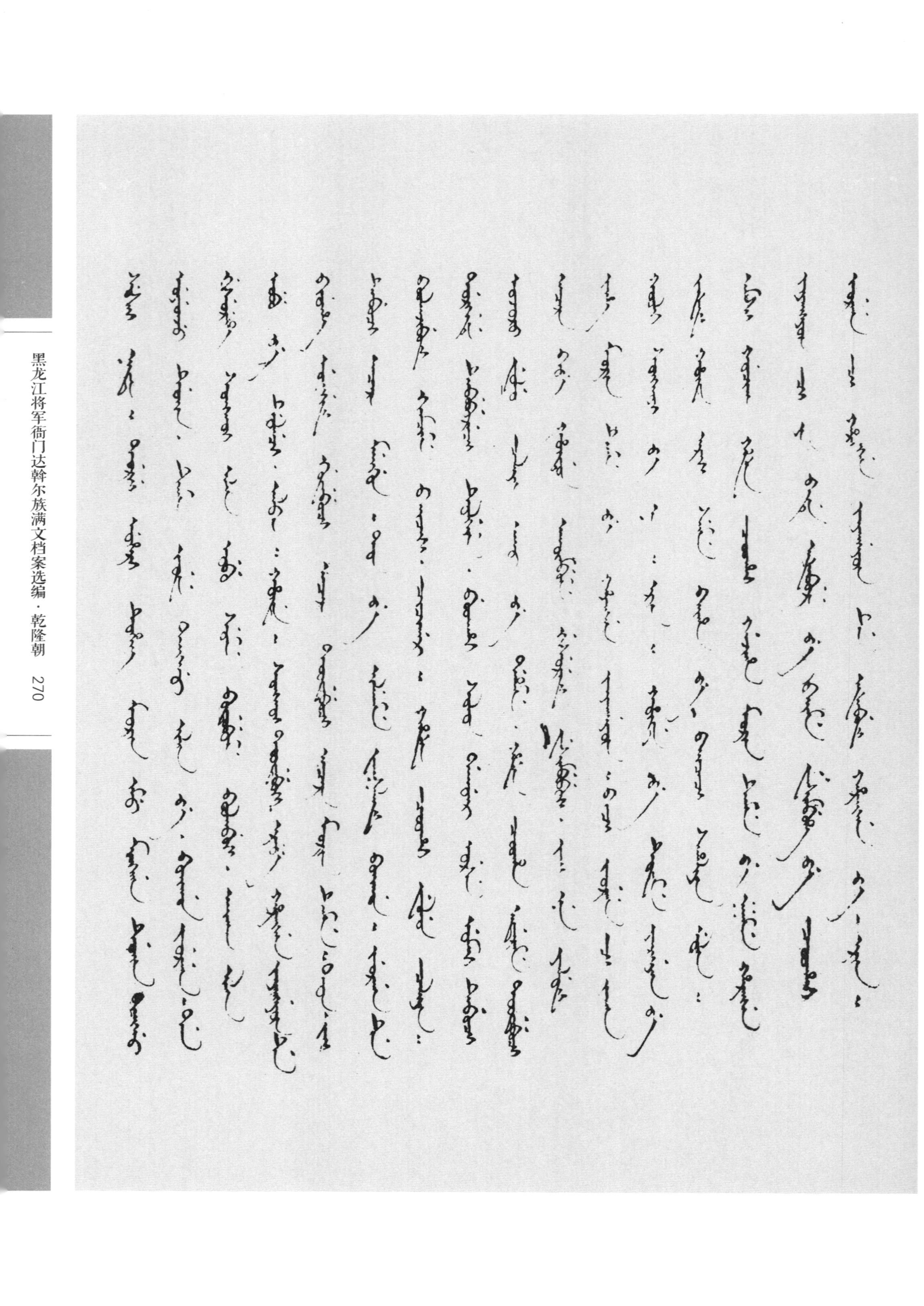

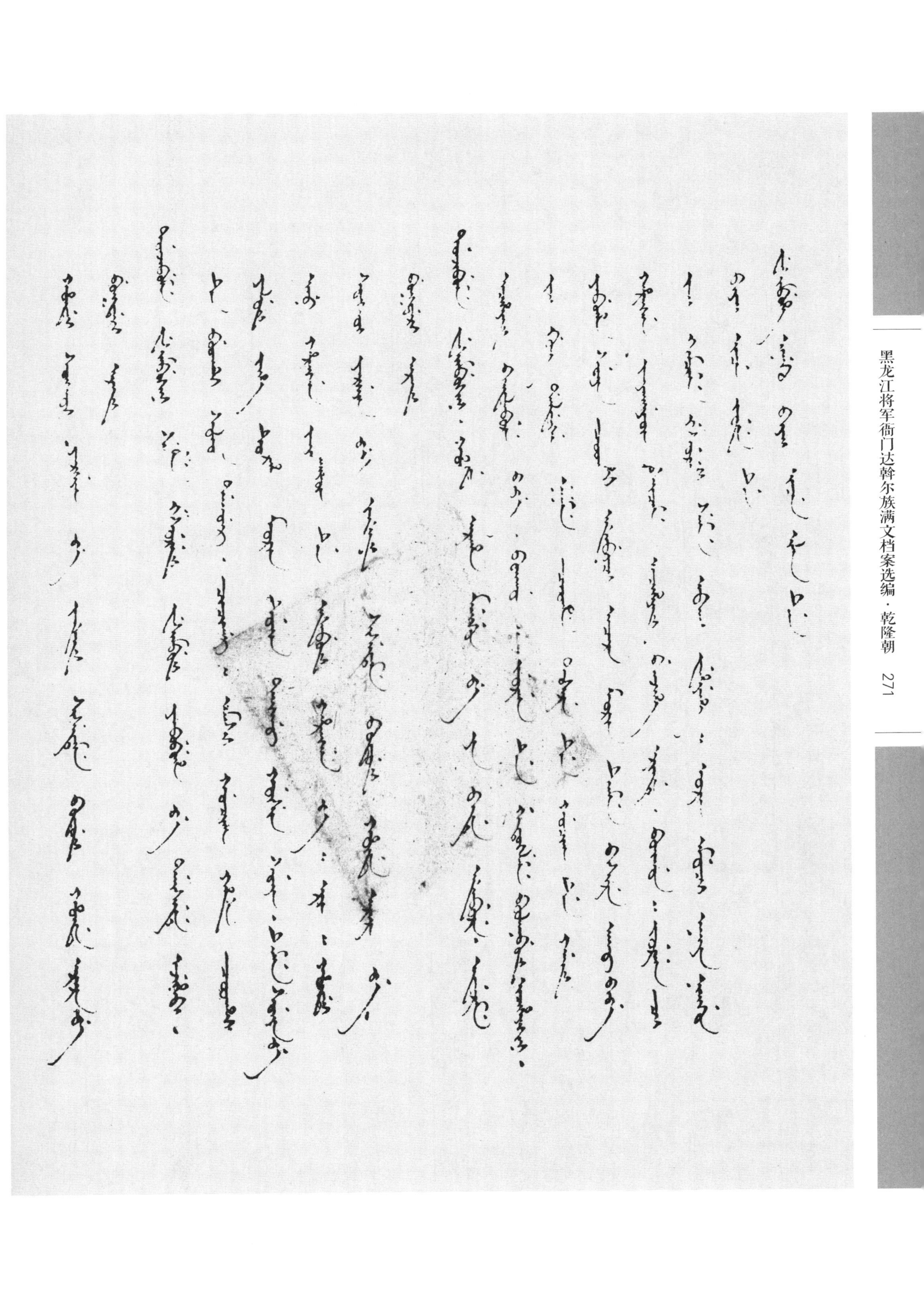

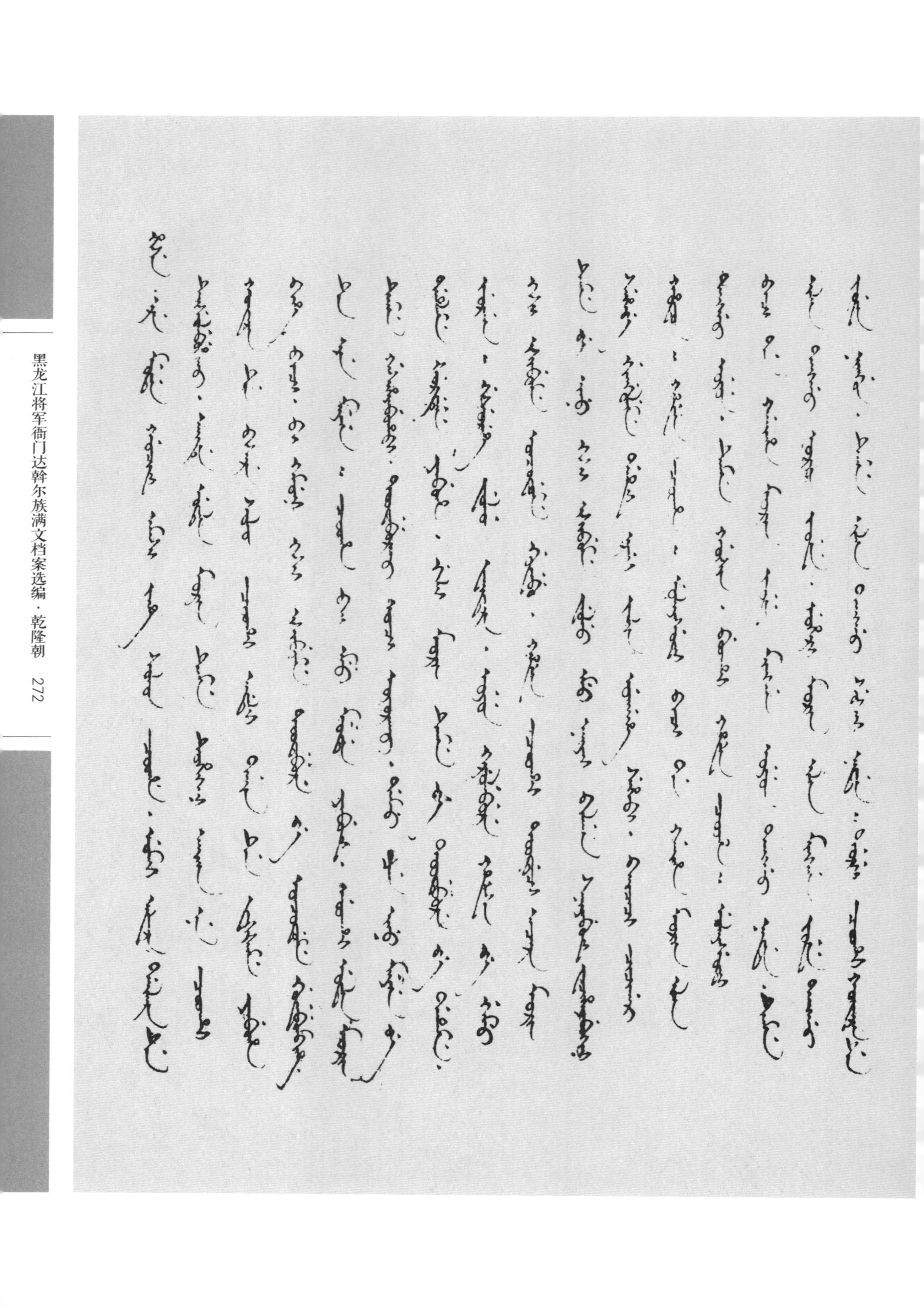

[illegible]

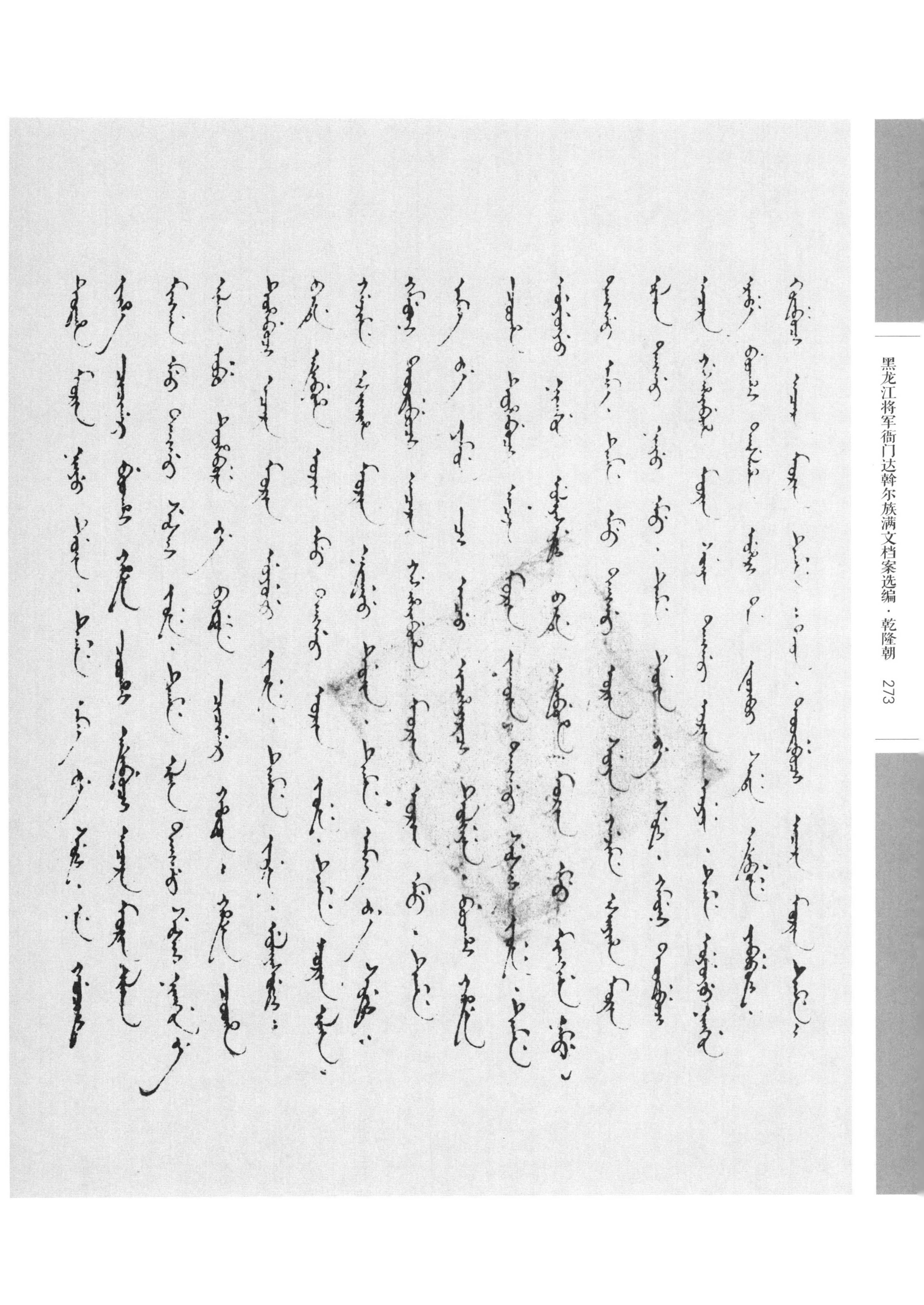

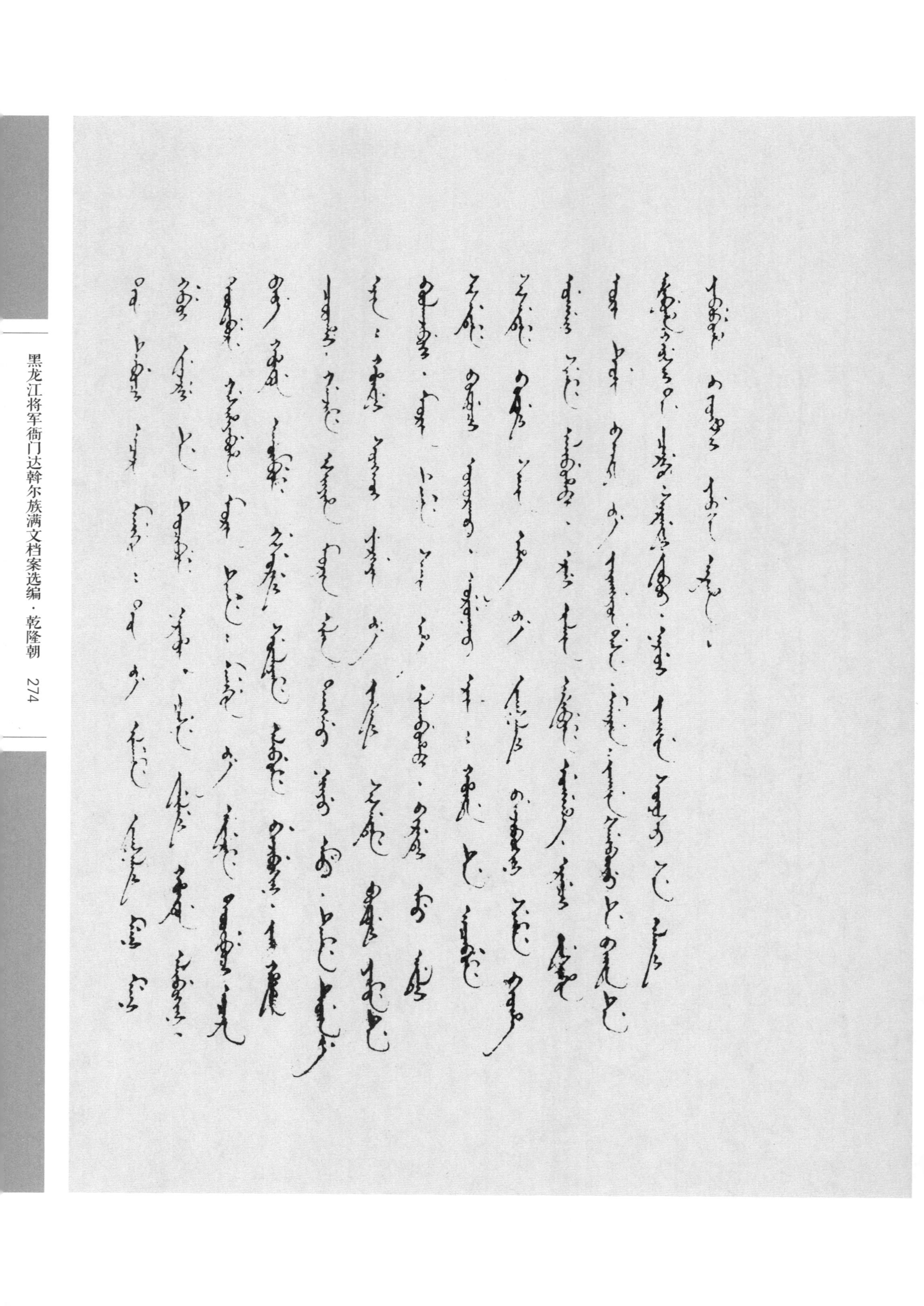

八七五 墨尔根副都统衙门为造送达斡尔等官学生书写文字册事咨黑龙江将军衙门文

乾隆二十一年八月初五日

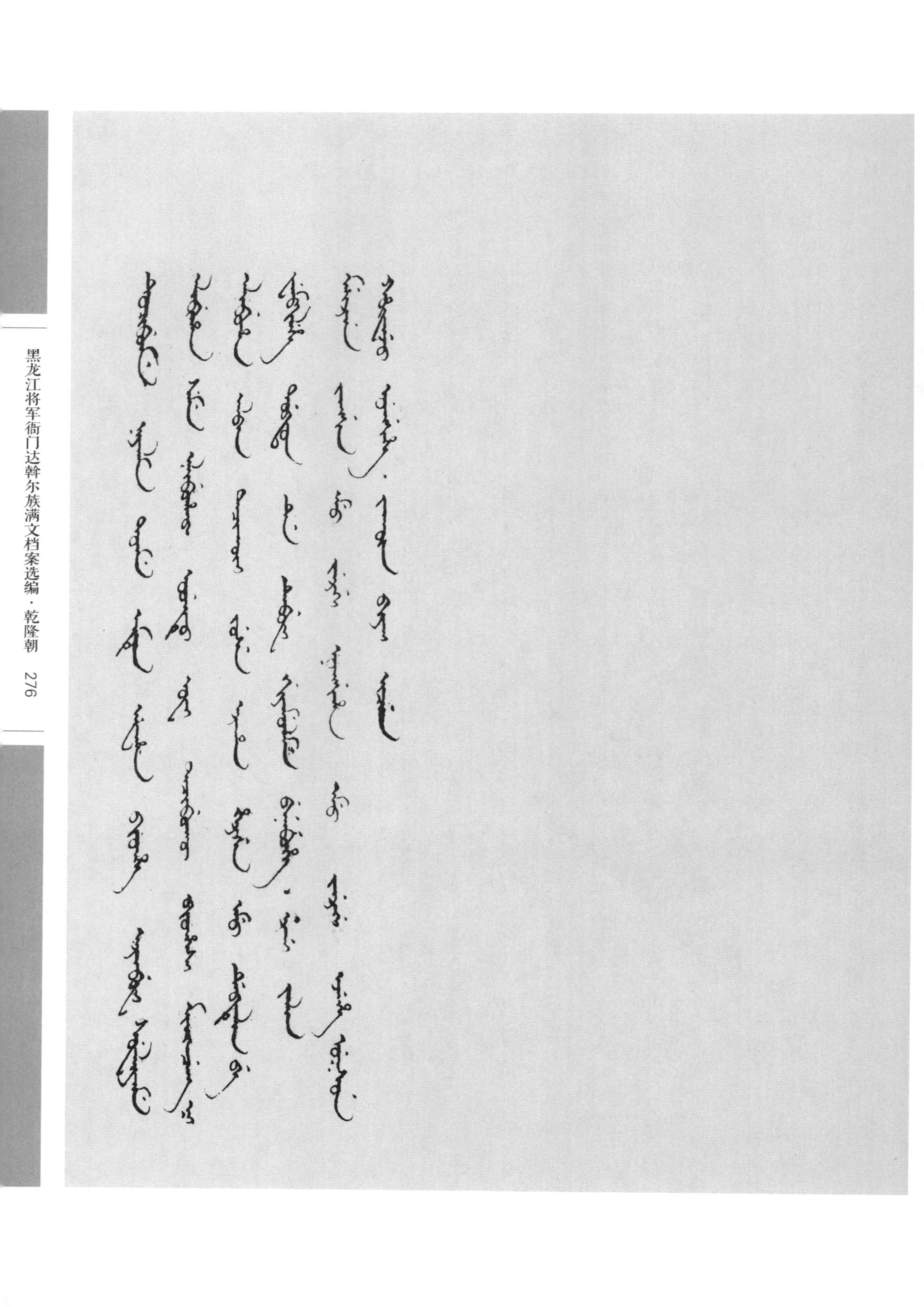

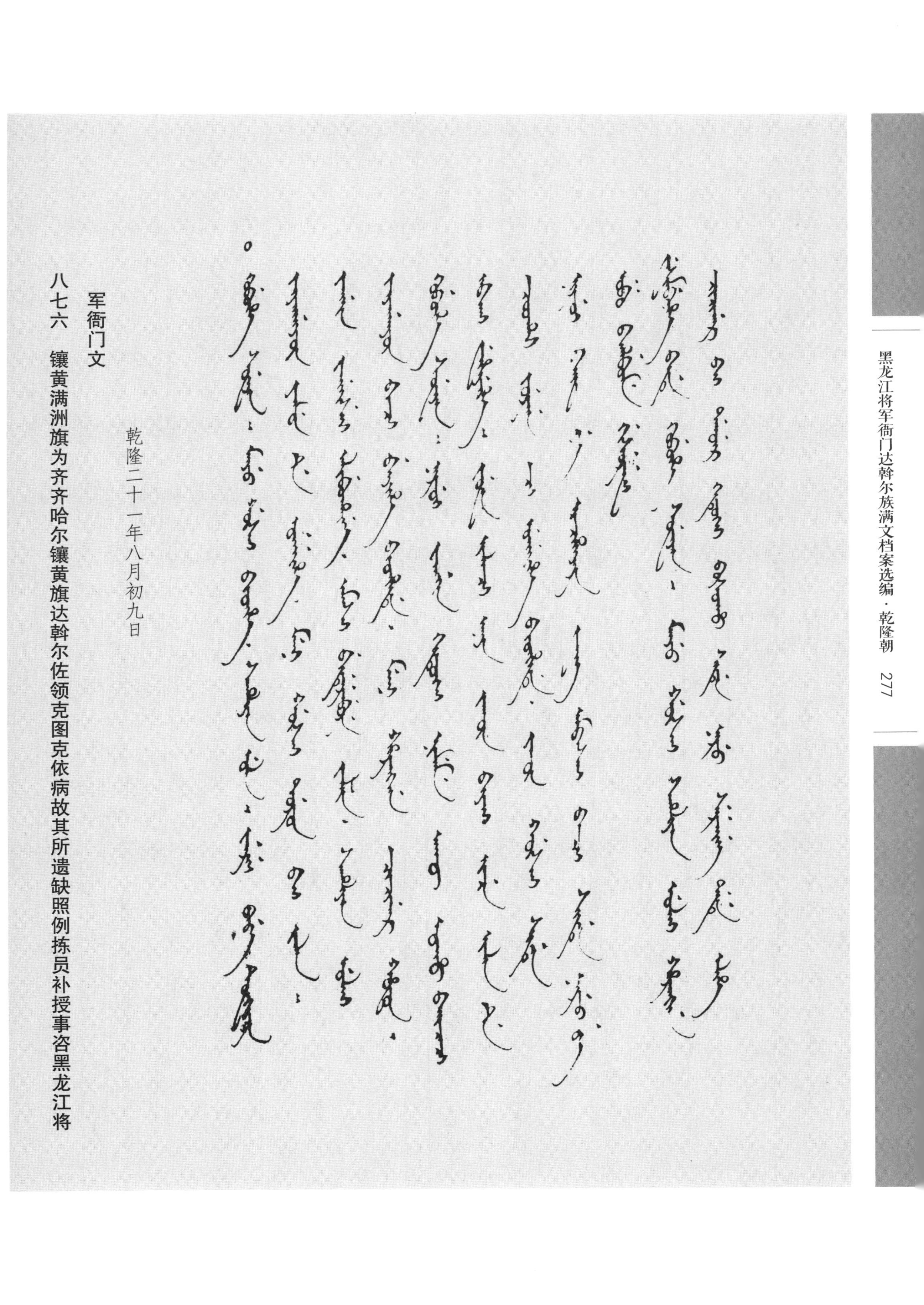

乾隆二十一年八月初九日

军衙门文

八七六　镶黄满洲旗为齐齐哈尔镶黄旗达斡尔佐领克图克依病故其所遗缺照例拣员补授事咨黑龙江将

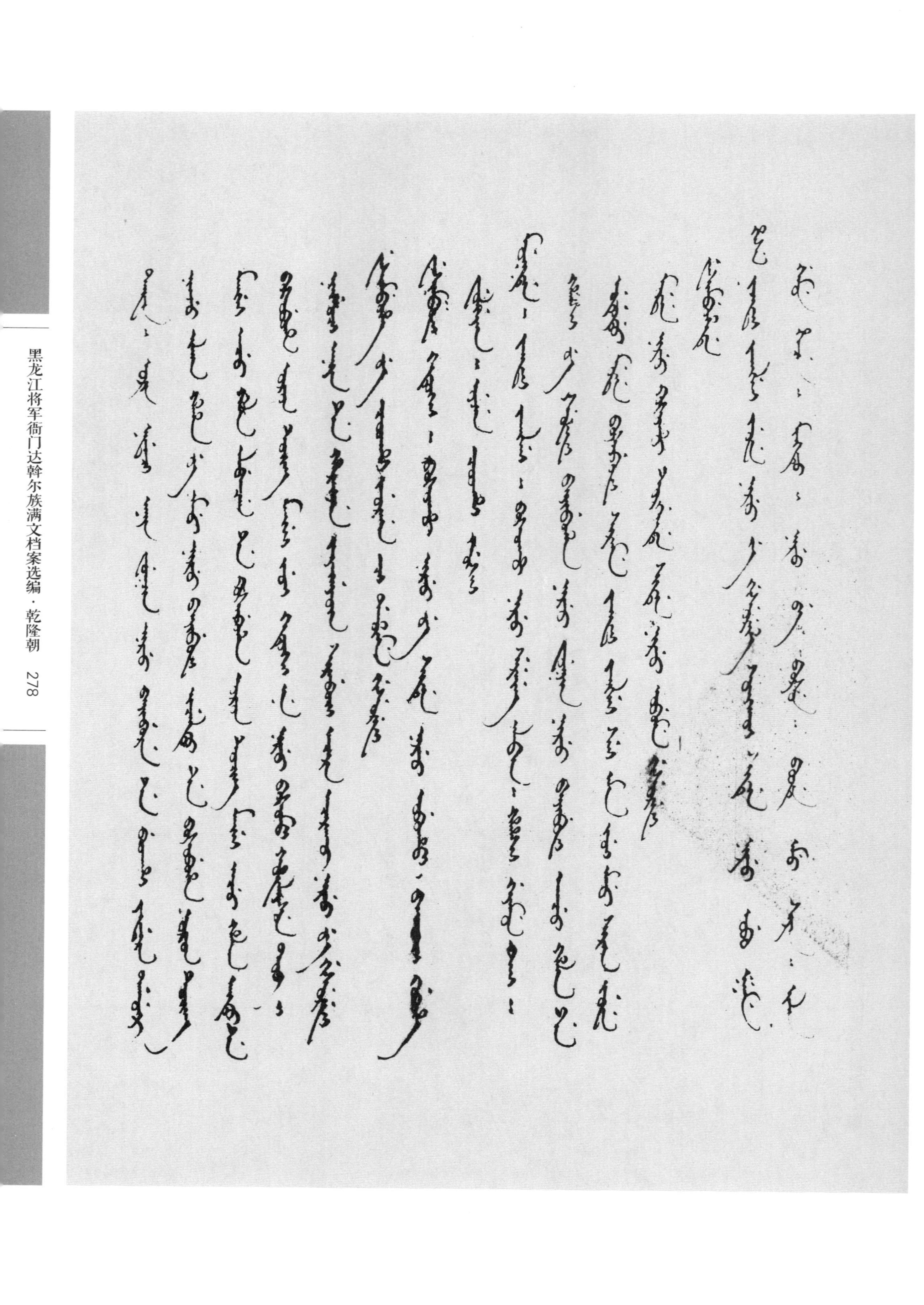

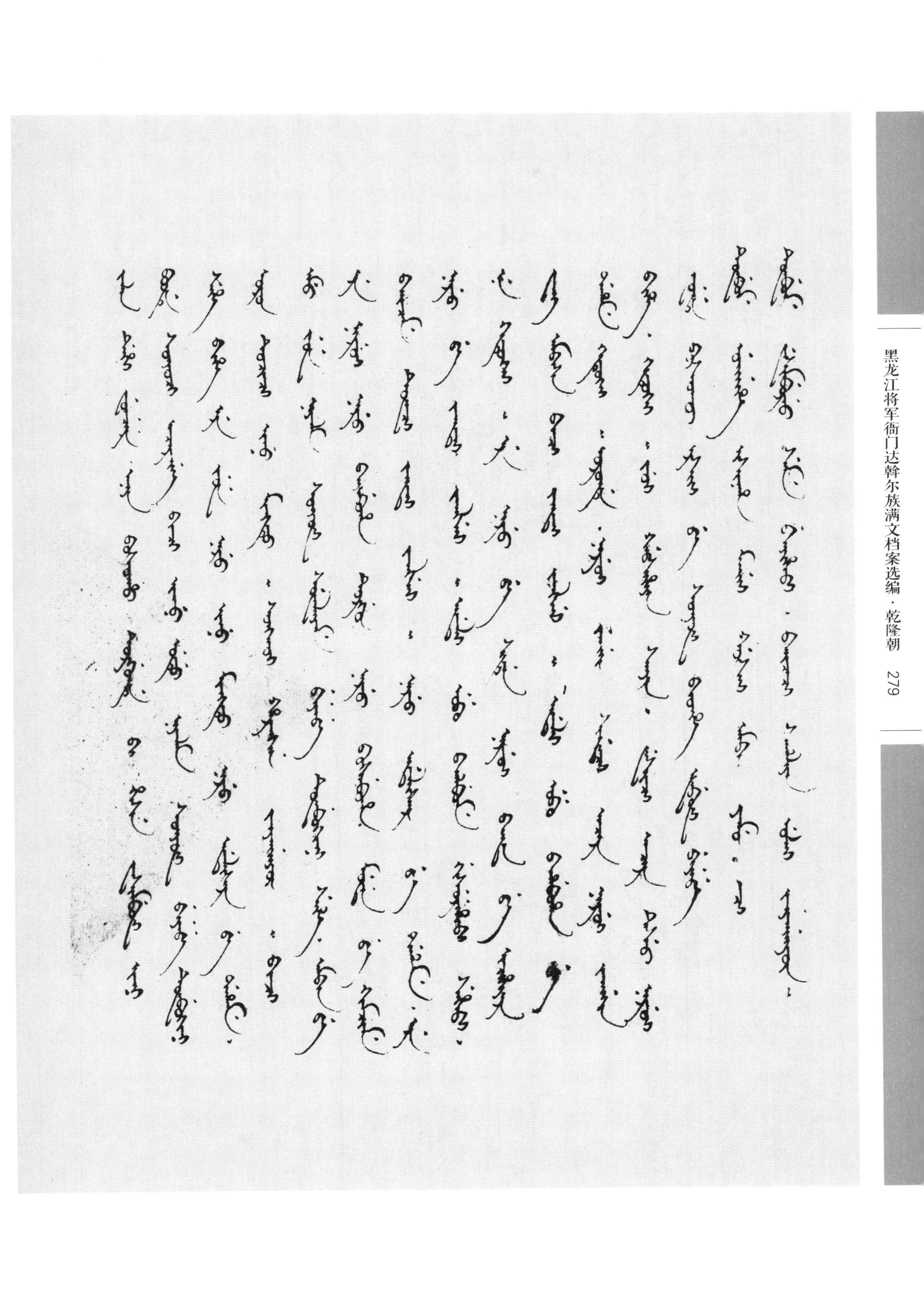

[illegible]

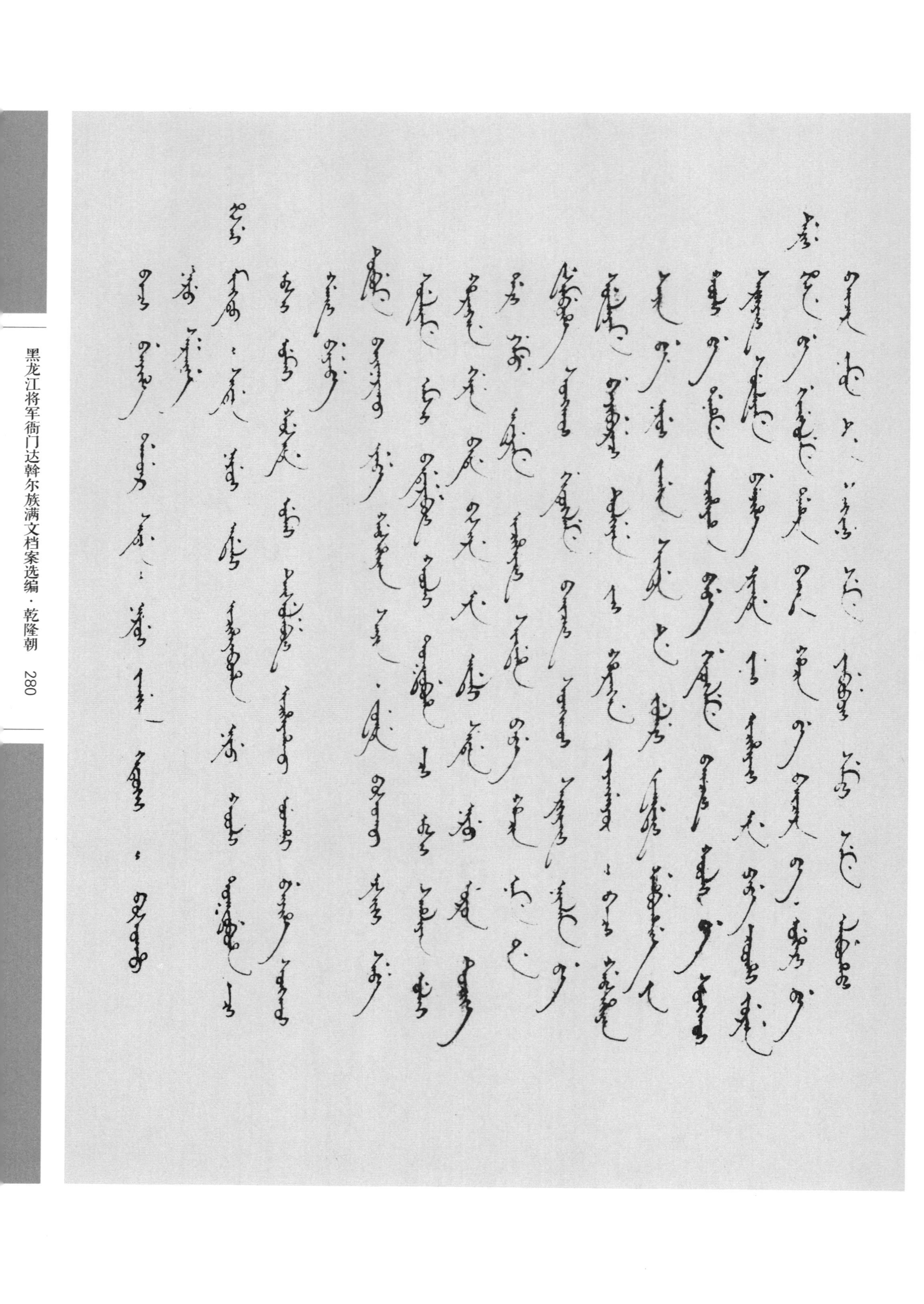

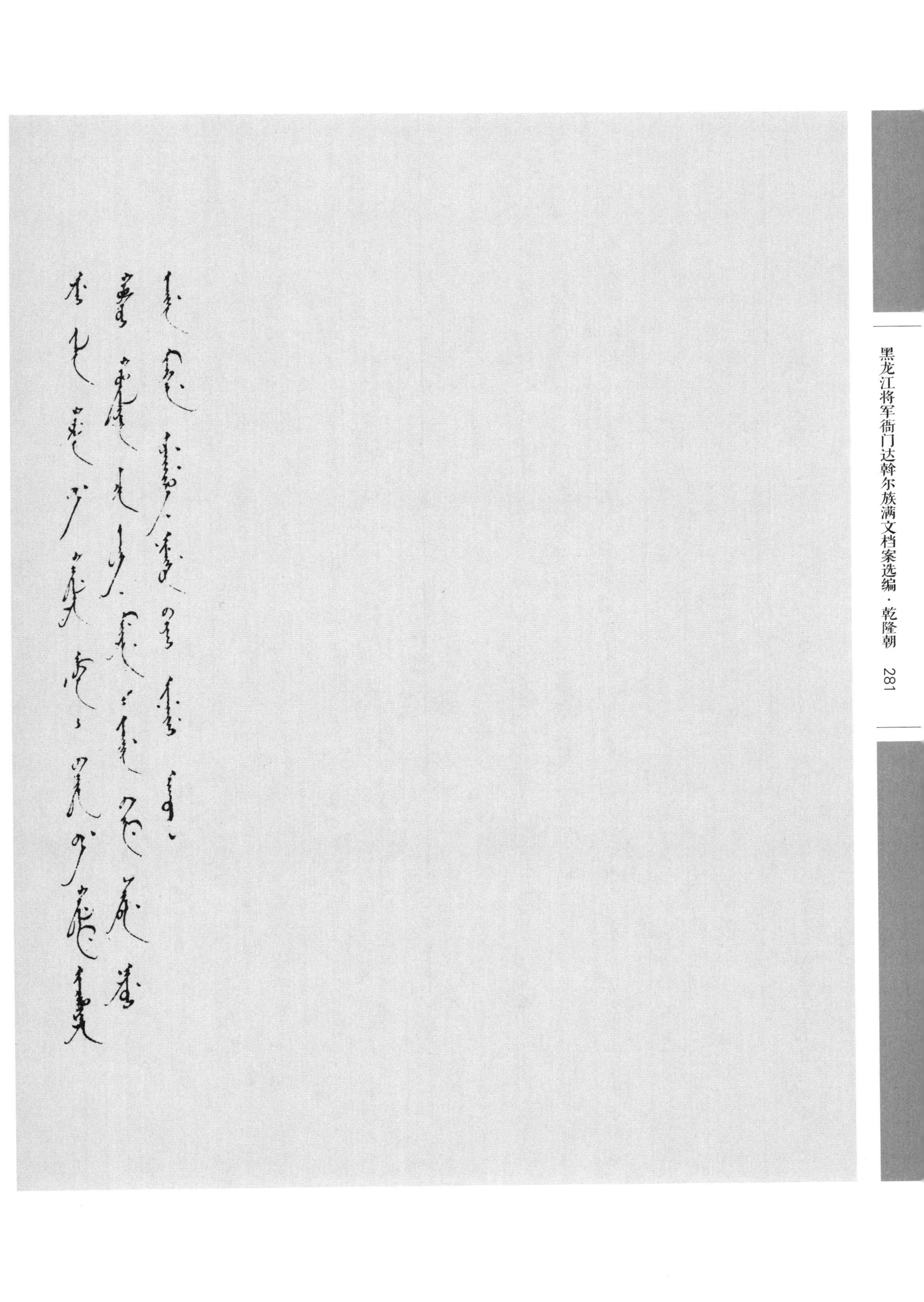

八七七 署布特哈索伦达斡尔总管佛济保等为委员解送布特哈索伦达斡尔等交纳貂皮事呈黑龙江将军衙门文

乾隆二十一年八月十六日

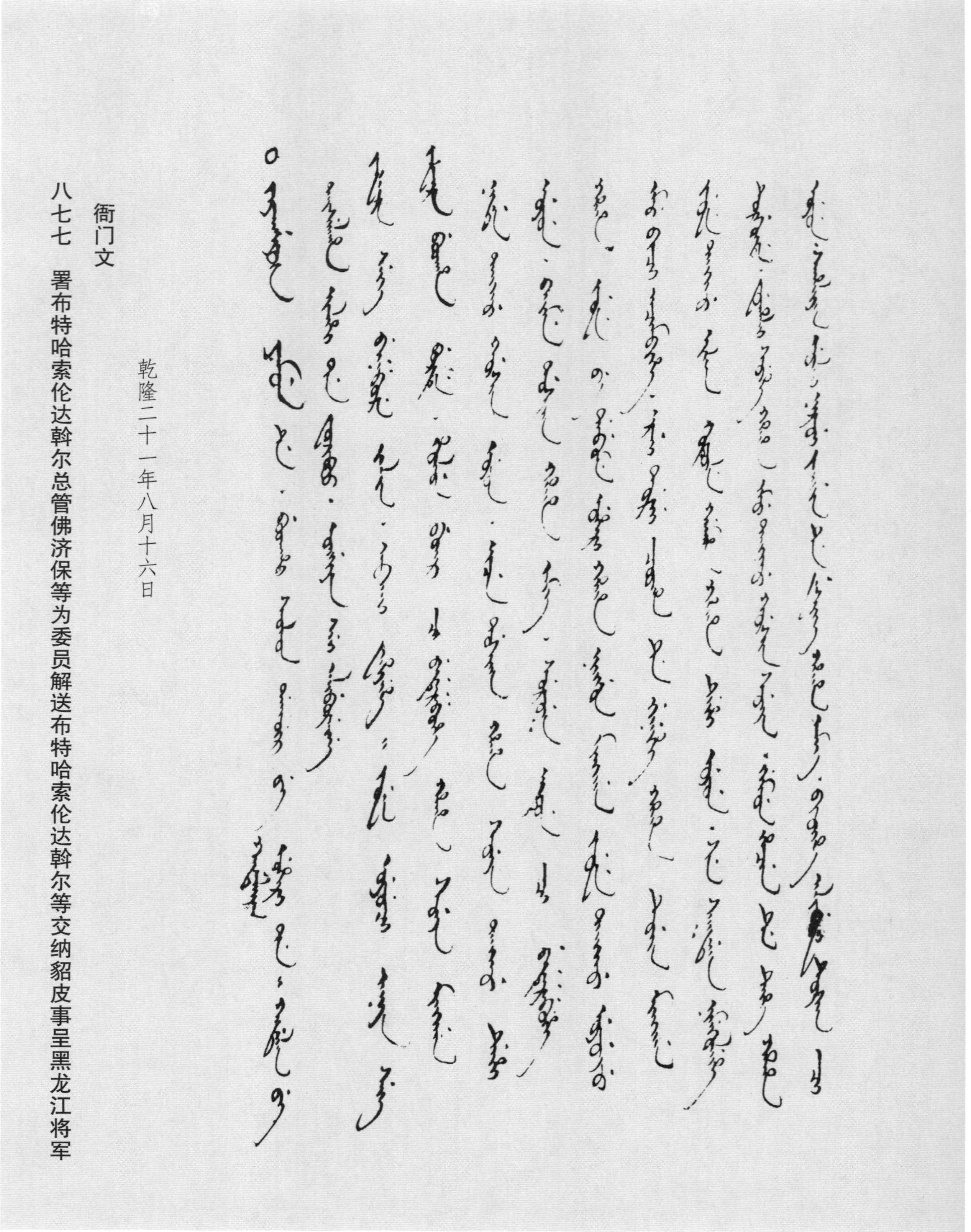

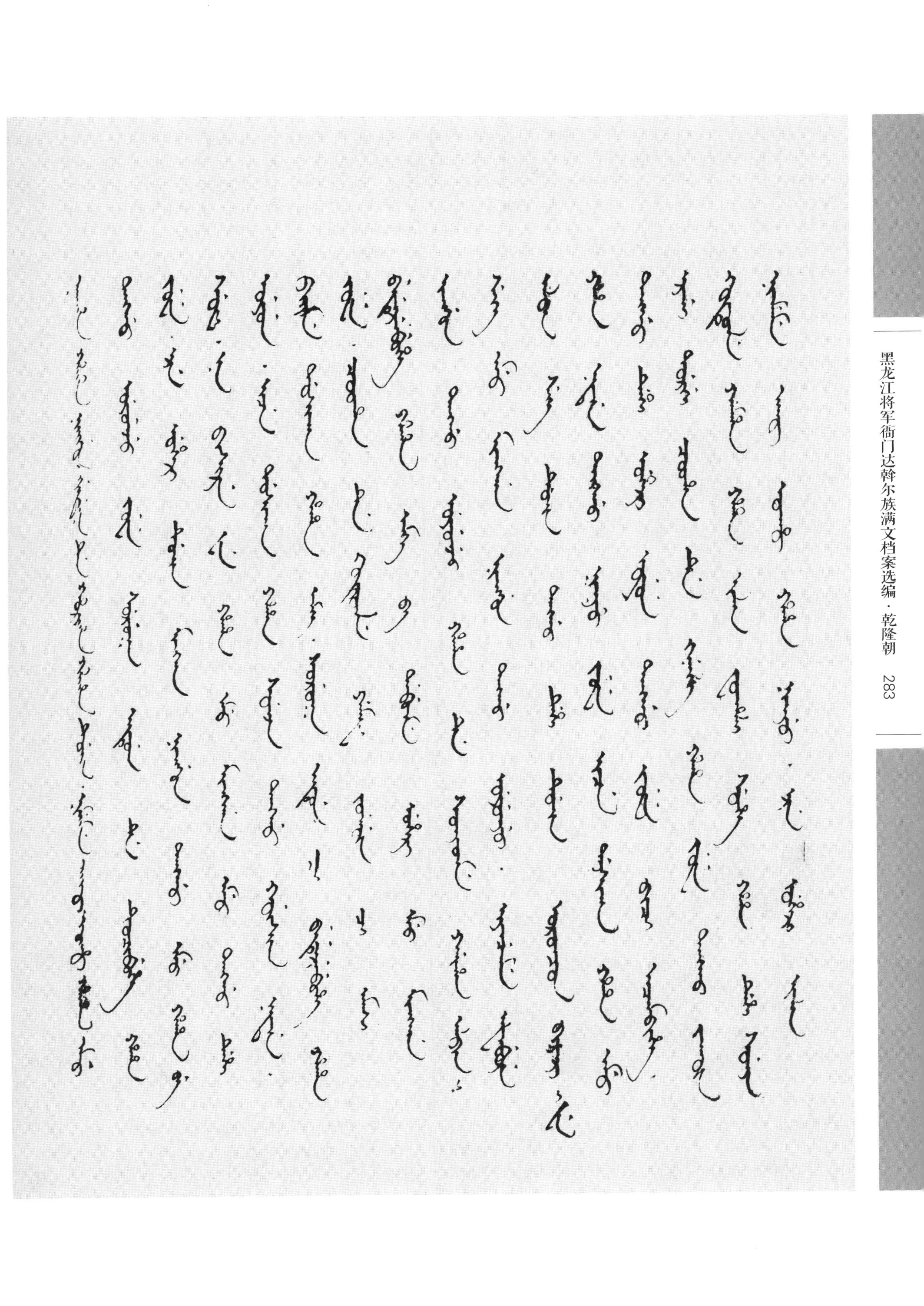

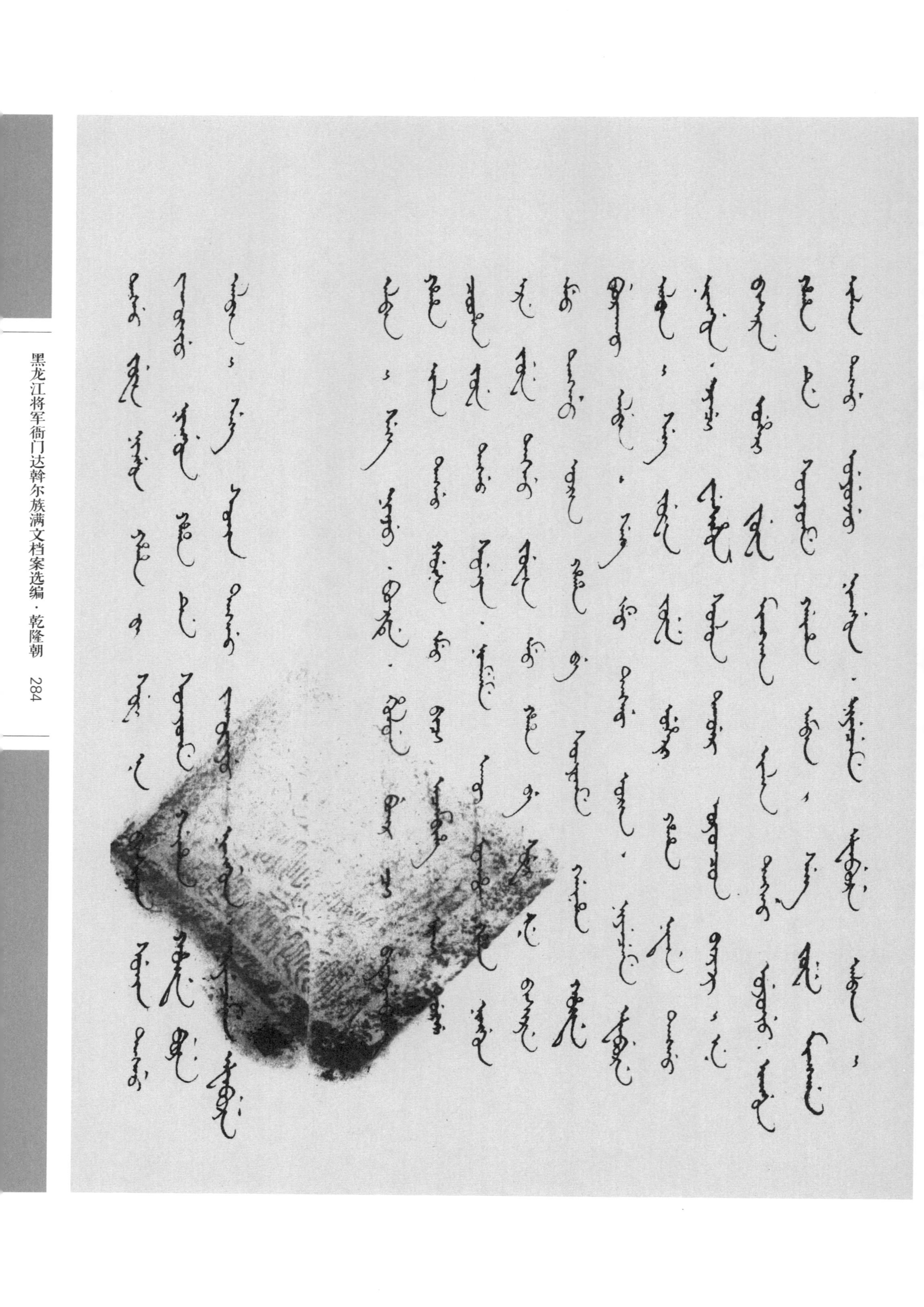

[illegible]

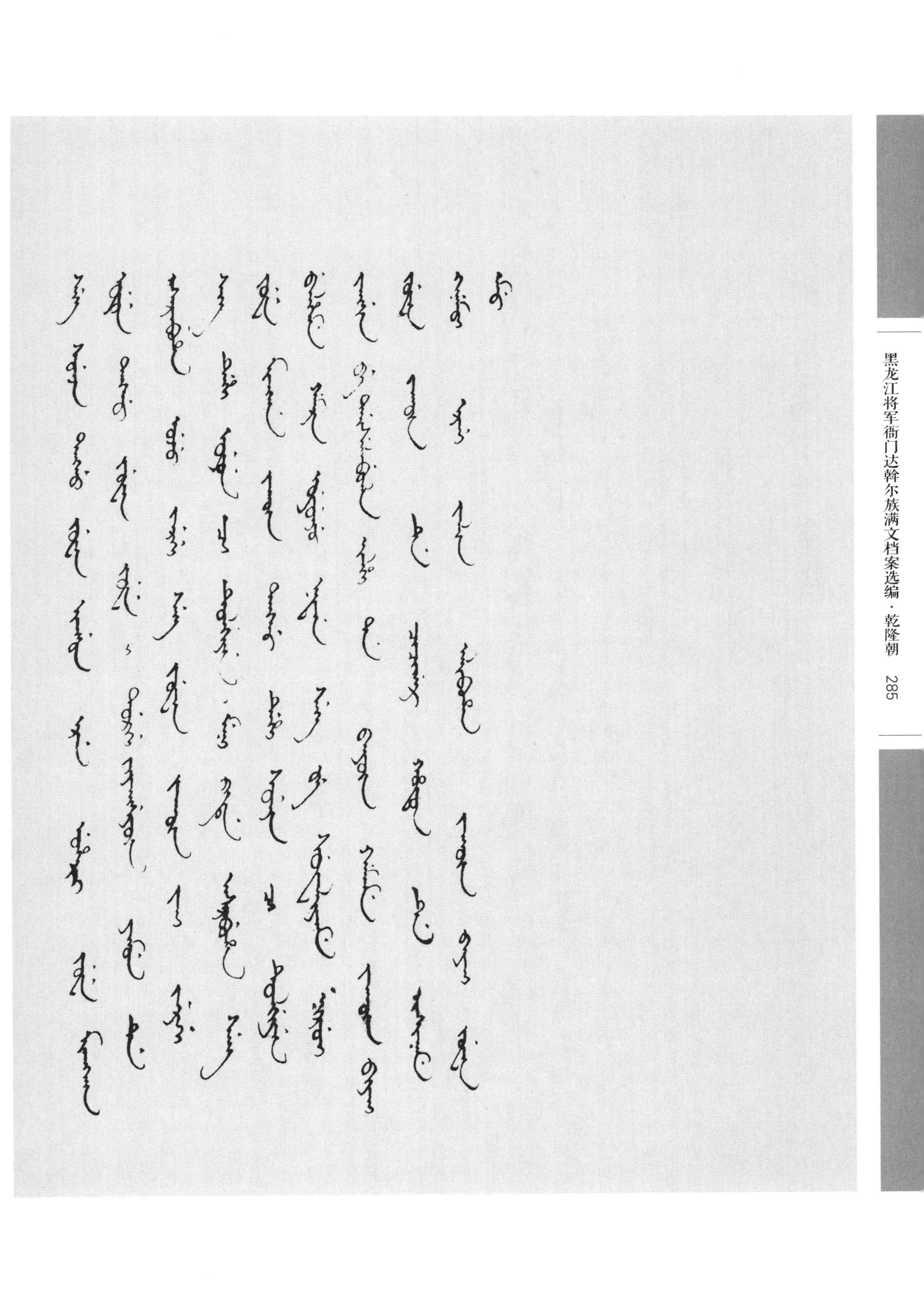

[illegible]

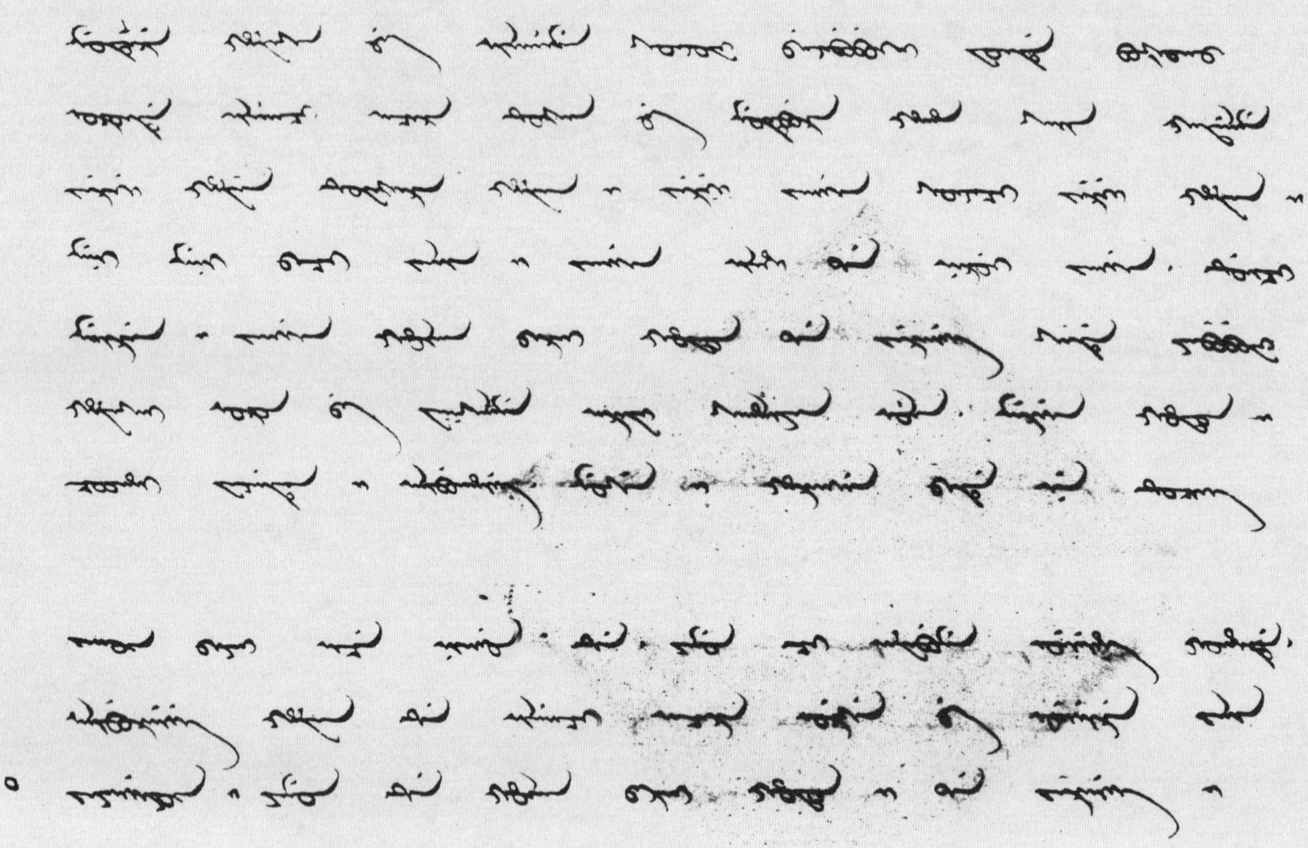

乾隆二十一年八月十九日

门文

八七八　呼兰城守尉哲灵额为黑龙江各处满洲达斡尔佐领骁骑校等出缺拣员报送事呈黑龙江将军衙

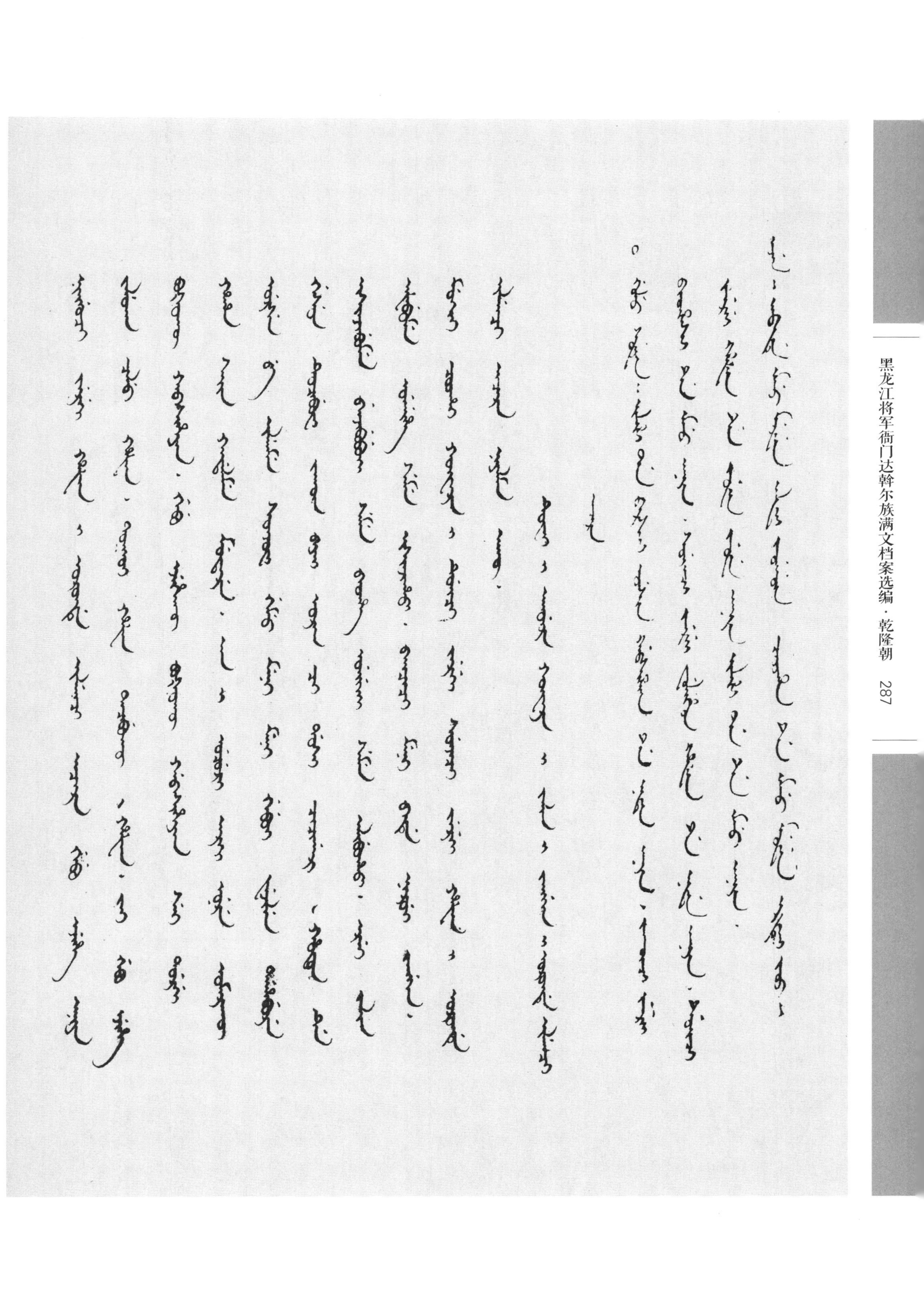

[illegible]

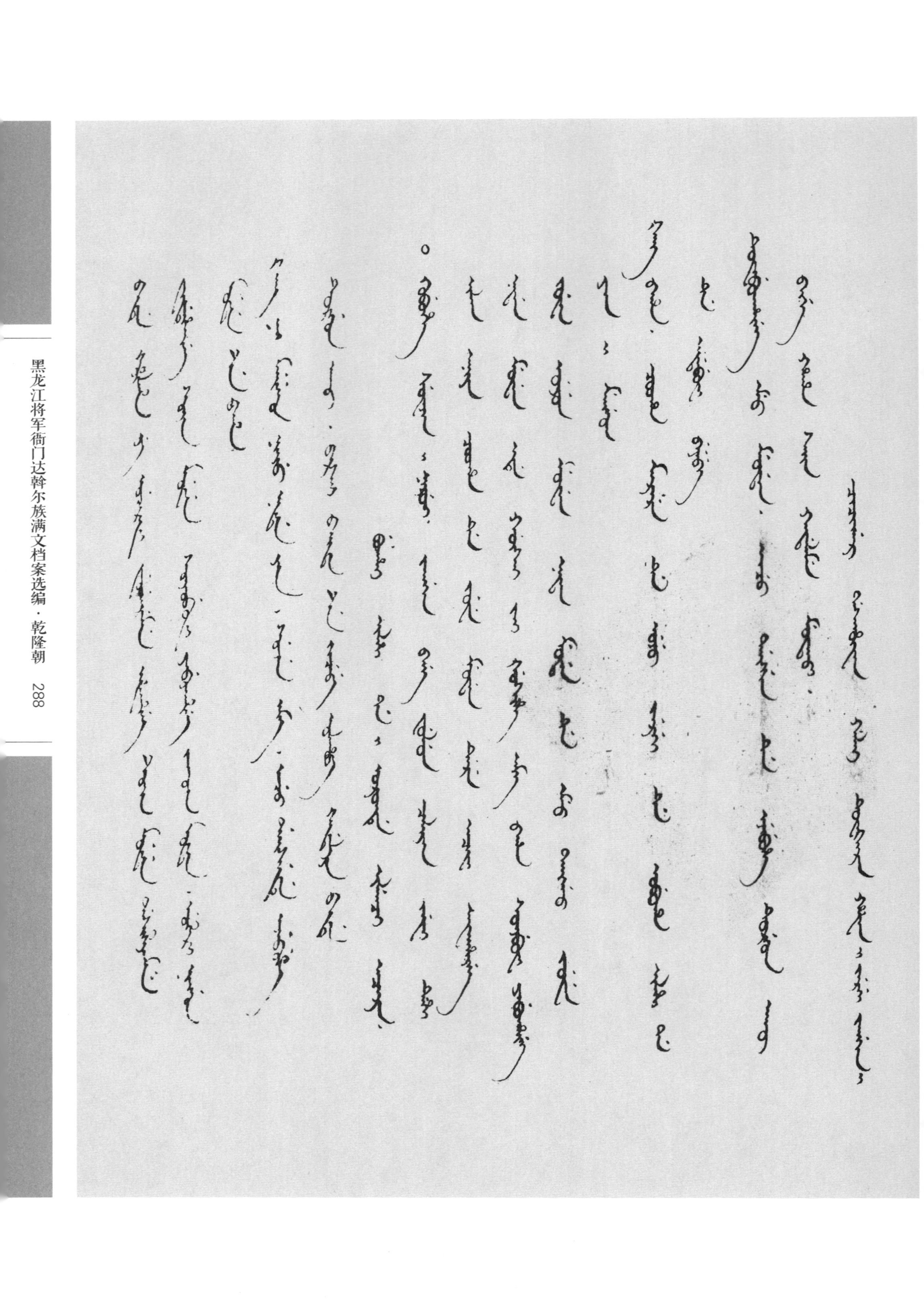

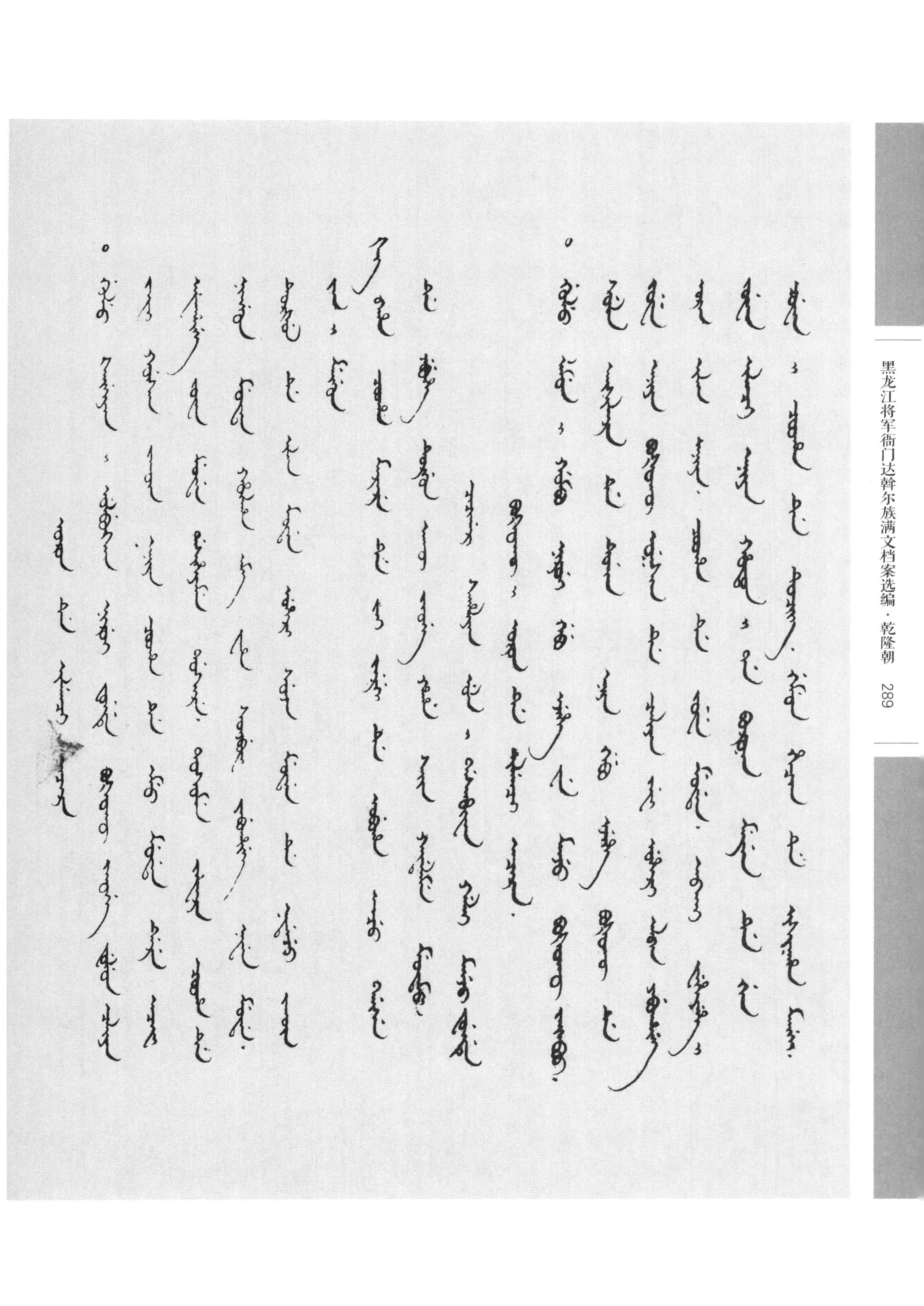

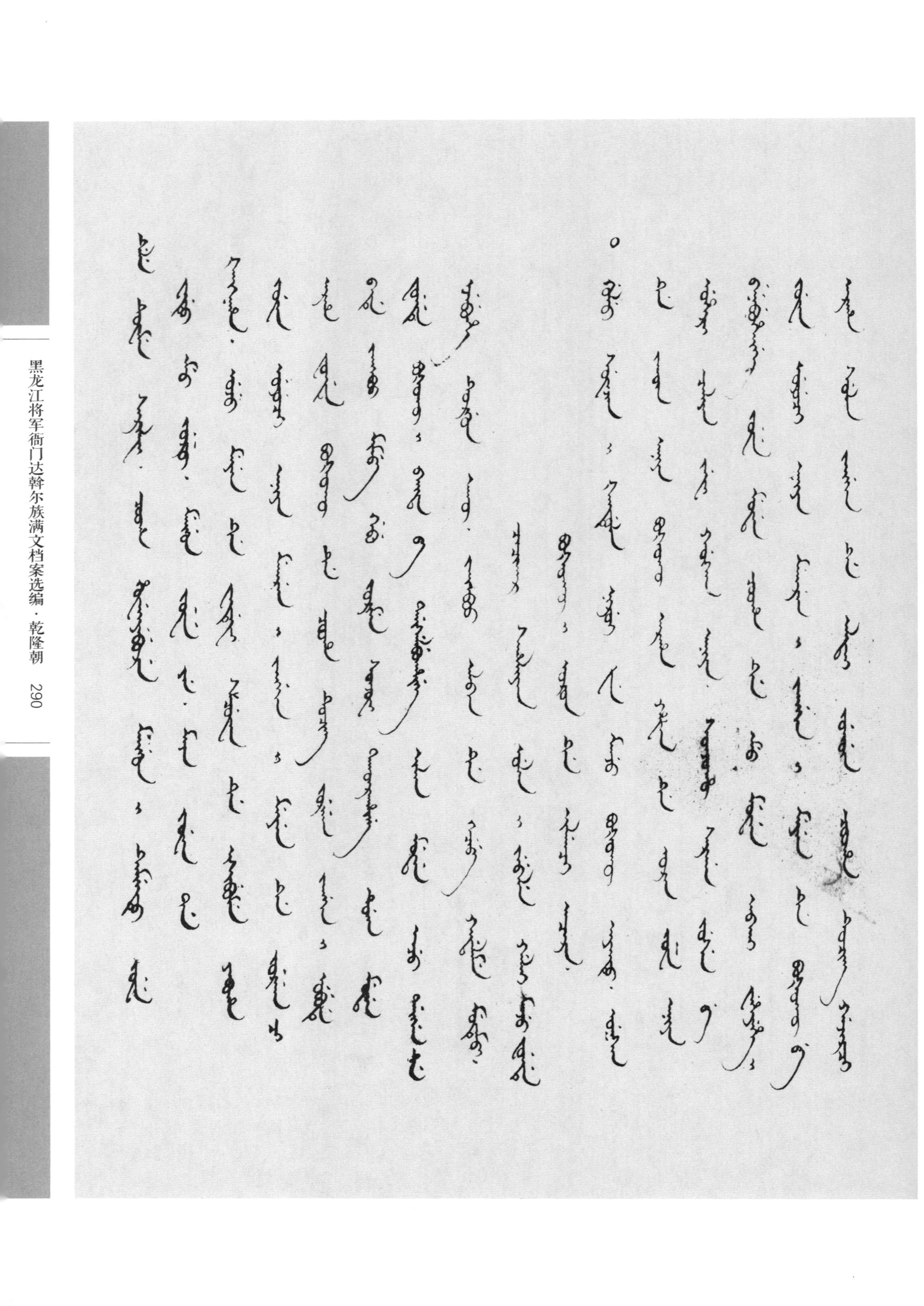

[illegible]

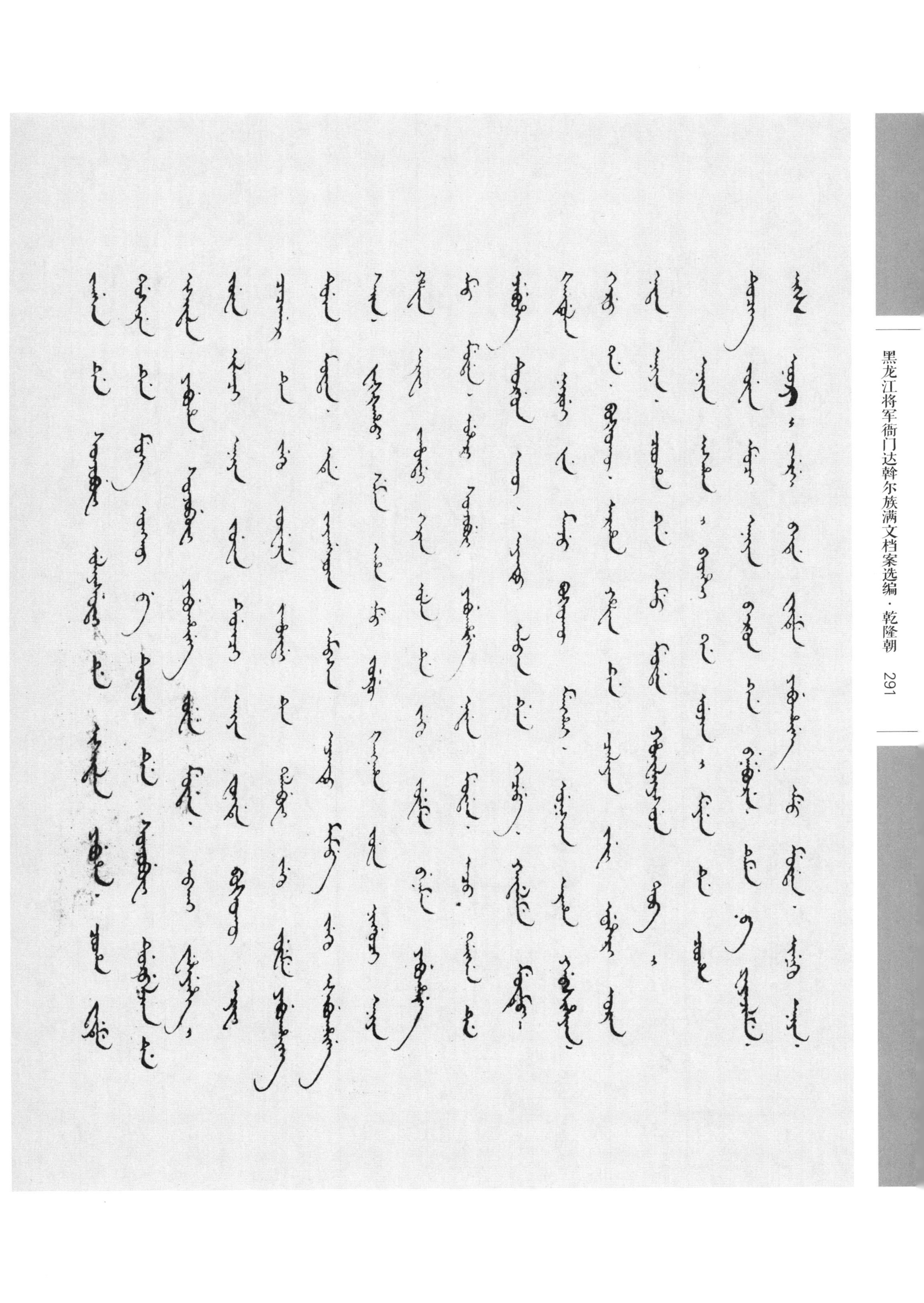

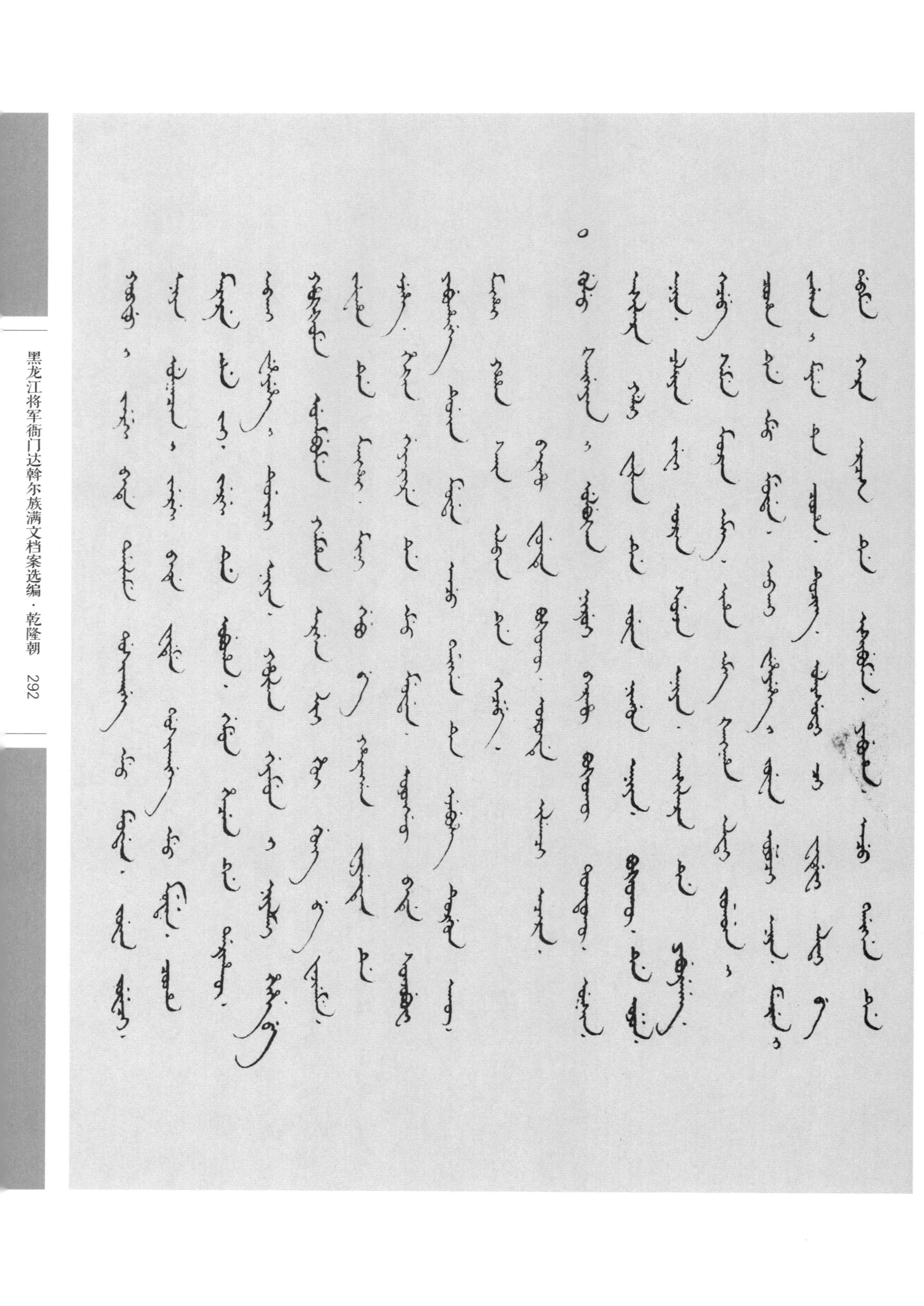

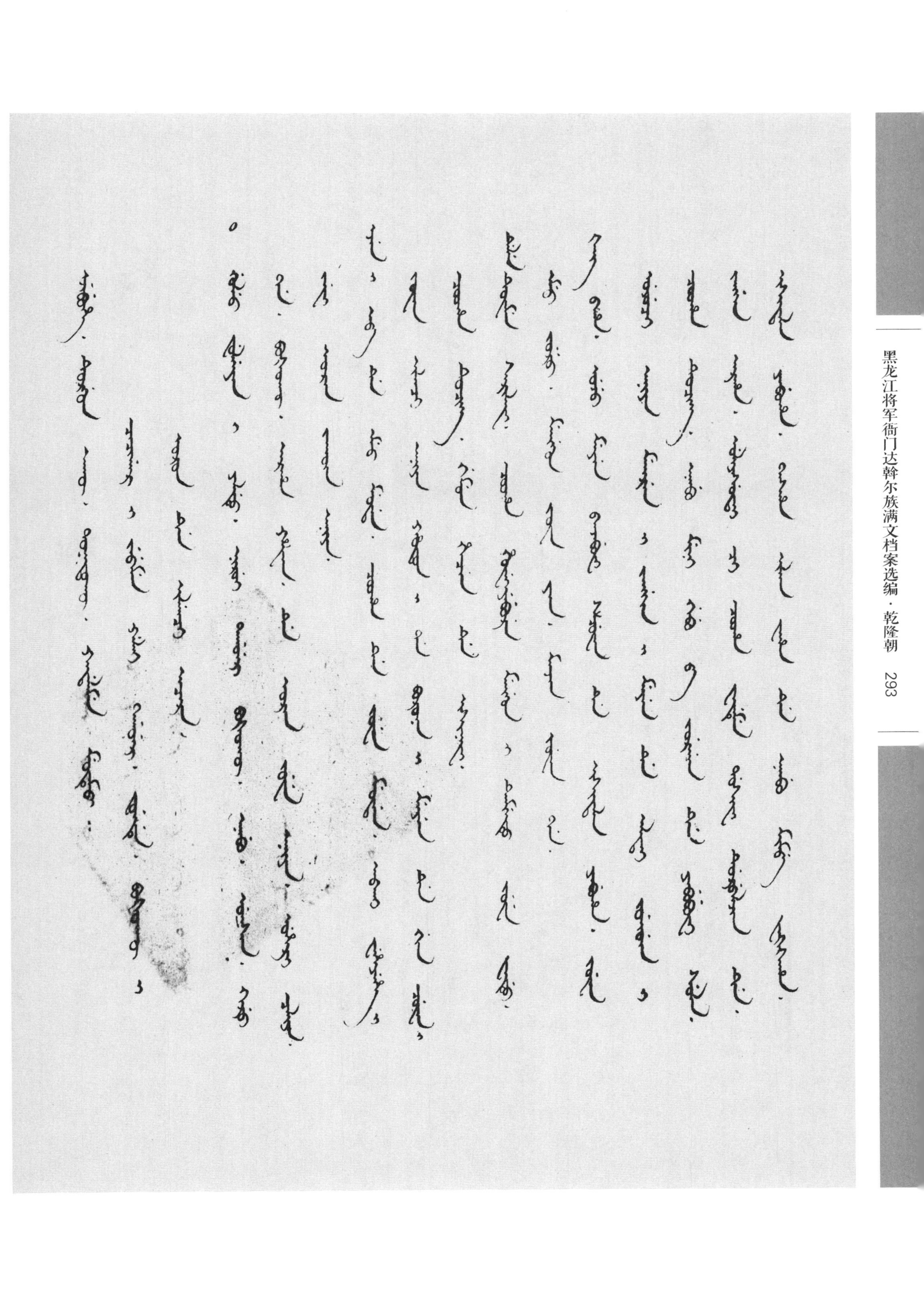

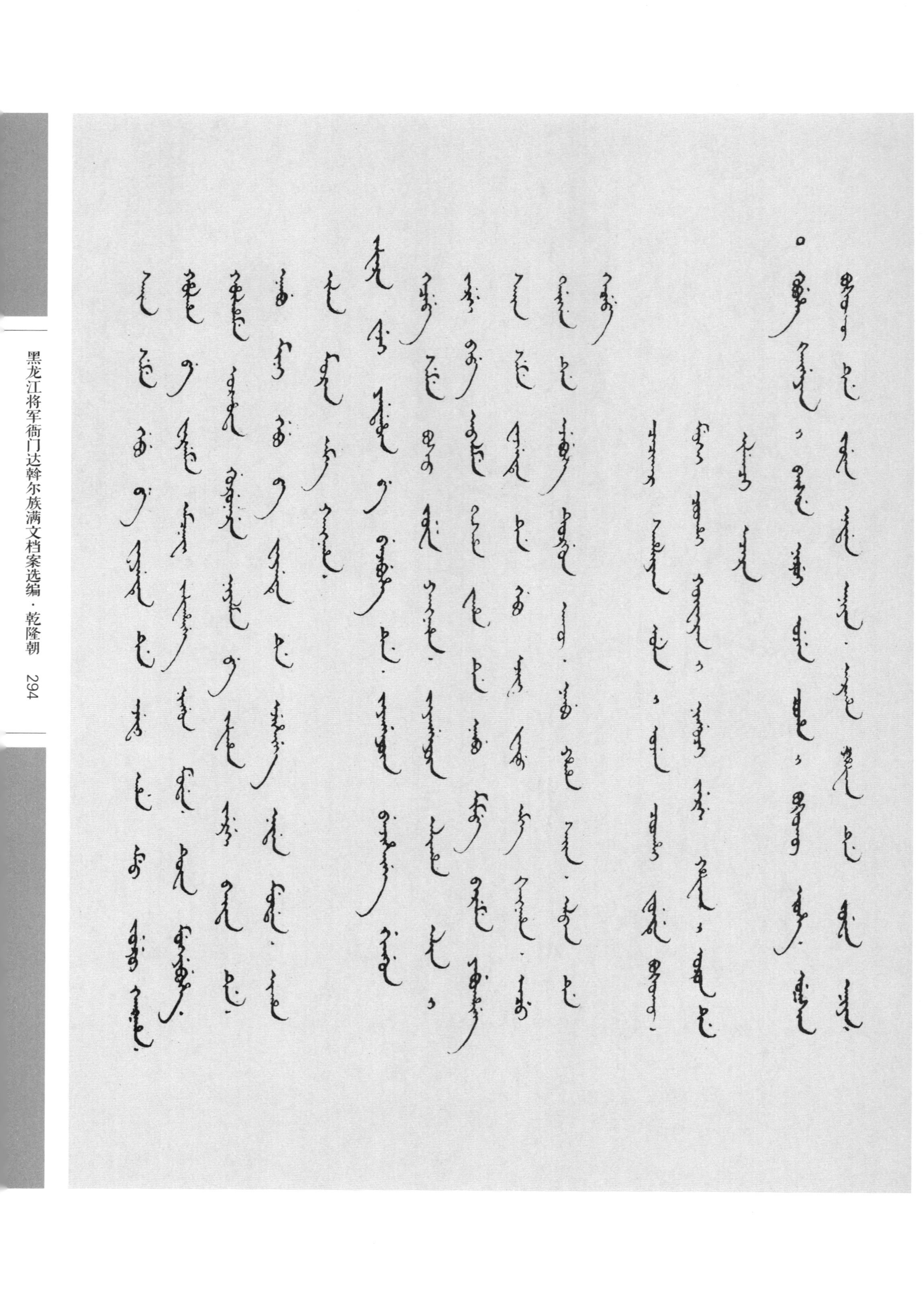

[illegible]

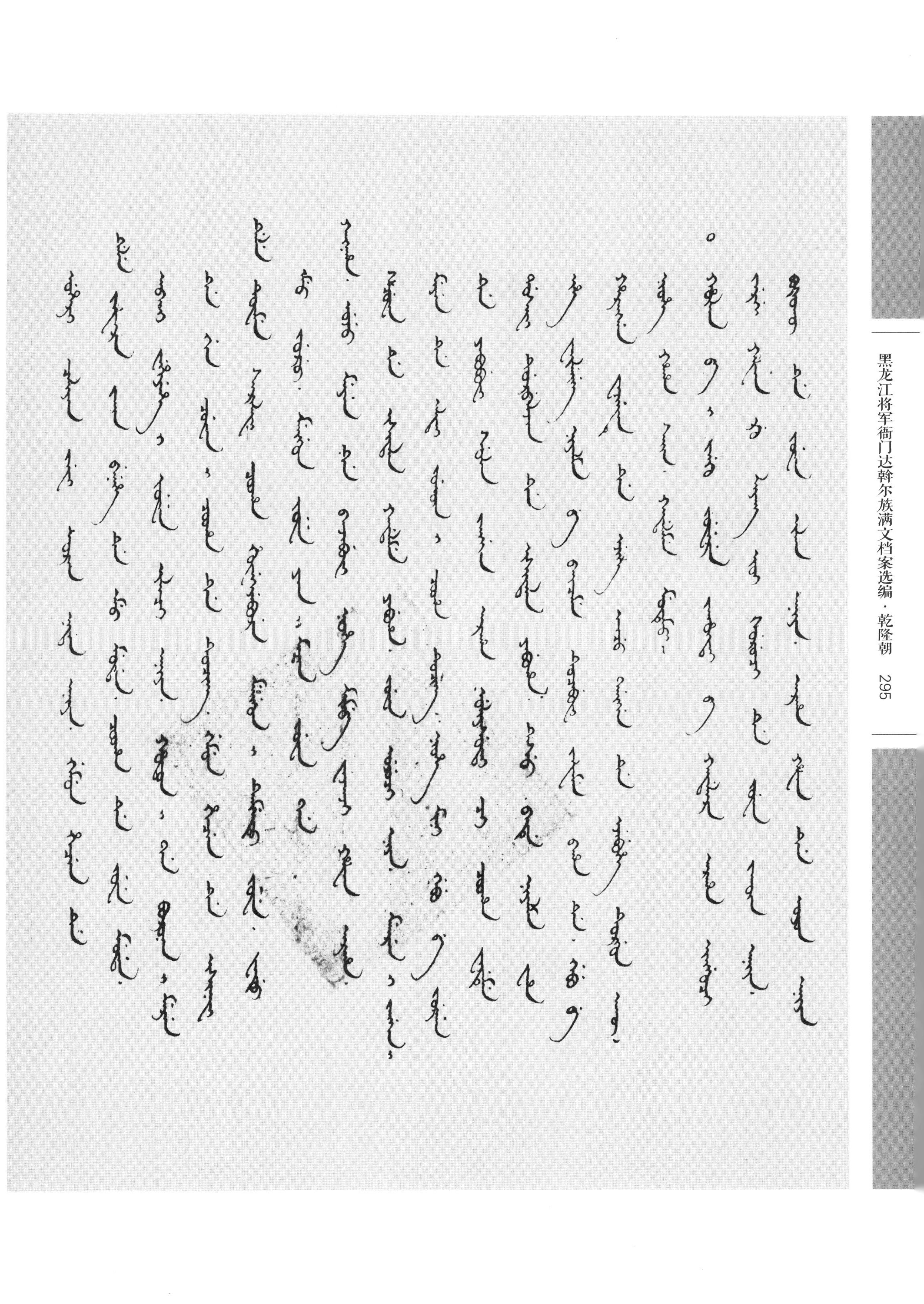

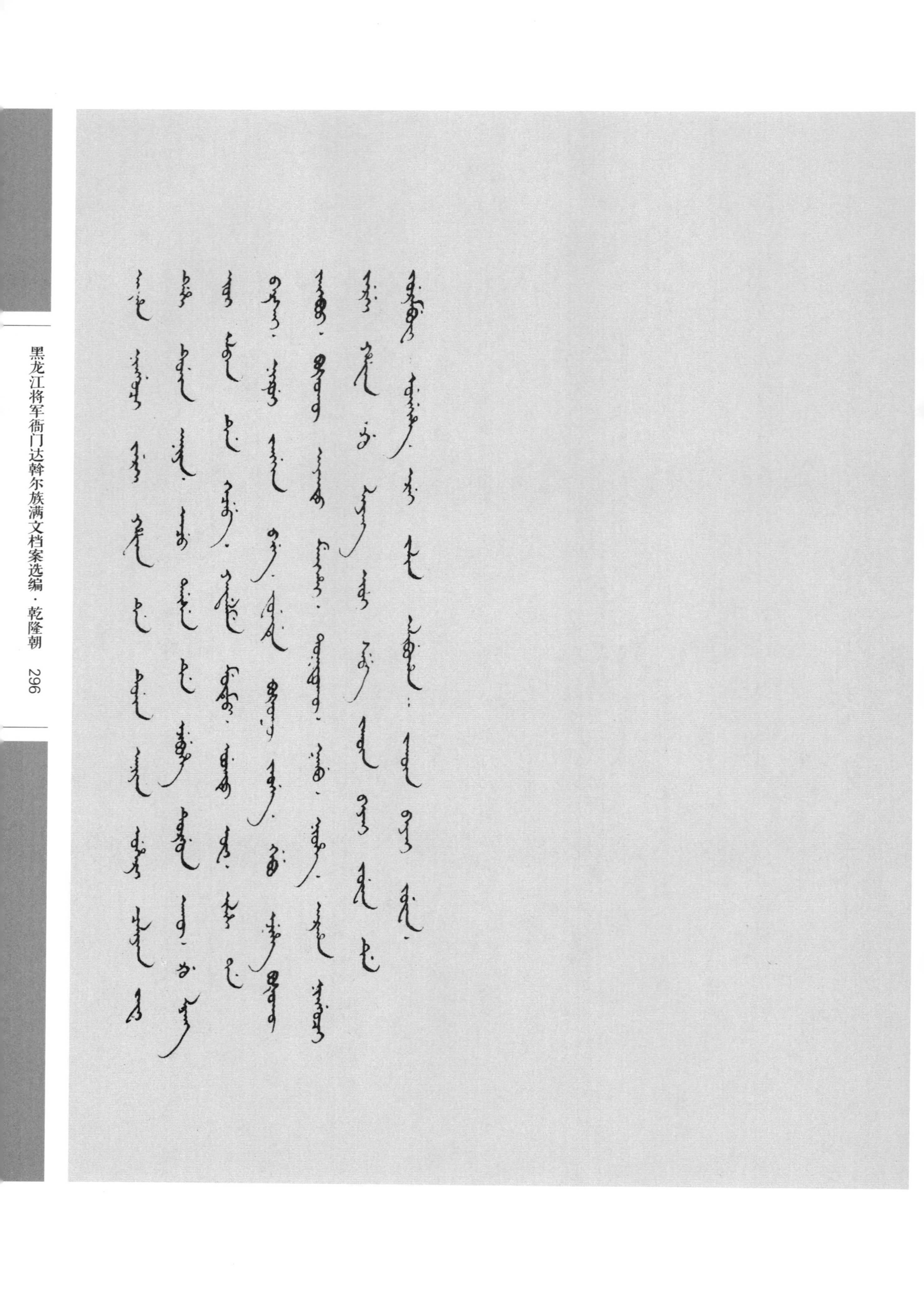

[illegible]

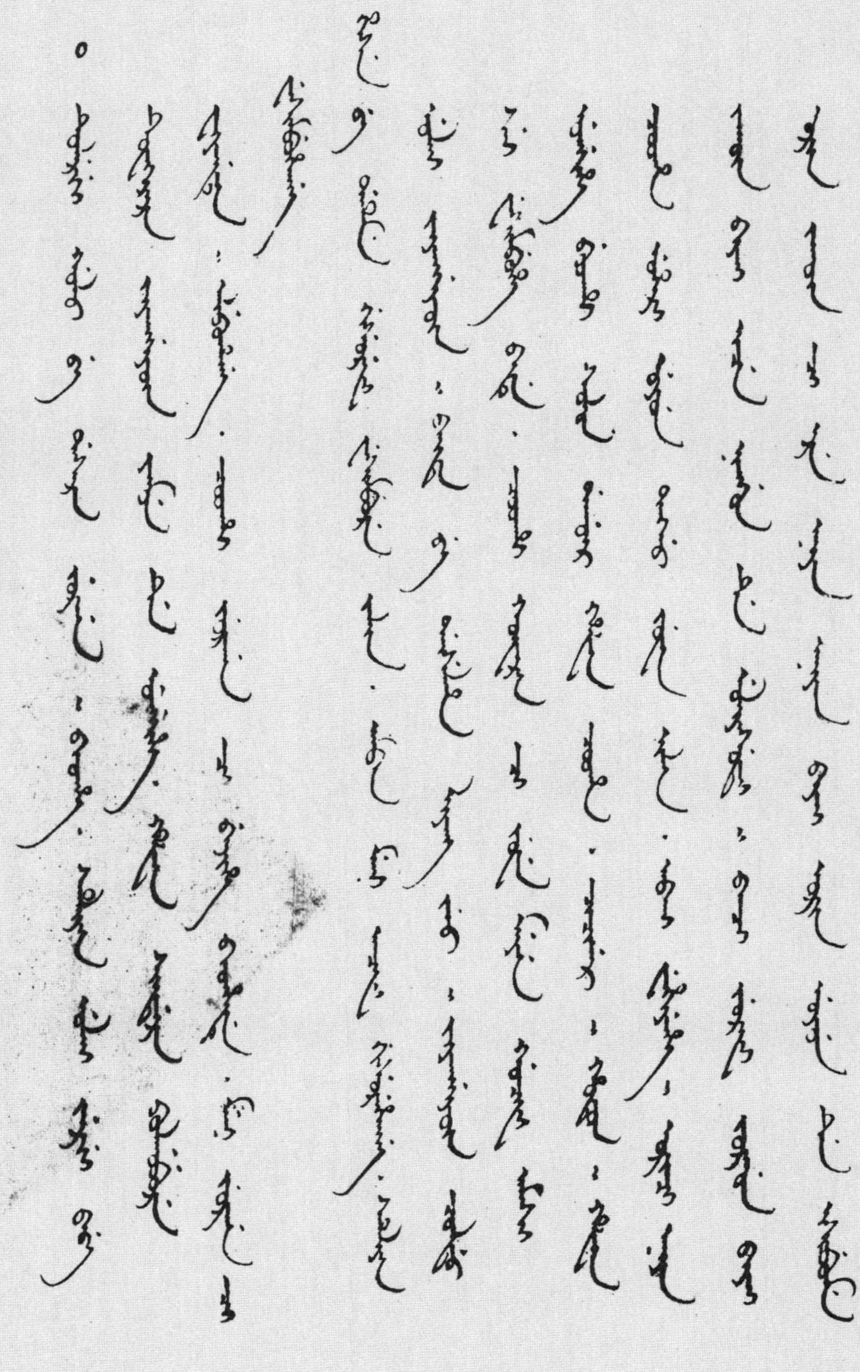

八七九 理藩院为遵旨施恩自军营撤回布特哈索伦达斡尔等官兵宽免或展限赔补马驼事咨黑龙江将军衙门文

乾隆二十一年八月二十二日

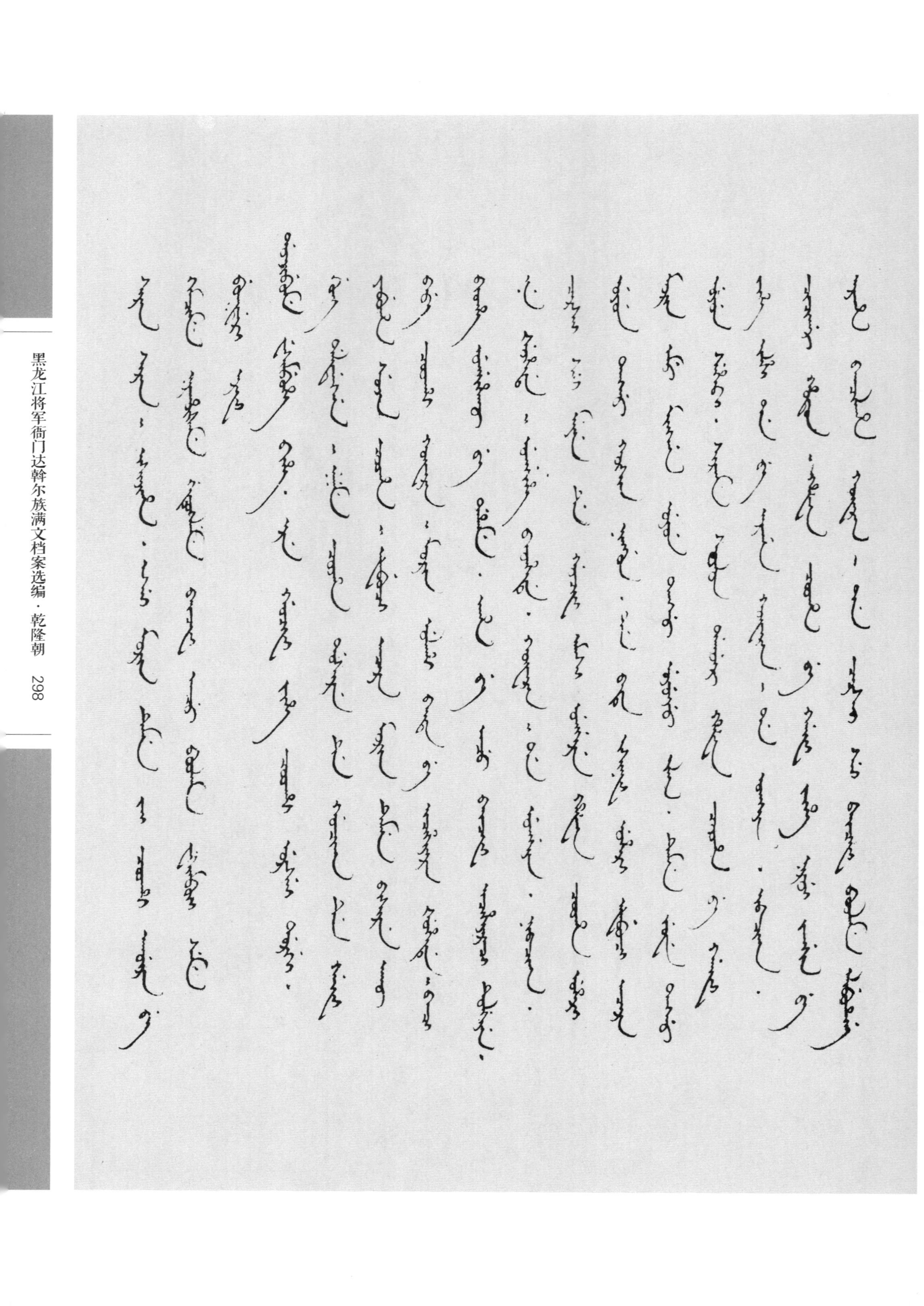

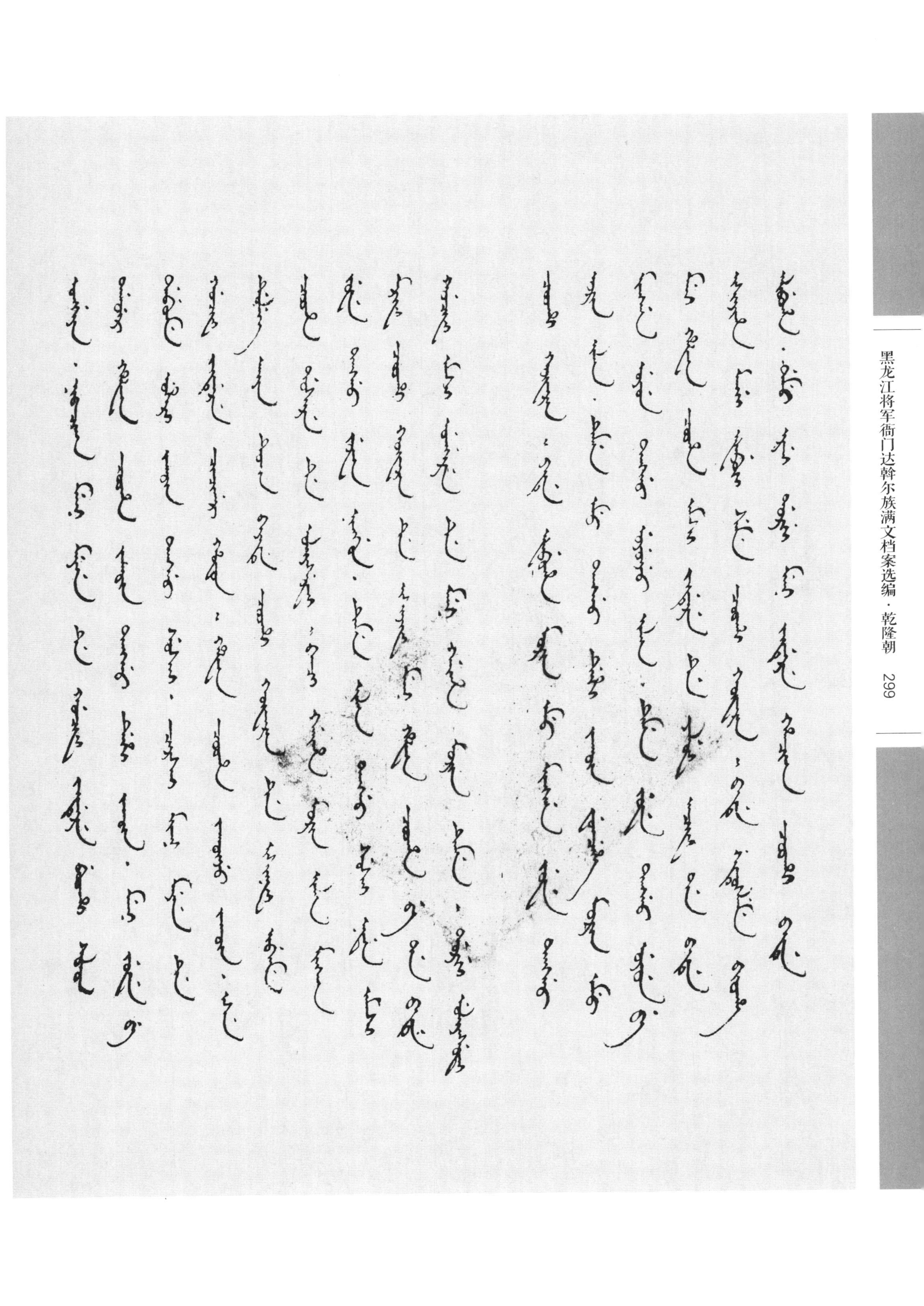

[illegible]

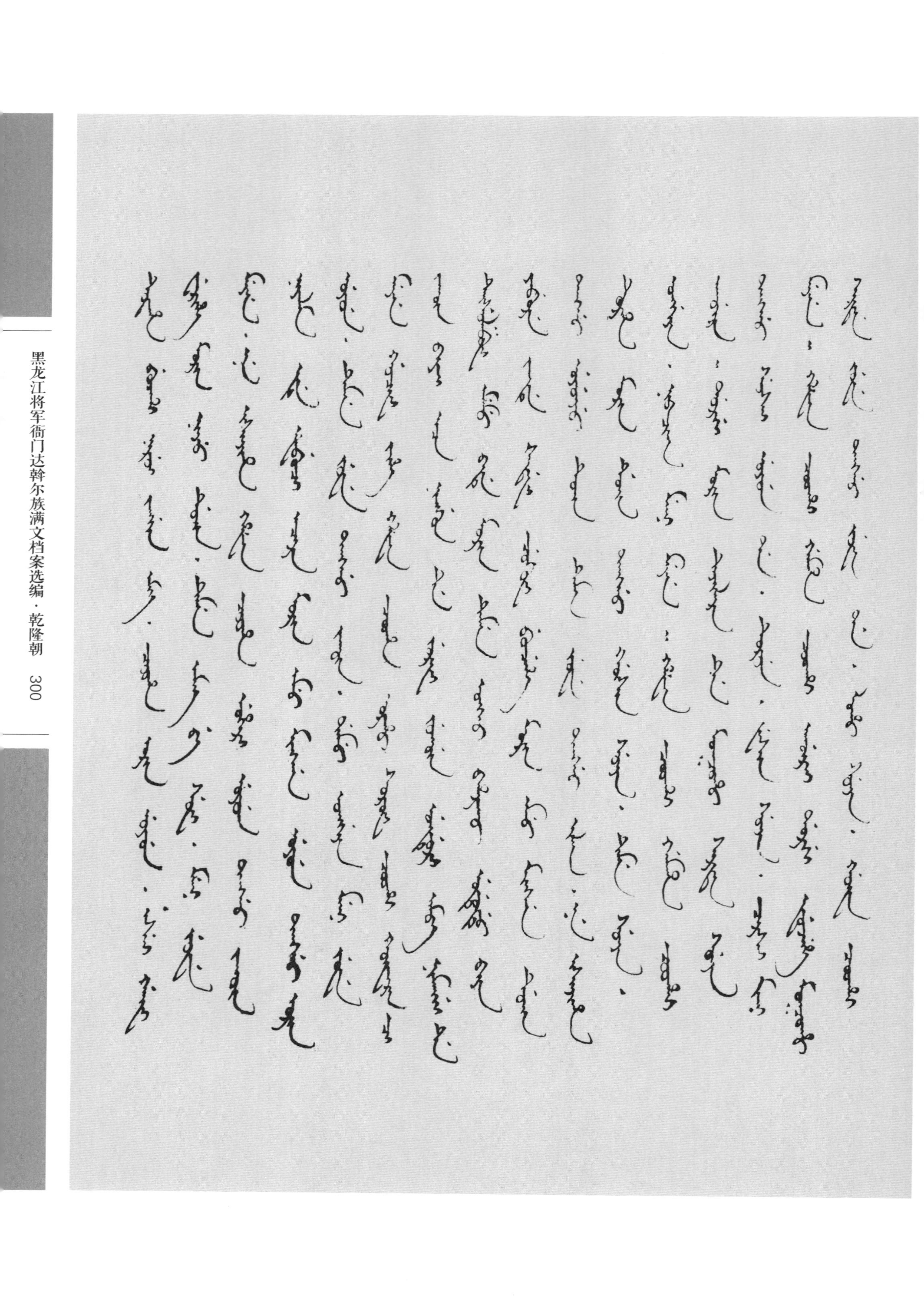

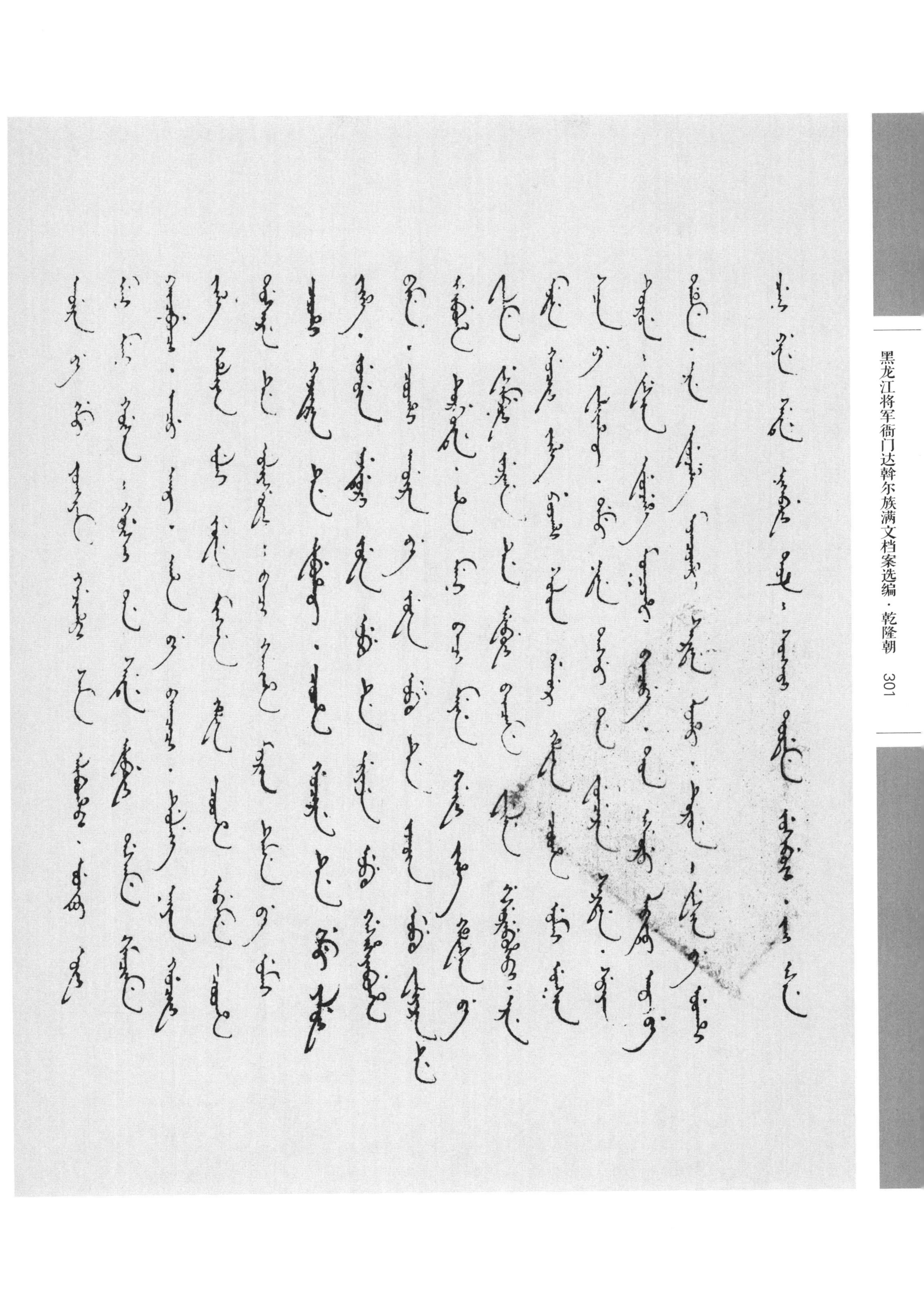

[illegible]

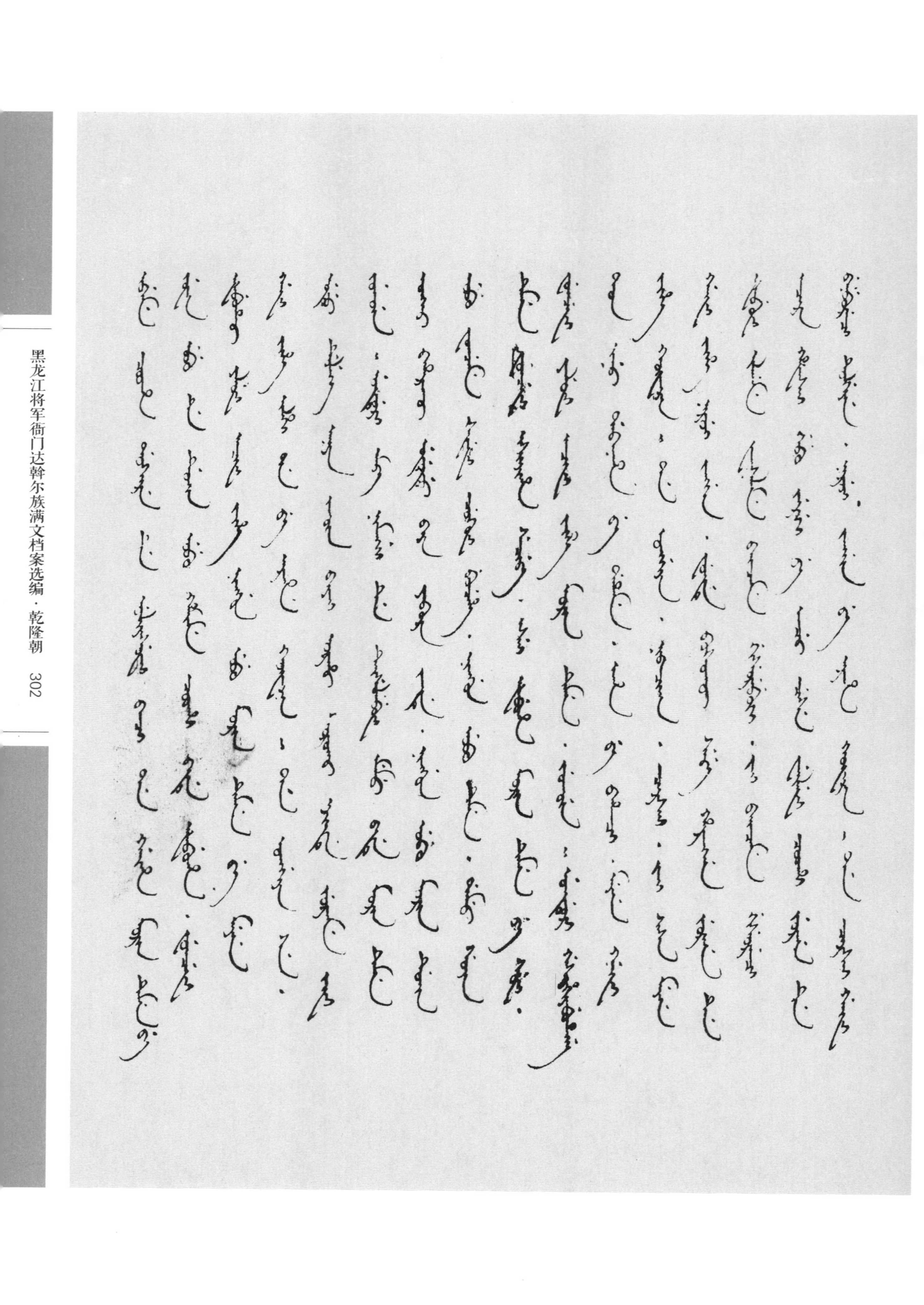

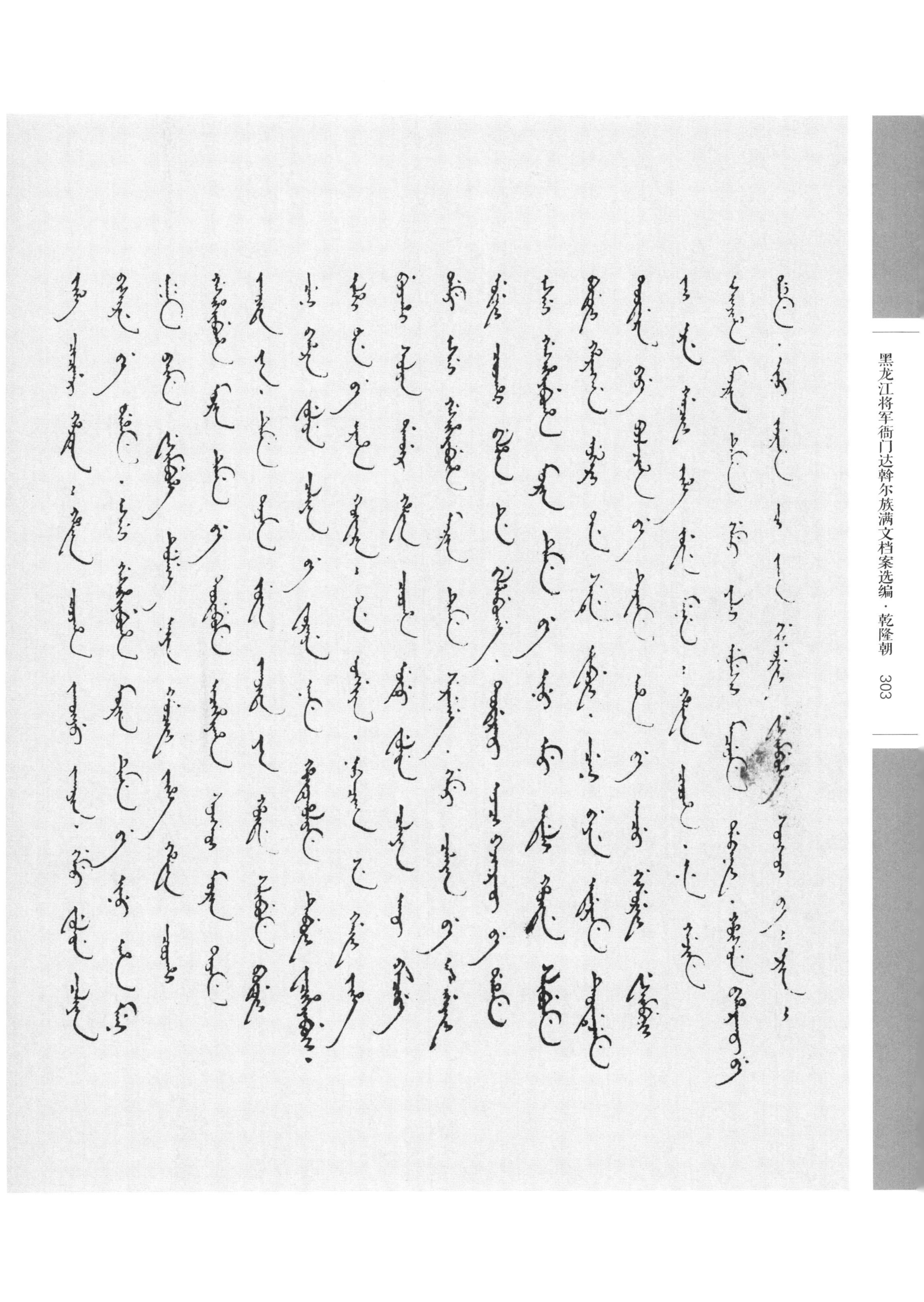

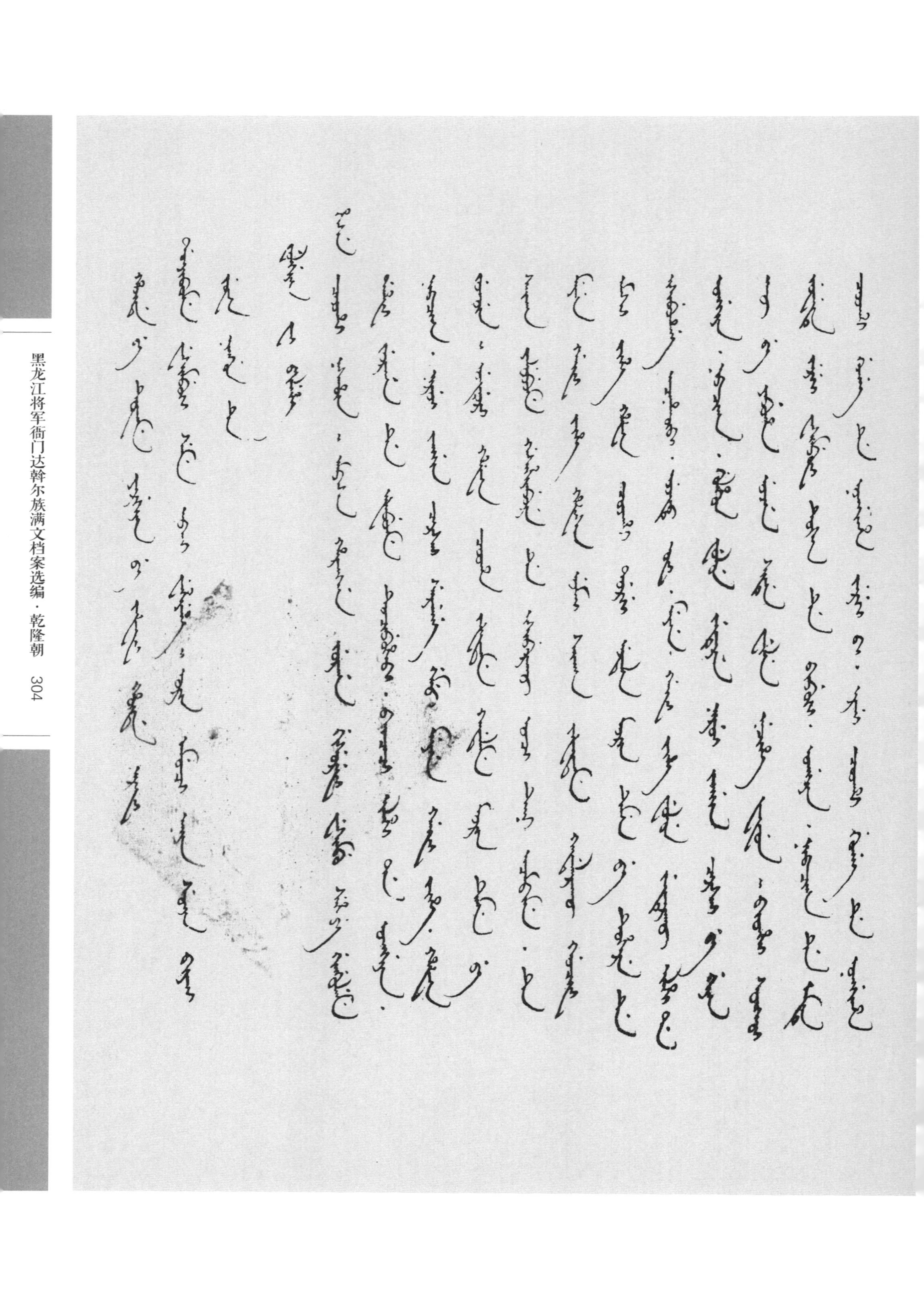

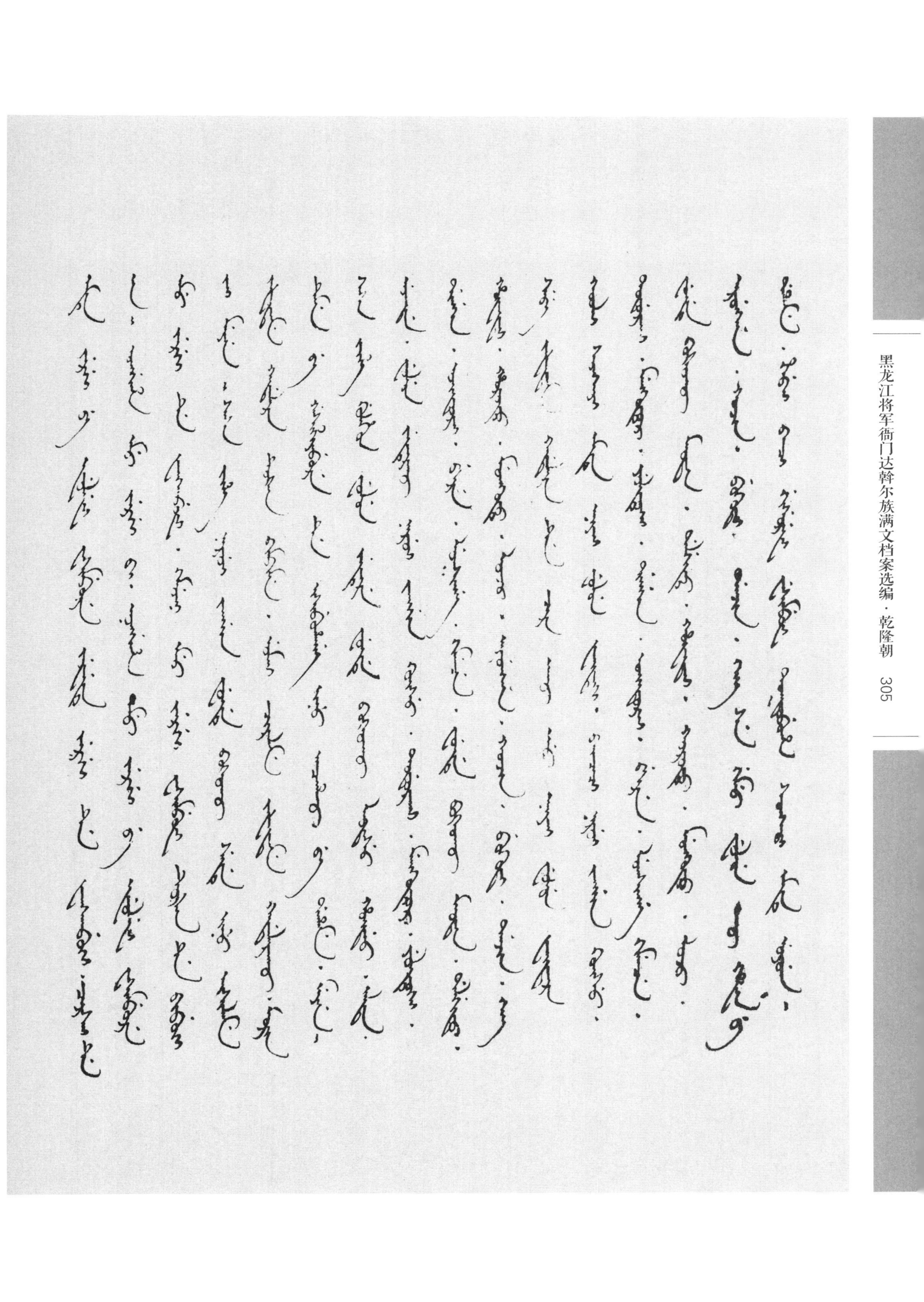

[illegible]

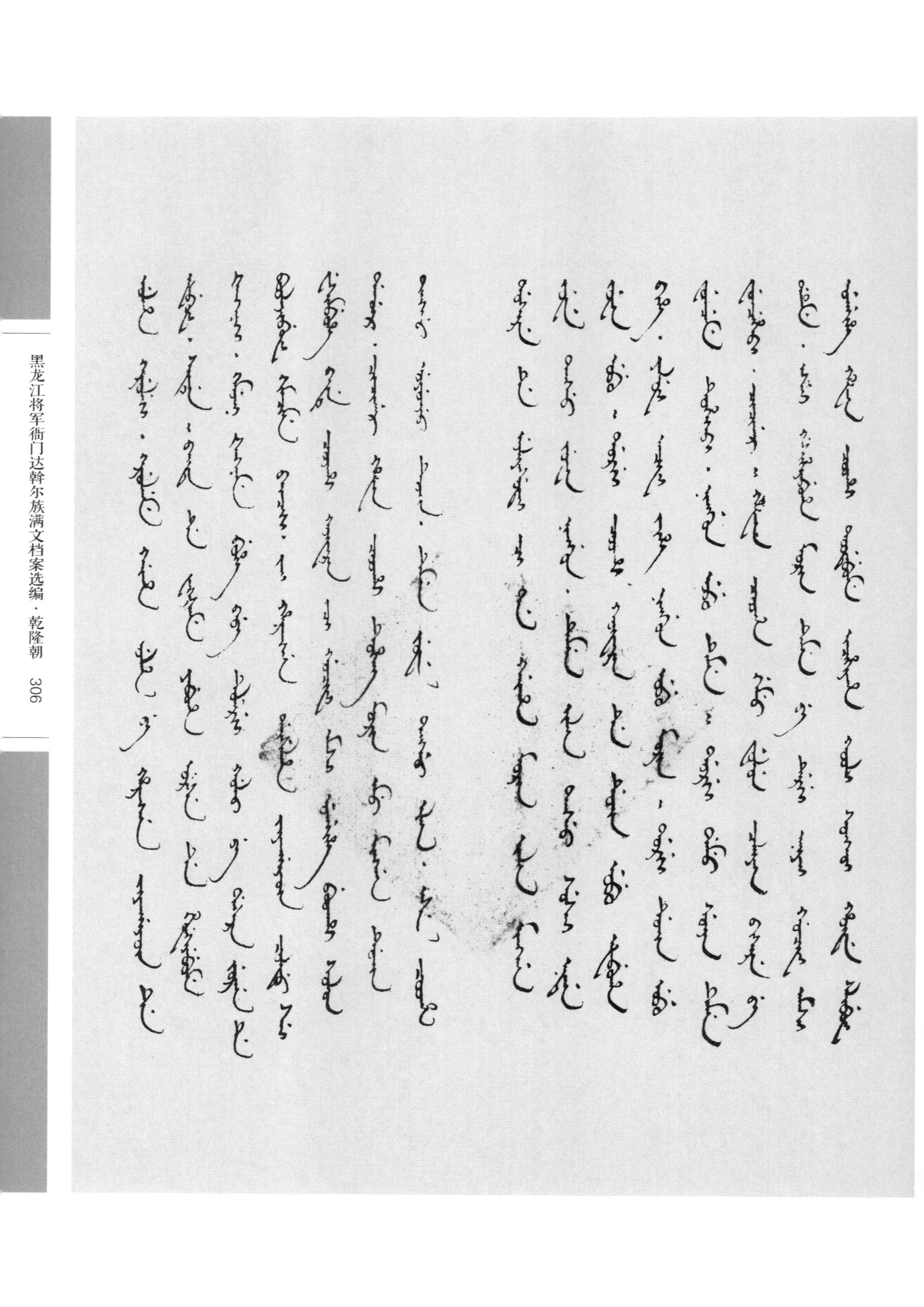

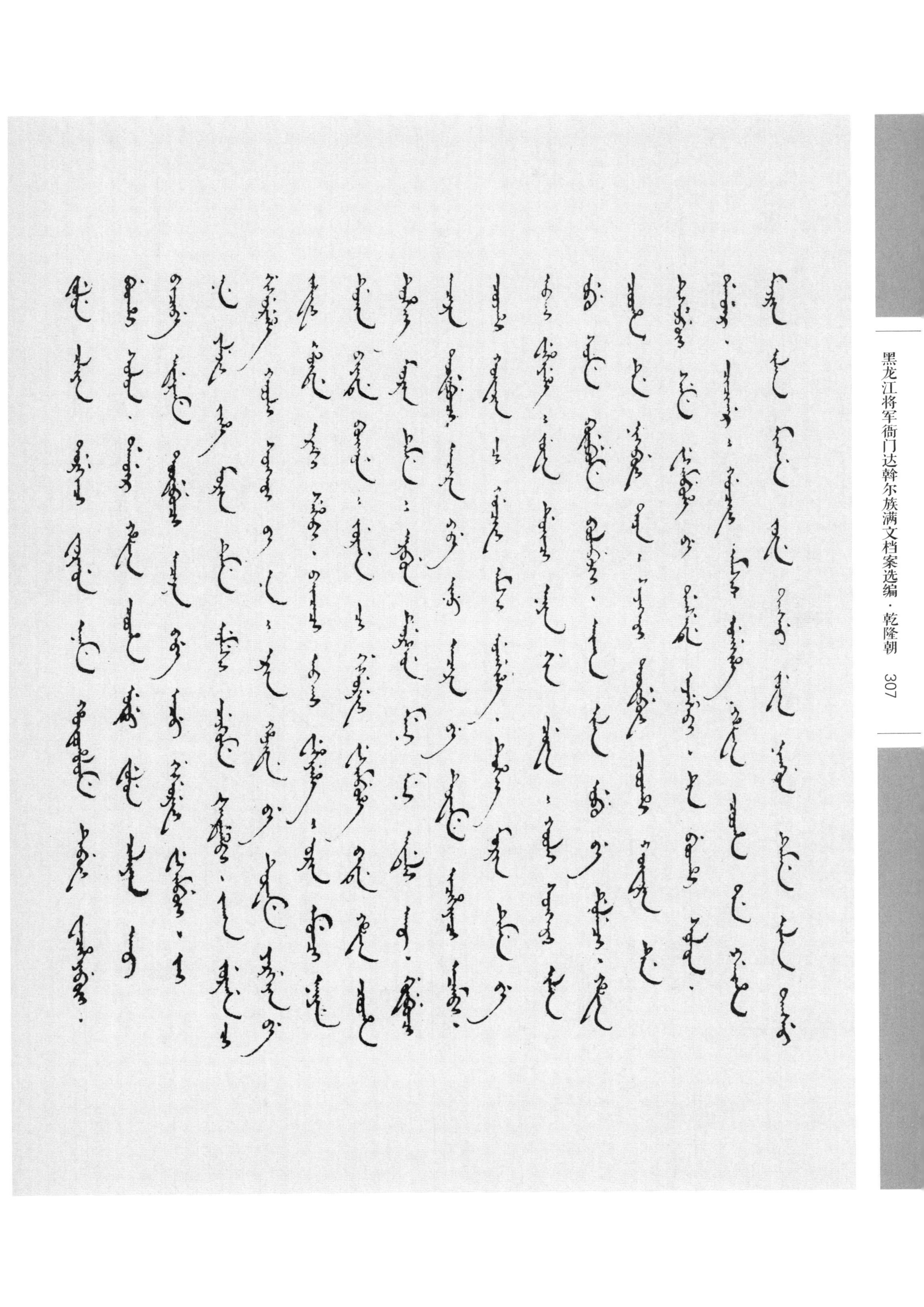

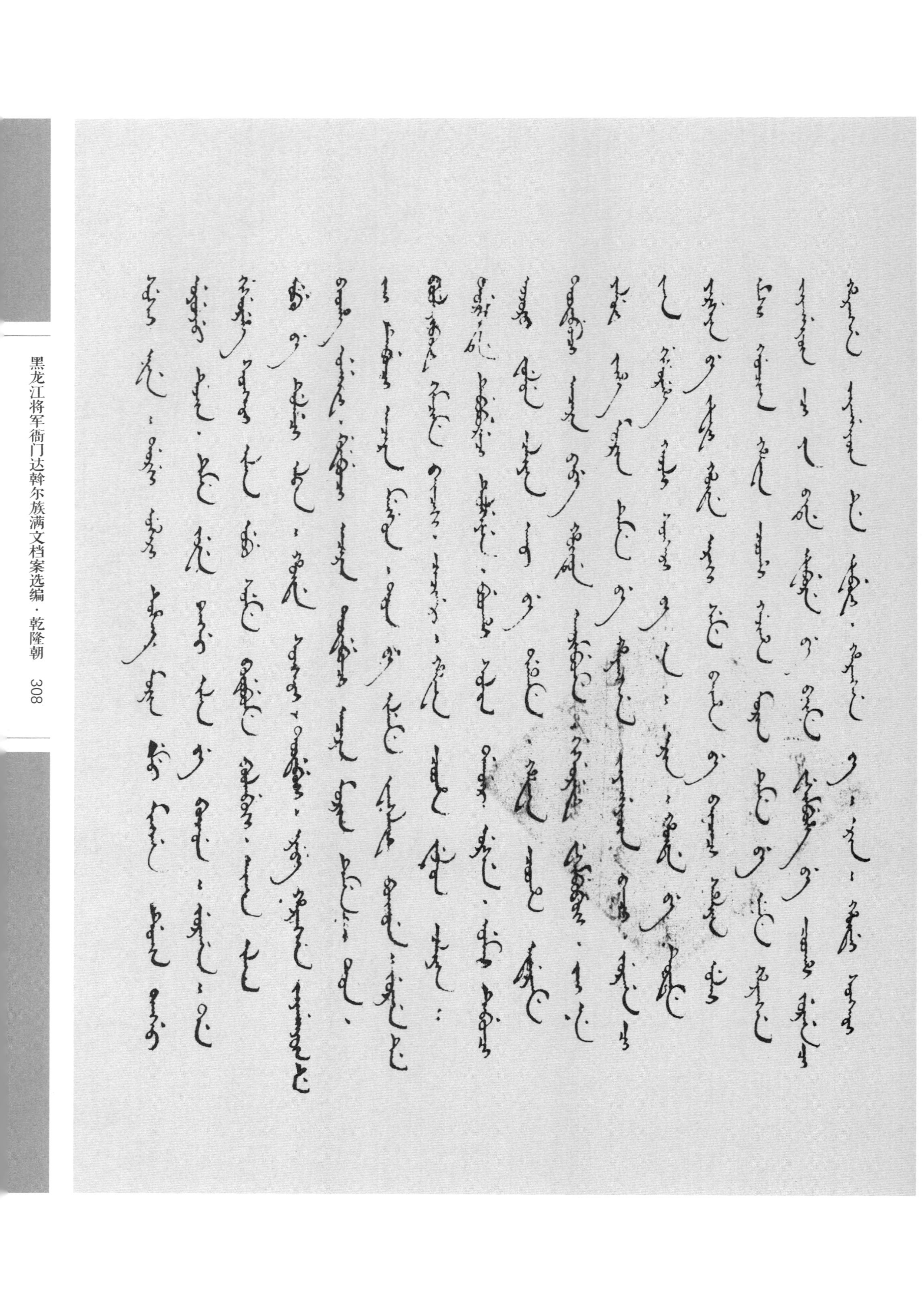

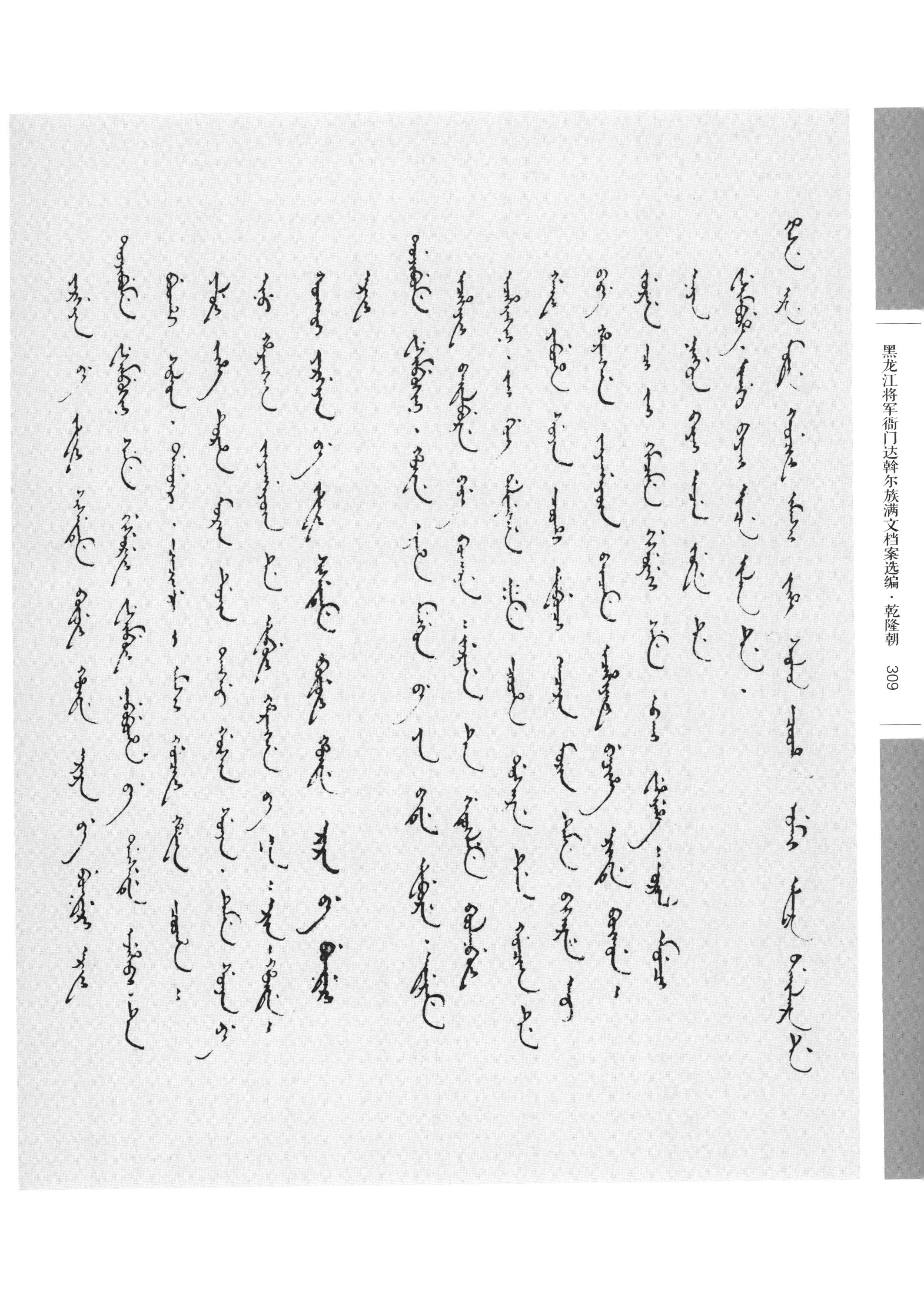

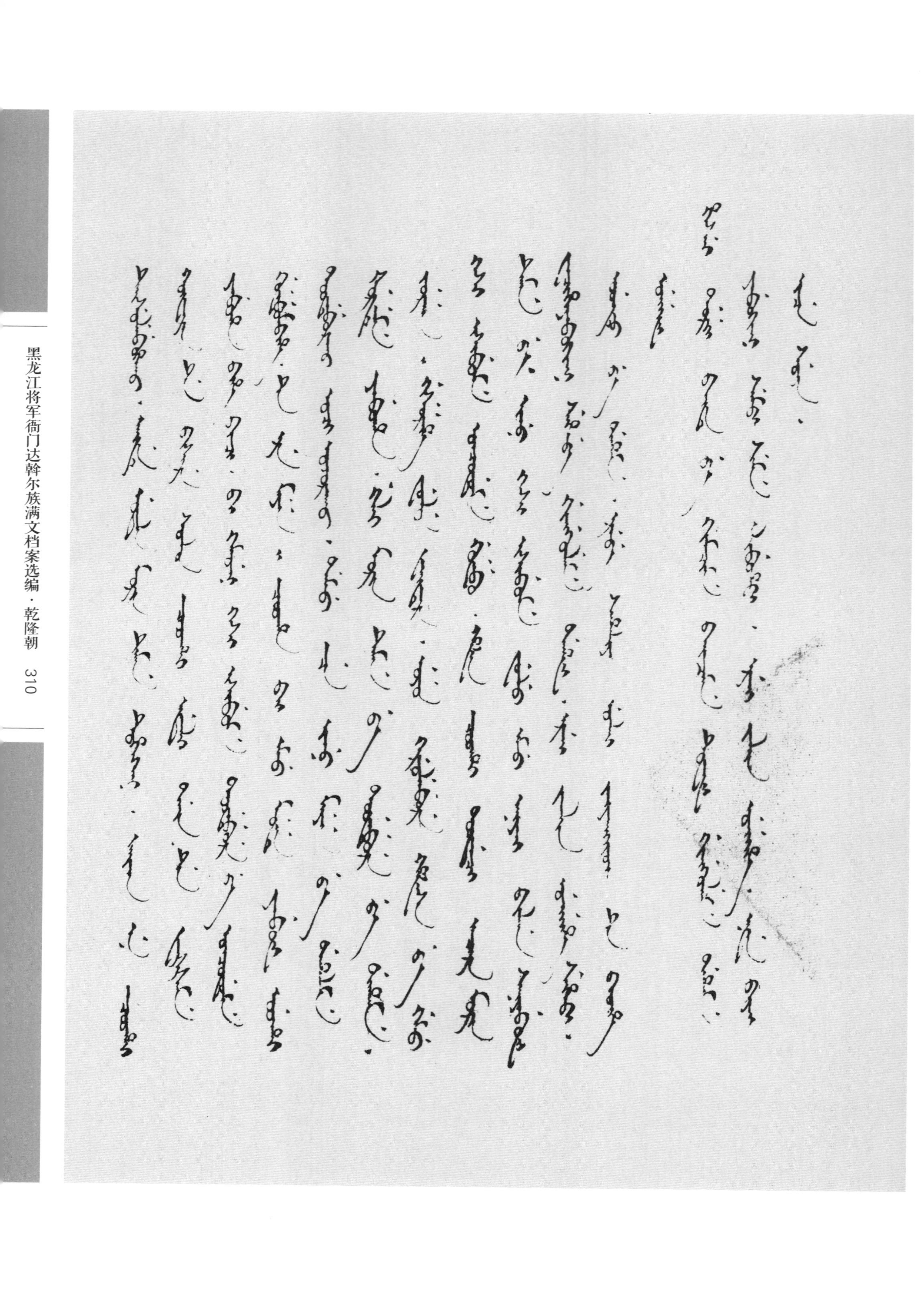

[illegible]

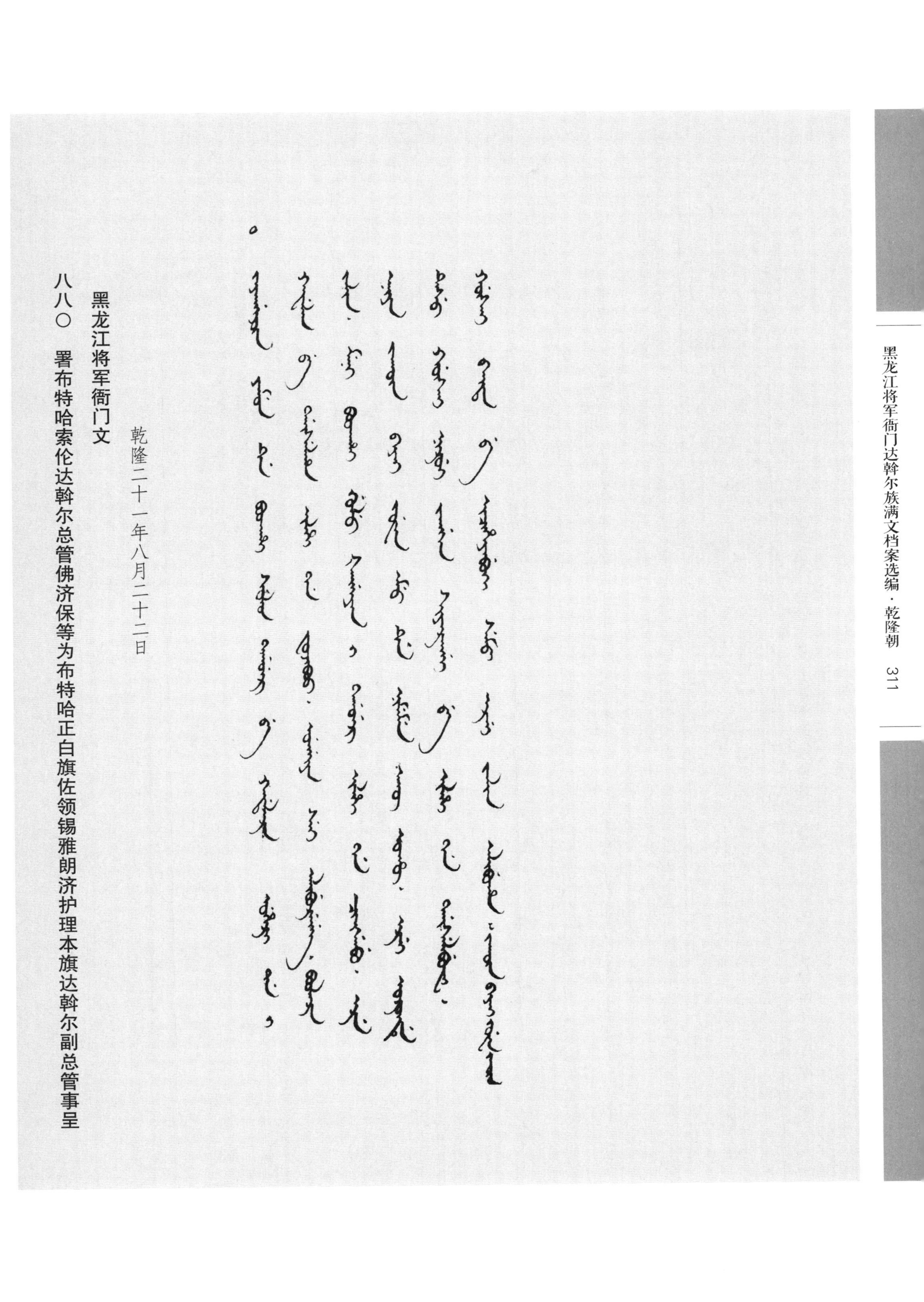

八八〇　署布特哈索伦达斡尔总管佛济保等为布特哈正白旗佐领锡雅朗济护理本旗达斡尔副总管事呈黑龙江将军衙门文

乾隆二十一年八月二十二日

八八一　墨尔根副都统衙门为黑龙江各处满洲达斡尔佐领骁骑校等出缺拣员报送事咨黑龙江将军衙门文

乾隆二十一年八月二十二日

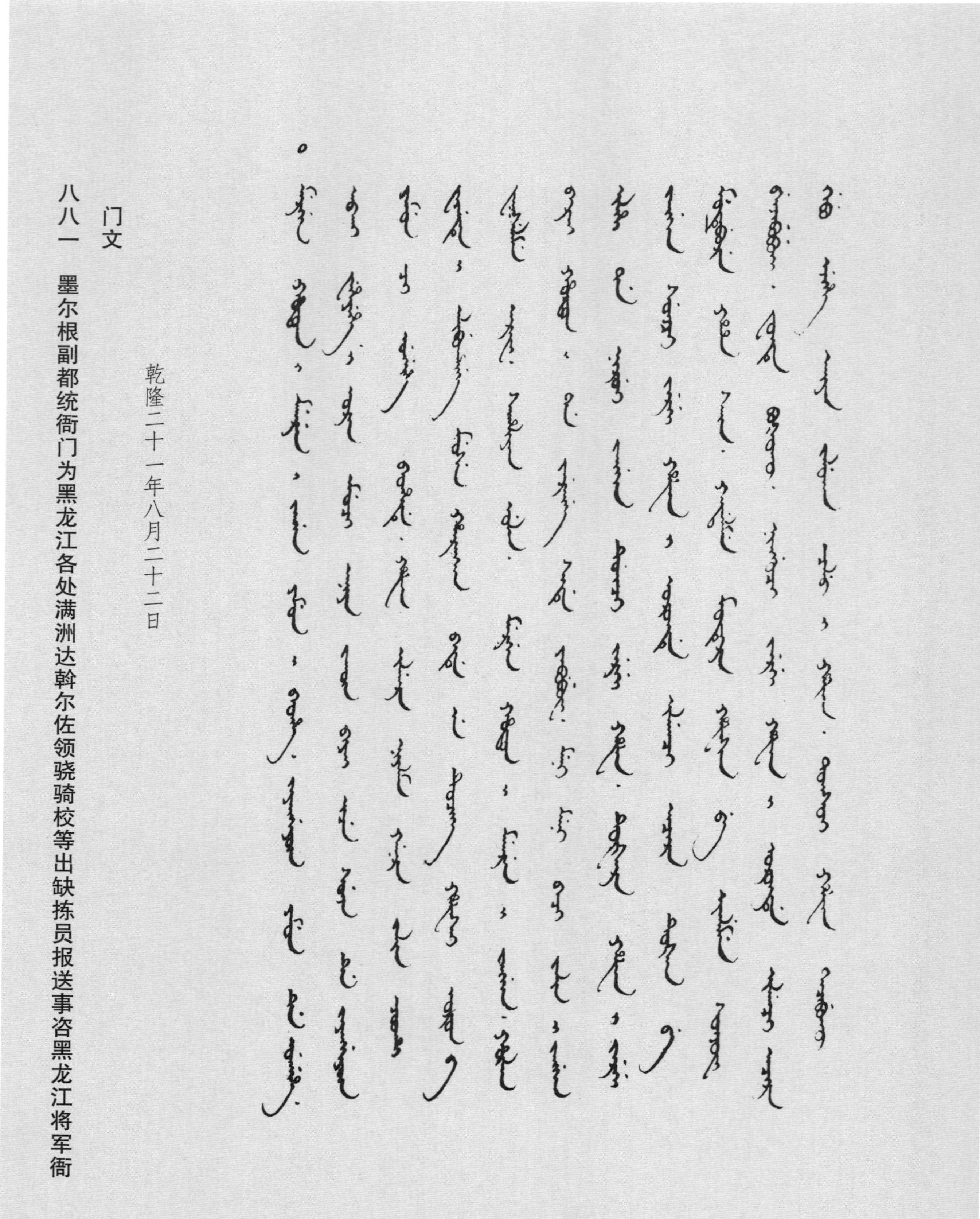

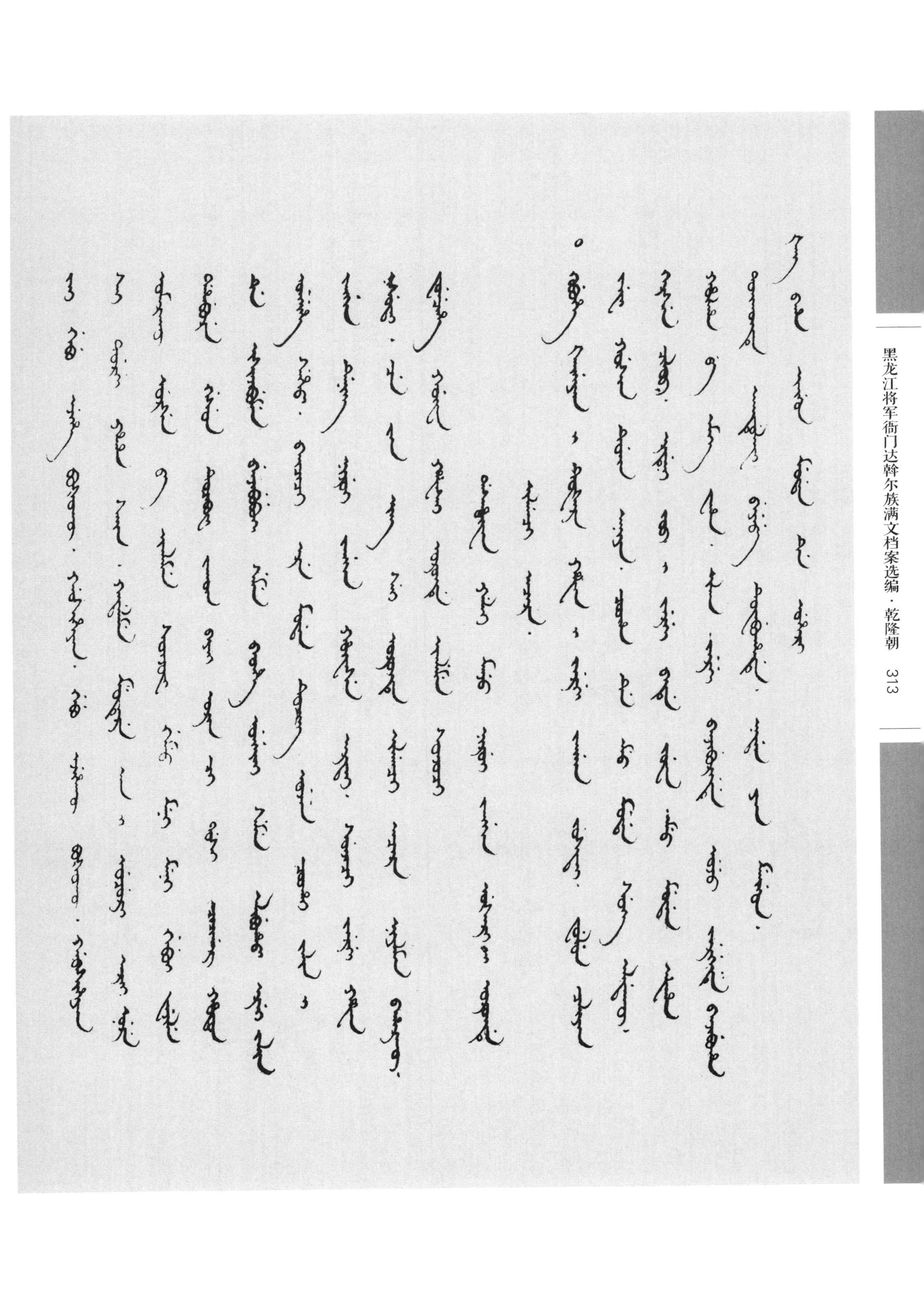

[illegible]

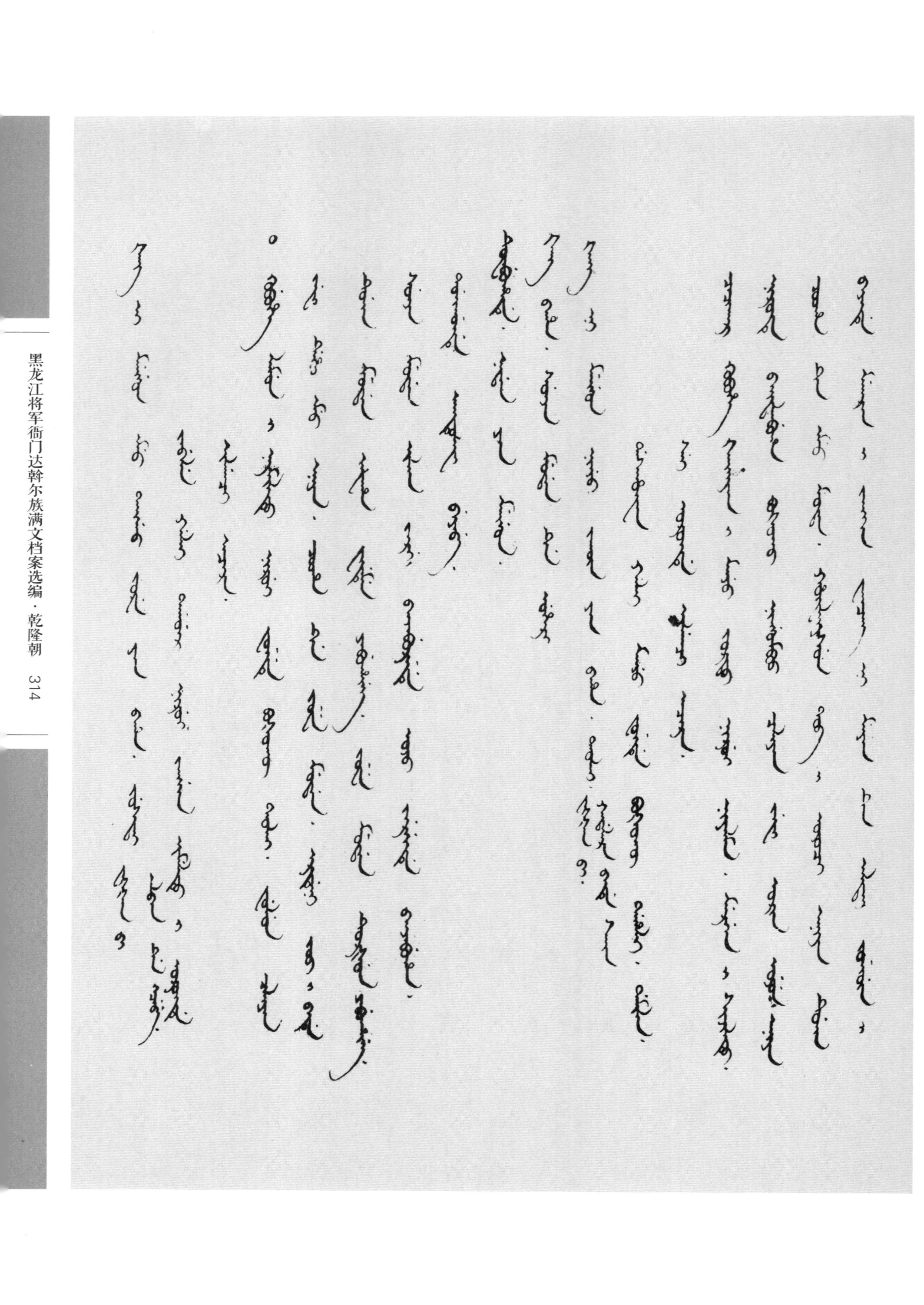

[illegible]

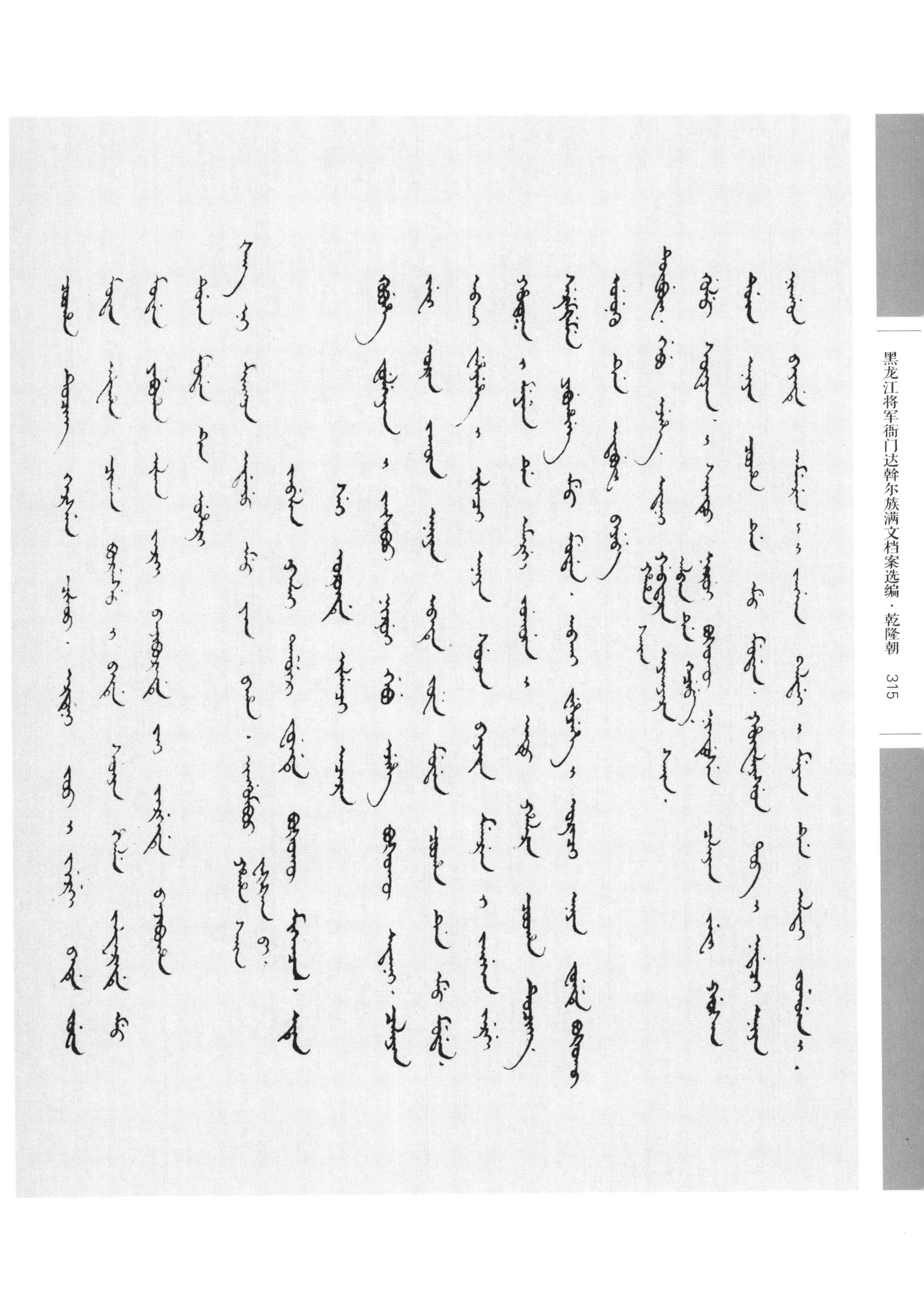

[illegible]

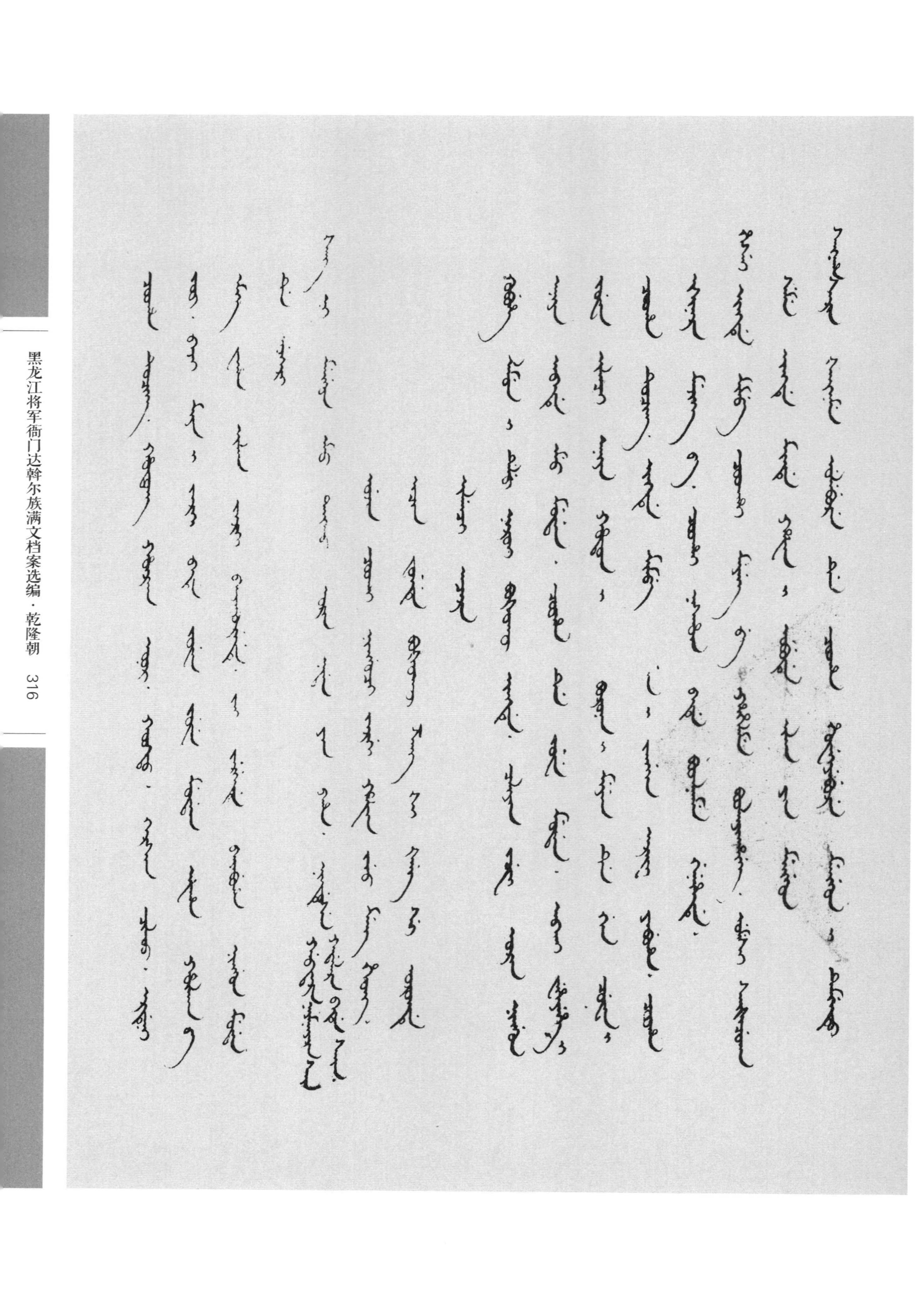

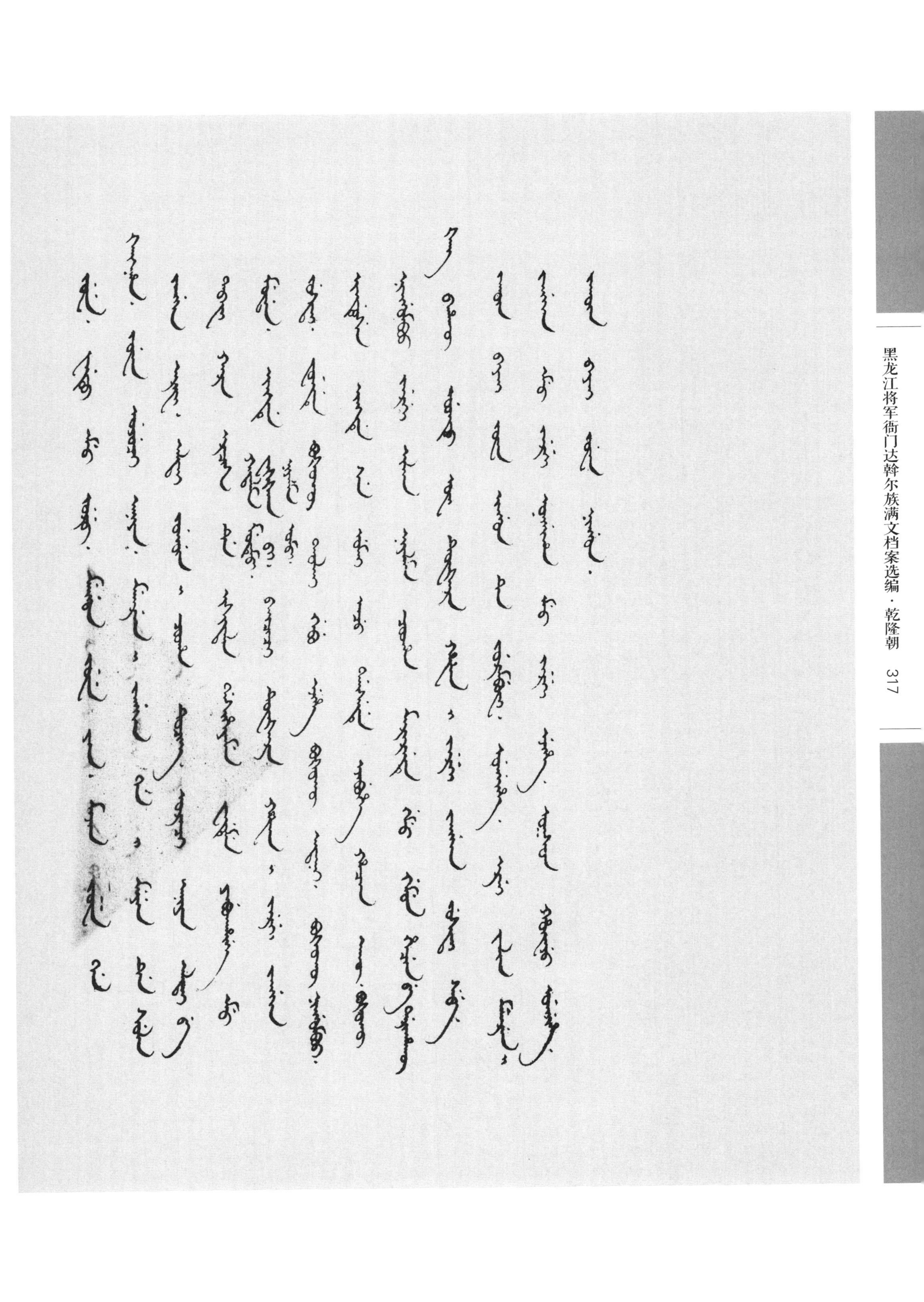

八八二　黑龙江副都统衙门为黑龙江各处满洲达斡尔佐领骁骑校等出缺拣员报送事咨黑龙江将军衙门文

乾隆二十一年八月二十二日

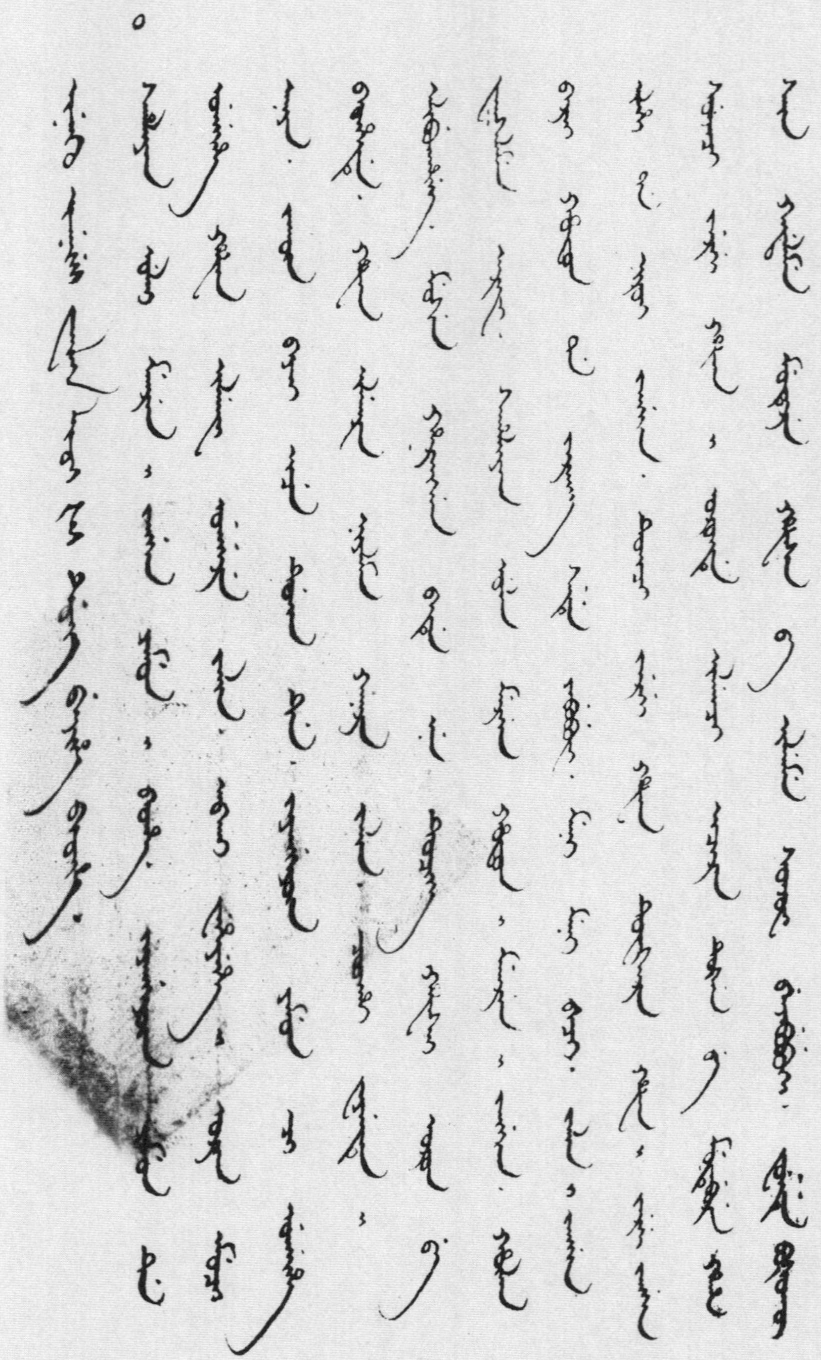

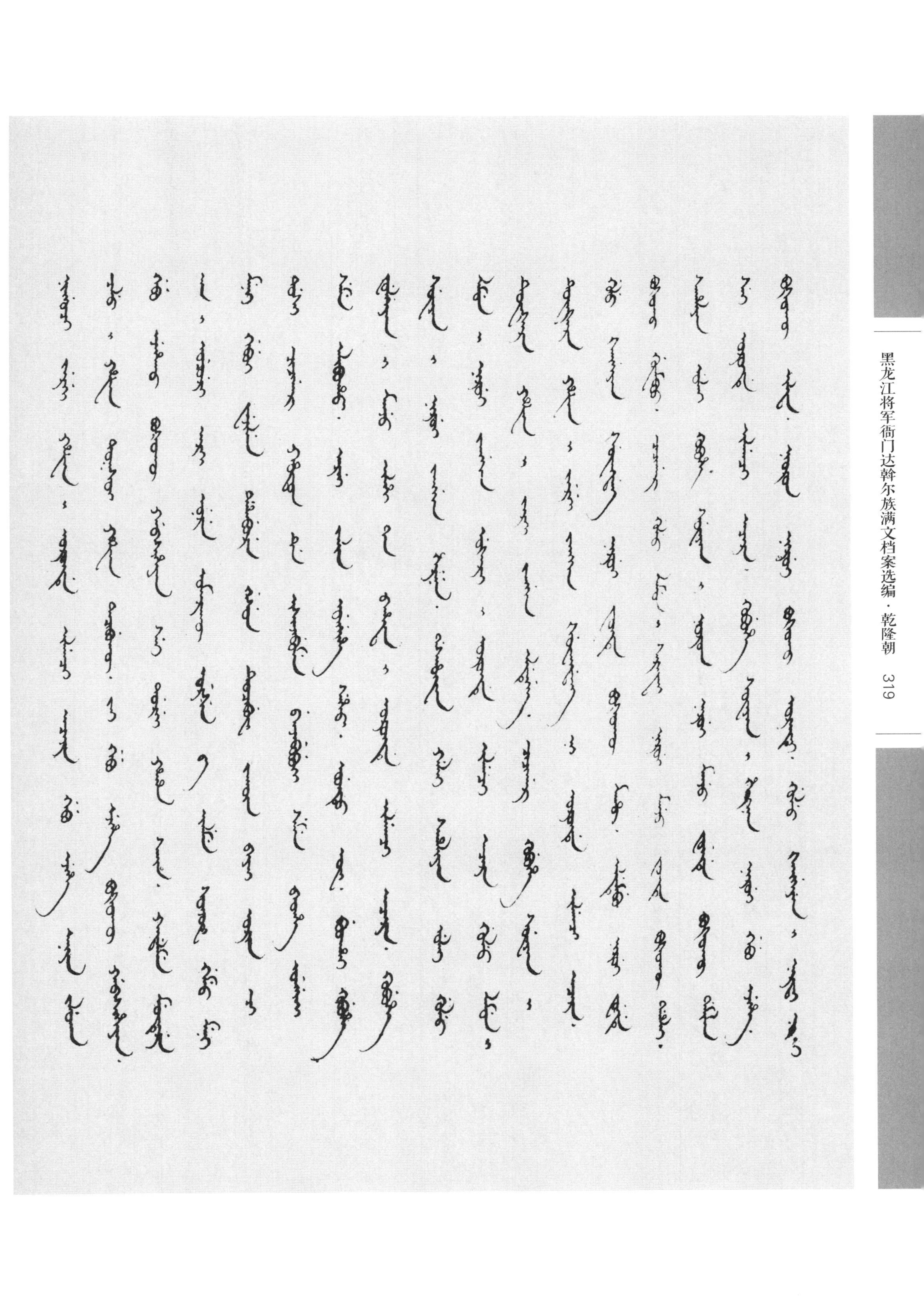

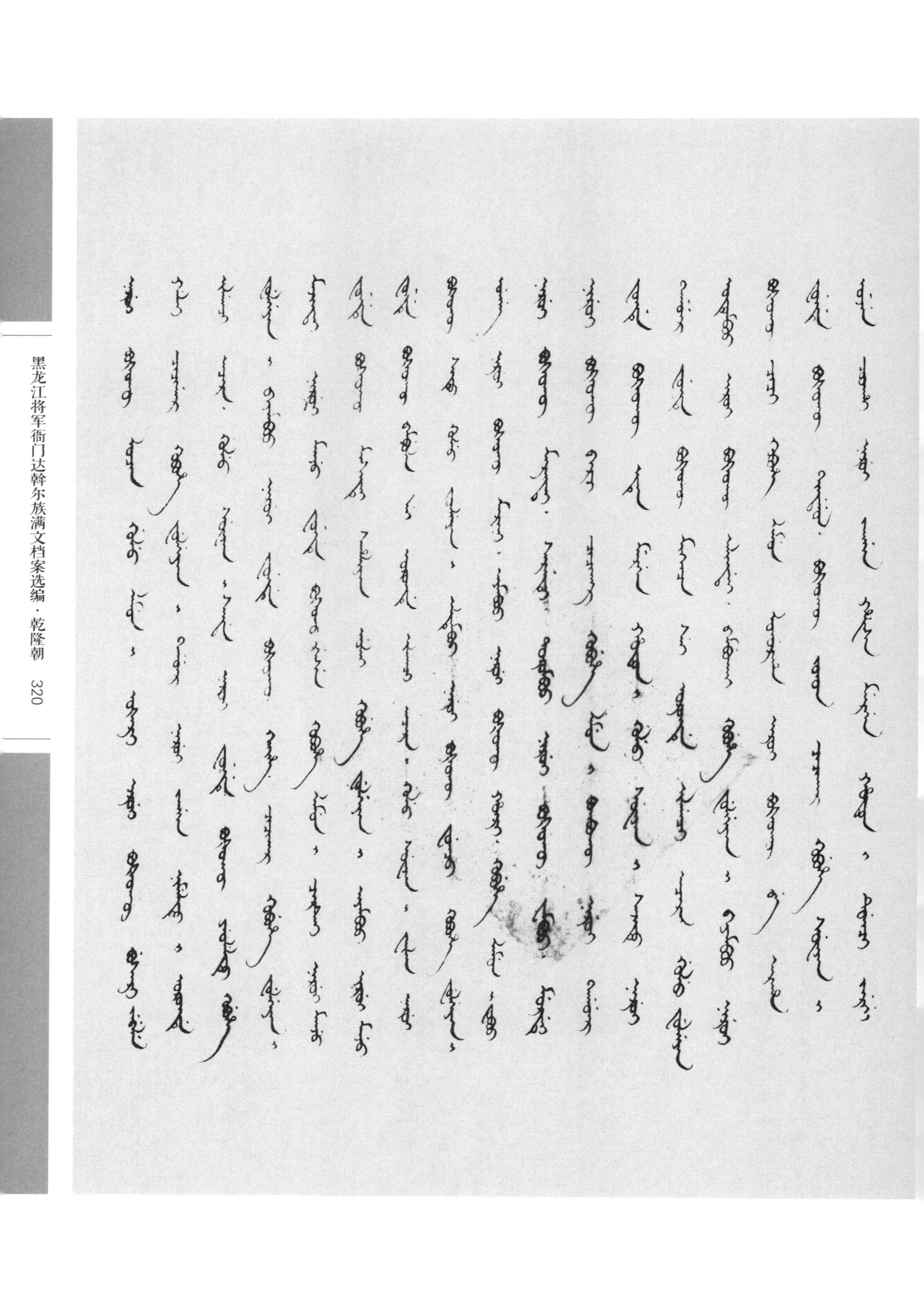

[illegible]

[illegible]

[illegible]

[illegible]

[illegible]

[illegible]

[illegible]

[illegible]

[illegible]

[illegible]

[illegible]

[illegible]

[illegible]

[illegible]

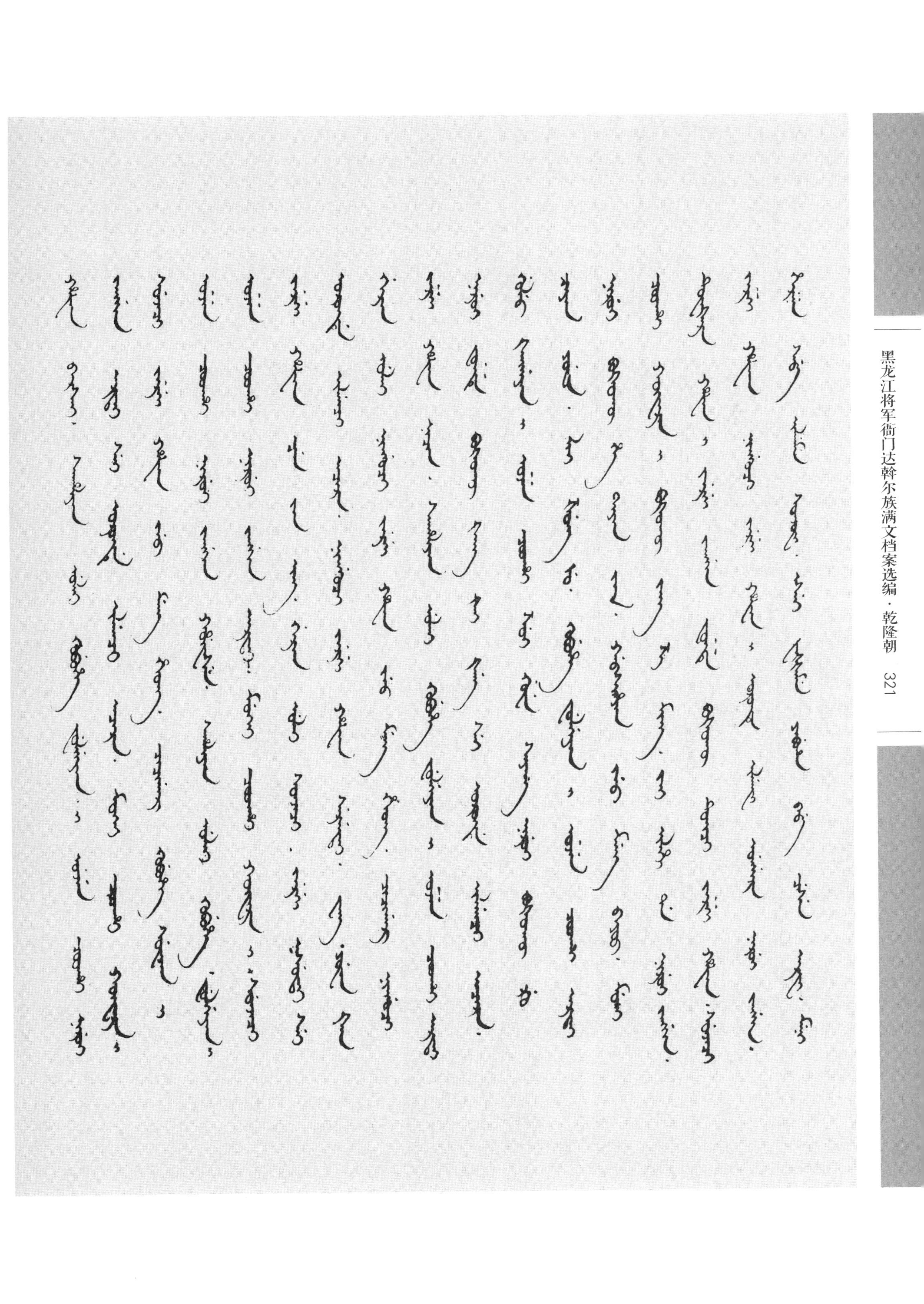

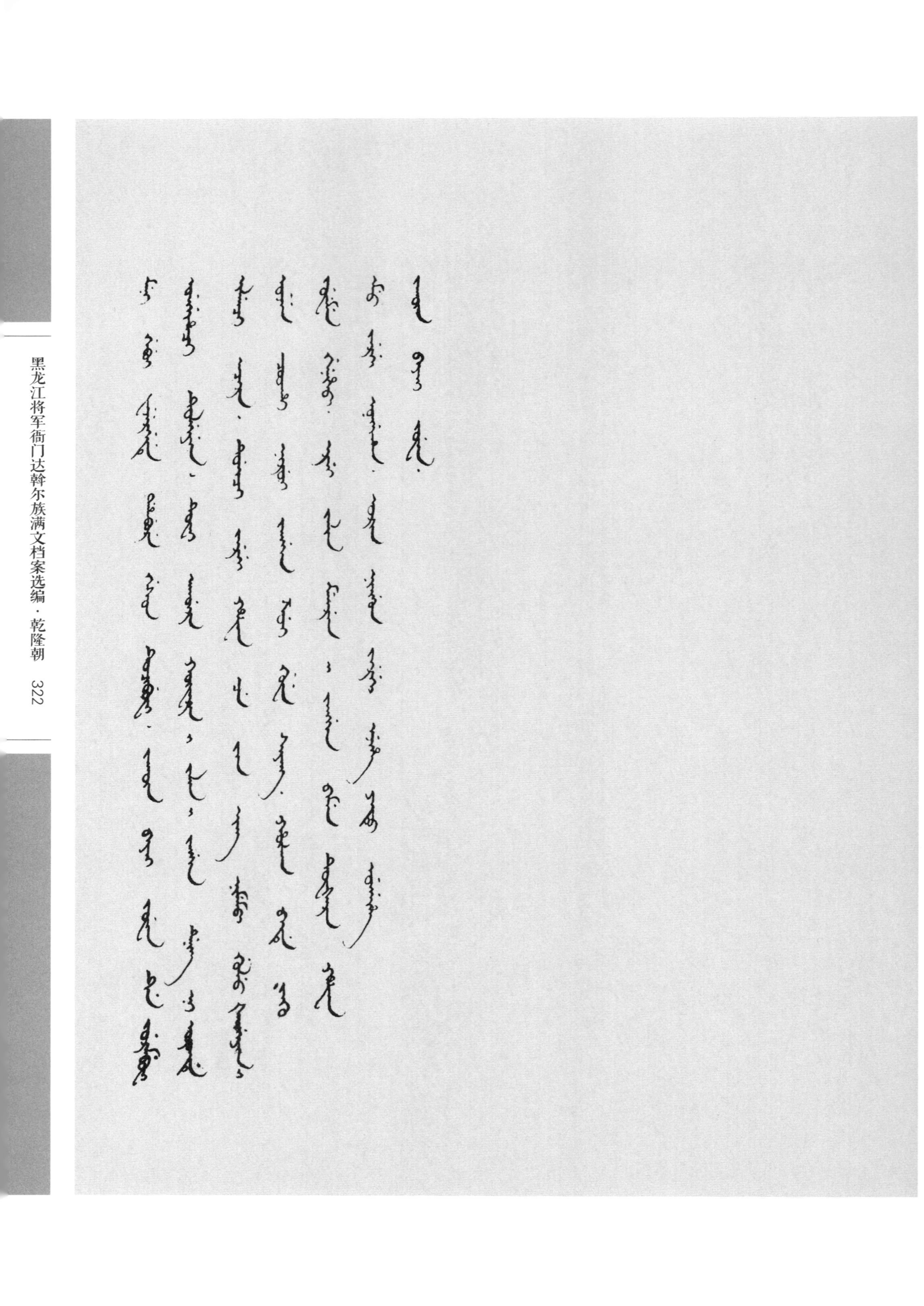

八八三 黑龙江将军衙门为齐齐哈尔镶红旗达斡尔佐领尼默勒图休致出缺拟定骁骑校克依赫引见事咨

兵部文

乾隆二十一年闰九月初七日

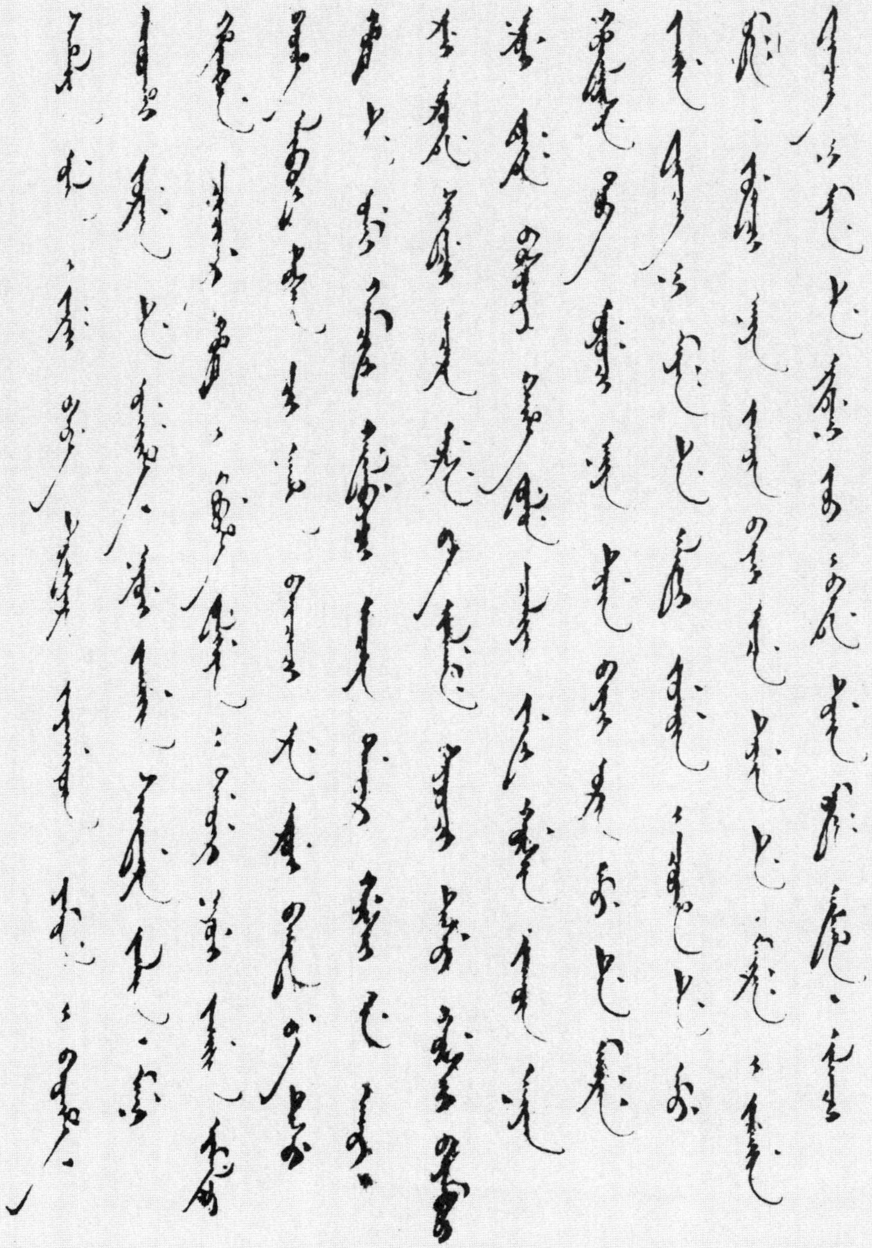

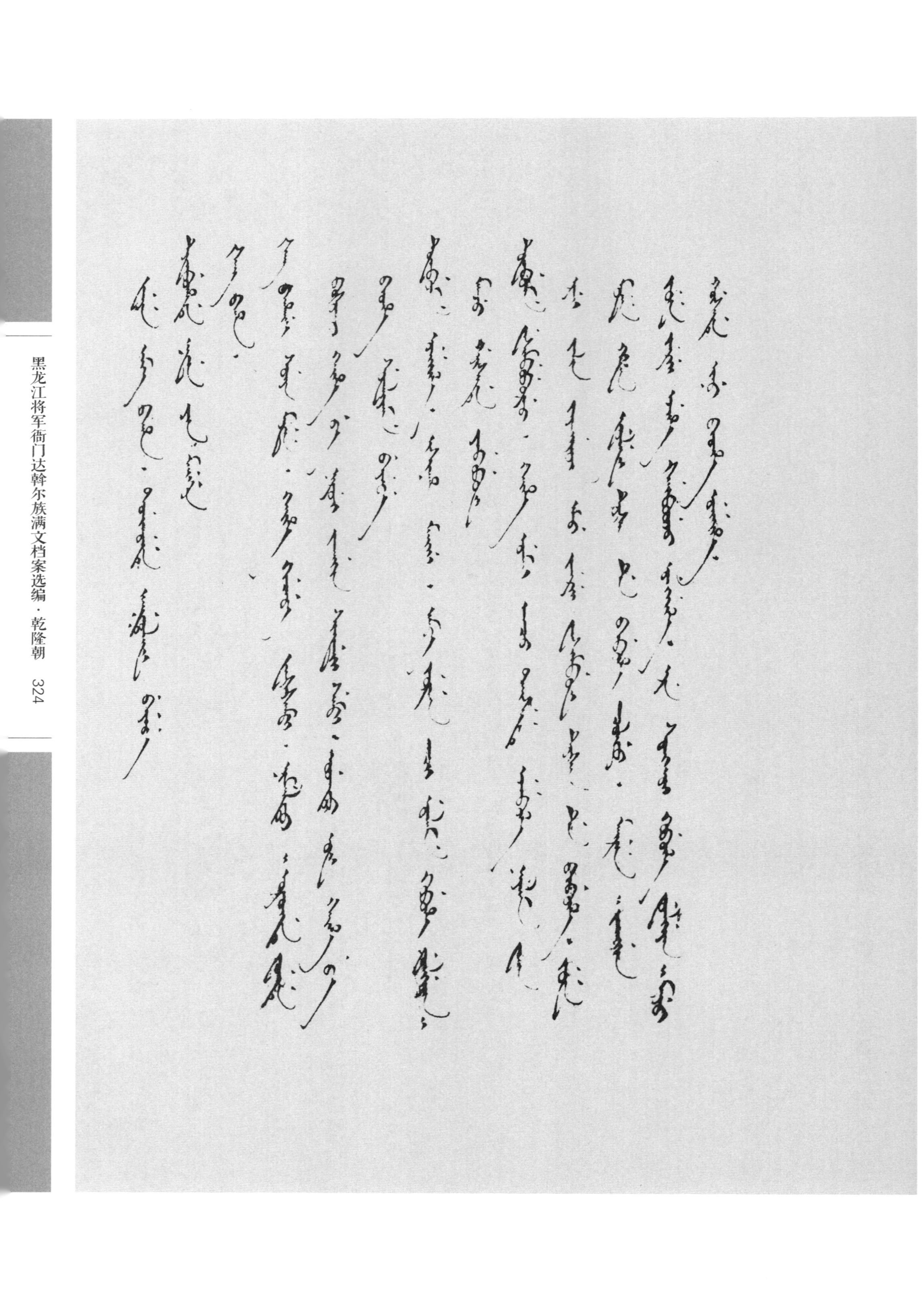

[illegible]

八八四 黑龙江将军绰尔多题请自军营撤回布特哈索伦达斡尔等官兵马驼赔补及变卖价银充军饷本

乾隆二十一年十二月初二日

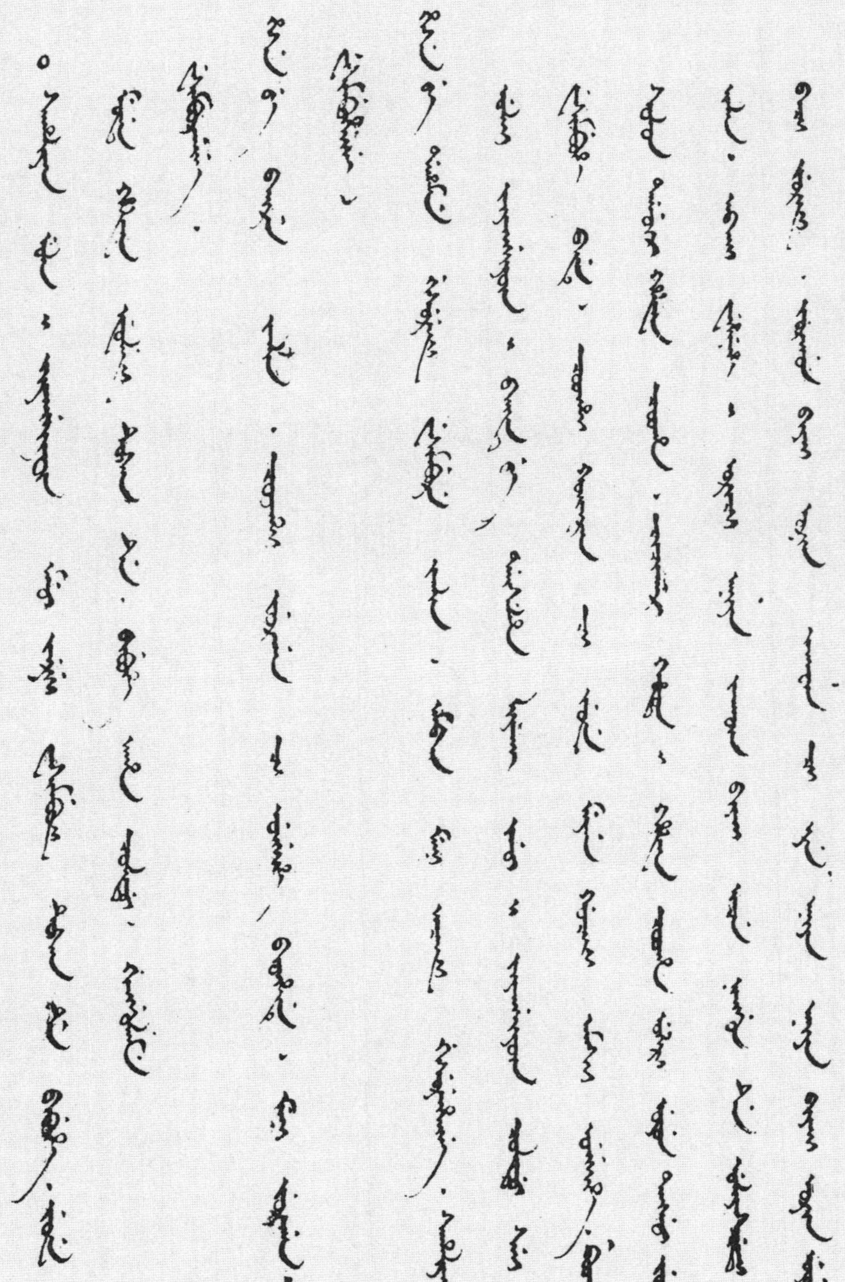

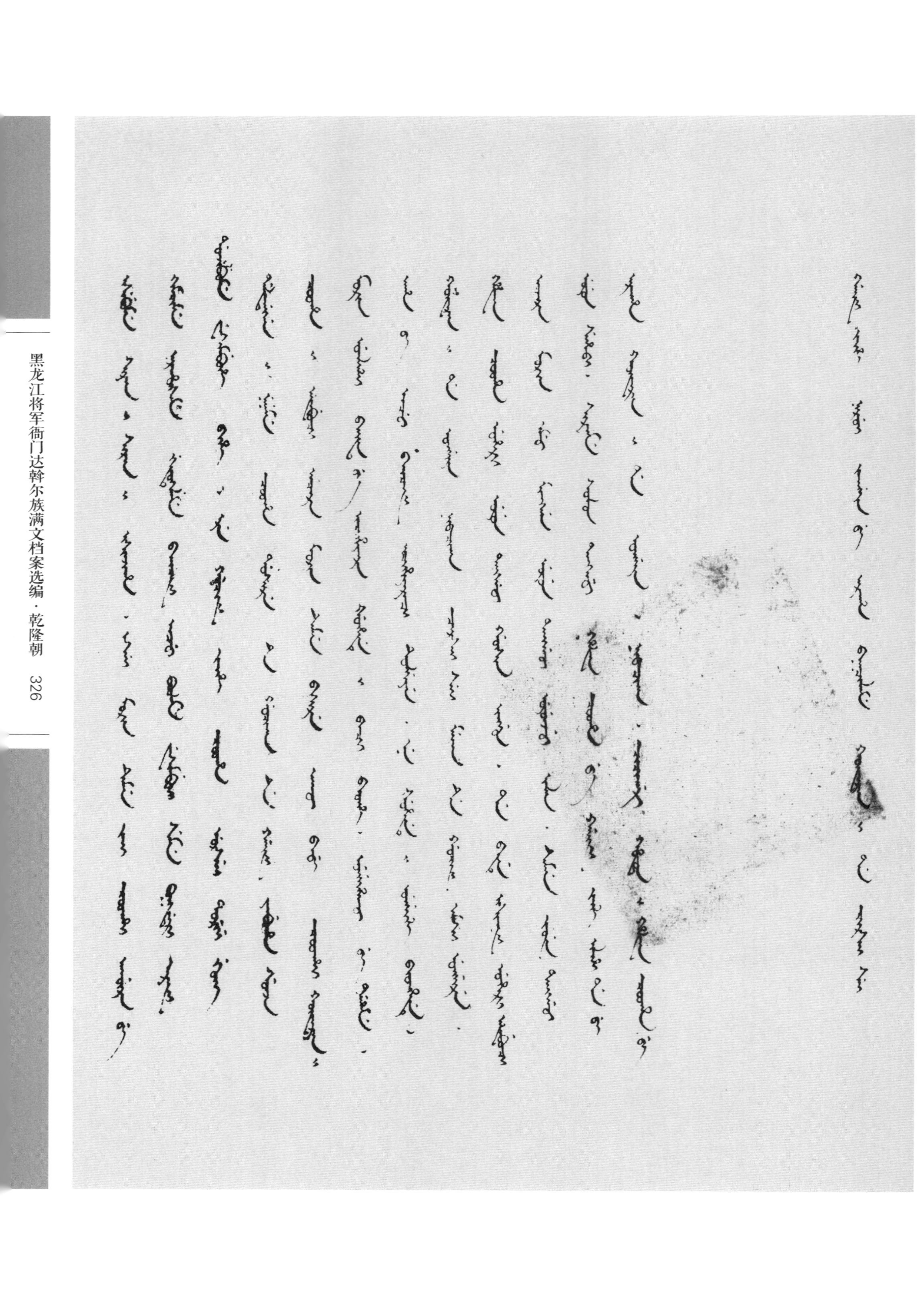

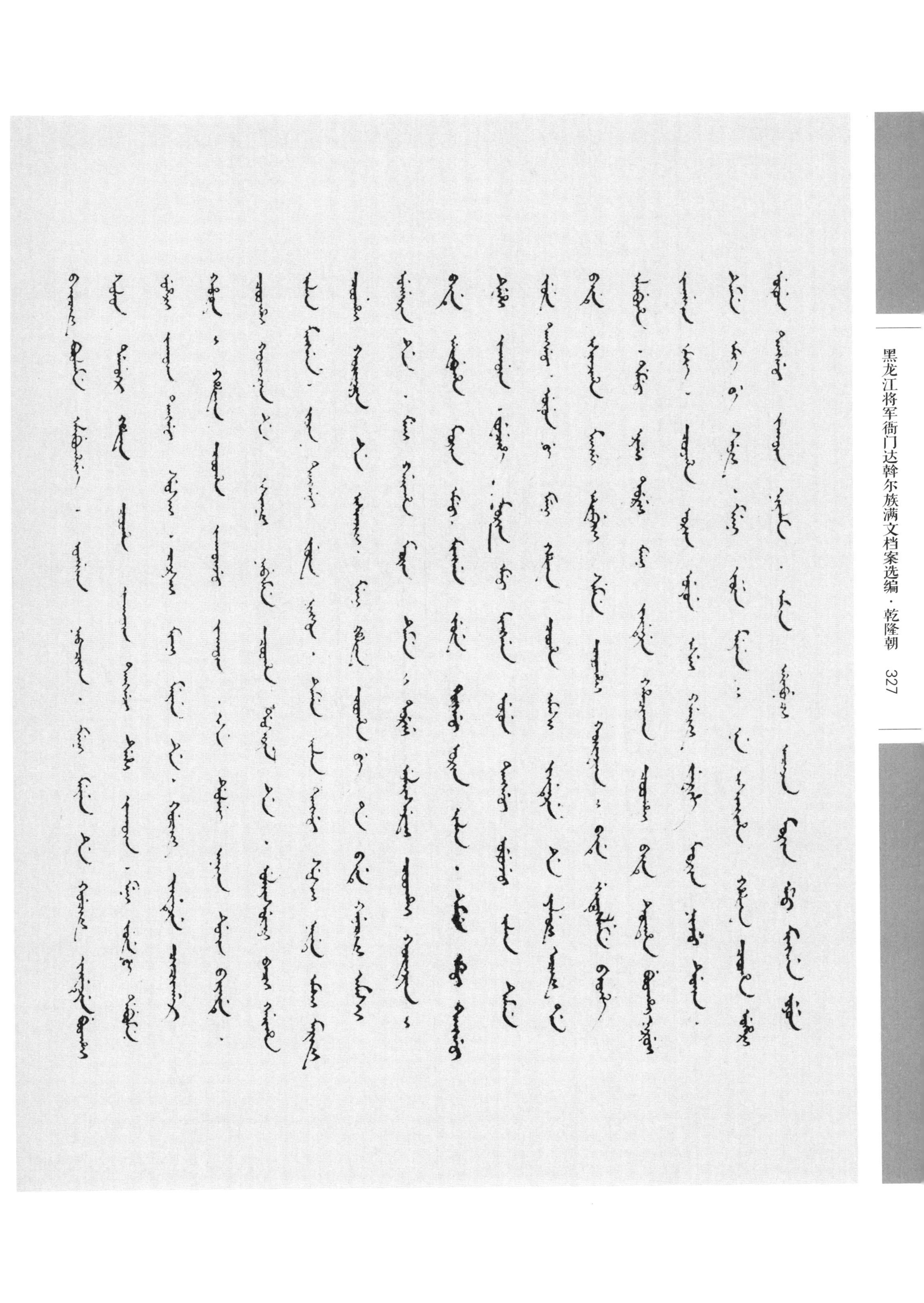

[illegible]

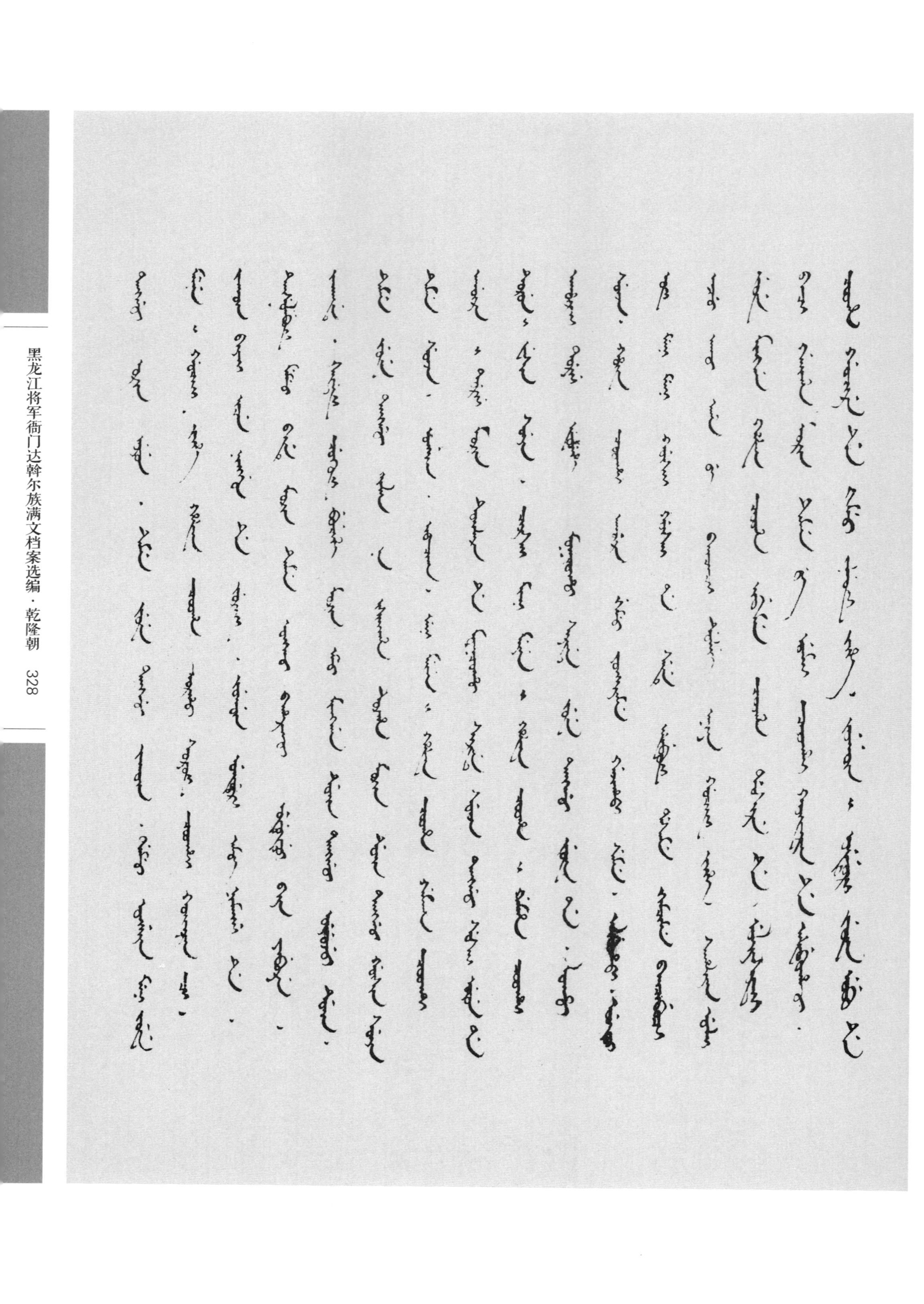

[illegible]

[illegible]

[illegible]

[illegible]

[illegible]

[illegible]

[illegible]

[illegible]

[illegible]

[illegible]

[illegible]

[illegible]

[illegible]

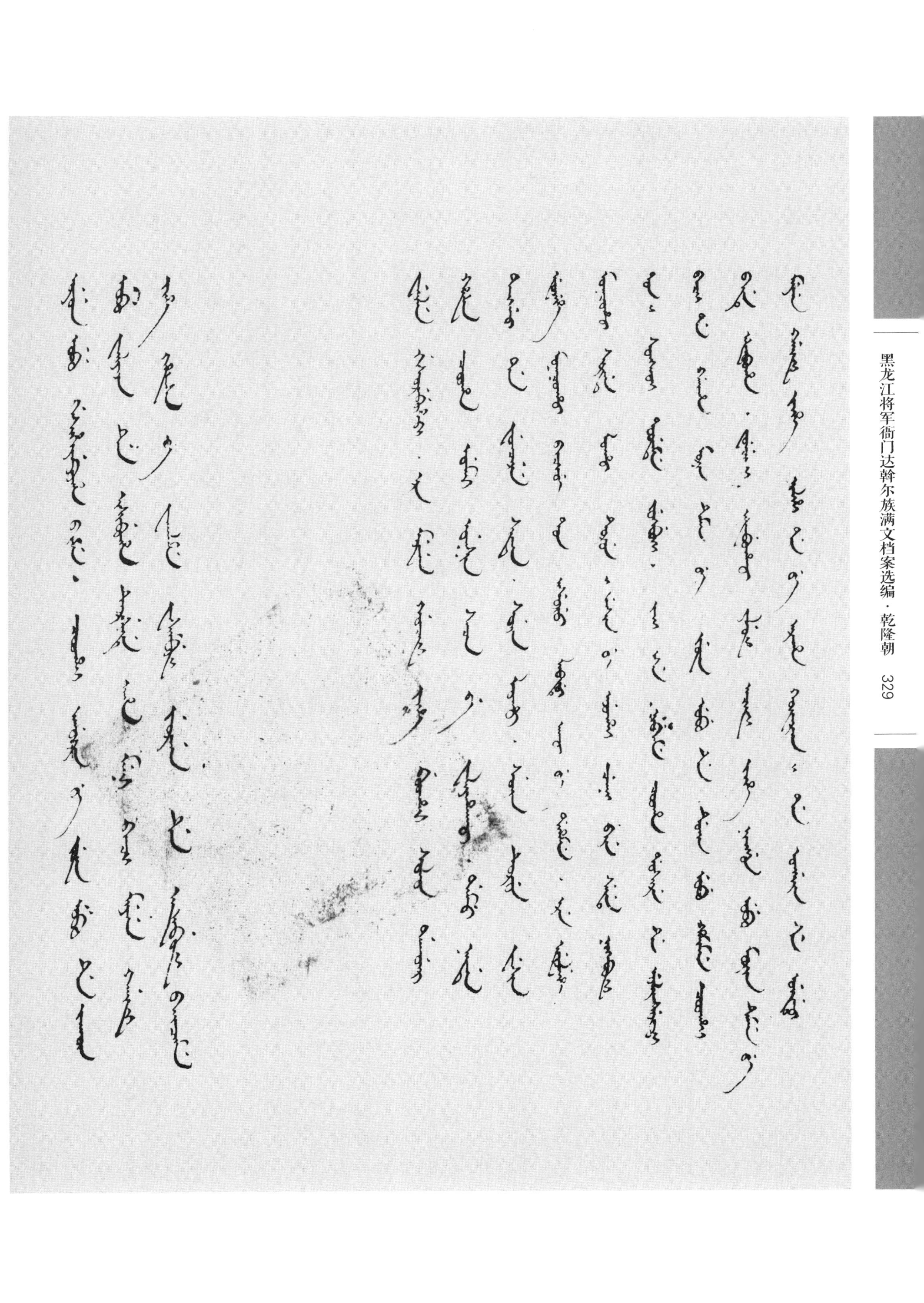

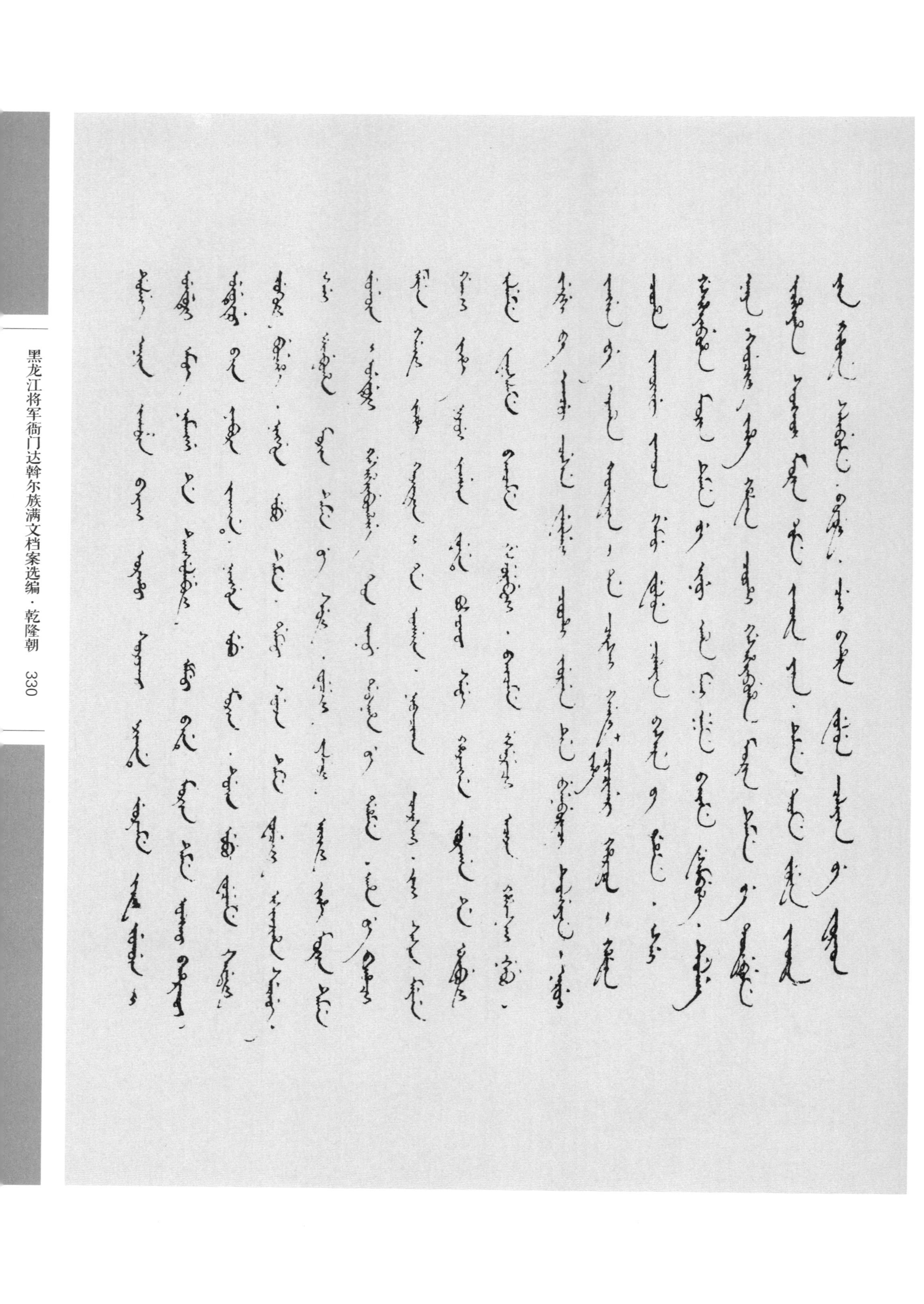

[illegible]

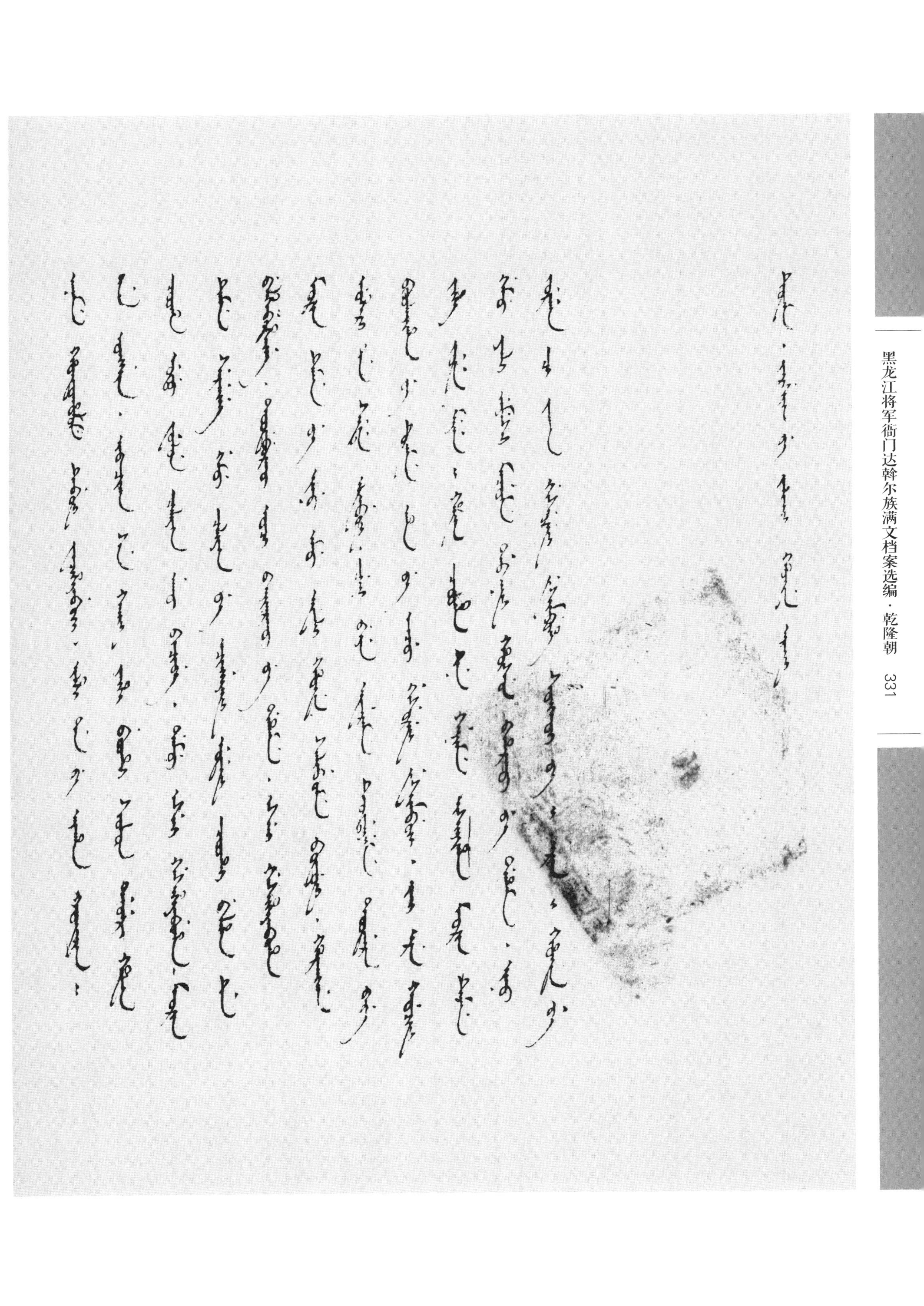

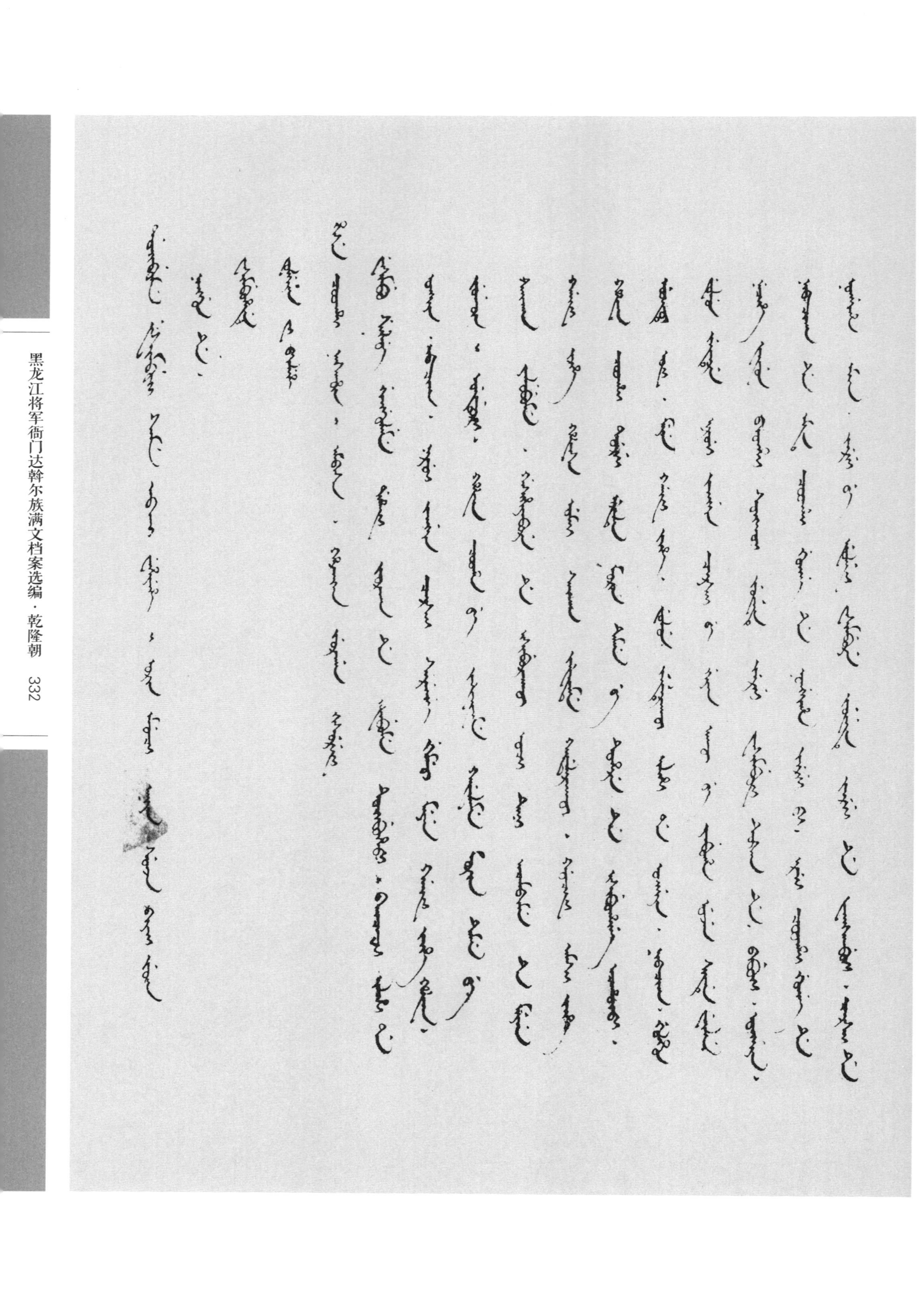

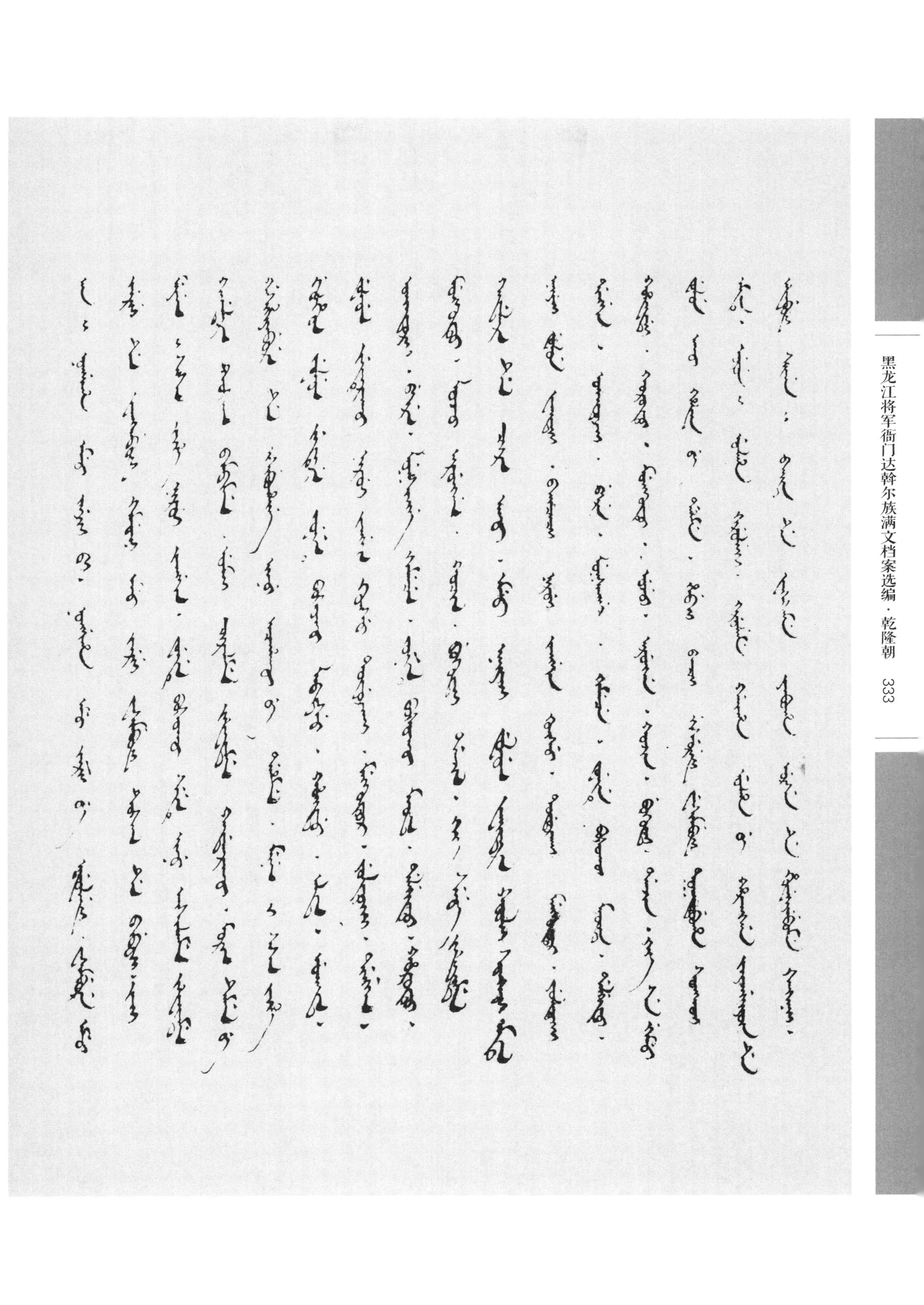

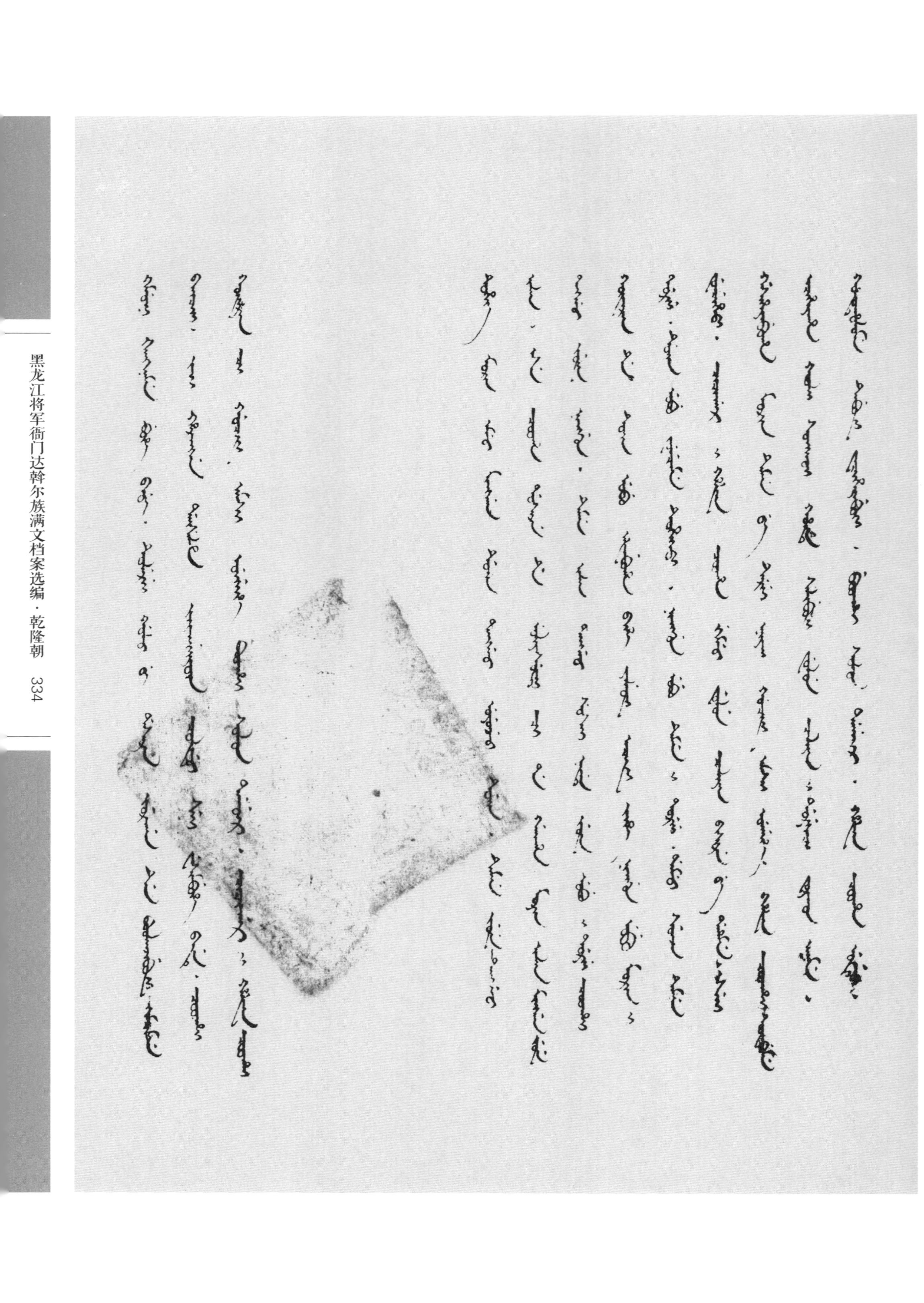

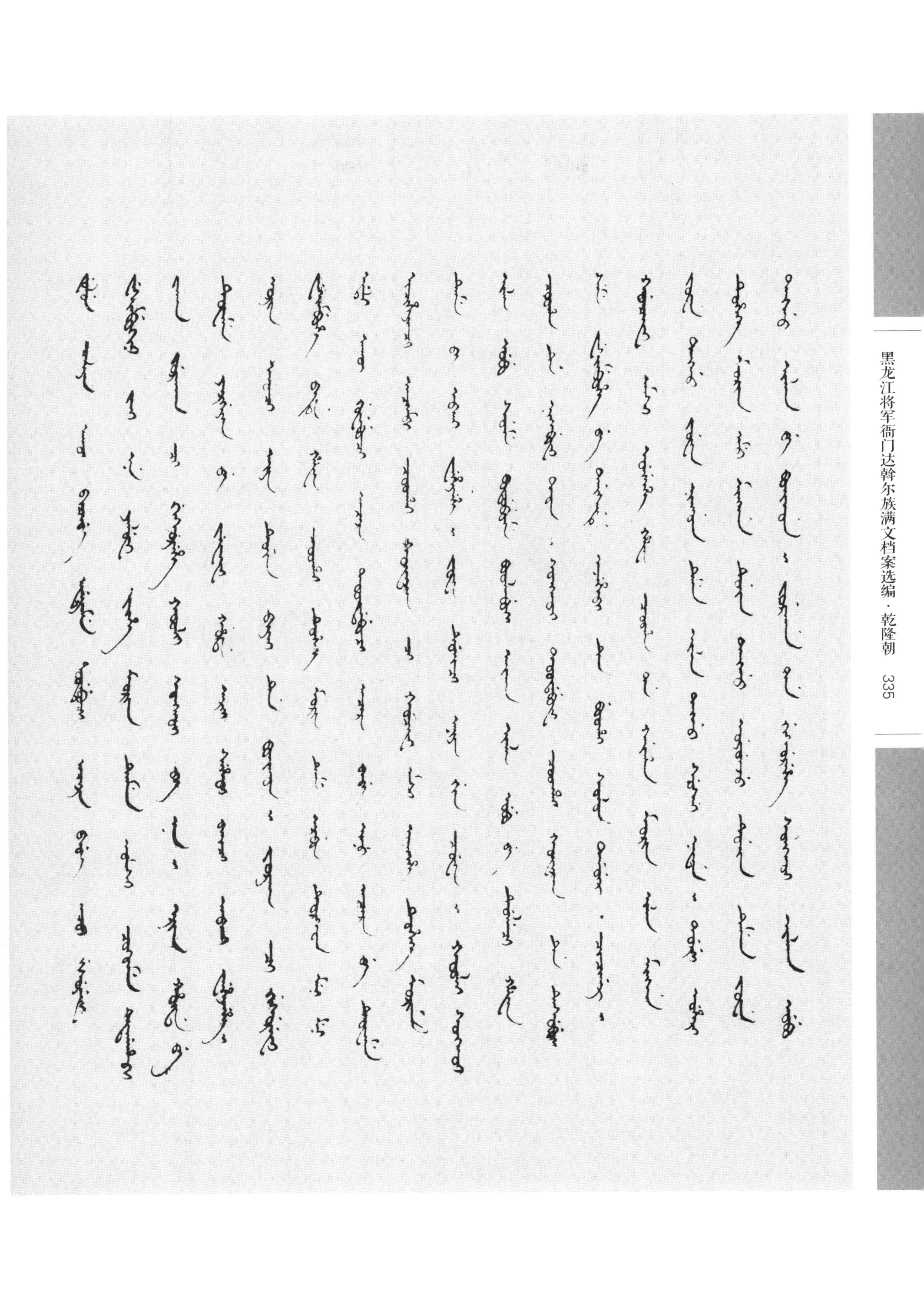

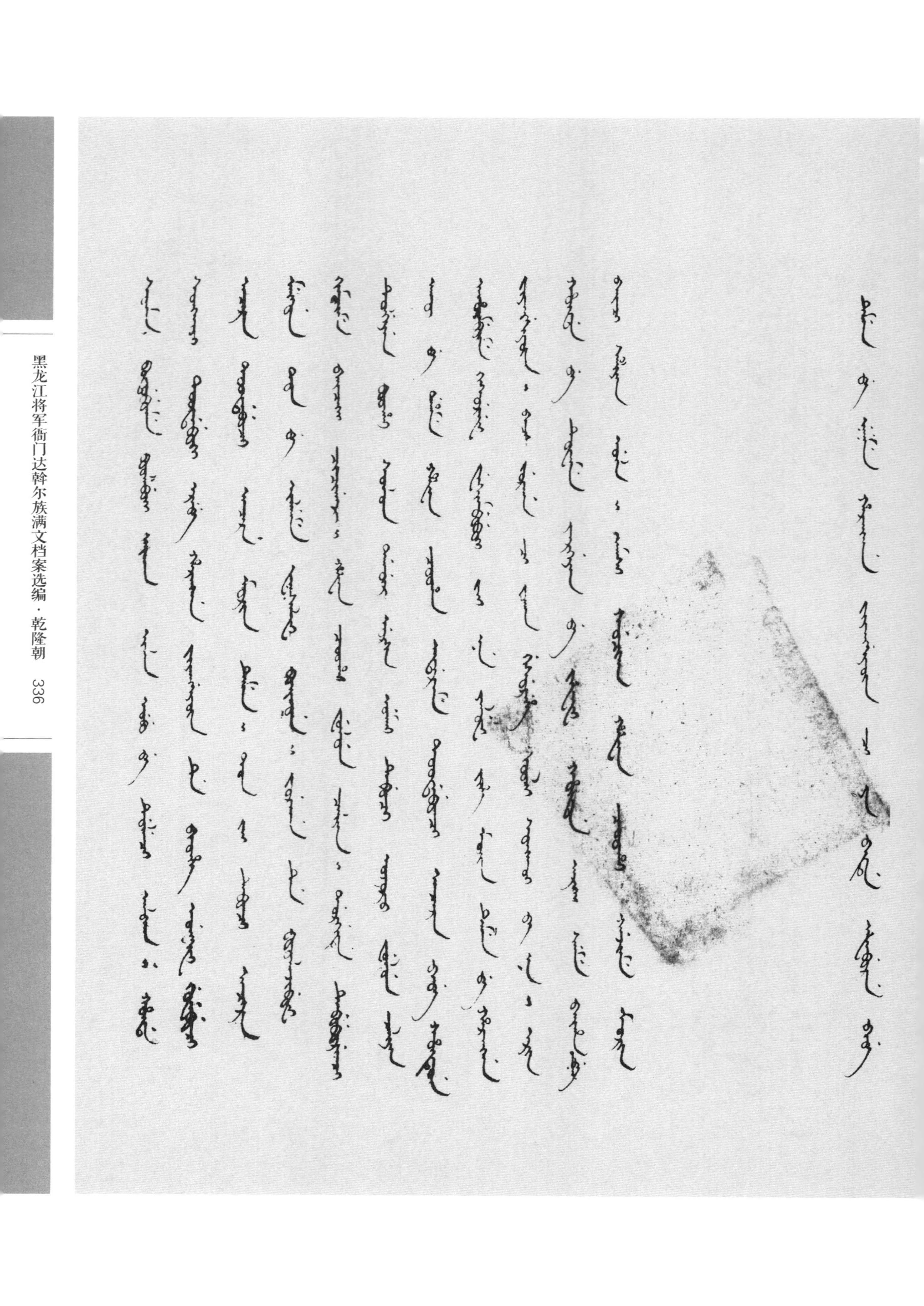

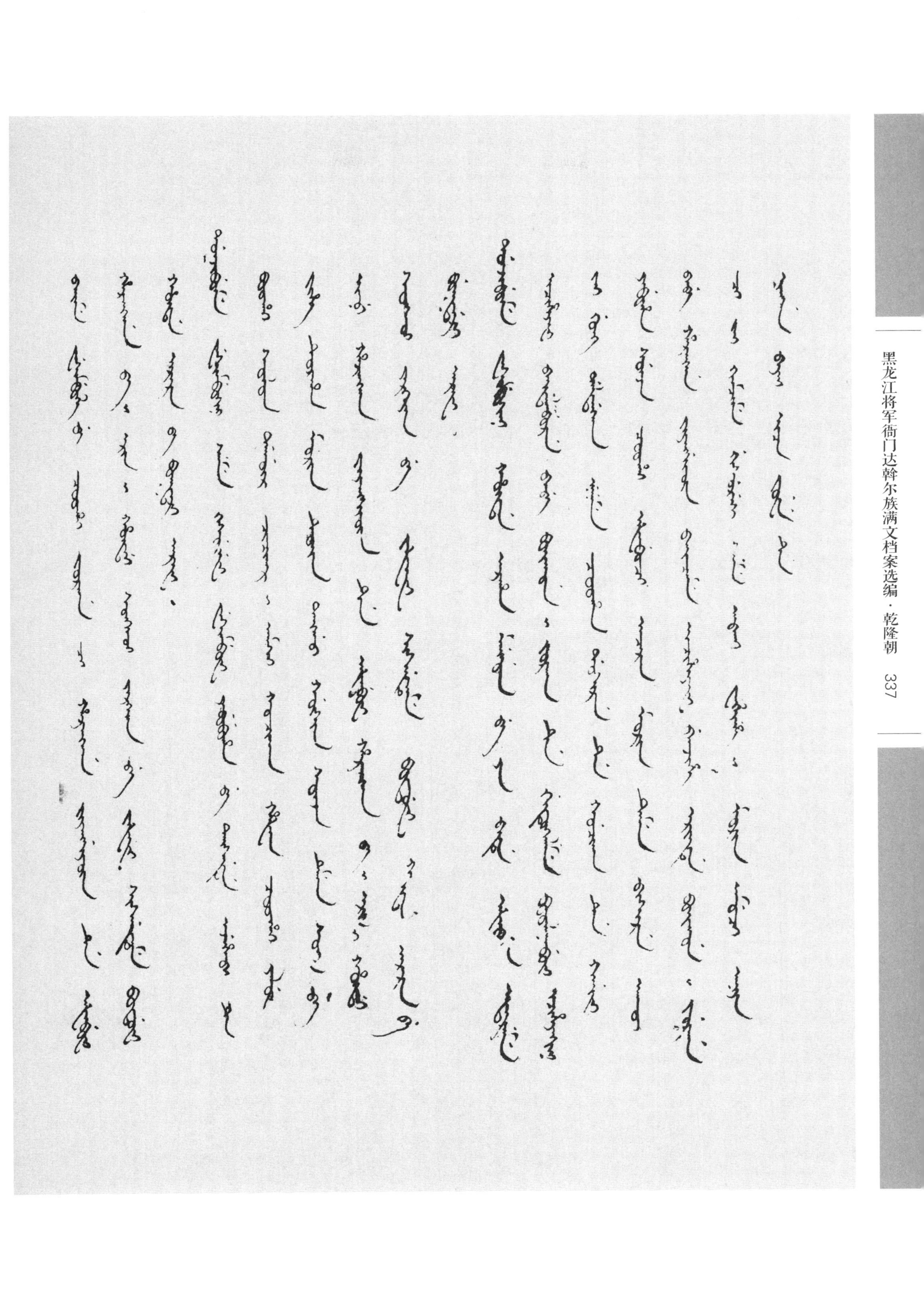

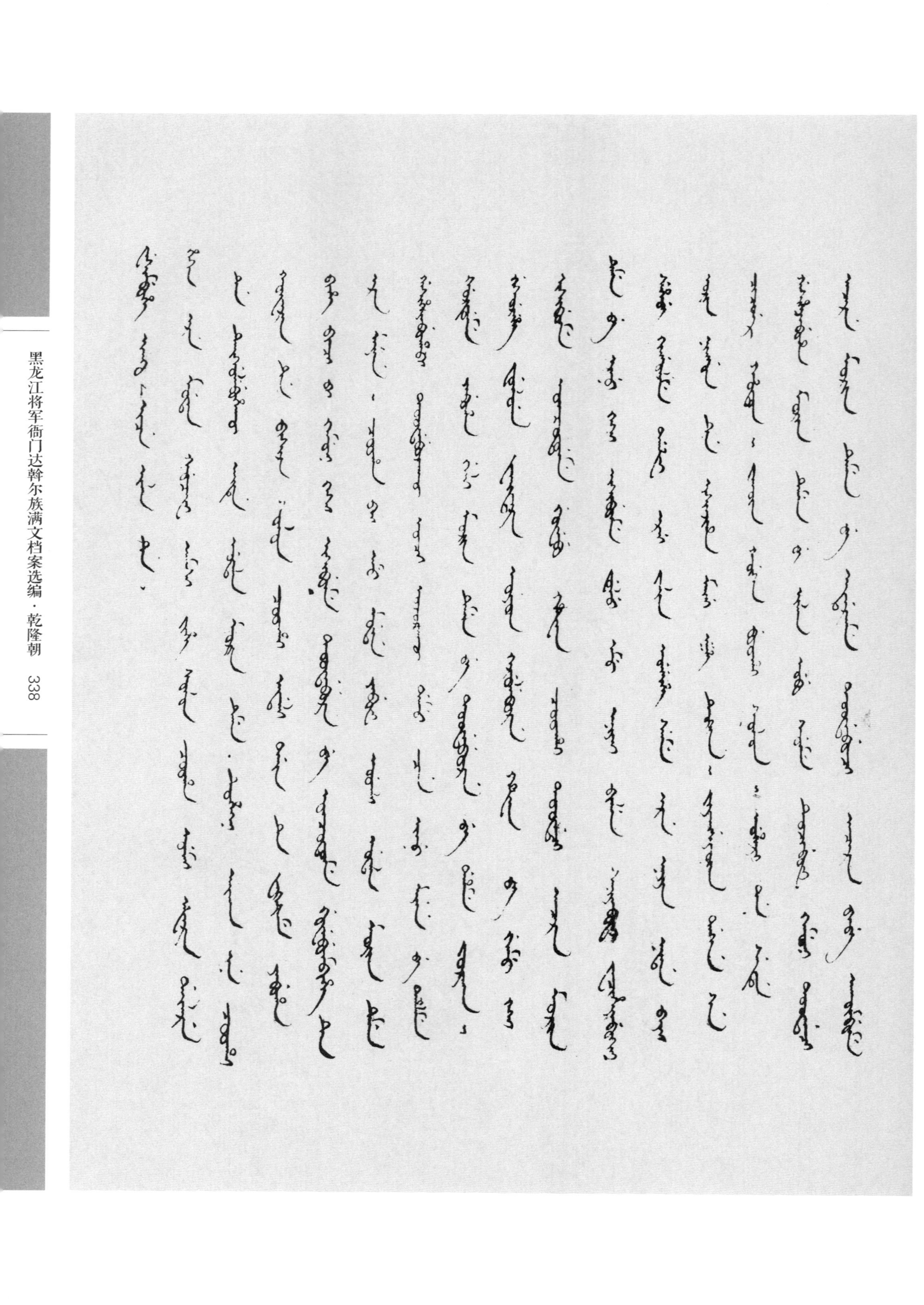

[illegible]

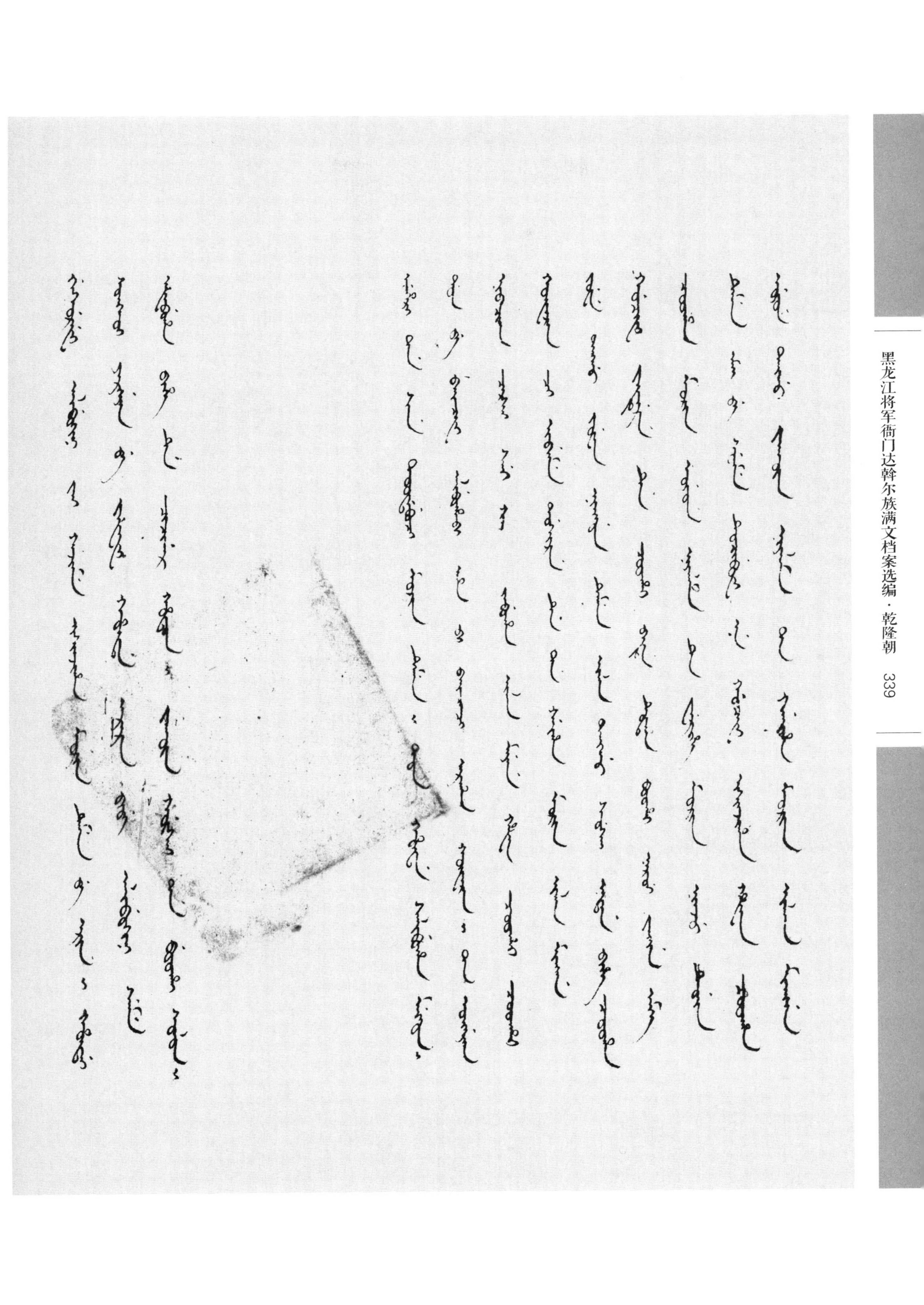

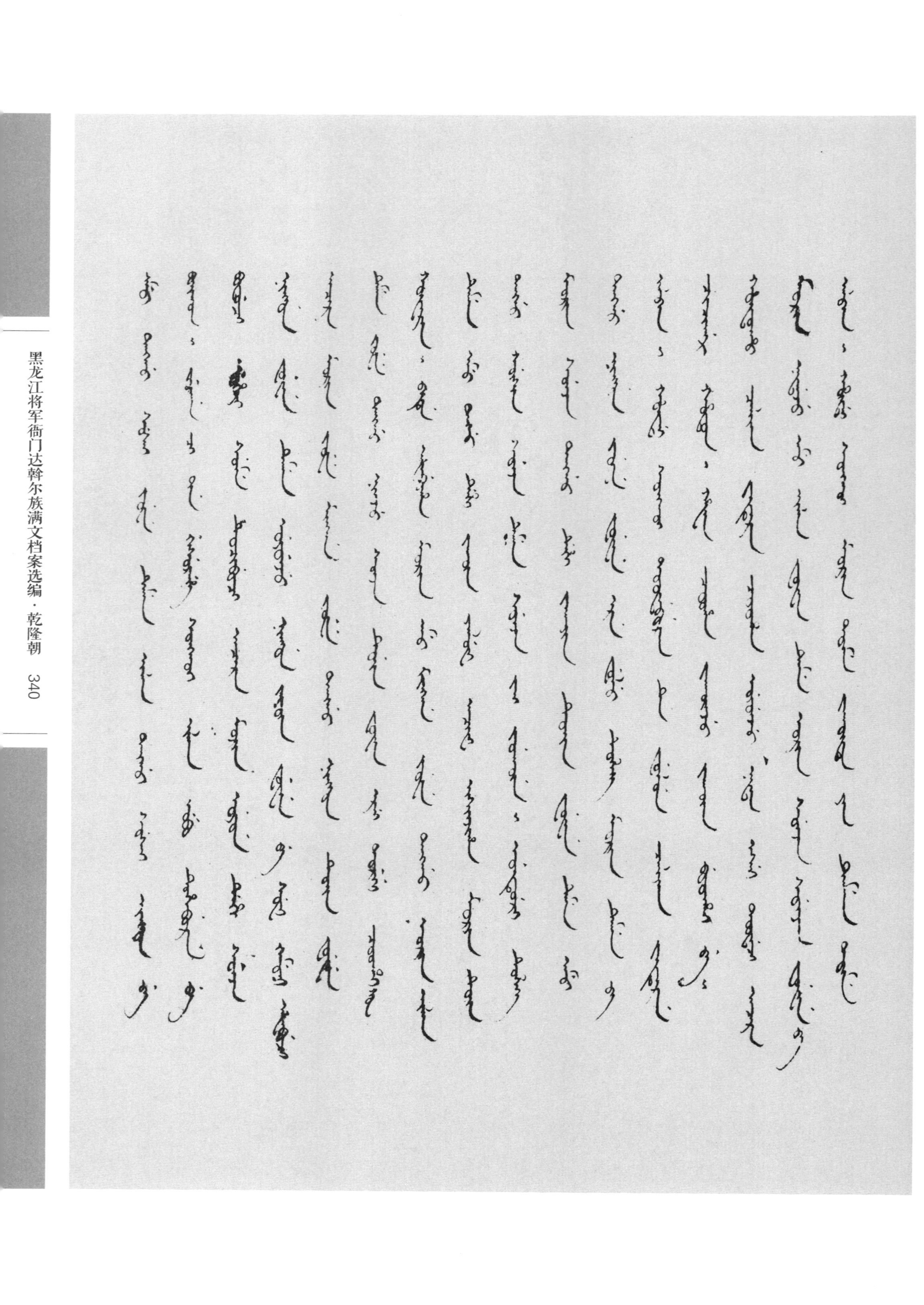

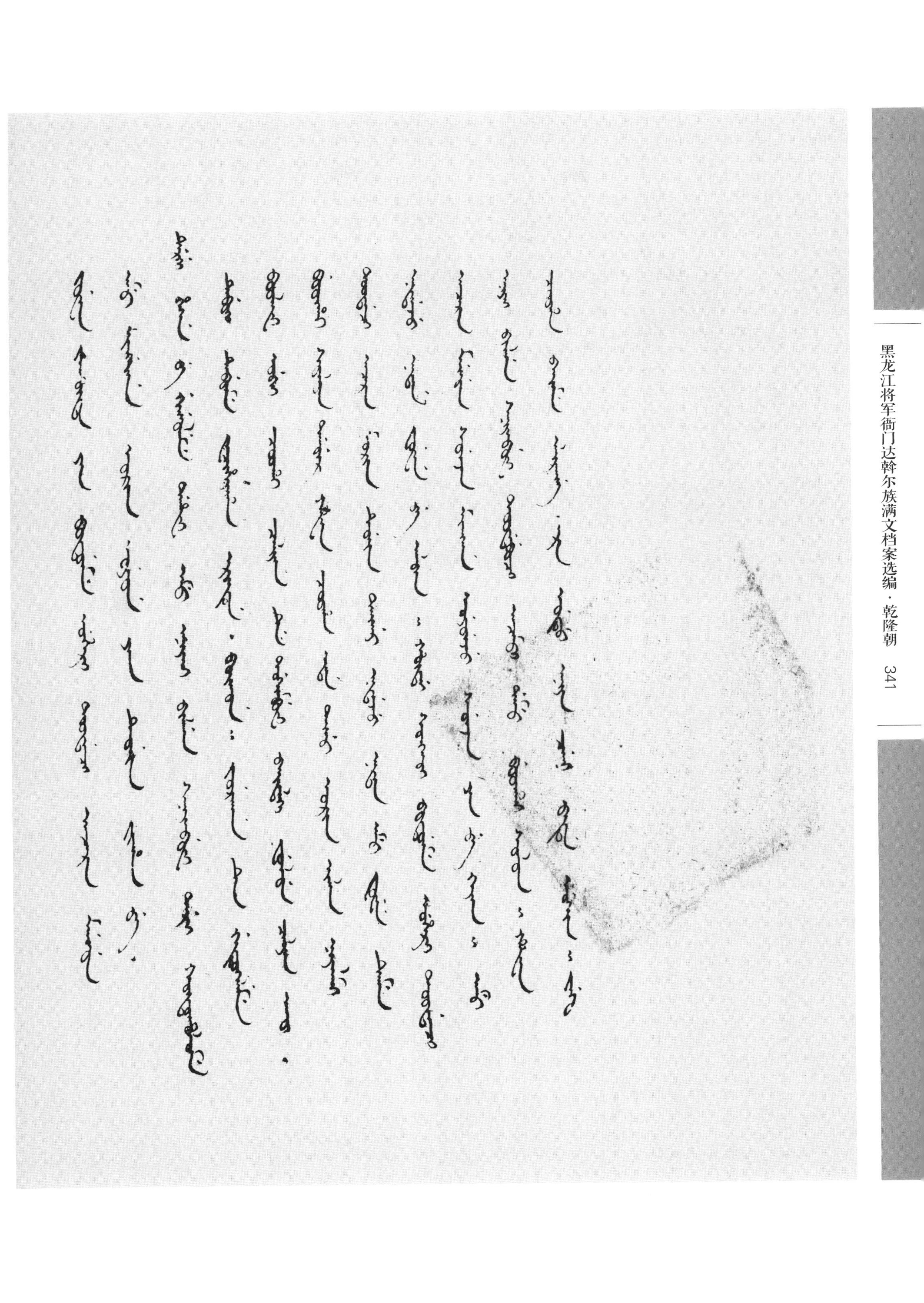

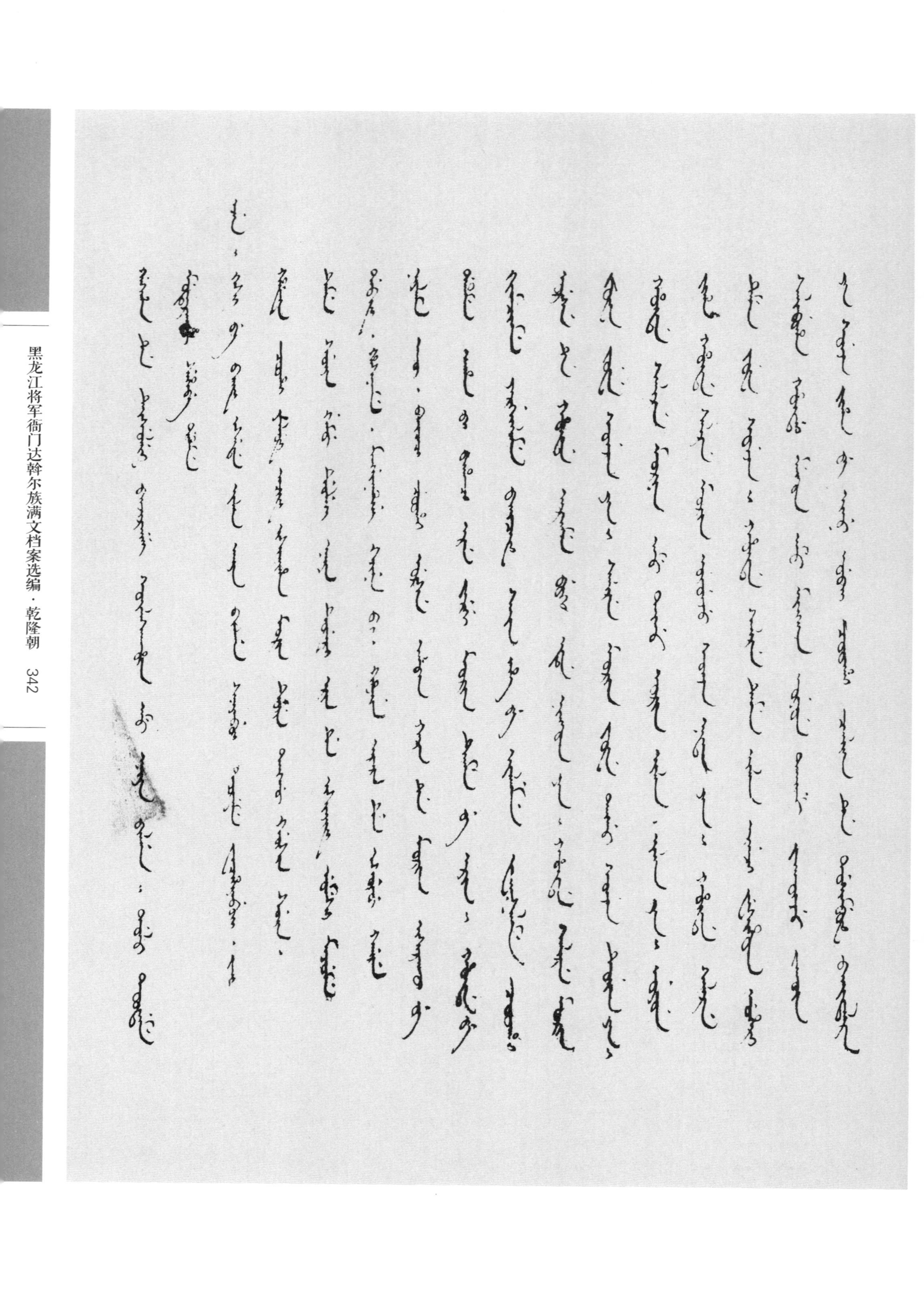

[illegible]

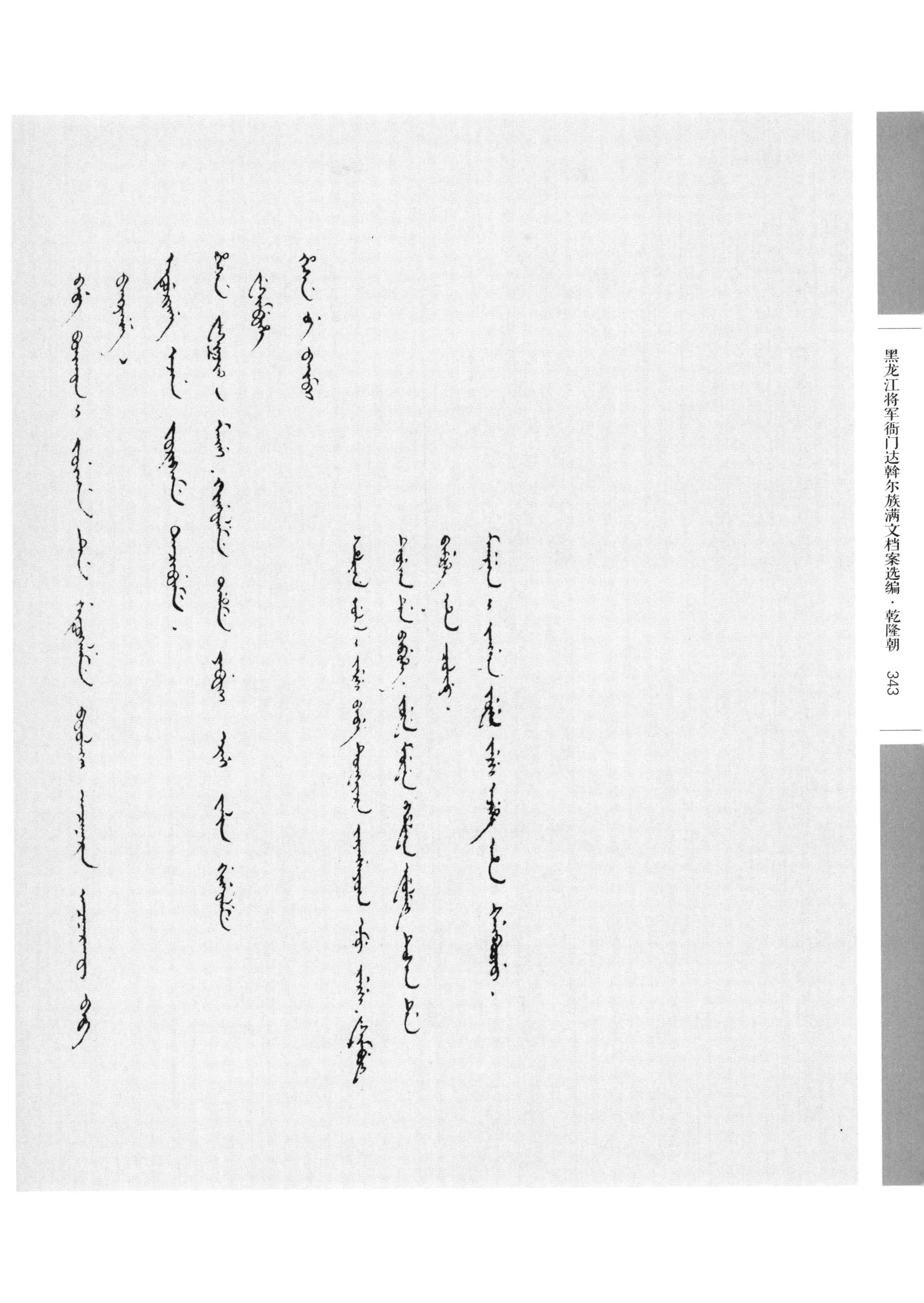

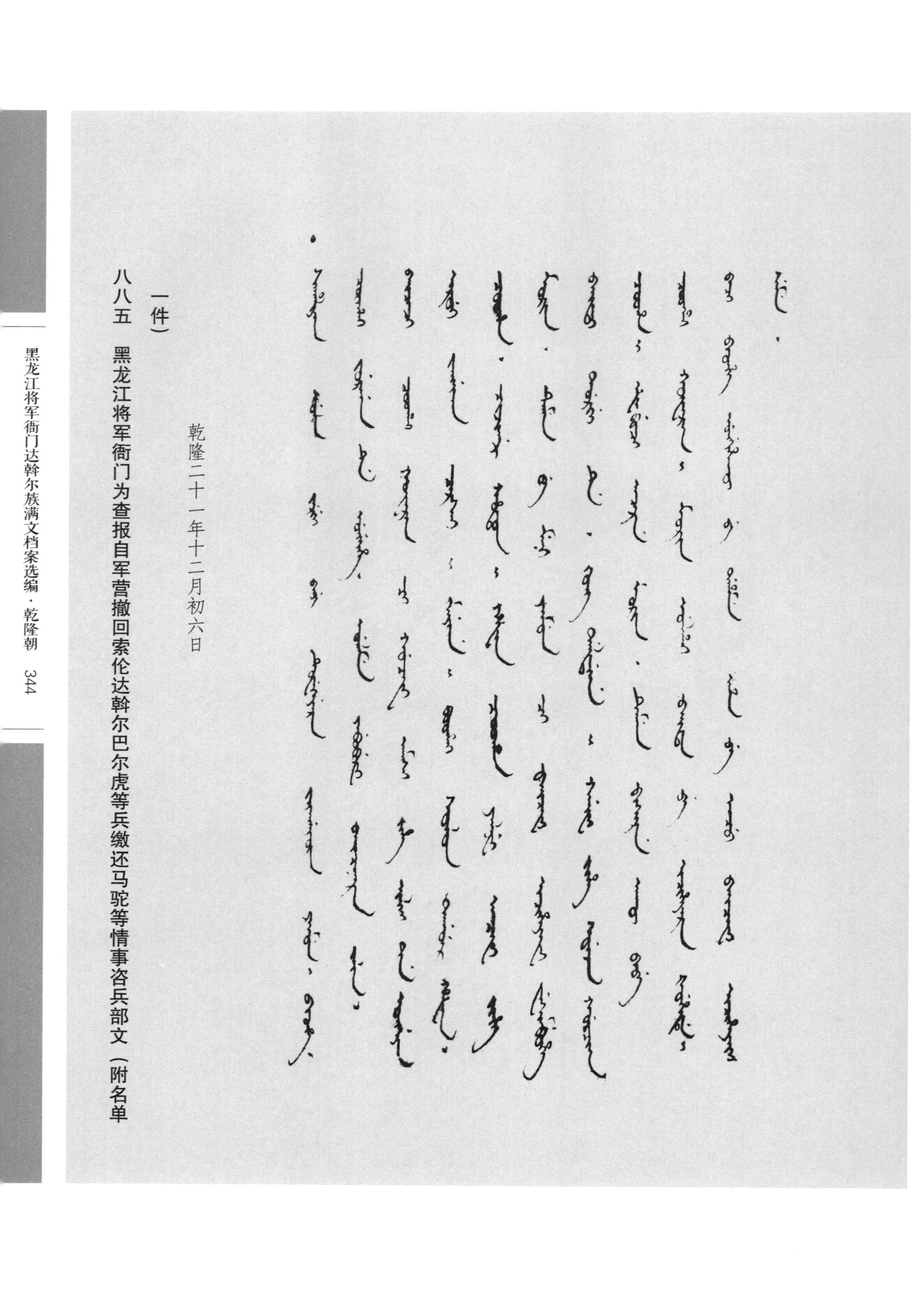

八八五　黑龙江将军衙门为查报自军营撤回索伦达斡尔巴尔虎等兵缴还马驼等情事咨兵部文（附名单一件）

乾隆二十一年十二月初六日

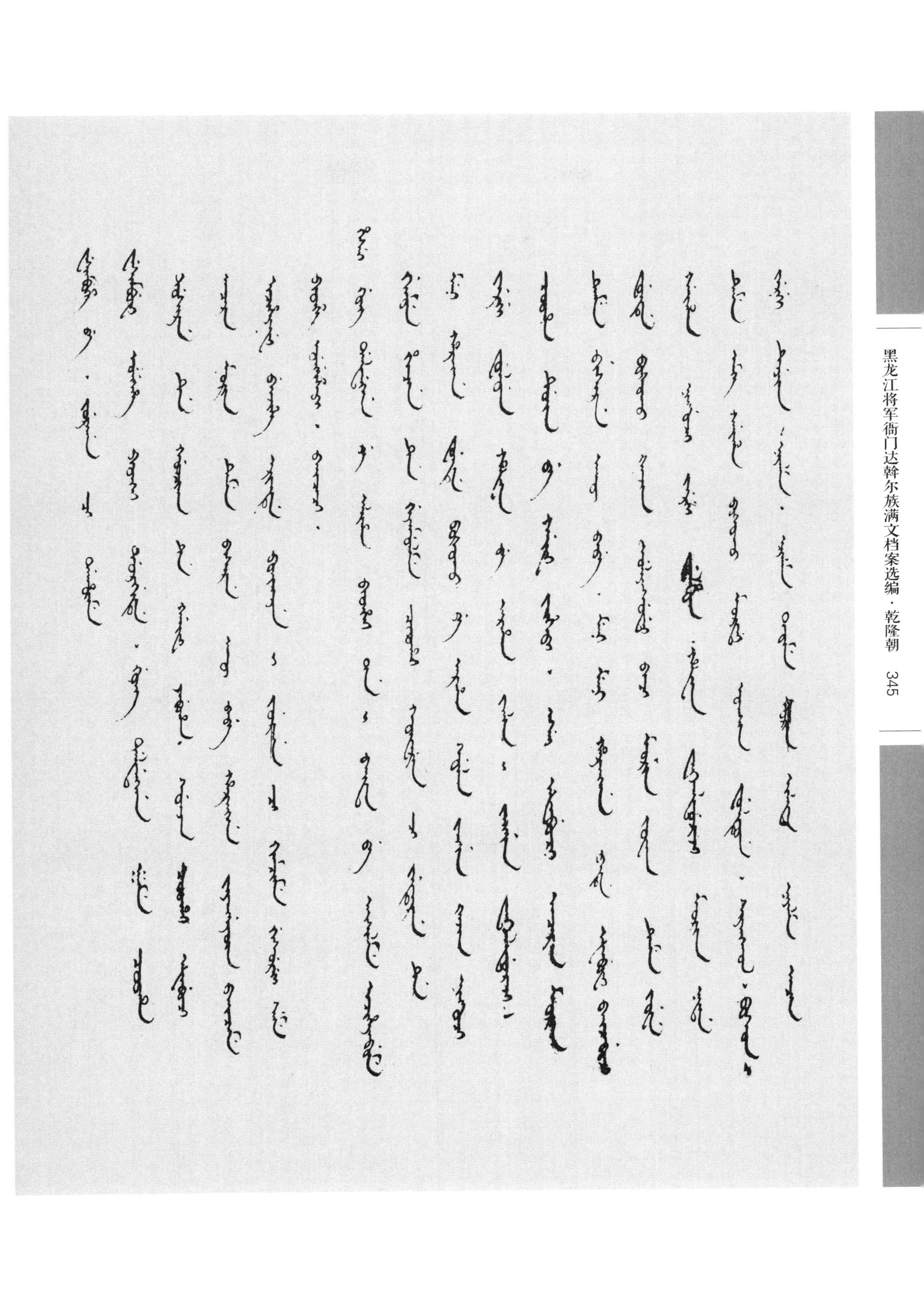

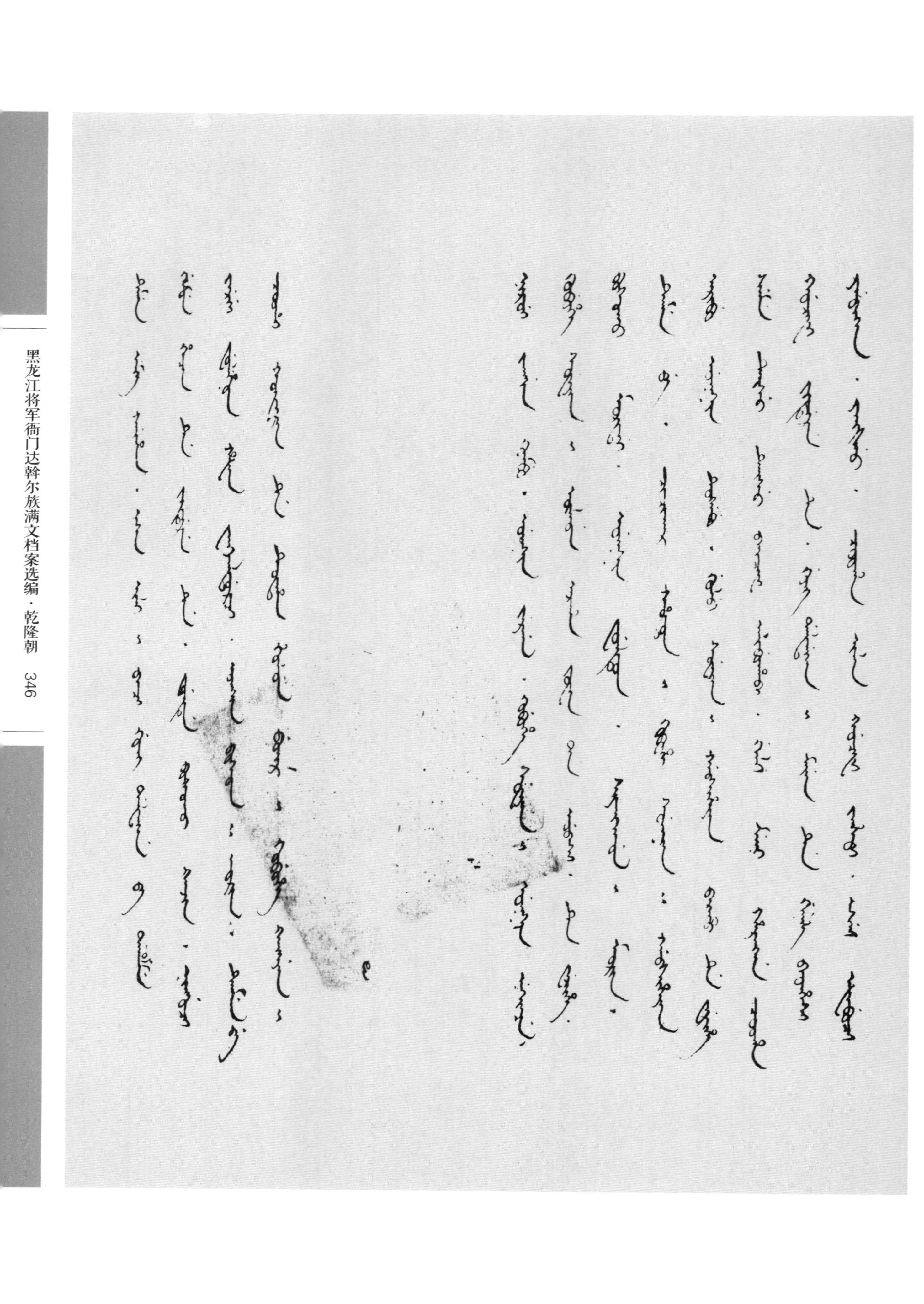

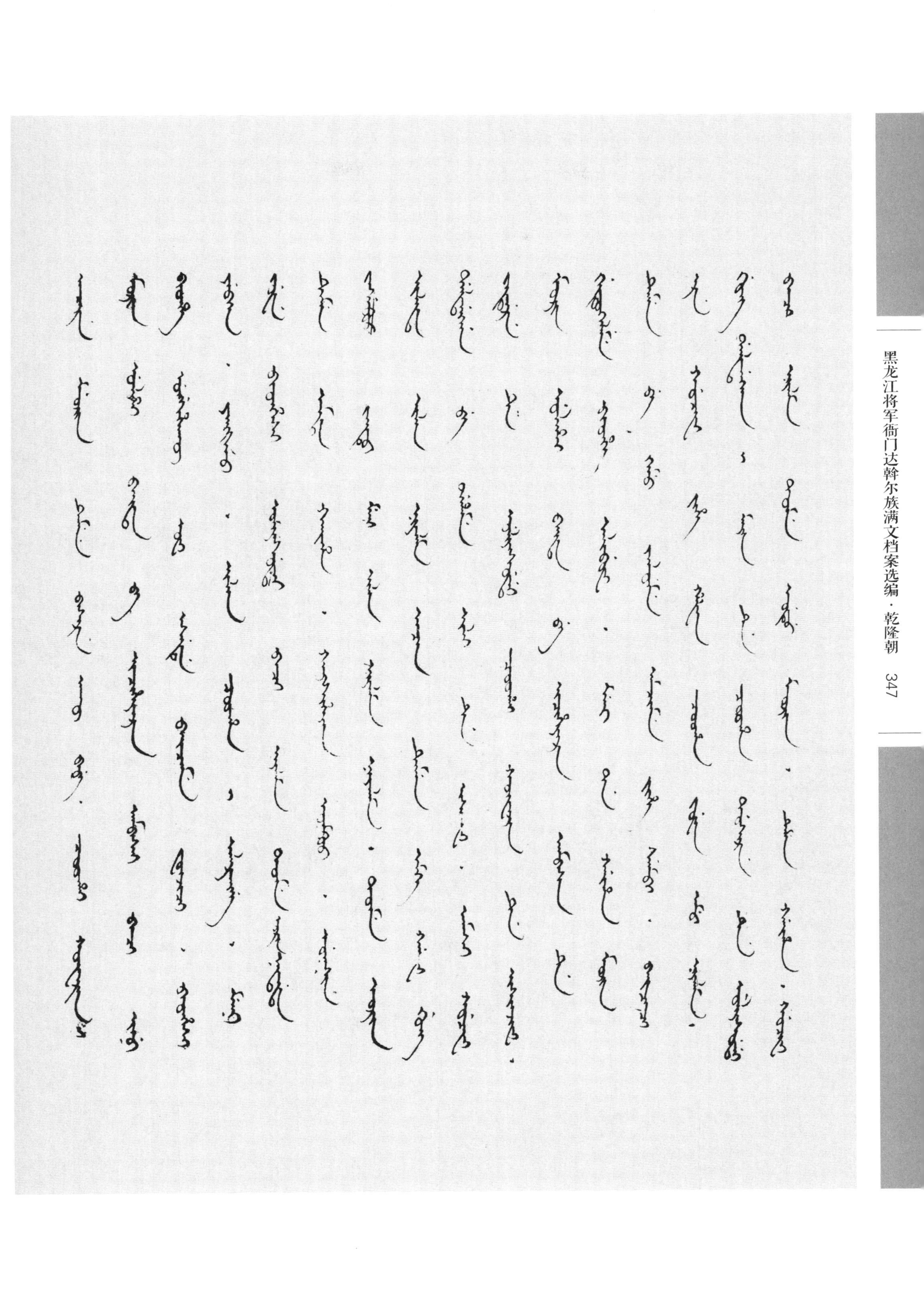

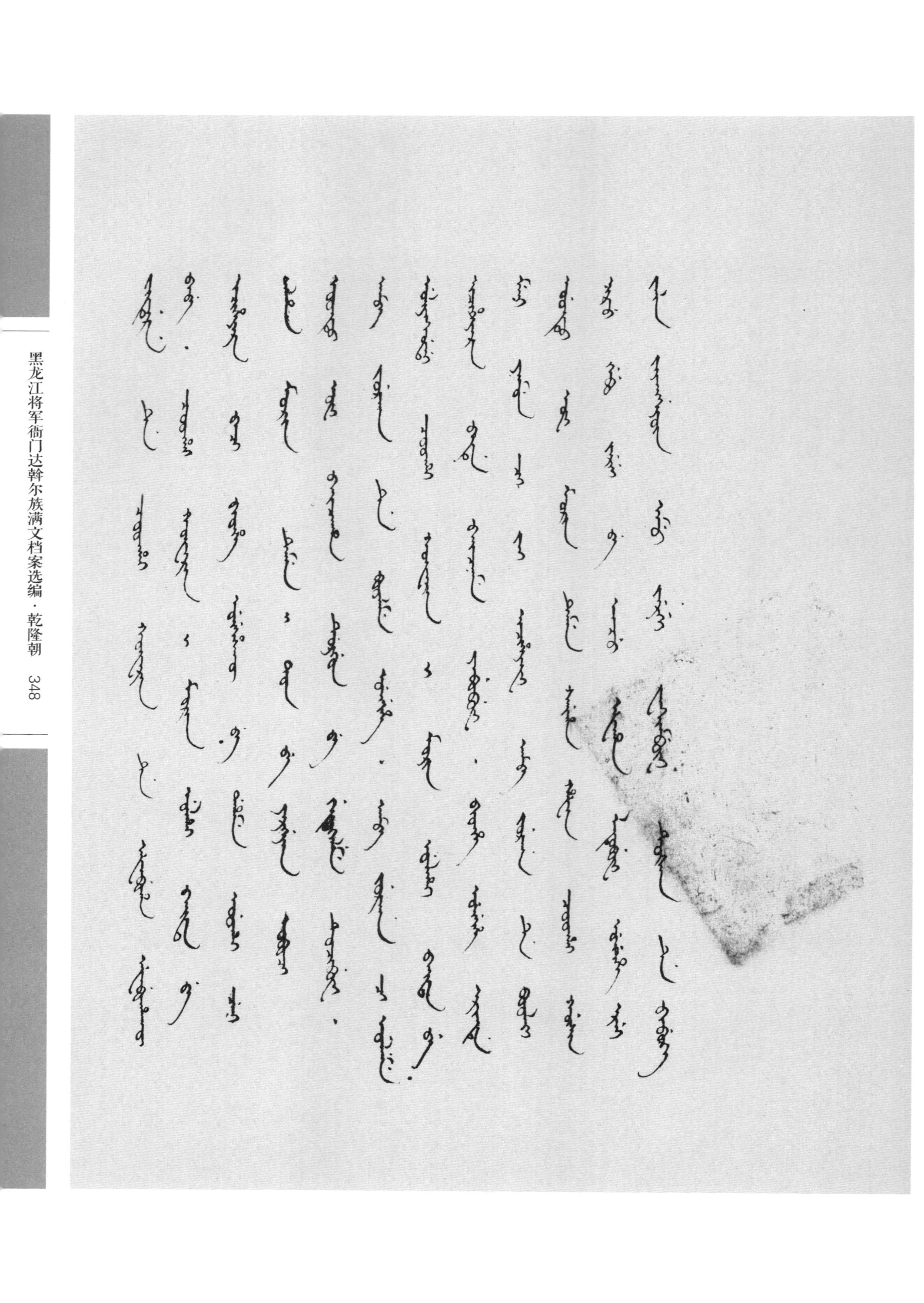

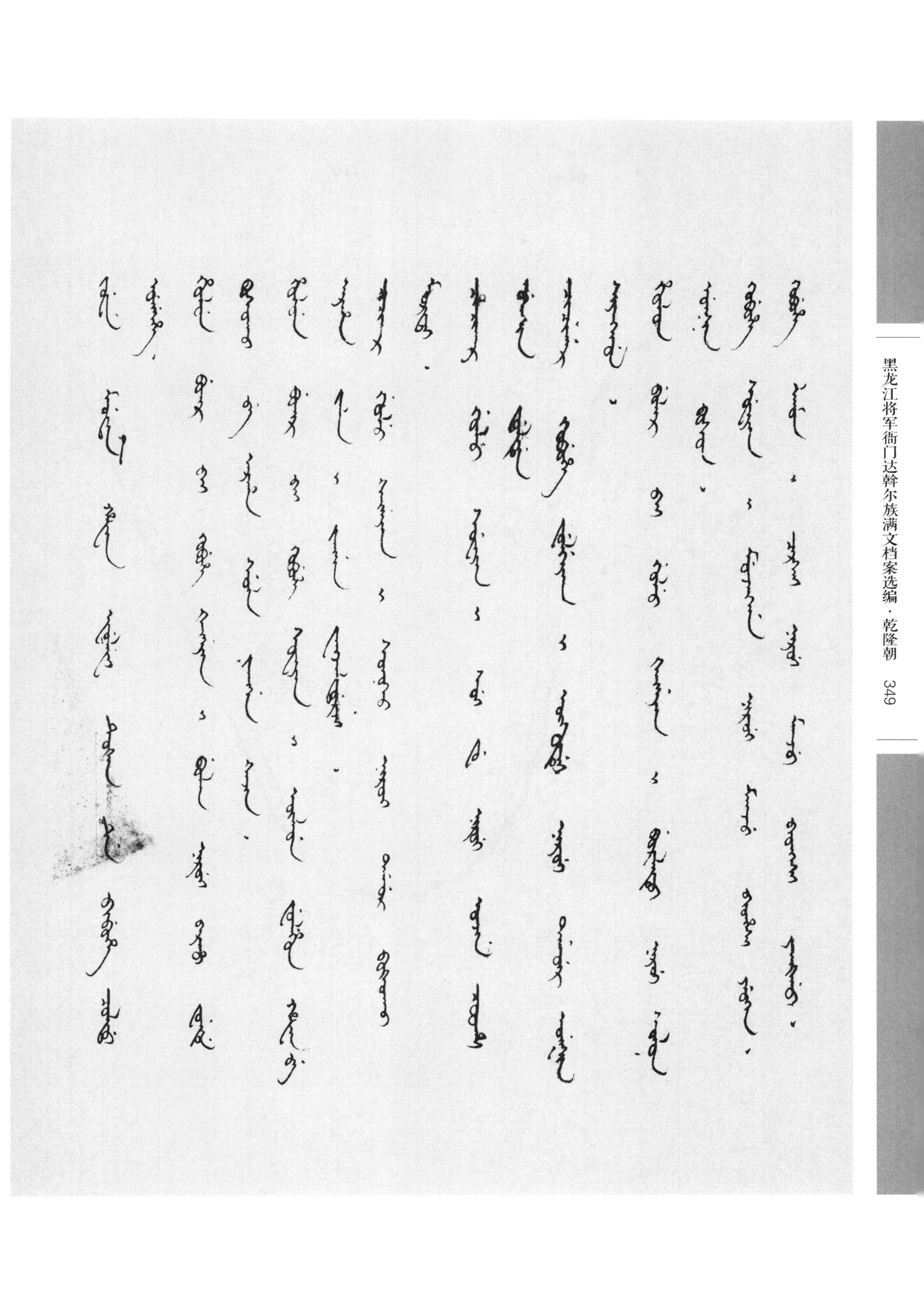

[illegible]

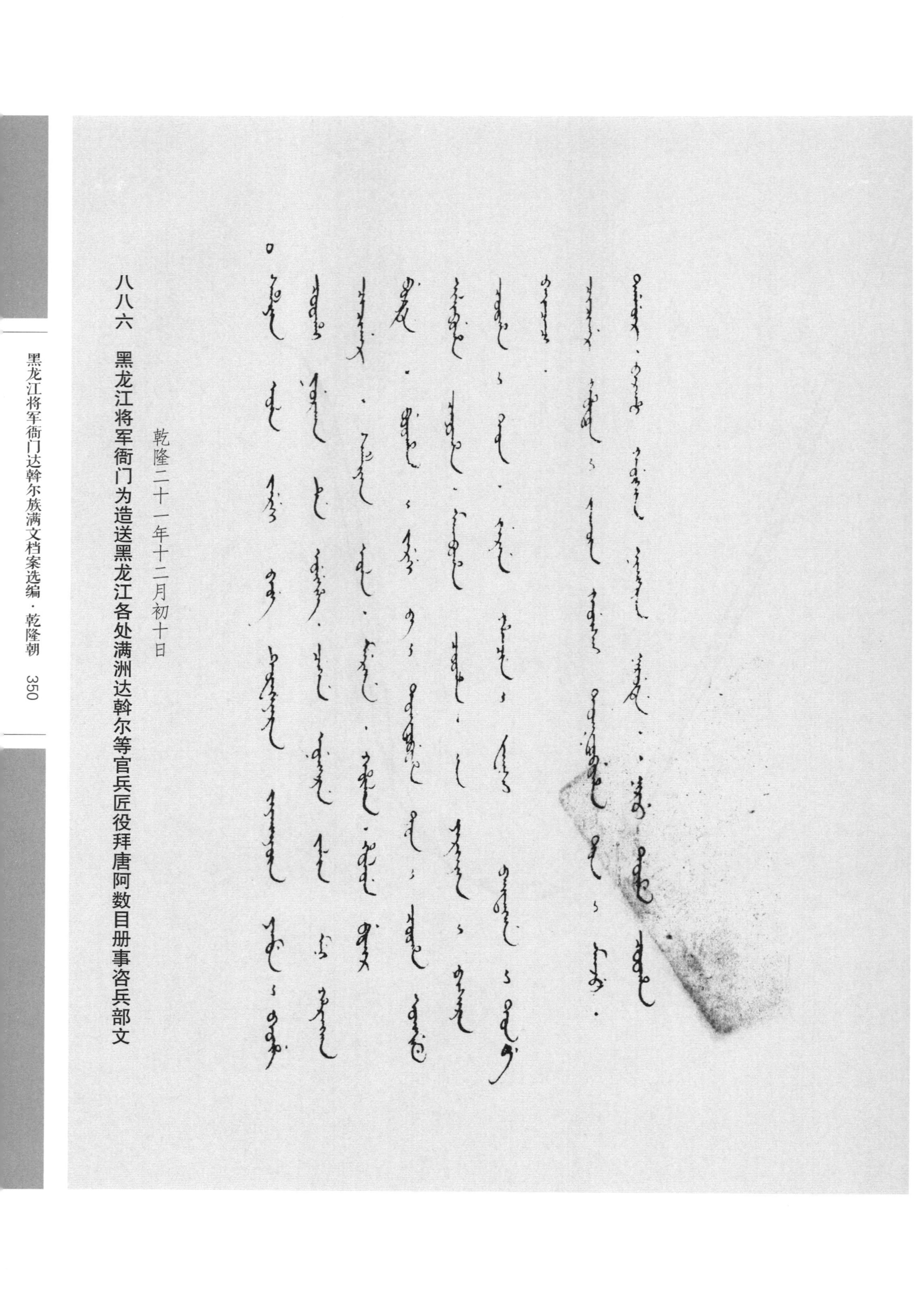

八八六 黑龙江将军衙门为造送黑龙江各处满洲达斡尔等官兵匠役拜唐阿数目册事咨兵部文

乾隆二十一年十二月初十日

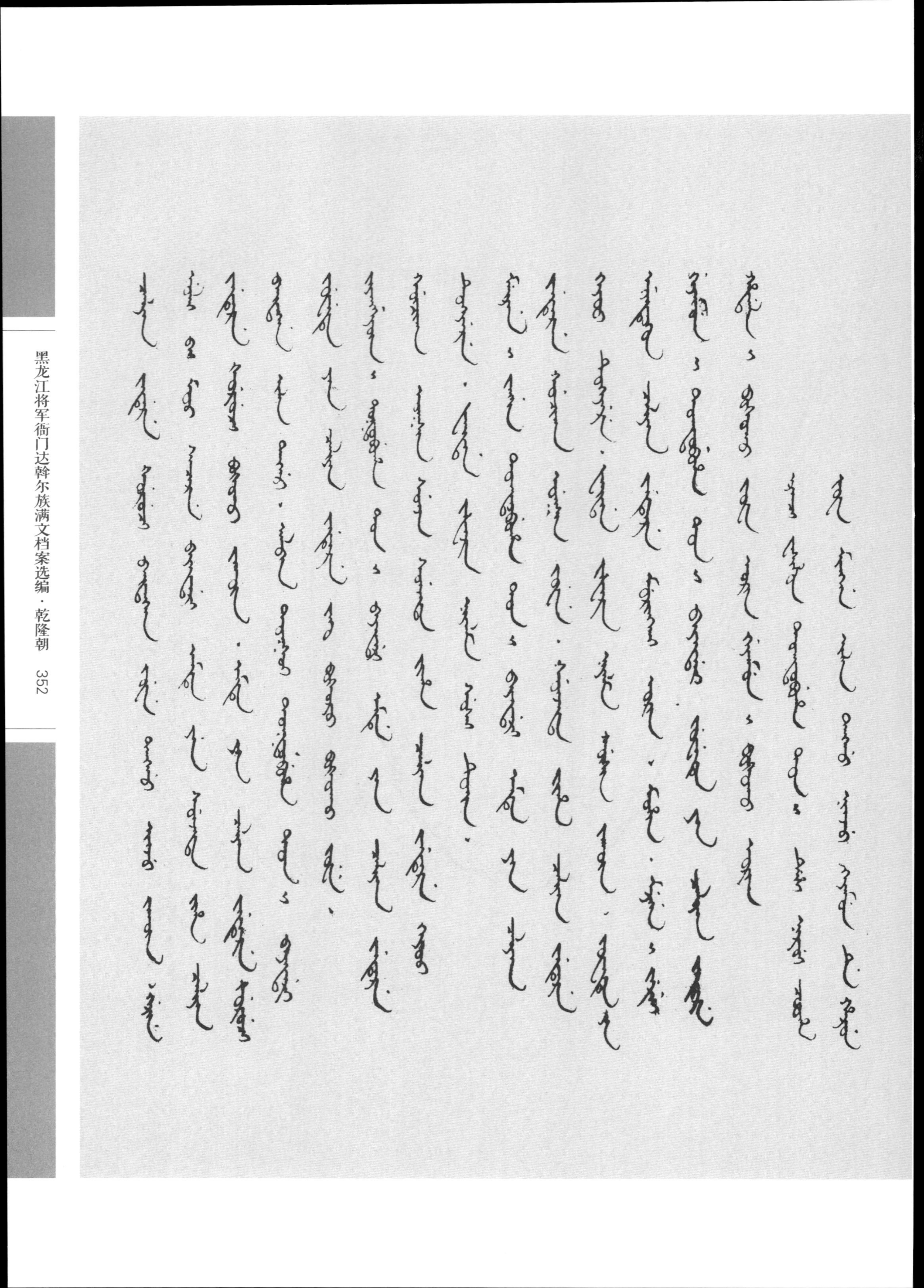

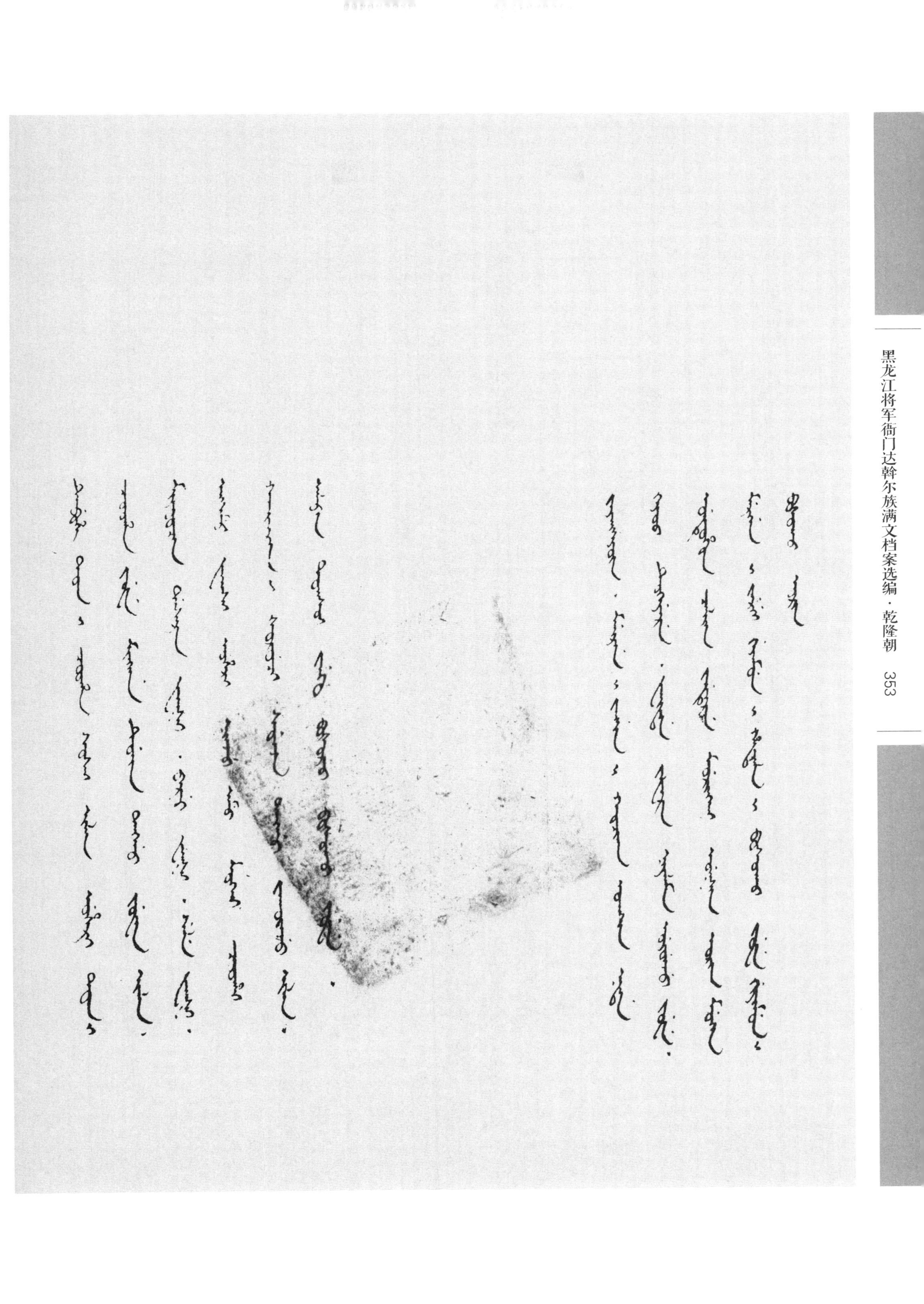

[illegible]

[illegible]

[illegible]

[illegible]

[illegible]

[illegible]

[illegible]

[illegible]

[illegible]

[illegible]

[illegible]

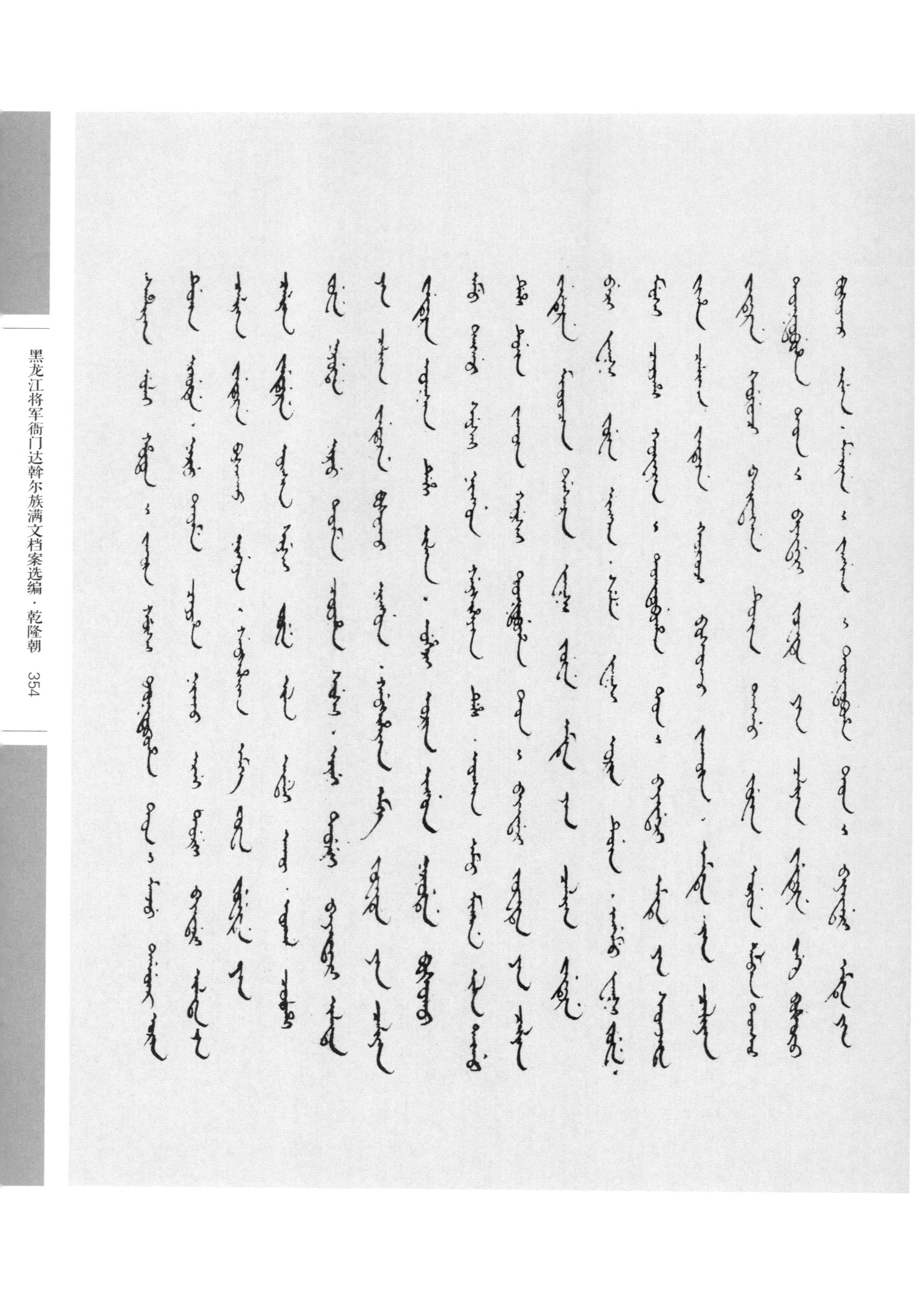

[illegible]

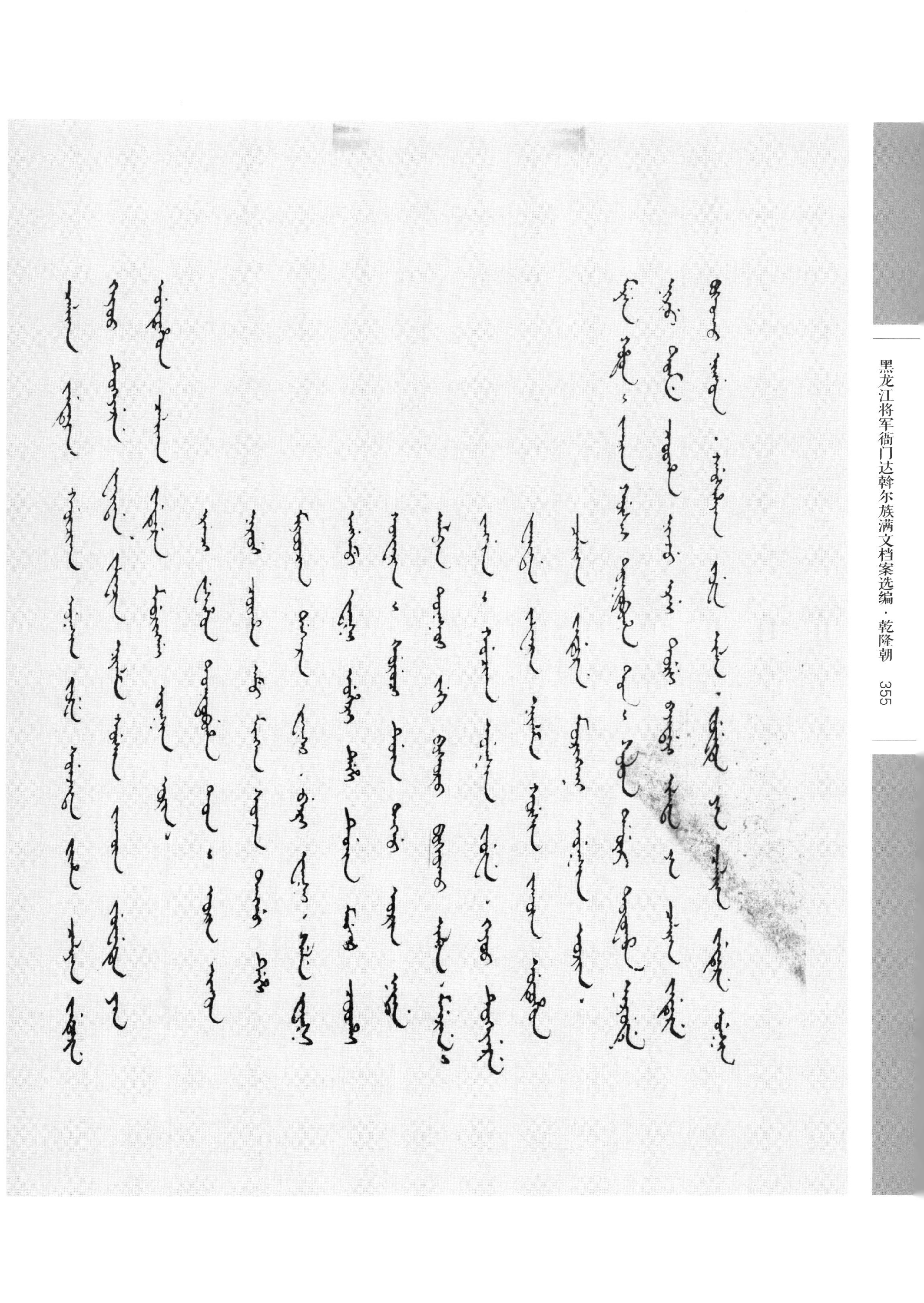

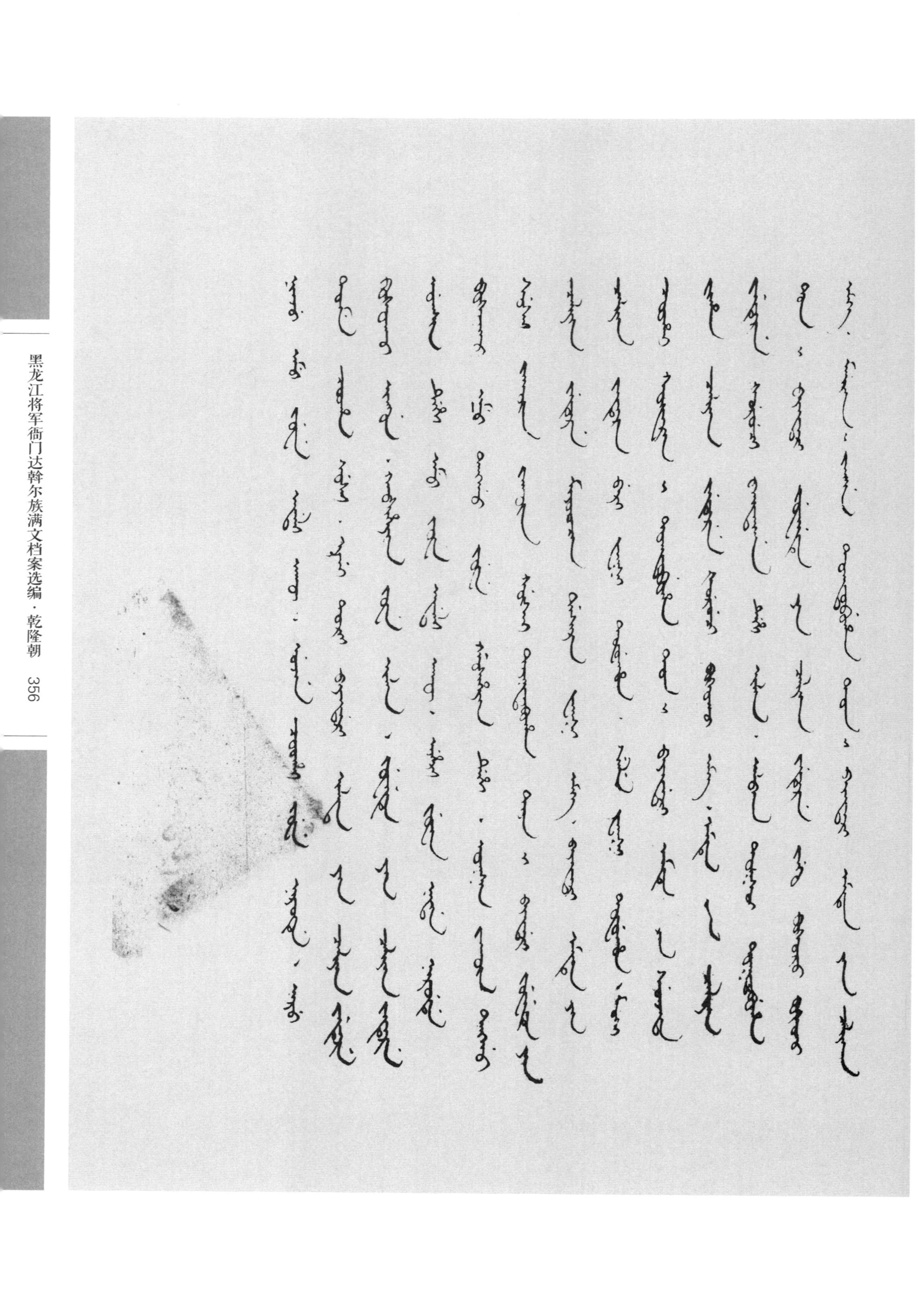

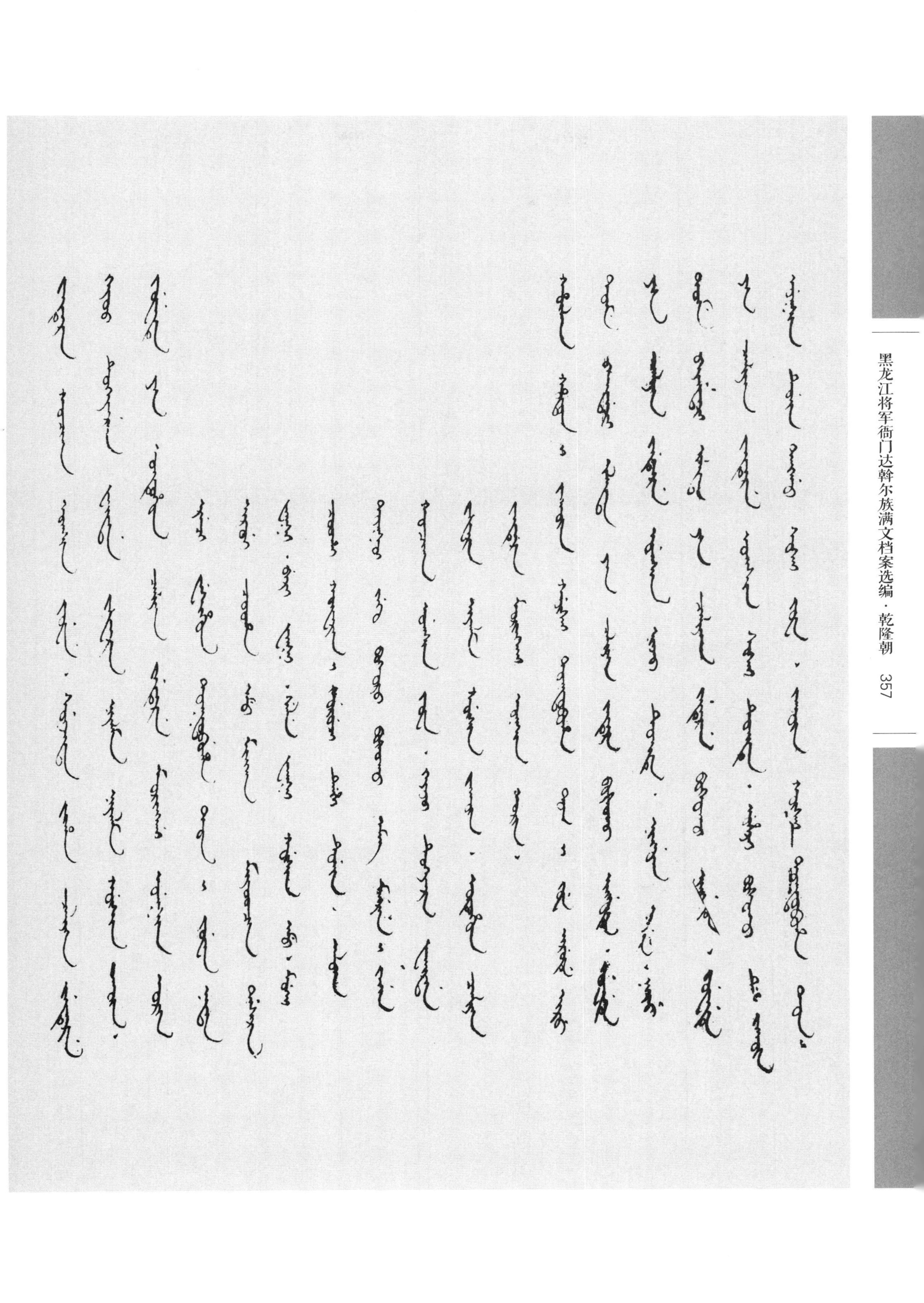

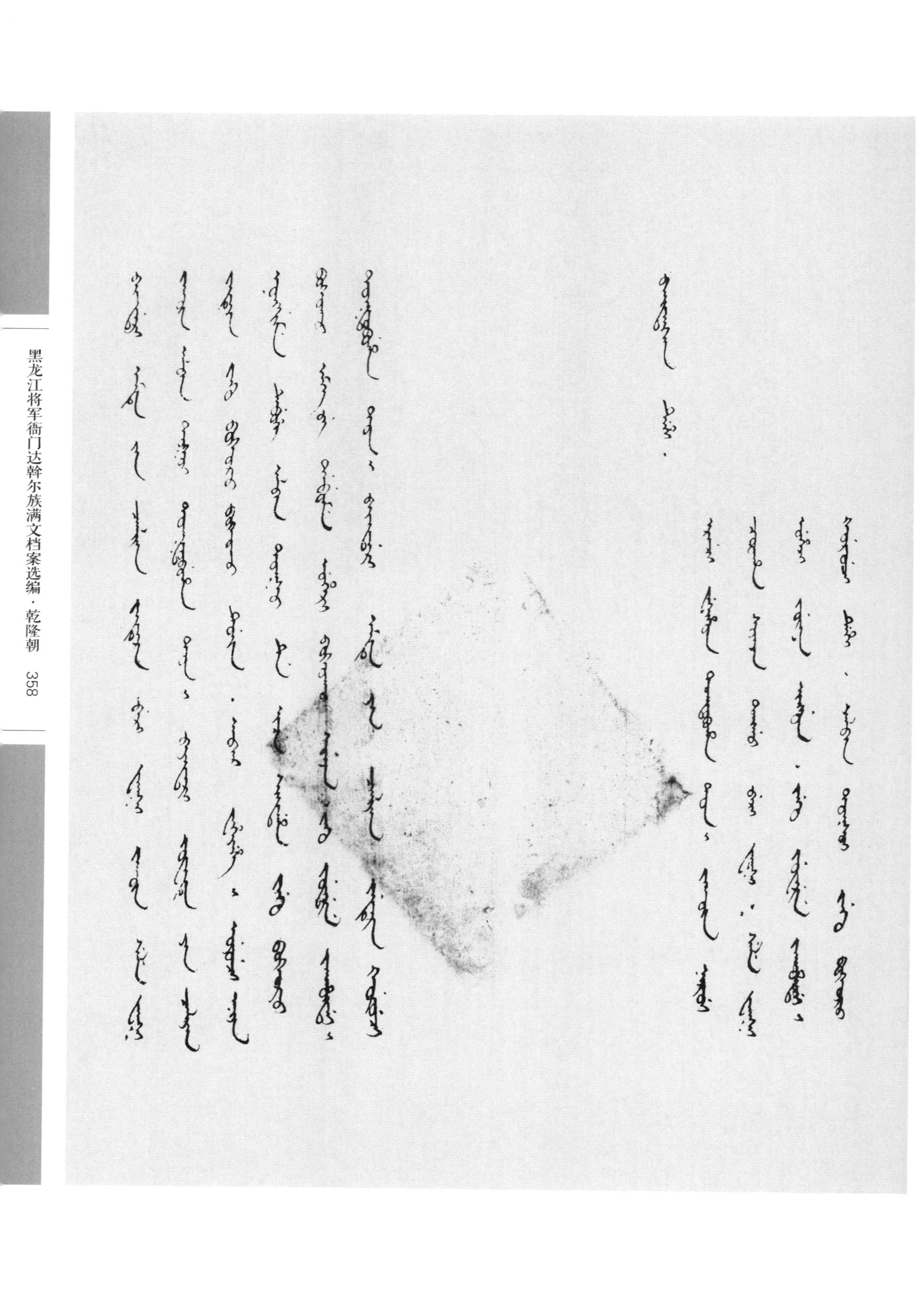

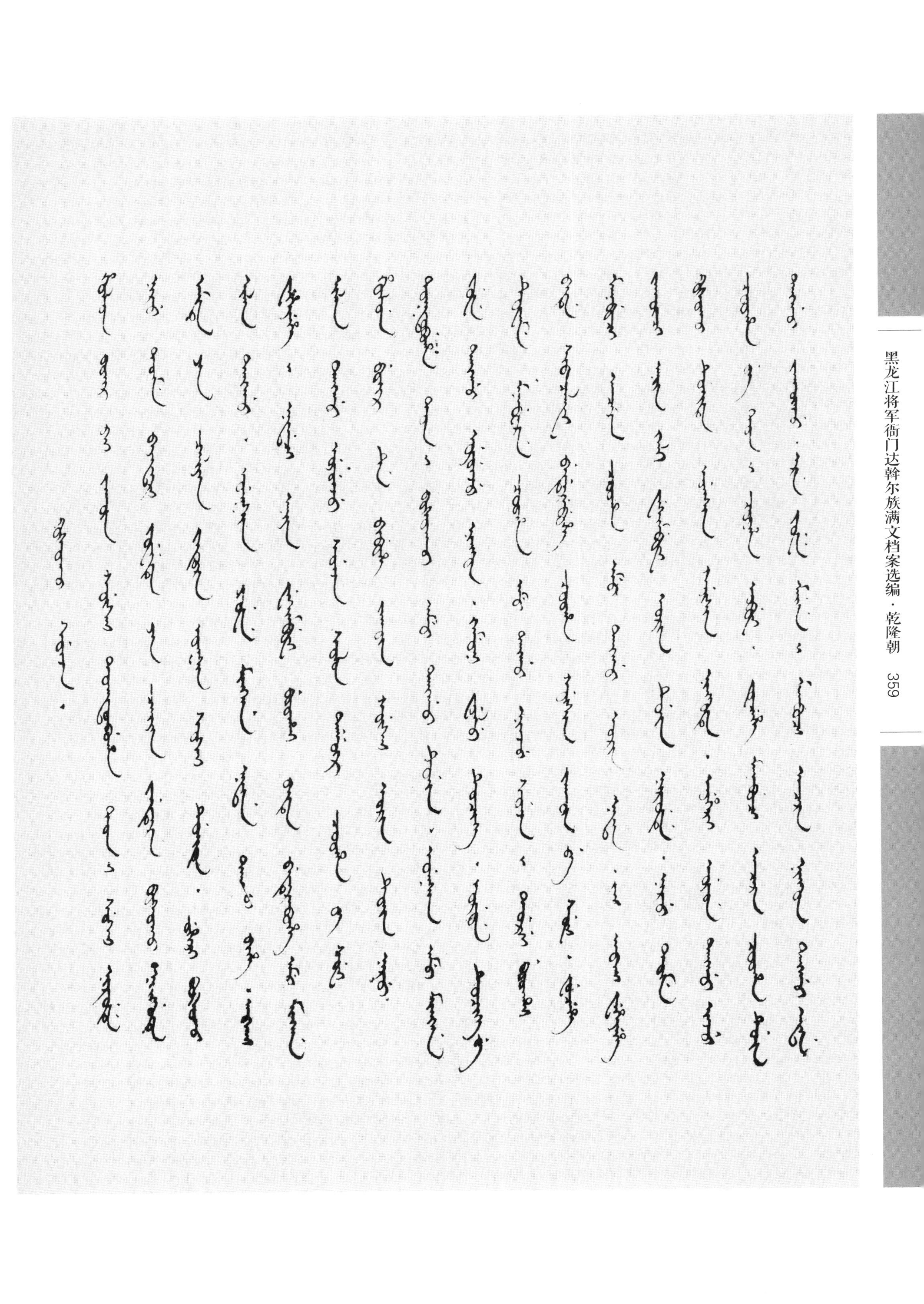

[illegible]

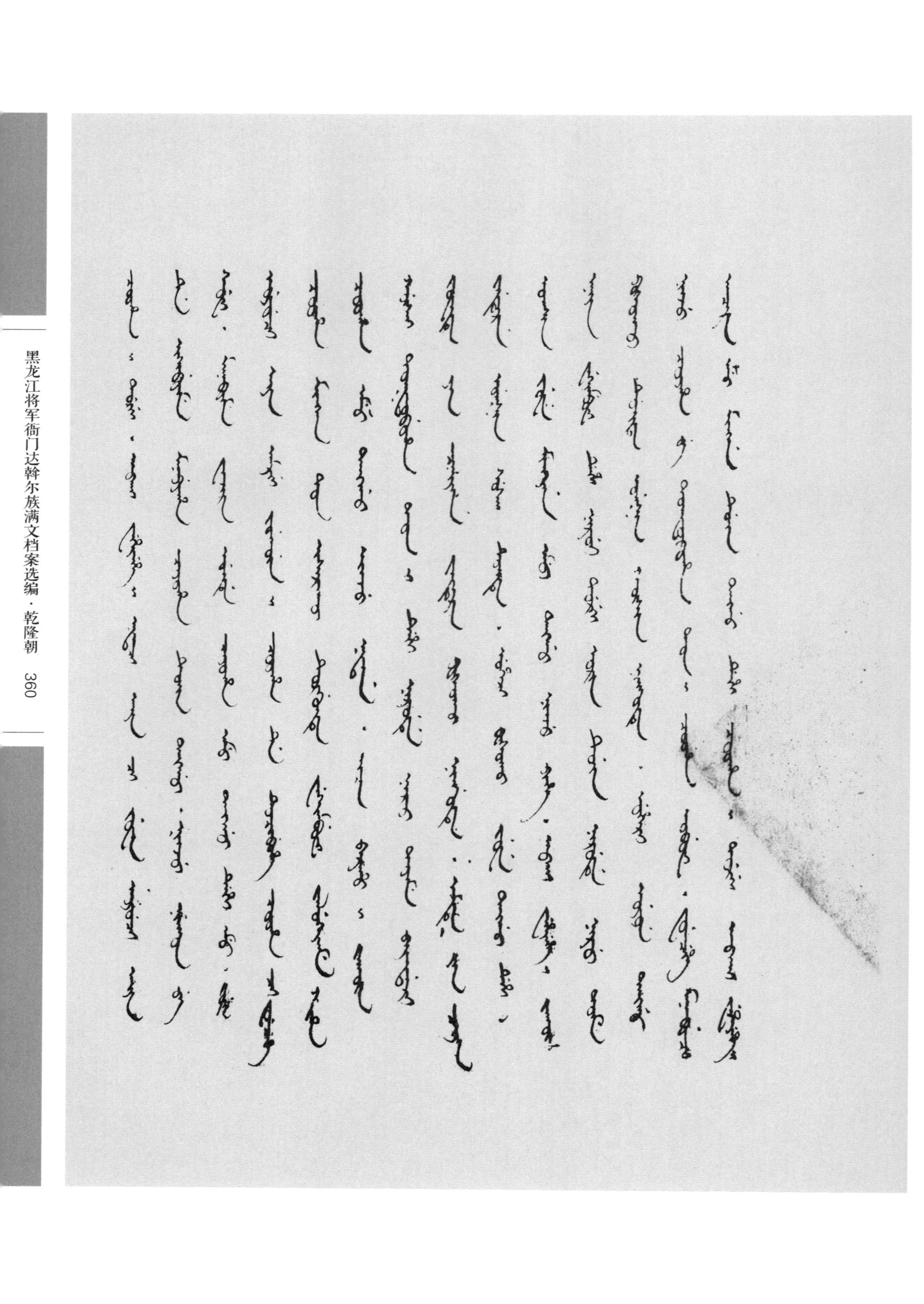

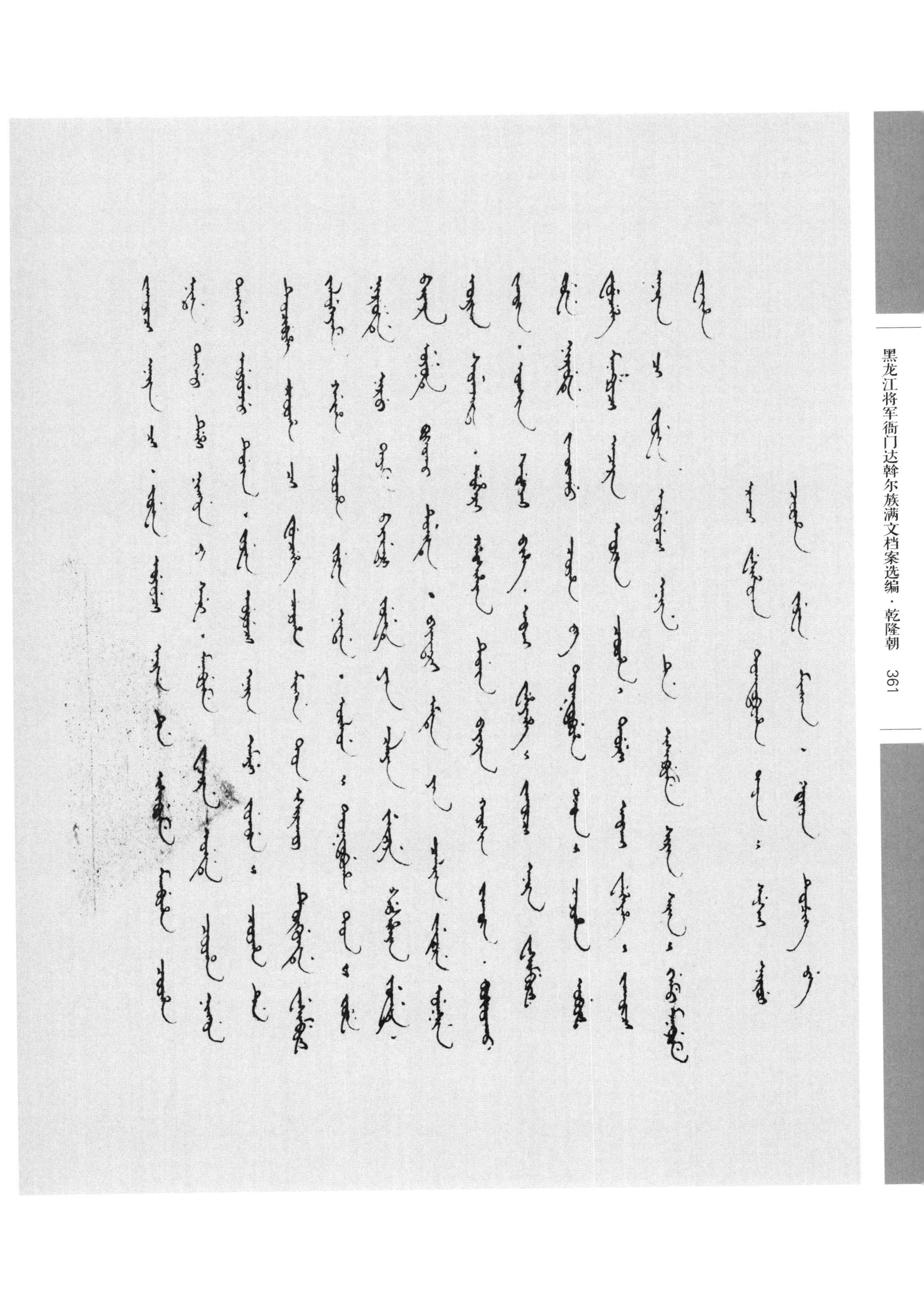

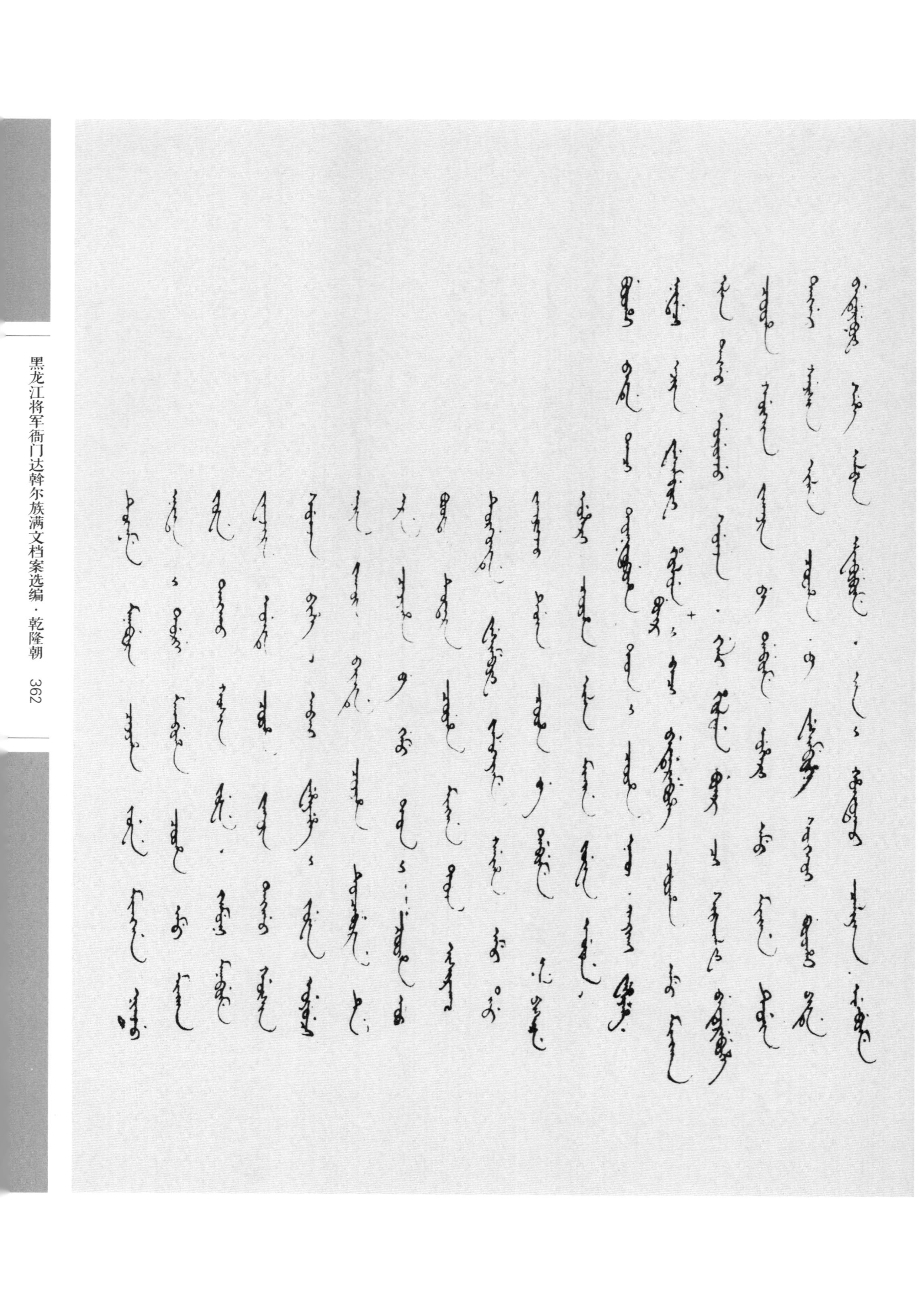

[illegible]

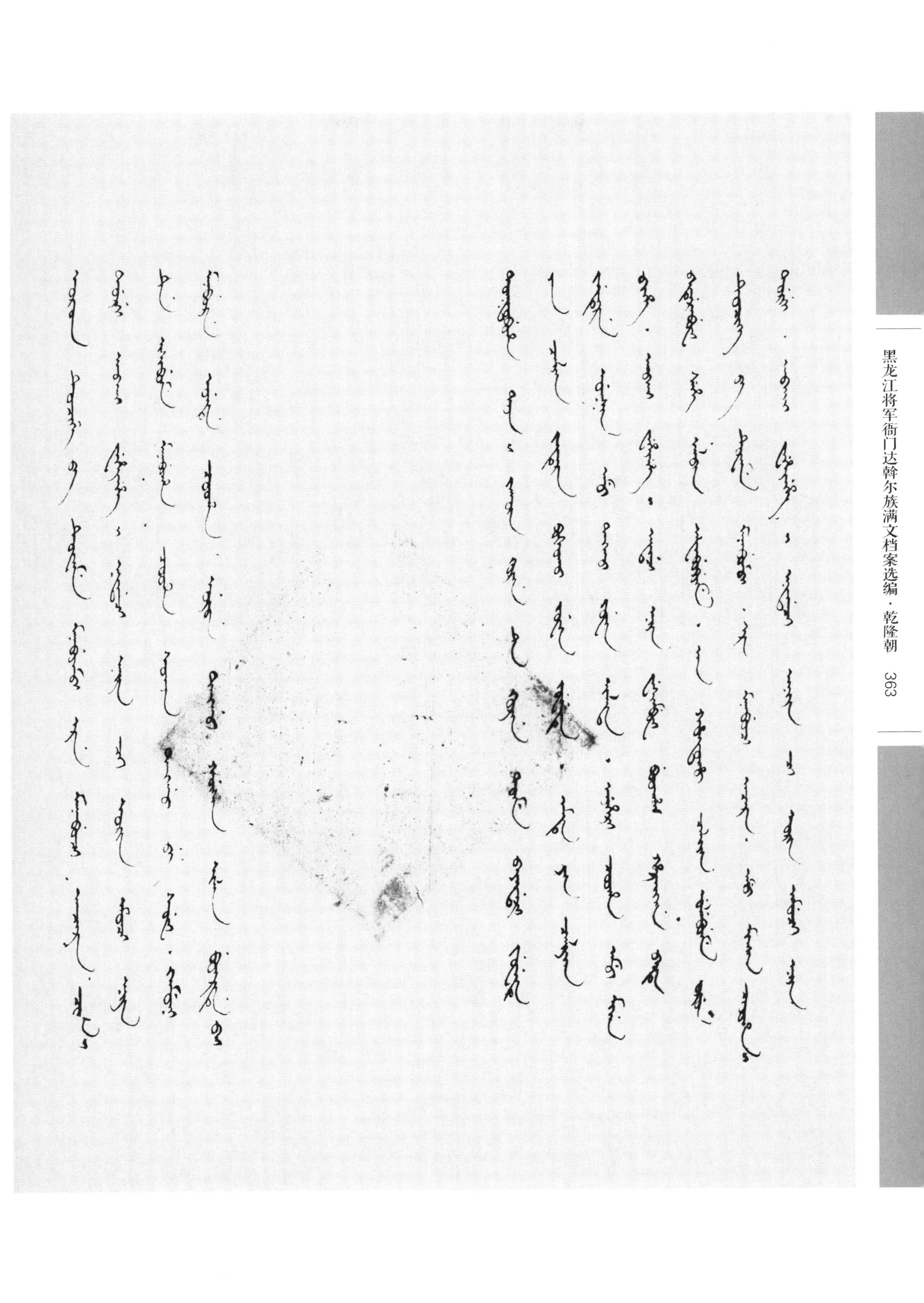

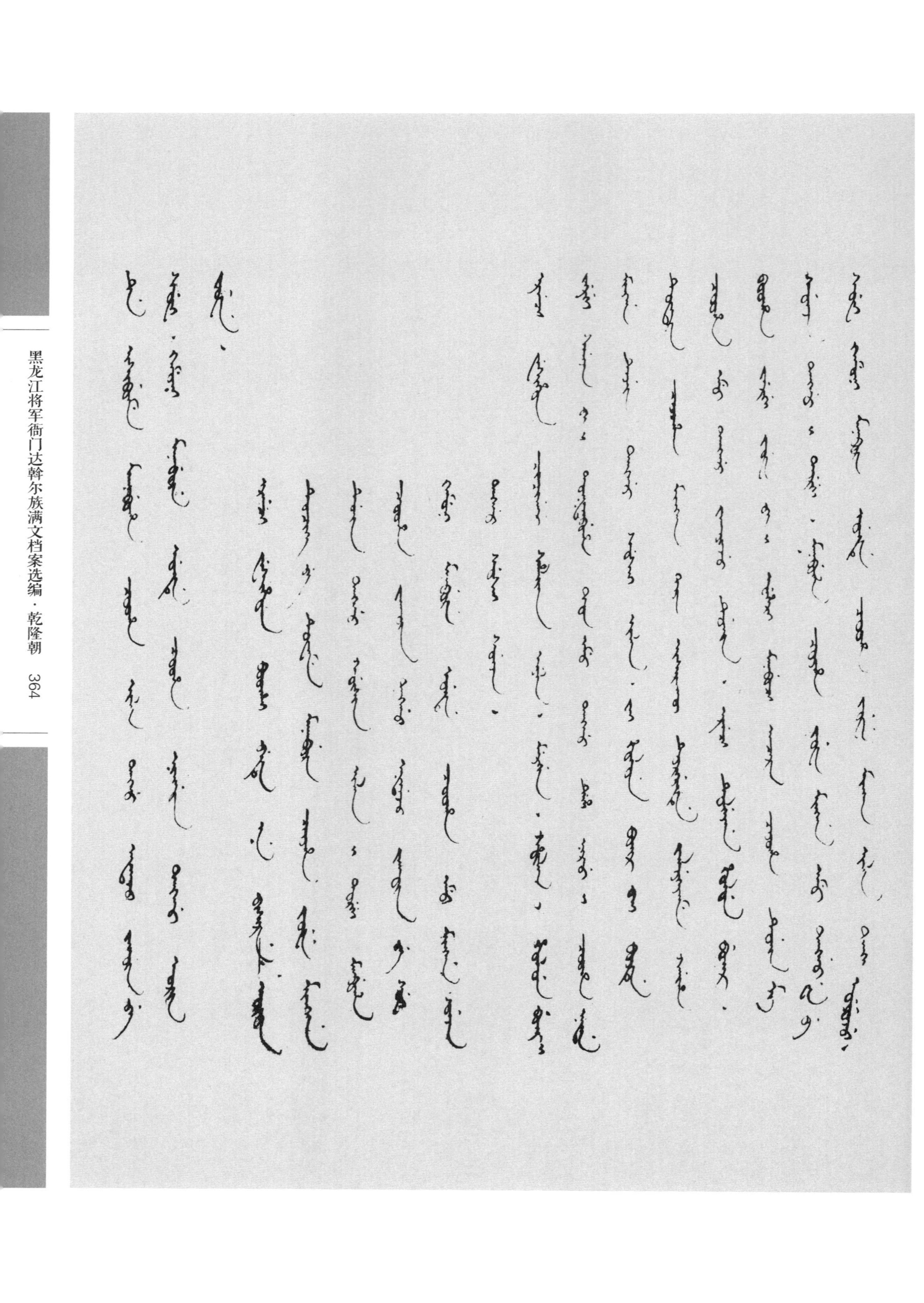

[illegible]

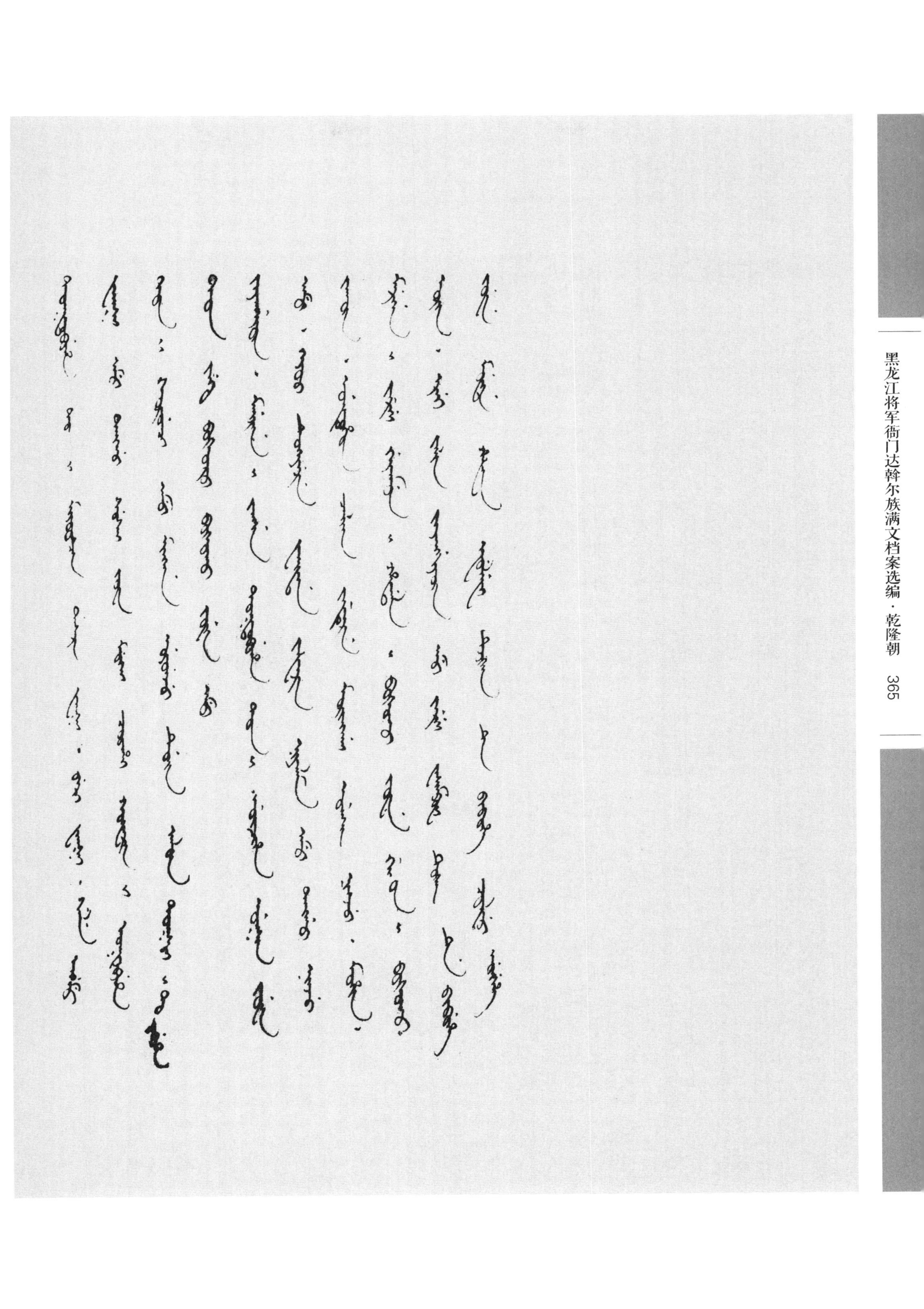

八八七 兵部为齐齐哈尔镶红旗达斡尔佐领尼默勒图出缺奉旨由骁骑校克依赫补授事咨黑龙江将军文

乾隆二十一年十二月十三日

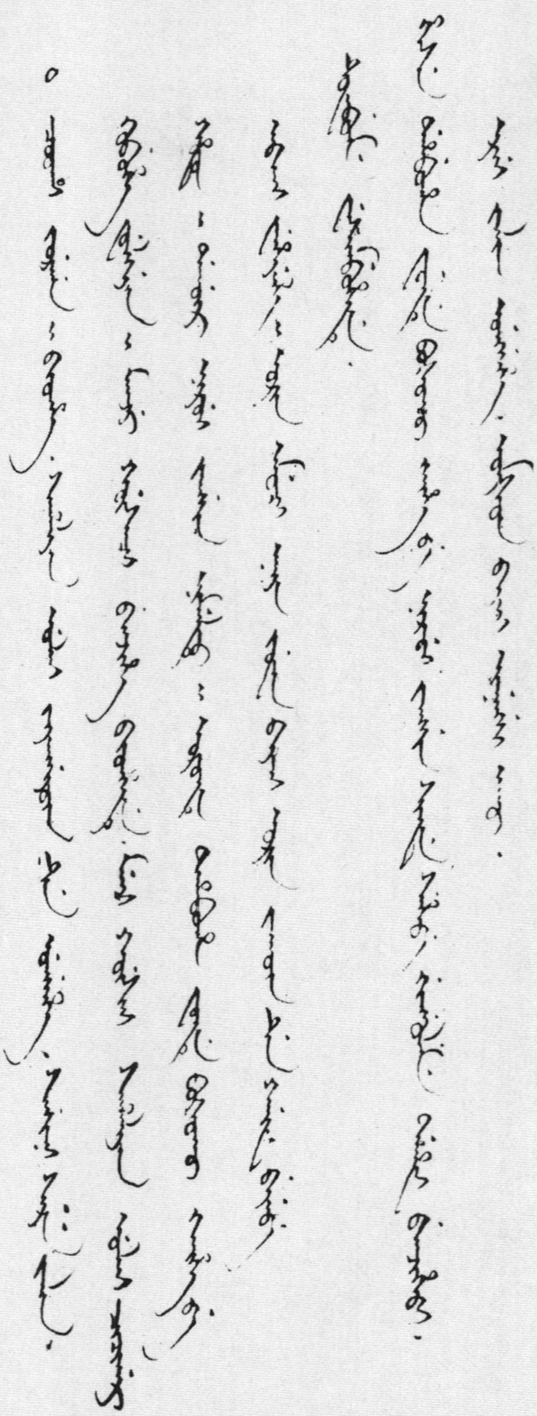

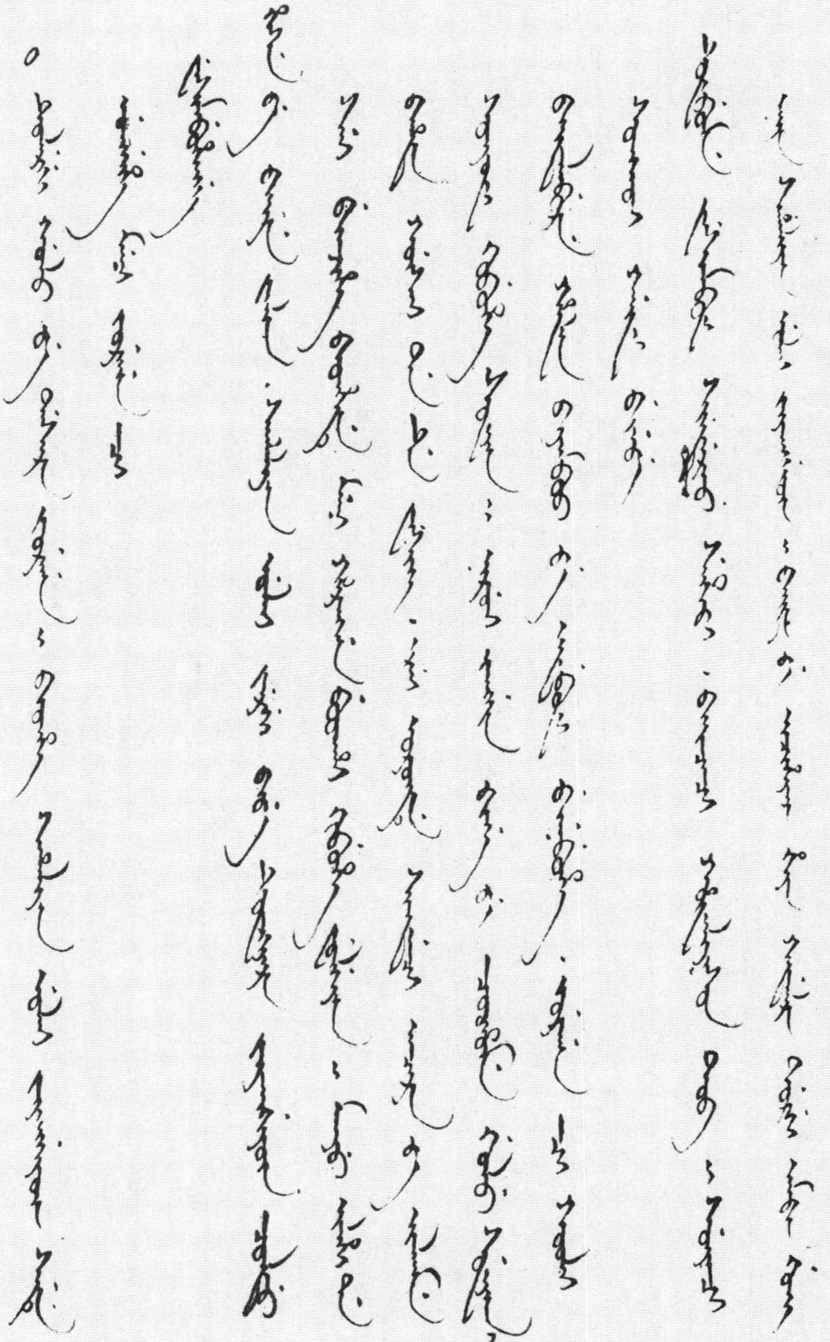

乾隆二十一年十二月十三日

八八八 理藩院为管索伦达斡尔布特哈镶红旗满洲副总管出缺奉旨由镶黄旗佐领巴格补授事咨黑龙江将军等文

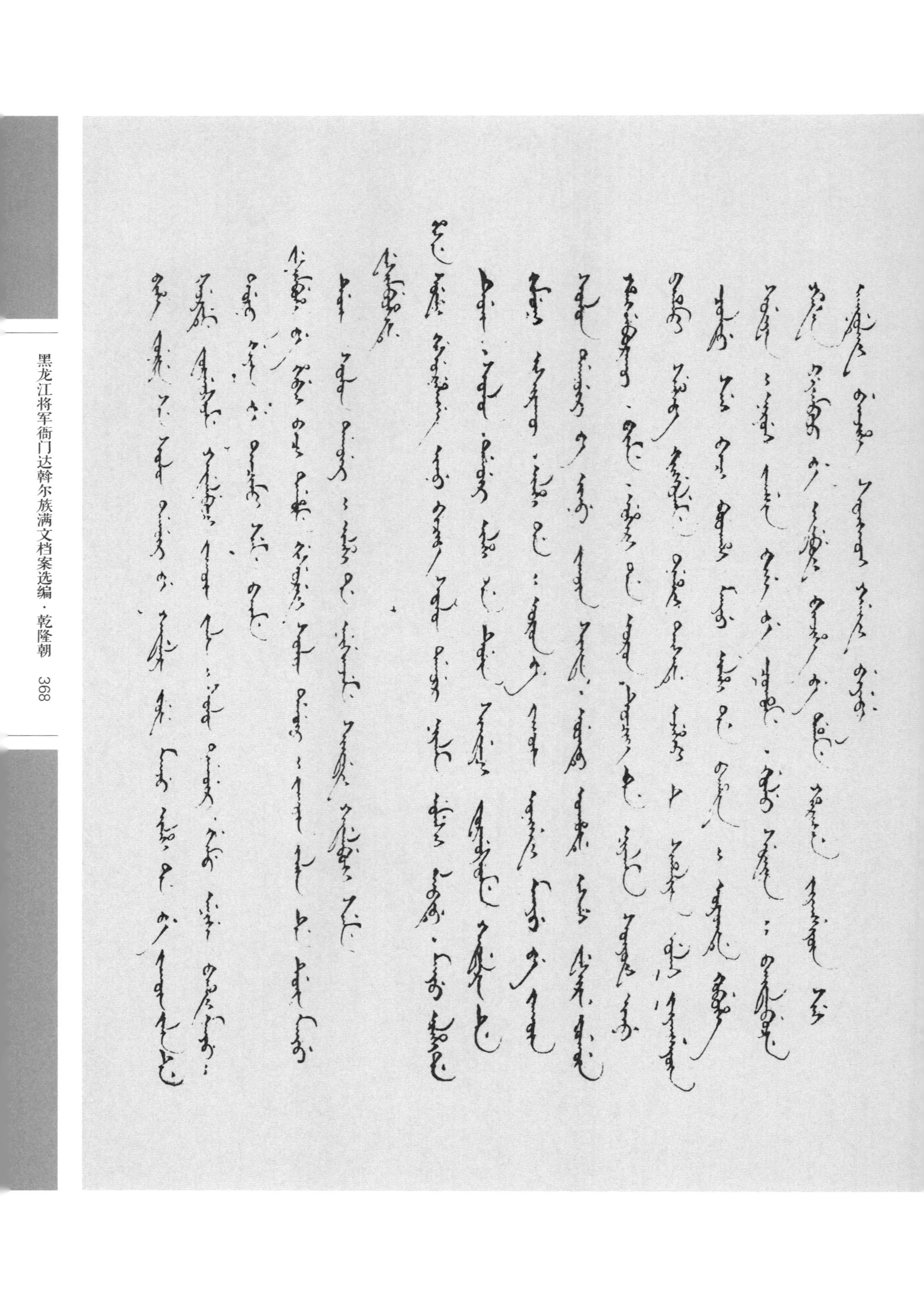

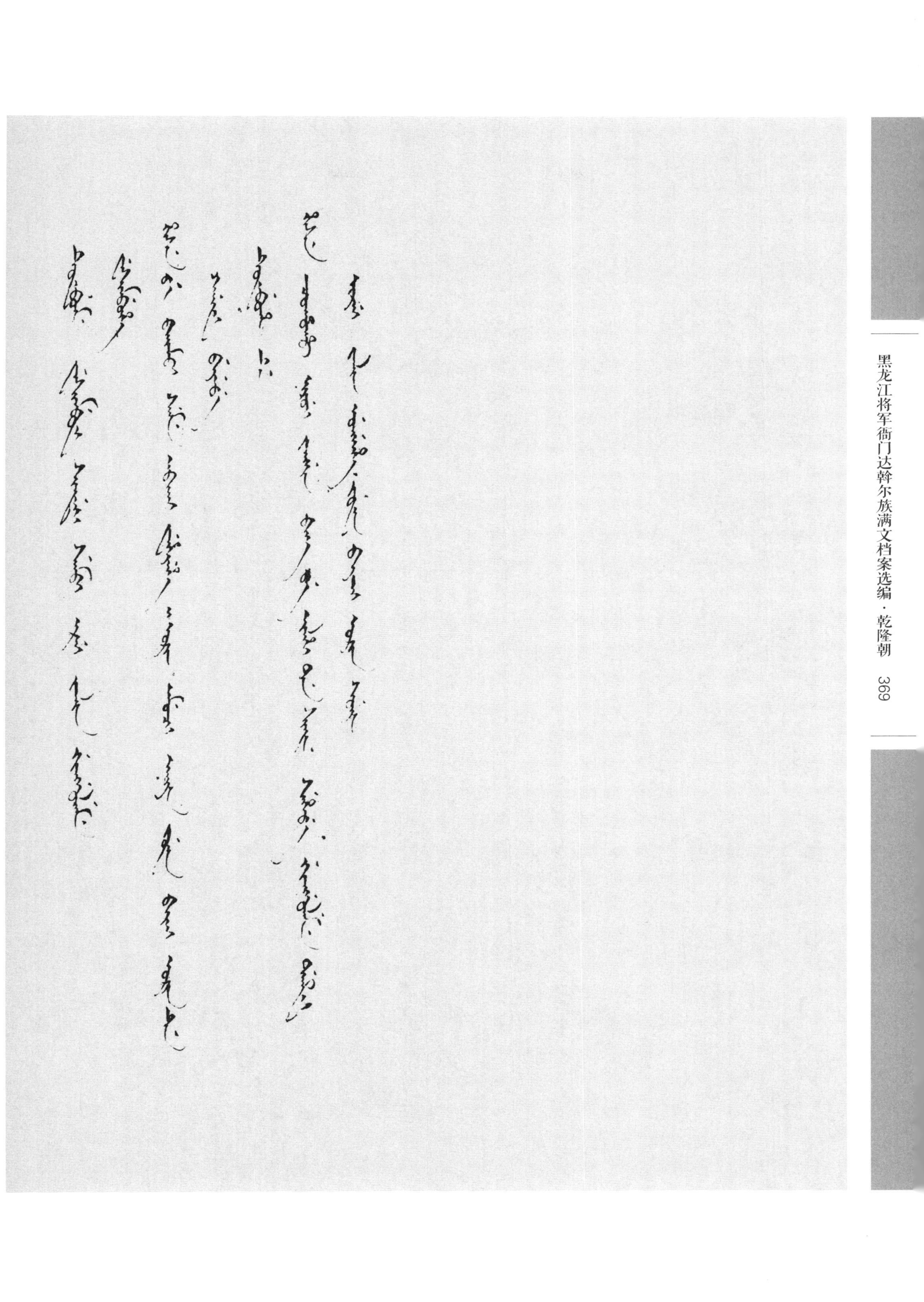

[illegible]

八八九 黑龙江将军衙门为布特哈受灾索伦达斡尔等人内未领口粮者赏给银两事札署布特哈索伦达斡尔总管佛济保等文

乾隆二十二年正月初十日

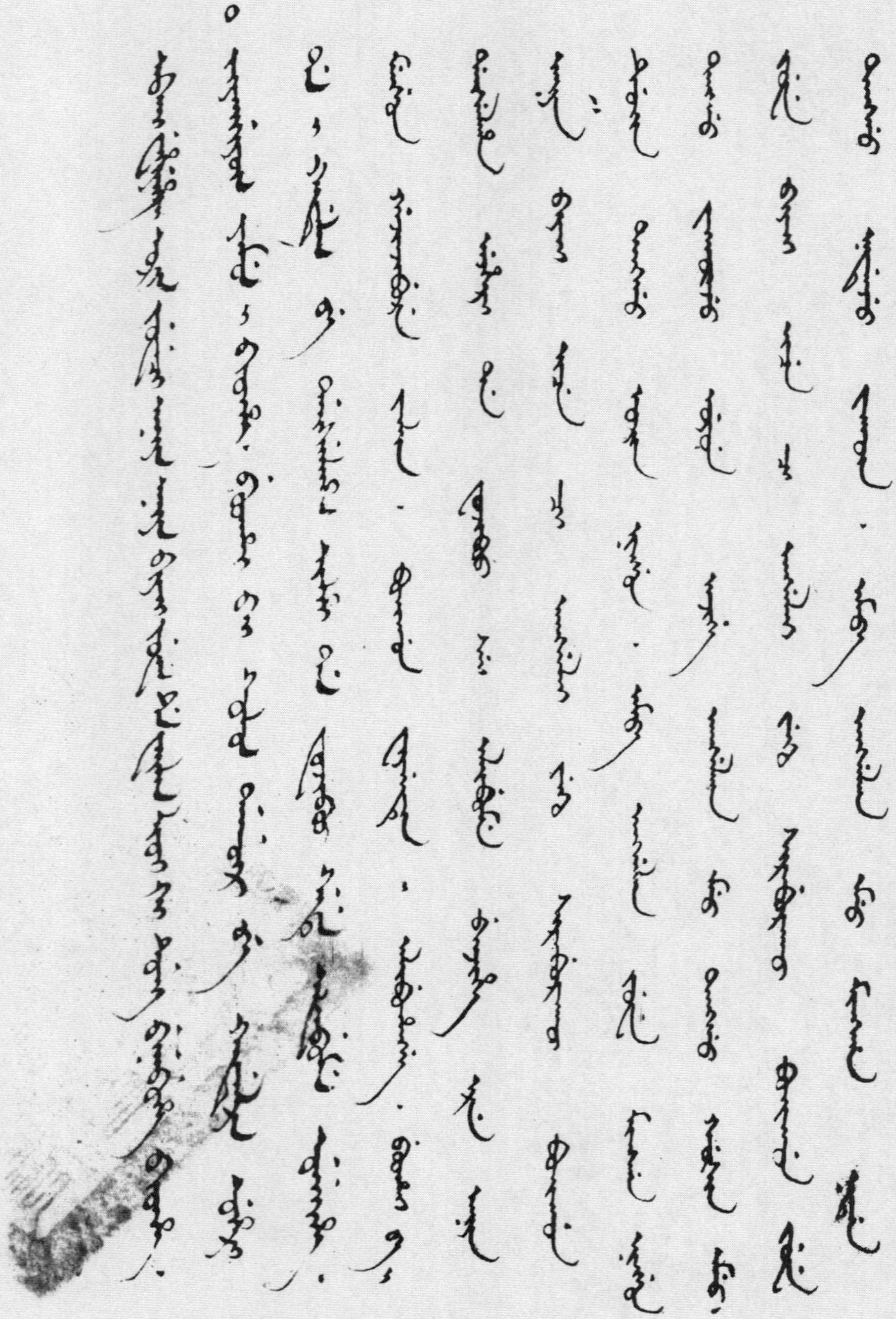

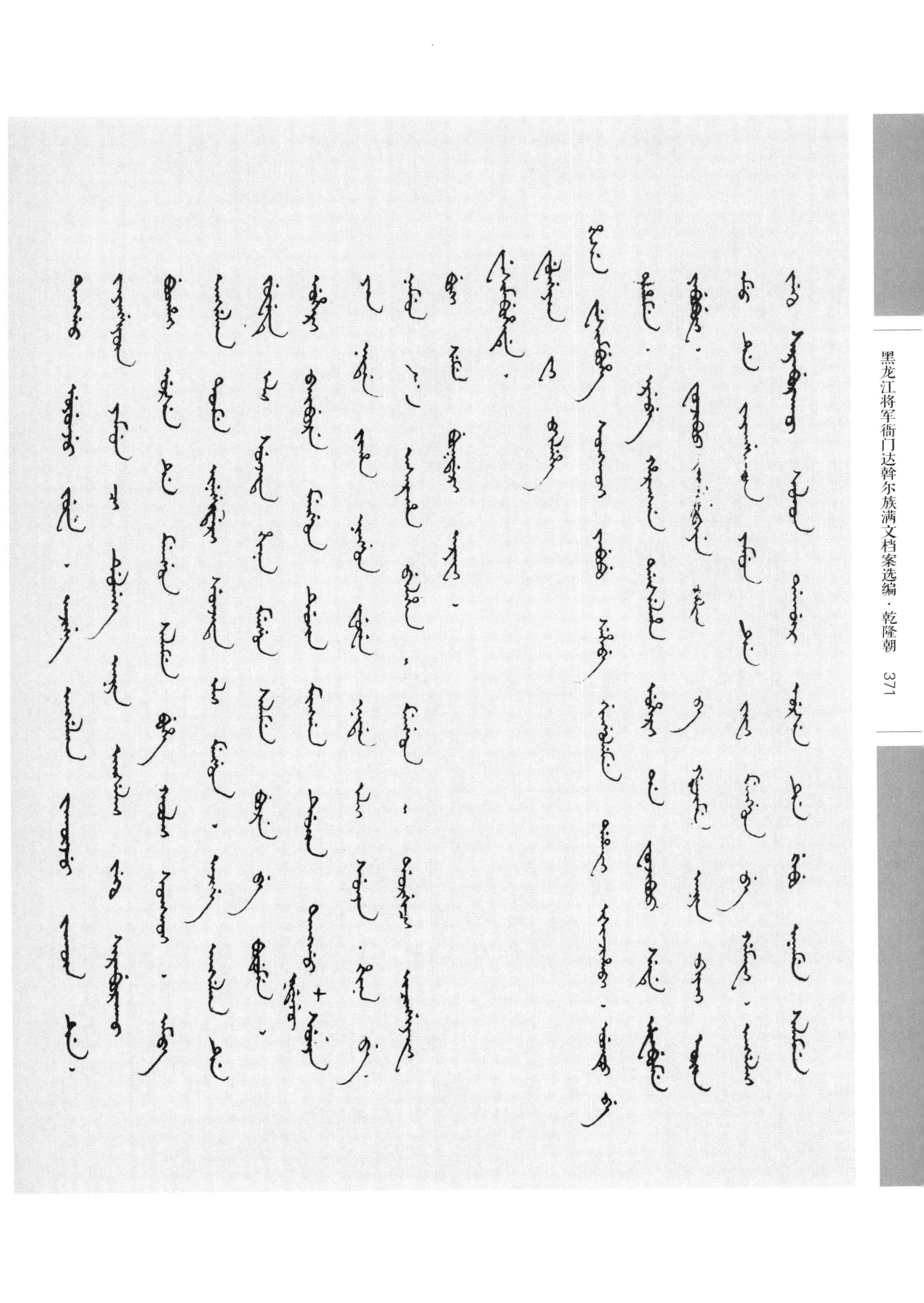

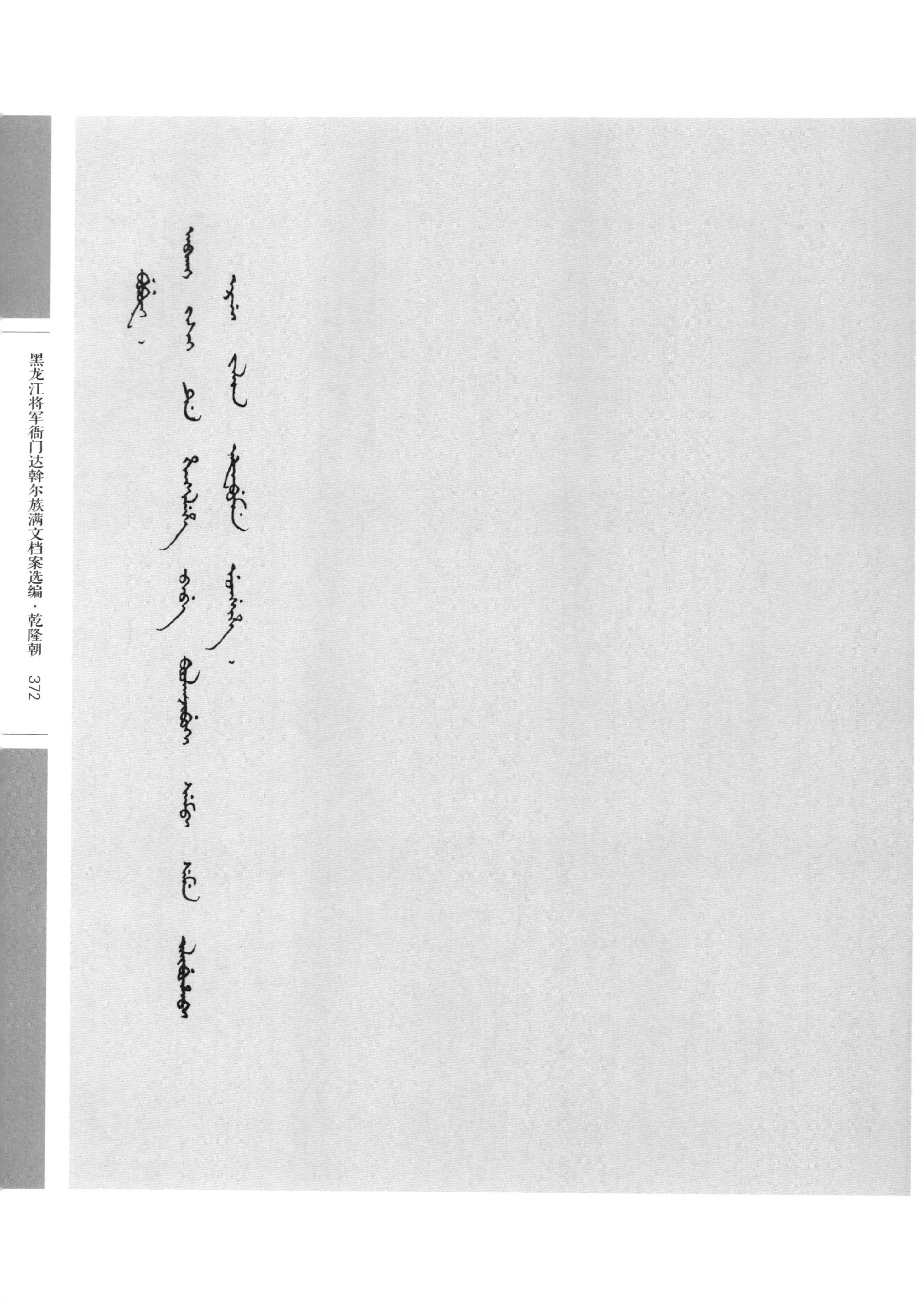

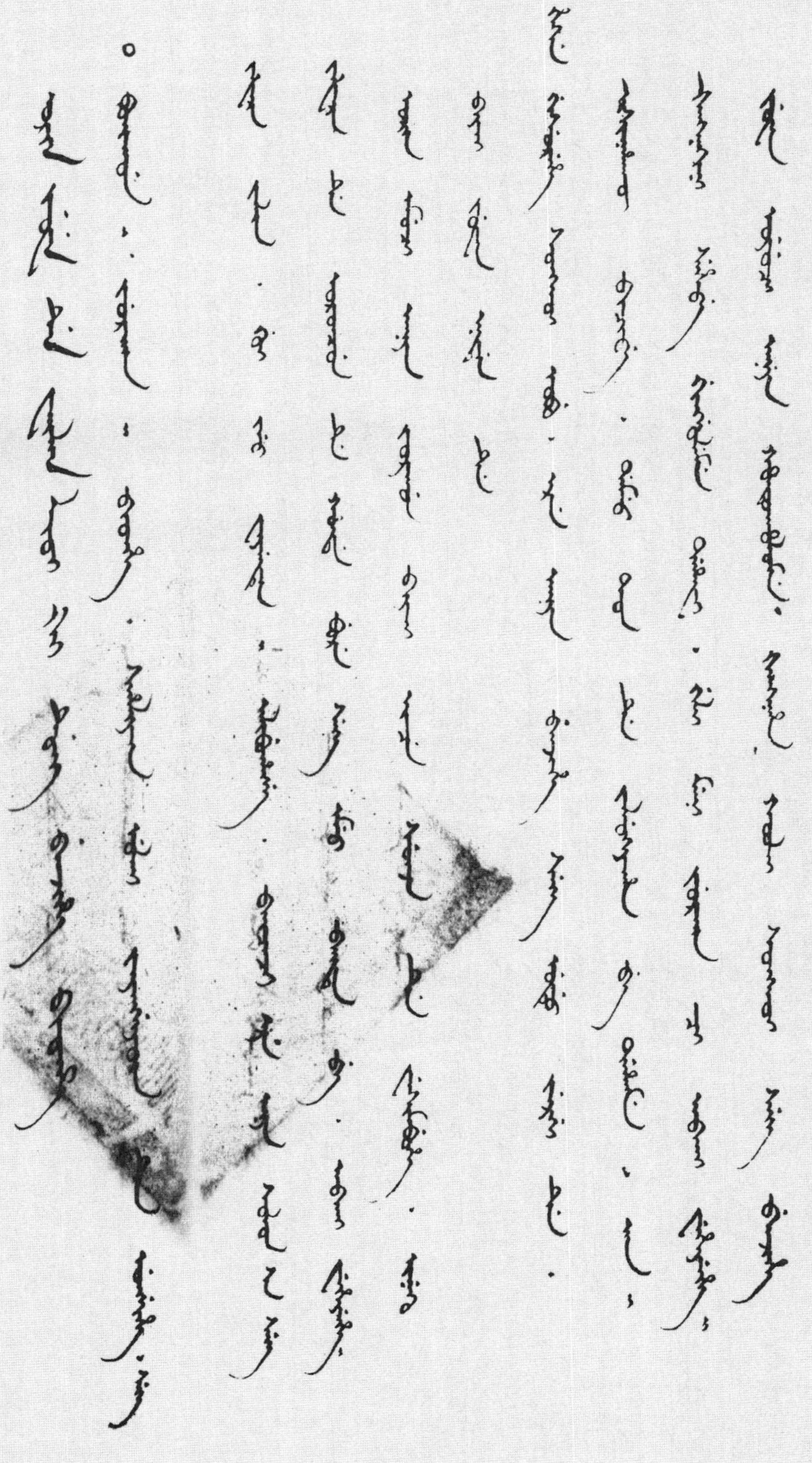

乾隆二十二年二月二十二日

八九〇　户部为本年布特哈索伦达斡尔等所贡貂皮足数不及等第仍照例赏赐事咨黑龙江将军文（附来文一件）

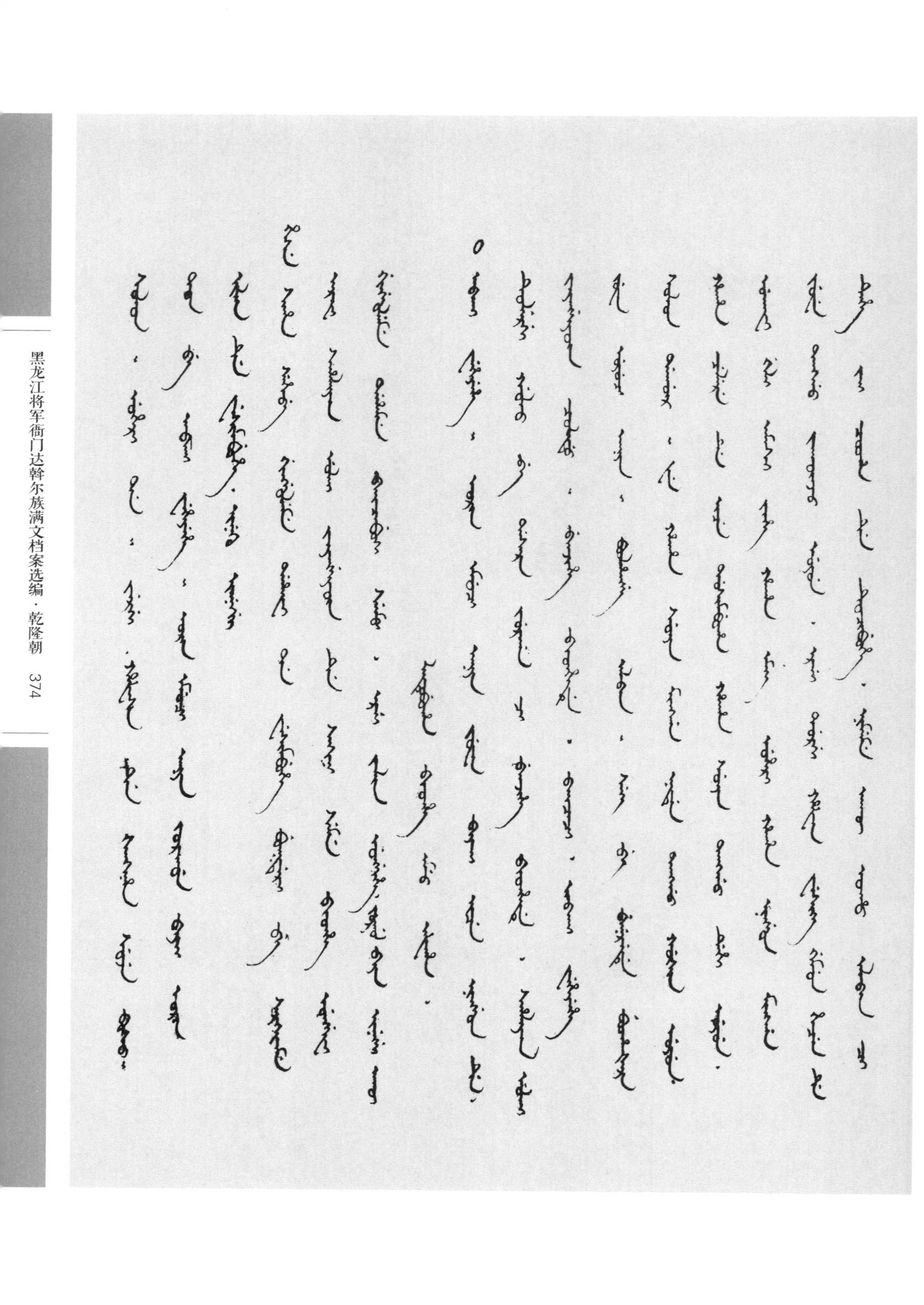

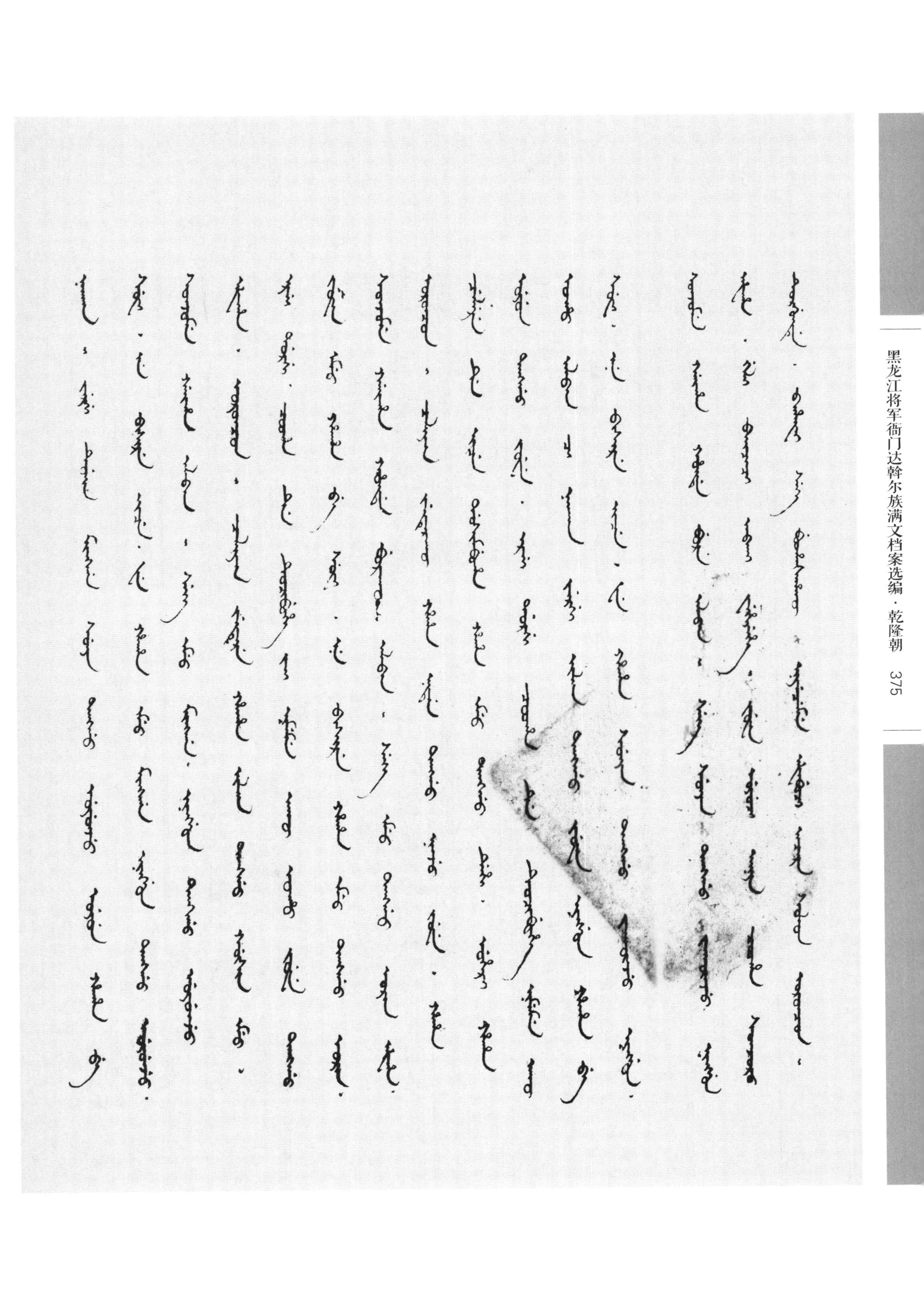

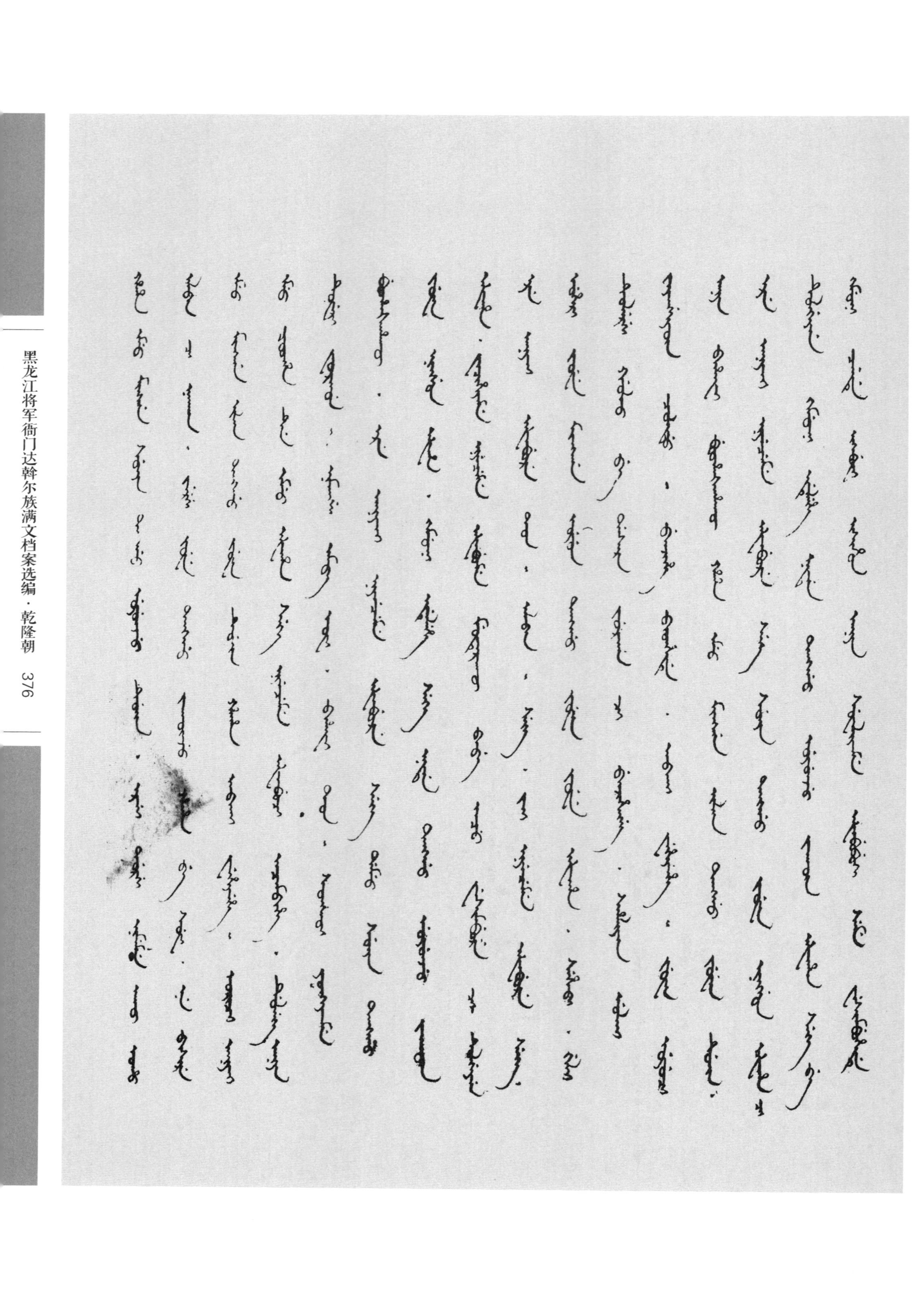

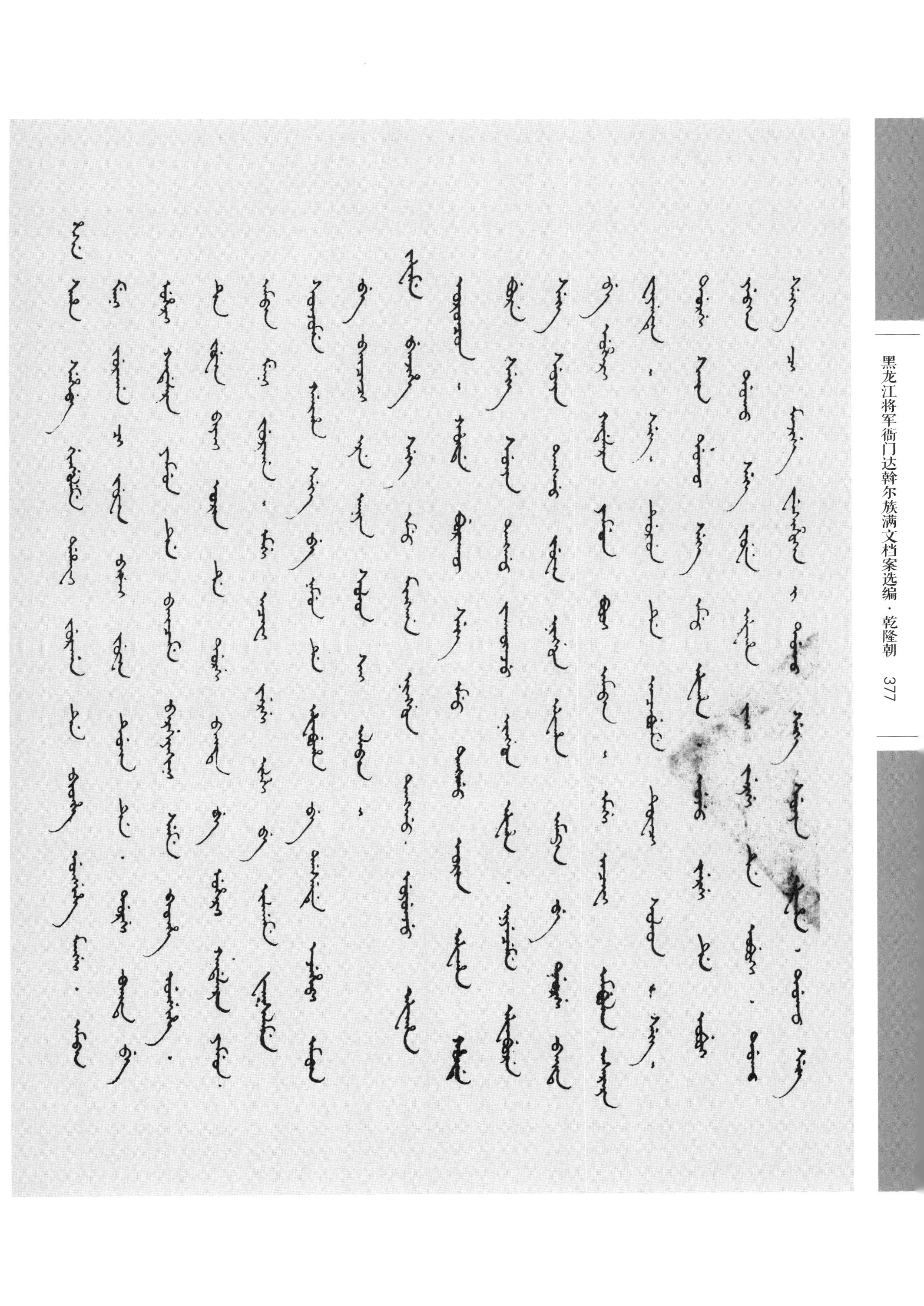

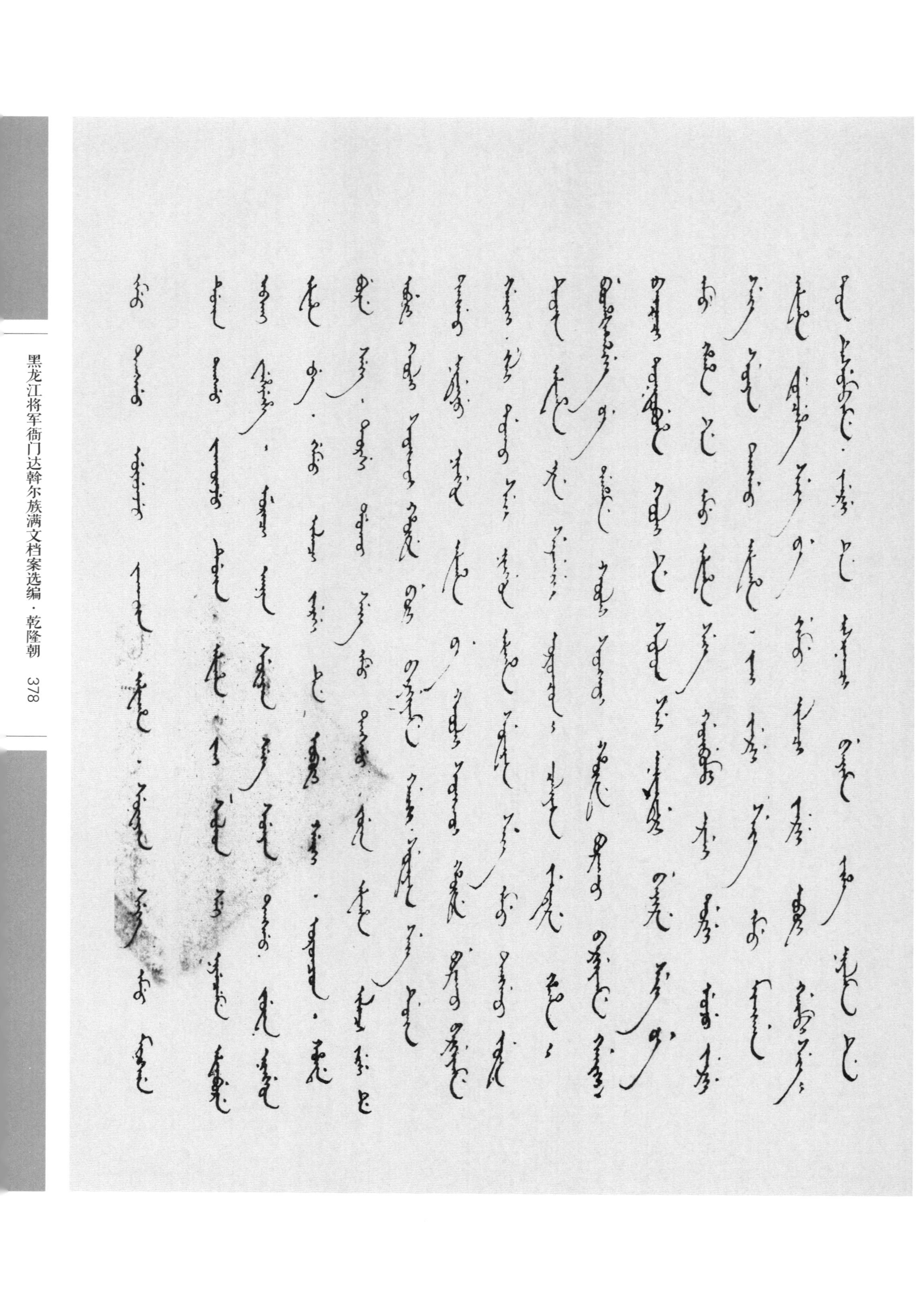

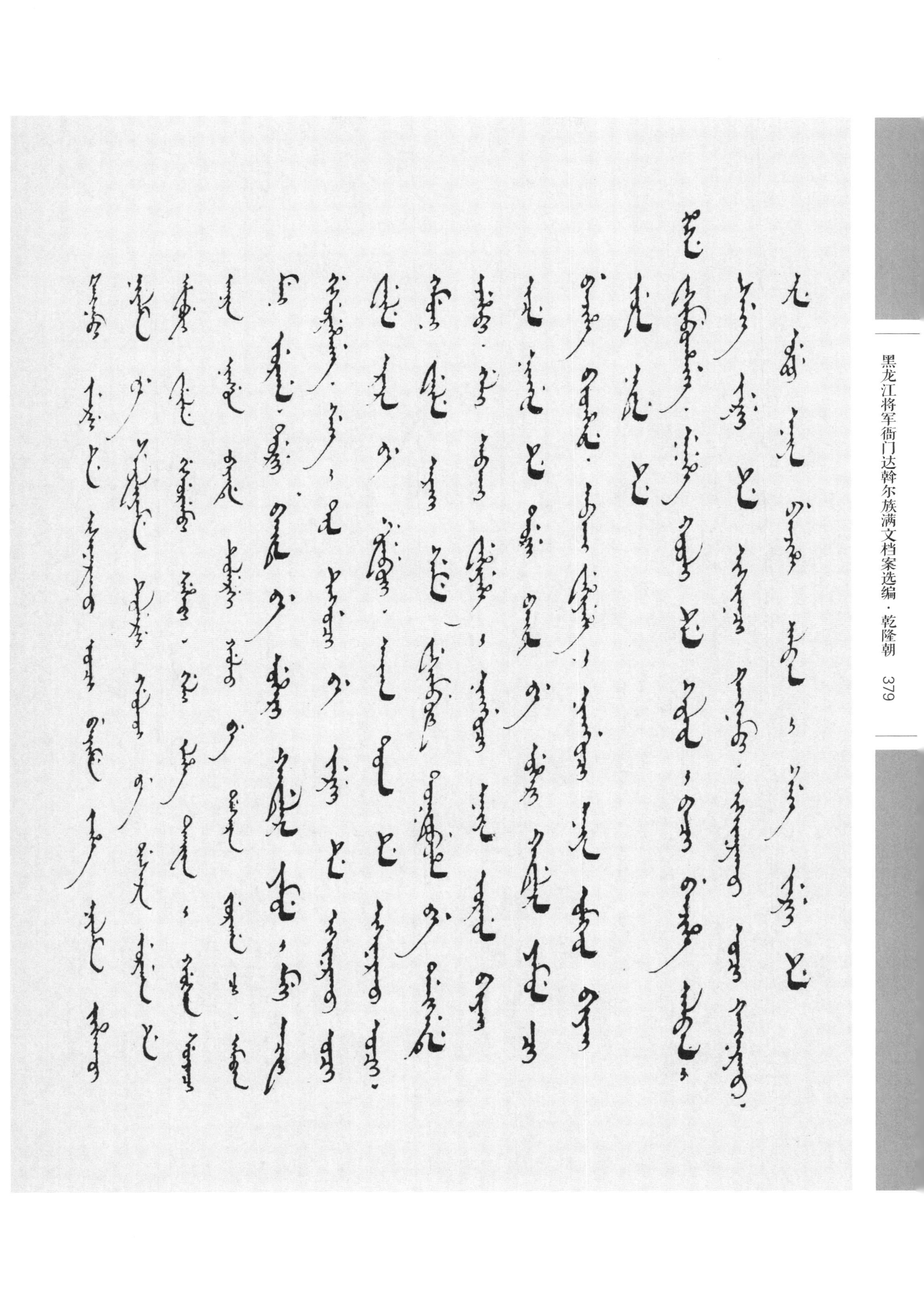

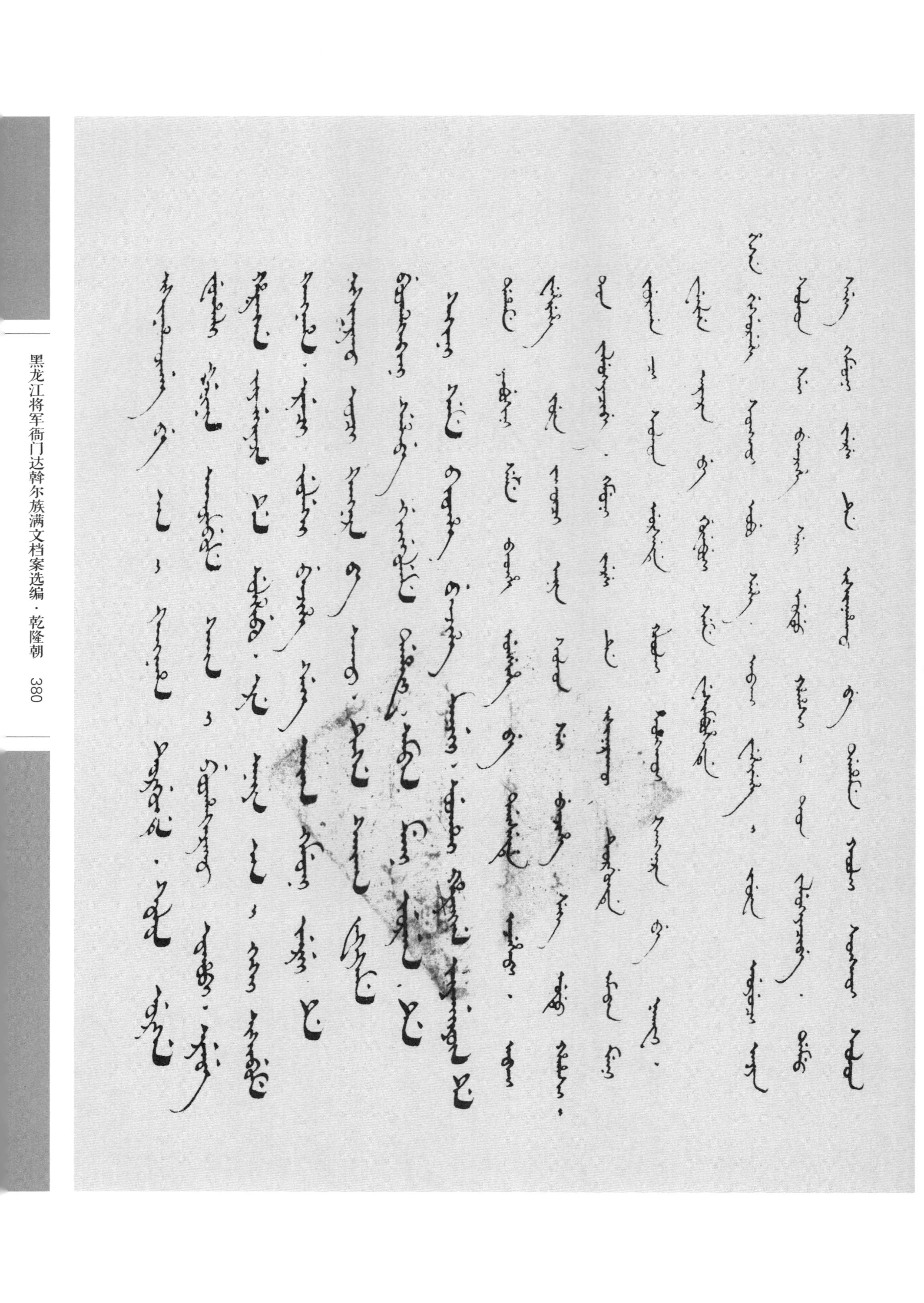

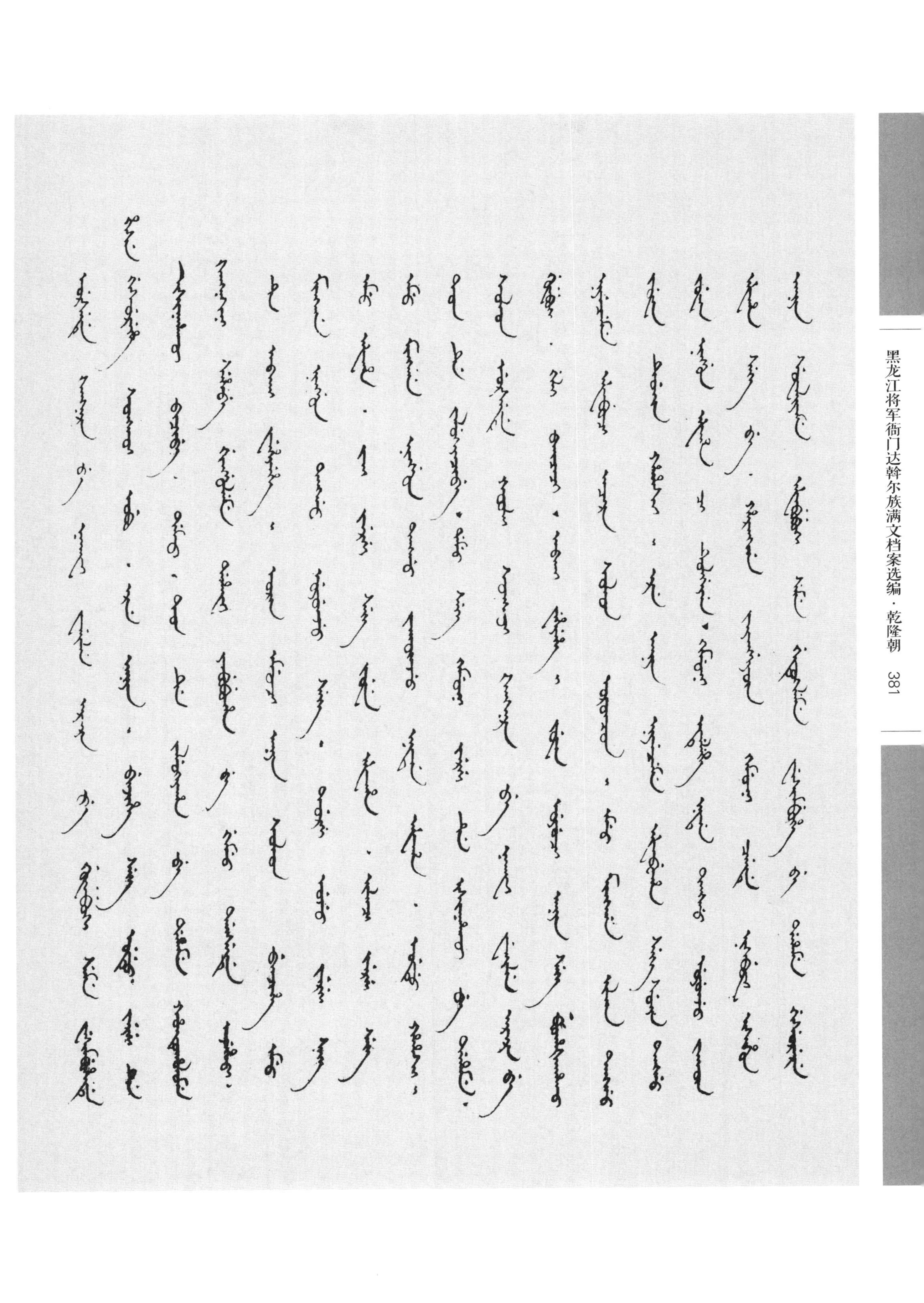

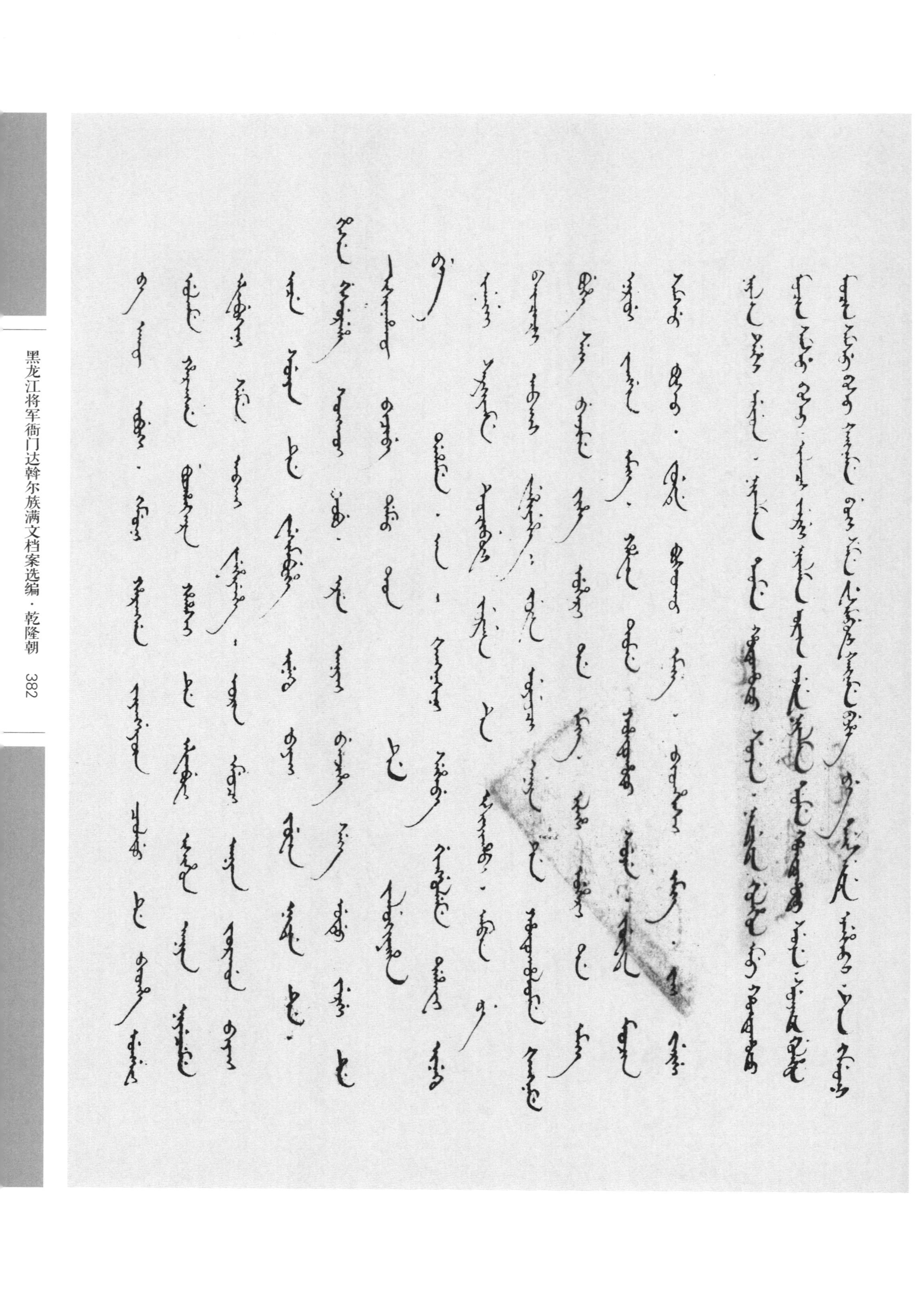

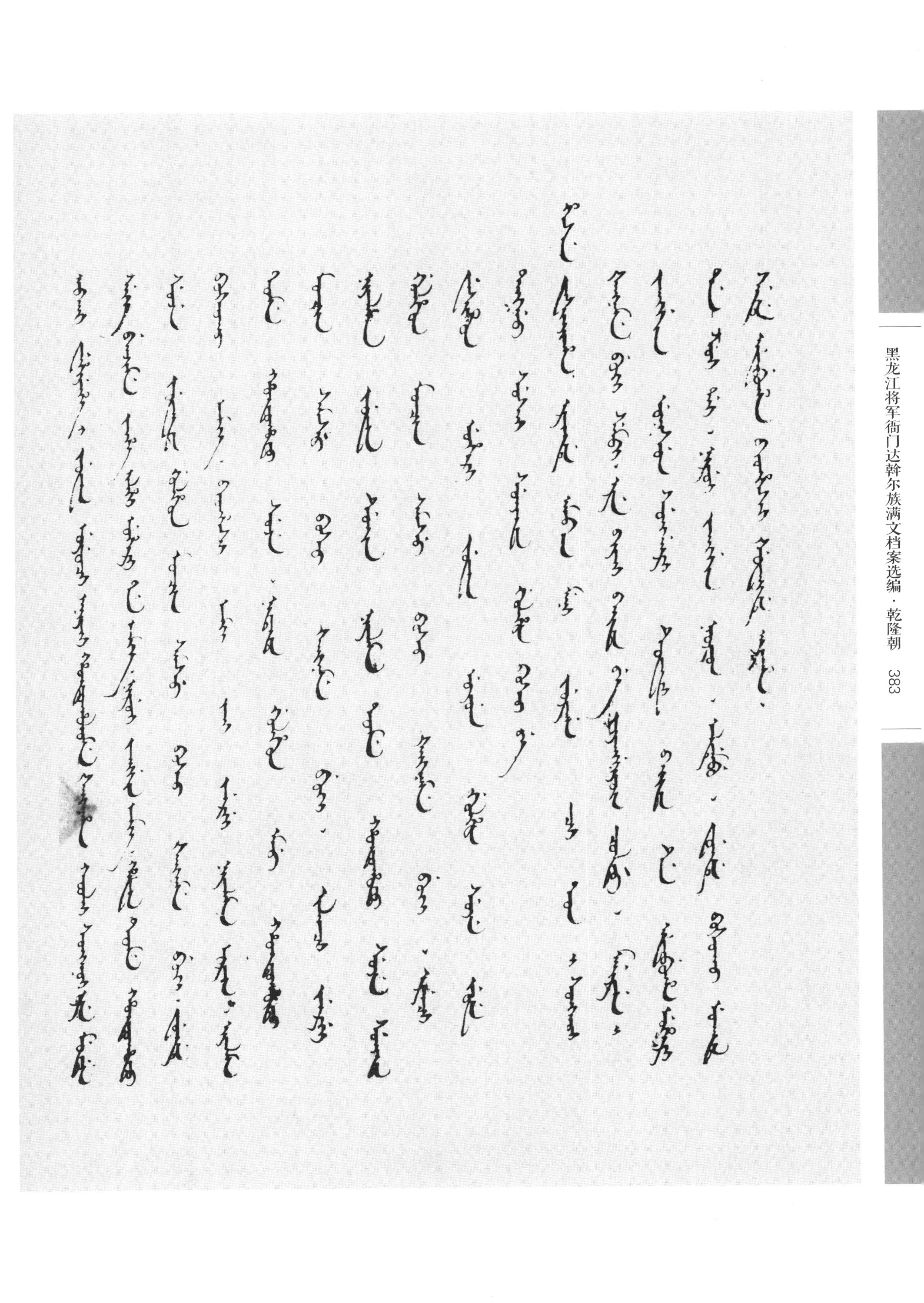

[illegible]

八九一 墨尔根副都统衙门为本城达斡尔公中佐领出缺拣选拟补骁骑校事咨黑龙江将军衙门文

乾隆二十二年二月二十六日

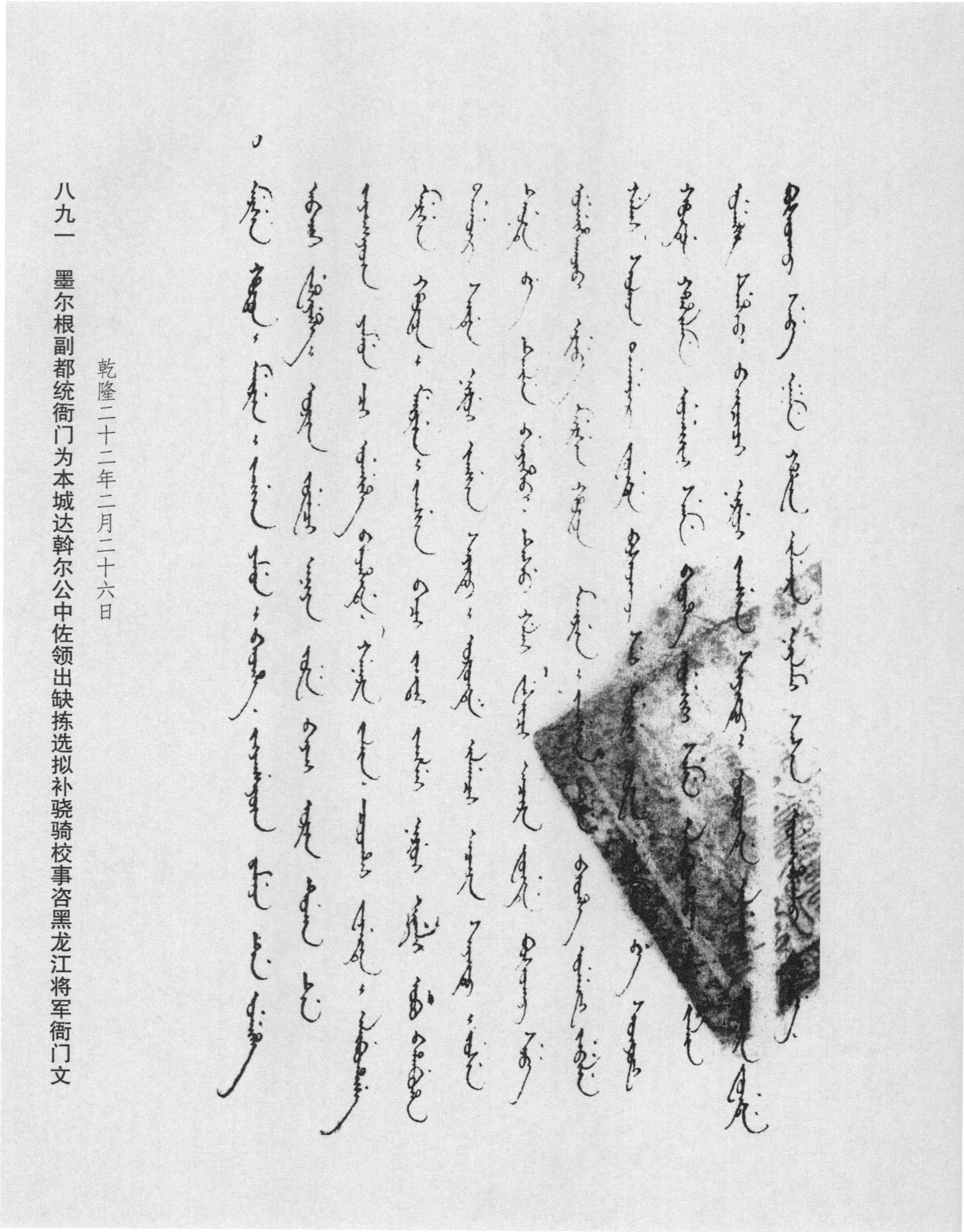

八九二 黑龙江将军衙门为呼兰右翼副总管巴尔赛升迁出缺拟选齐齐哈尔正黄旗达斡尔佐领华山引见事咨兵部文

乾隆二十二年三月十五日

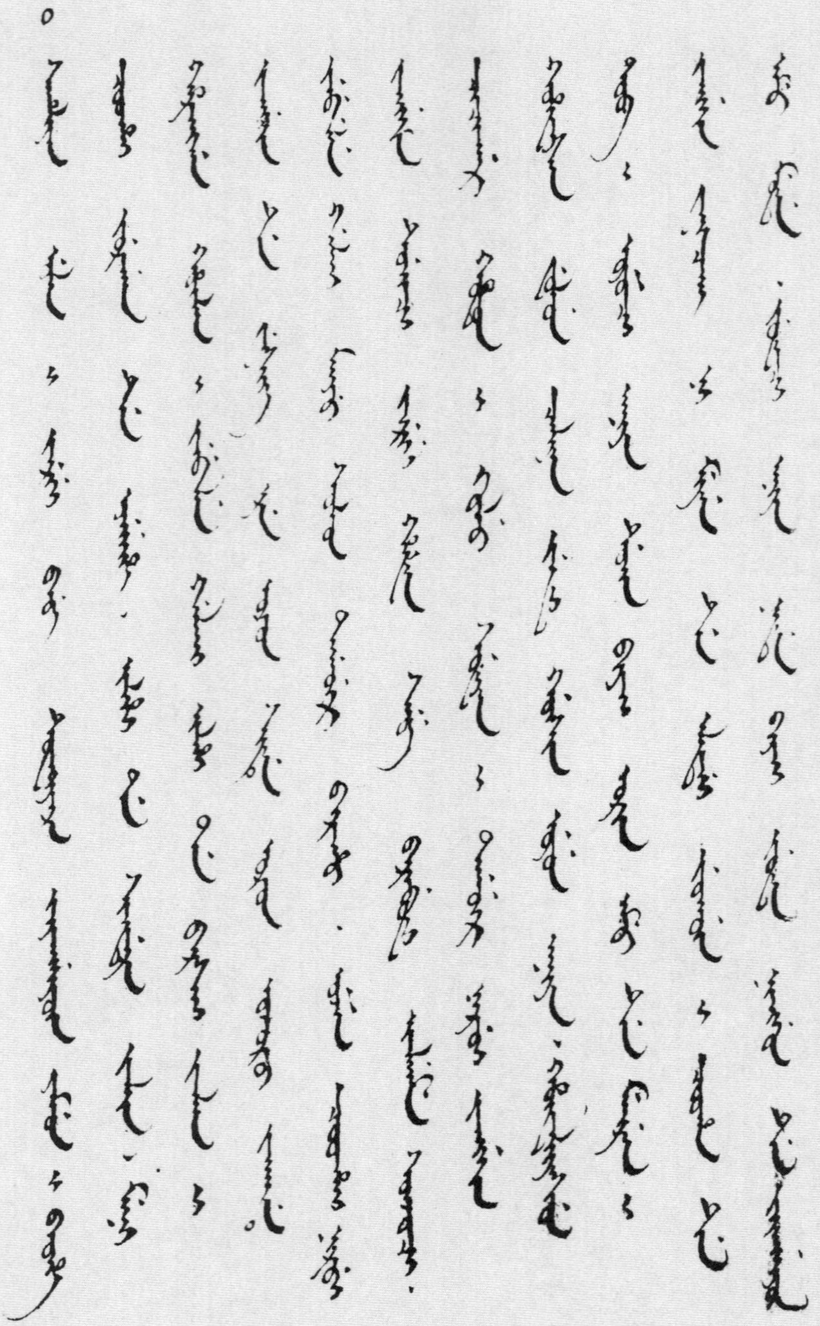

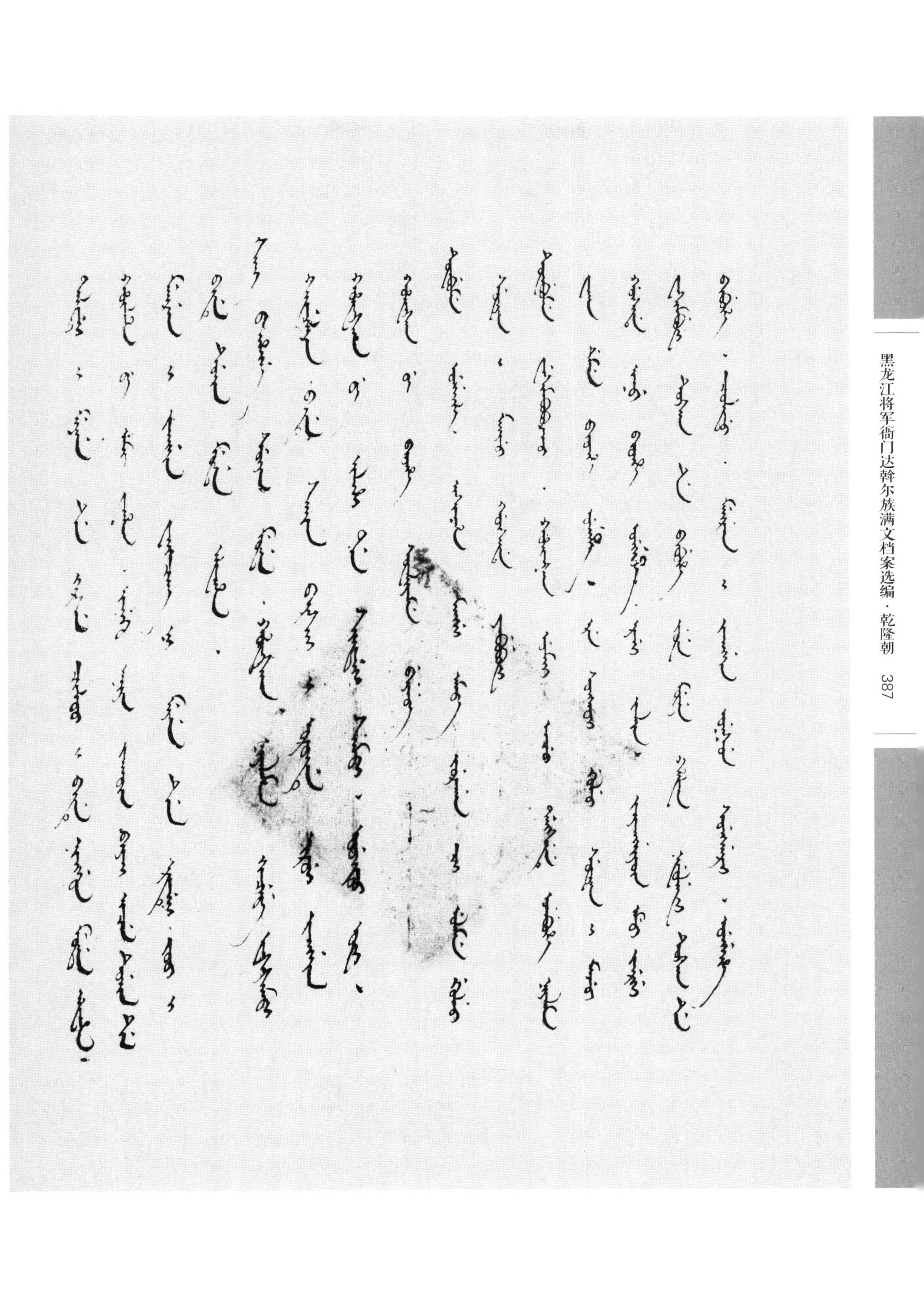

八九三 黑龙江将军衙门为墨尔根城镶红旗达斡尔佐领章锡保病故出缺拟选正黄旗骁骑校攸勒乐图引见事咨兵部文

乾隆二十二年三月十五日

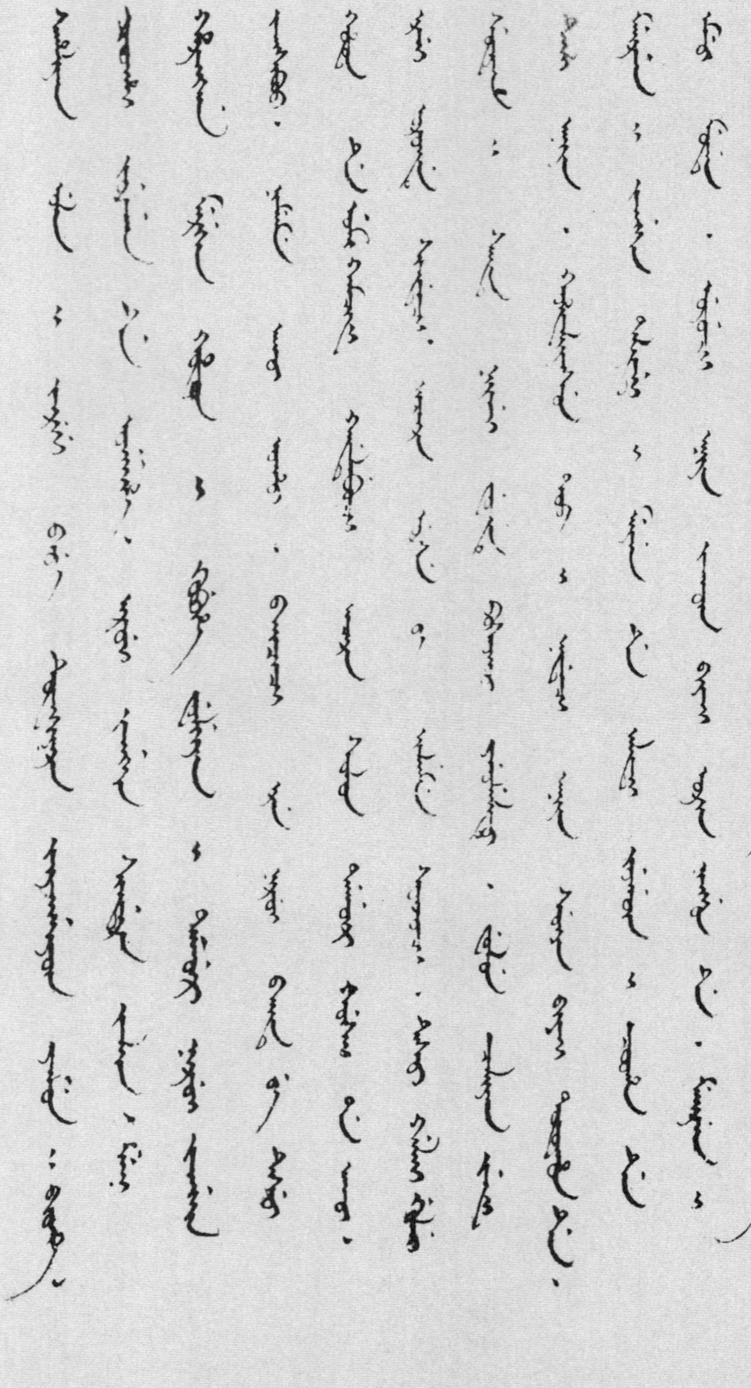

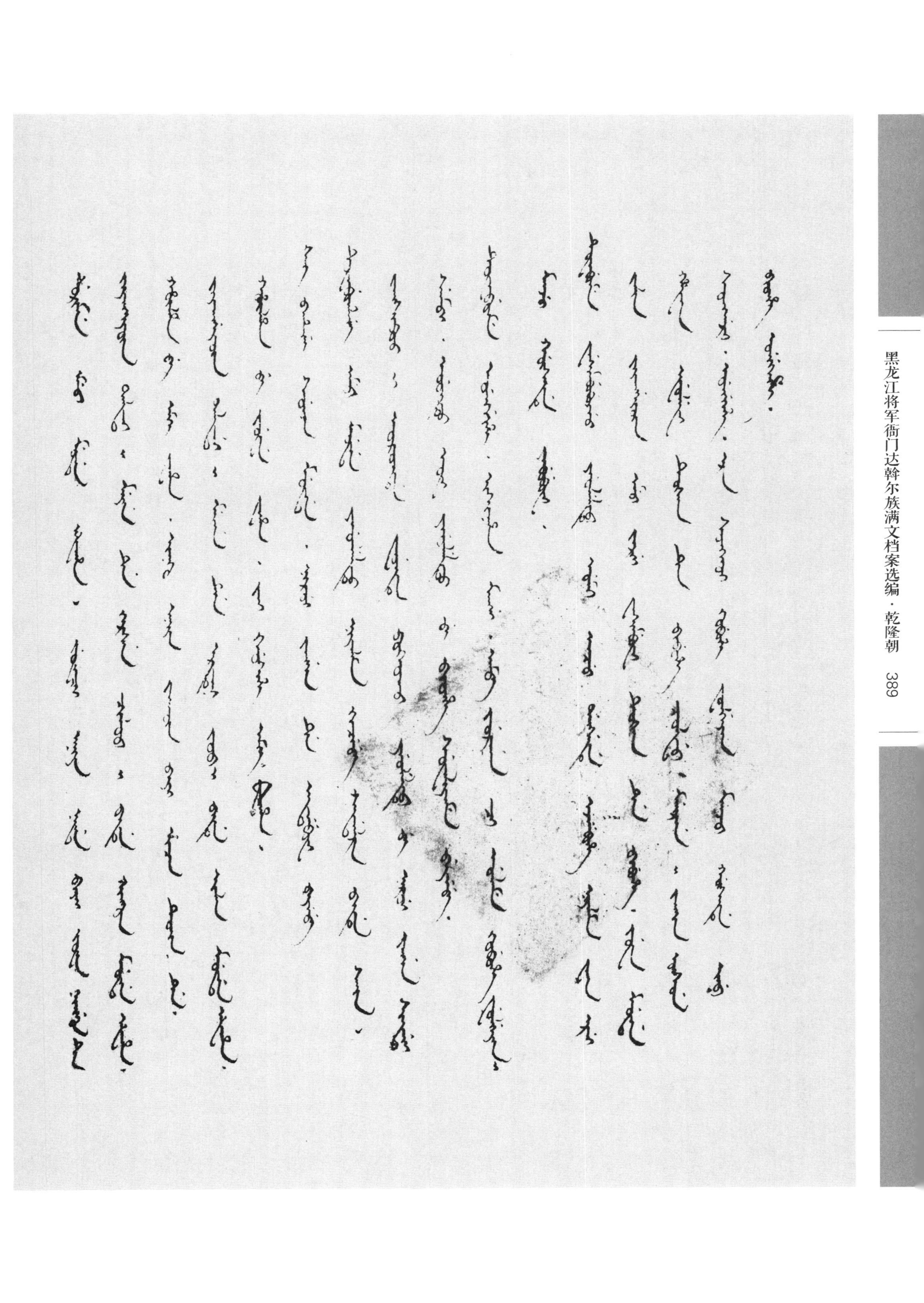

八九四 黑龙江将军衙门为墨尔根城正黄旗达斡尔佐领萨济图阵亡出缺查明源流拟选人员引见事咨兵部文（附名单一件）

乾隆二十二年三月十五日

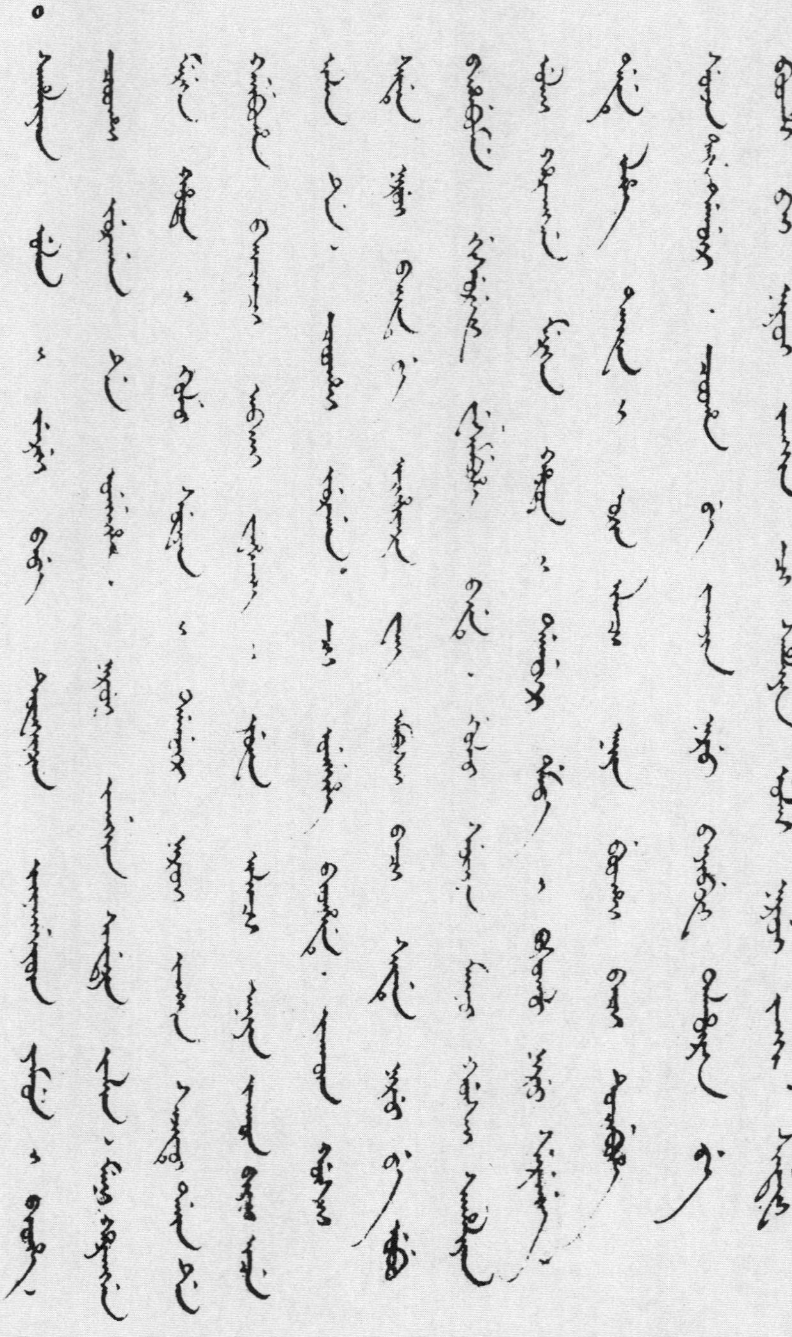

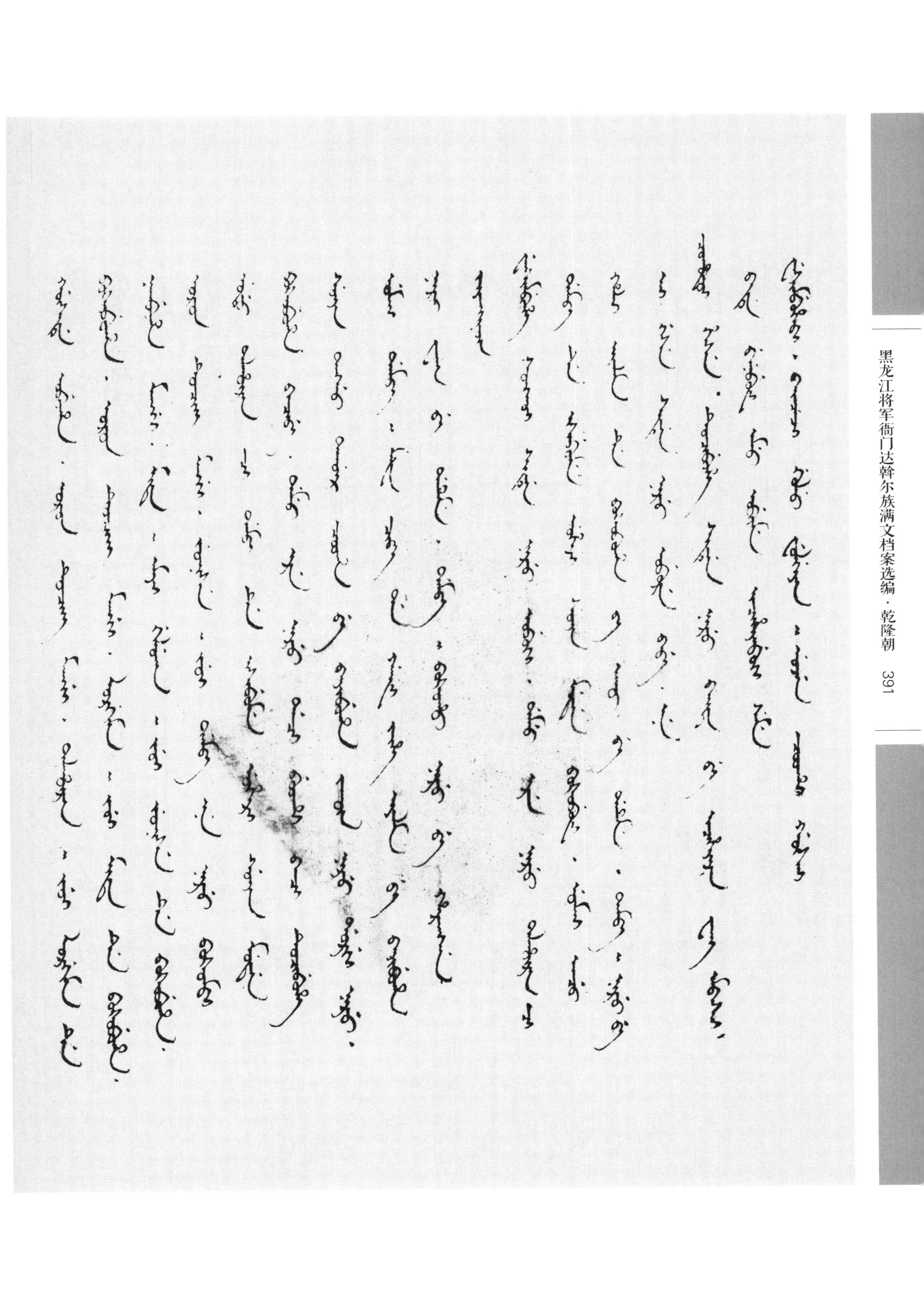

[illegible]
[illegible]
[illegible]
[illegible]
[illegible]
[illegible]
[illegible]
[illegible]
[illegible]
[illegible]
[illegible]
[illegible]
[illegible]
[illegible]

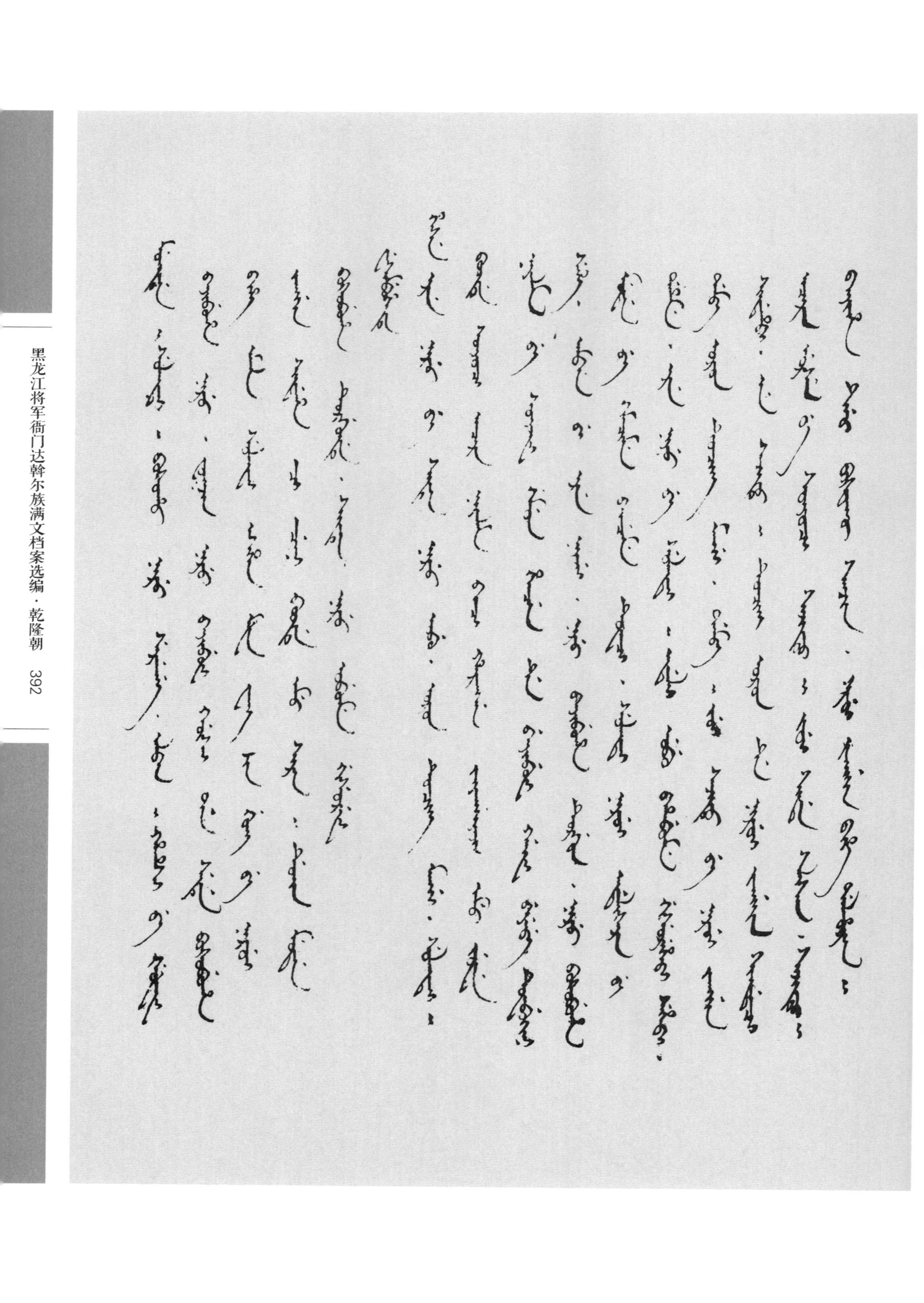

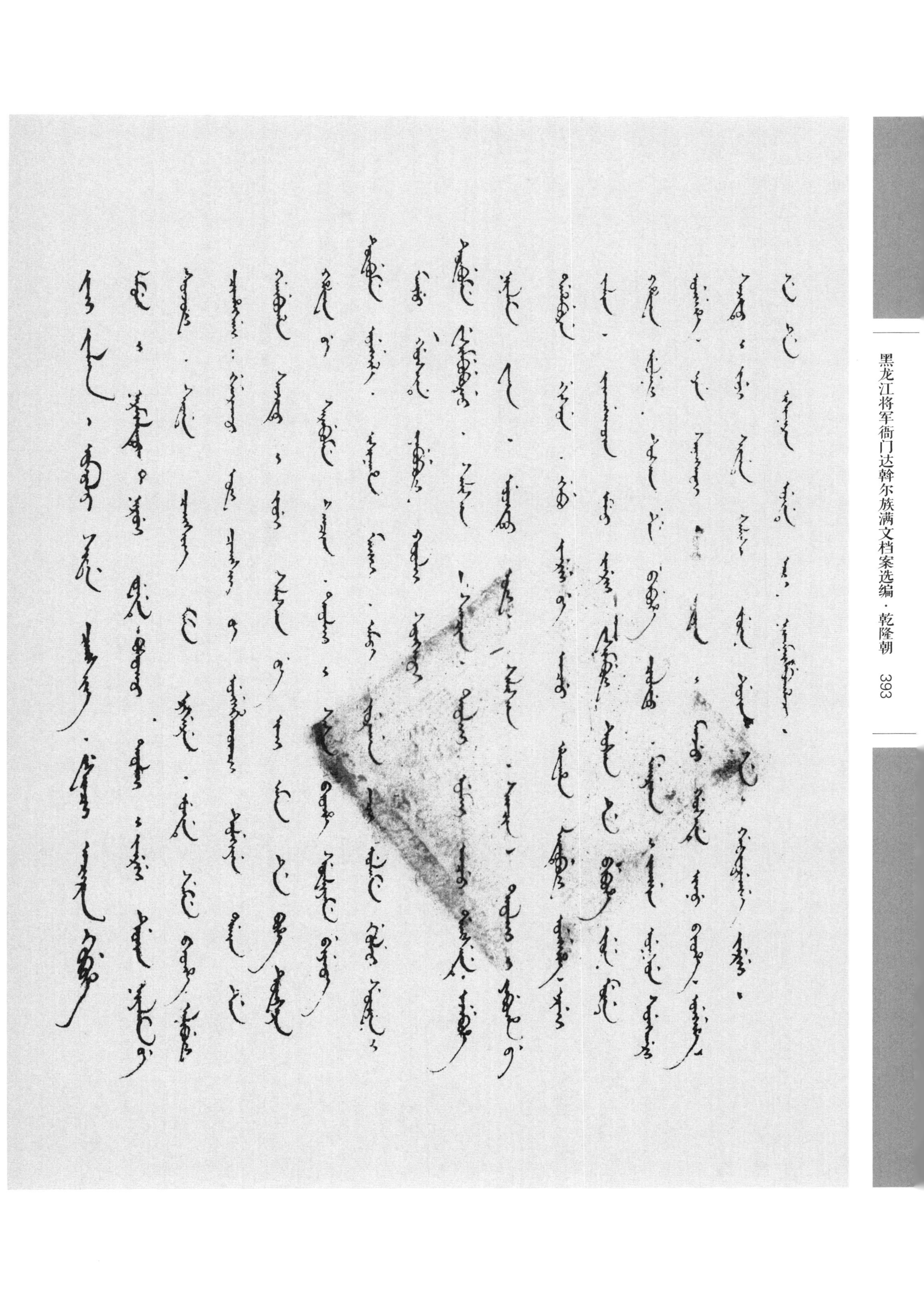

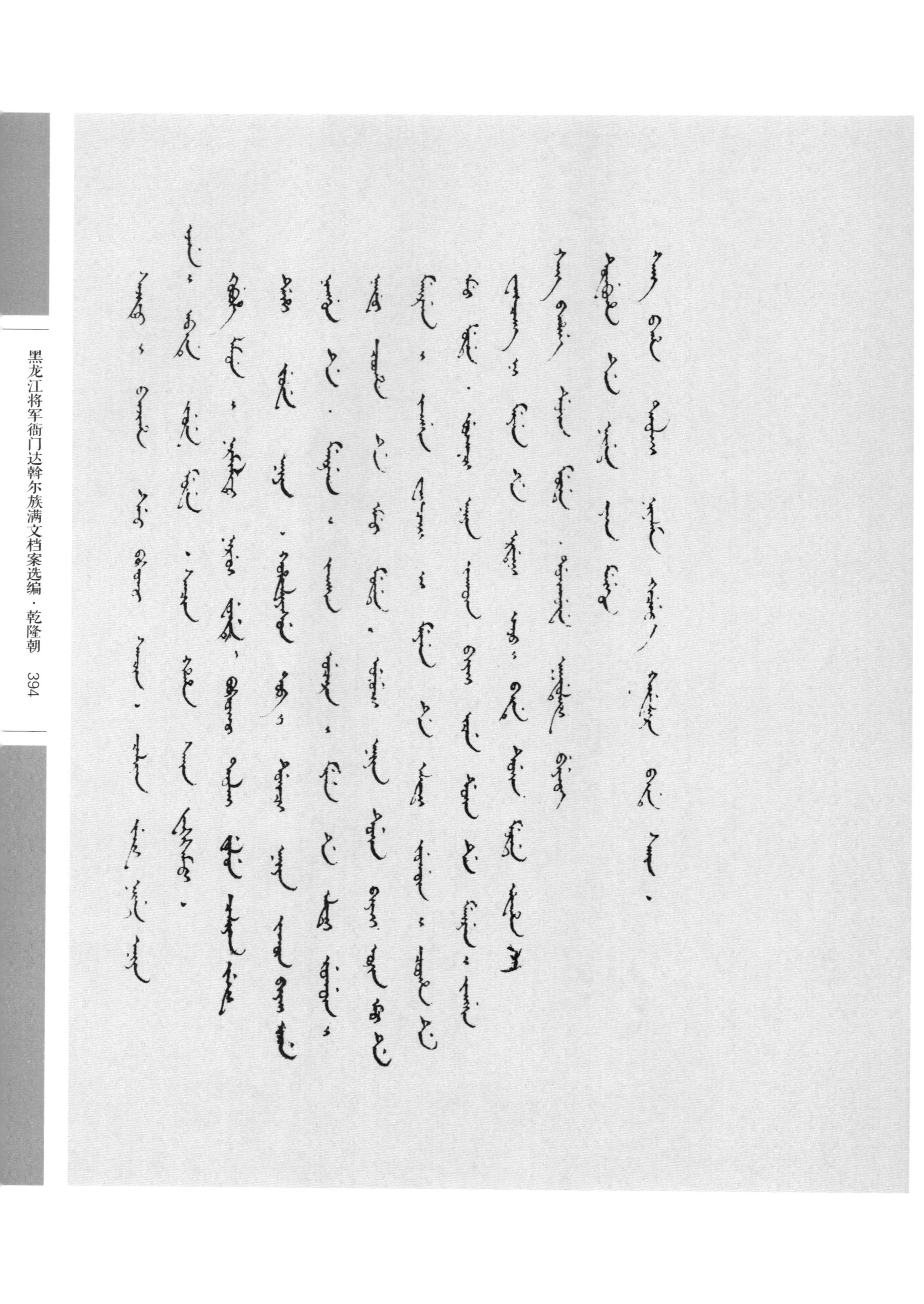

[illegible]

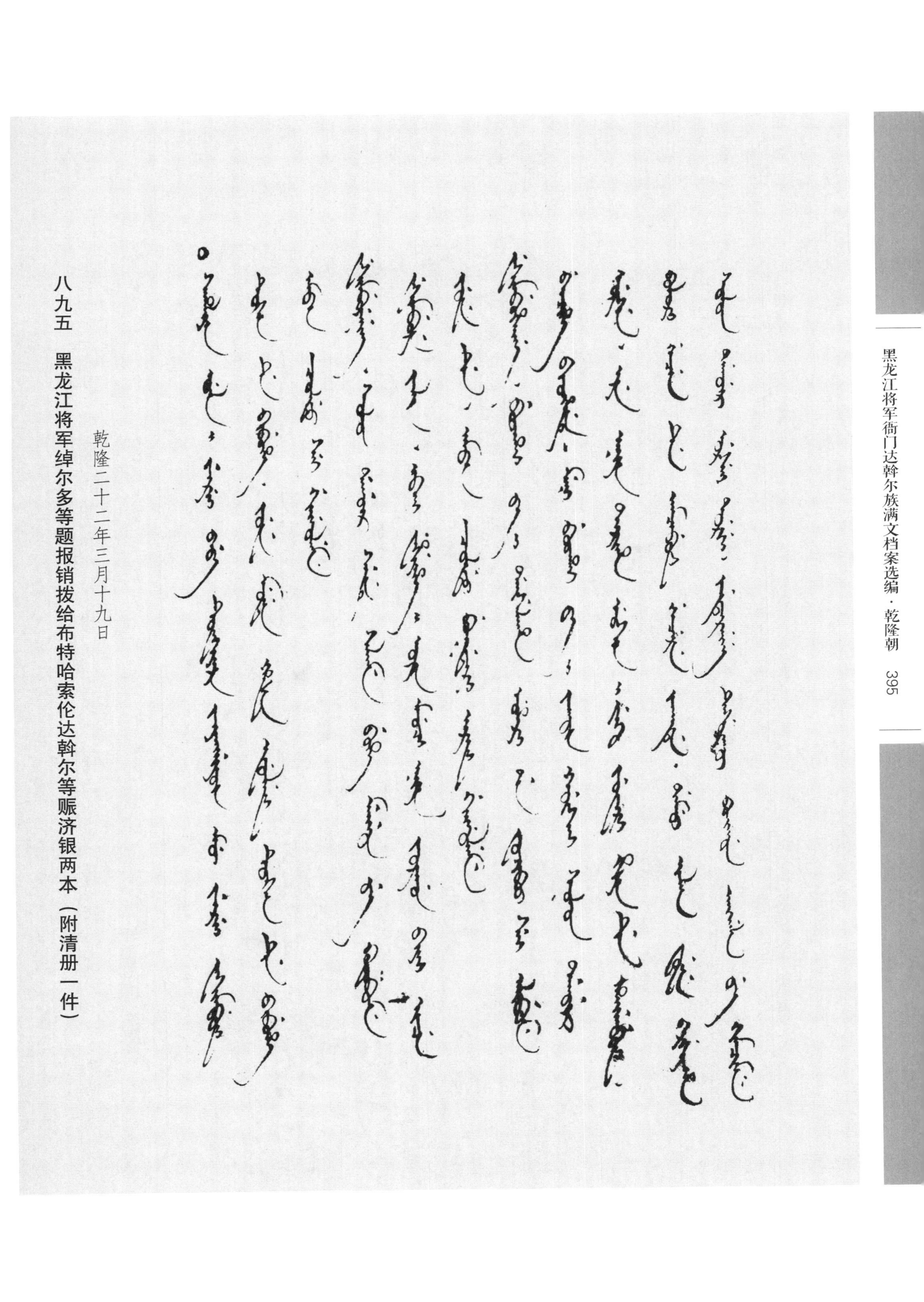

八九五 黑龙江将军绰尔多等题报销拨给布特哈索伦达斡尔等赈济银两本（附清册一件）

乾隆二十二年三月十九日

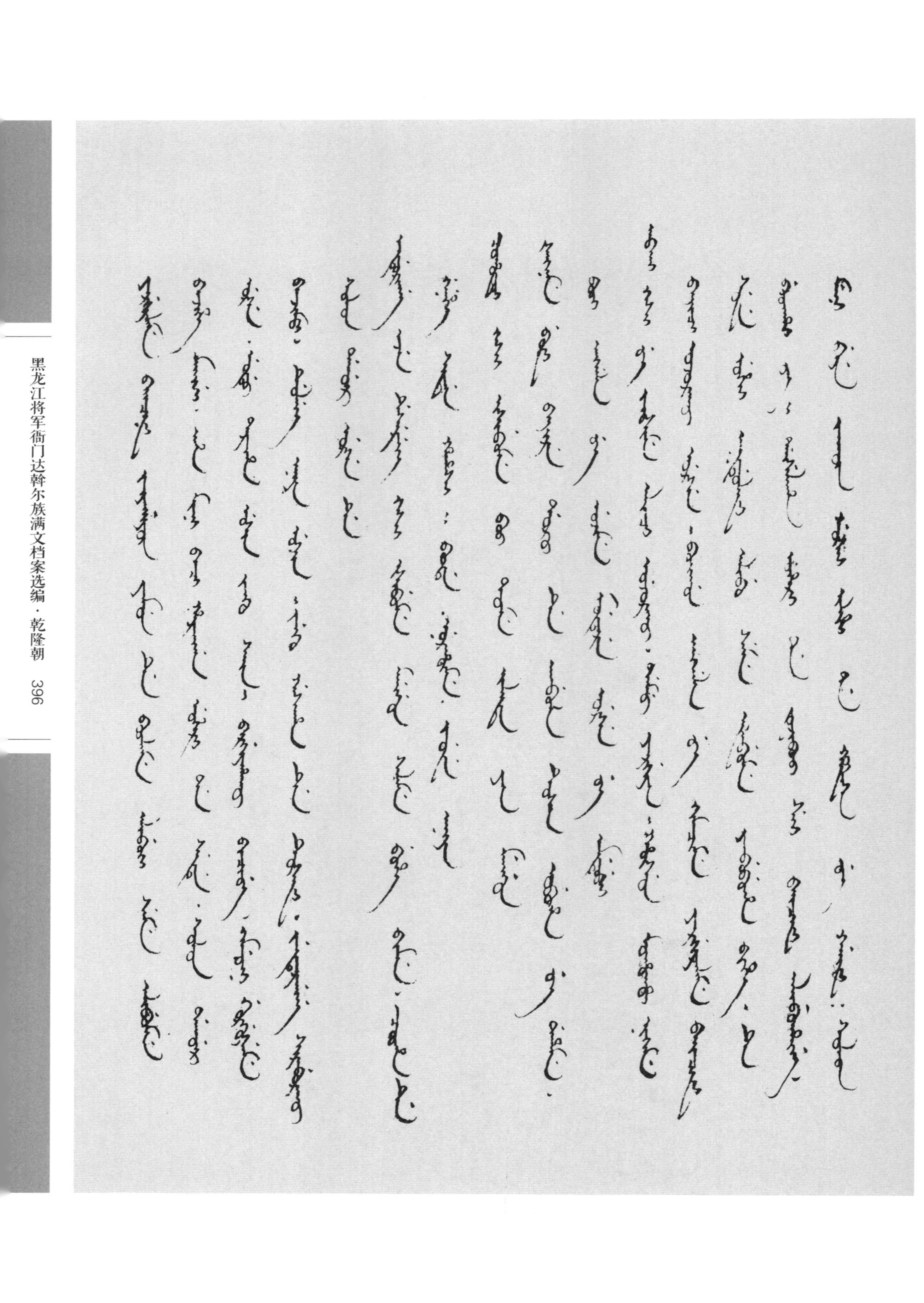

[illegible]

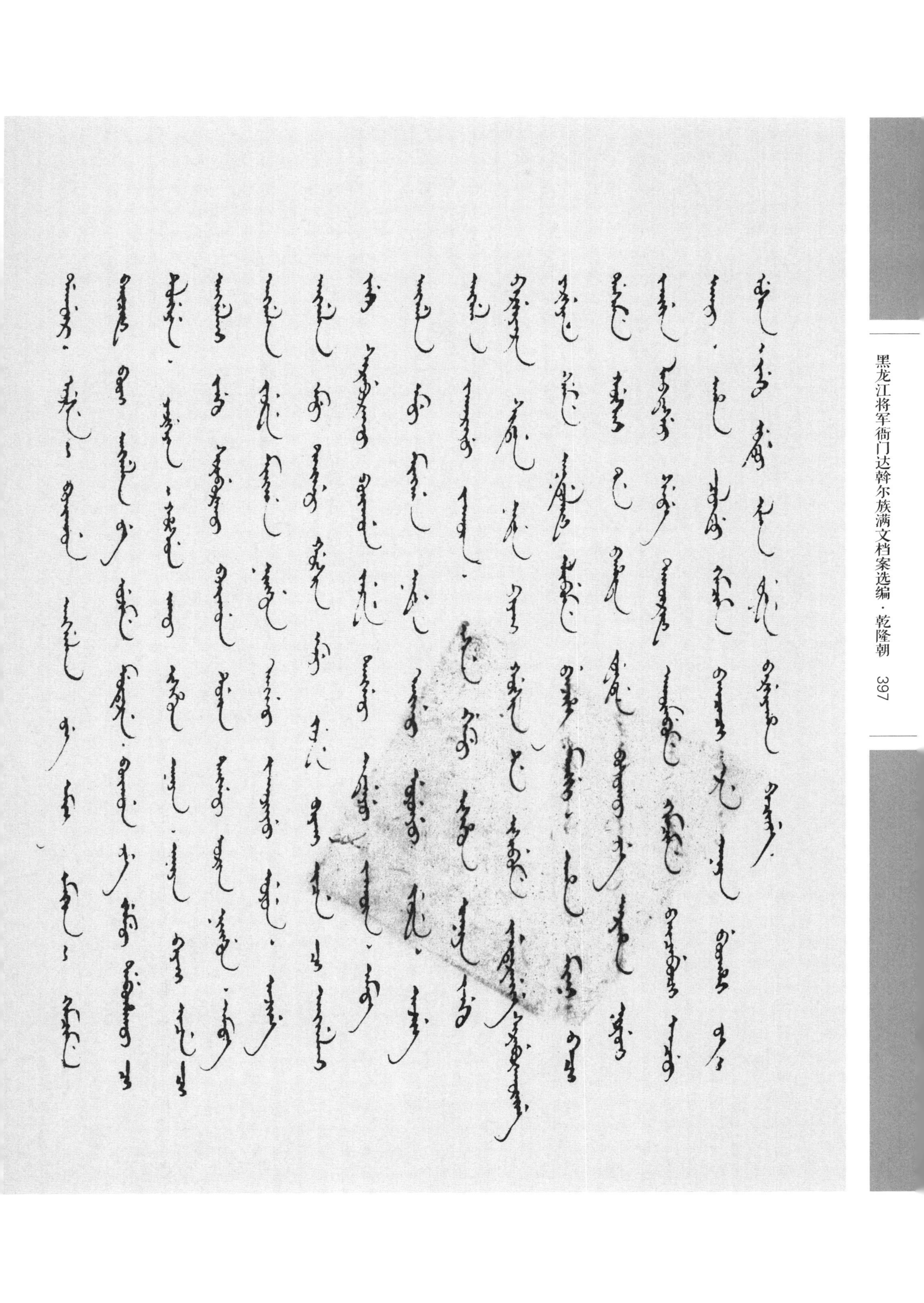

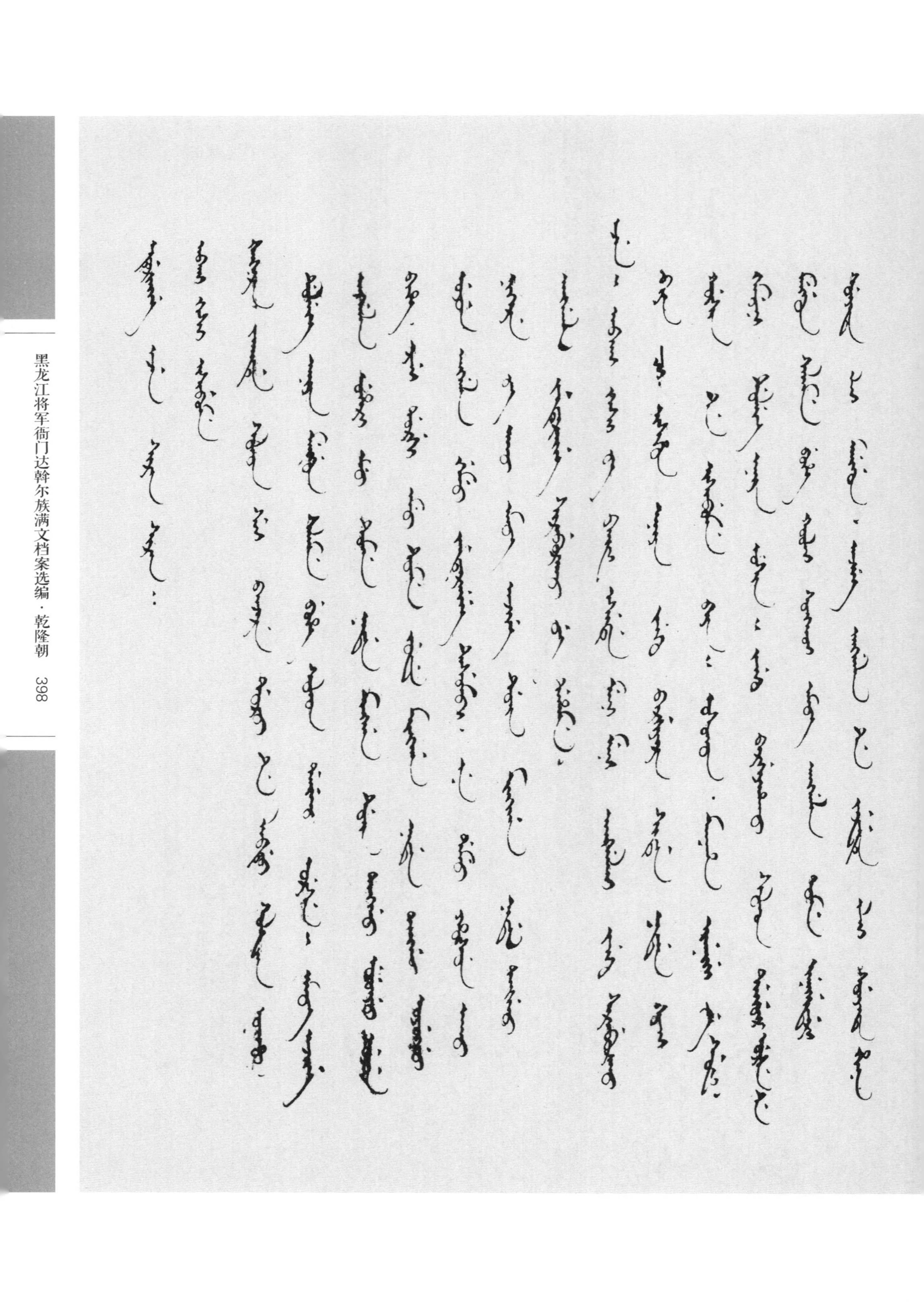

[illegible]

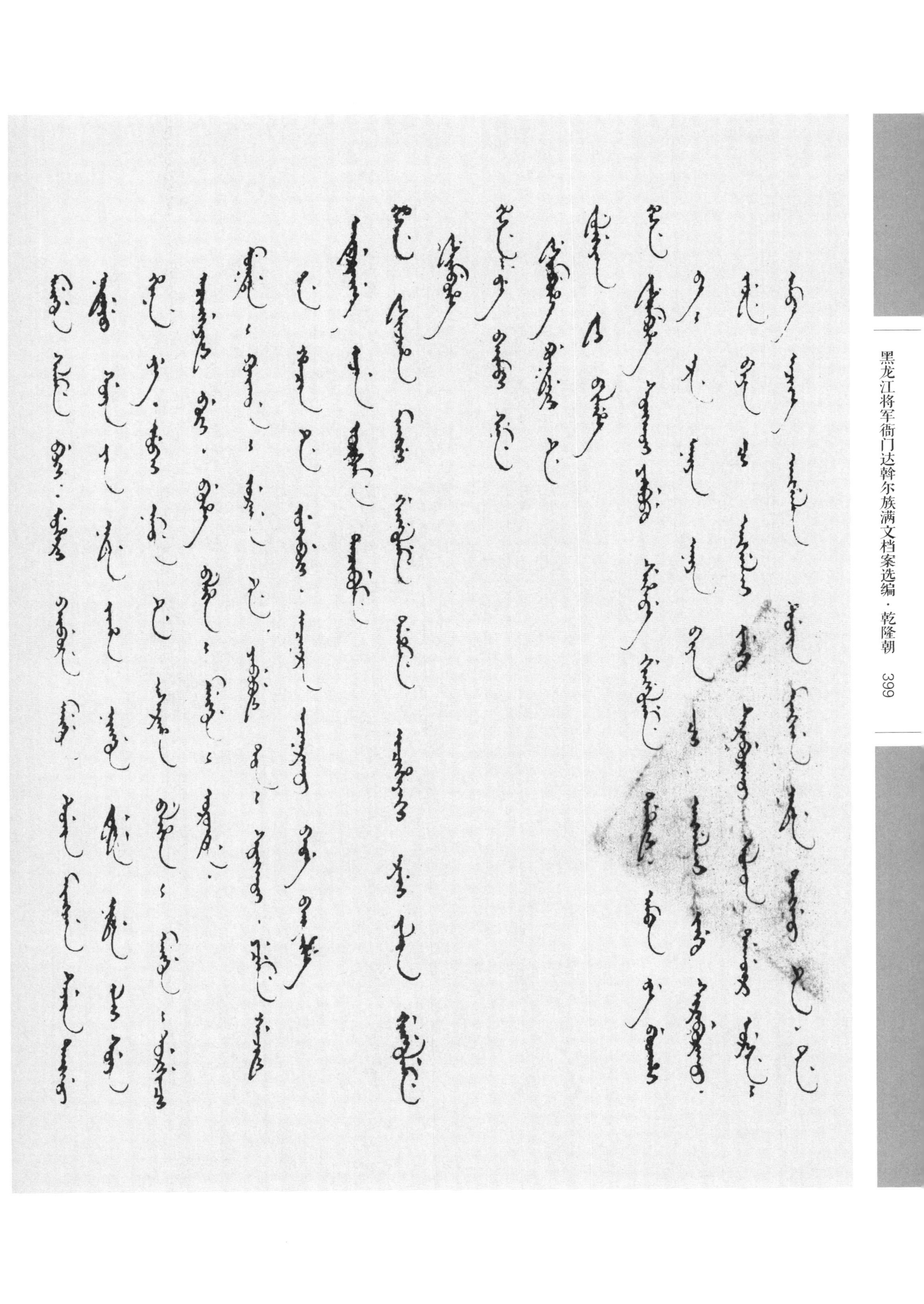

[illegible]

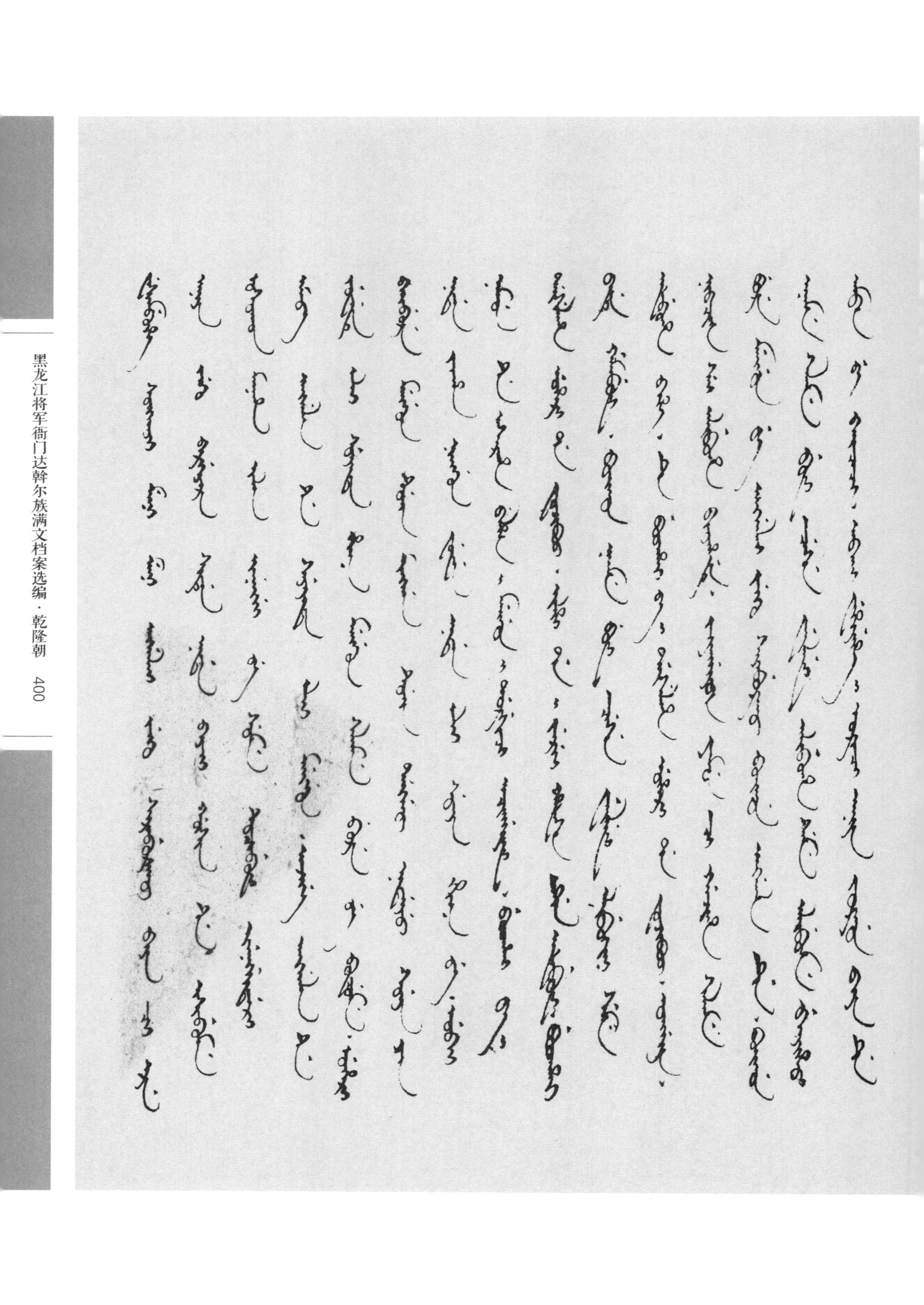

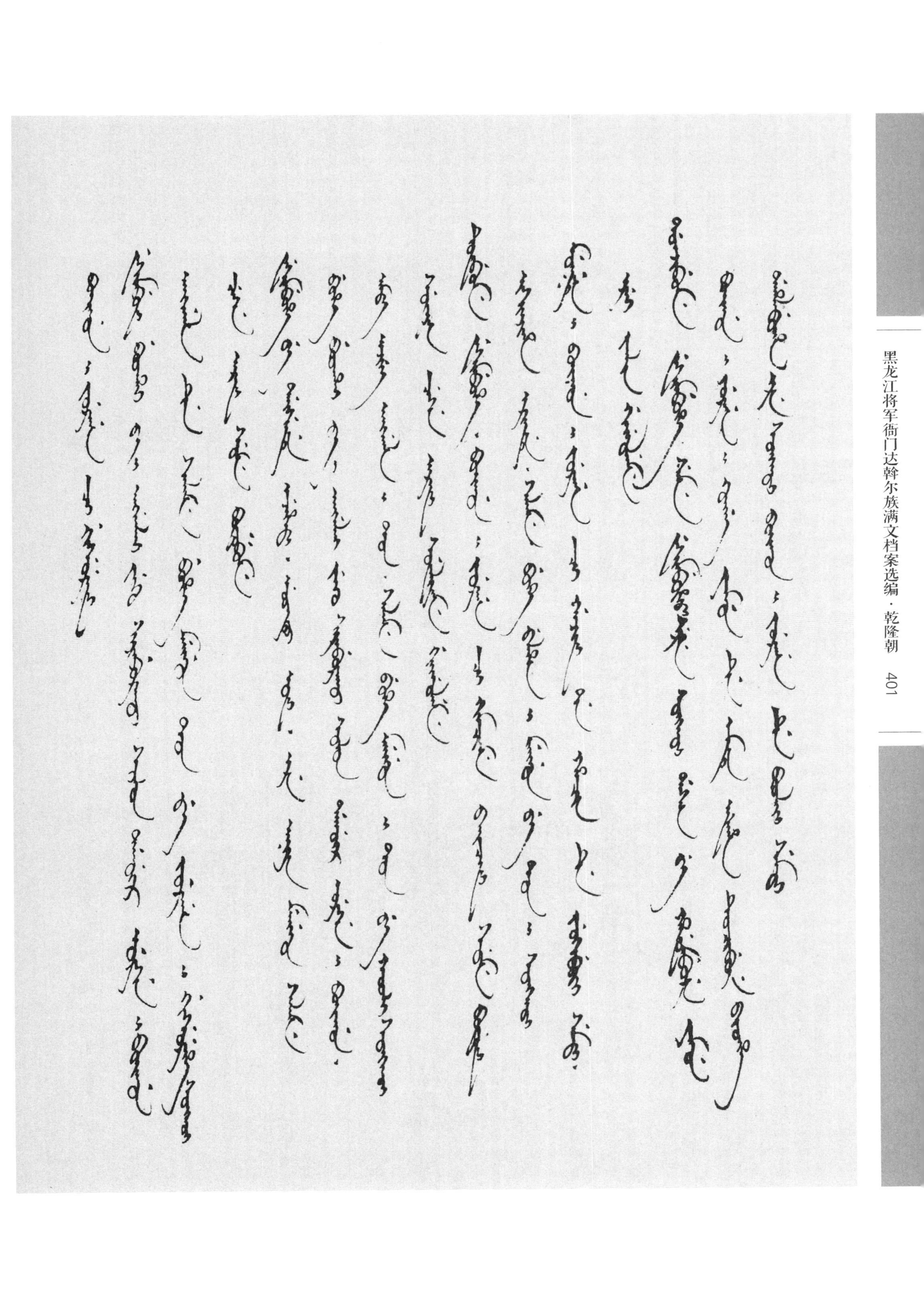

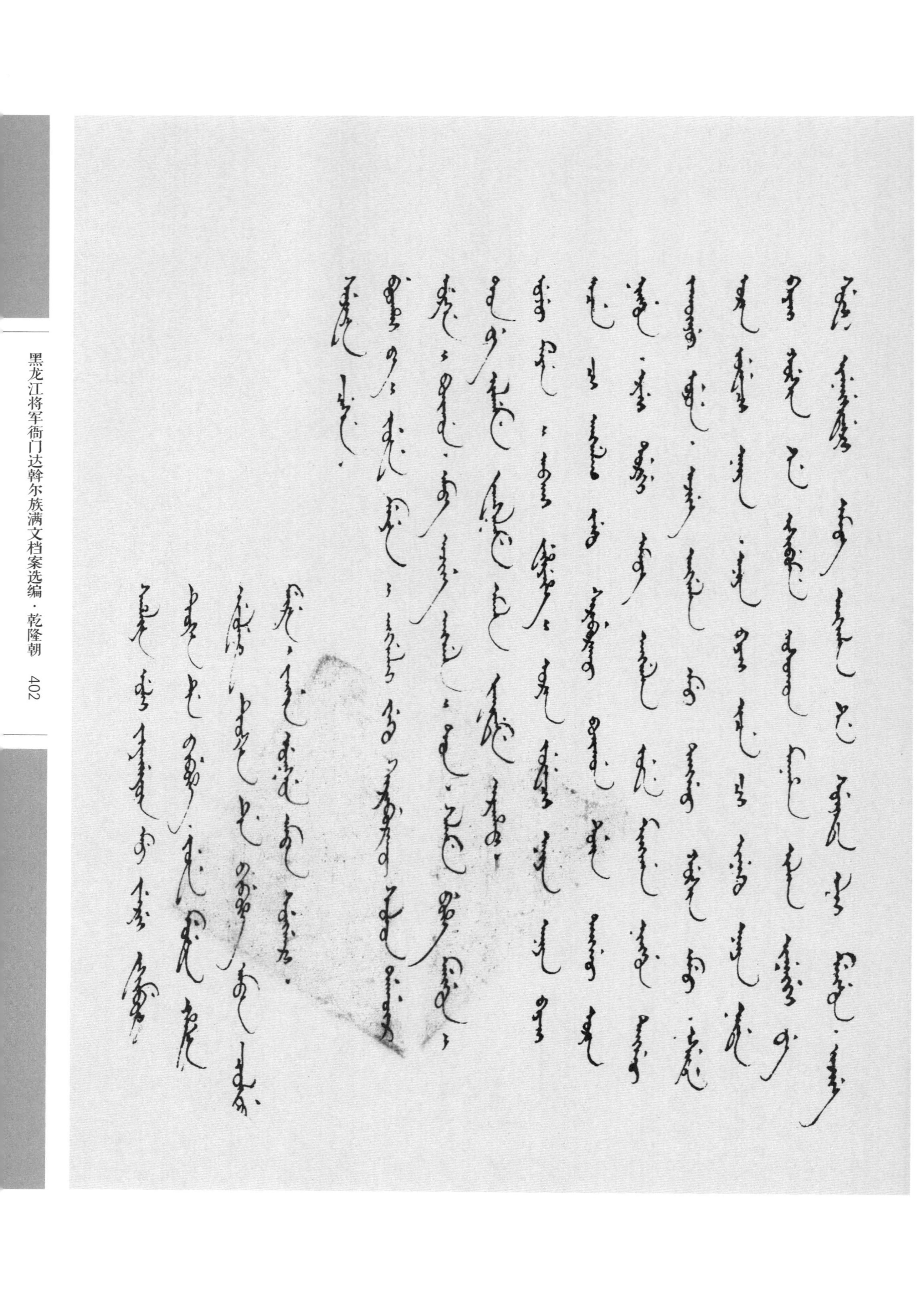

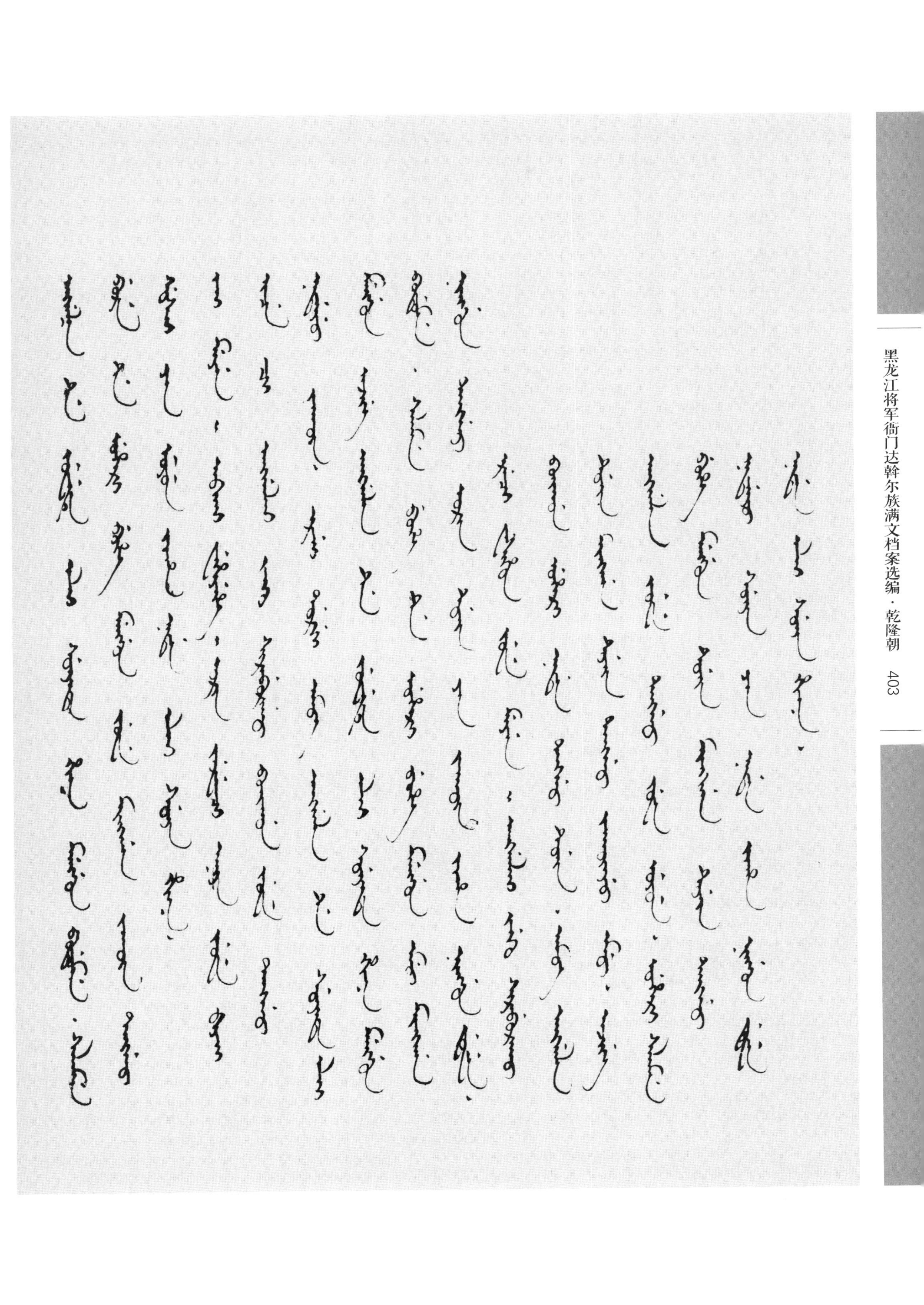

八九六 署布特哈索伦达斡尔总管佛济保等为报布特哈索伦达斡尔春季捕貂数目事呈黑龙江将军衙门文

乾隆二十二年三月二十九日

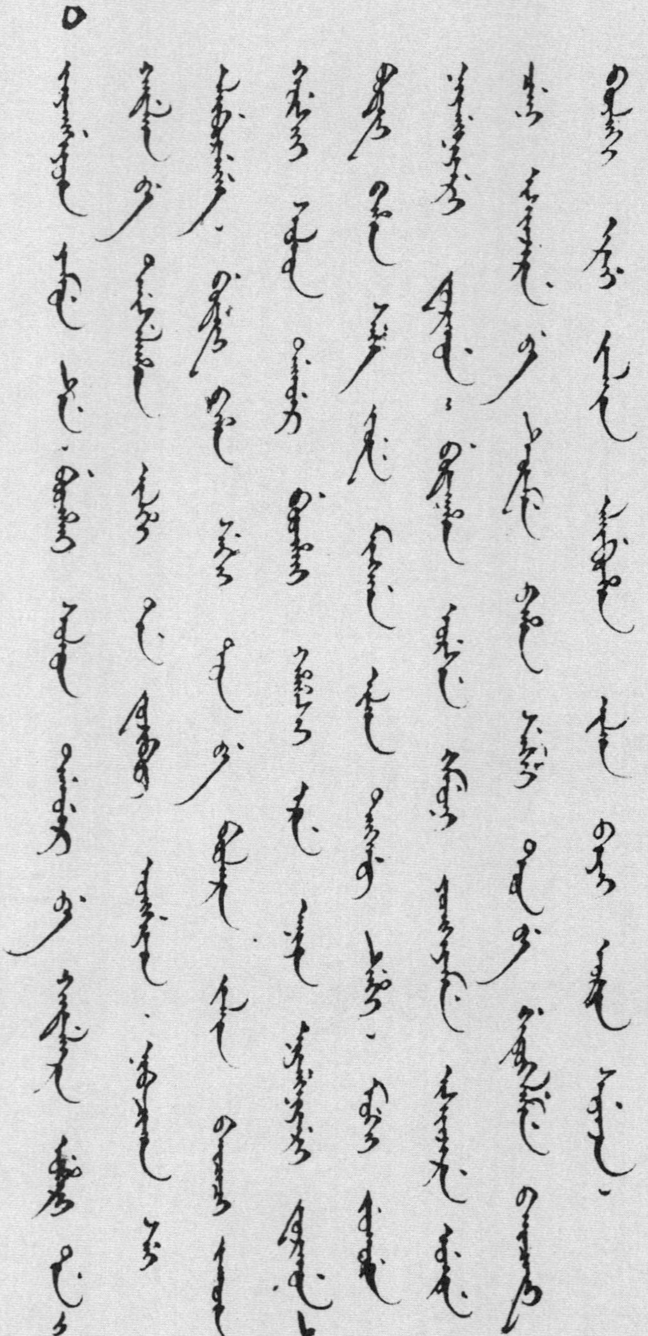

八九七 署布特哈索伦达斡尔总管佛济保等为请定会盟地点日期以便索伦达斡尔等预先备办事呈黑龙江将军衙门文

乾隆二十二年三月二十九日

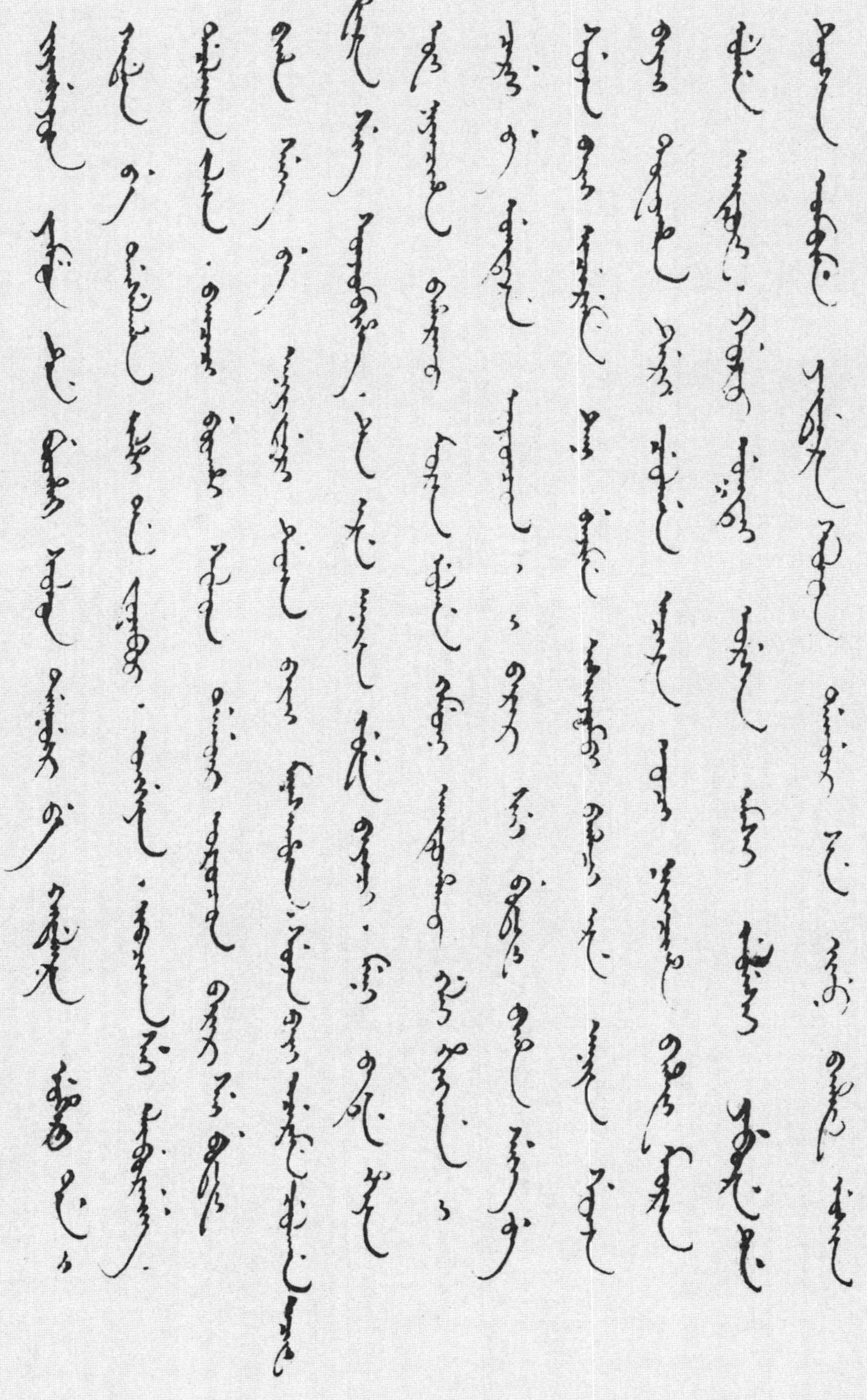

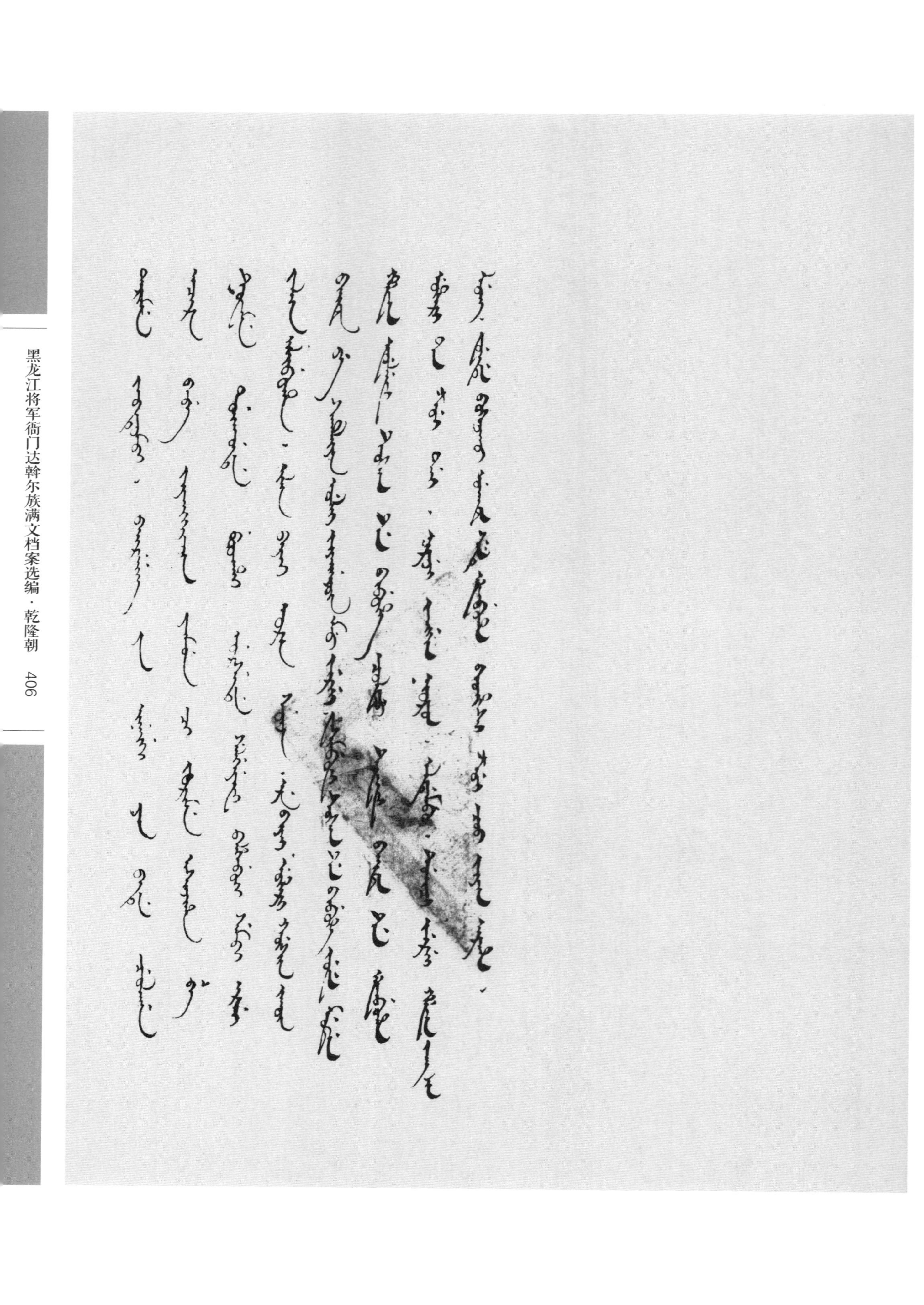

[illegible]

八九八 黑龙江将军衙门为确定布特哈索伦达斡尔等会盟日期地点事札署布特哈索伦达斡尔总管佛济保等文

乾隆二十二年三月三十日

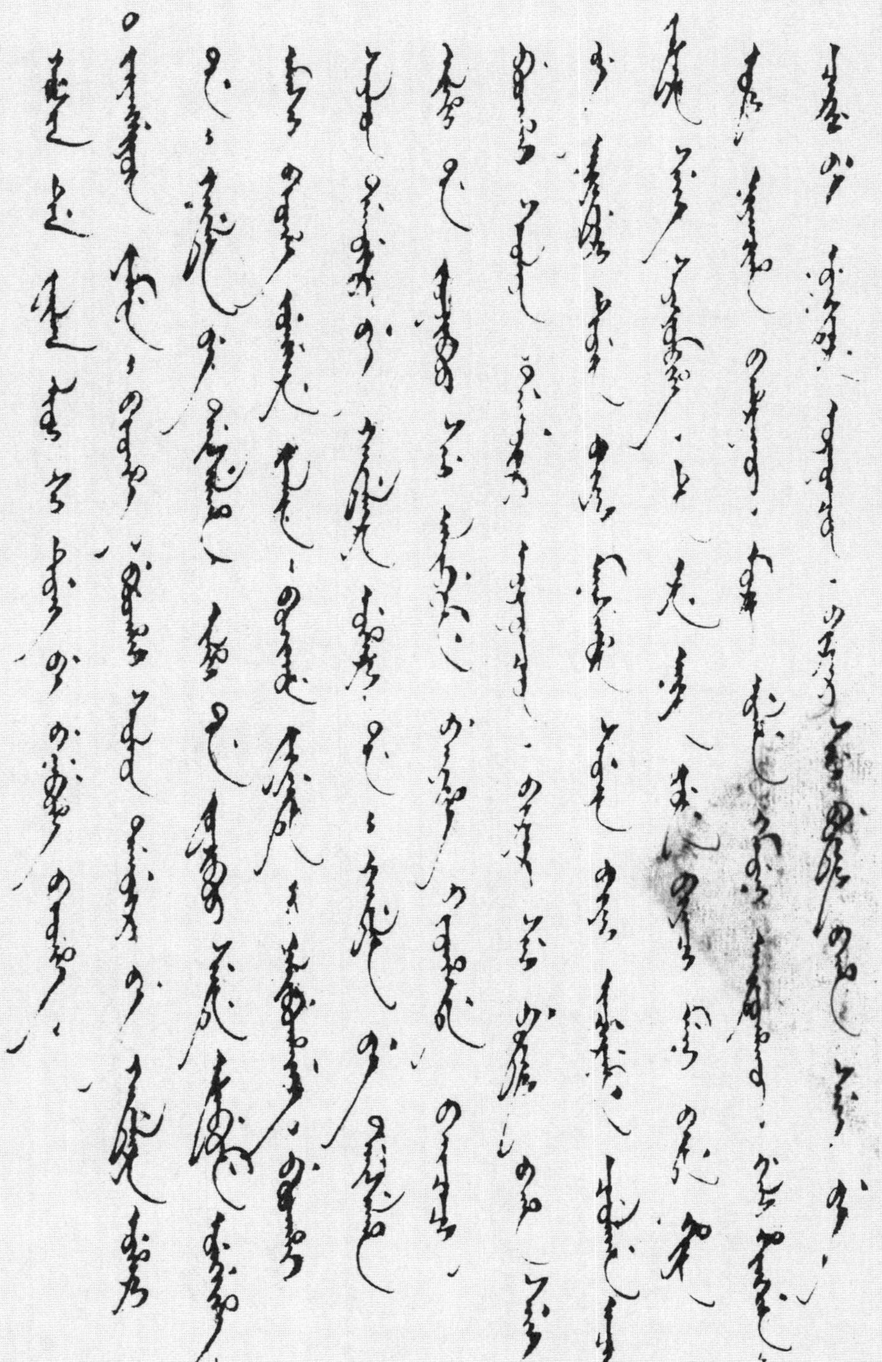

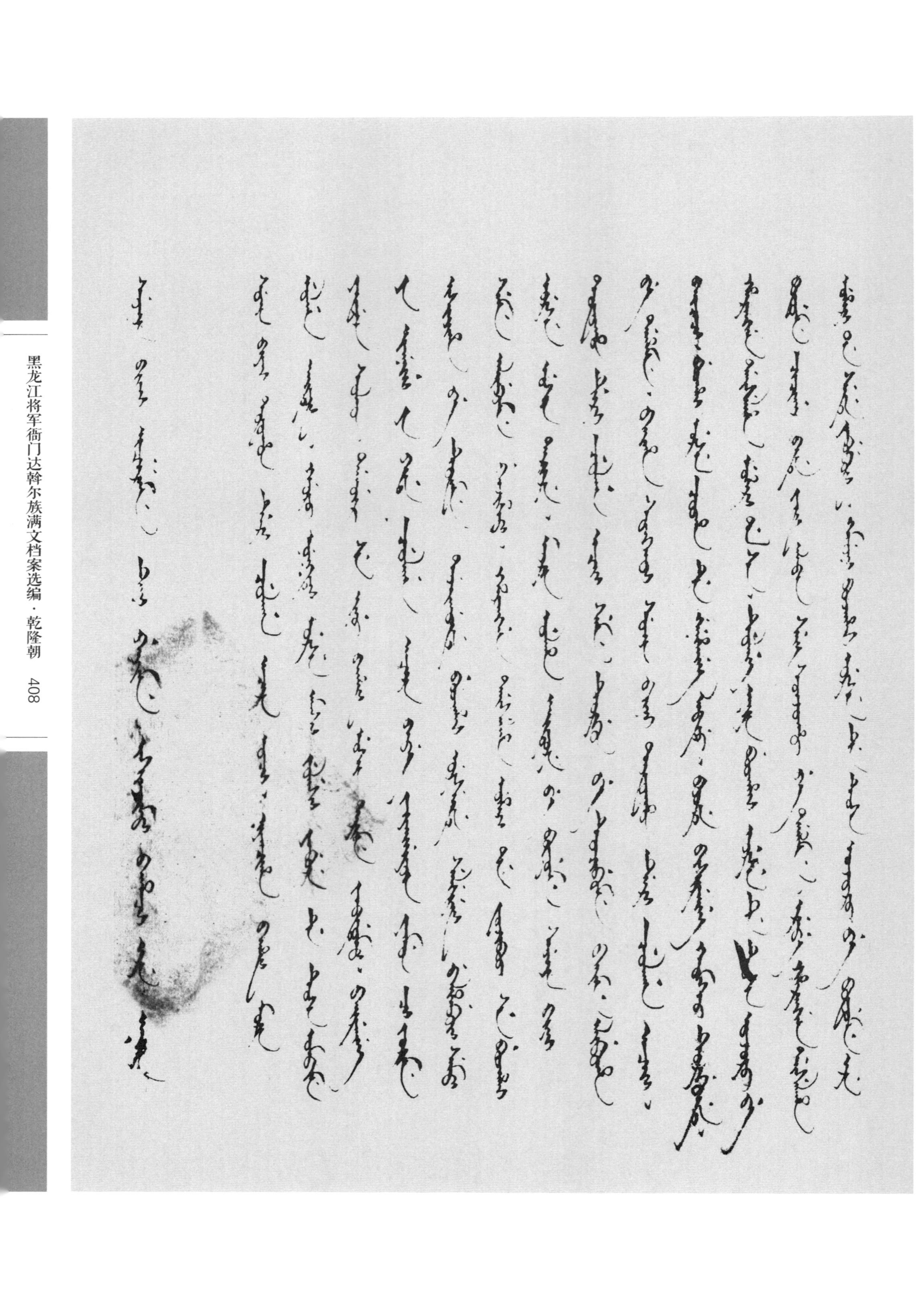

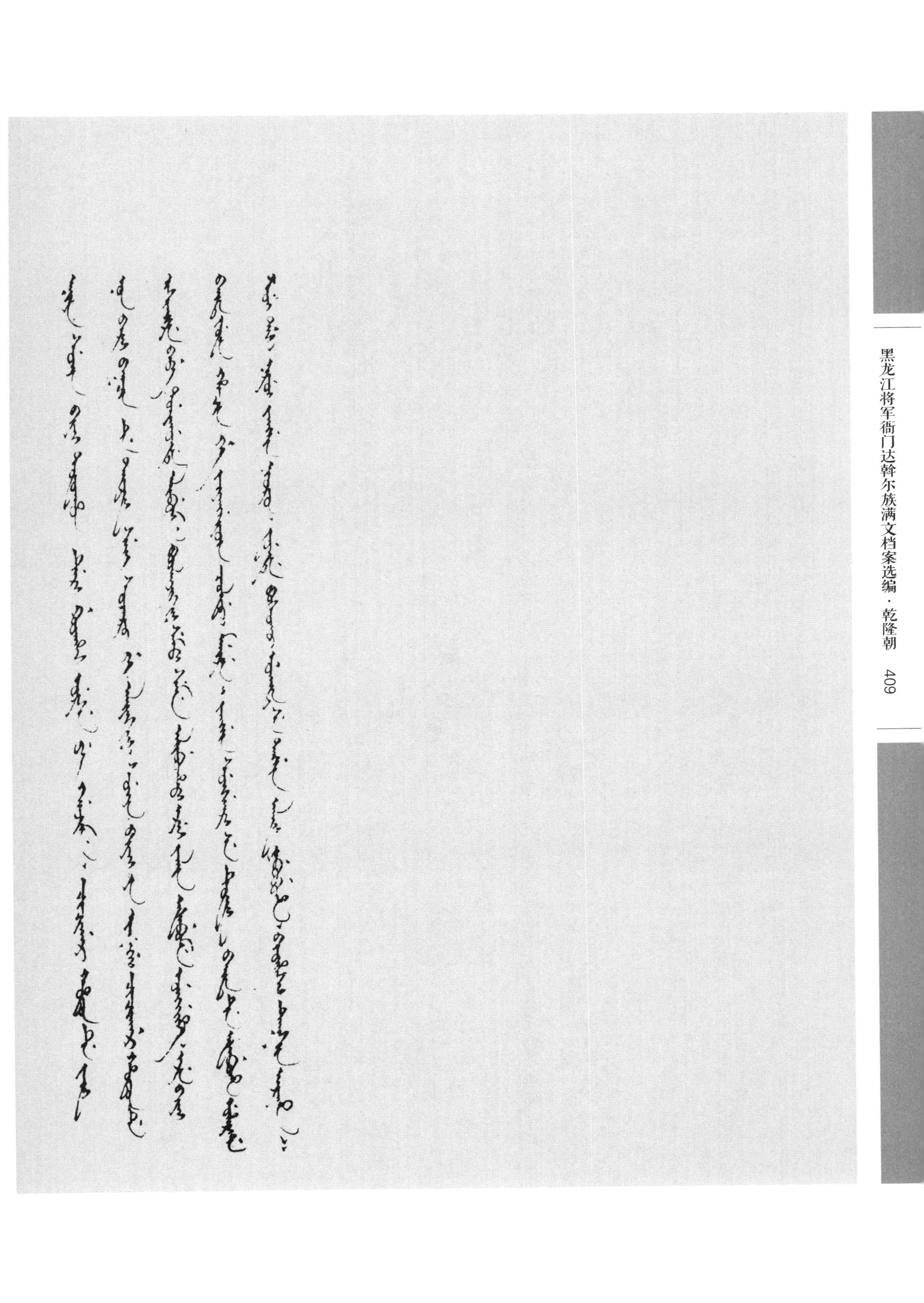

八九九　户部为奏准办理布特哈索伦达斡尔等应还倒毙马驼价银事咨黑龙江将军文

乾隆二十二年四月初二日

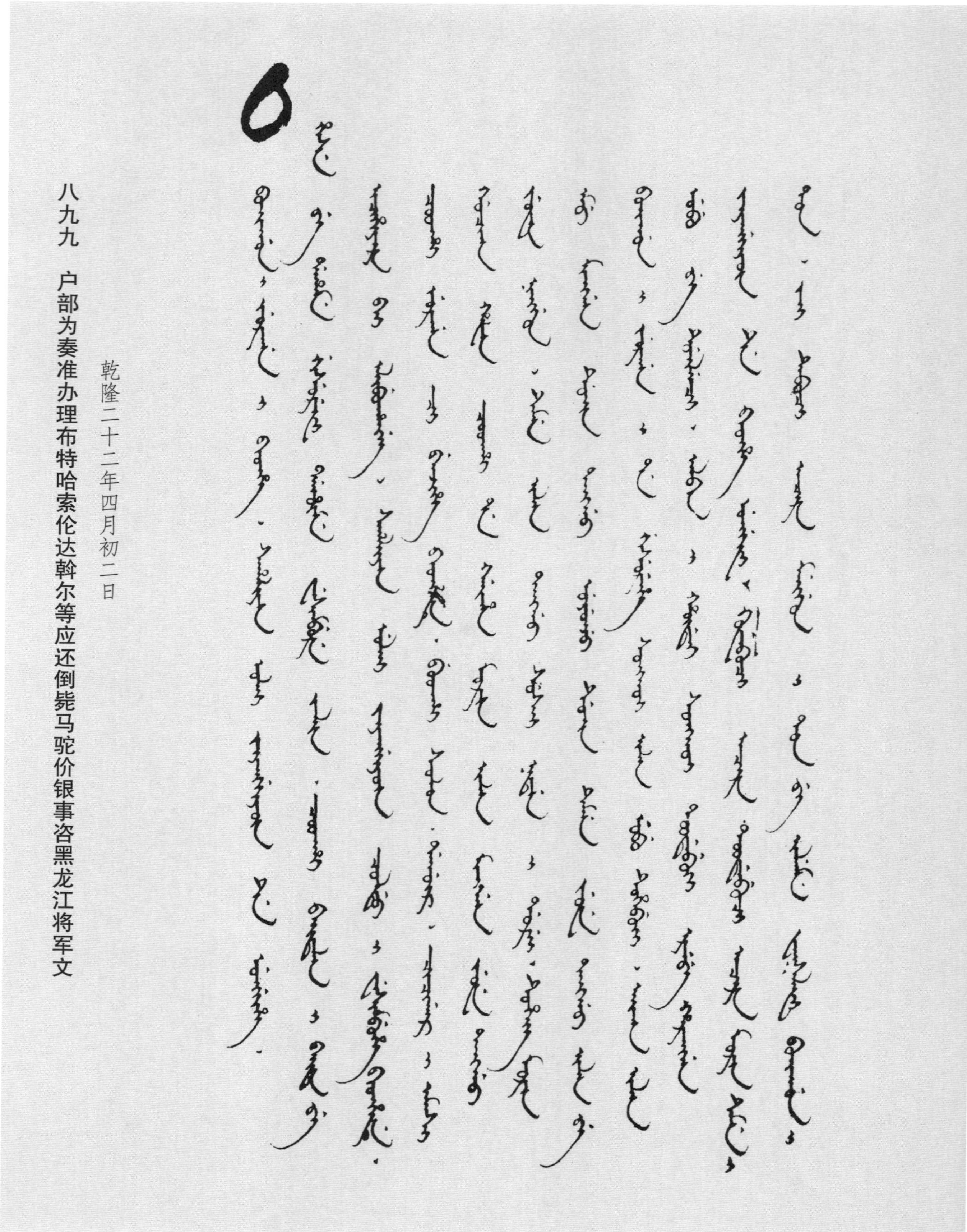

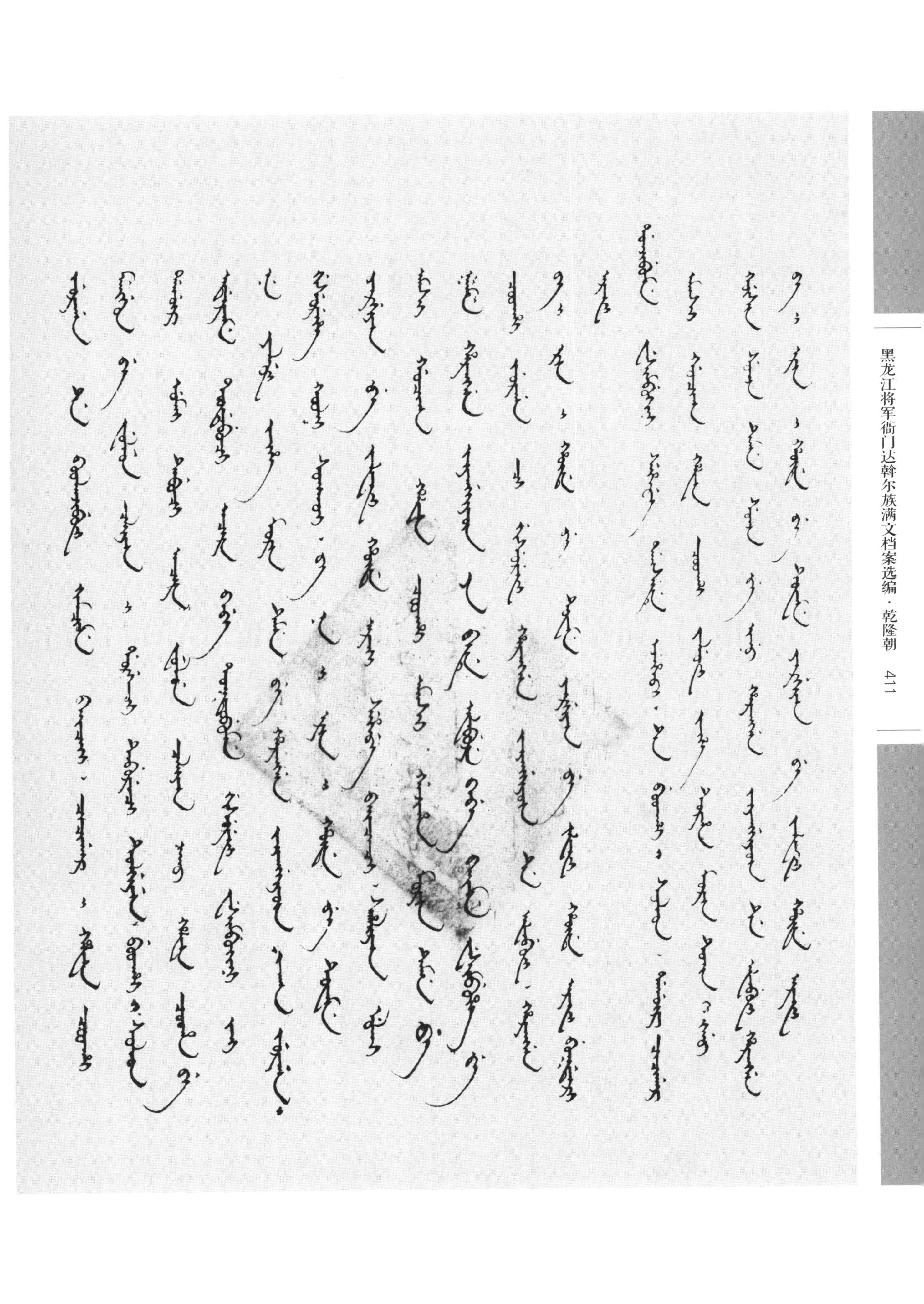

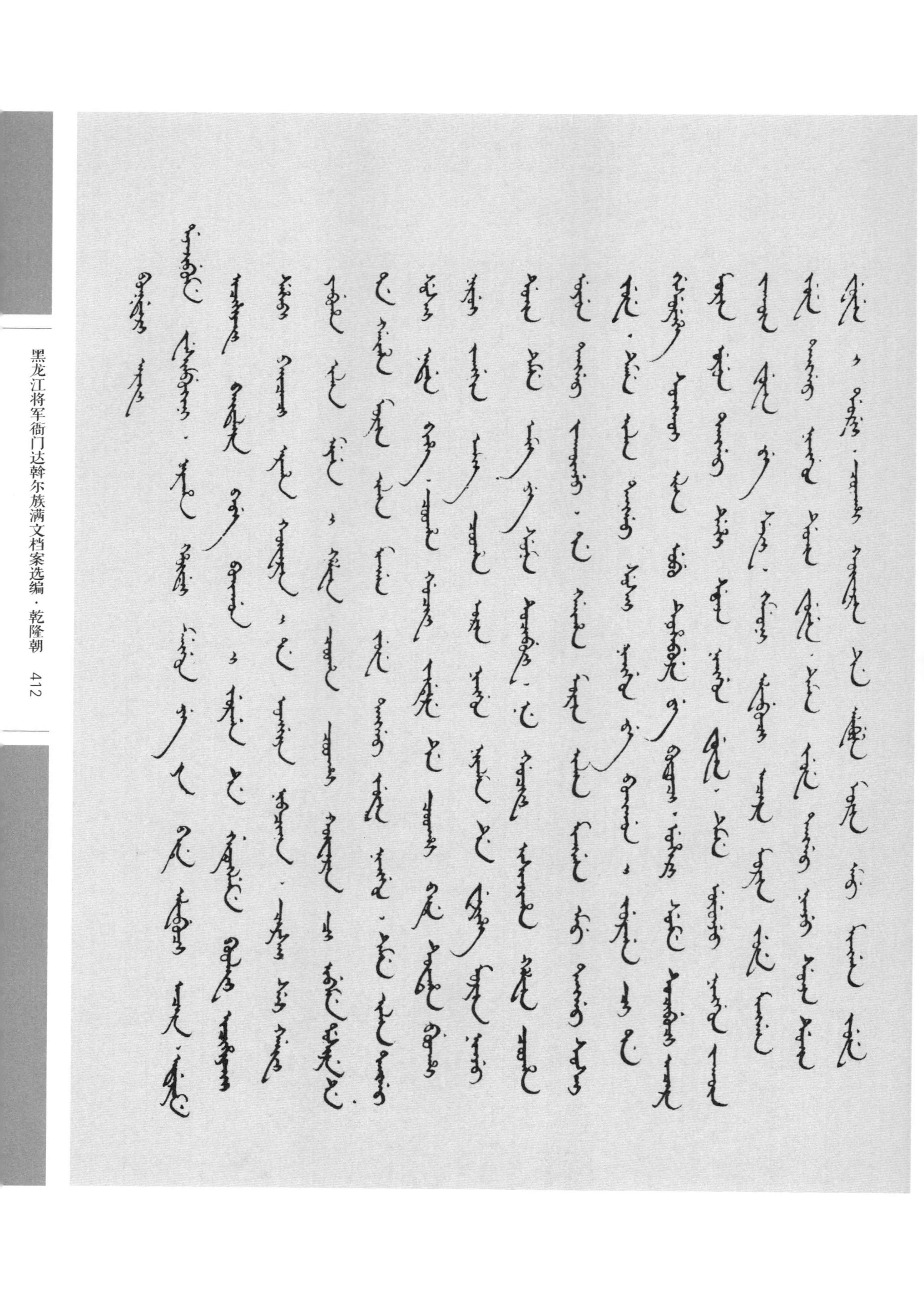

[illegible]

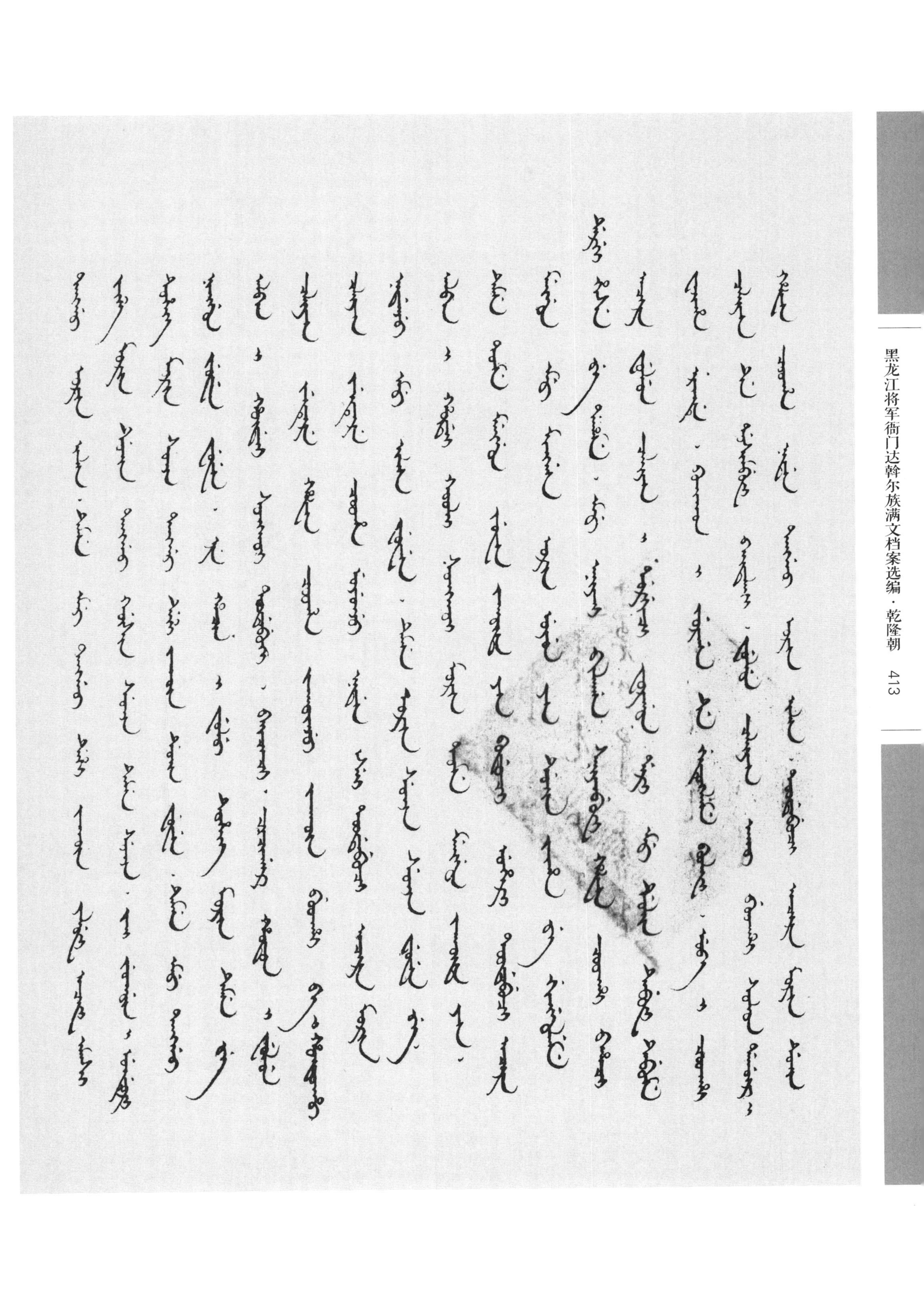

[illegible]

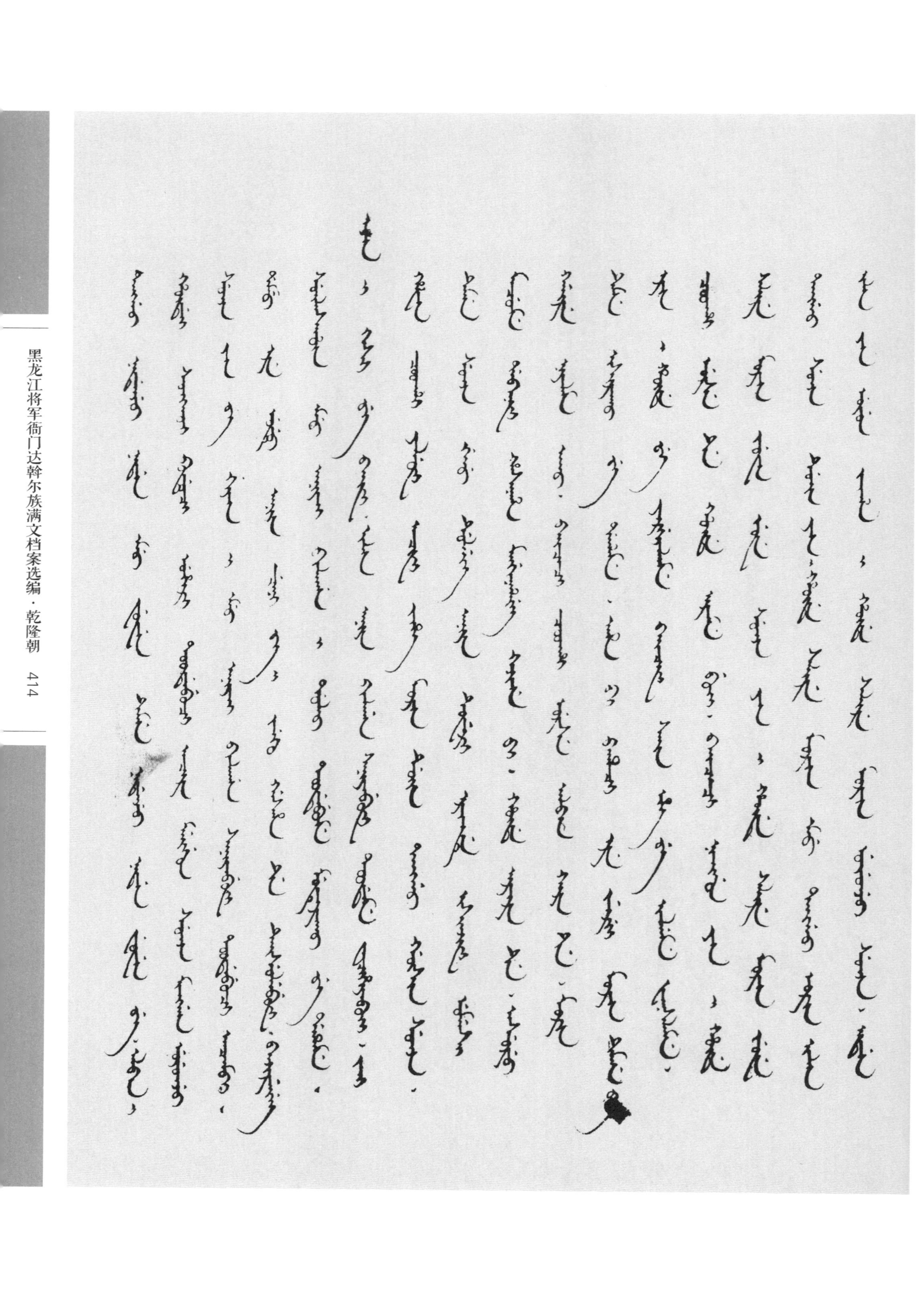

[illegible]

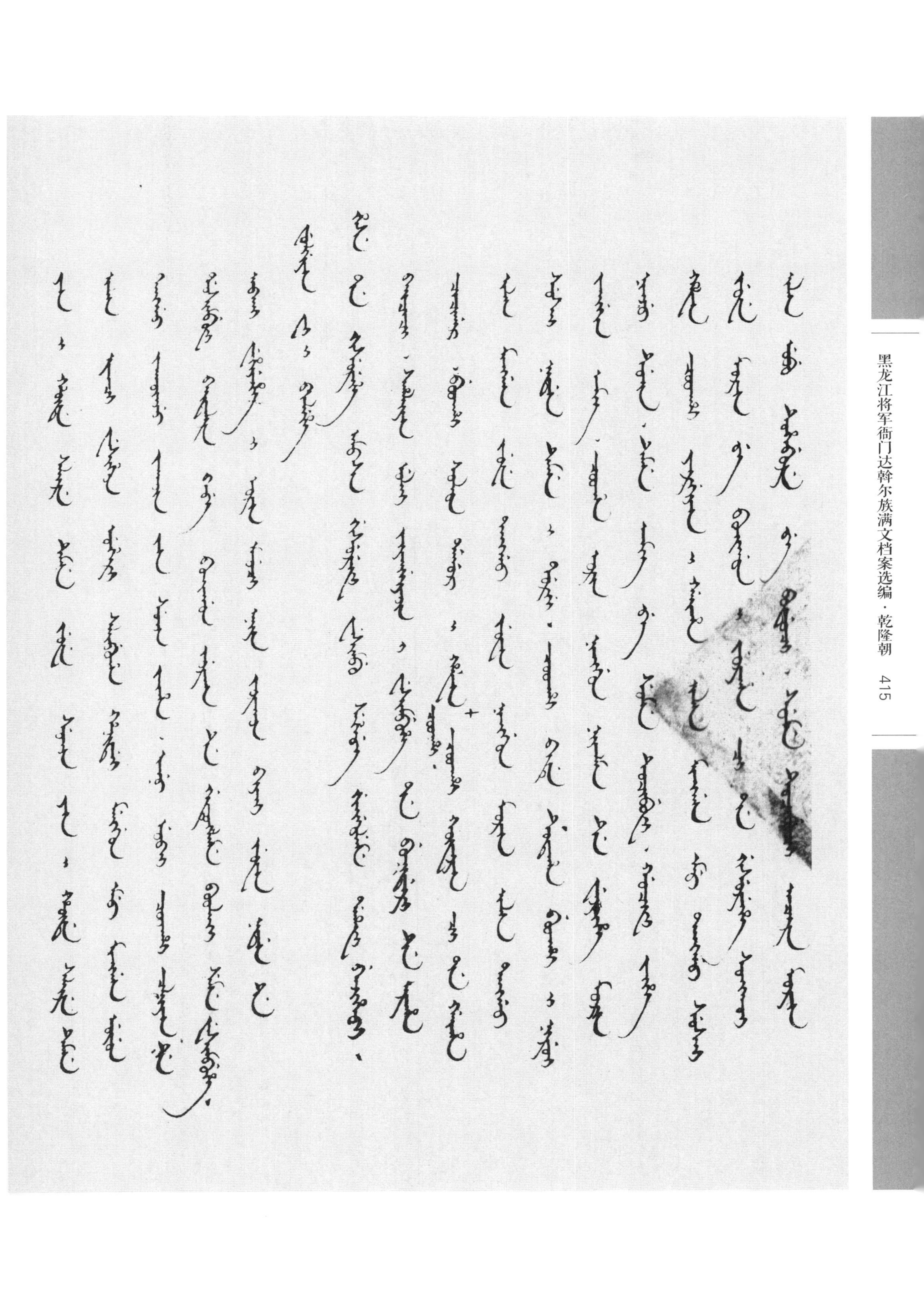

[illegible]

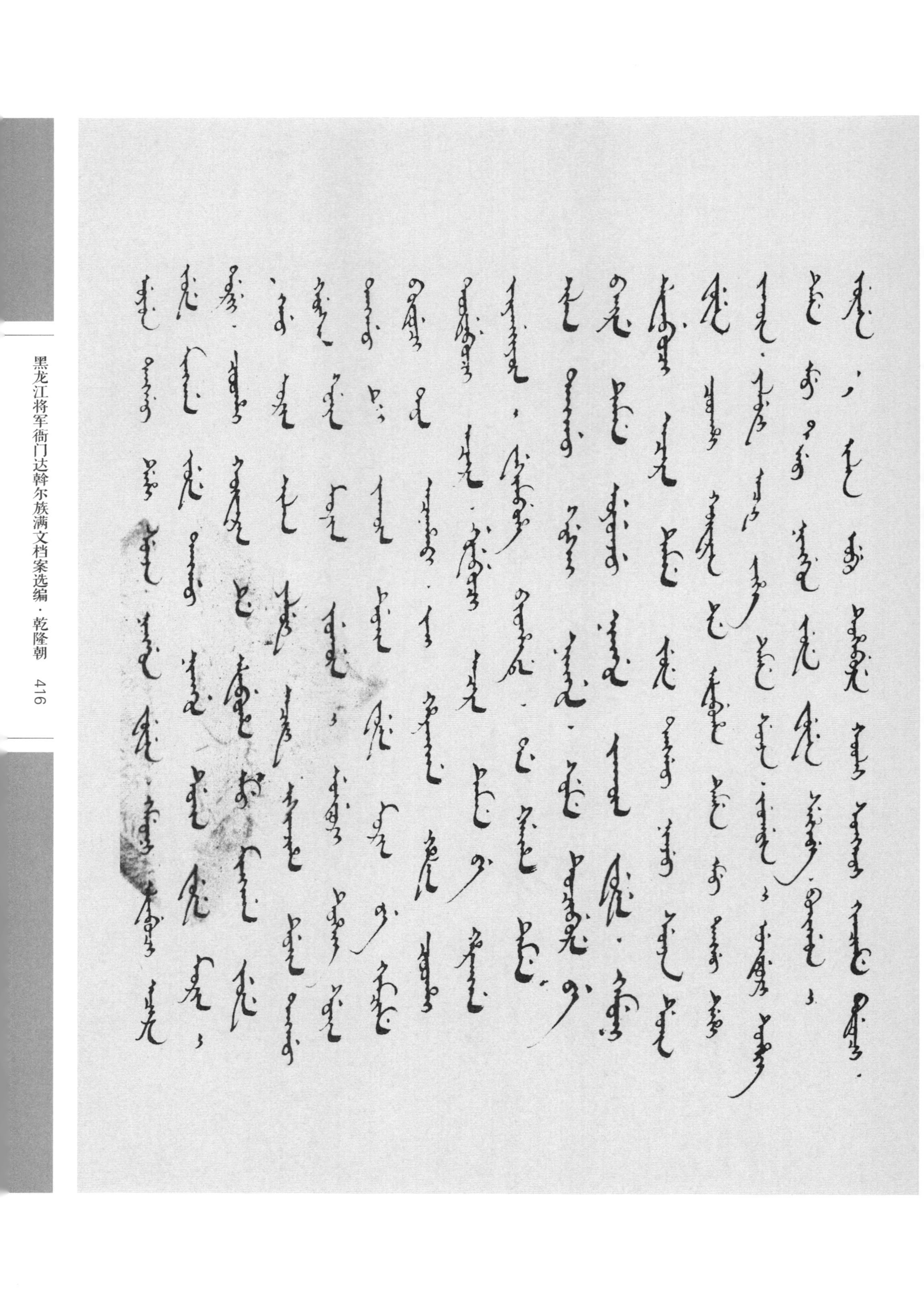

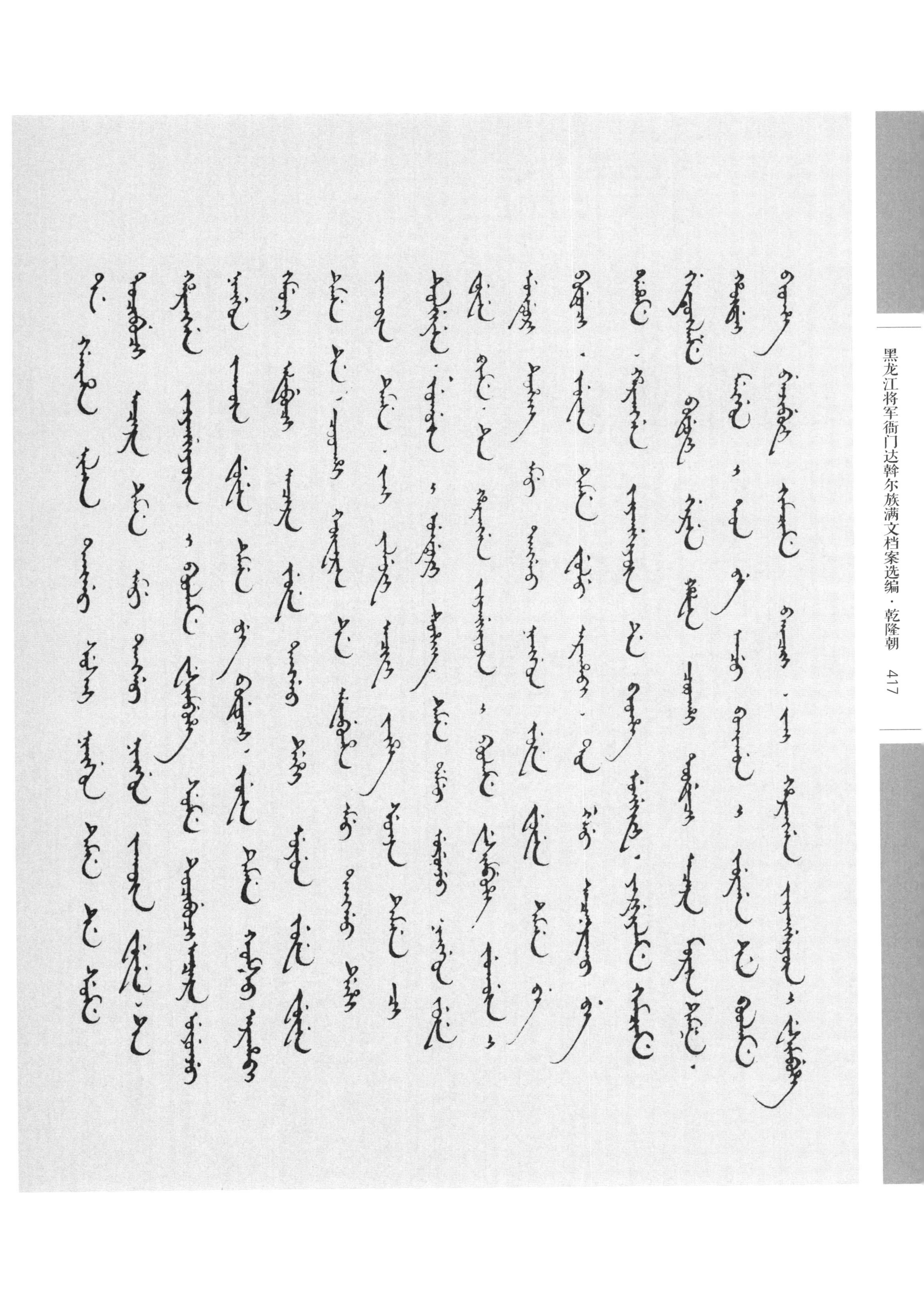

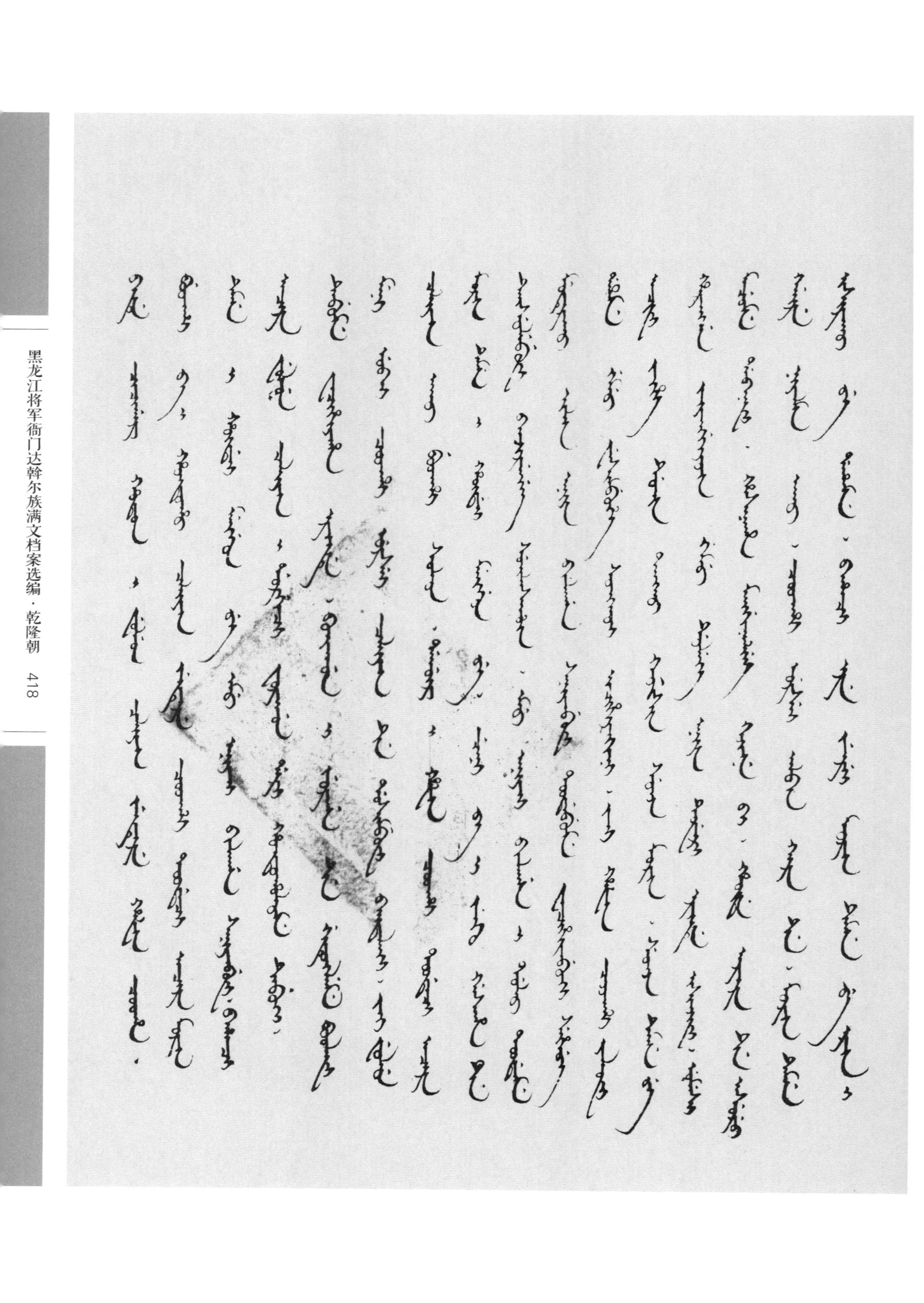

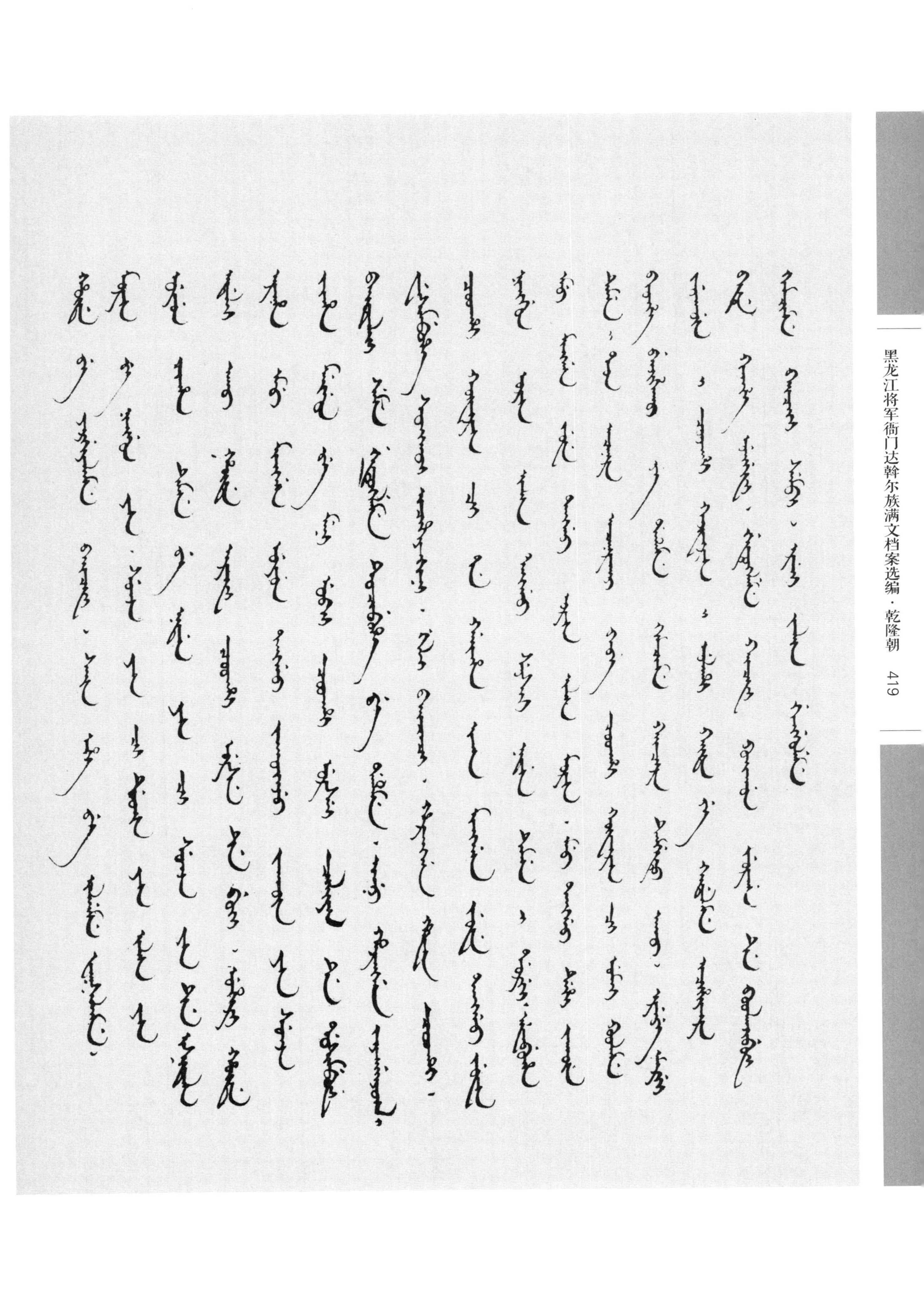

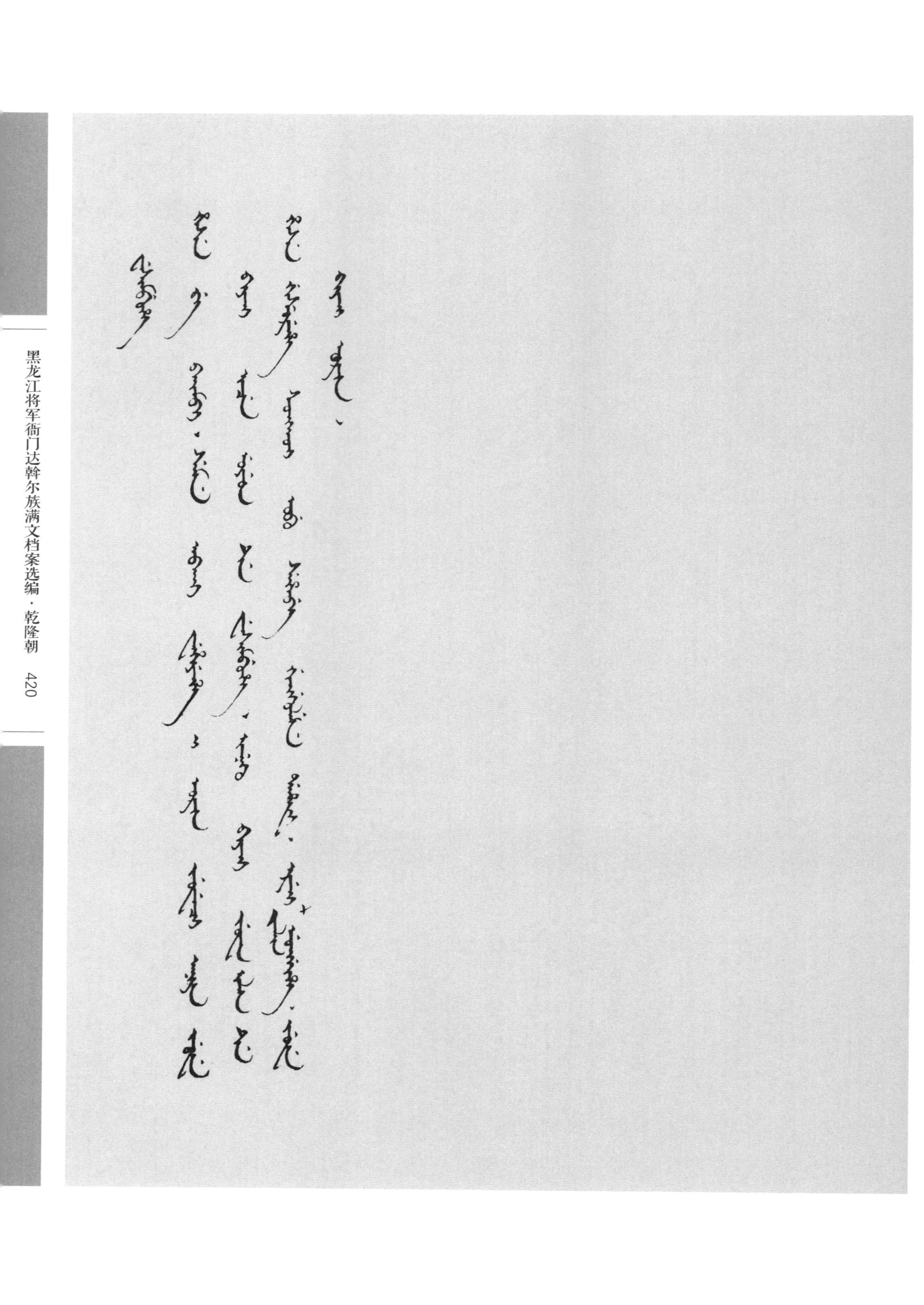

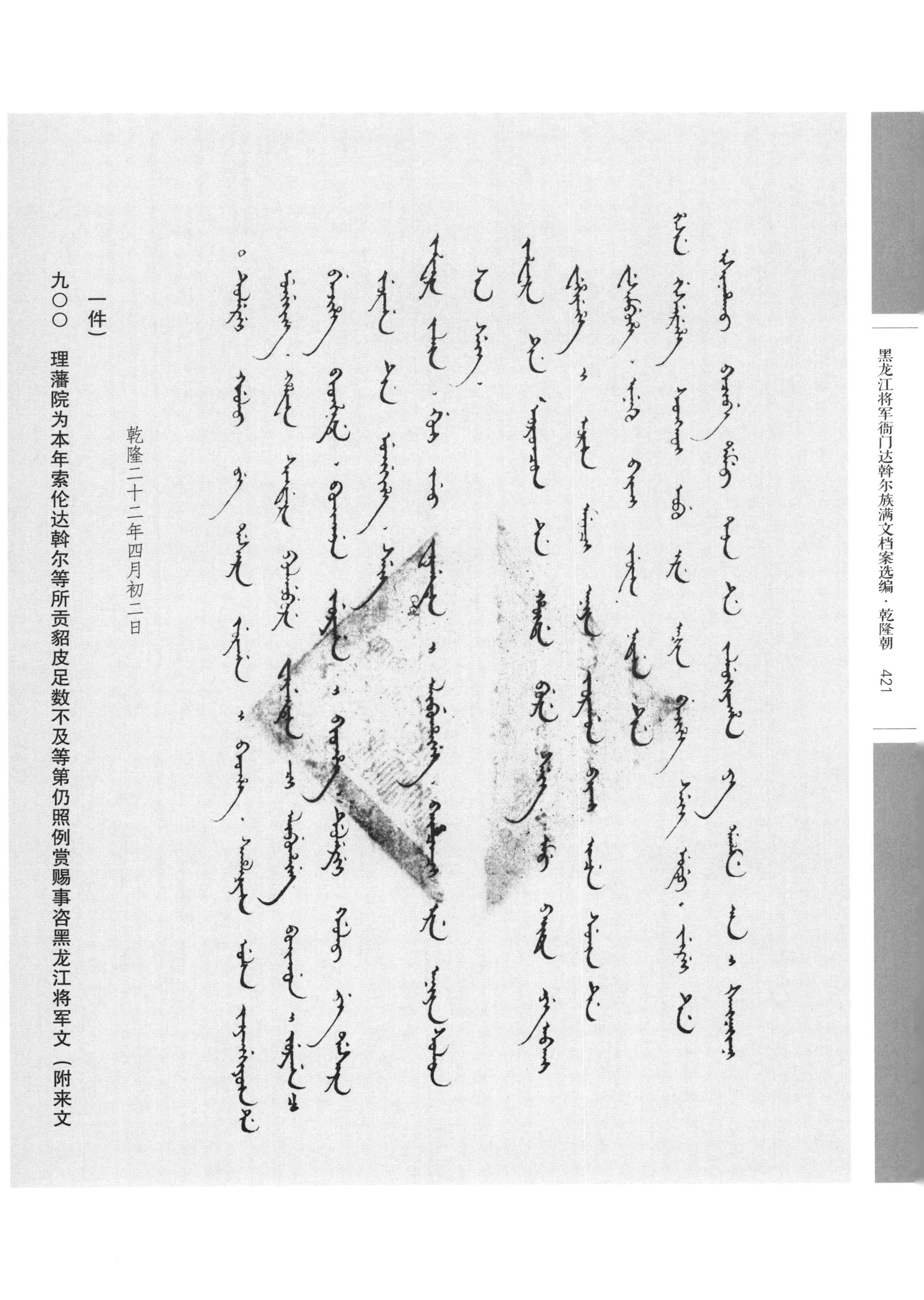

九〇〇 理藩院为本年索伦达斡尔等所贡貂皮足数不及等第仍照例赏赐事咨黑龙江将军文（附来文一件）

乾隆二十二年四月初二日

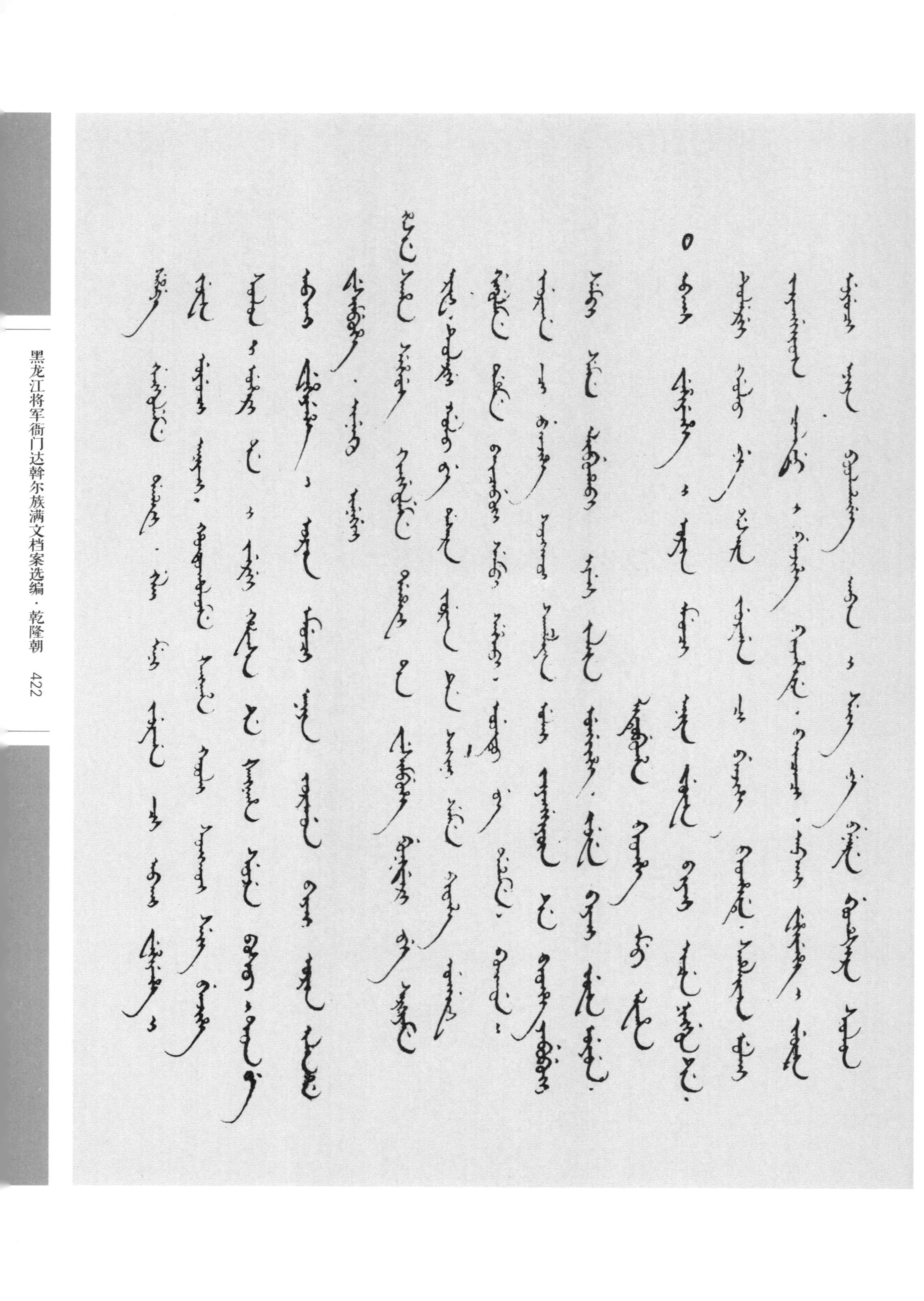

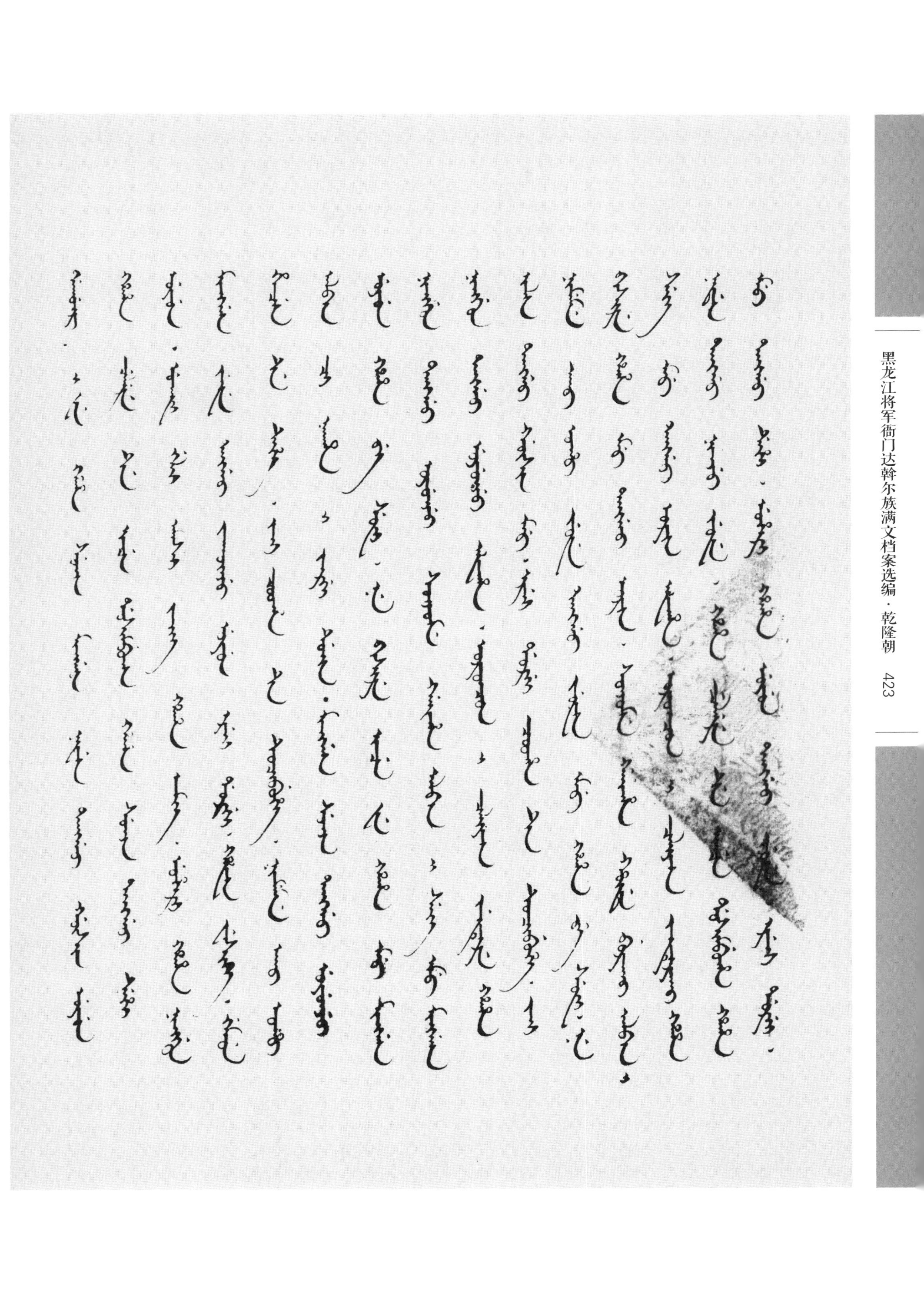

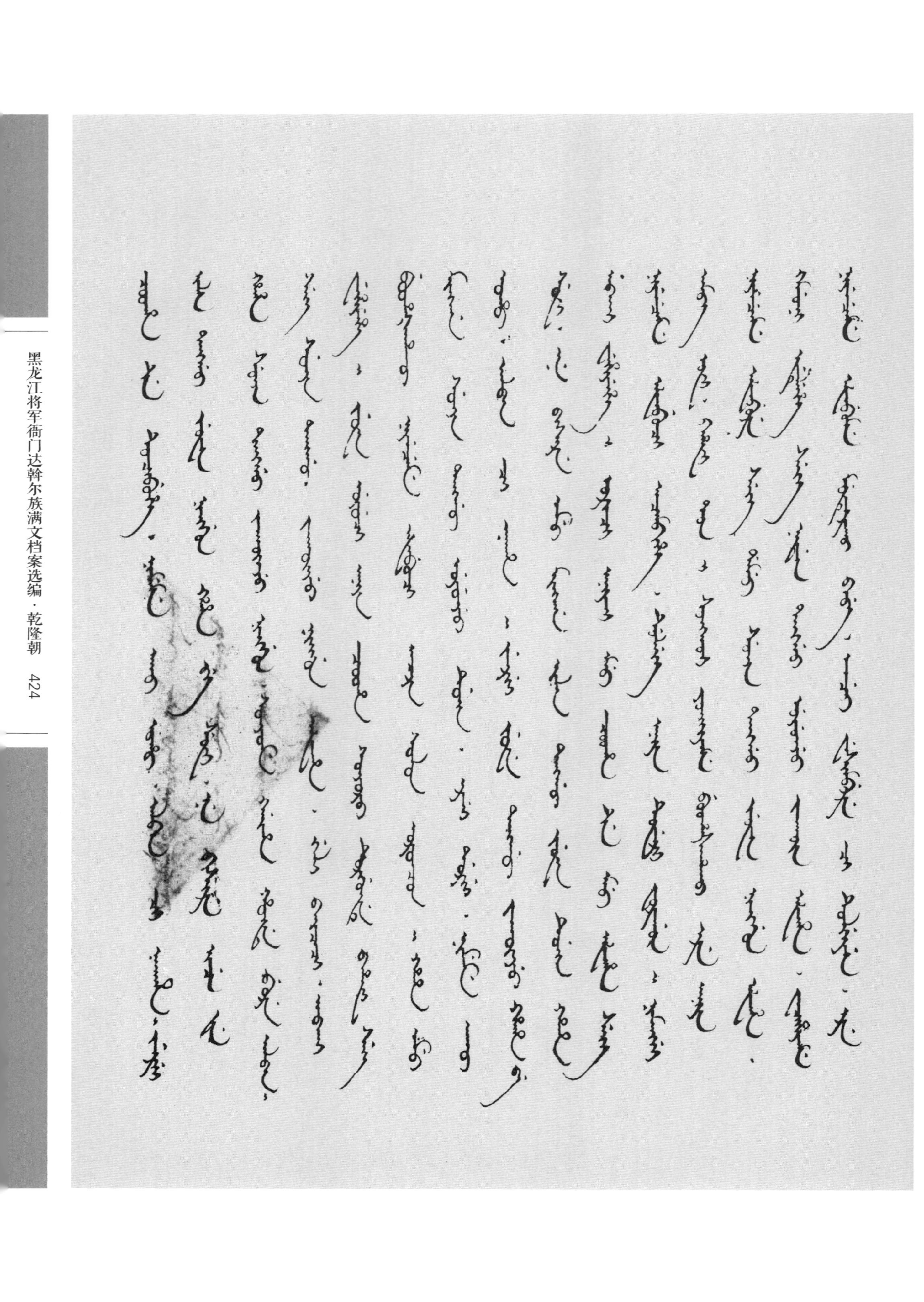

[illegible]

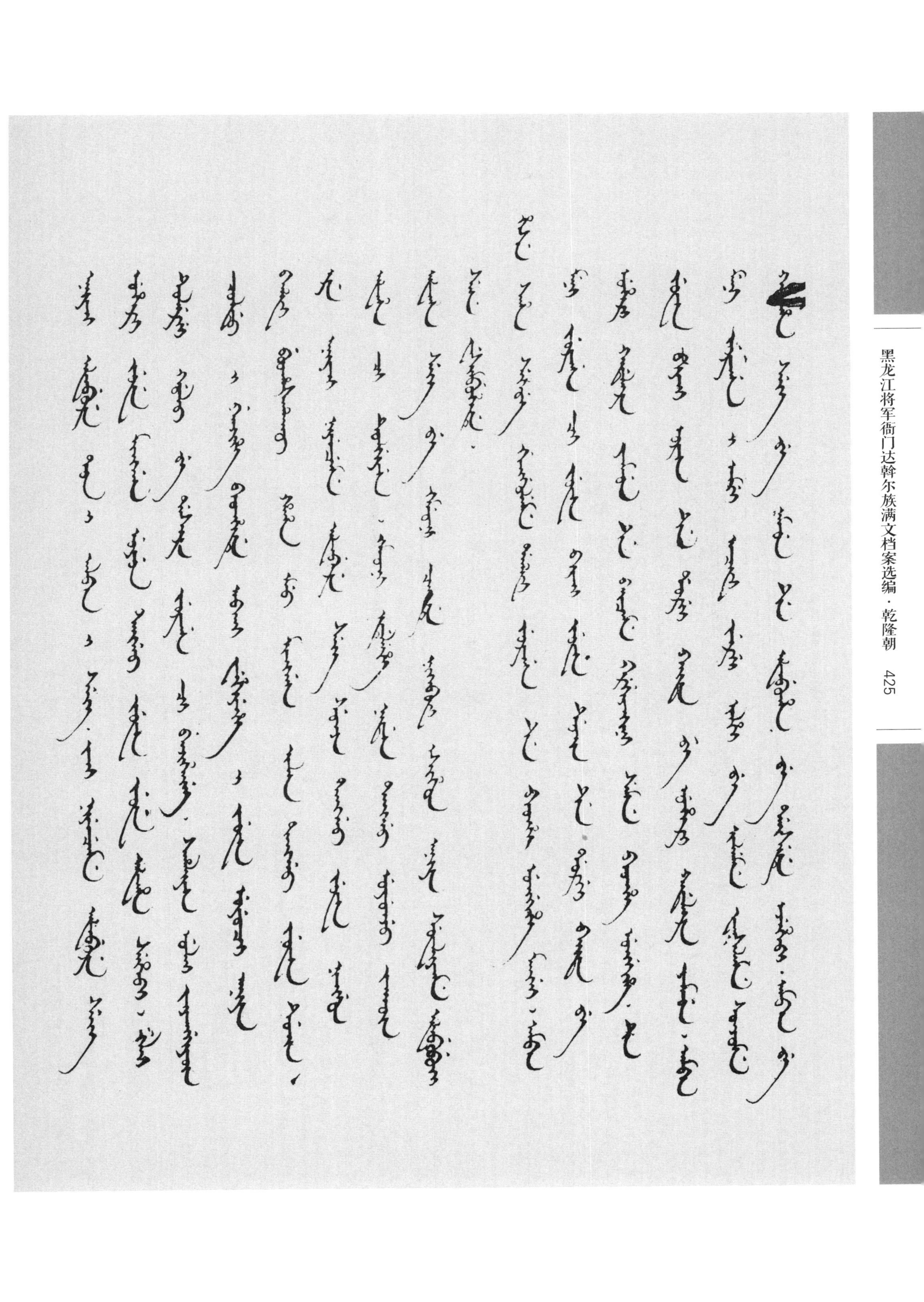

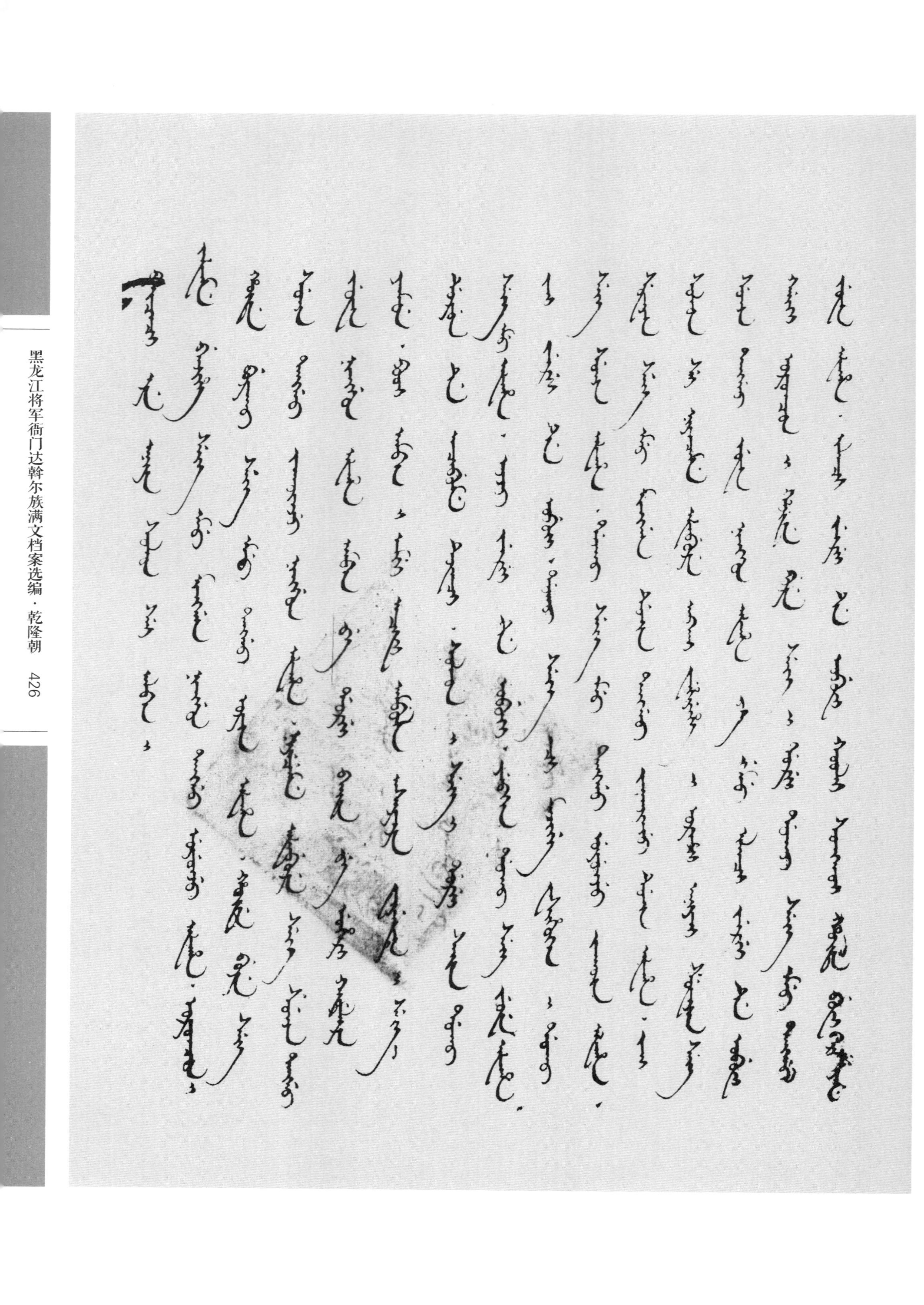

[illegible]

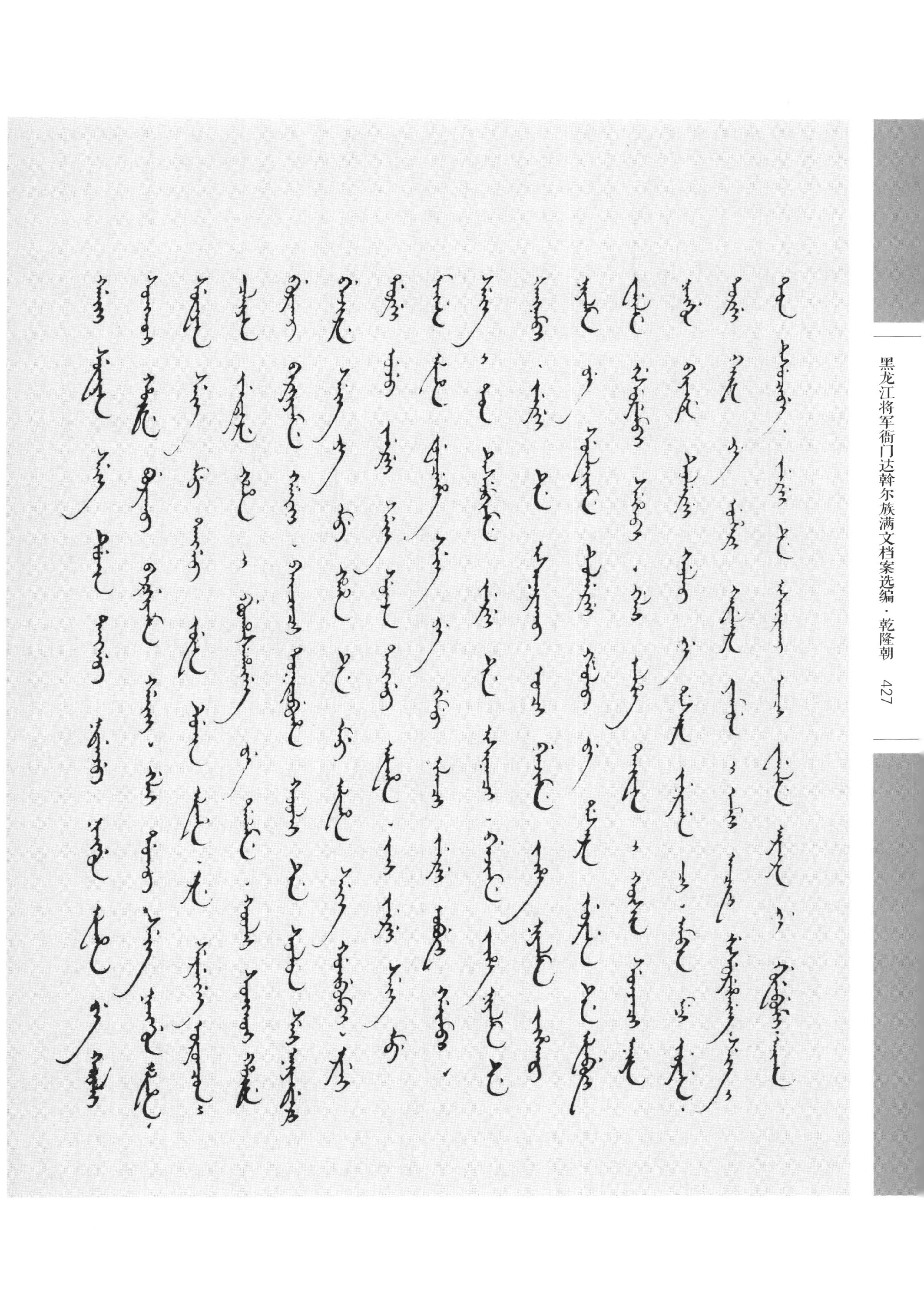

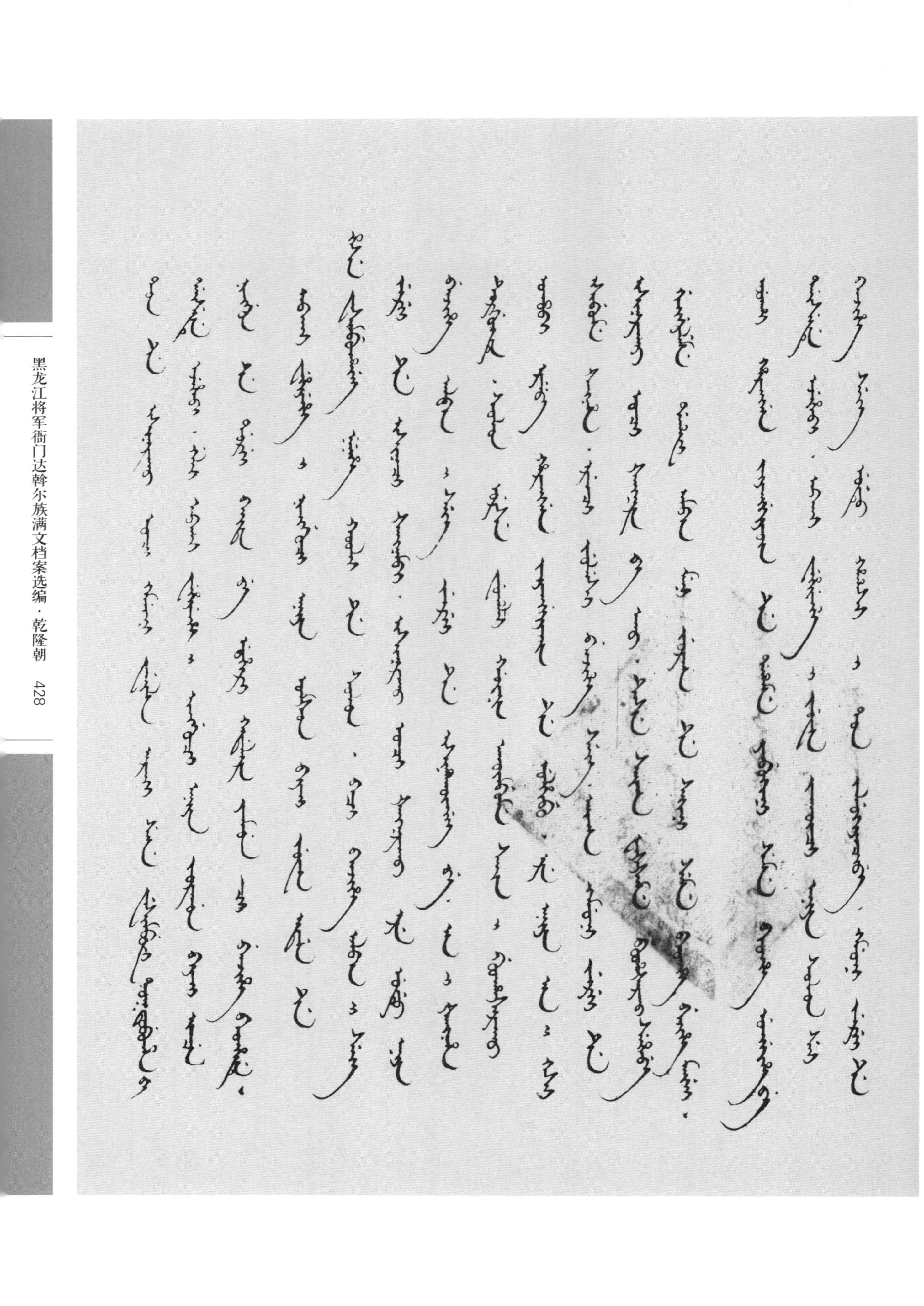

[illegible]

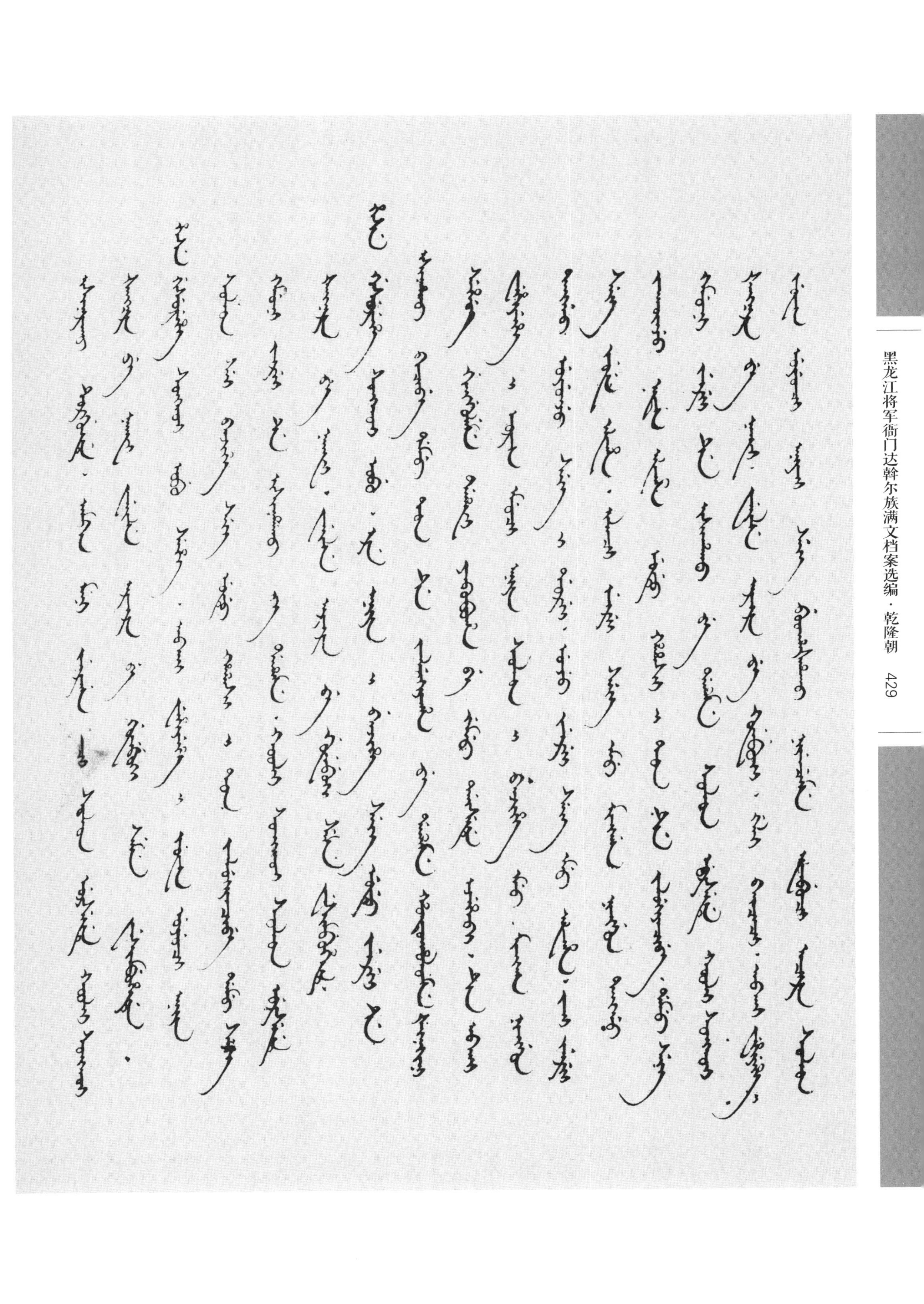

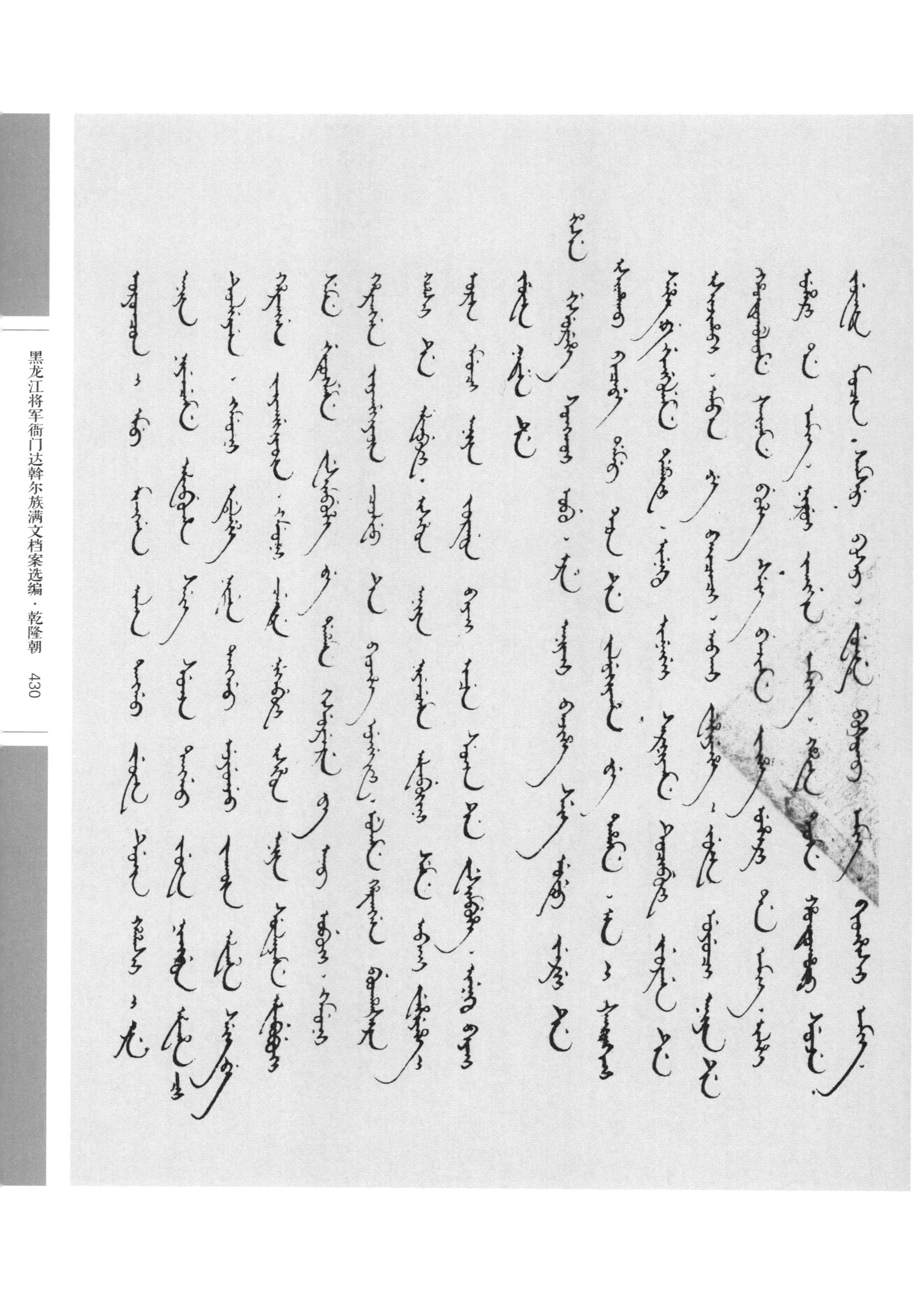

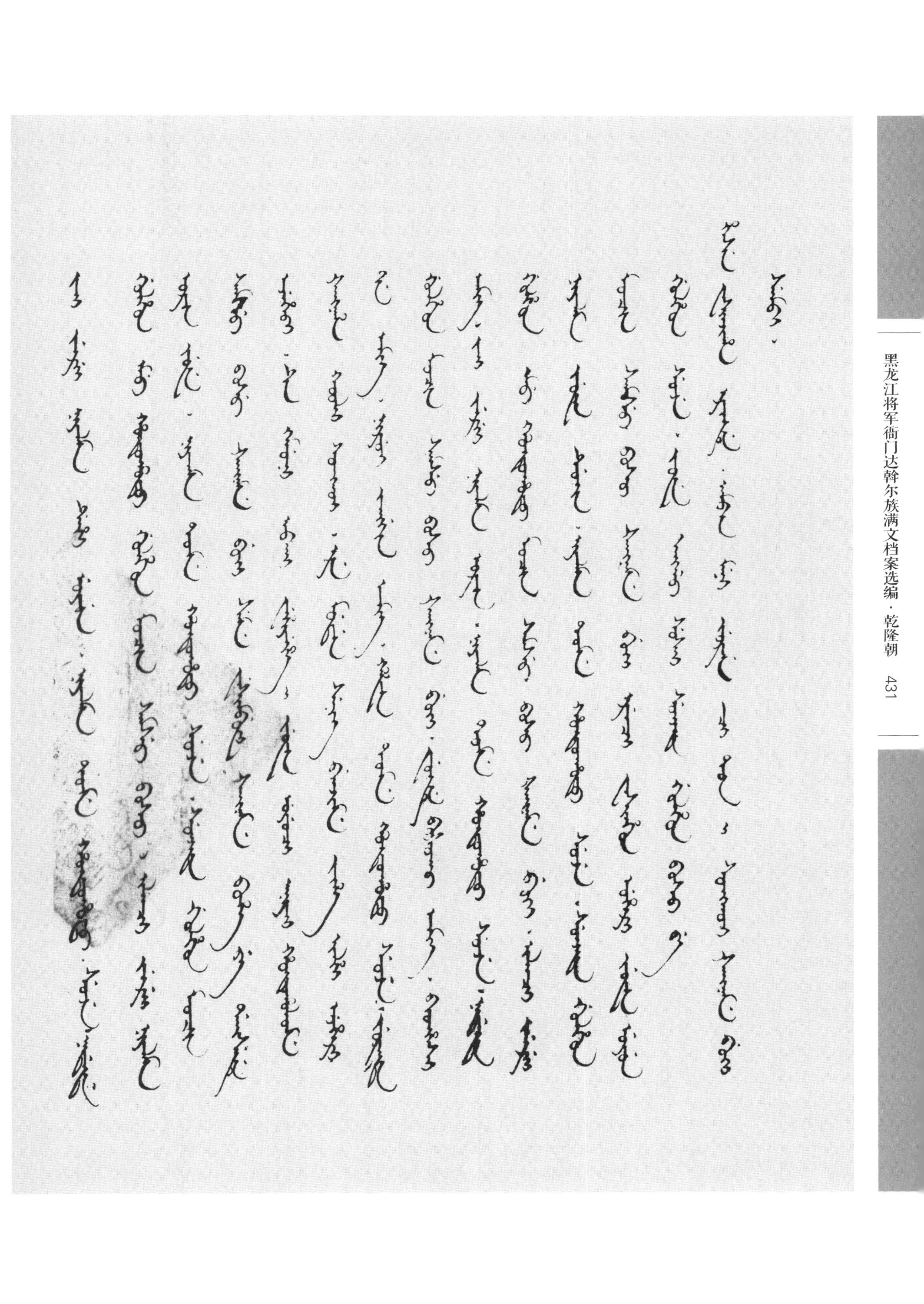

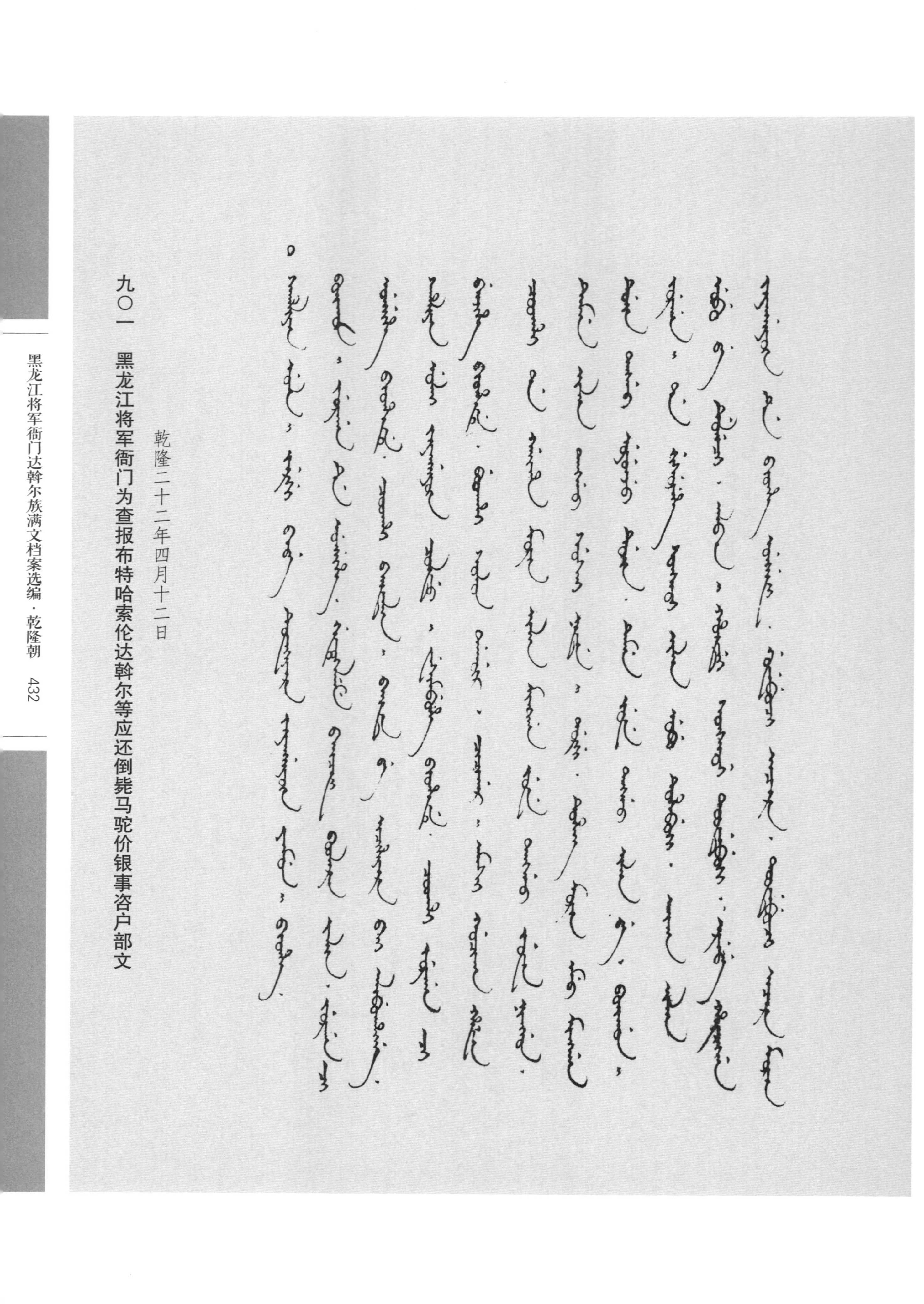

九〇一 黑龙江将军衙门为查报布特哈索伦达斡尔等应还倒毙马驼价银事咨户部文

乾隆二十二年四月十二日

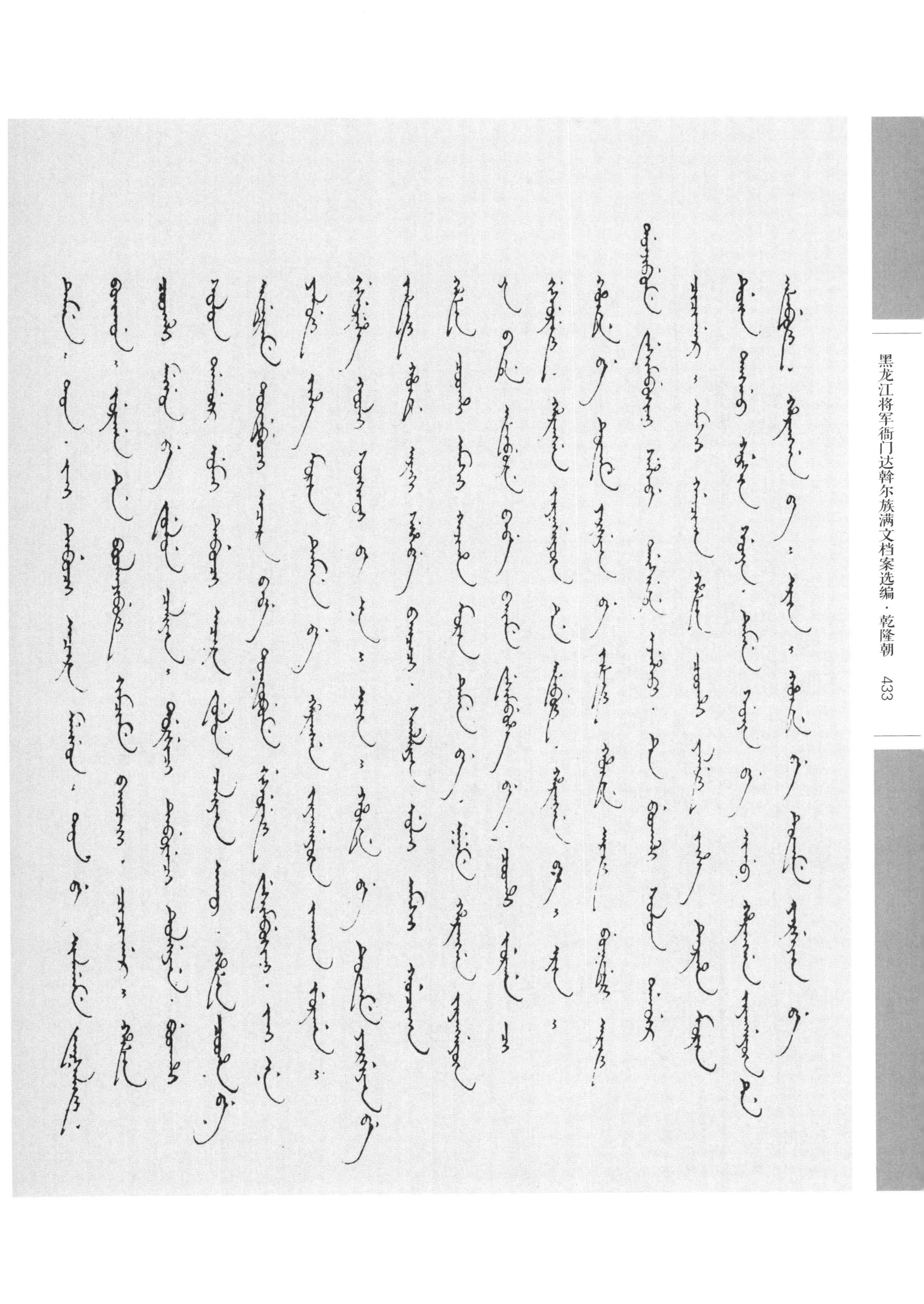

[illegible]

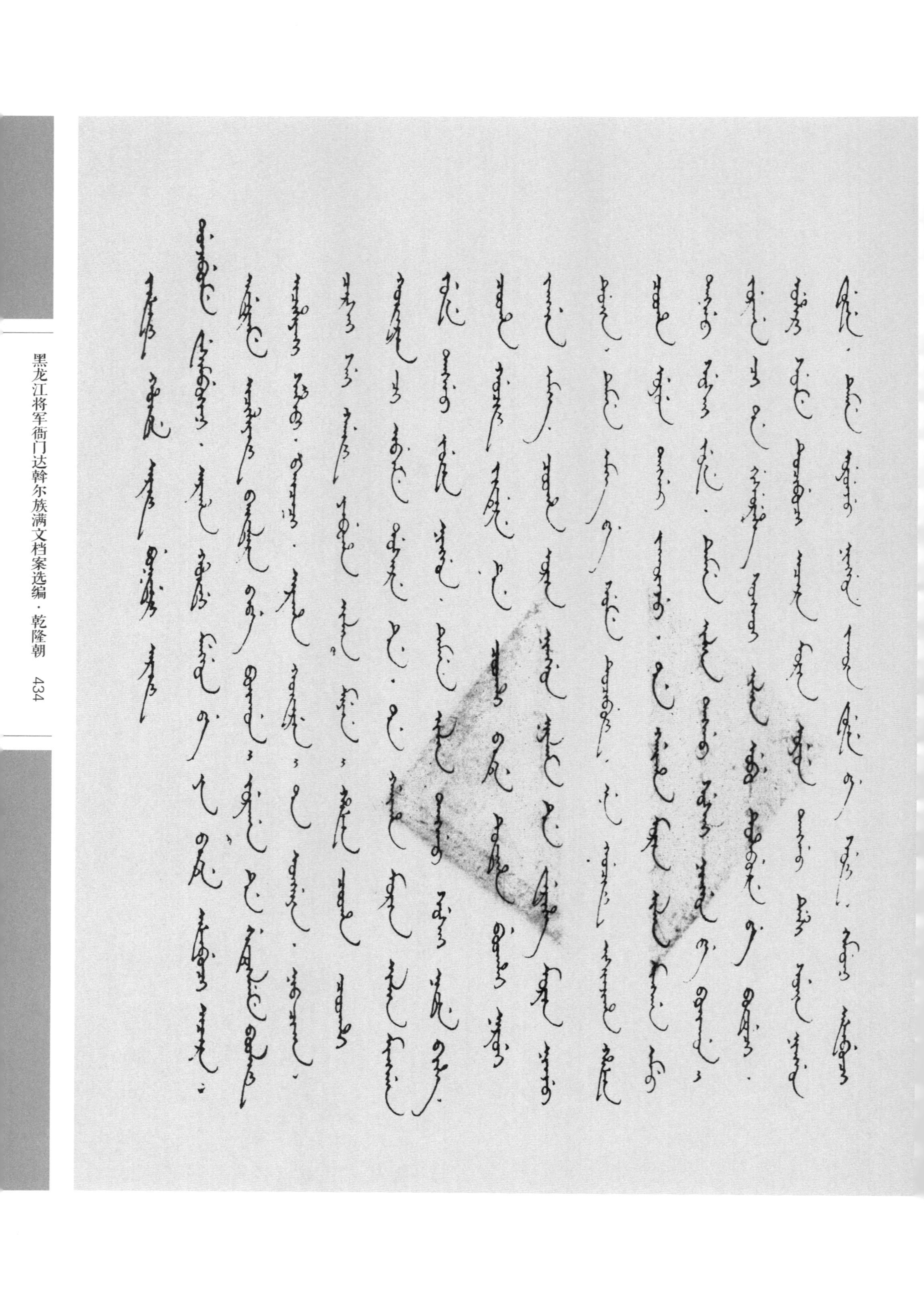

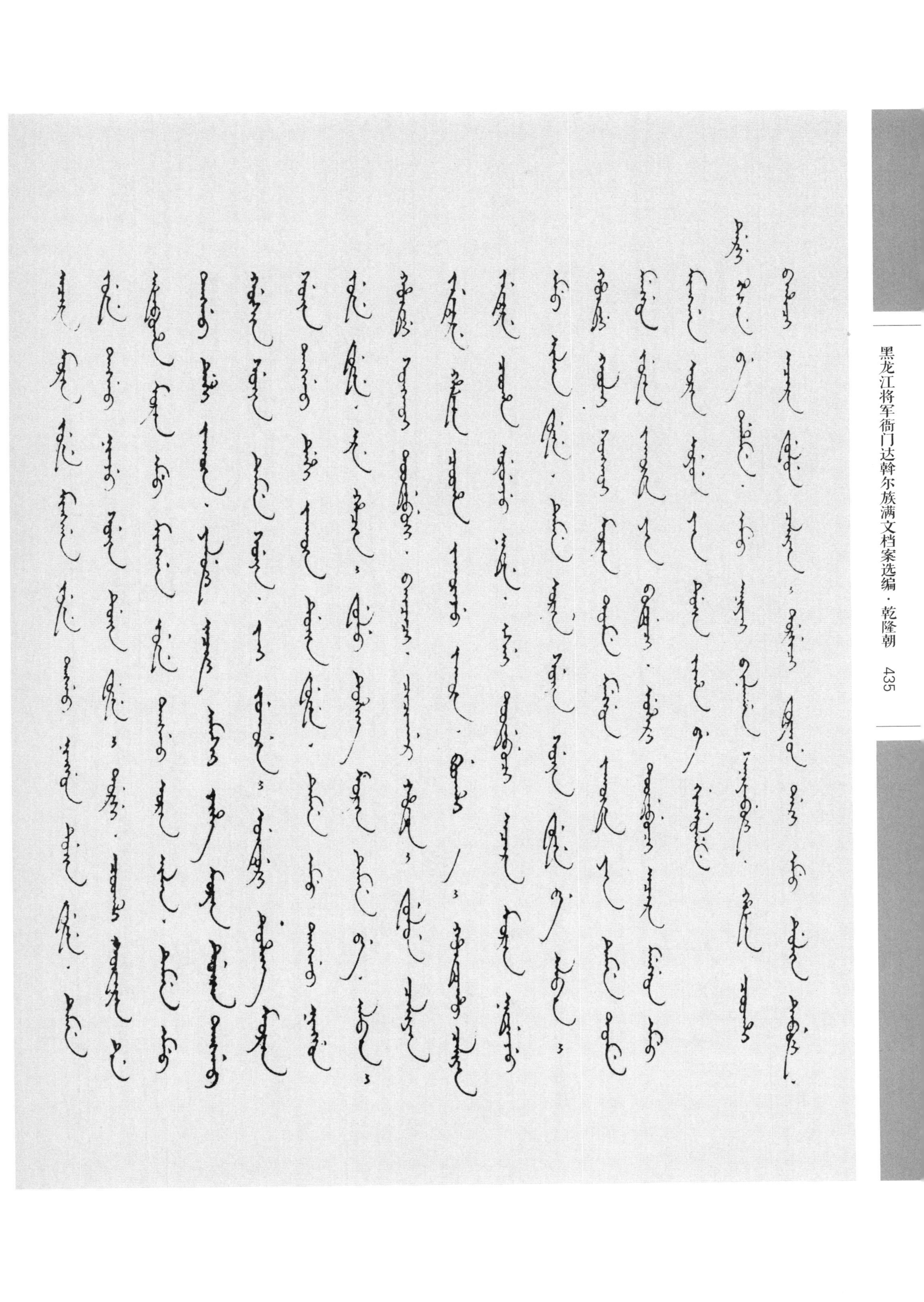

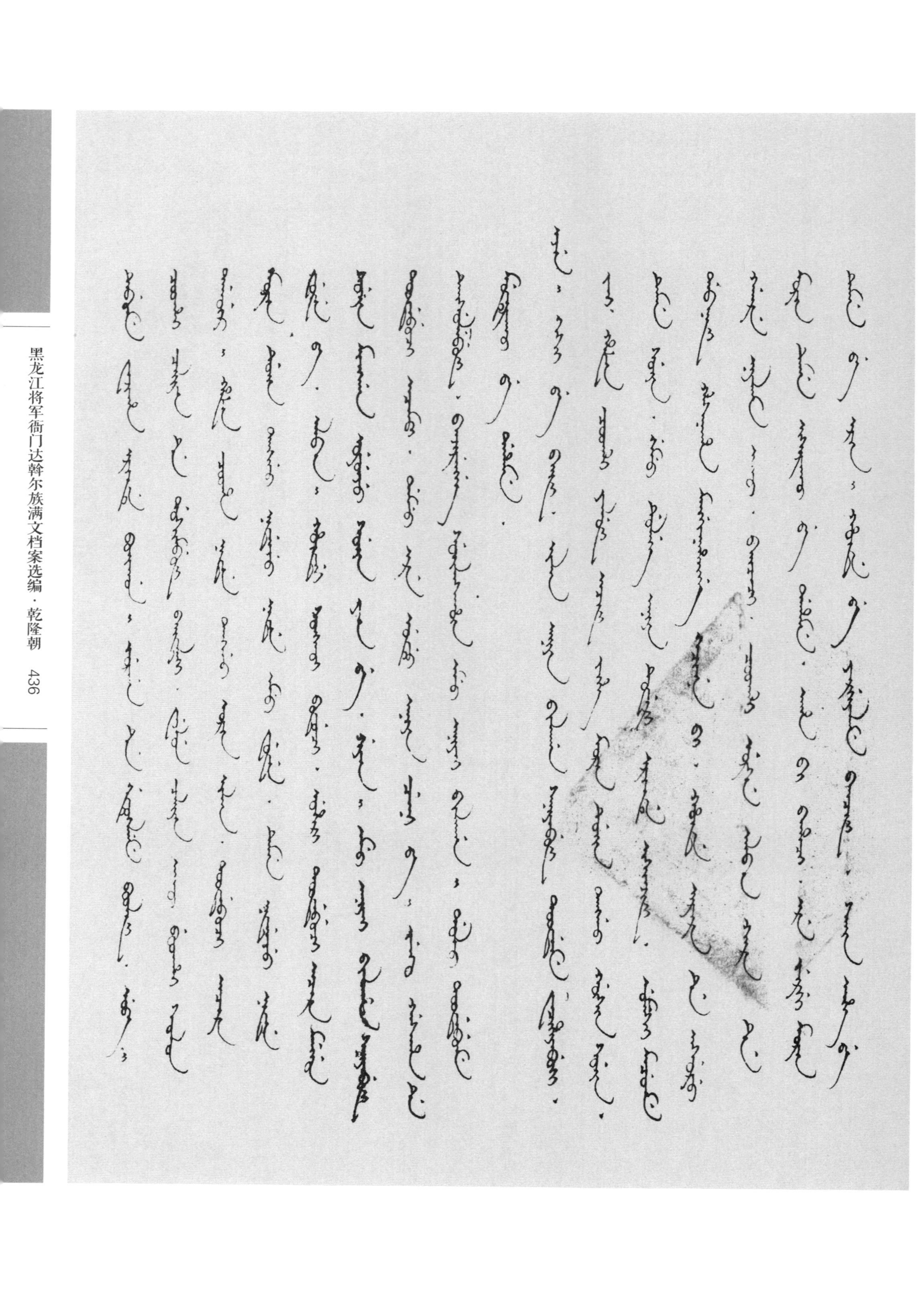

[illegible]

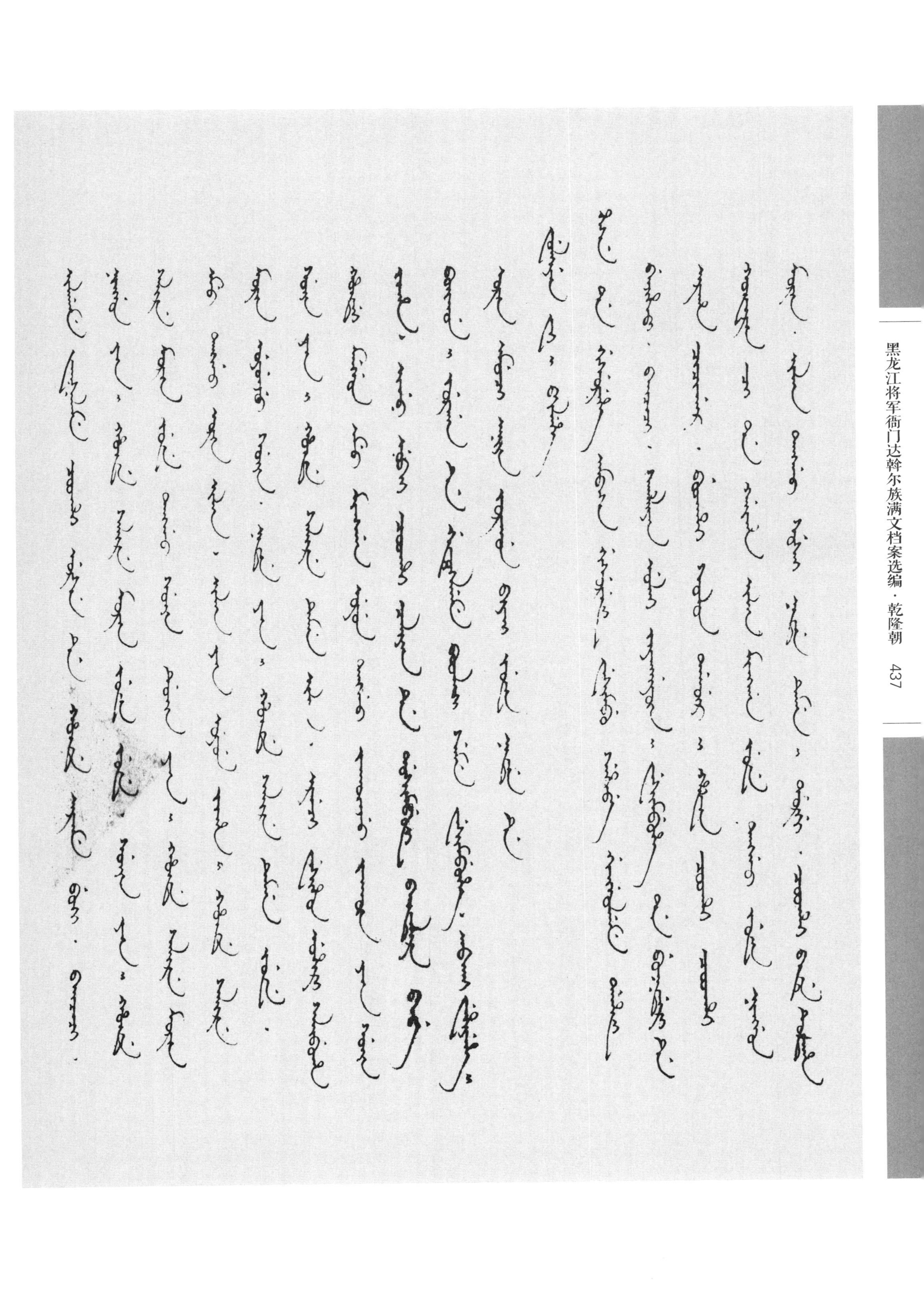

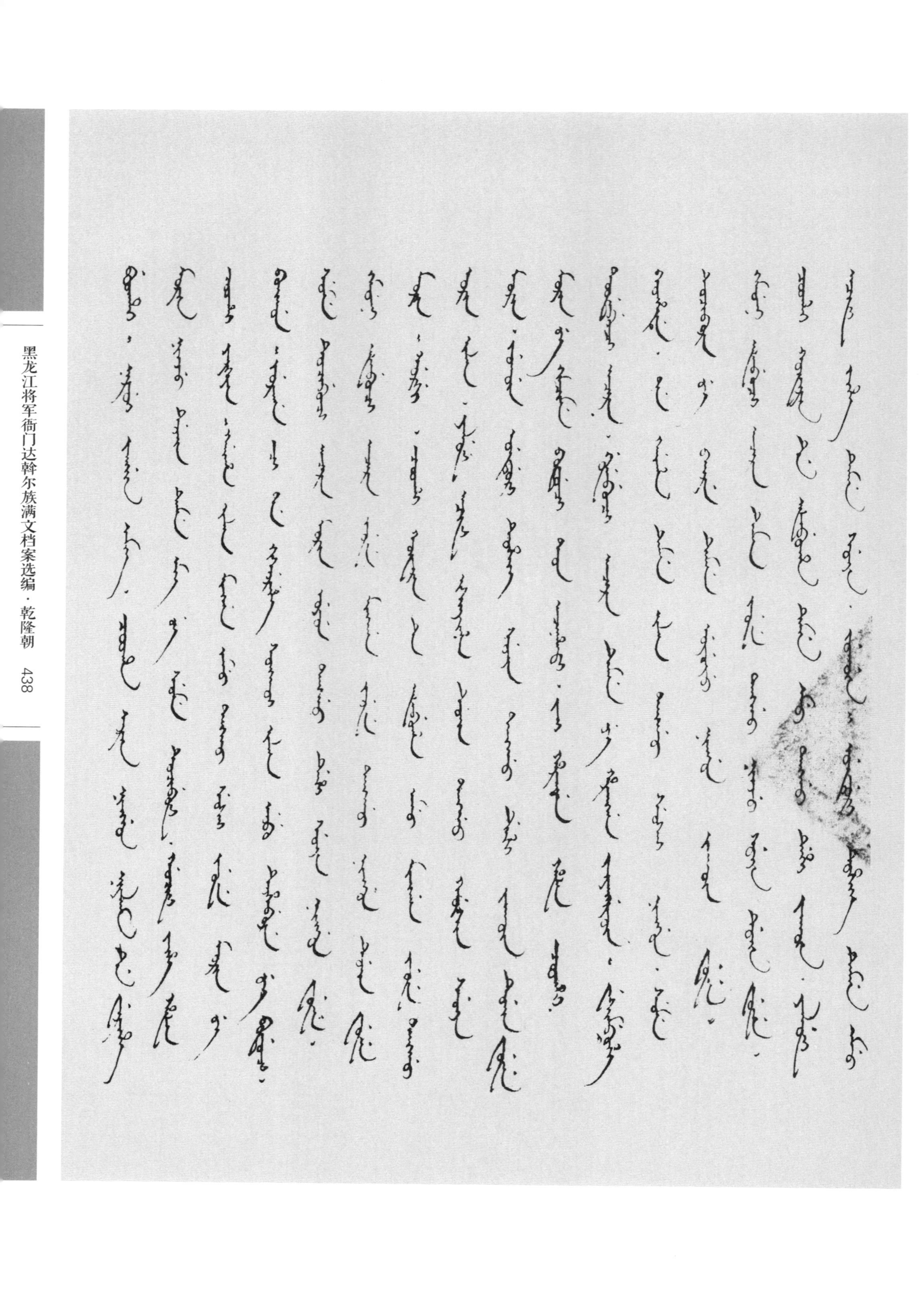

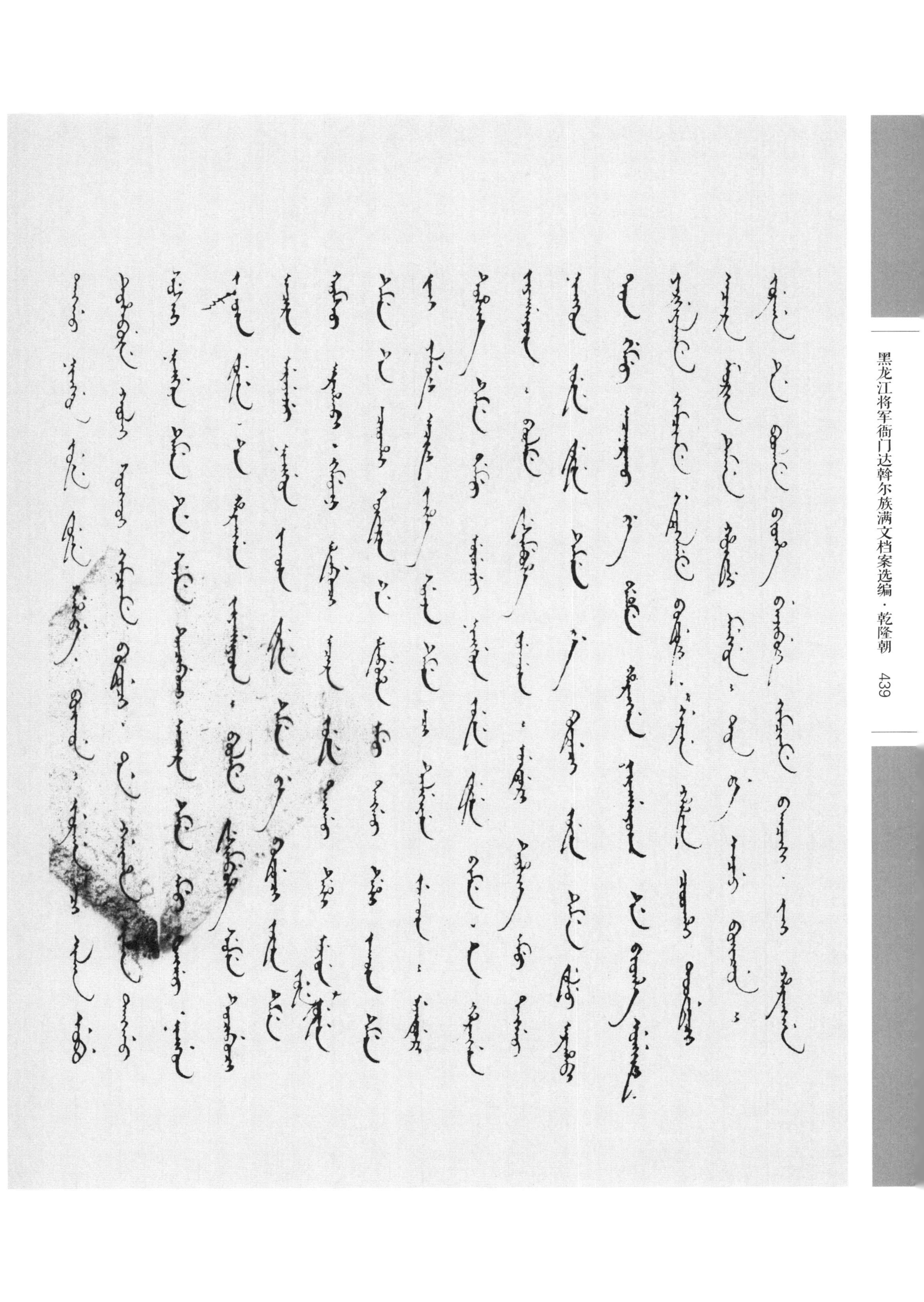

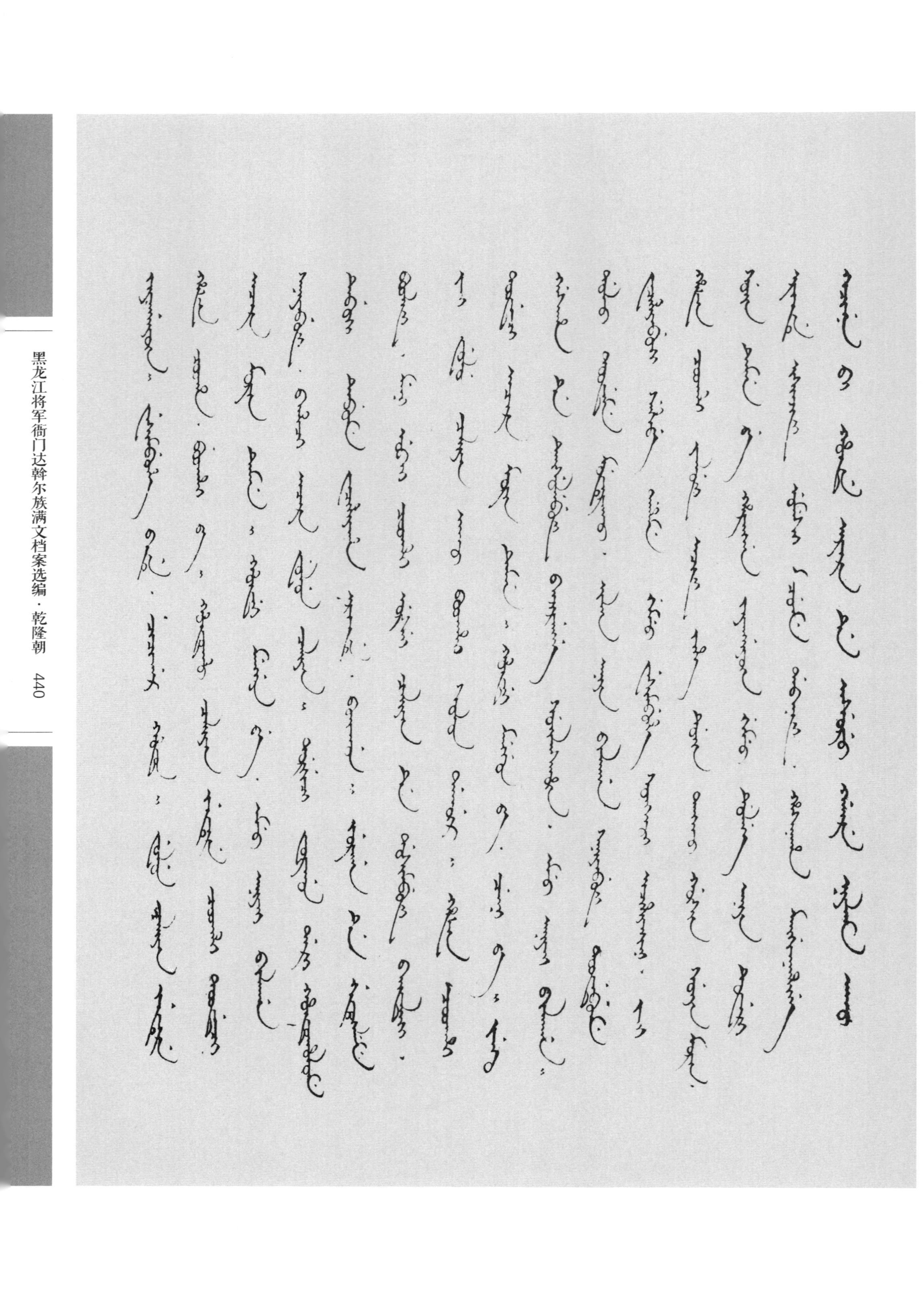

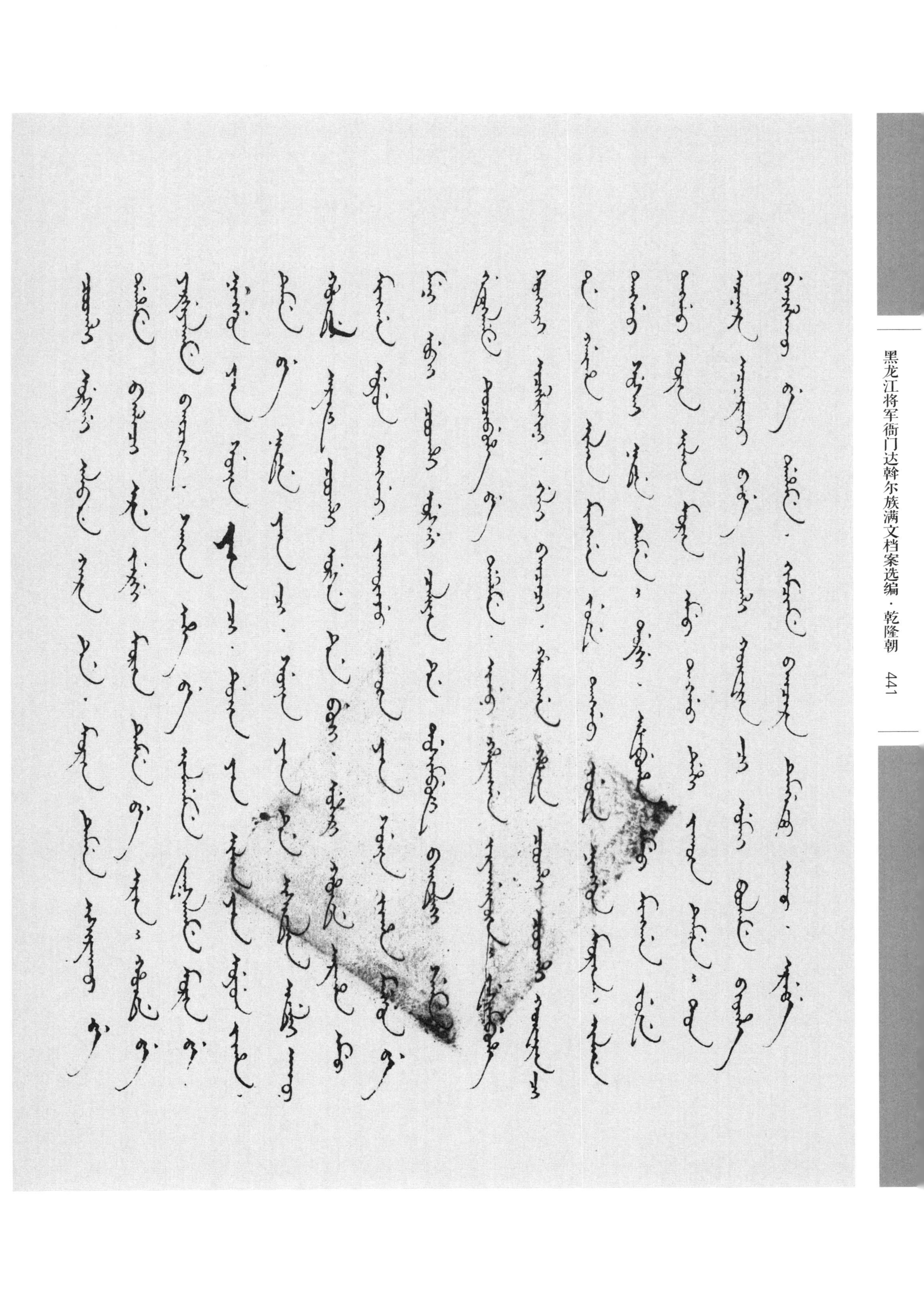

[illegible]

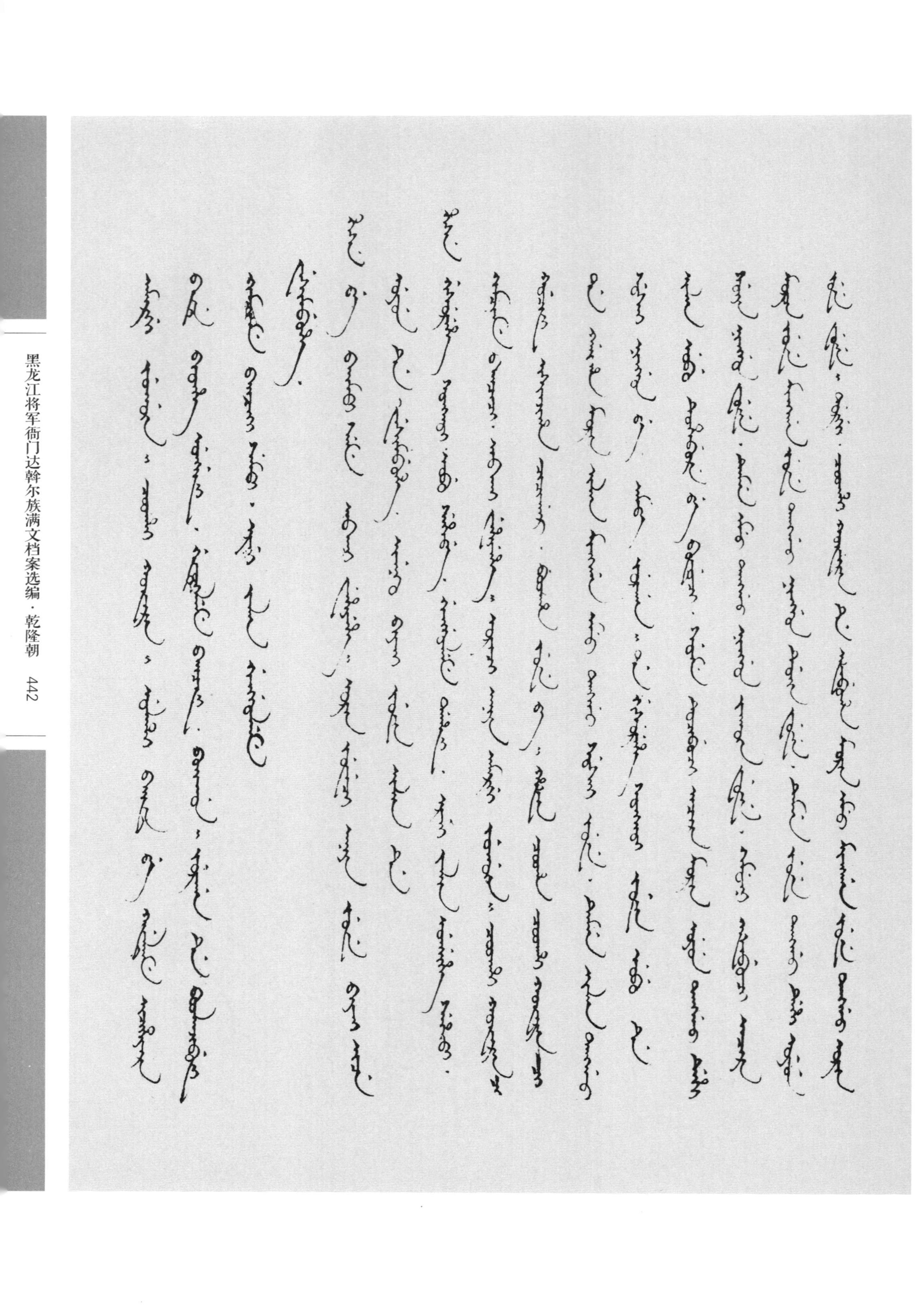

[illegible]

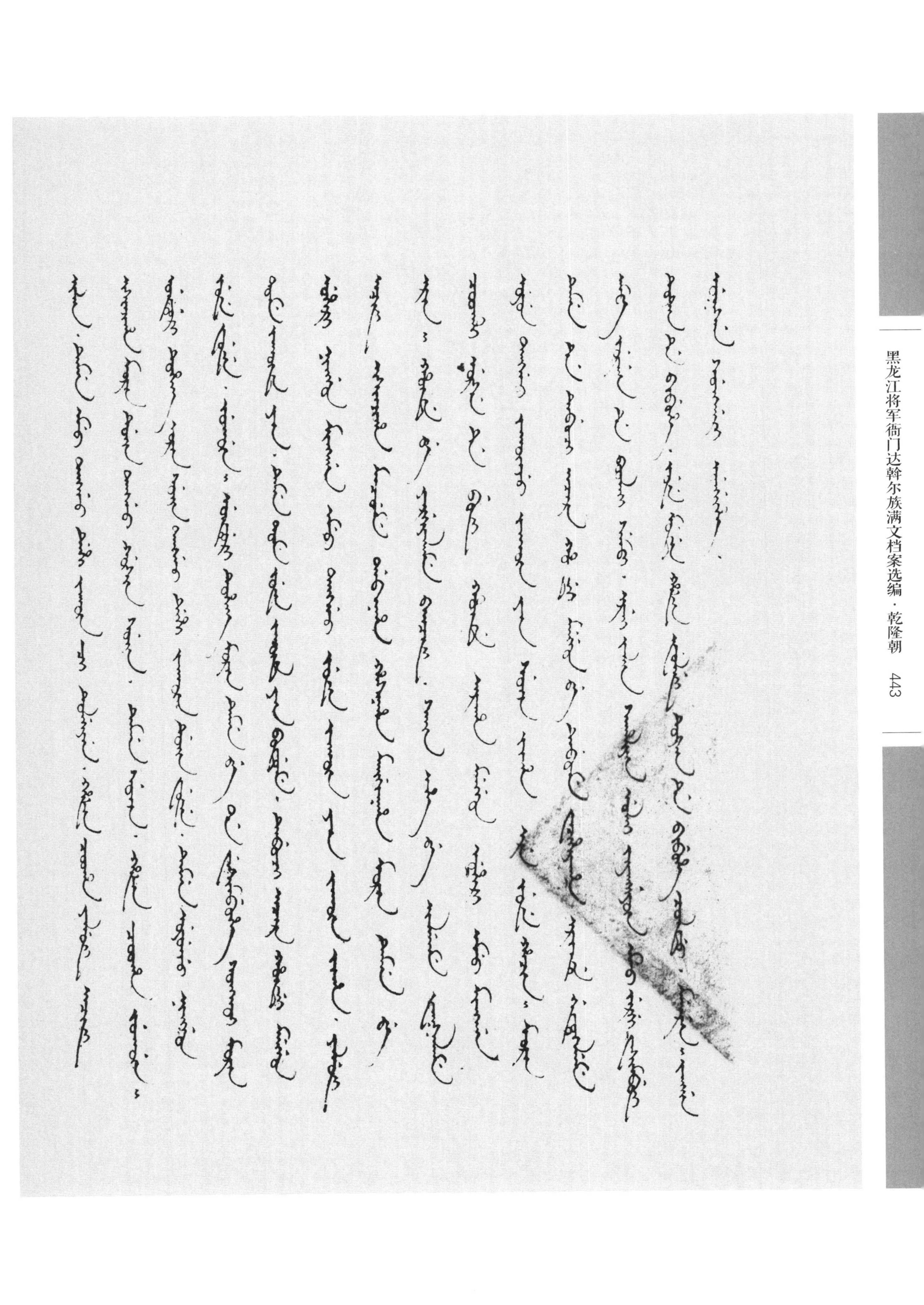

九〇二 黑龙江副都统衙门为请每月拨给年老残疾不能当差达斡尔另户人等银两事咨黑龙江将军衙门文

乾隆二十二年四月二十八日

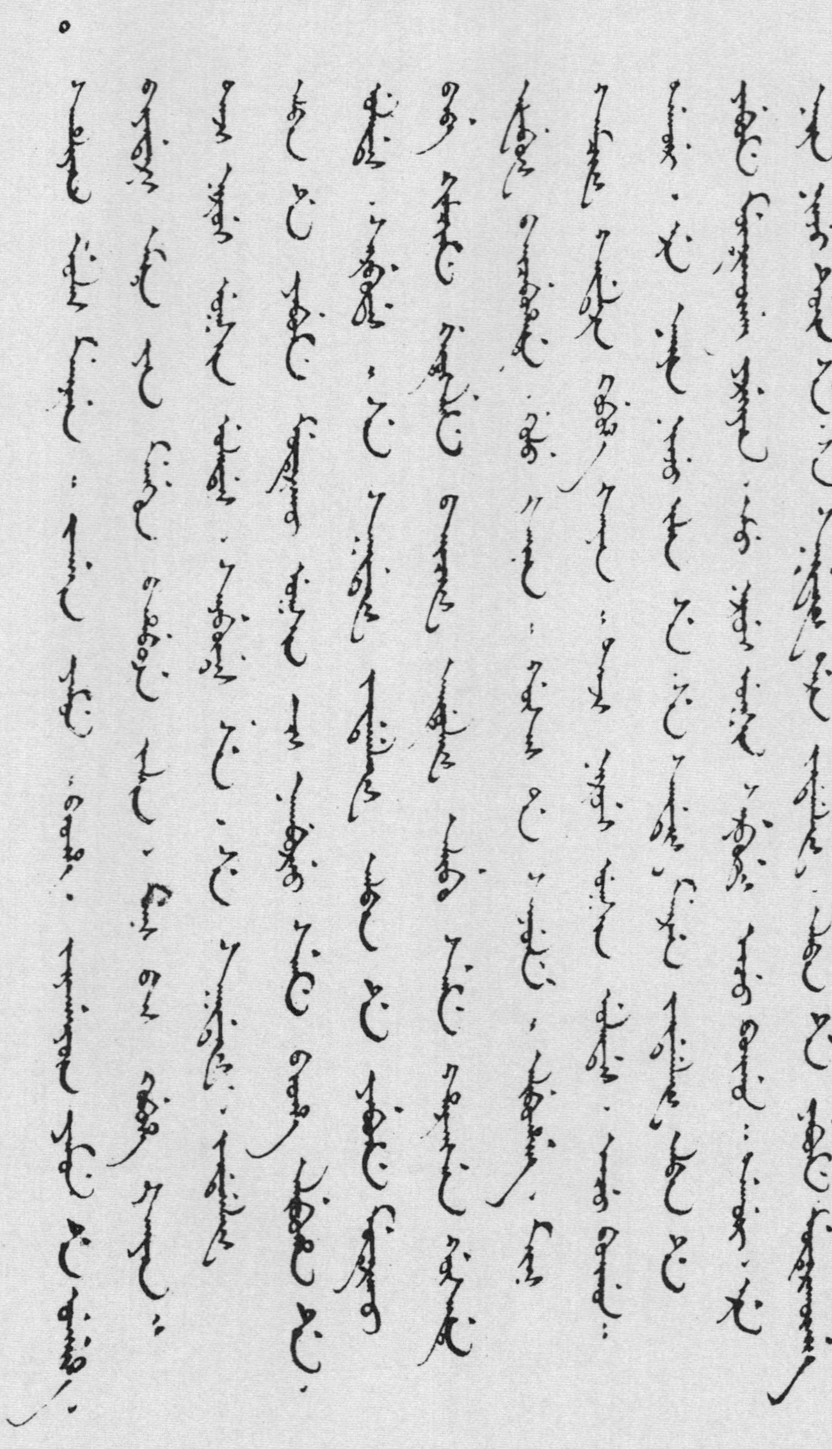

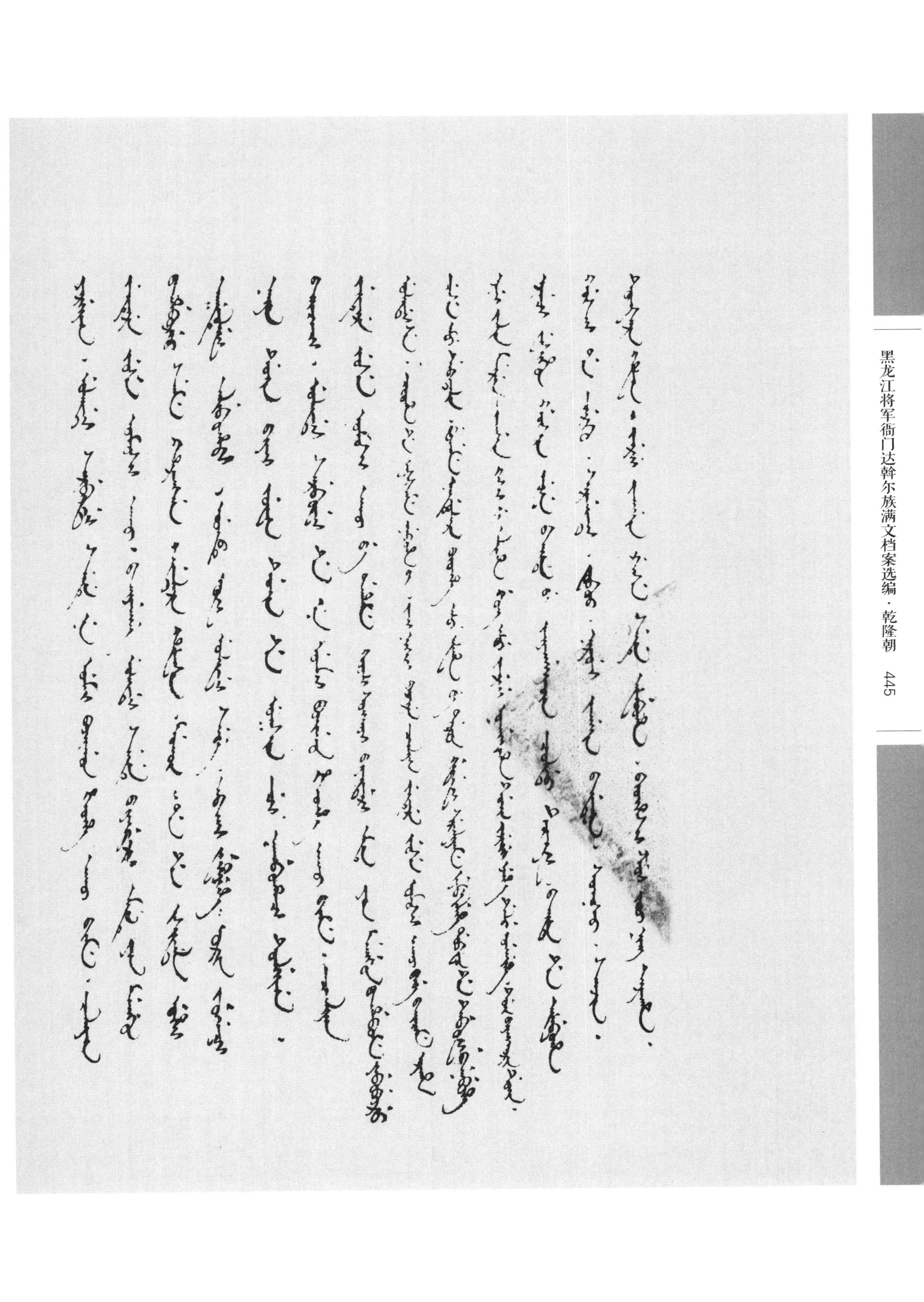

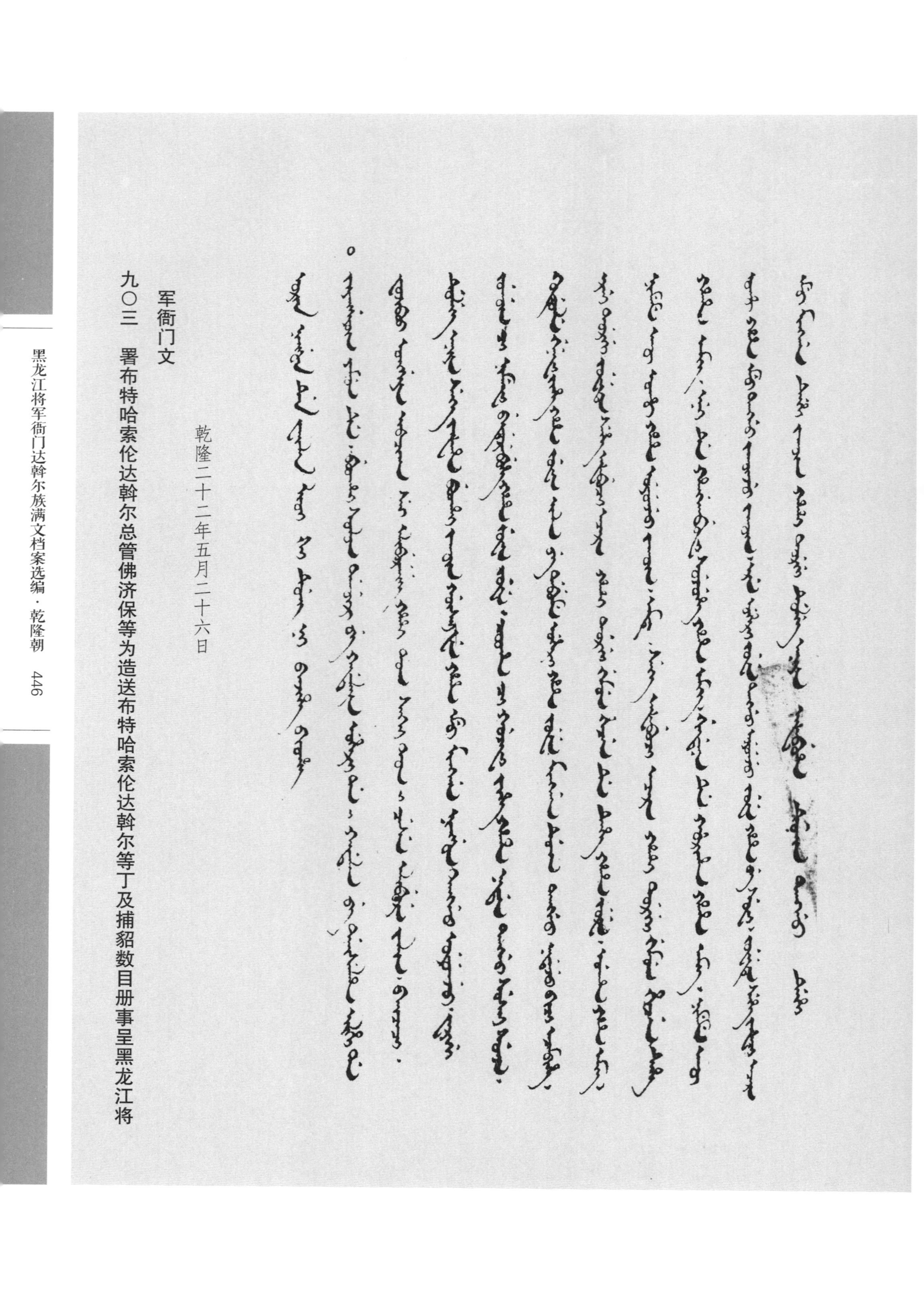

九〇三 署布特哈索伦达斡尔总管佛济保等为造送布特哈索伦达斡尔等丁及捕貂数目册事呈黑龙江将军衙门文

乾隆二十二年五月二十六日

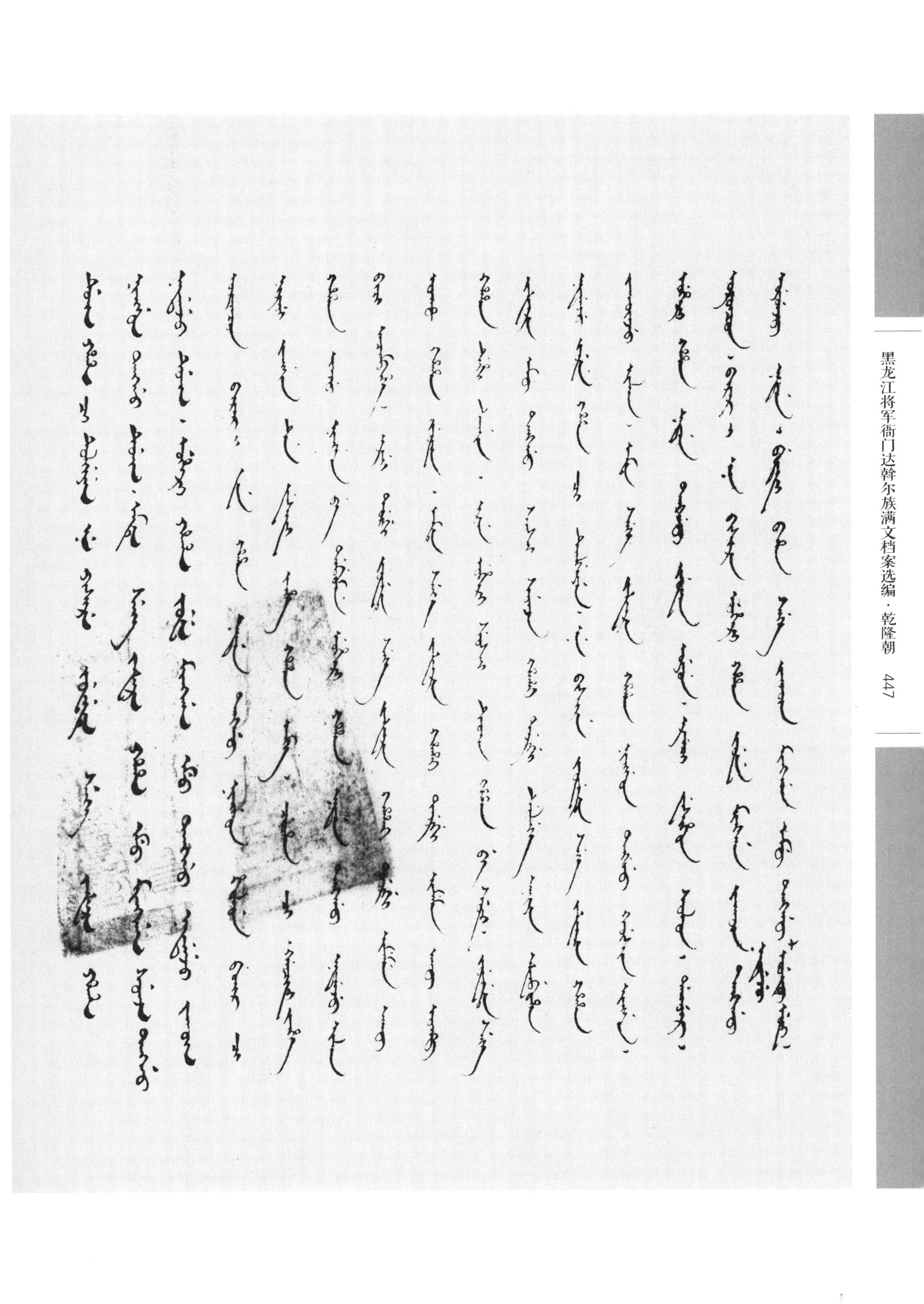

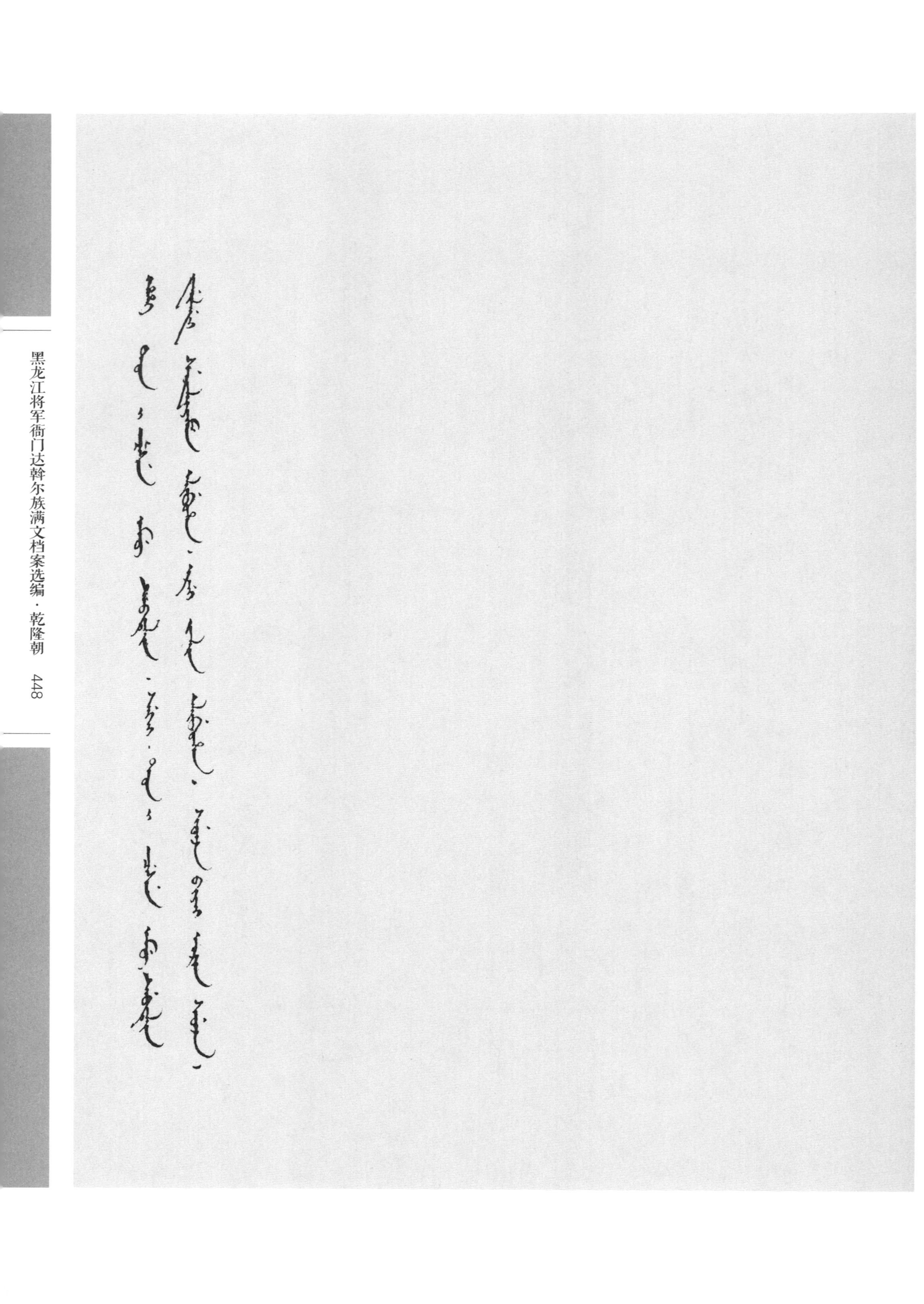

[illegible] ᠪᡝ [illegible] [illegible] [illegible] [illegible] ᠪᡝ [illegible] [illegible]

[illegible] [illegible] [illegible] [illegible] [illegible] [illegible] [illegible] [illegible] [illegible] [illegible]᠉

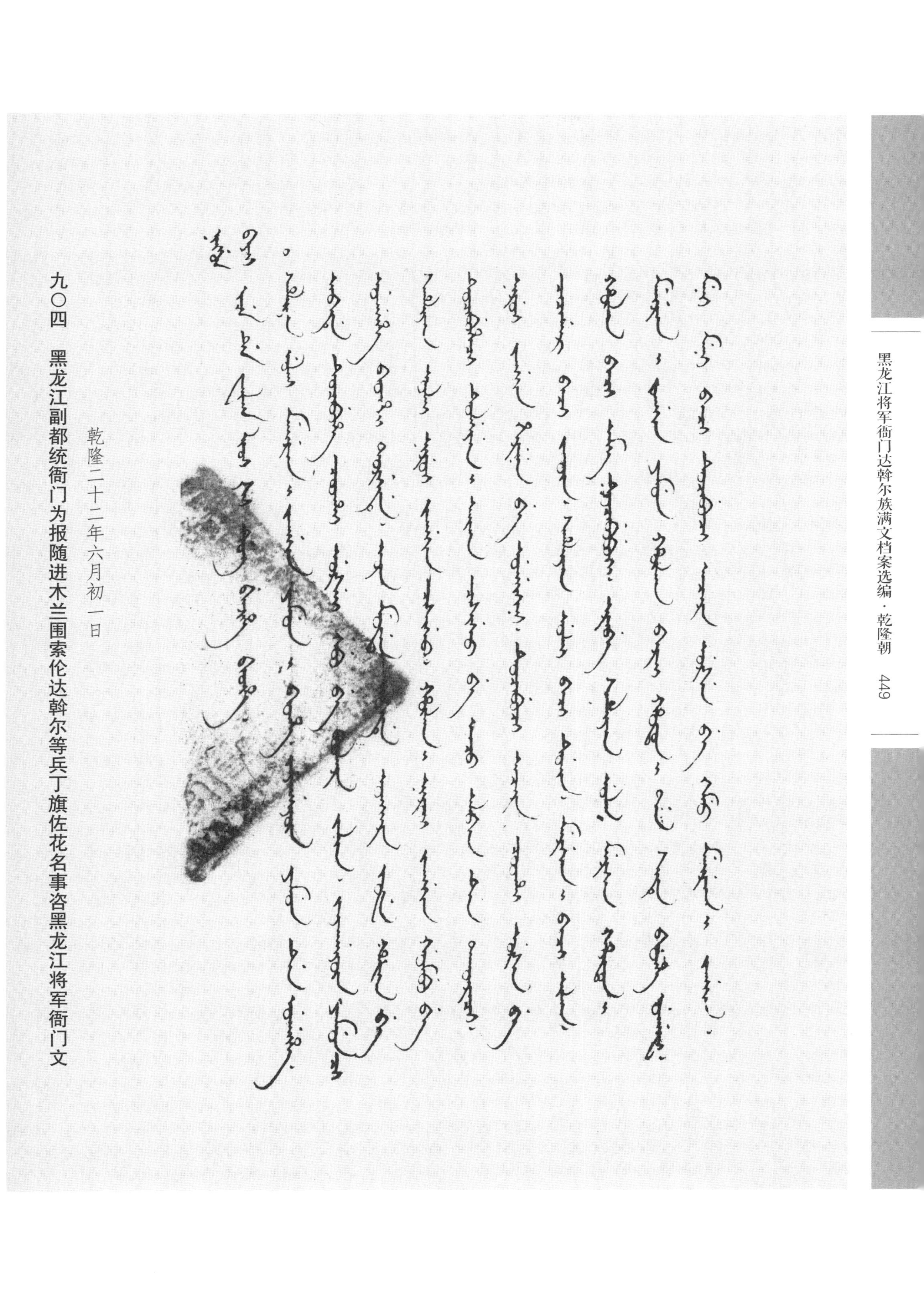

九〇四 黑龙江副都统衙门为报随进木兰围索伦达斡尔等兵丁旗佐花名事咨黑龙江将军衙门文

乾隆二十二年六月初一日

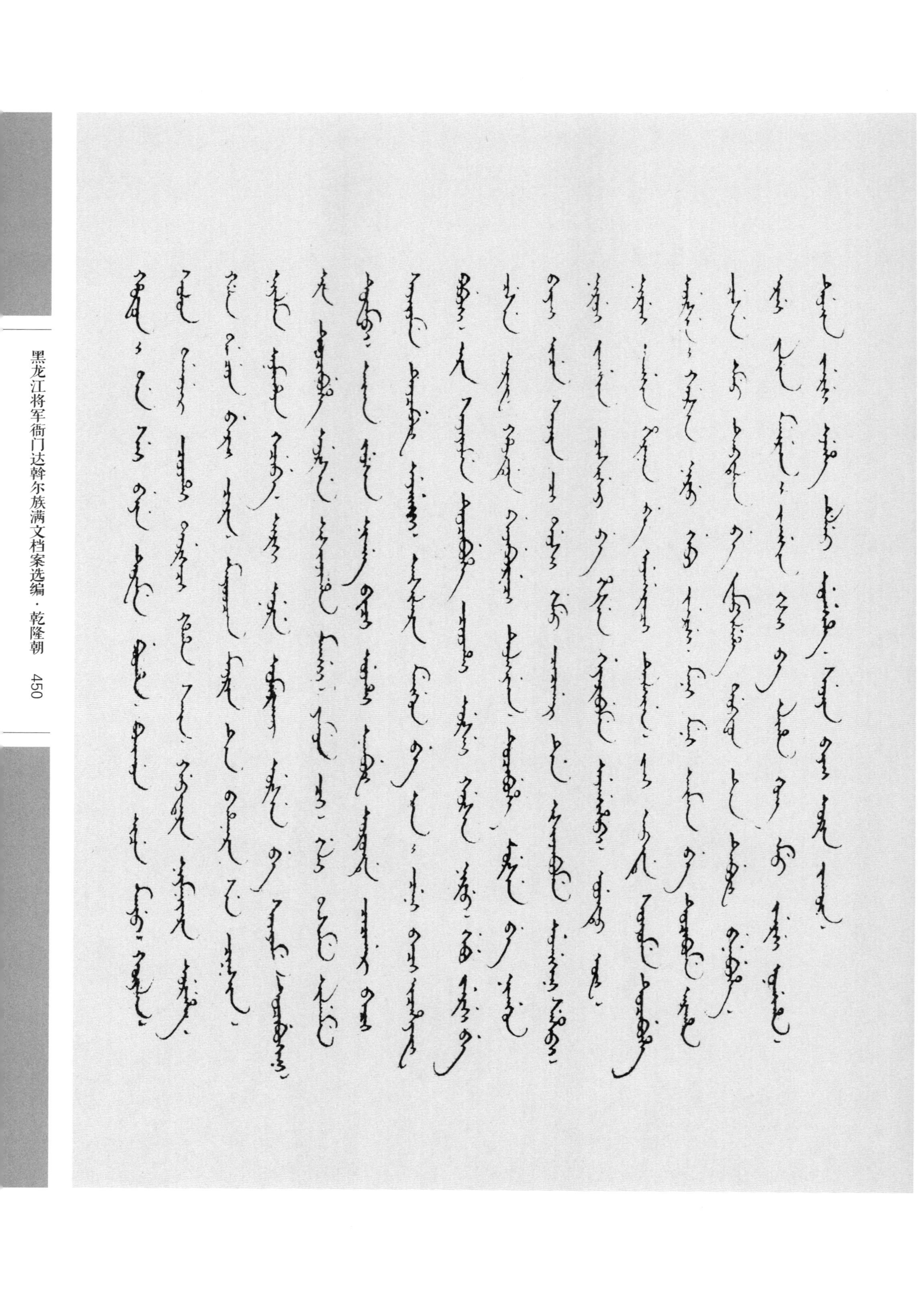

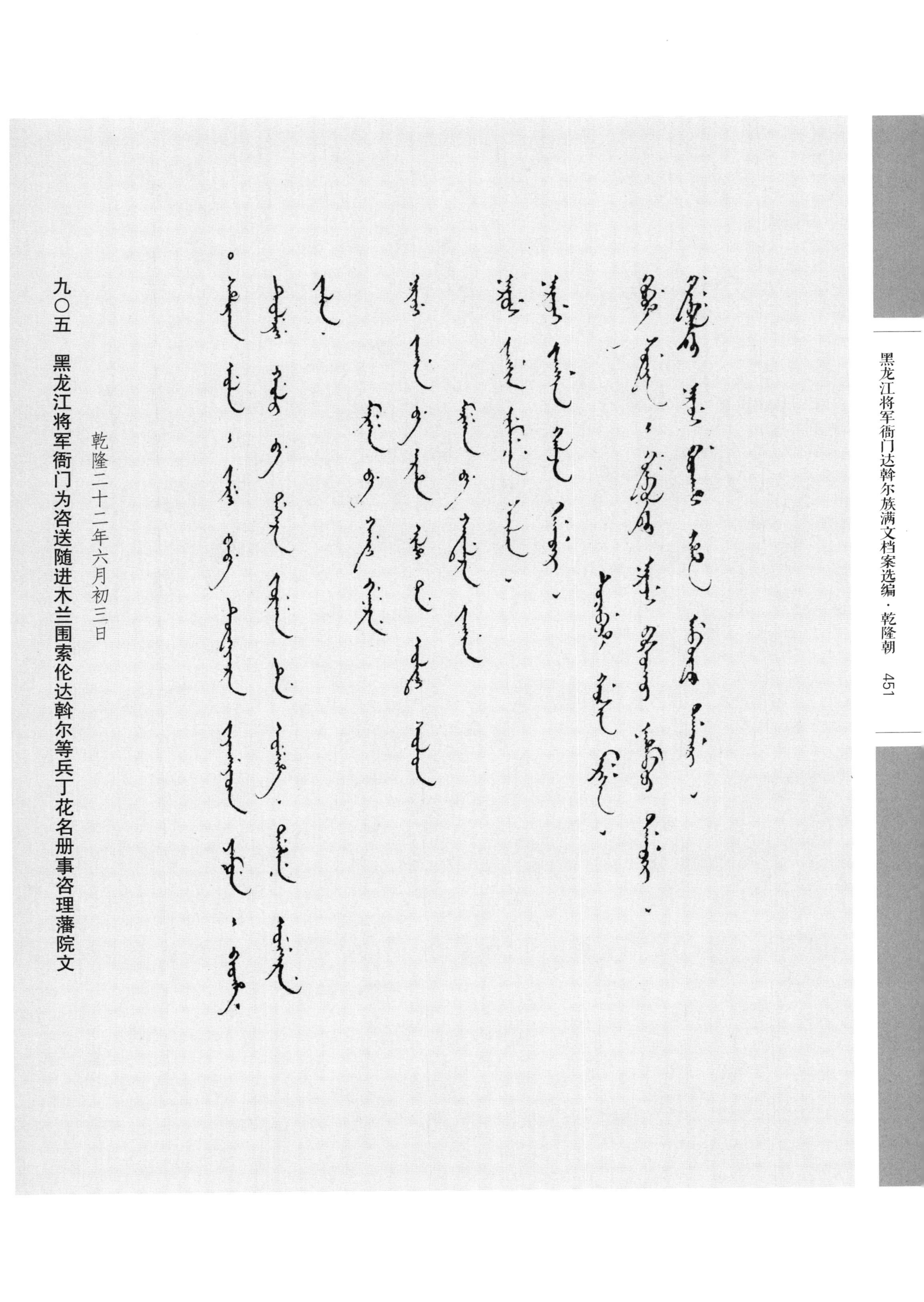

九〇五　黑龙江将军衙门为咨送随进木兰围索伦达斡尔等兵丁花名册事咨理藩院文

乾隆二十二年六月初三日

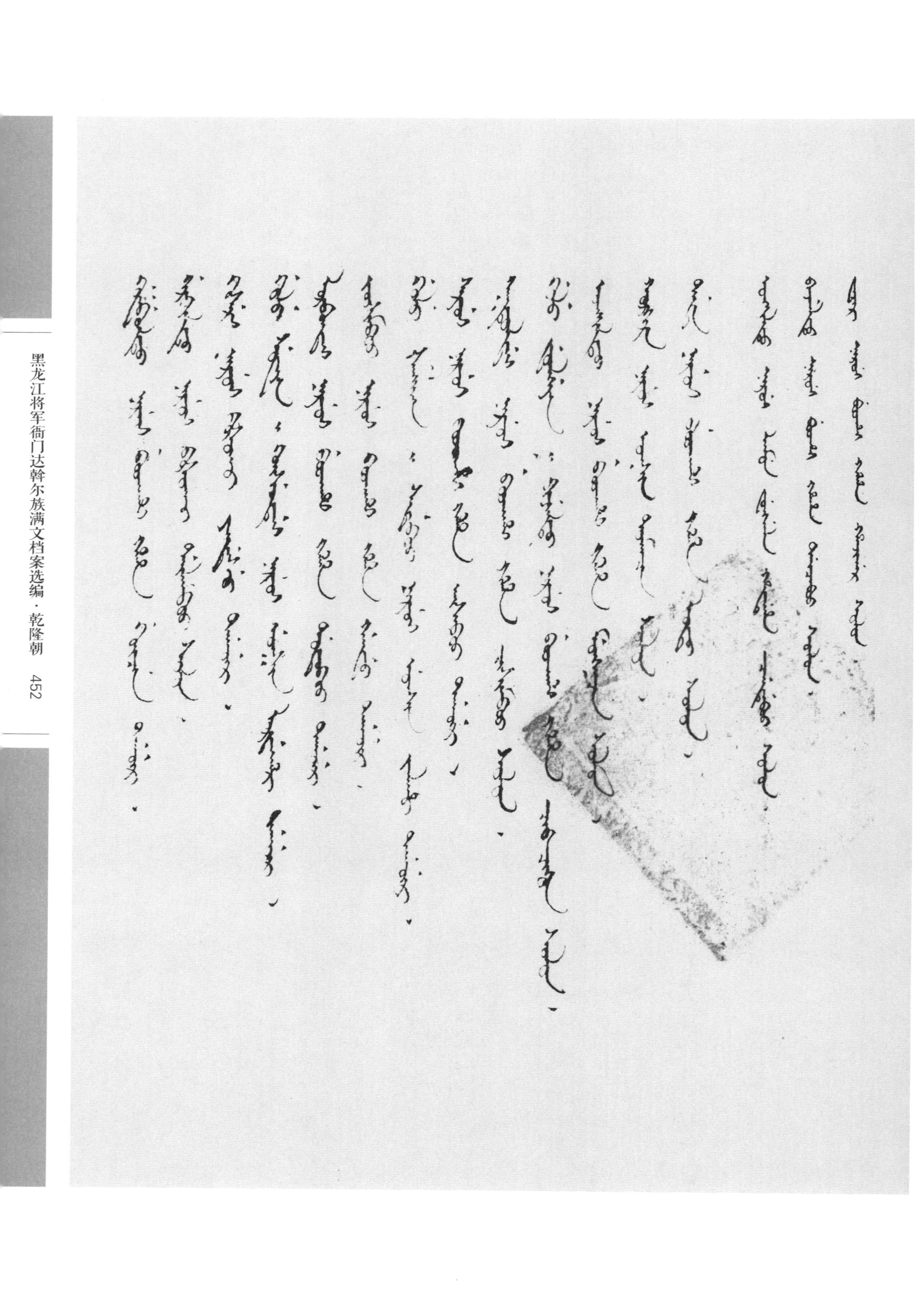

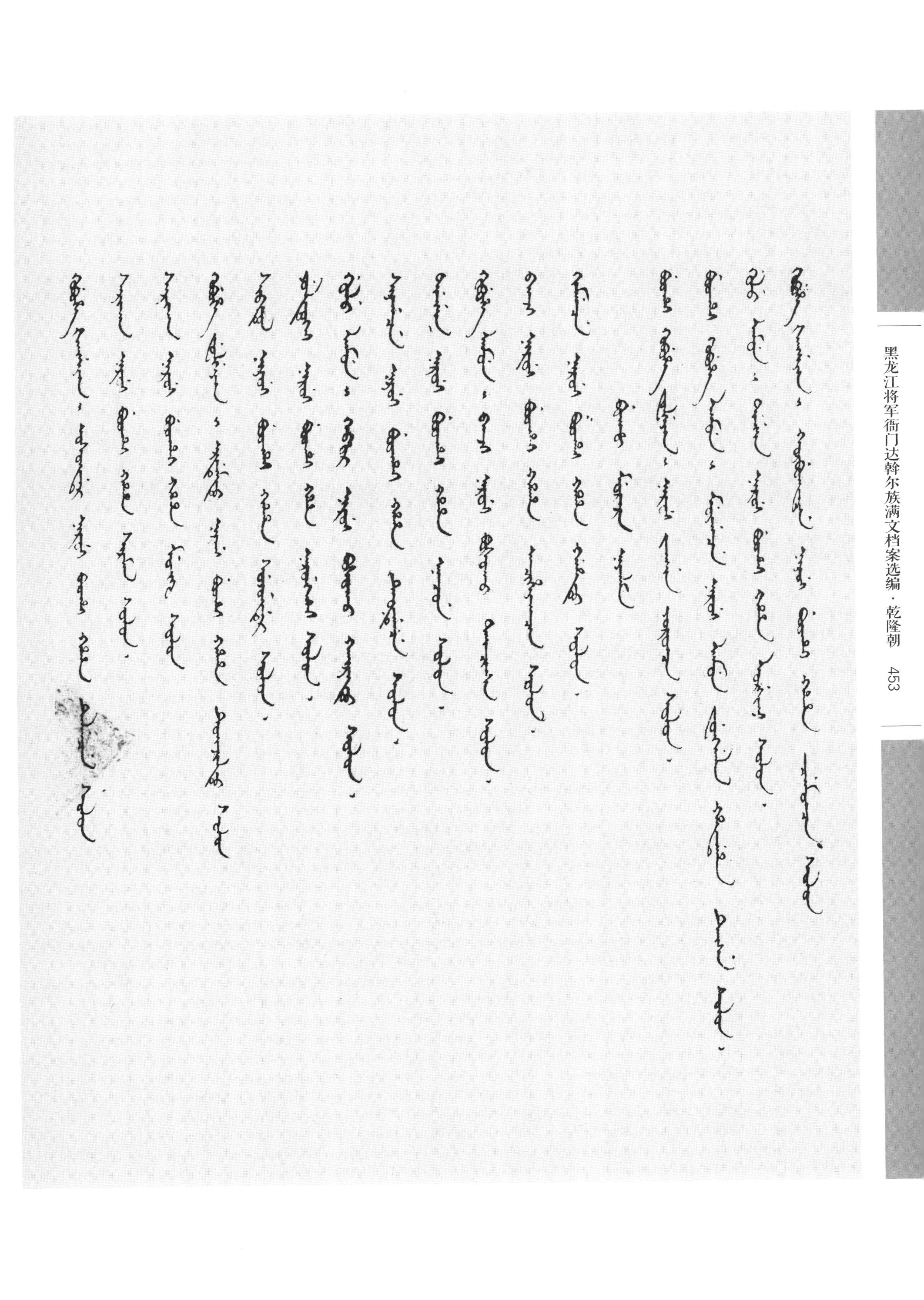

[illegible]

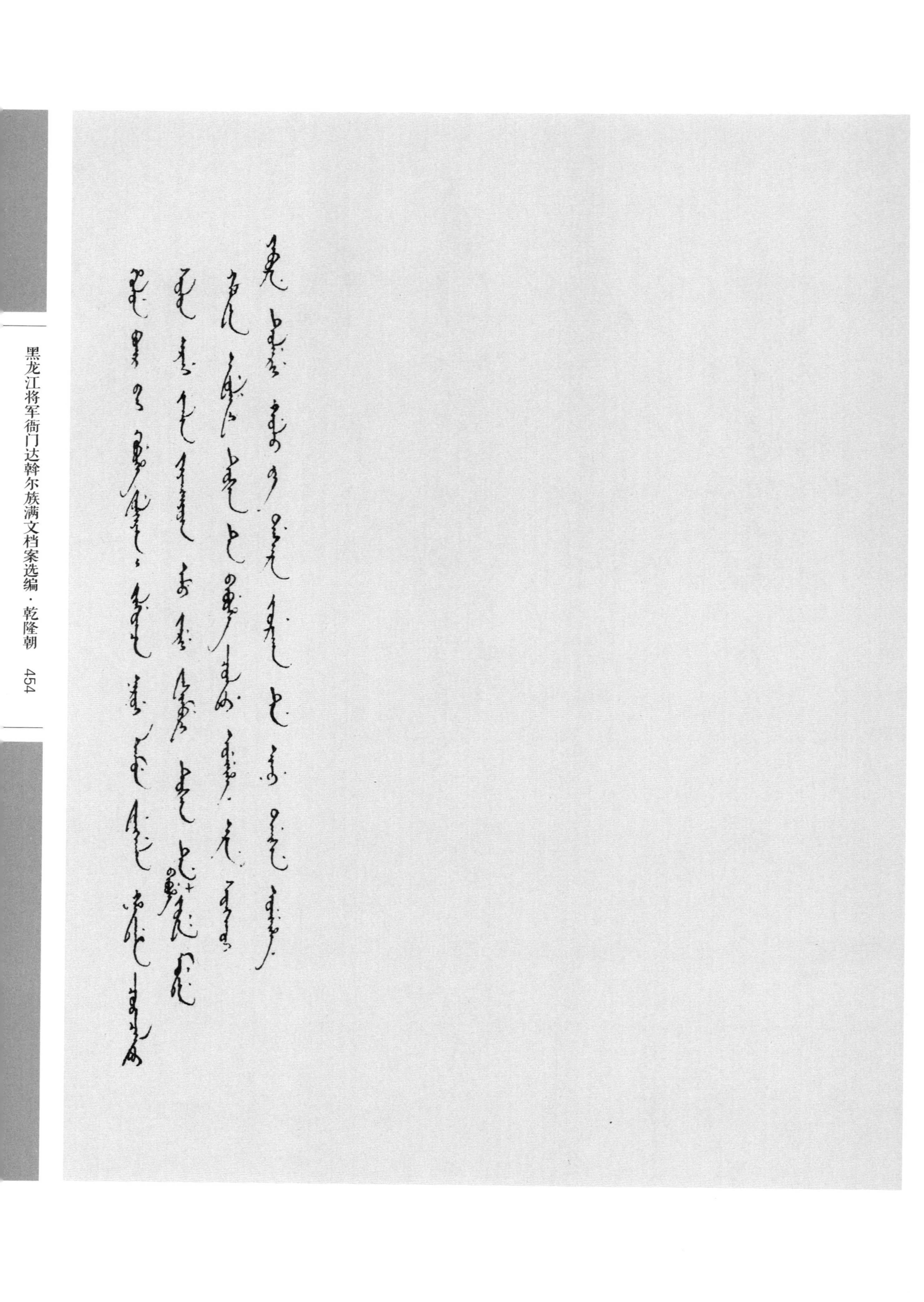

[illegible]

[illegible]

[illegible]

[illegible]

九〇六　黑龙江将军衙门为报照例派往木兰行围索伦达斡尔等官兵数目花名事咨兵部文

乾隆二十二年六月初七日

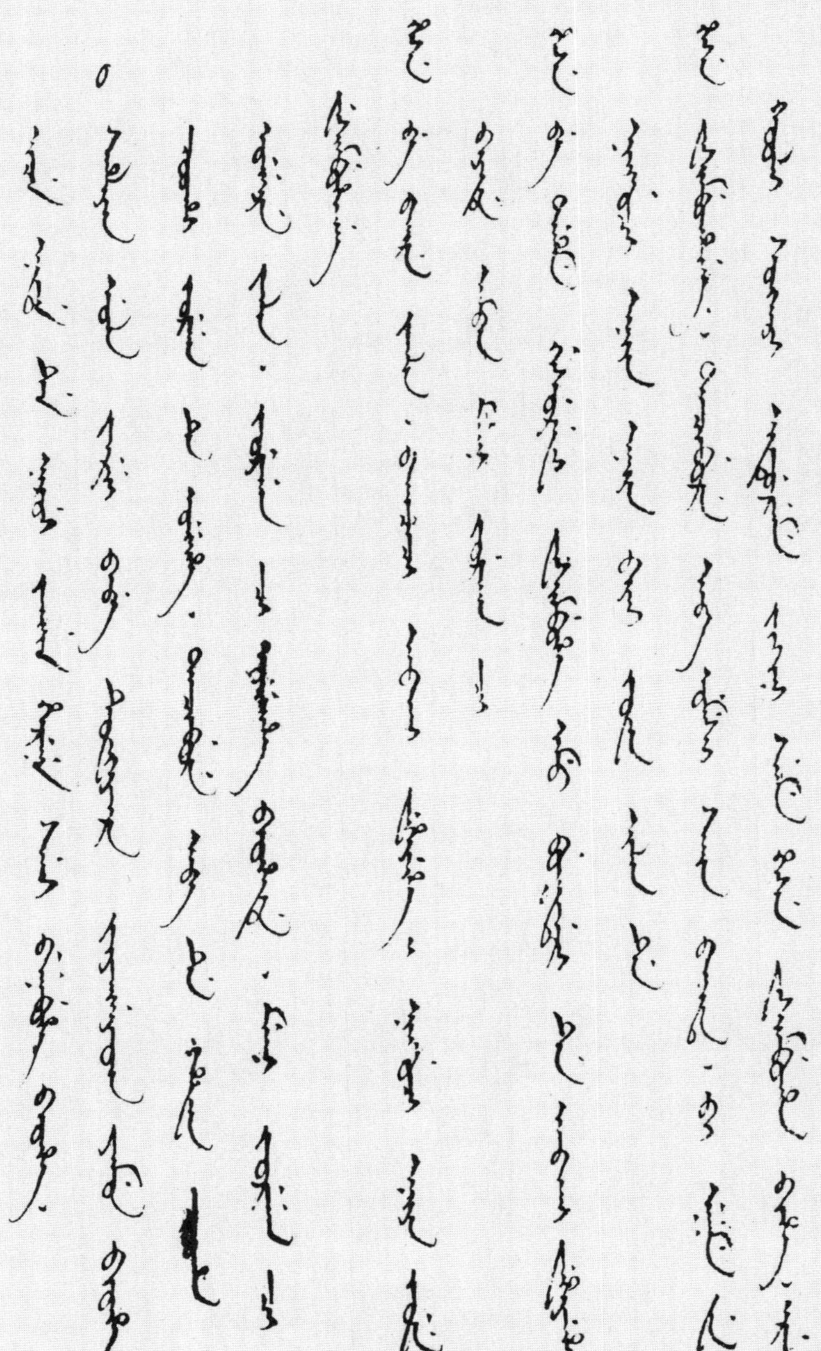

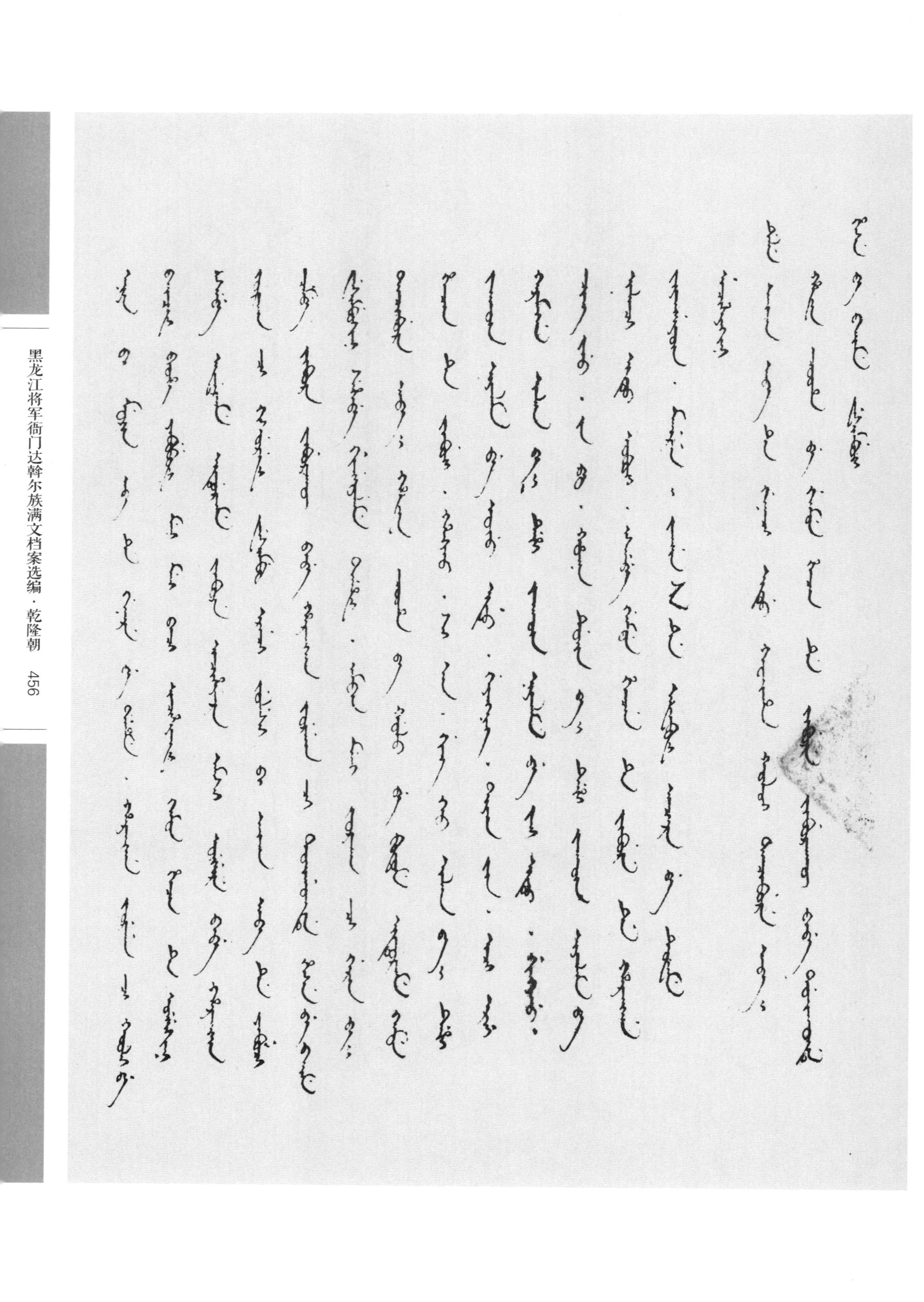

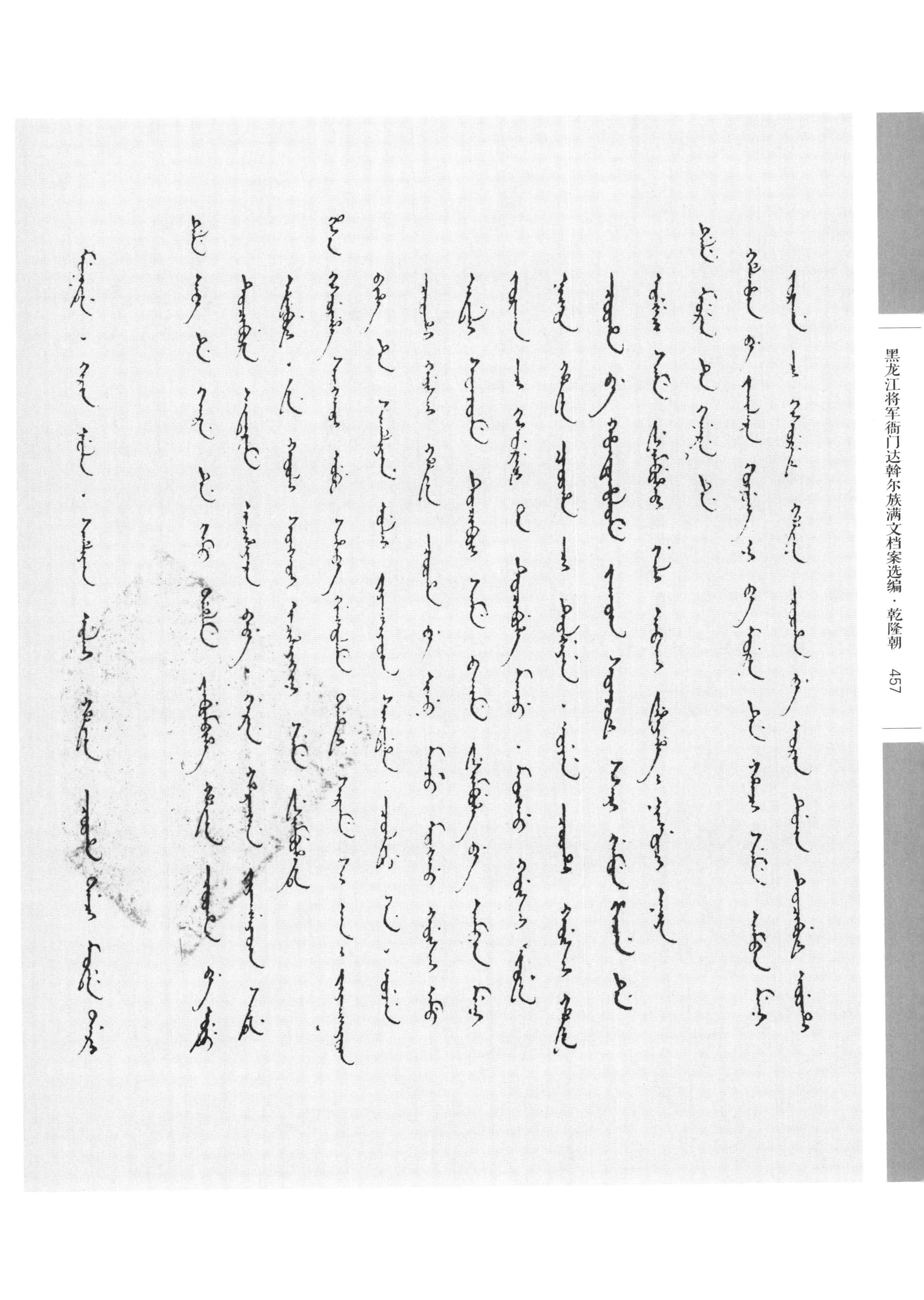

[illegible]

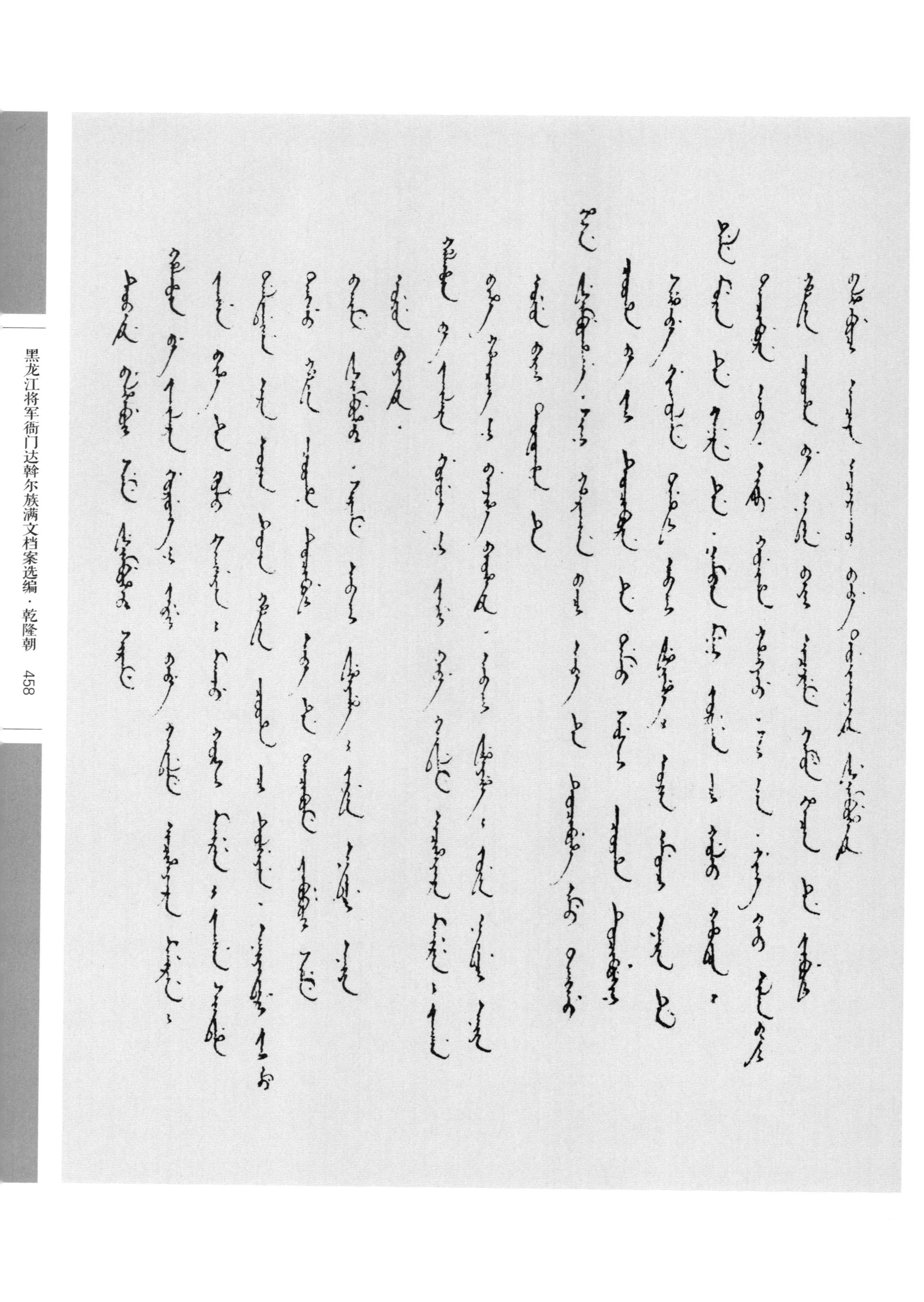

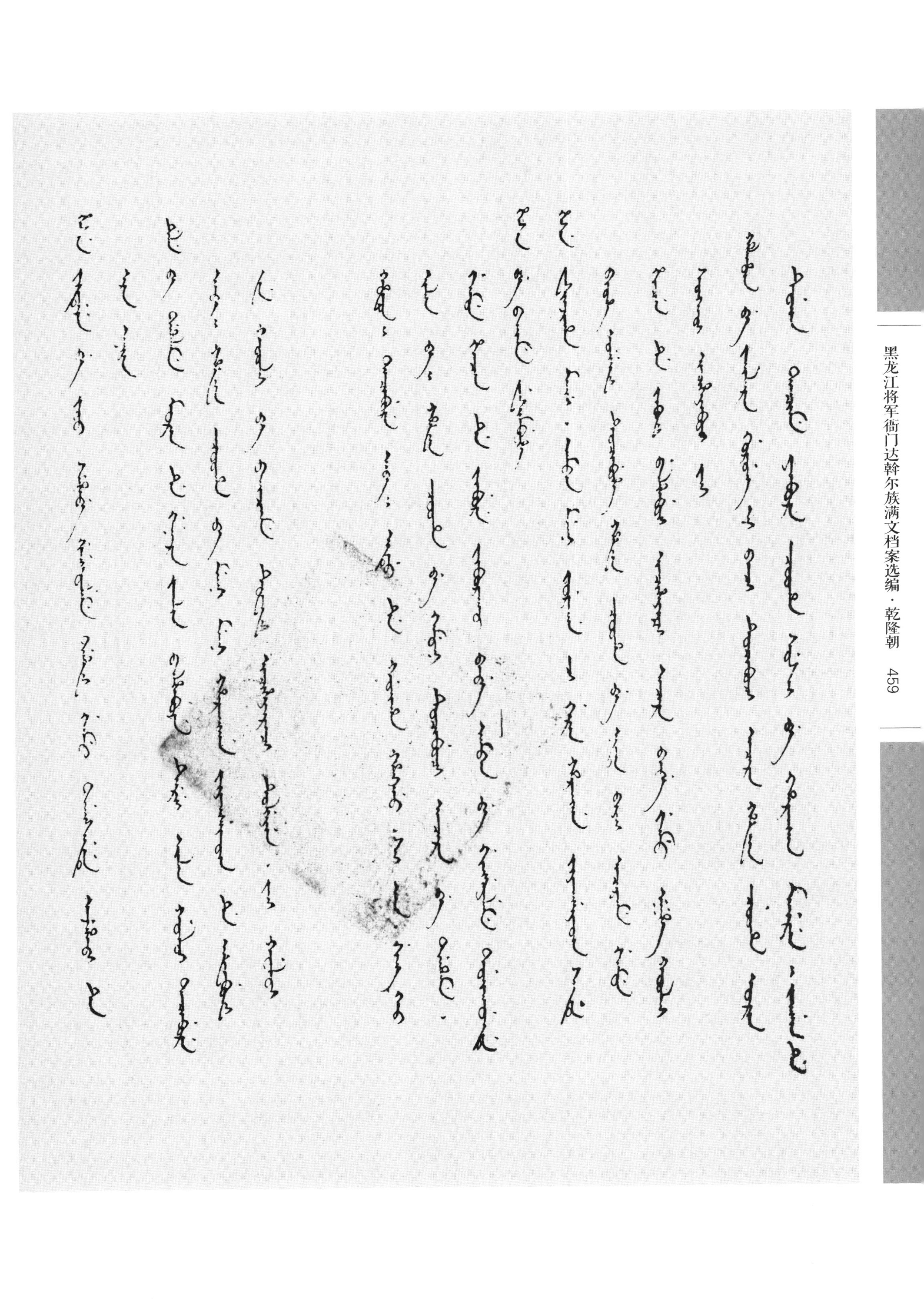

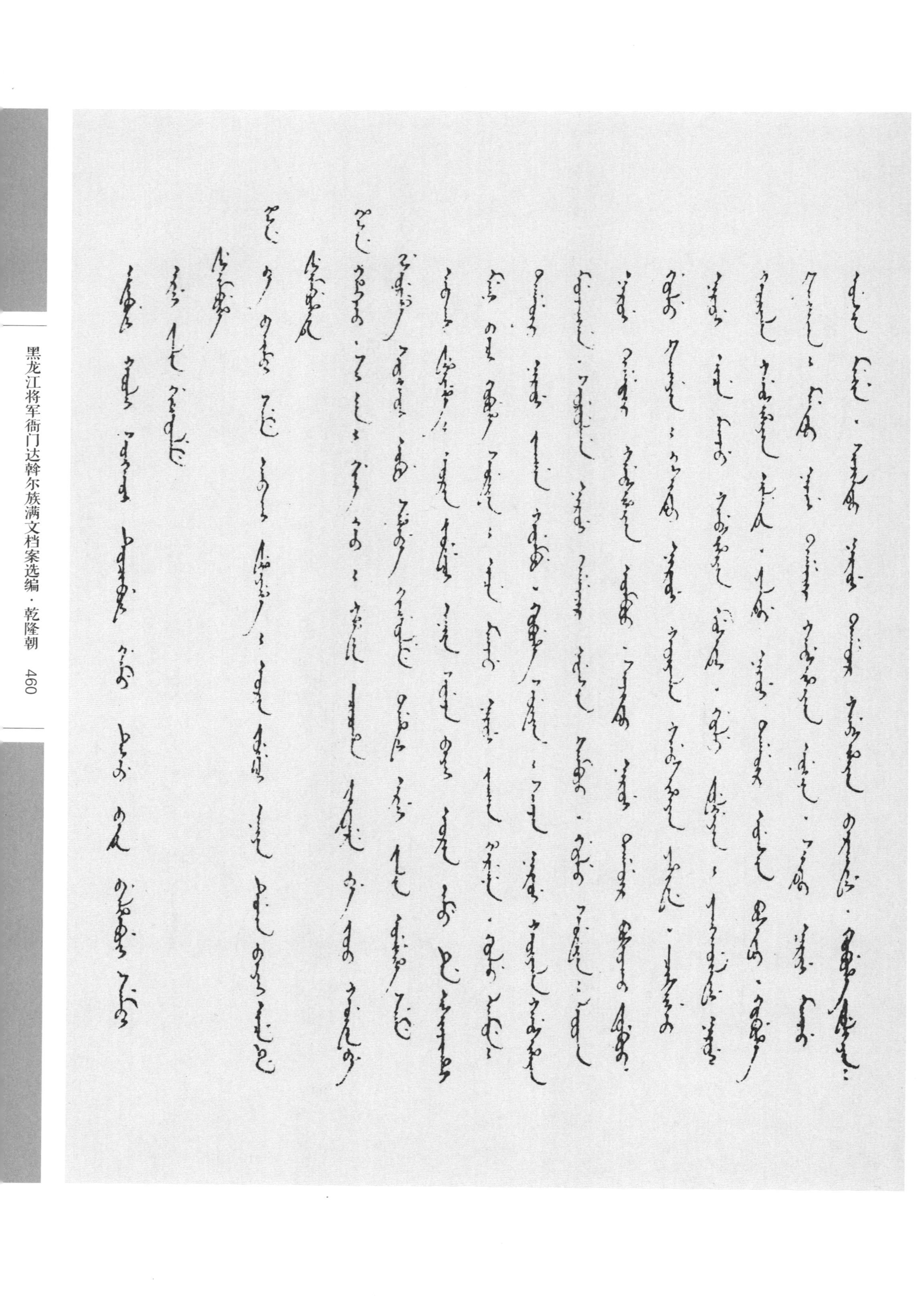

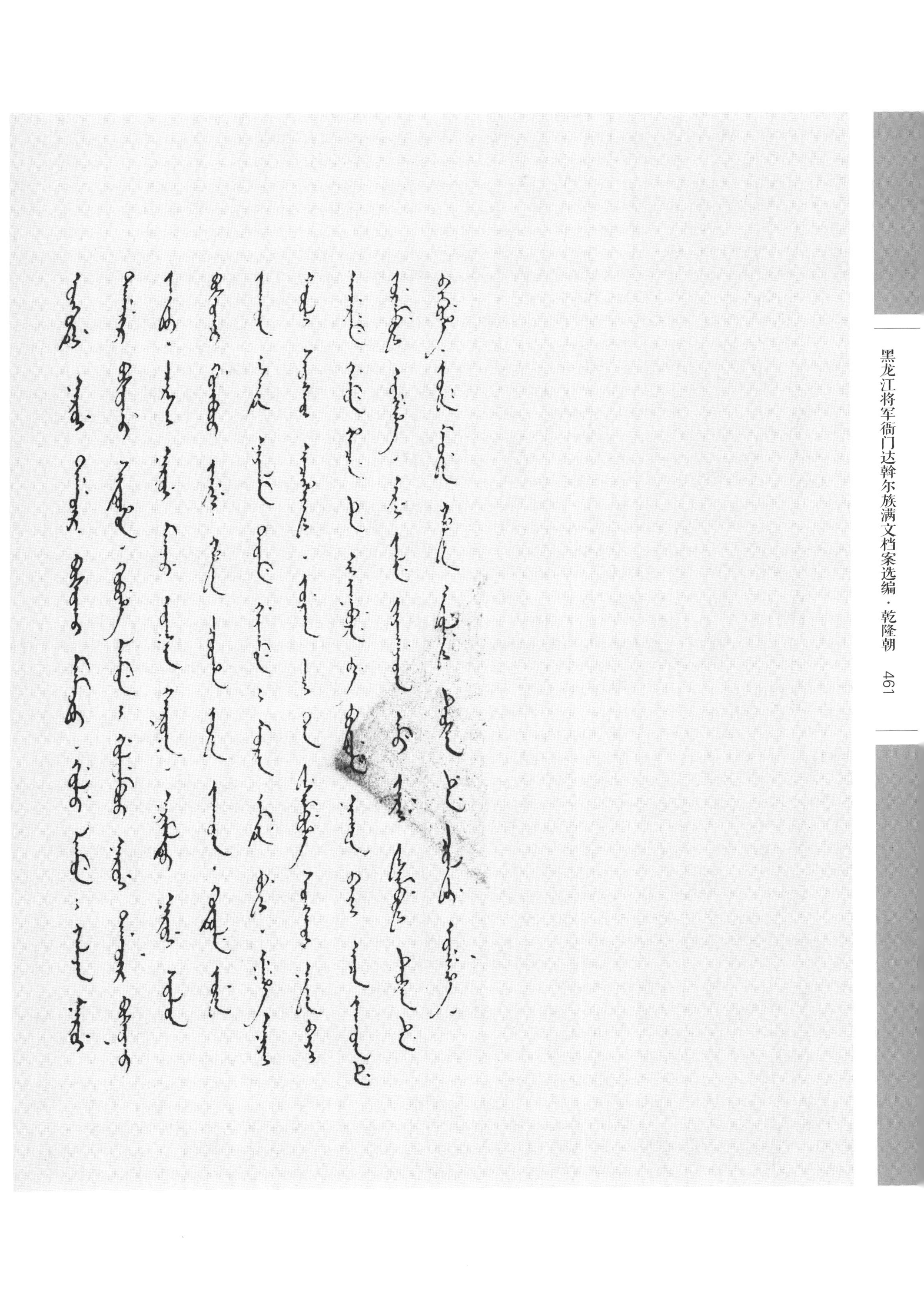

九〇七　署布特哈索伦达斡尔总管佛济保等为派员解送布特哈八旗索伦达斡尔等交纳貂皮事呈黑龙江将军衙门文

乾隆二十二年七月初九日

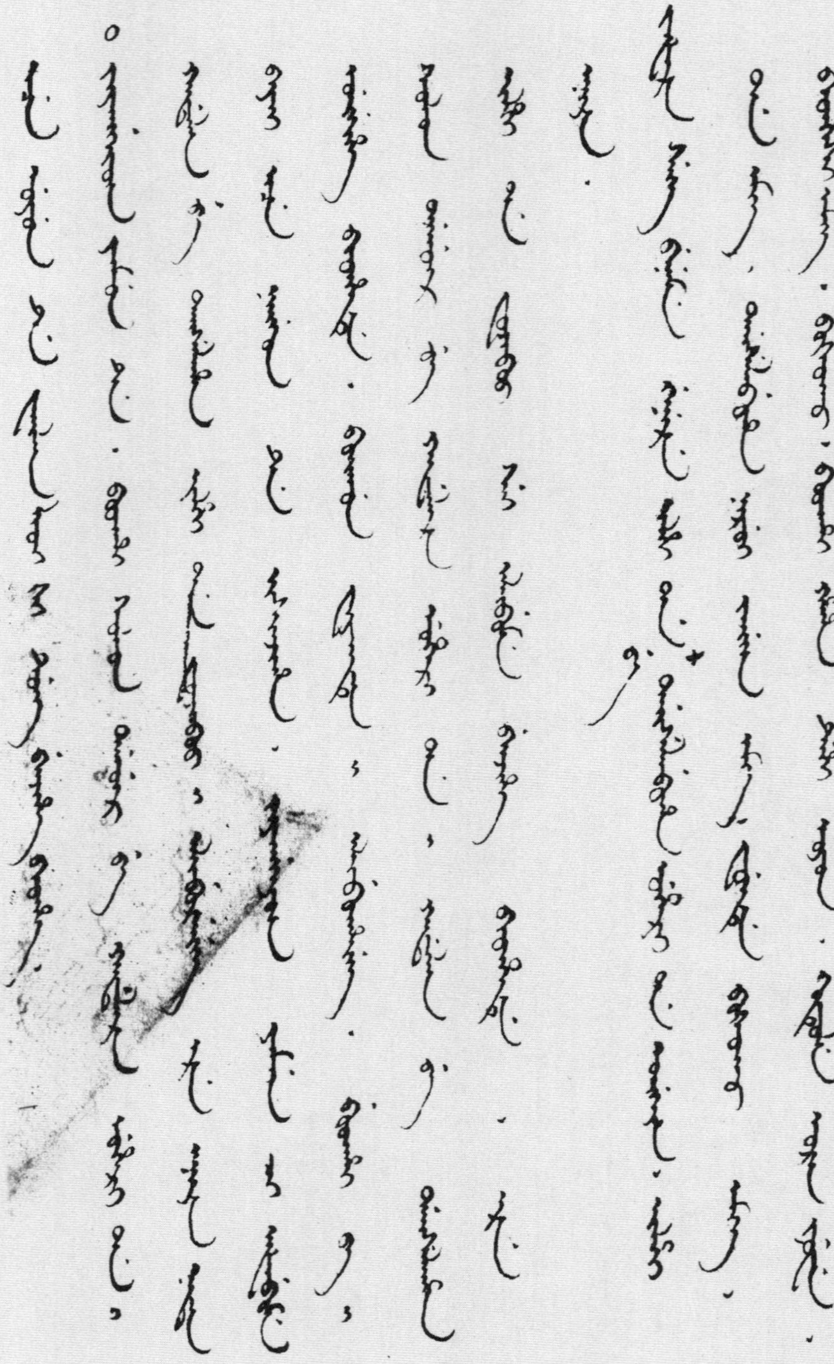

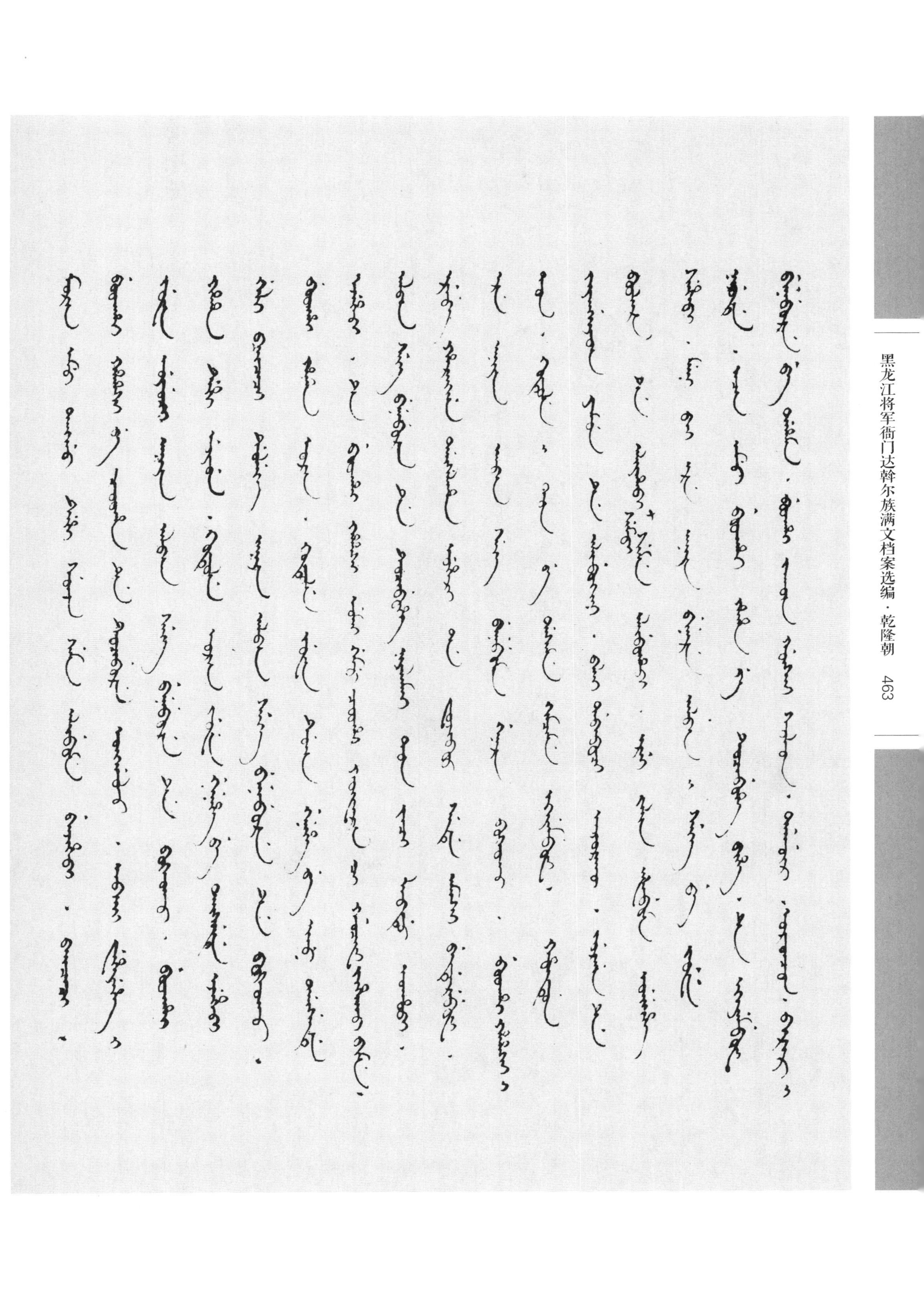

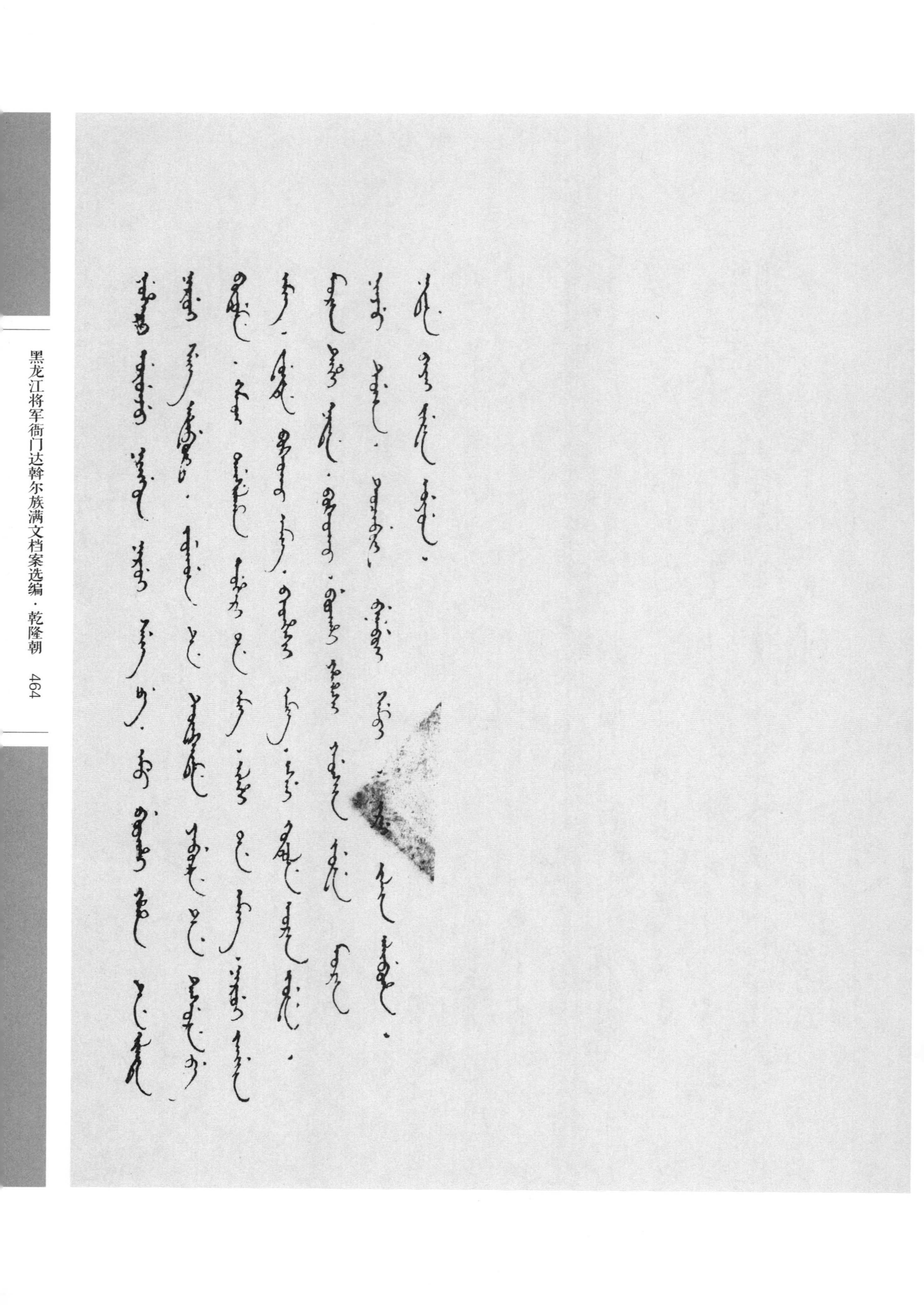

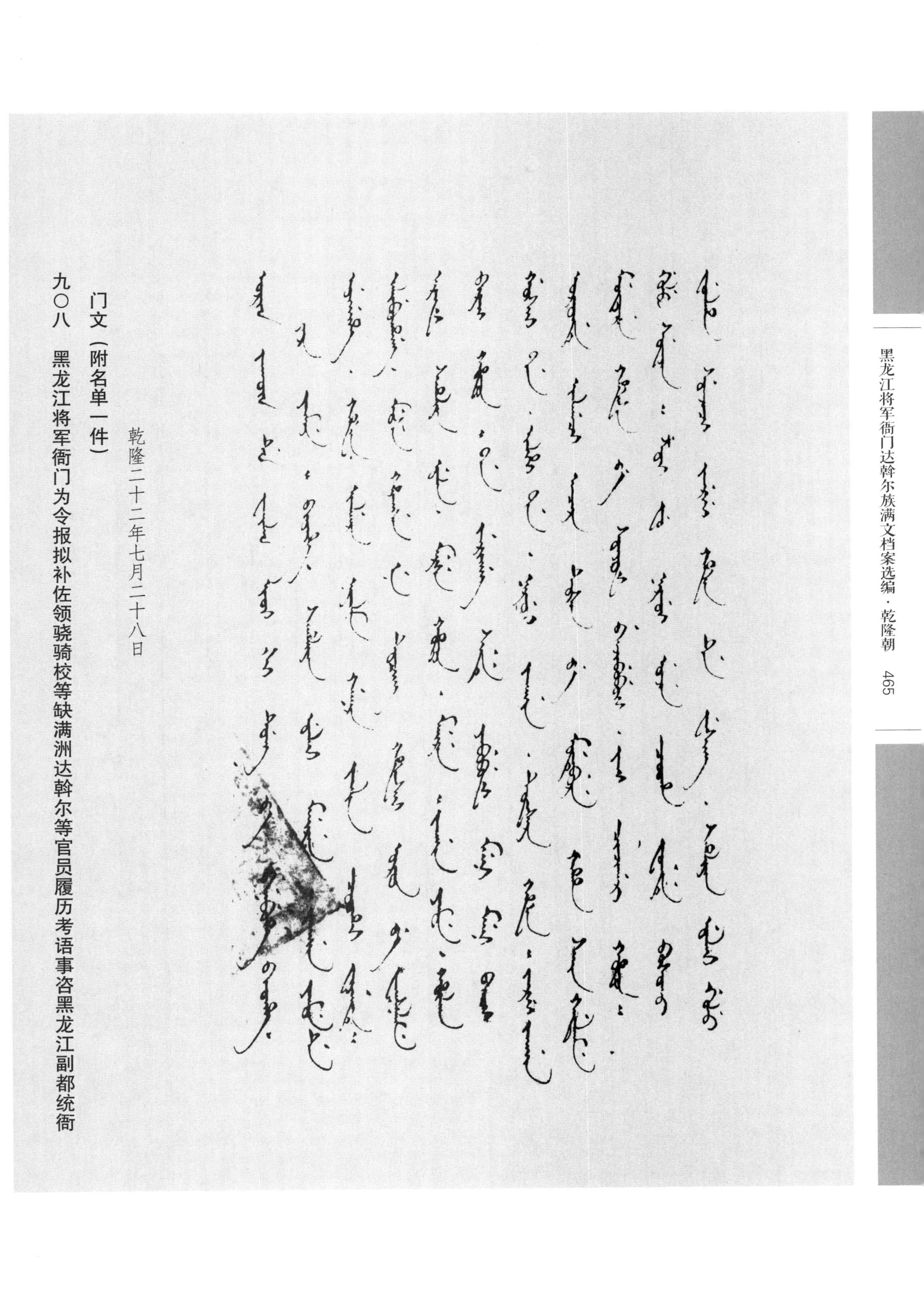

九〇八 黑龙江将军衙门为令报拟补佐领骁骑校等缺满洲达斡尔等官员履历考语事咨黑龙江副都统衙门文（附名单一件）

乾隆二十二年七月二十八日

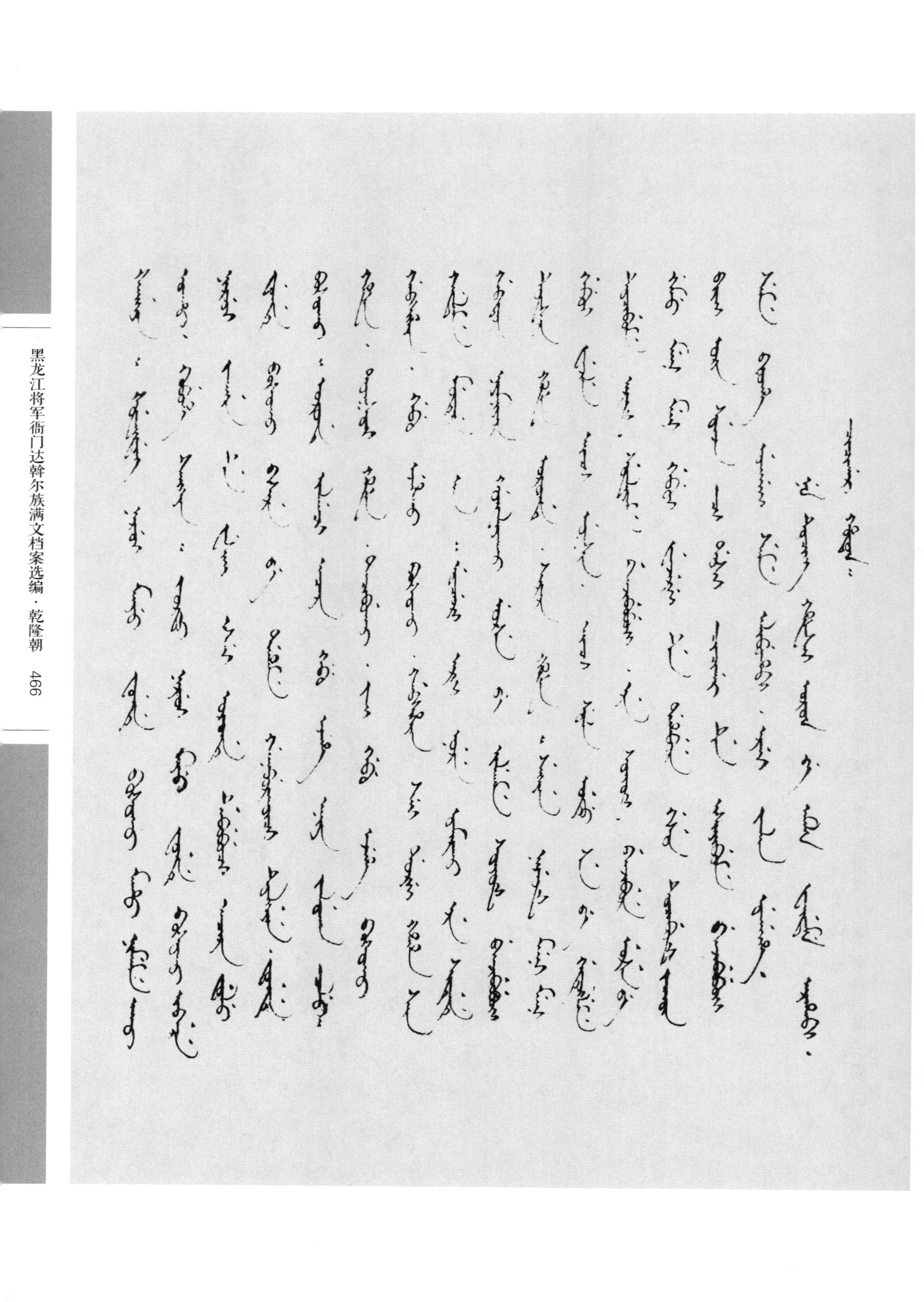

[illegible]

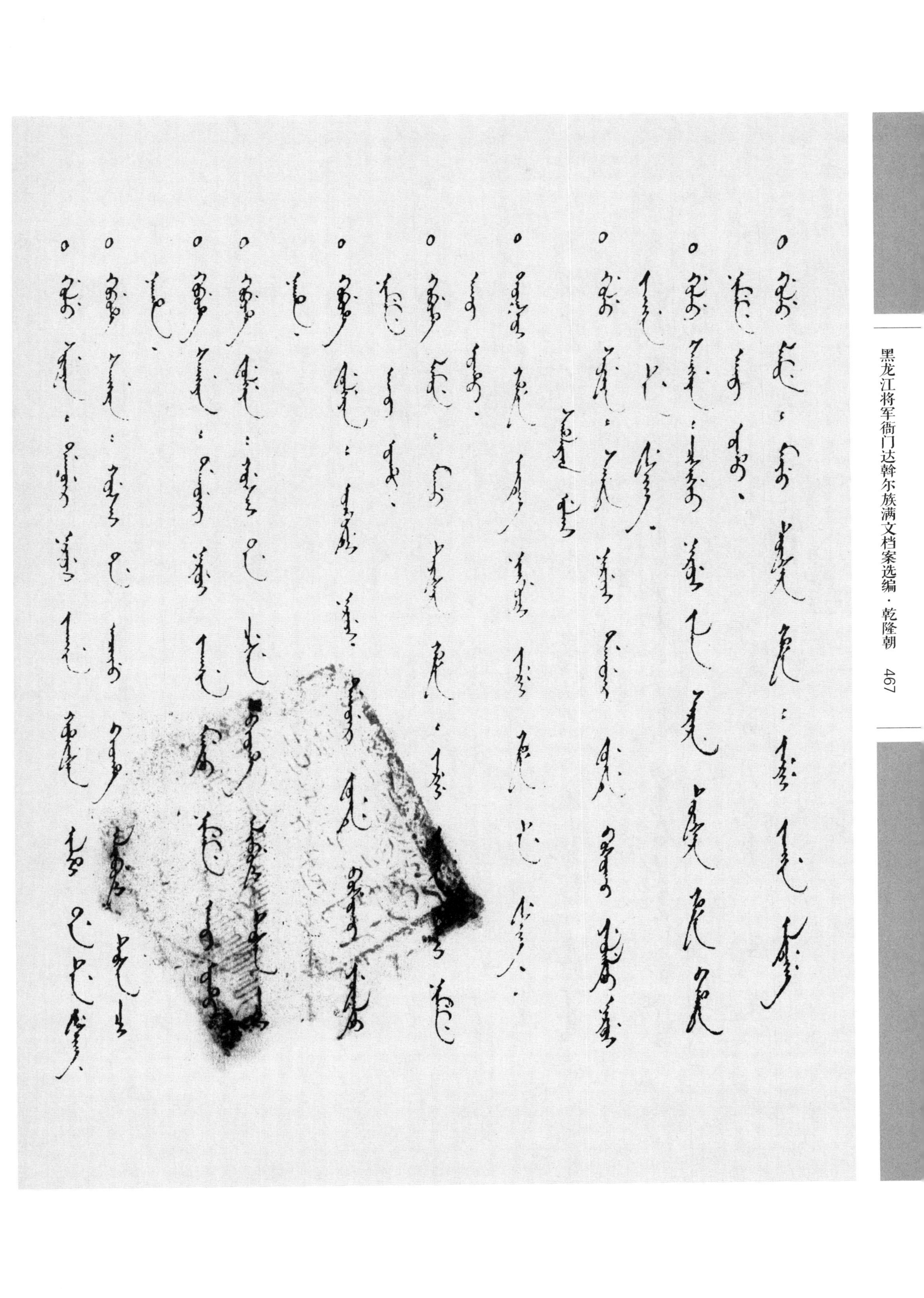

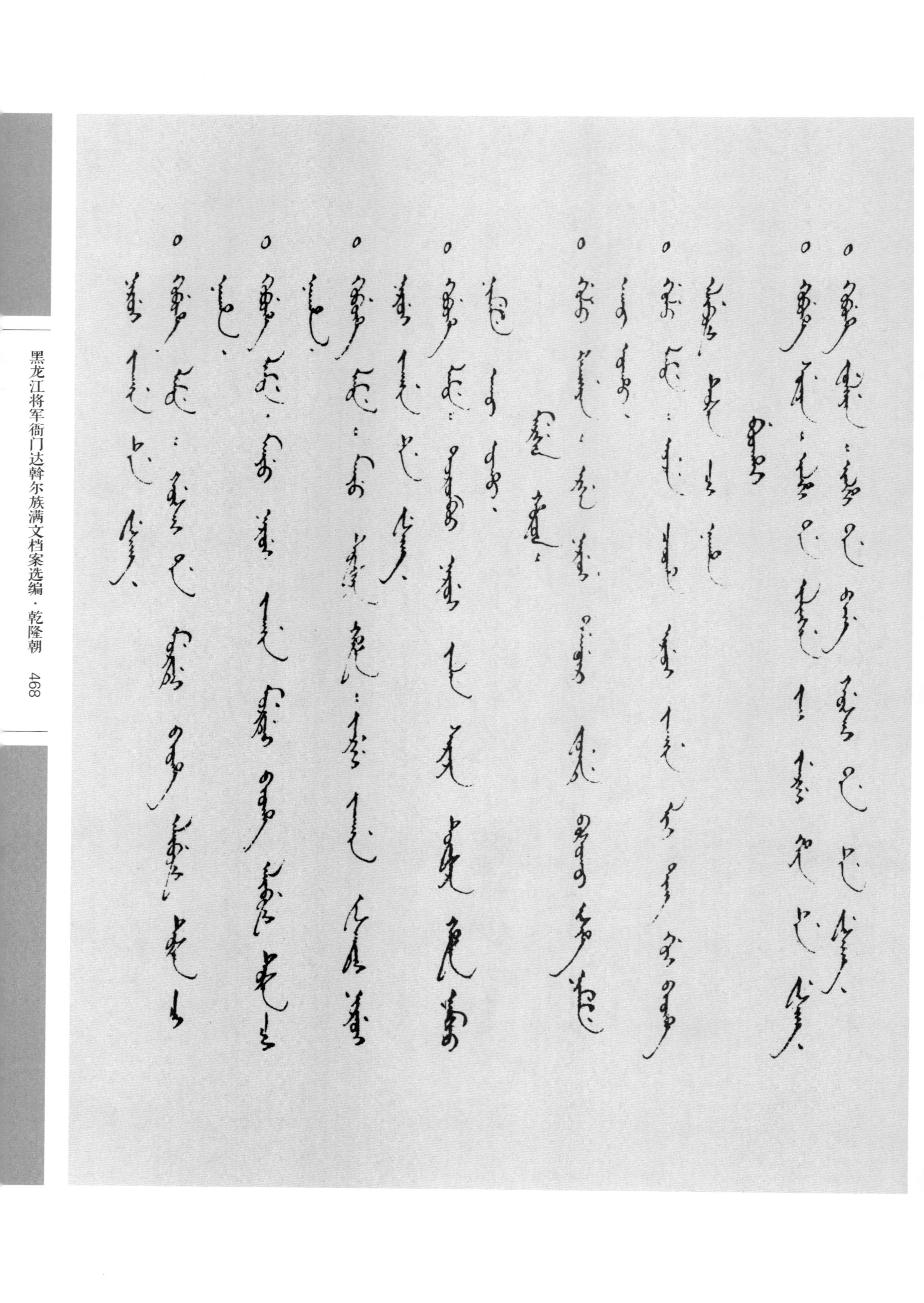

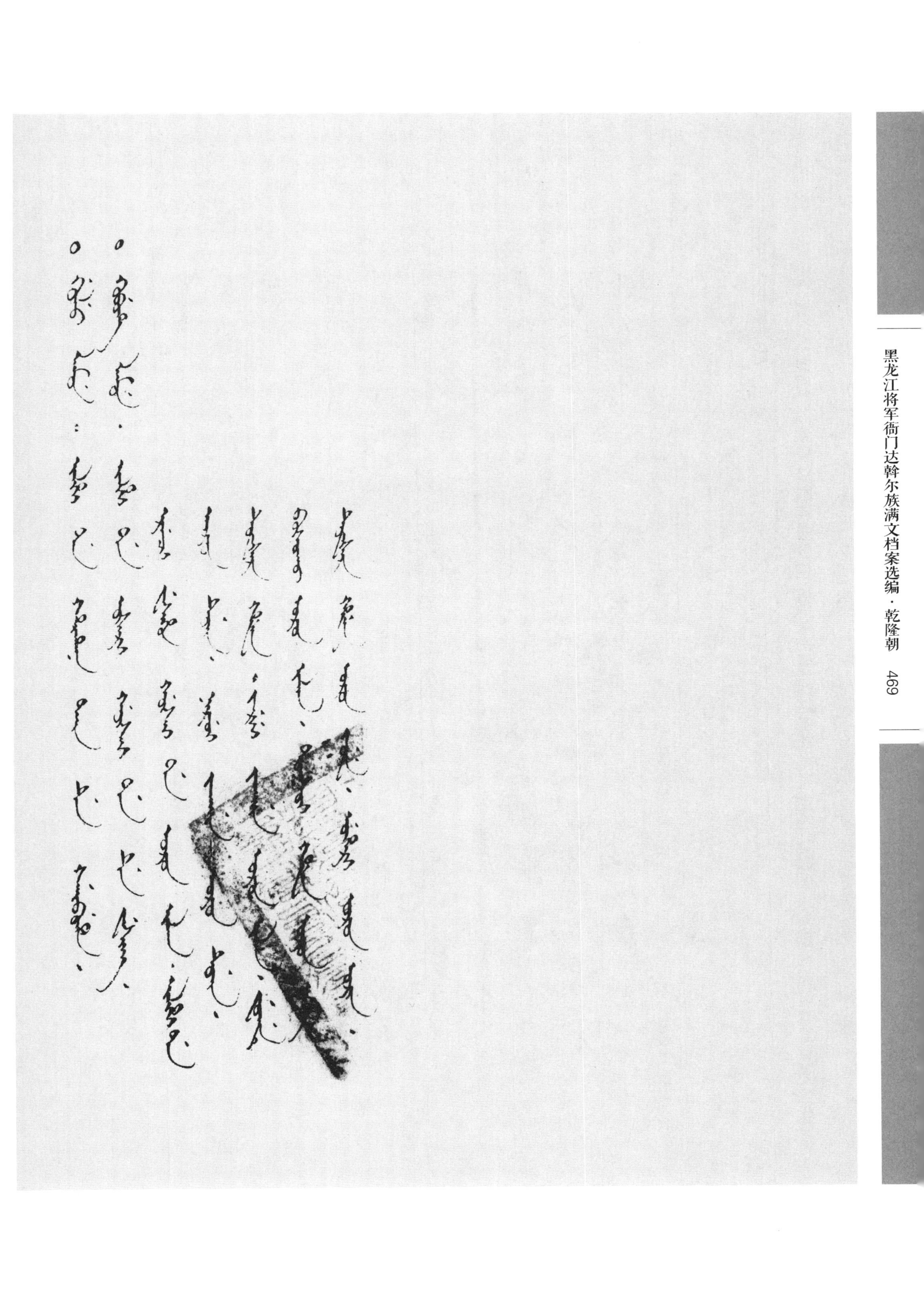

九〇九 署布特哈索伦达斡尔总管佛济保等为查报达斡尔前锋遗孀绥赫图来年前往京城事呈黑龙江将军衙门文

乾隆二十二年八月初二日

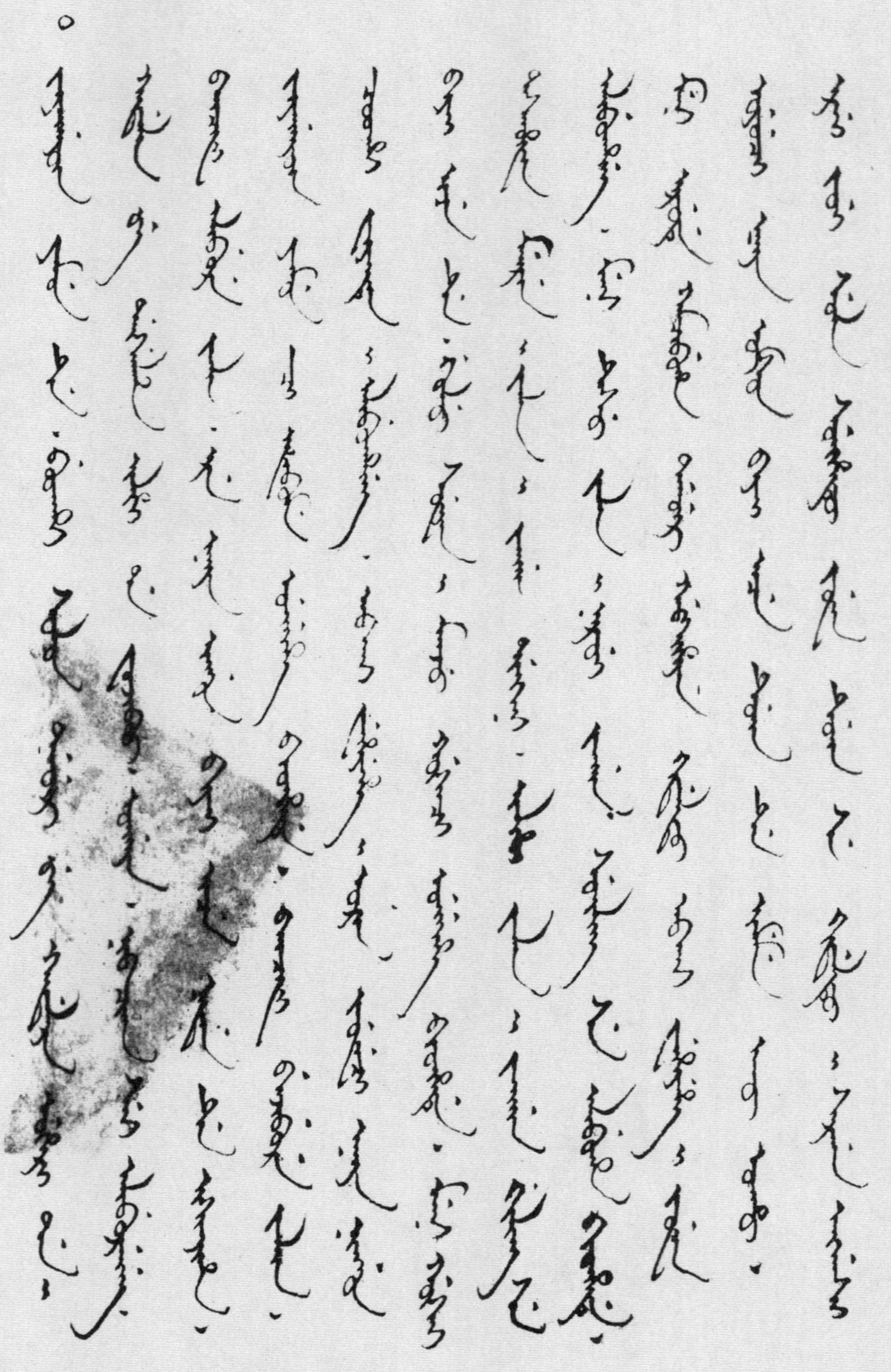

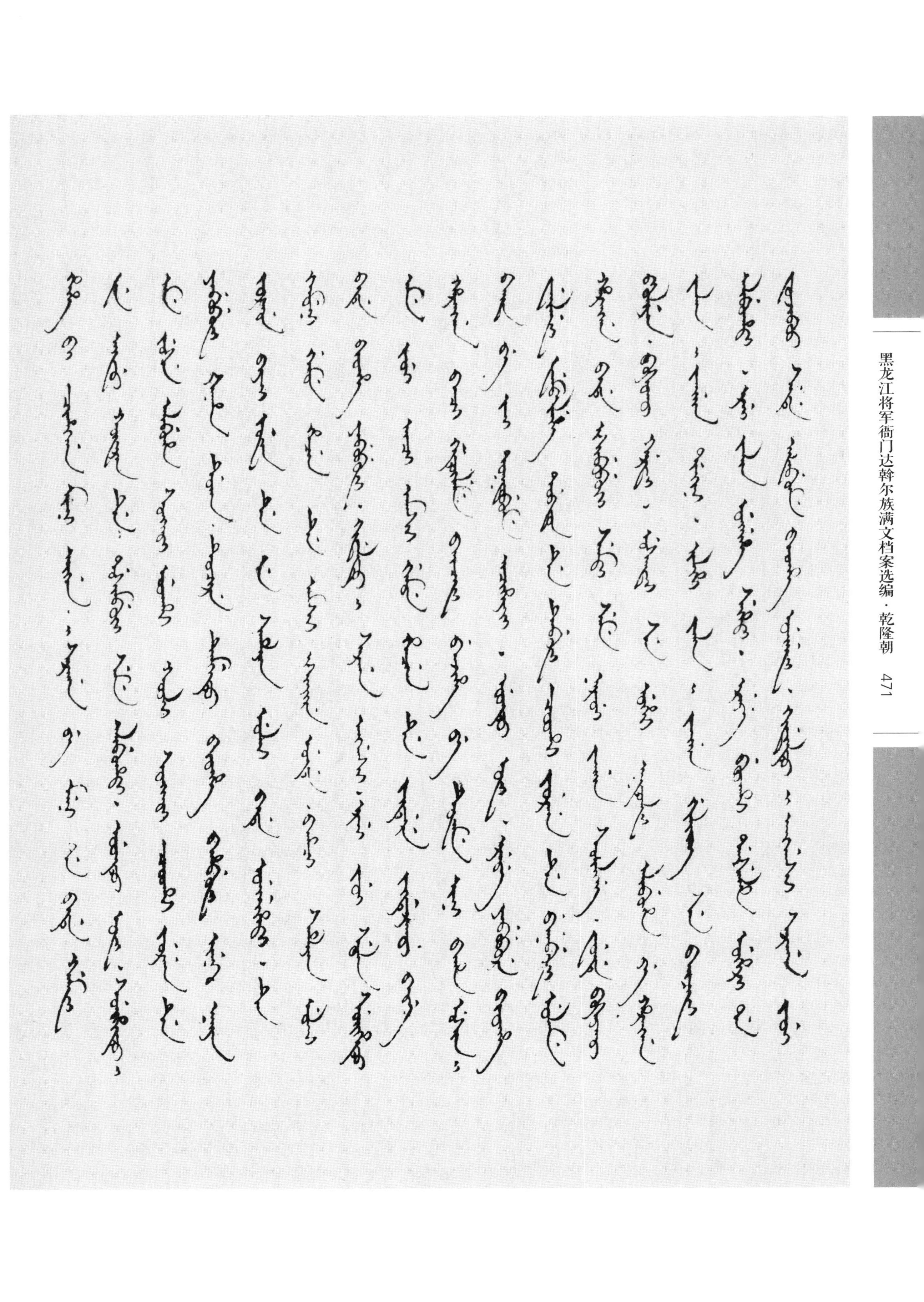

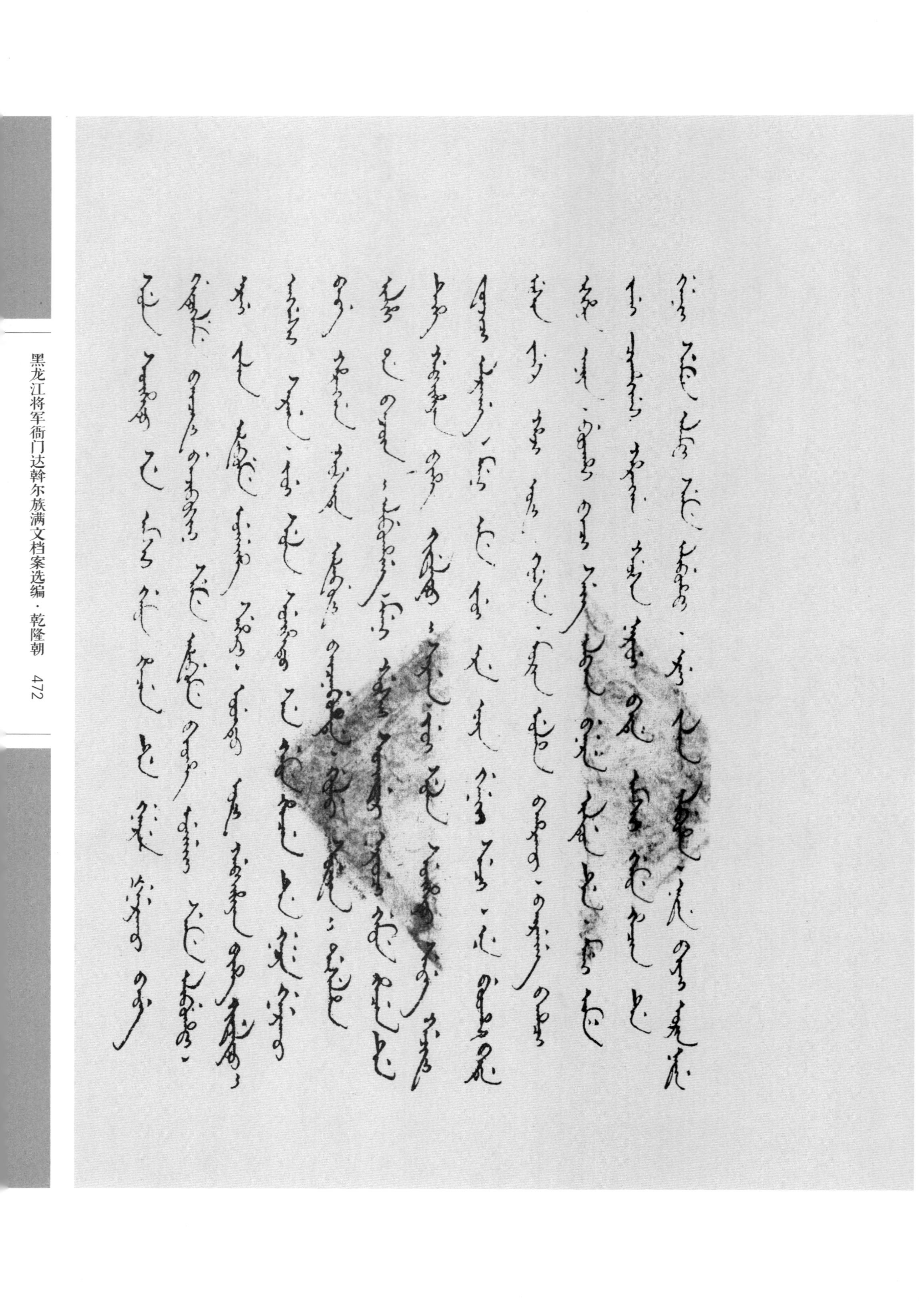

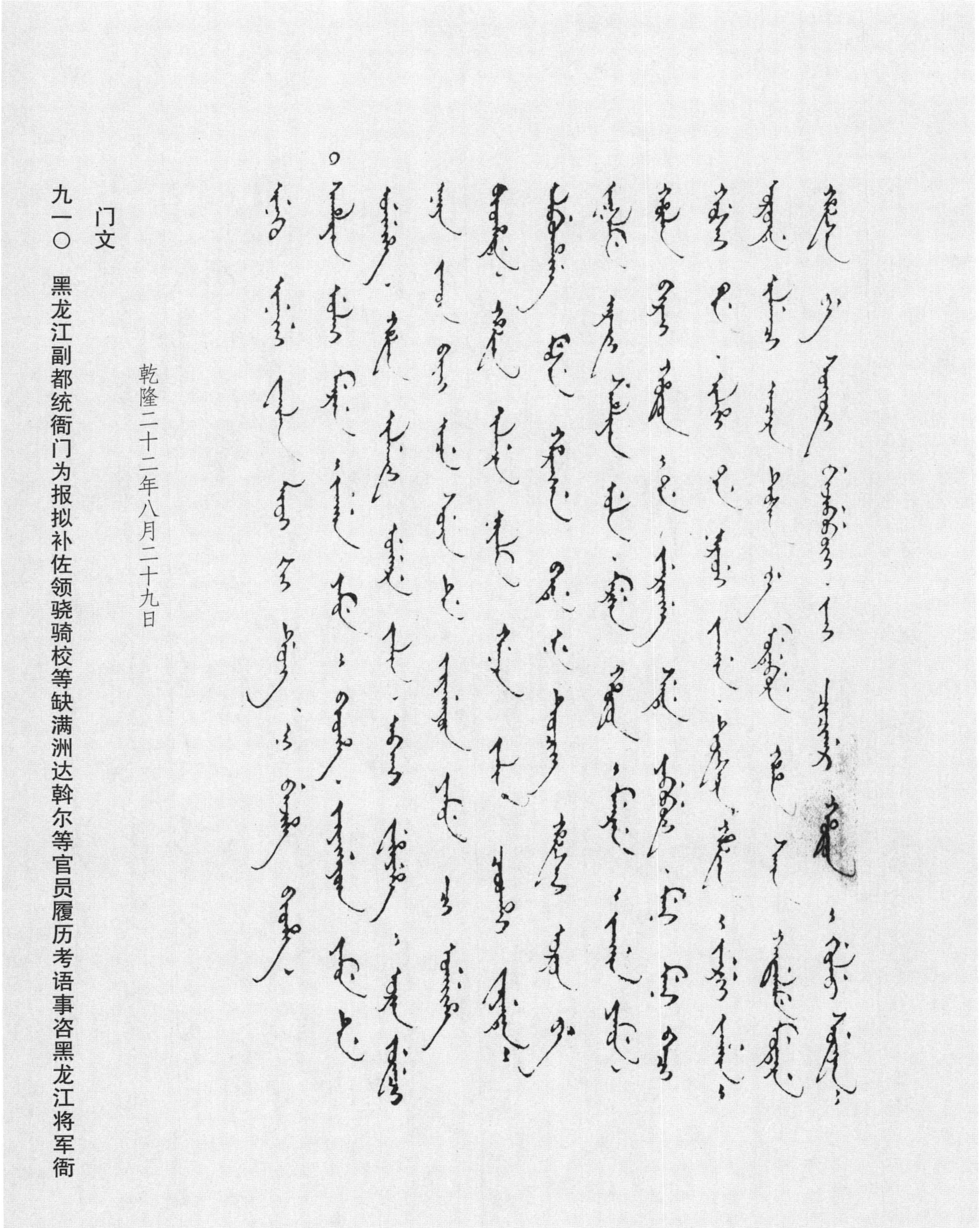

九一〇 黑龙江副都统衙门为报拟补佐领骁骑校等缺满洲达斡尔等官员履历考语事咨黑龙江将军衙门文

乾隆二十二年八月二十九日

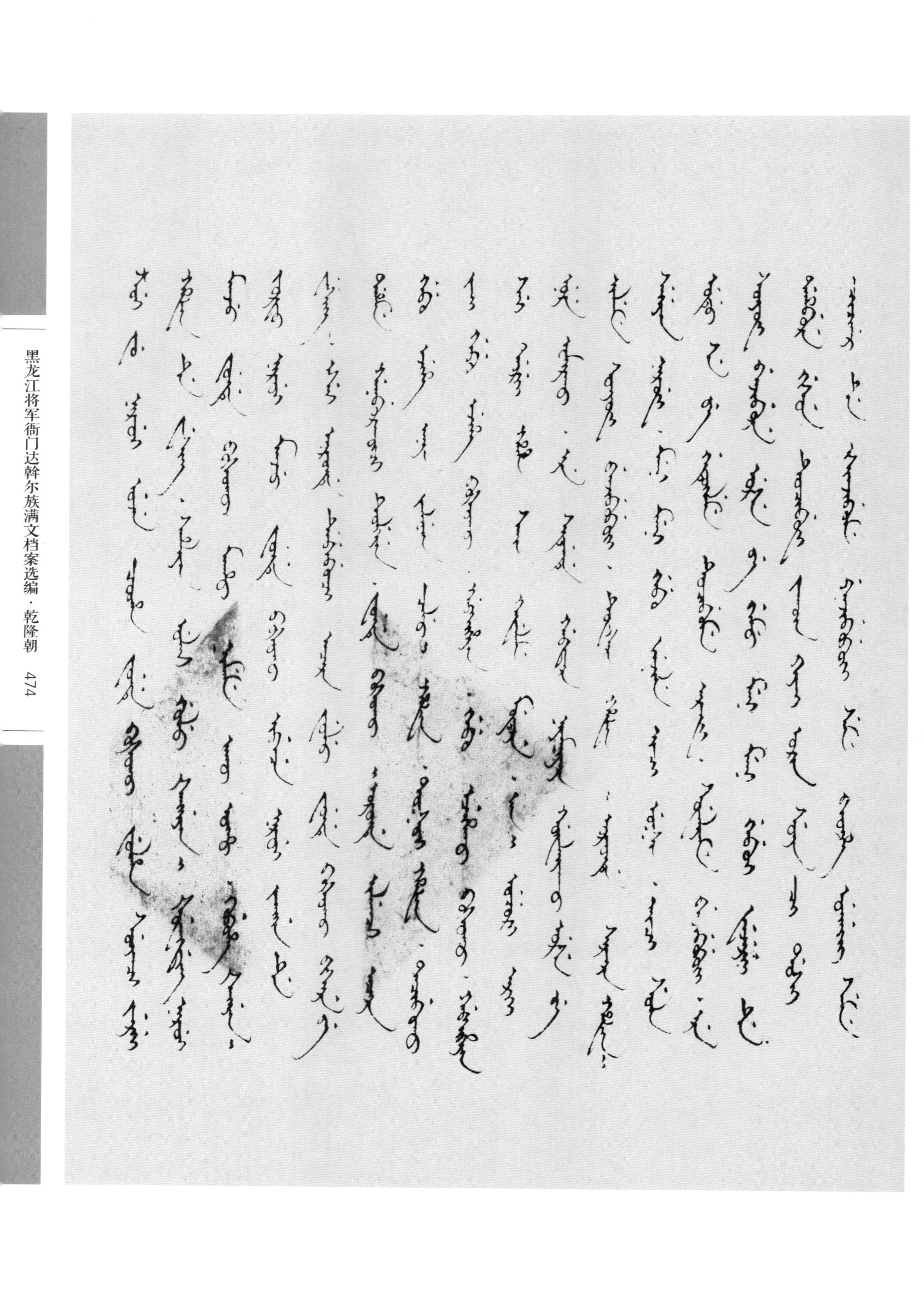

[illegible]

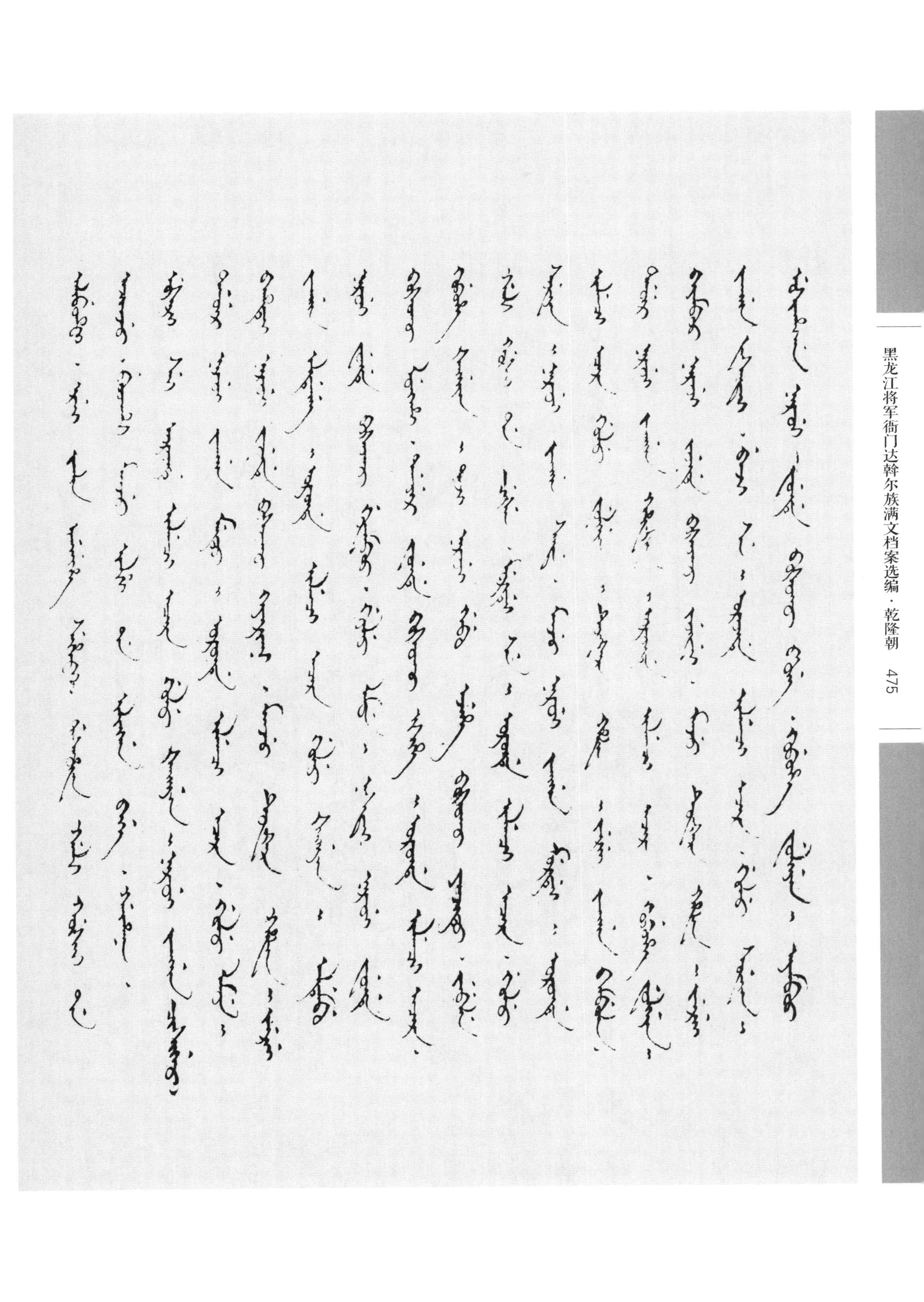

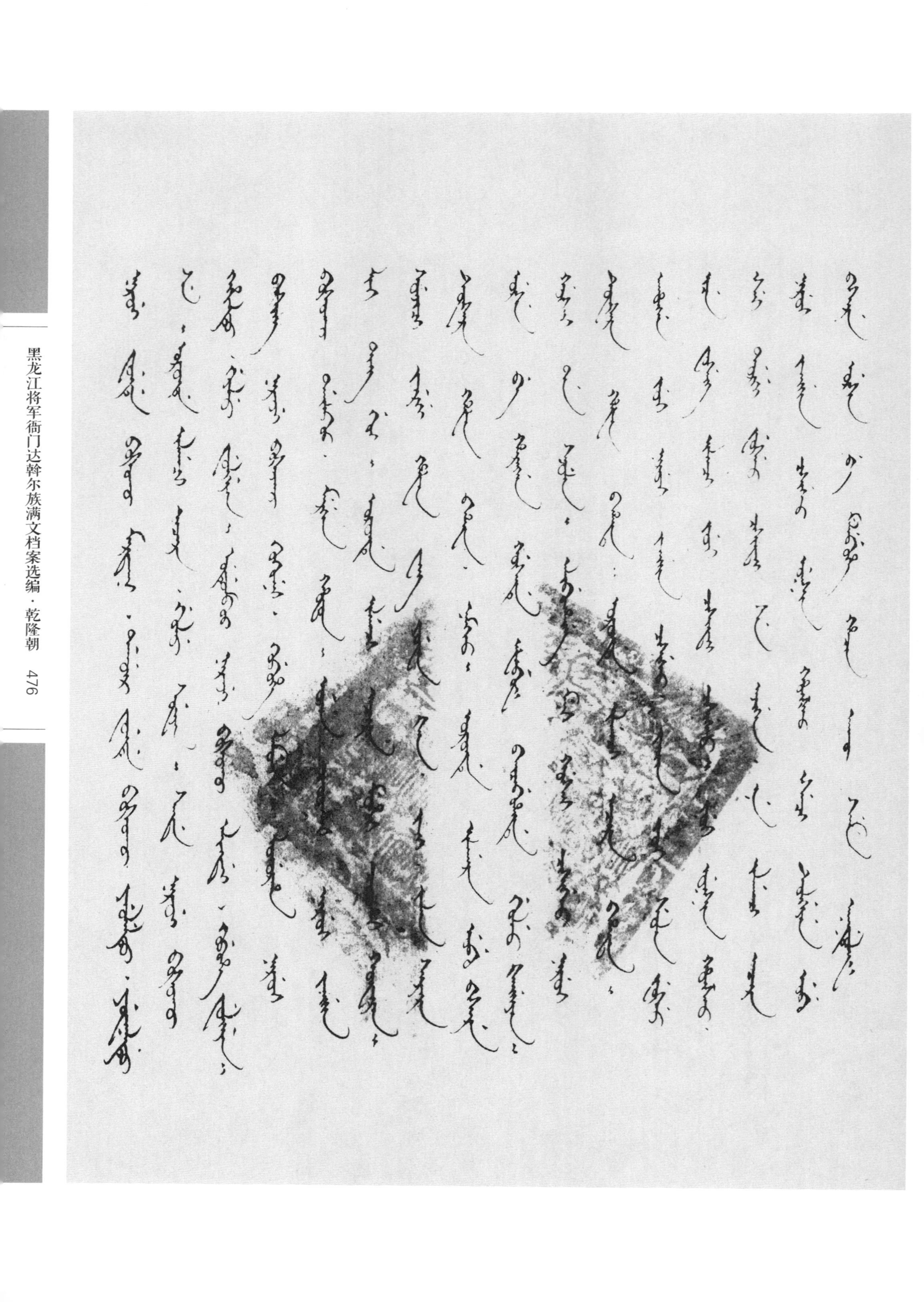

[illegible]

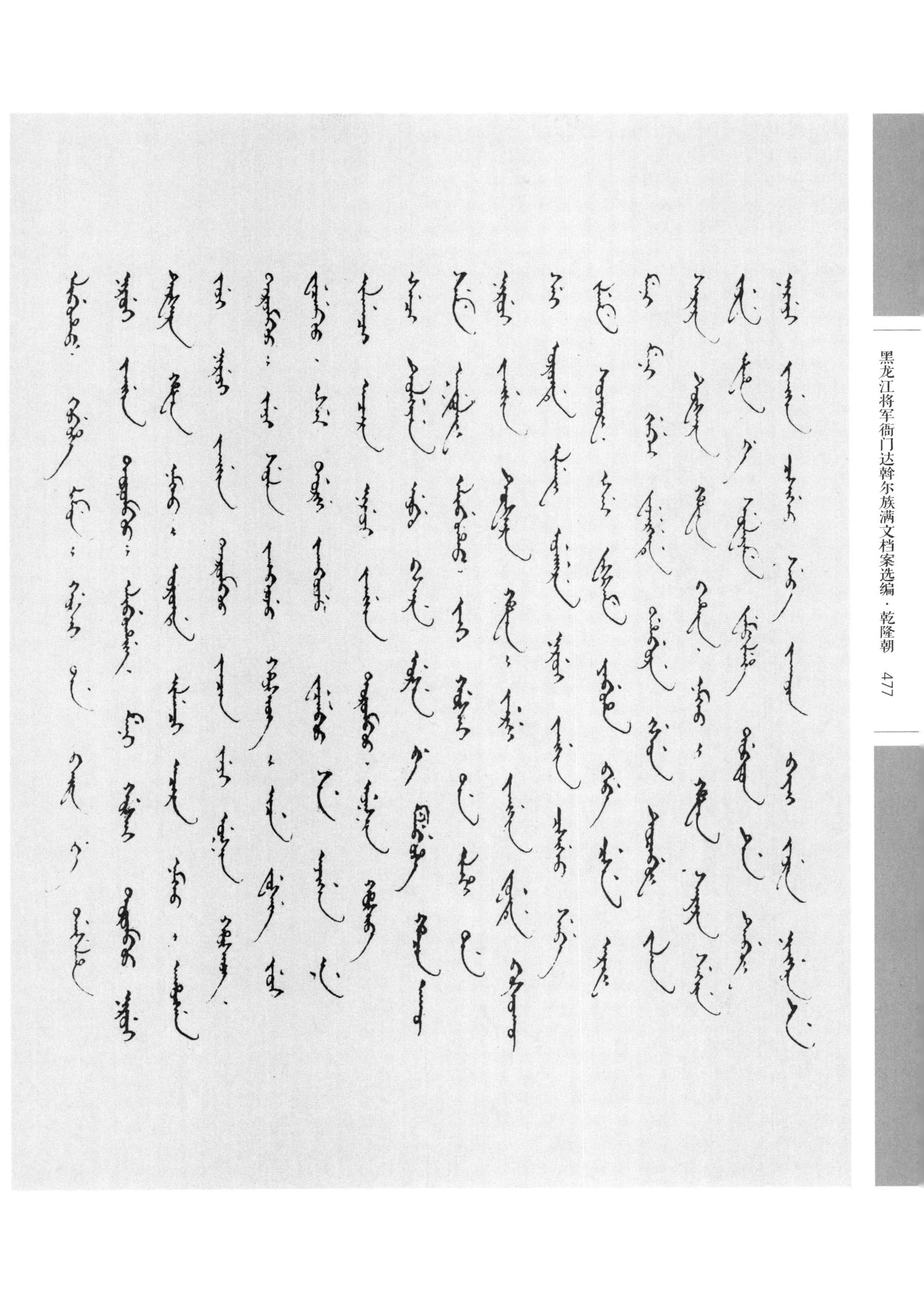

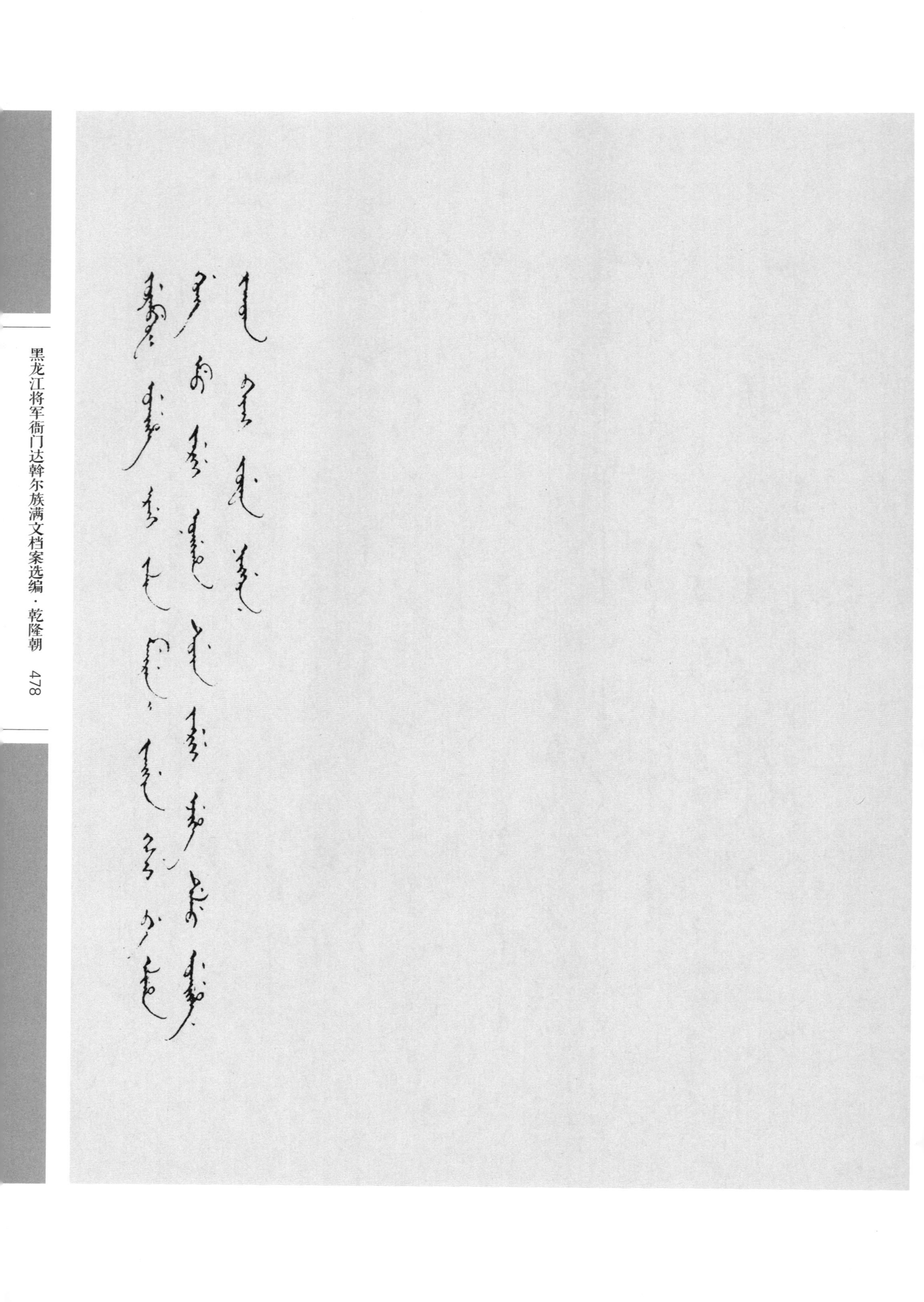

[illegible]

[illegible]

[illegible]

九一一 墨尔根副都统衙门为报拟补佐领骁骑校等缺满洲达斡尔等官员履历考语事咨黑龙江将军衙门文

乾隆二十二年八月二十九日

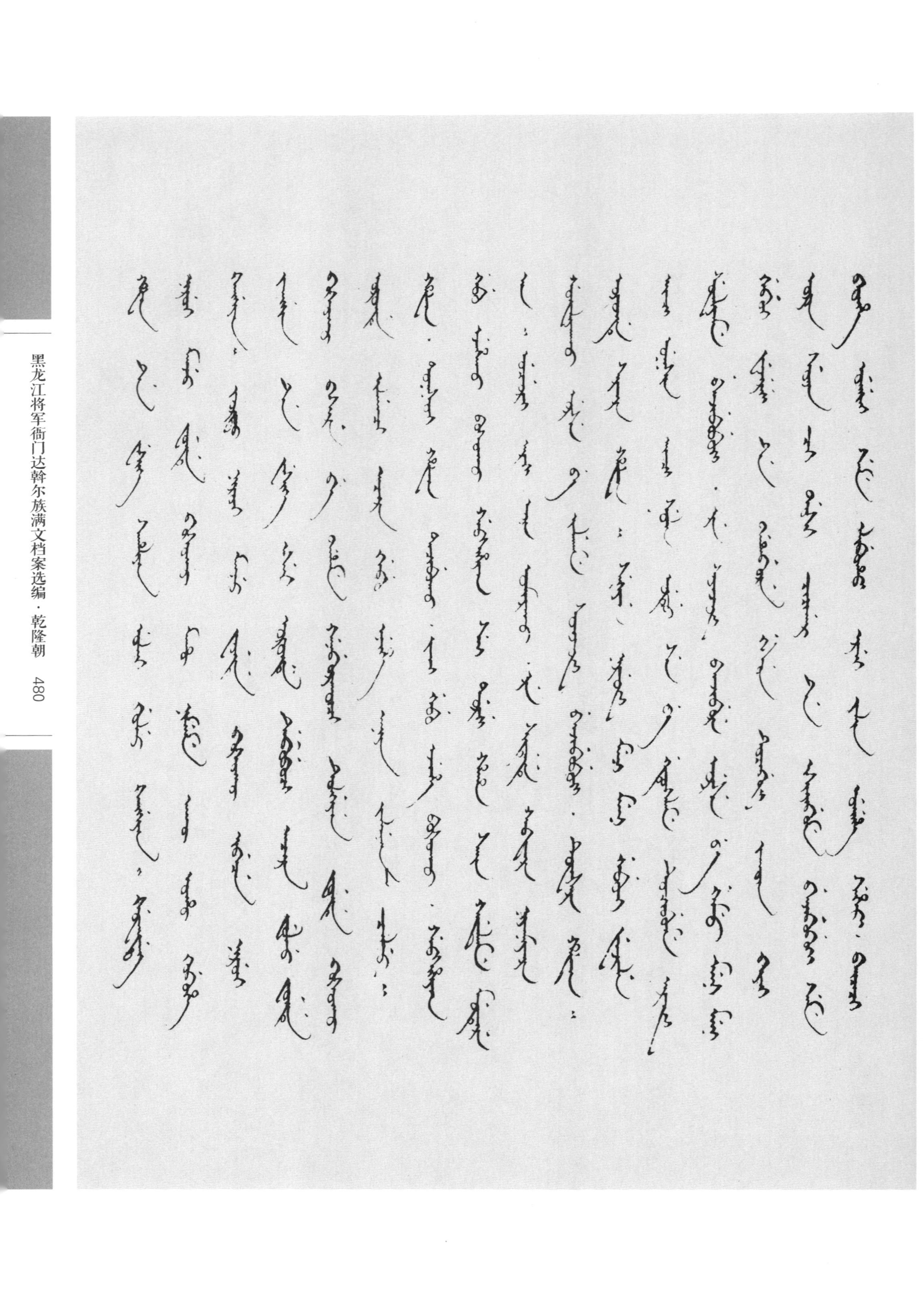

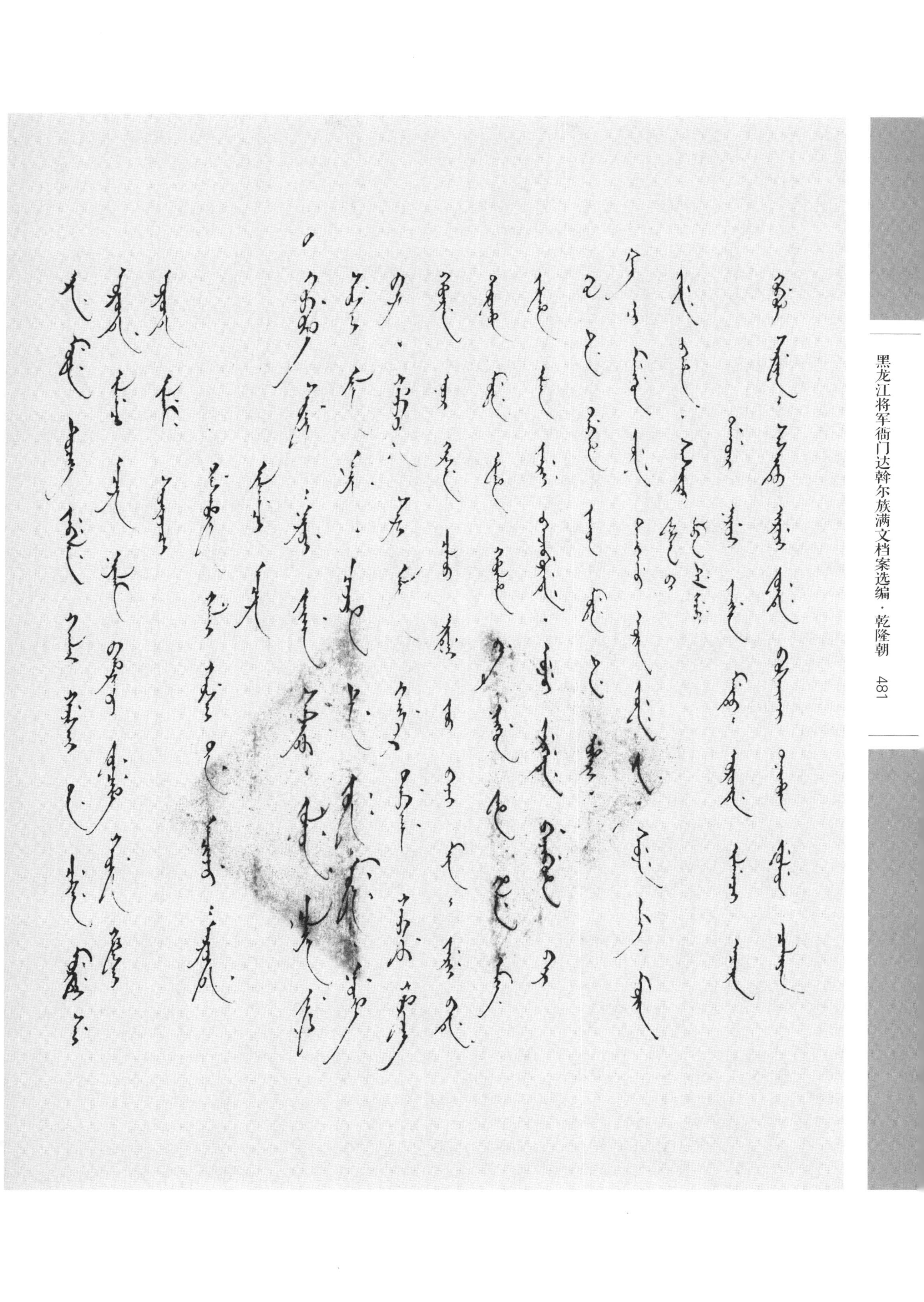

[illegible]

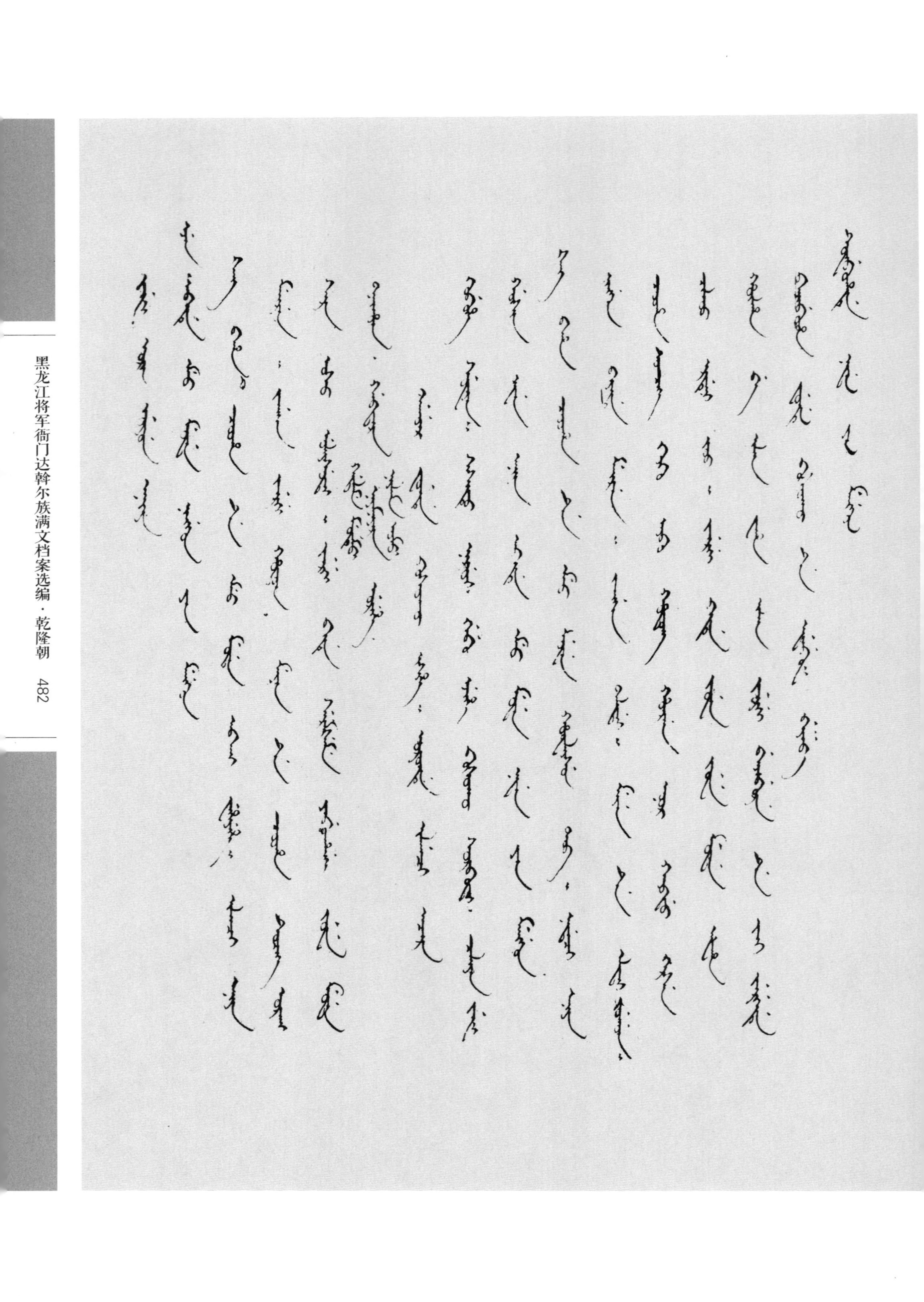

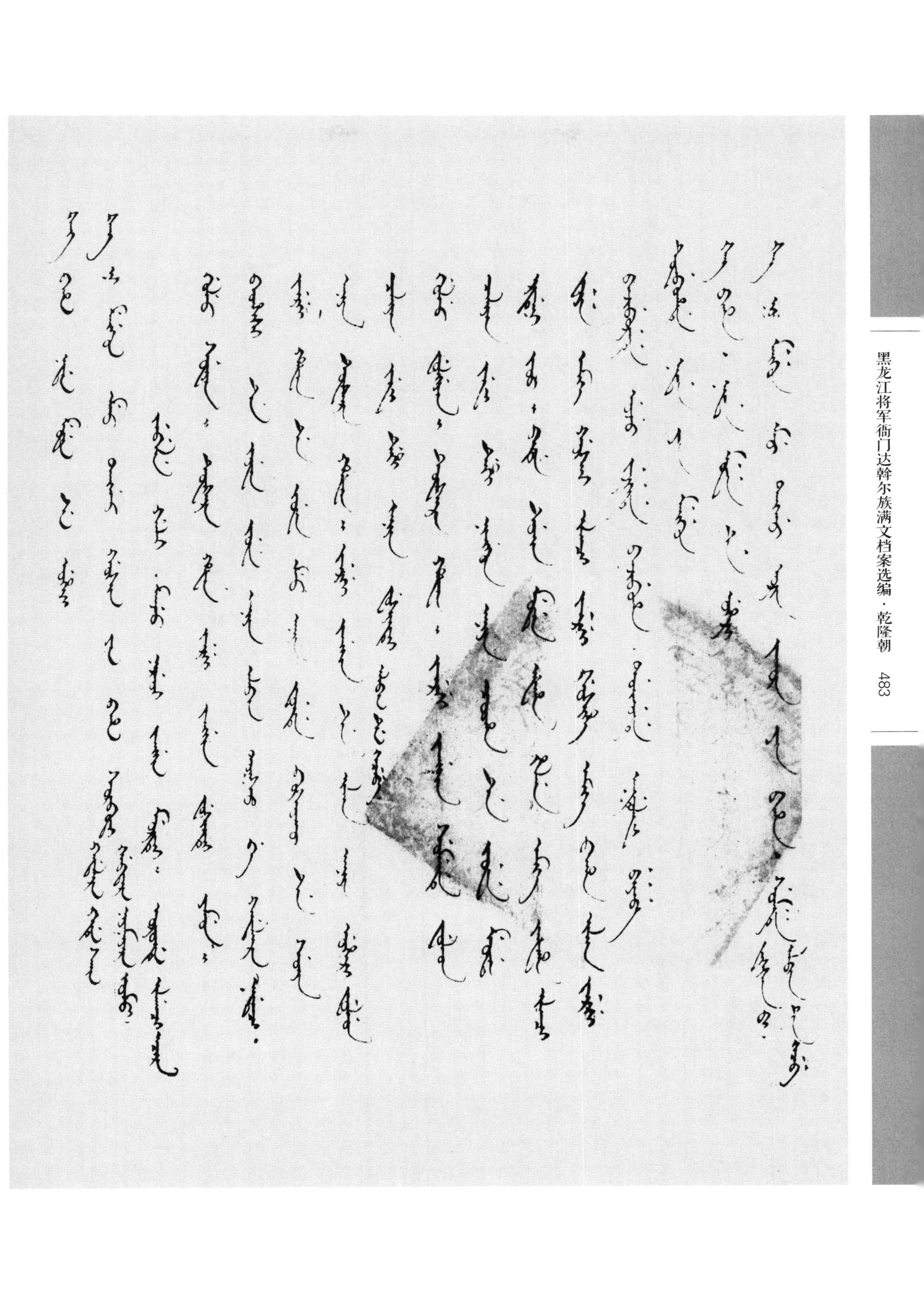

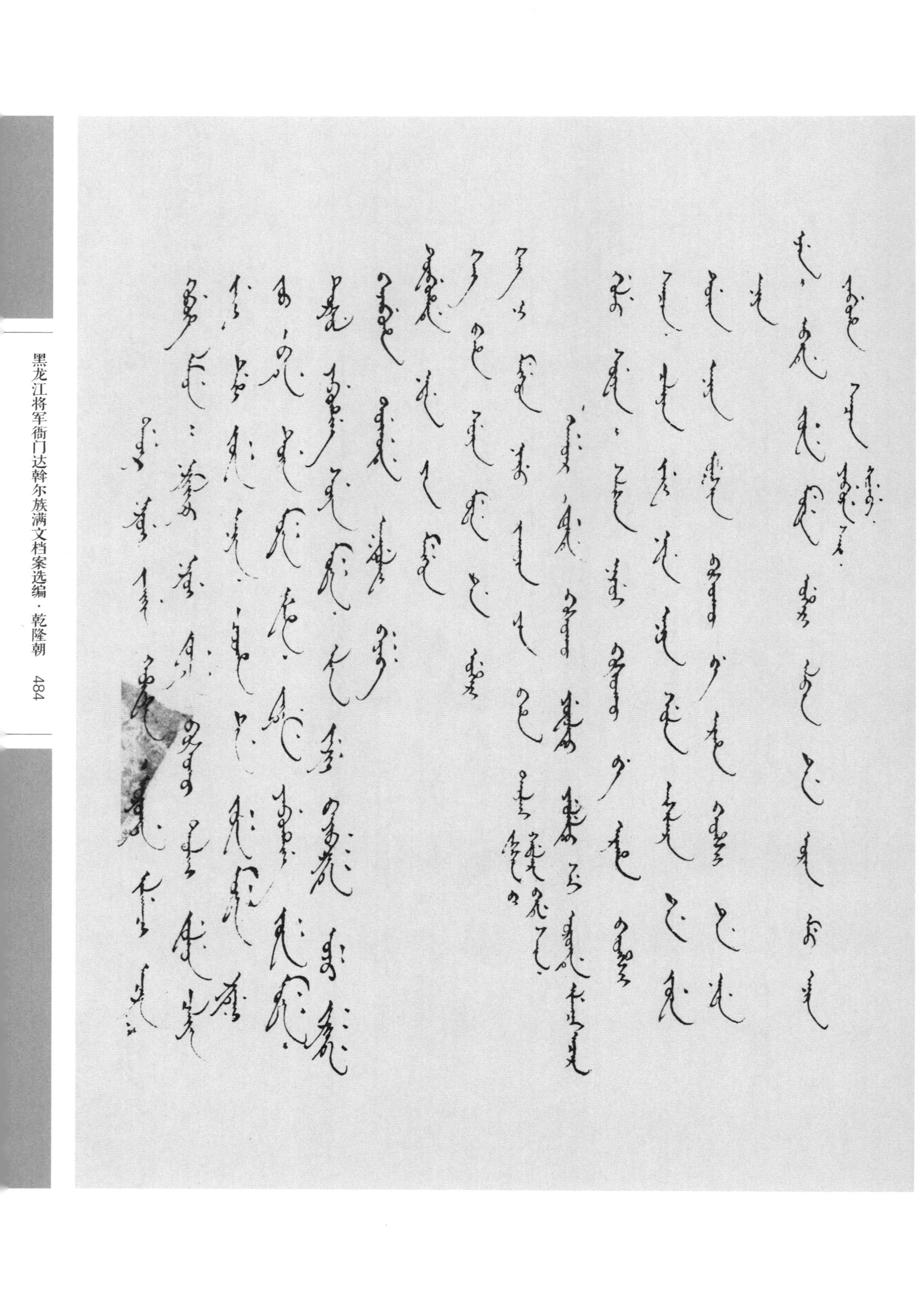

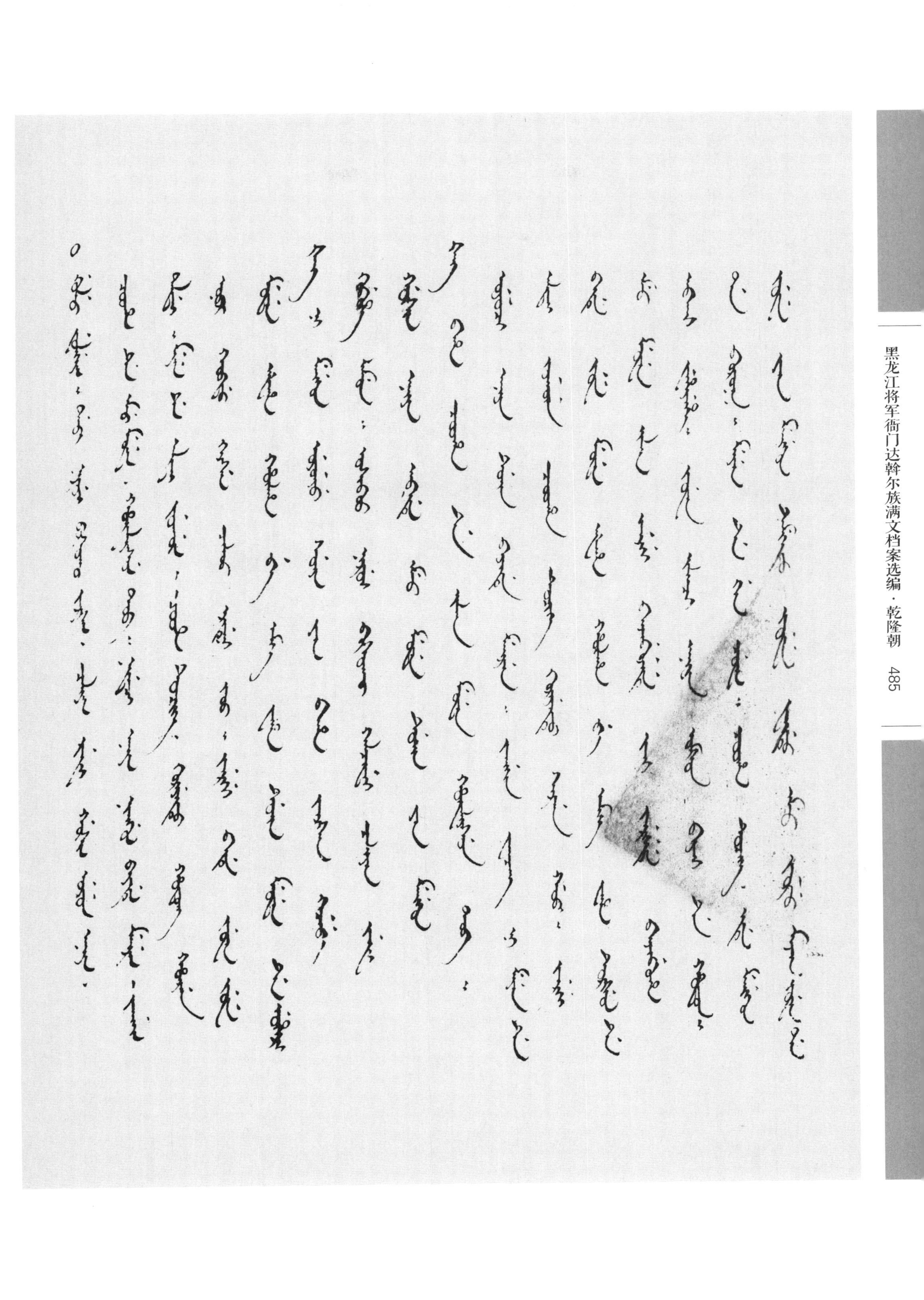

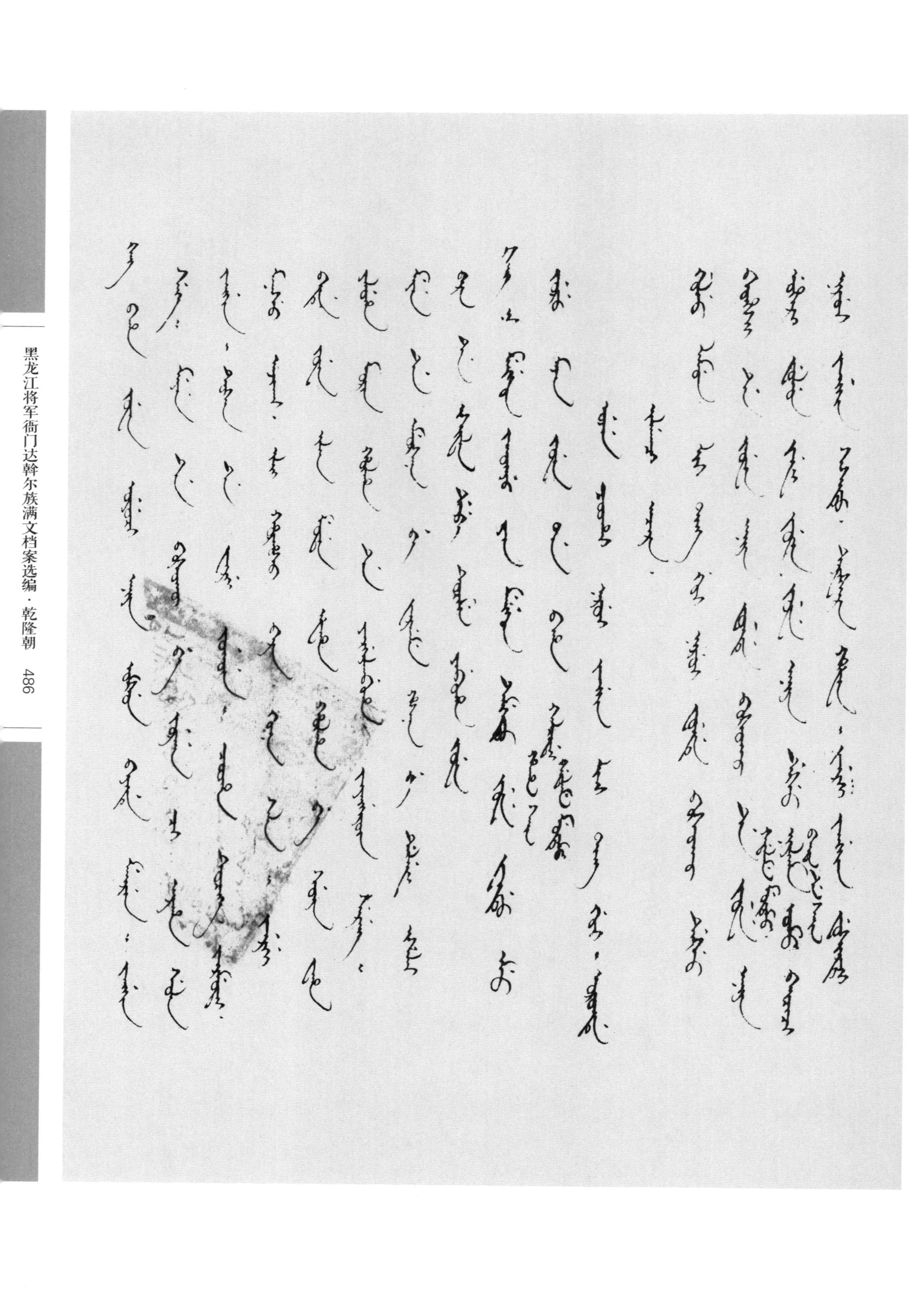

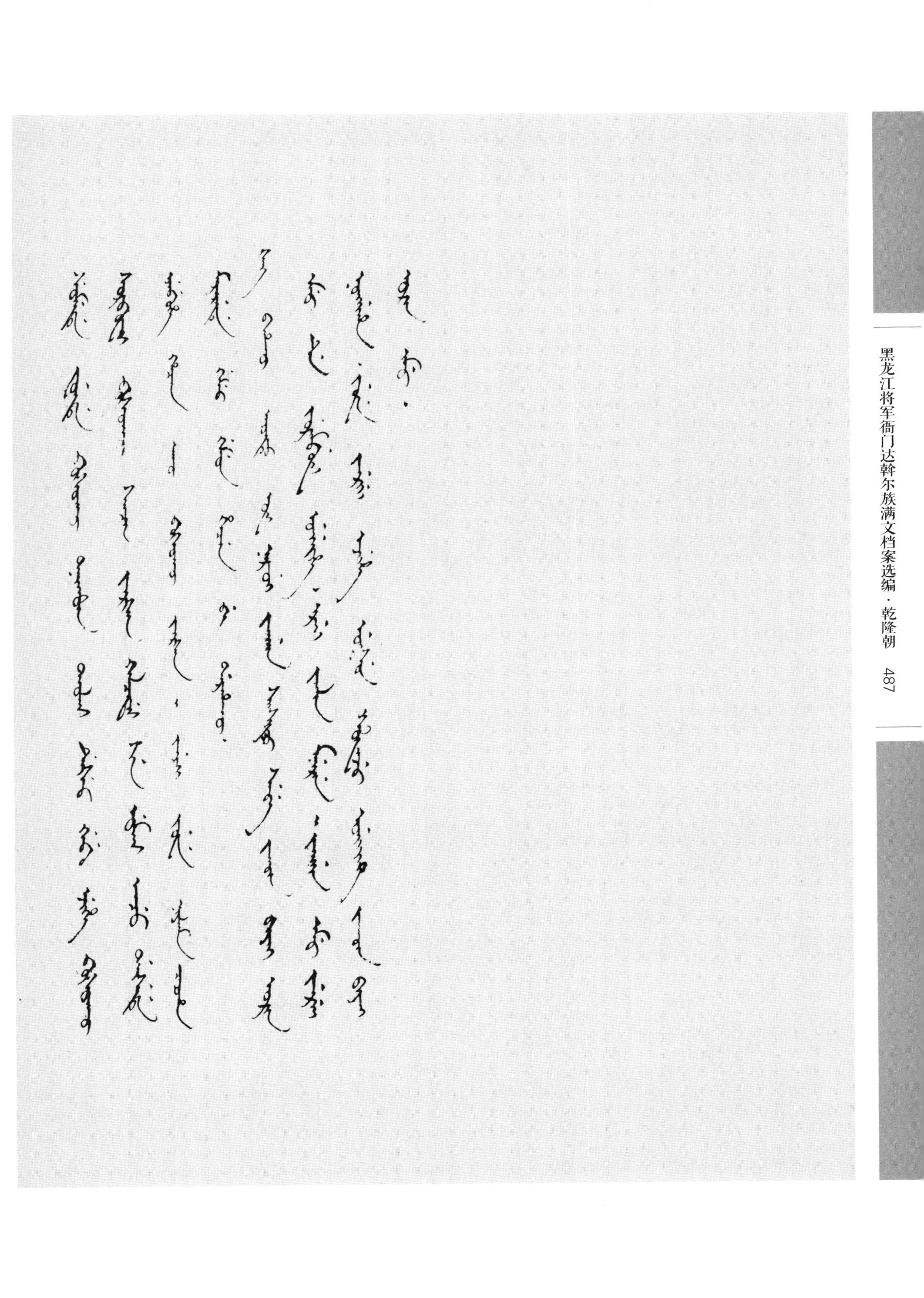

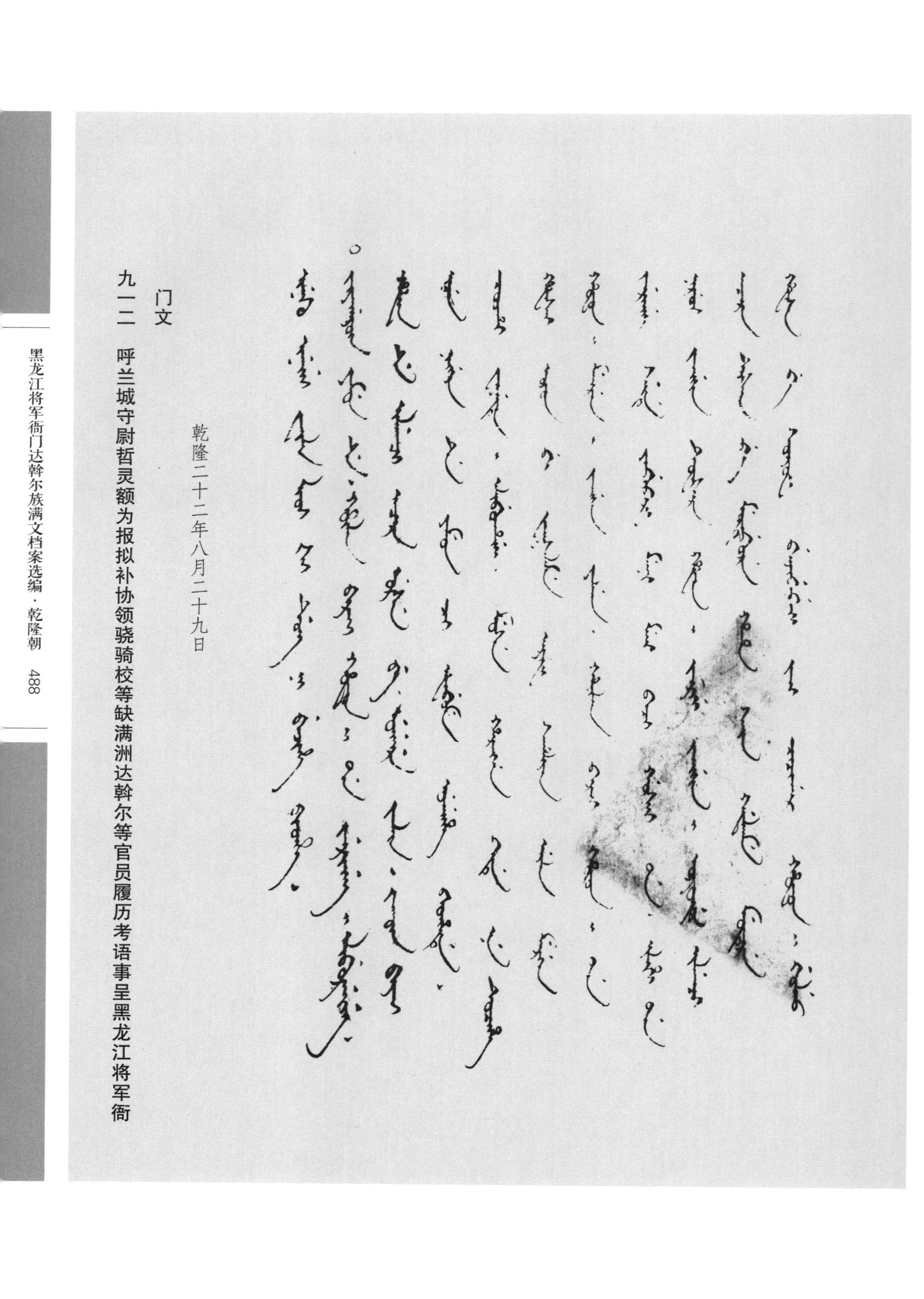

乾隆二十二年八月二十九日

九一二 呼兰城守尉哲灵额为报拟补协领骁骑校等缺满洲达斡尔等官员履历考语事呈黑龙江将军衙门文

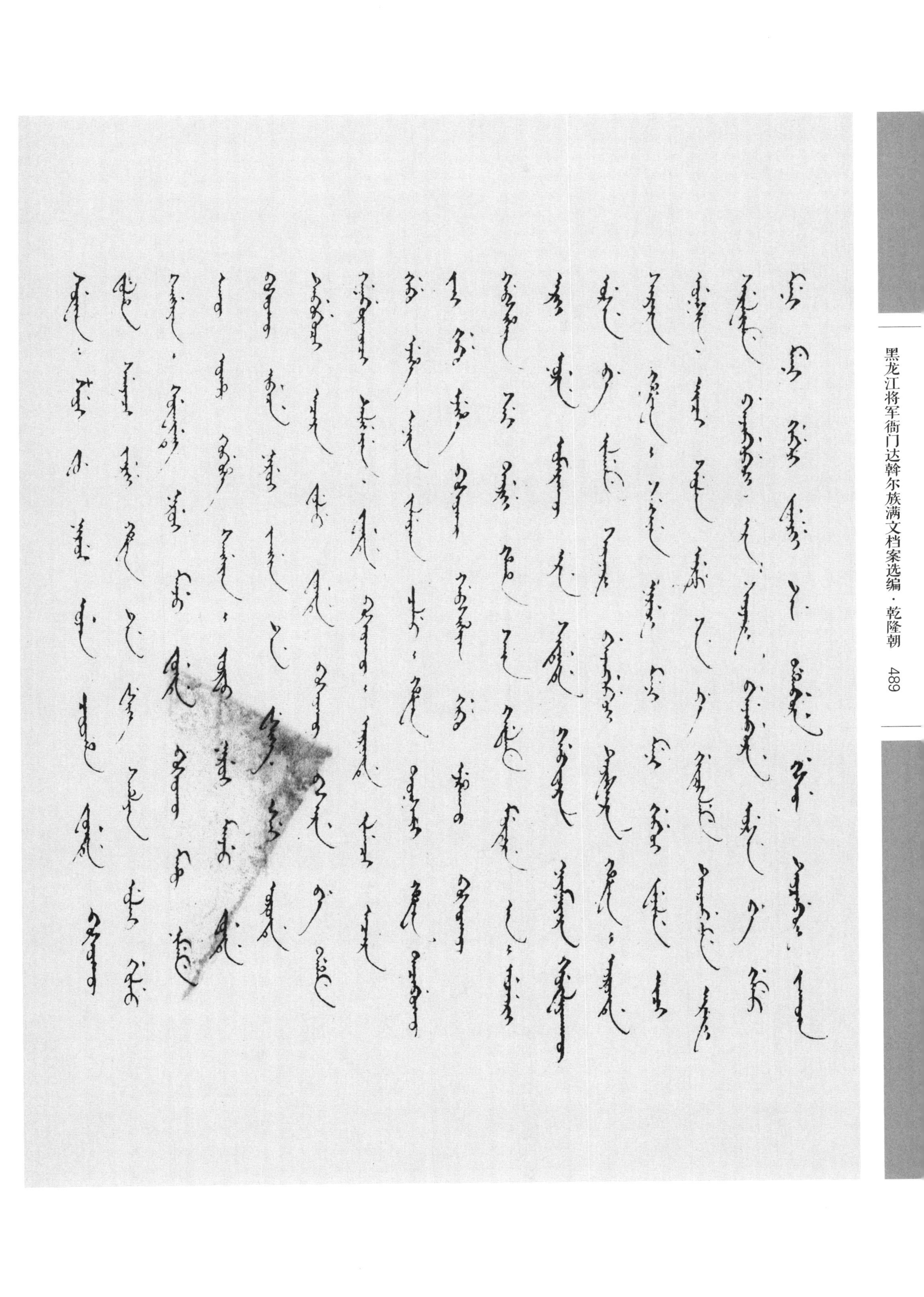

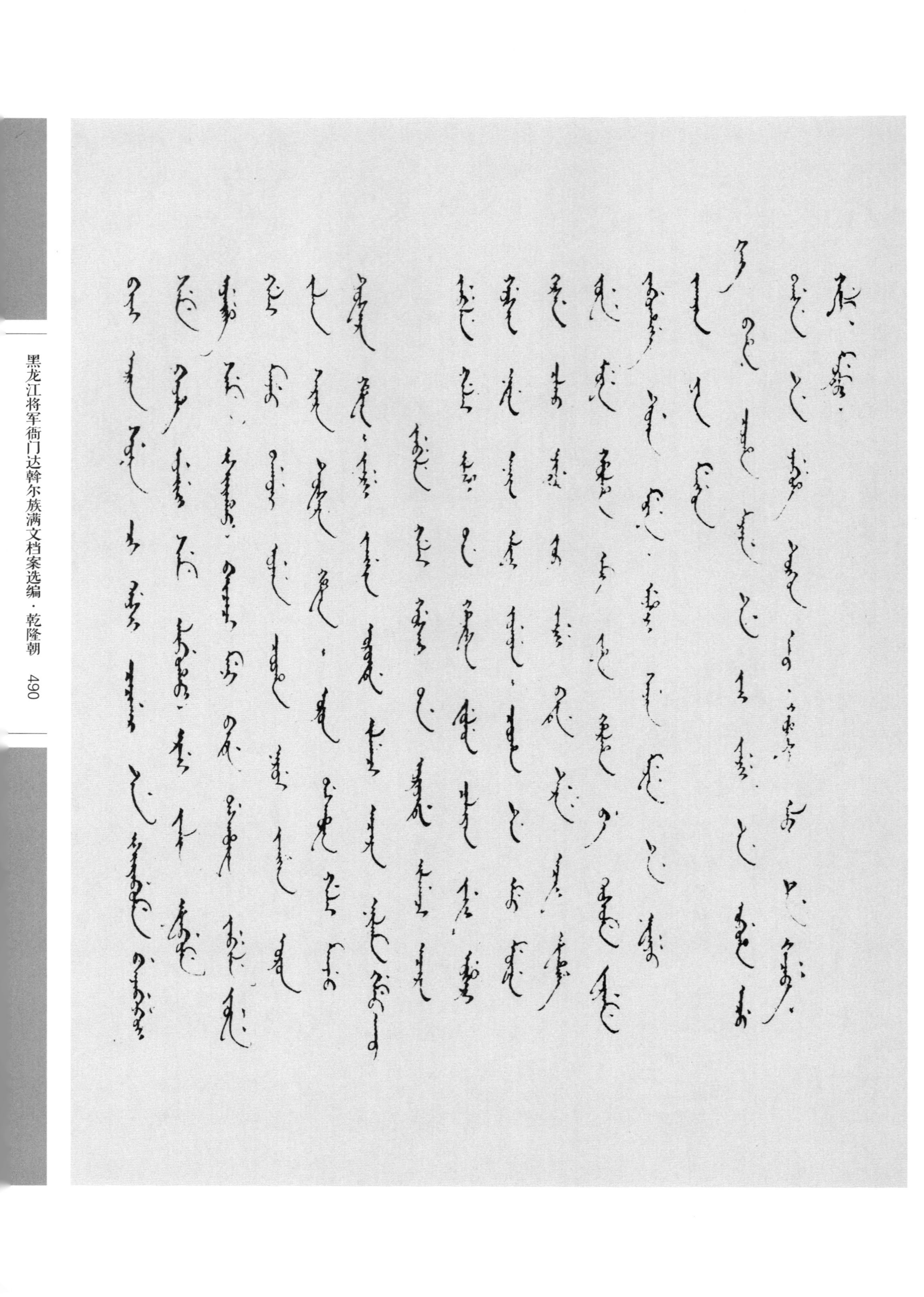

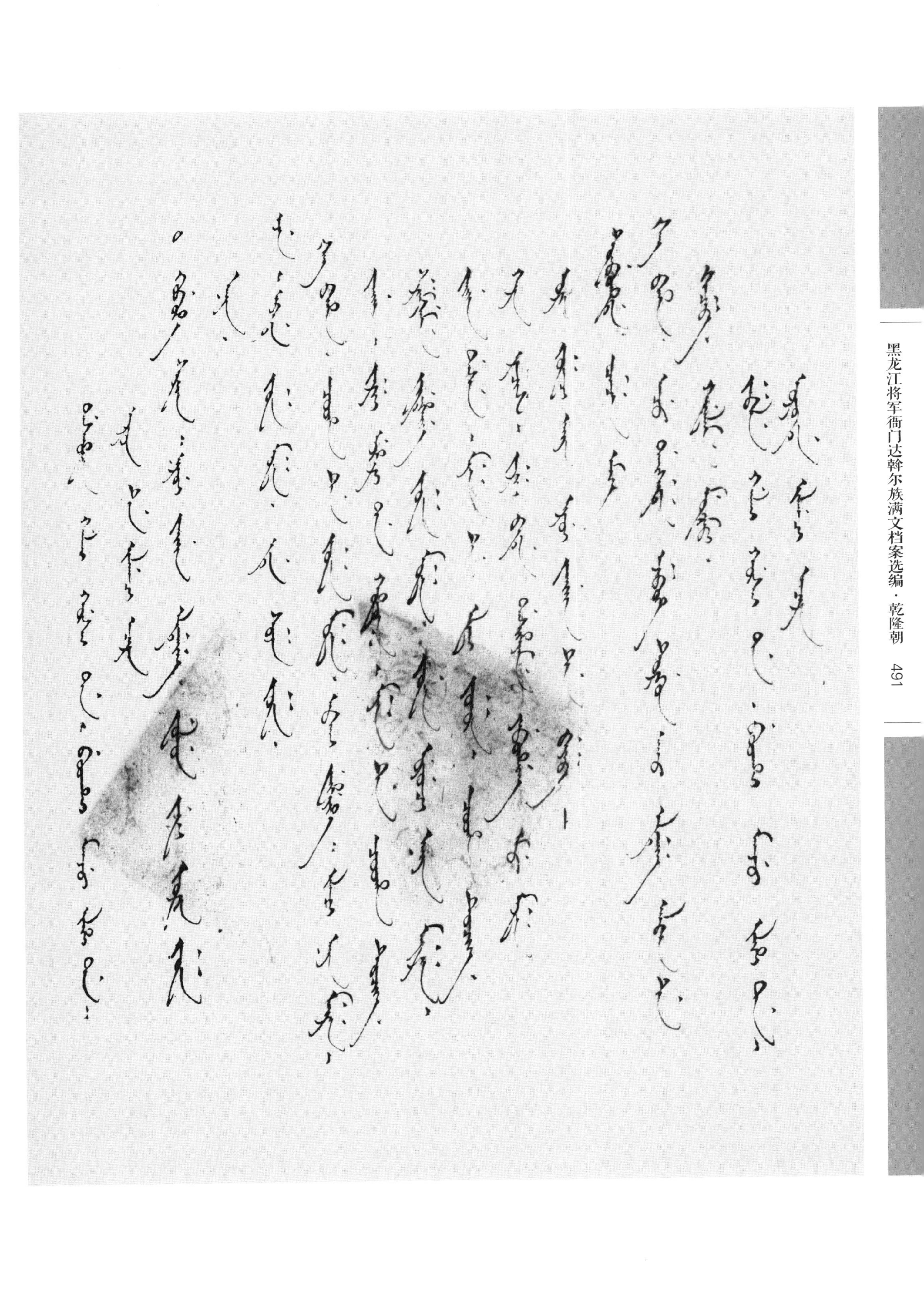

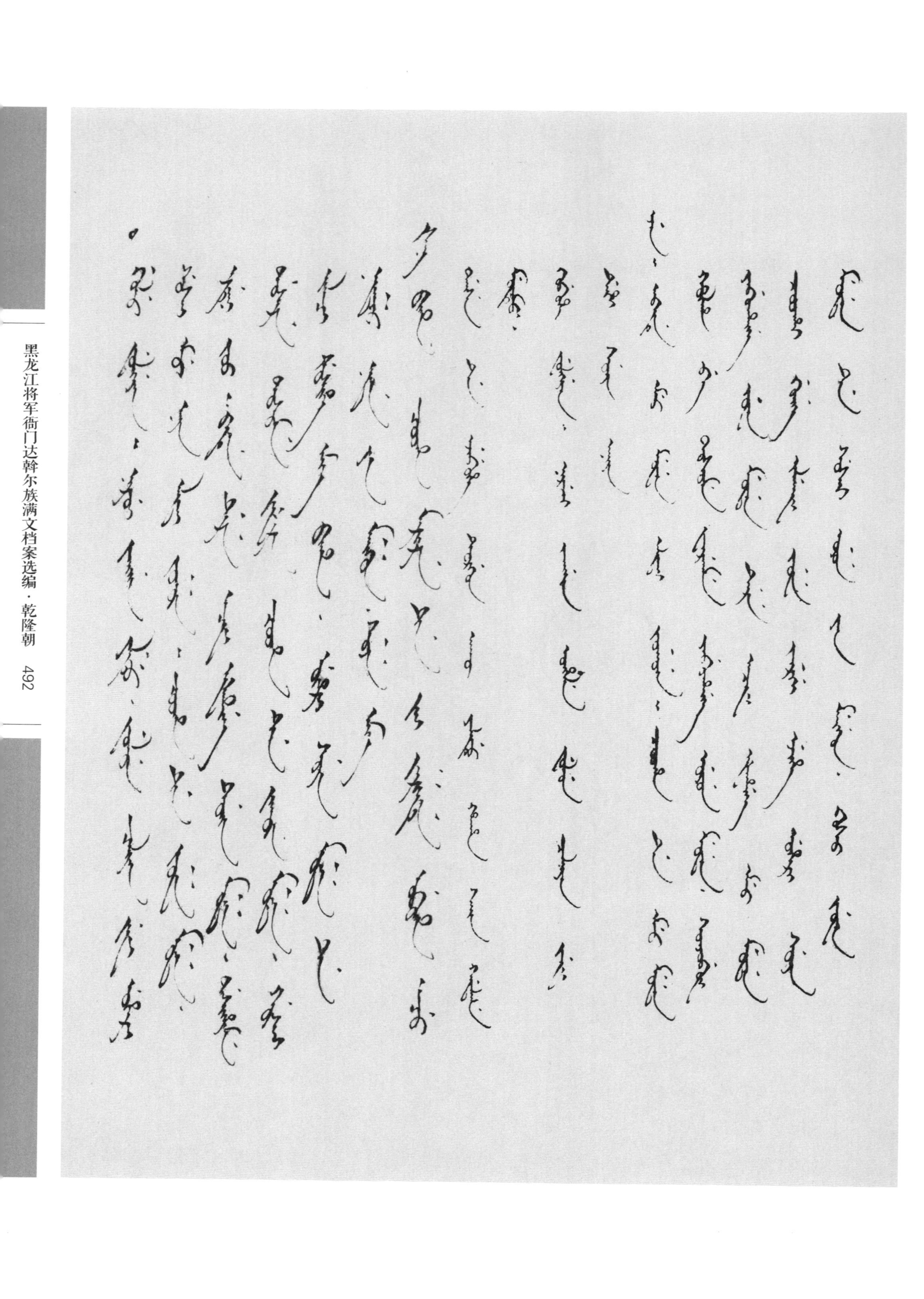

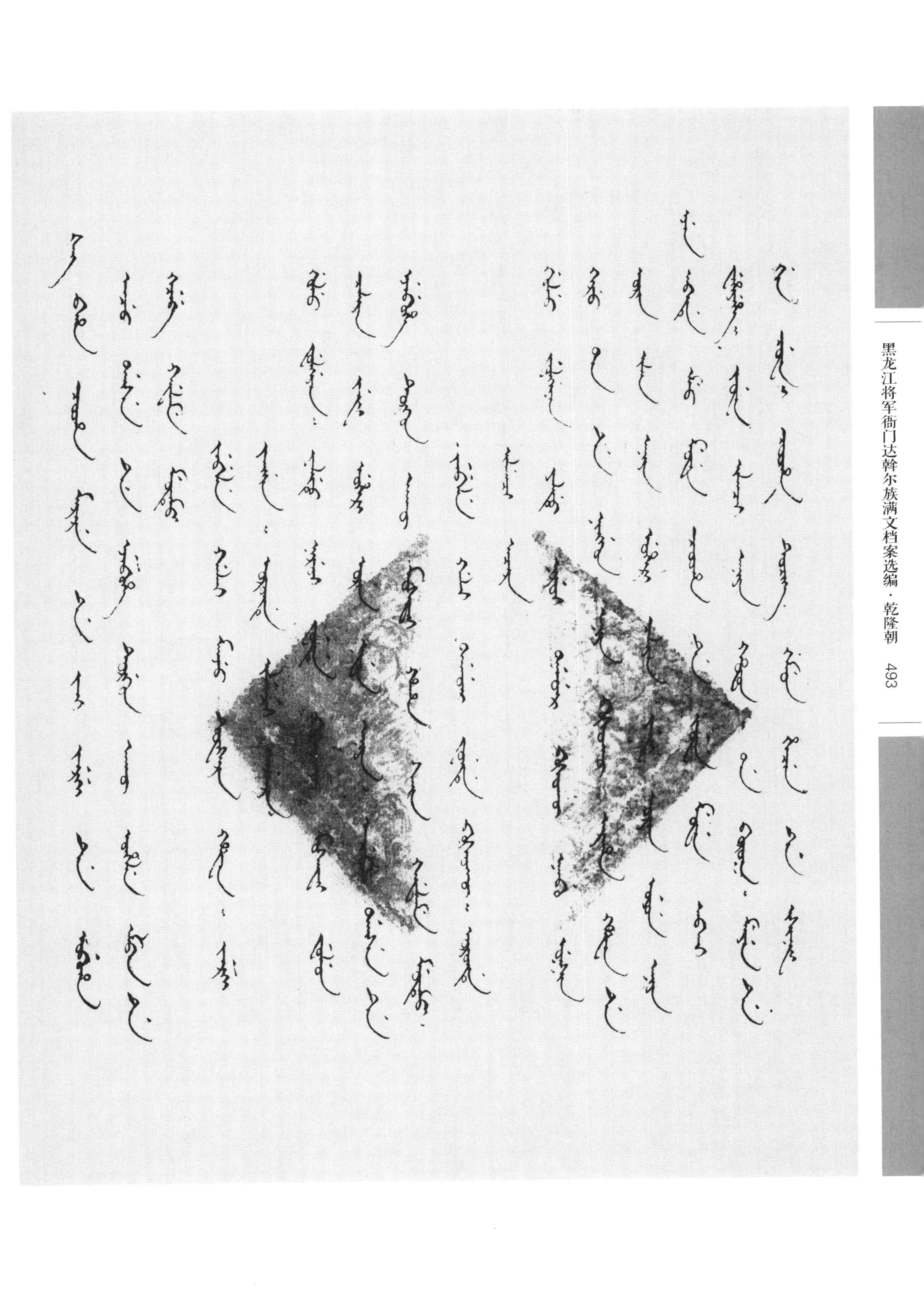

[illegible]

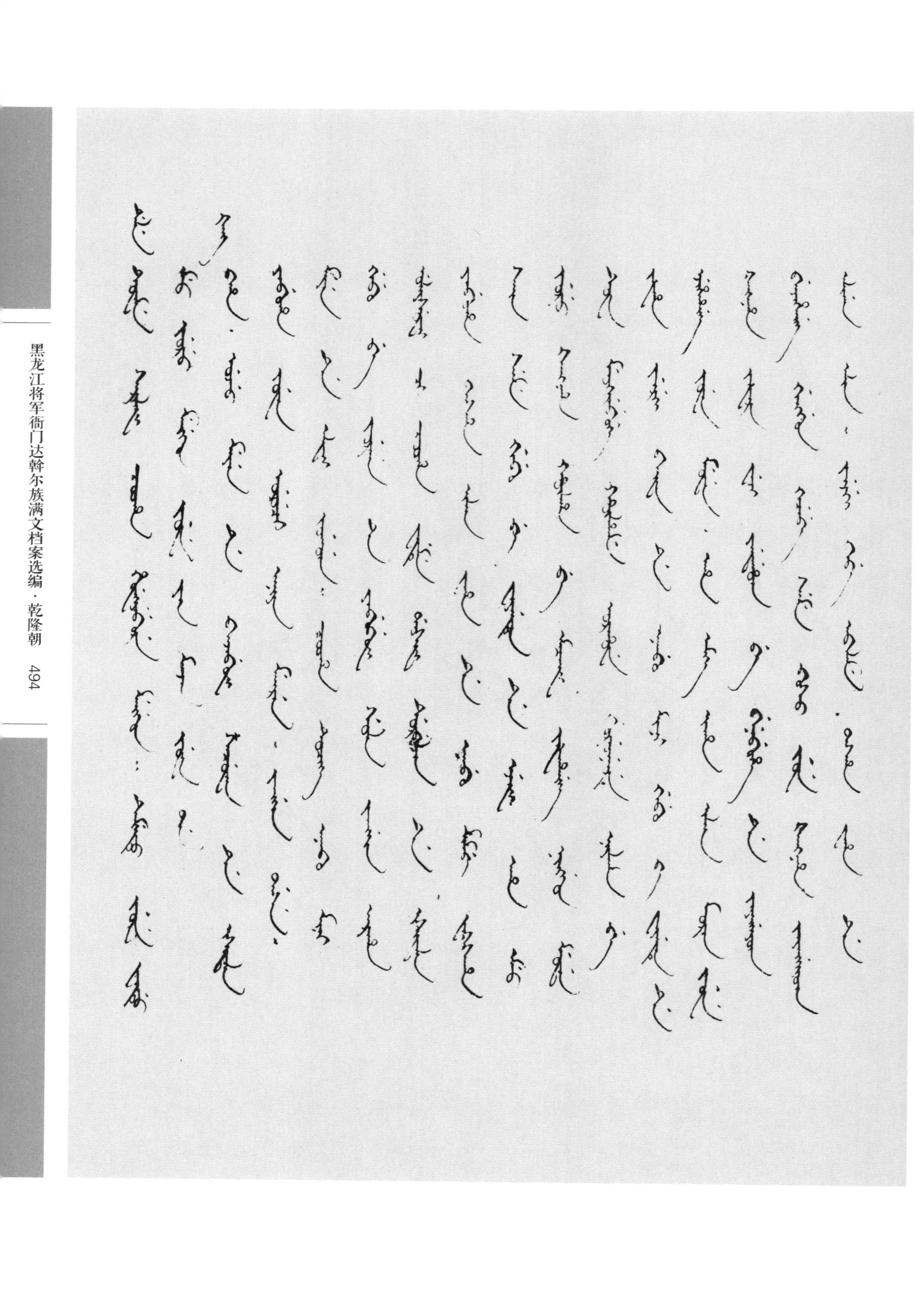

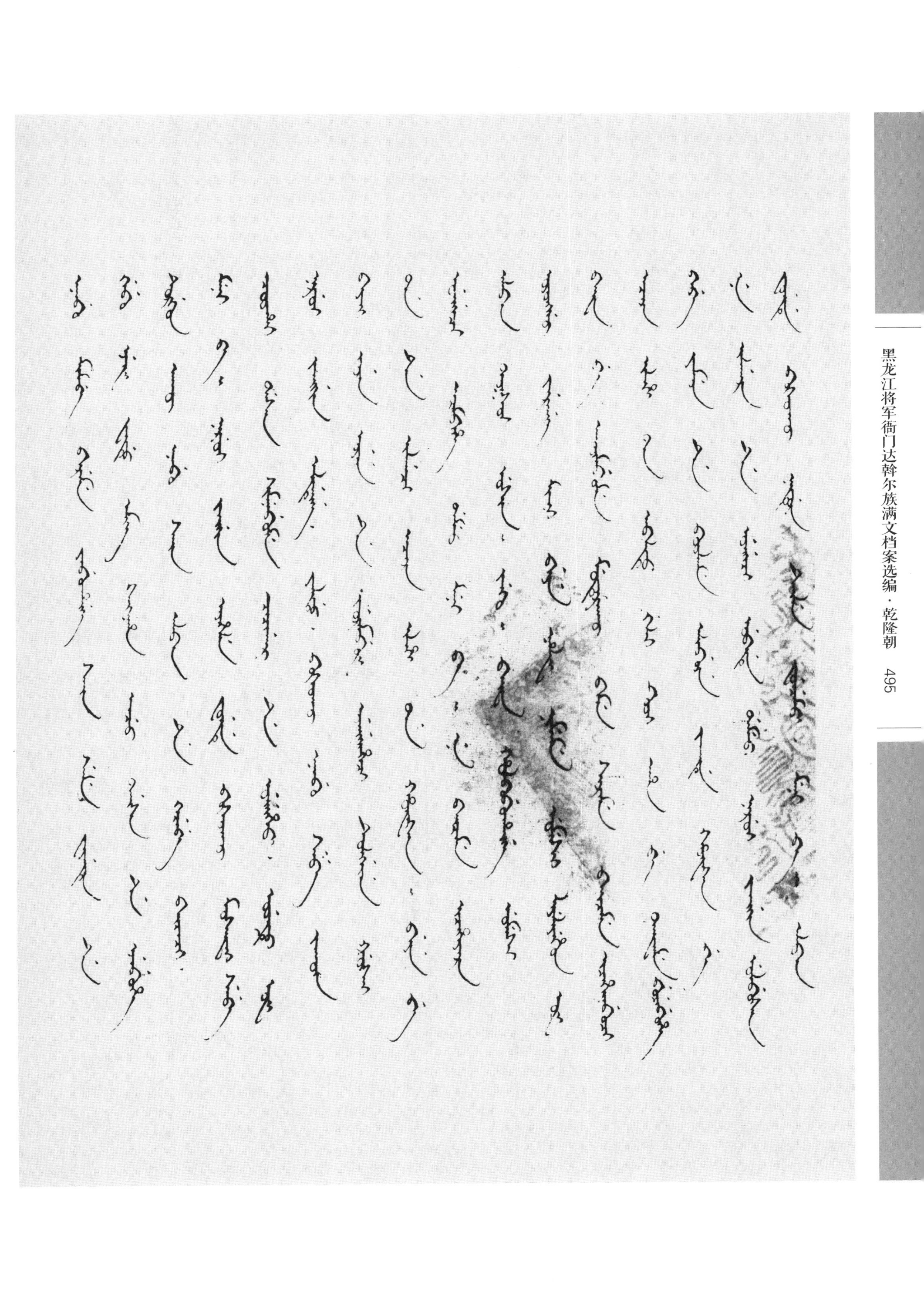

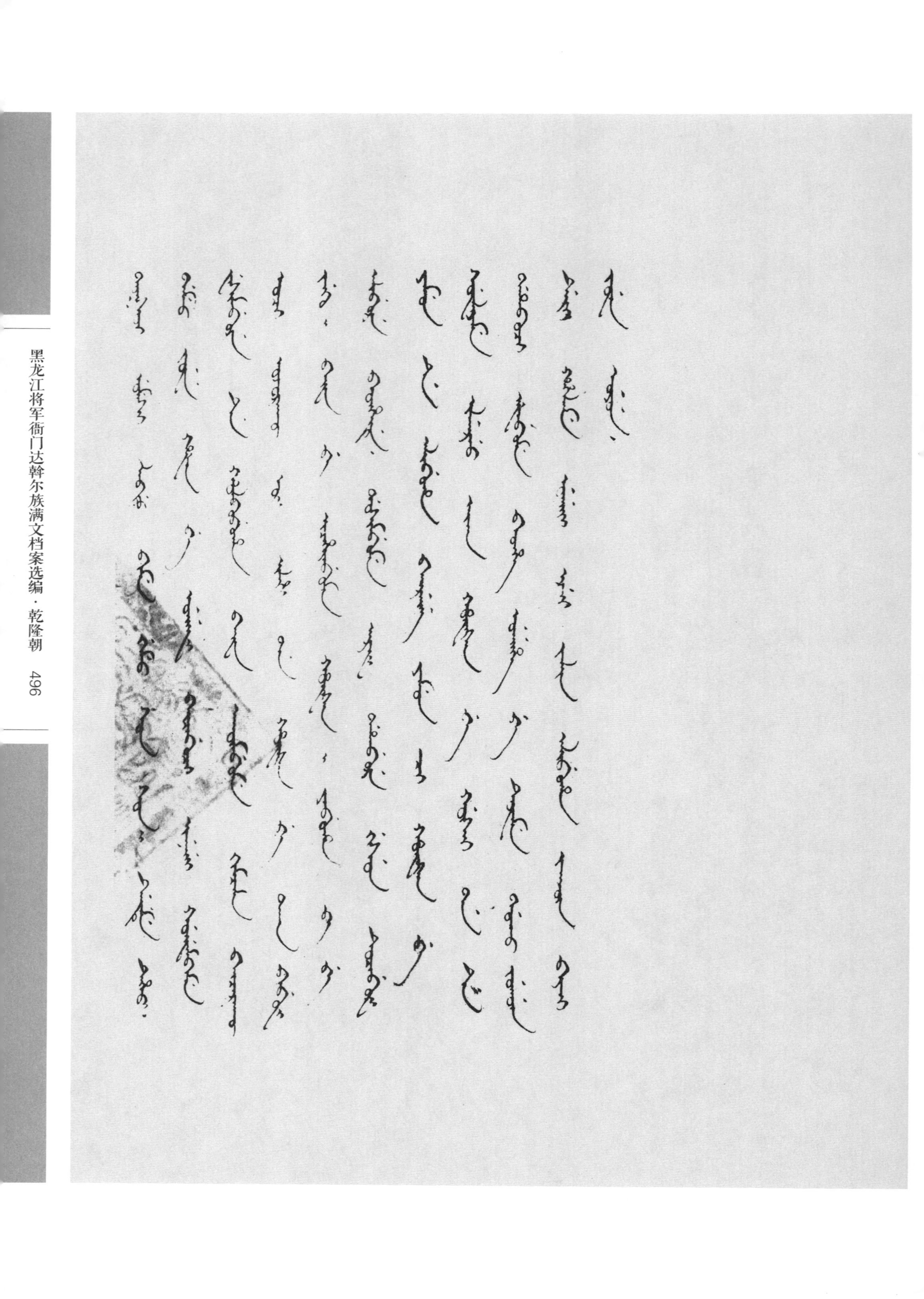

[illegible]

九一三 署布特哈索伦达斡尔总管佛济保等为达斡尔云骑尉图尔凡因罪革退选送应袭职人员事呈黑龙江将军衙门文

乾隆二十二年八月二十九日

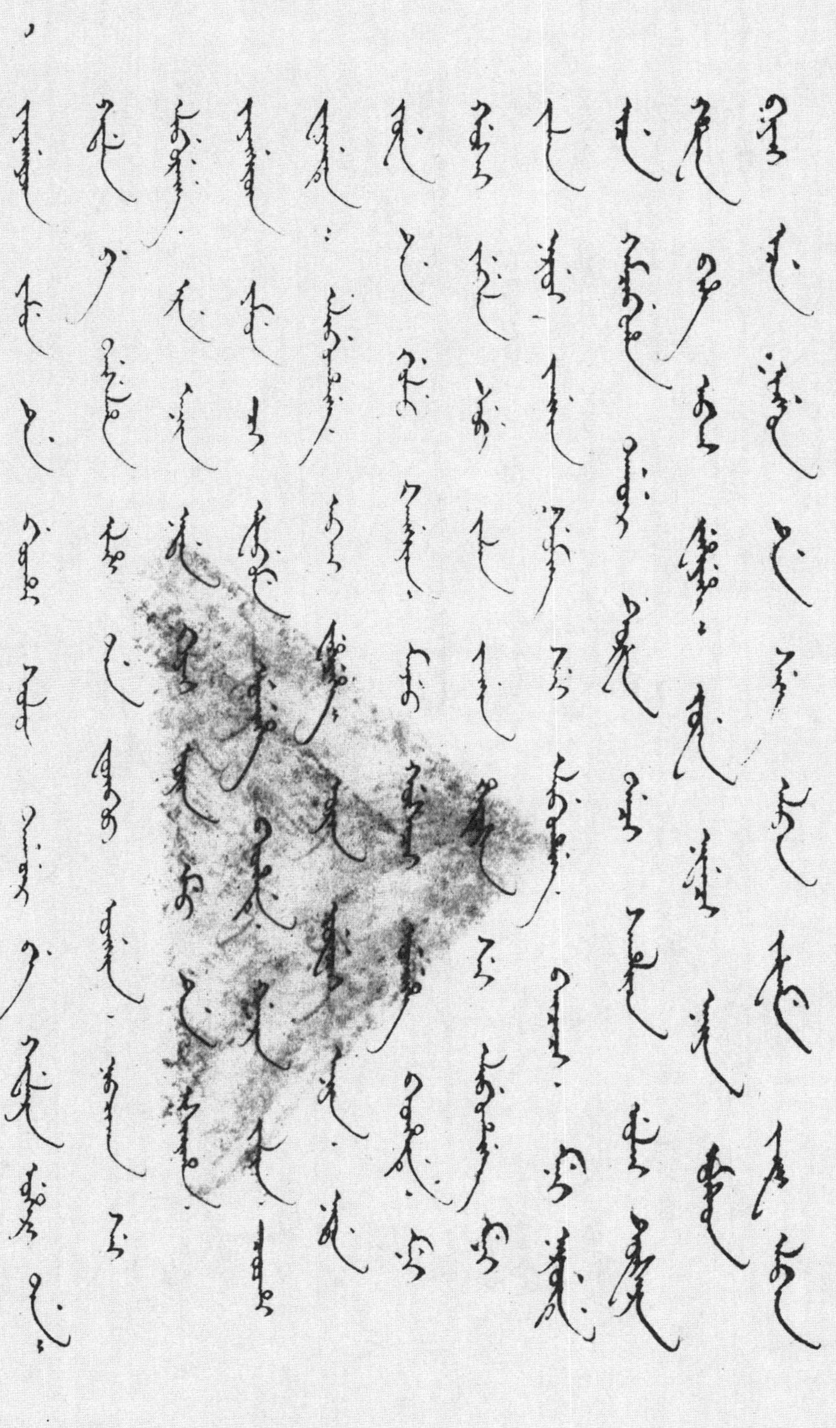

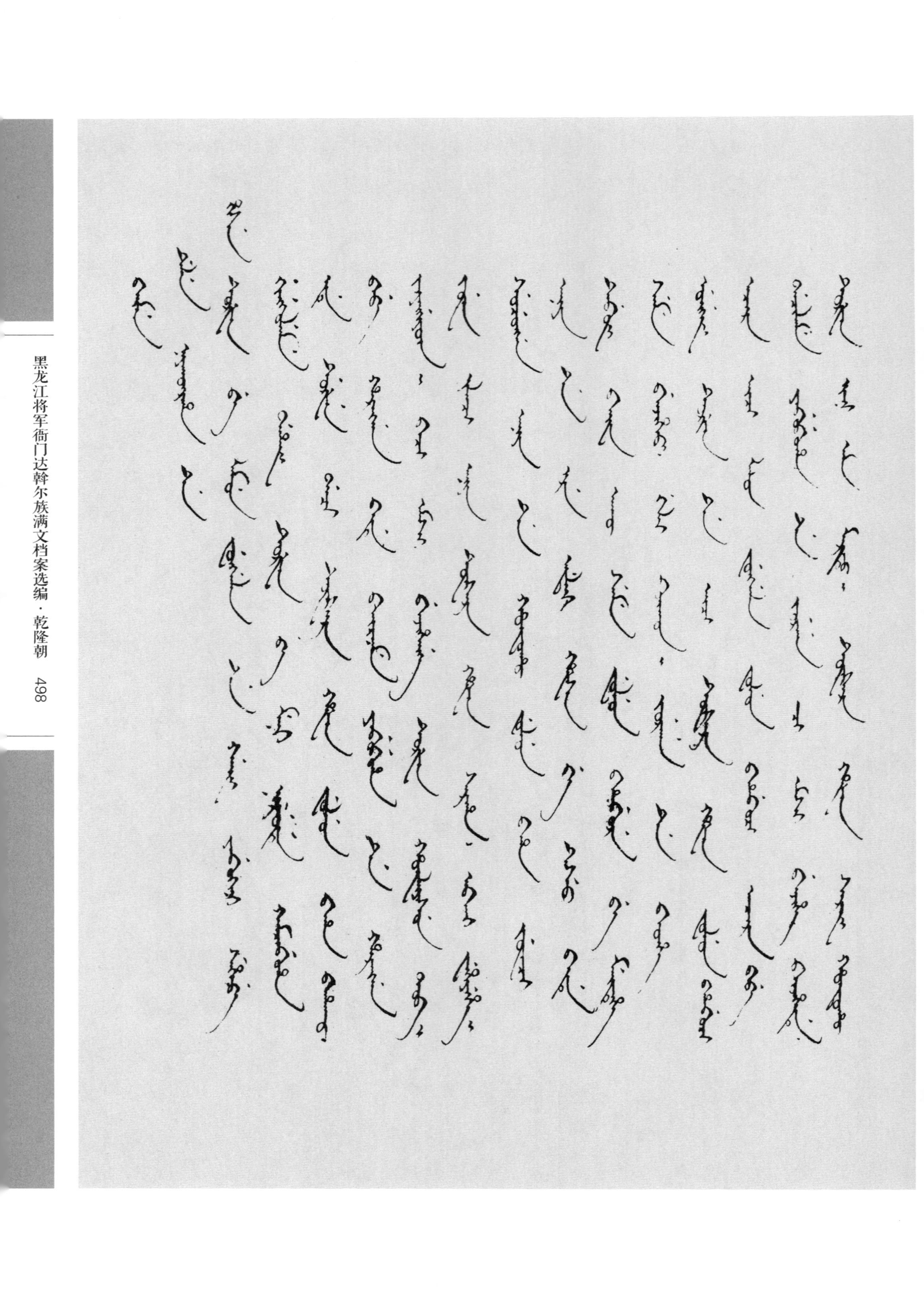

[illegible]

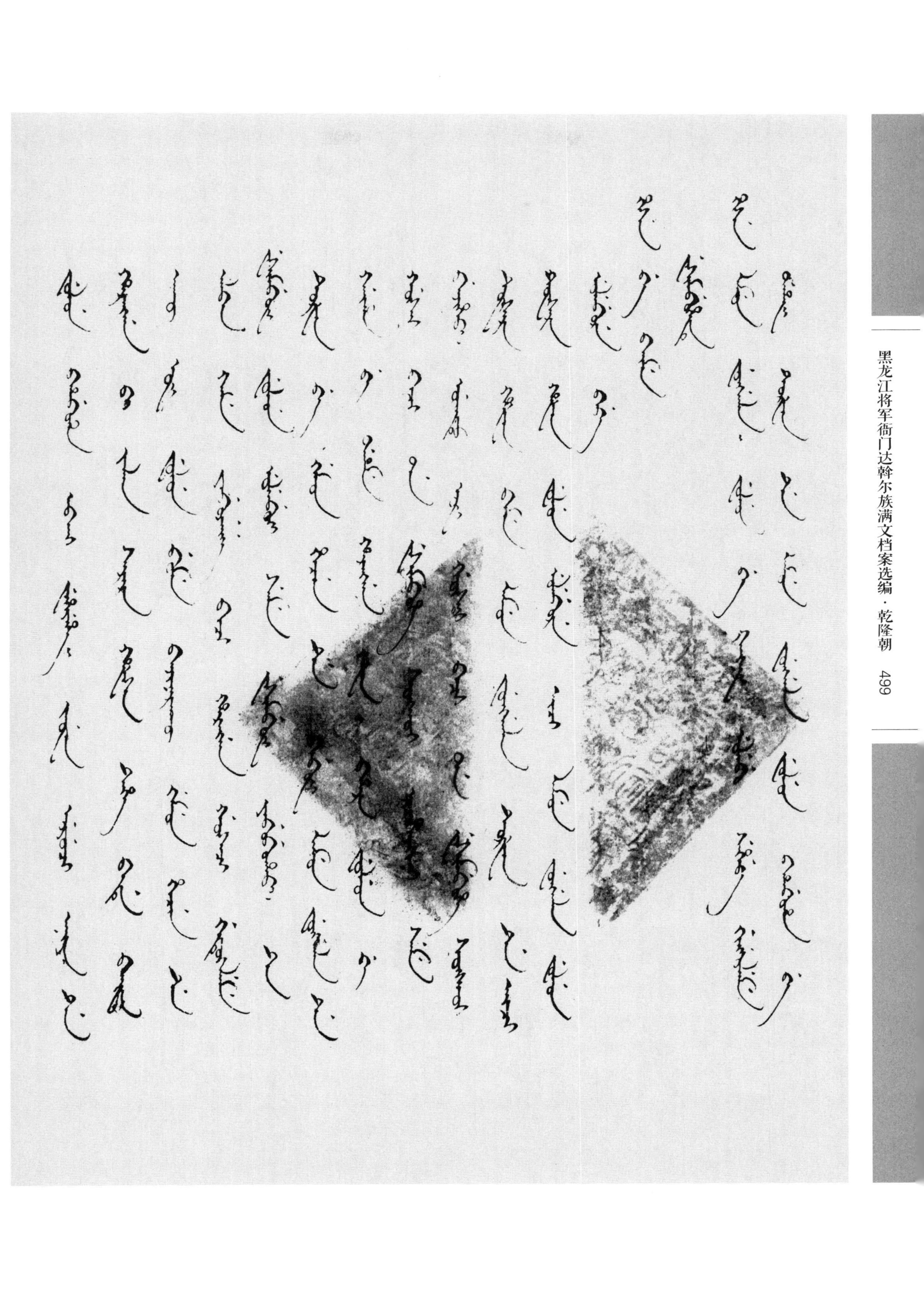

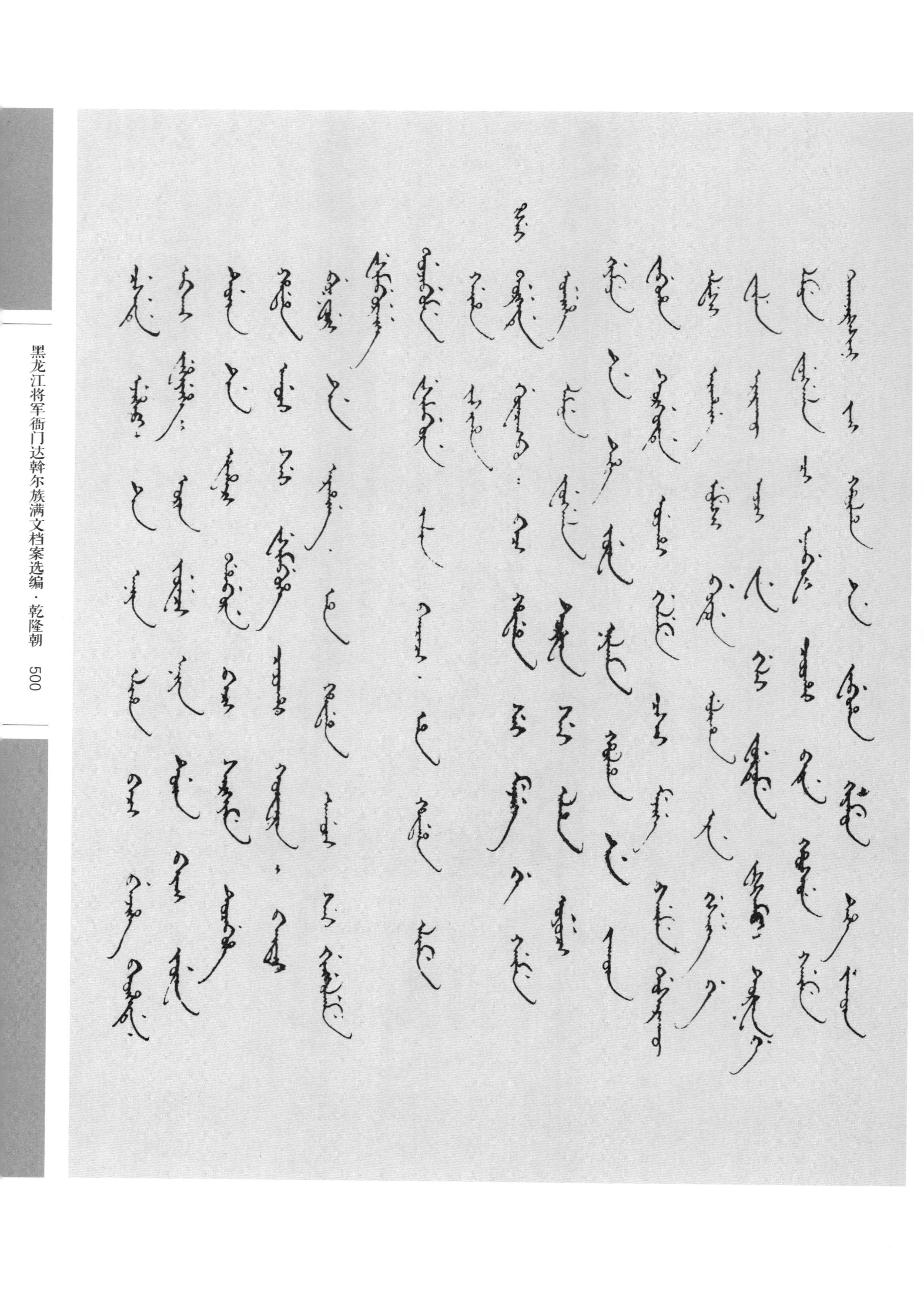

[illegible]

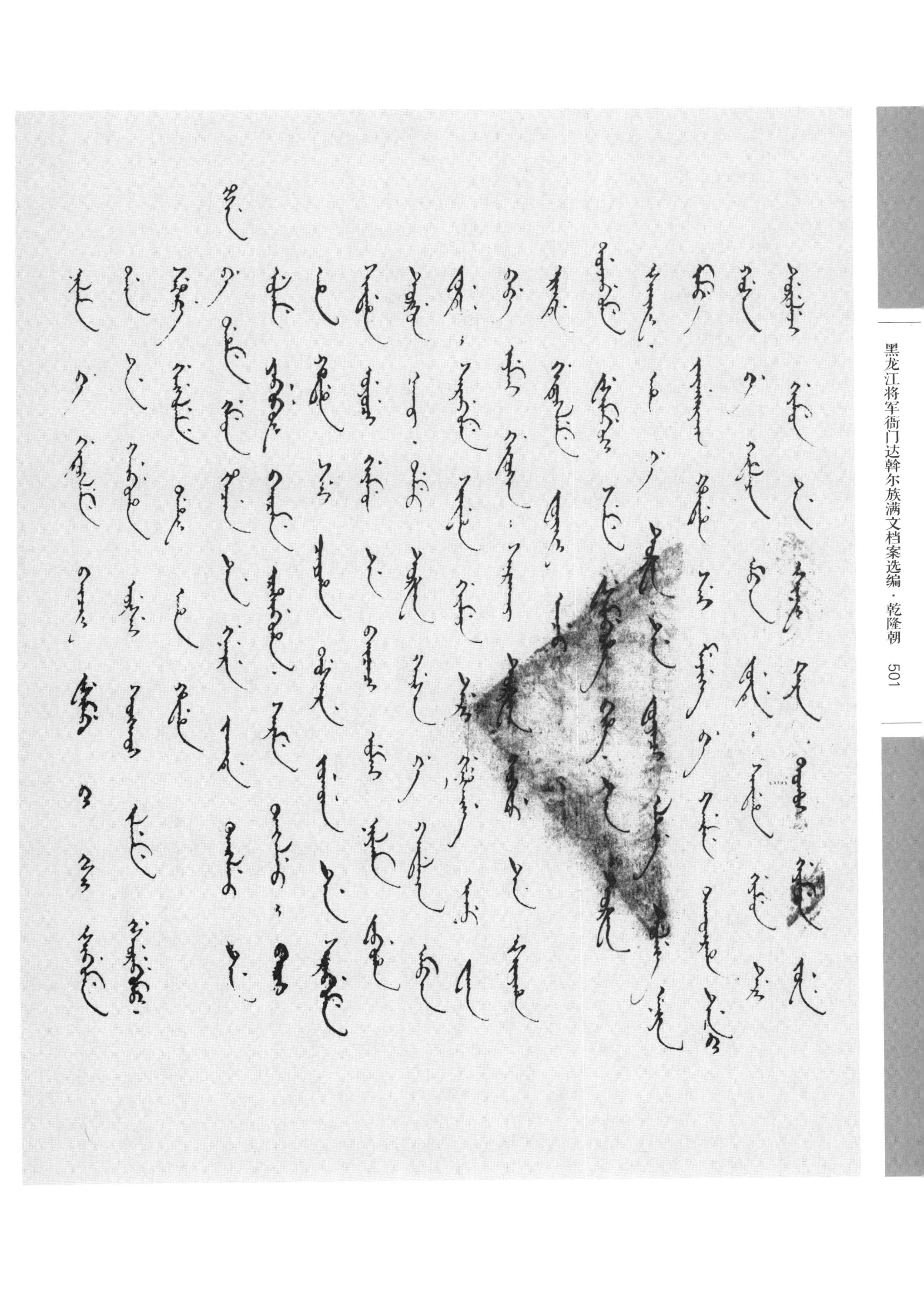

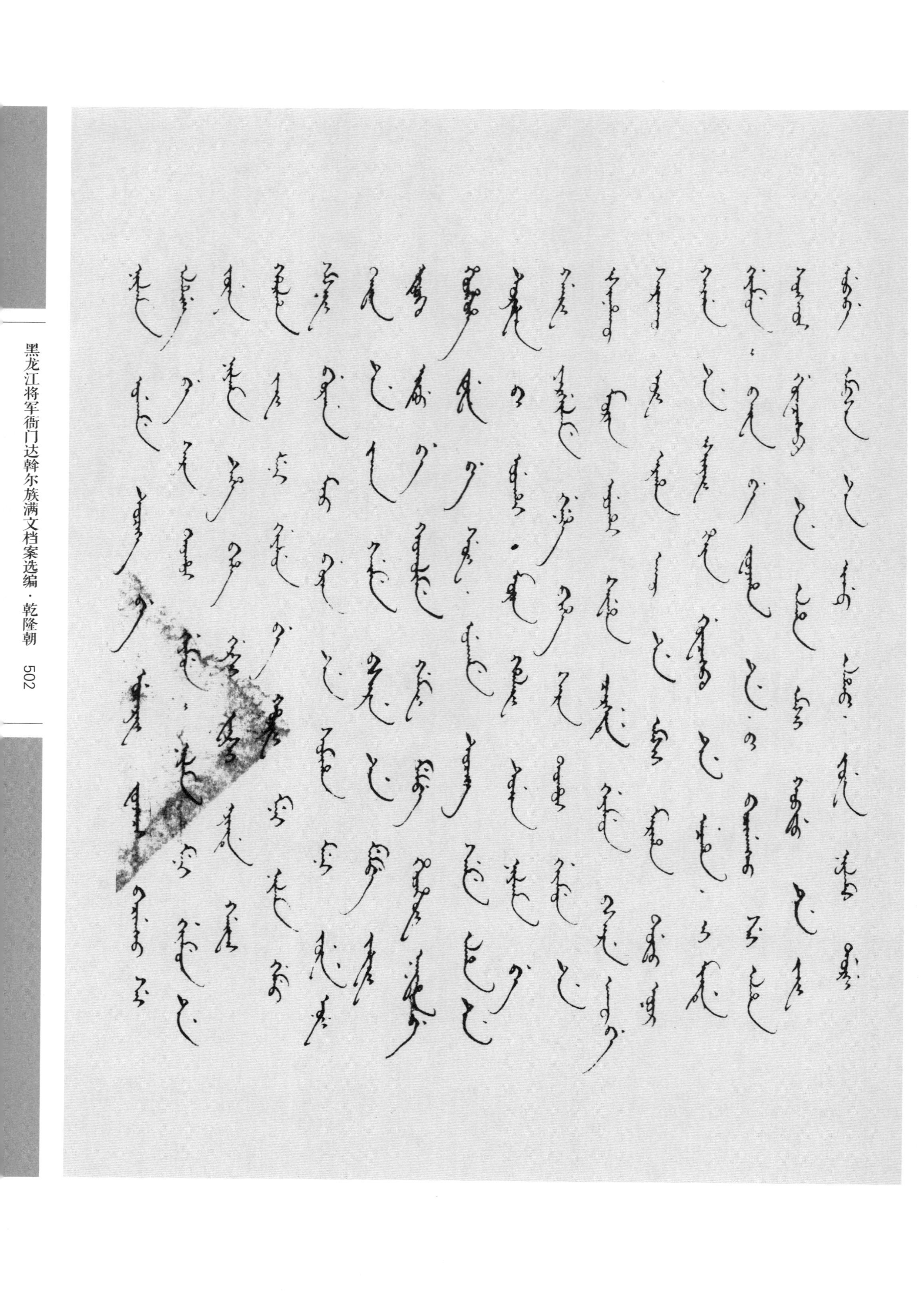

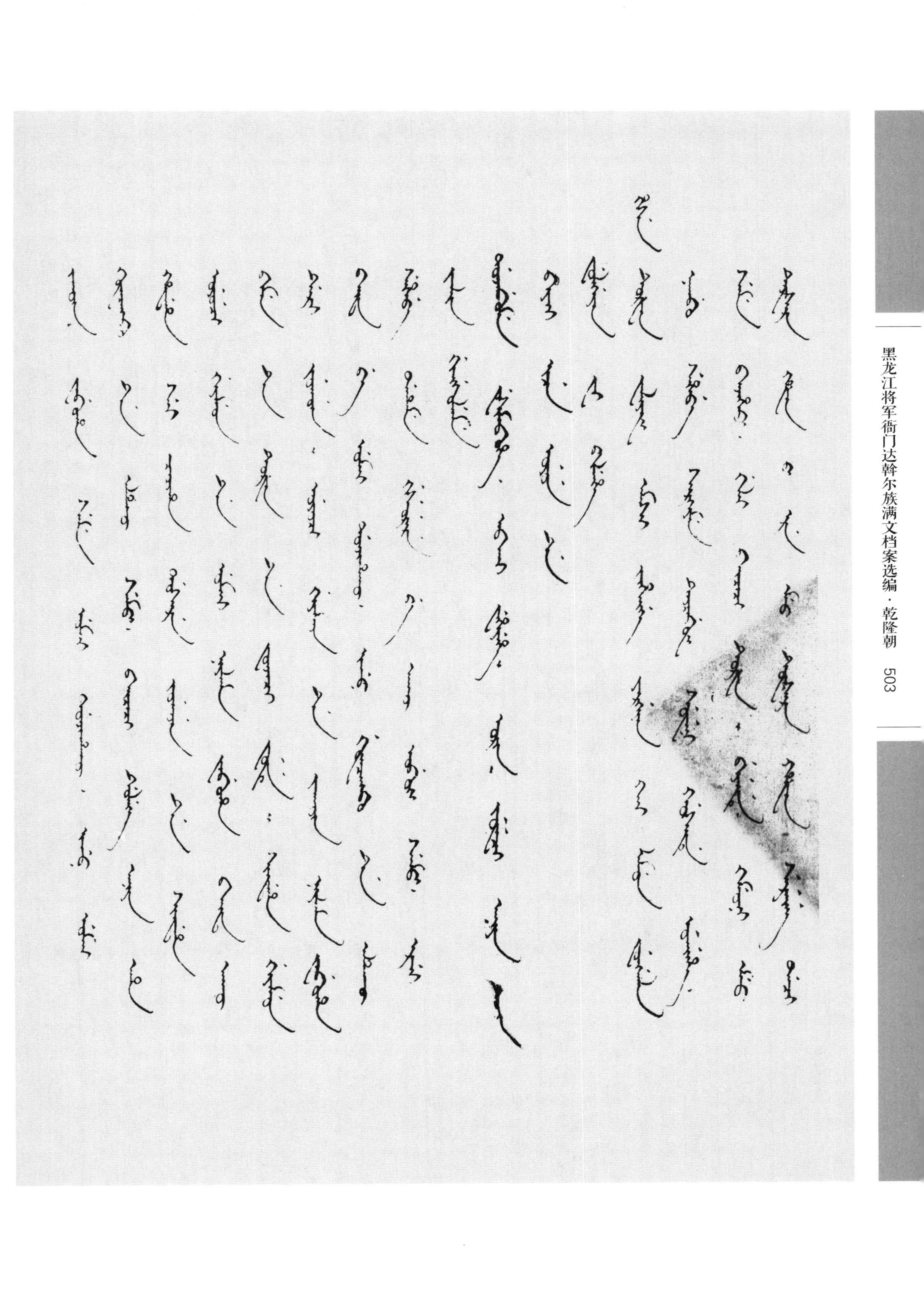

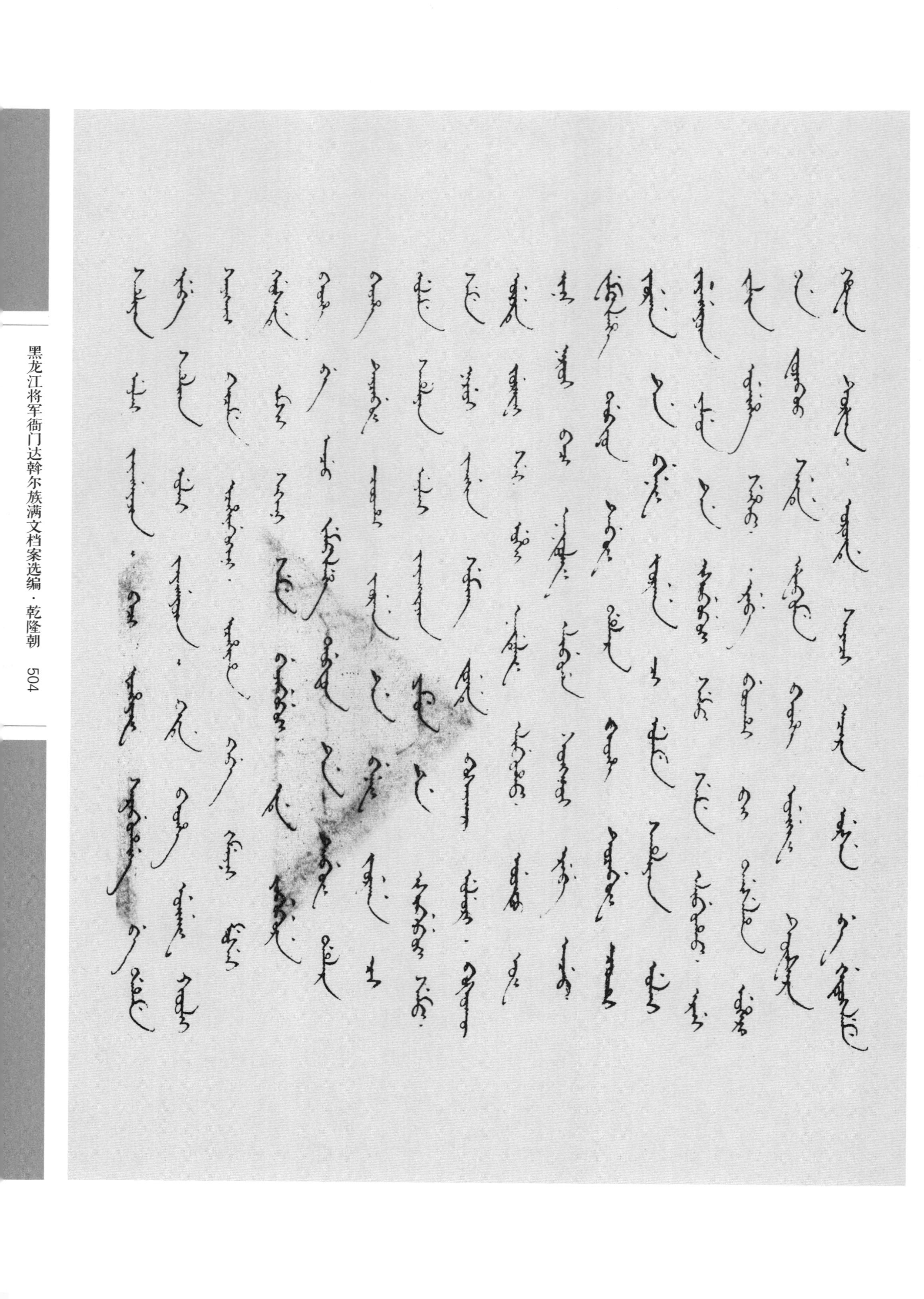

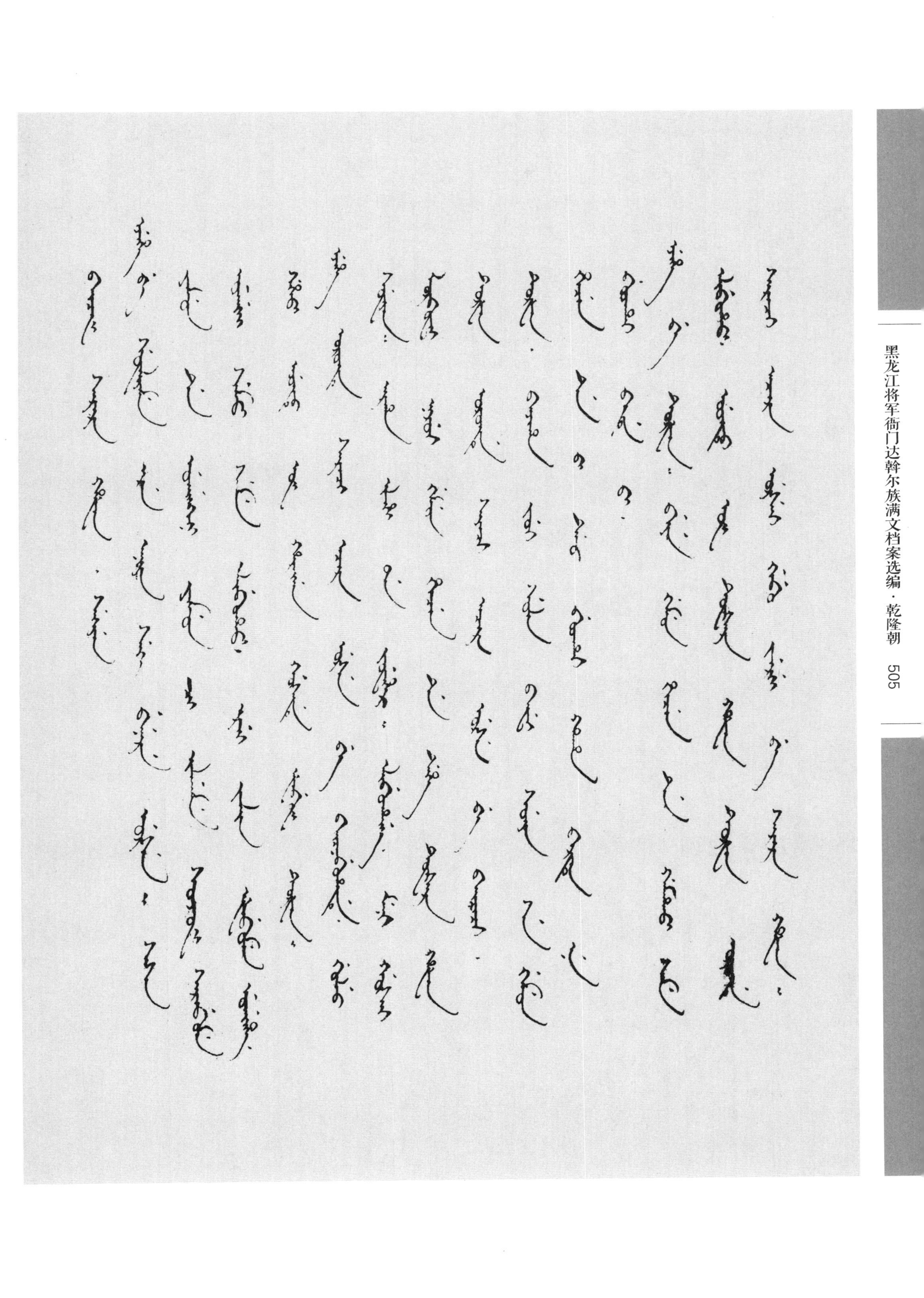

[illegible]

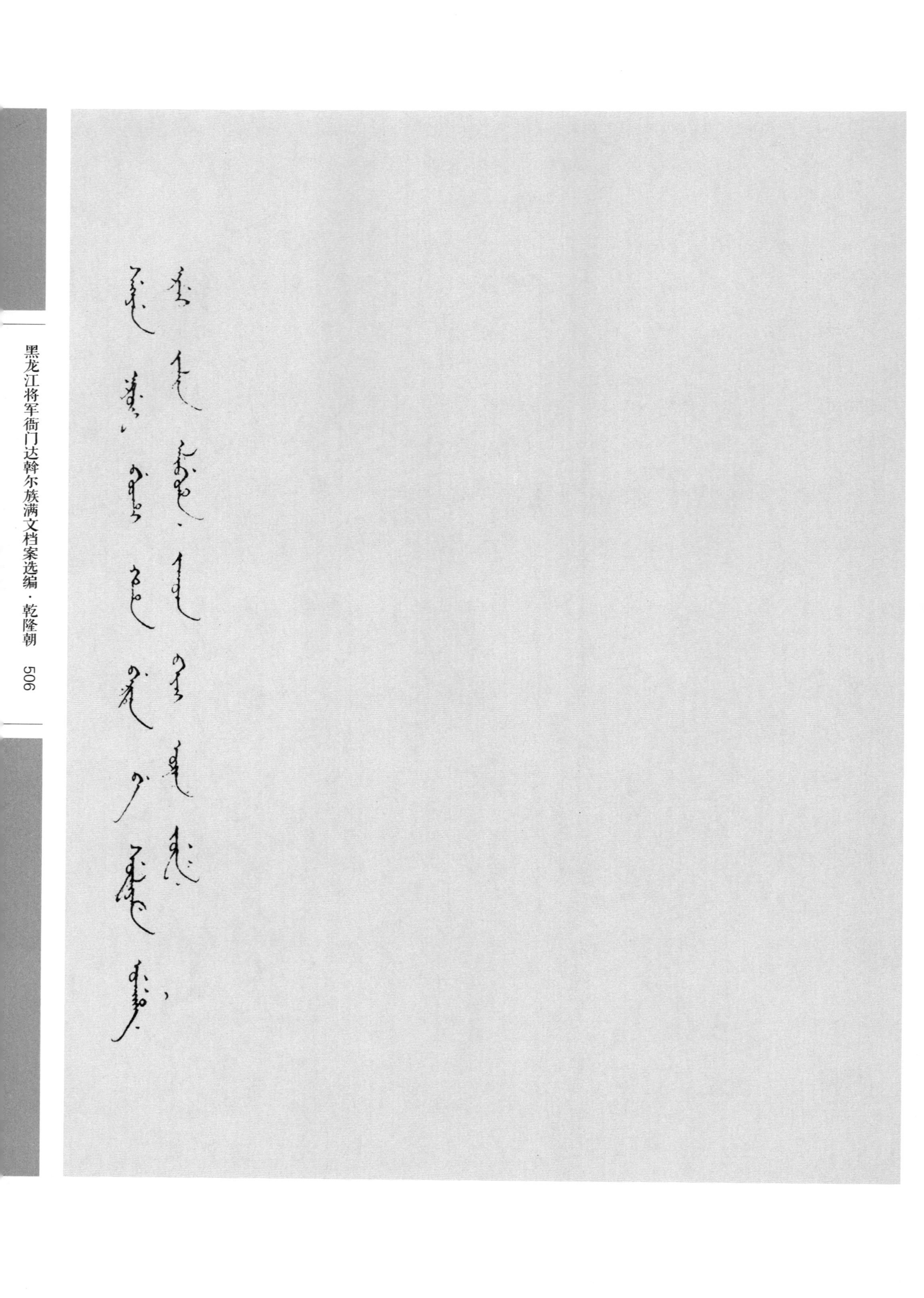

[illegible]

[illegible]

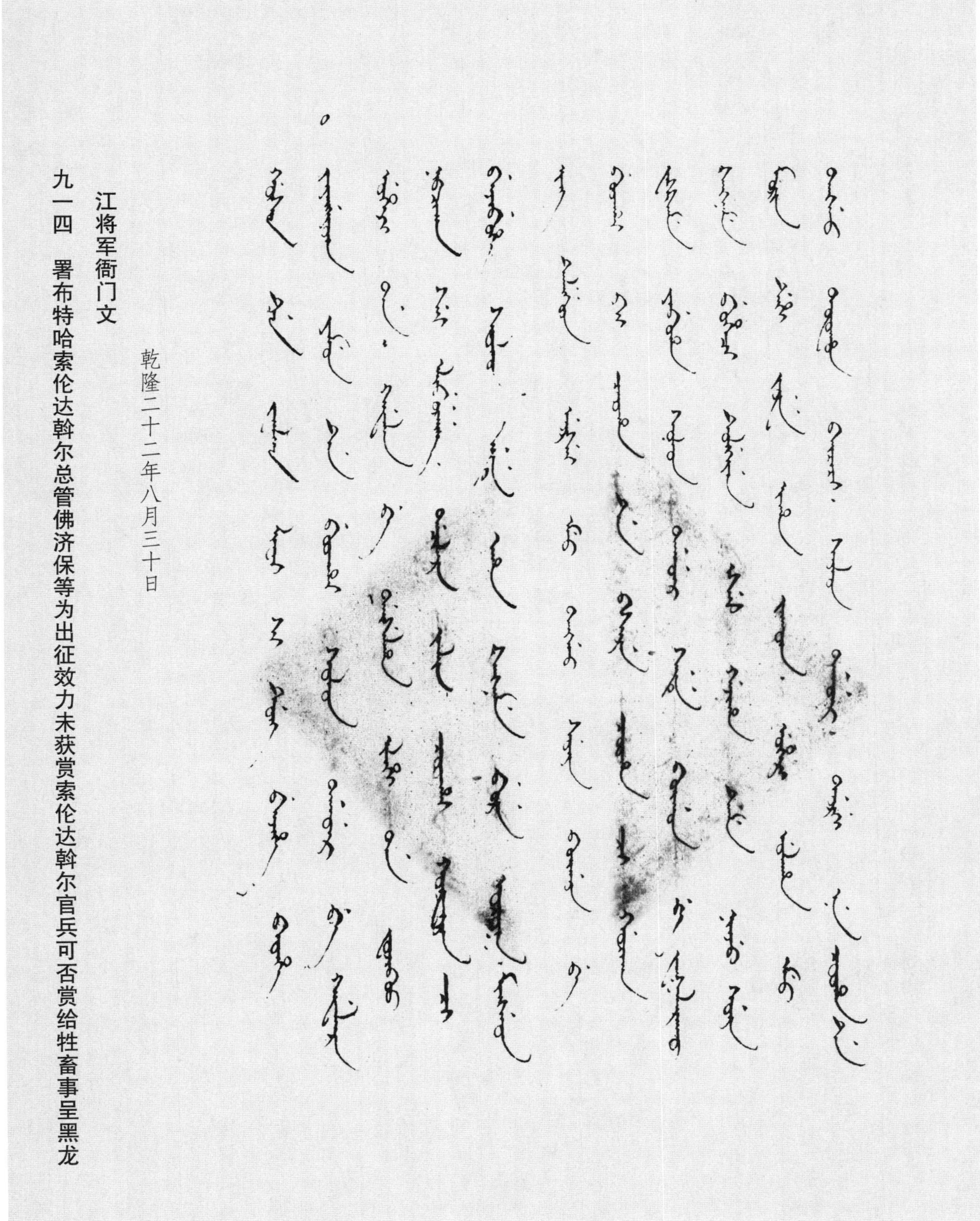

九一四　署布特哈索伦达斡尔总管佛济保等为出征效力未获赏索伦达斡尔官兵可否赏给牲畜事呈黑龙江将军衙门文

乾隆二十二年八月三十日

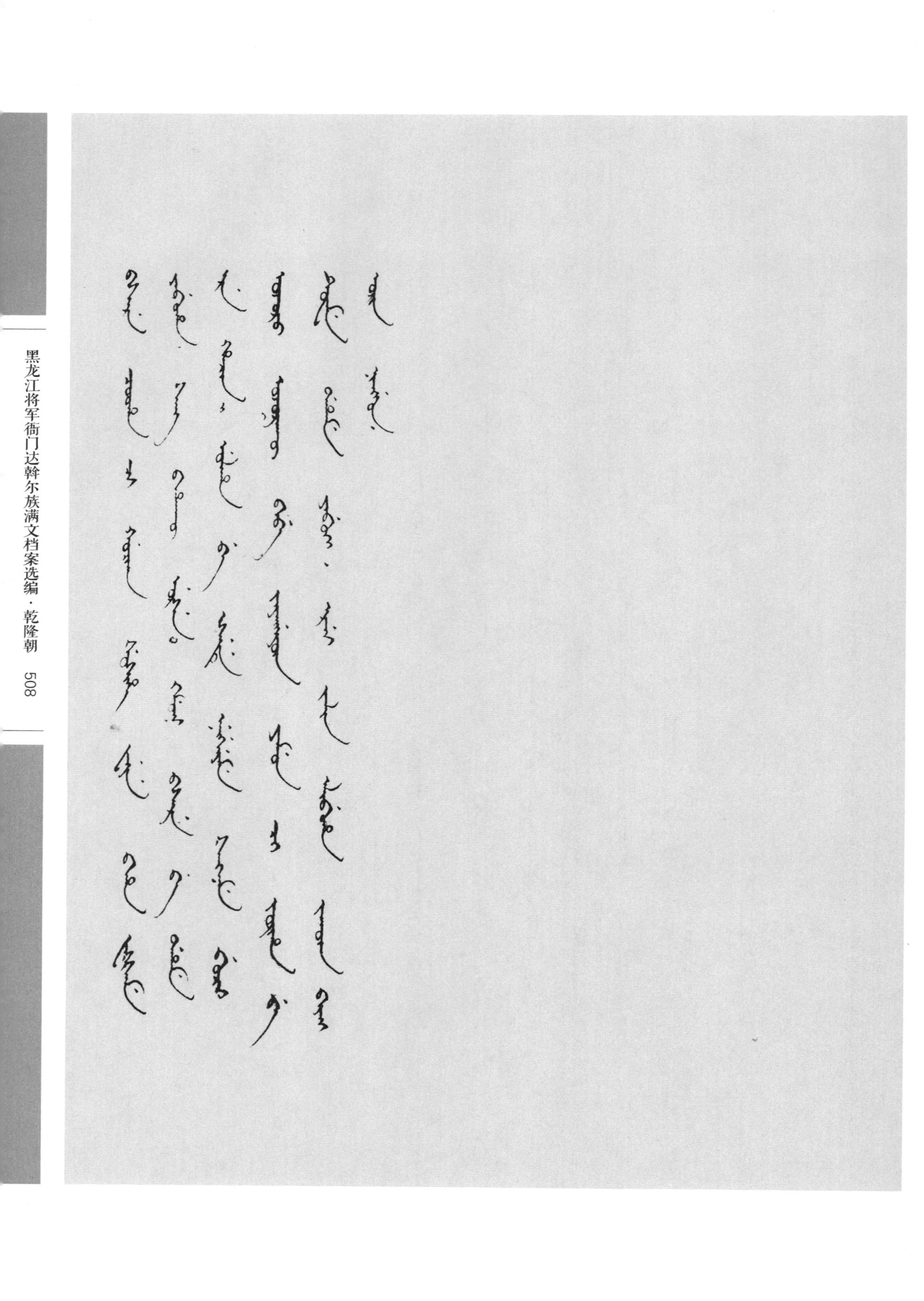

[illegible]

九一五 署布特哈索伦达斡尔总管佛济保等为查报索伦达斡尔所种田禾遭灾及断粮人口事呈黑龙江将军衙门文

乾隆二十二年八月三十日

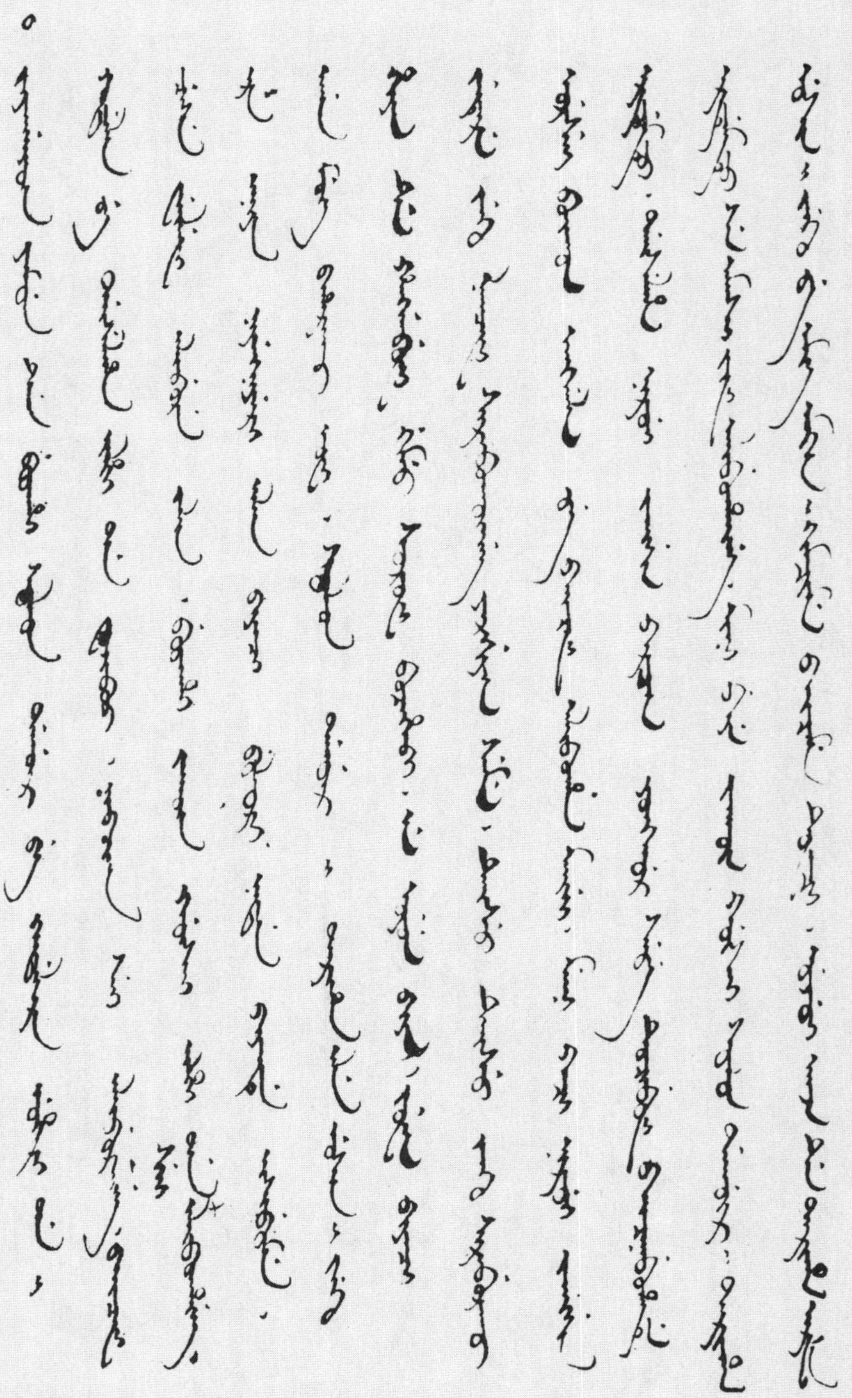

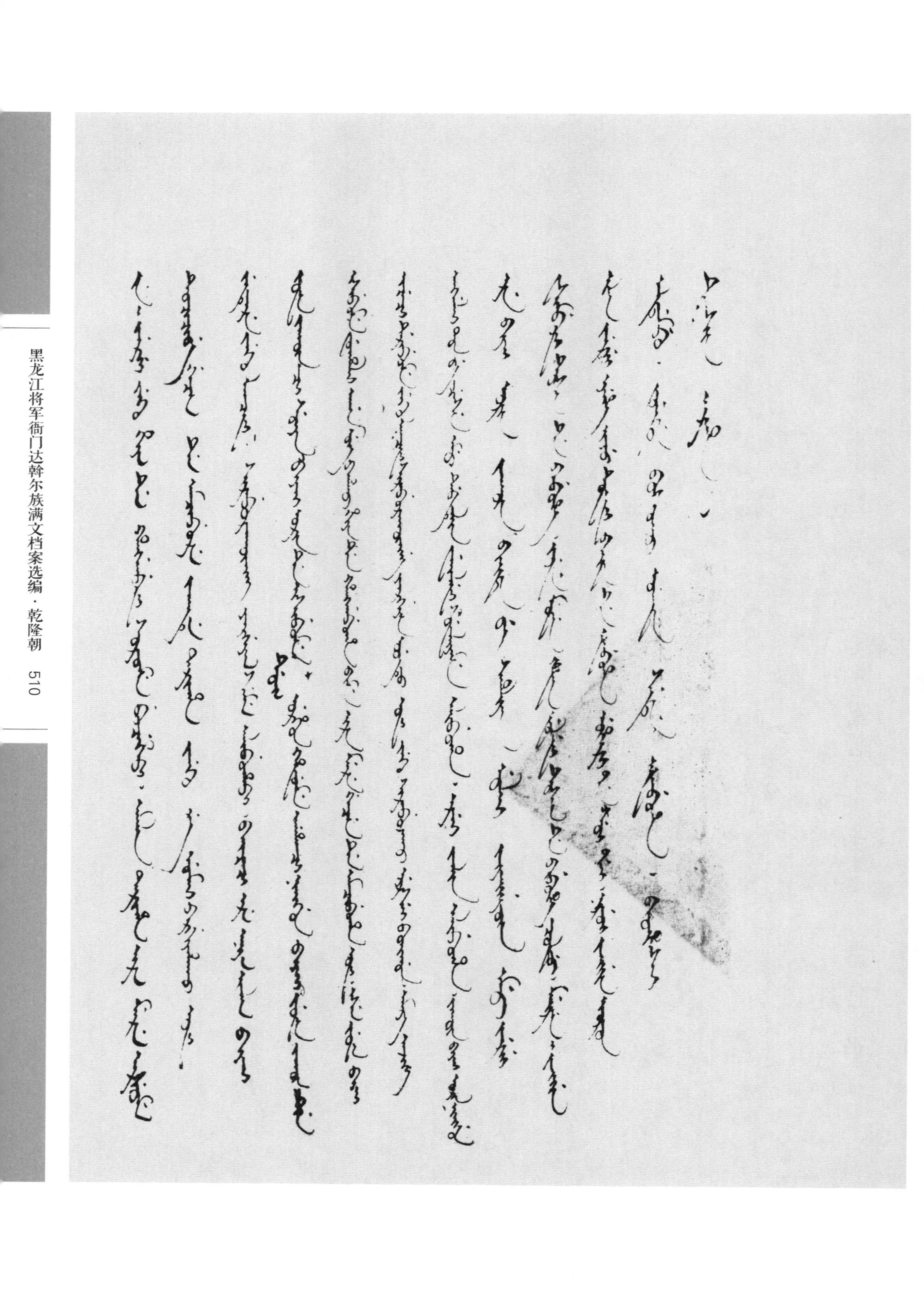

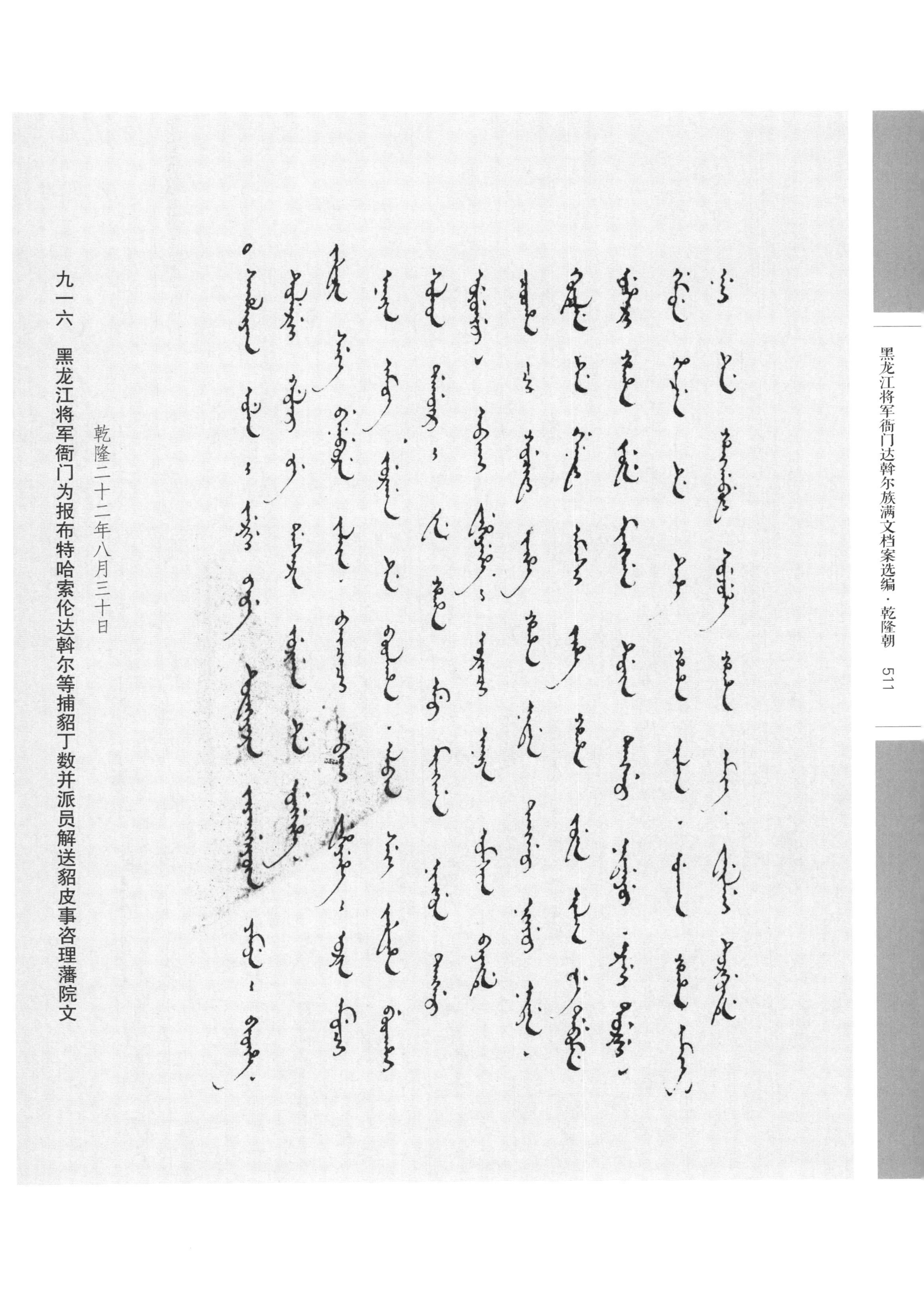

九一六 黑龙江将军衙门为报布特哈索伦达斡尔等捕貂丁数并派员解送貂皮事咨理藩院文

乾隆二十二年八月三十日

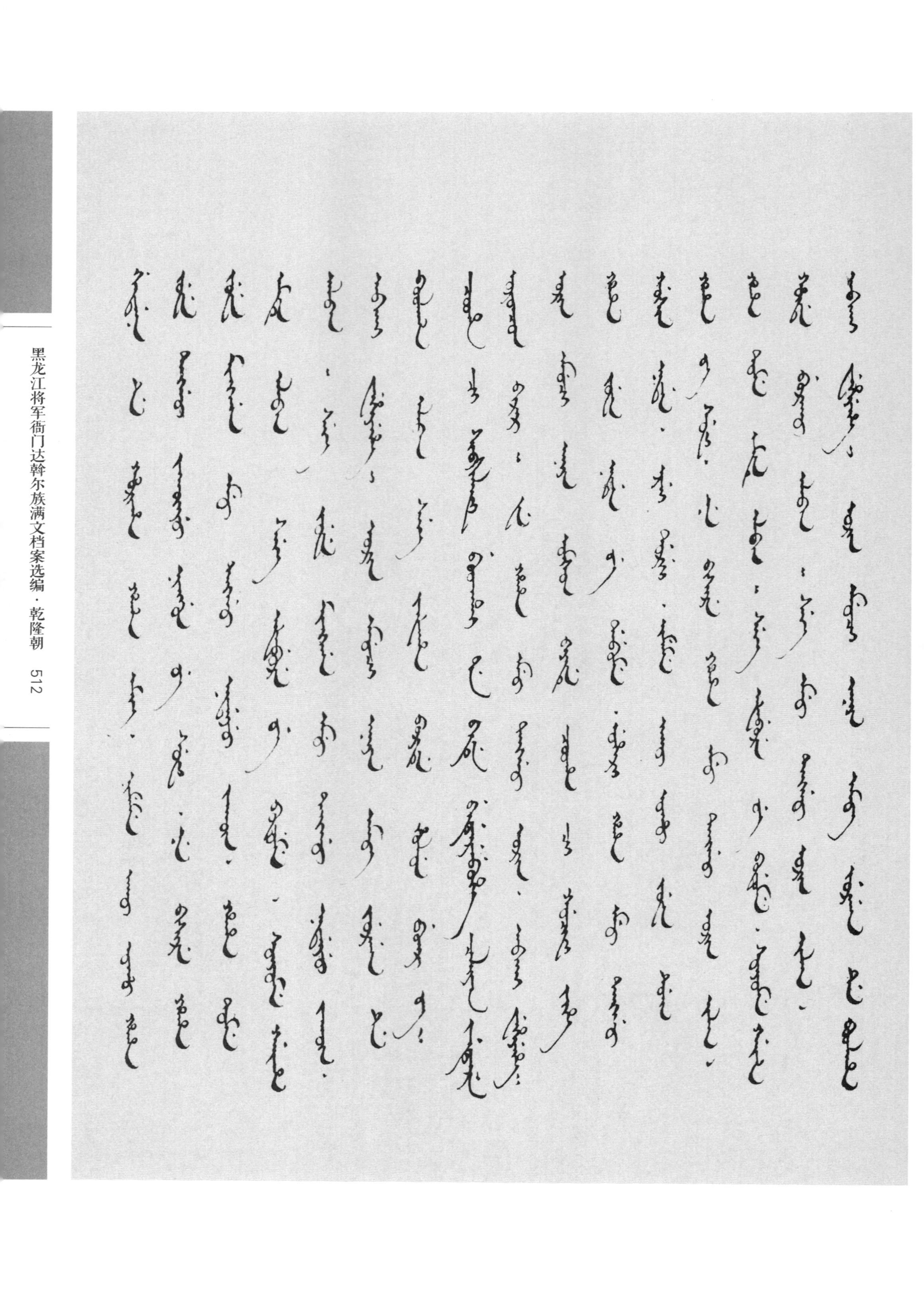

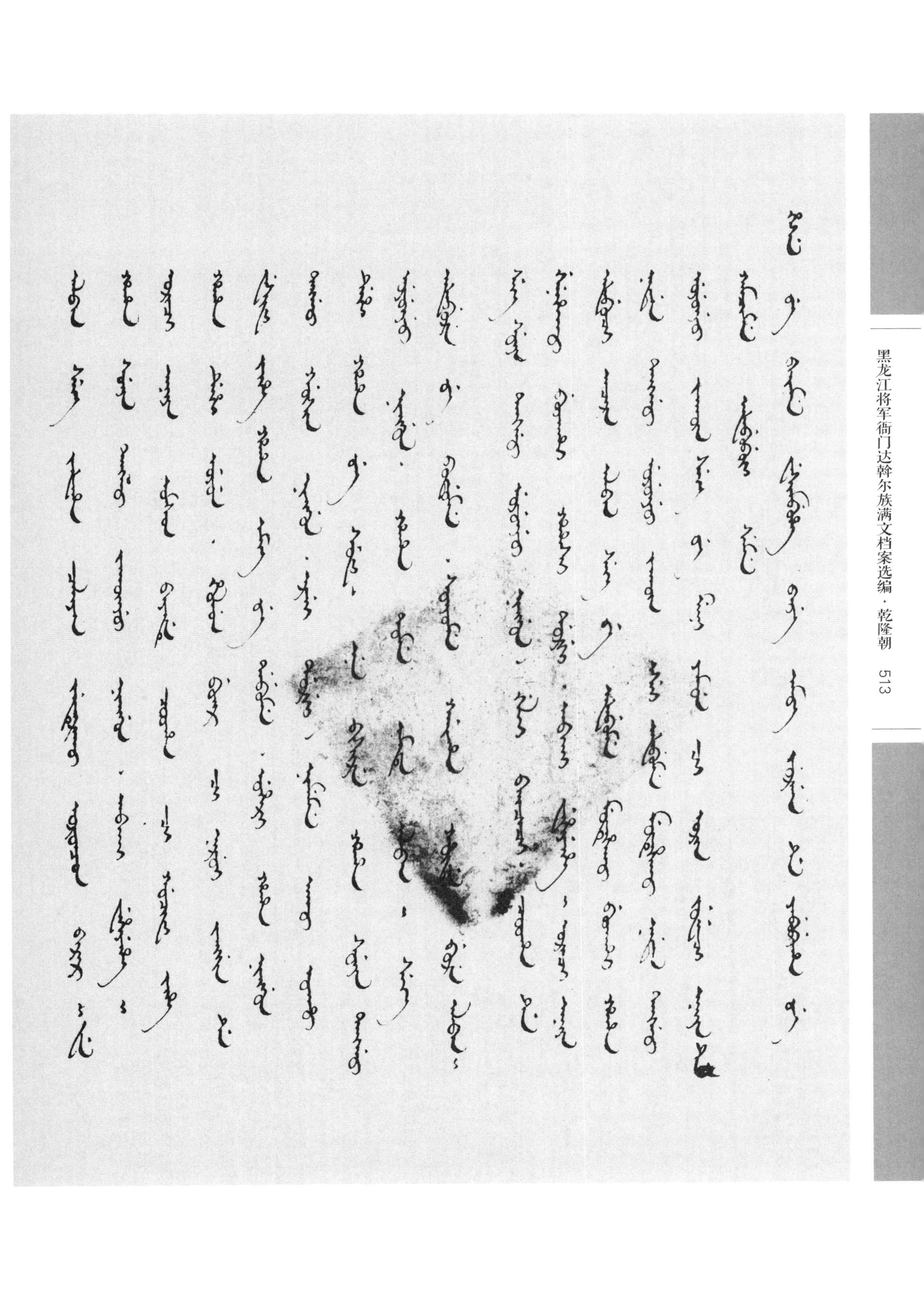

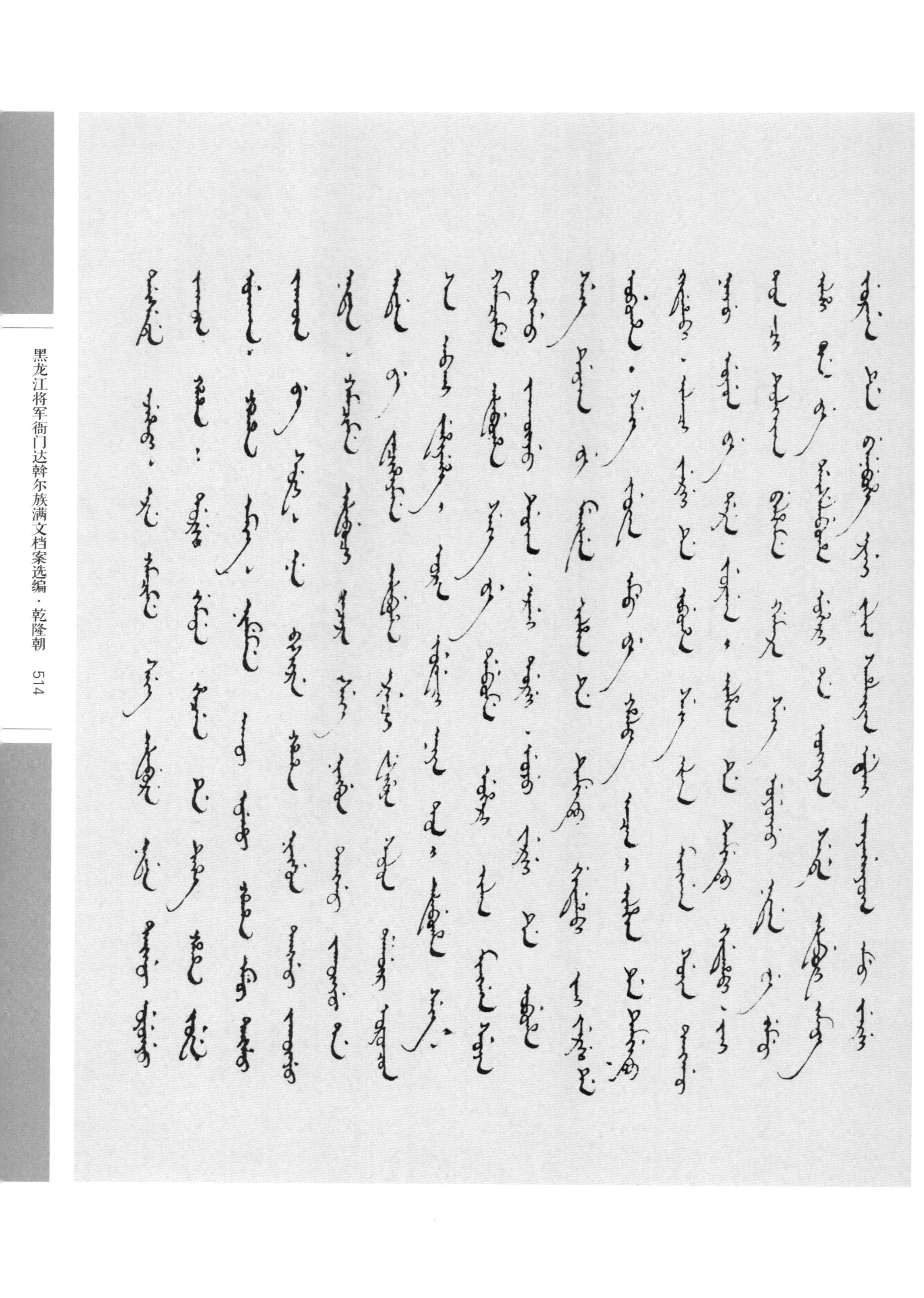

[illegible]

[illegible]

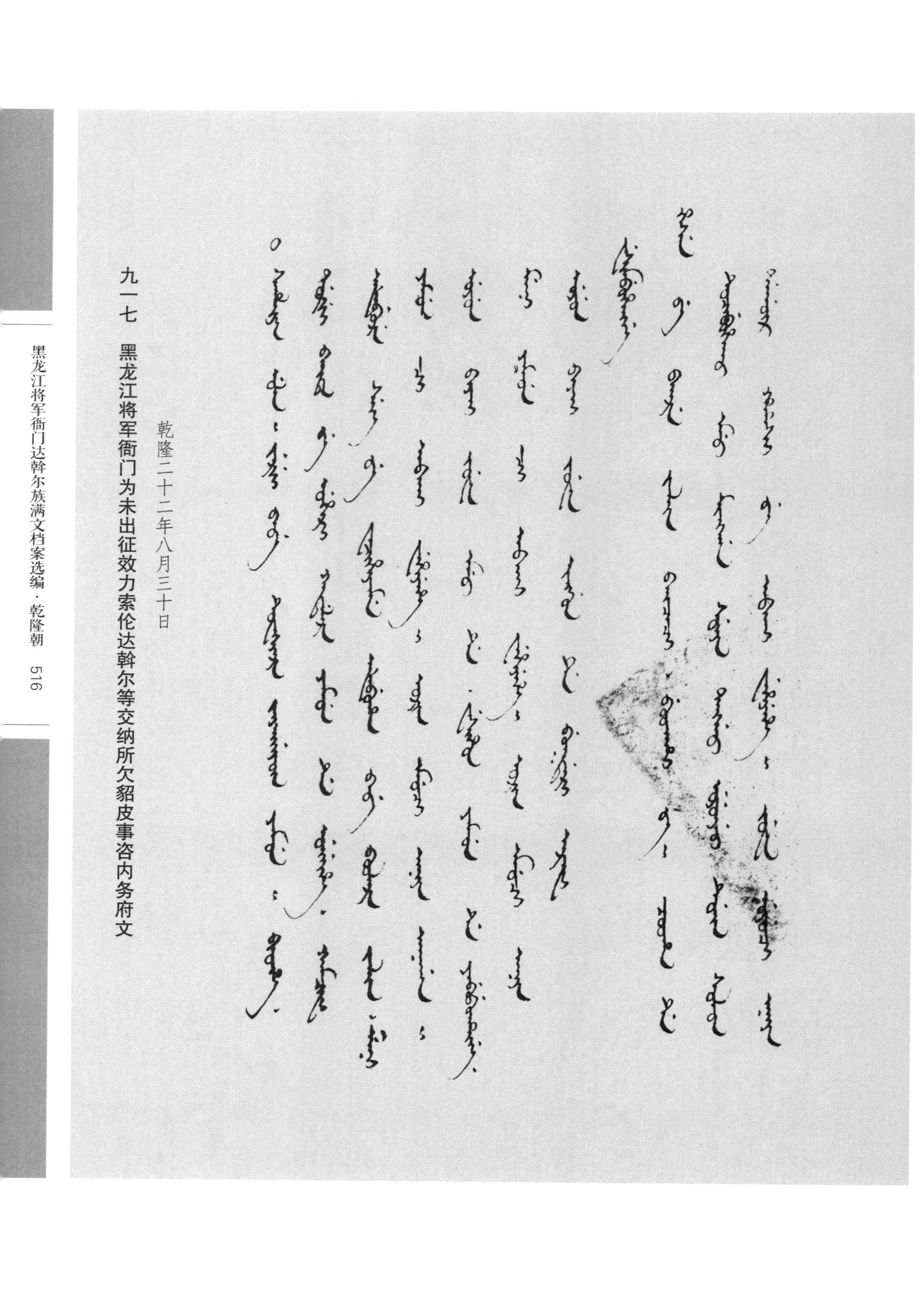

九一七　黑龙江将军衙门为未出征效力索伦达斡尔等交纳所欠貂皮事咨内务府文

乾隆二十二年八月三十日

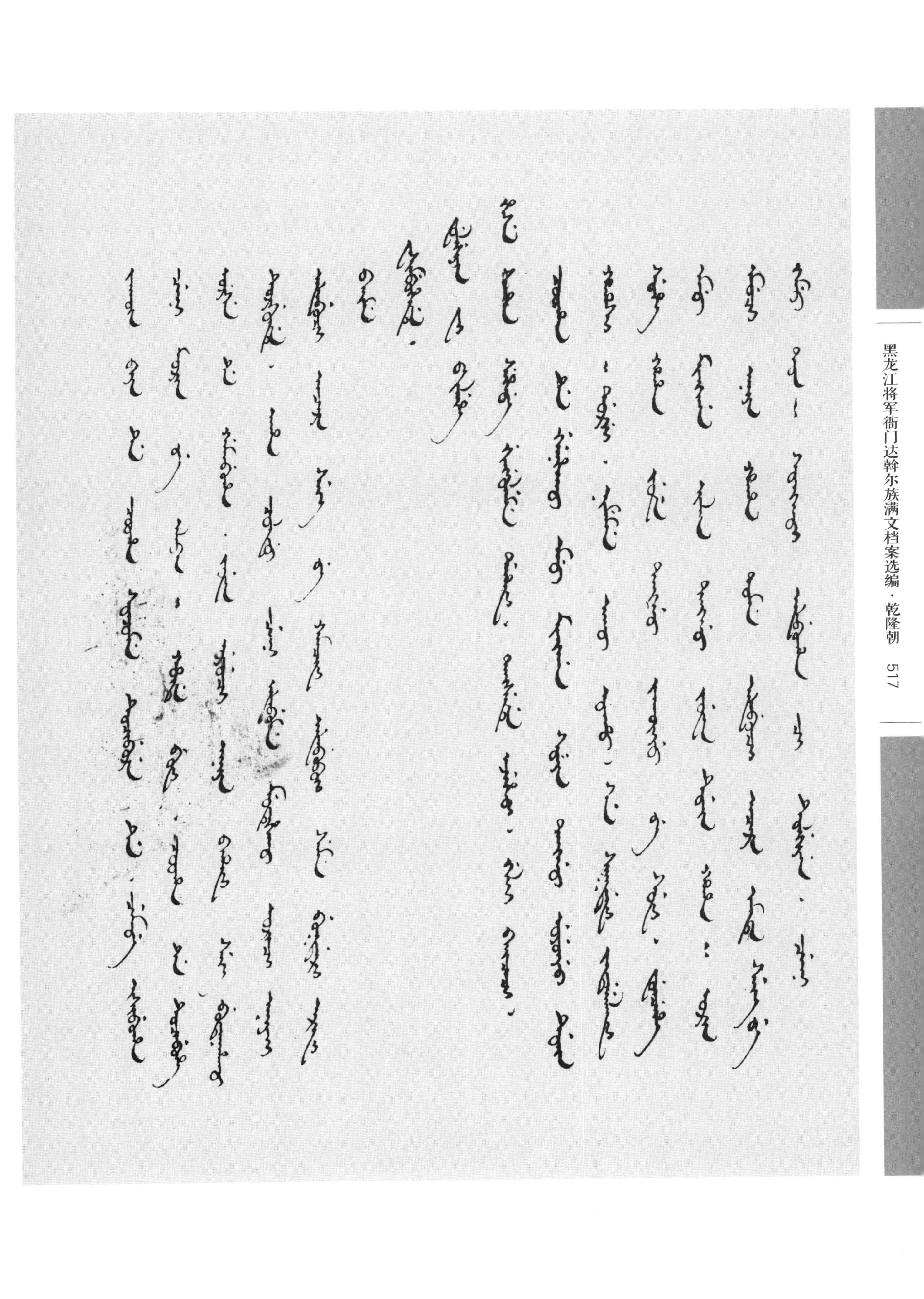

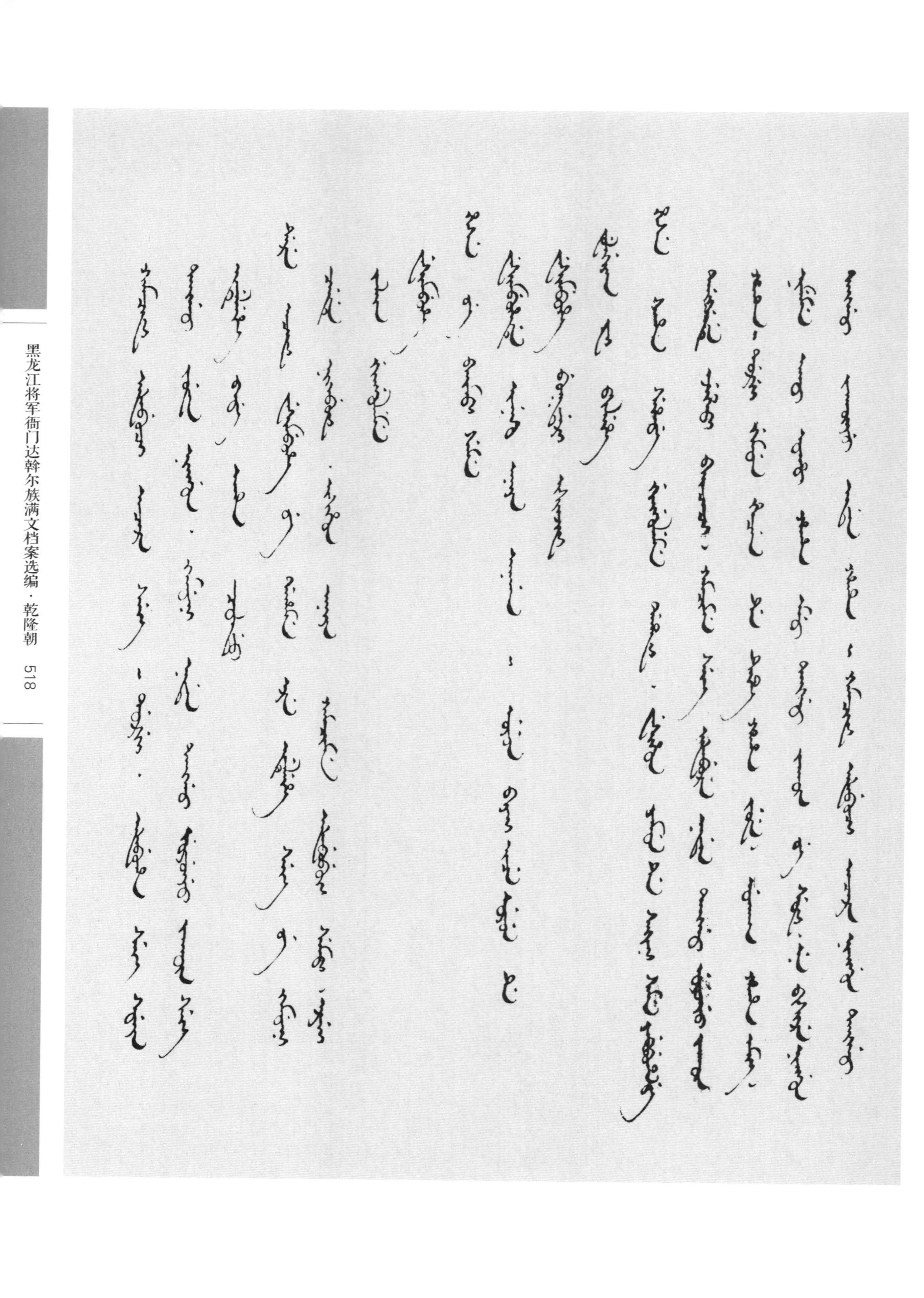

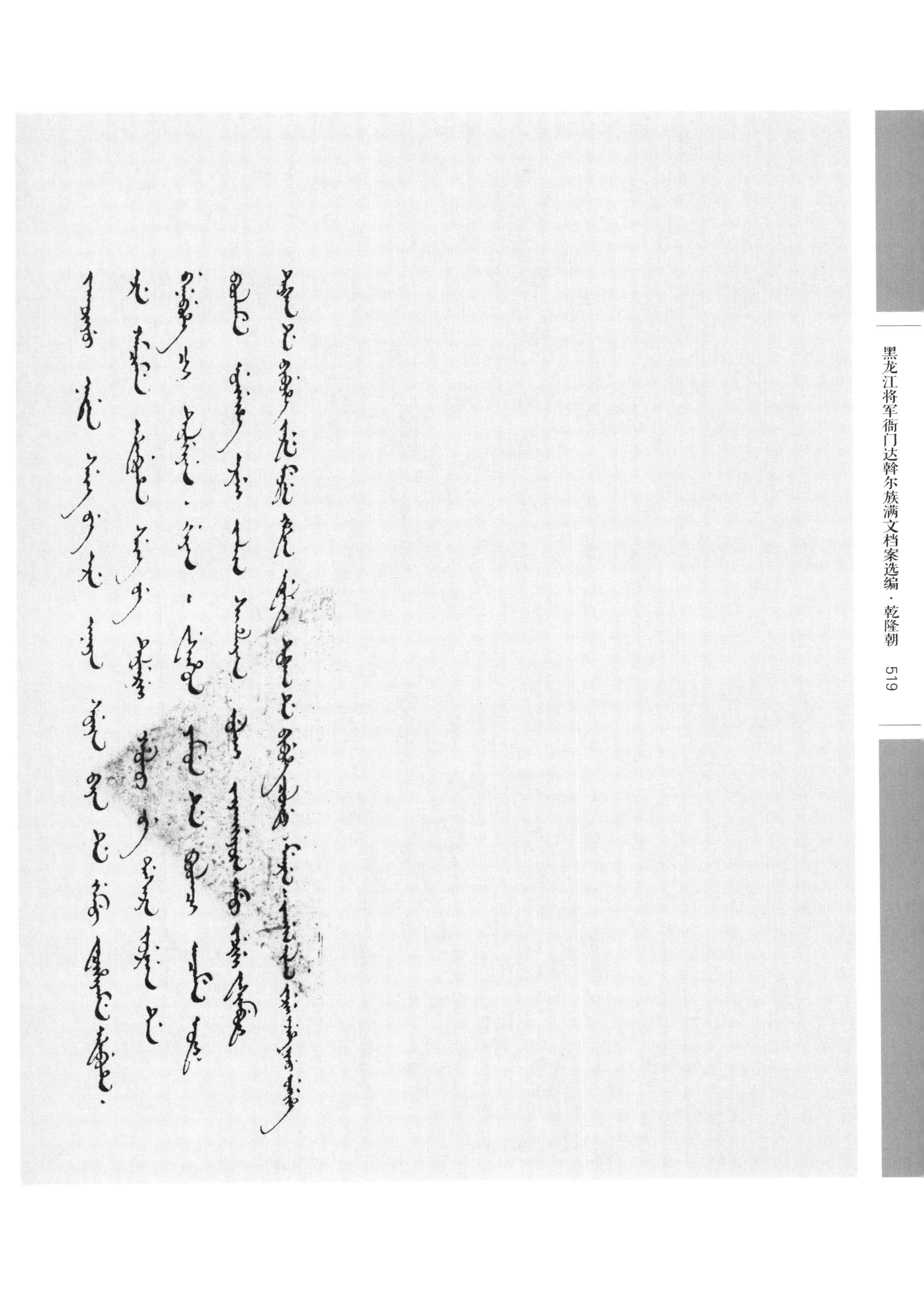

[illegible]

[illegible]

[illegible]

[illegible]

[illegible]

[illegible]

[illegible]

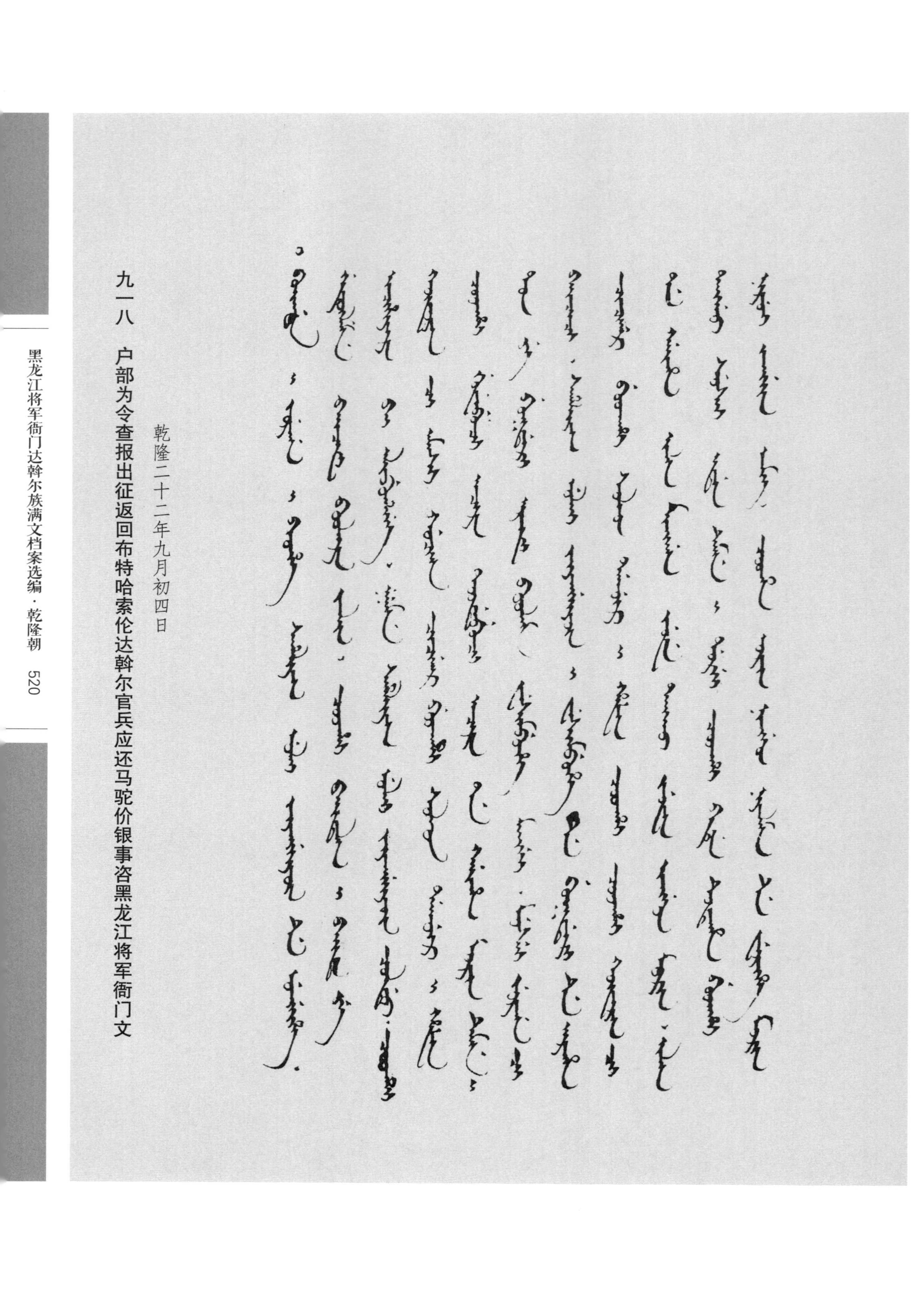

九一八 户部为令查报出征返回布特哈索伦达斡尔官兵应还马驼价银事咨黑龙江将军衙门文

乾隆二十二年九月初四日

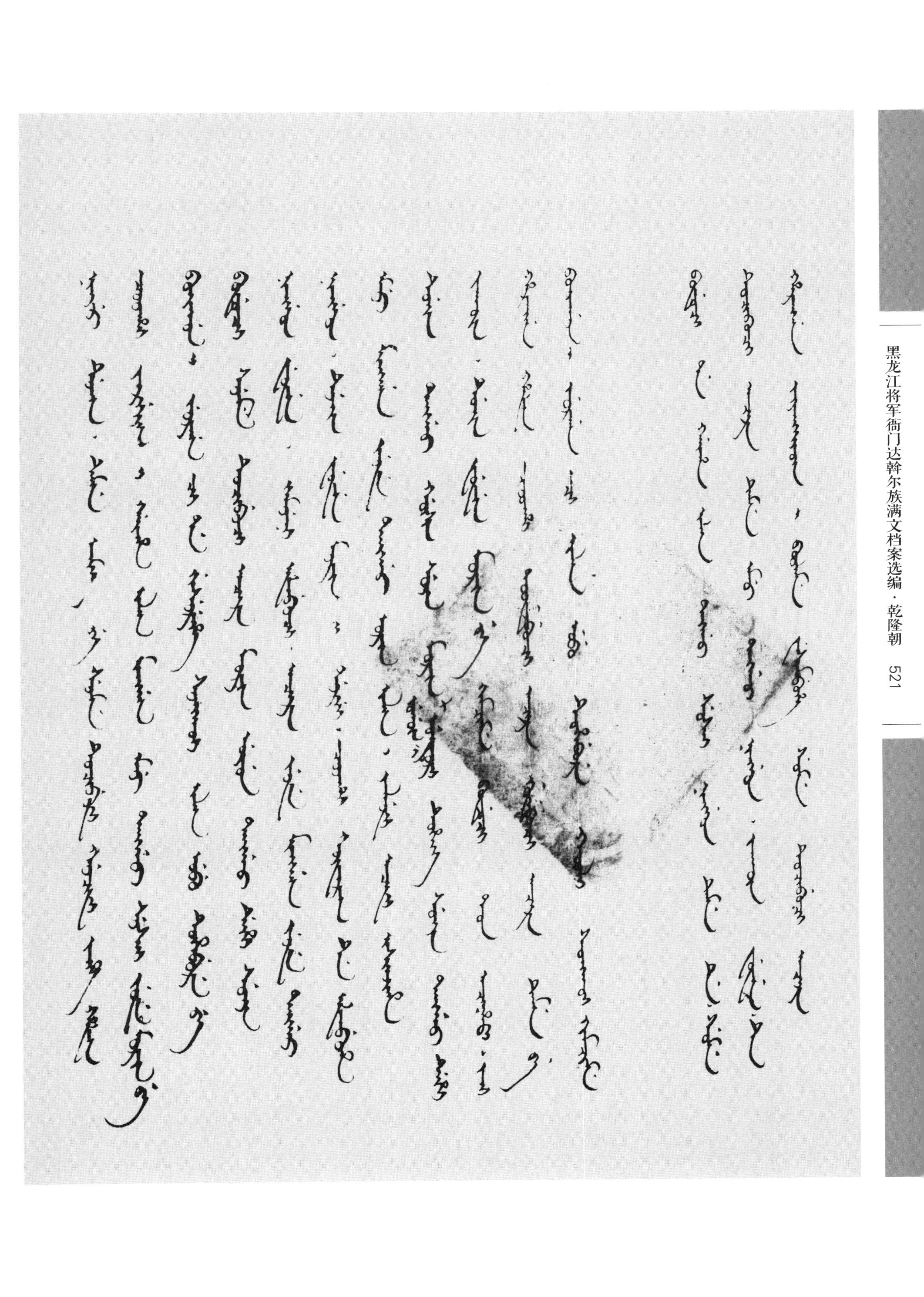

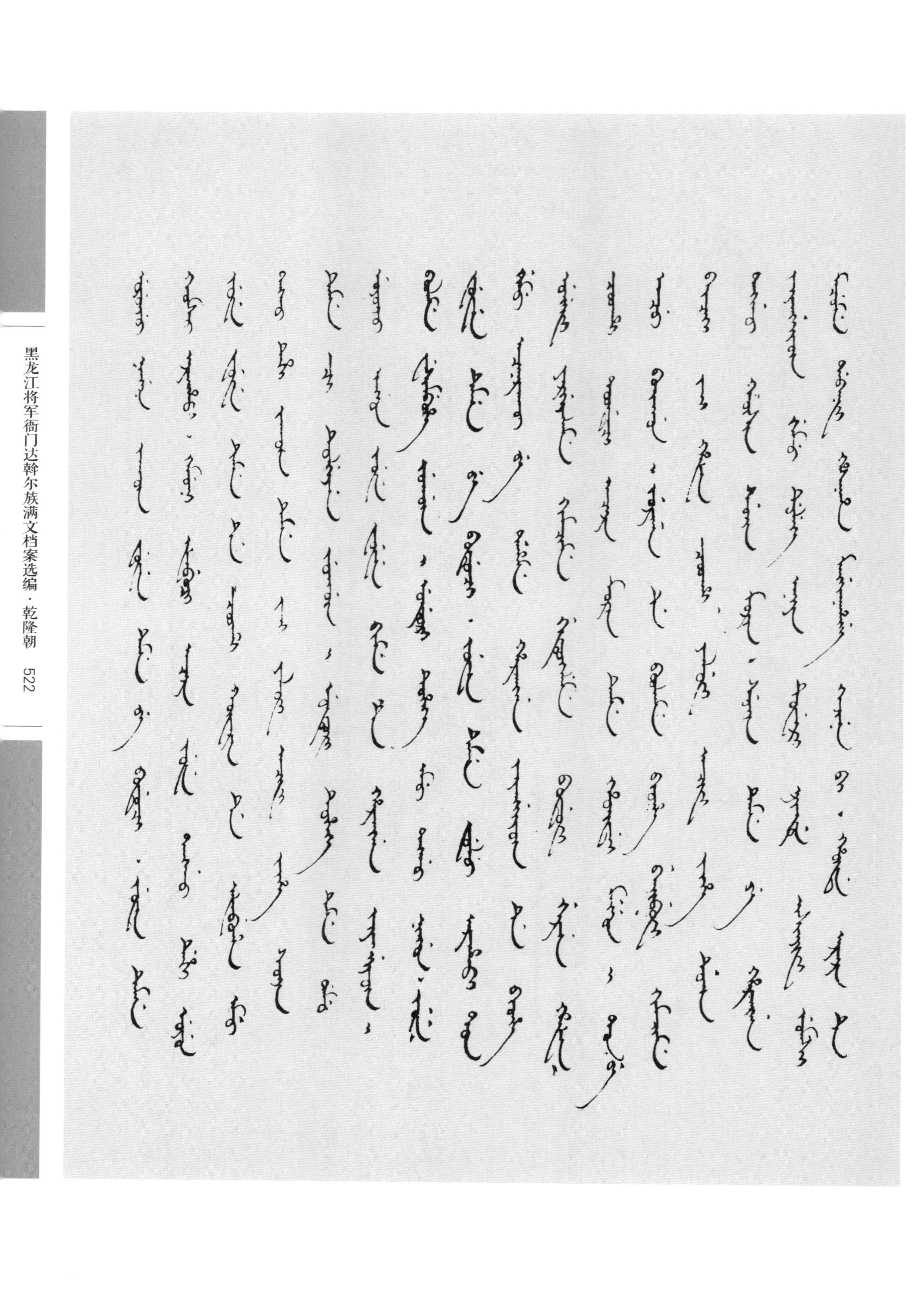

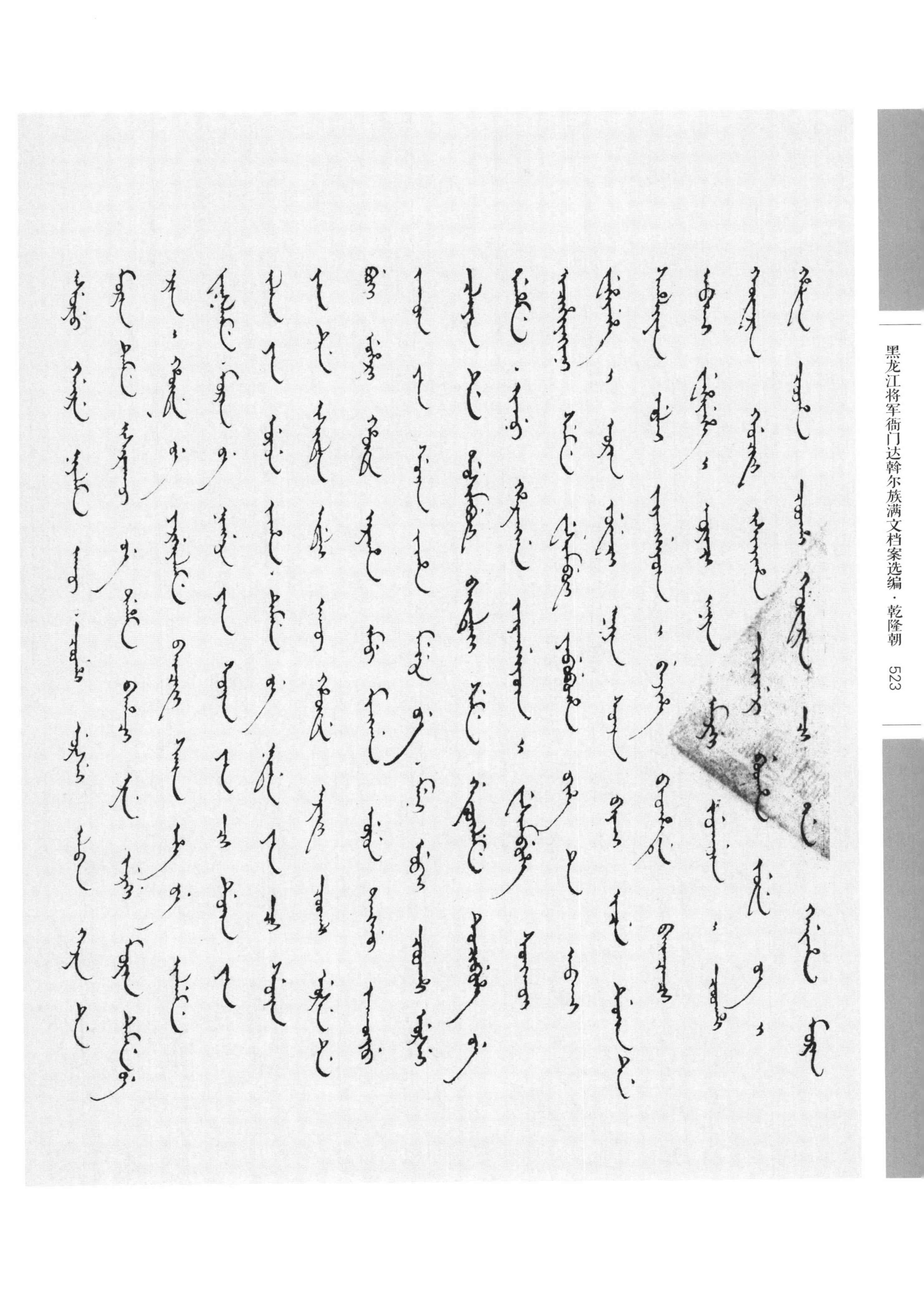

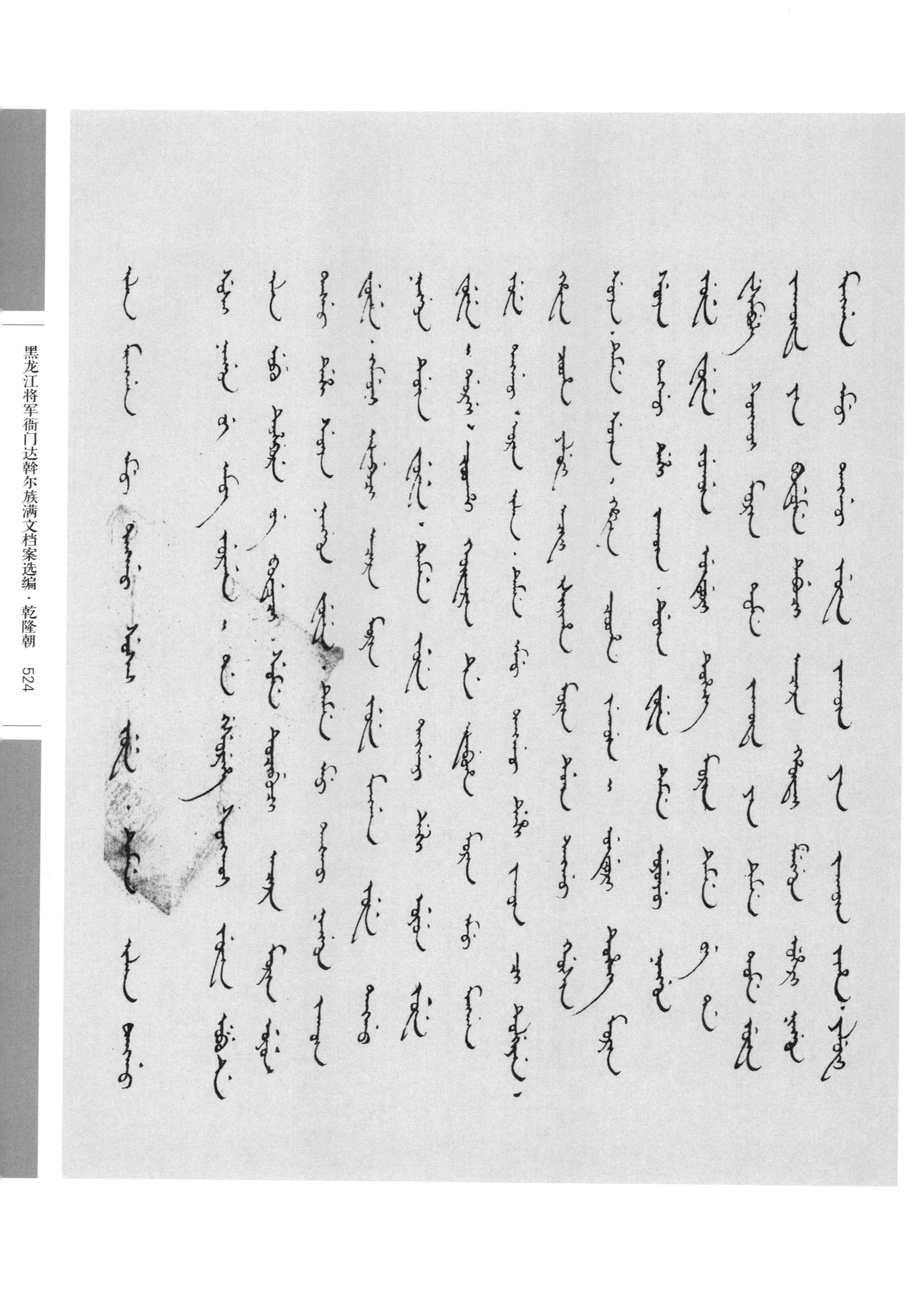

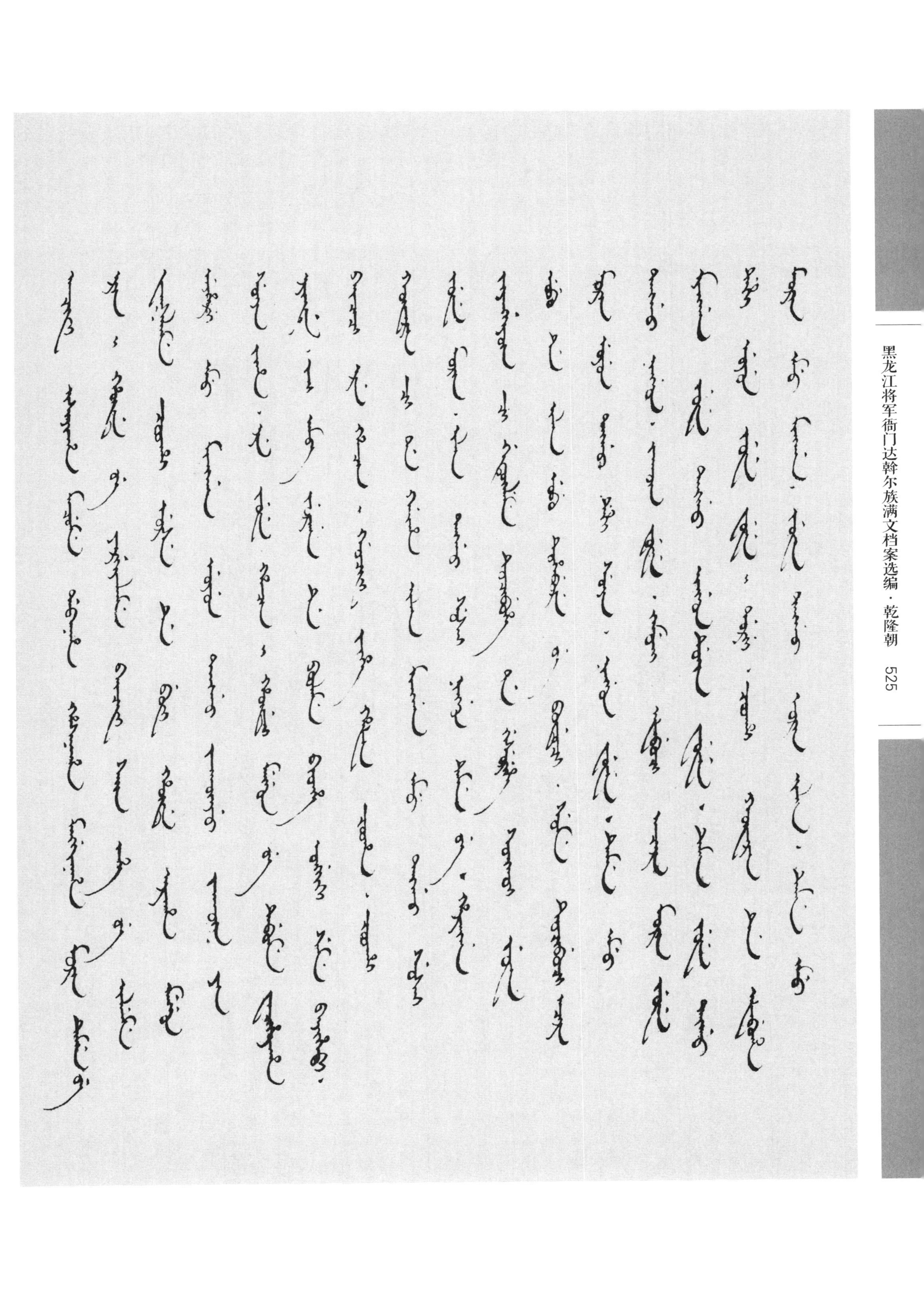

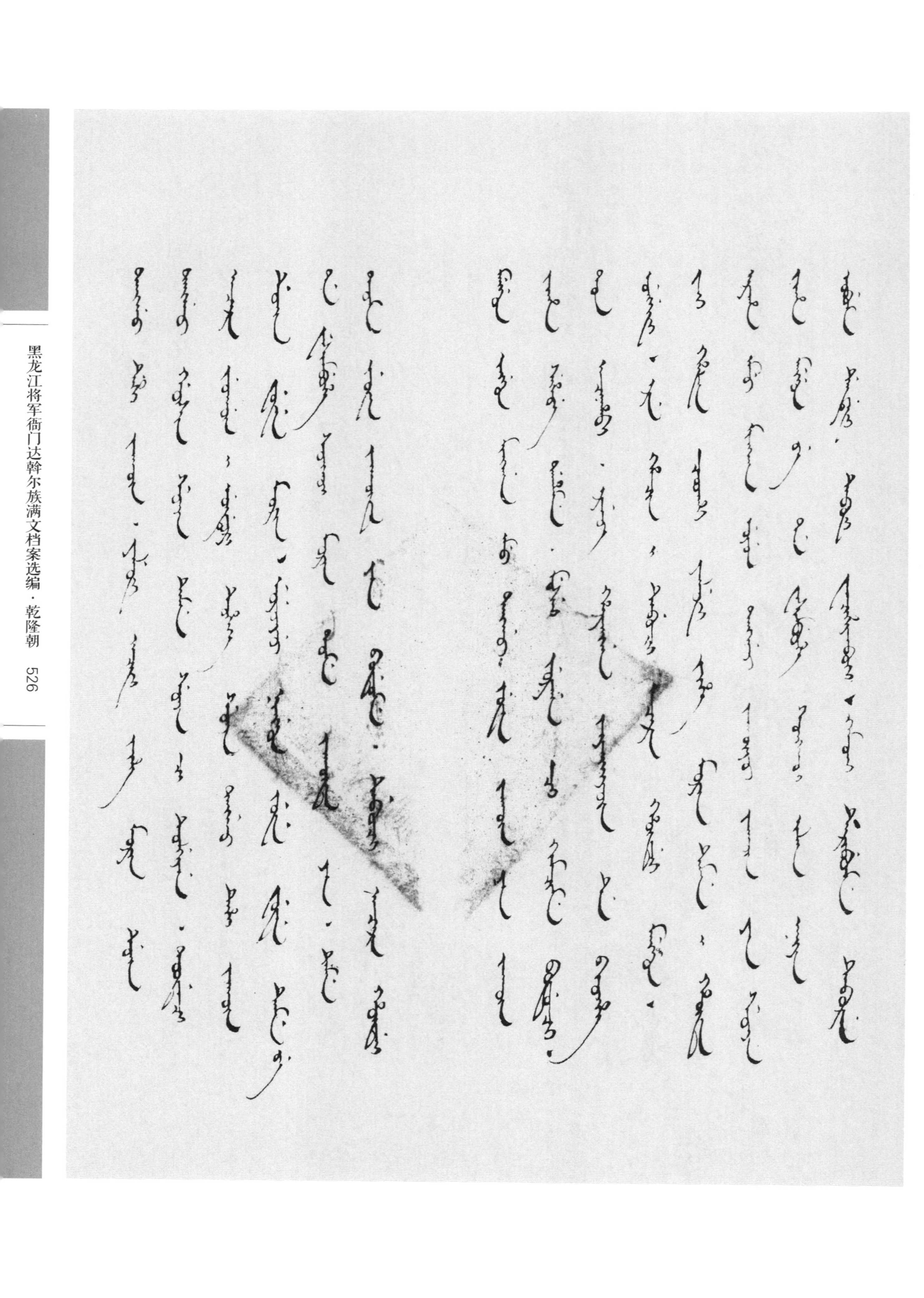

[illegible]

九一九 黑龙江将军绰尔多等题请拨给未获接济粮石布特哈索伦达斡尔等银两赈济本

乾隆二十二年九月十九日

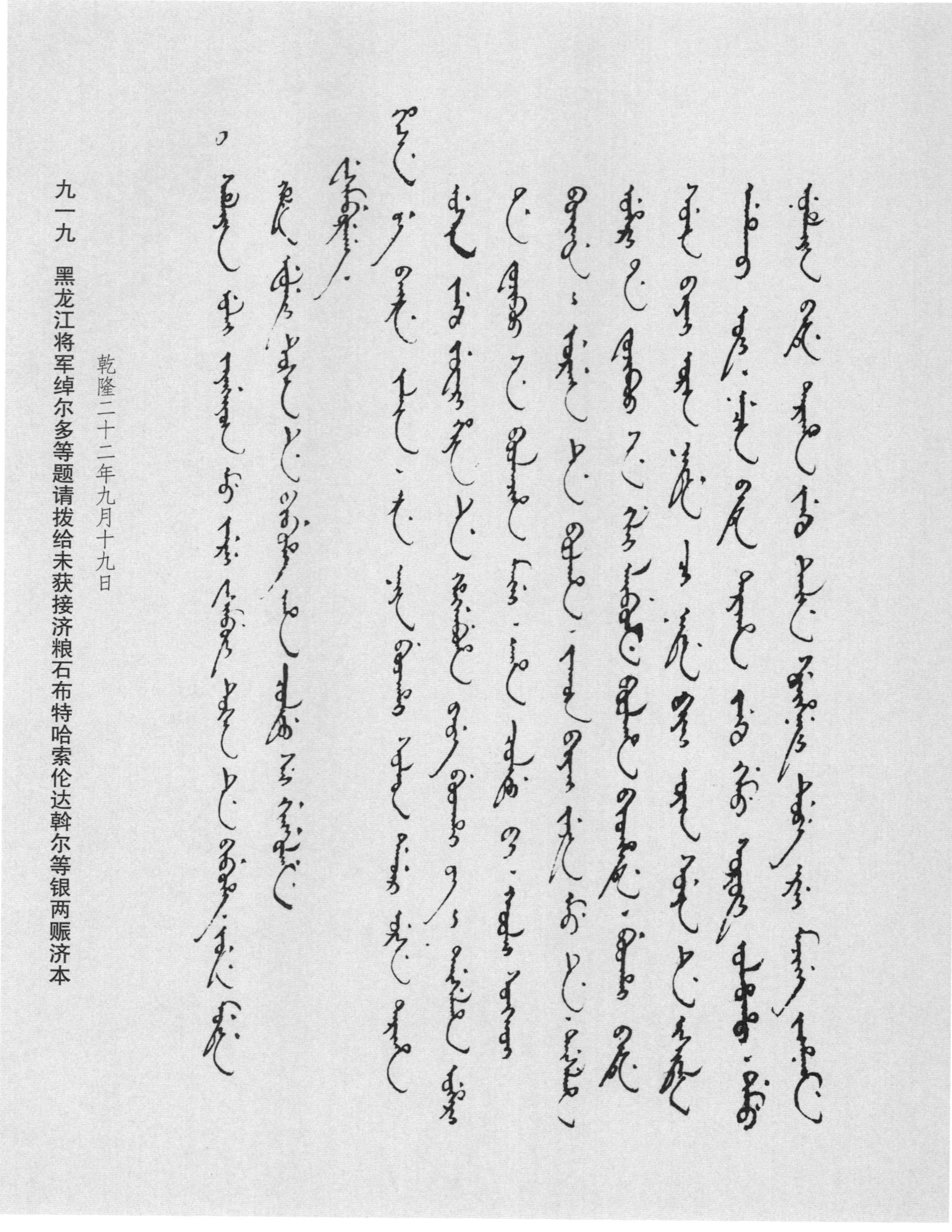

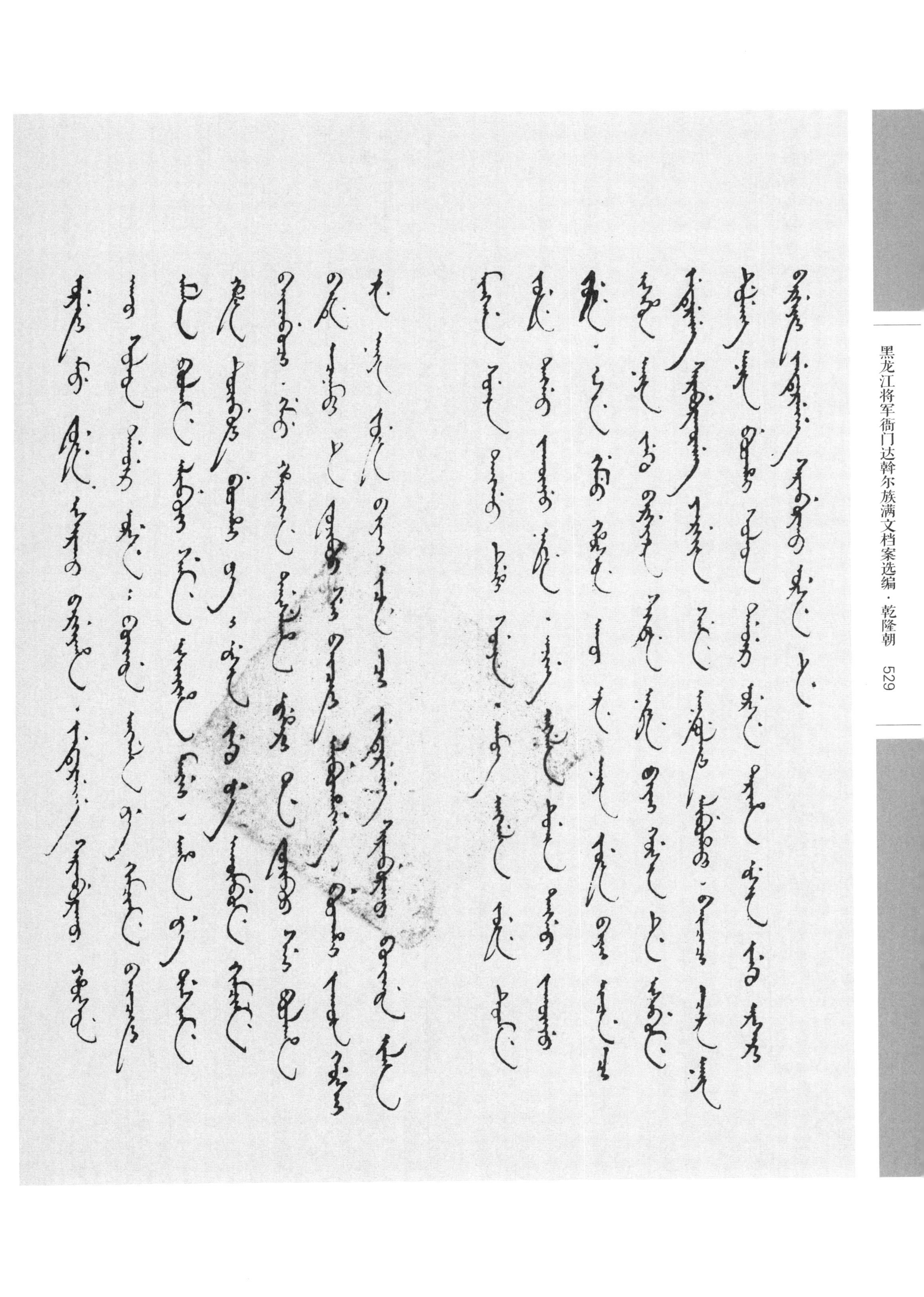

[illegible]

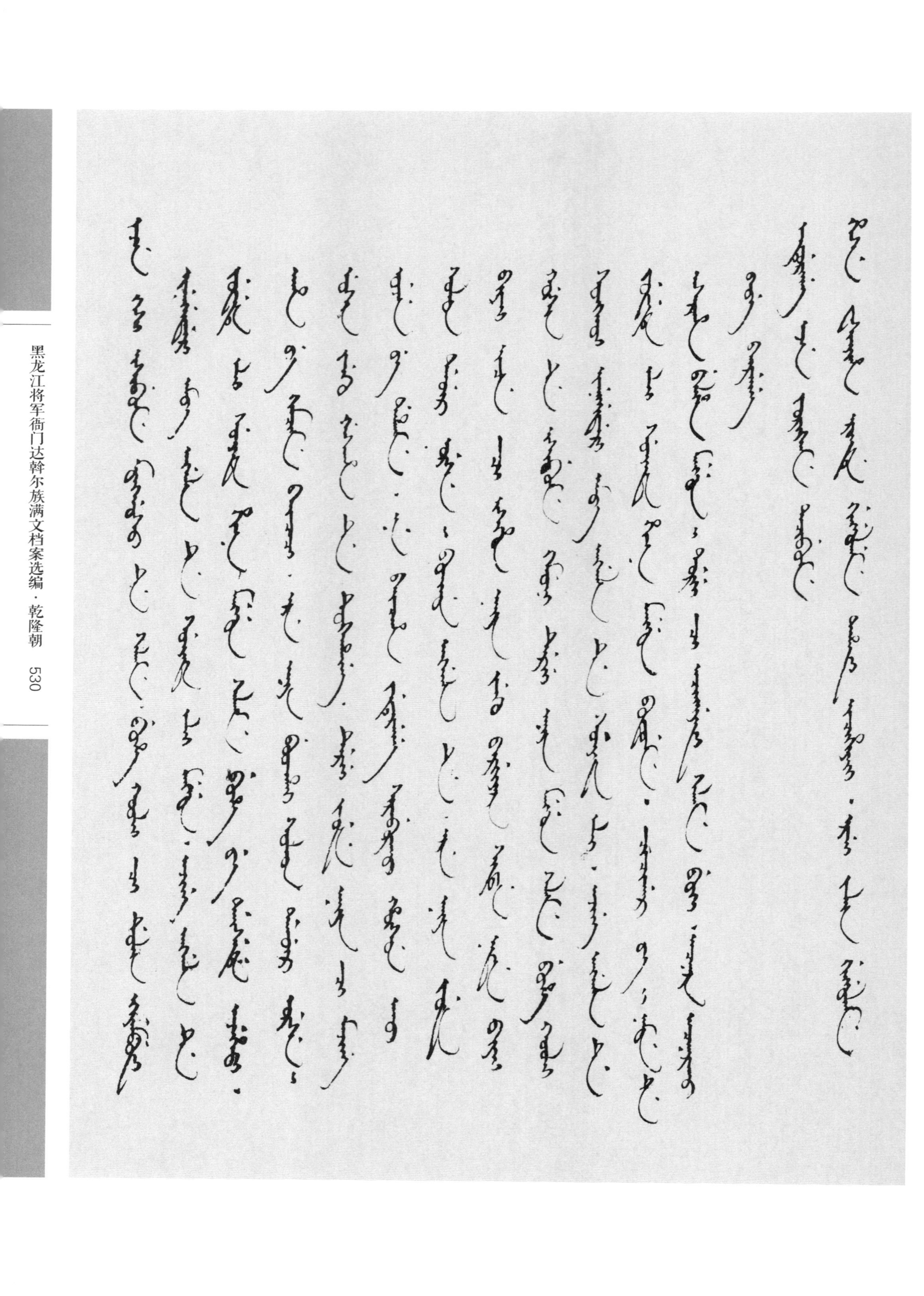

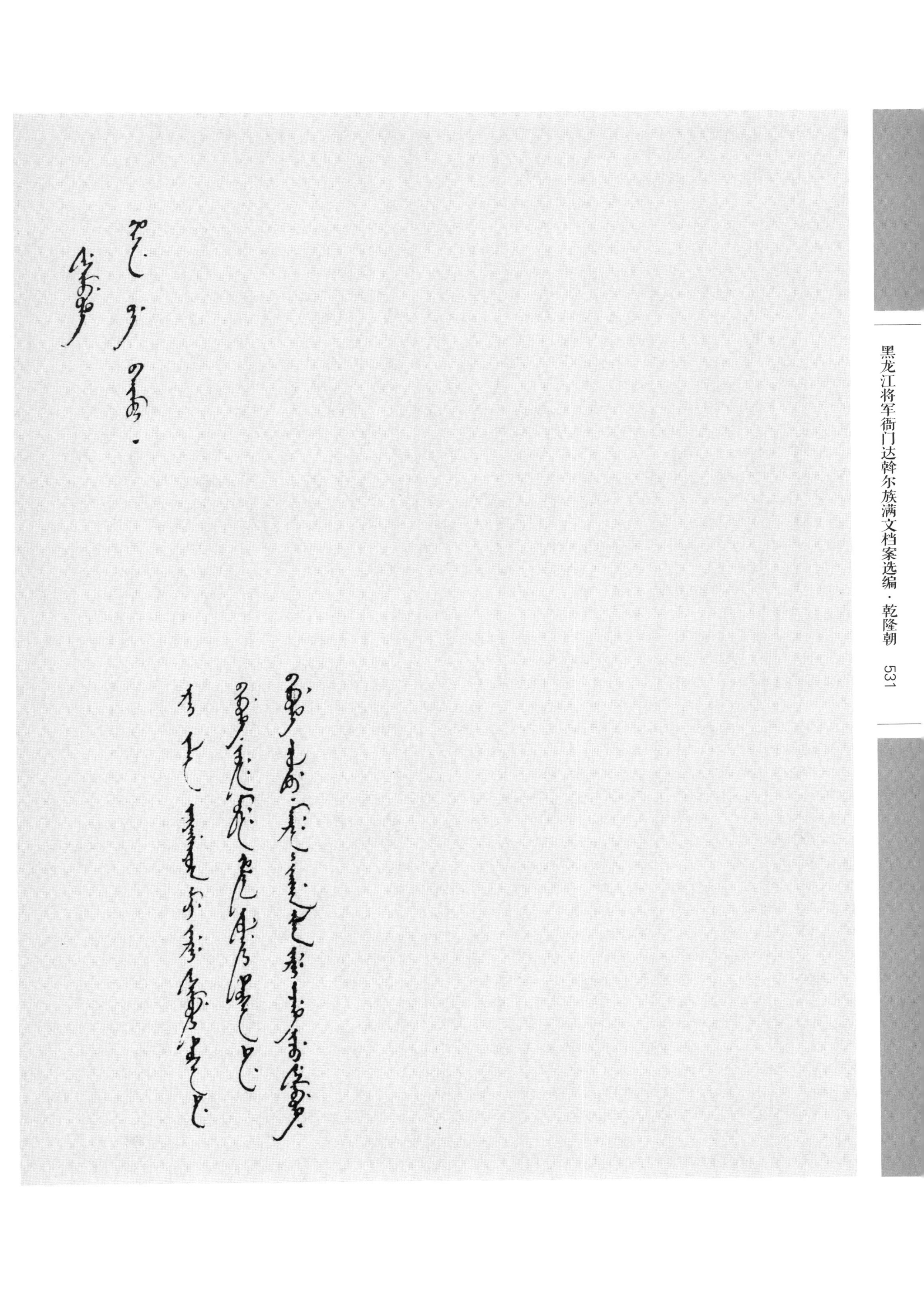

[illegible]

[illegible]

九二〇 黑龙江将军衙门为查报出征返回布特哈索伦达斡尔官兵应还马驼价银事咨户部文

乾隆二十二年九月二十二日

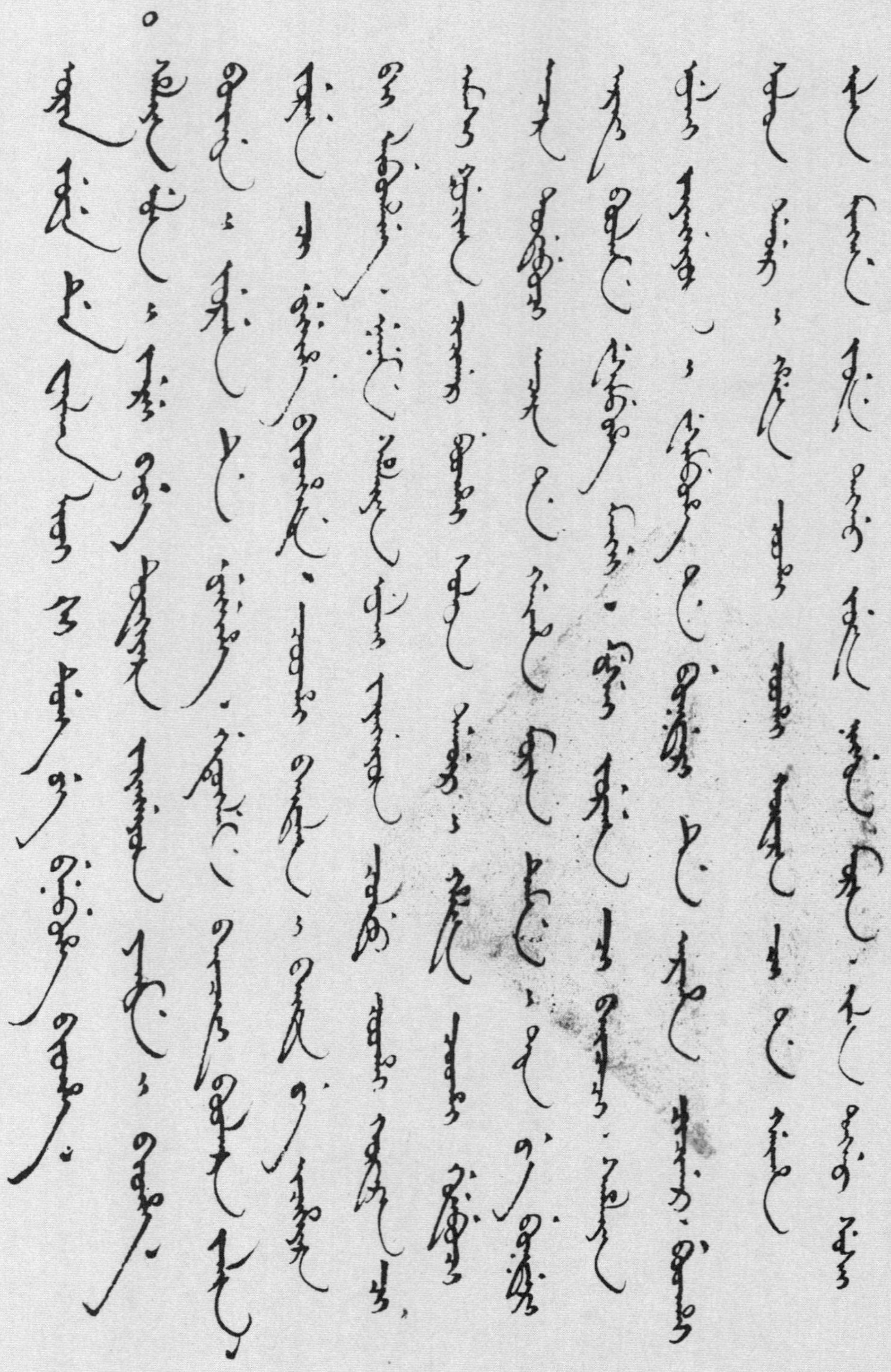

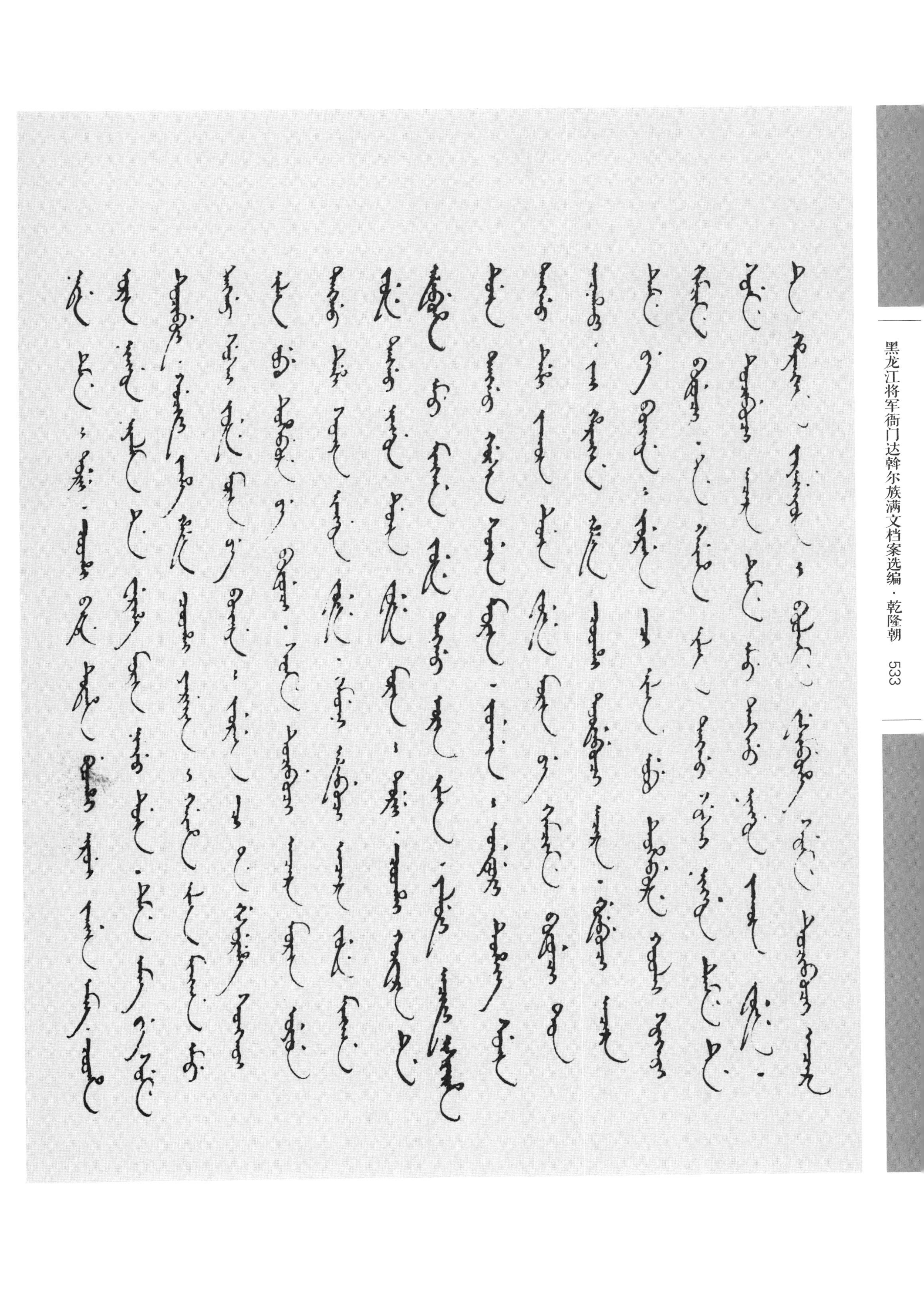

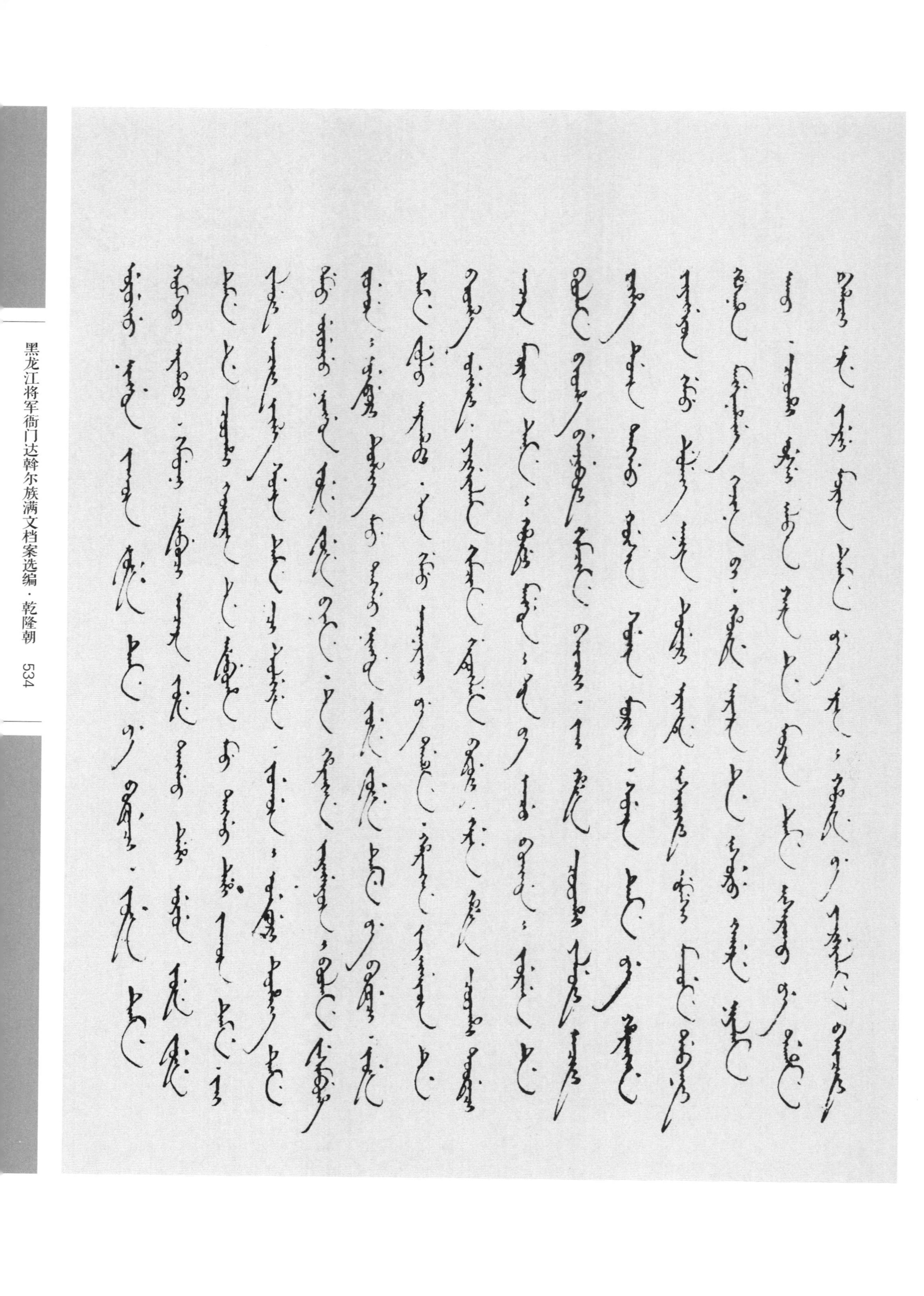

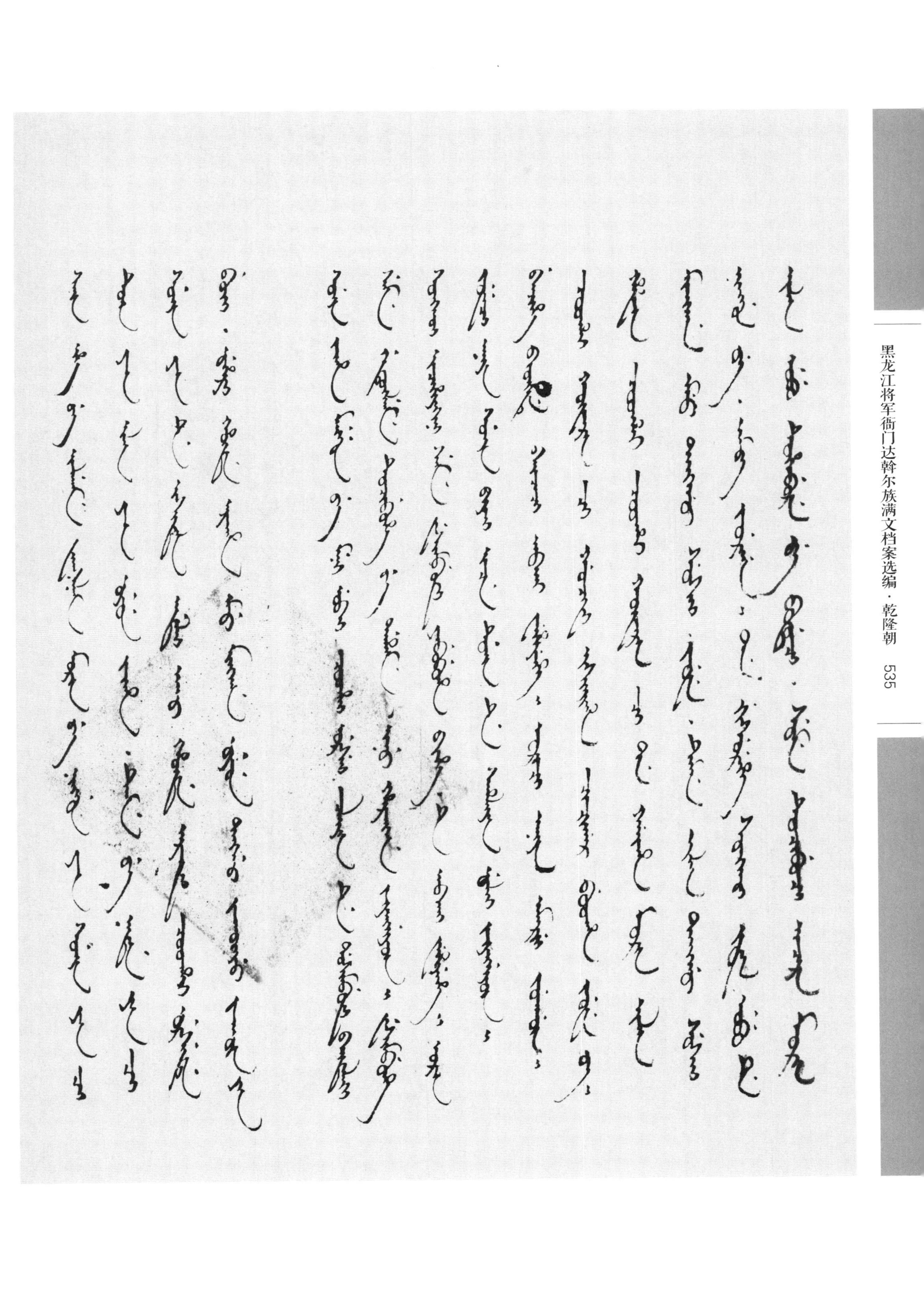

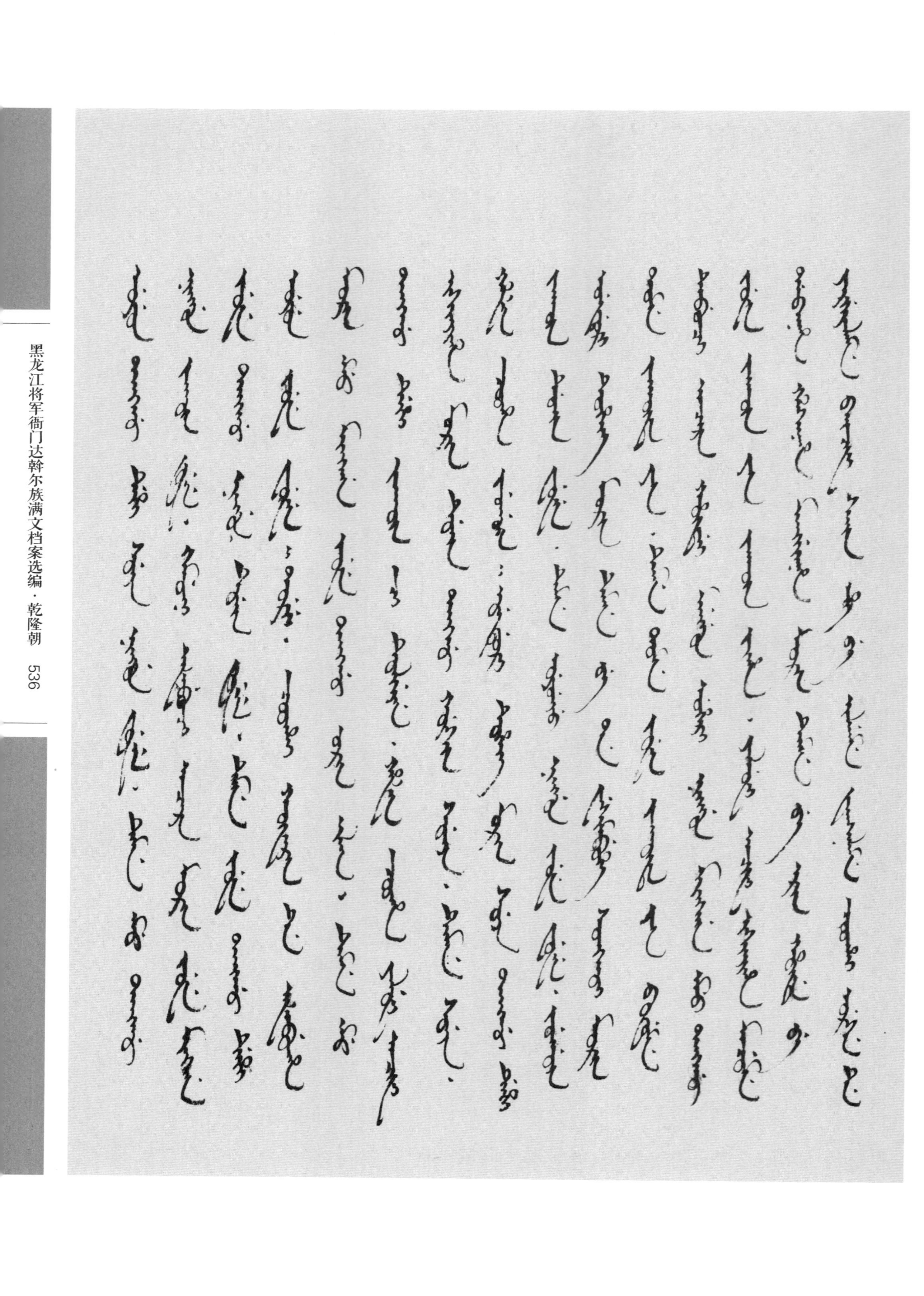

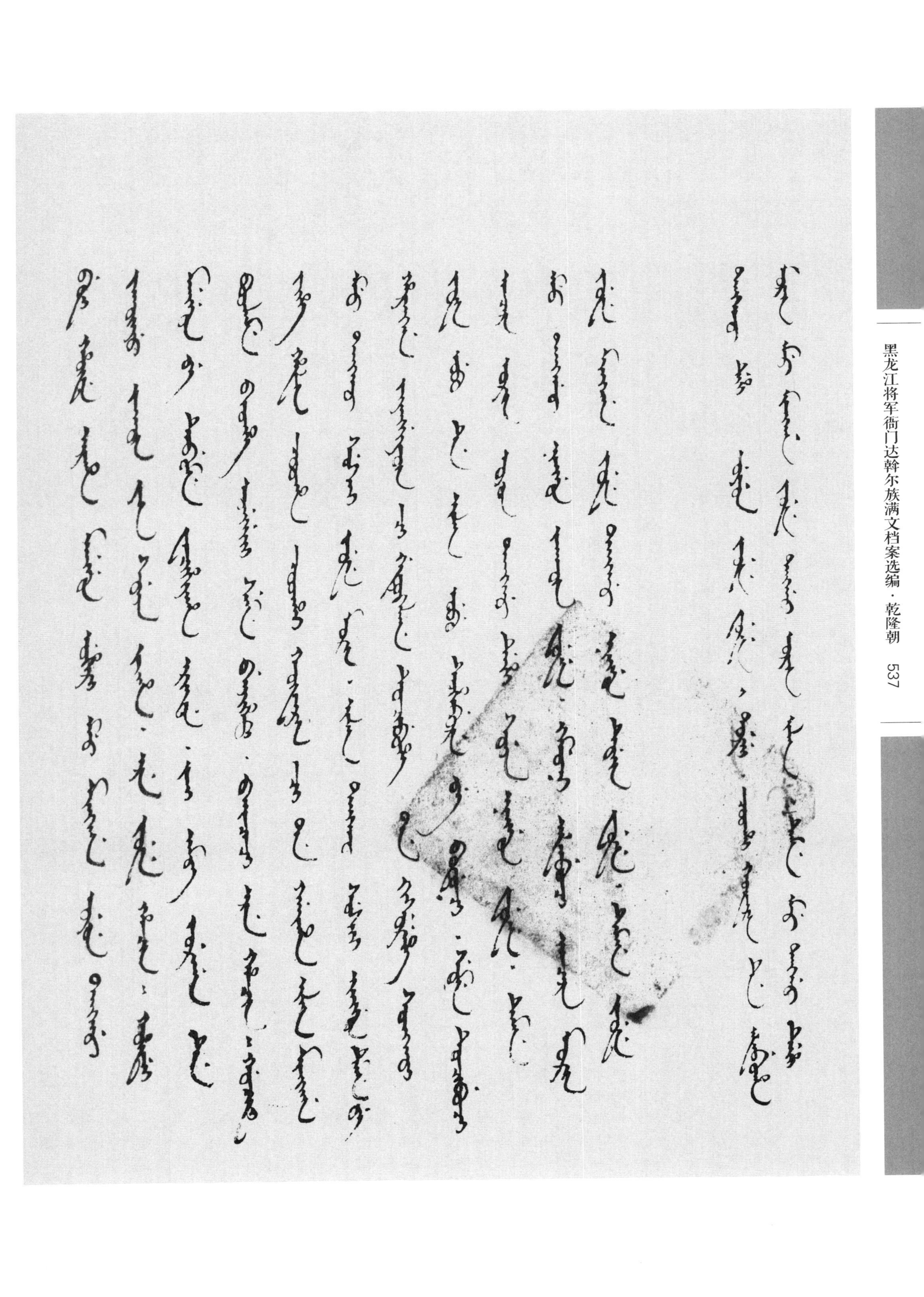

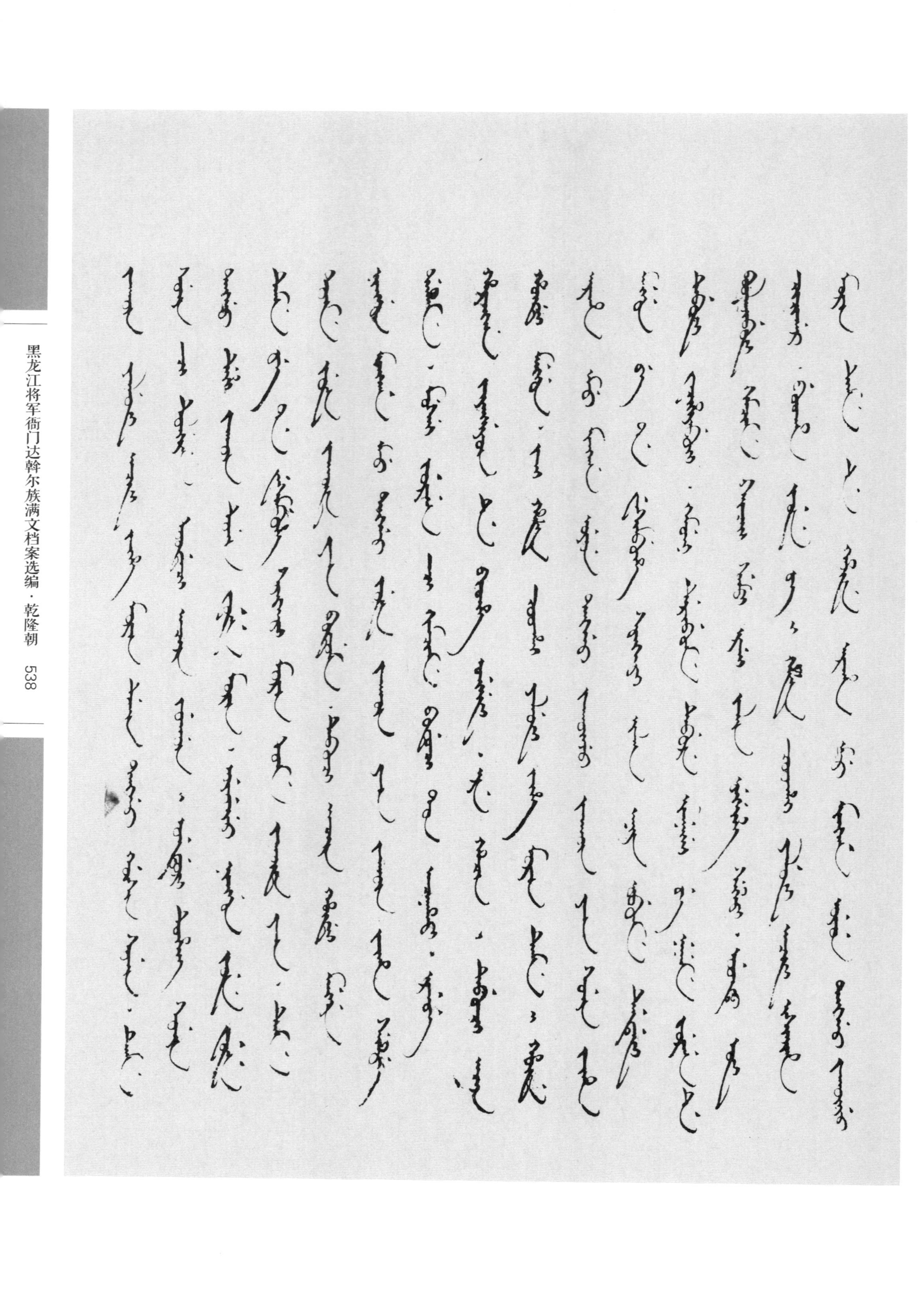

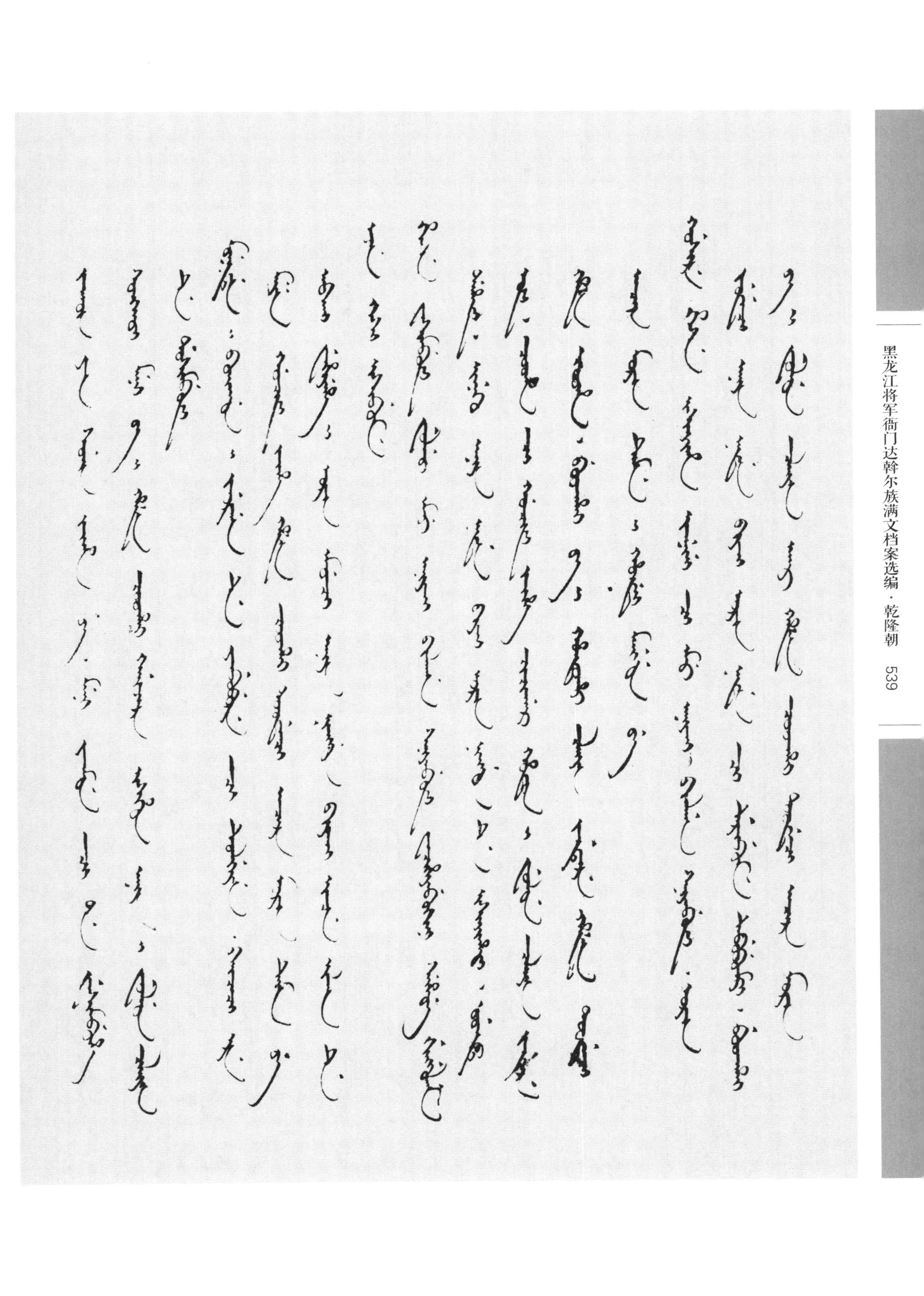

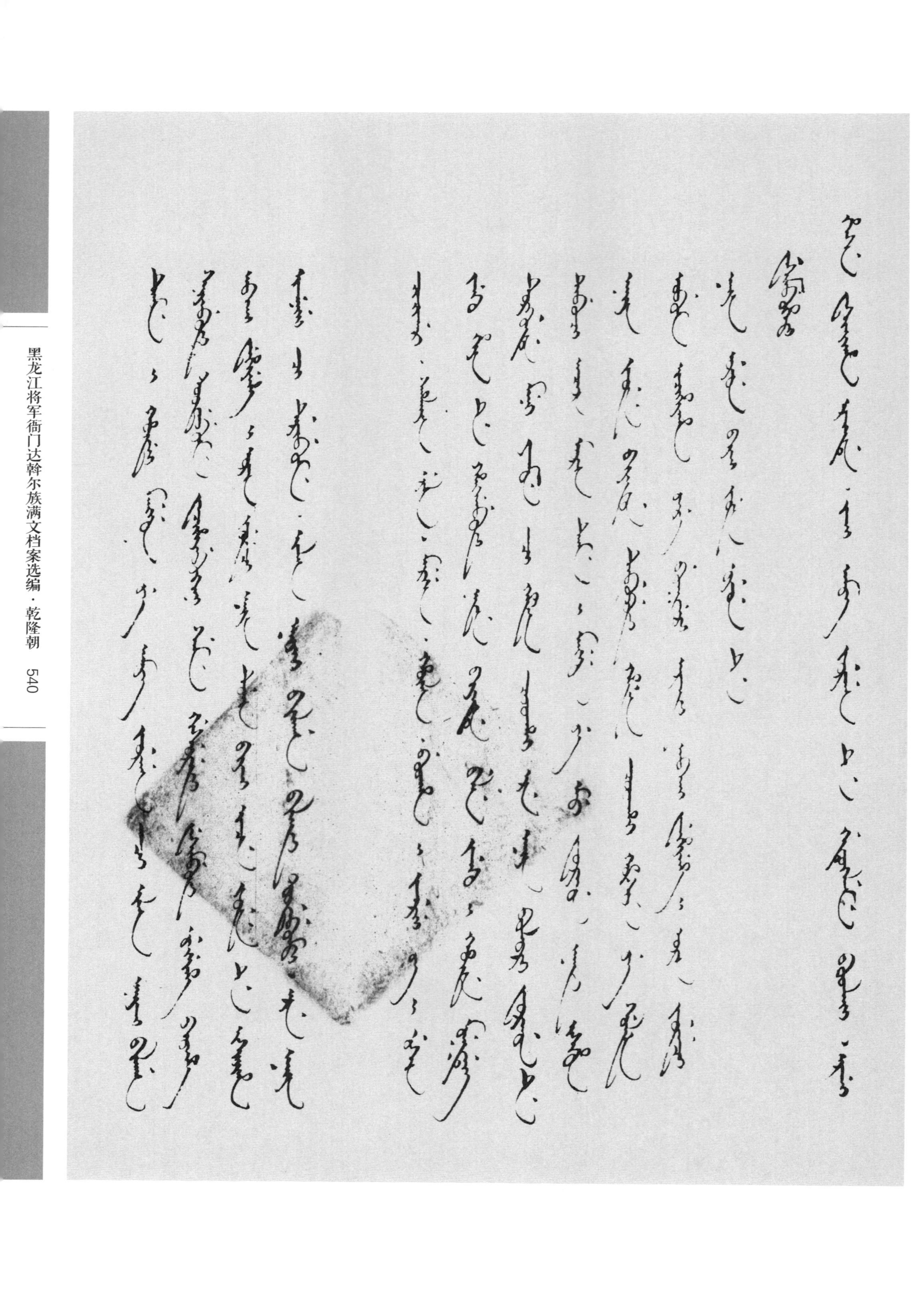

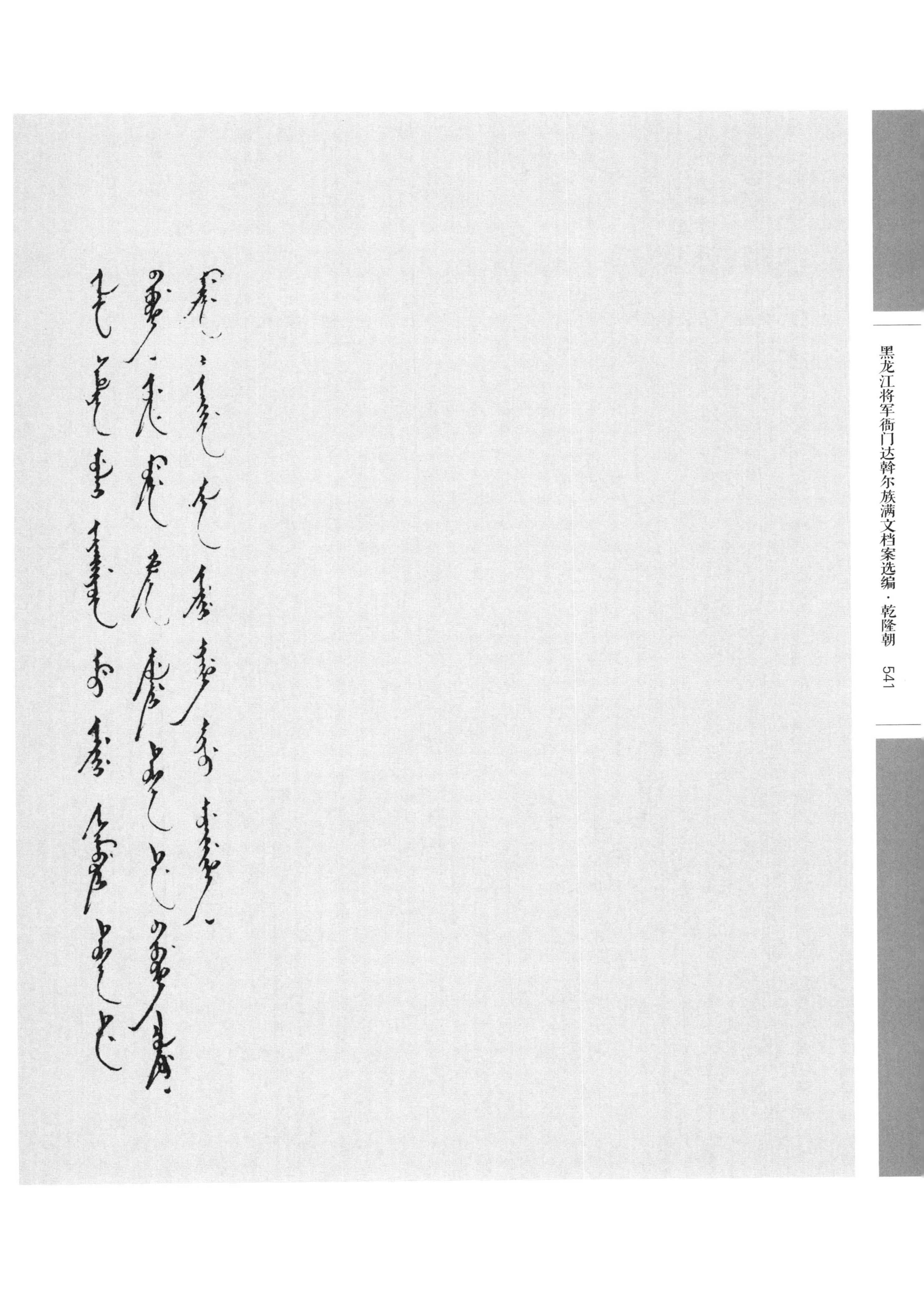

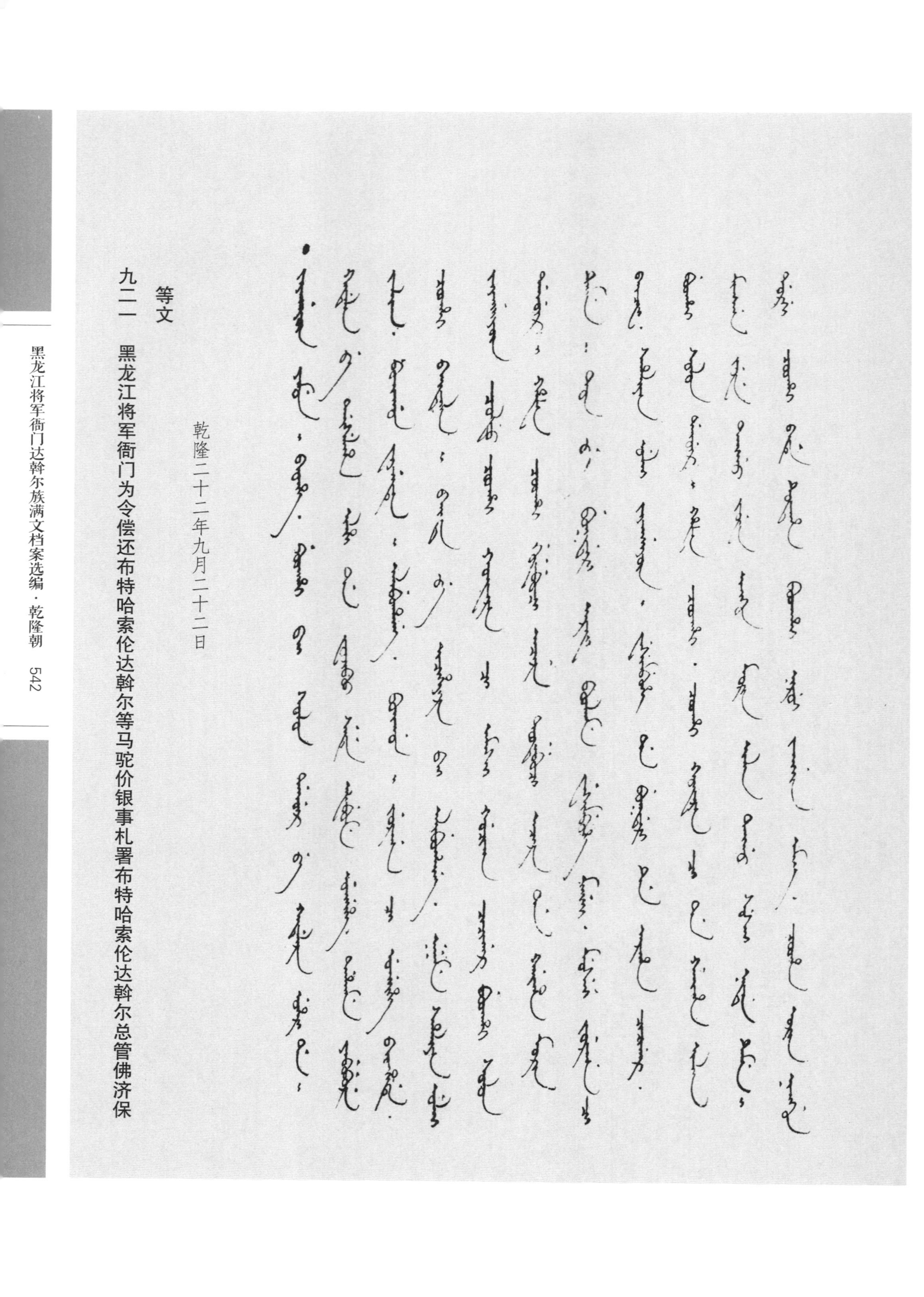

九二二 黑龙江将军衙门为令偿还布特哈索伦达斡尔等马驼价银事札署布特哈索伦达斡尔总管佛济保等文

乾隆二十二年九月二十二日

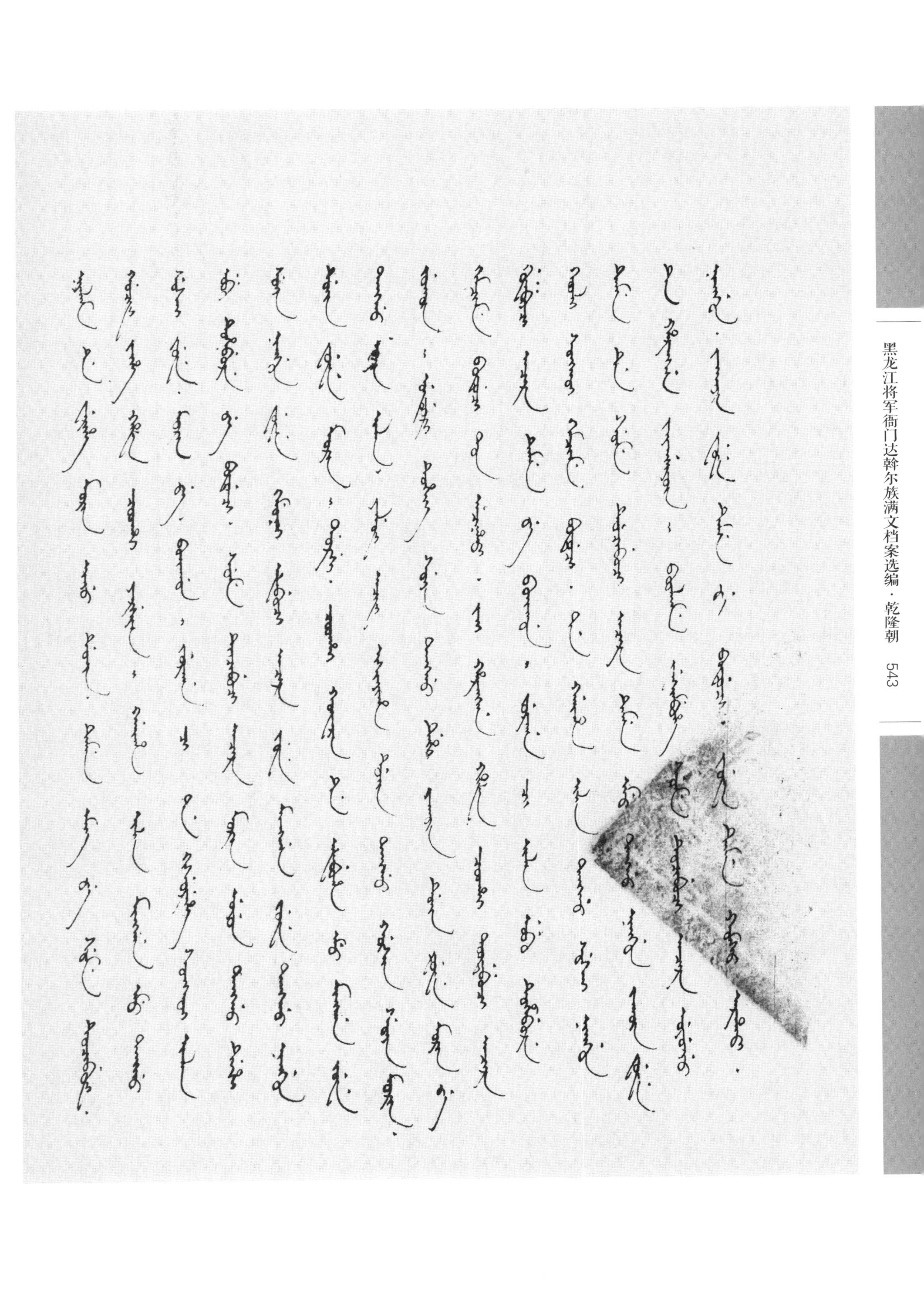

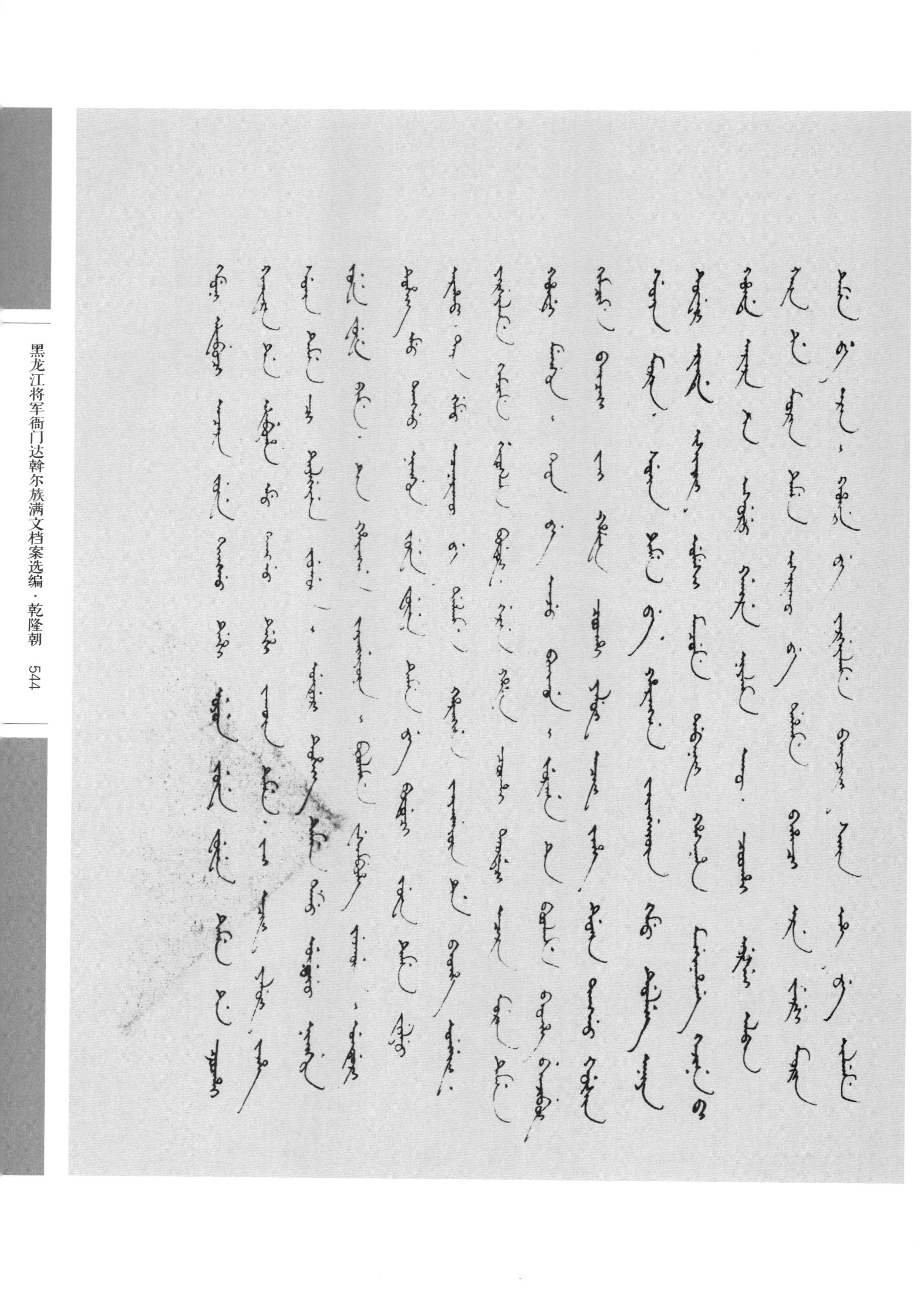

[illegible]

[illegible]

[illegible]

[illegible]

[illegible]

[illegible]

[illegible]

[illegible]

[illegible]

[illegible]

[illegible]

[illegible]

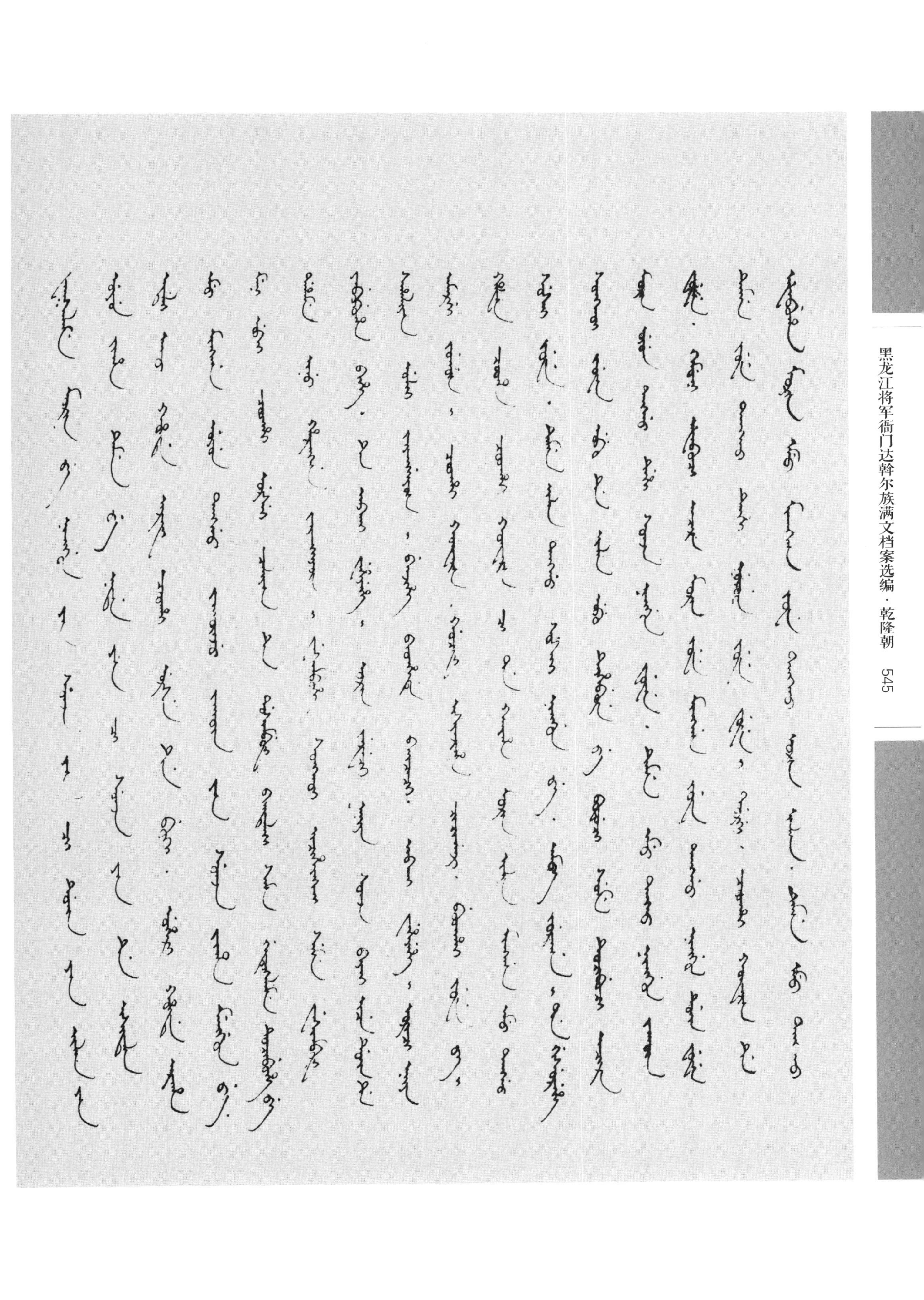

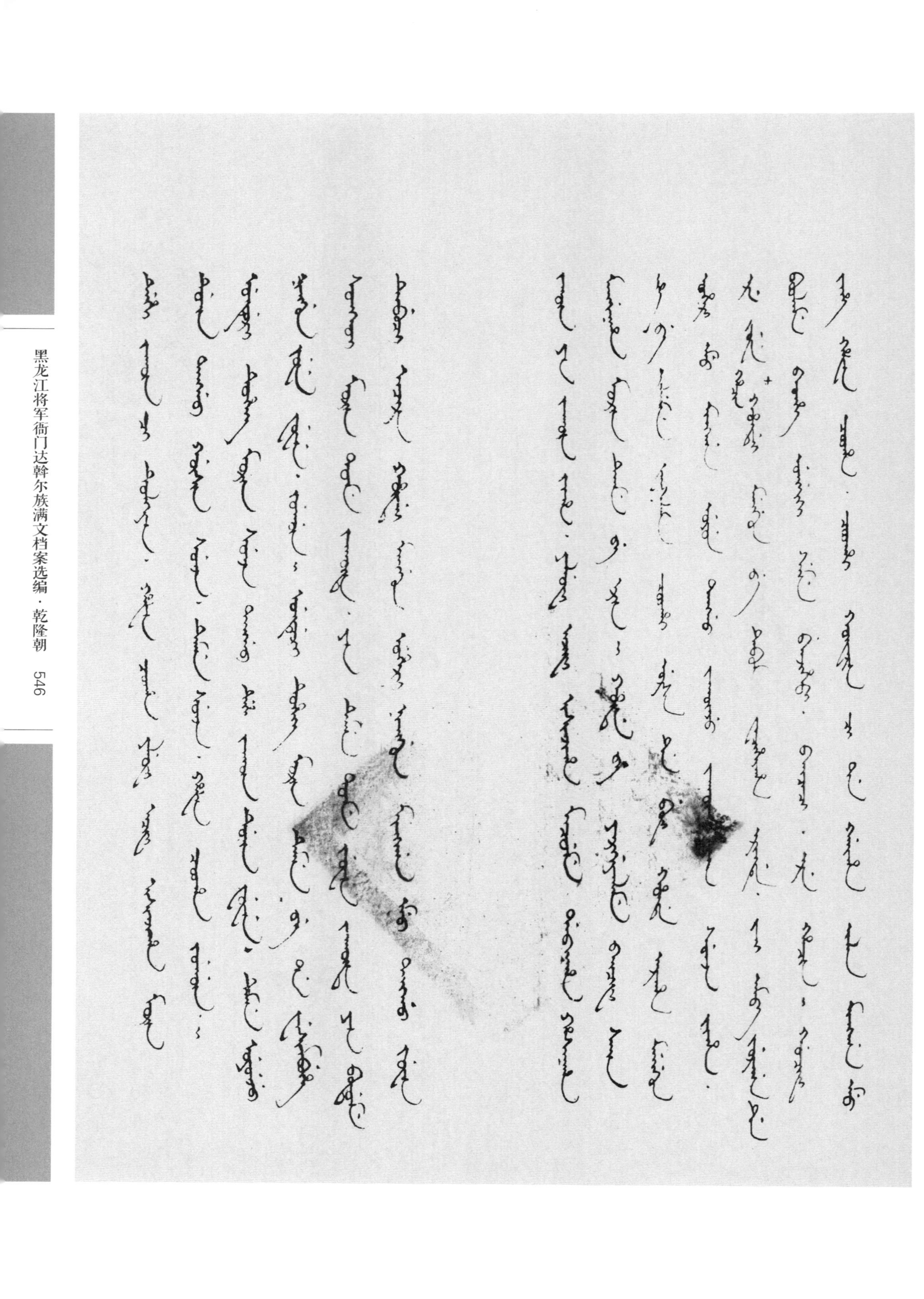

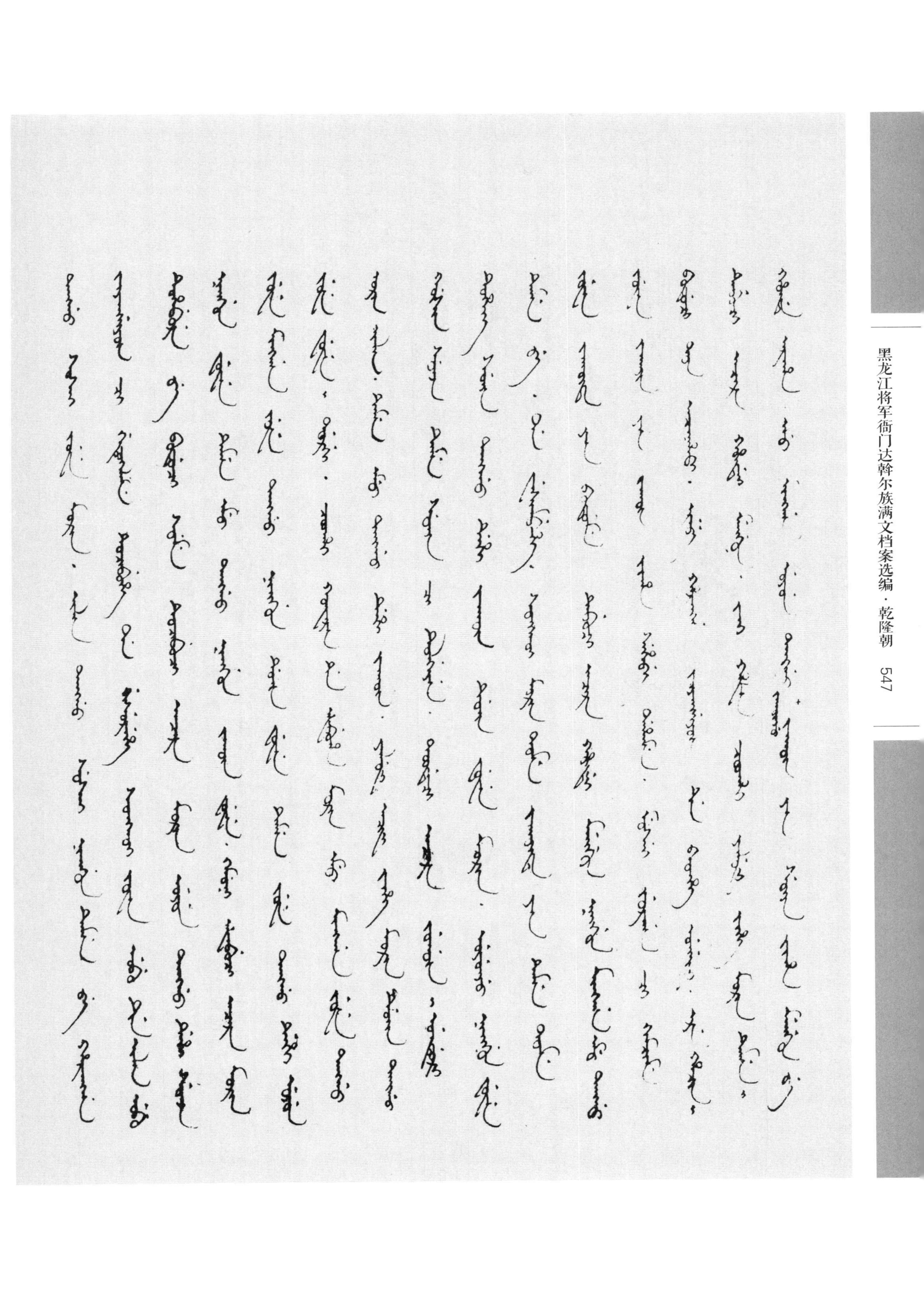

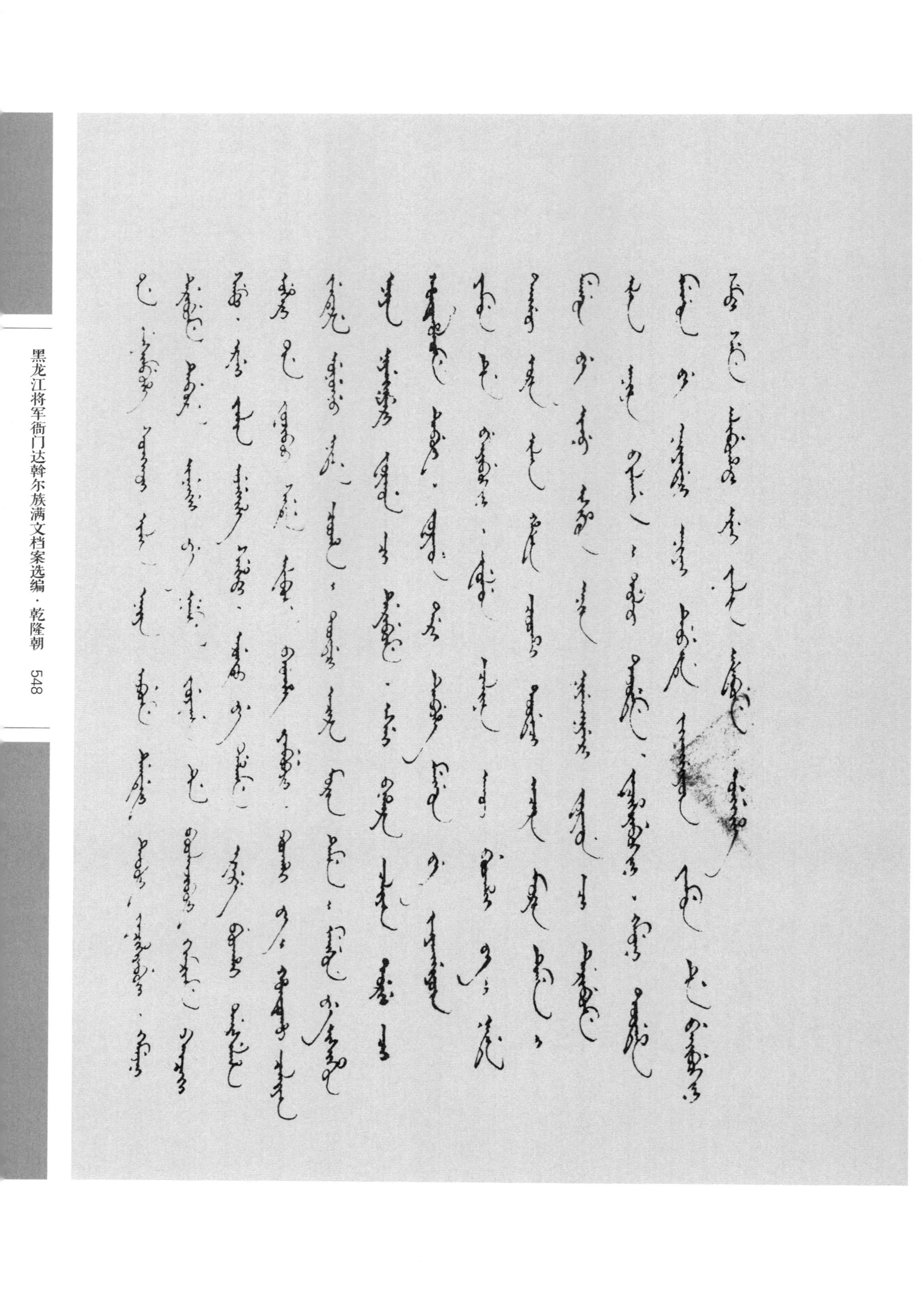

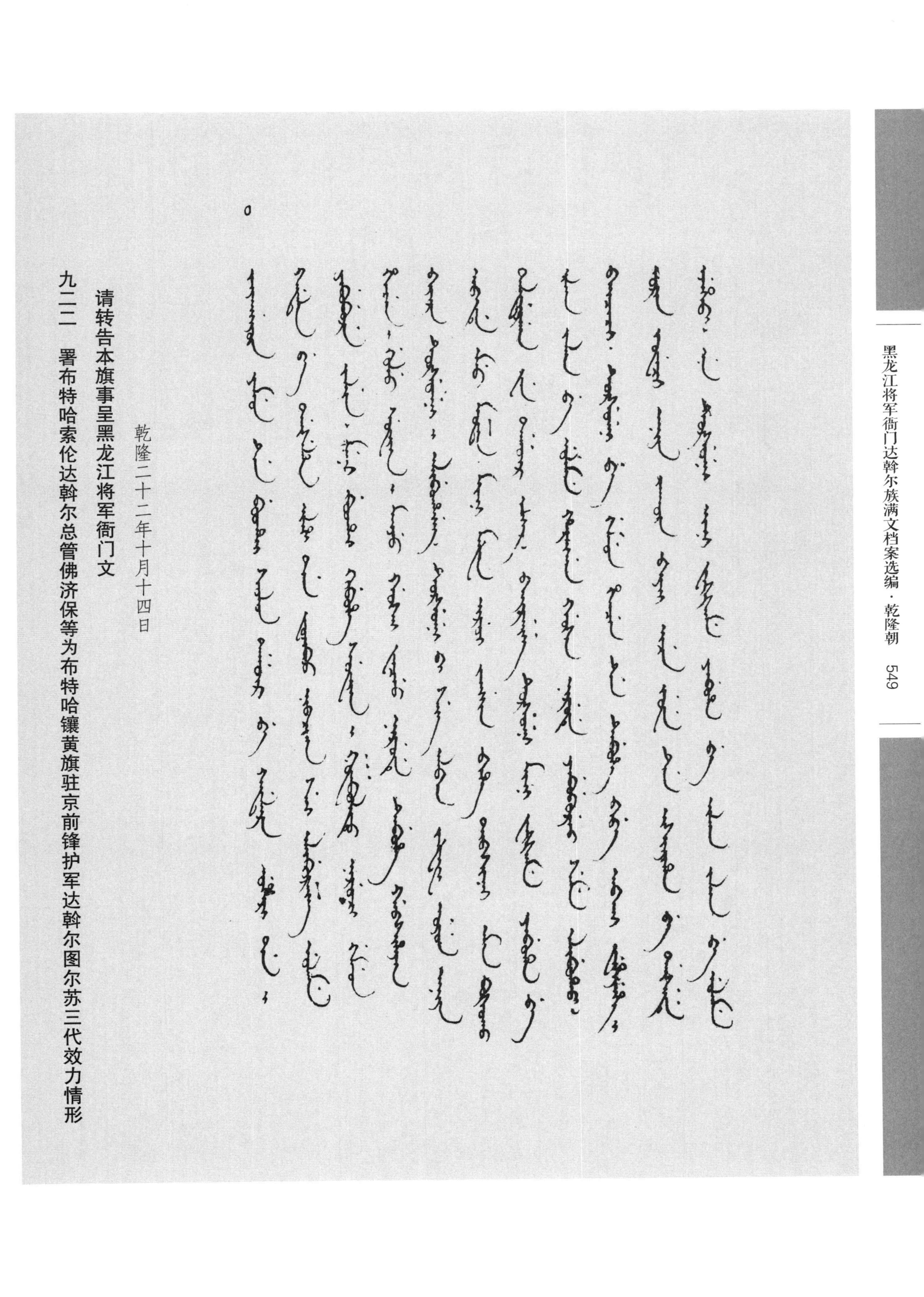

九二二　署布特哈索伦达斡尔总管佛济保等为布特哈镶黄旗驻京前锋护军达斡尔图尔苏三代效力情形请转告本旗事呈黑龙江将军衙门文

乾隆二十二年十月十四日

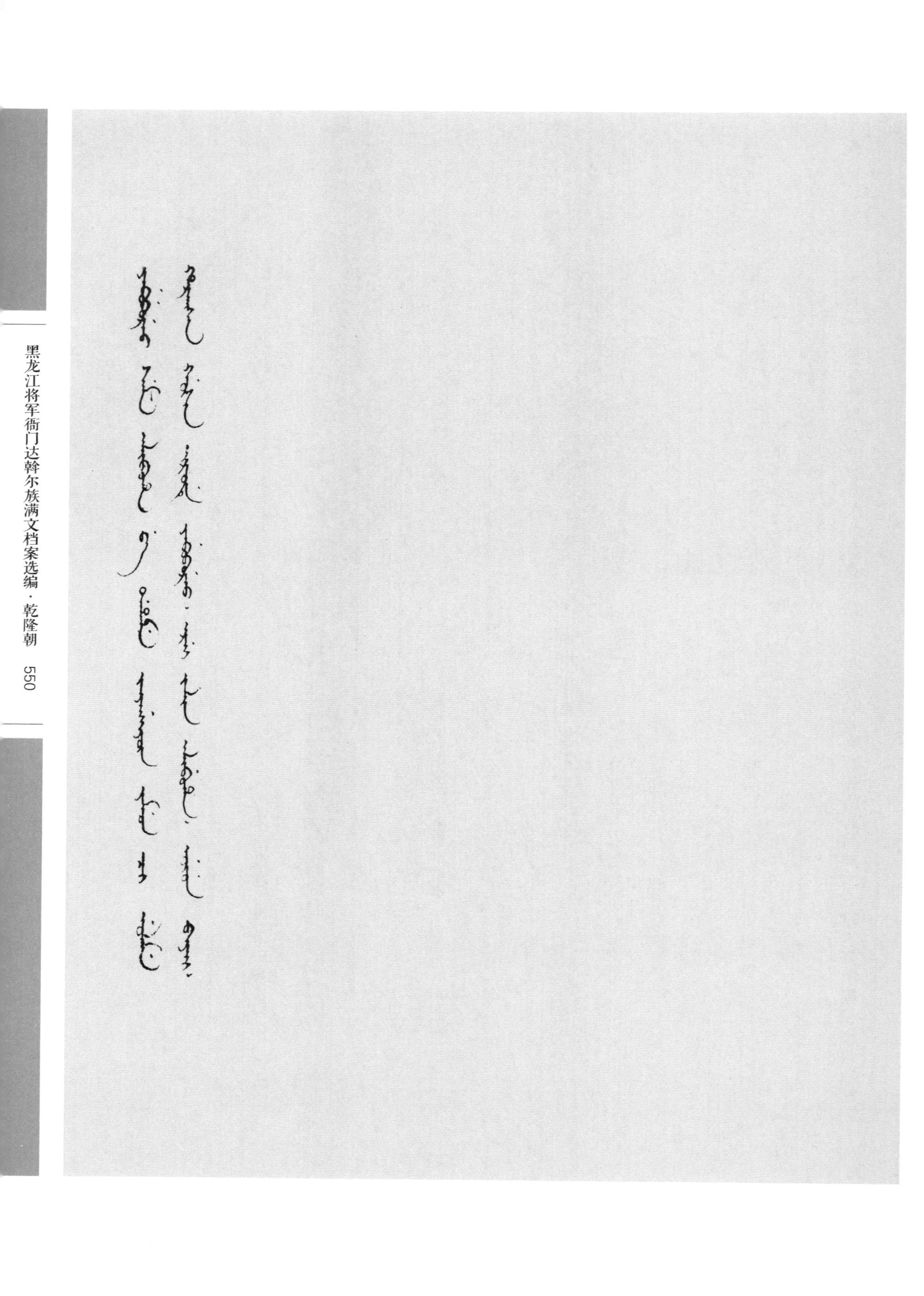

九二三　墨尔根副都统衙门为京师正白旗护军达斡尔噶达凯迁移家眷请颁给路照口粮事咨黑龙江将军衙门文（附名单一件）

乾隆二十二年十月十四日

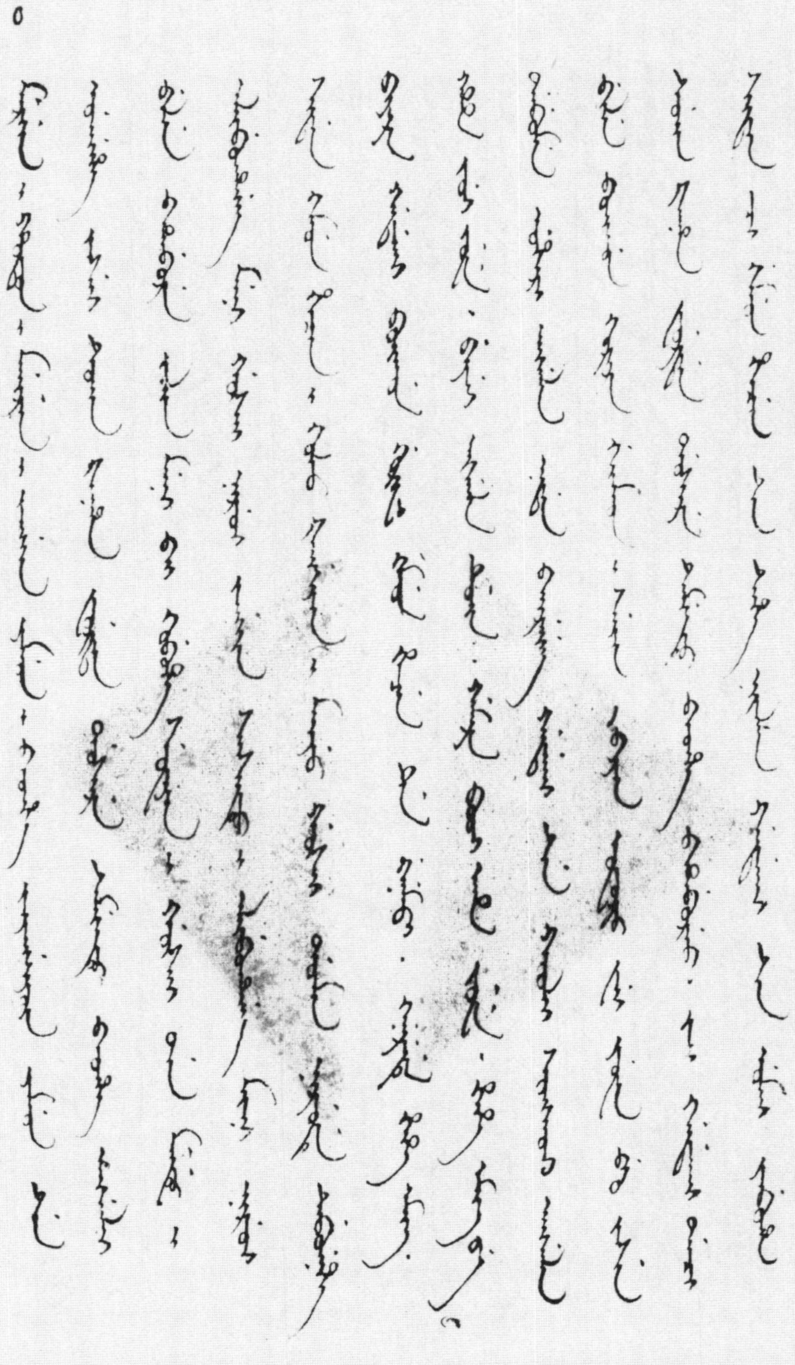

ᡥᡝᡵᡤᡝᠨ ᠪᡝ ᠮᡝᠨᡳ ᡤᡳᠰᡠᠨ ᡨᡝᠨᡳ ᠪᡝ ᠪᠣᠯᠣᡥᠣ ᡨᡠᠸᠠᠮᡝ ᠰᡠᠸᡝᠨᡳ
ᠰᡠᠸᠠᠨ ᠰᡳ ᠨᡳᡴᠠᠰᠠ ᠮᡝᠨᡩᡝ ᡤᡝᠨᡝᡥᡝ ᠪᠣᠯᠣ ᡤᡳᠰᡠᡵᡝ ᡨᡝᡳ ᡩᡝ ᠪᠣᠣᠴᠠ
ᠮᡳᠨᡳ ᠨᡳᡵᡠᡥᡝ ᡳ ᡤᡝᠯᡝᡥᡝ ᠪᡠᡵᡝ ᠰᡳᠨᡩᡝ ᡨᡝ ᡳᠯᡳᡥᠠ ᡤᡳᠰᡠᠨ ᡩᡝ ᠰᡳᠨᡩᡝ
ᡝᡵᡝ ᠪᠠᡳᡨᠠ ᠪᡝ ᠮᡝᠨᡳ ᡨᡝ ᡤᡳᠰᡠᡵᡝᡴᡝ ᡨᡝᠨᡳ ᠪᡝ ᠪᠣᠯᠣᠨᡳ ᡨᡝ
ᠮᡝᡵᡤᡝᠨ ᡤᡝᠪᡠᡴᡝ ᡳᠯᡳᡥᠠᠪᡠᡵᡝ ᡨᡠᡵᡠᠨ ᡤᡝᠯᡝᠯᡝ ᠰᡳ ᠪᡝᠨᡳ ᡤᡳᠰᡠᡵᡝ ᡨᡝ
ᠮᡝᠨᡳ ᠪᡳᠨᡳ ᠪᡝᠨᡳ ᡨᡝᡥᡝ ᡨᡝᠨᡳ ᠪᡝ ᡨᡝᠨᡳ ᡤᡝᠯᡝᠮᡝ ᡤᡝᠨᡳ
ᡤᡳᠰᡠᠨ ᡝᠮᡠ ᡳᠯᡳᡥᠠ ᠪᡝᠶᡝ ᠪᠣᠣᡤᠣ ᡨᡝᡥᡝ ᡤᡳᠰᡠᡵᡝ ᠰᡳᠨᡩᡝ ᡨᡝᠨᡳ
ᠪᡝ ᡳᠰᡝᠪᡠᡥᡝ ᠪᠣᠣᠮᡝ ᡝᡵᡝᠮᡝ ᡨᡝ ᠪᠠᡳᡨᠠ ᠨᡳᠶᠠᠯᠮᠠ ᡨᡝᠨᡝ ᠪᠣᡳᡥᠣᠨ ᡨᡝᠨᡳ ᠠᡵᠠᡥᠠ

ᠮᡠᡴᡩᡝᠨ ᡤᡳᠶᠠᠨ ᠪᡝ

ᡤᡝᠨᡳ ᡨᡝᠮᡝ

ᡤᡠᠰᡠᡵᡝᠮᡝ ᡳᠯᡳᡥᠠ ᠠᡵᠠᡥᠠ ᡤᡳᠰᡠᠨ ᠪᠣᠯᠣ ᡨᡝᠨᡳ᠈ ᠪᡝᠶᡝ ᡥᡝᡩᡠᠨ ᡤᡳᠰᡠᠨ᠈ ᡳᠨᡳ
ᡨᡝᡳ ᡨᡝᠨᡳ ᡤᡠᠰᡠᡵᡝ ᠪᡝᠯᡝᡵᡝ ᠪᠣᡳᠯᡝ ᡤᡳᠰᡠᡵᡝ ᠮᡠᠰᡝᡥᡝ ᡨᡝᠨᡳ ᠪᡝ

ᠪᠣᡳ ᡤᡳᠰᡠᠨ ᠮᡠᠰᡝ ᠪᠣᠯᠣᠨᡳ᠈ ᠰᡳᡴᡳ

九二四 黑龙江将军衙门为拨给未获接济布特哈索伦达斡尔等赈济银两事札署布特哈索伦达斡尔总管佛济保等文

乾隆二十二年十月二十九日

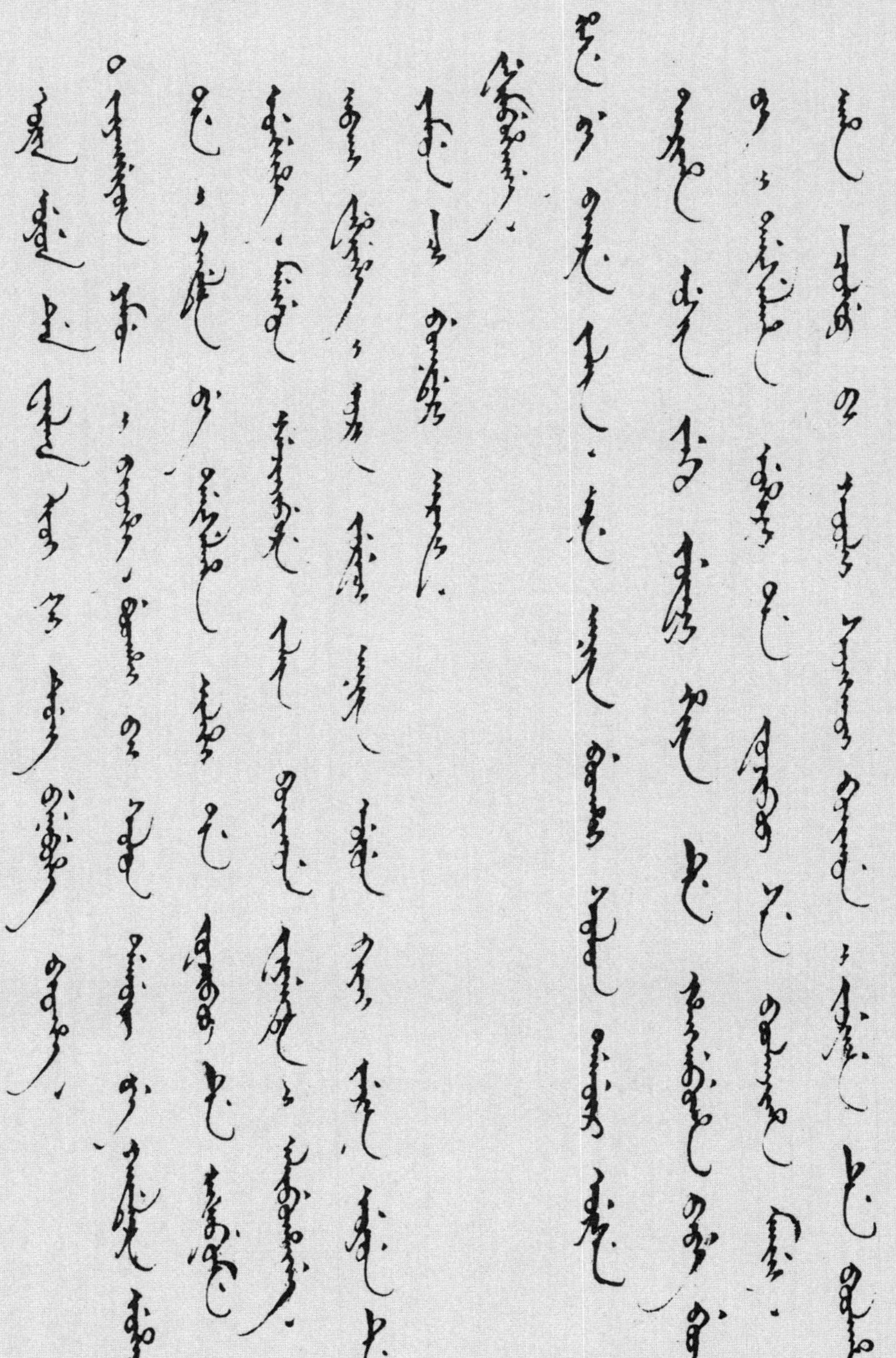

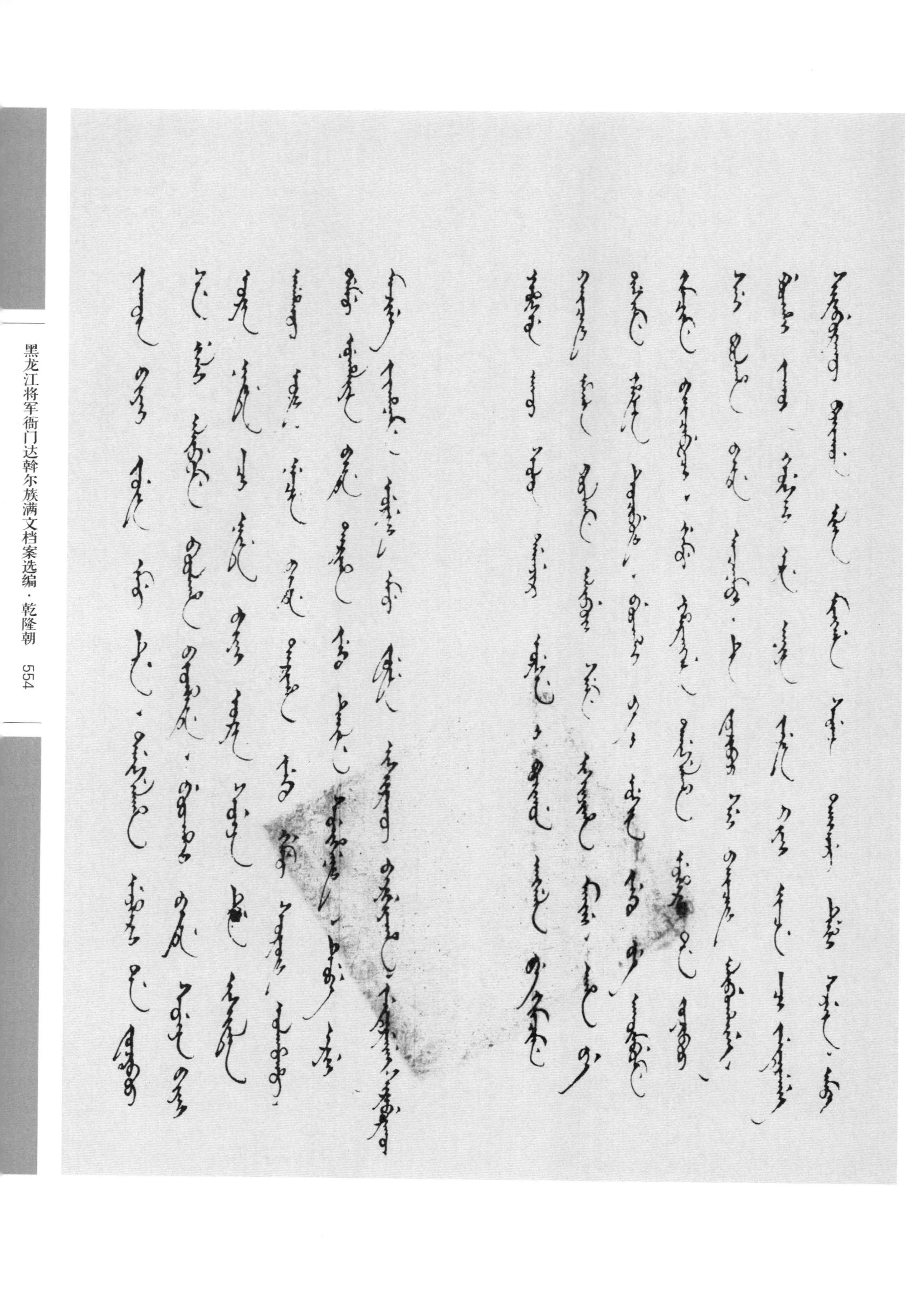

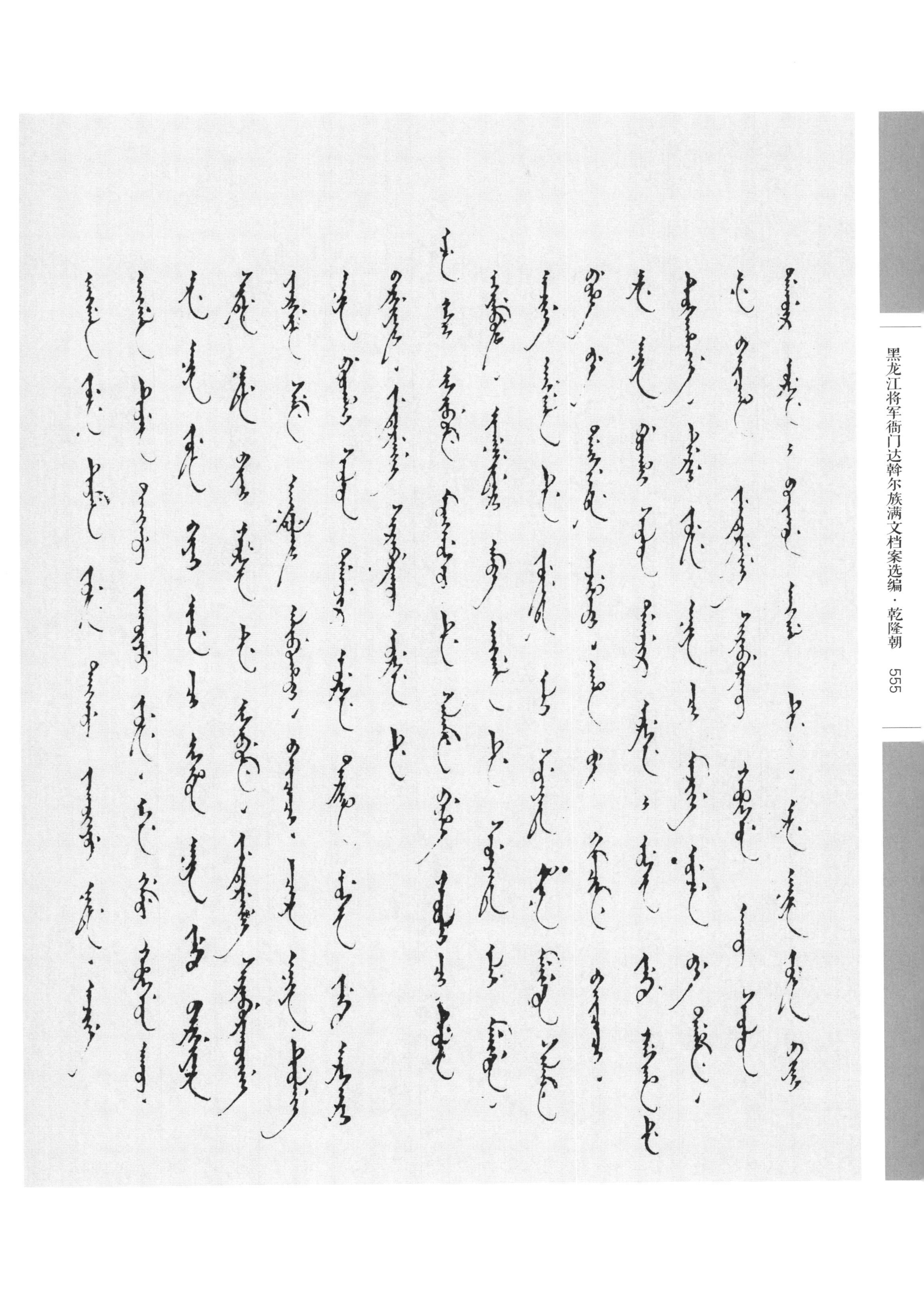

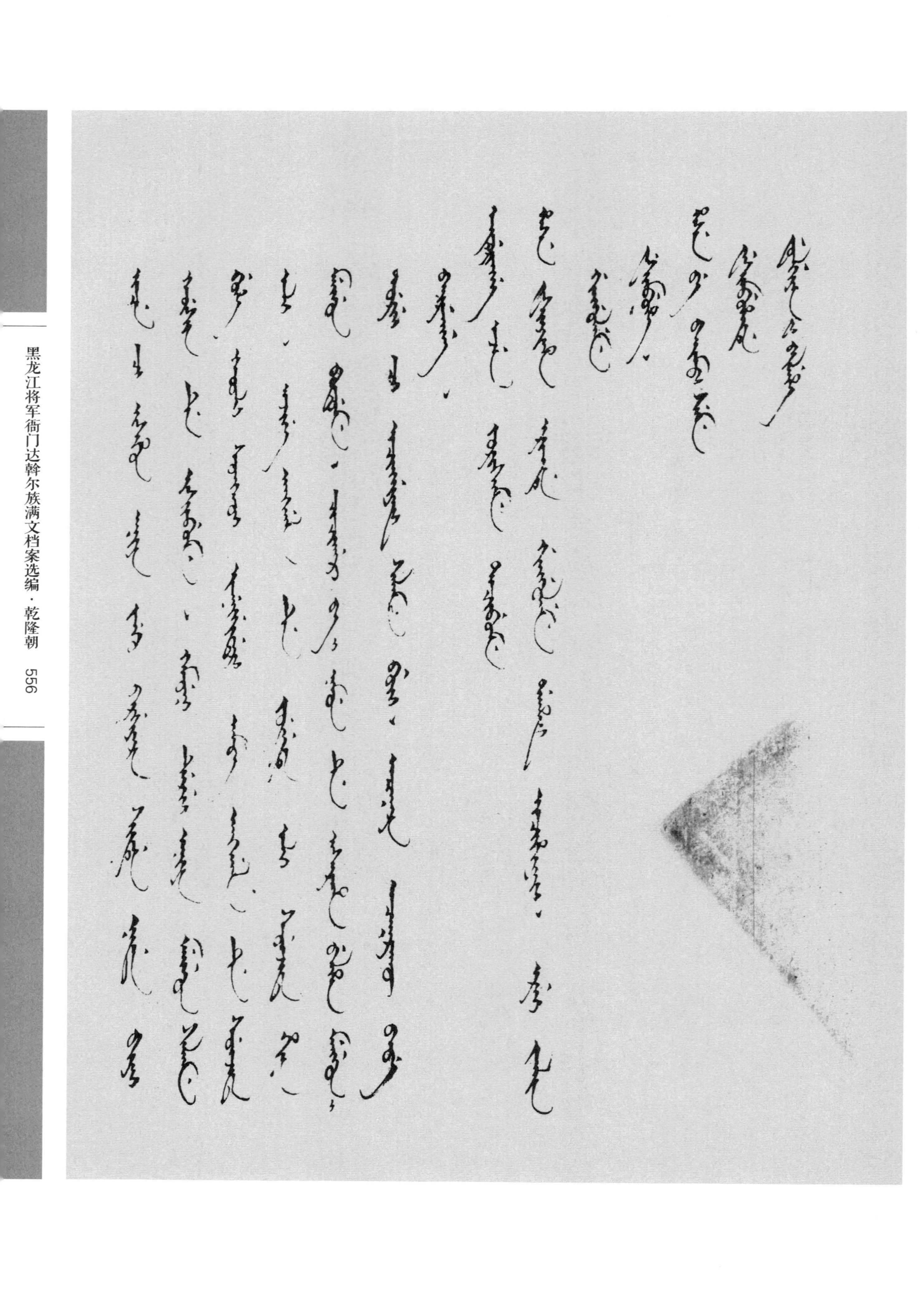

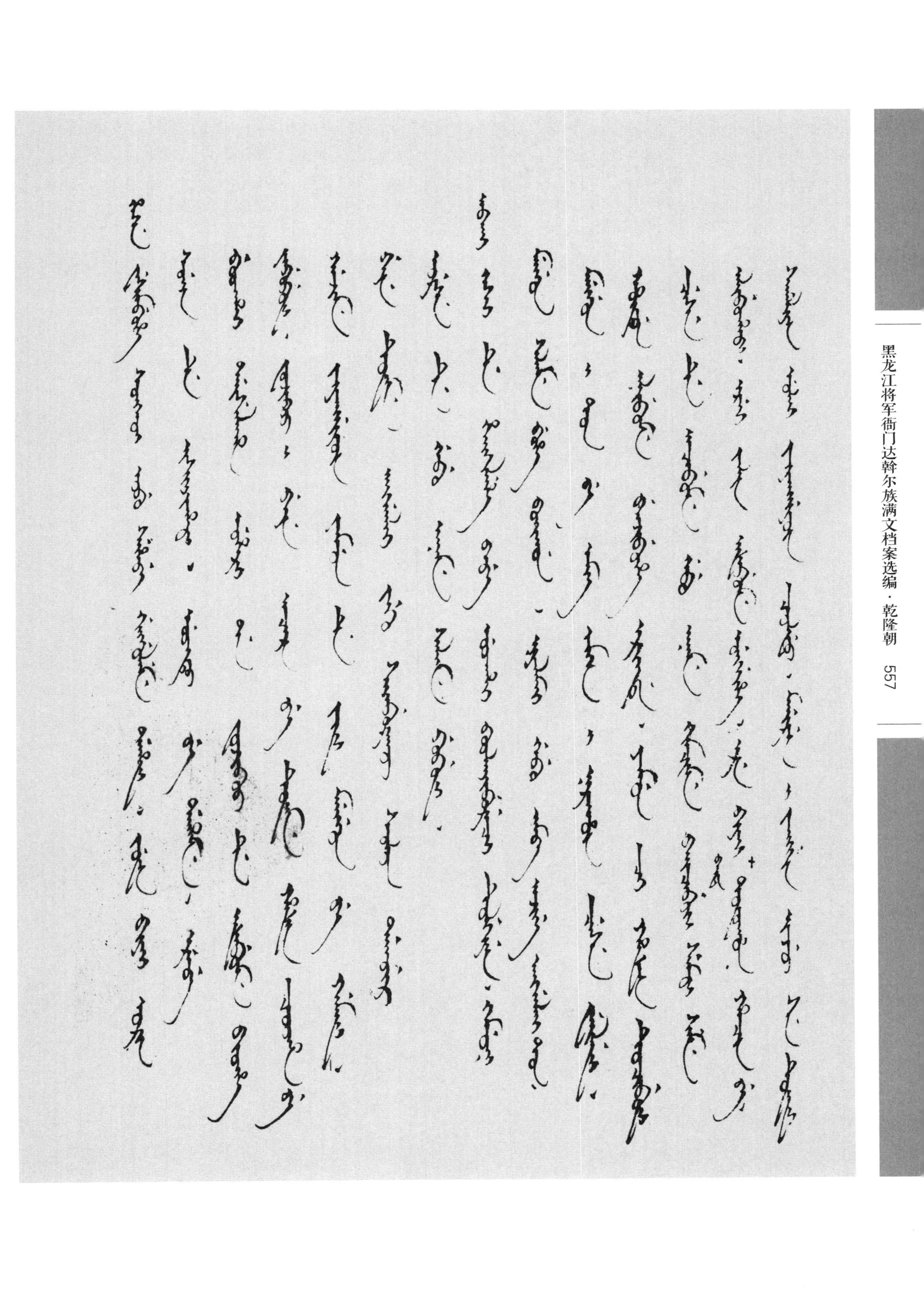

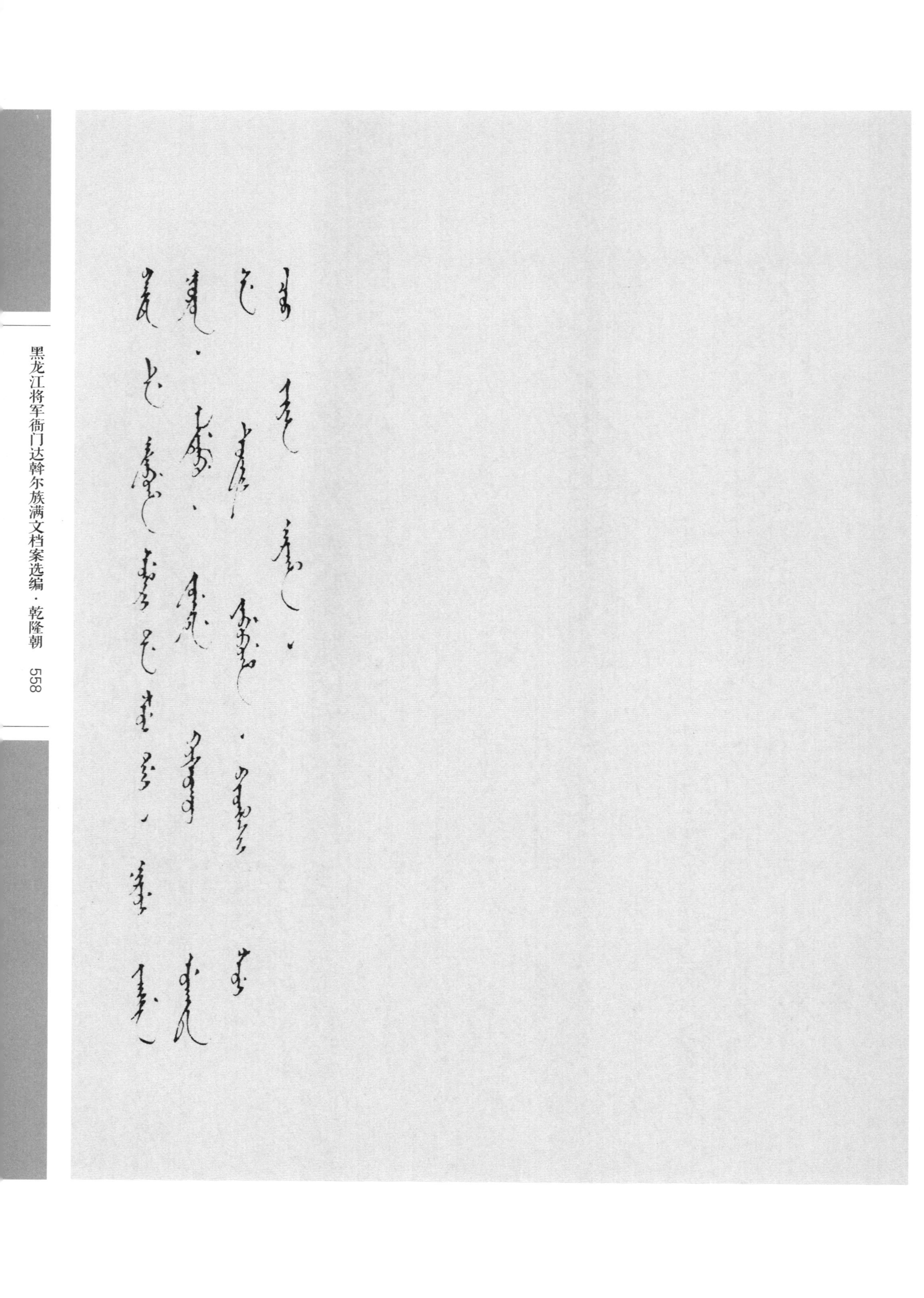

[illegible]

[illegible]

[illegible]

[illegible] ᡤᡳᠩᡤᡠᠯᡝᠮᡝ ᠸᡝᠰᡳᠮᠪᡠᡥᡝ ·

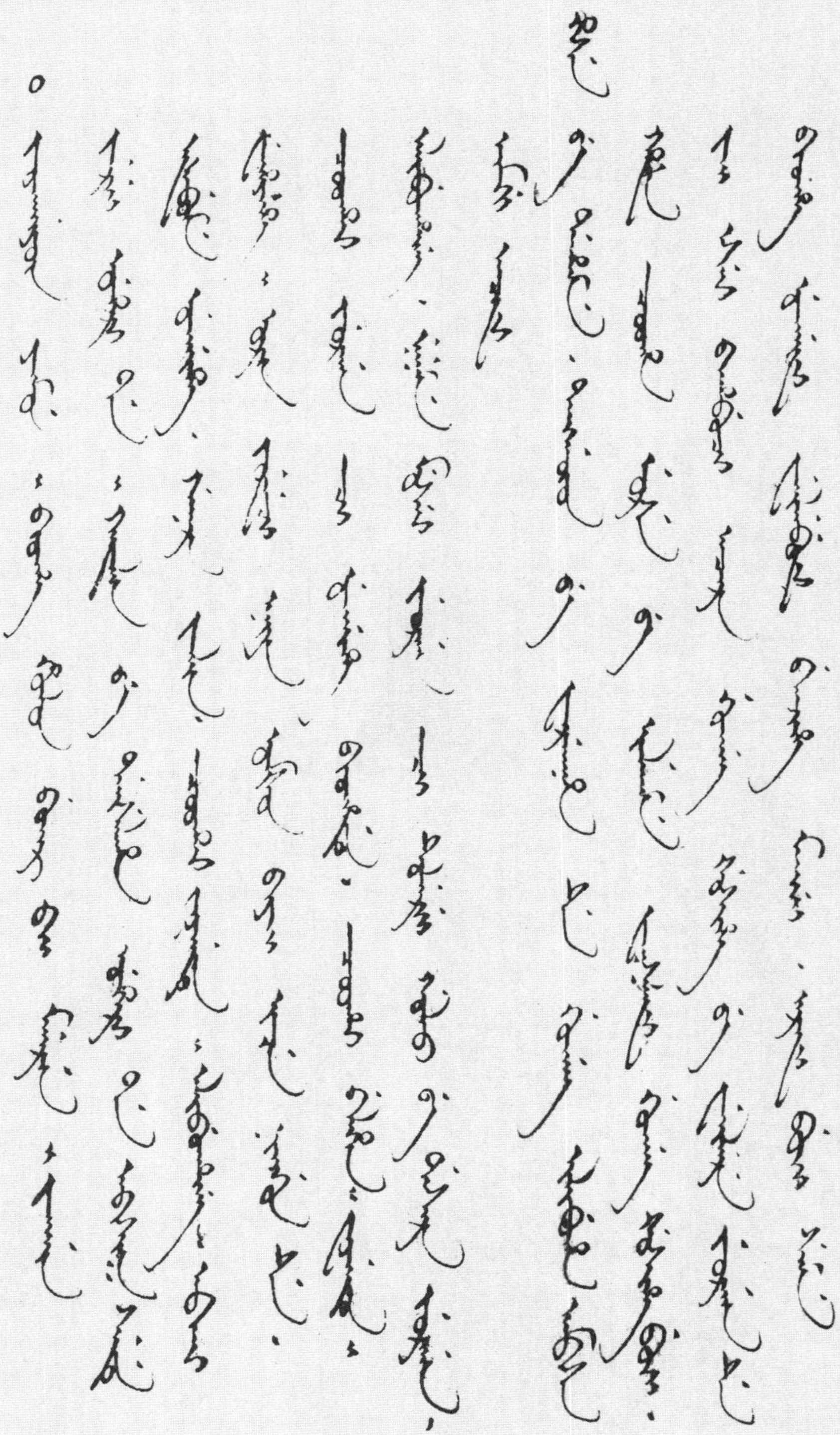

九二五　黑龙江将军衙门为核查颁给功牌索伦达斡尔等官兵旗佐姓名并派员领取事札署呼伦贝尔副都统衔总管关防总管阿毕锡克等文（附名单一件）

乾隆二十二年十一月初八日

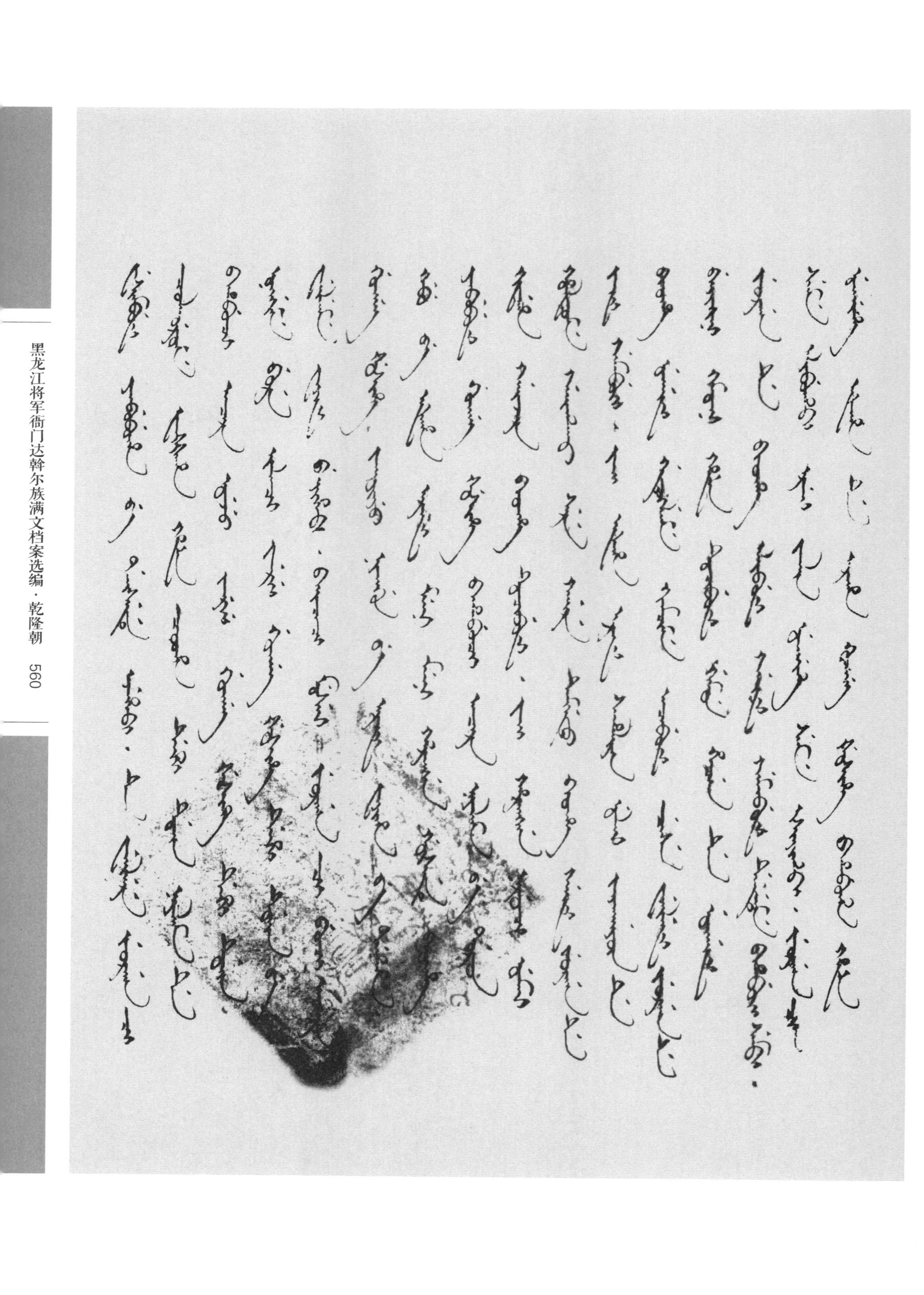

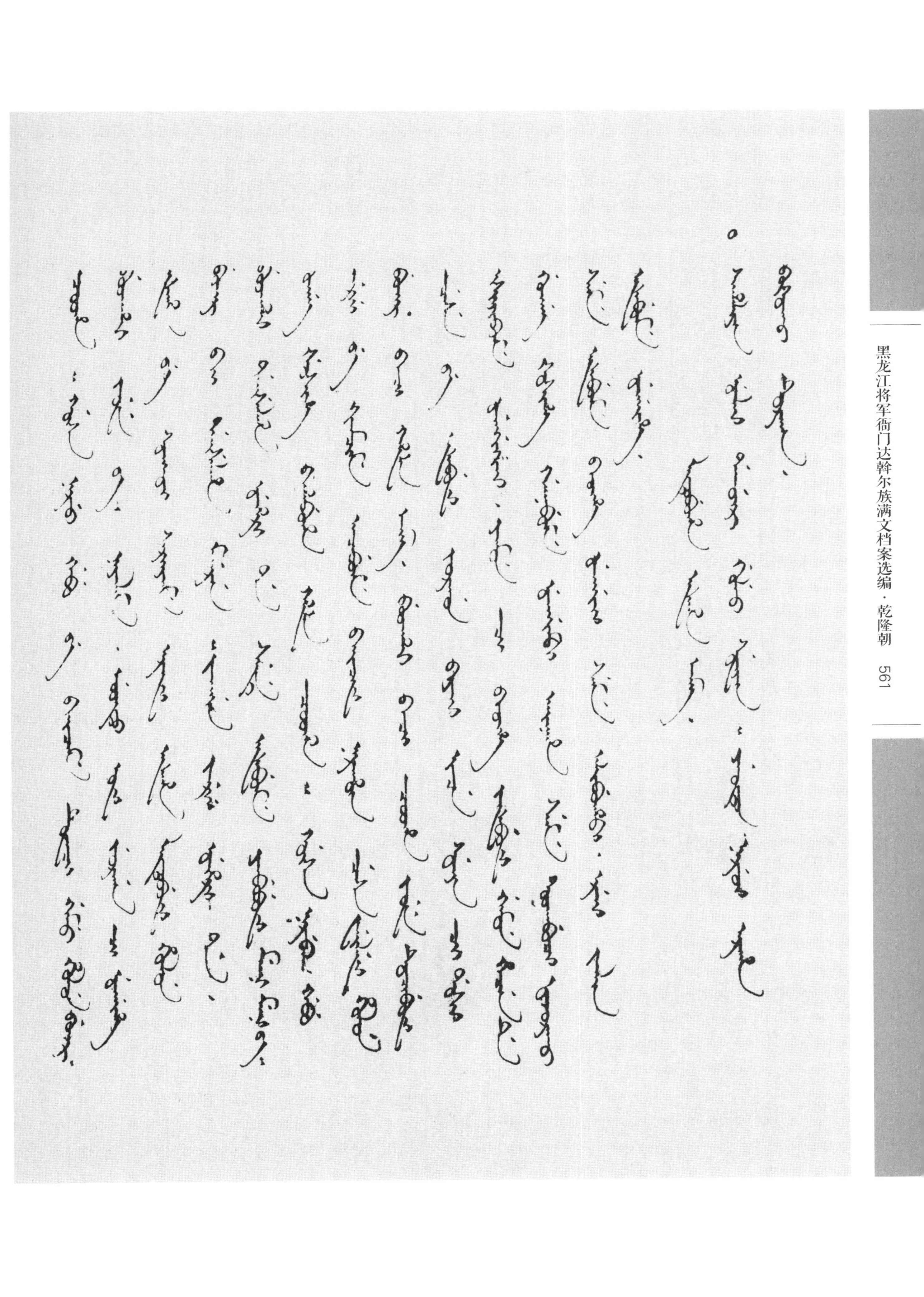

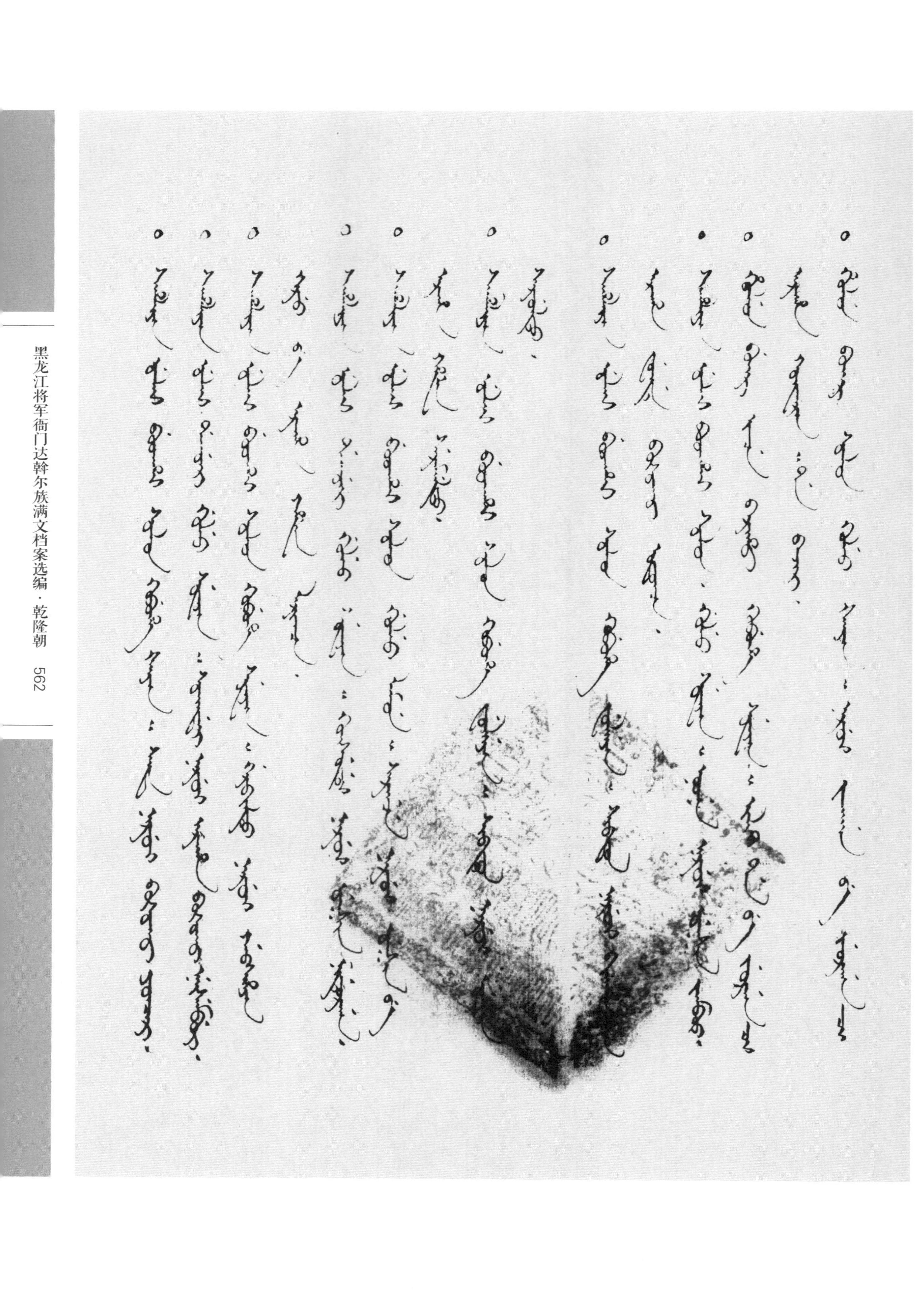

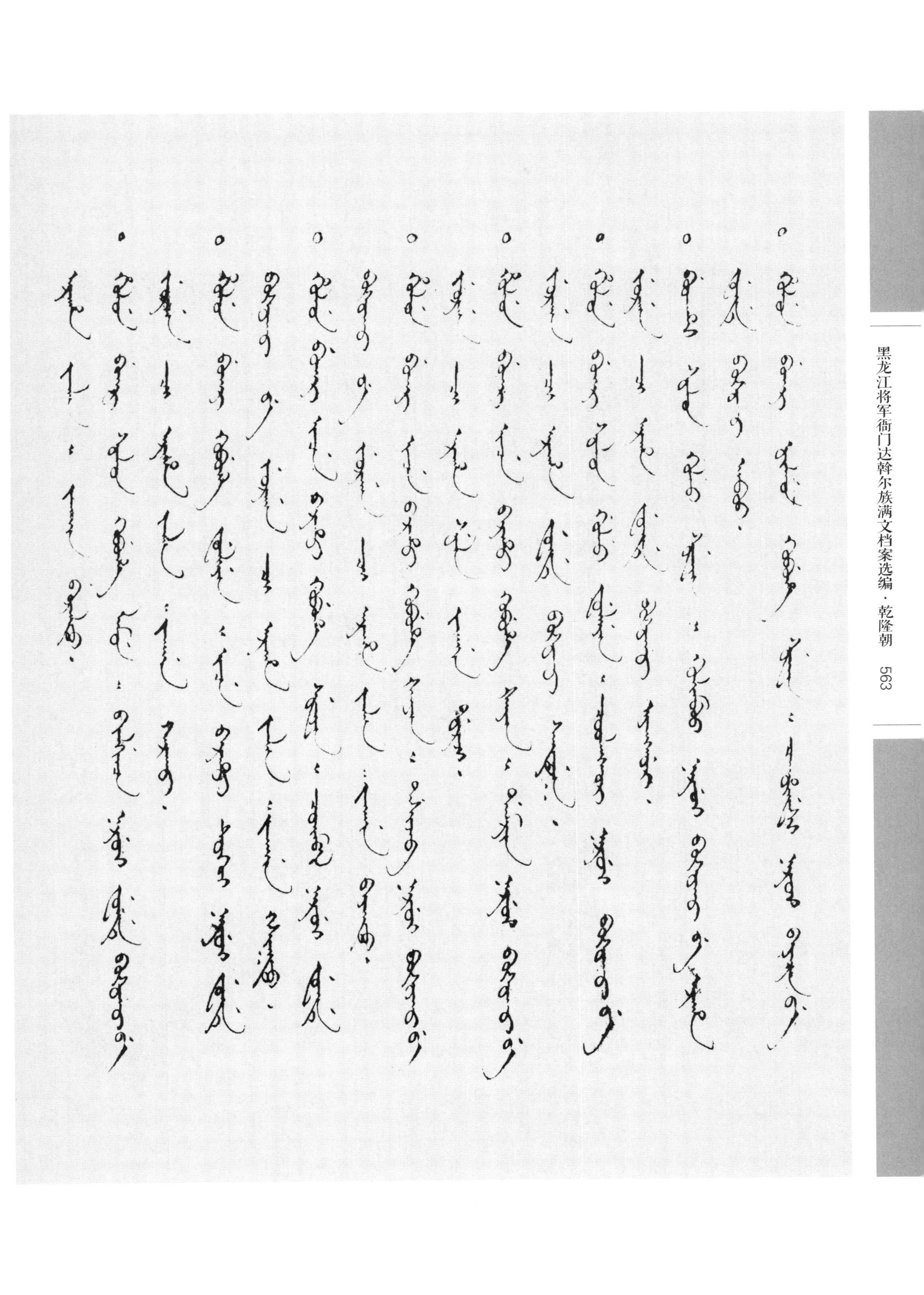

[illegible]

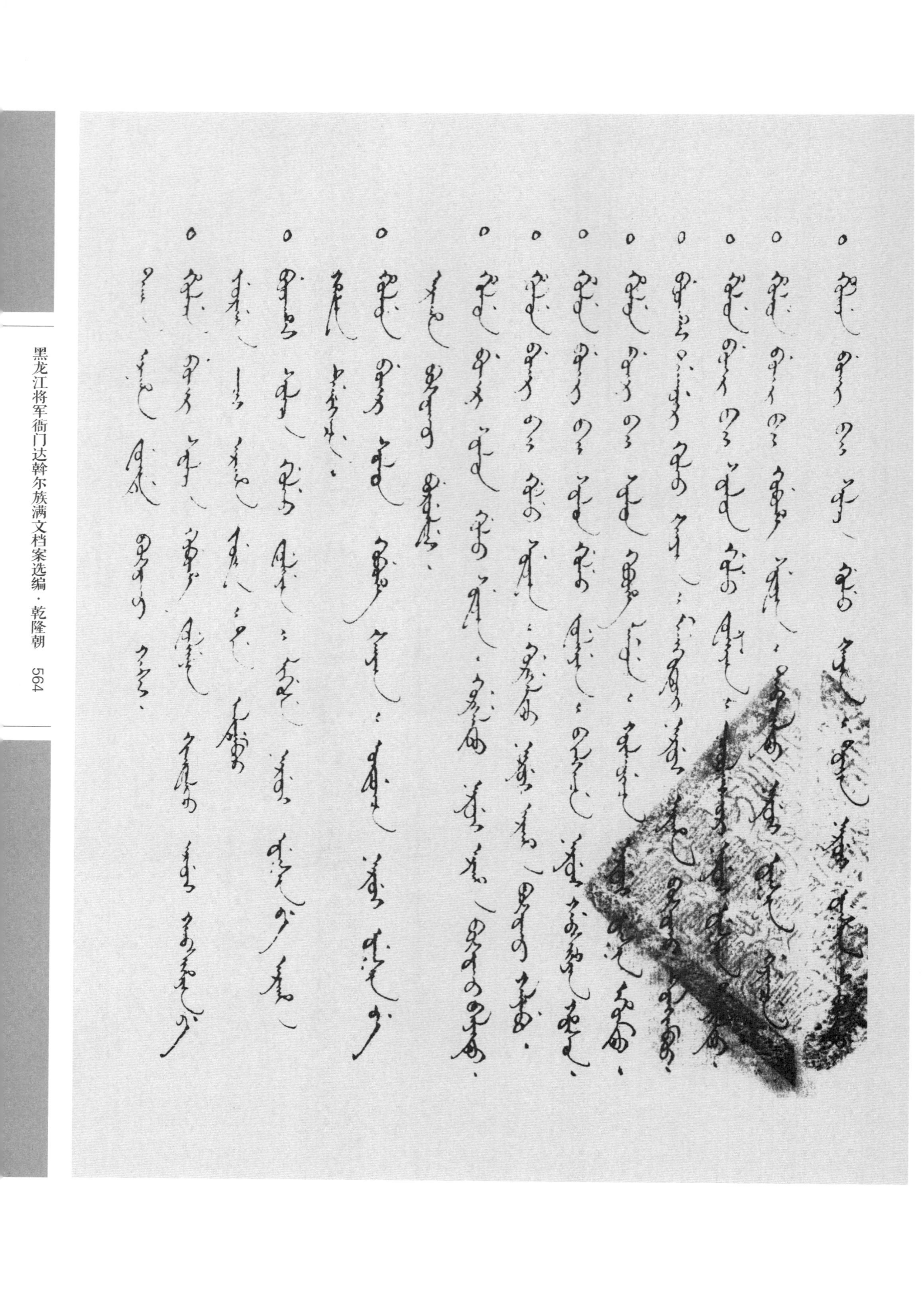

[illegible]

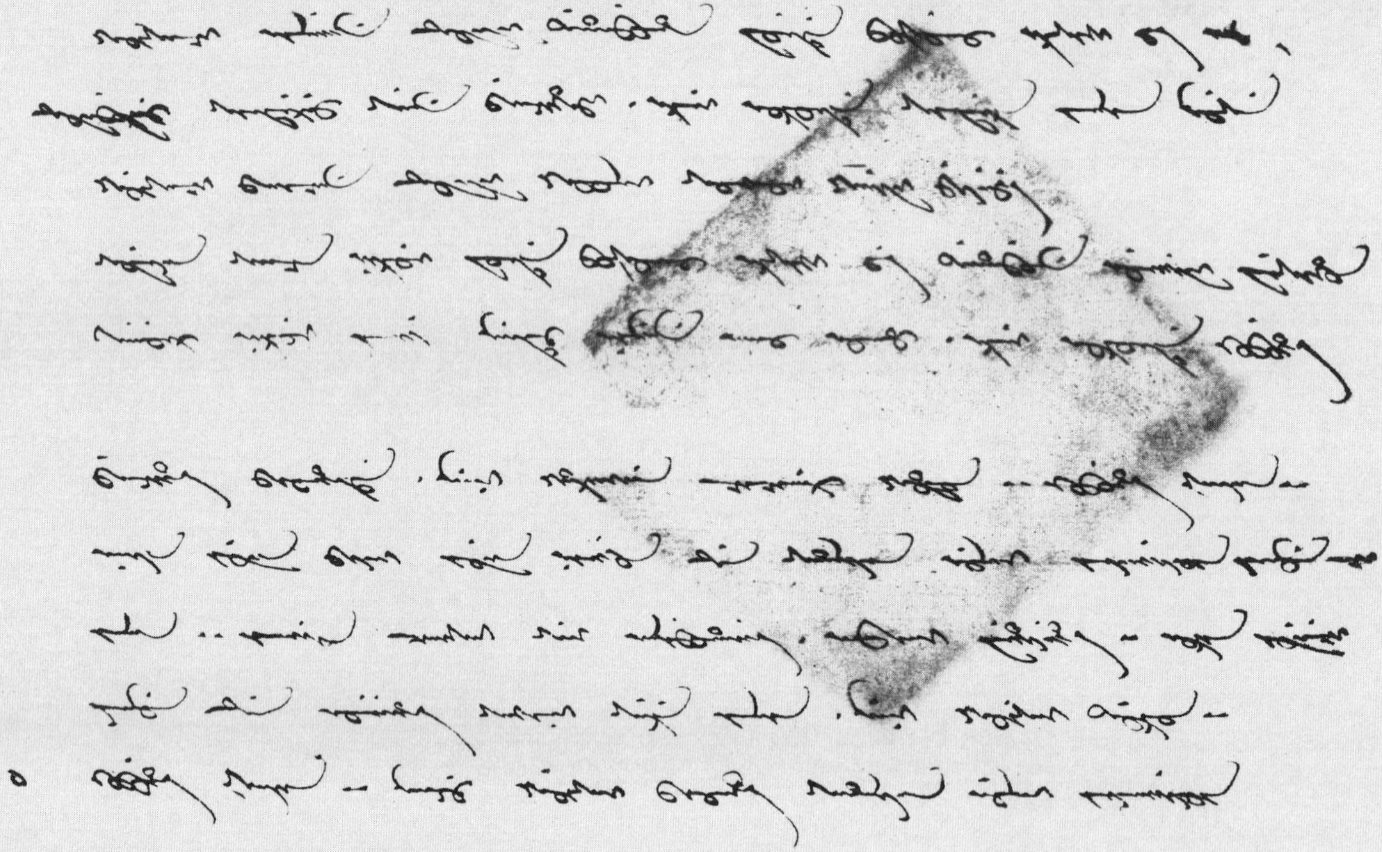

乾隆二十三年正月初四日

将军衙门文

九二六　镶白满洲旗为齐齐哈尔城镶白旗达斡尔佐领门图病故其所遗缺准以额尔西奇补授事咨黑龙江

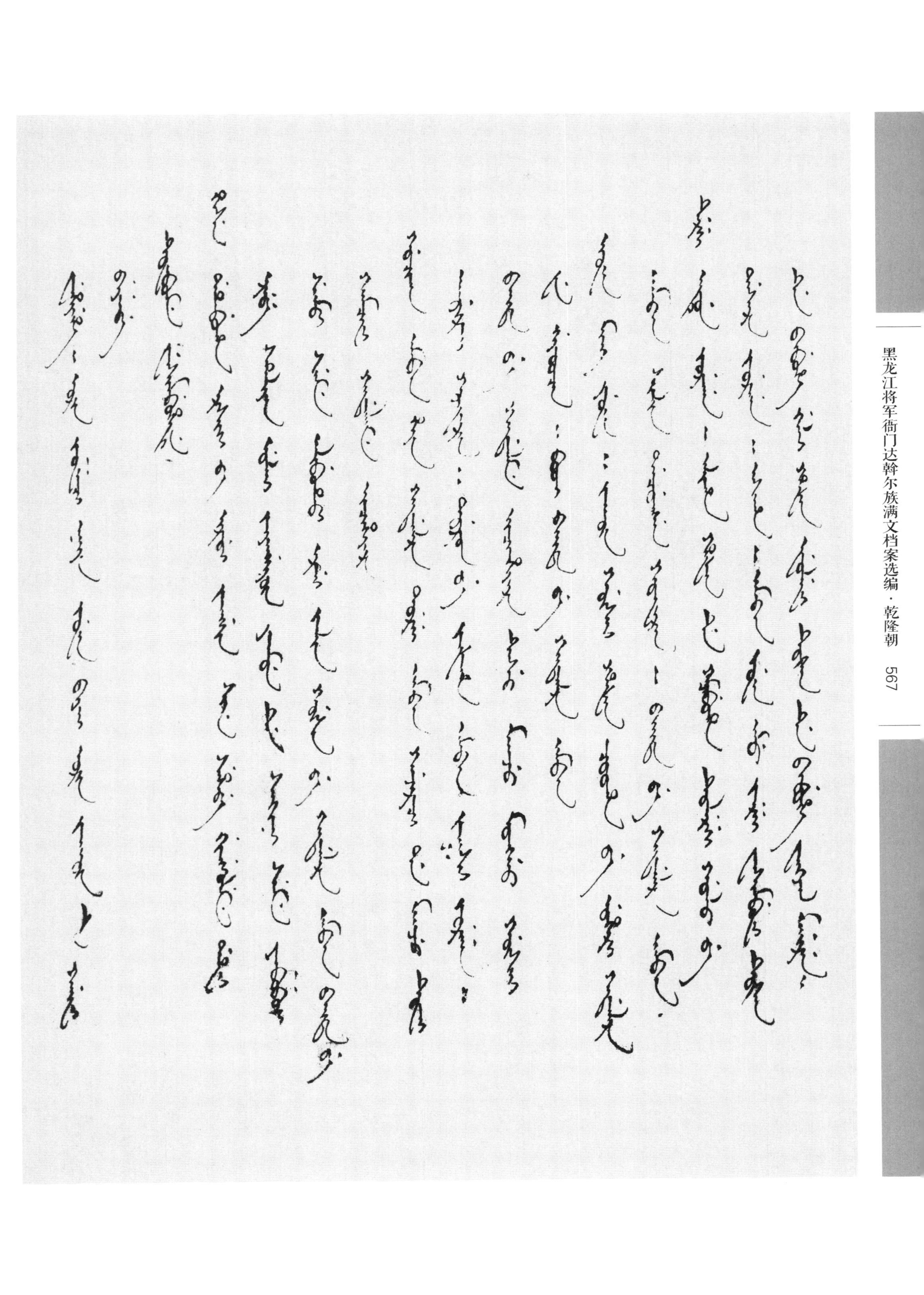

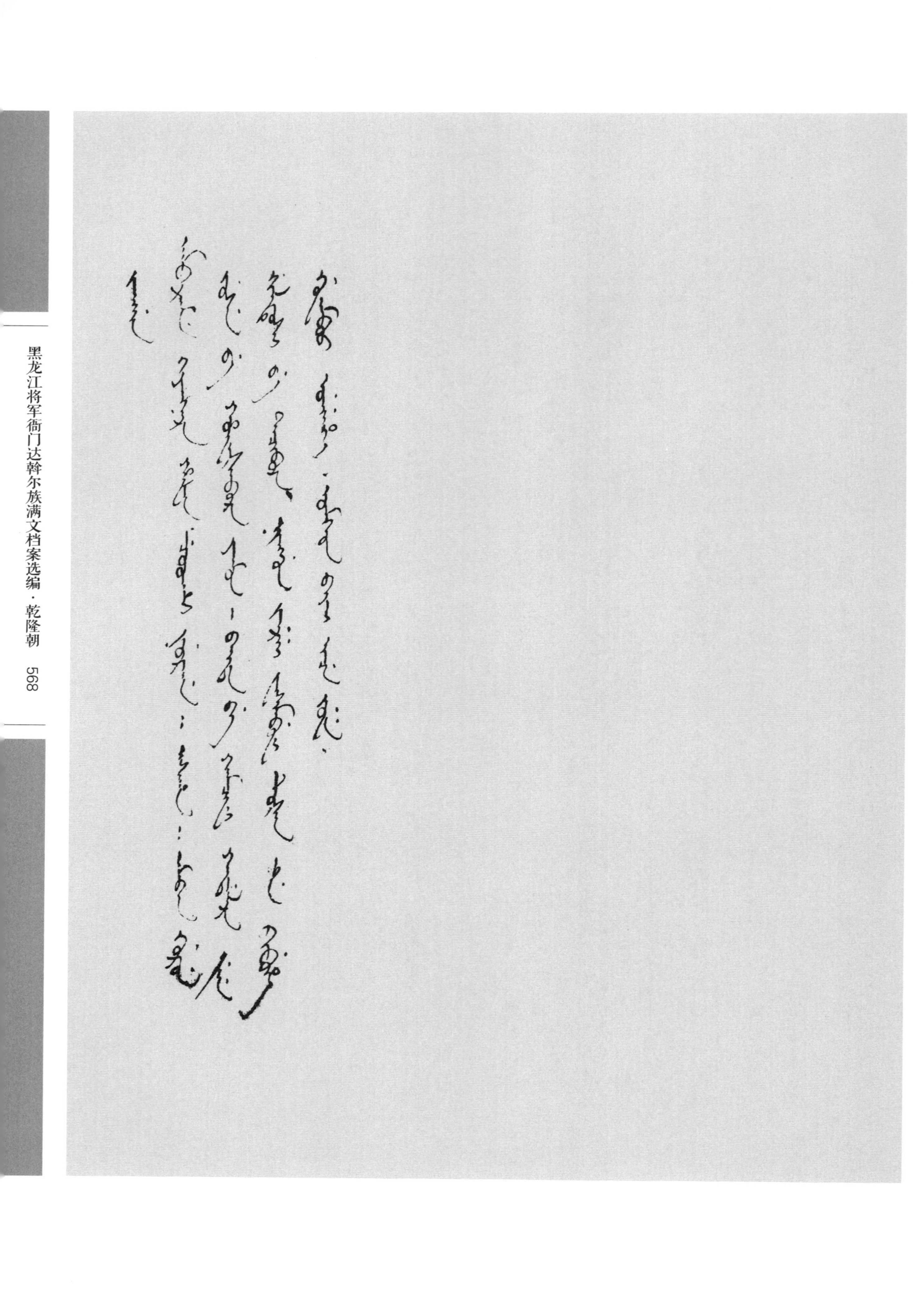

[illegible]

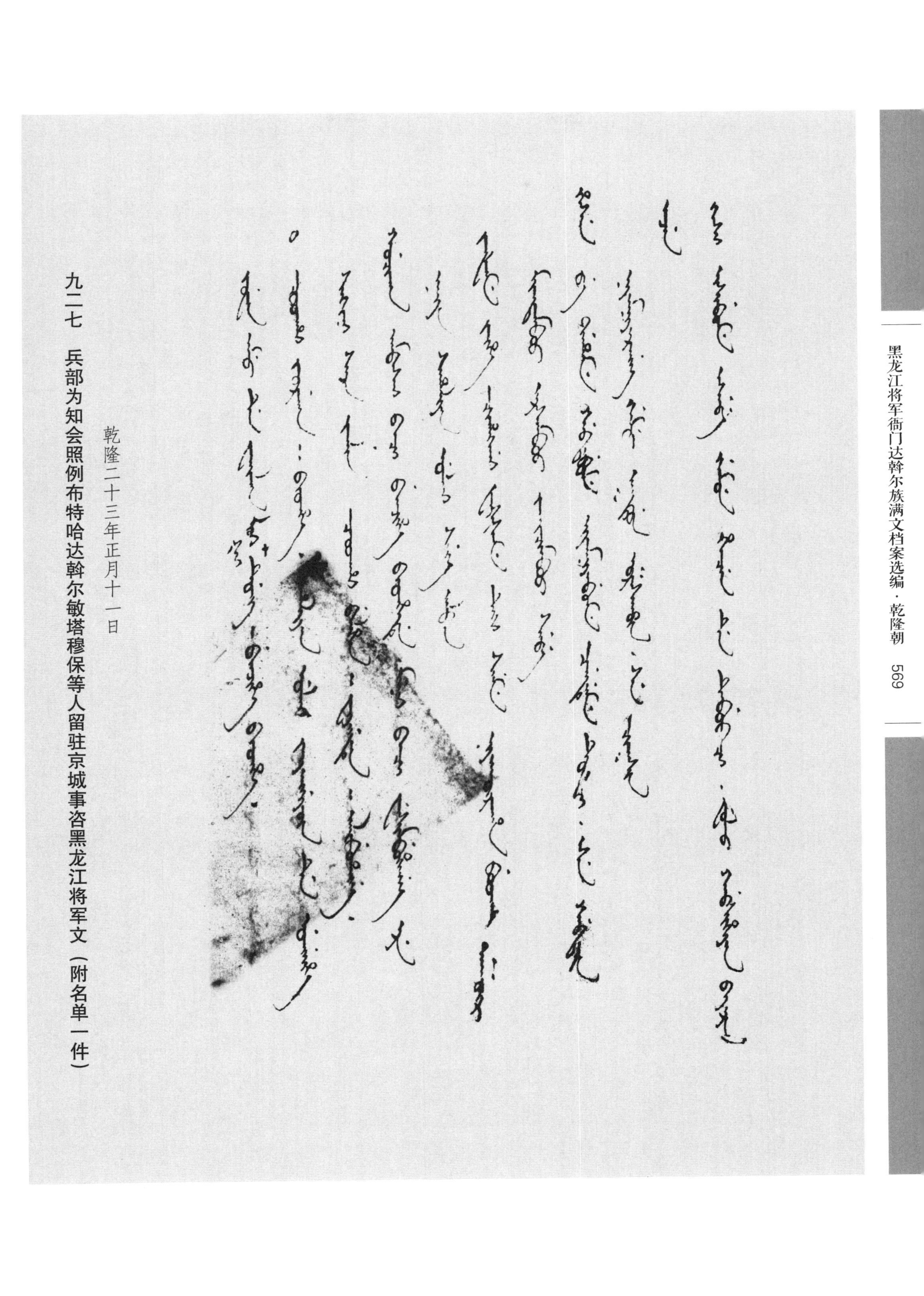

乾隆二十三年正月十一日

九二七　兵部为知会照例布特哈达斡尔敏塔穆保等人留驻京城事咨黑龙江将军文（附名单一件）

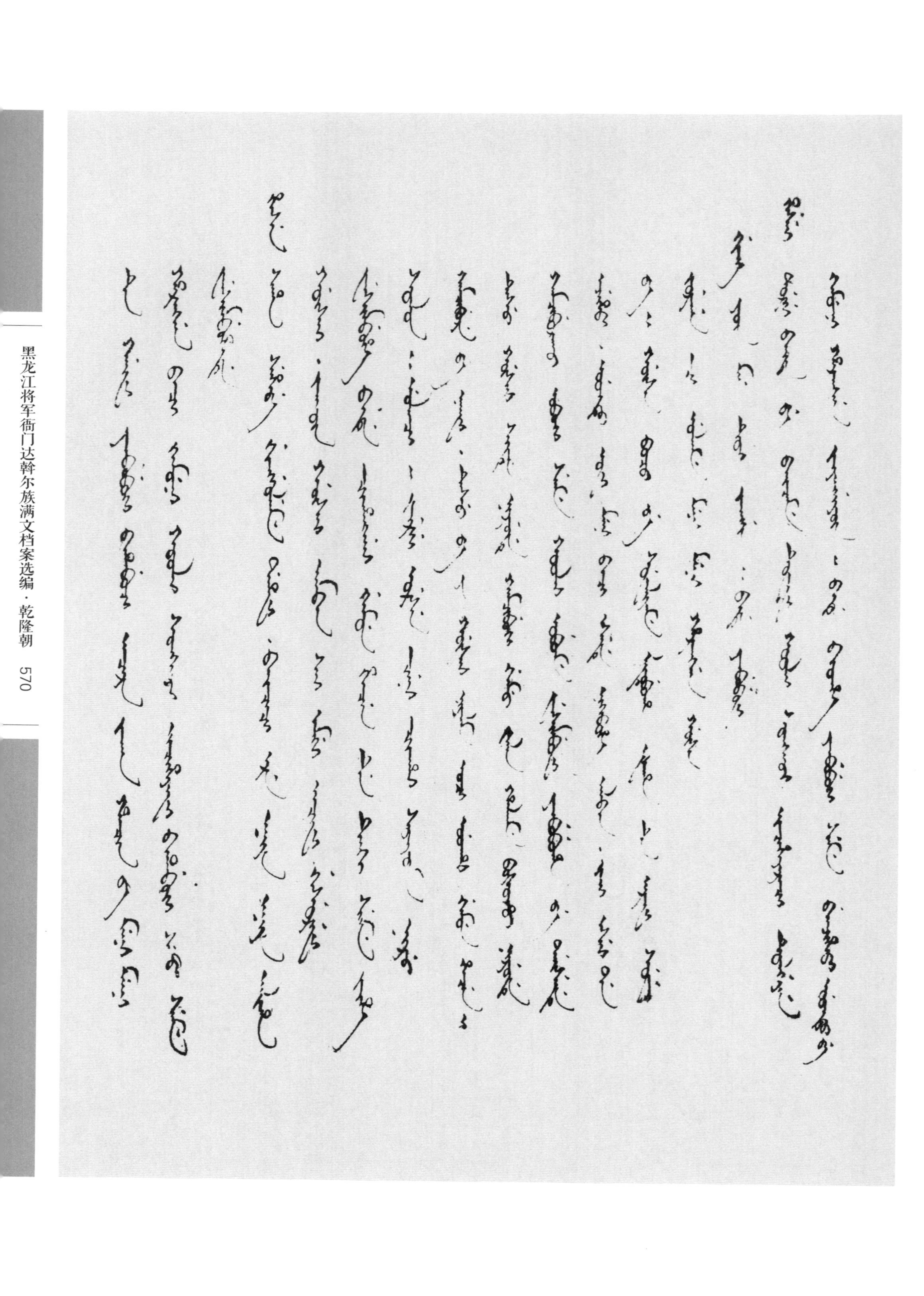

[illegible]

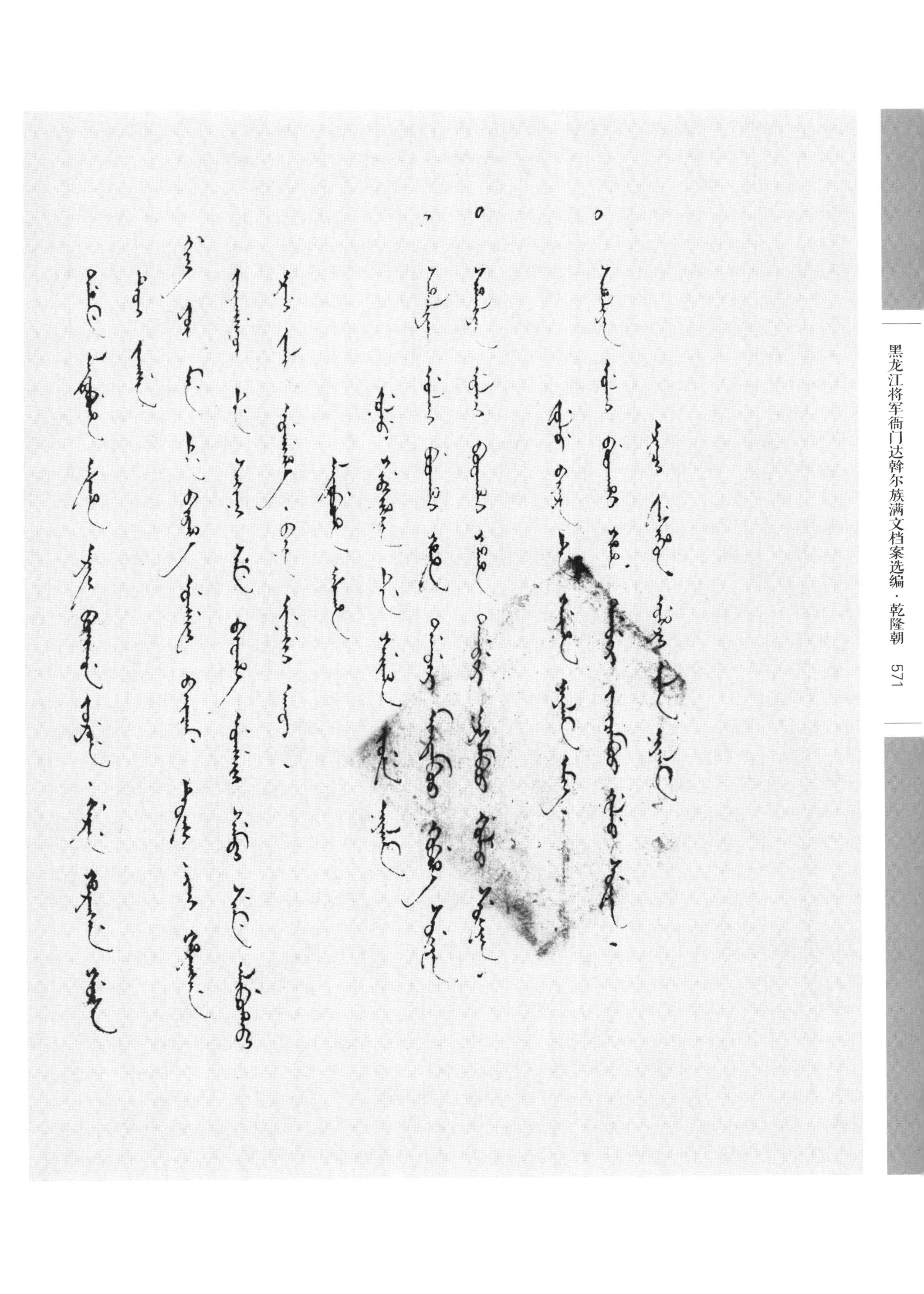

九二八　理藩院为布特哈正白旗达斡尔世管佐领托多尔海出缺准以苏清阿承袭事咨黑龙江将军文

乾隆二十三年正月十一日

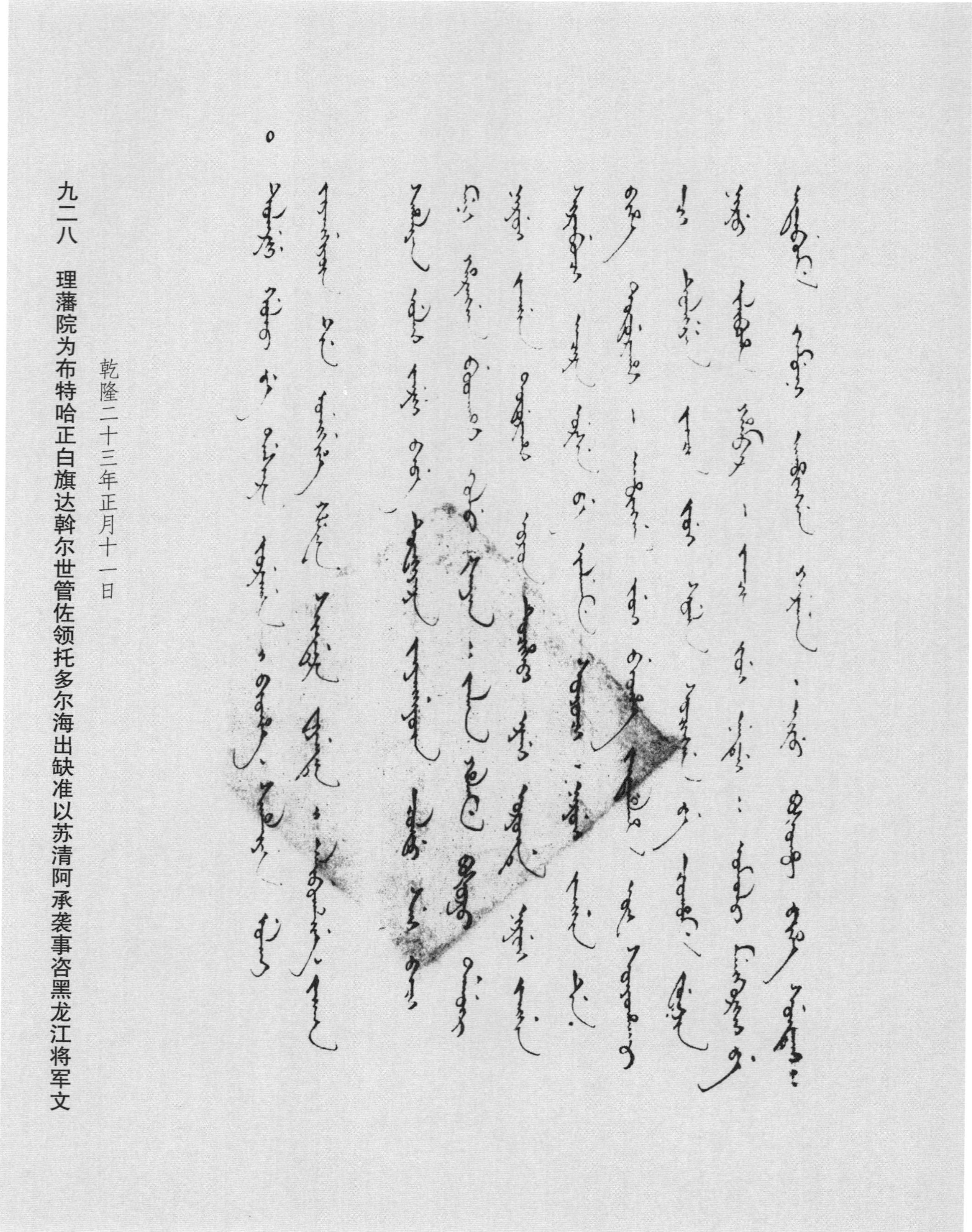

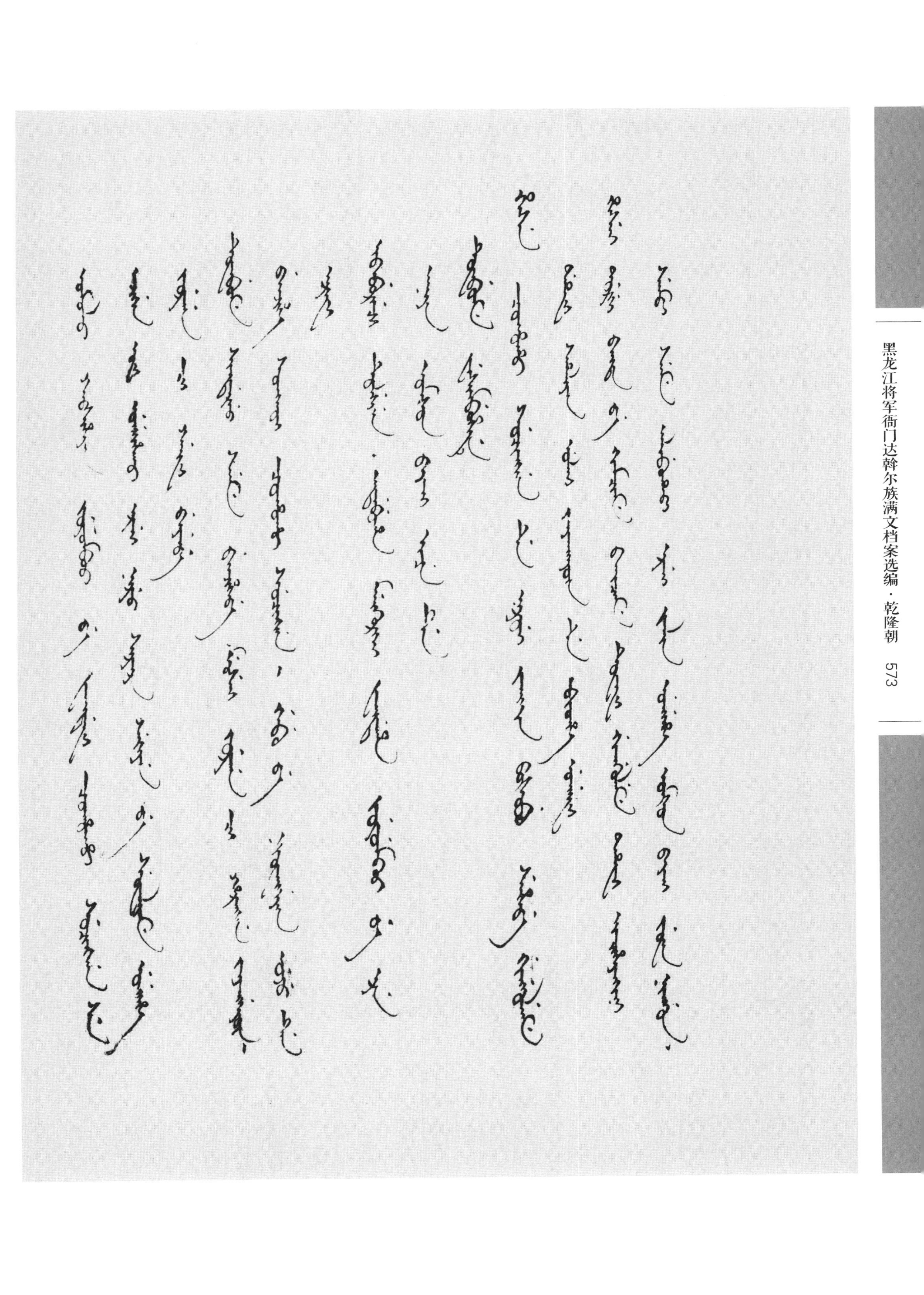

[illegible]

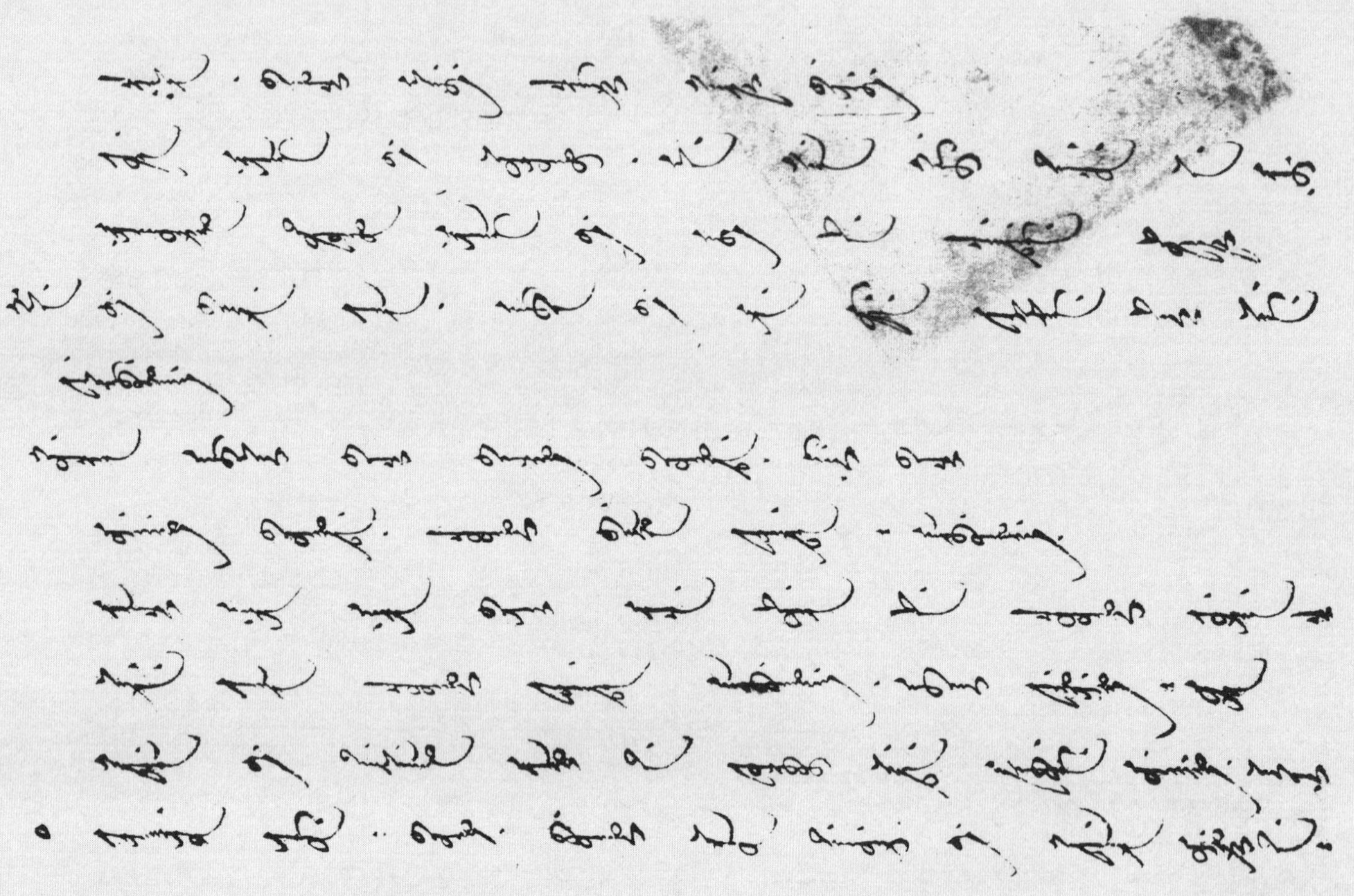

乾隆二十三年正月十五日

九二九 黑龙江将军衙门为布特哈达斡尔甘多等留驻京城事札署布特哈索伦达斡尔总管佛济保等文

（附名单一件）

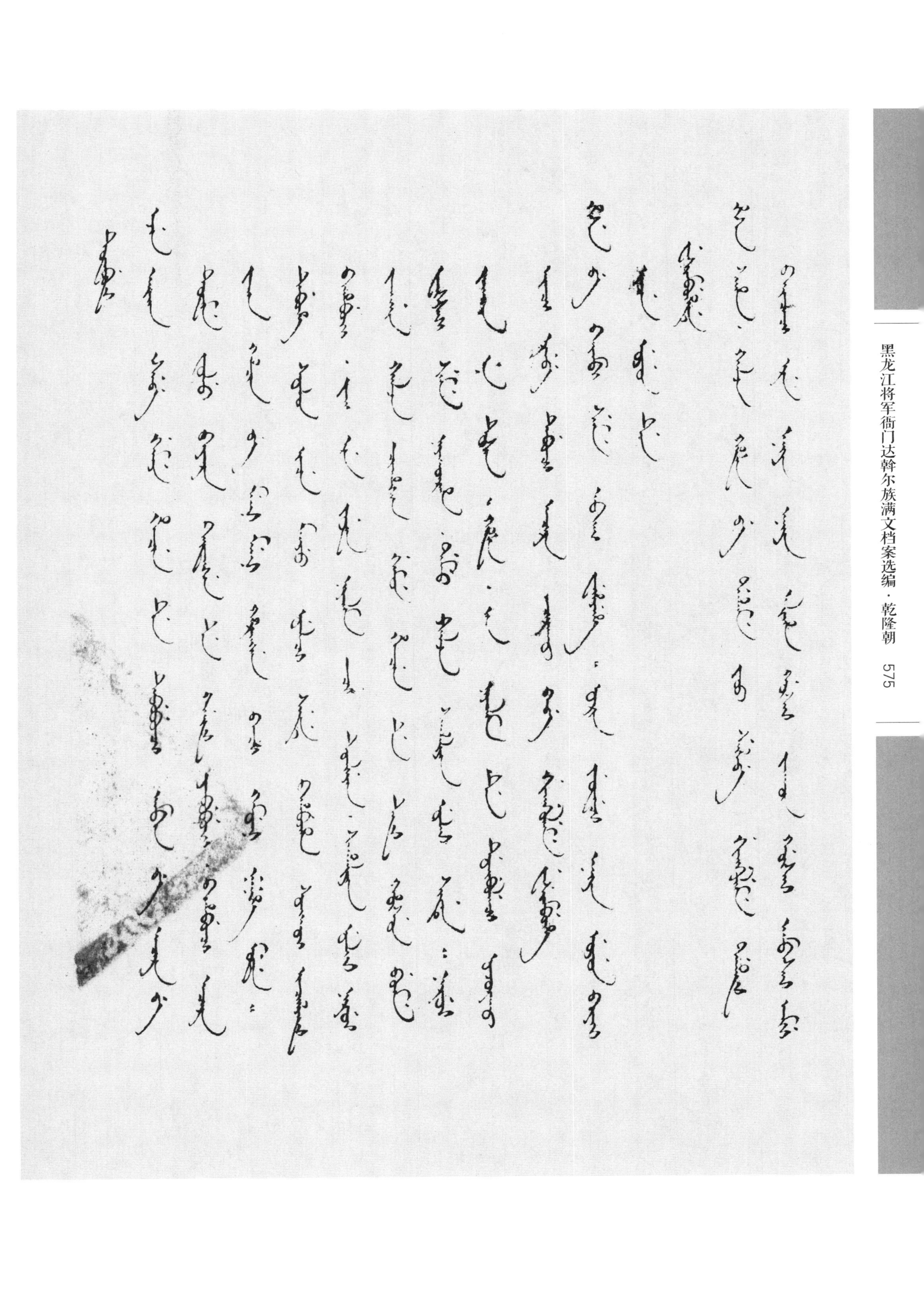

[illegible]

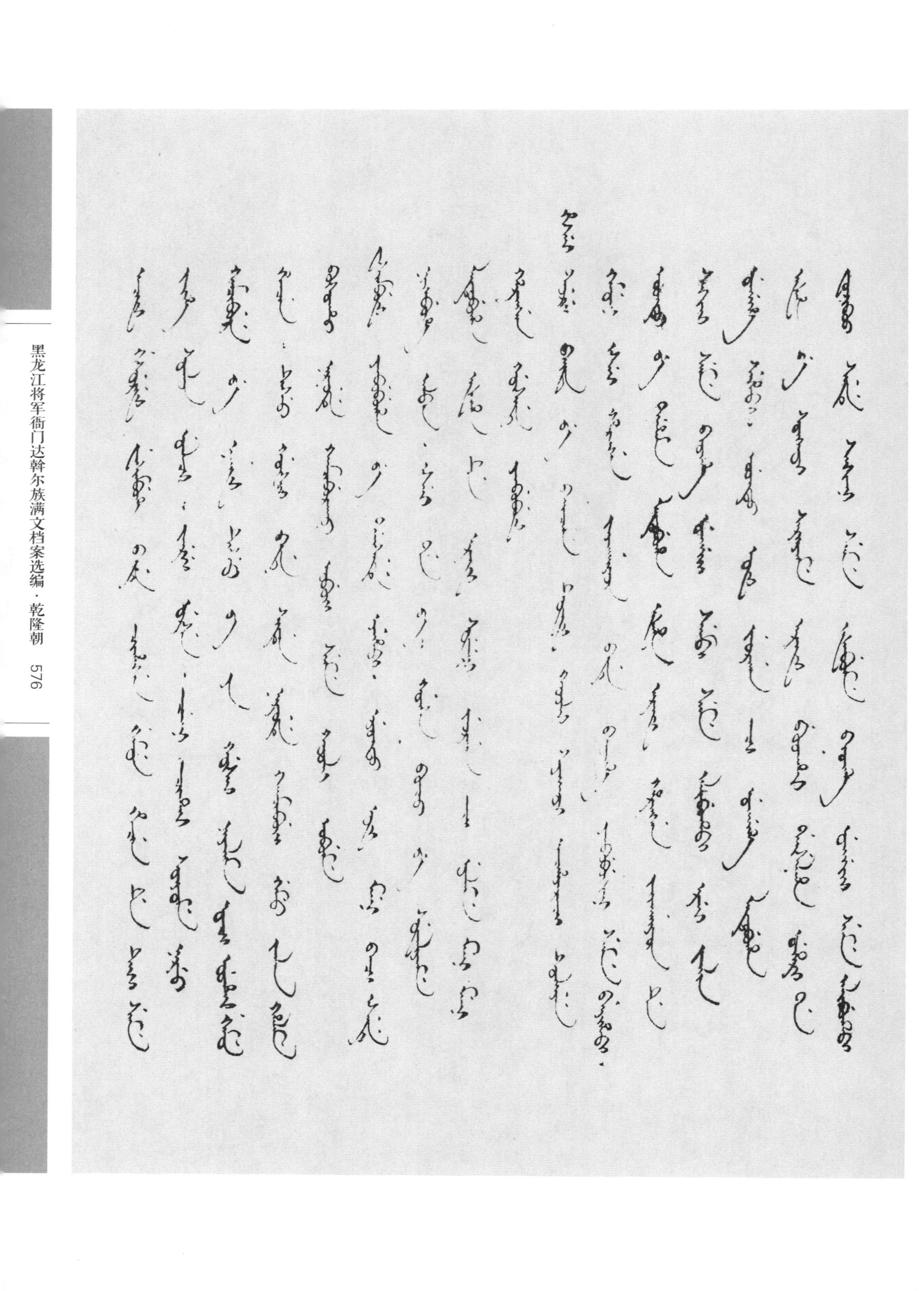

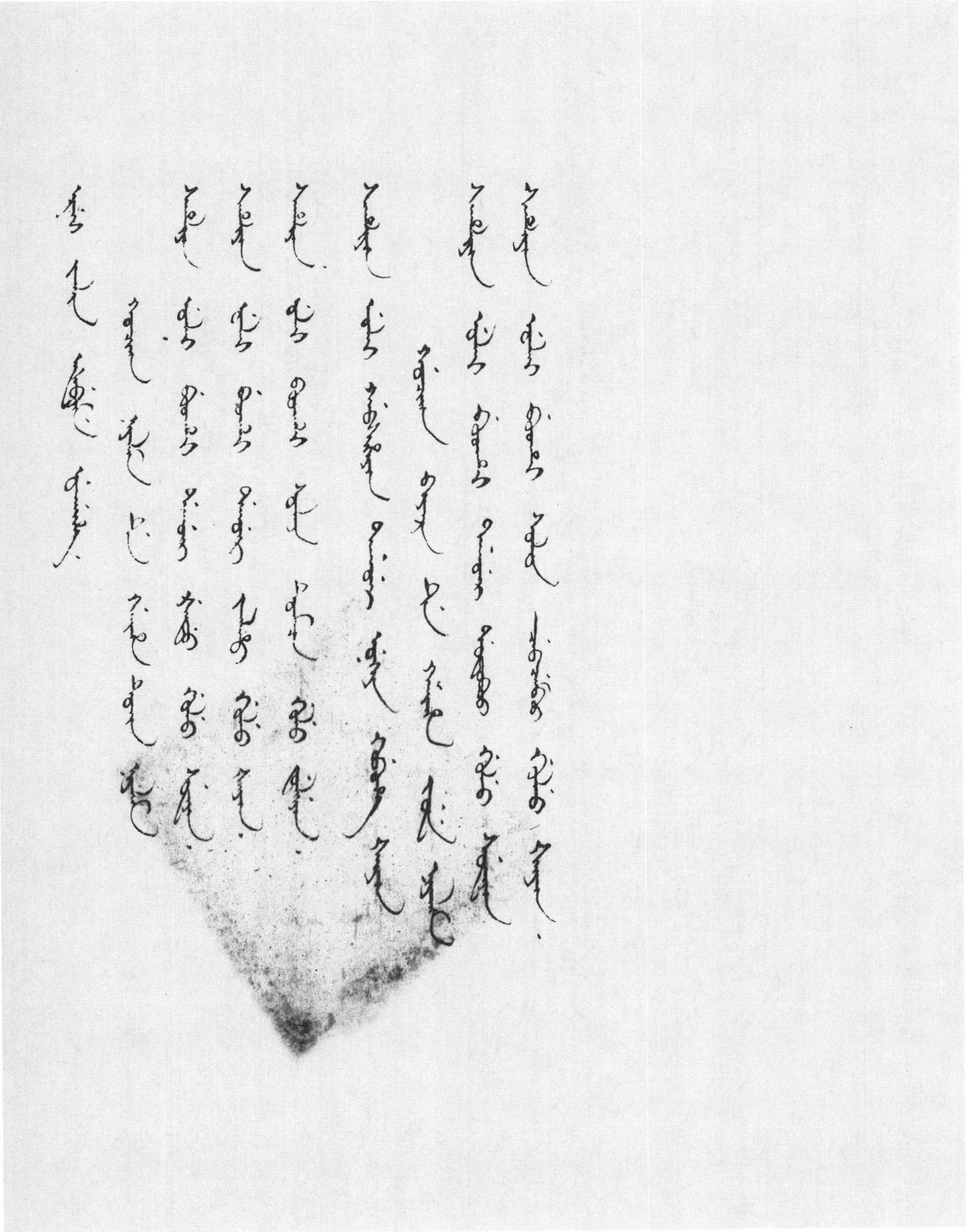

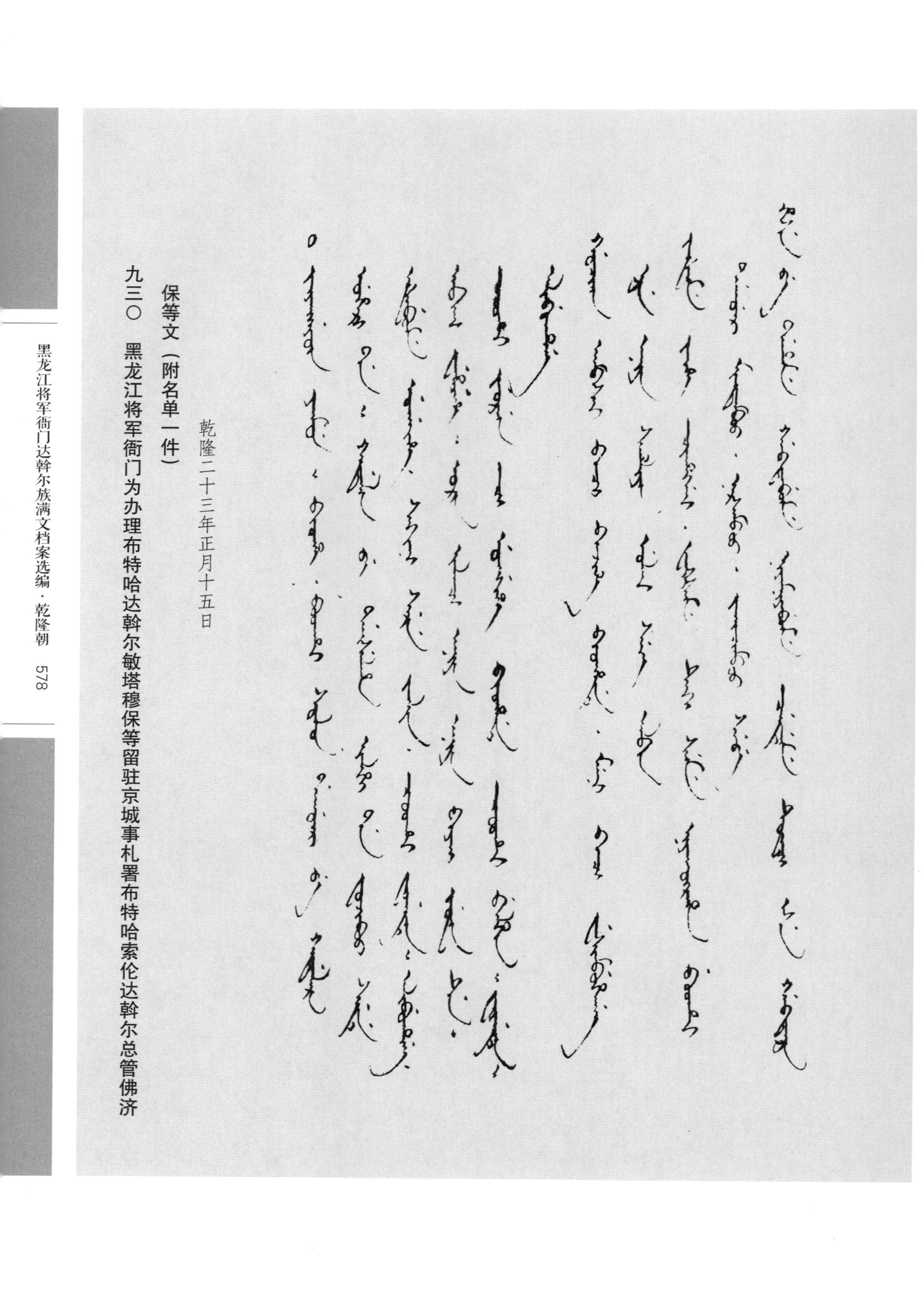

九三〇 黑龙江将军衙门为办理布特哈达斡尔敏塔穆保等留驻京城事札署布特哈索伦达斡尔总管佛济保等文（附名单一件）

乾隆二十三年正月十五日

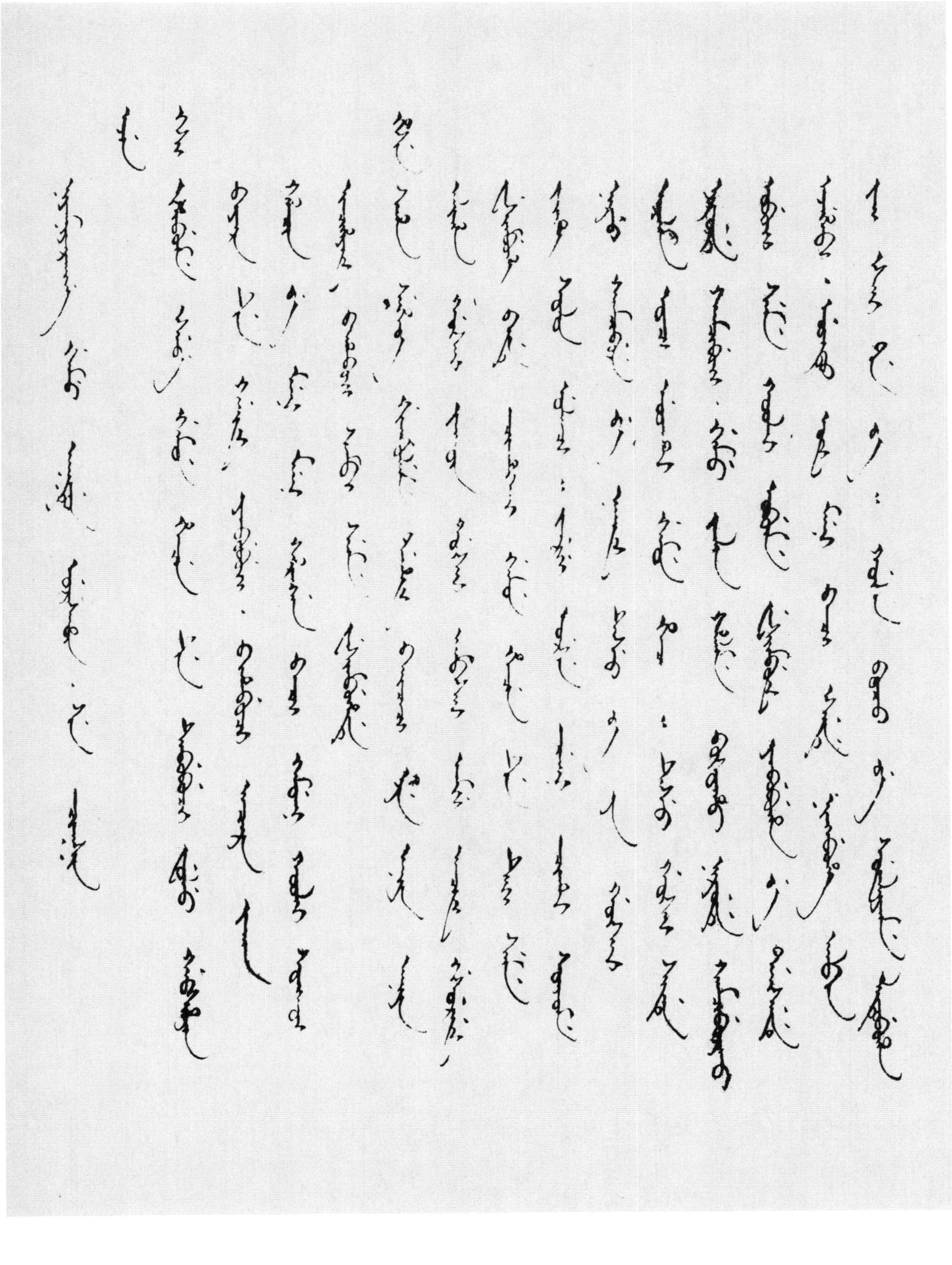

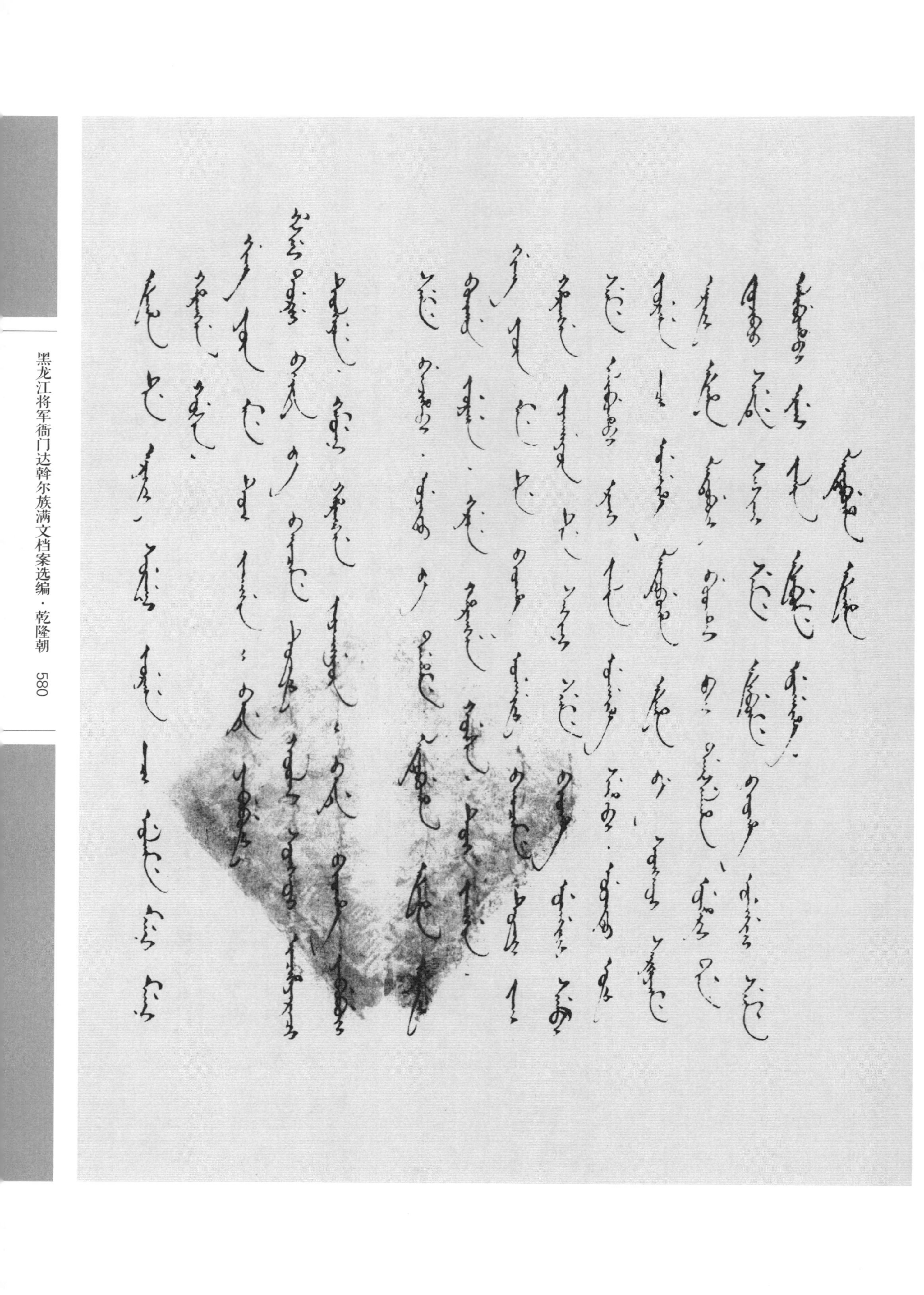

[illegible]

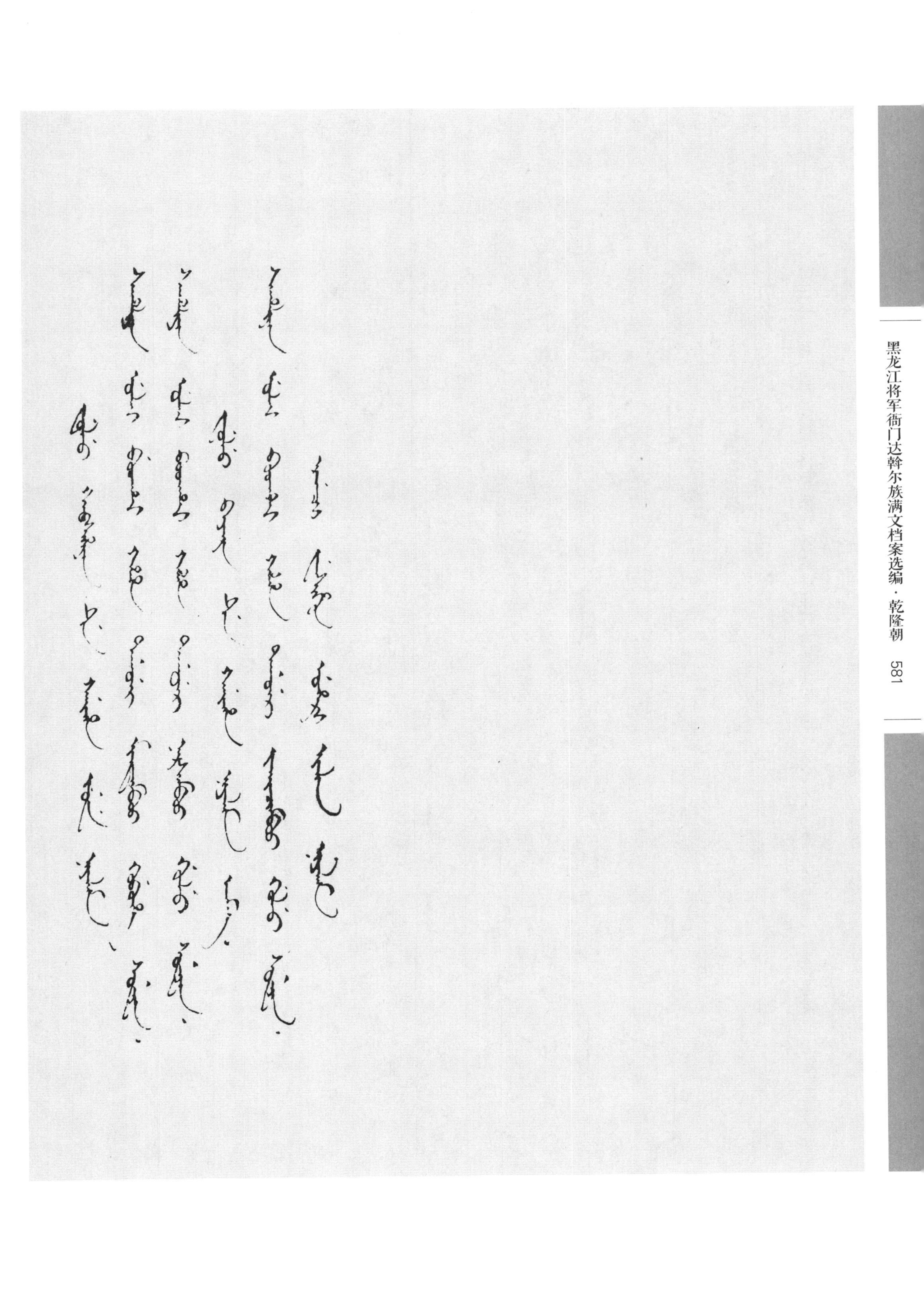

[illegible]

九三一 署布特哈索伦达斡尔总管佛济保等为请展限偿还索伦达斡尔应交马驼价银事呈黑龙江将军衙门文

乾隆二十三年正月二十九日

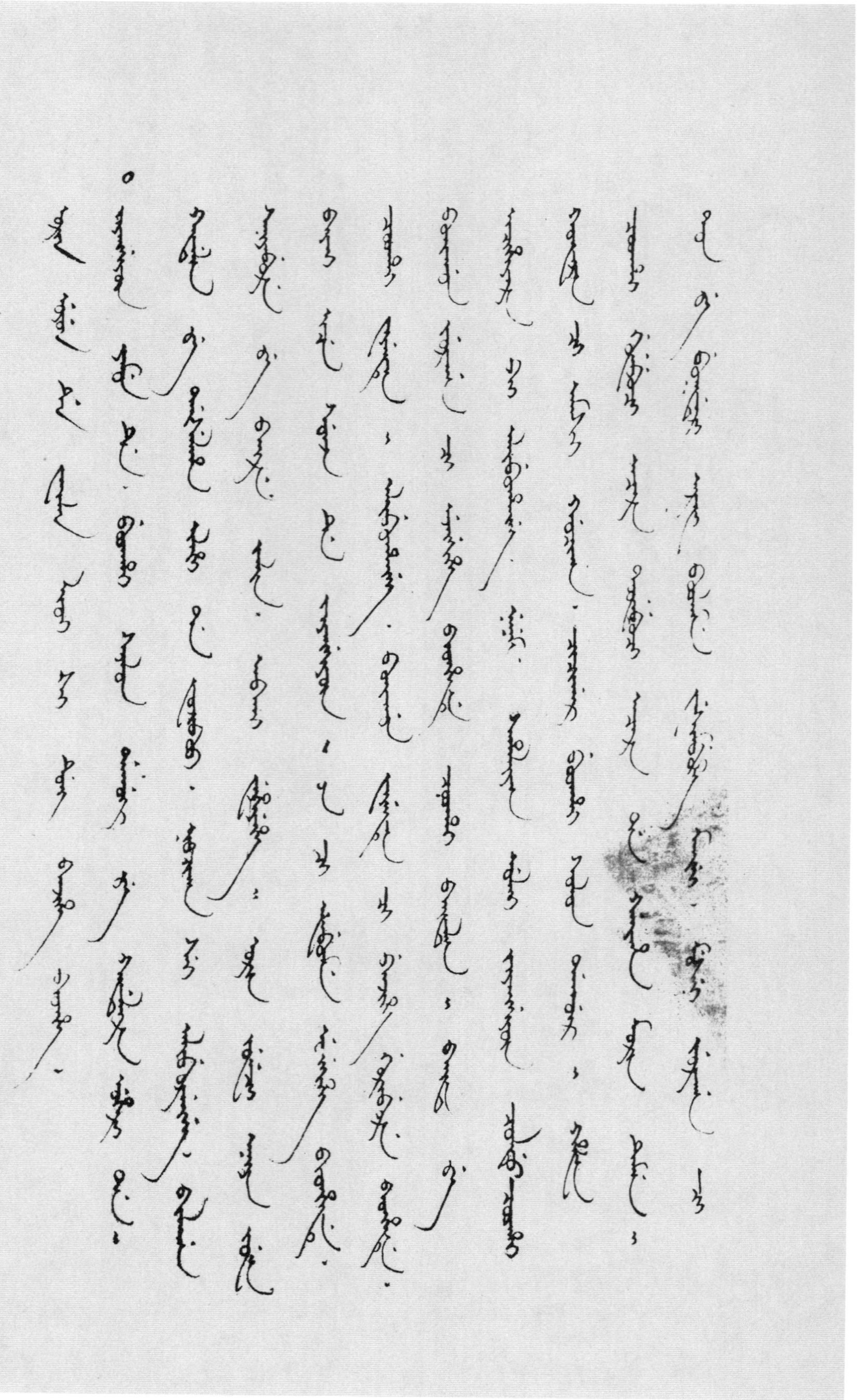

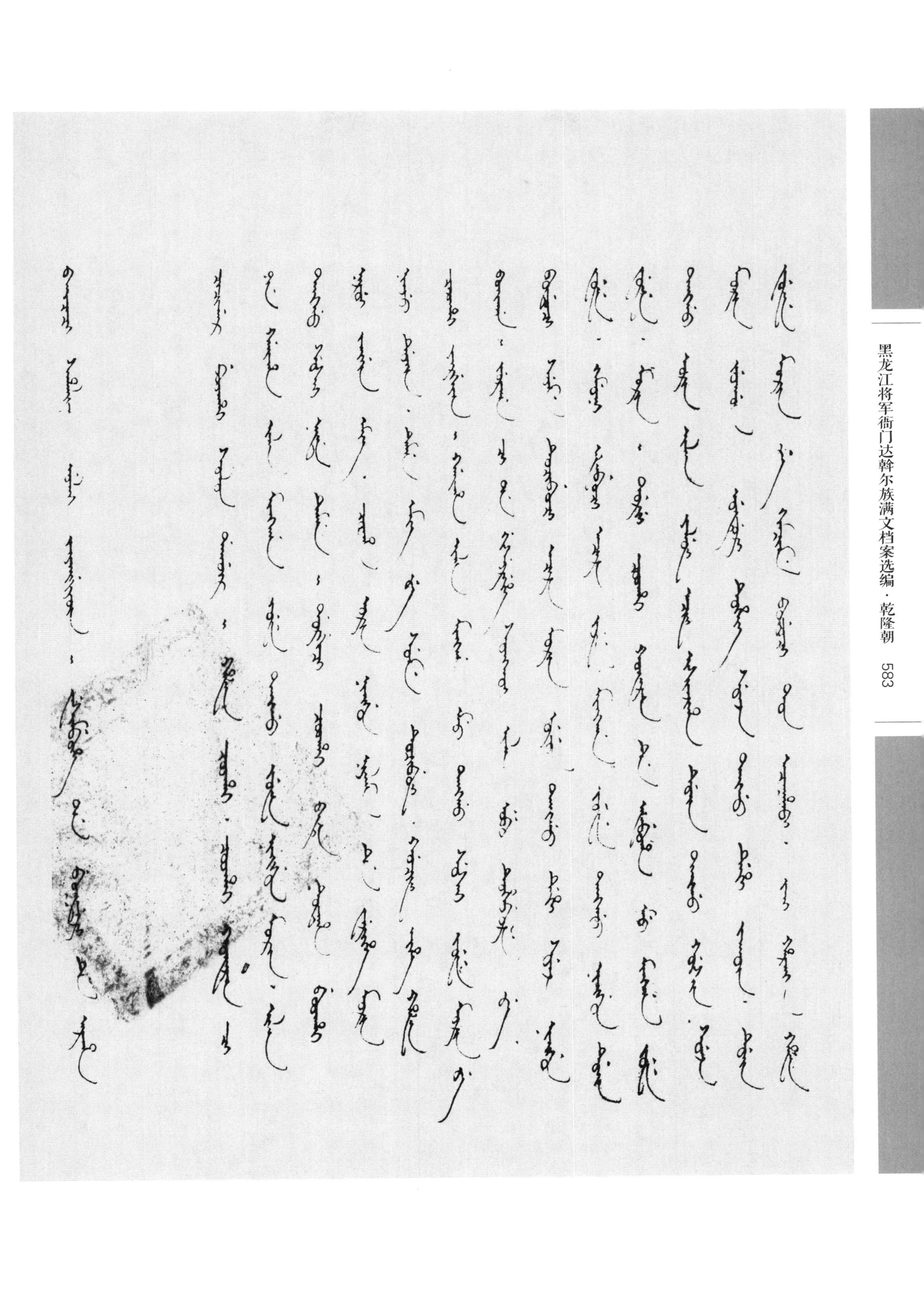

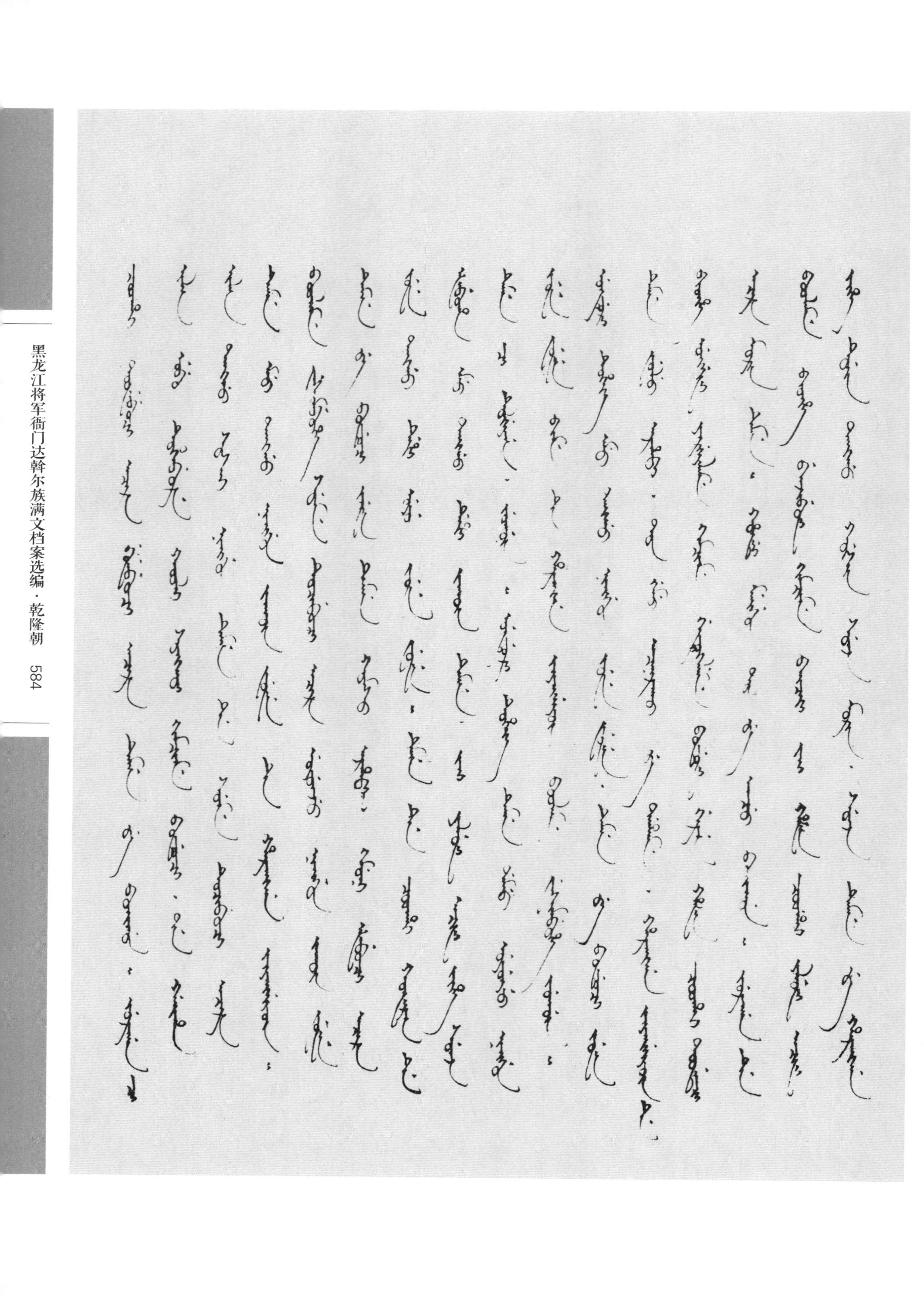

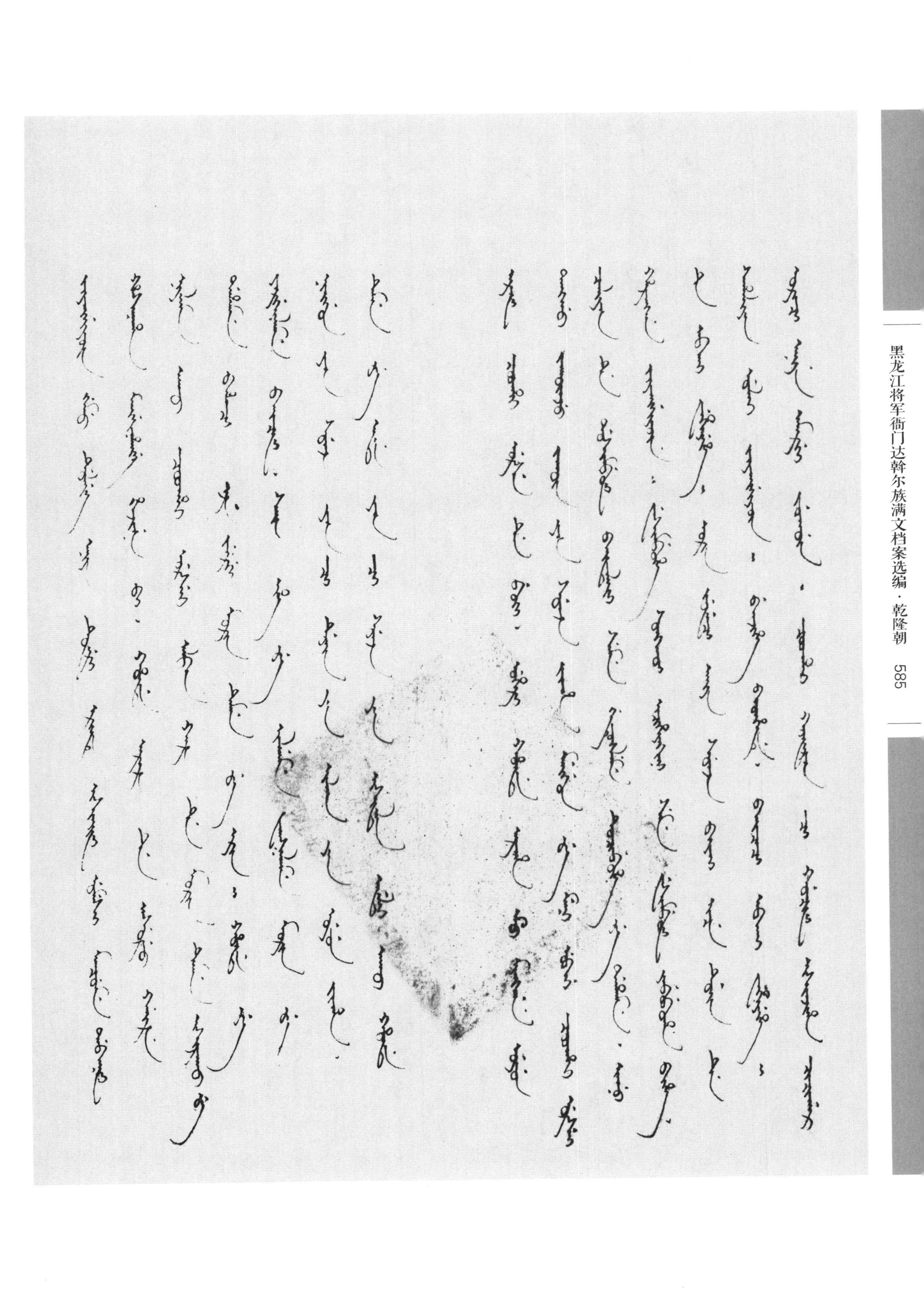

[illegible]

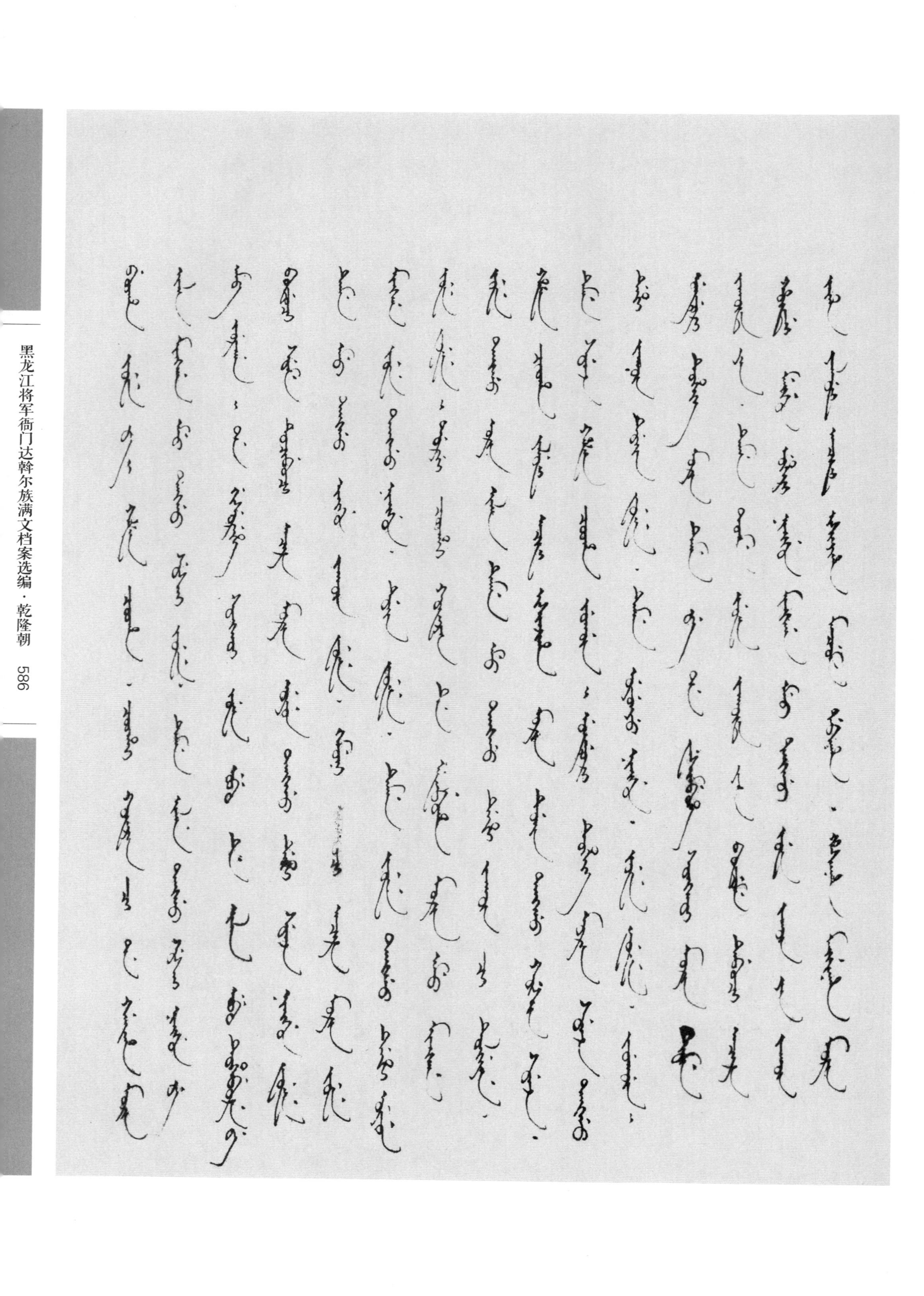

[illegible]

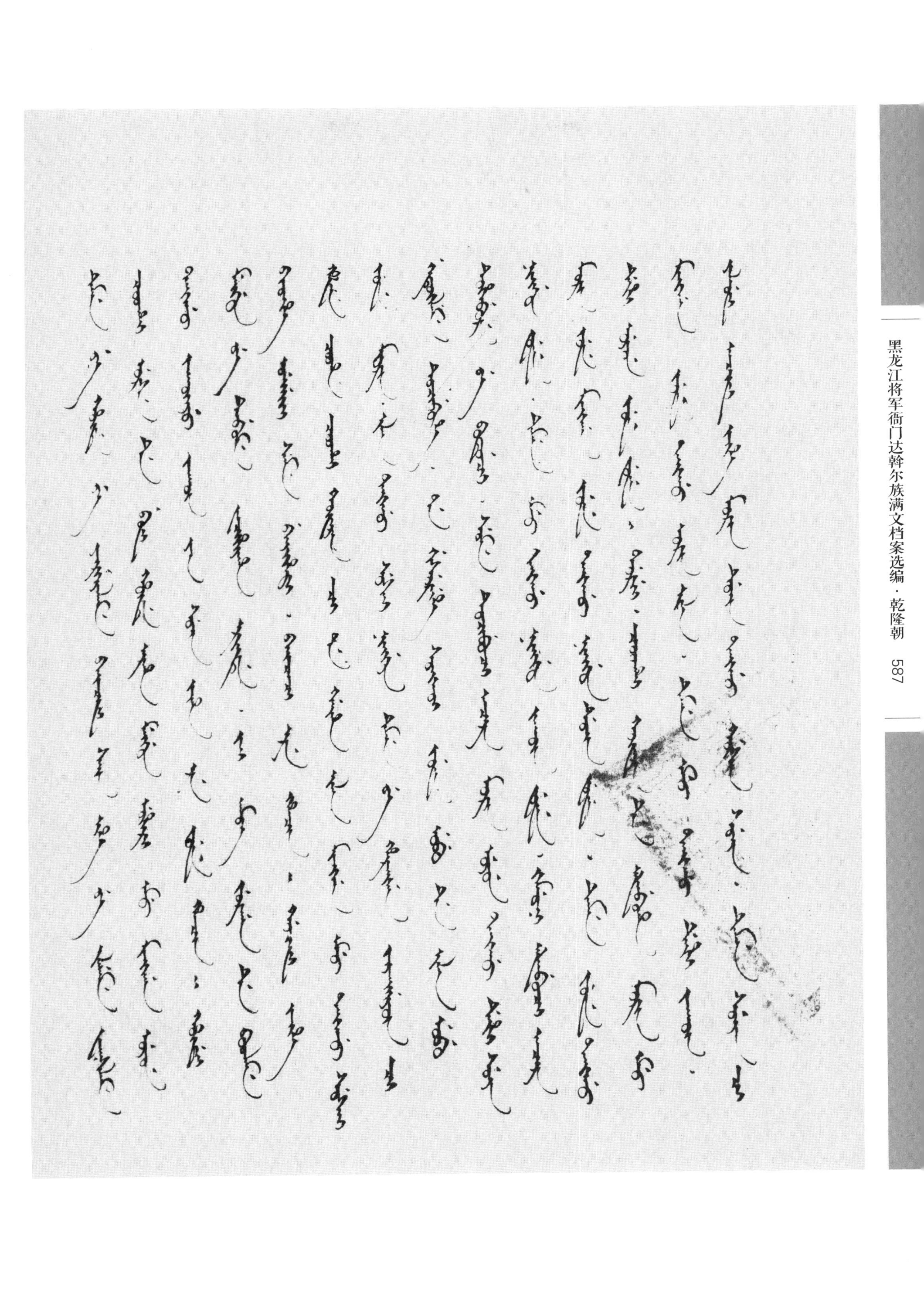

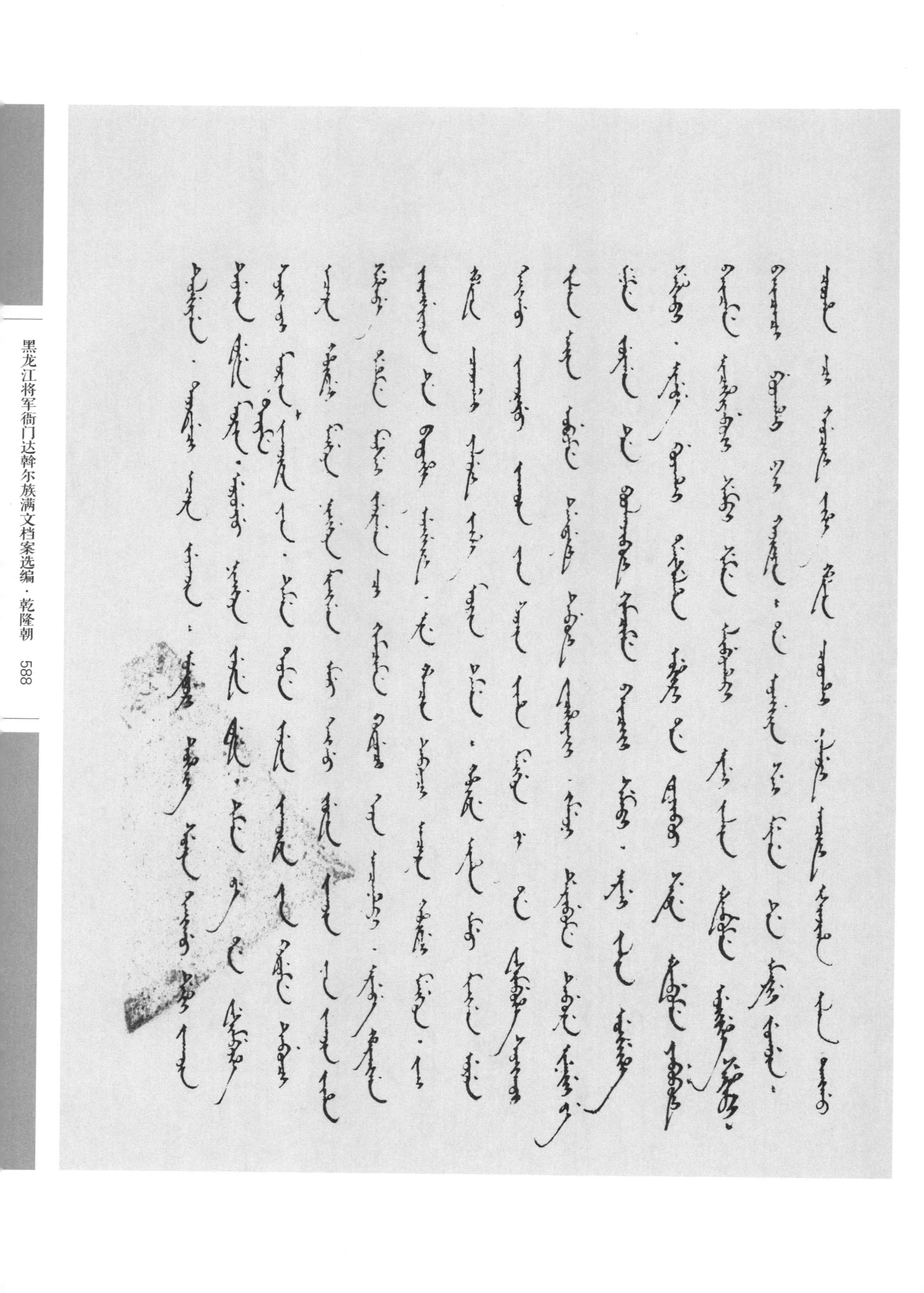

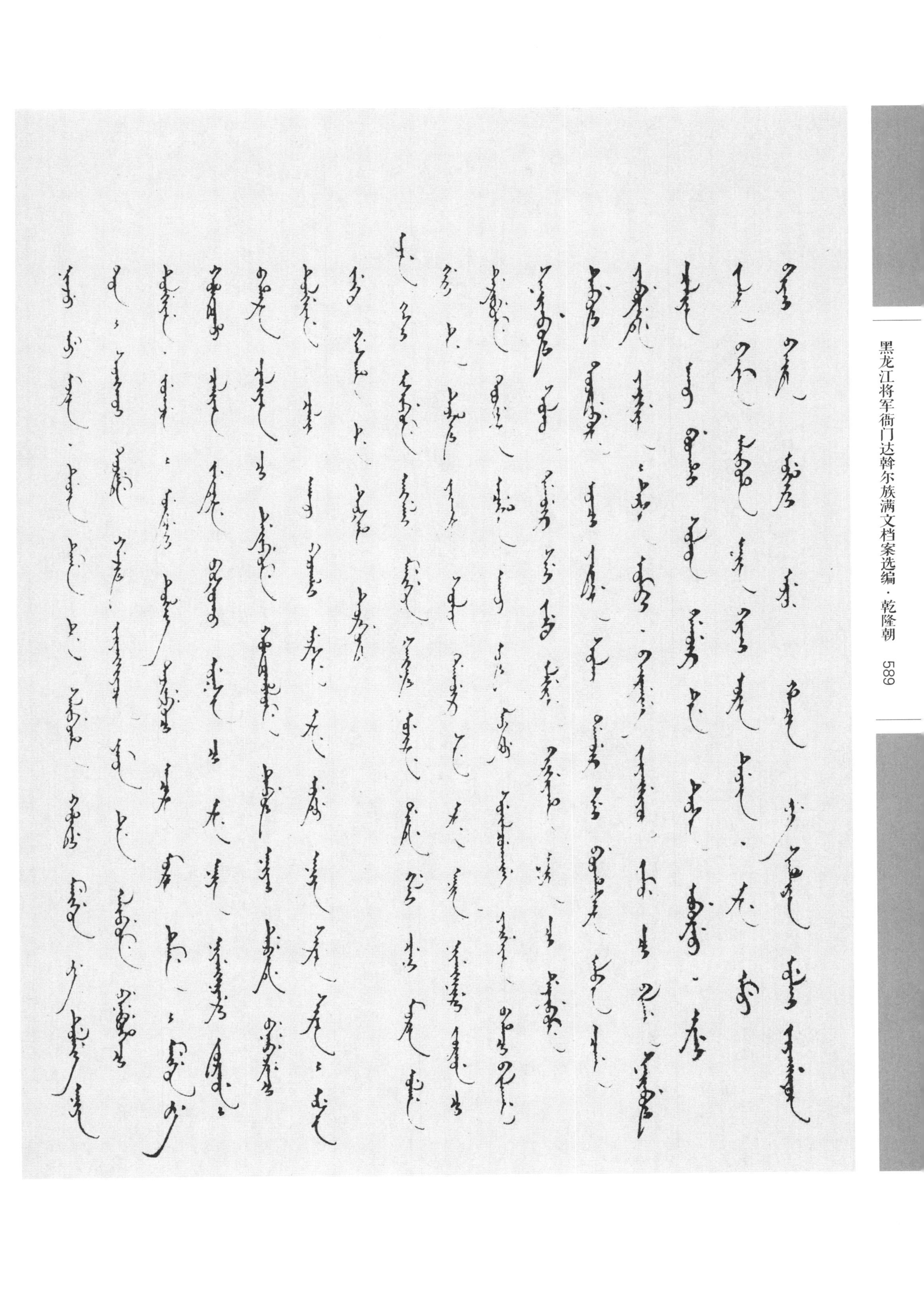

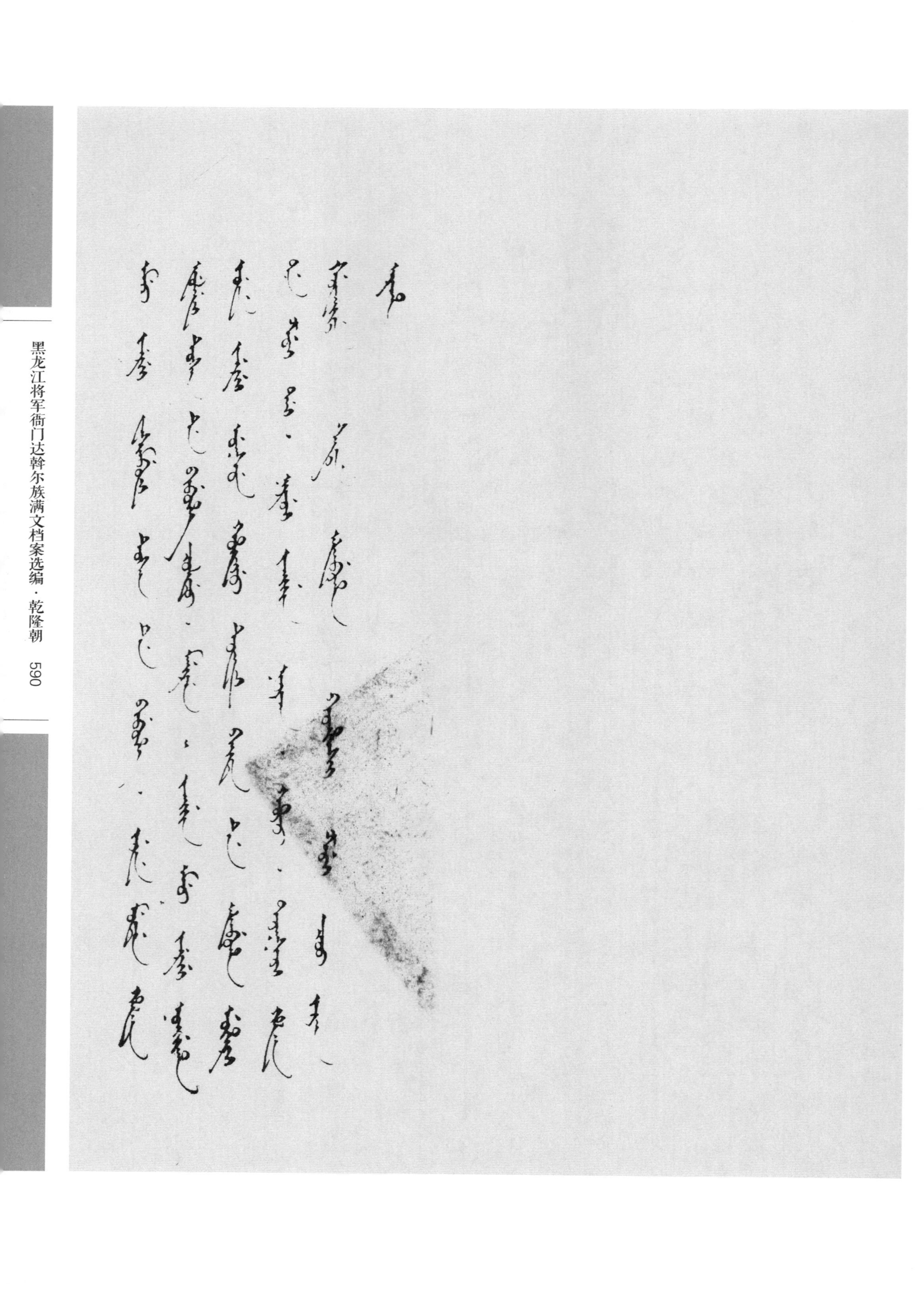

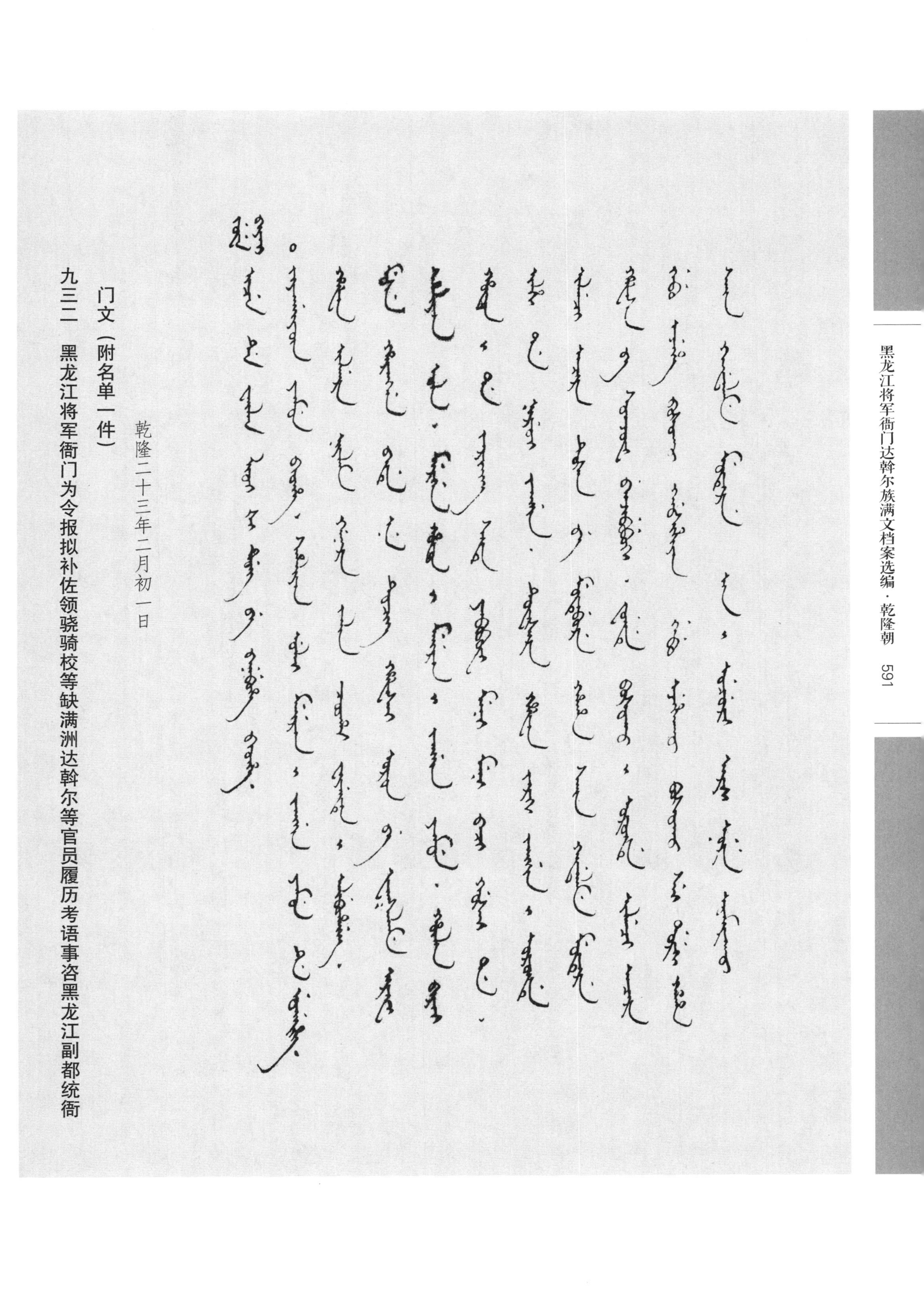

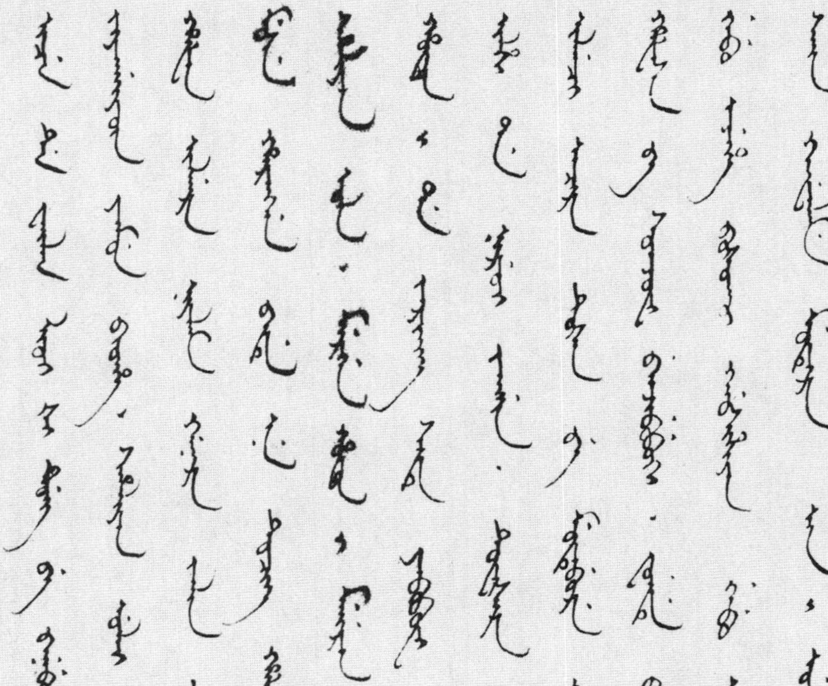

九三二 黑龙江将军衙门为令报拟补佐领骁骑校等缺满洲达斡尔等官员履历考语事咨黑龙江副都统衙门文（附名单一件）

乾隆二十三年二月初一日

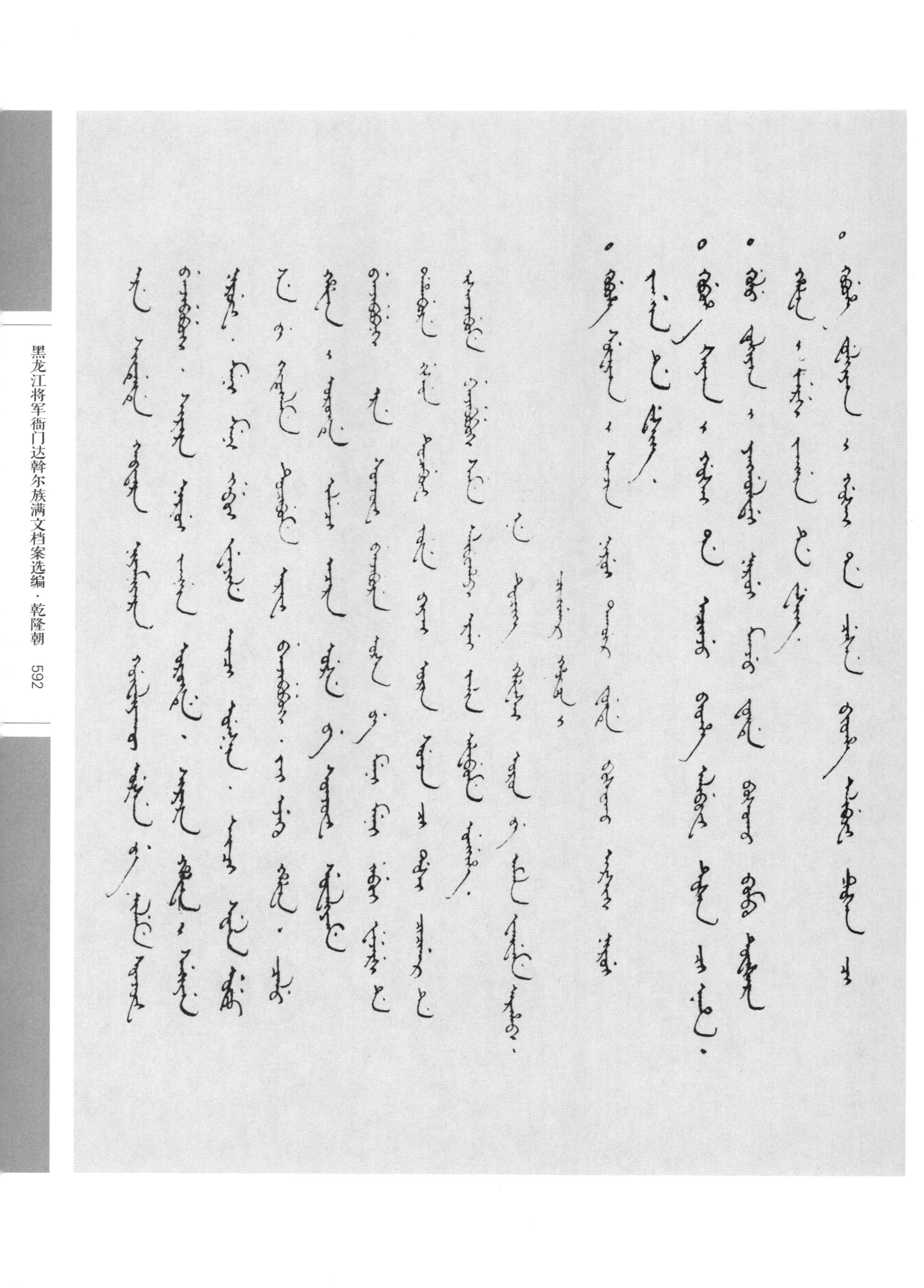

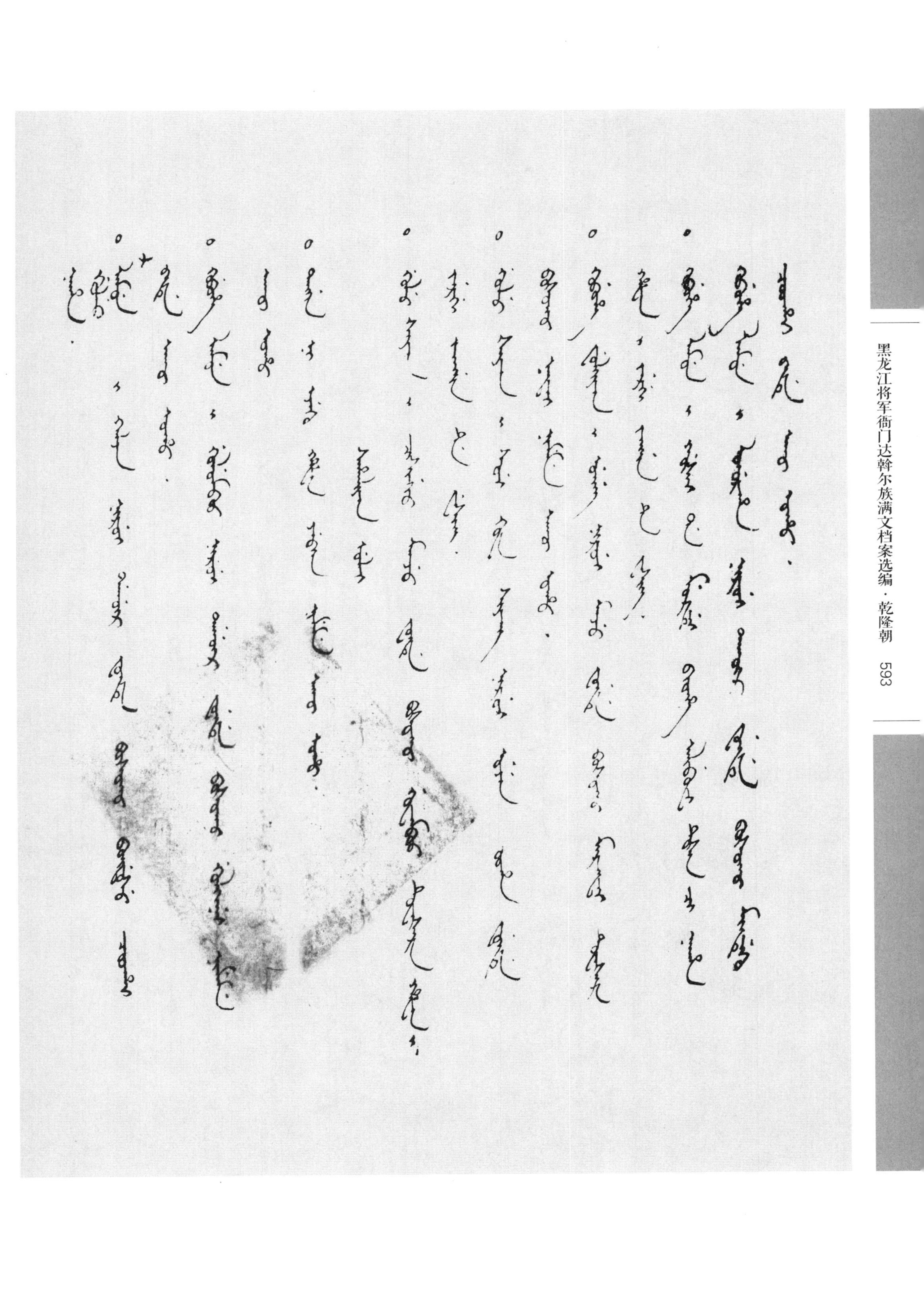

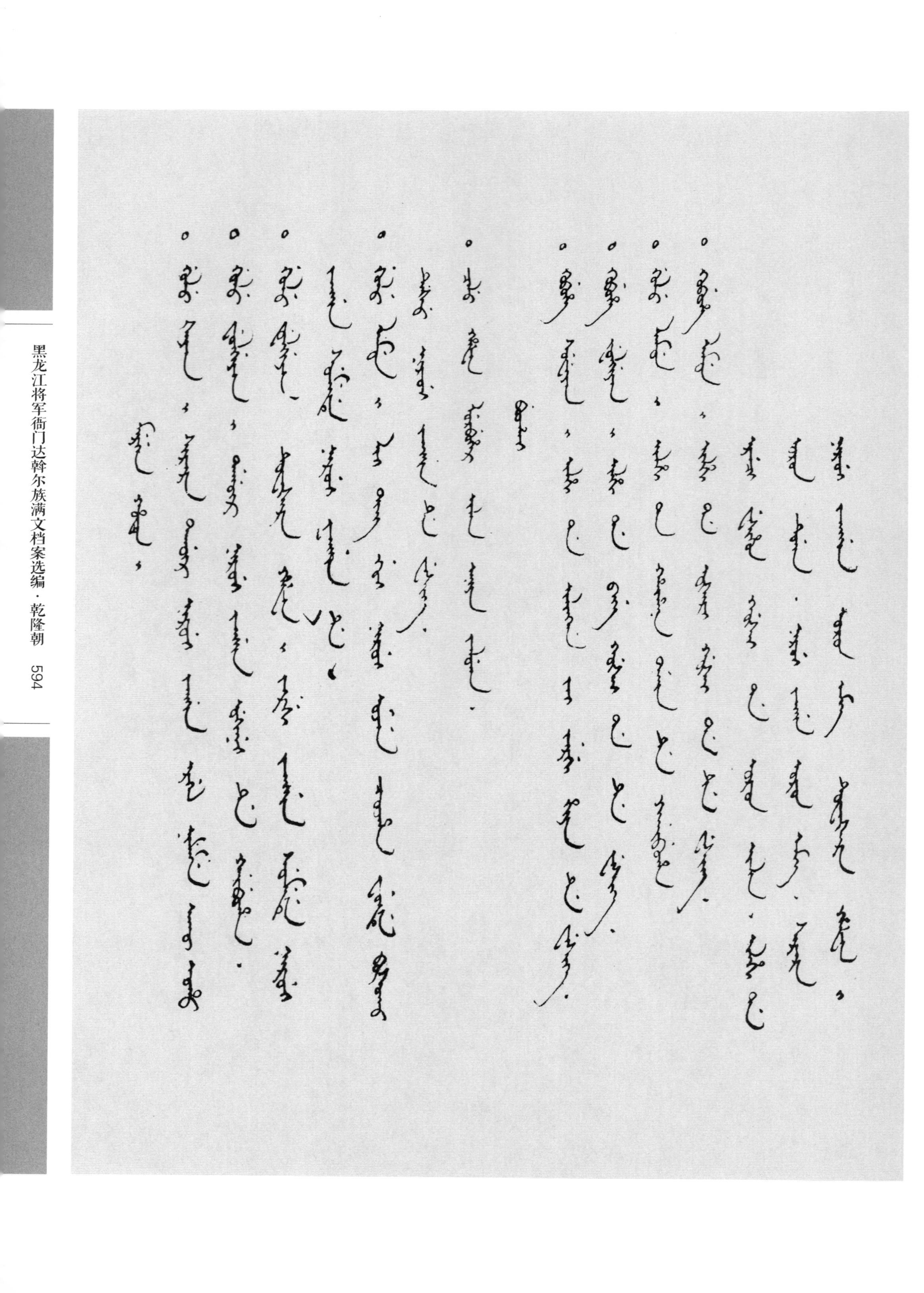

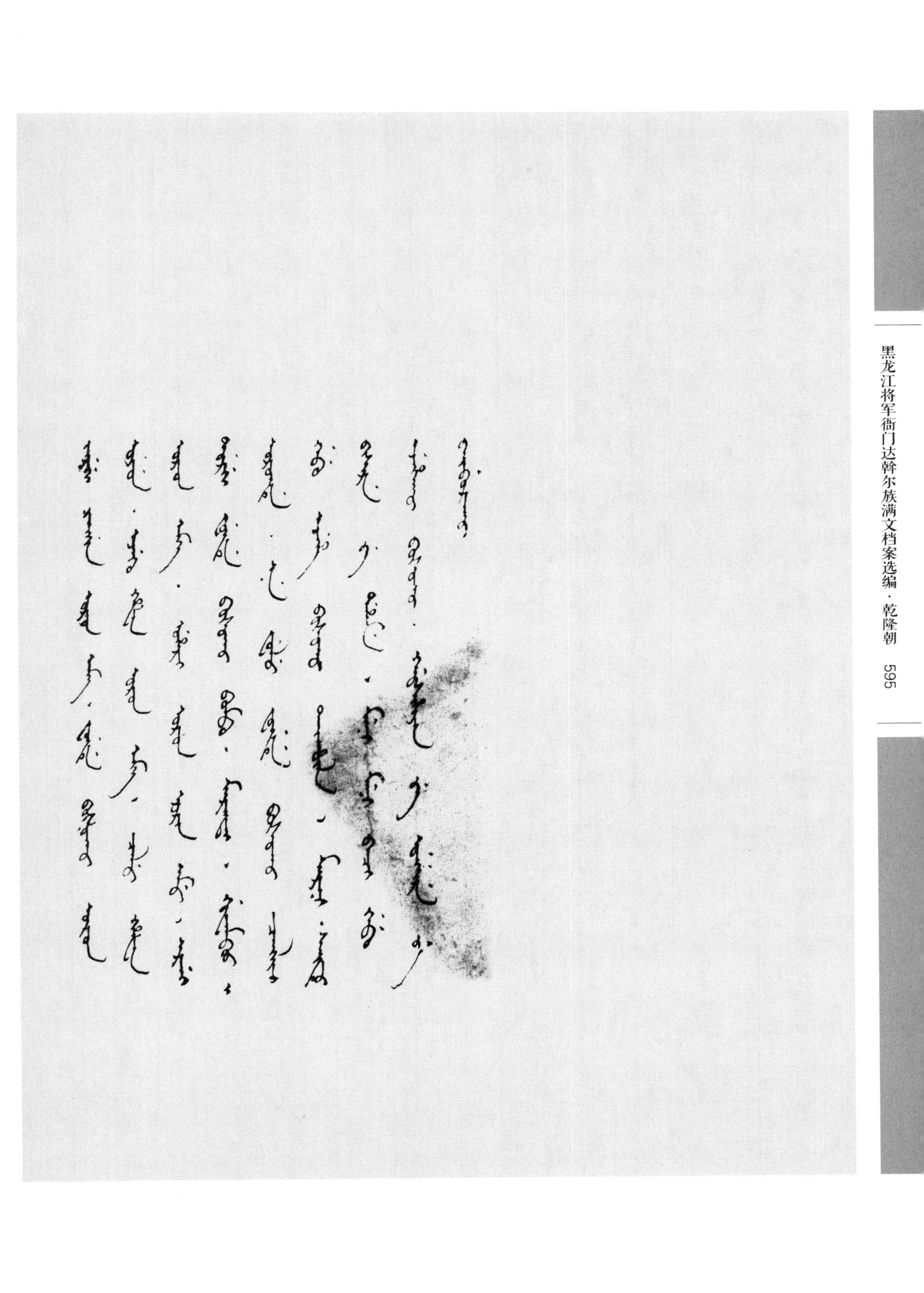

九三三　户部为本年布特哈索伦达斡尔等所贡貂皮足数不及等第仍照例赏赐事咨黑龙江将军文（附来文一件）

乾隆二十三年二月二十二日

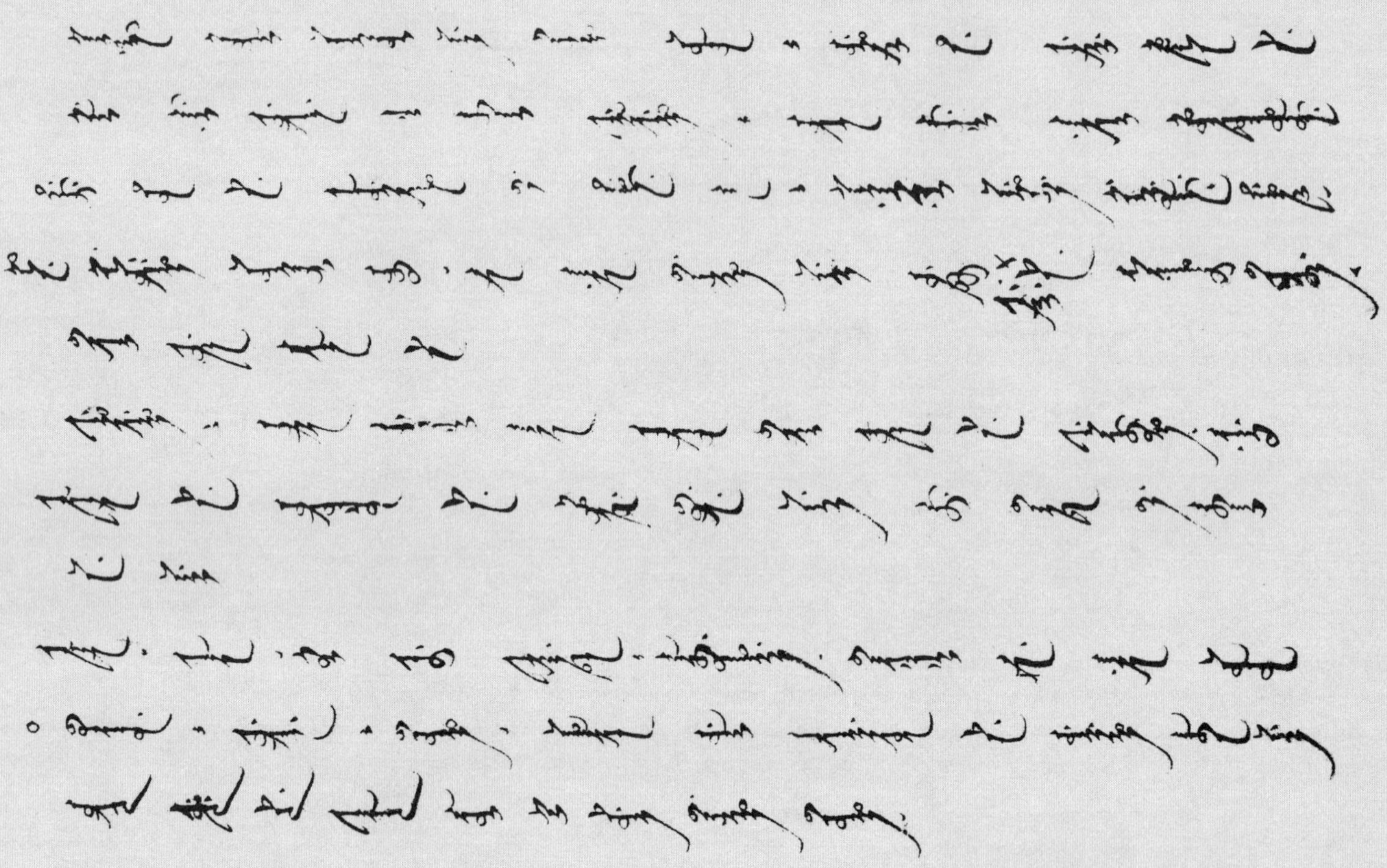

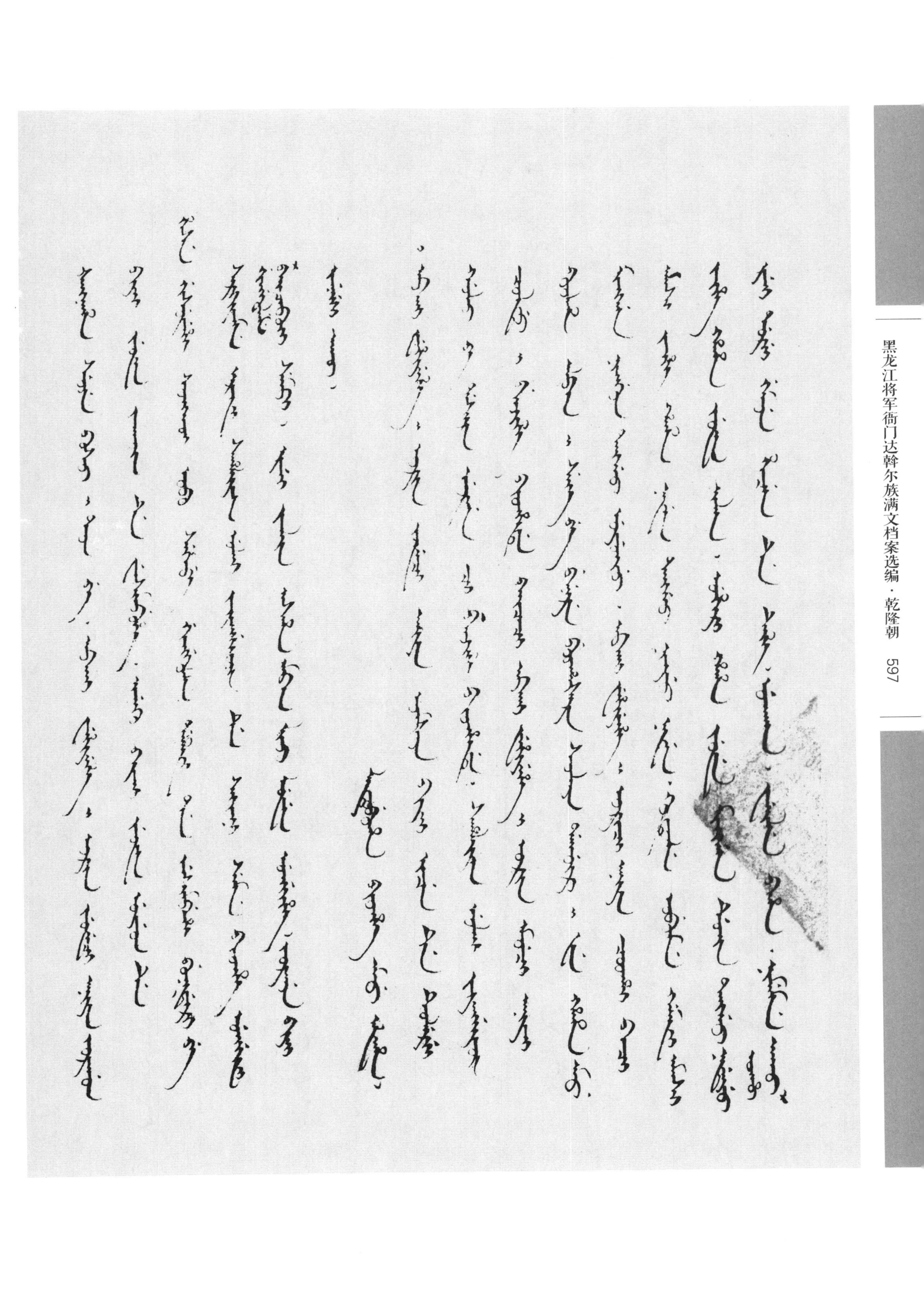

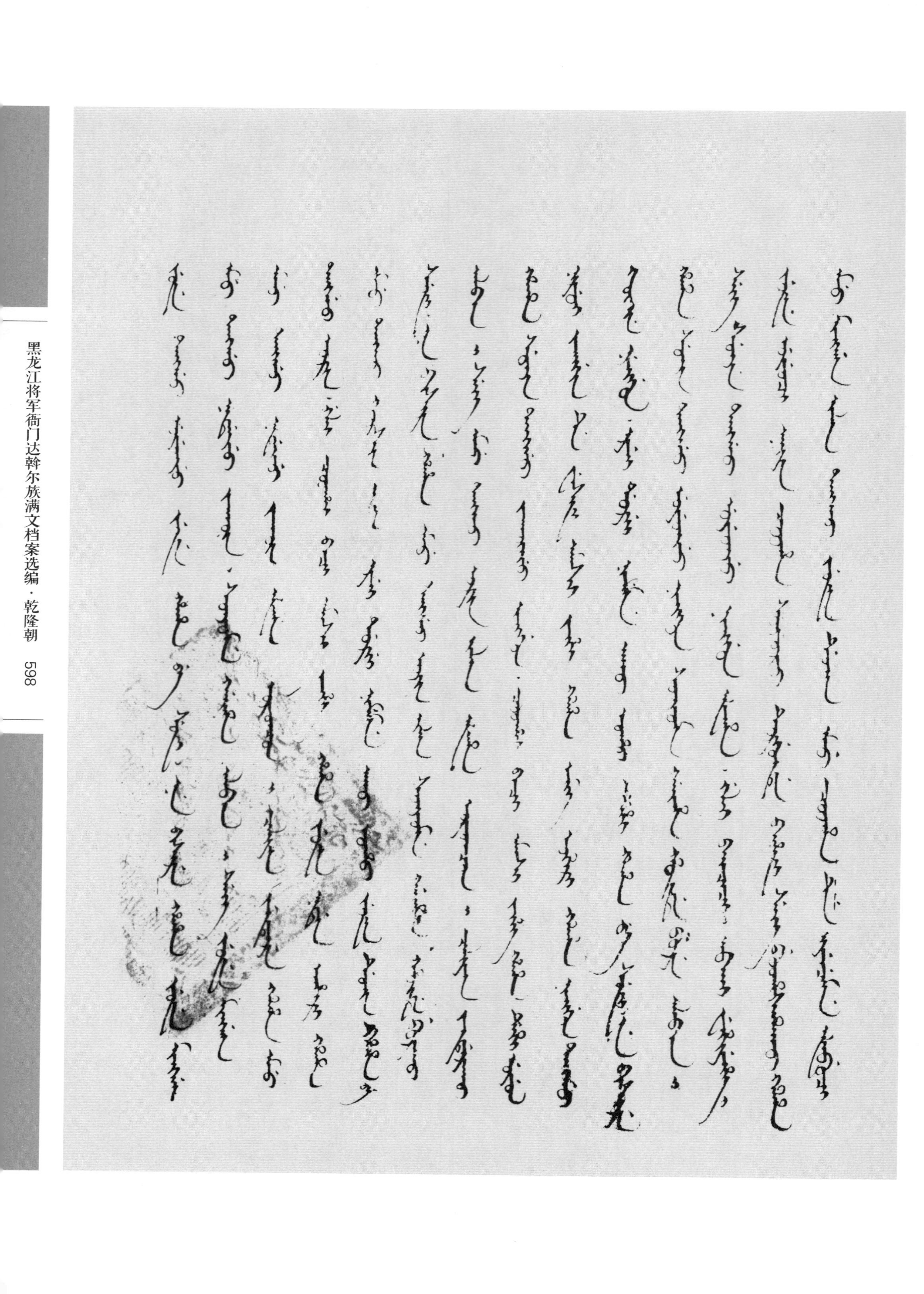

[illegible]

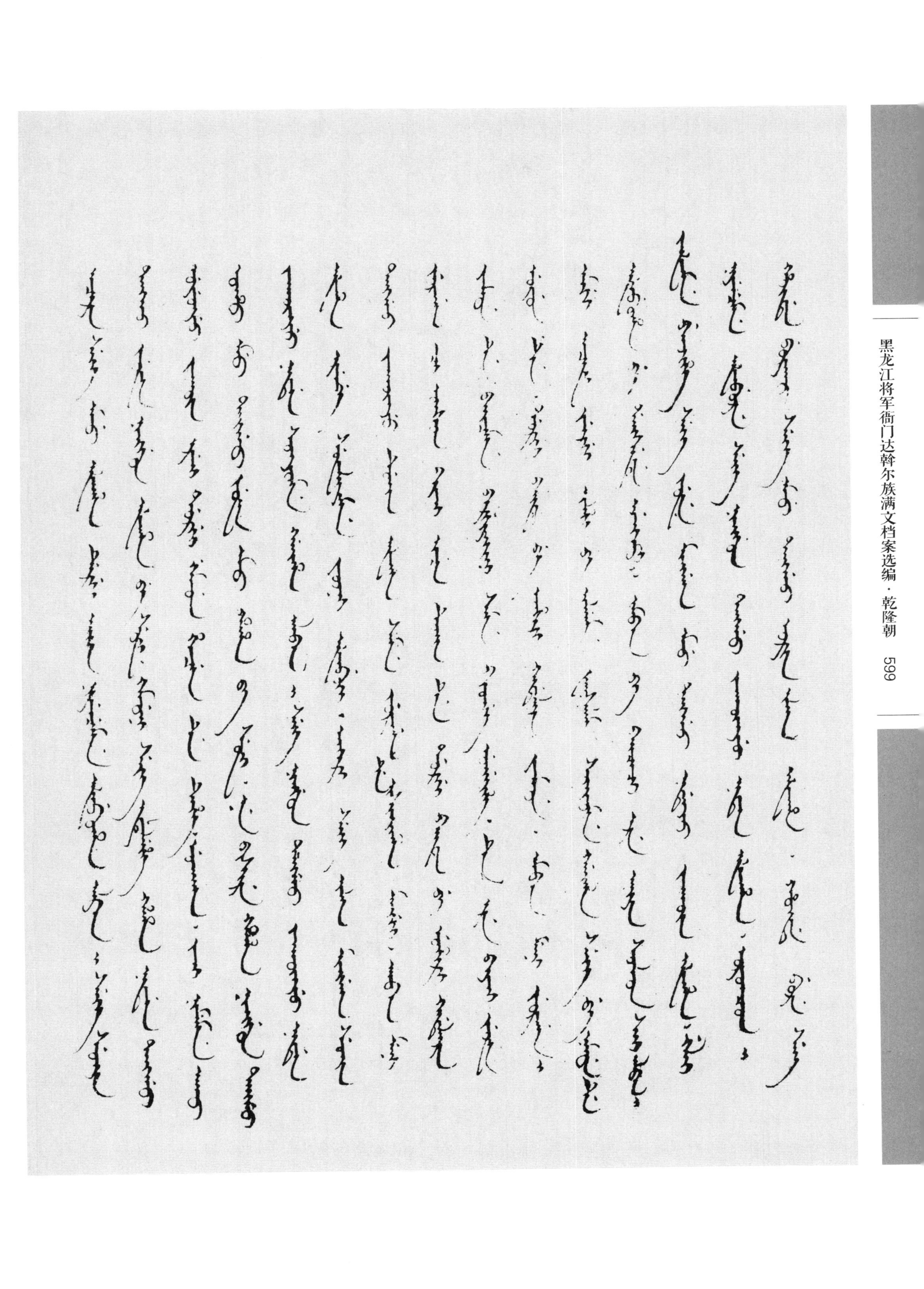

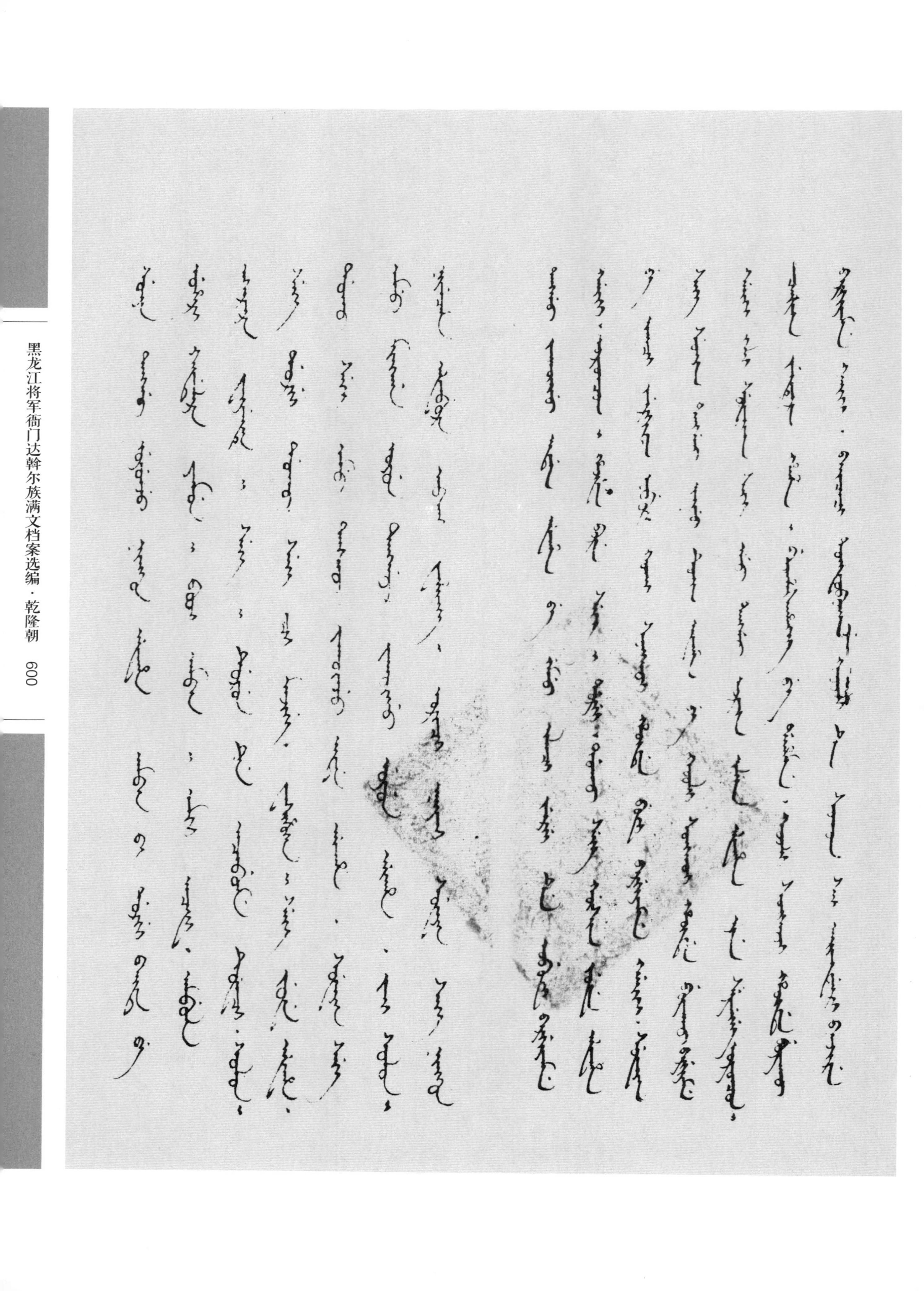

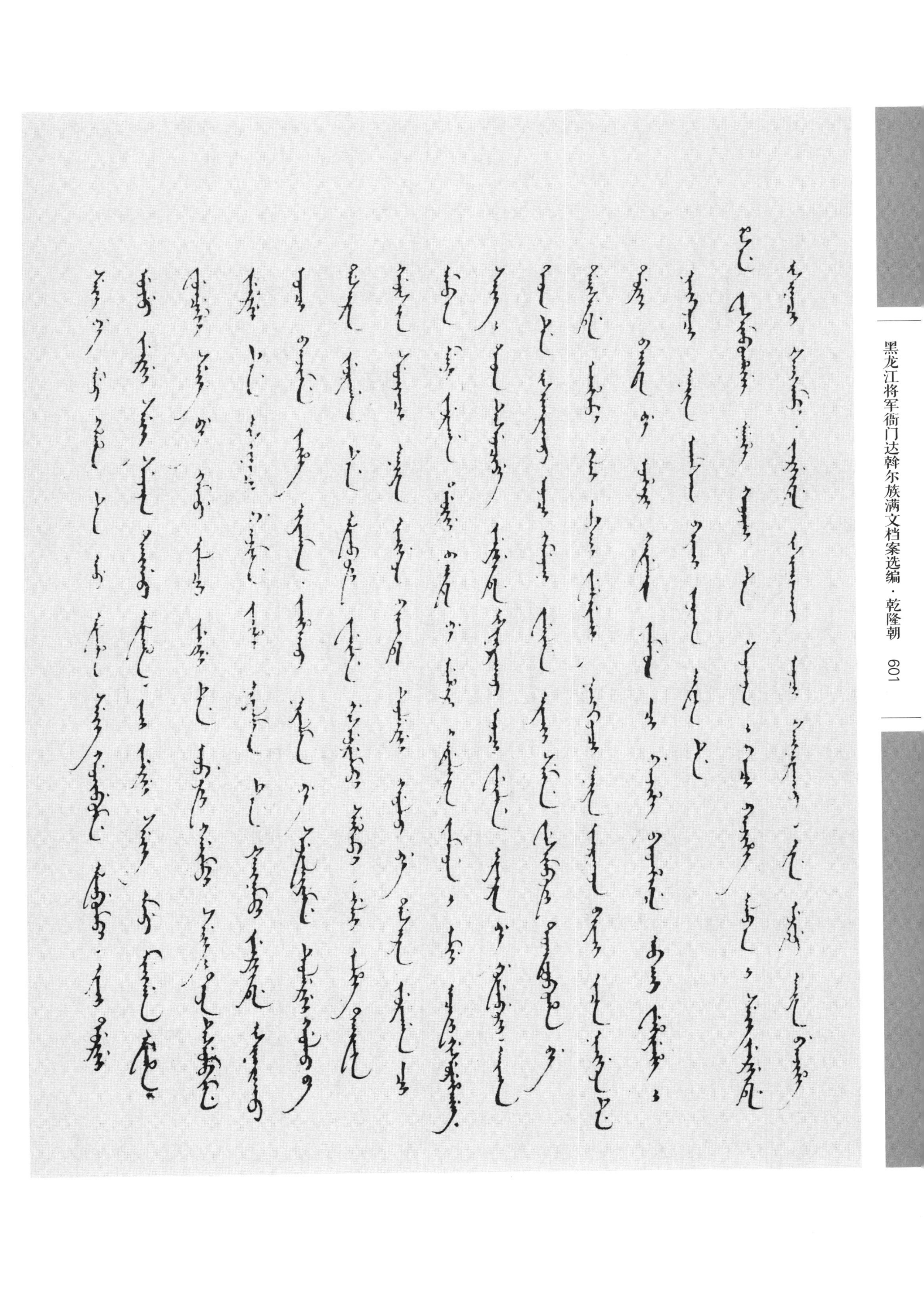

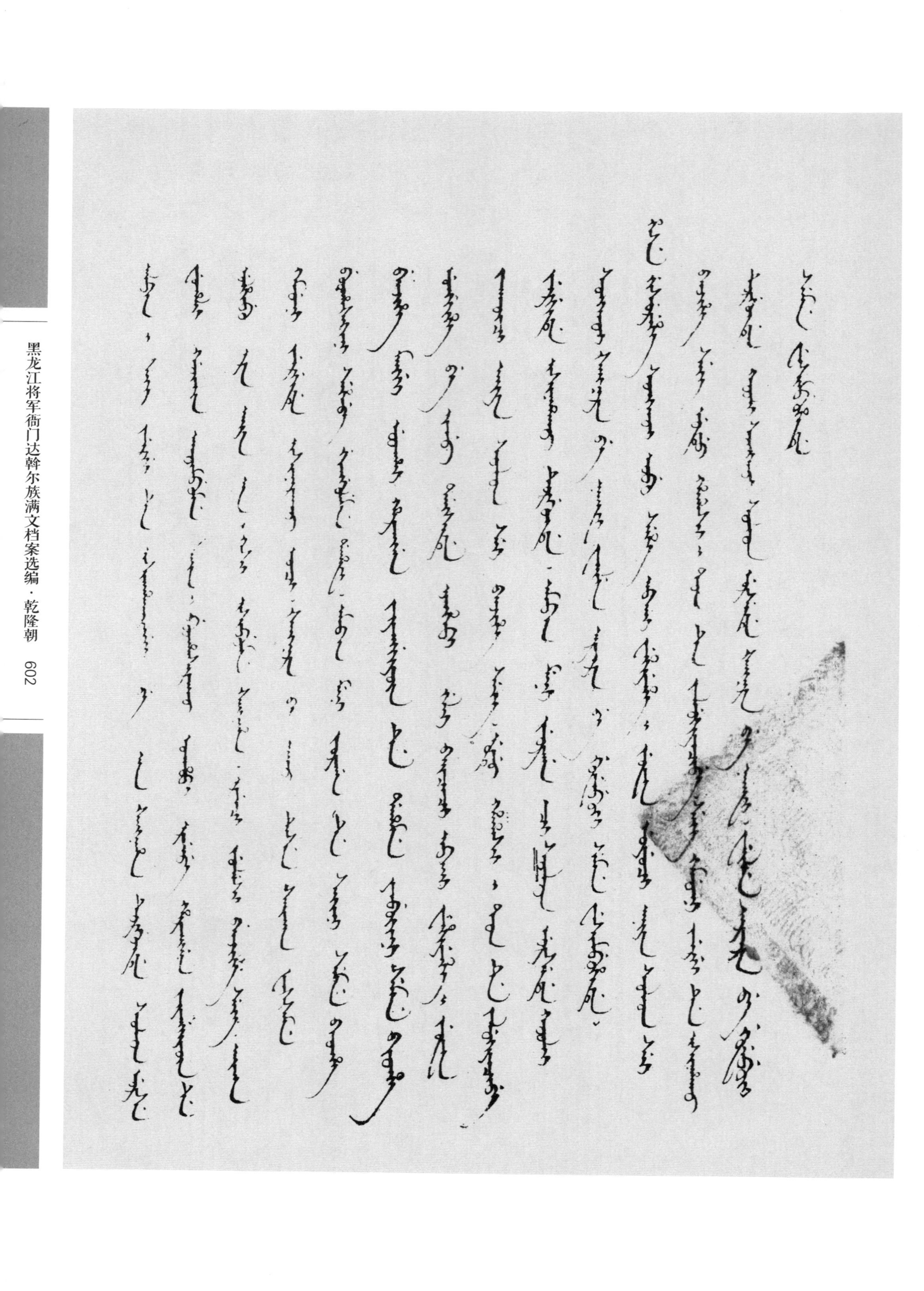

[illegible]

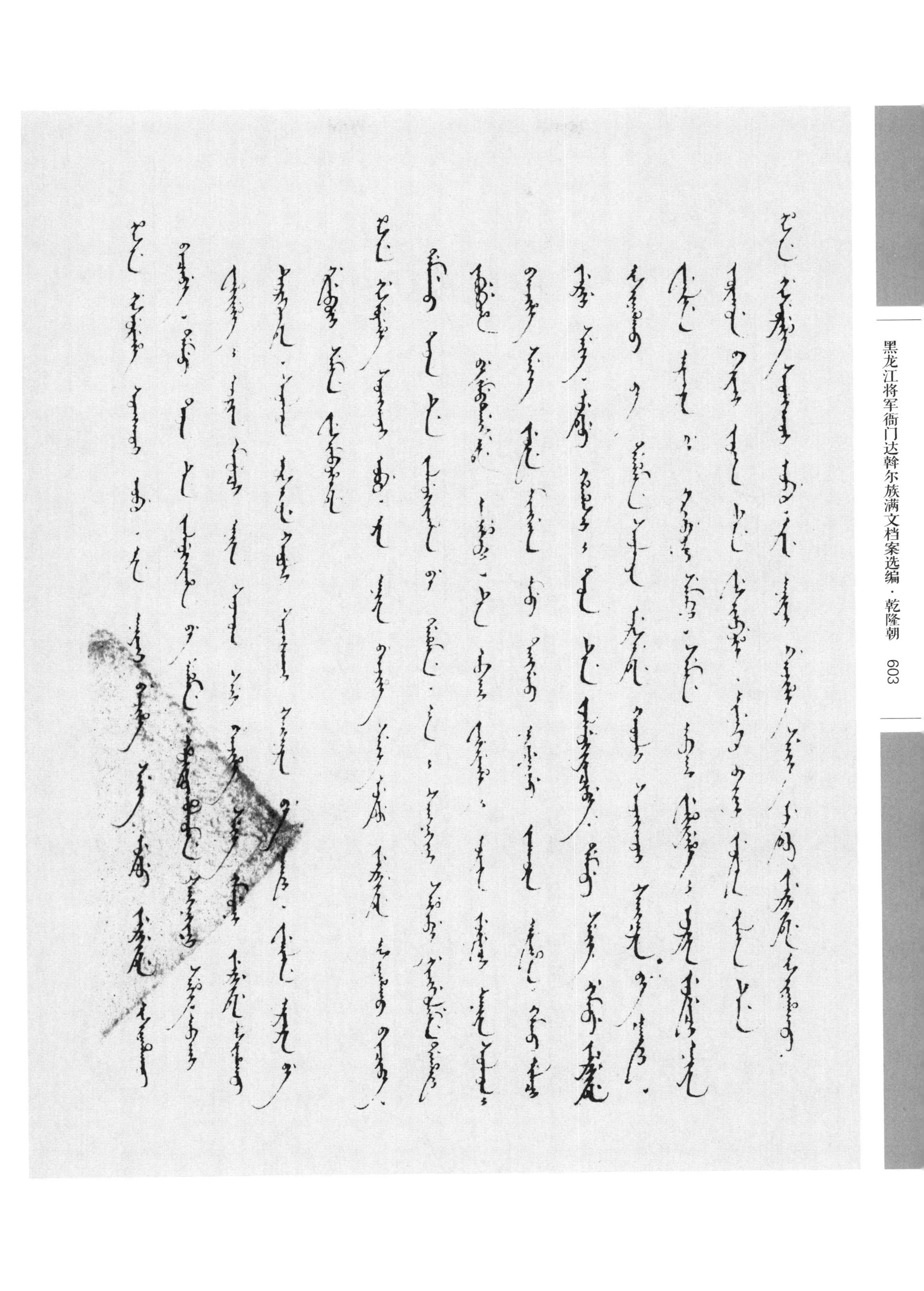

[illegible]

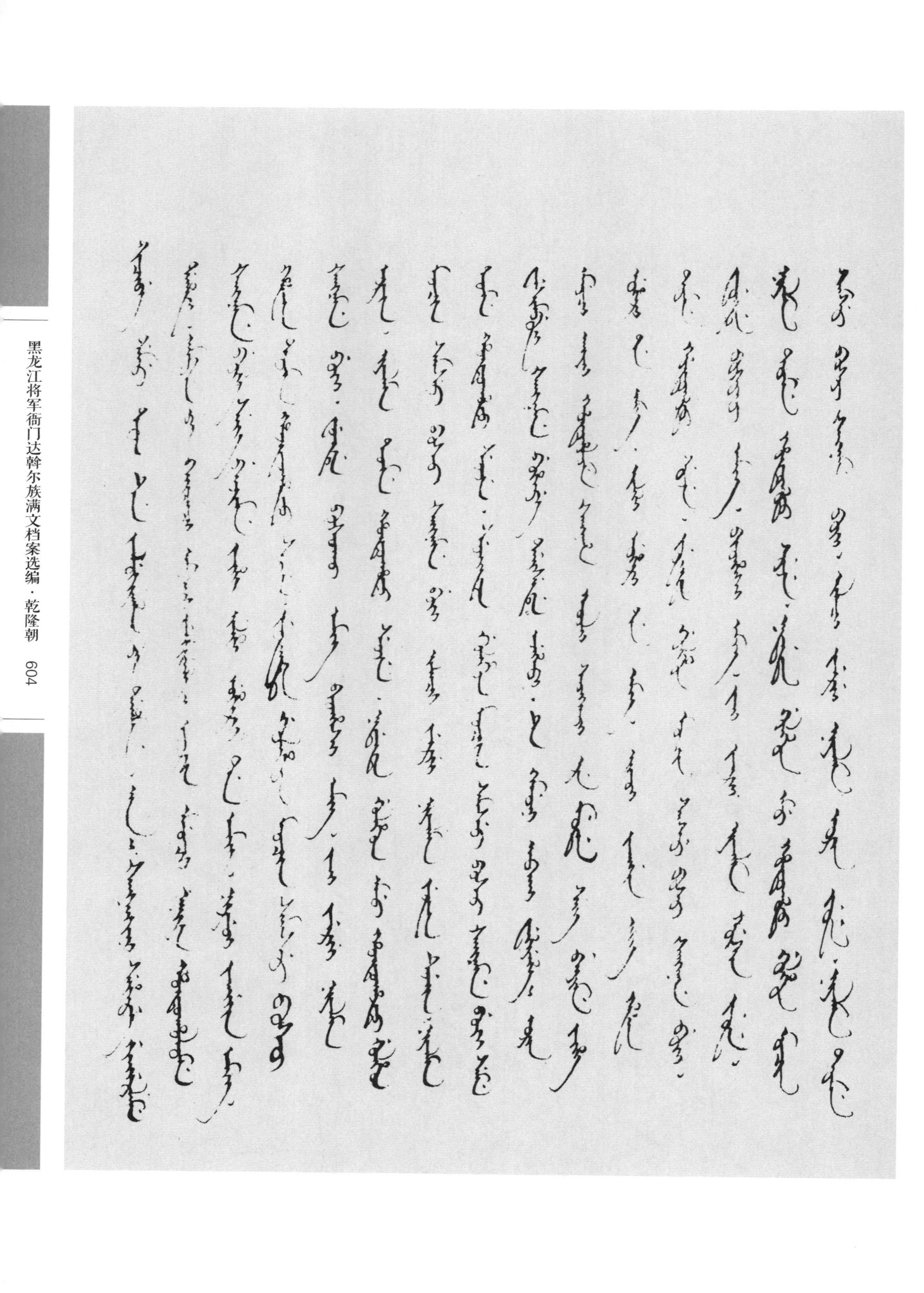

[illegible]

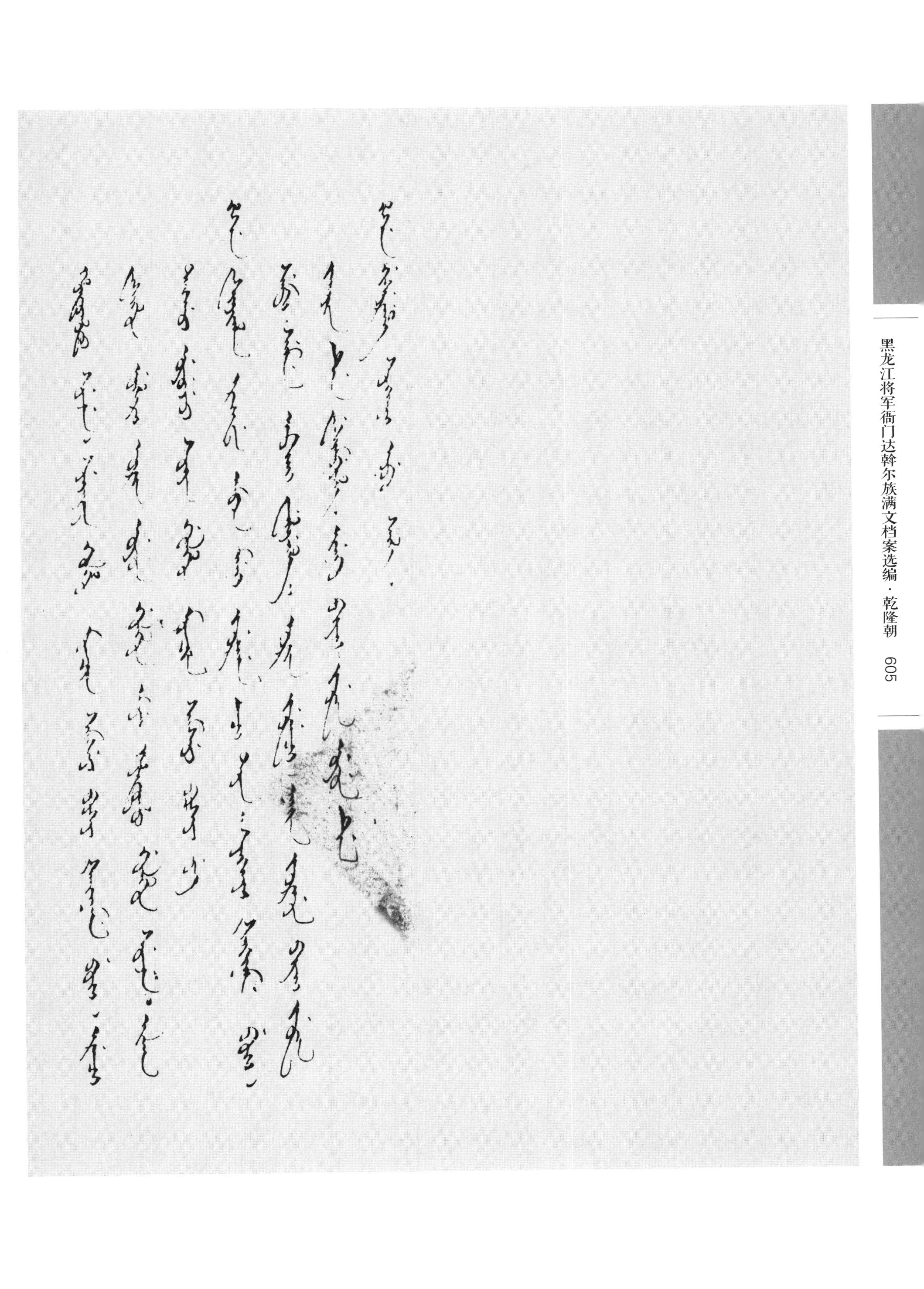

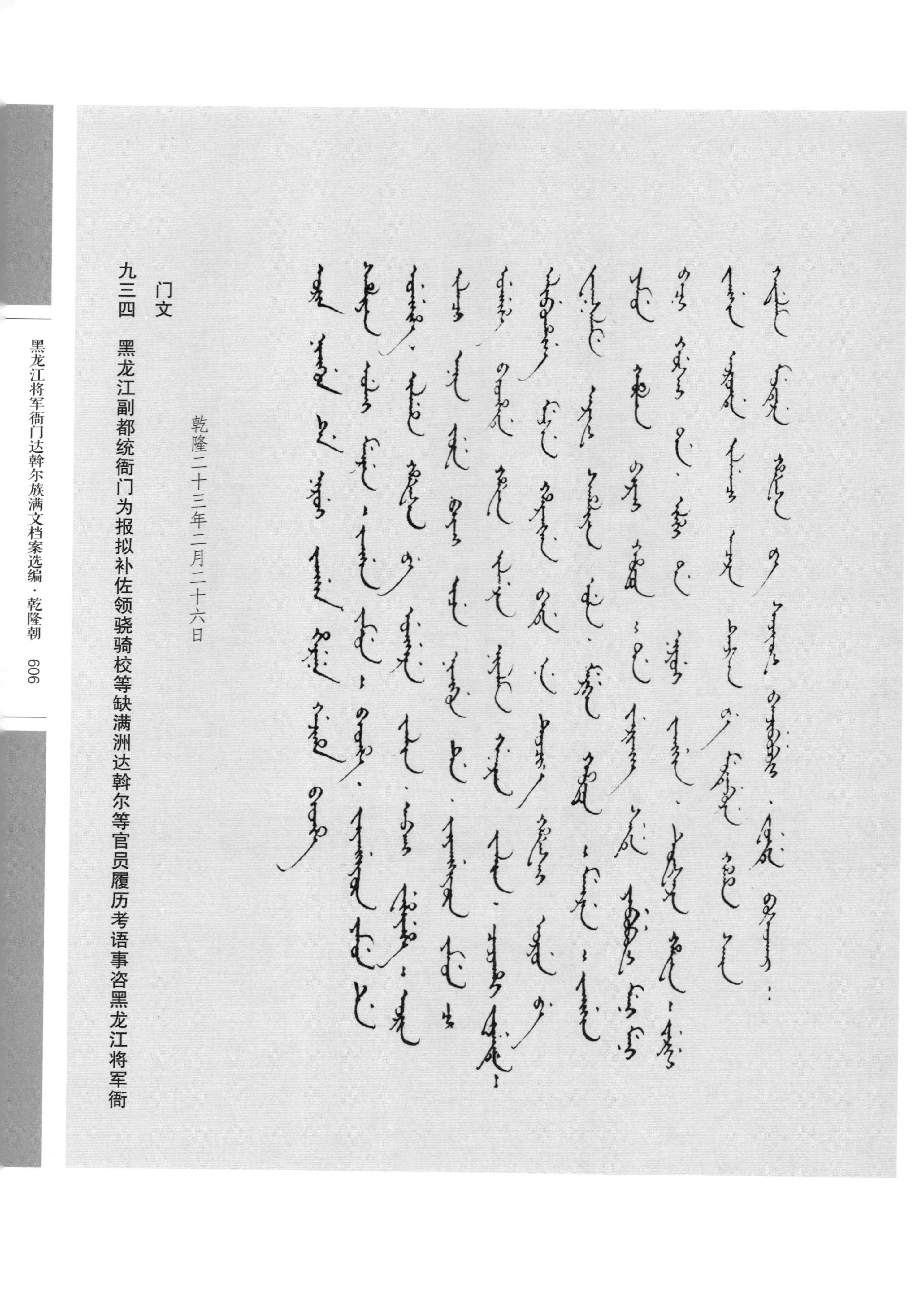

九三四　黑龙江副都统衙门为报拟补佐领骁骑校等缺满洲达斡尔等官员履历考语事咨黑龙江将军衙门文

乾隆二十三年二月二十六日

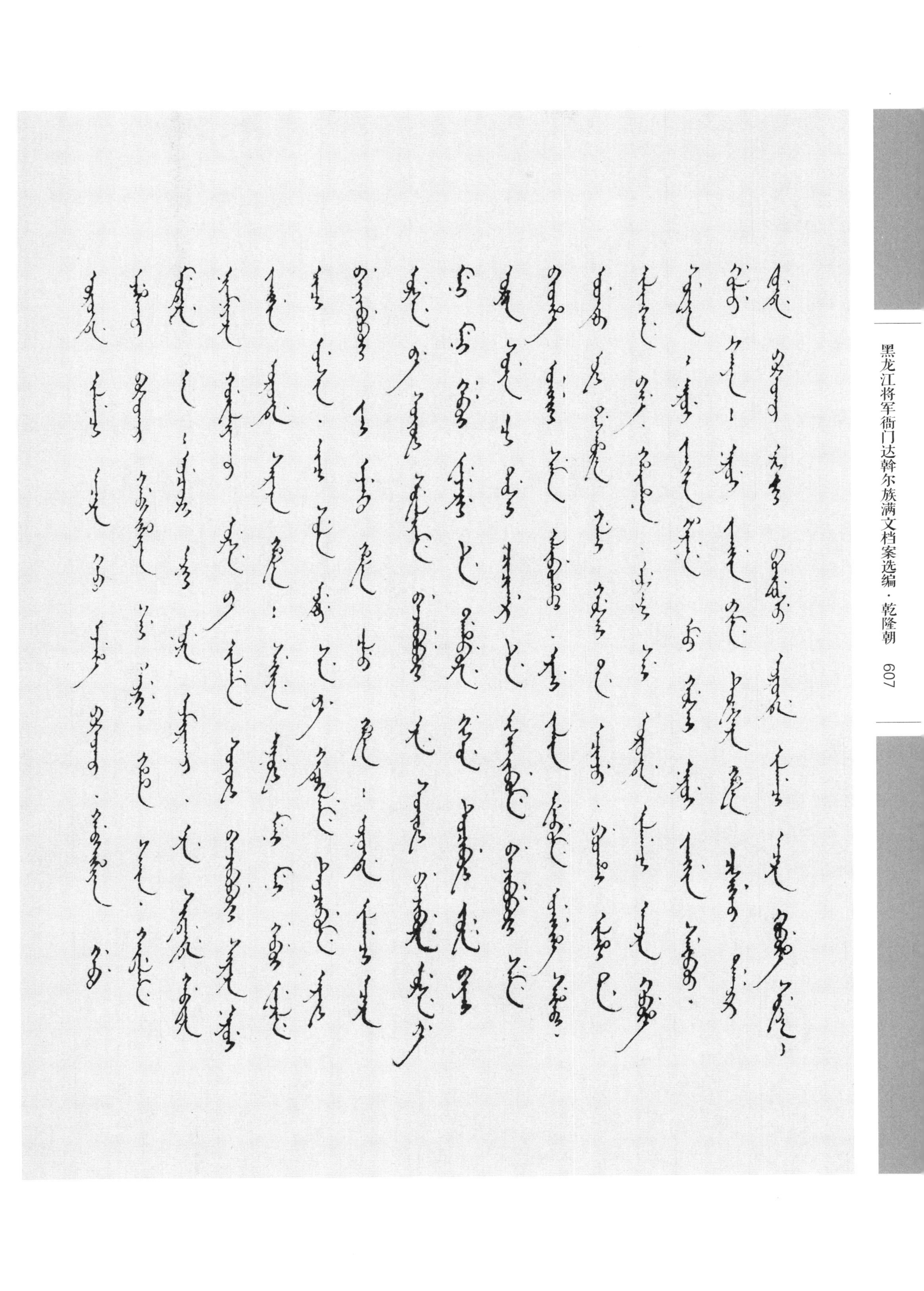

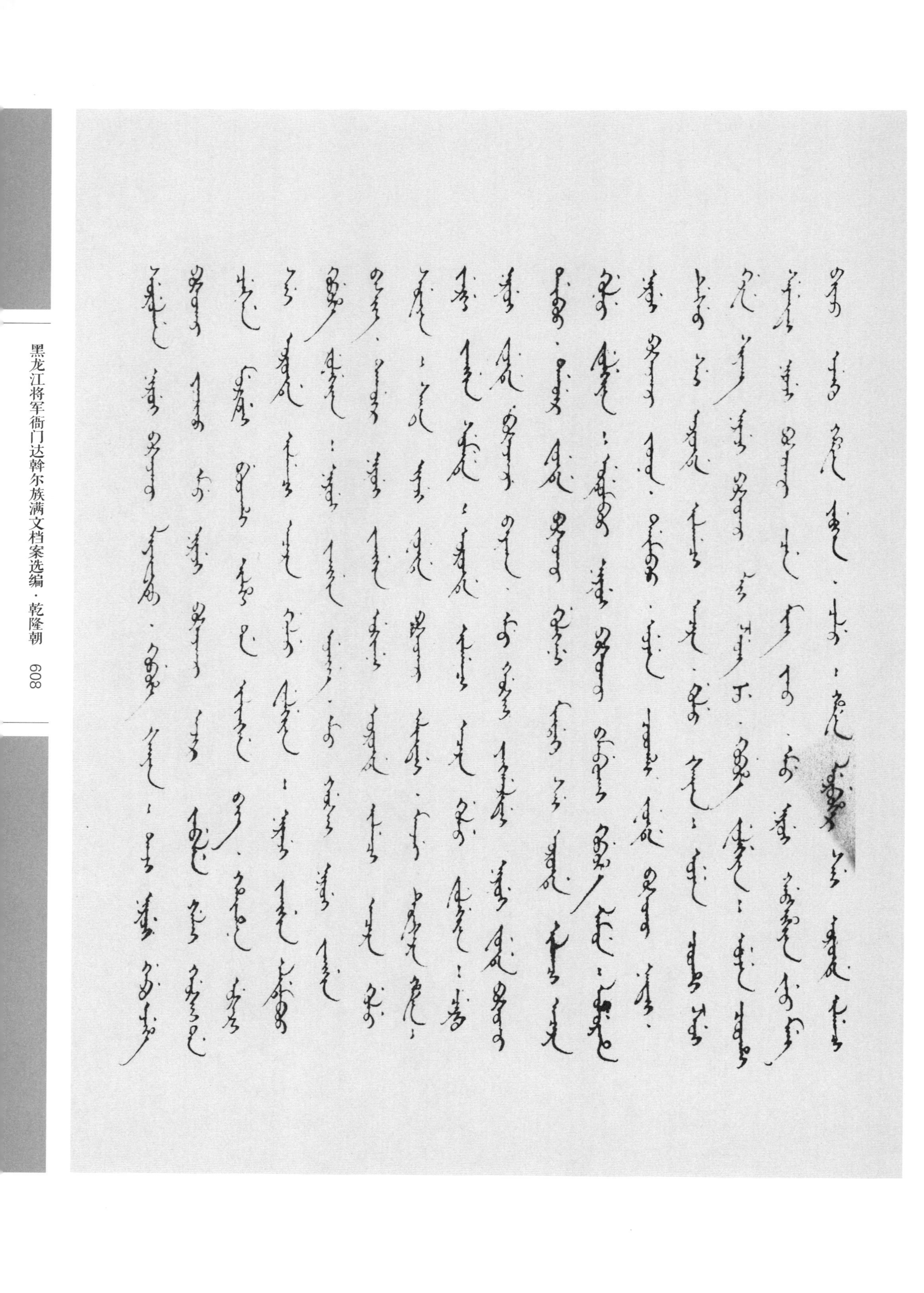

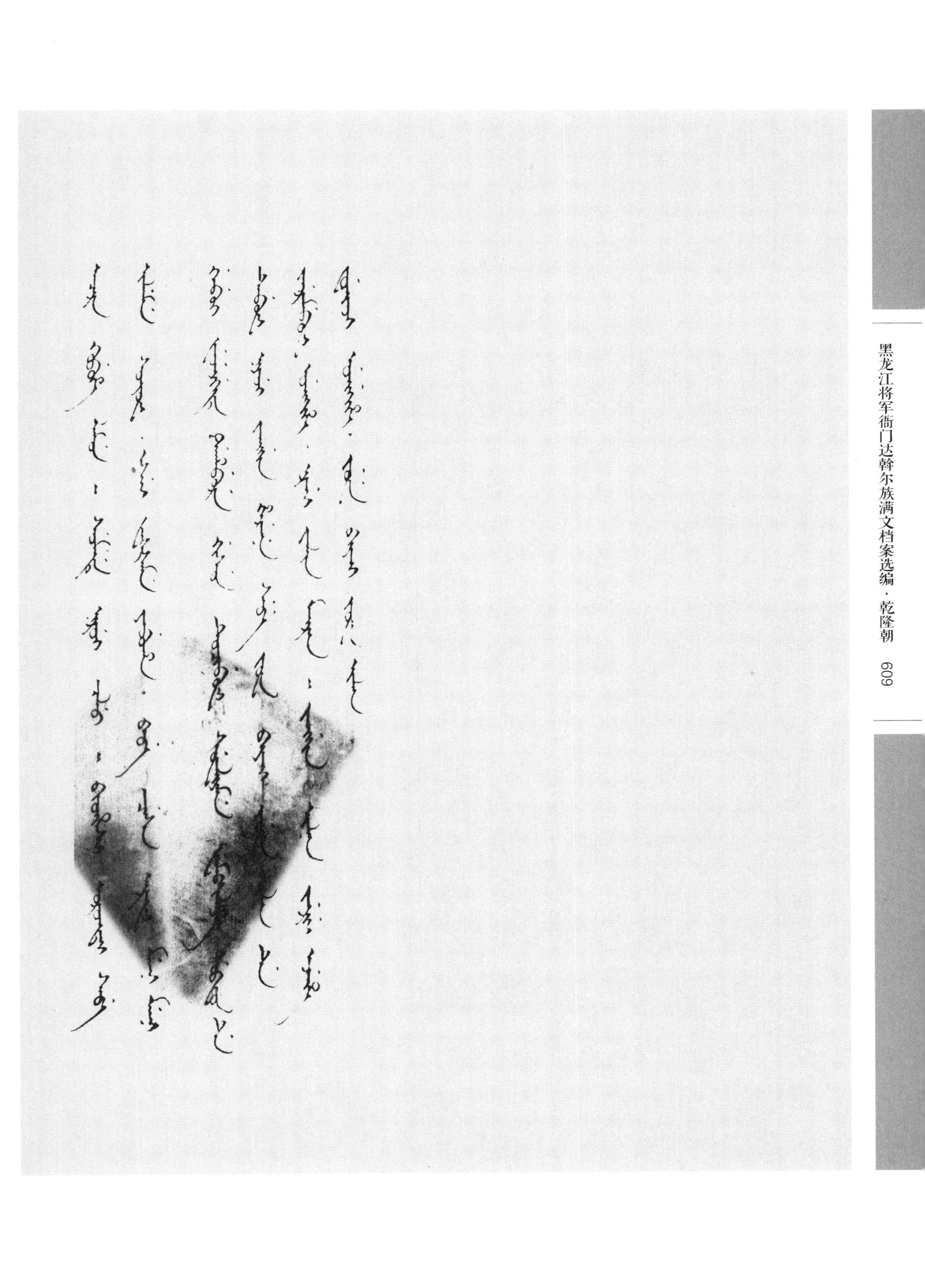

九三五 墨尔根副都统衙门为报拟补佐领骁骑校等缺达斡尔汉军等官员履历考语事咨黑龙江将军衙门文

乾隆二十三年二月二十八日

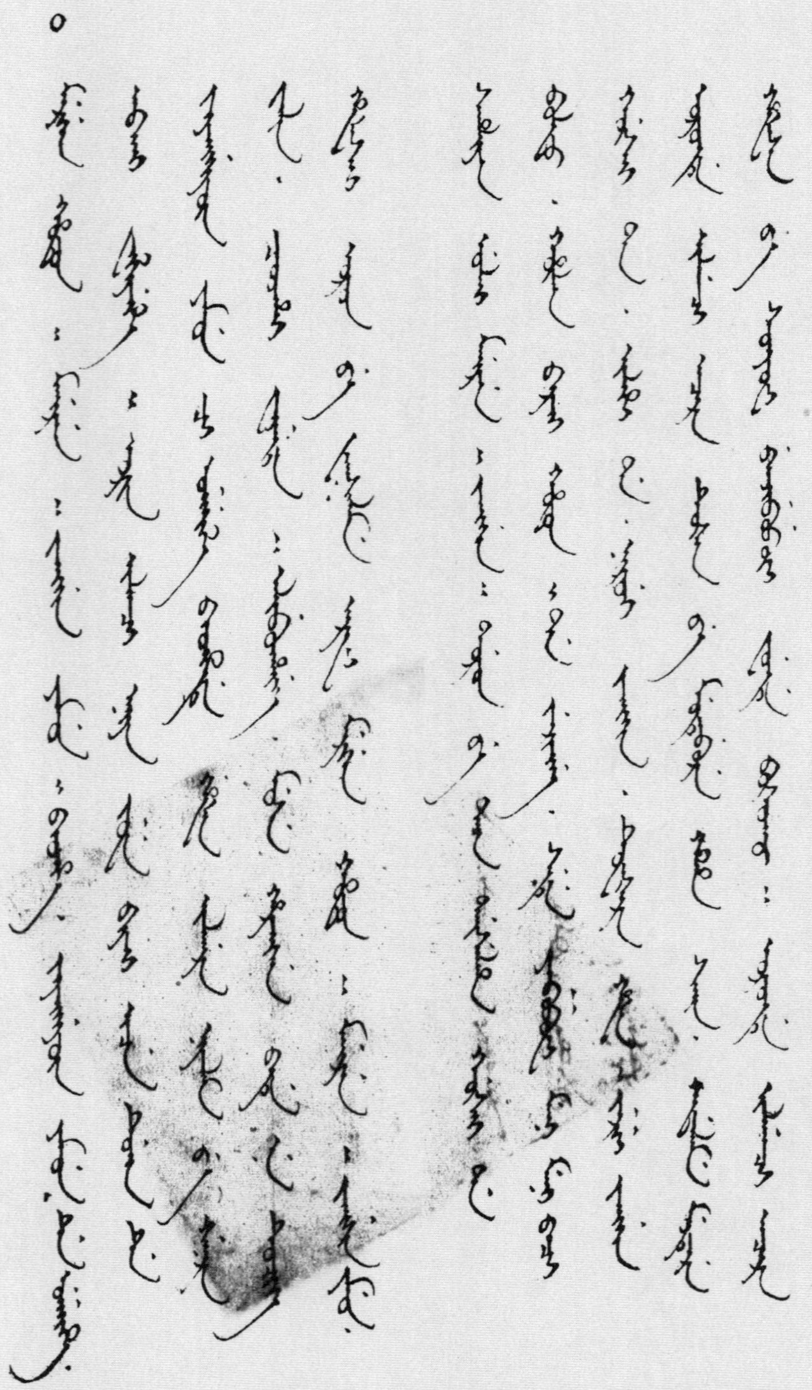

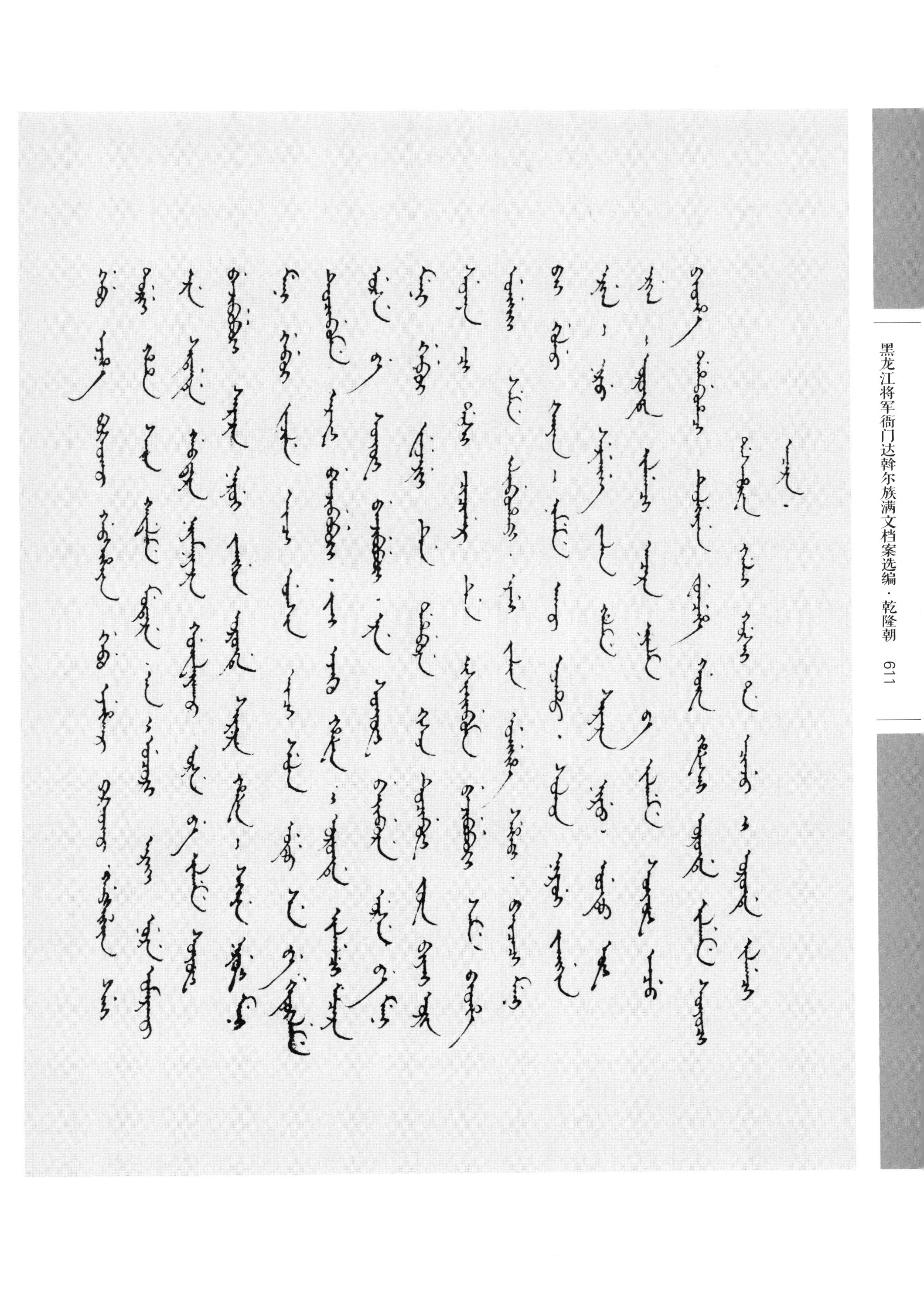

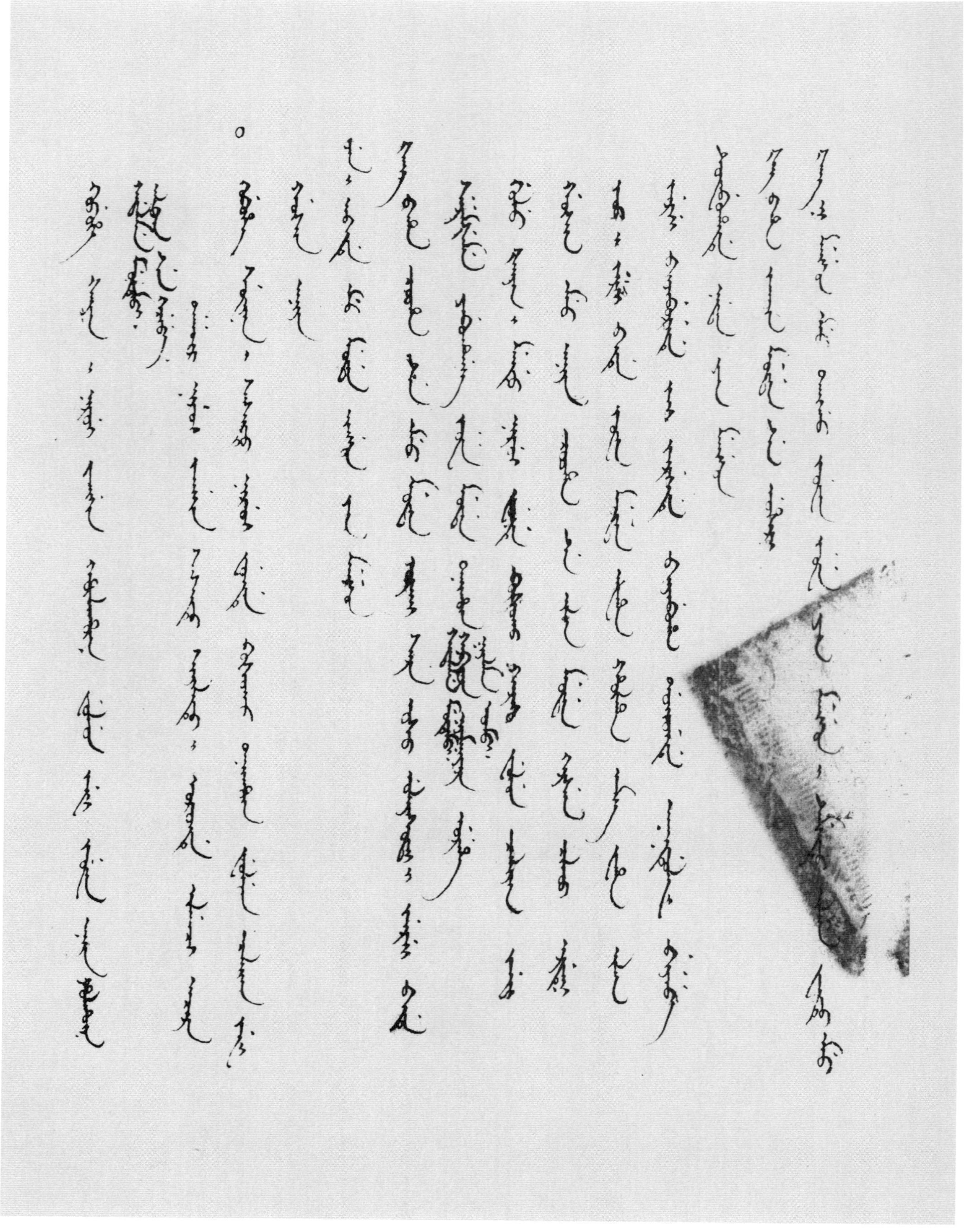

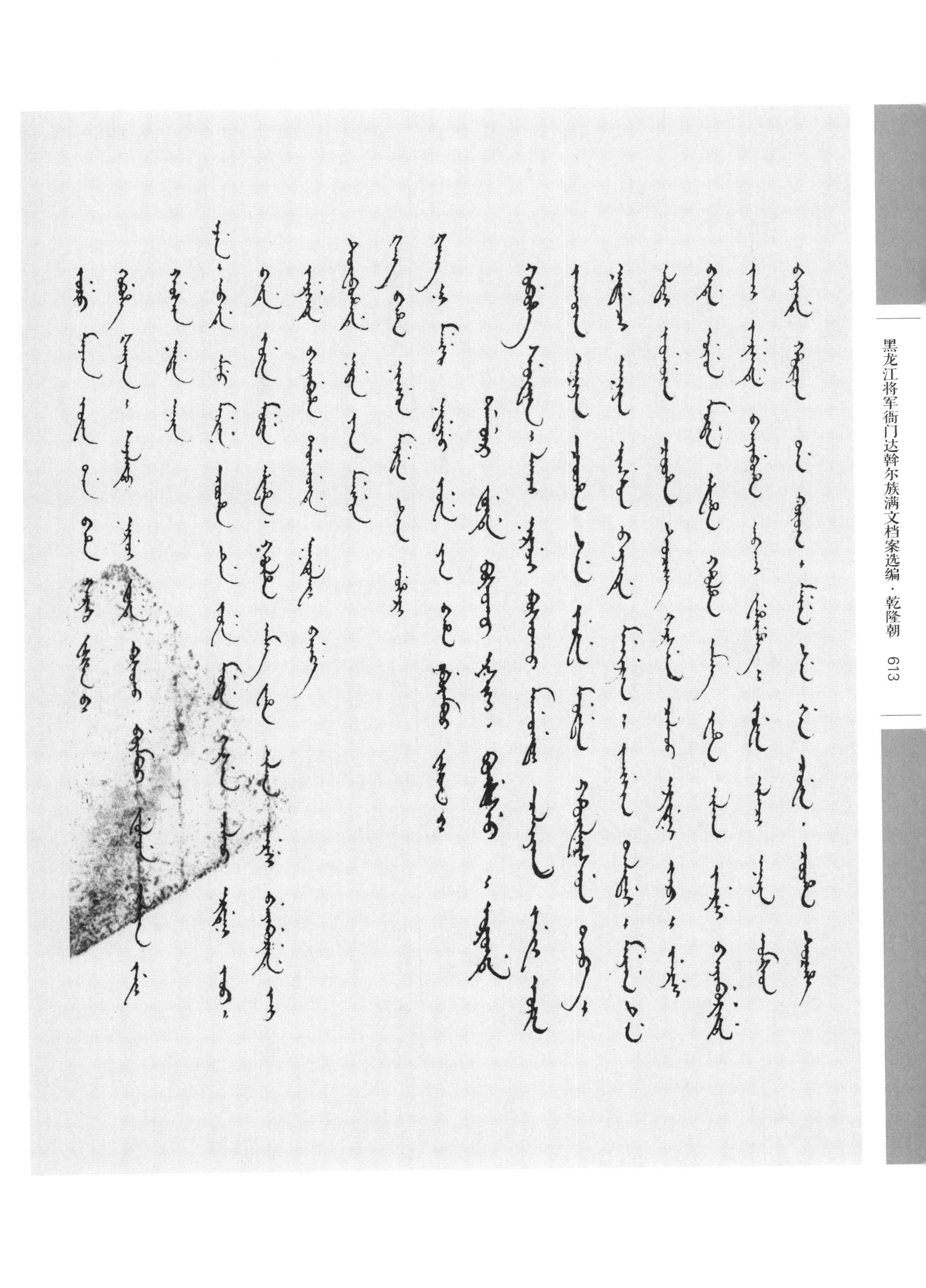

[illegible]

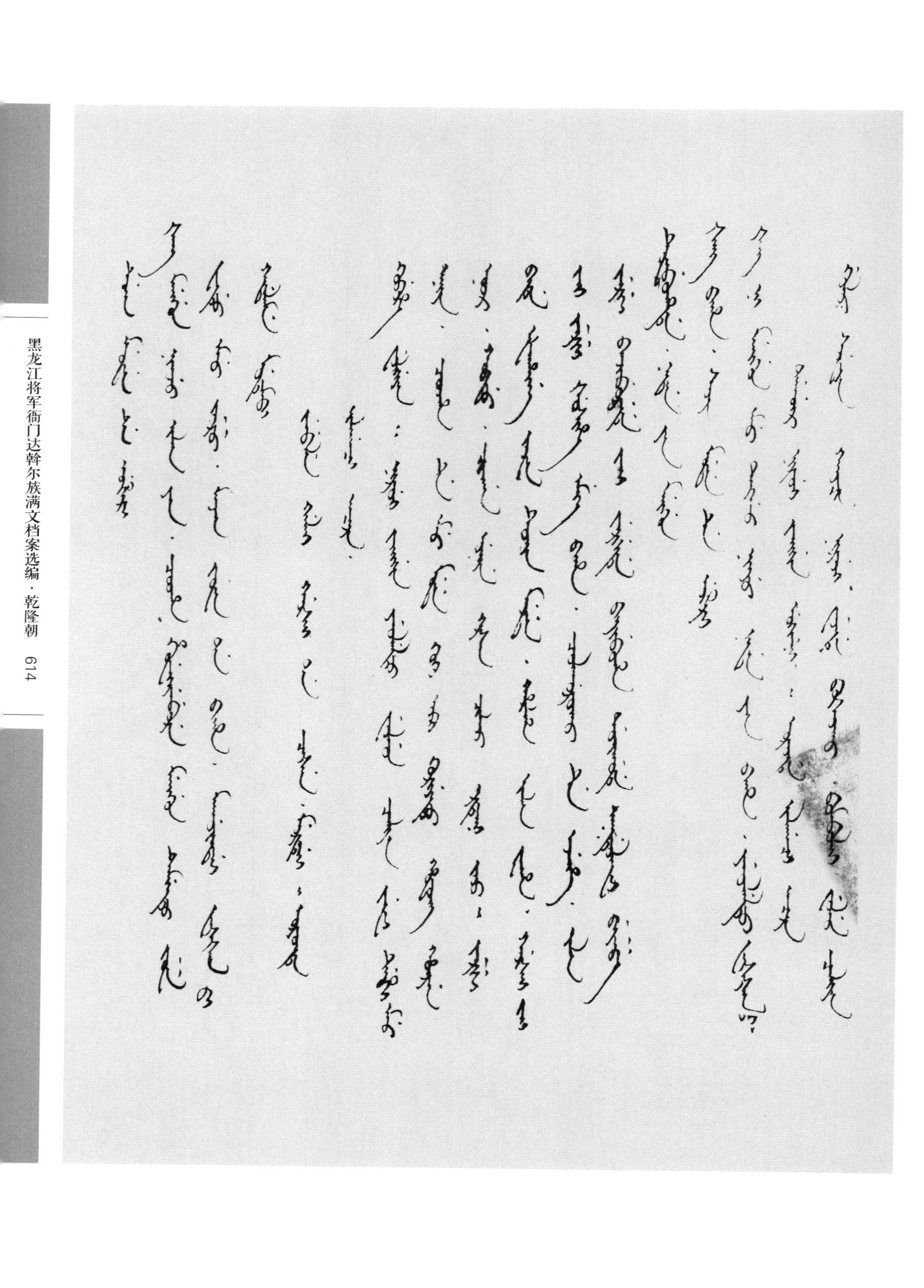

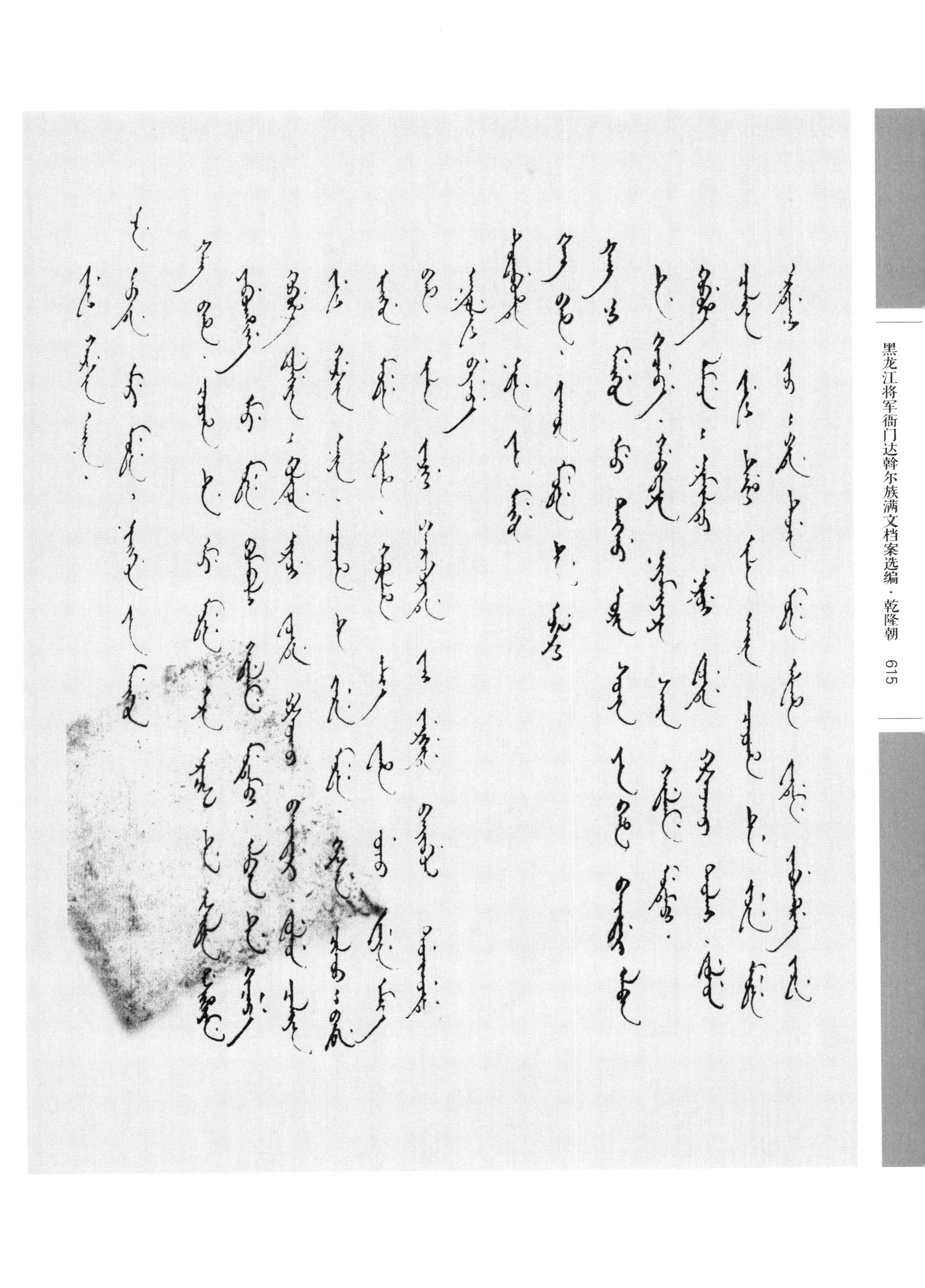

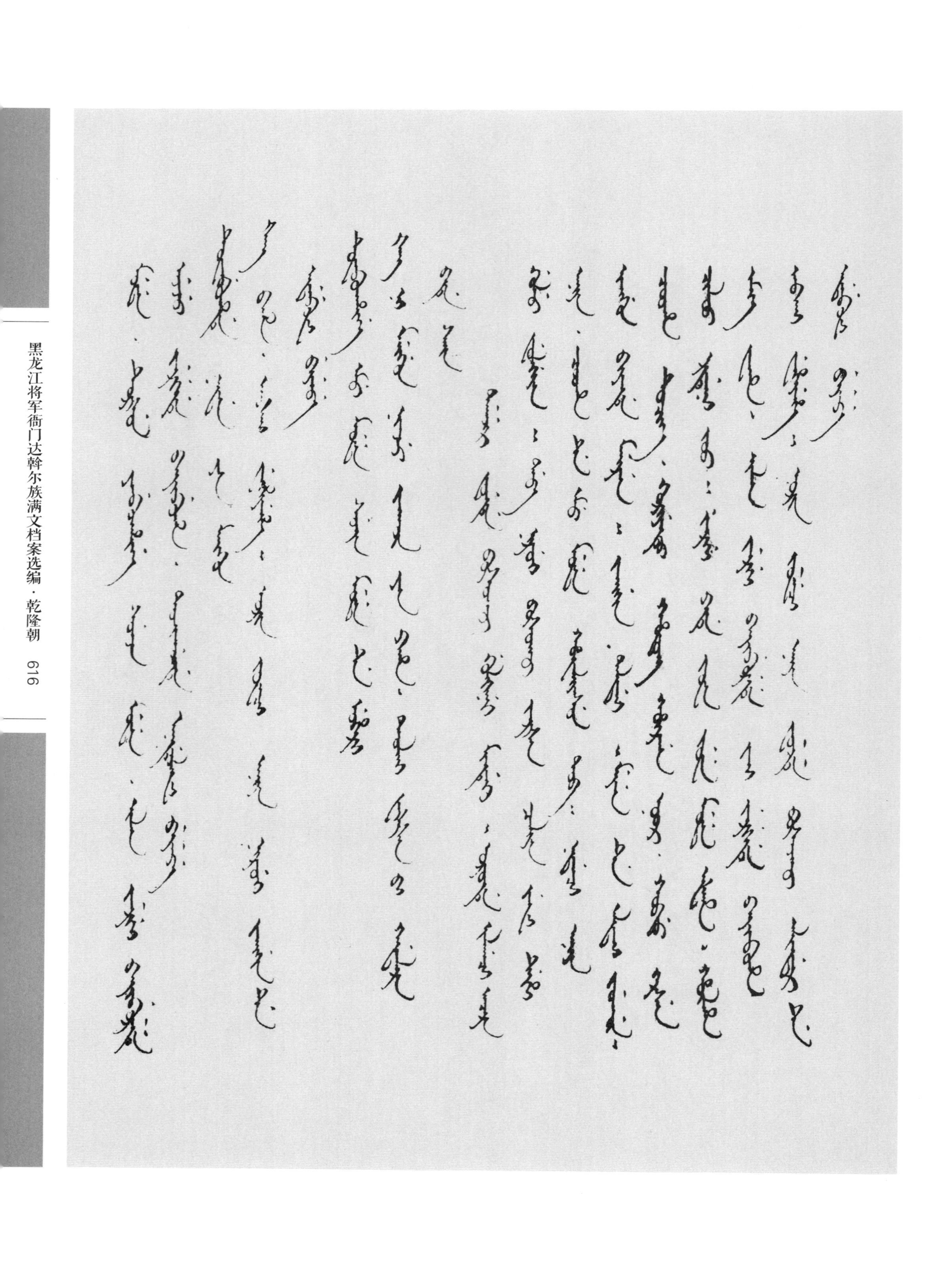

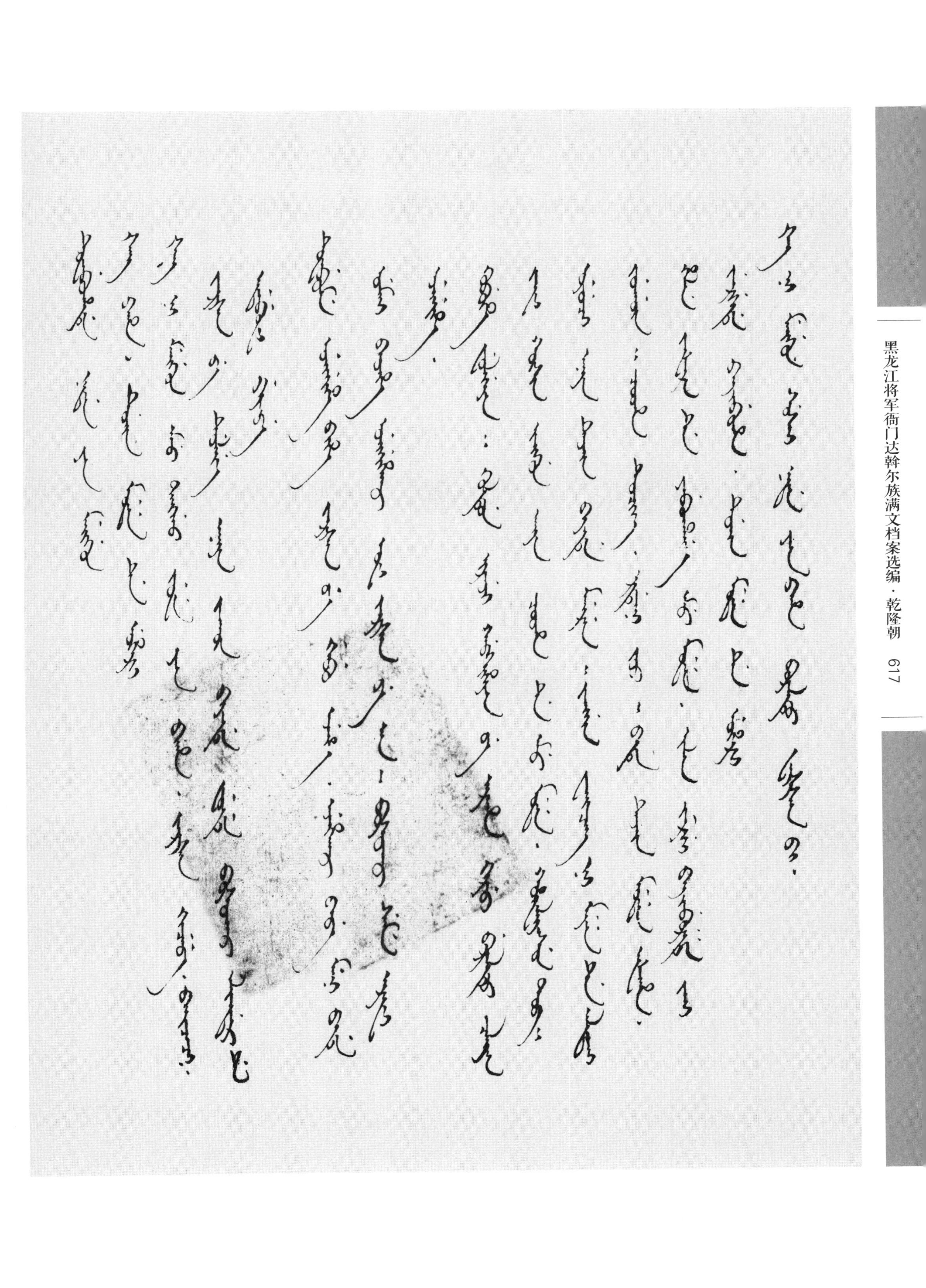

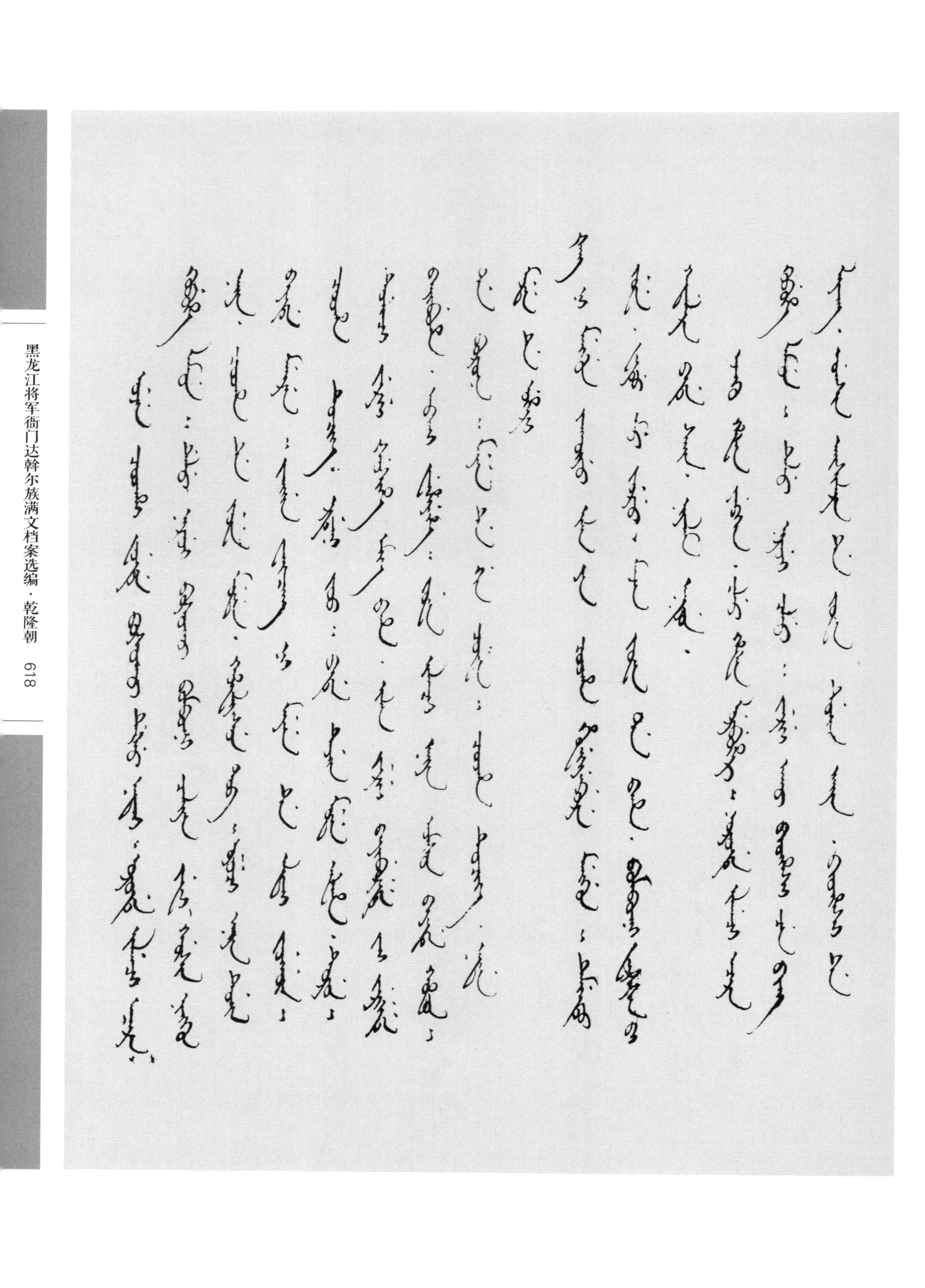

[illegible]

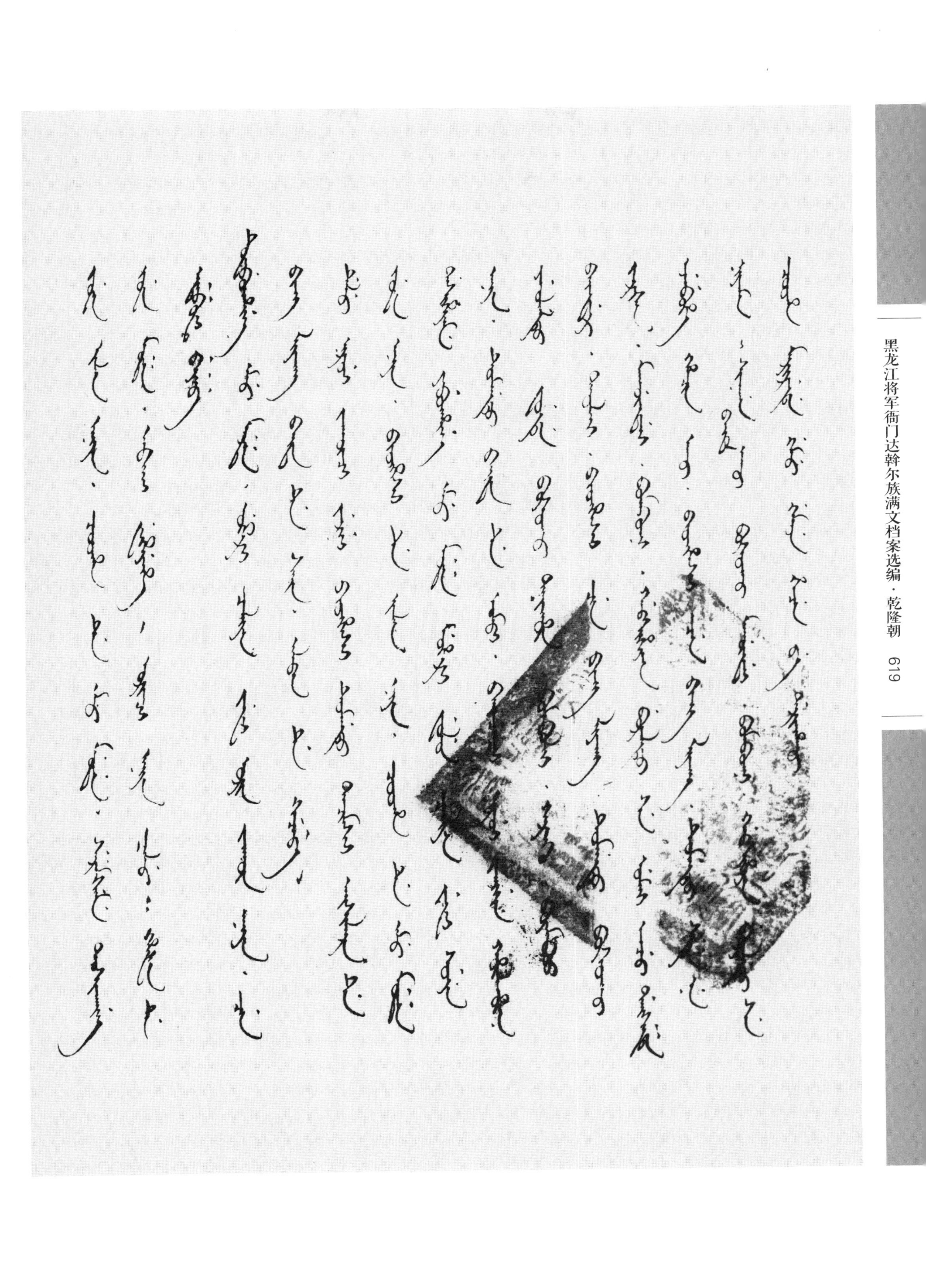

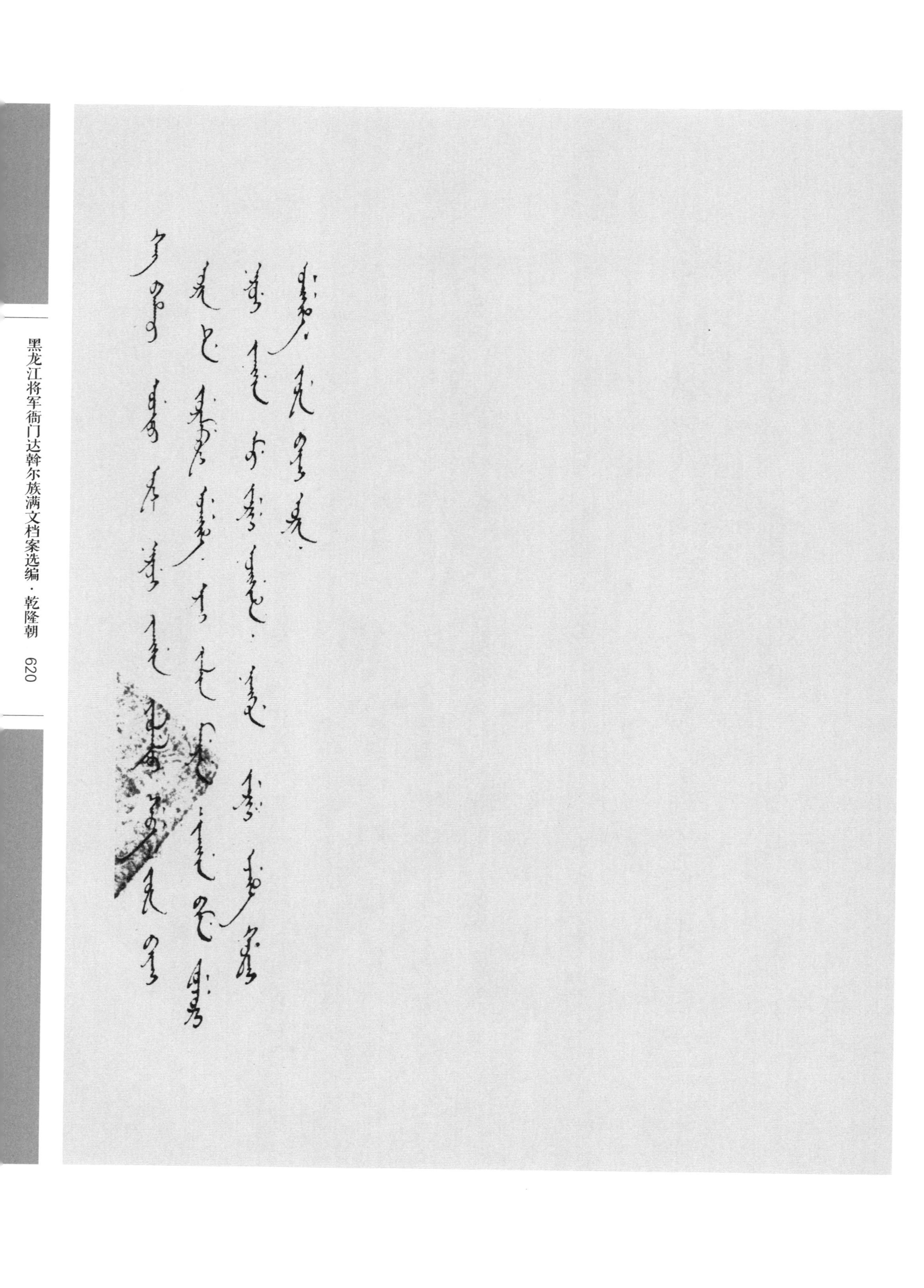

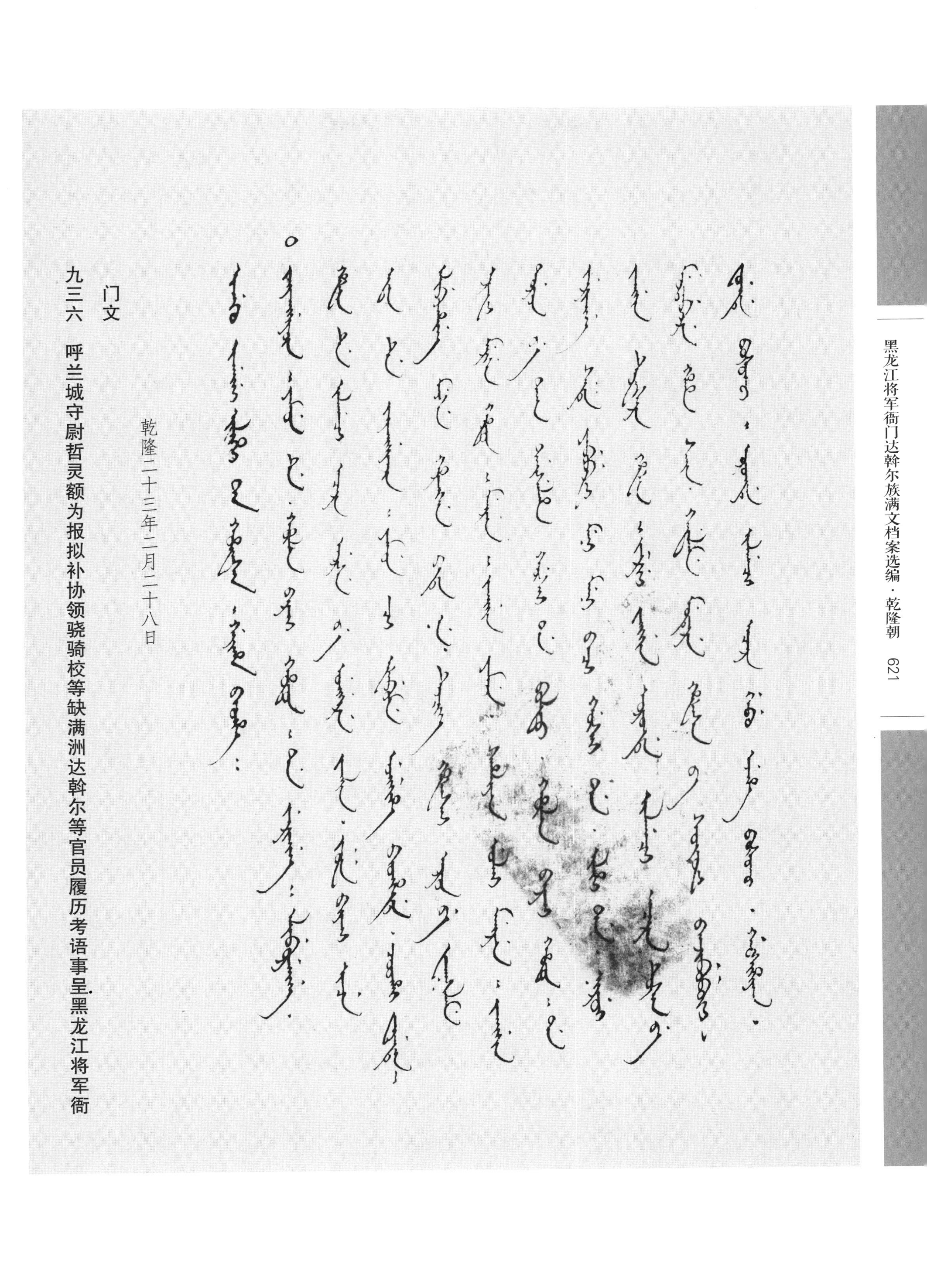

乾隆二十三年二月二十八日

九三六 呼兰城守尉哲灵额为报拟补协领骁骑校等缺满洲达斡尔等官员履历考语事呈黑龙江将军衙门文

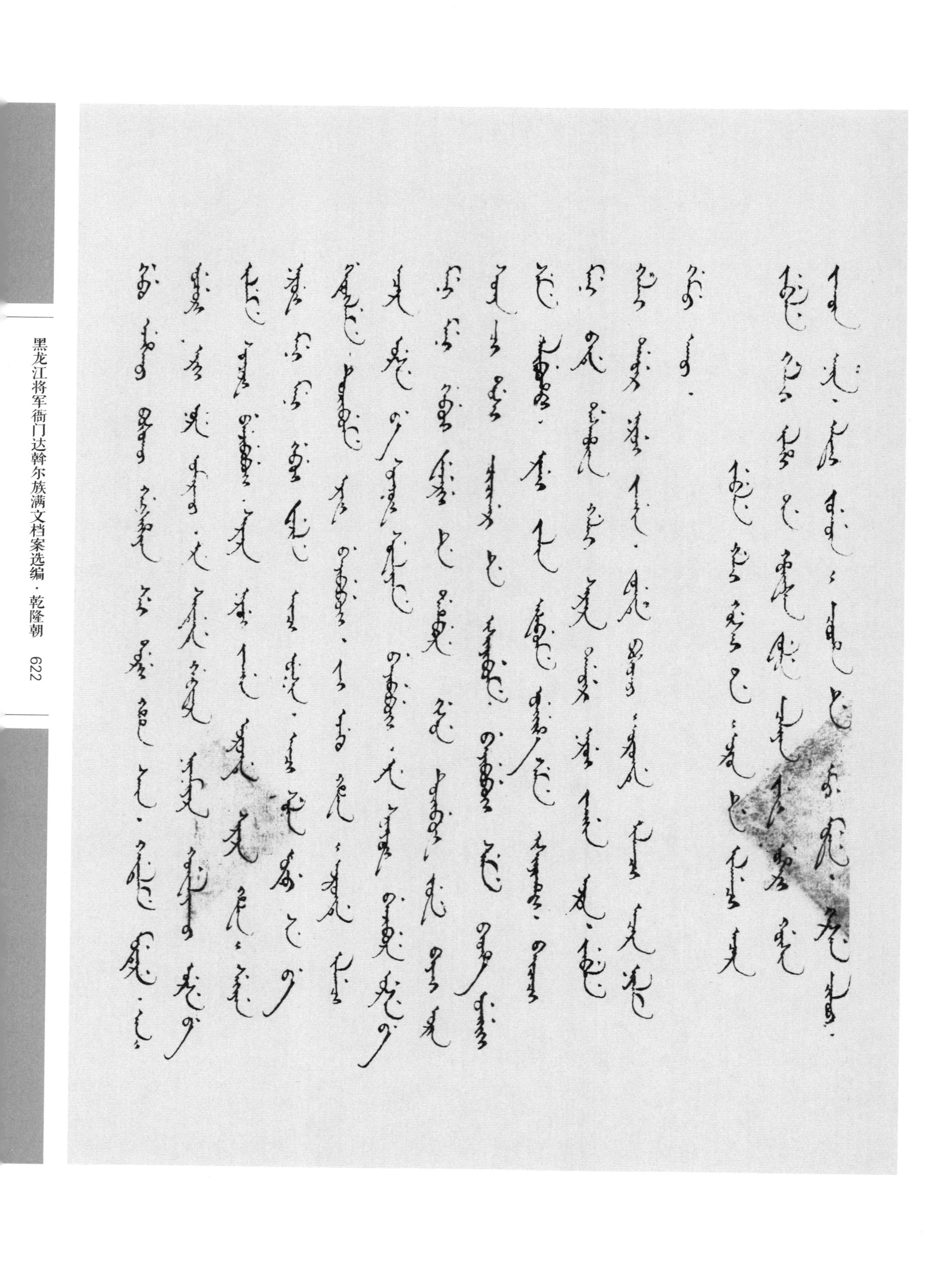

[illegible]

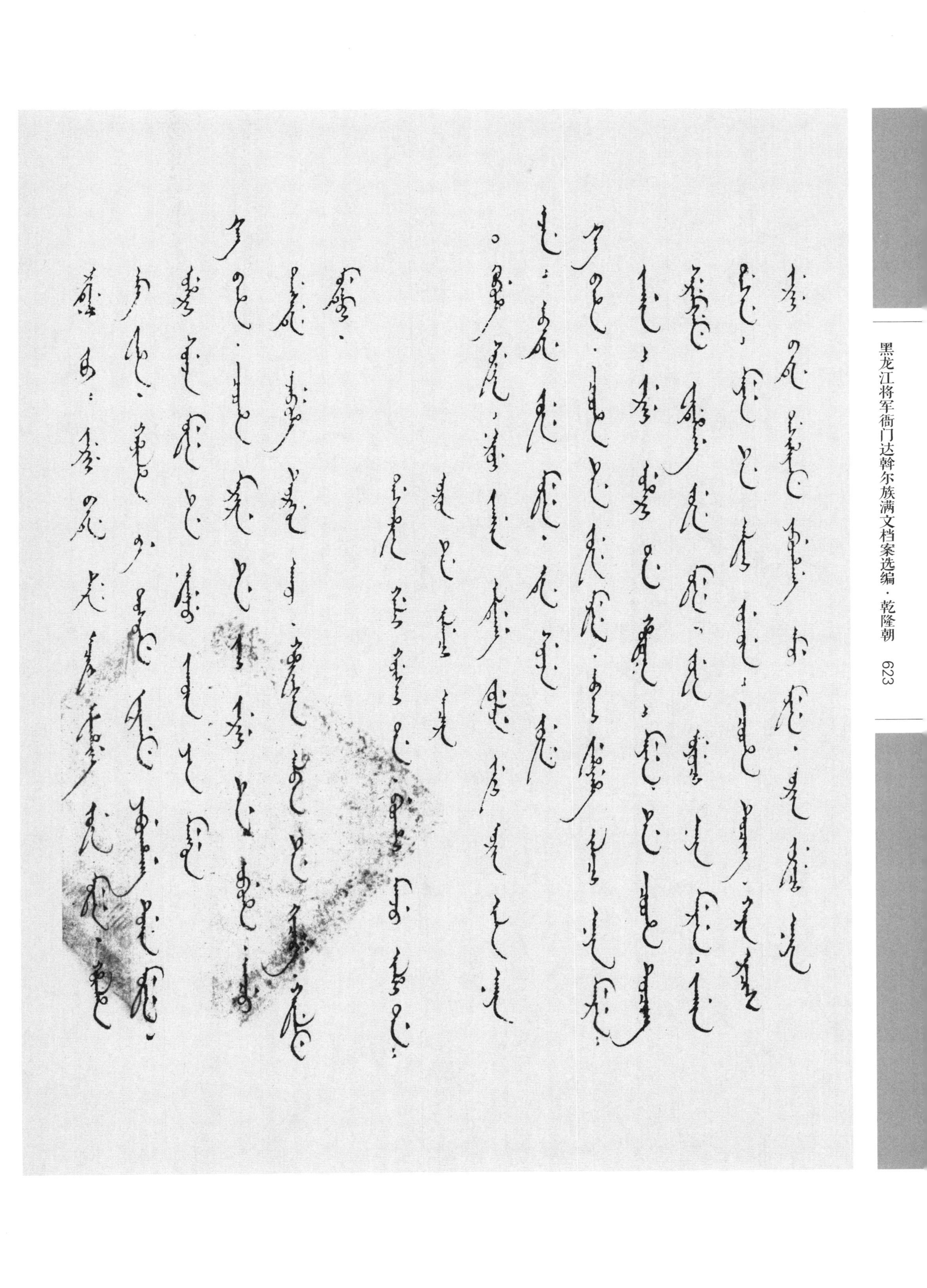

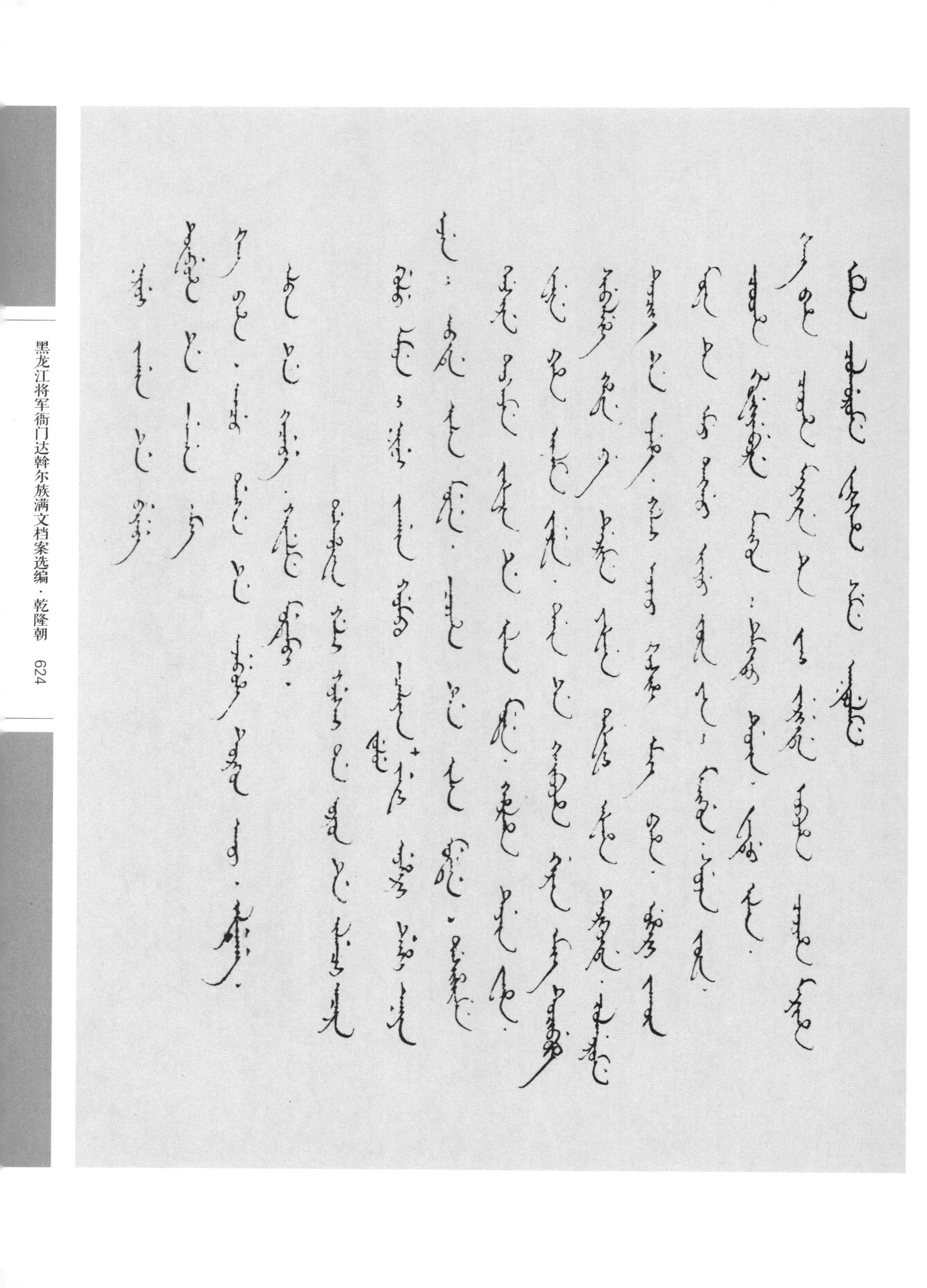

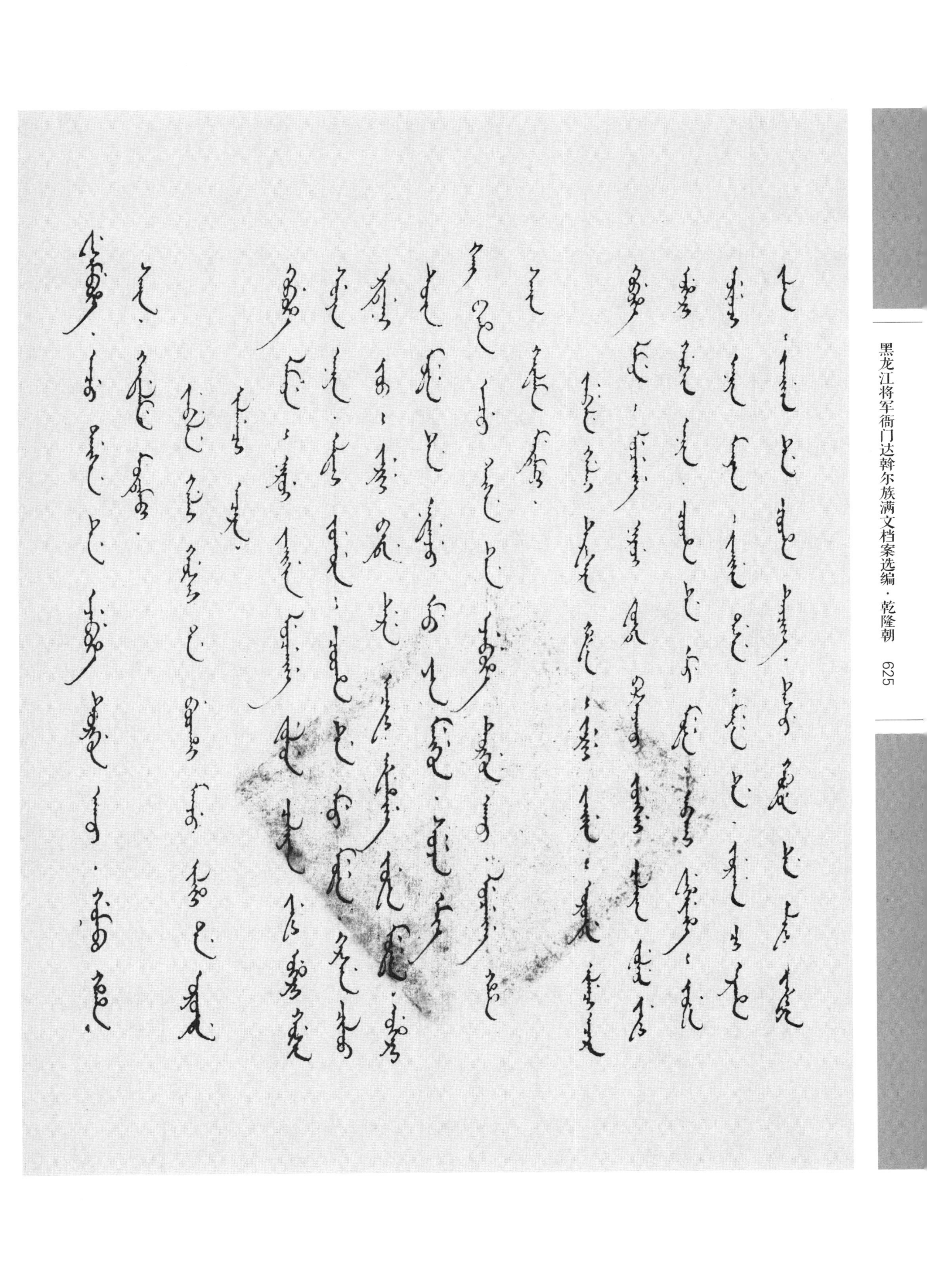

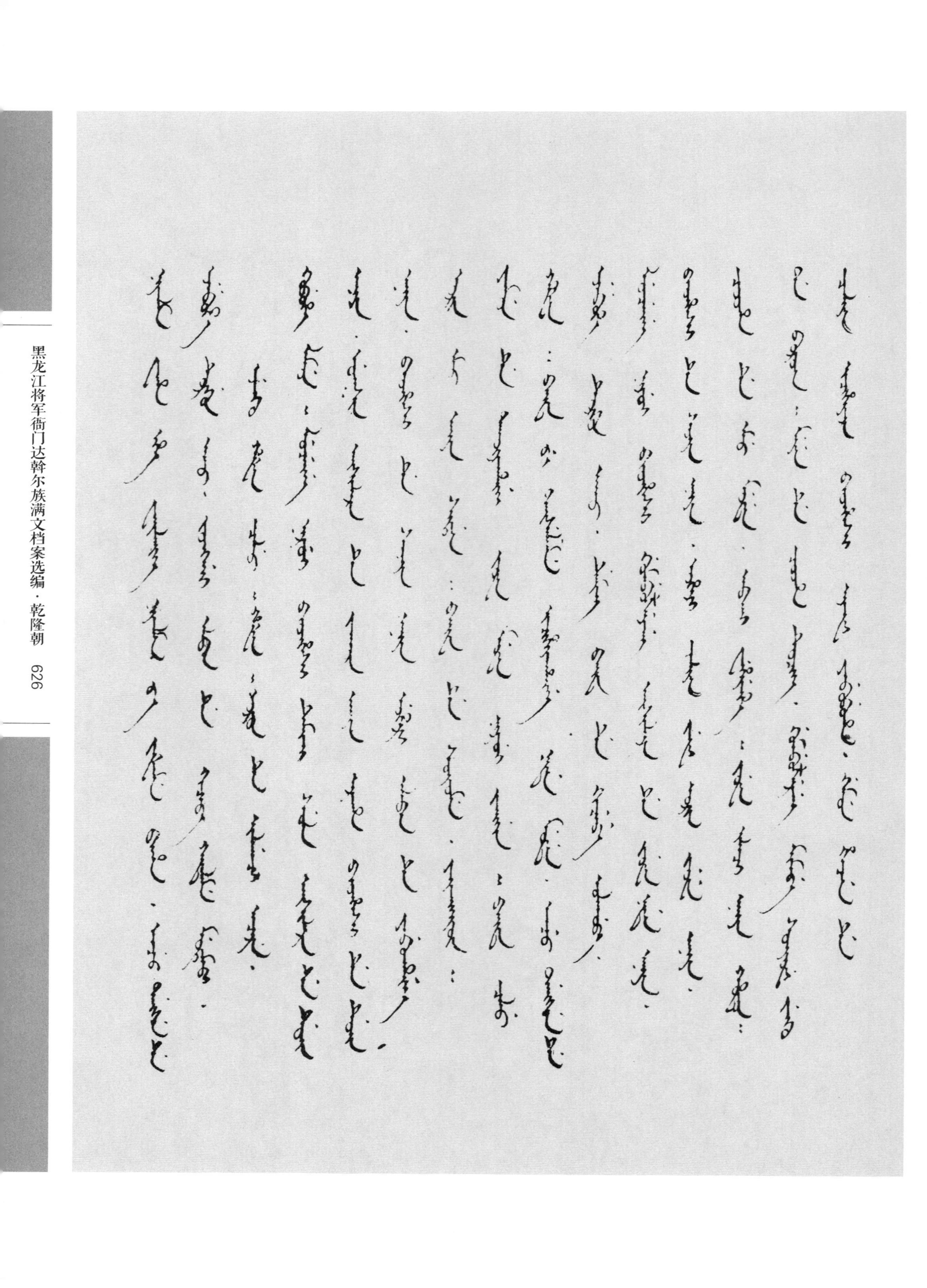

[illegible]

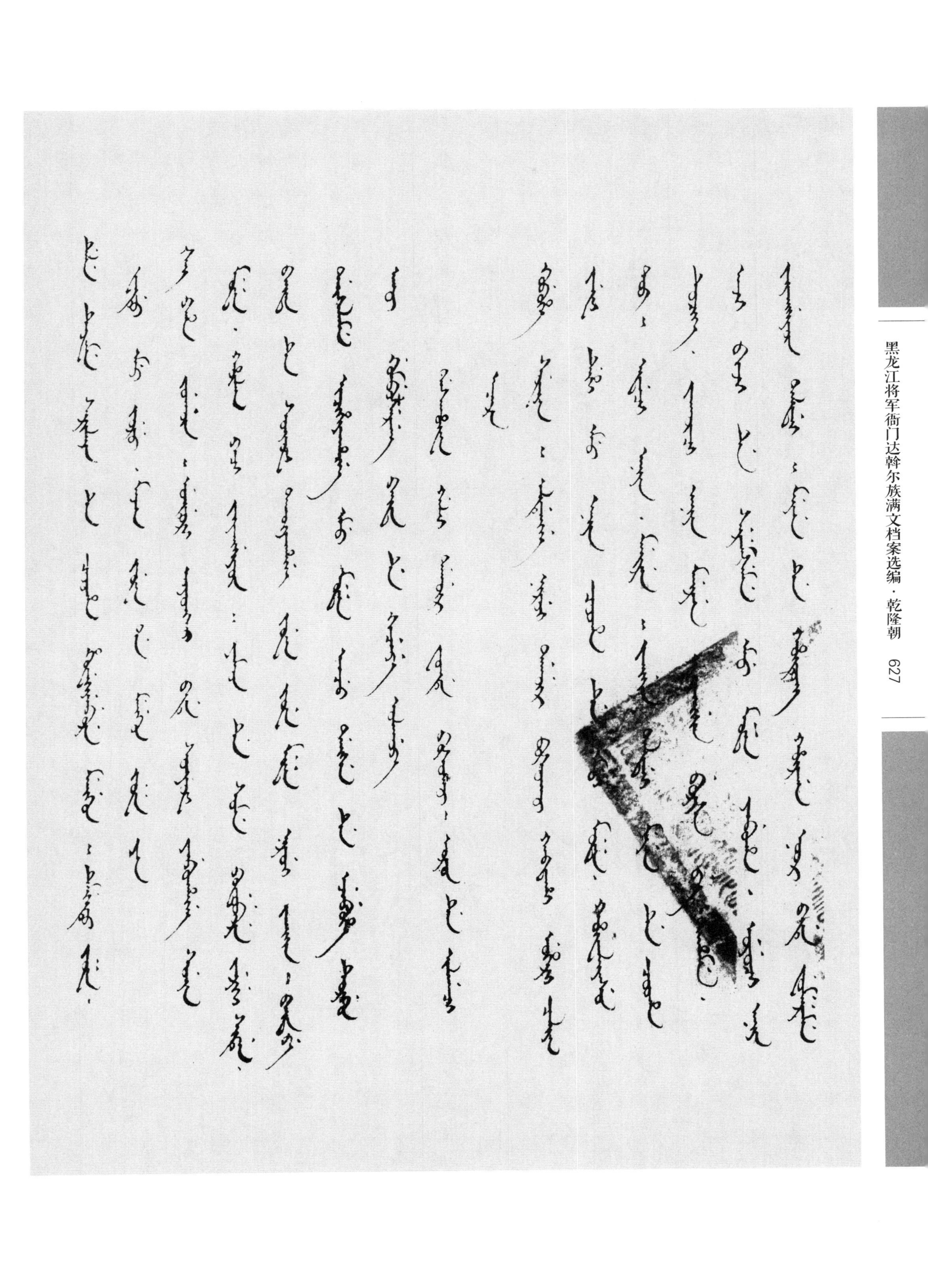

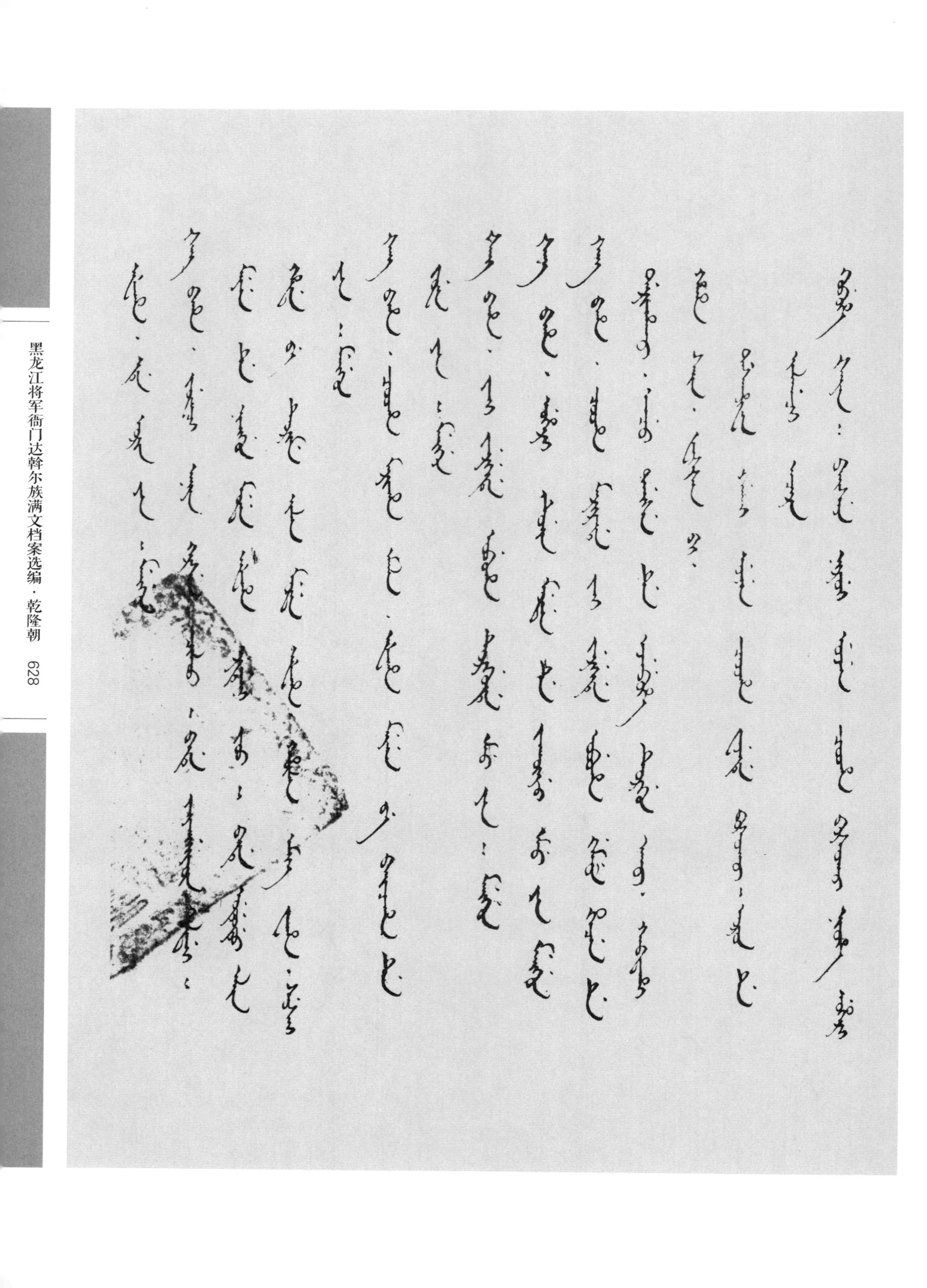

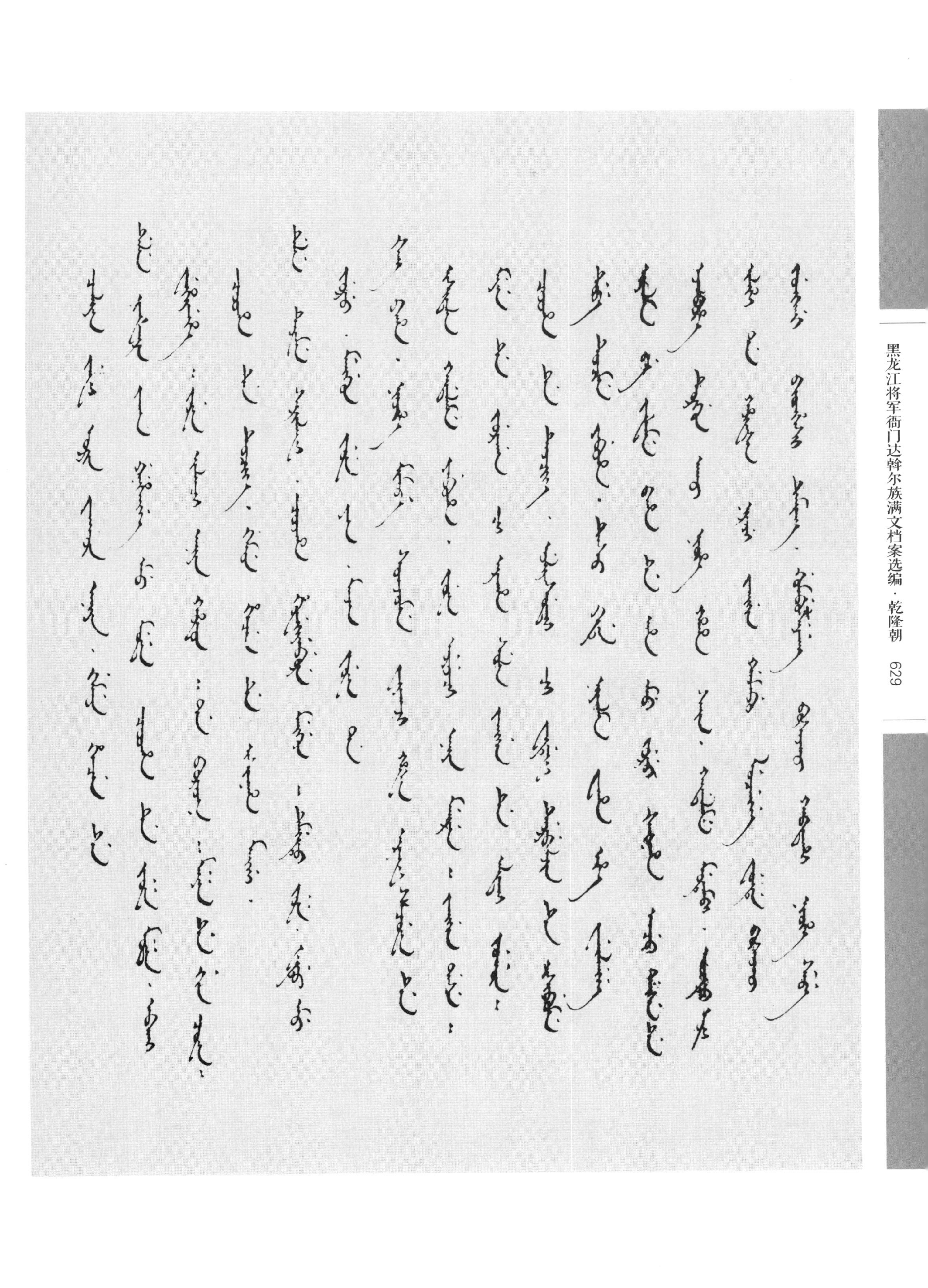

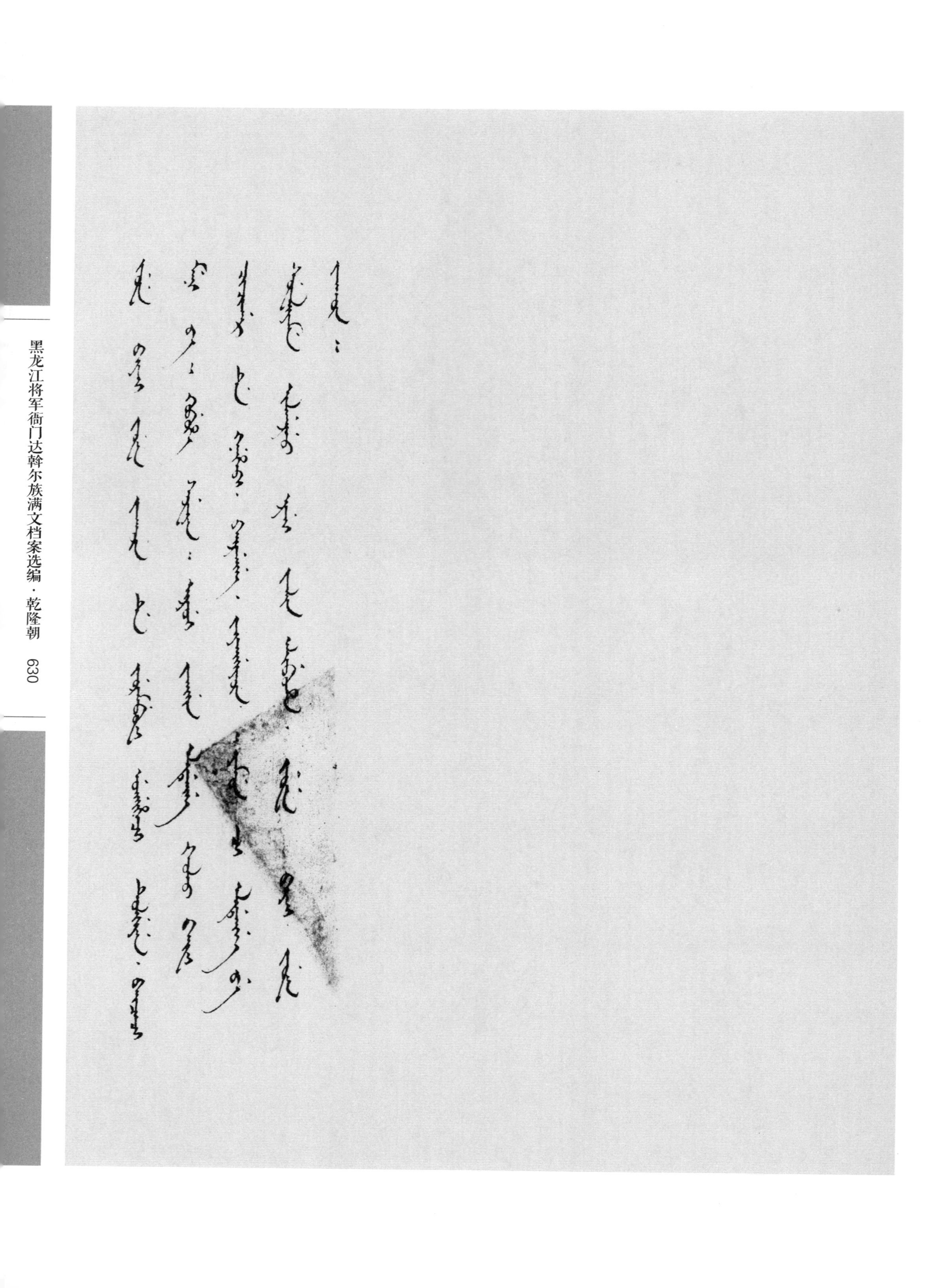

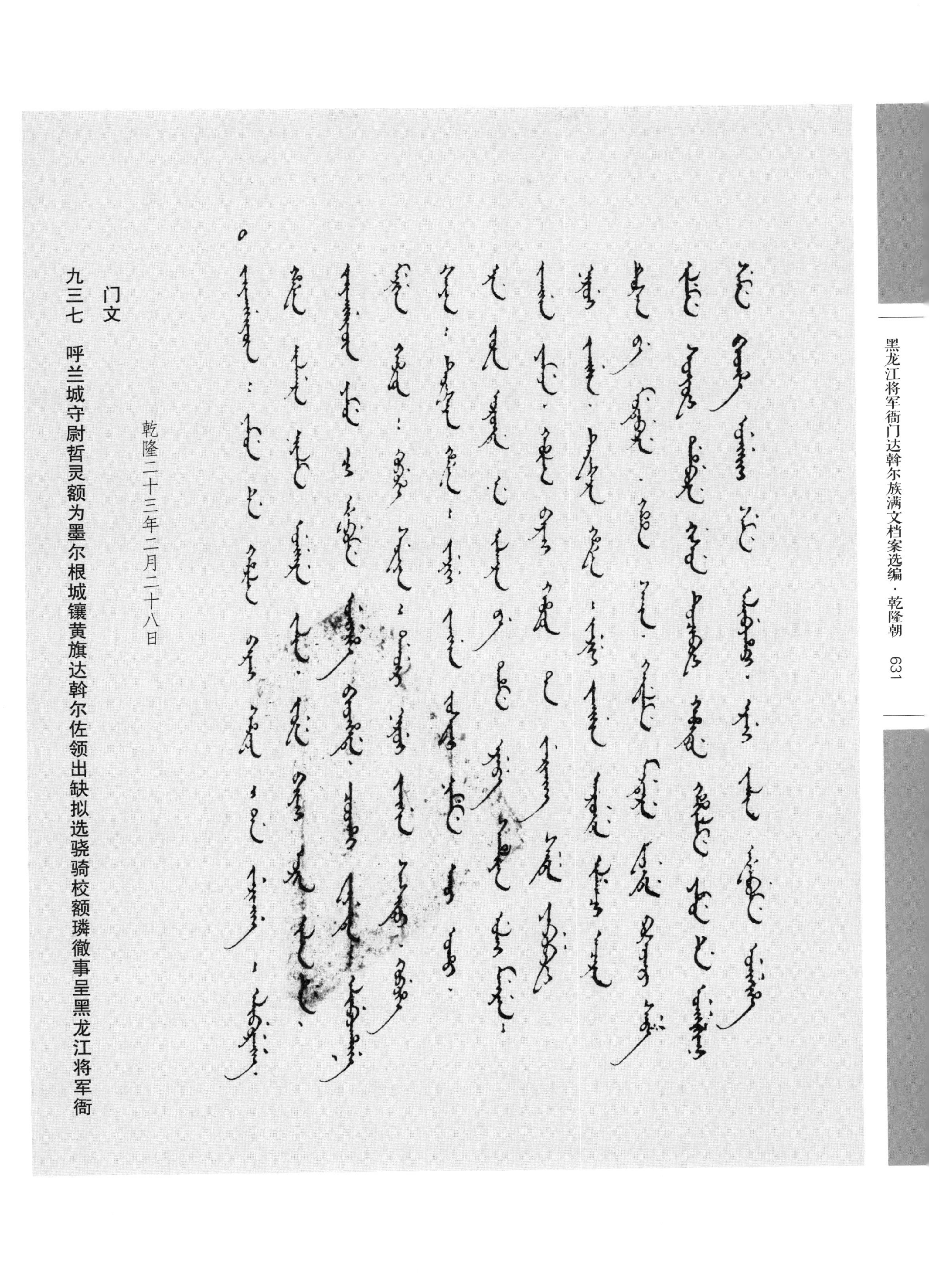

九三七 呼兰城守尉哲灵额为墨尔根城镶黄旗达斡尔佐领出缺拟选骁骑校额璘徹事呈黑龙江将军衙门文

乾隆二十三年二月二十八日

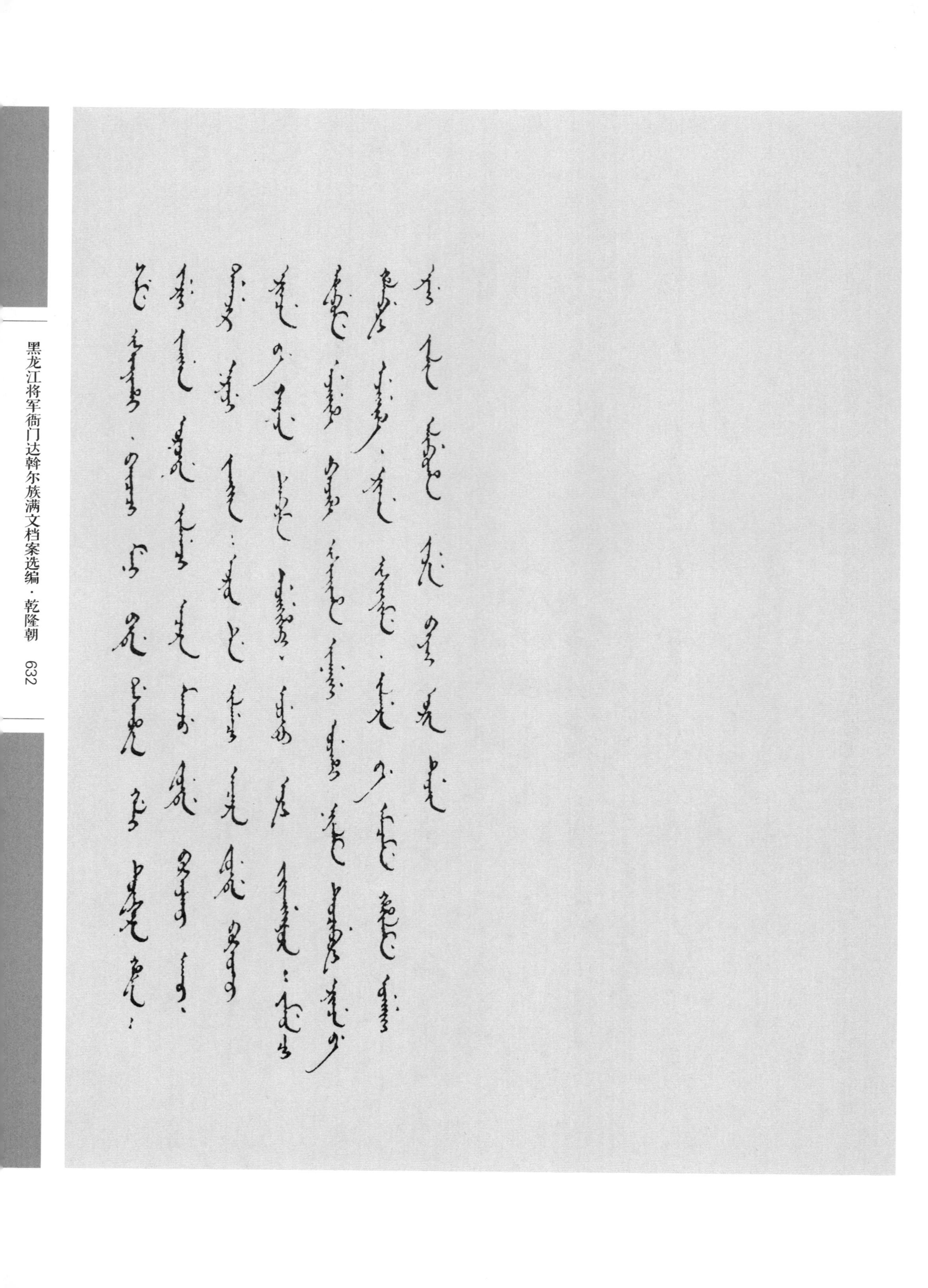

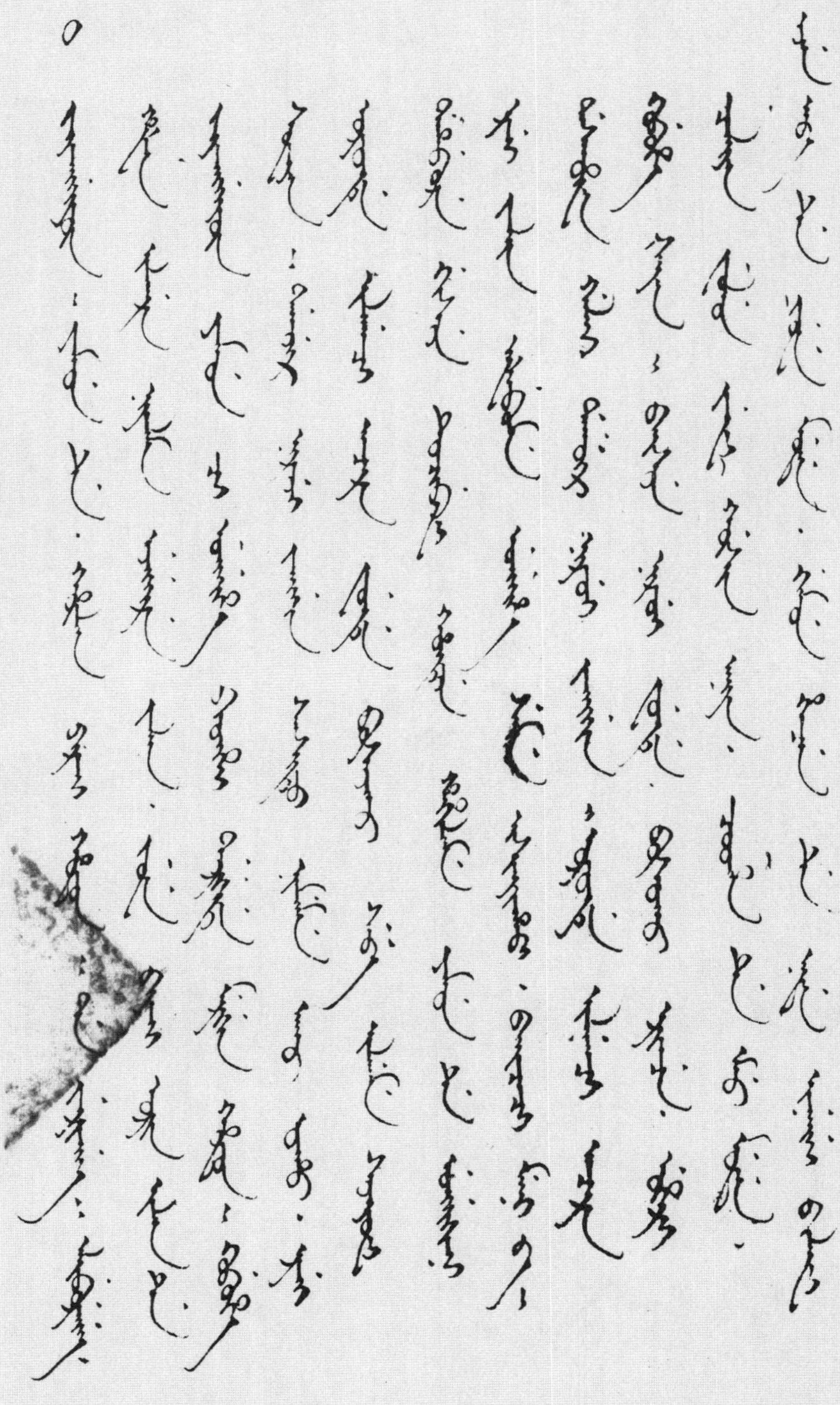

九三八 呼兰城守尉哲灵额为墨尔根城镶黄旗达斡尔佐领出缺拟选骁骑校额璘徹启程前往事呈黑龙江将军衙门文

乾隆二十三年三月初二日

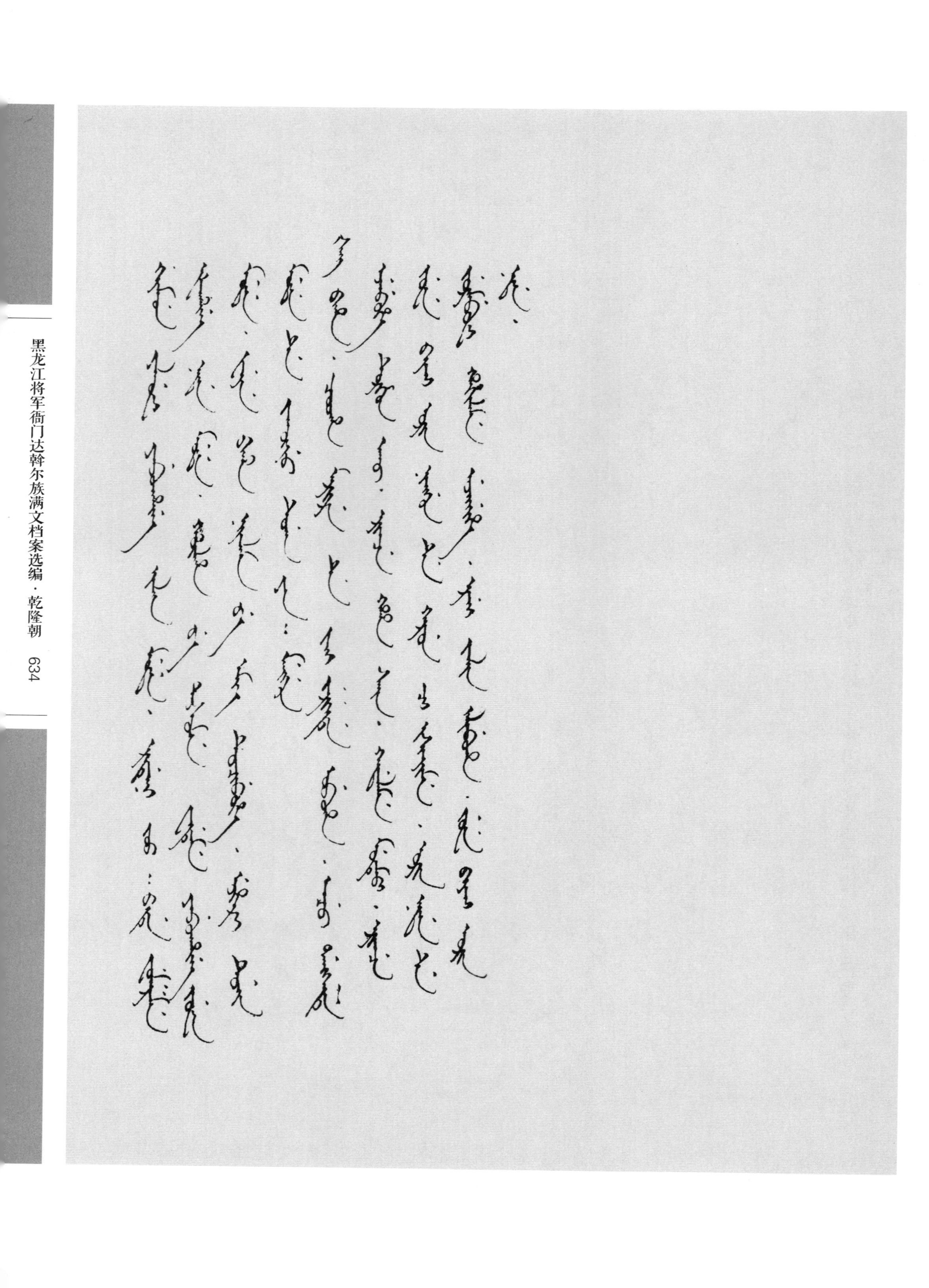

[illegible]

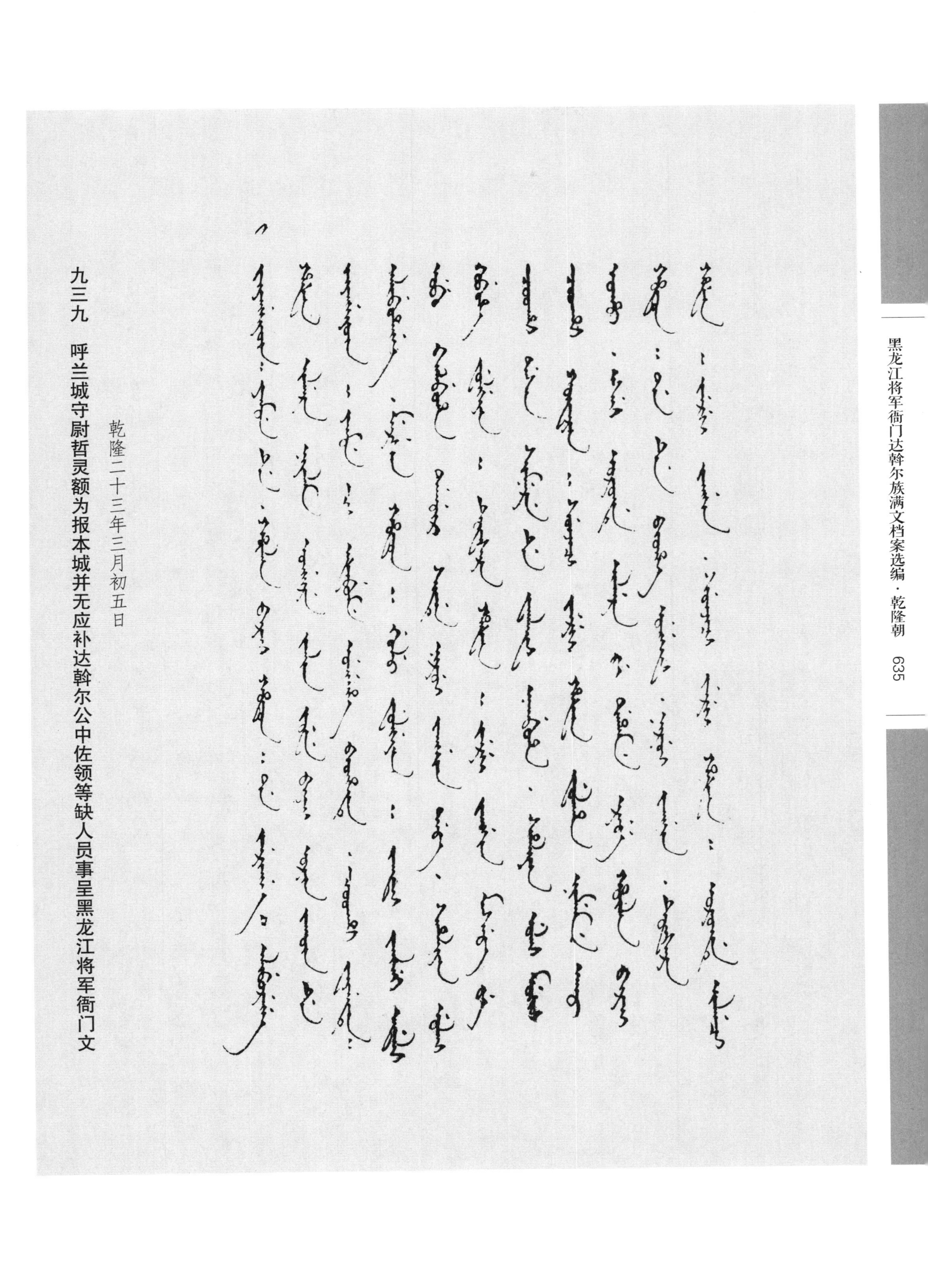

九三九 呼兰城守尉哲灵额为报本城并无应补达斡尔公中佐领等缺人员事呈黑龙江将军衙门文

乾隆二十三年三月初五日

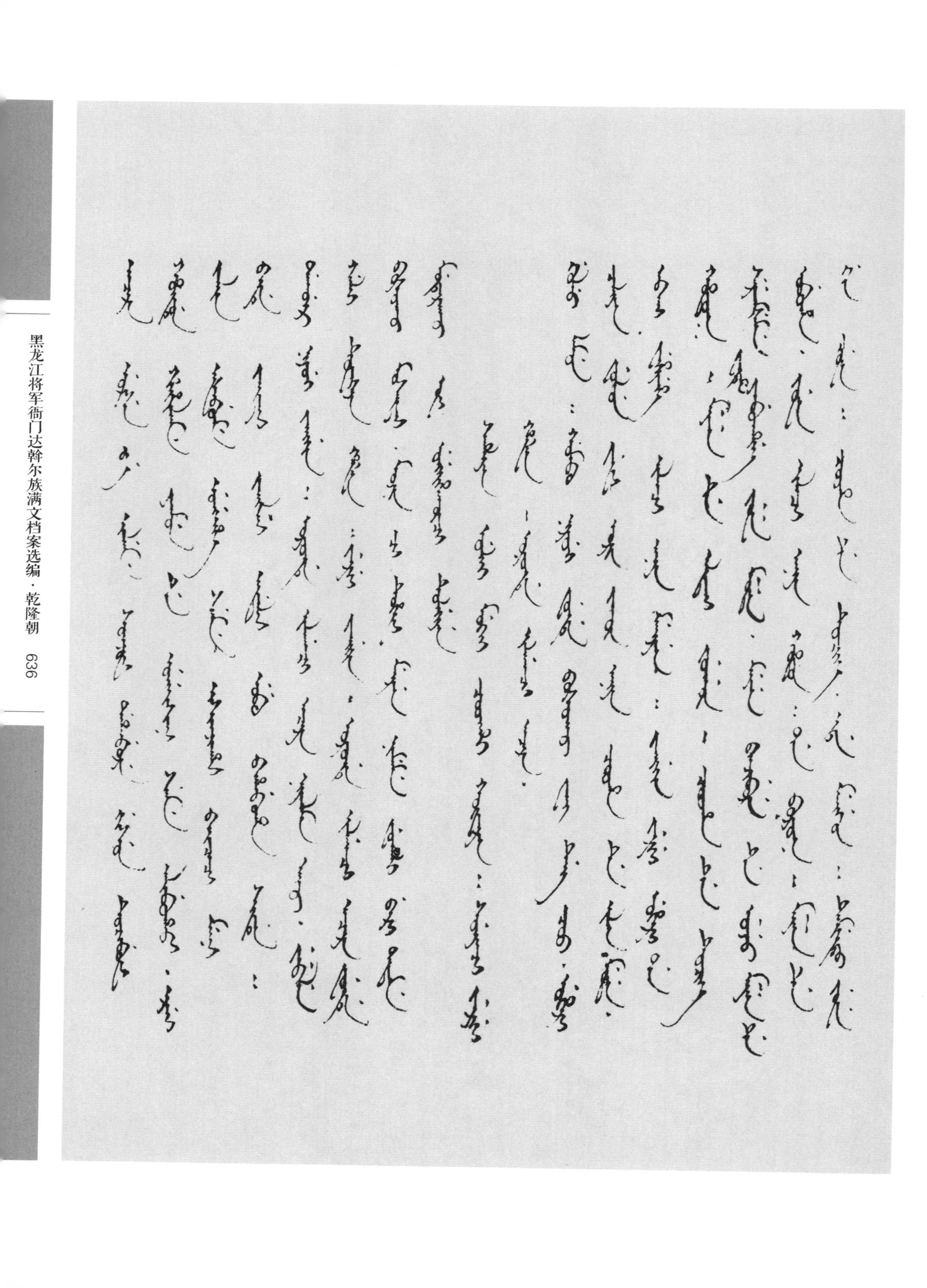

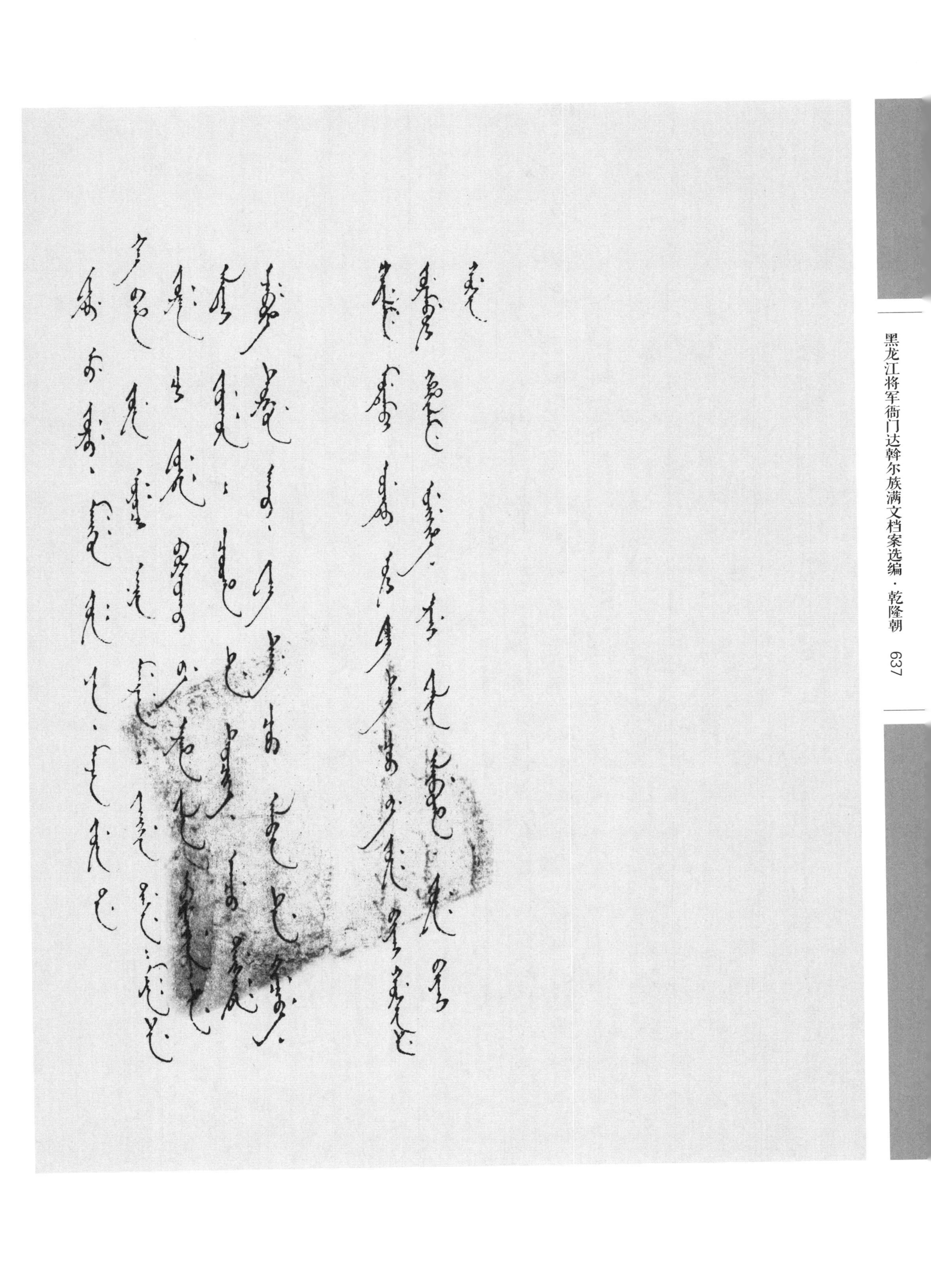

九四〇 黑龙江副都统衙门为报拟补佐领骁骑校等缺满洲达斡尔等官员履历考语事咨黑龙江将军衙门文

乾隆二十三年三月初六日

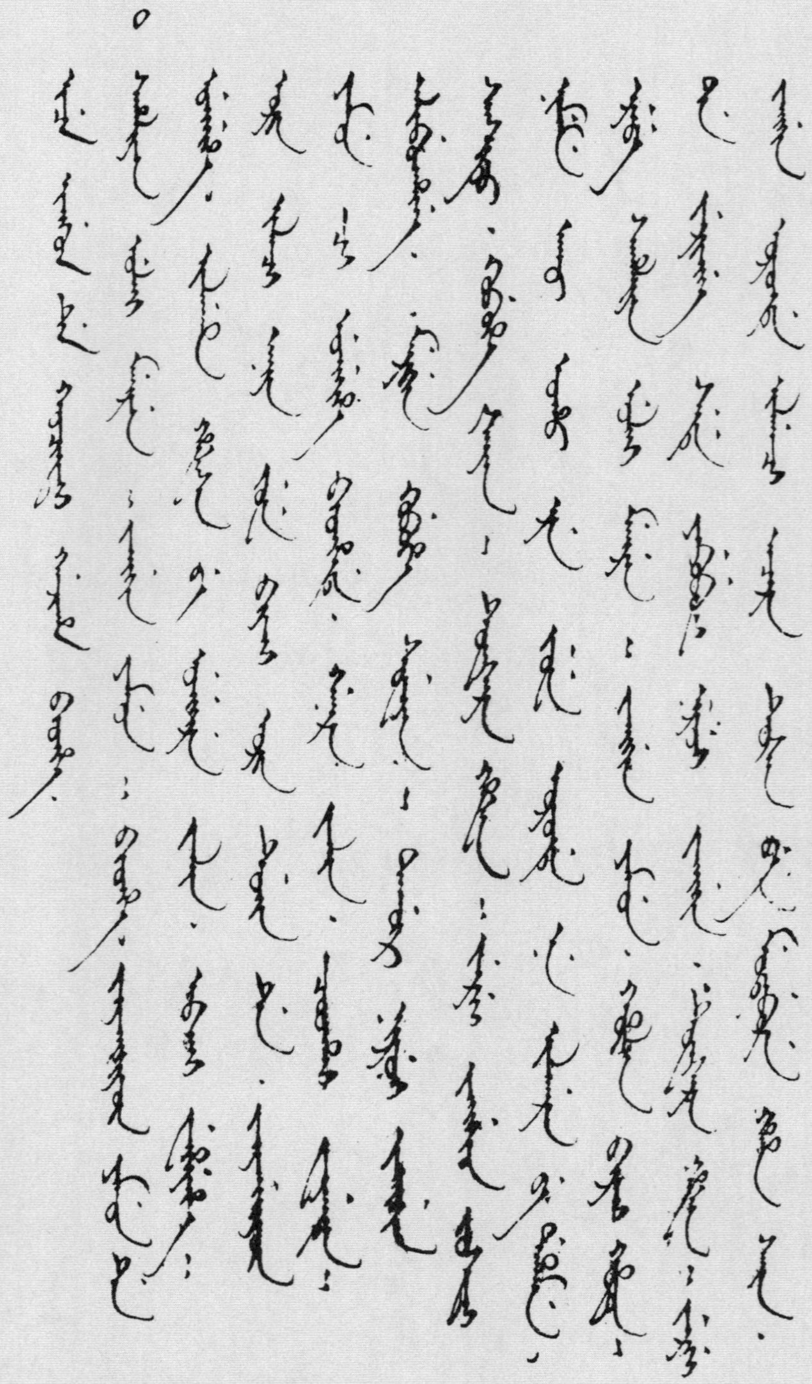

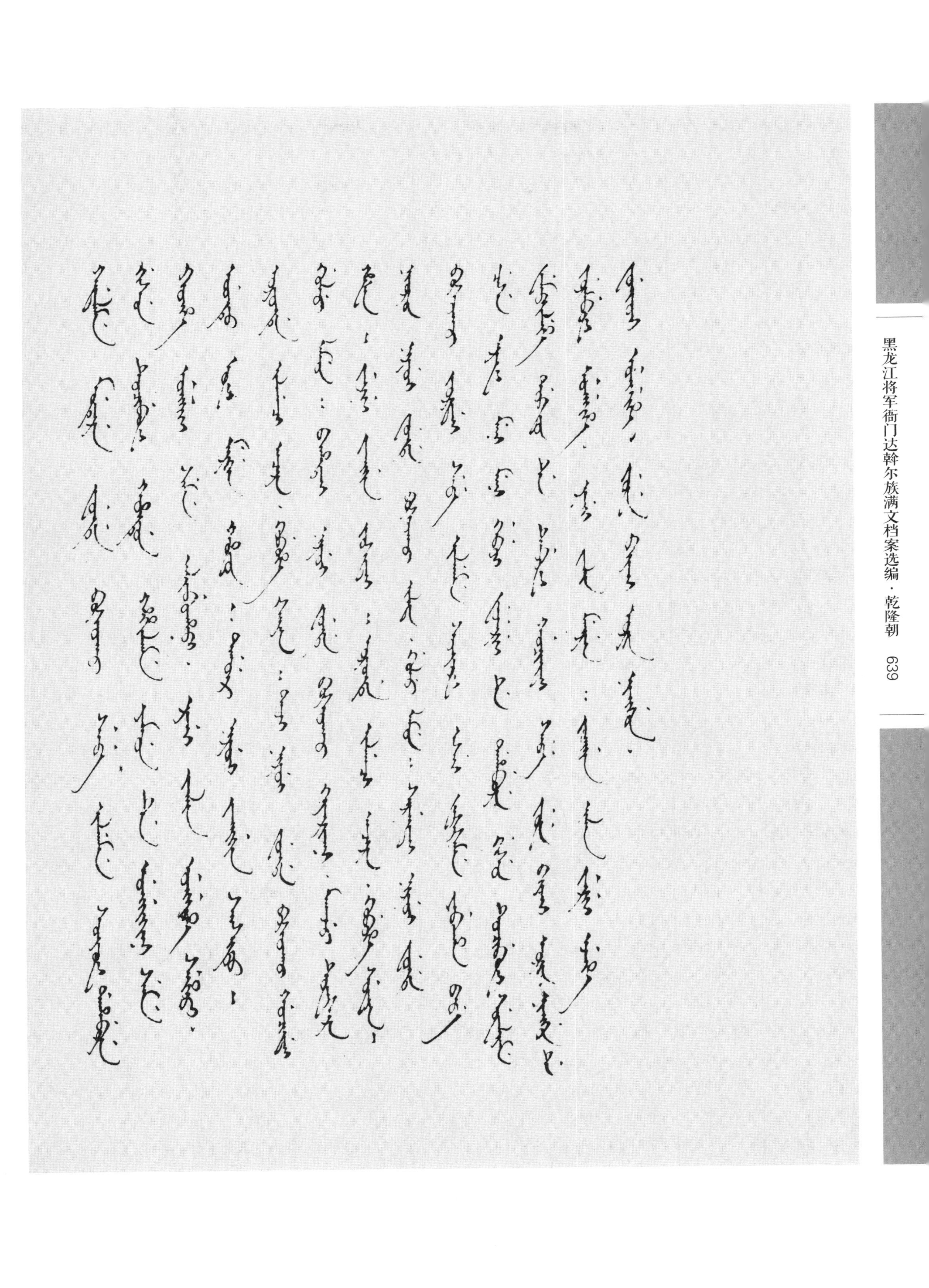

九四一 墨尔根副都统衙门为催促承袭本城正黄旗达斡尔公中佐领达巴等缺人员启程事咨黑龙江将军衙门文

乾隆二十三年三月初六日

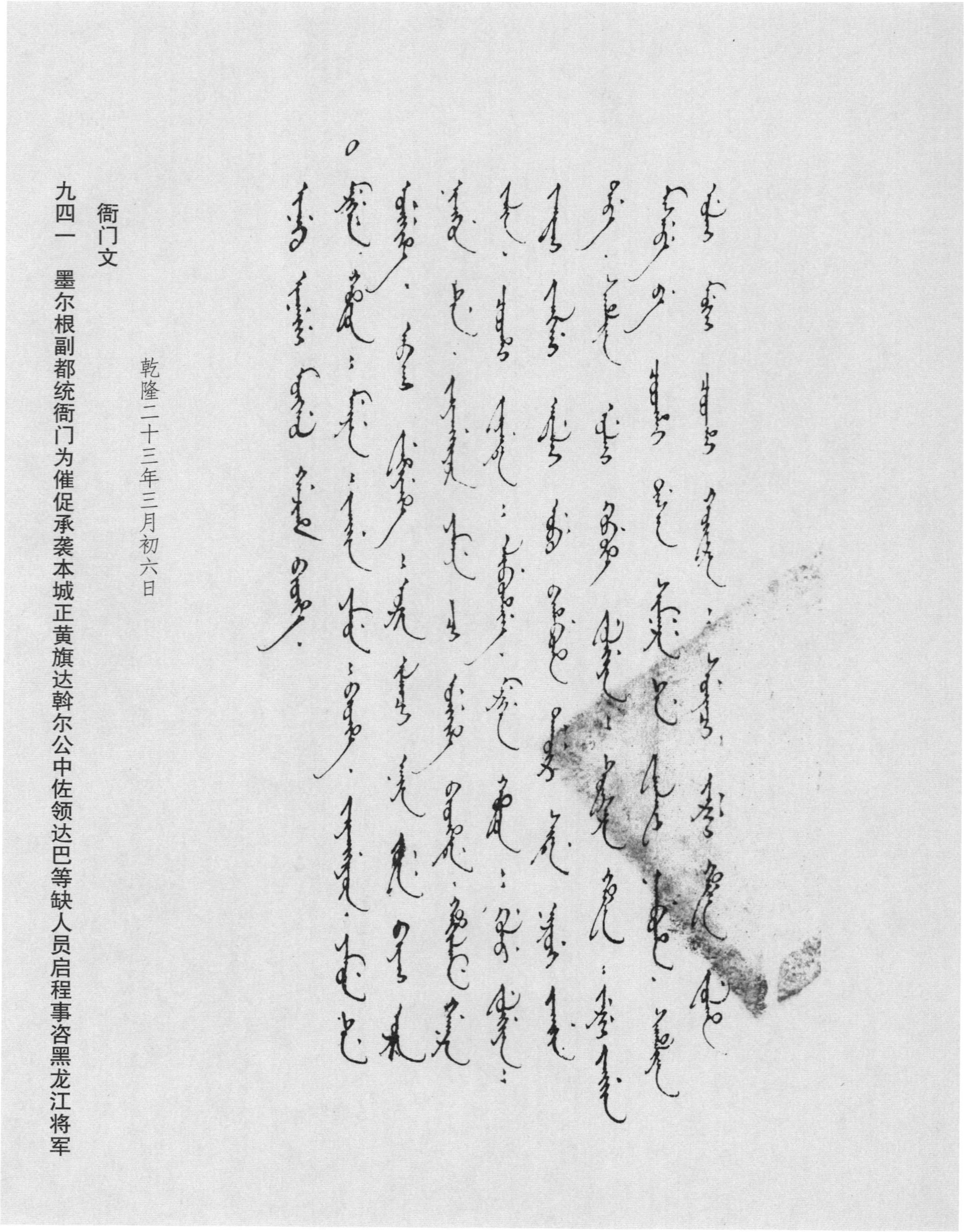

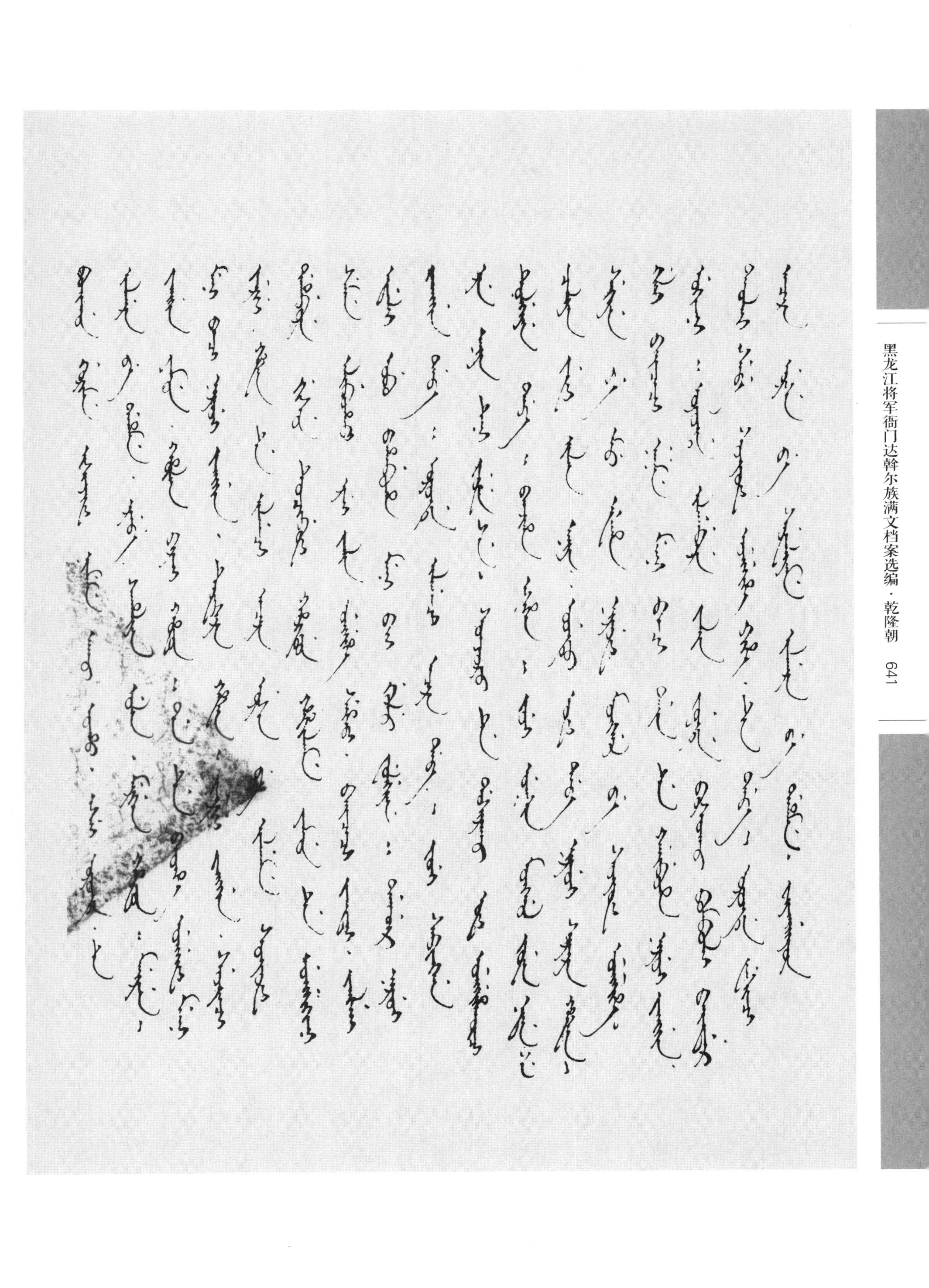

[illegible]

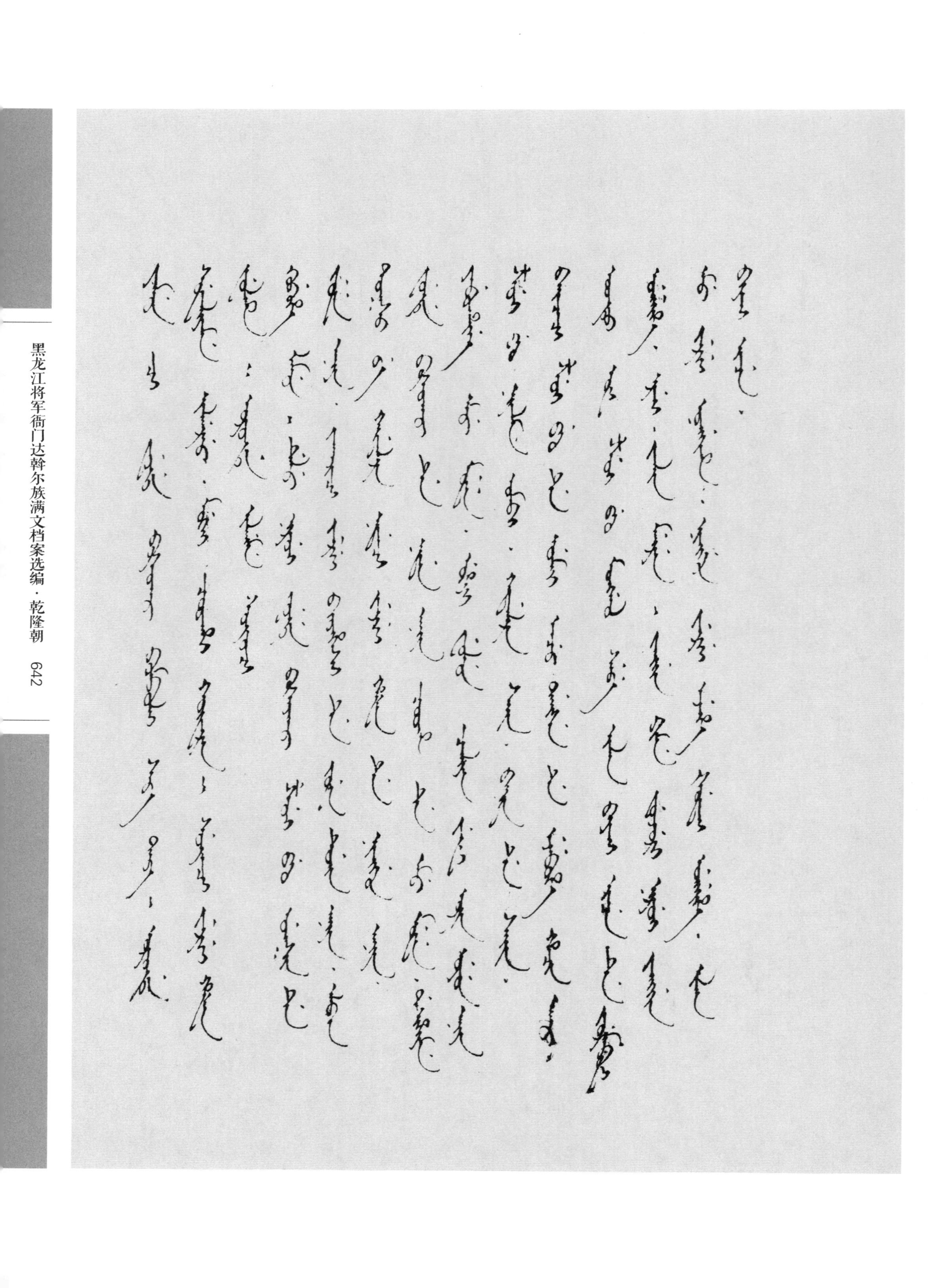

九四二 黑龙江将军衙门为墨尔根正红旗达斡尔佐领乌奇内阵亡出缺拟定补放人员引见事咨兵部文

乾隆二十三年三月十三日

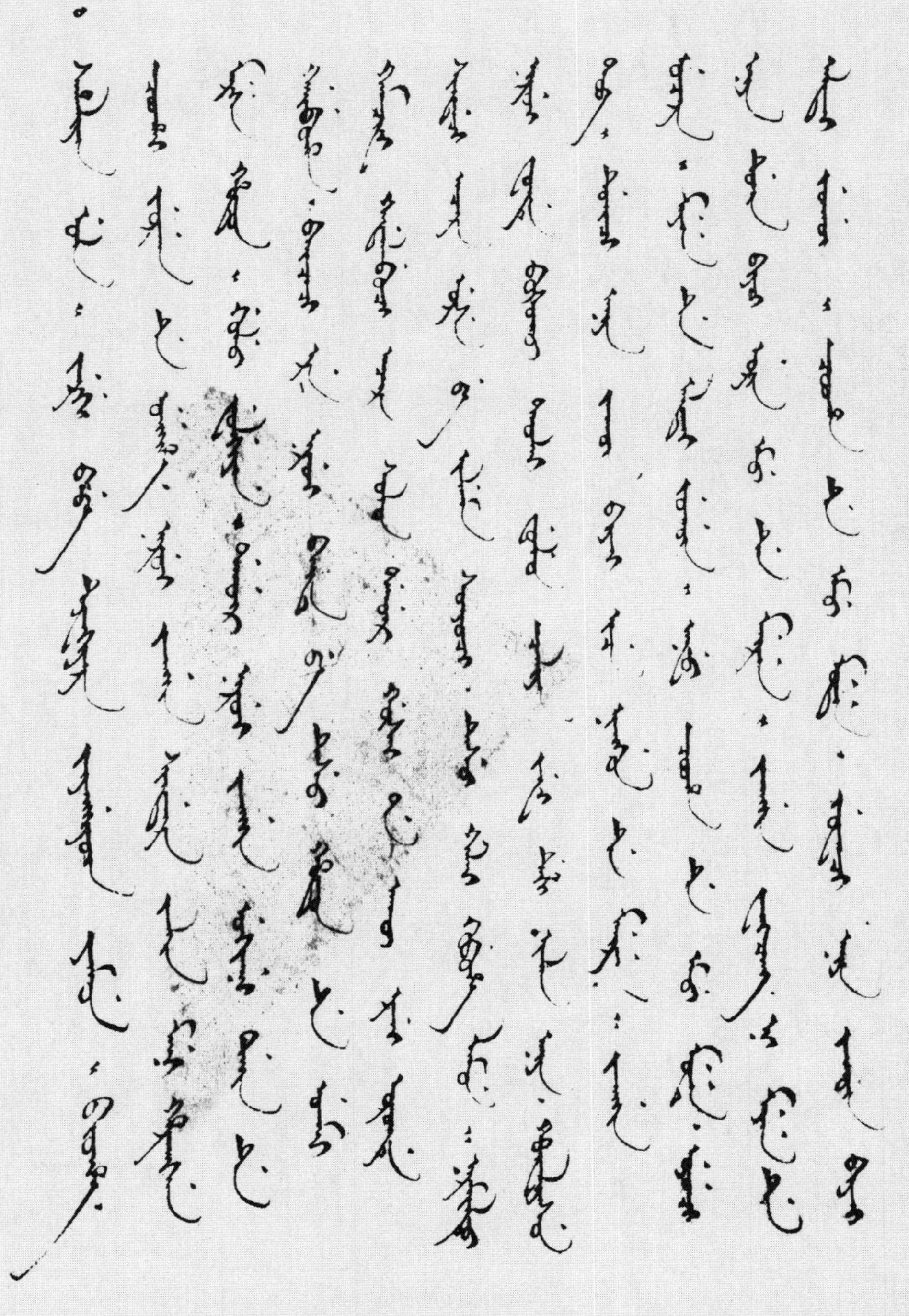

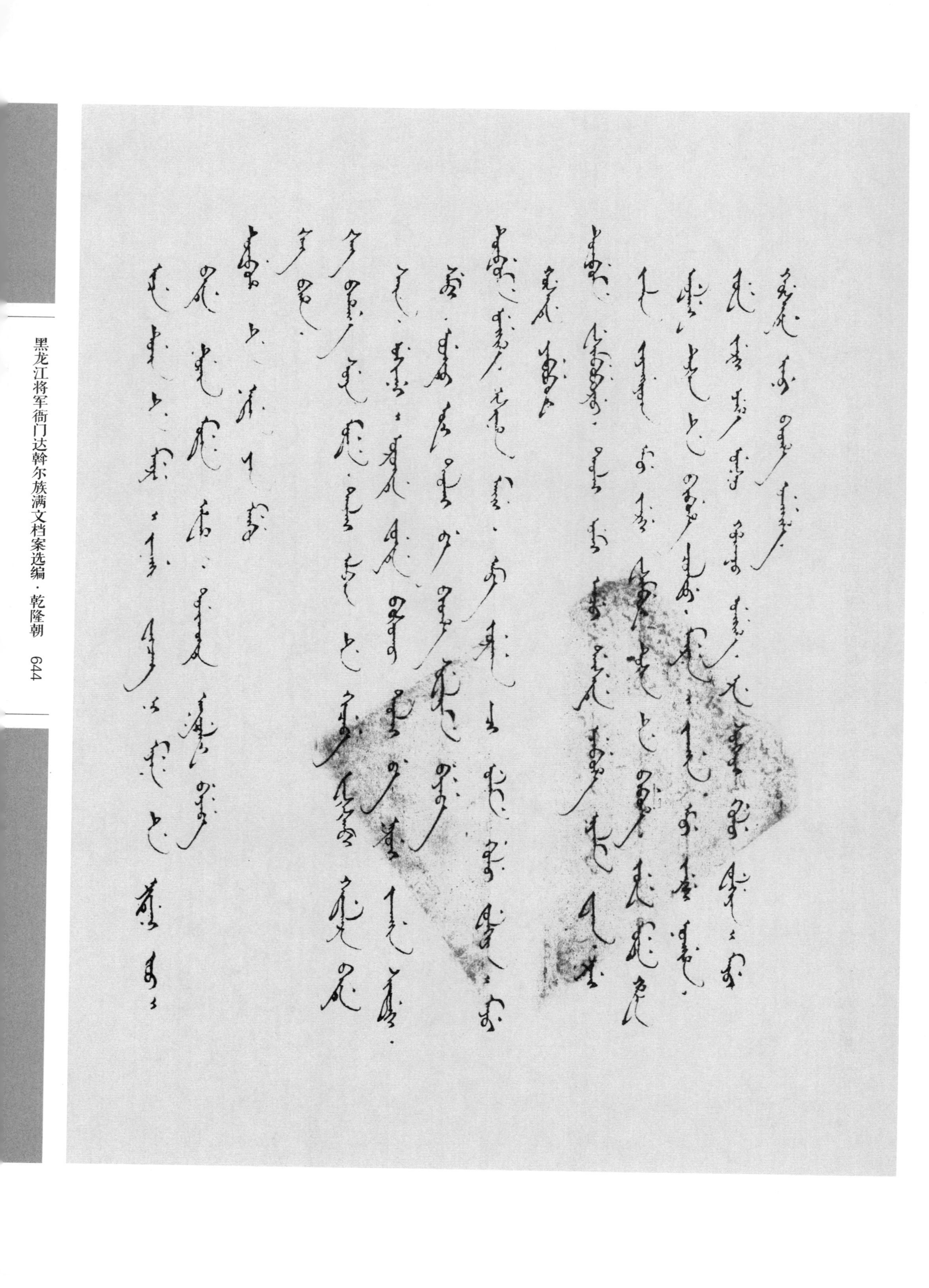

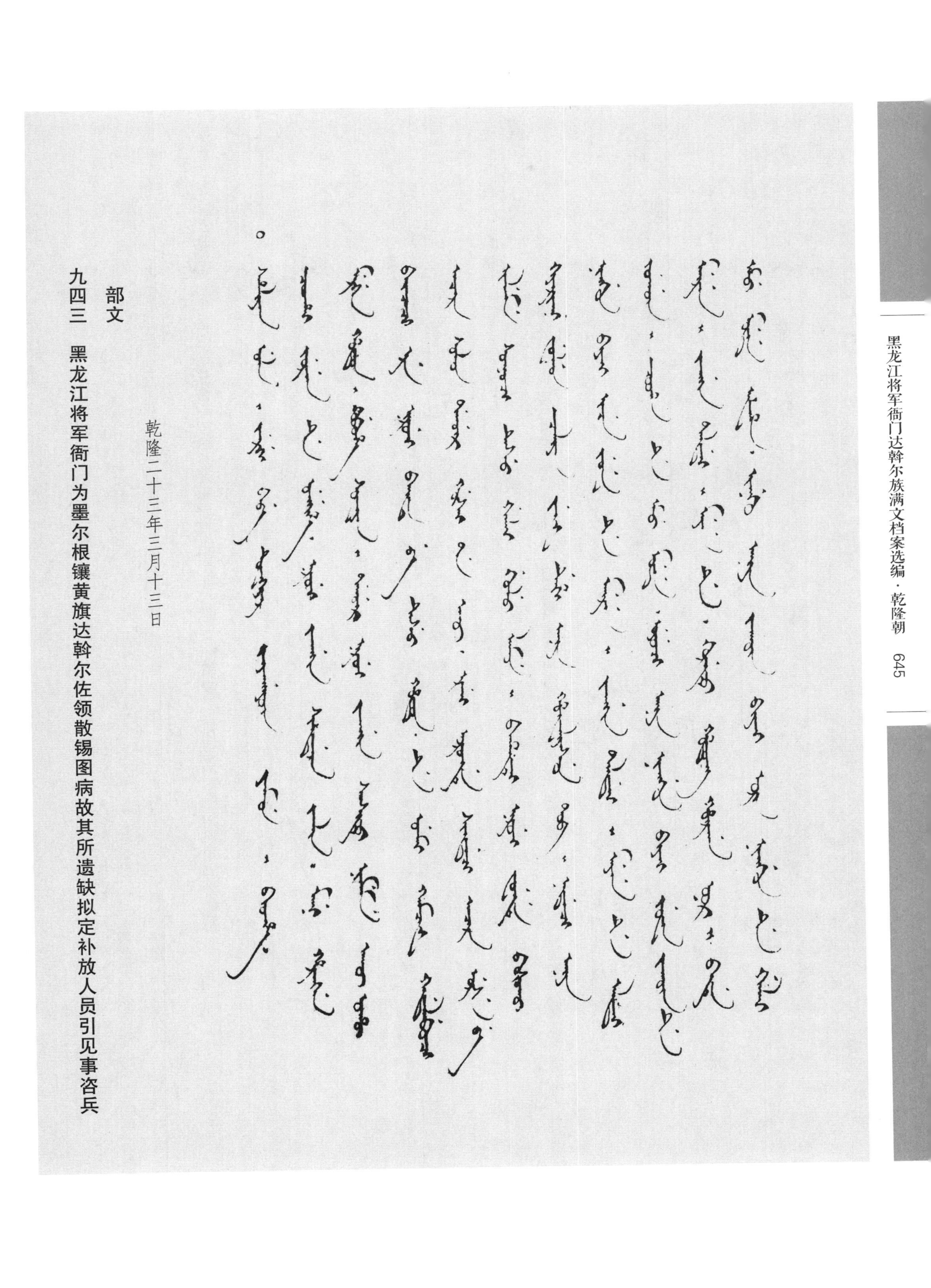

九四三　黑龙江将军衙门为墨尔根镶黄旗达斡尔佐领散锡图病故其所遗缺拟定补放人员引见事咨兵部文

乾隆二十三年三月十三日

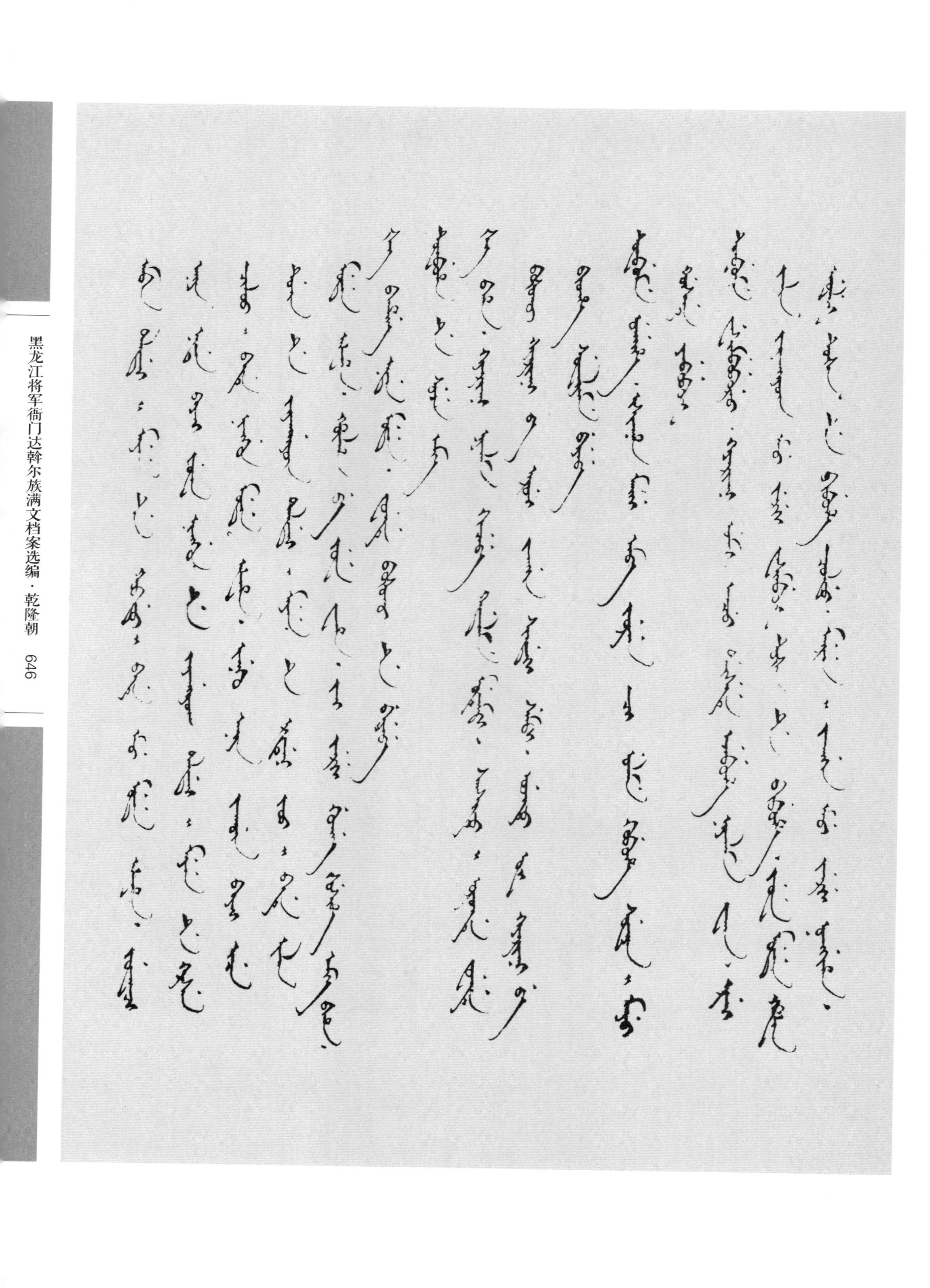

[illegible]

[illegible]

九四四　黑龙江将军衙门为墨尔根正红旗达斡尔佐领达巴参革出缺拟定补放官员引见事咨兵部文

乾隆二十三年三月十三日

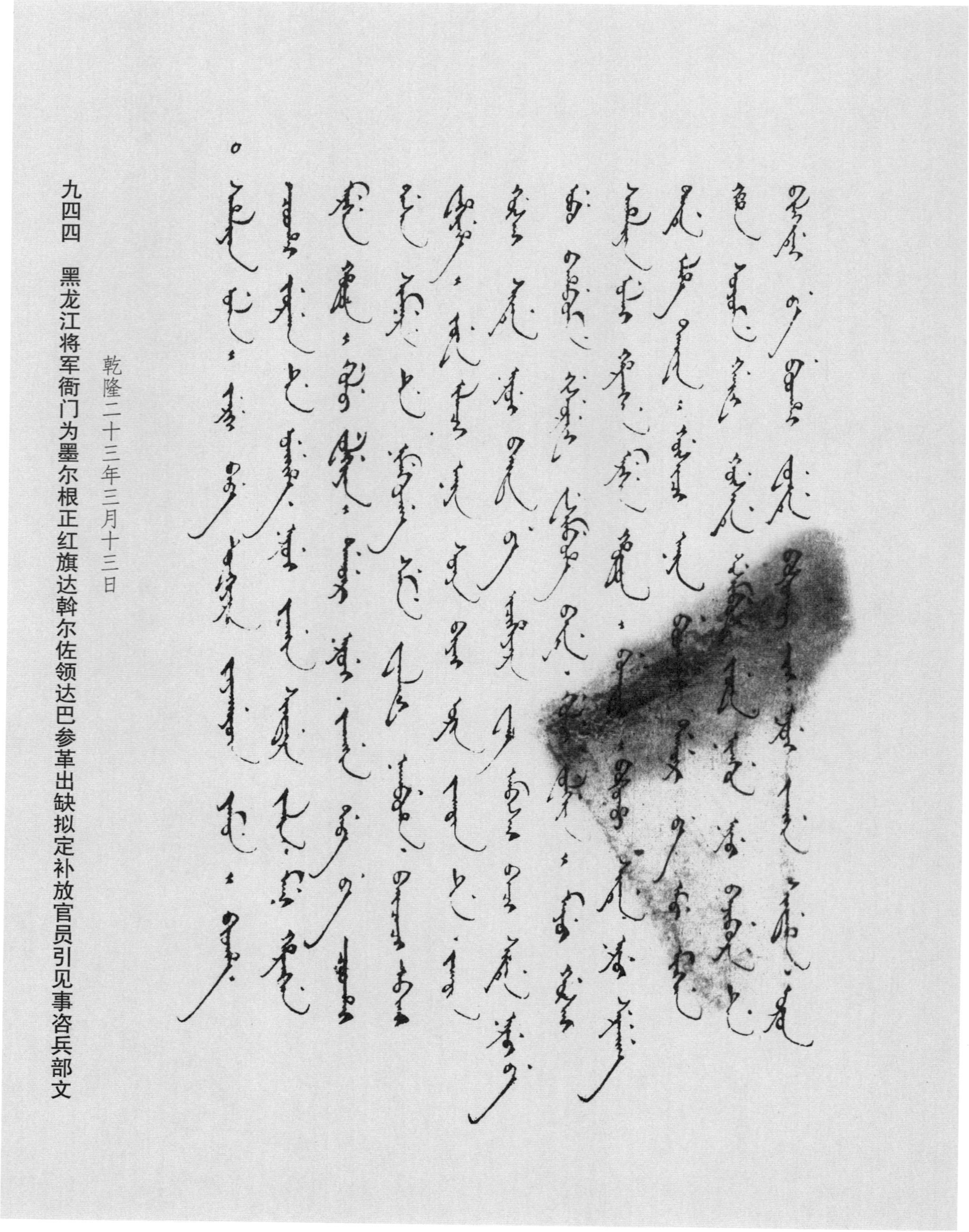

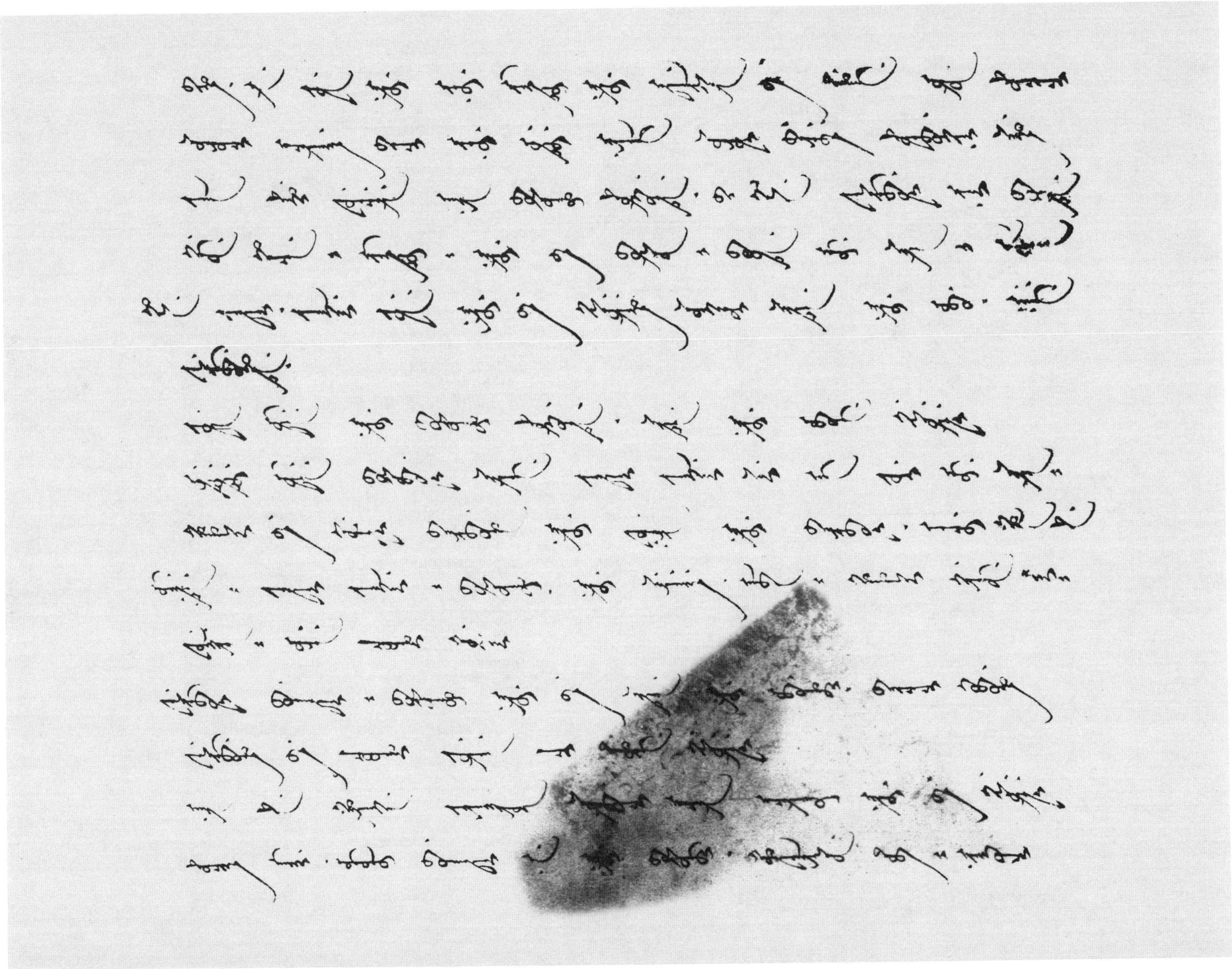

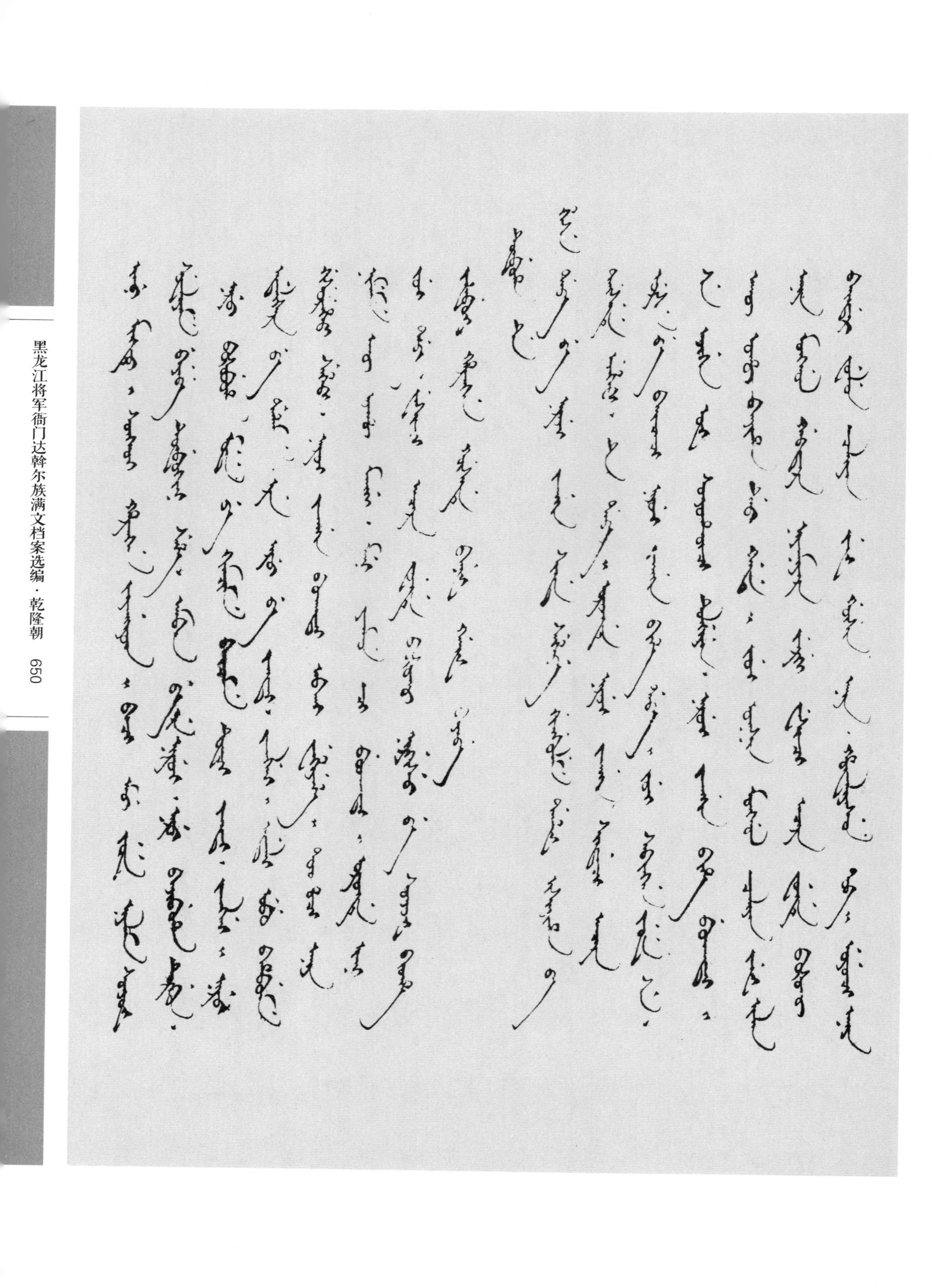

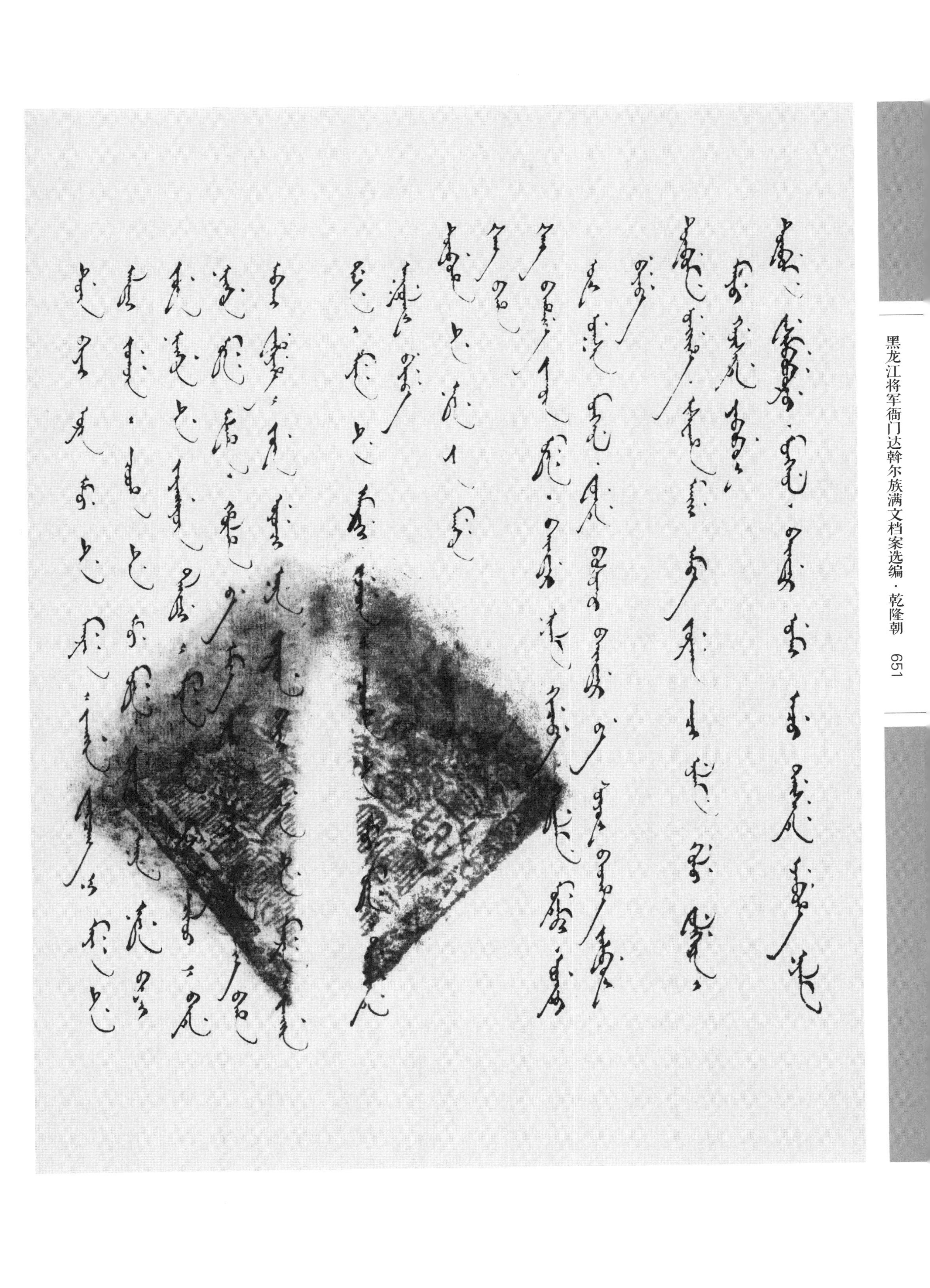

[illegible]

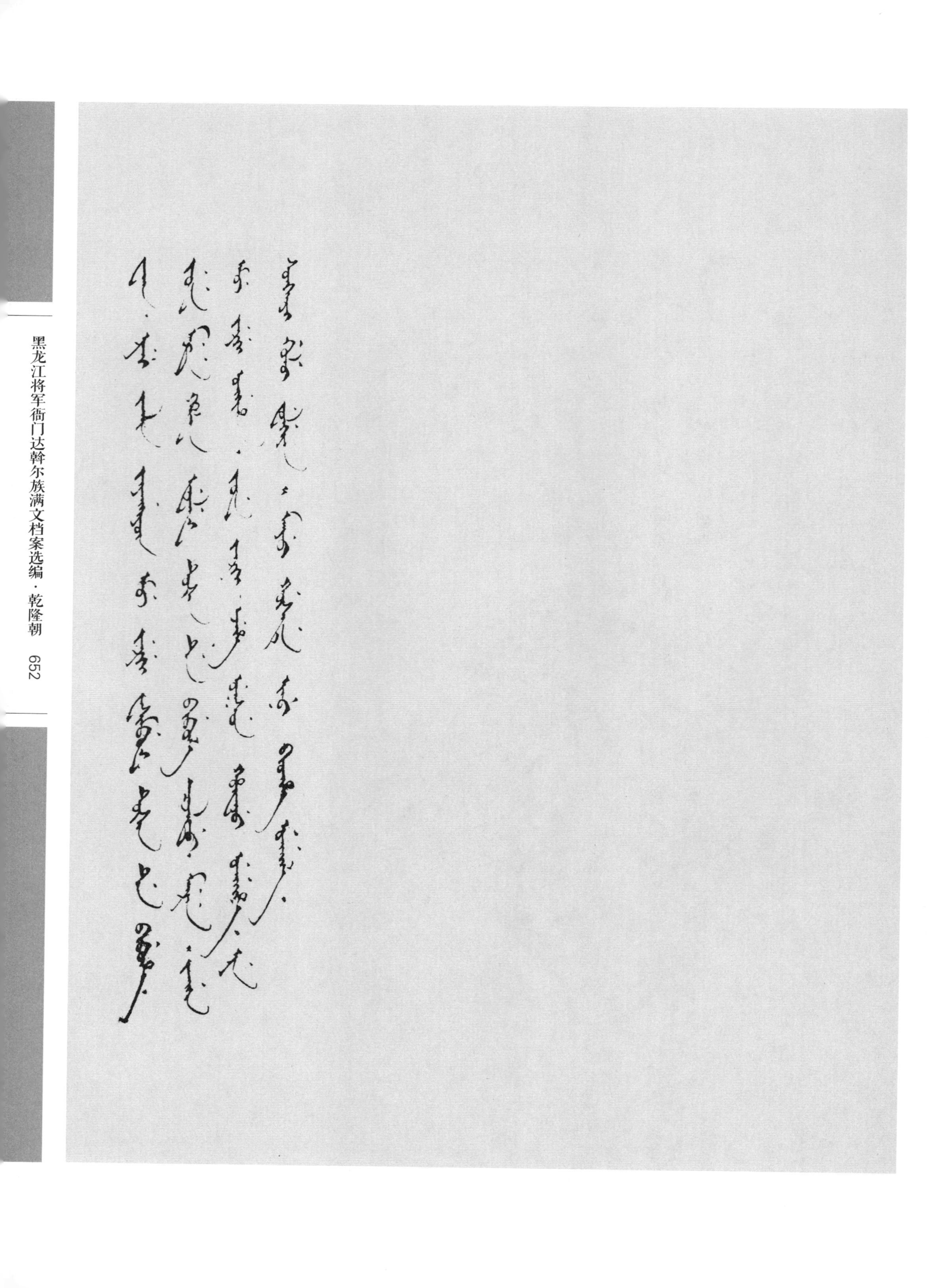

[illegible]

[illegible]

[illegible]

[illegible]

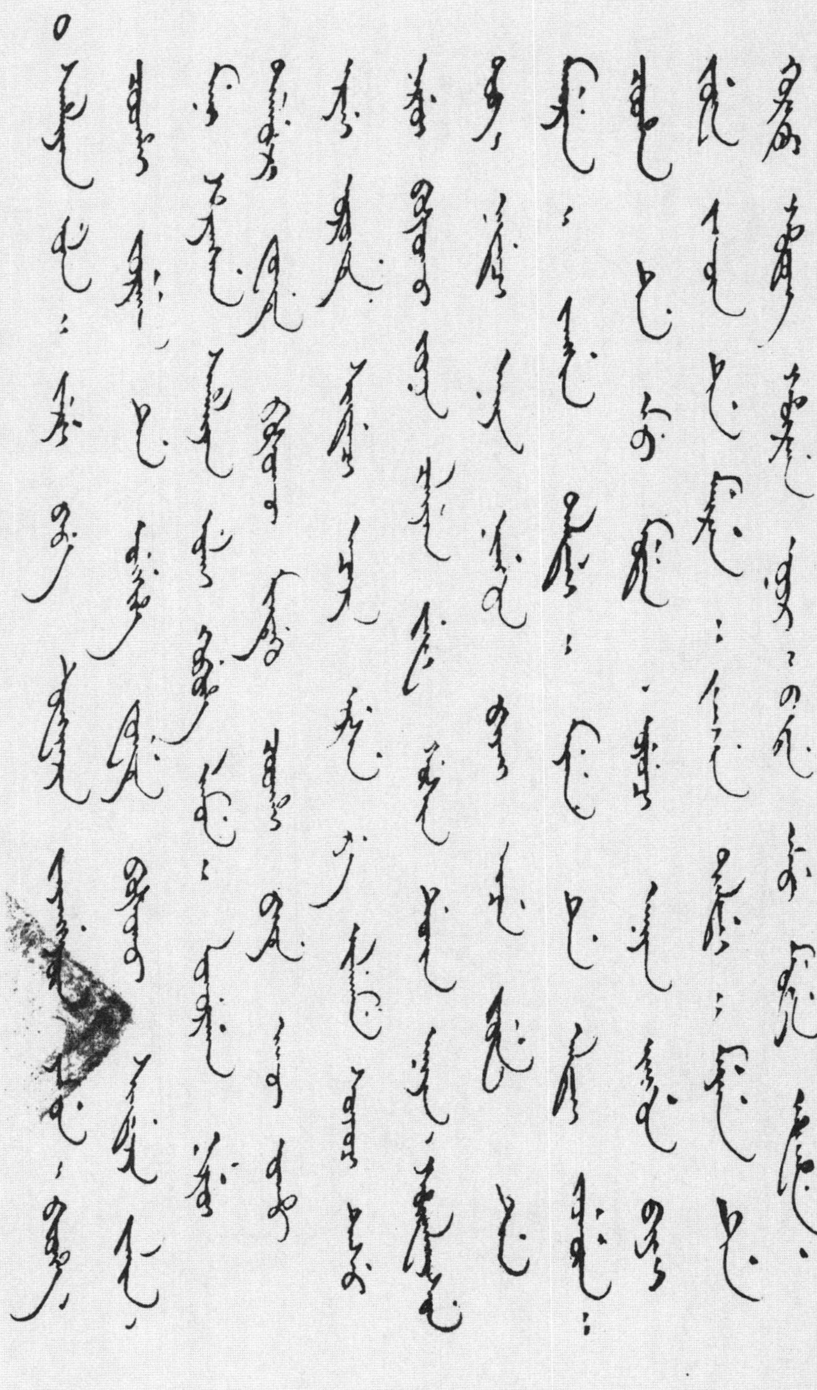

乾隆二十三年三月十三日

引见事咨兵部文

九四五　黑龙江将军衙门为黑龙江镶蓝旗罗郭尔甘佐领下达斡尔骁骑校敏德库阵亡出缺拟定正陪人员

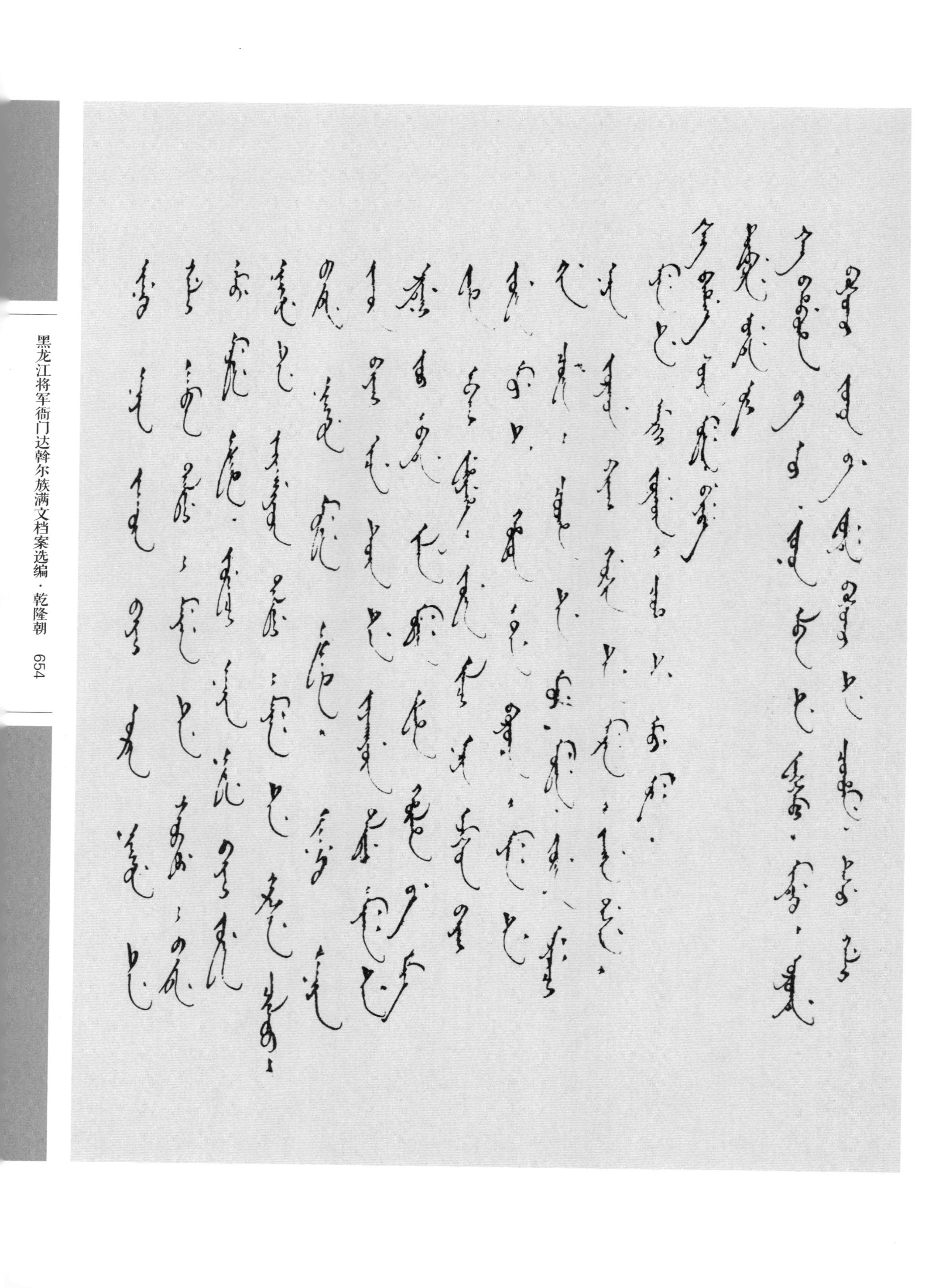

[illegible]

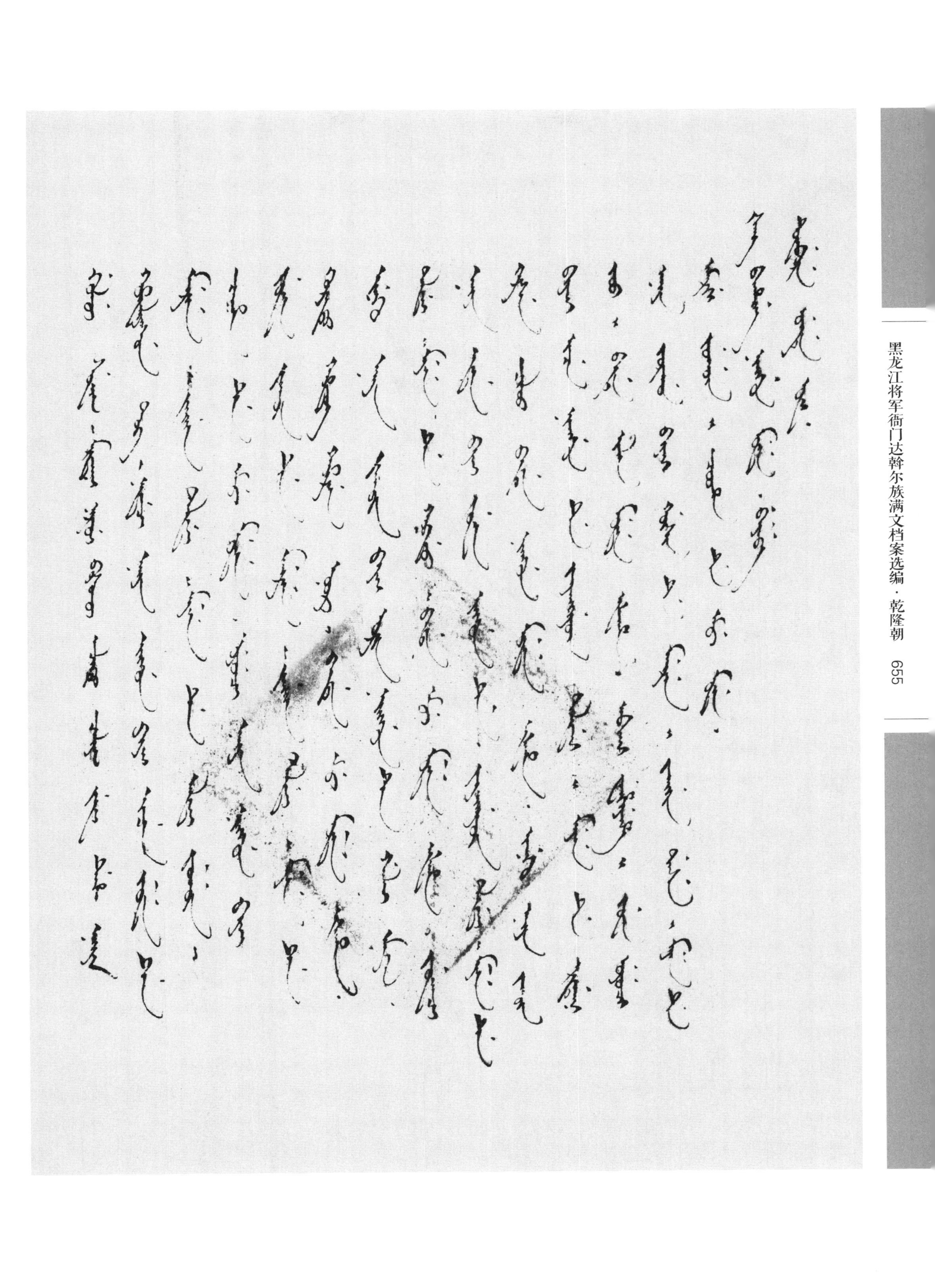

[illegible]

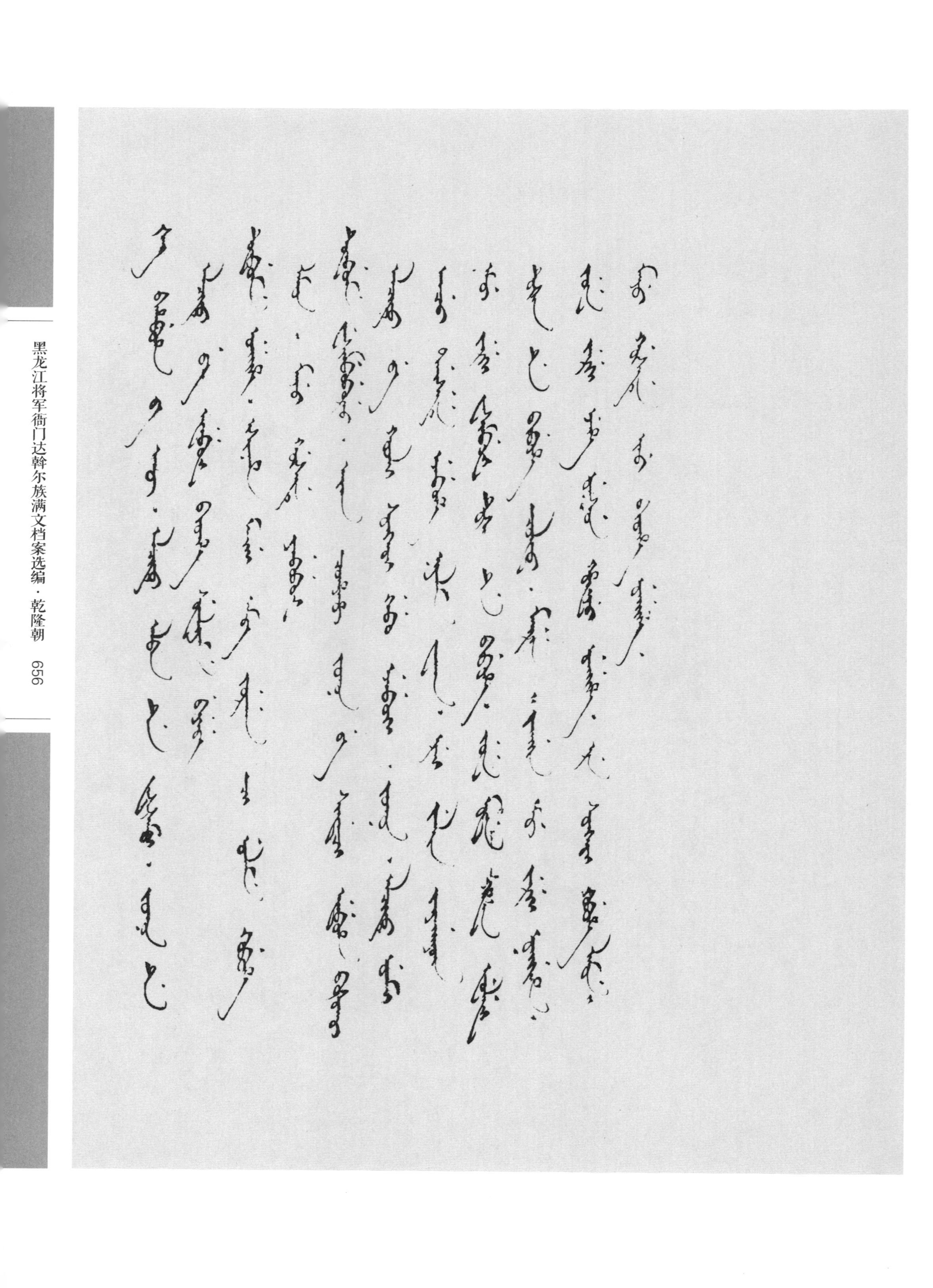

九四六　黑龙江将军衙门为齐齐哈尔正蓝旗喀勒扎佐领下达斡尔骁骑校倍多苏阵亡出缺拟定正陪人员引见事咨兵部文

乾隆二十三年三月十三日

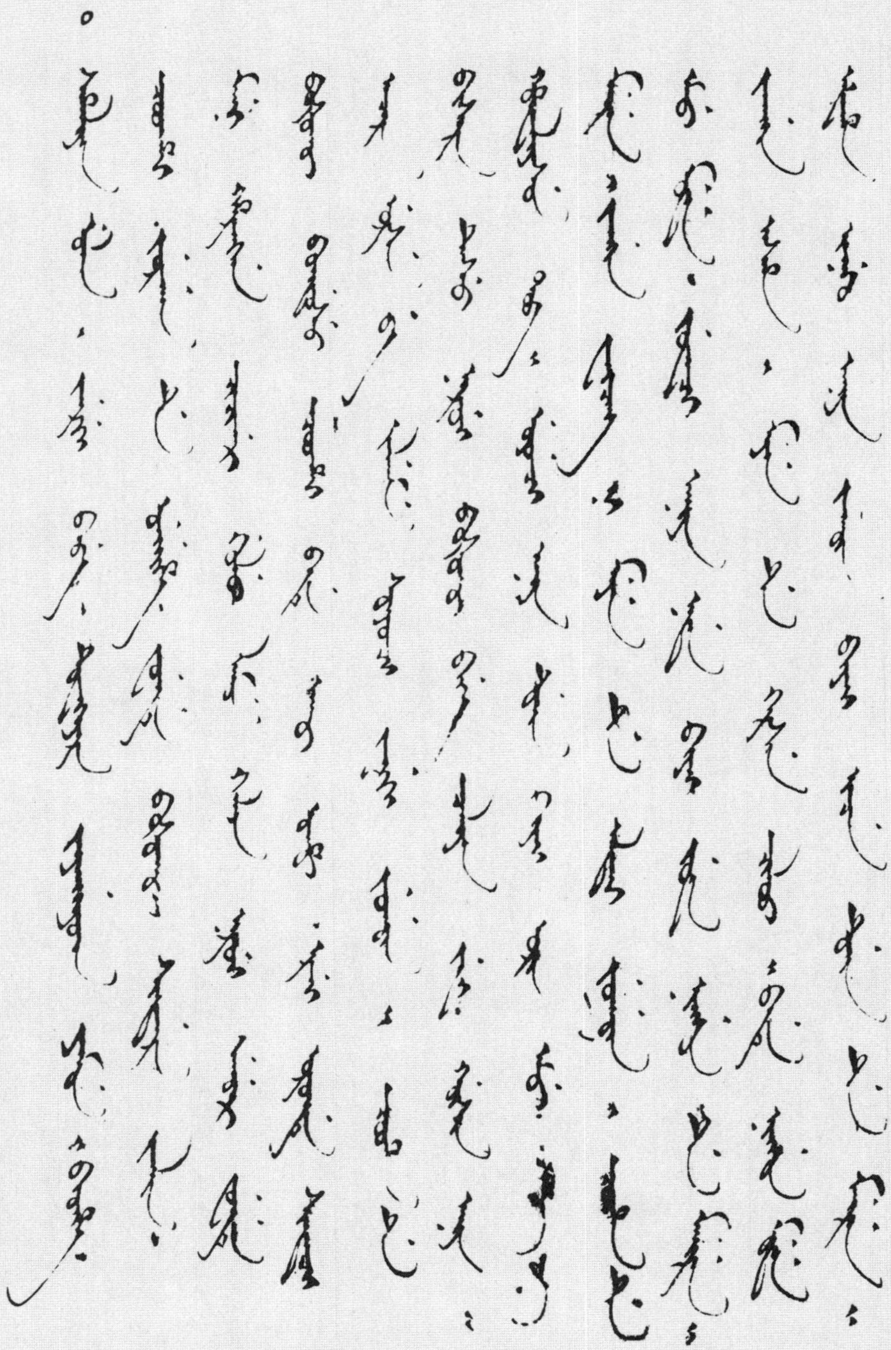

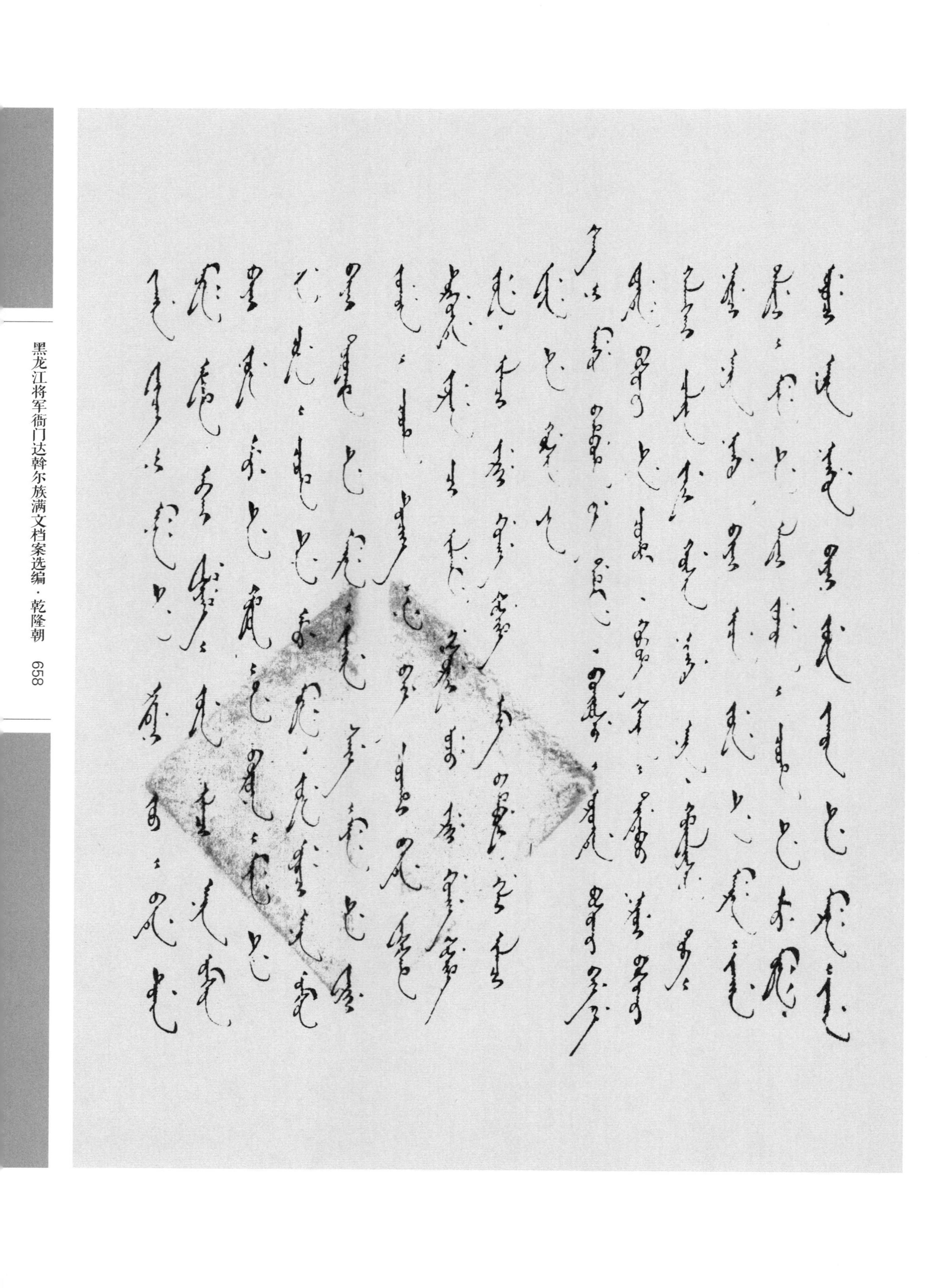

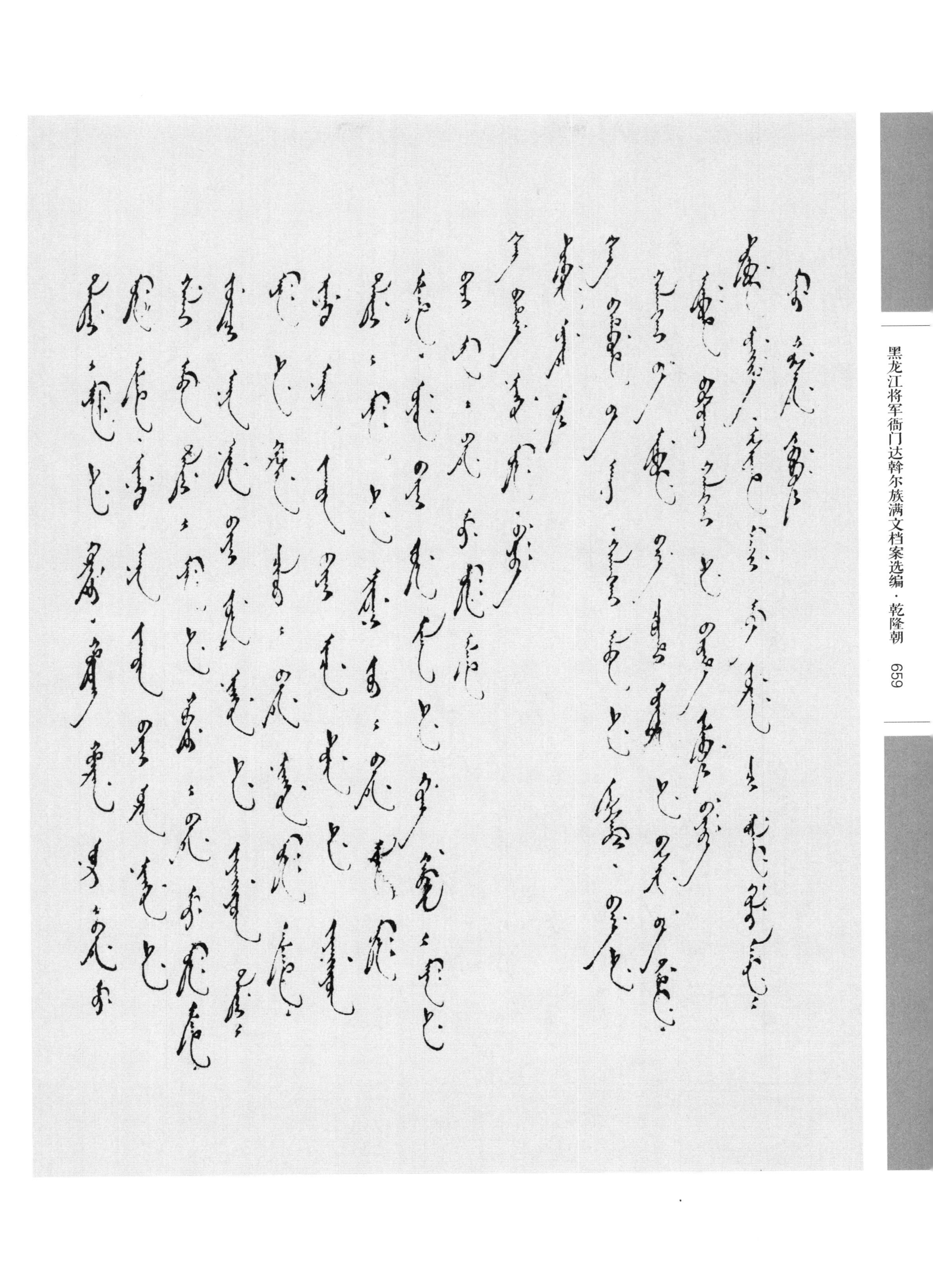

[illegible]

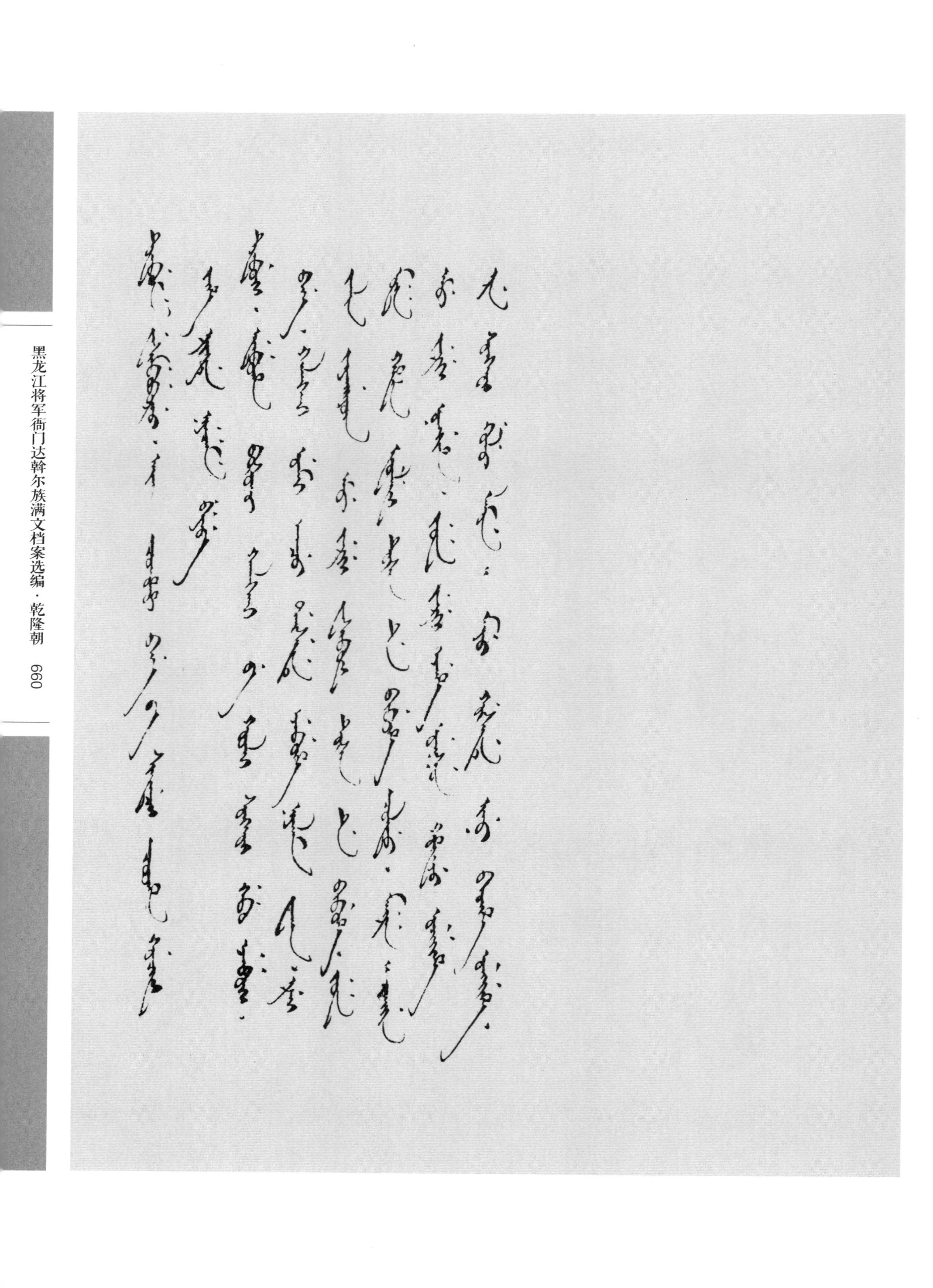

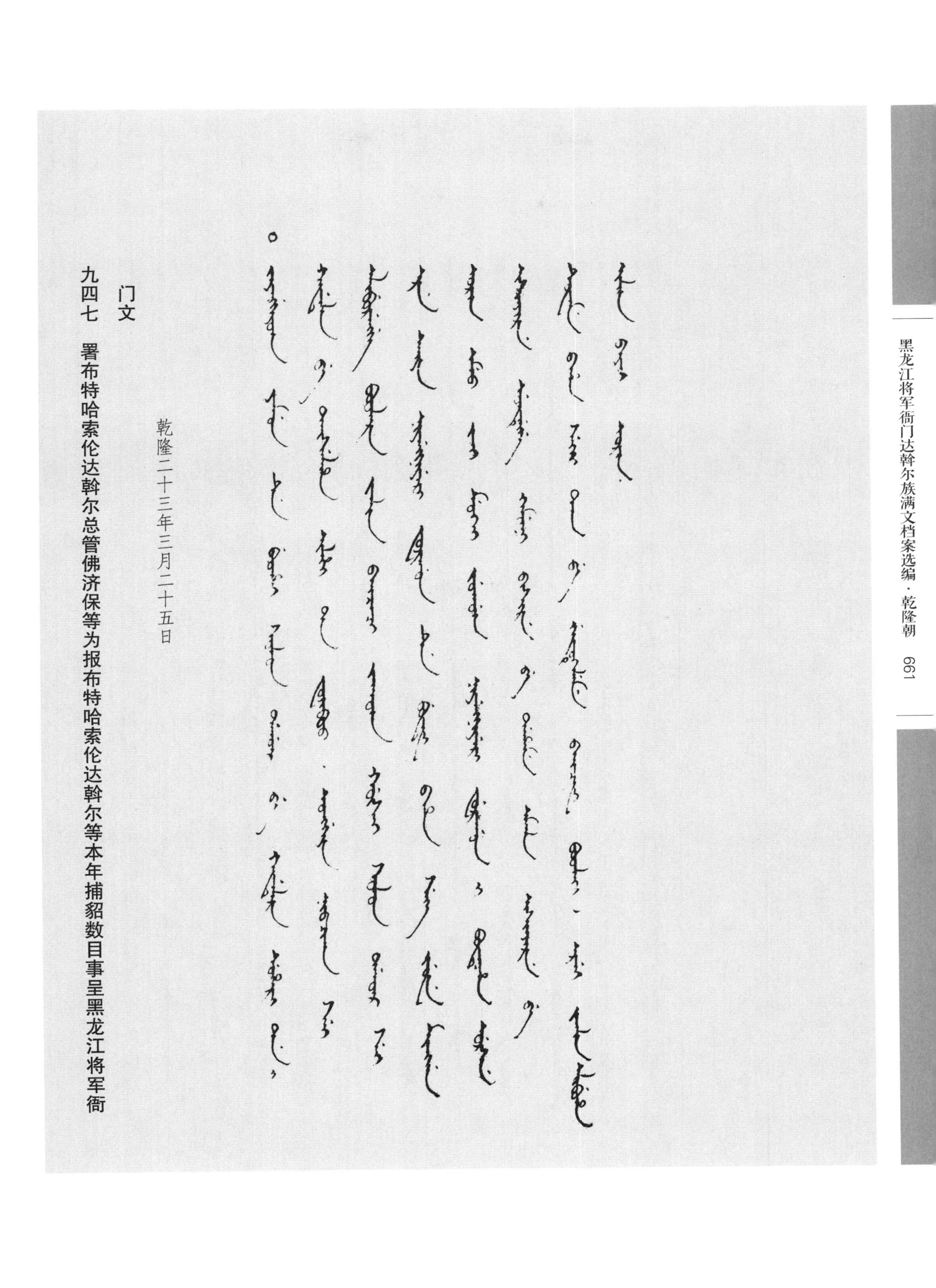

九四七 署布特哈索伦达斡尔总管佛济保等为报布特哈索伦达斡尔等本年捕貂数目事呈黑龙江将军衙门文

乾隆二十三年三月二十五日

九四八 署布特哈索伦达斡尔总管佛济保等为请定会盟地点日期以便索伦达斡尔等备办事呈黑龙江将军衙门文

乾隆二十三年三月二十五日

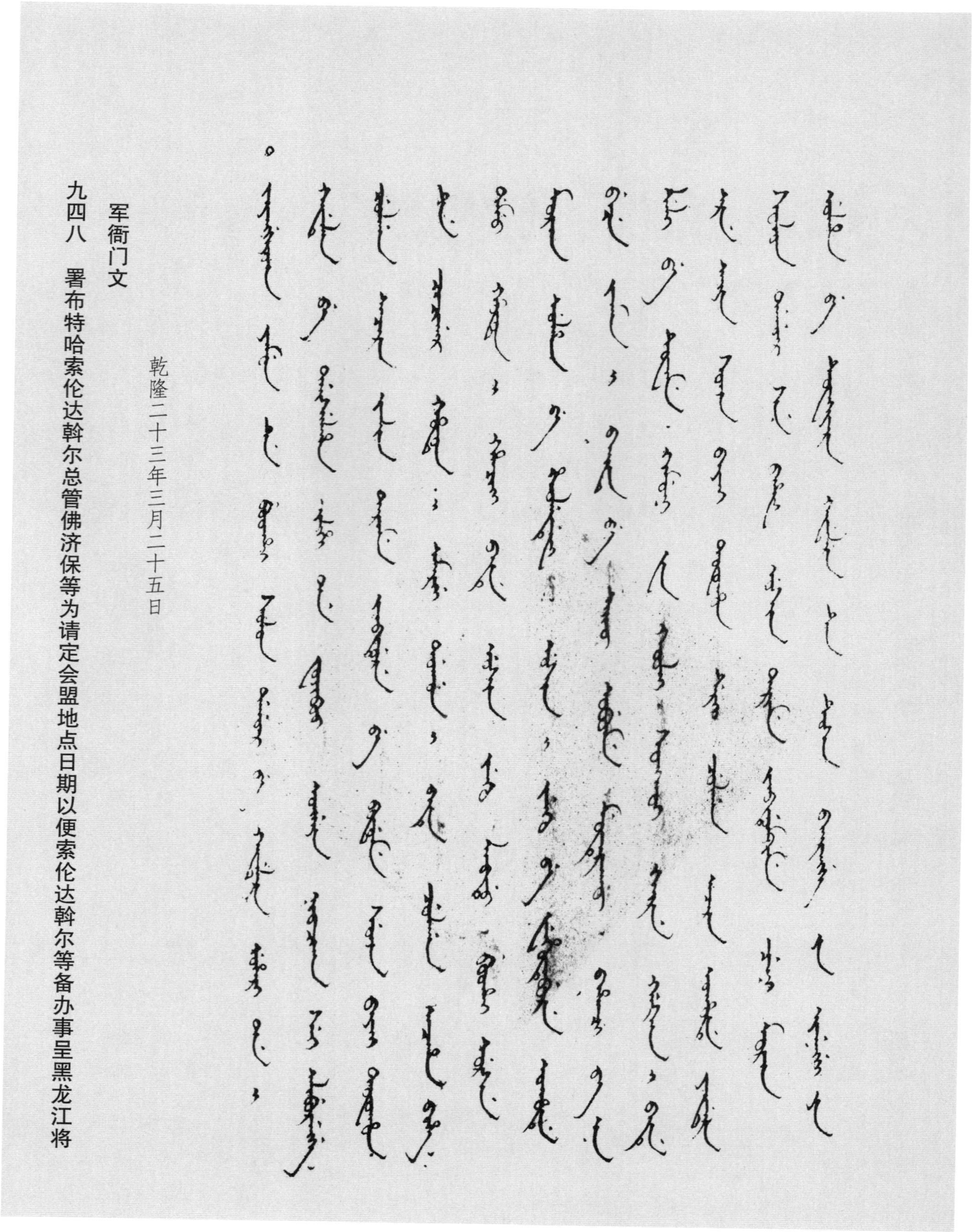

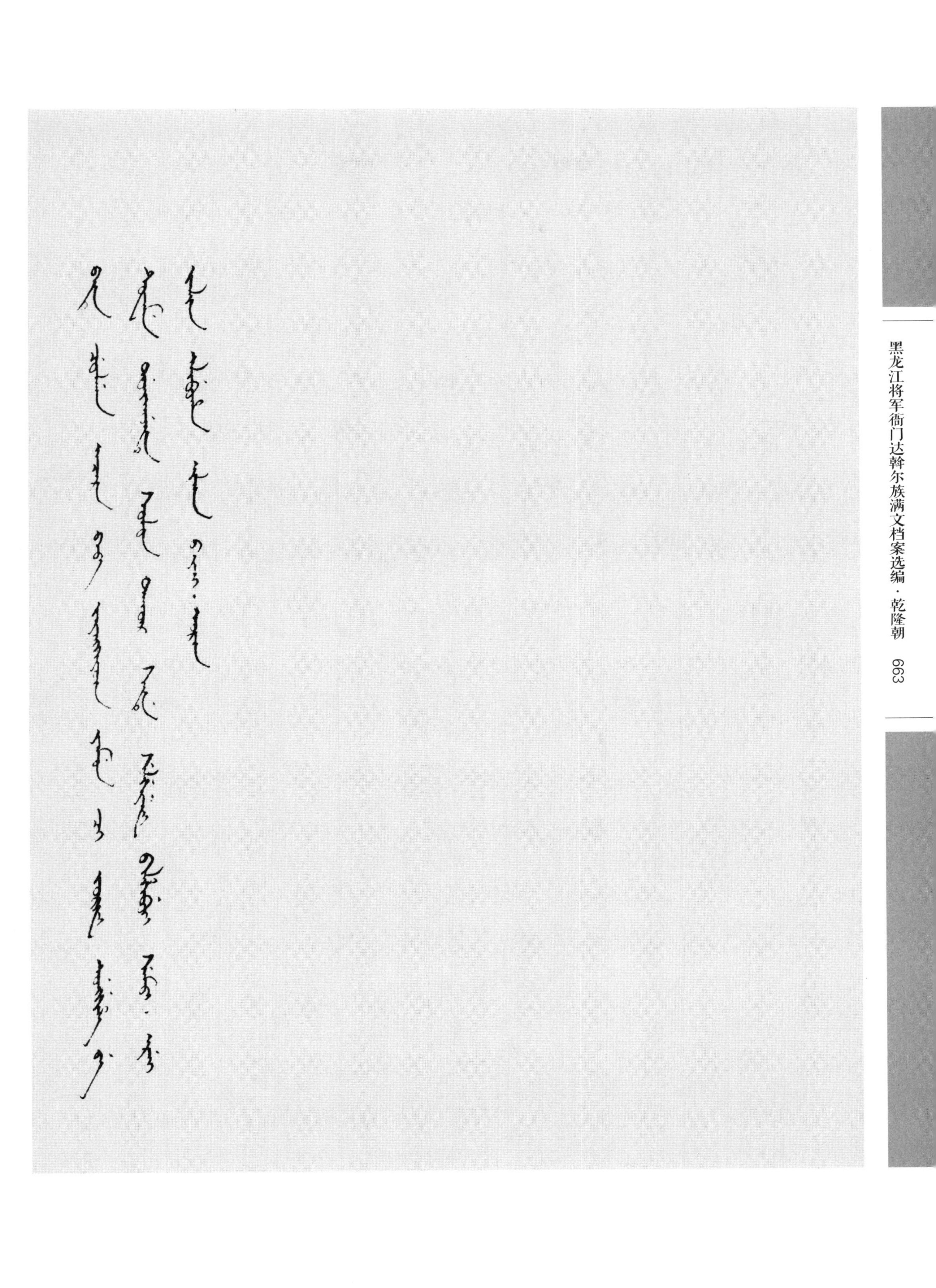

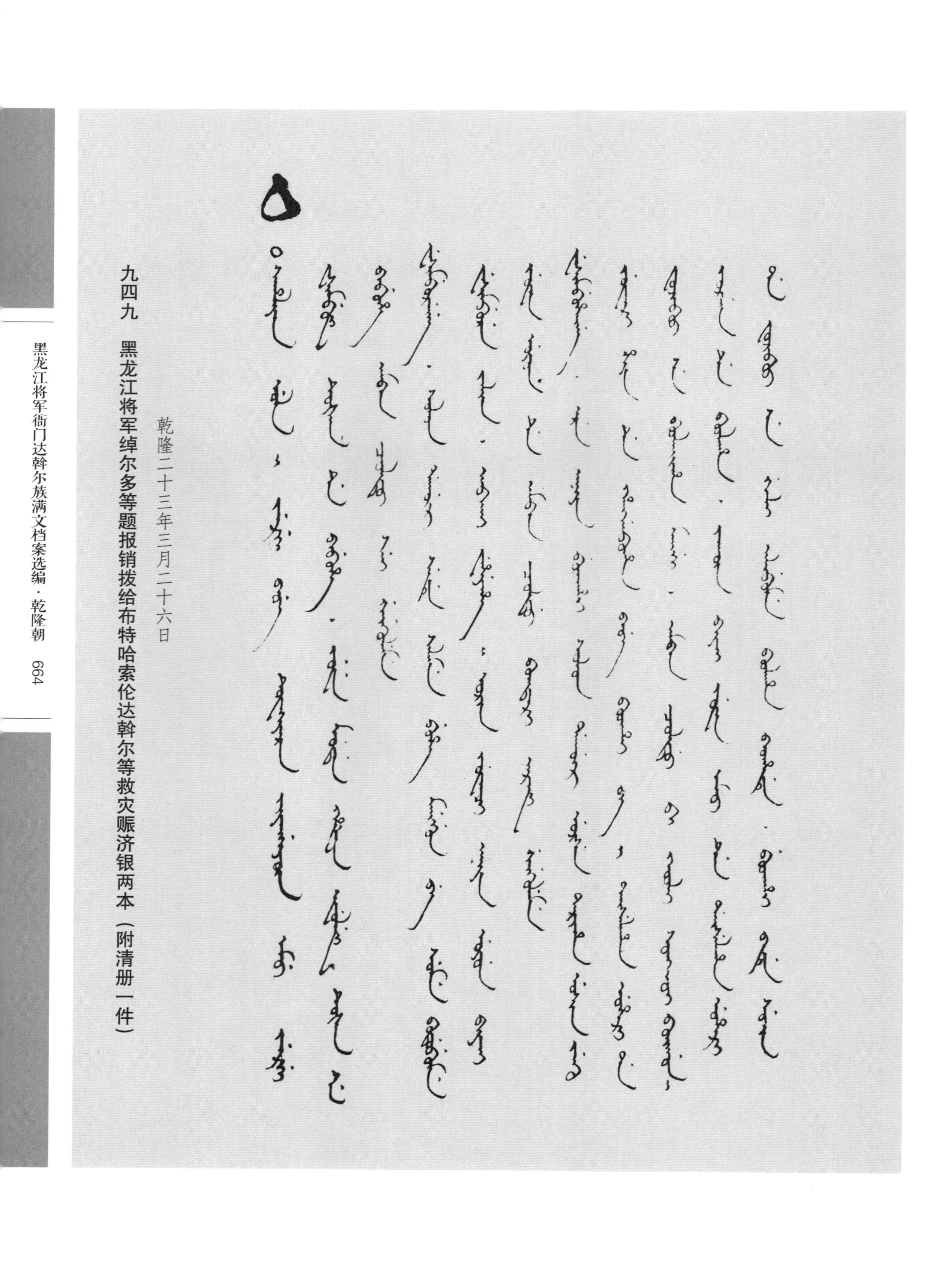

九四九　黑龙江将军绰尔多等题报销拨给布特哈索伦达斡尔等救灾赈济银两本（附清册一件）

乾隆二十三年三月二十六日

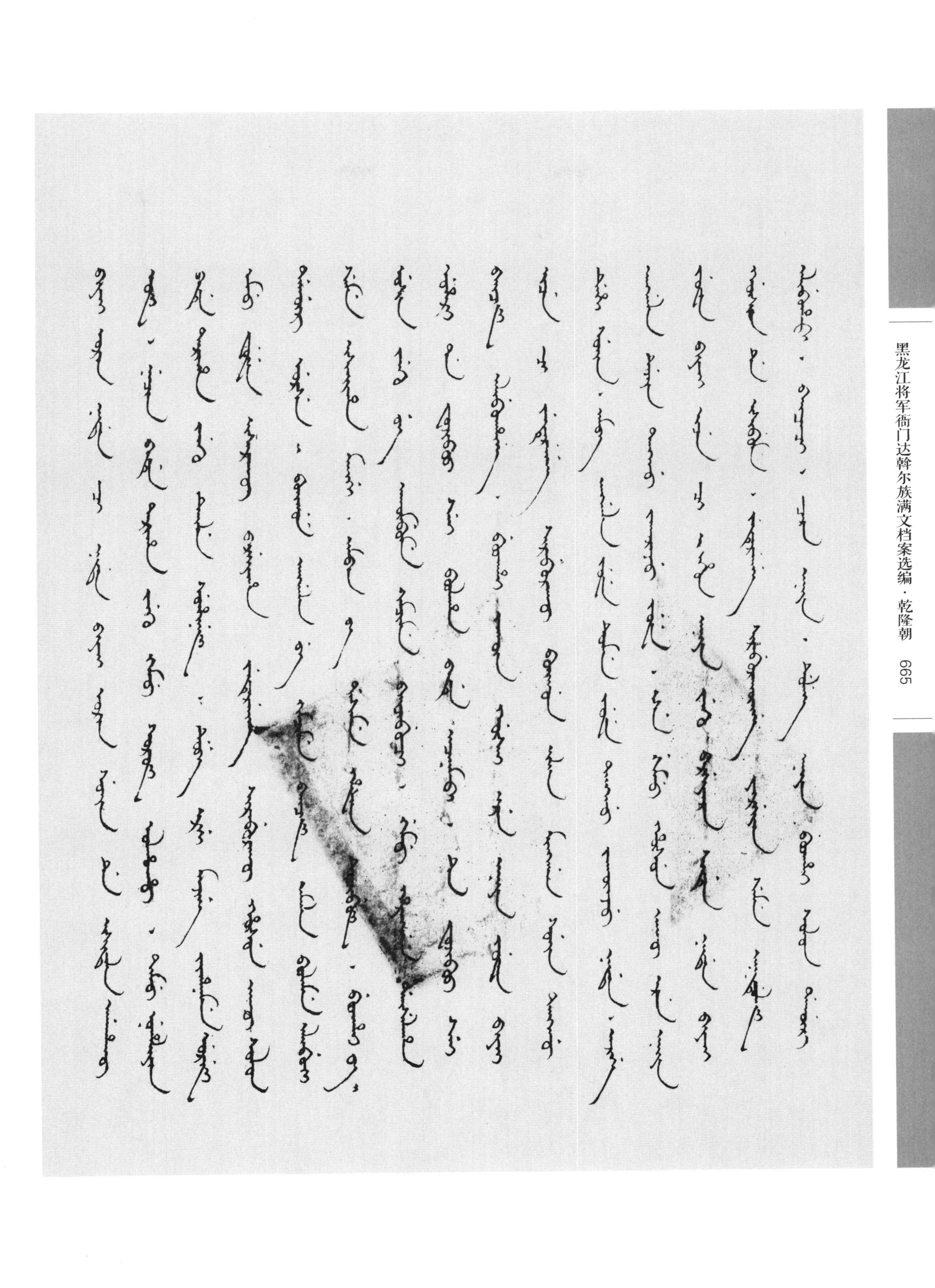

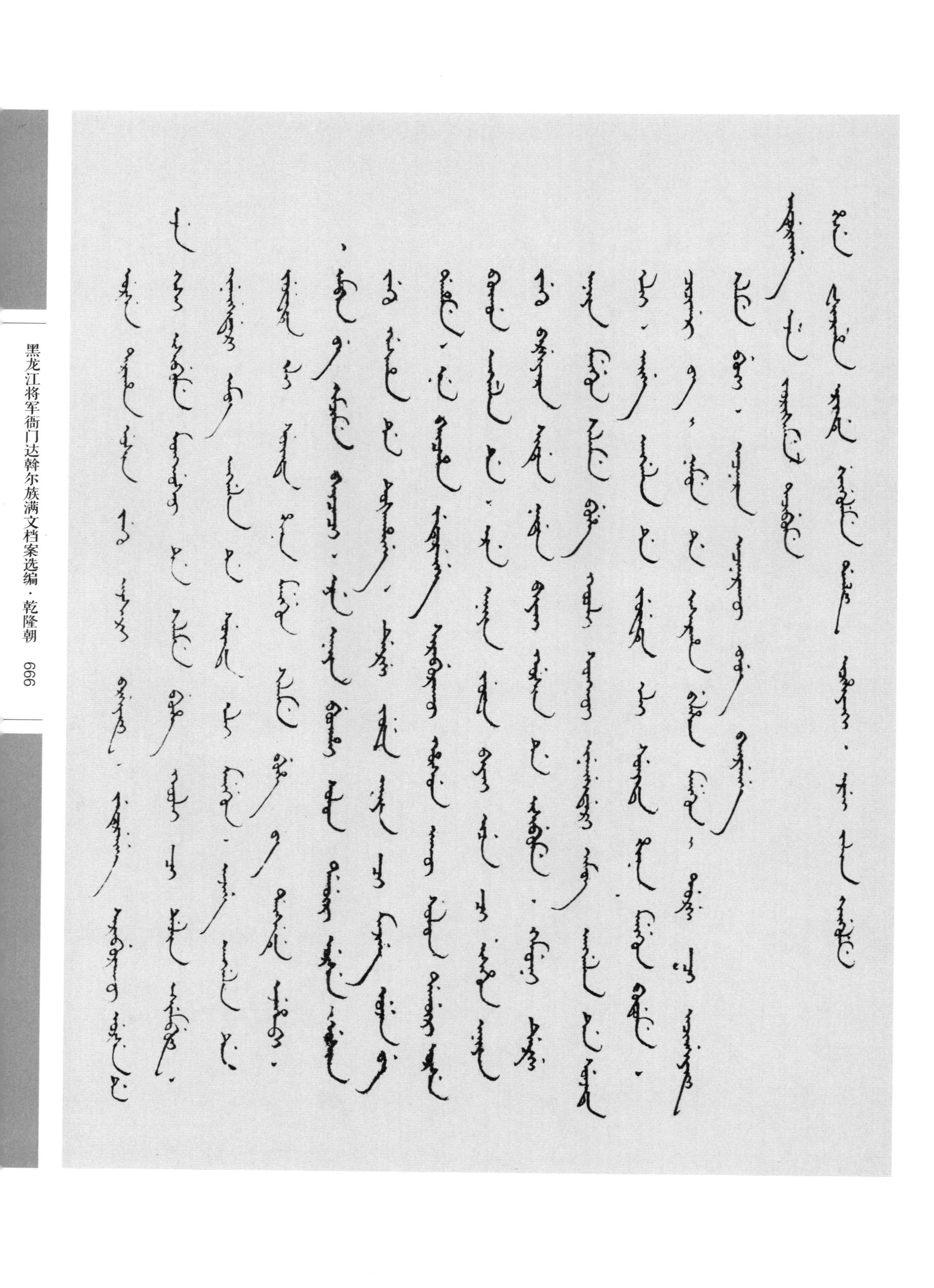

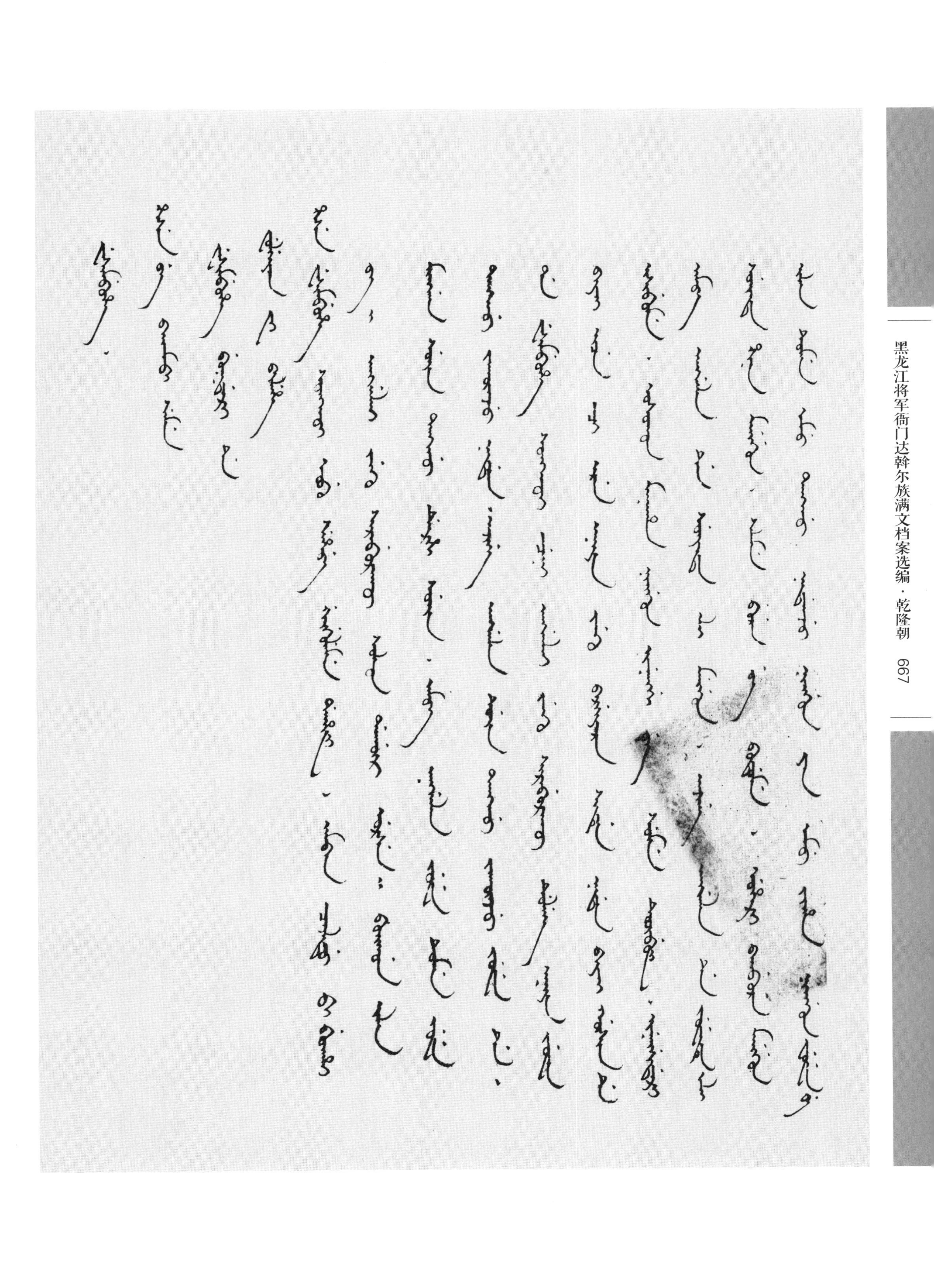

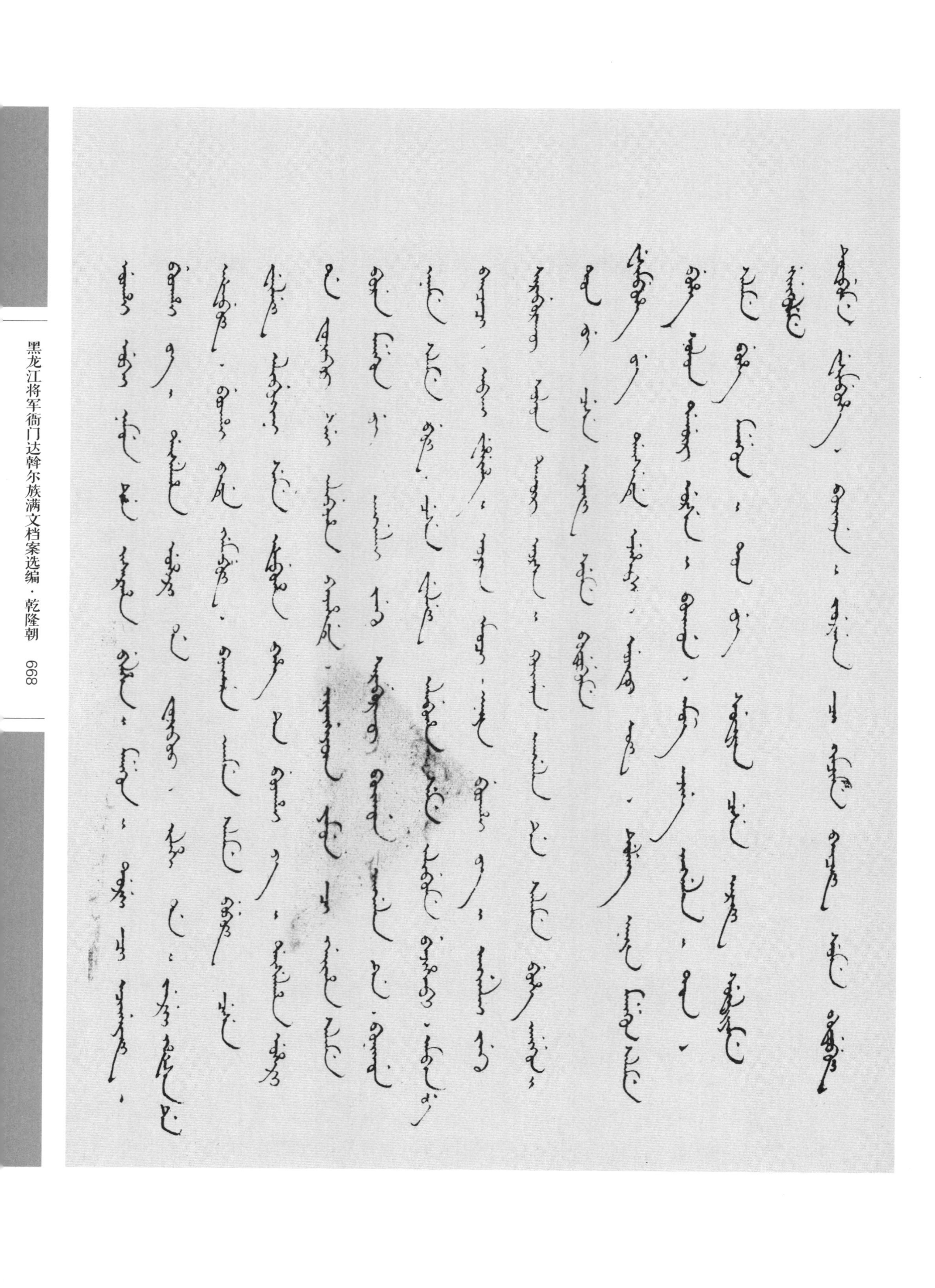

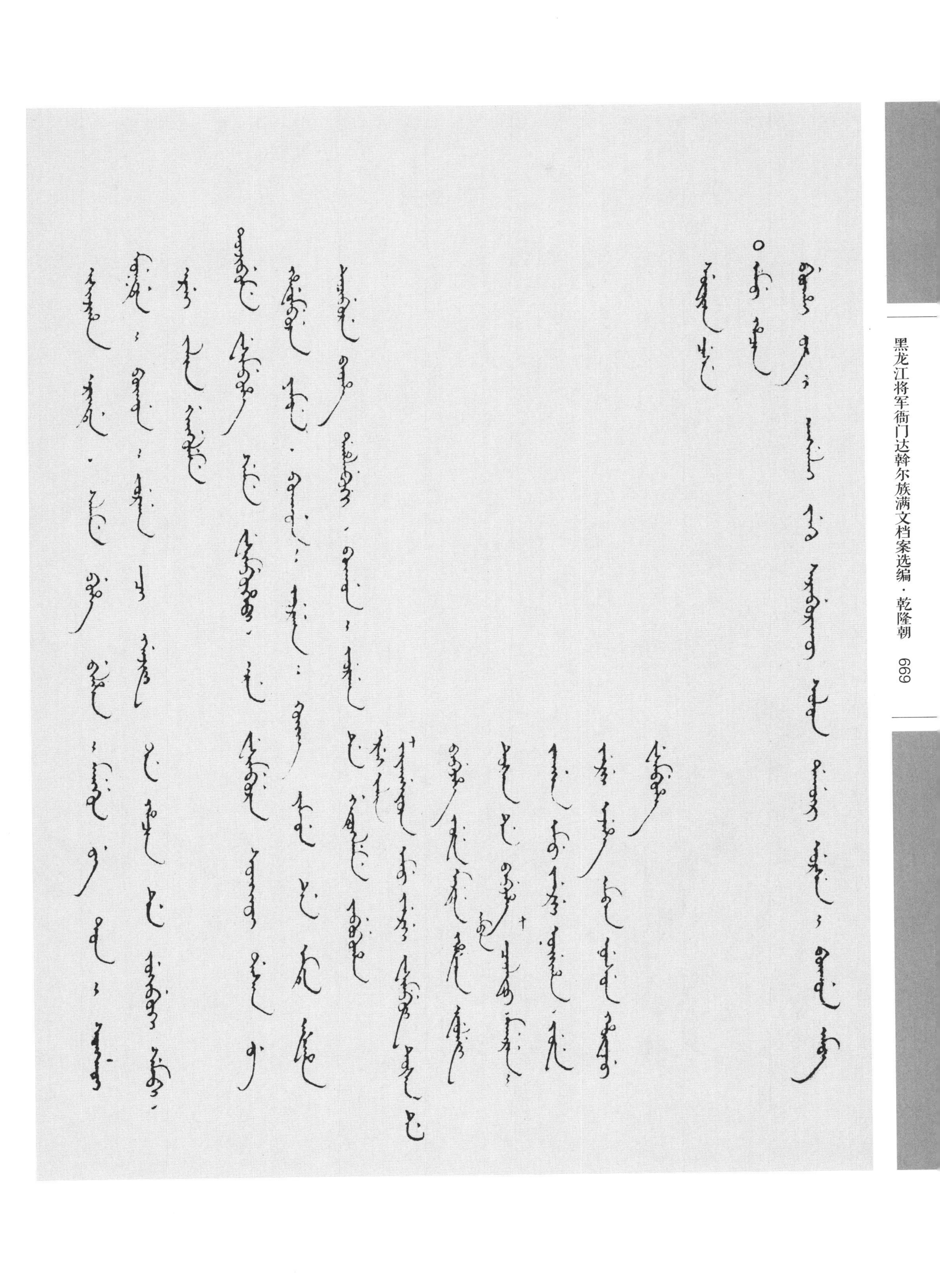

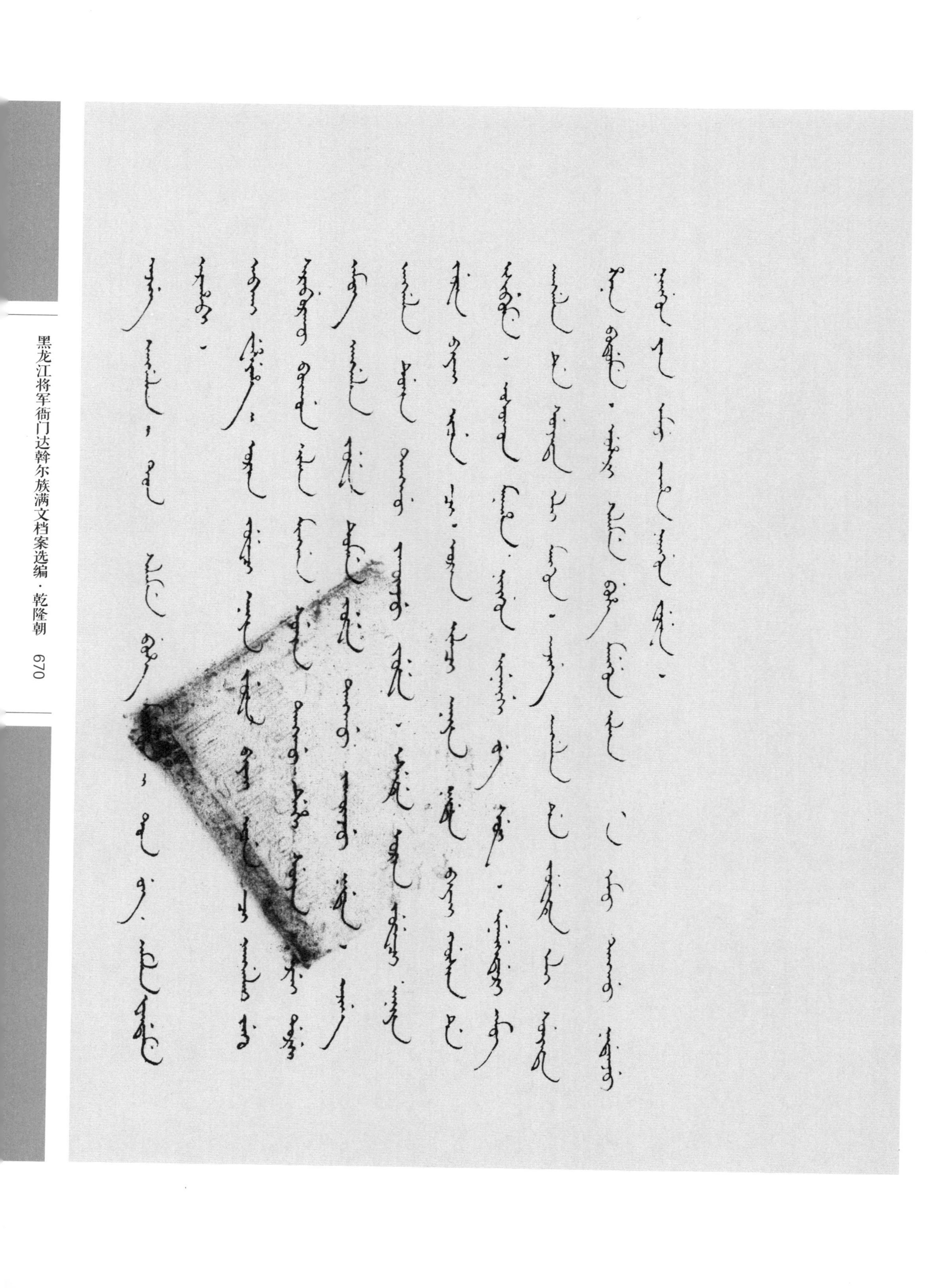

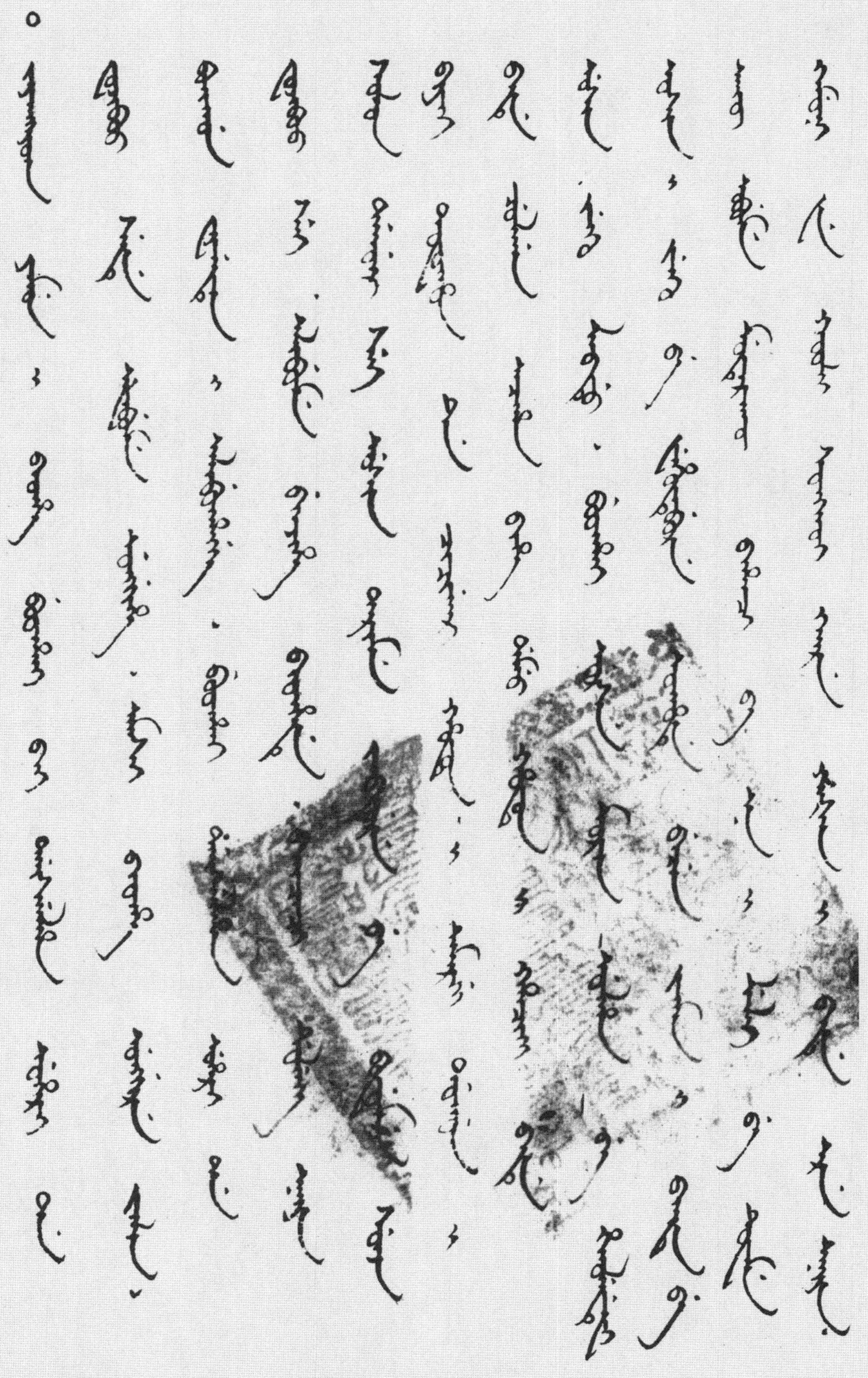

九五〇 黑龙江将军衙门为确定会盟地点时间令布特哈索伦达斡尔备好选貂事宜事札署布特哈索伦达斡尔总管佛济保等文

乾隆二十三年三月二十六日

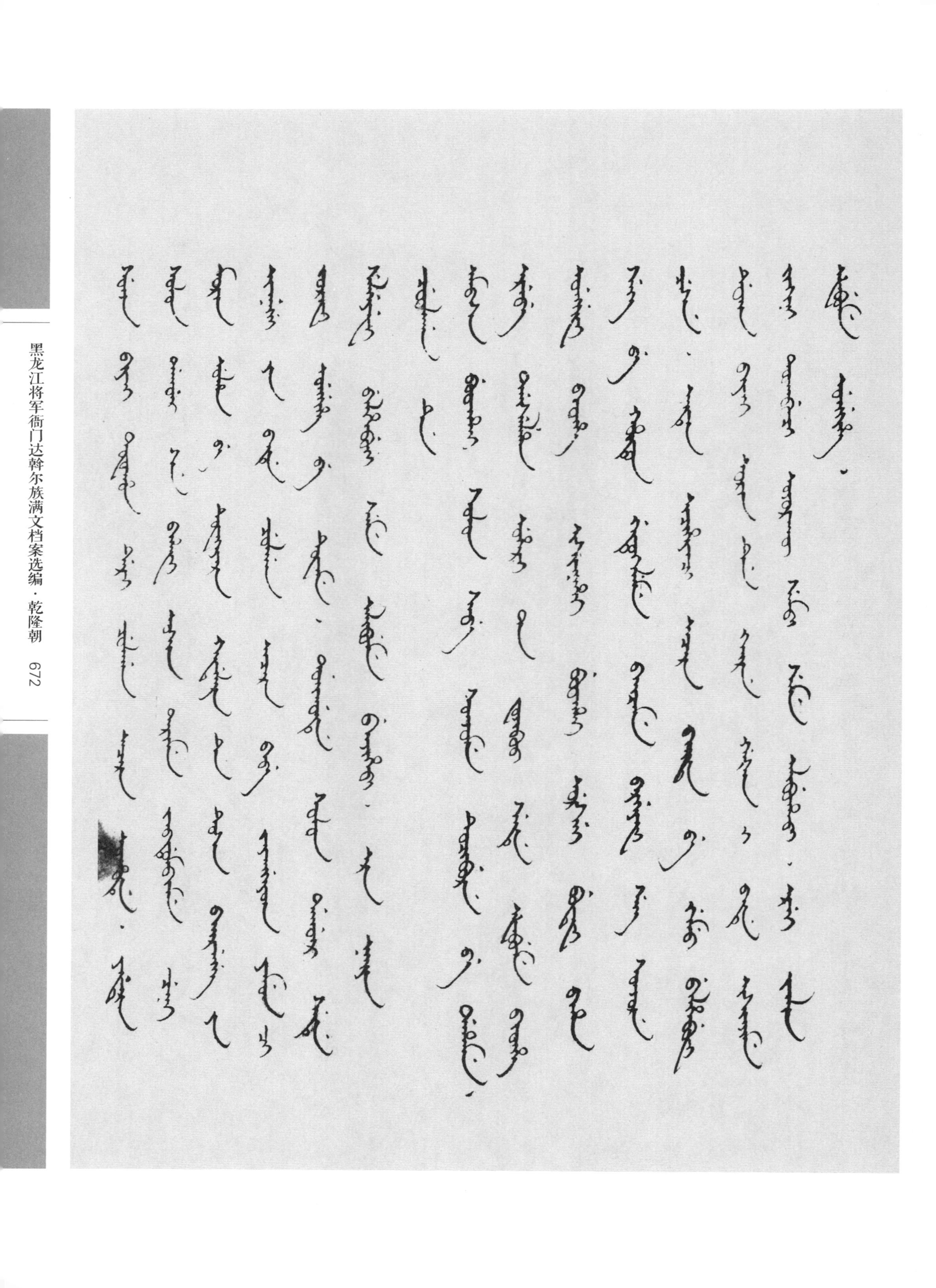

九五一　黑龙江将军衙门为领取布特哈索伦达斡尔等官兵功牌事咨兵部文（附名单一件）

乾隆二十三年四月初四日

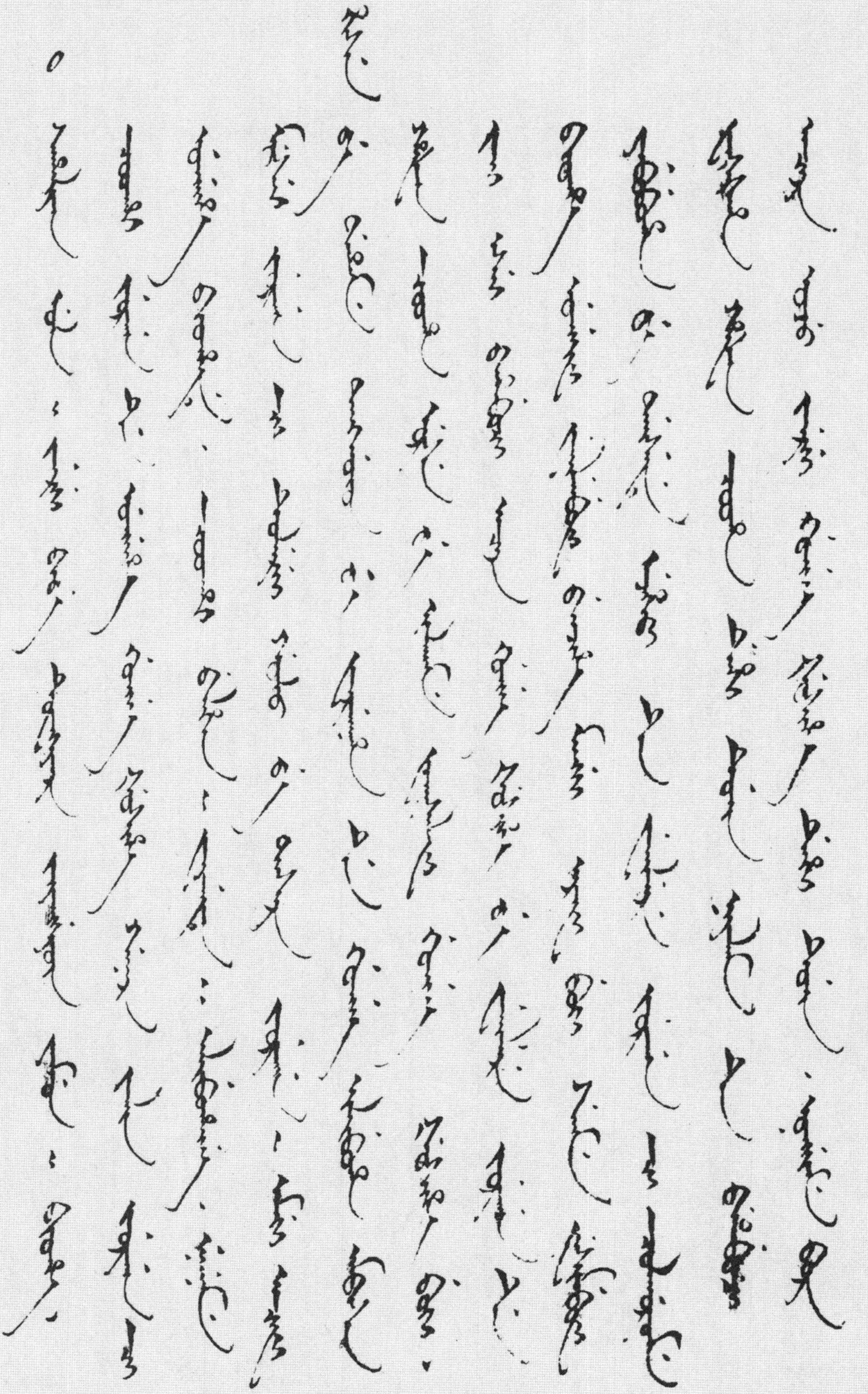

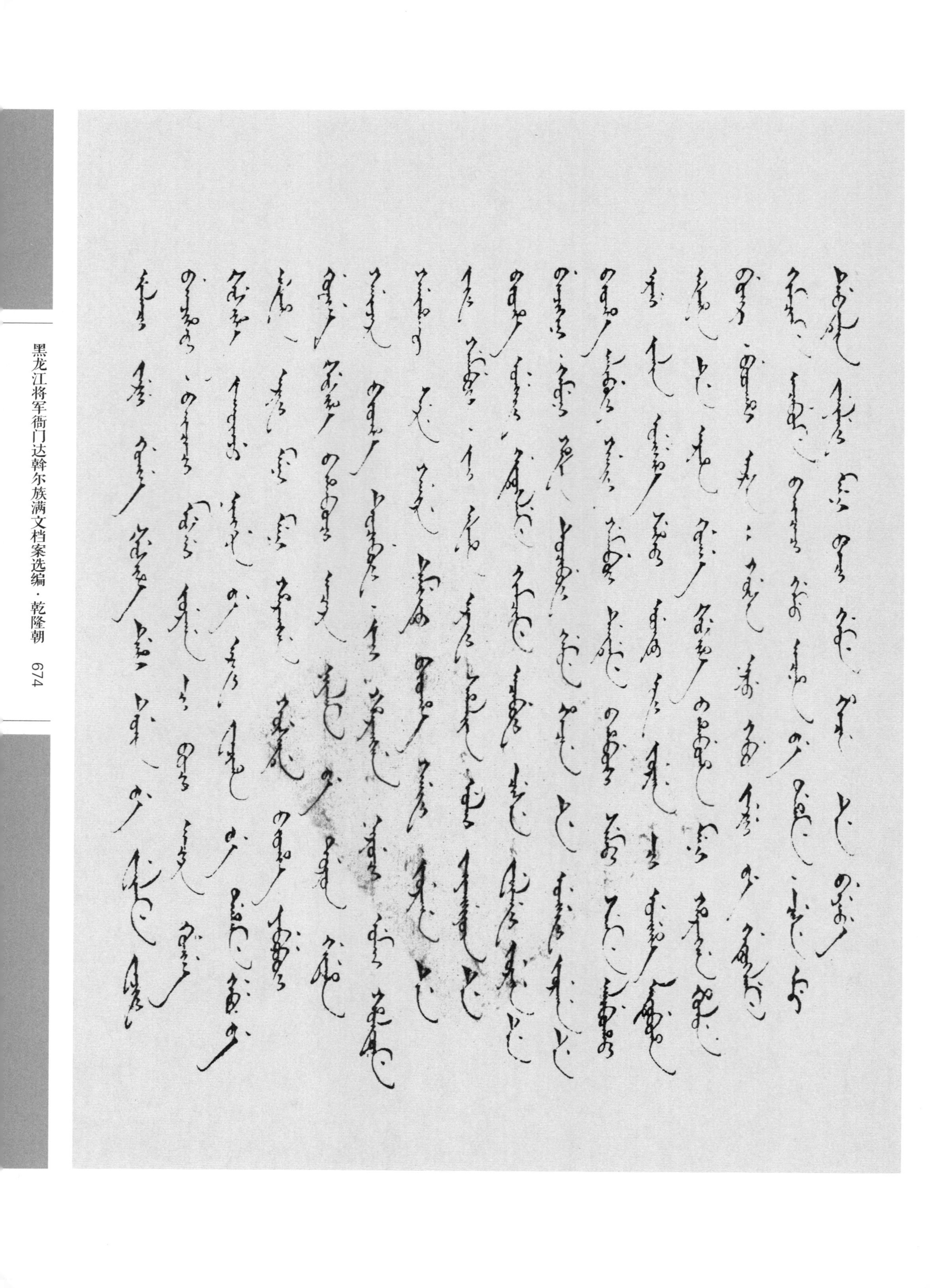

[illegible]

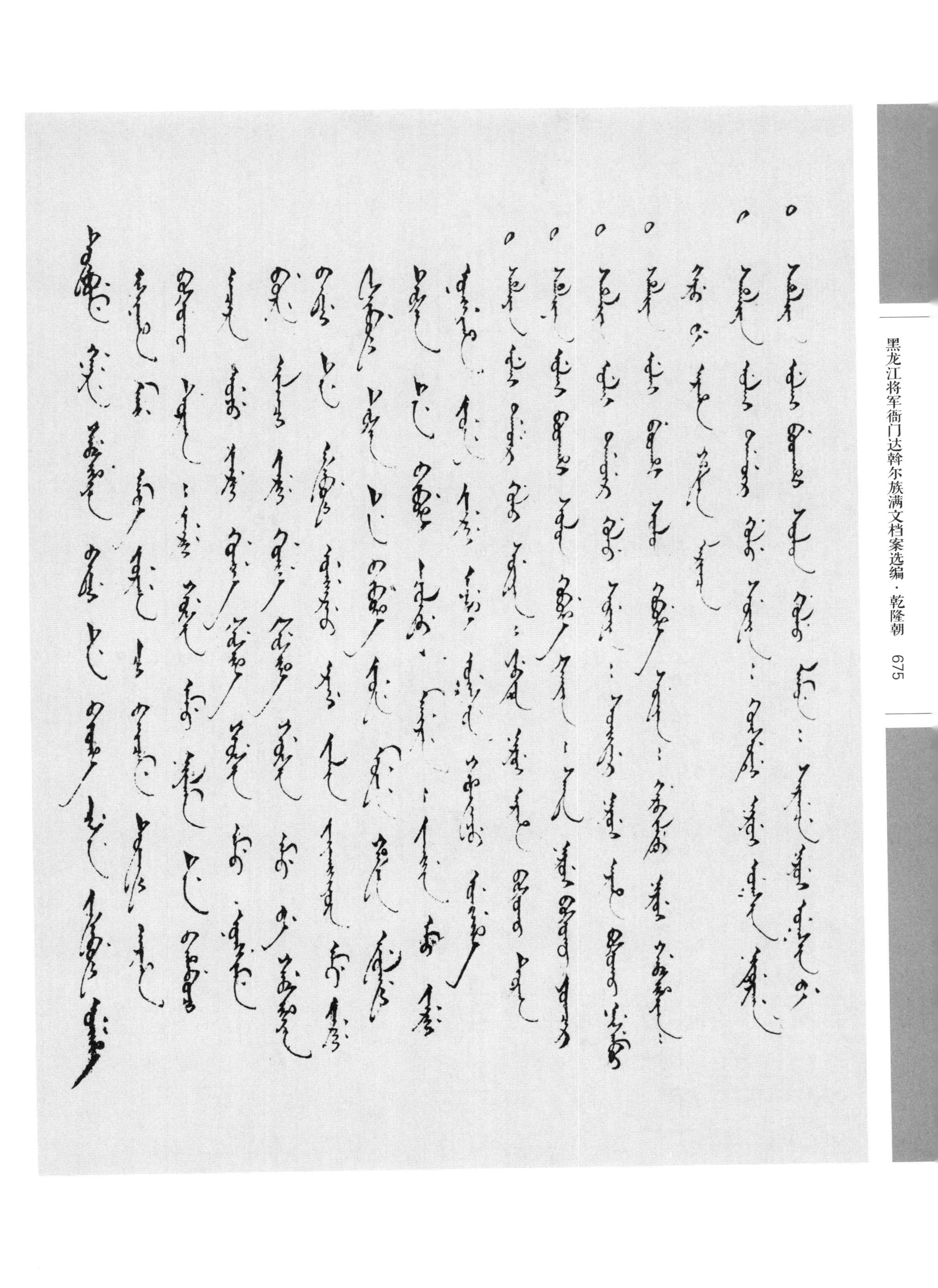

[illegible]

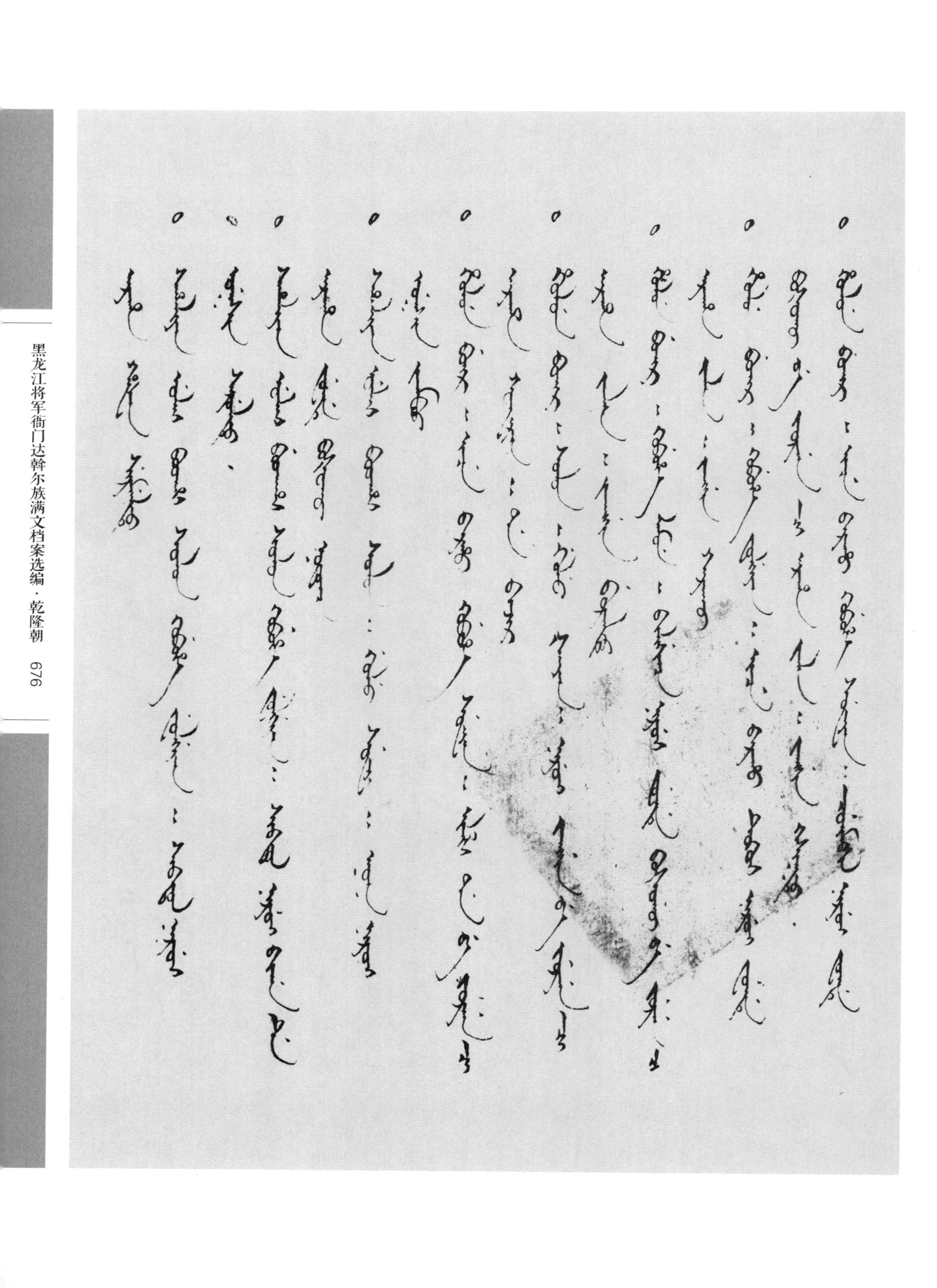

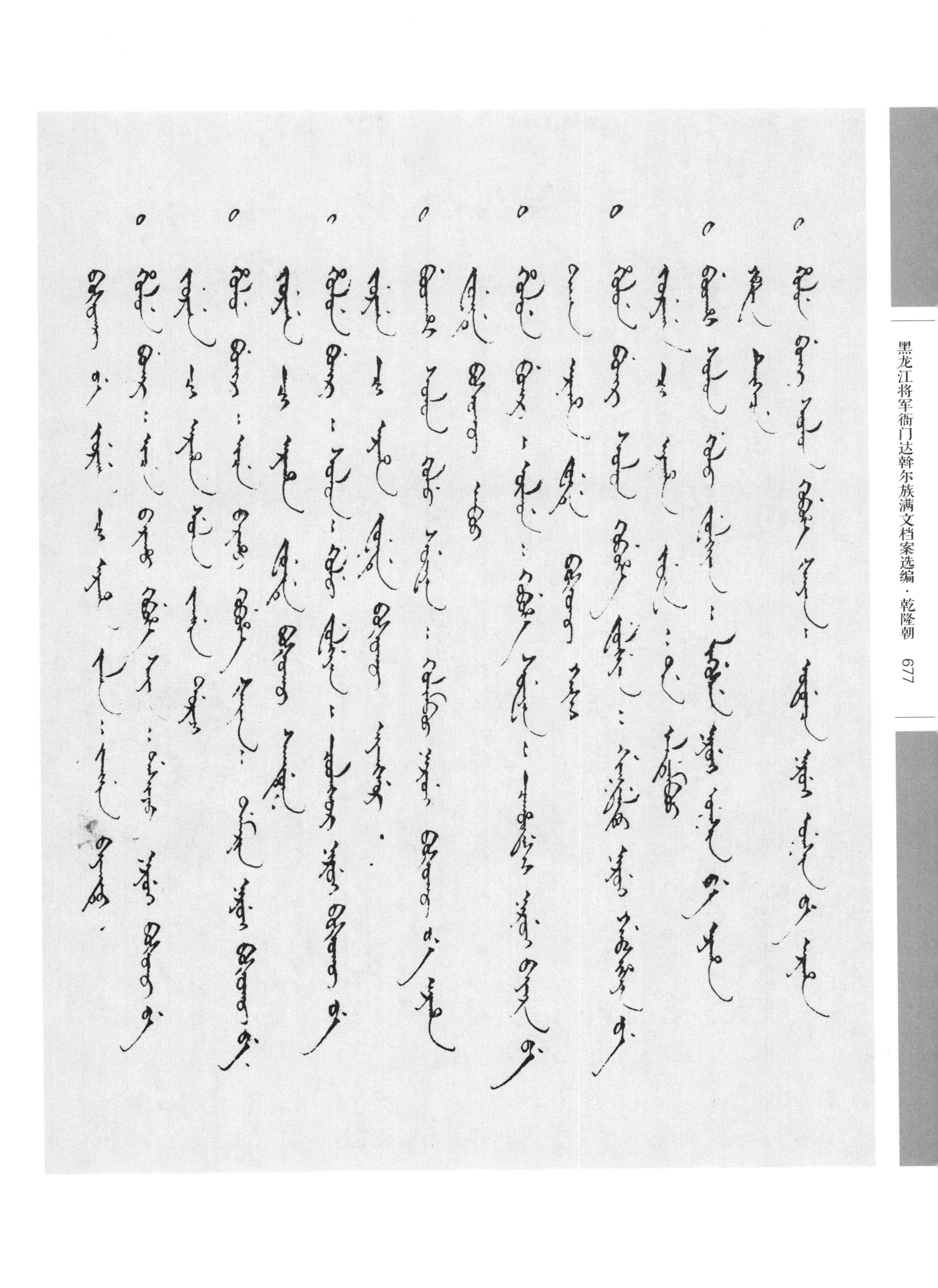

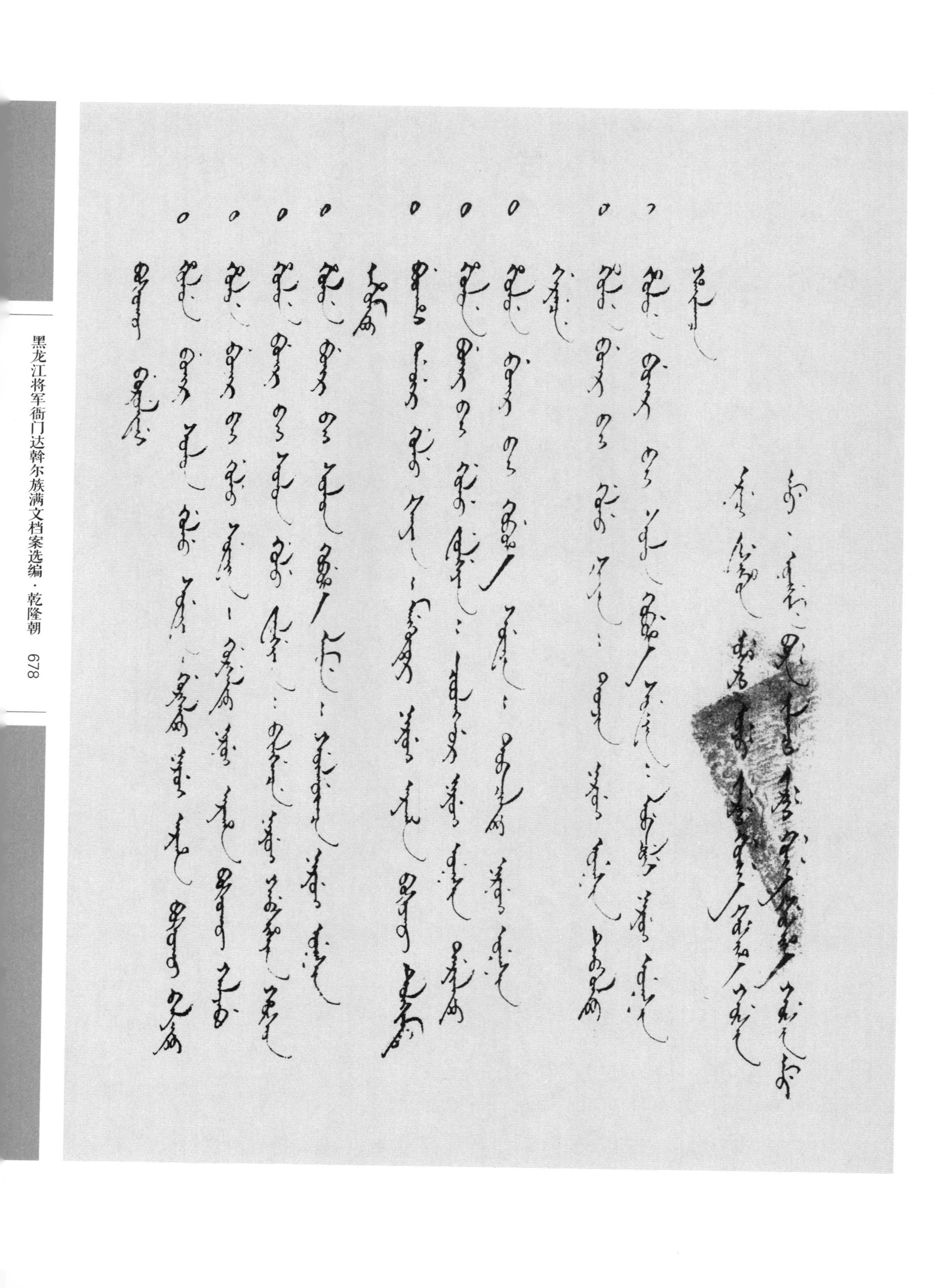

[illegible]

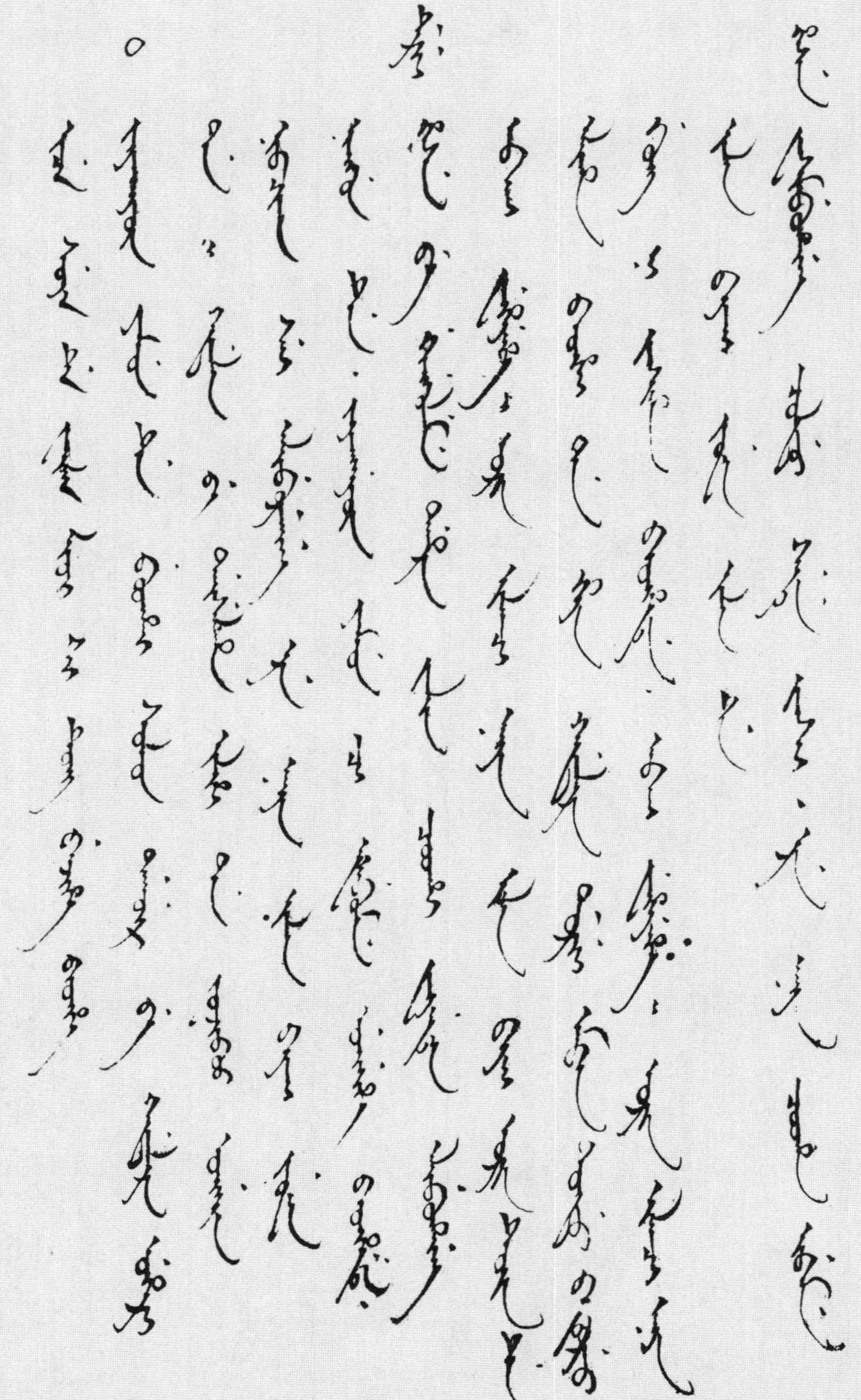

九五二　署布特哈索伦达斡尔总管佛济保等为挑选索伦达斡尔官兵换防乌鲁木齐等处事呈黑龙江将军衙门文

乾隆二十三年四月初五日

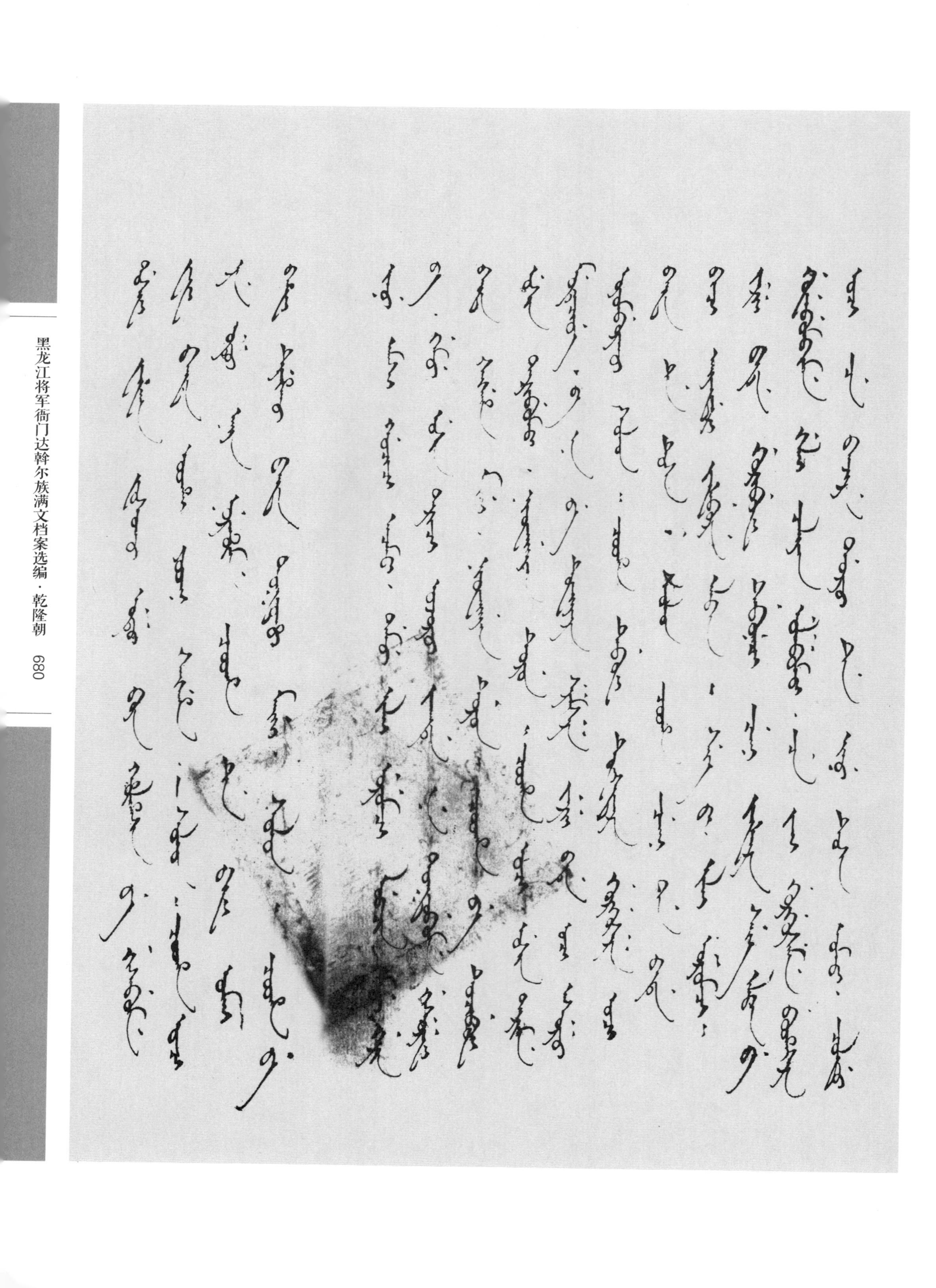

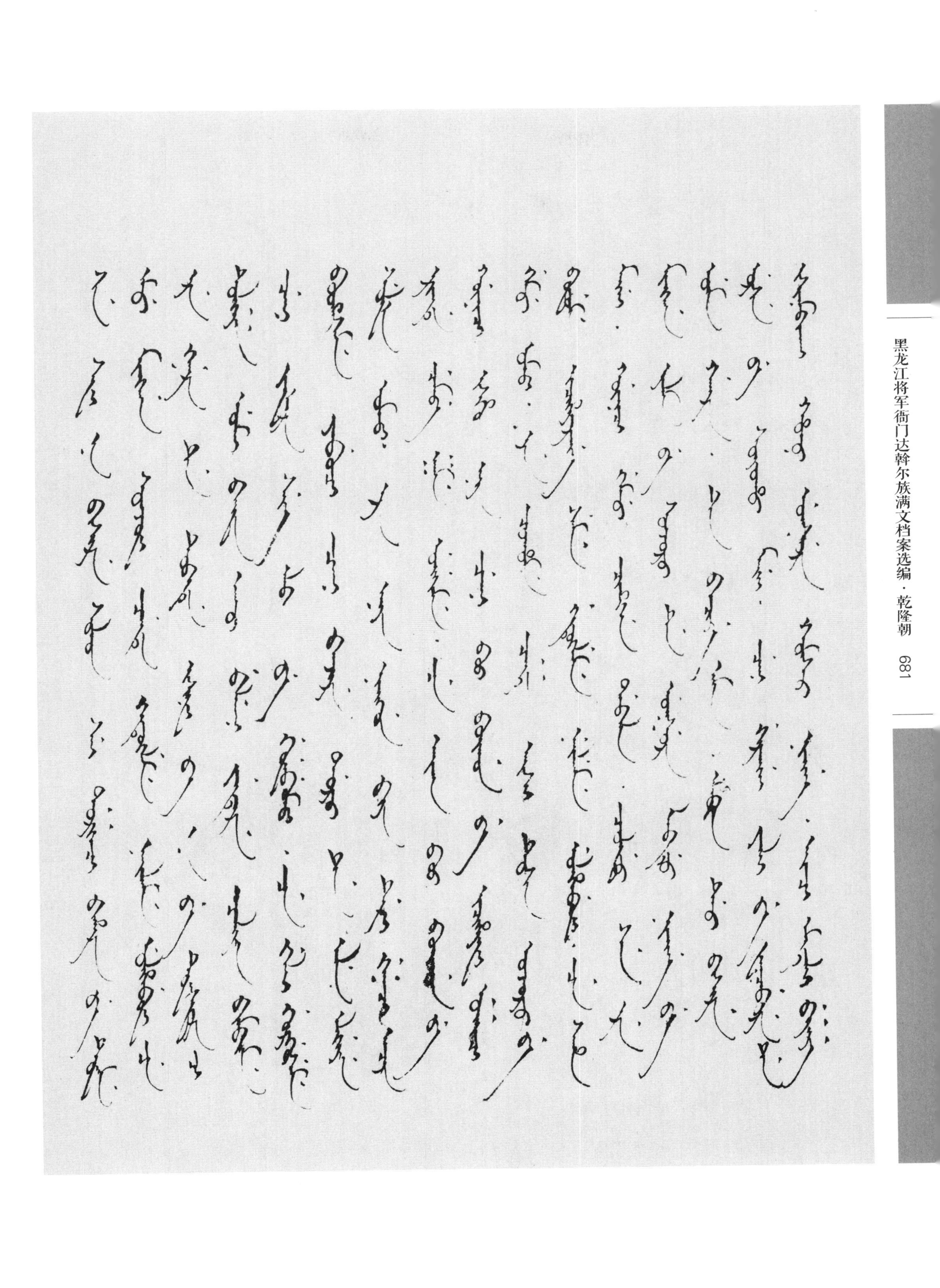

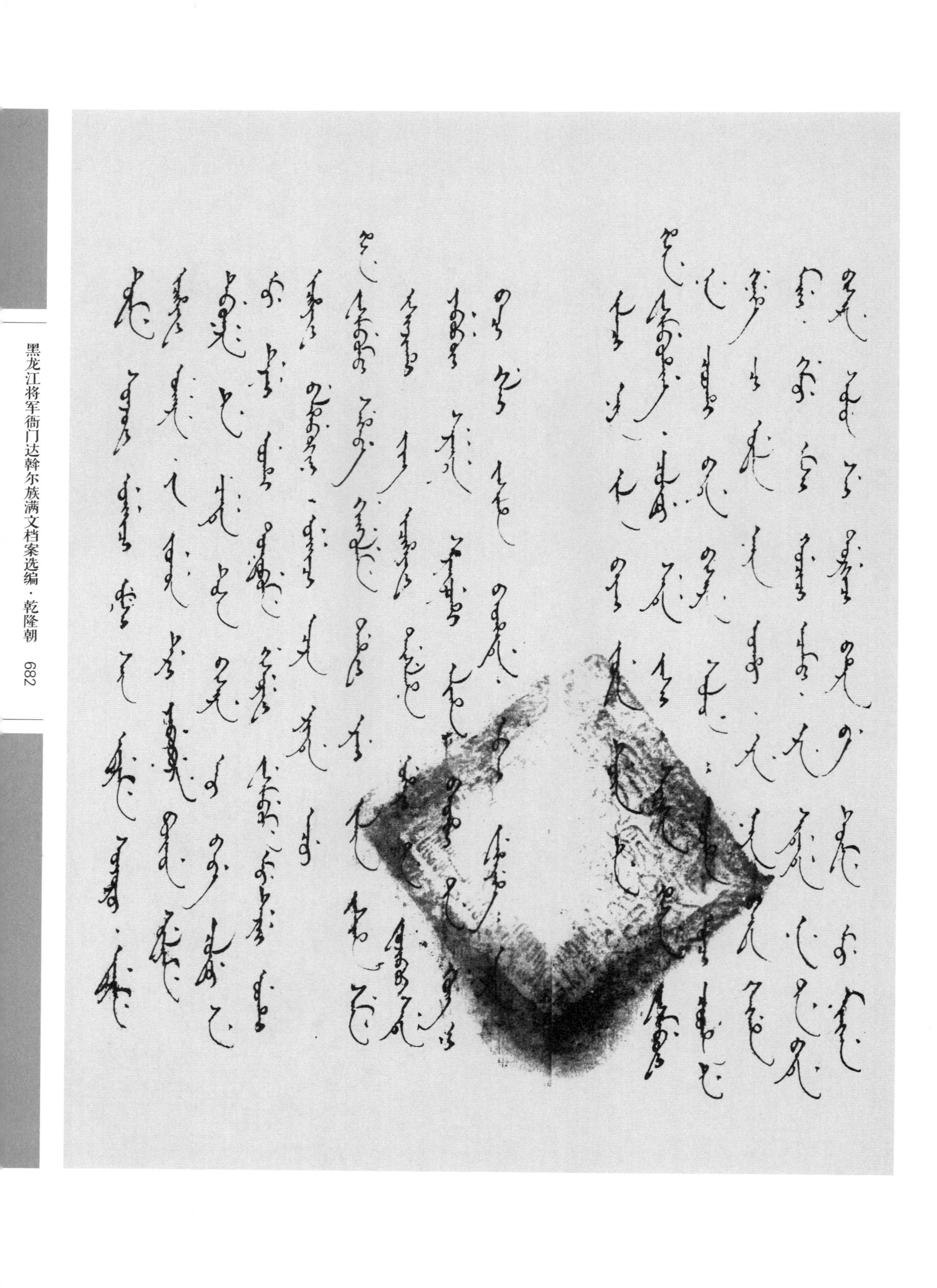

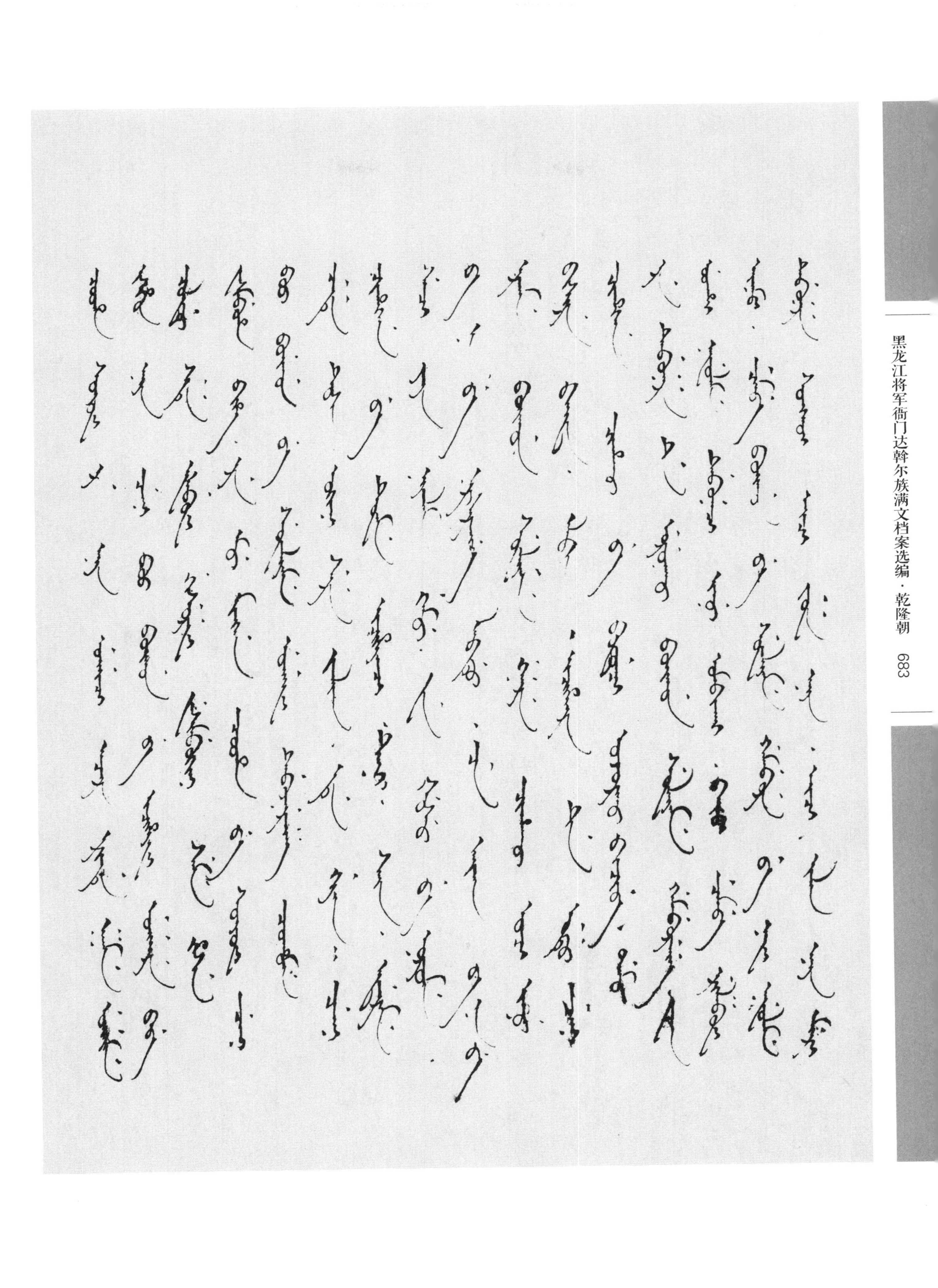

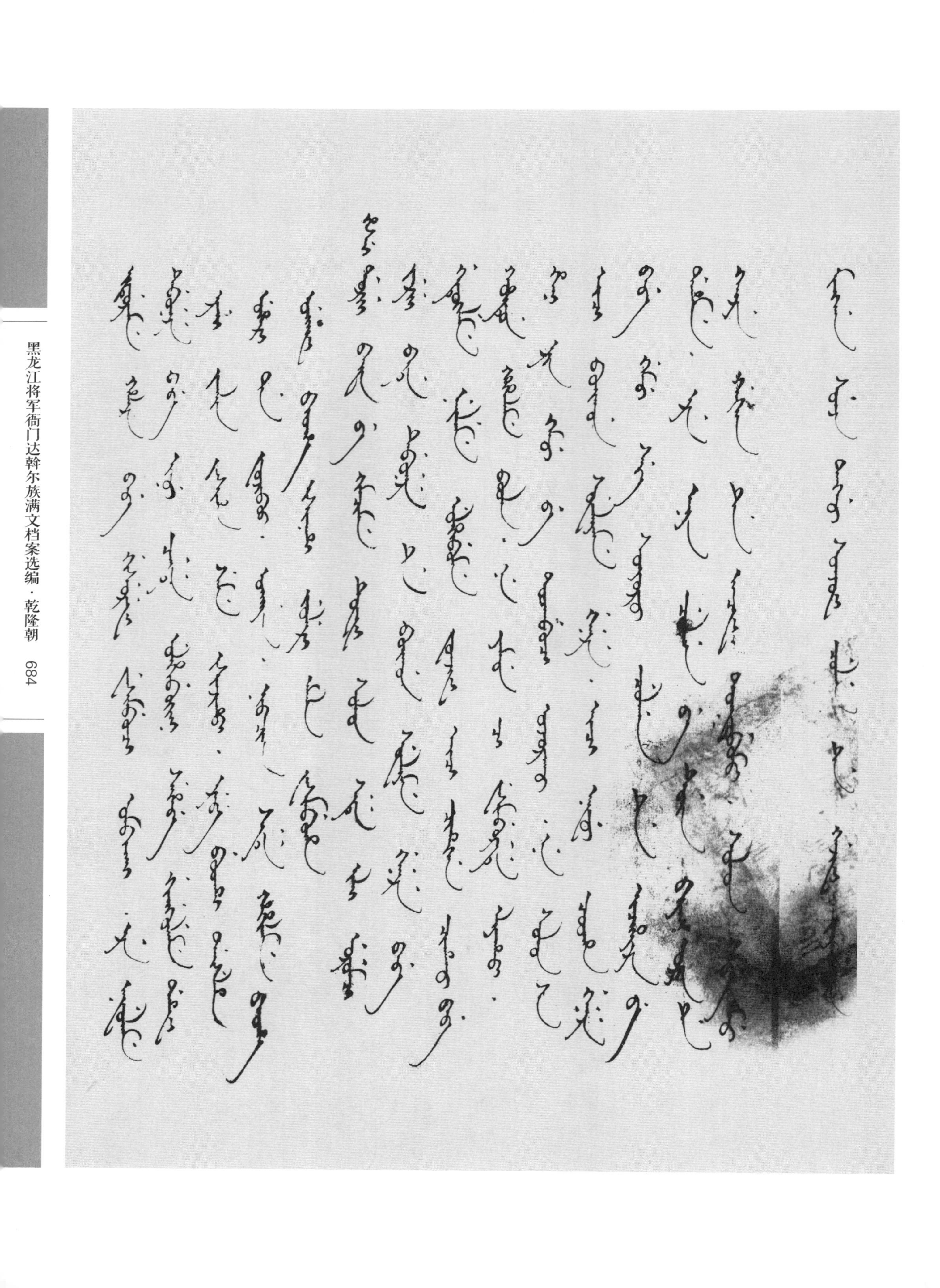

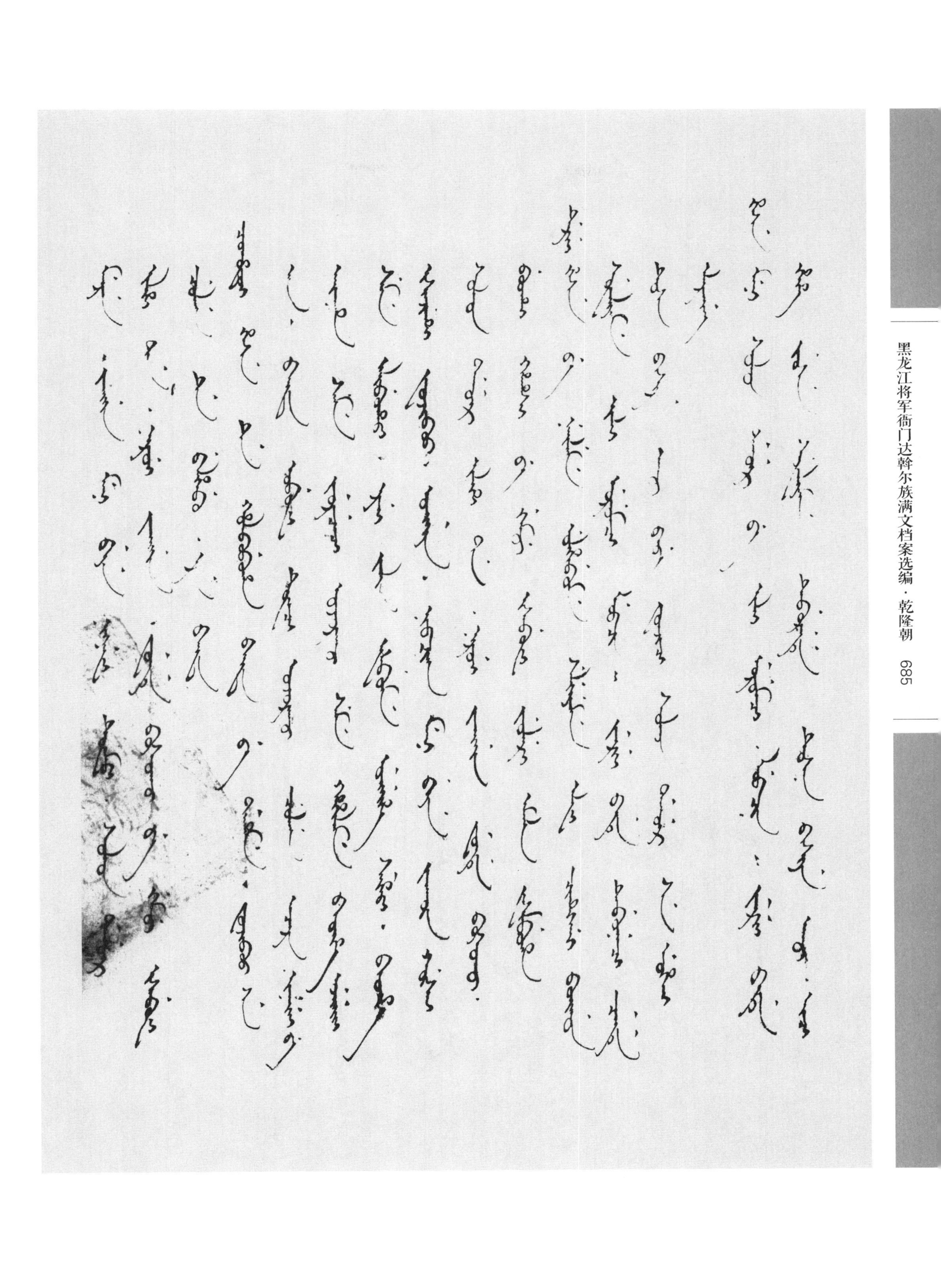

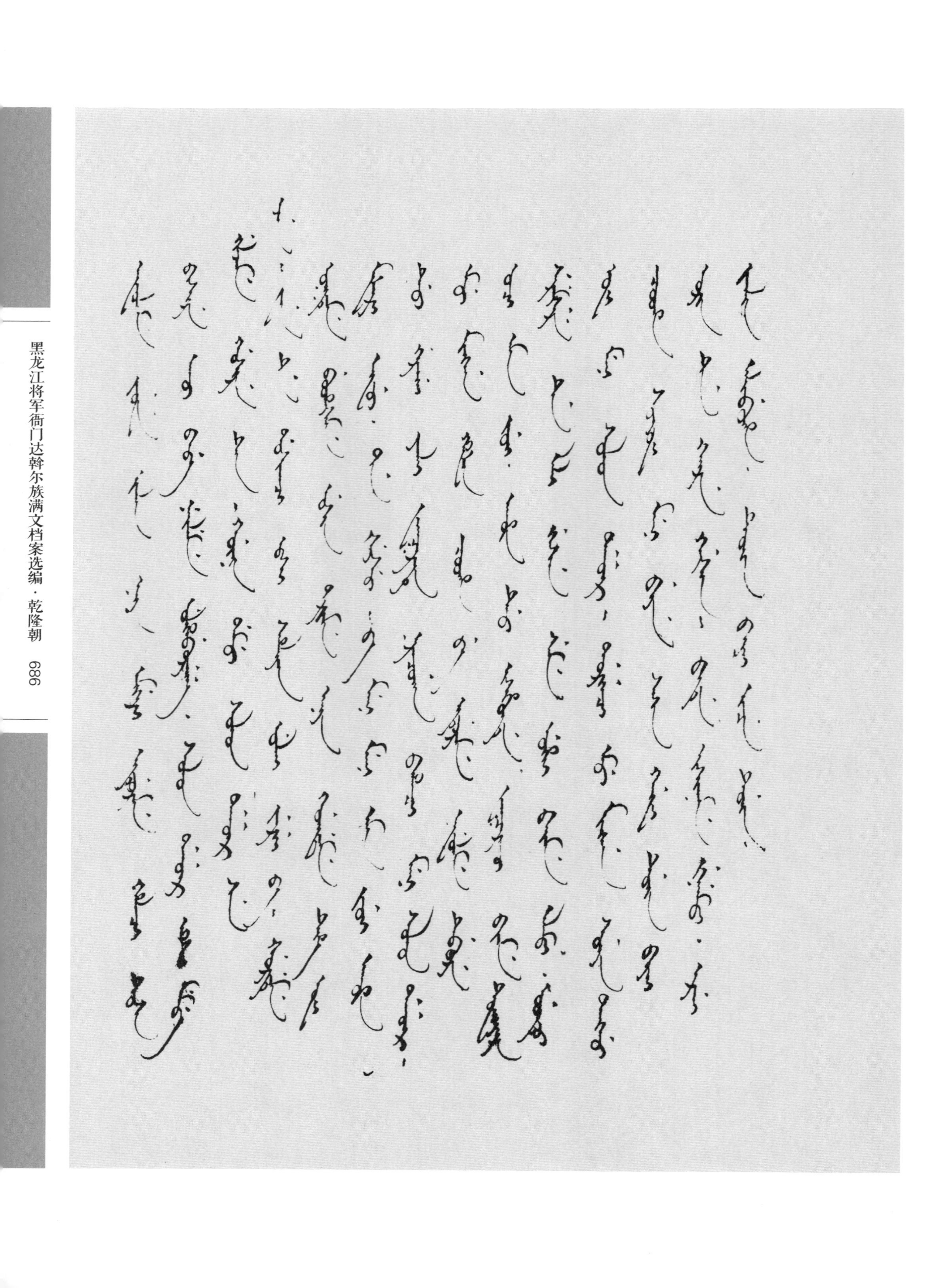

[illegible]

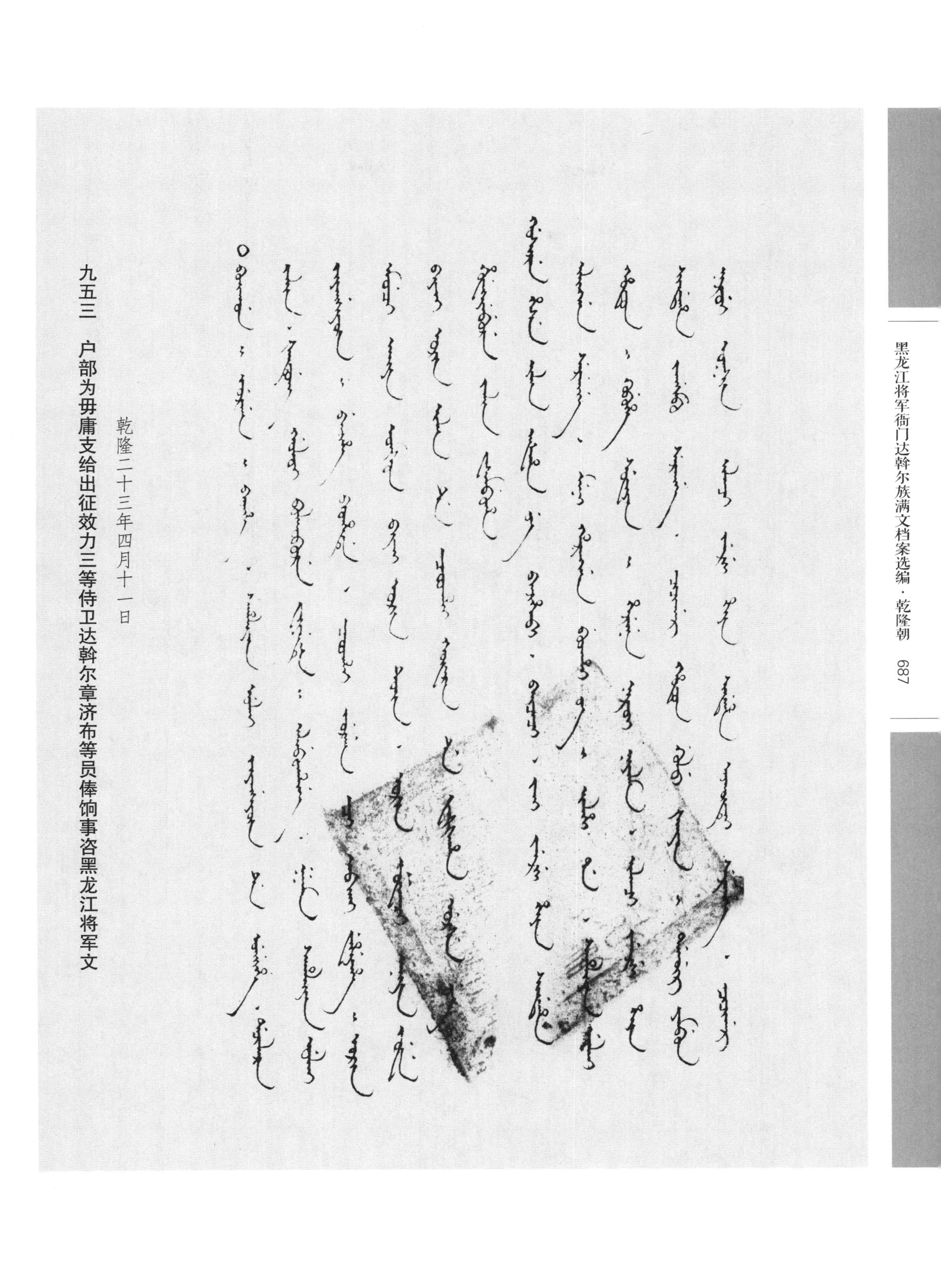

九五三 户部为毋庸支给出征效力三等侍卫达斡尔章济布等员俸饷事咨黑龙江将军文

乾隆二十三年四月十一日

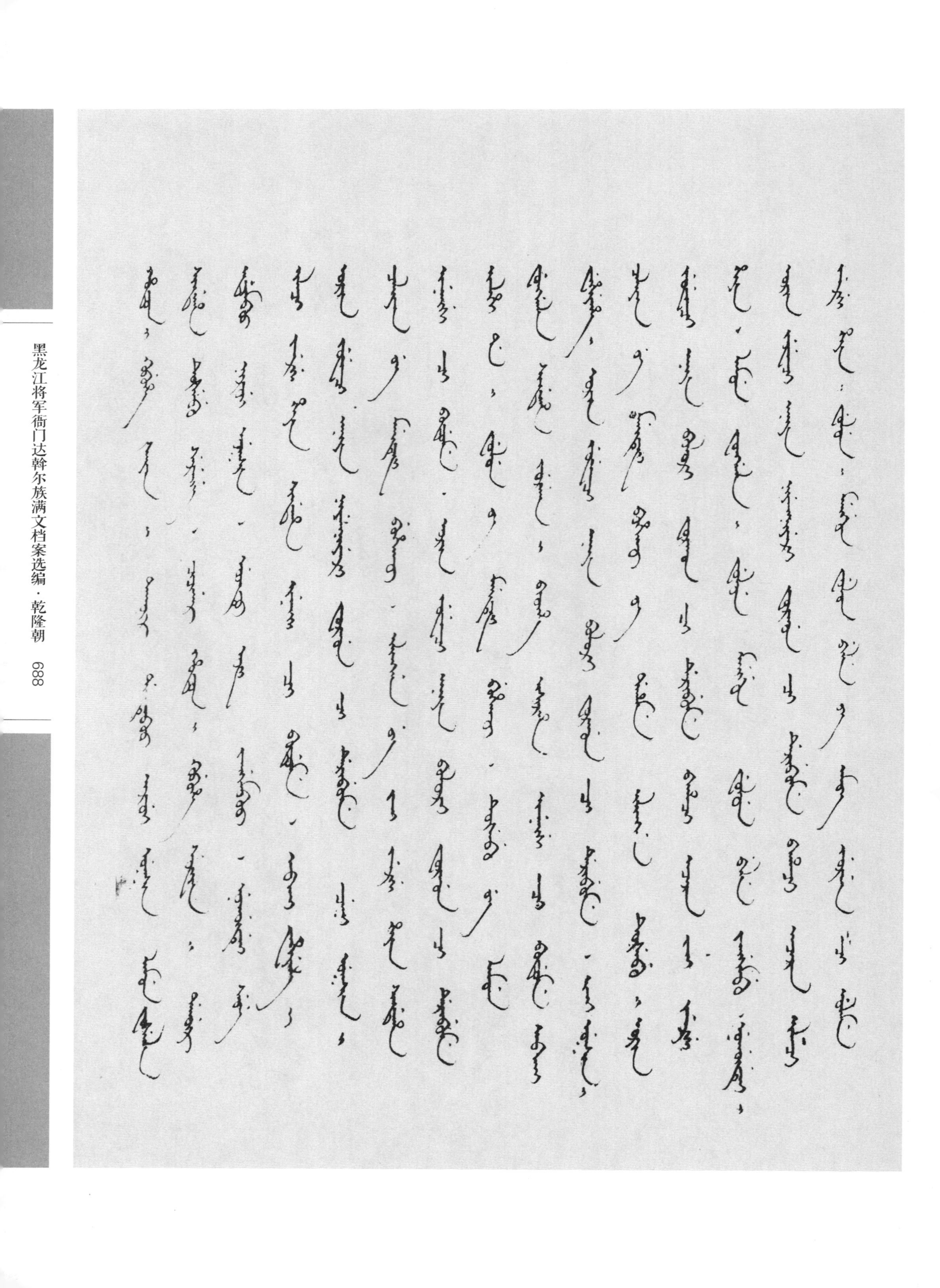

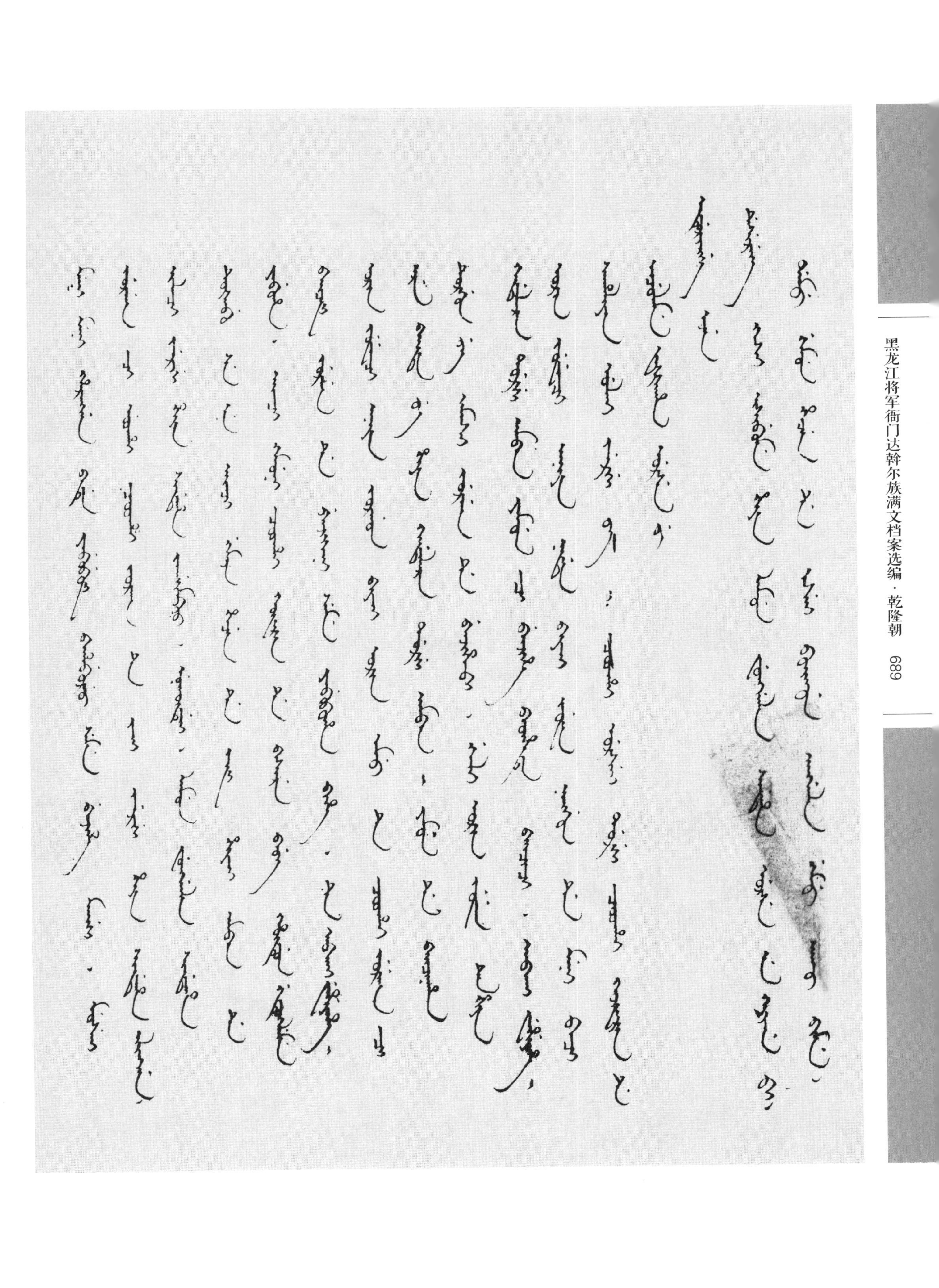

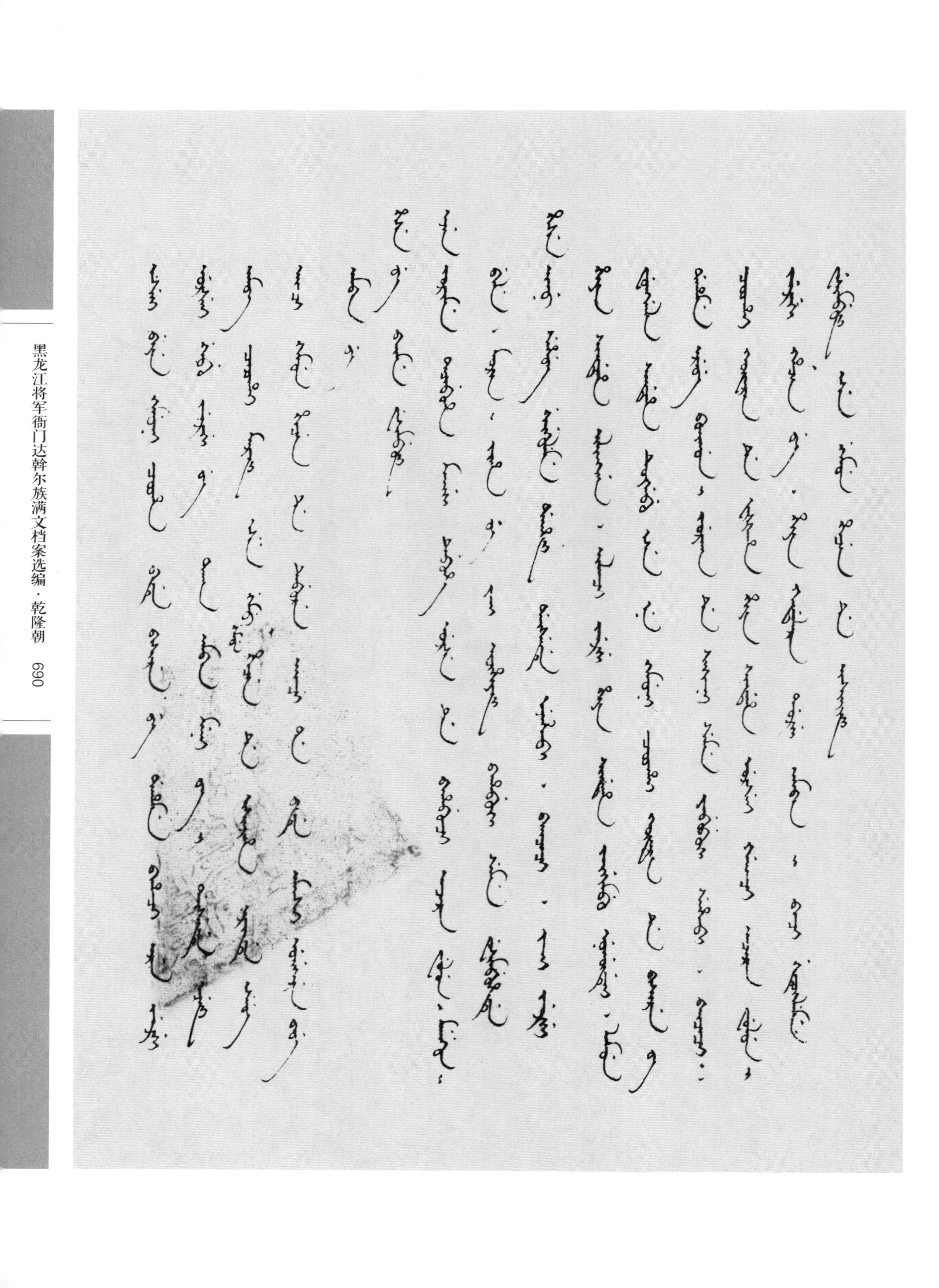

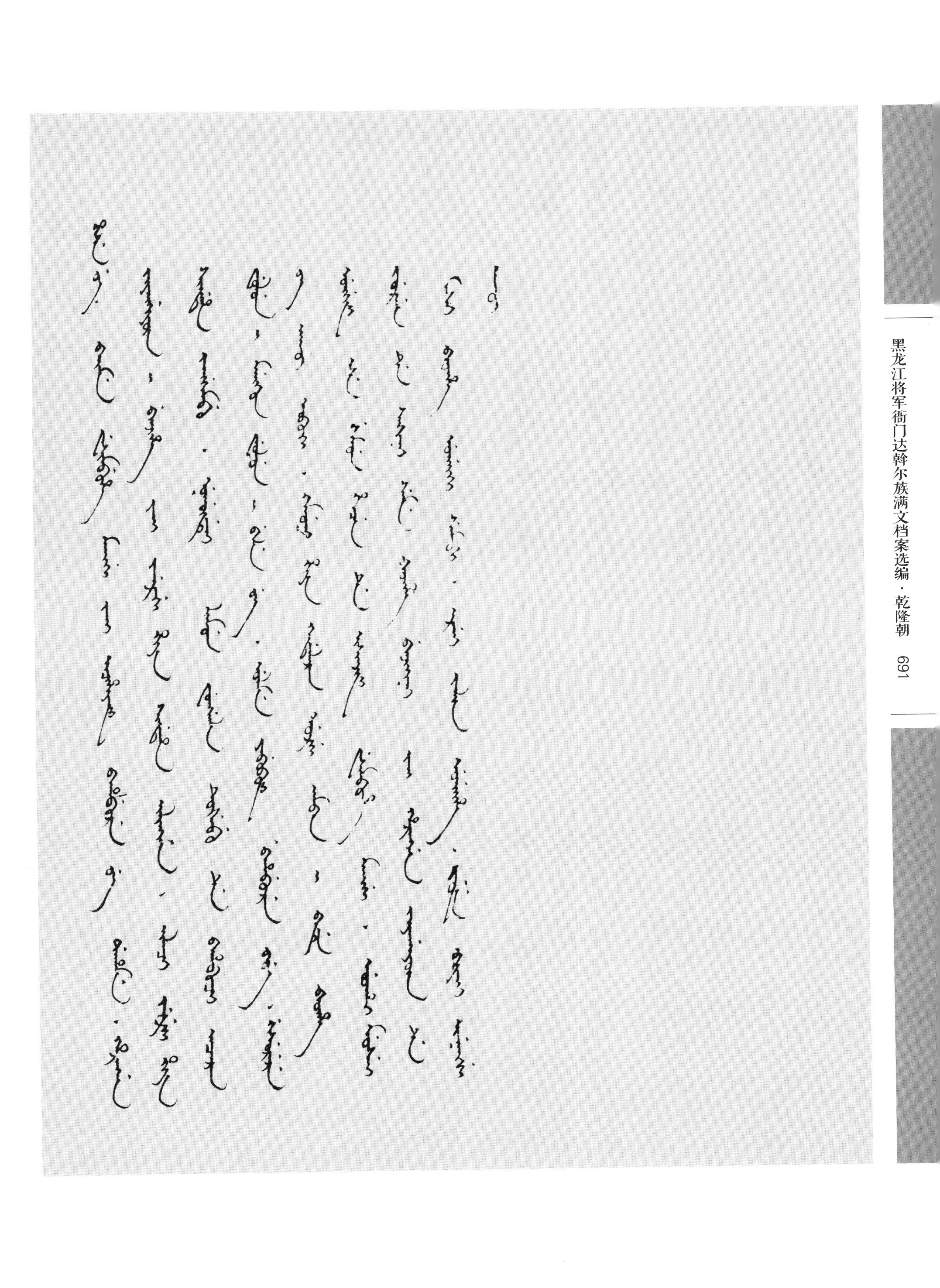

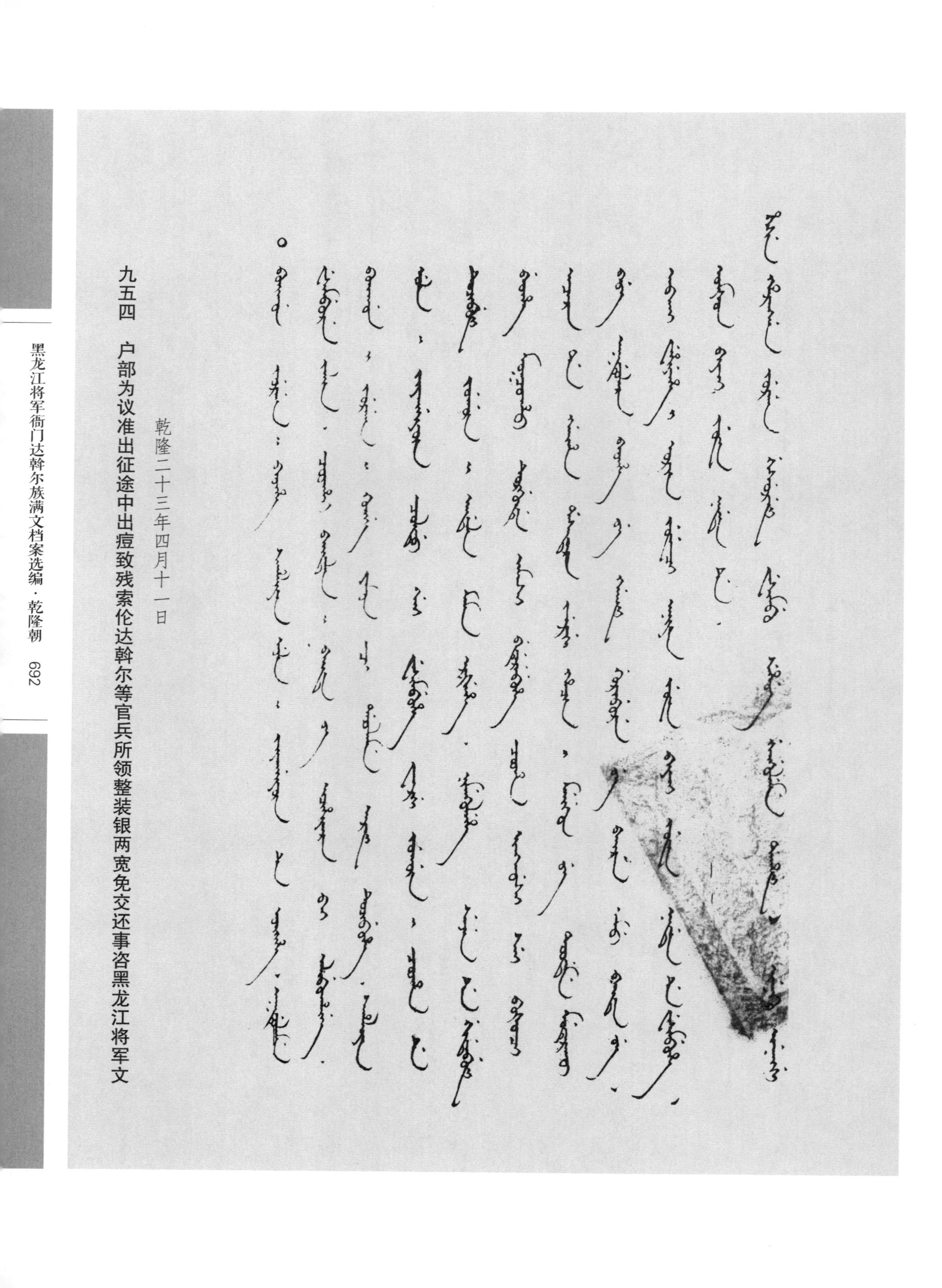

九五四　户部为议准出征途中出痘致残索伦达斡尔等官兵所领整装银两宽免交还事咨黑龙江将军文

乾隆二十三年四月十一日

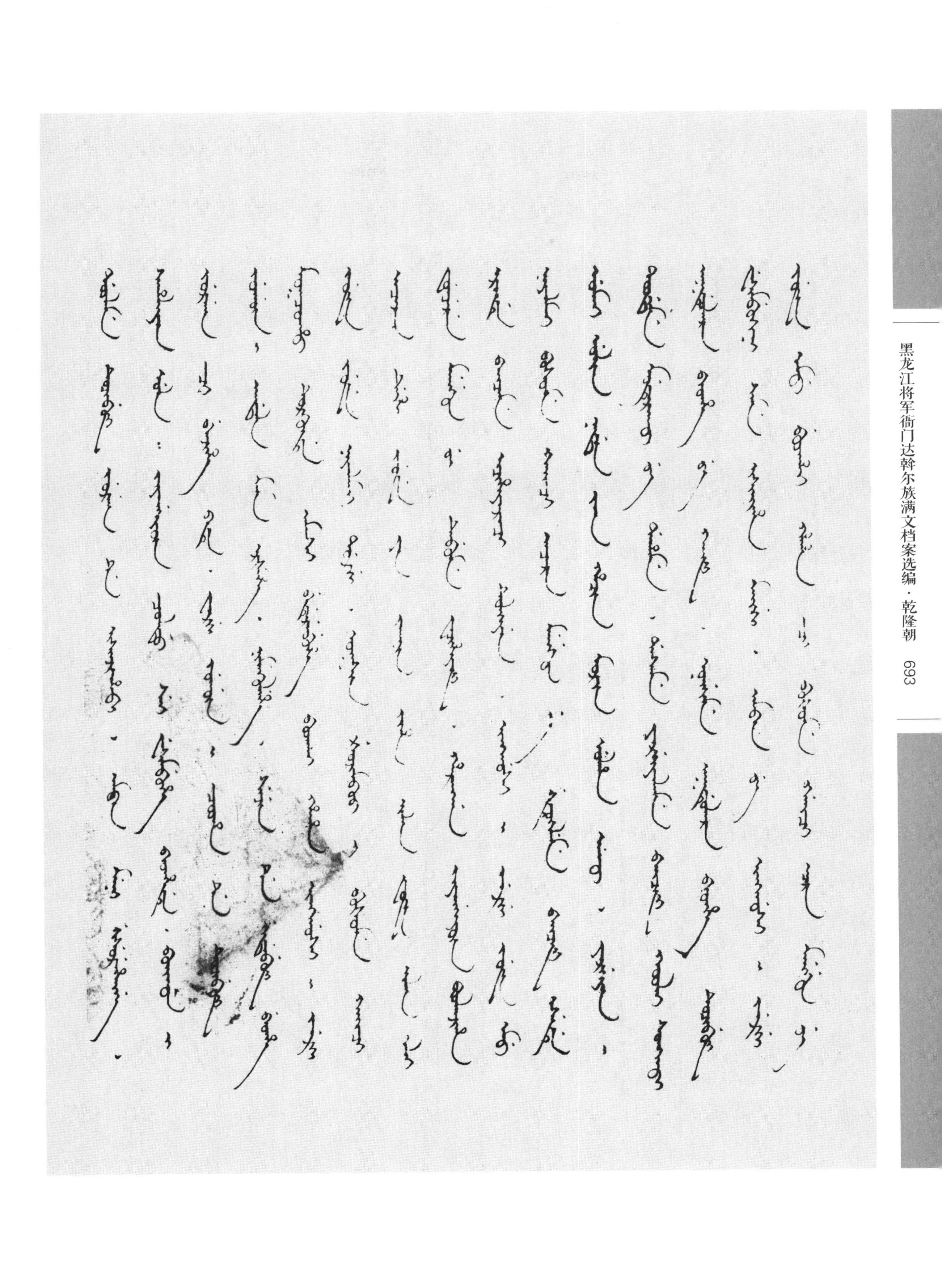

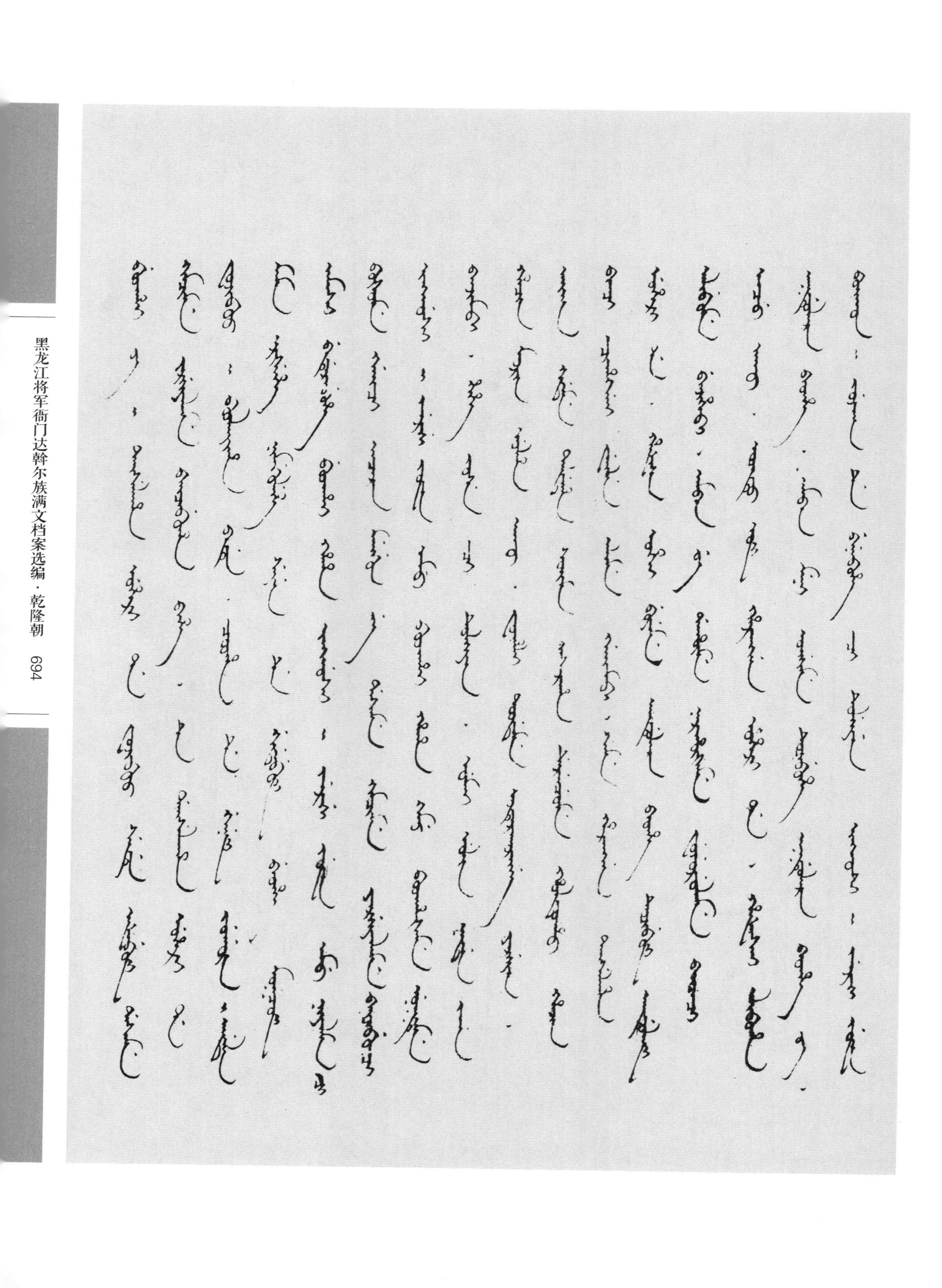

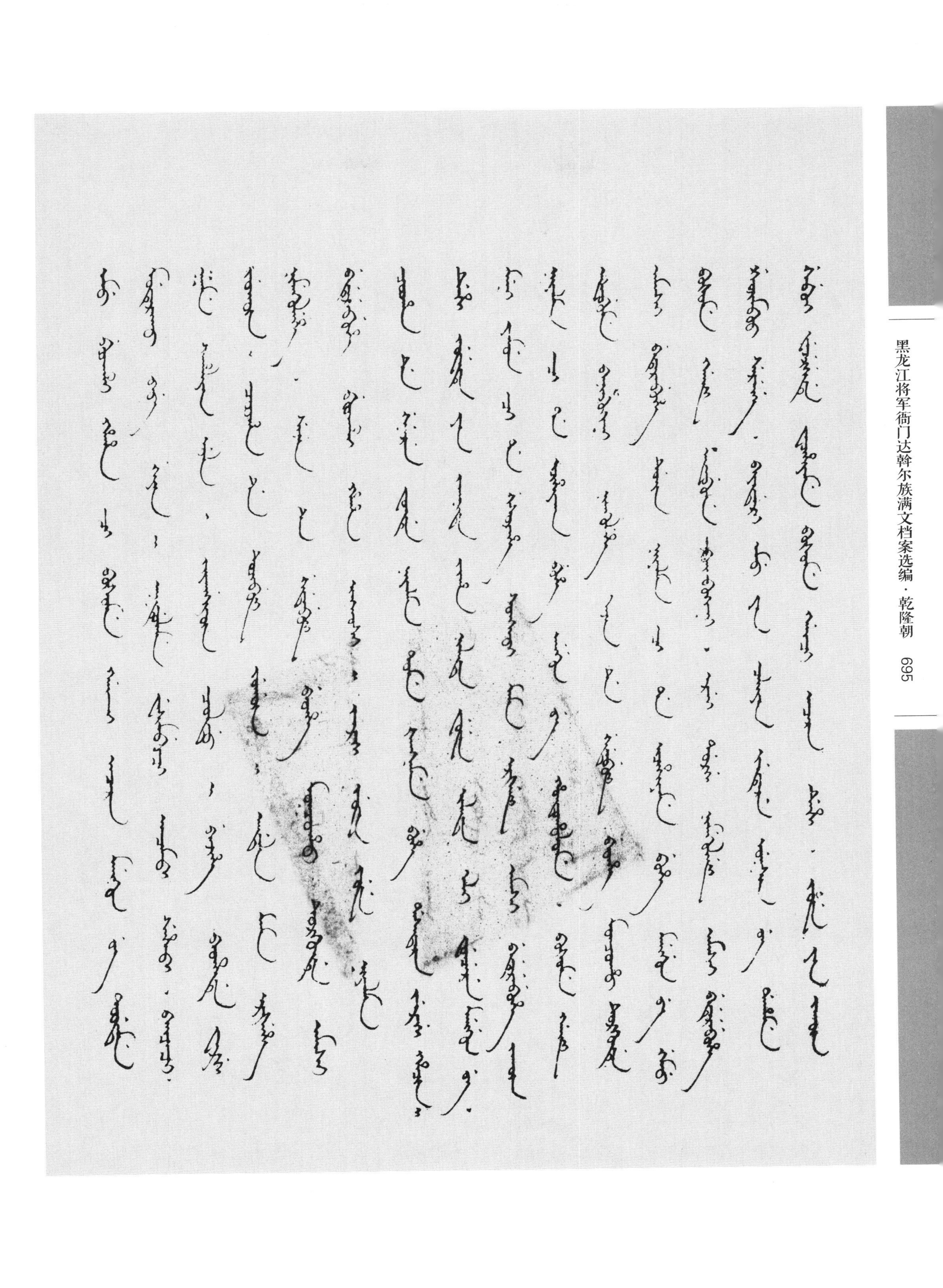

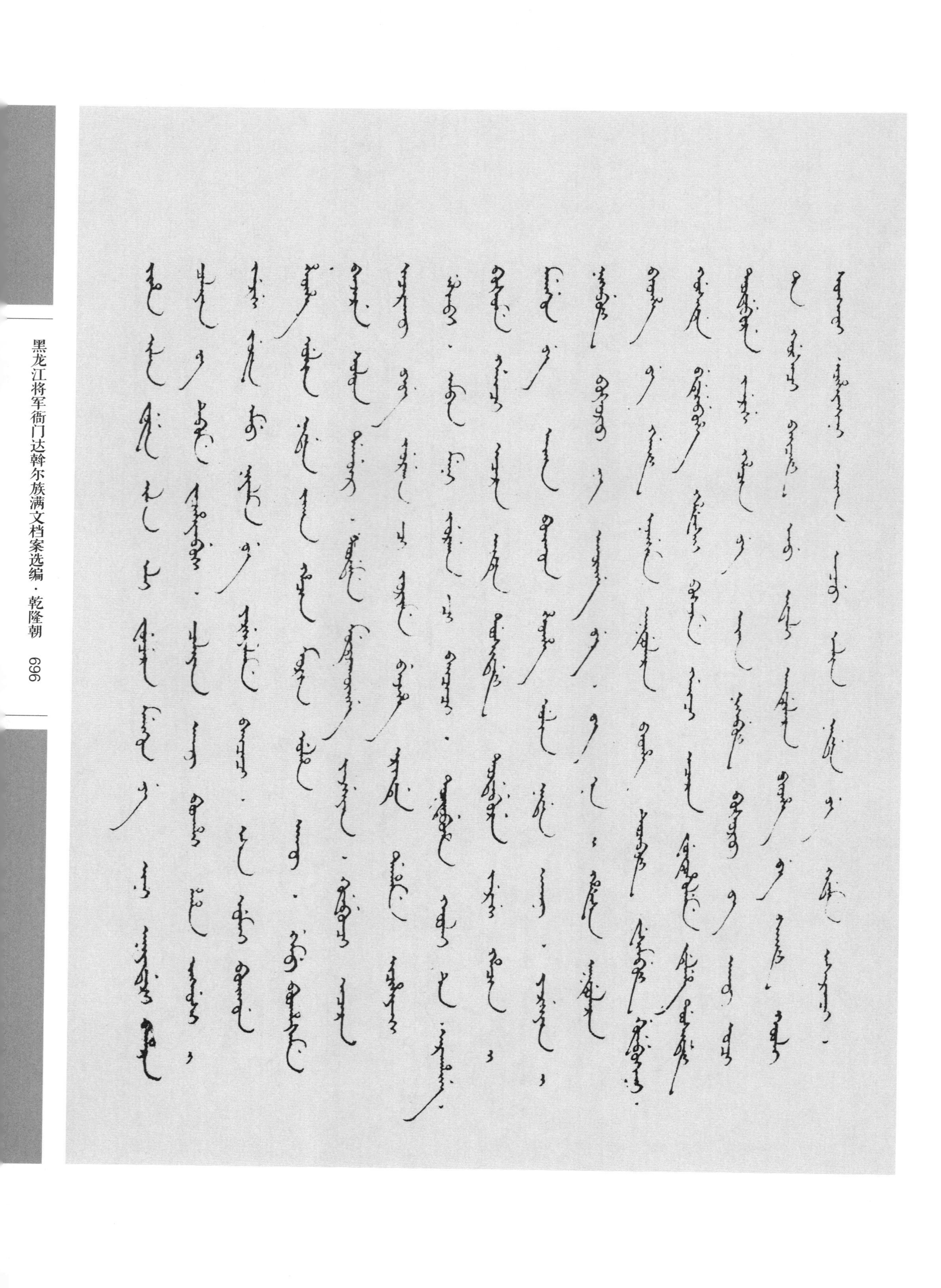

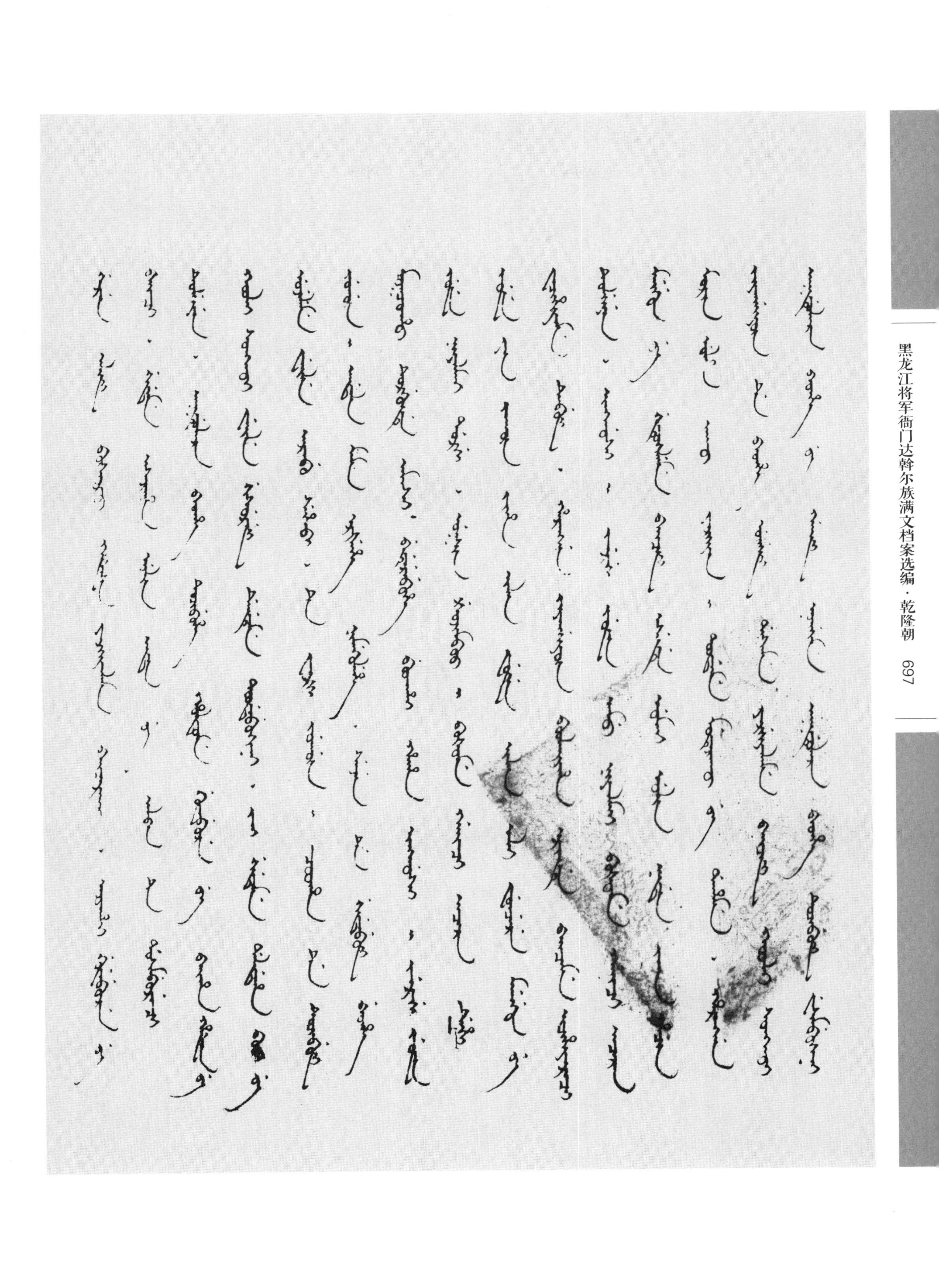

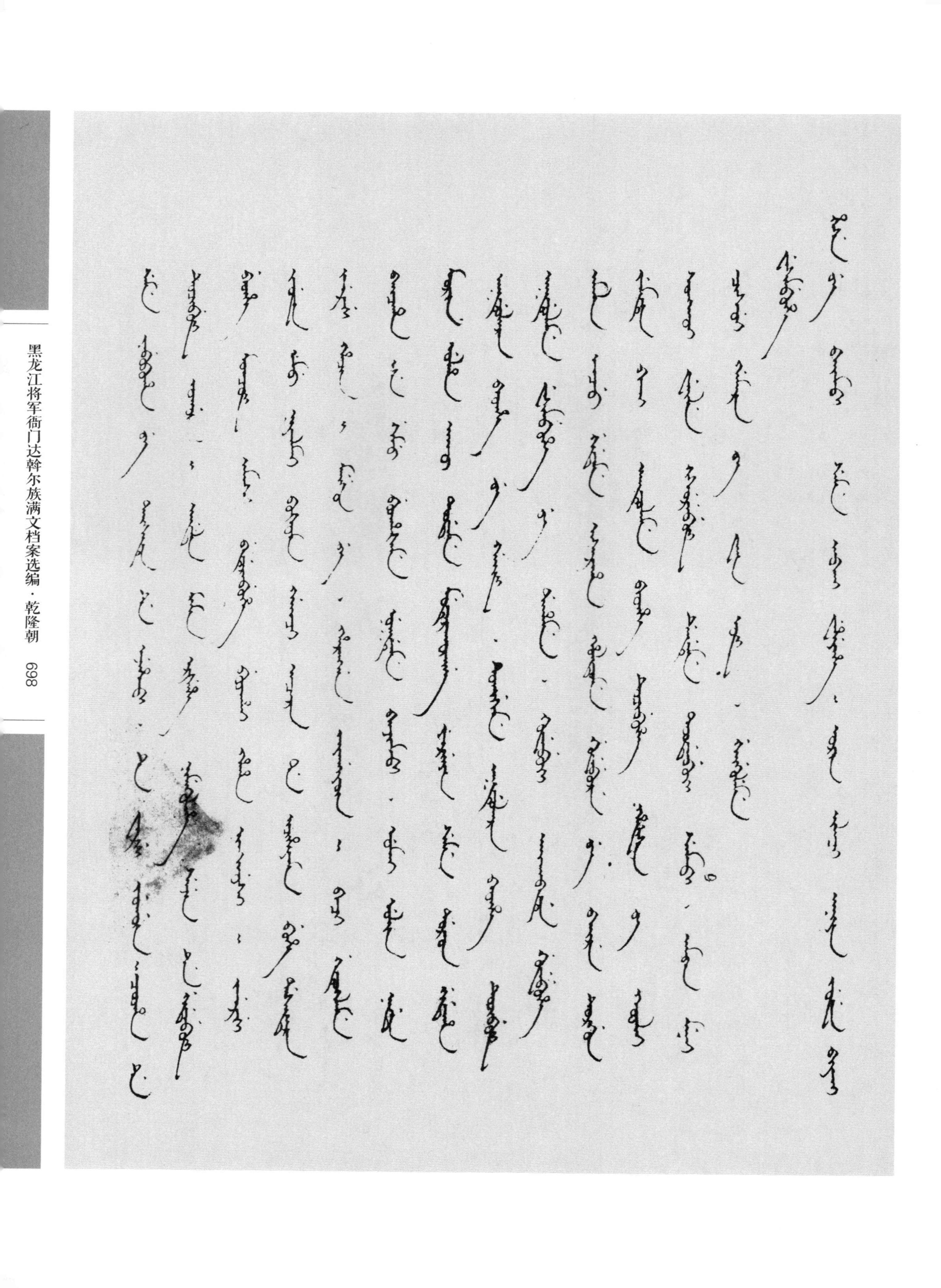

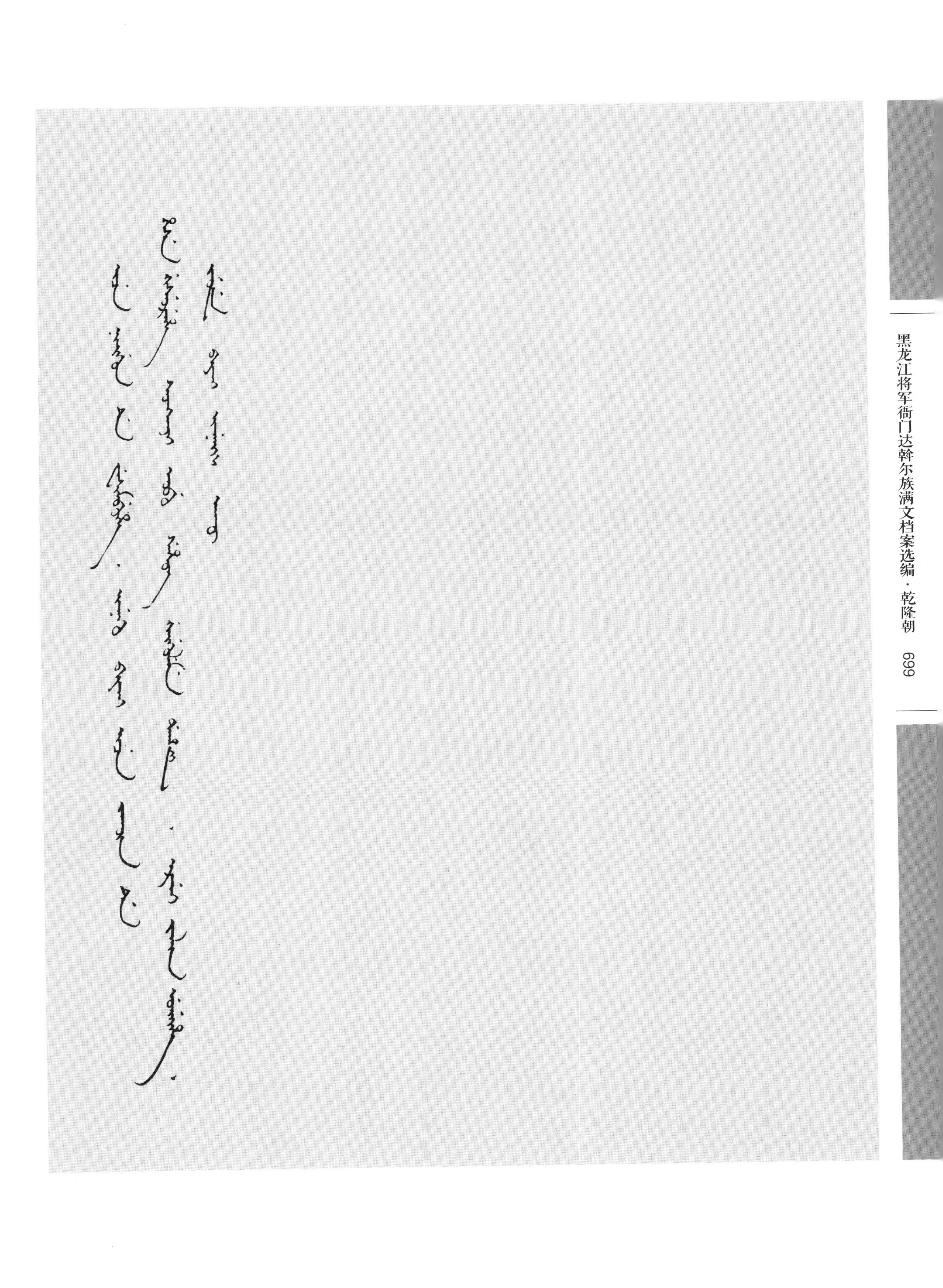

九五五 理藩院为本年索伦达斡尔等所贡貂皮足数不及等第仍照例赏赐事咨黑龙江将军文（附来文一件）

乾隆二十三年四月十六日

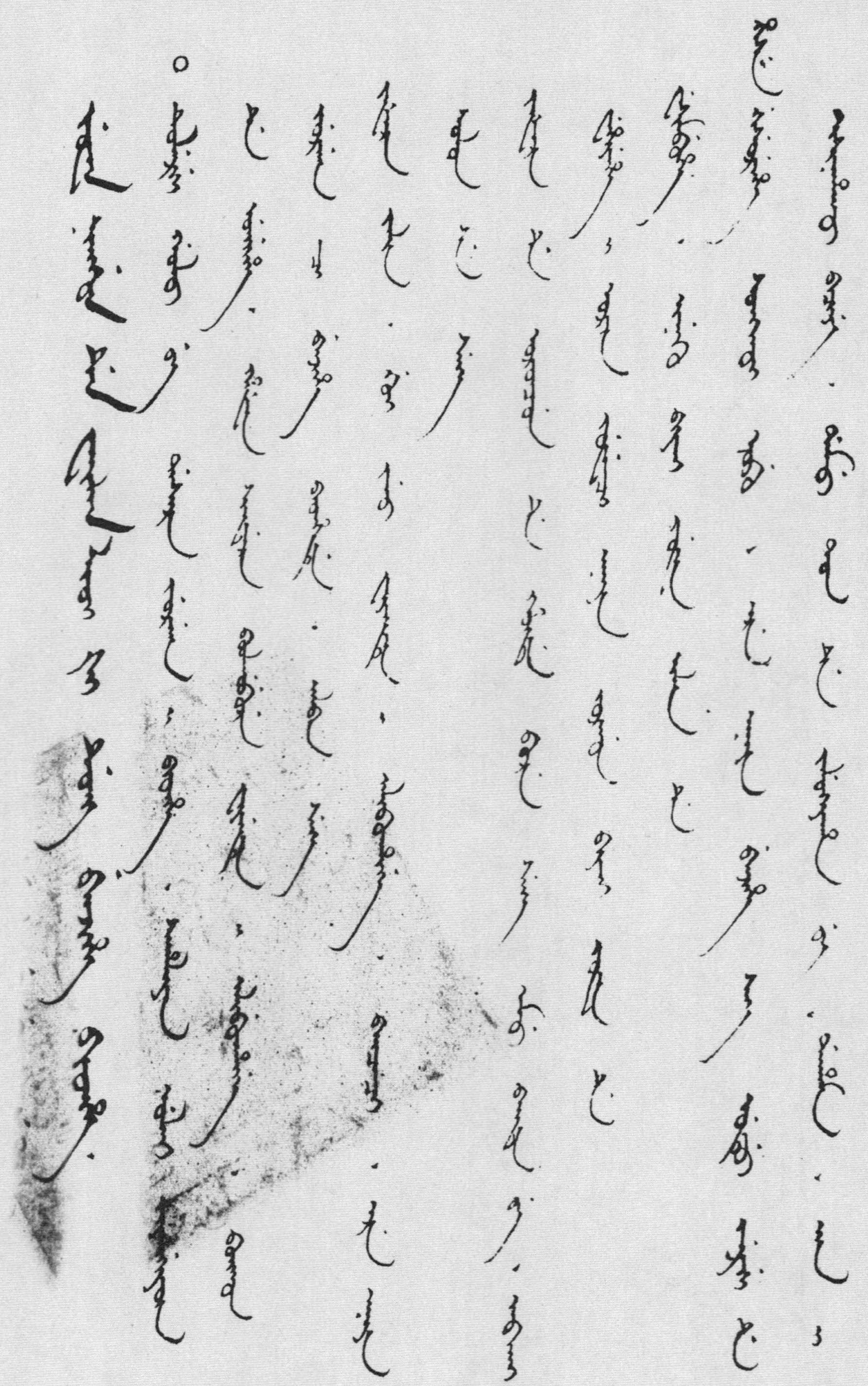

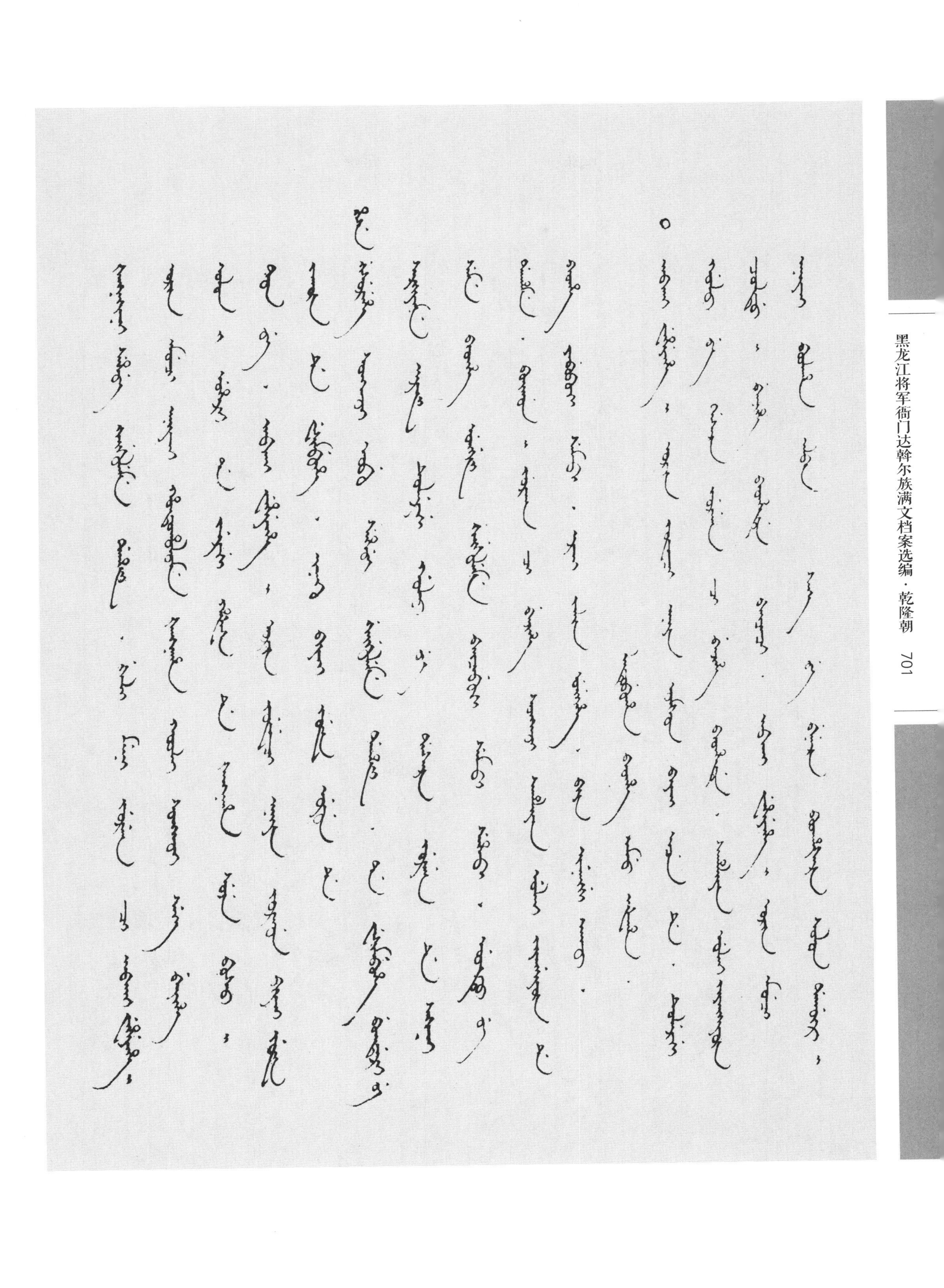

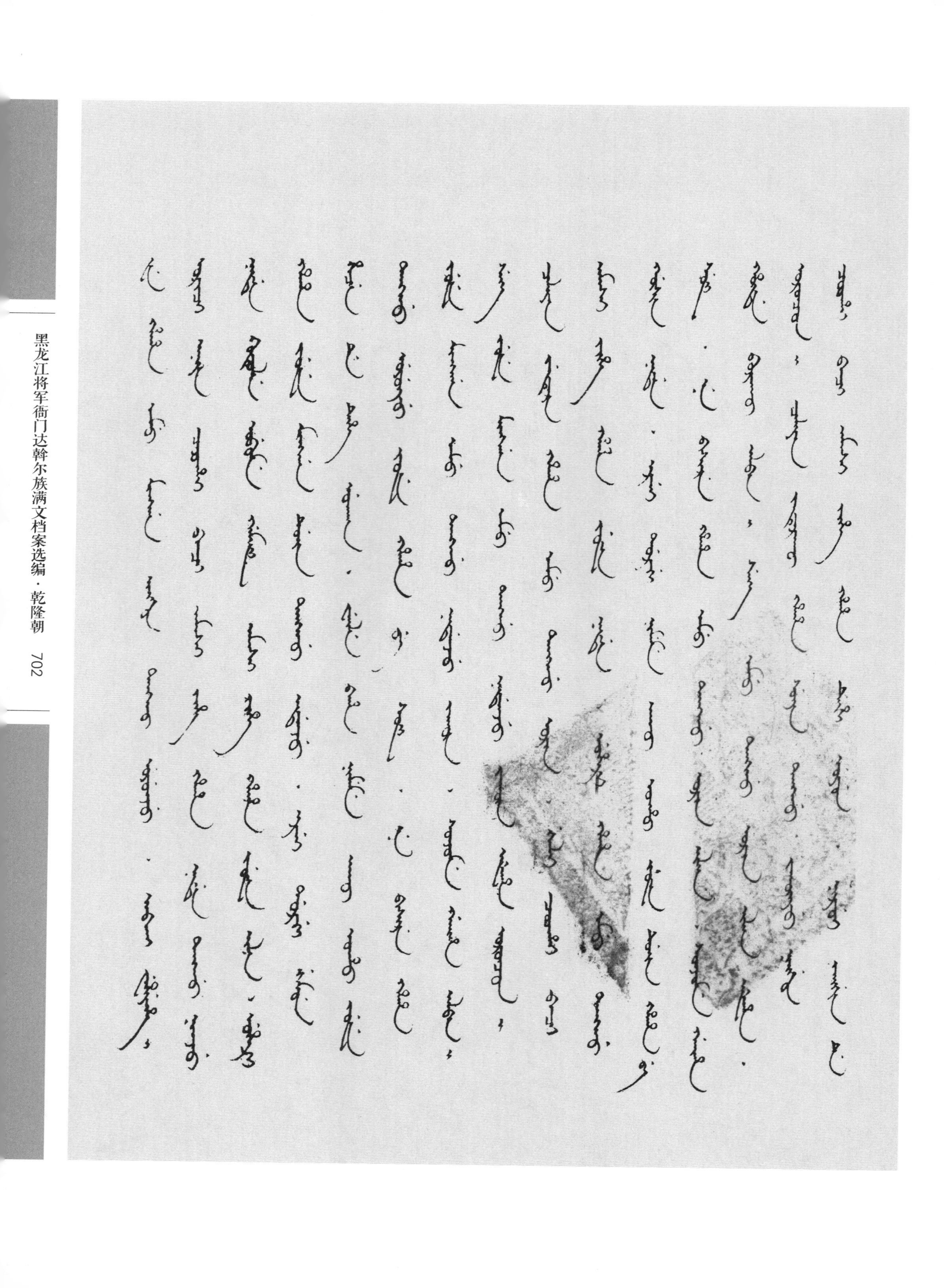

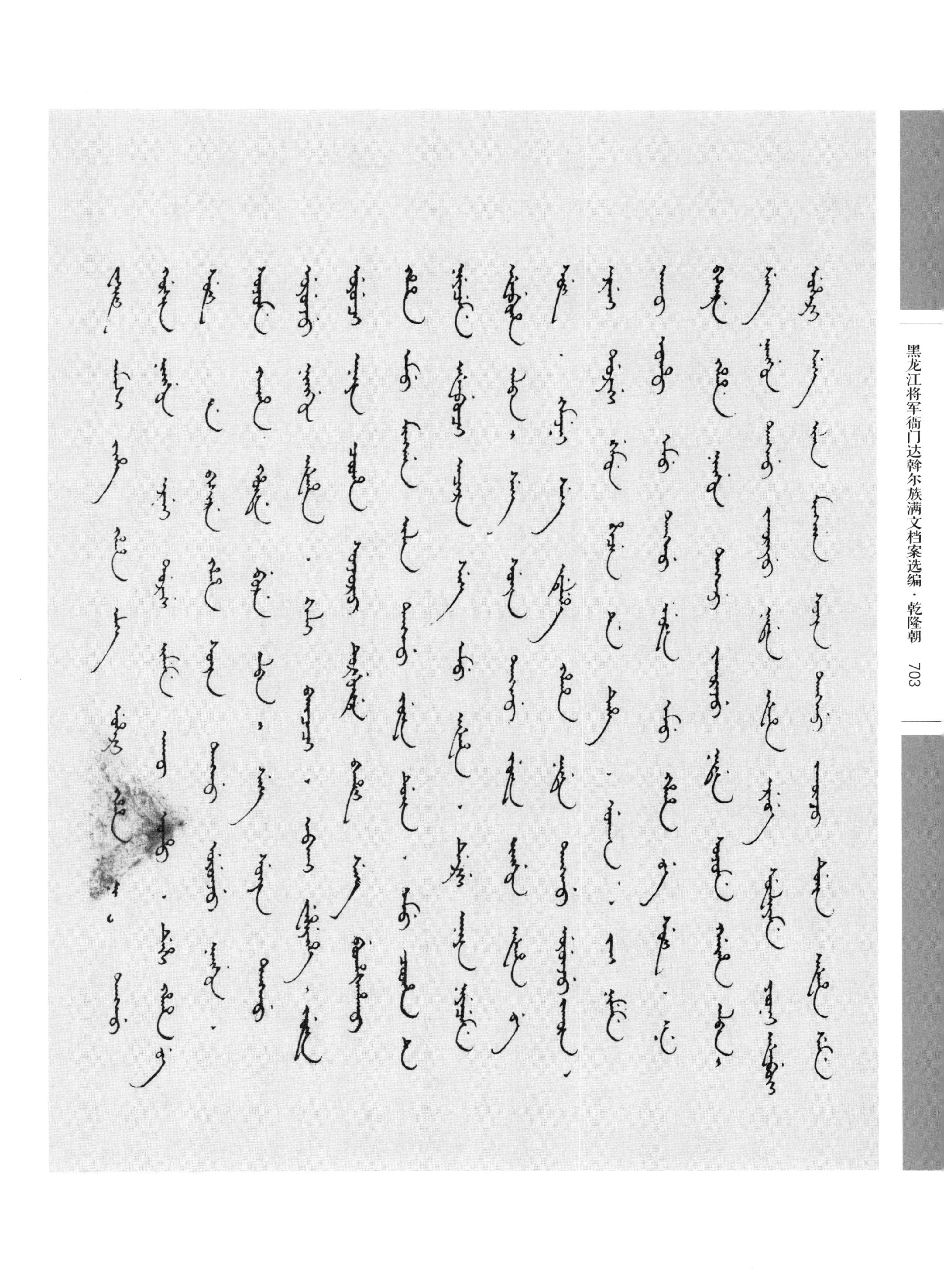

[illegible]

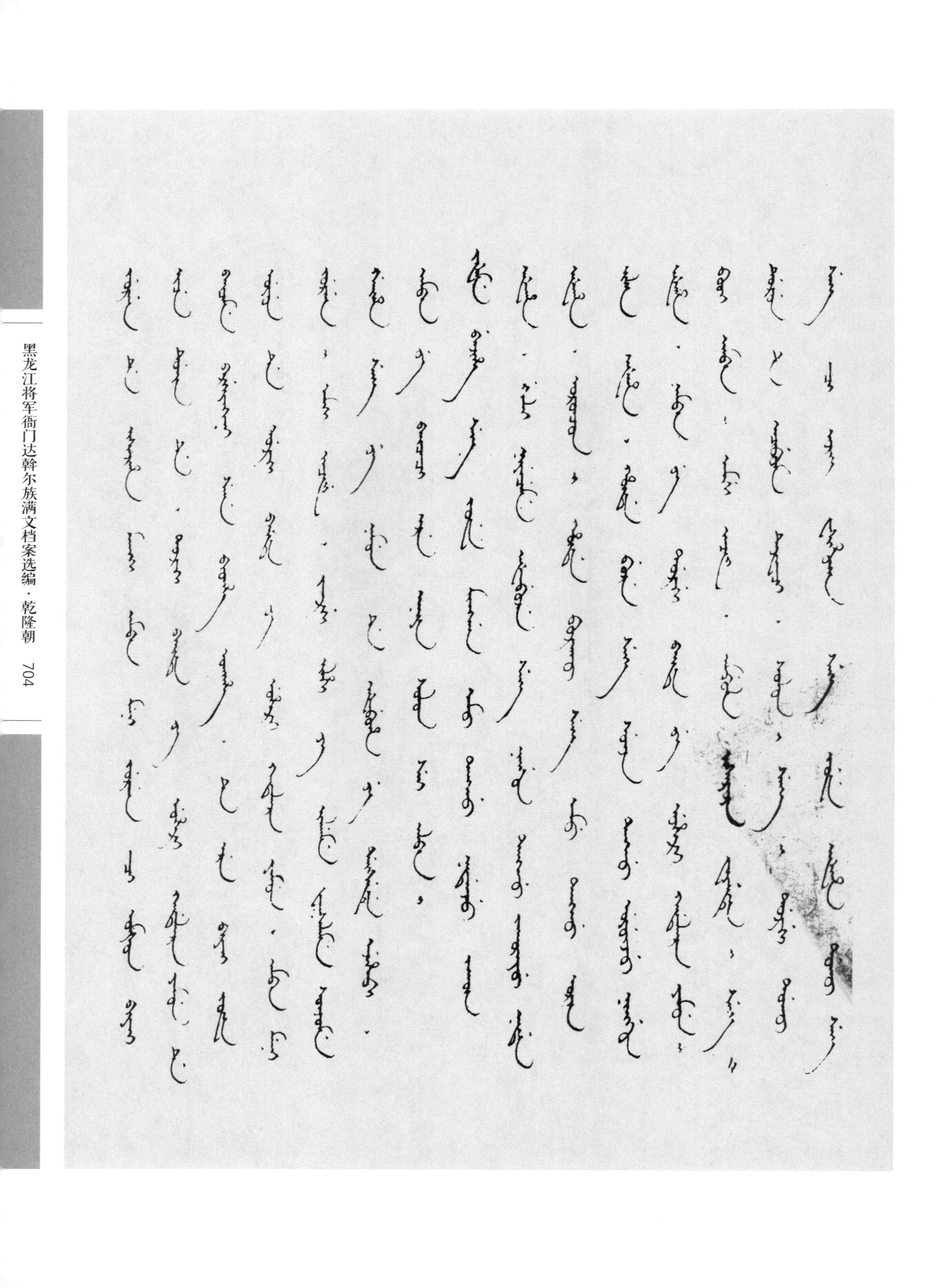

[illegible]

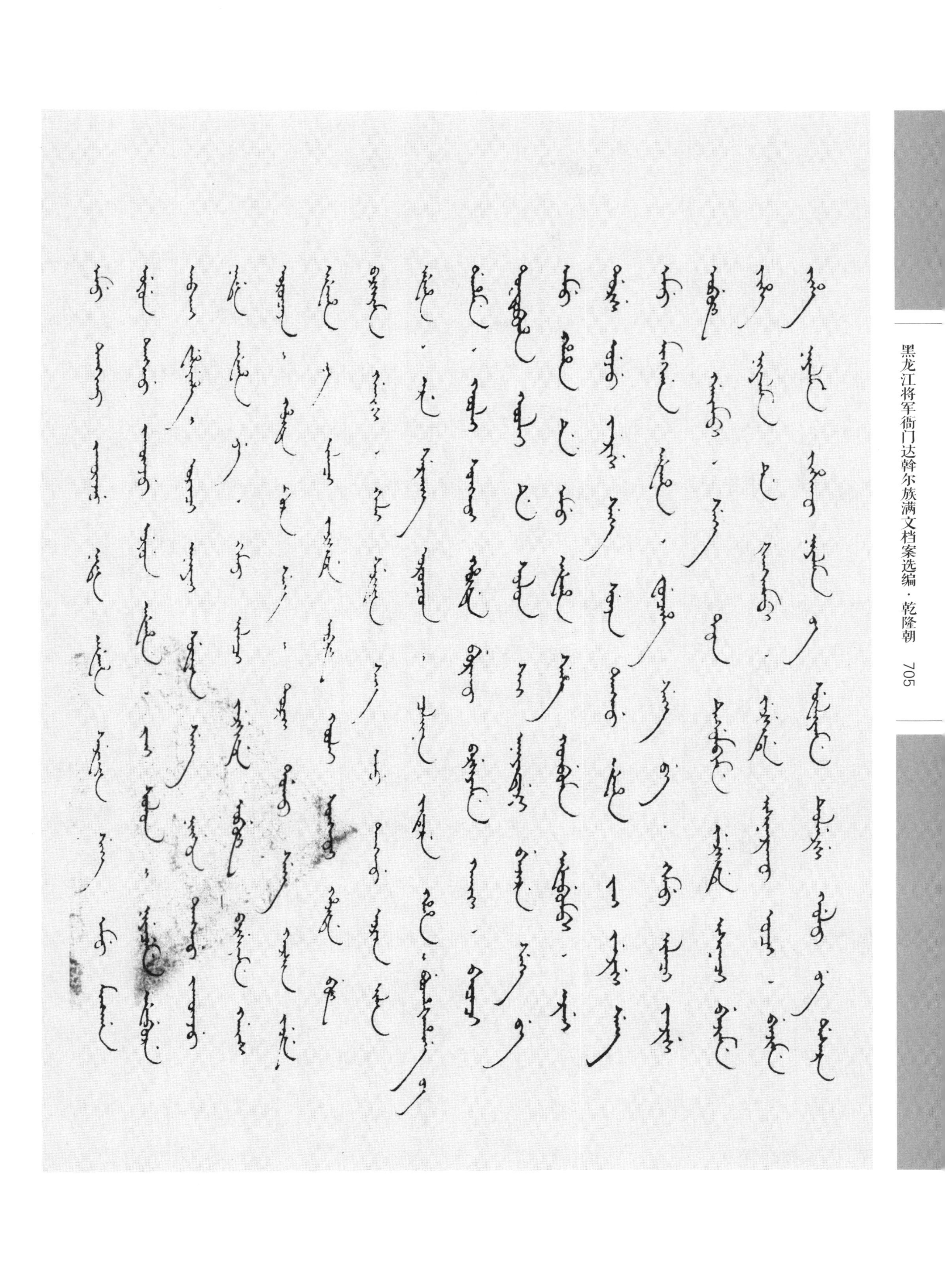

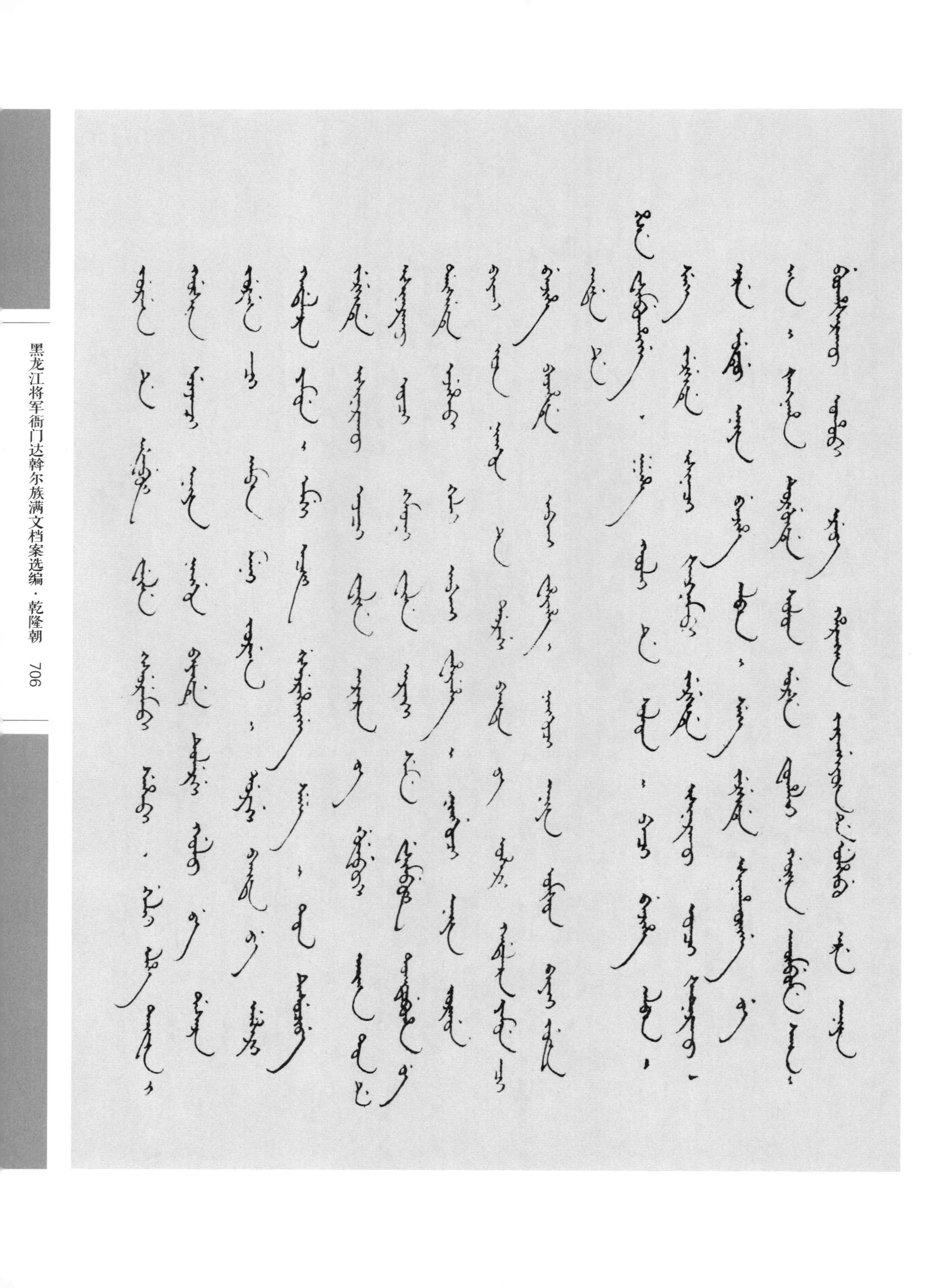

[illegible]

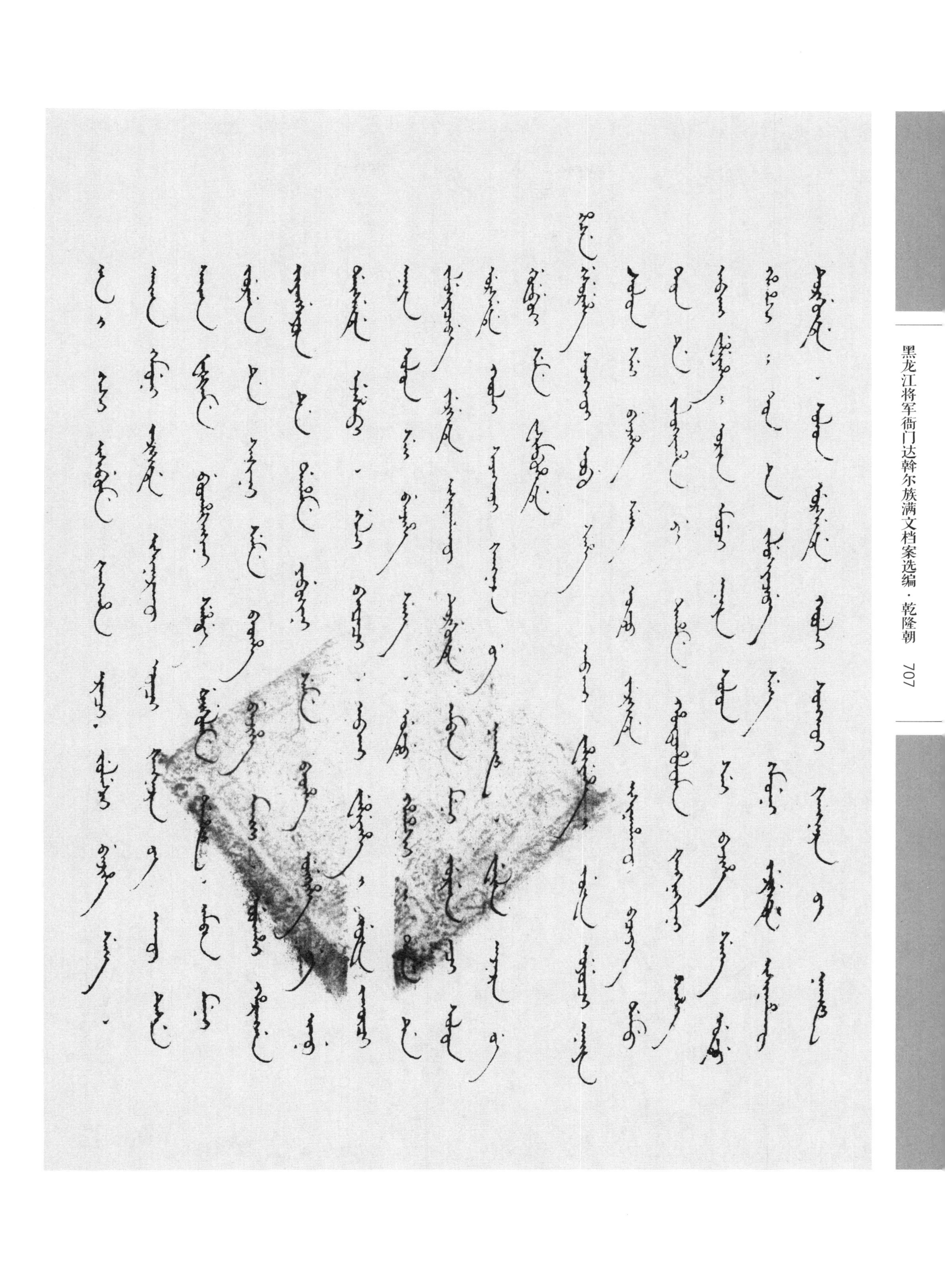

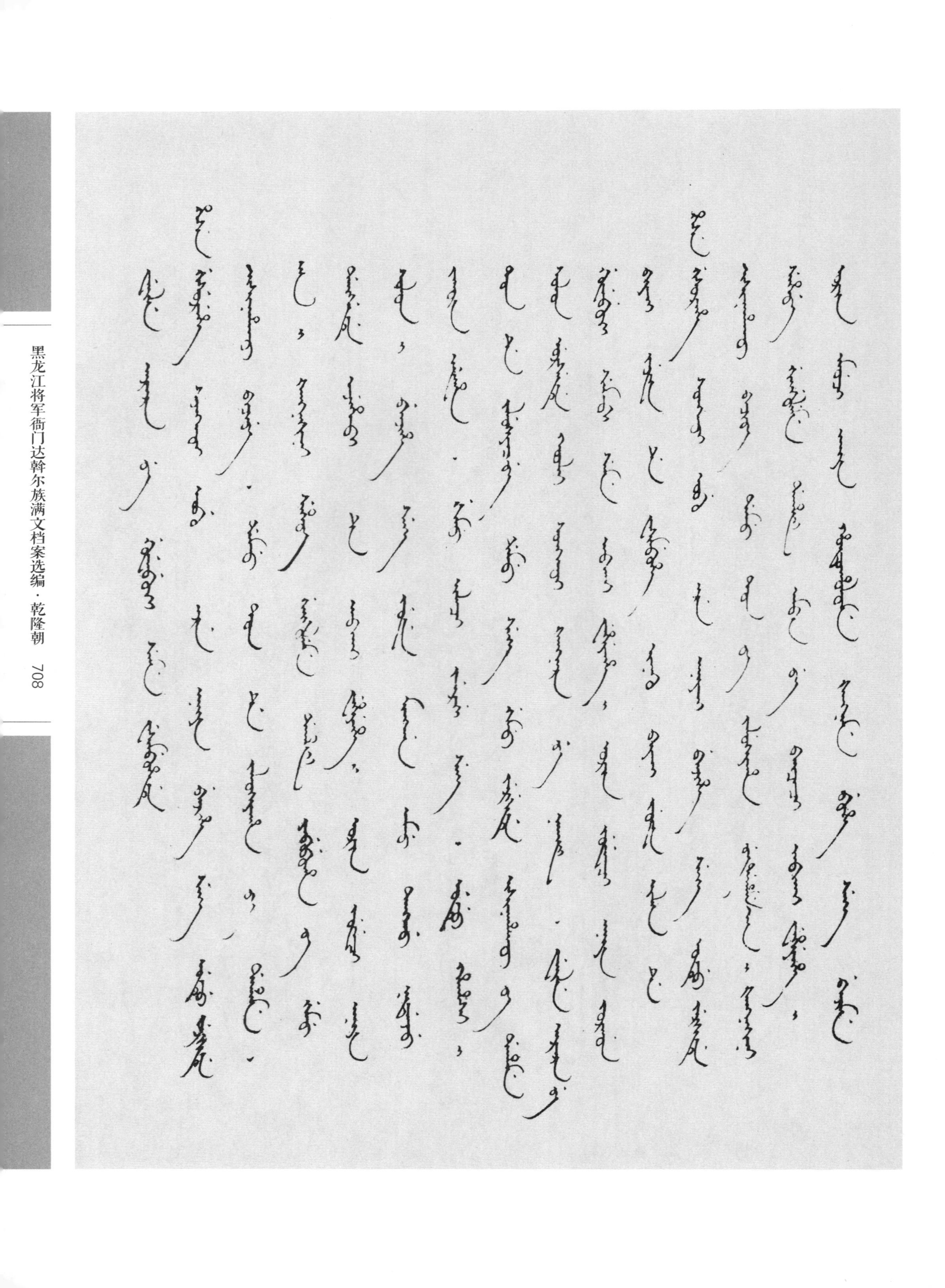

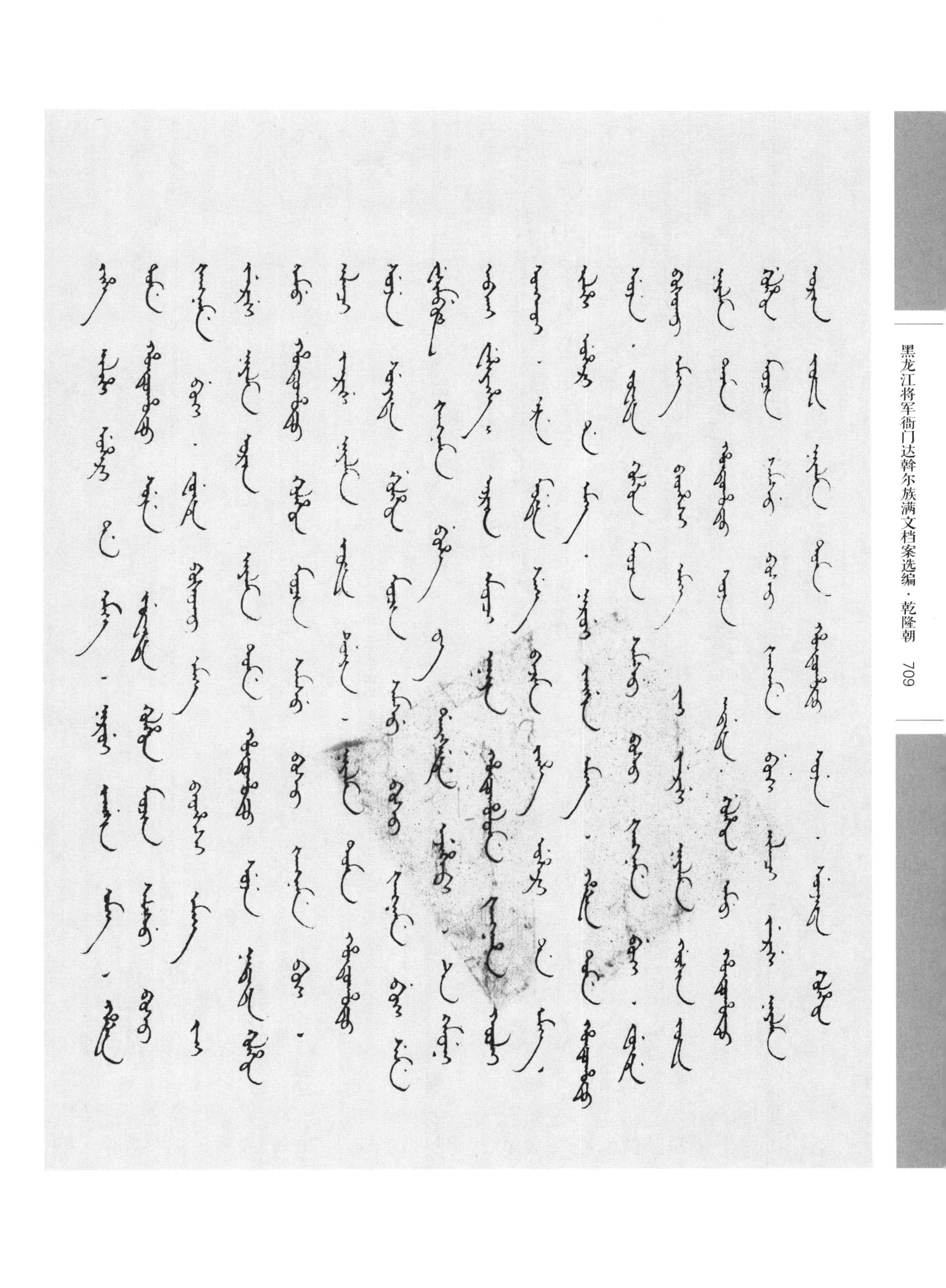

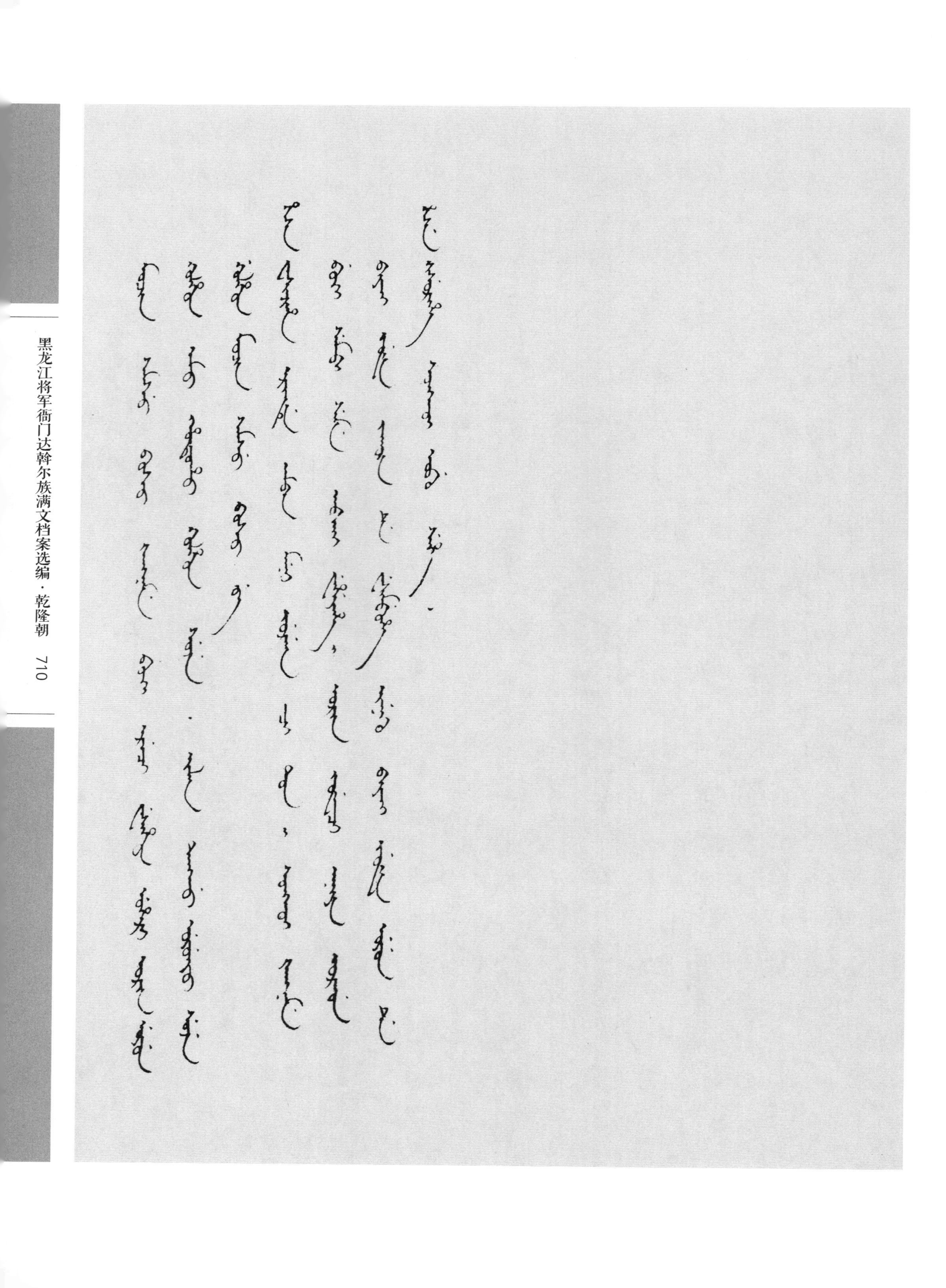

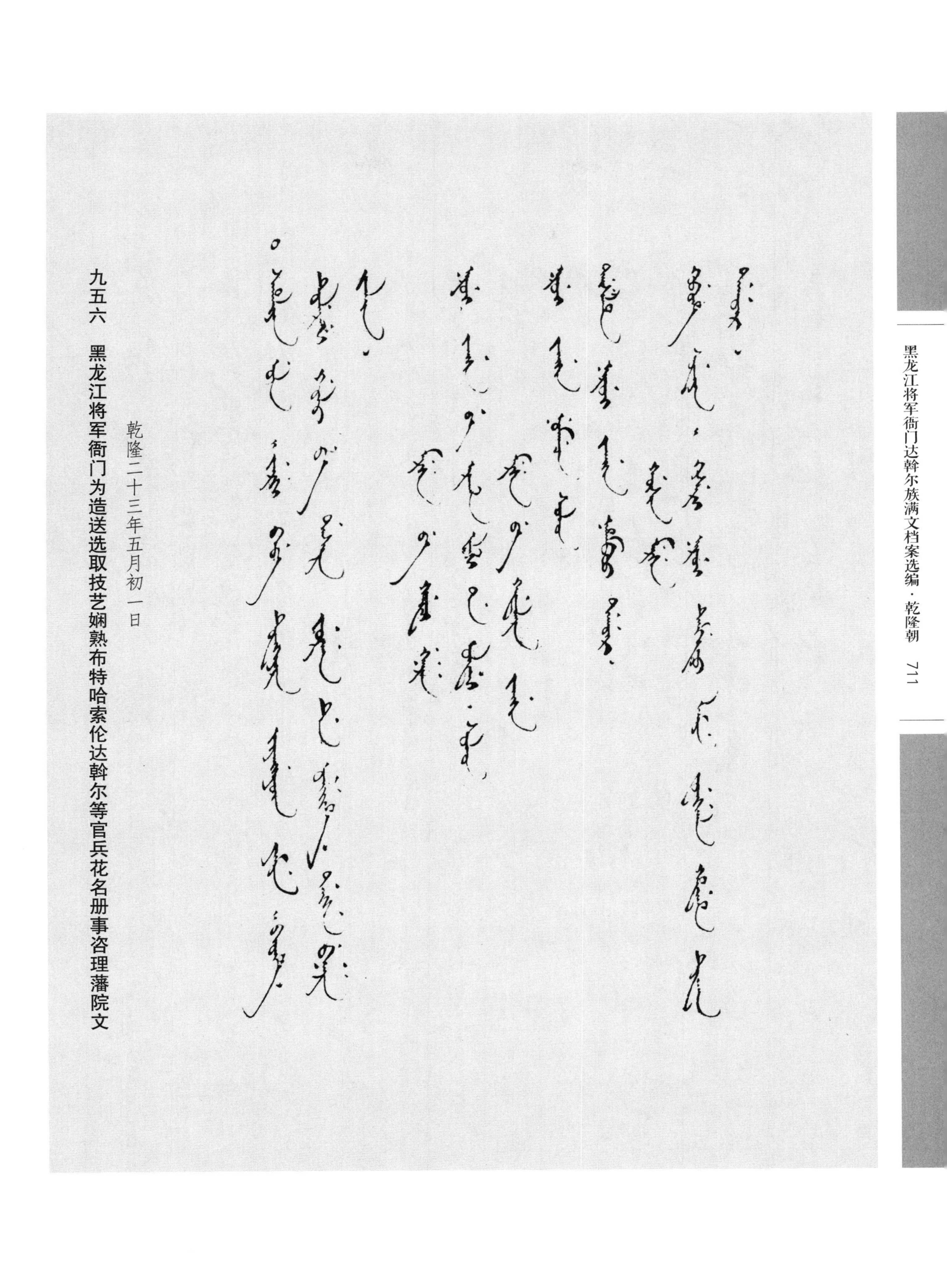

九五六 黑龙江将军衙门为造送选取技艺娴熟布特哈索伦达斡尔等官兵花名册事咨理藩院文

乾隆二十三年五月初一日

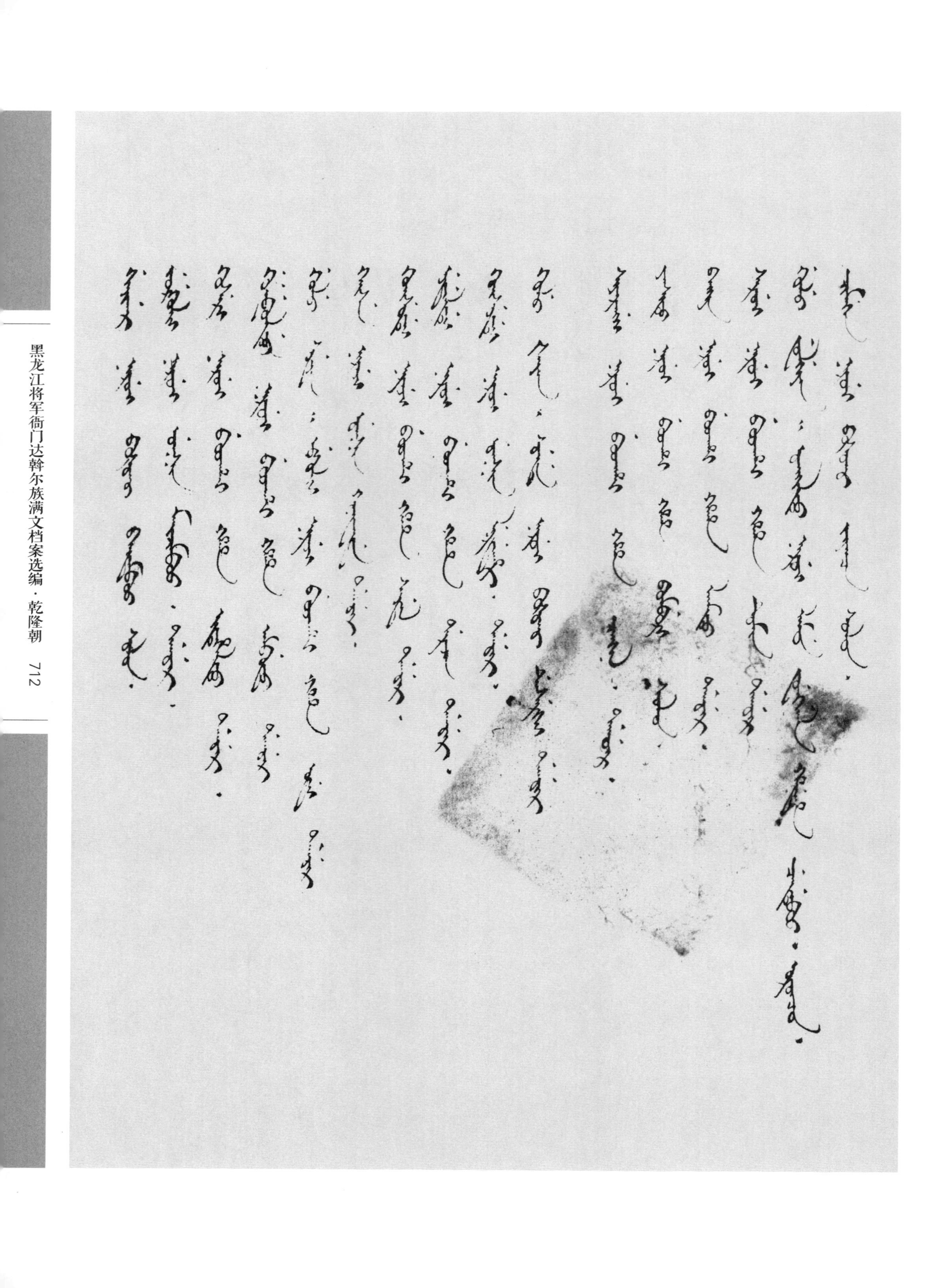

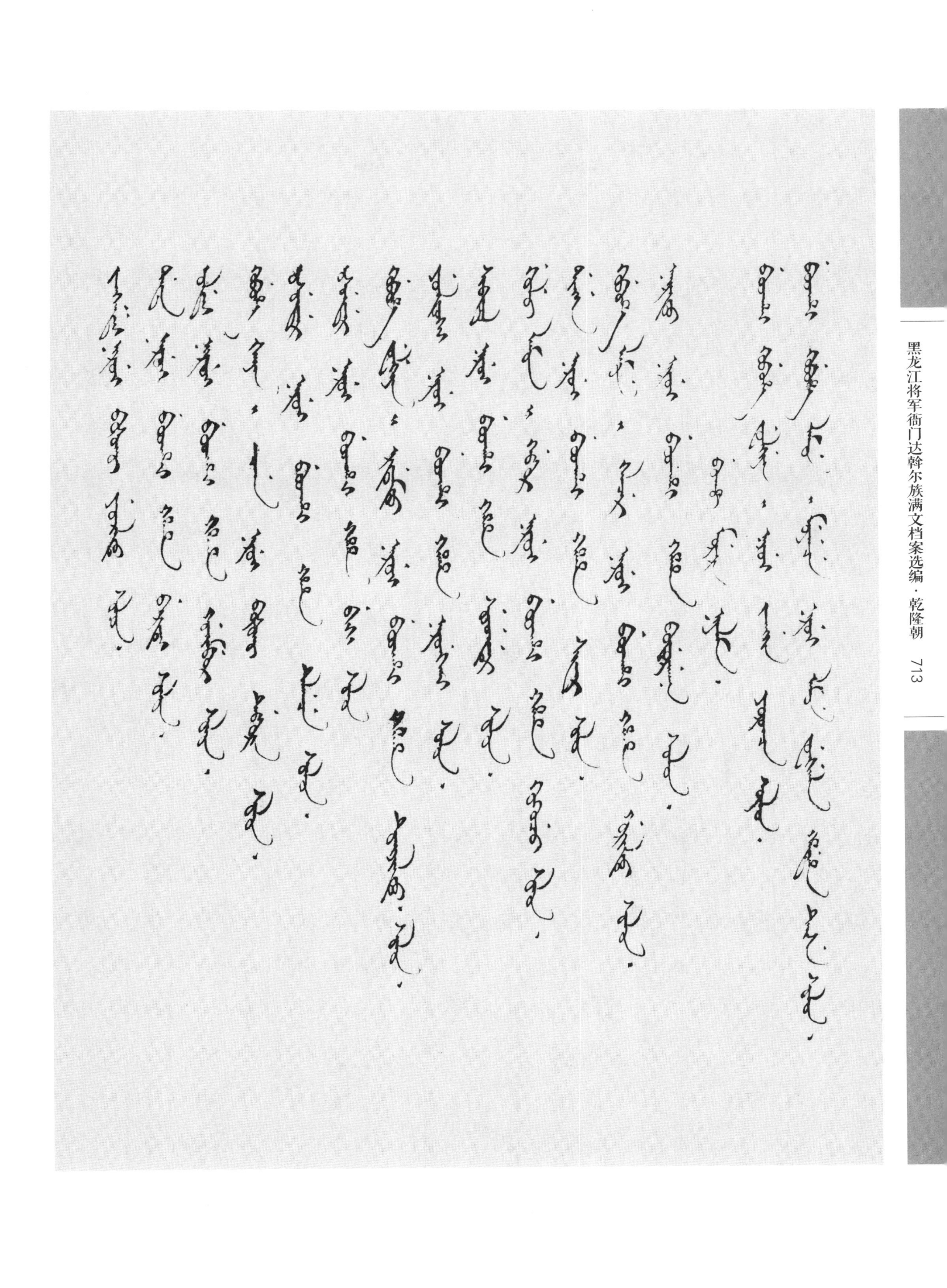

[illegible]

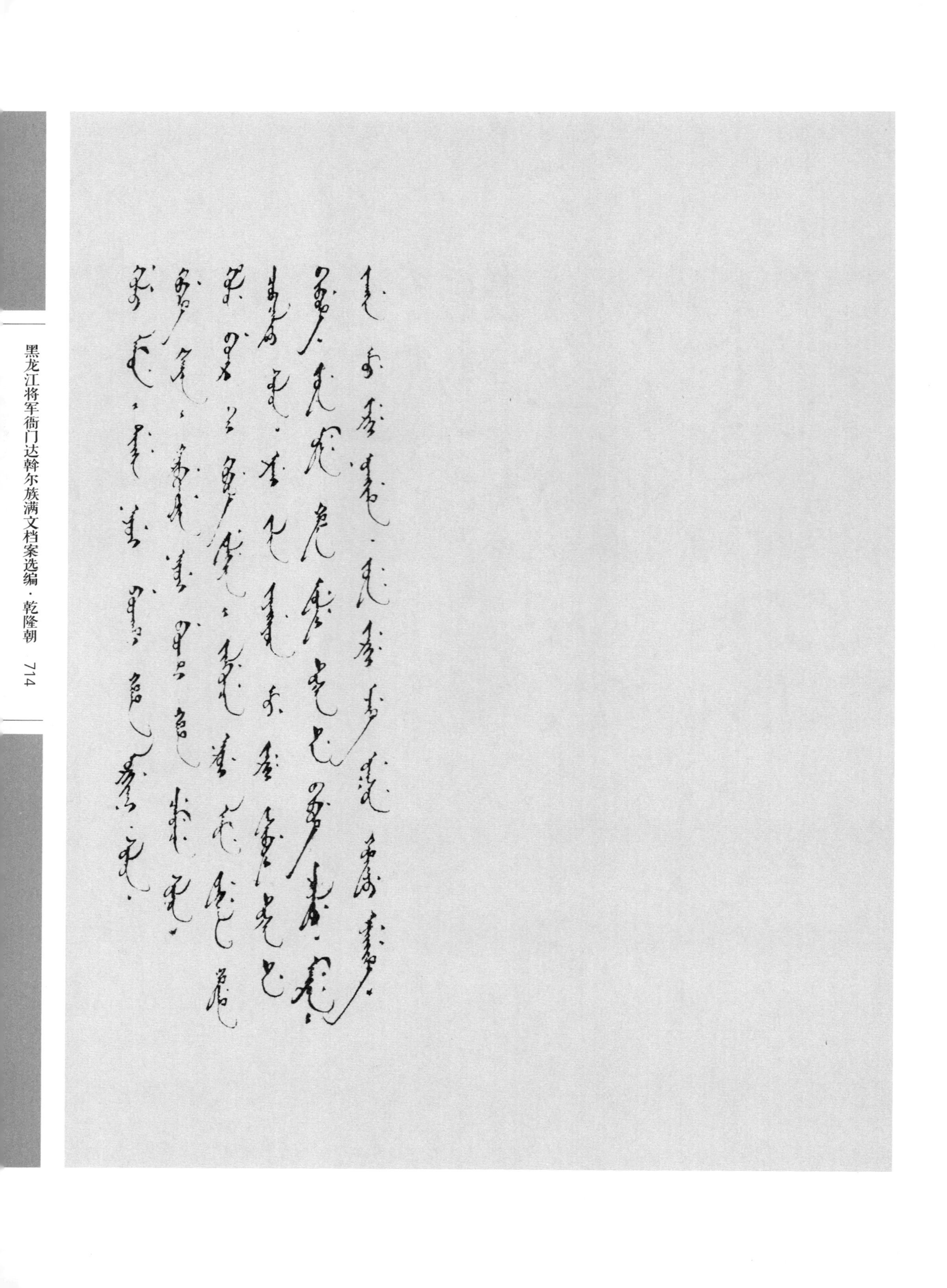

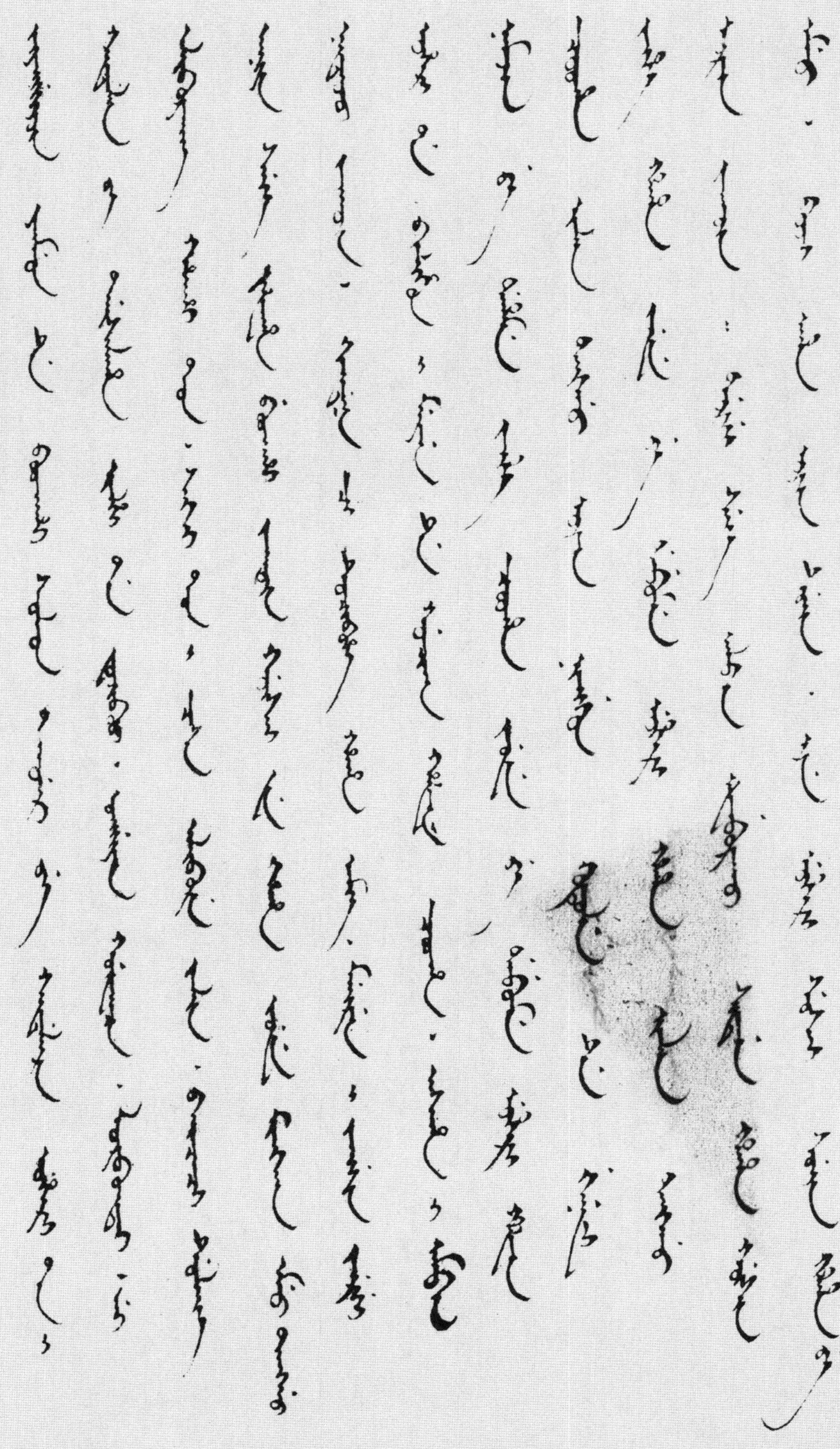

九五七 署布特哈索伦达斡尔总管佛济保等为造送索伦达斡尔等捕貂丁数册事呈黑龙江将军衙门文

乾隆二十三年五月初七日

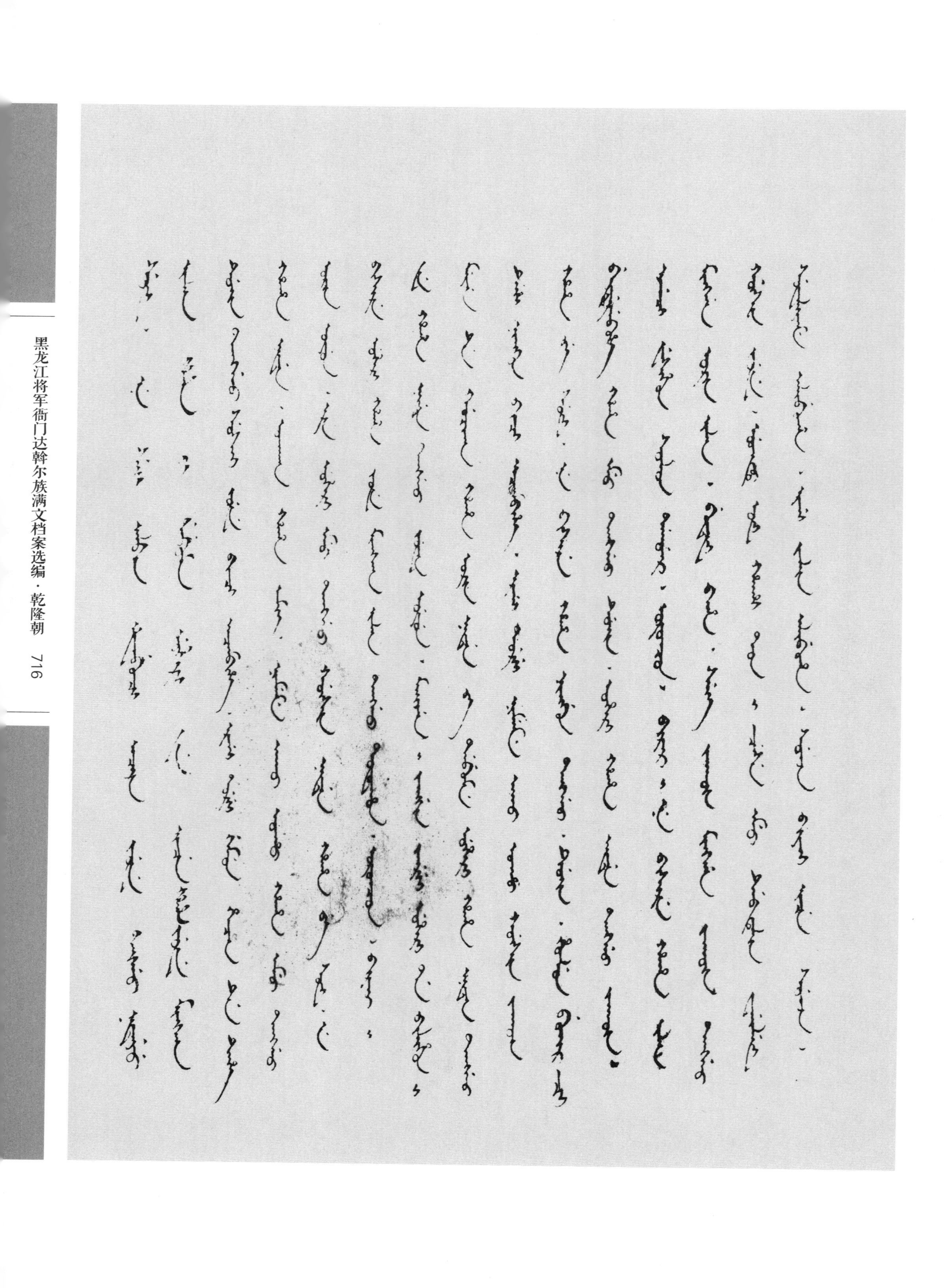

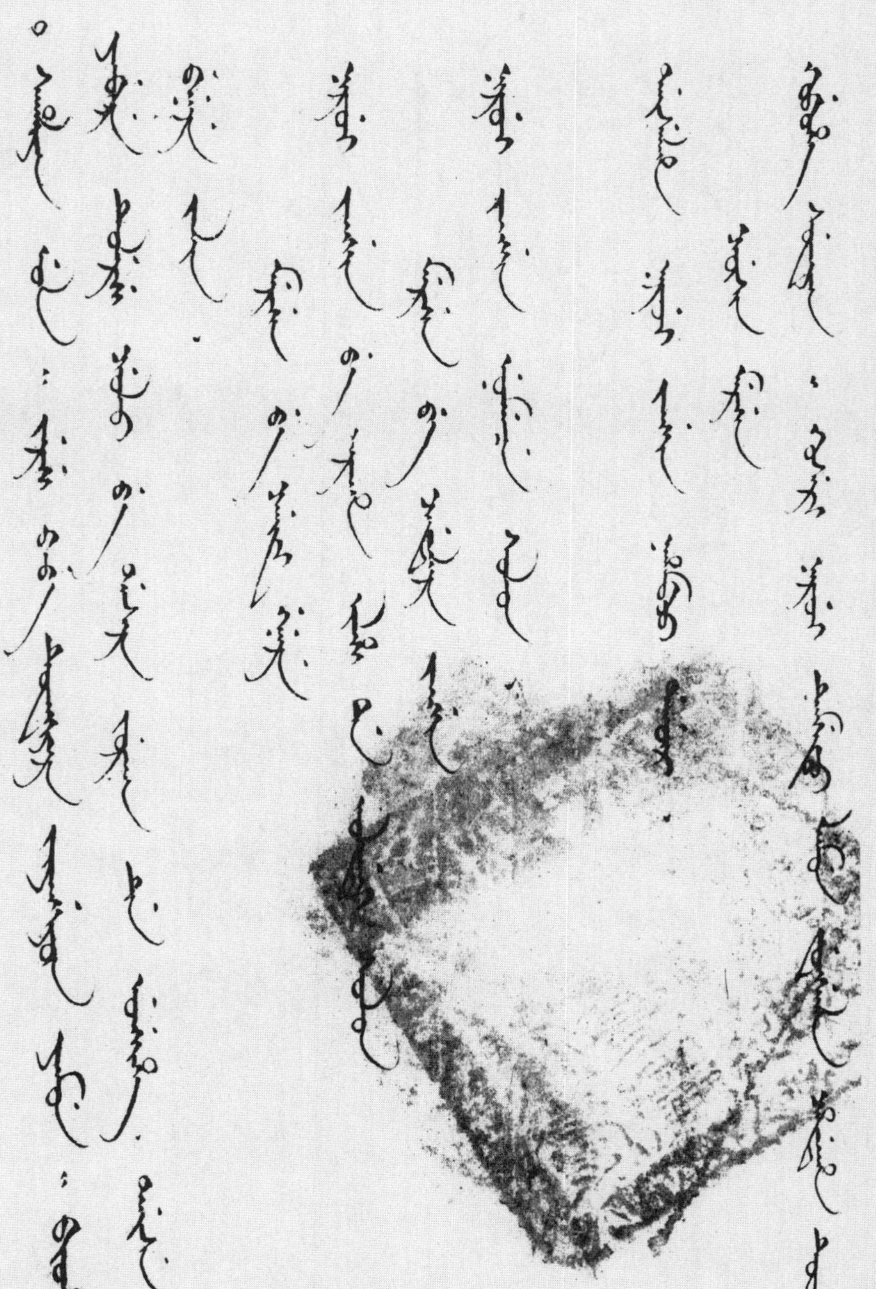

九五八 黑龙江将军衙门为造送选取技艺娴熟索伦达斡尔鄂伦春官兵花名册事咨理藩院文

乾隆二十三年五月十一日

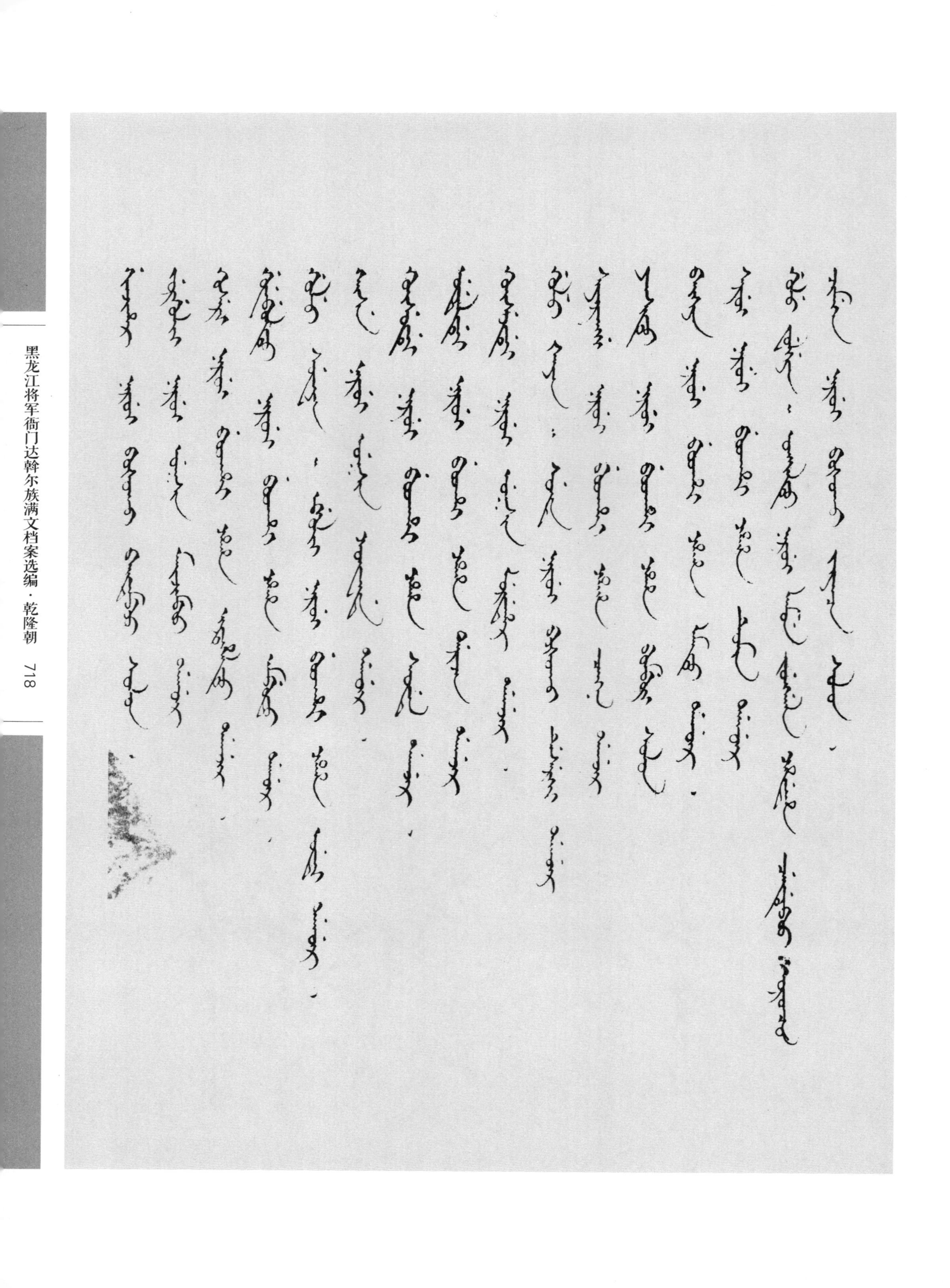

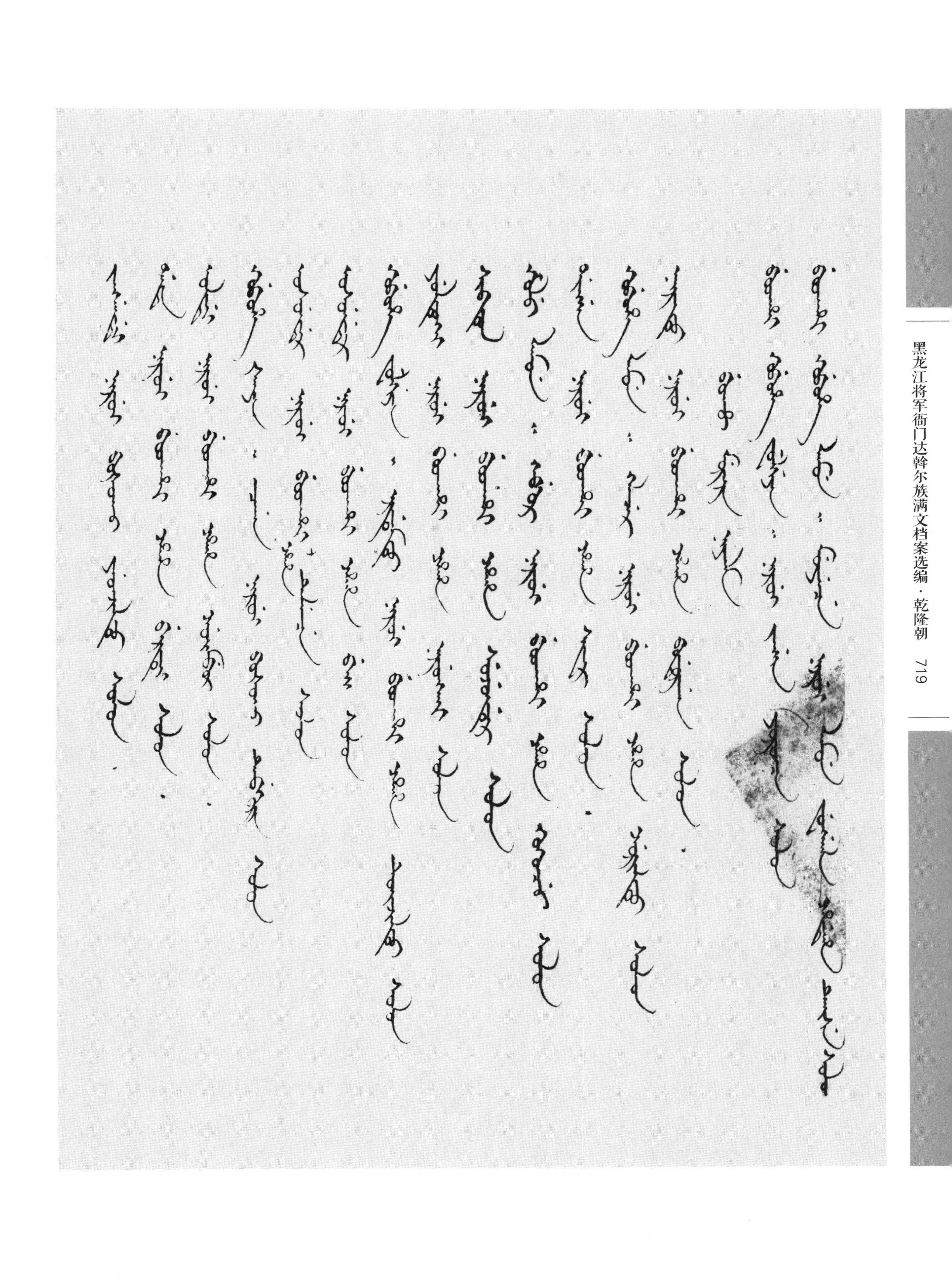

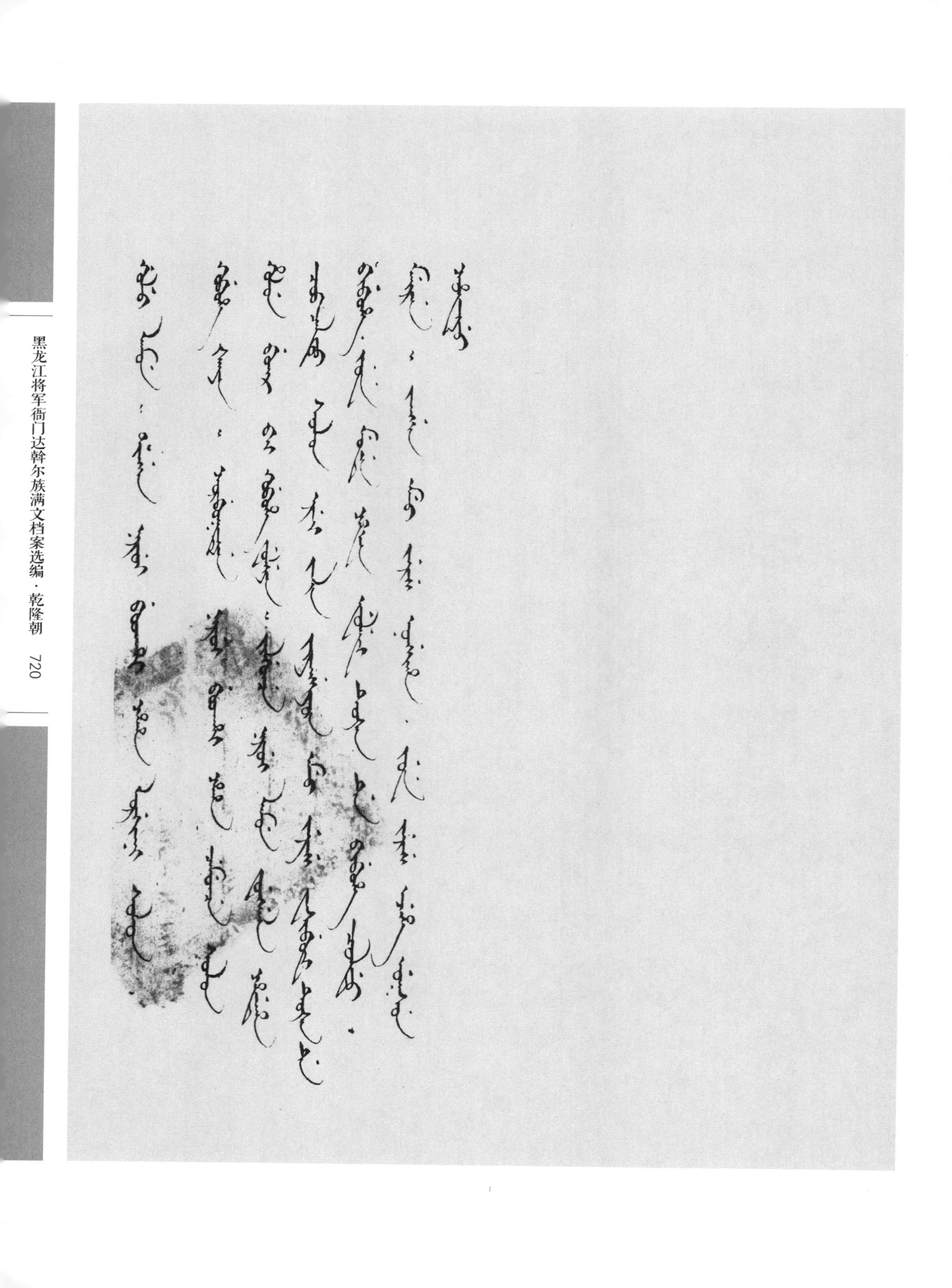

[illegible]